学科课程与教学研究三十年

丛书主编 杨启亮 徐文彬 何善亮

- 南京师范大学课程与教学论国家重点（培育）学科建设成果
- 高等学校国家"211"三期建设项目"教育现代化进程中基础教育课程与教学变革研究"建设成果

小学卷
数学课程与教学研究
（1979-2009）

徐文彬　主编

编委
（按姓氏笔画为序）

田雨普　孙庆祝　刘炳昇　刘学惠　刘树凤
李广洲　张中原　吴永军　邹玉玲　李如密
陈荣华　何善亮　陈　娴　周志华　杨启亮
单　墫　姚锦祥　徐文彬　涂荣豹　顾渊彦
喻　平　程传银　谢树平　解凯彬　管建华

南京师范大学出版社

图书在版编目（CIP）数据

数学课程与教学研究．小学卷：1979～2009 / 徐文彬主编． -- 南京：南京师范大学出版社，2012.11
（学科课程与教学研究三十年）
ISBN 978-7-5651-1035-1

Ⅰ．①数… Ⅱ．①徐… Ⅲ．①小学数学课－教学研究－文集 Ⅳ．①G633.602-53

中国版本图书馆CIP数据核字(2012)第243742号

书　　名	数学课程与教学研究·小学卷(1979—2009)
主　　编	徐文彬
责任编辑	王　瑾
出版发行	南京师范大学出版社
地　　址	江苏省南京市宁海路122号（邮编：210097）
电　　话	（025)83598919(传真)　83598412(营销部)　83598297(邮购部)
网　　址	http://www.njnup.com
电子信箱	nspzbb@163.com
照　　排	南京理工大学印刷照排中心
印　　刷	南通印刷总厂有限公司
开　　本	787毫米×1092毫米　1/16
印　　张	45.25
字　　数	1128千
版　　次	2012年11月第1版　2012年11月第1次印刷
印　　数	1～2 000册
书　　号	ISBN 978-7-5651-1035-1
定　　价	85.00元
出 版 人	彭志斌

南京师大版图书若有印装问题请与销售商调换

版权所有　侵犯必究

总　序

改革开放以来,中国教育已走过三十余年的风雨历程。对于拥有数千年文明史的中华民族来说,三十年只是短暂一瞬,但若将其置于辛亥革命以来追求国家富强和民族复兴的百年历史中,这三十年又显得那么非同寻常和耐人寻味。一代人在刚刚见到黎明之时就带着壮志未酬的遗憾飘然而逝,一代人在从"革命"话语到"建设"话语的痛苦转变中承担起了现代化建设的重任,一代人在眼花缭乱的时代剧变中从襁褓走进学校和社会。改革开放前的教育事业发展相对滞慢,改革开放后的教育事业则稳步发展。高考制度的恢复、义务教育的普及、教育条件的优化、教师待遇的提高、教师素质的提升等教育的发展和变化,是建设有中国特色的社会主义现代化国家的具体见证,也是教育改革和开放的生动体现。

教育是国家发展的基石,是衡量一个国家发展水平和发展潜力的重要指标。相对于宏观教育改革与发展,课程与教学改革,特别是具体学科的课程与教学改革则更为内在,更为基础,也更为重要,它发生在日常的教育教学场景中,并与教育培养的人直接相遇。因此,在回顾和总结教育改革开放所取得的成就与经验时,我们就不能不深入到课程与教学改革这一教育改革的内核上来,不能不深入到具体学科课程与教学改革上来,不能不关注具体学科课程与教学究竟存在着哪些需要研究的问题,它们又是如何得到解决的;具体学科课程与教学研究取得了怎样的成果,产生了什么本土经验,它们对未来具体学科课程与教学理论的研究与实践改善又有着怎样的启示,等等。正是基于这一认识,我们有了编辑《学科课程与教学研究三十年》①丛书的初步设想,组织了多方参与的丛书项目建设的论证,并获得了参与论证的学科教育专家的充分肯定。于是,也才有如今读者看到的《学科课程与教学研究三十年》丛书。

为了使读者对丛书有更深入的认识,在此还需对"学科"概念及"学科课程与教学研究"相关问题作一点说明。

一般地说,学科有两种含义,一是指一定科学领域的总称或一门科学的分支,二是指学校课程的组成部分,即学校中的教学科目。中国古代的"六艺"即礼、乐、射、御、书、数,欧洲古代的"七艺"即语法、修辞、逻辑或辩证法、算术、几何、音乐、天文学,都是当时学校设置的学科。近代学校教学内容日益丰富,设置的学科随之增多,例如语文、英语、数学、历史、生物等。于是,围绕具体学科的课程与教学研究也深入地开展起来。"学科课程与教学研究"则与下述三个概念有关:一是"学科教学法",又称"分科教学法",它是学校各门学科教学法的总称。学科教学法是在教学论的一般原理指导下,分别研究各科教学中的任务、内容、原则和方法等具体问题和具体规律。尽管关于学科教学法的研究在古代即已开始,但学科教学法作为一门独立学科还是在近代出现的。二是"学科教学论",即"分科教学论"。它的出现是在学科教学法研究的基础上,由学科教学研究范围扩大所致。其研究的范围扩展为包括

---

① 本丛书的"三十年"是个大致说法,系指1979—2009年期间,但也不排除此前此后的个别年份。

某学科教学的目的、内容、方法、评价及其自身研究的对象、方法等。三是"学科教育学"。学科教学论研究范围的进一步扩展就形成了"学科教育学"。学科教育学在主要研究学科教学论的同时也体现"教学为教育"的主要内容,每一门学科,不仅有着自己的学科体系,即按照学习心理学原理和教学要求,兼顾科学知识的内在联系组成的各门教学科目的系统,而且要体现德、智、体等诸方面的全面发展。因此,学科教育学研究学科教育的性质、特点及其与其他社会现象之间的关系,学科教育的目的、任务和内容,学科教育的原则、方法、手段和组织形式,学科教育中教师与学生的关系等。本丛书所选文献定位于中小学具体学科的课程与教学研究,涉及主题与"学科教育学"研究内容相当,并更凸显研究的问题性,因而使研究者能思考得更为深入,研究成果也更有价值。

丛书计划12卷(暂定),基本涵盖了目前基础教育阶段的各个学科,包括语文、数学、外语(英语)、政治、历史、地理、物理、化学、生物、体育、音乐、美术等。就每一学科而言,全书主要由三部分组成。第一部分是该学科课程与教学研究三十余年的文献综述,旨在对三十余年该学科课程与教学研究取得的成绩和存在的问题进行全面梳理和分析,并就未来该学科课程与教学研究发展趋势进行展望。第二部分集中呈现了改革开放三十余年中该学科课程与教学研究成果,重点讨论了学科课程与教学如何更好地促进每一位学生的发展,如何科学地设置课程内容以满足学生学习需要和社会发展需要,如何在加强基础知识、基本技能教学的同时更加注重学生学会学习、学会做人的教育,如何尊重学生个性差异,凸显以学生为本,充分调动学生积极性、主动性,促进学生的全面发展,如何改变过于强调选拔性而忽视发展性的评价方式以发挥评价促进学生学习的功能,如何借鉴国际经验来改善我们的学科课程与教学,如何加强课程与教学研究来提升教师的教育教学实践智慧等非常具体的学科课程与教学问题。第三部分是改革开放三十余年中该学科课程与教学研究的主要文献索引以及部分学科的相关法规,供读者进一步研究参考。

《学科课程与教学研究三十年》丛书相关资料选取采用"特尔菲法",即征询专家意见法,以保证所选资料的客观性和权威性。一般先由丛书各卷主编在该学科教育研究杂志(为主)或专著(为辅)中初选出一定数量力图包含该学科这段时期最重要研究成果的学术文献,再征询相关学科课程与教学研究人员、学科专家、教研员、中小学特级教师等专家意见,在综合专家意见的基础上筛选出备选文章目录,再征询相关学科课程与教学研究人员、学科专家、教研员、中小学特级教师等专家的意见,如此反复数次,最后确定收集论文篇目。资料选择的时间范围原则上为1979—2009年。资料来源一般包括相关政策文件、报纸、期刊[主要是核心期刊、CSSCI(中文社会科学引文索引)期刊、中国人民大学《复印报刊资料》、中国教育学会具体学科教学专业委员会会刊等国家级刊物和在该学科教学方面有影响的刊物]、著作(节选)、会议论文等。一般不收录未发表的文章。

丛书编者主要是南京师范大学从事相关学科课程与教学论教学与研究的专业人员,他们在各自学科方向潜心研究,取得了丰硕的研究成果,也产生了广泛的学术影响,因而可以保证本丛书的学术质量。特别是丛书编者中的部分老师结合本丛书的编辑,专门为课程与教学论专业研究生和教育硕士专业学位研究生开设了"课程与教学研究论文选读"课程,并取得了良好的教学效果,受到了研究生的普遍欢迎,使本丛书的学术质量和实践价值得到了初步的确证。

丛书读者定位于高等学校从事相关学科课程与教学研究的教师、课程与教学论专业研究生、教育硕士专业学位研究生、高年级师范本科生、教研员、中小学教师。随着课程与教学改革的不断深入,对中小学教师教学能力和研究能力的要求越来越高,做研究型学科教师已逐渐成为许多教师专业发展的自觉追求。对于他们而言,这是一套难得的参考书。此外,丛书具有工具书的性质,因而它也可作为各高等学校、各中小学图书馆收藏的重要资料。

最后,衷心感谢丛书中所收录文章的作者,是你们的智慧丰富了中国学科课程与教学研究的理论宝库;感谢丛书的编者,是你们的辛苦让我们看到了改革开放以来中国学科课程与教学研究的画卷;也感谢丛书的读者,是你们的热情为中国学科课程与教学研究带来了希望和明天。

丛书编选任务繁重,书中难免会有这样或那样的瑕疵与不足,文章收录也不一定能让所有作者或读者满意,欢迎大家提出宝贵意见,以便我们日后更正。

杨启亮　徐文彬　何善亮
2010 岁末于南京随园

目 录

总　　序/杨启亮　徐文彬　何善亮 …………………………………………………… 1
小学数学课程与教学研究三十年回顾、反思与展望/徐文彬 ……………………… 1

一、通　论

感受小学数学思想的力量——写给小学数学教师们/张景中 …………………… 35
关于小学"数学本质"的对话/张奠宙　唐彩斌 …………………………………… 41
21世纪我国小学数学教育改革展望/周玉仁 ……………………………………… 46
面向21世纪的小学数学课程改革与发展/卢江 …………………………………… 50
浅论小学数学素质教育的四个基本特征/杨庆余 ………………………………… 58
实施凸显数学文化特征的小学数学教育/李晓梅 ………………………………… 64
对小学数学教育几个问题的思考/王维花　王永红 ……………………………… 69
谈谈当前小学数学教学改革若干问题/张玺恩 …………………………………… 74
深入开展义务教育数学教学研究工作/张玺恩 …………………………………… 80
掌握辩证思想，克服教学失误——对小学数学教学中一些科学性失误的思考/肖鉴铿
　……………………………………………………………………………………… 86
试析新一轮课程改革中小学数学课堂教学——由若干小学数学课例说开去/郑毓信
　……………………………………………………………………………………… 90

二、课程教材

当前中小学数学教材改革中需要深入研究的几个问题/张玺恩　蔡上鹤 ……… 99
对我国小学数学课程知识选择优化的思考/宫建 ………………………………… 103
关于小学数学教材改革研究的回顾与思考/刘意竹 ……………………………… 109
关于小学数学教材编排的几点思考及构想/刘朝晖 ……………………………… 117
教科书编写策略研究——以小学数学教科书为例/陈晓东 ……………………… 121
关于小学数学教材建设的若干想法/郑毓信 ……………………………………… 125
关于人教版小学数学新教材中若干问题的思考/戎松魁　黄崇龙 ……………… 130
儿童数学认知过程与小学数学教材的建构/张梅玲 ……………………………… 135
充实小学数学课中几何内容的一个设想/钟善基 ………………………………… 141
小学生视图能力的测试分析及其对几何课程设置的启示/刘晓玫　陈娟 ……… 147
小学数学教材中数学史的内容及呈现方式探析/杨豫晖　魏佳　宋乃庆 ……… 154
数学应用：对应用题的超越——对小学数学教材中"数学应用"编写的
　几点思考/丁国忠 ………………………………………………………………… 162
小学数学练习系统的特点分析——以人教版小学数学实验教科书为例/梁梦莉

雷晓云 …………………………………………………………………………… 167
珠算应纳入我国义务教育数学课程标准——基于中日国家数学课程标准比较研究的
　结果/黄燕苹　黄翔 ……………………………………………………………… 172

三、教学设计

如何进行有效的小学数学教学设计/李晓梅 …………………………………………… 179
和谐:小学数学教学设计的新视角——以"用字母表示数"的教学设计为例/蔡宏圣
　……………………………………………………………………………………… 185
小学数学课堂教学设计的问题与对策/杨豫晖　宋乃庆 …………………………… 191
谈小学数学教学中培养学生解答应用题的能力/曹飞羽 …………………………… 197
现实原型与小学数学概念教学/卢盛华 ……………………………………………… 211
试论小学数学课堂教学中创设问题情境的有效策略/郭成　陈红 ……………… 215
"三算结合"教学的经验与问题/刘良华 ……………………………………………… 221
"问题连续体"在小学数学课堂中的运用/苟步章 …………………………………… 227
数学"解决问题的策略"的理解、设计与教学/徐文彬 ……………………………… 231
数学教学的基本策略/邱学华 ………………………………………………………… 235

四、教学方法

"数的整除"教学中,"讲解法"和"质疑讨论法"教学效果的比较实验/杨瑞美　潘胜天
　谢光庭 ……………………………………………………………………………… 241
采用自练口算卡片提高小学低年级学生口算能力的试验/潘炎南　王钰珍　徐彩霞
　……………………………………………………………………………………… 248
"20以内退位减法"两种教法的效果比较/东余杭路第一小学 …………………… 252
小学数学结构教学实验研究总结/西安市小学数学结构教学实验研究组 ……… 256
小学数学的启发式教学/陈国盛 ……………………………………………………… 261
小学数学教材、教法改革的探索/罗肇华　张元书　金建英 ……………………… 267
小学数学"探究—研讨"法实验研究报告/毕可峰　林乐善 ………………………… 271
小学数学情境教学实验报告/兰想林 ………………………………………………… 279
在小学数学教学中用"尝试教学理论"引导"目标教学"的实验研究/陈今晨　李成忠
　……………………………………………………………………………………… 285
尝试教学　奥秘何在/邱学华 ………………………………………………………… 292
优化数学课堂结构　运用"十步教学法"/吕淑珍　冯玉环 ………………………… 297
小学数学"动像发现教学法"课题实验研究报告/广西"小学数学动像发现教学法"课题组
　……………………………………………………………………………………… 301
小学数学分层异步教学的实施策略/"小学数学分层异步教学策略研究"课题组 … 310
小学数学课堂教学评价的质性研究/赵冬臣　马云鹏 ……………………………… 315

五、教学心理

小学生心理发展的阶段性与数学教学的阶段性/陈铨 ……………………………… 327

小学数学学习理论及其对课堂教学的启示/孔企平 …………………………………… 332
"学思维"活动课程对小学生思维能力和学业成绩的影响/胡卫平　张蕾 ………… 341
关于小学一年级数轴教学的实验研究/郑俊杰　陈素芳 ……………………………… 349
儿童思维发展潜力初探——一年级小学生第一学期就掌握了八位数的
　读法和写法/张慕蕴　王继桢 ………………………………………………………… 360
八至十五岁儿童交集概念和解交集数学题能力的发展研究——儿童认知结构发展变
　化的研究之一/刘范　赵淑文 ………………………………………………………… 369
七至十二岁儿童数概念和运算能力发展的研究/沈庆华　丁松年 ………………… 374
课程结构与小学二年级学生倍概念的掌握/心理发展与教学研究组 ……………… 385
解题思维策略训练提高小学生解题能力的实验研究/刘电芝 ……………………… 390
数学应用题认知障碍的分析/何小亚 ………………………………………………… 397
小学三年级数学学优生与学困生解决比较问题的差异/李晓东　张向葵　沃建中
　………………………………………………………………………………………… 402
小学数学真实性问题解决的调查研究/刘儒德　陈红艳 …………………………… 412
小学数学课堂环境与学生问题解决能力的关系/丁锐　黄毅英　马云鹏 ………… 419
以"1"为基础标准揭示数和数学中部分和整体关系的系统性教学实验/张梅玲　刘静和
　王宪钿　何纪全　陈胜开 …………………………………………………………… 425

六、衔接问题

解决学前与小学数学教学存在问题的一项改革实验/成子娟 ……………………… 435
试论数学教育中的幼小衔接问题/周希冰 …………………………………………… 441
试论算术中的代数思维：准变量表达式/徐文彬 …………………………………… 445
小学数学与初中数学衔接问题的思考/王永春 ……………………………………… 450

七、比较研究

数学能力发展水平不同的学生的创造性思维的比较研究/富安利　赵裕春　张锦帆
　………………………………………………………………………………………… 459
土家族、苗族和汉族一年级小学生数学能力发展的比较研究/郑和钧　李正绅
　杨元生　王巧云 ……………………………………………………………………… 465
藏汉9—13岁儿童数学思维能力及其发展的比较研究/孙杰远 …………………… 471
贾斯珀系列对我国小学数学教学改革的启示/王文静 ……………………………… 478
美国小学数学课堂活动管窥/高向斌　胡咏梅 ……………………………………… 486
小学数学新手和专家教师PCK比较的个案研究——青浦实验的新世纪
　行动之四/上海市青浦实验研究所 …………………………………………………… 491
小学教学课堂对话的特点：对专家教师与非专家教师的比较/李琼　倪玉菁 …… 499
中美职前小学教师教育中数学课程的比较研究——以上海师范大学和纽约城市大学
　为例/袁红　韩翊 ……………………………………………………………………… 507

八、整体教改实验

抓住智力与非智力因素的辩证关系,改革小学数学教学/马芯兰 …………… 517
小学数学教改十年的实验结果与结构转化的教学措施/郑俊杰 …………… 522
小学数学教学高质量、高效率、低负担的实验报告/金增 王莉莉 李利平 于淑华
　…………………………………………………………………………………… 530
关于改革小学数学教学内容和教学方法的实验与研究/小学数学教材研究实验组 … 541
探索道路上的十年——"现代小学数学"教学实验/张梅玲 ………………… 551
小学数学整体结构教学的实验研究/"小学数学整体结构教学研究"课题组 …… 558

九、教师专业发展

谈小学数学教师的数学知识修养/王万喜 …………………………………… 569
从分数的本质看小学数学教师的专业素养——数学教育热点问题系列访谈录/史宁中
　孔凡哲 杨树春 …………………………………………………………… 578
新课程背景下小学数学教师本体性知识的缺失及其对策研究/曹培英 ……… 581
小学数学教师的教学专长:对教师职业知识特点的研究/申继亮 李琼 …… 590
小学数学教师职业知识的结构与内在关系/辛涛 …………………………… 597
小学数学教师的学科教学知识:表现特点及其关系的研究/李琼 倪玉菁 萧宁波
　…………………………………………………………………………………… 603
关于中小学数学教师对教学问题认知的调查分析/曾拓 杨小洋 申继亮 … 611
当前我国中小学数学教师教学思维模式初探/梁学友 戴宇 ………………… 617
小学数学教师教学设计能力及其构成研究/刘志平 刘美凤 吕巾娇 ……… 620
农村小学数学教师知识发展现状与对策研究/卢秀琼 张光荣 傅之平 …… 626

十、信息技术与课程教学

计算机辅助小学数学教学实验初探/广西壮族自治区柳州钢铁厂第三小学 … 635
小学数学应用CAI效果研究实验报告/唐彩斌 ……………………………… 640
《电化教育减轻小学生过重数学课业负担》阶段实验报告/王场镇小学课题组 … 646
基于网络教室的小学数学课堂教学模式探究/龚道敏 ……………………… 656
信息技术与小学数学教学整合的探索/赵萍 ………………………………… 662
应用MP-Lab促进小学数学知识建构的探索/庄慧娟 李克东 …………… 667
在CAI下即时提示解题过程对小学三年级学生建构两步应用题整体结构的
　影响/刘儒德 ……………………………………………………………… 673
计算机辅助小学数学教学中进行反思训练的实验研究/苗逢春 陈琦 …… 680
影响教师将信息技术整合于数学教学的因素分析/文玉婵 周莹 ………… 685

文献索引(1979—2009) ………………………………………………………… 693

后　记 …………………………………………………………………………… 713

小学数学课程与教学研究三十年回顾、反思与展望

徐文彬

20世纪70年代末以来,我国小学数学课程与教学研究领域取得了丰硕成果,但也存在或新出现了若干值得进一步深究的问题。通过回顾这三十年来的研究状况,反思其存在的问题,并展望其未来的可能发展,应是我们进一步深入开展理论研究与实践探索的现实依据和创新源泉之一。具体而言,我们将从以下十个方面来对其进行回顾、反思与展望。

一、通论

对小学数学及其思想的理解、领会与把握,应该是开展小学数学教育及其研究活动的前提条件和根本保障。

就当下的小学数学而言,其四个内容领域(即,数与代数、空间与图形、统计与概率、综合应用)中的知识技能固然不可或缺,但贯穿其中的数学思想可能更为重要[1]:函数(数量之间的确定性关系,譬如,四则运算、面积计算、试算)思想最重要(贯穿数学的所有领域);"数形结合"在小学是可能的;"寓理于算"(中国传统数学的特征之一)的思想容易被忽视(推理是抽象的计算,计算是具体的推理,而图形则是推理和计算的直观模型);而且"把变量与函数的思想、形数结合的思想和寓理于算的思想结合起来,往往能够化难为易,化繁为简"。而对于"数学本质"的把握可能也不可小视[2]:小学数学教师应"展示数学的本质,提高学生的数学素养"。譬如,对"0为什么是自然数"的理解可能就是一个习惯问题;而对"感受100万粒米有多大"的把握则是一个关于"数的结构"问题;对"什么是代数"的领会则是,要掌握"从数的运算到'式'的运算,实行对消和还原,是算术和代数的根本区别";对"小学几何内容增加"的理解应是,"现在小学数学里的几何学,包括直观几何、度量几何、演绎几何、运动几何、坐标几何这五大块,但直观几何最根本或最核心的内容就是用平面来描述立体";对"什么是长度、面积和体积"的把握应是"数学的",但对小学生而言,"头脑中的直觉"足矣;对"小学里为什么要渗透平面坐标思想"的理解应是,"最重要的是用坐标来表示几何图形"。

那么,如何在小学数学教育中具体落实"展示数学的本质,把握数学思想,提高学生的数学素养"这一目标追求呢?恐怕只有树立数学素质教育观、凸现数学的文化特征,并不断地对数学教育进行反思和改革方有可能。

针对"21世纪我国小学数学教育改革"这一主题,有学者在肯定此前"三个转变"(由以教为主转向以学为主,由只重视学习结果转向既重视学习结果又重视学习过程,由只研究教法转向研究学法)的基础上,指出[3]:① 应重新认识数学及其教育——数学是一个应用极为广泛的有力工具,数学是发展思维、提高智力的有力手段,数学还是培养和提高人的文化素质和科学素质的重要组成部分,所以,数学教育在基础教育中占据着和语文教育一样的"朴实地位";② 应精简传统的数学内容——精简传统的算术内容,适当增加估算、统计等有实用价值的内容,在小学高年级引进计算器(机)的使用,切实加强空间观念的培养;③ 应采用有效的教学策略——把儿童与儿童生活实际密切联系起来,动手、动口、动脑以使数学学习

活动更加生动活泼,创设问题情境,激发学生内在的学习动机,千方百计地让学生了解知识形成的过程;④ 应探索新的综合的教学模式——譬如,班级授课、小组合作学习与个别指导相结合的综合模式;⑤ 应大力提高教师素质。针对"面向21世纪的小学数学课程改革与发展"这一主题,有学者在肯定"数学教育改革是科技发展、社会进步的必然趋势"的前提下和梳理"国际数学教育改革的主要发展趋势"(譬如,对数学意识、问题解决、思维能力和信息交流等数学素质的关注与强调)与"我国九年义务教育小学数学教材的改革成果"(目标与内容两方面)的基础上,进一步指出[4]:应改革教学内容——删减过时、无用、繁难的教学内容,增加联系实际的内容,加大渗透数学思想方法的力度,适时引入计算器;应更新教学思想——应着力培养学生的数学意识、自信心和发展能力;应采用渐进的改革方式——这是由中国国情和教育改革本身所确定的。更有研究者在揭示"小学数学素质教育的全部本质内涵"(即,"小学的数学教育,其学习的认知对象不仅仅是目的——掌握这些事实并能运用,同时也是——发展科学地对社会探求的意识、价值、方法和情感的过程")的基础上,进一步强调其应具有四个基本特征[5]:① 注重社会实践——对学习对象赋以更多更强的社会性和现实性,将认知过程与对社会的探求过程联系起来;② 培养科学精神——在学习中渗透更多的科学意识,将学习更多地看做是获得问题的解决,注重科学技术在数学学习中的渗透;③ 发展创造潜能——在学习中让学生有充分的心理安全感,学习中倡导心理表达的自由和开放,注重不同学习模式的目标价值;④ 加强情感体验——注重学生在探究学习活动中积极良好的情感体验,关注学生学习中的兴趣情绪状态。有研究者则认为,可在小学数学教育中通过以下方式来凸显数学文化特征(传播人类思想的基本形式、特殊的语言形式、自然与人类社会相互联系的工具、相对的稳定性和连续性、高度的渗透性)[6]:还原数学概念的真实生命,绽放数学法则的严谨之美,彰显数学思想方法的深邃,洋溢数学价值的理性精神。

今天看来,尽管道路并不平坦,但"10多年"前的这些设想与展望部分已经实现或正在部分实现。不过,仍有一些问题需要进一步探讨。

今天我们在强调学生主体地位的同时,如何兼顾社会发展的迫切,可能是一个不可回避的大问题[7]:① 如何对待"满足学生兴趣与小学数学教育的强迫性之间的矛盾冲突"——"如果一个儿童学习有困难,而我们确实想帮助他,那么,最主要的事——我们应该从何入手,什么是我们应该始终不渝信守的原则——就是使他能感到,他像所有其他儿童一样,也是有才能的,他也有自己的特殊的'天赋'";② 如何看待"大众数学教育与精英数学教育之间的矛盾冲突"——在数学教育问题上,有时要求越多,越不知如何去做,最后的结果就可能不尽如人意;而有时抓住一点,扎扎实实,深入做下去,反而能兼顾整体;③ 如何处理"数学专家的建议与学校数学教育目标之间的差距"——首先是促进学生发展的原则,其次是必须考虑师资条件,再有就是经济条件这一重要制约因素;④ 如何把握"小学数学教育目的的功利性与过程的非功利性之间的矛盾冲突"——"在人的心灵深处,都有一种根深蒂固的需要,这就是希望感到自己是一个发现者、研究者、探索者。而在儿童的精神世界中,这种需要则特别强烈"。其实,早在20世纪八九十年代就有研究者对此(小学数学教学改革)进行过反思[8]:为什么教,即教学目的问题——知识、能力和品德;教什么,即教学内容问题——精选、增加和渗透;怎么教,即教学方法问题——手段与目的、继承与借鉴、主体与主导;谁来教,即小学数学教师问题——政治与业务、教书与育人、工作与学习、"过教材关"。并同时对"深入开展义务教育数学教学研究"展开思考[9]:如何结合数学学科特点向学生进行思想品德教育

(即,如何既教书又育人)？如何转变教育思想,面向全体学生提高教学质量(即,如何做到"教学有法、法无定式、贵在得法、妙在创式")？如何加强与实际的联系(即,如何既联系学生的生活实际又联系社会生活实际)？如何重视数学教学评价研究(即,如何既关注评价的全面性又关注评价的实际可行性)？如何加强教师队伍建设,提高教师素质(即,如何持续培育教师的爱心又不断提升其业务素养)？

然而,小学数学课堂教学中始终存在着一些"科学性失误"需要避免[10]:领悟全面分析的观点,克服结语的片面性;坚持相互联系的观点,防止论述的绝对化;掌握发展变化的观点,理清概念间的关系;运用一分为二的观点,发挥算术解法的优势。同时又有一些"数学教育观念"需要切实落地[11]:包括动手实践与主动探索的学生活动应是一种有着明确目标的自觉行为,教师应根据具体情况采取适当的教学形式;教学工作的主要目标并不是使学生建立关于相应逻辑结构的牢固记忆,而应帮助学生形成适当的认知结构;教学中既应充分调动学生已有的生活经验,同时又应当帮助学生清楚地认识超出"日常数学"上升到"学校数学"的必要性;不应将知识、技能的学习与学生情感、态度和价值观的培养绝对地对立起来,而应很好地实现其相互渗透与必要整合;在积极进行教学方法改革的同时,我们应注意防止理解上的简单化与做法上的片面性,并应注意对已有传统的继承与发展。

无论如何,对数学、数学教育和数学教育改革及其研究的理解与反思,都是我们不断完善小学数学教育设计,改进其实践,并取得成长和进步的根本动力和活力源泉。

二、课程教材

课程教材应是开展小学数学教育活动最重要的载体,也是小学数学教育研究最主要的领域之一。首先是课程内容的选择与优化,其次是教材的建构与编排,再次是某些具体数学内容的理解与呈现。

针对"'文革'后如何全面恢复小学数学教材'正式本'"这一主题,有研究者着重分析了以下三个问题[12]:① 关于基础知识问题——其选择应考虑为实现四化培养人才的需要(即培养目标)、数学本身的发展和学生的接受能力等三因素;② 关于教材编排体系问题——应遵循"由浅入深、由易到难、循序前进的原则,并允许有适当的循环";③ 关于能力培养问题——正确迅速的运算能力、一定的逻辑思维能力和一定的空间想象能力是主要的,其他能力(譬如,发现数学问题的能力,自学数学书籍的能力,观察能力,分析问题、解决问题的能力,创造性的思考能力和独立探索知识的态度等)的培养应以此为基础。针对"在不断现代化的科学知识与儿童有限的认识能力发生矛盾时,应如何处理好知识的选择"这一问题,有研究者在简要回顾近代我国小学数学课程内容选择历程的基础上,结合1992年国家教委颁布的"九年义务教育全日制小学数学教学大纲(试用)",就"精选传统算术内容,适当增加代数几何,渗透现代数学"进行了解读[13]:① 数学与文科各门学科发展的相关性同数学与理科学科知识发展的相关性都很高,小学数学知识可区分为两类——基础知识(数与计算、量与计算、应用题)和初步知识(几何、统计、代数、比例);② 小学数学内容选择与优化中存在着若干争论——如何处理"强调多教珠算"与"是否设置计算机知识教学",应用题体系能否沿着综合课程方向进行改革,"市制"的取舍,数、式、形之"三结合教学"是否可行;③ 课程内容的现代化应是小学数学课程优化的重要方面——集合与函数思想的渗透;④ 知识内容的选择应努力实现若干转变——教学内容现代化(从以四则计算为中心转变为认识数量与空间关系为中心),教学形式活动多样化(从机械的多层次大量练习强化,转变为突出练习中的思维性和游戏性,为此应重视活动课程的建设),人际关系合作化(从重视师生双边配合转变为重视儿童群体合作的学习效应,把发展儿童学习的主动性既当成提高质量的手段,又当成教学本身的主要目标)。更有研究者就上述"九年义务教育全日制小学数学教学大纲(试用)"相配套的小学数学教材的研究、编写和试用等展开了回顾与思考[14]:① 研究的基础——20世纪70年代的改革,80年代不断深入的研究,教材改革研究的实验与推广;② 主要的改革——教材内容的更新,体现教学方法的改革,改进教材的结构与编排体系,注意发展学生认识数学和应用数学的能力;③ 进一步的研究与思考——教材改革的现代化与可接受性,改革中的借鉴与创新,课程教材改革与师资培训,关于学生成绩评价问题。由此可见,课程教材的改革并非易事!

针对"小学数学教材编排"问题,有研究者指出[15]:① 其指导思想应是"既要重数学学科的逻辑顺序又要重学生的身心发展顺序,既要重基础又要重发展,既要重后顾又要重前瞻,既要重教学性更要重教育性,使小学数学教材为全面提高学生的素质服务";② 编排时应着重考虑"如何选择""如何取舍""如何进行整理和加工""如何排列""如何进行和完成数学教育"等问题;③ 其编排的原则有基础性、趣味性、应用性、教育性和结构性等。针对"如何进一步突破'以本为本'的旧观念,克服形式化、浅层化和绝对化等弊端",有研究者强调指出[16]:① 应在编写策略(包括编写一套教材的原则和理念,编写教材的操作性框架,知识呈现技巧)上寻求实质性的变化;② 一个可供选择的"基于现实的教科书知识呈现技巧的理论框架"包括出示问题、提供支持材料、引导学生对前面的探究活动进行反思、规范的知识表述、安排练习、请学生提出问题等六个部分。有研究者在肯定现行小学数学多元化教材之"新的编写风格"基础上,特别指出其存在的一些普遍性问题,需要"立足教学实践与深入的理论研究"[17]:如何给教师的创造性劳动提供更为充分的空间?如何进一步增强教材编写工作的科学性?如何真正实现教材的多元化并切实防止教材编写工作中的低水平重复?更有研究者在分析现行"人教版"小学数学教材基础上,强调指出其值得深究的若干问题[18]:正方体(1立方厘米)是否可作为长度单位?小数和分数是否可互化?正方体和长方体究竟有何不同?使"因素"具有两种不同的涵义是否合理?在规定了"6×3"也可记作"3×6"之后应如何处置乘法交换律?由此可见,教材的编写与完善也非易事!

构成教学的基本成分有教师的活动、学生的活动和教材。因此,"我们在建构小学数学教材时,既要考虑数学本身的知识结构,也要考虑儿童本身的认知结构及其数学认知过程的特点"[19]:首先是小学生的主导思维的发展过程,是一个从具体思维逐步过渡到抽象思维的过程;其次是儿童掌握数学概念的层次性,儿童在认知数学概念过程中产生的矛盾,儿童的解题策略思想,儿童数学认知成分的相互作用等;第三是结合具体的数学知识内容,研究儿童的认知结构及其数学认知过程的特点。但是,如何把这些研究成果整合进小学数学课程研究尤其是其教材建构、开发和编写当中,可能要走的路还很长,估计也不会过于平坦——无限风光在险峰!

其实,小学数学课程教材研究中还有许多涉及具体内容或层面的理解与呈现问题。"初等几何"可谓首当其冲。有研究者早在20世纪80年代中期就认为,中学数学内容的更新可从精简初等几何课程的内容开始,但与此同时,应在小学数学课程中充实几何内容[20]:① 学习数学若能从几何与代数两个方面同时并进,才算是符合历史的发展过程,而且,在多年的小学数学教学中,虽然几何的内容很少,但从学生的学习效果和学习兴趣来看,学生既喜欢学,也能学得好;② 具体可包括直线、射线、线段、两点间的距离,角及其度量、角的分类、垂线及其画法、角的平分线及其画法、三角形及其边和角之间的关系、三角形的画法、两三角形的全等、三角形面积的度量,(凸)多边形及其角的关系、正多边形及其画法、多边形面积的度量,特殊四边形及其周长和面积的度量,圆及其画法、圆心的确定、等分圆周、圆周长与圆面积的度量,基本几何体及其表面积和体积的度量;③ 教材的编排,仍应以算术为主线,而把(实验)几何内容有机地穿插进去;教学内容的宽度,应既包括一些几何图形的概念和性质,也包括计算、绘图、测量等;教学方法的改革,应以"启发式的精神"为主导。时至今日,"初等几何"在小学数学中既有扩大又有深入的可能[21]:小学数学中的几何不能局限于平面部分,平面几何也不能局限于"微观空间",而应注重联系"三维空间",并关注"二维和三维空间的关系",譬如,识图以及简单的读图和画图内容适合在小学低年级安排,且可尽量以"生活到生活"的方式呈现。但如何引导学生理解"从不同的方向看",进而从正投影的角度理解视图,可能仍然还是课程编制和教材开发需要深入思考和具体研究的问题。

数学史的内容一直都在小学数学课程教材中有所体现,但数学文化概念在"课程标准"中的出现,已使得数学史具有了更为广泛的育人价值[22]:数学史知识能激发儿童学习数学的兴趣,能使儿童更好地理解数学,还能培养儿童的创新精神和实践能力。但就其内容设计和呈现方式的专门研究可能还有待加强——可在现有"阅读材料式数学史"和"习题内容引出数学史"两种设计模式基础上,再增加"学习内容引出数学史"和"数学史引出学习内容"两种设计模式;并同时体现出"文字为主"、"图片为主"、"连环画"和"视频光盘"等呈现方式。其实,问题的实质可能还在于,我们不能简单地将数学文化等同于数学史、将数学史等同于数学史料,而应从数学文化的视角来看待"数学"、从数学文化史的角度来看待"数学史"——数学不仅具有其独特的文化价值与人文意蕴,而且与其他文化有着千丝万缕的关联,更为重要的是,它有自身的范围、层面与局限,既不可将其降低到工具层面的"仆人"地位,亦不可将之抬高至全能层面的"皇后"地位;数学文化是多样的,数学不仅具有其一般社会、文化的意义与作用,也拥有其在不同文化及其传统中的多样性甚至异质化的功用与价值,更为重要的是,这种多样性是变化的,但却很少是巨变的,尤其是在观念层面上,情况更是如此。

应用题及其解法是我国传统数学的主要呈现方式,也是我国小学数学课程教材中的重要内容之一。但是,在现行课程标准之"解决问题"目标要求和相应的国际背景中,如何重新理解和超越应用题,可能是未来应用题变革所要关注的核心问题。而"数学应用"体系的建立和完善可能便是其出路[23]:① 应在内容范围上有所扩展——全方位地覆盖"数与代数"、"空间与图形"、"统计与概率"和"实践与综合应用"四个内容领域,其"应用"不仅应包括实际问题中的应用,也应包括纯数学问题中的应用;② 应在"问题解决"相关理论指导下编制——其所涉及问题的覆盖面要广、形式则要多样,其"解题引导"既要体现问题解决的一般过程,也要体现解决策略的多样性,还要注重提高学生提出问题的能力,更要着眼于学生数学思维品质和数学精神的全面提升。无论应用题如何变革,其促使学生把所学数学知识同实际生活和一些简单的科学技术活动联系起来,从而使其既了解数学的实际应用,又初步培养其运用所学以解决实际问题的能力,都应该是其不变的目的和不懈的追求。

众所周知,"学数学不做练习"可谓天方夜谭,由此可见练习体系之于小学数学课程教材的重要性。有研究者针对"人教版小学数学实验教材",运用内容分析方法对其"练习系统"

进行分析后发现[24]：① 其半数以上练习题都有插图，而且插图色彩鲜明，内容丰富，与练习题中所要解决的问题密切相关；② 增加了估算、探索、开放和实践等新题型，而计算、选择、填空、判断、画图和应用题等传统题型则呈现出许多新特点（譬如，有应用题其问题和条件可能都没有明示，而是隐藏在"情景图"中）；③ 其所涉及素材包括实物、学生生活、社会生活，以及时事问题、环保问题和土地问题等。但是，如何在实际教学中用好这套拥有"趣味性、生活性、探究性和拓展性"的练习系统，可能以下两个问题都需要深入研究：① 认识问题——教师与教科书的关系，学生与教科书的关系，家长与教科书的关系；② 使用问题——如何从教本教材走向学本教材？如何有效运用新题型？如何创造性地运用传统题型？如何学习与综合各方面的知识？如何营造浓厚的数学文化氛围？

算盘是我国发明创造的计算工具，而珠算则是建立在算理基础上的一套计算体系。它们曾是小学数学课程教材中的必修内容，也曾弱化为选修内容甚至取消。那么，在计算器和计算机甚至网络普及如"空气必需而无知"的大势下，如何理解珠算及其数学教育价值可能是左右其在小学数学课程教材中去留、留多留少的关键问题。有研究者在回顾珠算在 1950 至 2000 年间我国小学《数学课程标准（或教学大纲）》中"逐步弱化乃至取消"的变化，以及对比 1948—2008 年间日本小学数学《要领》中的"始终保留"后强调指出[25]：① 珠算有其特有的教育功能——使用算盘能集中学生注意力，增强学生记忆力，提高学生观察力，提高学生信息处理能力；② 所以，应将珠算纳入我国小学数学课程标准，甚至取代所谓的"计数器"。但是，问题的实质可能不在"珠算有何教育功能"，而在"其是否拥有不可替代的教育功能"。

关于小学数学课程教材的研究可能不仅是一个理论问题，而且更有可能是一个实践问题，但理论研究对实践的指导肯定既是一个理论问题，又是一个实践问题，值得多方和多领域合作——惟有如此，方可有大的改观。

三、教学设计

有效的教学设计应是小学数学课堂教学有效的必要条件，因此，教学设计就不只是一个教学理论问题，可能还是一个教学实践问题。

针对"如何进行有效的小学数学教学设计"这一问题，有研究者认为应围绕三个问题来展开[26]：① 去哪里？即目标问题——处理好课程标准、教材和学生水平三者之间的关系，同时关注认知、情感与动作技能等目标的不同层次，以确定恰当的教学目标；② 如何去？即分析、选择和组织问题——分析学生的起始能力、背景知识和思维过程与特点，以及学习兴趣与态度，分析与组织教学内容，选择教学方法，以最大限度地调动学生学习的积极性，凸显其主体地位和教师的主导地位；③ 到了没？即评价问题——参照教学目标，了解学生的数学学习历程，既关注其学习结果更关注其学习过程，既关注其学习水平更关注其在数学活动中所表现出来的情感与态度。但教学设计所涉及的因素众多，如何有效、合理、恰当地把握这些因素确实是一个难题。故，有研究者在强调"教学设计的主旨是以学习者为中心的学习环境设计"时特别指出，应以"多要素、多视角的和谐"为诉求[27]：① 数学知识的学校形态和原始形态（还有一种科学形态）的融通——在历史的长河中领悟知识的数学本质；② 实践经验和教育理论的结合——在理性的分析中体悟学生的学习障碍；③ 意义建构与文化传承并举——在递进的反思中完成认知结构的重组。理论研究固然可以提升教学设计的科学性和设计水平的层次，但现实中小学数学课堂教学设计所存在的矛盾与问题亦不容忽视或淡化[28]：① 应避免"信息堆积"，以实现"文本理解"；② 应避免"静态知识梳理"，以实现"动态思维历程"；③ 应避免"视学生为工具"，以实现"学生主体性回归"。而这些矛盾的缓解或问题的解决，可能更需要甚为具体的设计研究与实践尝试。

有研究者在肯定培养学生解答应用题能力重要性的前提下，指出其有内容扩大、难度趋于降低、重视学生对解题一般策略的掌握和加强方程解法使之与算术解法相辅相成等改革趋势，并认为其教学设计应注意[29]：① 抓好简单应用题的教学——初步理解和掌握四则运算的意义，使学生学会分析数量关系，紧密联系运算的意义来选择运算方法，培养检验的良好习惯；② 加强应用题之间的联系——简单应用题的内在联系，复合应用题与简单应用题之间的联系，复合应用题之间的联系；③ 重视教学解题的一般策略——条件和问题收集，分析数量关系，拟定解答计划，解答，检验与评价；④ 重视变式练习——改变叙述的顺序，改变叙述的方式，有多余的条件，改变个别已知条件和问题，使其具有不同的或特殊的解法；⑤ 适当增加探究性的题目——适当出一些开放性、探索规律性和非常规的题目。有研究者在强调"小学生所学数学概念与运算，均可找到相关的现实原型"时认为，"运用现实原型来设计小学数学概念教学"要注意[30]：现实原型应涵盖有关概念的全部内涵；其所包涵的数量关系要简洁，数目不宜过大，以免在运算方面分散精力；变换现实原型的具体"题材"，保留内在的数量关系不变；提醒学生记住原型中典型的数量关系，以及相应的操作（因为现实原型有促进学生理解外部数量关系、内部操作的形成和迁移等功效）。由于"数学材料的抽象性与小学生思维发展的具体形象性之间存在矛盾"，所以，有效的问题情境（个人觉察到的一种有目的但又不知如何达到这一目的的心理困境，即当知识不能解决新问题时而出现的一种心理状态）既可激发小学生学习数学的兴趣，调动其主动性、产生内在动力；又可激发其思维活动，诱发思维、引导思路。因此，问题情境的设计不仅要遵循展示性、发展性、结构性、延伸性和操作性等原则，还要遵循如下一些设计策略[31]：① 创设"小步距"问题情境，注重问题情境的有序性；② 创设"变式"和"矛盾式"问题情境，注意问题情境的发散性；③ 创设精致性问题情境，注意问题情境的策略性；④ 创设"栩栩如生"的问题情境，注意问题情境的形象性；⑤ 创设"知识丰富域"问题情境，注重问题情境的具体性。"三算结合"教学强调珠算、笔算和口算"三算"之间的相互促进，因此，有研究者在归纳、总结自1917年前后就已开始的近百年的教学实验基础上，认为"三算结合"教学设计应注意[32]：① 为学生形成数的概念以及进行计算提供有效的支持；② 力使珠算充分发挥多种教育功能（譬如，算盘的学具和计数器功能等）；③ 在口算、笔算和珠算三种方法的变换交替中学习，以便于学生理解加与减、和与差、乘与除、积与商的相互变化及其对立统一关系，便于学生理解各个数学概念之间的联系与区别，数与计算的产生与发展等。

数学的发展离不开问题的提出与解决，其实，数学的学习也离不开问题的提出与解决。因此，有研究者针对"课堂教学中如何有效运用数学问题来帮助小学生学习数学"这一问题，强调指出应充分发挥"问题连续体"的作用[33]：① 单一性问题——师生都知道问题、方法和答案的问题；② 再现性问题——以了解个别范例的事实为目标，要求学生对问题思考解决的问题；③ 引导性问题——以使学生形成概念、掌握规律为目标的问题；④ 参与性问题——以使学生运用所掌握的概念、规律或原理，解决以主题范围内的定向问题为目标的问题；⑤ 创造性问题——促使学生在主题范围内自行发现与主题相关、并提出问题或解决方案，进而解决问题的综合性问题。小学生数学能力的培养离不开问题解决，但其能力的进一步提升更离不开对"解决问题的策略"的理解、掌握与运用。因此,有研究者认为在开展数学"解决问题的策略"的教学设计时应注意[34]:① 对数学"解决问题的策略"及其相关概念和它们之间关系的理解——其所蕴涵的数学基本思想或方法是核心;② 尽管数学"解决问题的策略"的教学离不开具体地解决问题或解决具体的问题,但其教学目标不能有所偏离——"策略"所蕴涵的基本数学思想或方法始终是其教学追求;③ 为了既不削弱数学"解决问题的策略"的教学效益,也不弱化其掌握水平,课堂教学实际中应力争避免——过度强调"问题的解决"而忽视"解决问题的策略",过分关注"计算纠错"而无视"解决问题的策略"的过程揭示。

这样看来,一般的通用小学数学教学设计原理或策略似乎已不可多得。但有研究者在总结、概括与反思自己个人几十年的小学数学教学实践与研究基础上,建构了一个"一般的小学数学课堂教学设计框架"[35]:① 培养一个兴趣——调动其学习兴趣,引导学生喜欢学数学;② 狠抓两个基本——口算基本训练,应用题基本训练;③ 体现三个为主——以学生为主,以自学为主,以练习为主;④ 做到四个当堂——作业当堂完成,当堂校对,当堂订正,当堂解决;⑤ 应用五步教学——出示尝试题,自学课本,尝试练习,学生讨论,教师讲解;⑥ 实施六段教学结构——基本训练,导入新课,进行新课,试探练习,课堂作业,课堂总结。而且可编成一段顺口溜:一个兴趣两基本,三个为主四当堂,五步教学六结构,认真运用能成功。但是,正所谓"教学有法,法无定式,贵在得法,妙在创式"。其实,教学设计的研究空间还很大,只不过其不变之法可能仍然还是"促进学生的发展",而"发展的内涵与外延"则会随着时代的进步与科技的发展而有所深化与拓展。

四、教学方法

教学方法可谓是小学数学教师和教研员最为熟悉的一个教学论"专业术语",自然也是他们开展教学研究最为普及和较为深入的领域之一。

针对"讲解法和质疑讨论法教学效果的异同及其对发展学生智力、培养学生能力的差异"这一问题,有研究者在"数的整除"教学中采用等组实验法,进行比较研究(讲解法:教师讲解—学生看书—练习—教师初步小结—再练习—教师纠错、评讲—教师总结,质疑讨论法:学生看书质疑,或者教师设疑、学生看书—师生共同讨论—引导学生看书并启发其自己思考、得出结论—练习—集体讲评—再练习—学生总结;16课时),结果发现[36]:在教学过程与即时的效果检测中,两种教学方法的效果无明显差别;就实验结果之总体情况与学生掌握教学内容之要点而言,"质疑讨论法"的效果明显优于"讲解法";就学生掌握知识的巩固程度而言,"质疑讨论法"的效果也明显优于"讲解法";相比较而言,"质疑讨论法"更有利于发展学生的逻辑思维能力和自学能力。

针对"低年段小学生因口算不熟悉而导致其三年级数学(计算)成绩下降"这一问题,有研究者运用"学生自练口算卡片"(10以内加减法90片,20以内加减法72片、乘法45片及相应的除法80片)这一教学手段,并采用个案试验、对比试验和推广验证试验,以探寻"提高低年段小学生口算能力的有效教学方法",结果发现[37]:采用自练口算卡片后,不仅学生基本口算技能趋向熟练、能力提高,而且对稳定其三年级数学成绩起到了促进作用;应按照儿童形成口算的准确、熟练程度之三个心理活动阶段(借助于事物或手指进行计算、运用头脑中对事物的表象进行心算、熟能成巧地形成自动反应)运用"学生自练卡片"进行教学。

针对"'20以内退位减法'的'破十法'(十几减几,个位不够减,从十里减,所得的差再与被减数个位上的数合起来)和'互逆法'(以加算减,即根据加减互逆关系来推算)两种教学方法谁优谁劣"这一问题,有研究者采用对比实验法,进行比较研究,结果发现[38]:总体而言,"破十法"的教学效果较好,具体教学时,可先让学生掌握"破十法"的口算规律,然后再根据加减互逆关系,用"互逆法"进行加减对比练习,这样既可减少学生机械记忆的负担,也可提高其口算速度。

以上三项研究均是结合具体数学内容的教学方法的"实验研究",很适合一线教师和教研员尝试,并逐步深入地开展。只是在研究设计时应明确各种变量,注意诸多干扰因素,并在研究实施过程中尽可能地加以控制,或者在数据分析时详加剖析。

针对"小学数学应用题教学的类型化及其顺序化(加法、减法、乘法、除法、正比例、反比例)"这一问题,有研究者在确认"数学是一门结构性很强的学科"之前提下,分析指出,"小学数学应用题知识结构中最基本的因素是三量关系:$A+B=C$、$C-A=B$、$C-B=A$ 和 $A\times B=C'$、$C'/A=B$、$C'/B=A$",并且只要小学生掌握应用题的上述基本结构,就能转化为较完整的认知结构。经过两年多的对比实验,结果表明[39]:结构教学有助于学生深刻理解数学概念和算理;结构教学能使学生形成完整的认知结构,从而能促进正迁移减少负迁移;结构教学能充分调动学生的学习积极性。但是,现行的小学数学课程标准中有哪些具体的数学结构?这些数学结构如何才能够逐步地转化为小学生的数学认知结构?对各年级小学生的数学认知结构应提出怎样的要求才算科学?作为一线教师,如何改造教材以适应学生认知准备,并改善或提升其认知结构?……这些问题都是很值得系统、深入的研究。

针对"启发式教学的'启而不发'"这一问题,有研究者在总结相关实践探索经验的基础上认真回答了这样两个问题[40]:① 为什么要提倡启发式教学? ③ 怎样进行启发式教学? 前者的答案是,启发式教学有利于调动学生学习的积极性、有利于学生理解和掌握知识、有利于发展学生的智力。后者的答案是,利用数学的魅力(譬如,新、奇、特),激发学生学习兴趣,调动学生学习积极性;创设问题情境(譬如,在"点子"上设问、在"衔接处"设问、在"联系处"设问、在"思路"上设问),启发学生动脑筋,想问题,养成思考的习惯;注重实际(譬如,引导学生学会从具体活动过渡到抽象思维、引导学生学会从旧知识过渡到新知识、引导学生学会学习的方法),诱导学生用各种器官(眼、耳、手、口、脑)参与学习,养成爱学习、会学习的习惯。

针对"小学低年级学生只能进行具体的形象思维,除了学习自然数的四则运算外,不能学习更多的(数学)知识"这一观点,有研究者提出了质疑,并进行了长达7年的"实验研究",其结果是可喜的,其主导思想、教材处理和教法设计分别主要是[41]:① 从我国少年儿童的实际出发,根据智力发展的规律,科学地安排少年儿童每一年龄特征阶段可掌握的知识;发展智力、发展思维是数学教育的首要任务;改革教学方法,使少年儿童能主动地、生动活泼地、有趣味地学习数学,从而充分调动他们的学习积极性。② 从内容选取与编排等方面改革传统教材中不足之处,从小学开始就采用经验几何、平面几何、立体几何、解析几何一条线;算术、代数、三角、微积分初步一条线,二线并进,相互渗透的知识结构来组织教材(加强数与形之间的联系与渗透,加强数与式的联系,加强等量与不等量之间的联系与比较,加强与其他学科的横向联系,教材内容要符合儿童的智力发展水平)。③ 改革我国课堂教学长期以来由复习旧知识、讲授新知识两个环节组成的模式,采用渗透式教学法(将课堂教学改为三个组成部分,除复习旧知识、讲授新知识外,课上常留出几分钟时间,有计划地与学生谈谈后几节课,甚至后半年或一年所要学的知识。同时加强课内练习,强调学生动脑,动口(回答问题、讨论问题),动手(运算、解题),加强知识的小循环,减少课外作业。之所以采用"渗透式教学法"的原因是,少年儿童的求知欲强,每天都有无数"为什么"在头脑中打转,他们渴望学到新知识;培养创造性思维是发展智力的重要方面;教师所用的教材、教法、教具都是外因,必须通过学生的内因才能发挥作用)。

针对"探求适合农村小学实际的'探究—研讨'教学路子"这一问题,有研究者采用对比实验研究,历时 5 年(从小学一年级到小学毕业),始终坚持 4 个基本观点(学习、长效、求实、发展),调整教材结构(小动不大动、适当提前、适当合并),改革课堂结构(提供材料—个人探究—组织研讨—引申应用),加强横向联系(用数学学科的改革去影响和带动其他学科的改革),结果发现[42]:与对照班相比较,实验班学制缩短,学习成绩显著提高;实验班学生智慧潜力得到较充分的挖掘;实验班学生身心健康发展。由此至少可以部分地说明:"探究—研讨"教学法① 符合儿童心理发展的特点,有利于激发儿童发展的兴趣;② 符合儿童认知过程的规律,有利于其智力的发展;③ 摆正了教与学的关系,有利于儿童自主、探求、创新精神的形成和发展;④ 充分发挥了学生间语言的相互作用,有力地促进了其语言的发展。

上述四项研究可谓都是专门研究者、教研员和一线教师共同开展的教学方法实验研究,并具有一定的整体性和系统性,很是值得肯定。这种"三结合的研究团队"在我国"第八次课改"十年后的今天,更是值得鼓励、提倡乃至"一以贯之"地践行。

针对"如何把'情景教学理论'运用于小学数学课堂教学"这一问题,有研究者开展了为期 2 年的等组对比实验研究[43]:① 理论假设——电教手段所具有的声、光、色、形、动等特征的组合,会吸引学生的注意力,唤起好奇心,产生刺激的愉悦感;情景的内容具有直观性,展现现实的客观性让学生循着数学的发展轨迹(校正的)去发现数学规律;学生与情景的相遇会产生两"场"两"回路"(认知场,学生通过内化获取知识,教师输出认知信息—学生接受认知信息—教师回收反馈信息;情绪场,学生通过情感交流而完善人格特征,教师传递情感信息—学生接受或产生情感信息并作出反应—教师接受反馈信息)。② 实验操作——情景创设原则(数学化、充分必要性、略示启迪性、媒体优化);情景教学方法(趣味情景、问题情景、活动情景、知识的联接点与分化点、反馈情景、竞技情景、教学节奏、体态情景、榜样情景、鼓励性评价);情景教学课堂结构(创设情境,诱发动机—探究情景,以知激情—模仿情景,想象体验)。③ 研究结论——情景教学实现了认知与情感共同发展,培养了学生对数学的兴趣爱好,到达了乐学的目标;培养了学生的非智力因素,诱发了学生的无意识学习心理,开发了学生右脑,提高了学生的学习效率;提高了课堂教学的质量,找到了一条改革课堂教学结构、提高课堂教学效益的途径和方法;扩展了学生的思维,培养了学生创造性思维;融洽了师生间的关系,增强了合作精神。由此可见,该项研究的结论与其理论假设之间缺乏必要的对应性或一致性,过于笼统和一般。

针对"如何再深入地发展尝试教学"或"尝试教学法应如何与其他教学法配合,以形成具有中国特色的小学教学法体系"这一问题,有研究者把"尝试教学理论"引入到"目标教学"当中,开展了为期 2 年的对比实验研究[44]:① 理论基础——整体发展原理、目标期望原理、情感激励原理、反馈调控原理、系统结构原理、自主活动原理。② 实验操作——"六结构、五环节"教学模式——基本训练、导入新课(亮目标)、进行新课即实施五步尝试(议目标)、再尝试练习(练目标)、课堂作业(测目标)、课堂小结(评目标)。① 研究结论——与对照班相比较,在计算方面实验班学生没有显著优势,但在对基本概念的理解和对应用题的分析推理等方面实验班学生有显著优势,在学习风气、自学能力、对数学学习的自信与自觉方面实验班也明显高于对照班。② 基本认识——尝试教学理论具有兼容性,是封闭与开放的辩证统一;也具有概括性,是复杂与简约的辩证统一;还具有探索性,是继承与创新的辩证统一;更具有发展性,是教师的主导性与学生的主体性的辩证统一。尝试教学法的创始人邱学华则认为"尝试教学的奥秘"在于[45]:从小学到中学,从"先讲后练"到"先练后讲",从满堂灌输到练在当堂,从胆小怕事到大胆创新,从崇尚西方到发扬中国特色。由此可见,要想使某种成型的教学法保持"常新"样态,就必须不断地考虑新情况、新问题,并加以尝试新的结合。现在的问题是,"尝试教学"如何在解决小学数学"十年课改"中仍然没有解决的"老问题"、出现的"新问题"中发挥其应有的或可能的作用?

针对"小学数学教学中'重教轻学'"这一问题,有研究者在已有"课堂教学结构改革尝试"基础上,为达成"小学数学教改"的"四化"目标(基本训练系列化、课堂结构高效化、教学过程最优化、教学内容现代化),提出了小学数学"十步教学法"的课堂结构[46]:课堂复习—新课铺垫,导入新课—激发兴趣,设疑自探—自学实践,解疑悟理—信息反馈,归纳总结—掌握关键,基础练习—消化理解,新课发展—灵活运用,综合训练—智能发展,课堂总结—整理提高,布置作业—巩固深化;并自认为该法有以下作用:养成了学生的读书习惯,体现了"以学生为主、以自学为主、以训练为主",发展了学生的求异思维。由此可见,该项研究是典型的经验研究,有待深化与验证。

针对"如何在传统教学的基础上,充分利用现代教学手段提高小学生的数学能力"这一问题,有研究者在分析讲授法、启发式教学法和发现教学法的优劣基础上,提出了"小学数学动像发现教学法"这一概念,并历时5年的实验研究与经验总结,结果发现[47]:① 该教学法的教学流程应是"四环九步"——创设情境(复习准备、情境设疑),动像启发(例题演示、类题再现、想象验证),归纳发现(归纳领悟、概括核实),巩固提高(分层巩固、探求发展);② 该方法是对"发现教学法"的突破,有利于在我国特定教学环境中推广;③ 该方法可在小学数学教学中培养学生的形象思维能力。此外,在研究过程中还研制出一套配合"动像发现教学法"的投影片,以及32个"动像发现教学法"的实验教案。该项研究是现代教育技术发展背景下的教学法改革的典型案例,值得肯定,更值得推广。

针对"全日制义务教育数学课程标准(实验稿)"所提出的"实现不同的人在数学上得到不同的发展"这一目标,有研究者提出了"小学数学分层异步教学"这一教学方法及其实施策略[48]:① 其含义主要是"分层施教、异步达标、保底扩顶、各有所得";② 其教学流程主要是分层目标,问题情境(合),独立学习—多元求解,合作交流—教师点拨,师生讨论—小组交流(分),交流、归纳、评价(合),拓展练习、提高练习、巩固练习(分);③ 其实施策略主要有学生层(组)划分、目标设计和选择、分层设问、个别指导(过渡引导、分类指导、延展学习时空、提优补差)、分层练习、合作互助、区别评价、习惯矫正和环境支持等几个方面。这确是一项美好的构想,但需要广泛的实践来加以验证或修理。

针对"在新一轮数学课程改革背景下,小学数学课程实施者是如何进行课堂教学评价的"这一问题,有研究者开展了质性研究(对采用"典型个案抽样"法所选取的3名小数教研员和 2 位名师进行访谈),结果发现[49]:① 每个人的好课标准都不尽相同,评课时,对某些教学现象亦有不同见解;② 在构建好课的标准时,教学设计、学生参与情况、教学目标的落实、数学思考等受到普遍关注;③ 评课时,学生在教学活动中的表现是大多数评课者的关注点,以学评教是普遍的做法;④ 小学数学课程实施过程中出现的一些问题正在受到关注。并因此得出结论:① 课堂教学评价应该是交流、协商、理解的过程;② 数学课程改革面临的许多问题需要在两种极端之间平衡解决;③ 课程实施是一个不断调整、适应的过程。这类研究给人的感觉是亲切、具体、实在、可信,但缺乏必要的推广效度,因此,需要大量类似的研究,以判断"问题答案"的一致性。

其实,就教学方法本身而言,它们之间并无优劣、高下之分,只有在具体的教育教学情境当中,它们才有适合与否、有效无效、高效低效等问题。因此,对教学方法的研究就不能脱离教学目标乃至教育目标、教学内容乃至学科思想、学生认知乃至学生情意、教学条件乃至教学环境、学习评价乃至教学评价、教师水平乃至教学风气等诸多因素或方面而单干。

五、教学心理

就"课程与教学"理论研究和实践探索而言,"教学心理"问题始终都应是其核心基础或关注焦点。不仅课程的设计、教材的编制、内容的呈现等不能脱离儿童发展的一般规律与具体特征,而且教学的设计、学习(活动)的组织、(教学)内容的展示、(学习)效果的评判等也不能无视学生发展的"具体情况"、"实际水平"及其愿望追求。

针对"小学数学教学应按不同年龄循序渐进"这一问题,有研究者在明确"儿童心理的发展必然形成年龄阶段性"和肯定"小学阶段儿童思维发展的一般的、基本的、本质的特点(从具体形象思维为主要形式逐步过渡到以抽象逻辑思维为主要形式)"与"年段特征(低年段以具体形象思维为主、中年段从具体形象向抽象思维过渡、高年段开始以抽象逻辑思维为思维的主要成分)"这些前提后,强调指出[50]:小学数学知识系统的"序"要符合学生认识规律的"序",并在量与质两个方面都分别逐步增加与提高;小学数学内容中的各部分知识应自成体系,由浅入深、由易到难、循序渐进、螺旋上升;对不同年龄阶段的儿童提出不同的要求,学习不同的内容,以体现教学的阶段性;不仅如此,而且要注意各部分知识之间的联系、注意概念的不断深化。

针对"小学生是如何理解和掌握数学知识的"这一问题,有研究者结合"数概念、加减法、乘除法"的学习过程分析、相关文献分析与实际观察和访谈后,特别指出了"基于数学学习理论的教学策略"[51]:学生的生活经验是小学数学学科的基础;情境设计和利用在小学数学学习中具有重要意义;学生学习数学经历了一个"数学化"的过程;思考是小学数学学习的核心;数学学习是一个再创造的过程。因此,"经验"、"情境"、"数学化"、"思考"、"再创造"是小学生数学学习的基本要素,学生是数学学习活动的主体,思考是其本质。

针对"培养儿童思维时,如果完全应用方法训练则会不利于学生对思维方法的迁移;而如果完全通过学科渗透则又不利于学生对系统思维方法的掌握"这一问题,有研究者将两者结合起来,研制开发出"学思维"活动课程,甚至提出了相应的教学原理、教学原则和教学模式,并在 100 多所中小学实验,结果发现[52]:"学思维"活动课程不仅能有效促进小学生思维能力的发展,而且还能够促进小学生的创造性思维能力的发展,以及有效提高其语文和数学成绩。

上述三项研究可谓都是一般化的"教学心理"研究,其意义主要在于,它们能够为我们提供一个"观念性"的思想框架,并以此来促进我们对小学数学"课程与教学"诸多方面尤其是具体数学内容的学习、解决问题能力的培养,以及"小学数学教学整体改革"的设计与实验的更为深入、细致、系统的思考。

针对"如何在小学一年级有效地教授数轴"这一问题,有研究者在总结国内外已有相关研究基础上,就① 6、7 岁儿童能否接受数轴思想? ② 6 岁儿童与 7 岁儿童在接受数轴思想方面有何差异? ③ 借助数轴加、减法的难点是什么? ④（1978 年）现用课本对这些数轴题的安排是否合适? ⑤ 在 20 以内的加、减法中结合数轴进行教学,对教学效果有什么影响? 这样 5 个问题开展了实验研究——38 道数轴题,甲班(6 岁)、乙班(7 岁)、丙班(7 岁)——甲乙两班集中两阶段教授、丙班分散教授——结果发现[53]:① 7 岁儿童能够接受数轴思想,6 岁儿童也能够接受数轴思想。通过教育与培养,他们还能掌握一些一般原理来解答未学习过的加减法问题。② 在结合数轴学习 20 以内的加减法中,看不出 6 岁儿童和 7 岁儿童在心理特点上有明显的差异和什么"质"的不同。但 6 岁儿童在掌握数学知识和技能方面要达到 7 岁儿童的水平,需要较多的时间,即他们学习数学的新教材要慢些,练习的时间要多些,但经过复习巩固后,能和 7 岁儿童掌握得一样好。③ 20 以内的加、减法结合数轴进行教学,能提高教学效果。数轴教材的适当集中和合理安排,可以较明显地提高教学效果。④ 20 以内的加、减法用数轴来进行教学,难点是"中间环节",采取有效的措施可以解决此难题。

针对"数学教学与儿童思维发展的关系"这一问题,有研究者在农村小学一年级开展了对比实验研究(实验班:自编教材;① 教学进度快,一年学完将近两年的课程;② 内容难度大,下放了二、三、四年级的部分内容;③ 体系安排突出知识的内在联系,抓住知识锁链上的关键环节,使知识由繁变简,由难变易,由多变少,引导学生把主要精力用在掌握知识的规律性上;④ 注重知识的应用,适当增加了应用题的分量,并且从一开始就出现了口头应用题;⑤ 以新带旧,避免简单的机械重复,在学习新知识中复习巩固旧知识,以引起儿童学习的兴趣。普通班:常规教材,常规教法),结果发现[54]:农村小学的一年级儿童千真万确学会了八位数的读和写。因此,"儿童的思维发展,究竟还有没有潜力?""我们的教学,是立足于消极适应,还是立足于积极发展?""我们的教学,是着眼于发展思维,还是着眼于掌握知识,还是二者兼顾?"等问题,就很值得我们结合具体数学内容的学习,具体深入地开展理论研究和实践探索。

针对"儿童认知结构的发展变化及其规律"这一问题,有研究者对"儿童交集概念和解交集数学题能力的发展"情况进行了"调查与测试"(语言、图片和实物操作,个别测试),结果发现[55]:小学儿童已具备掌握简单交集概念的心理基础;对交集的认知包括概念、表象、感知操作等成分的交互作用,其中表象、感知操作成分具有重要意义;儿童解交集课题是一种主动积极的认知活动,他们主动思考,采用策略,通过实物和图片的帮助而上升到概念水平上的理解。其实,这也为"交集"教学提供了心理学上的依据。

针对"7—12 岁儿童数概念发展的特点、一般过程和规律究竟有哪些"这一问题,有研究者对其所选取的 7—12 岁的 90 名儿童(按实足年龄分为 6 组,每组 15 人)进行了测试(包括认数、数序和系列、数的组成和数概念的应用,个别测试),结果发现[56]:数概念是随着年龄的增长、年级的升高而发展的。这一发展过程并非直线上升,既存在着起伏现象,又有个别差异。不过从整个发展过程来看总是前进的。具体而言，① 从逐一计数过渡到"按群计数"，入学前并未完成，未受学前教育的儿童表现更为明显；② 几何图形知觉的发展，首先是线段知觉，其次是平面图形知觉，最后是立体图形知觉；③ 关于思维能力的发展，例如抽象与具体化，概括与推理等能力的发展是逐渐提高的；④ 运算能力的发展与运算方法密切联系着。

针对"课程结构与教学中的逻辑程序究竟应是何种关系"这一问题，有研究者分析了"小学二年级数学教学中'倍概念单元'的逻辑结构"（倍概念表示一种数量关系，在比较中产生，因此，教学的第一步是树立比较的思想；"倍"是在比较中产生的，比较就得有个标准，或以大〈多〉的数为标准，或以小〈少〉的数为标准，因此，教学的第二步是确定标准；倍概念中隐藏着包含关系，以小〈少〉数为标准，则大〈多〉数里包含1个或1个以上的小〈少〉数，因此，教学的第三步就是辨别包含关系），并对其开展了对比实验教学研究（实验班严格按照这一逻辑结构进行讲授："两个数进行比较，我们以小的数为标准数，大的数里包含有几个标准数，我们就说大数是小数的几倍"；对照班采用一般的教学方法与教案），结果发现[57]：① 课程结构对小学二年级学生的倍概念掌握起促进作用；② 突出强调包含关系这个因素是倍概念教学中的关键。

上述五项研究都是具体数学内容的教学心理研究，问题明确具体、设计科学合理、资料收集方法多样、结果分析与讨论周详、结论既有信度又有效度。但是，这类研究对研究者的要求较高，多为专业人员所为。当然，在具体的研究过程中也有一线教师或教研员的劳动付出与智慧贡献。

针对"如何更为有效地开展思维训练"这一问题，有研究者在归纳、概括已有两种方法（思维技巧训练课程与其他课程中训练思维技巧）的局限（不与专门知识相结合的一般思维训练只是对日常生活问题的解决有良好的效果，在知识的领域却很难促进学生的学习；而把思维技巧糅合进其他课程中讲授，就有被淹没的危险）基础上，"以教方法的形式，结合专门学科独立开设思维课"，采用等组实验的方法（两个班均依据"学习能力""数学基本知识""数学难题"三测验，均分成实验组和控制组；采用自编教材；实验组讲授6种解应用题的方法，与此同时控制组做与实验组相同的练习），结果发现[58]：专门开设解题策略的思维课，在较短时间内，可提高学生的解题能力，且训练的解题方法能迁移，尤其是中等生受益最大。

针对"学生学习数学应用题的障碍到底表现在哪些方面"这一问题，有研究者归纳为4个方面的障碍[59]：① 由复杂的问题背景引起的障碍（客观现实的多样性和复杂性使得实际问题的背景很复杂，它涉及客观物质现象、社会生产和社会生活的方方面面；问题表述的背景的差异或者客观陈述的顺序的不同；数学应用题本身的表述）；② 由不理解基本术语的意义引起的障碍（包括某些专业术语和表示数量关系的基本概念术语）；③ 由泛化律（由"条件反射"而形成）引起的障碍；④ 由认知图式的检索（缺少基本图式及其等价形式与变式）引起的障碍。

针对"小学数学学优生与学困生在解决比较问题时的差异及元认知对解题成绩的影响"这一问题，有研究者采用实验法和临床访谈法开展了实证研究（从一所小学随机抽取出两个三年级班级，再分别从每一班级中抽取"数学能力"最强和最弱的学生各10名；8道两步比较问题，一致性问题和不一致性问题各4个），结果发现[60]：① 学优生和学困生解决比较问题的成绩差异显著，学优生在一致性问题和不一致性问题上的解题成绩均优于学困生（与其解题时所运用的表征策略有关);② 学生在解决比较问题中出现的主要错误为转换错误,在不一致性问题中出现的错误多于一致性问题中出现的错误;③ 学优生与学困生在元认知知识和监控技能上均有显著差异,元认知监控技能对解决比较问题的成绩有显著预测作用。

针对"我国小学生解决数学真实性问题时的反应情况及其与国外同龄小学生的差异"这一问题,有研究者借鉴国外研究者的研究思路以及研究工具,开展了实证研究(在常规课堂上对来自北京市两所小学 148 位 10—12 岁的小学生进行"真实性问题的测试"),结果发现[61]:① 我国小学生对真实性数学问题作出真实性解答的人数比例约为 1/4,高于国外同类研究中的比例;② 作出常规解答的人数比例约为一半,显著高于作出真实解答的人数比例;③ 六年级小学生作出真实解答的人数比例普遍高于四年级,但在某些问题上六年级小学生作出常规解答的人数比例反而高于四年级;④ 小学生对不同真实问题的反应存在一定的差异,这可能与真实问题的特点有关。

针对"小学数学课堂环境与学生问题解决能力之间的关系"这一问题,有研究者运用自编《小学数学课堂环境量表》(7 个维度:愉快、教师投入、知识相关、师生关系、学生声音、学生投入、学生协作,50 个题目的 5 点量表)和开放题,对选自吉林省长春市的 33 个班级的 1 416 名 4 至 6 年级小学生(其中,男生 732 人)进行了测试,结果发现[62]:① 小学数学课堂可分为建构型、中间型和传统型 3 种类型;② 建构型课堂的学生问题解决能力最强,中间型课堂的学生问题解决能力最差;③ 对于传统测验成绩,建构型课堂学生的成绩好于中间型课堂的学生,中间型课堂学生的成绩好于传统型课堂的学生;④ 结构方程模型的结果显示,课堂环境量表中"愉快"和"知识相关"两个维度对学生问题解决能力和传统测验成绩有显著正向预测作用。

上述五项研究都与数学(解决问题的)能力有关。总的来说,研究都还比较具体、深入,对小学数学课程的设计与编制、小学数学课堂教学的开展与改进,都具有切实的指导意义和借鉴价值,很值得我们认真学习与消化、实践尝试与完善。

针对"以'1'为基础标准,揭示数和数学中的部分和整体关系来重新组织这部分算术知识的结构,是否真的有助于儿童对数学概念的掌握及促进其认知能力的发展"这一问题,有研究者在大量前期研究成果的基础上,开展了系统性教学实验研究(辽宁黑山北关实验学校一年级班级,学生均为就近入学的小县镇儿童,重新编写了当时现用小学教材),结果发现[63]:① 在这样一种知识结构下,在同一教学时间内,实验班学生比对比班学生多学了近 150 课时的内容;② 实验班的历次考试成绩均接近或稍高于对比班;③ 在学习迁移能力等方面,实验班均高于对比班;④ 由此可见,"以'1'为基础标准揭示数和数学中部分和整体关系"这一原则可较为有效地应用于小学数学教学。这项研究是建立在已有相关研究基础上的"系统教学实验",不仅有专门的心理学研究人员的指导与参与,更有一线教研员和教师的投入与尝试,很值得学习与推广。

其实,小学数学教学心理问题的研究不仅仅是专门研究人员的课题,也可以是一线教研员和教师的"校本教研"课题,更应是这些人员携手合作、共同探讨、系统开展的教育研究领域。与此同时,教学心理问题也不仅仅主要是一个学生的学习问题,而且也应是一个教师的心理问题。而从后一视角出发所开展的研究并不多见,可谓是该领域未来发展的一个可以预见的趋势或方向之一。

六、衔接问题

"幼小衔接"一直都是小学数学课程与教学中的一个难题。通过对小学一年级新生的抽样调查和横向比较发现[64]：难题背后存在着一些误区——① 幼儿园数学偏重于小学一年级数学，内容上大同小异；② 幼儿园教师与家长既不依据儿童认知发展规律，又不考虑数学本身的完整性、统一性与系统性来设计教学内容，结果幼儿数学学习"夹生"状态普遍；③ 幼儿园数学教学同时存在"吃不饱"和"消化不良"现象，没有落实因材施教。而走出这些误区的根本途径是，首先要正确地认识数学教学与儿童发展之间的辩证关系：幼儿园数学教学应以儿童发展为最终目标；其次，不能混淆小学与幼儿园数学教学的界限：幼儿园数学的教学目标应突出儿童能力的培养，教学方法应以"操作水平"为宜，教学内容应依据教学目标来选取——确立"以量的学习为起点，以集合归类为前提，以对数量关系的理解训练为主线，融形状、实践、空间概念于一体的交错、递增式的教学体系"。这是从幼儿园数学教学出发来解决"幼小衔接问题"的思考与探索，并经历了三年的实践尝试，证明是比较成功和可行的。

也有从幼儿园、小学数学教学和幼儿园师资培养等方面出发来思考和探索"幼小衔接问题"的解决。通过对幼儿园与小学低年级数学教学所存在的衔接问题的调查发现[65]："幼小衔接问题"产生的根源在于——① 在教学内容的知识结构上没有严格把关，幼儿园重复小学一年级数学内容；② 在教法上整体观念不强，幼小数学教学之间的"动—静"关系缺乏过渡；③ 幼儿的学习心理存在障碍，在心理发展与数学思维方面都缺乏过渡之考虑。而搬除这些"根源"的基本途径有，首先要吃透幼小两种数学教材，注意知识结构的衔接，数学思想的建立；其次，处理好延续与变革的关系，注意教学方式与学习环境的衔接；第三，培养良好的学习习惯，稳定入学的倾向性；第四，培养幼儿教师的课程设置与要求应适当调整，以提高幼儿教师的数学素养；第五，加强幼儿园与小学之间的交流，做好小学入学的后期衔接工作。

由此可见，这些都是为解决"幼小衔接问题"而主要从"幼儿园数学教学"入手所做的思考与探索。而从承认既有"误区"或"根源"的现实前提出发，思考与探索"如何改进小学数学教学，以解决'幼小衔接问题'"的研究，可能应是未来该领域研究的重点之一。

"小初衔接"也是小学数学课程与教学中的一个重要议题。在统一的全日制（九年）义务教育数学课程标准之前后相互承接的三个学段（第一学段 1—3 年级、第二学段 4—6 年级、第三学段 7—9 年级）的划分，以及共同拥有的四个学习领域（数与代数、空间与图形、统计与概率、实践与综合应用）的现实前提下，我们可以运用"准变量（表达式）"来解决"小初衔接"（主要就是"数"与"代数"的衔接）问题[66]：首先，准变量表达式即意味着一个或一组数字语句，它们蕴涵着一个潜在的数学关系，在这种关系中，不管它所包含的数字是什么，这（些）句子都是真的（譬如，$32-5 = 32 + 5-10$）；其次，准变量表达式是算术中潜在的代数性质，它在由算术思维过渡到代数思维的过程中具有不可替代的作用与意义；第三，它也有助于我们更新观念，以树立与"义务教育"相一致的整体、一以贯之的数学教学思想（譬如，在算术中教代数，在培养学生"数感"的过程中培育其"符号感"，从关系的视角来分析、看待和教授小学数学诸内容，如"等号的关系性质"）。由此可见，小学数学教师尤其需要培育"代数的眼睛与耳朵"。这是从数学内容本身来思考与探索"小初衔接问题"的解决，它有助于我们切实理解"数与代数"的合称（尤其在小学数学中）。因此，这仍将是该领域未来研究的重要方向之一（譬如，如何以此为主线来编排教材和开展教学）。

当然,我们也可在第二学段(4—6年级)就做好各方面的准备,未雨绸缪,以解决"小初衔接问题"[67];针对初一学生数学学习障碍产生的原因(譬如,小学数学的基础知识和技能不扎实,对教师的教学方法不适应,学习方法不适应初中阶段的学习),可采用:① 以双基目标为主线的三维目标(包括加强四则混合运算的训练、加强列方程解决问题的训练、渗透推理证明的意识、渗透全面思考问题的意识);② 处理好独立思考与合作学习的关系;③ 培养学生掌握良好的学习方法;④ 认识巩固与复习的重要性;⑤ 加强数学思想方法的教学(包括比较系统地研究小学阶段的数学思想方法,明确肯定"渗透数学思想方法是小学数学教学的重要目标之一",通过数学思想方法的教学培养学生举一反三的能力)等策略。很显然,这也是在现有(九年一贯制)义务教育体制下的一种"事先的理想的"构思与研究,值得肯定。但在小学与初中多为分离办学的现实条件下,研究"如何亡羊补牢,在初中开始阶段就进行有针对性的'补救教学'",可能也应是未来该领域研究的一个重点。

其实,衔接问题(包括幼小衔接、小初衔接,甚至初高衔接)的最终解决,恐怕应置之于一个统一的数学教育教学思想之下,从数学本身出发,并切实兼顾现实的办学模式与具体条件,以及现有的师资水平与其提升发展的可能空间,系统研究、科学设计、整体试验、逐步推广,方为可能。

七、比较研究

比较研究一直以来都是小学数学课程与教学中一个极富争议而又不可或缺的研究领域,其研究视角与对象也较为丰富与多样。运用"创造性思维潜能测验"和"数学创造性思维测验"工具,对数学能力优、中、差三组各10名小学六年级新生(优、差两组男女各半、中组男生6名、女生4名)施行团体测验发现[68]:数学能力的强弱同创造性思维能力的高低基本上成正比(但在一般发散思维能力上,这种关系对数学能力强的学生而言却有相反的个案存在);一般发散思维能力与数学发散思维能力虽有关联,但却是两种不同性质的能力;在解决数学问题时,数学发散思维是不可或缺的重要成分,可作为鉴别学生数学能力强弱的重要标志之一;在一般创造性思维测验和数学创造性思维测验中,没有显著性的性别差异。但是,如何运用这类"(思维/能力)心理学的研究成果"来指导或改进小学数学课程与教学之实践,恐怕应是该类研究需要关注的延展性课题。

我国是一个地域辽阔、民族众多的国家,各地区或各民族的小学数学教育发展极为不平衡,其课程与教学水平更是参差不齐。因此,为"共同发展、共同繁荣"之考虑,不同地区或民族之间的比较研究也就显得尤为重要与可贵。在三年多的"城乡小学生数学能力发展状况"之系统研究基础上,通过对湘西少数民族地区的土家族、苗族和汉族一年级小学生(共212名学生,汉族85名、土家族95名、苗族32名),施以"小学生数学能力测验研究方案(第一套团体测验材料)"(内容包括数概念、数的概括和推理、空间关系,共75个试题)之团体测验后发现[69]:在相同的教学条件下,土家族学生的数学能力非常明显地优于汉族和苗族学生;三个民族儿童的数学能力发展有共同趋势,但其发展水平却不尽相同;三个民族一年级男、女生数学能力发展之性别差异不明显;三个民族7、8岁一年级学生数学能力的年龄差异不显著,但7、8岁儿童的数学能力明显地优于9、10岁儿童。在对西北藏区儿童数学思维特点进行多年研究并明确"藏族儿童与同地区的汉族儿童在数学思维方面存在显著差异"的基础上,对9—13岁各年龄均有藏汉两族儿童20—30人,施以"五个方面十二组项目"(比较能力、分类能力、运算推理能力等各1个项目,解决问题能力包括解决问题和创造2个项目,概括能力包括数编码、数序列、比较大小、字母代数、组合与分解、图形、图形概括等7个项目)的团体测试,并辅之以"瑞文标准推理测验"发现[70]:藏汉9—13岁儿童数学思维能力都随年龄的增大而增强(是一个不断上升的过程),但存在显著差异,而且藏族儿童数学思维能力随年龄增长而增强的趋势比较平缓,而汉族儿童在11—12岁出现"激增"现象;藏汉9—13岁儿童数学思维的发展都是由形象思维向抽象思维转化,并表现出发展的稳定性(又在达到某个阶段的年龄界线上表现出可变性),两个民族儿童数学思维发展水平存在显著差异(藏族儿童数学思维发展的加速期是11—13岁,而汉族儿童数学思维发展的加速期则是10—12岁);均无显著的性别差异。而造成差异的因素可能有这样几个:(学校外的)数学活动(藏族学生奇缺),语言("汉语加藏语"与"藏语加汉语"教学模式下的藏族儿童其数学思维能力方面存在显著差异,而"汉语加藏语"模式下的9—11岁藏族儿童与同龄汉族儿童的数学思维能力相比则无显著差异),数学教学活动(师资匮乏,藏语教学材料奇缺)。

问题是,我们将如何把这类"民族地区内部差异的研究成果"运用于当地的小学数学课程与教学的改进乃至改造当中,这恐怕不仅仅是一个教育领域中的问题,可能更多地还是一个民族、政治、社会、经济、历史、文化等多领域交叉的复杂问题,亟需多方的合作研究与共同努力,方可改善乃至解决。

贾斯珀系列是美国温特贝尔特认知与技术小组(CTGV)自20世纪80年代以来,运用教育技术在教学中的作用,以建构主义学习理论为理念,以抛锚教学为主要教学设计原则,以基于案例学习、问题学习和项目学习为课程设计原则而创建的建构主义教学模式[71];以录像为依据的12个历险故事——以发现和解决一些数学中的问题为核心,符合全美数学教师委员会(NCTM)所倡导的学校数学标准,为数学的问题解决、推理、交流以及与其他领域诸如科学、社会、文化和历史等之间的互动提供了多种机会;每一个历险故事包括大约17分钟的录像,并以提出各种各样的挑战性问题(解决问题所需数据、原始数据和教学情境都镶嵌在故事当中)而结束——其主要特征有,运用技术的交互功能创建逼真的数学学习情境,促使学生通过提出问题并解决问题学习数学,帮助学生整合数学与其他学科的学习以加强对数学概念的深层理解,在相对宽松的学习空间中提高学生的数学探究能力以及与他人合作的能力,凸现教师的主导作用以架设"学校数学"与"日常数学"之间的桥梁——其对我们的启示是,转变小学数学教学观念:数学既是认识的又是社会的,学生会对"数学"进行有意义的建构,教师是一个多元的指导群体;调整小学数学教学内容,把数学应用、数学能力、数学意识贯穿始终;运用现代教育技术创设各种数学学习情境,架起"学校数学"和"日常数学"的桥梁;综合运用多种数学教学策略,建构家庭、学校和社区的联系。美国自20世纪80年代末以来所进行的最近一次数学课程改革中,就教师培训问题开展了大量研究,并始终强调三个关键[72]:教师是学生学习的指导者,学生的学习过程规律,有意义的数学活动经验的获得;并以此为主线,收集了大量以课堂活动方式呈现的案例——以聚合型为思维特征的应用型数学活动和发现型数学活动,以发散型为思维特征的拓展型数学活动和发明型数学活动——其主要特点有:活动形式灵活多样,活动内容丰富深刻,活动环境轻松开放。由此可见,安全愉悦的学习空间应是小学数学课程与教学研究所追求的目标之一。

自2011年实施"全日制义务教育数学课程标准(实验稿)"以来,"实践与综合应用"(在小学具体为1—3年级的实践活动、4—6年级的综合应用,初中则为课题学习)业已成为小学数学课程教材中一个必不可少的内容与话题,也是小学数学教学中似为不可去除而实为奇缺无比的一个教学任务。如何解决这样一个"文本要求"(标准规定、课程设有、教材编存)与"实践乏力"(鲜有实践、活动、综合、应用之实,惟有其外貌)之间的矛盾呢?上述他山之石可为我们提供攻玉之借鉴。

教师研究如果脱离课程与教学等具体领域的问题将不会取得实质性进展,而结合这些具体领域的新手与专家的比较研究则会弥补"纯粹的、一般的教师研究"之不足。小学数学教师新手与专家教师学科教学知识(PCK)的比较研究(主要运用课例研究,将文本分析、录像分析、参与式观察、深度访谈、测试与问卷调查相结合)为我们提供了更多具体的智识[73]:教师的 PCK 其实质是一种"转化"的智能(第一次转化主要体现在教学设计中,第二次转化主要体现在课堂教学中,并具有综合性、情境性、个体性、实践性、默会性和开放型等特征);它是决定教学有效性的核心知识,并能够区分高效和低效教师;新手和专家教师的 PCK 存在显著差异(第一次转化,新手主目标、标准趋向,而专家主学生取向;第二次转化,新手以自呈形式为主,而专家以交互形式为主);教师 PCK 的生成与发展是一个不断建构的过程——经历/历练是第一把重要尺度,反思是第二把重要尺度,而态度则是另一把重要尺度。而"新手"与专家教师的课堂对话比较研究(主要运用比较研究,比较分析 55 节小学数学课中专家教师与非专家教师在课堂对话方式与内容方面的差异)则更为鲜活[74]:专家更倾向于运用分析性与比较性问题,能够探查与运用学生的数学想法,由师生共同体来判断答案的合理性,其课堂对话方式表现为"学生陈述—师生质疑—学生解释";而"新手"则提出了更多简单回忆性与描述过程性问题,能够认可学生的想法但并没有将之纳入到教学中,教师成为答案合理性的决定者,其课堂对话方式表现为"教师提问—学生回答—教师评价"。由此可见,专家教师的培养不仅是一个职前培养问题,可能更多的还是一个职后跟进问题,但是职前培养自有其不可或缺的价值与功能。

中美两国(以上海师范大学和纽约城市大学为代表)在小学数学教师职前培养方面存在着以下一些差异[75]:数学内容类课程方面,我国多强调该类课程的学习,学分明显高于美国;我们聚焦于高等数学内容,而美国多聚焦于与小学数学内容相关的初等数学内容和部分高等数学内容;我国该类课程内容抽象,强调系统性和学术性,而美国该类课程内容则具体,并注重基础性和实用性。数学方法类课程方面,我国该类课程内容系统全面,培养具有一定课堂教学研究能力的小学教师,而美国该类课程内容则侧重于对学生的数学教育教学行为进行直接有效的指导,培养具有一定教学能力的小学教师;美国该类课程的综合性程度高于我国,并强调数学与其他学科之间的整合;美国该类课程在教学方法上更多地采用课内外结合的教学形式,强调培养学生实地经验与反思能力。由此可见,非常值得我们重视的是,在我们"转变三级师范到两级师范乃至一级师范"的进程中,不仅不能丢掉师范学校的"经验—技能—能力"传统,而且更应在加强学术研究的基础上,继承和发扬乃至创新这一传统,并积极改造数学类课程:数学内容类课程应加强与小学数学课程内容的结合,在强调学术性和系统性的同时,更应注重其基础性和实用性;数学方法类课程应强化其对学生教学能力的有效指导,并注重数学课程与教学和其他学科课程与教学之间的联系和整合。

比较研究不仅能够拓展我们的视野,开拓我们的学术领域,而且更能够促进我们对自身的认识与改造,为形成我国本土的小学数学课程与教学理论奠定必要的基础。

八、整体教改实验

能够对课程与教学实践产生最直接、具体影响的教育研究可能要数"教改实验"了,而"整体教改实验"的影响就更为深远了(不仅如此,它还极有可能促使理论的创新)。在历时7年两轮的实验基础上,马芯兰认为,抓住智力与非智力因素的辩证关系是促使学生"既想学又爱学,既学会又会学"的关键[76]:首先,应把学习中的智力与非智力两个心理因素有机地结合起来,以充分发挥学习与思维两个积极性,形成学习良性循环;其次,激发学生以兴趣为核心的学习动力系统,并培养以发散思维为核心的学生的智力品质;第三,就学习积极性而言,遵循"由对学习活动本身感兴趣(直接兴趣)发展为也对学习活动的内容和结果感兴趣(间接兴趣),由对可以直观的事物感兴趣发展为对抽象的事物更感兴趣"的小学生学习兴趣发展一般规律,可有以下做法:① 利用好奇心,诱发小学生的求知欲望;② 利用个人的自尊心和好胜心,开展练习和竞赛活动,激发学生的学习兴趣;③ 进行学习目的性的教育,启发学生的责任感和学习热情;④ 利用满足个人今后的前途和社会活动的需要,激发学习的紧迫感。第四,就思维积极性而言,遵循"'学而必得'、不让一个学生在学习上掉队"原则,可有以下做法:① 抓住"概念是思维的细胞"的特点,在精讲概念上狠下功夫;② 根据知识的内在联系,重视运用"迁移"和"渗透"规律;③ 运用发散思维开发学生智力,培养学生的创造能力;④ 采用多种形式,进行严格的基本技能训练;⑤ 适应教材教法改革需要,设计新的课型。最后,要关注学生学习需要、学习行为和学习结果的双向循环关系,"千方百计设法帮助学生取得学习上的成功,使学生在学习活动的全过程中始终保持浓厚的兴趣,使学生在学习的全过程中始终能够进行积极的思维,从而充分发挥学生的主体作用"。这既是经验的总结与概括,更是自觉运用相关心理学理论于小学数学课程与教学实践的创新与发现,自有其理论价值和实践意义,易于为一线教师所效仿。

针对"小学数学的教材教法比较分散地表述各个现象与概念"这一问题,试用"结构化的原理来引导学生,并随时考察教学效果与调节教学措施,引导学生按一定的方向层次去积极主动地创造性地掌握好系统知识,使他们的学习成绩与能力得到稳步持续地发展"。为此,从1978年开始直至延续到1987年后,山西大学郑俊杰等逐步广泛开展了"实施结构化的教学措施,同时提高学生学习的成绩与能力"教学实验(主要运用追踪实验和自然实验,外加观察、谈话、产品分析、个案等方法),采用结构化的教学措施——以结构化的算术 $a_1+a_2=b$、$a_2+a_1=b$、$b-a_1=a_2$、$b-a_2=a_1$、$a\times n=b$、$n\times a=b$、$b\div n=a$、$b\div a=n$ 为基础和中心;从10以内数的认识和加减法开始就渗透、贯穿这基本结构和转化思想;以数概念为中心把数概念、计算题和应用题结合起来,以使基本结构相互印证、持续转化、相互促进;依据学生学习新知识的认知过程与特点,抓起点的准备、中间的重点突破、后面的巩固提高,并运用结构转化解决好难点与重点问题;从实际出发,调动学生学习的积极性与主动性,把教与学、讲与练结合起来,并通过"一书多用"实验教材予以系统保证等——并经过10多年的系统实验取得了如下一些认识[77]:① 有效的小学数学认知活动的特点有优势准备,信息适量,纵横统一,系统层次,回环发展、反馈调节,逐步概括、分清主次,灵活多样、实践应用;② 在教材教法上,以基本结构为基础为核心、顺序发展、纵横统一,运用结构化的原理和程序、狠抓学生有效认识新课题的基本环节、以解决好教学的重点难点问题,可促使学生对"客观的数学知识结构"进行两方面的转化(横向上,客观的数学知识结构转化为学生主观的认知结构;纵向上,学生认知结构的持续转化发展),明显提高教学效果。这是在高校教师指导并参与的情况下所开展的整体教改实验,不仅有理论指导,也有系统设计,更有持续改进;不仅有教法的创新,也有"数学知识结构"的分析,更有"结构化原理"指导下"数学知识结构"、教材和教法的一体化设计。因此,实验所取得的成果既值得我们信赖,更值得我们借鉴乃至应用;而且,这种大学与小学的合作研究(尤其是在"课改十年后"的今天)更是值得我们大力提倡与切实落实。

以现代教学论思想(譬如,苏霍姆林斯基的"热情学习"、赞可夫的"超前学习"、布鲁纳的"发现学习")为依据,以"高质量、高效率、低负担为目标",内蒙古师大金增等人运用该校王继祯教授所主编的"小学数学实验教材",开展了为期一学期的教改实验,初步获得了如下结论[78]:① 实验所用教材部分具有明显优点——拥有较高的科学水平,包含更大的知识广度和深度,反映出知识的内在规律,有利于培养学生的创造性;② 发现法可运用于小学一年级数学教学——小学生一年级学生在数学习过程中也有所"发明"和发现,正所谓"发现不限于寻求人类尚未知晓的事物,确切地说,它包括用自己的头脑亲自获得知识的一切方法";③ 教师只要重视掌握知识的过程,组织学生做到观察、动手和思考三结合,就能够促使学生达到充分理解所学知识,也就是说,我们应"按三条线索来研究学生的发展,这就是观察力、思维能力和实际操作能力";④ 只要我们能够把准确率与速度统一起来,就可以培养学生的竞争意识;⑤ 超前学习是一种正确的教学思想——是防止差生学习落后现象出现的最佳方法之一,给予优等生以充分发展的余地,是把"竞争机制"引入课堂的一种方法,可为以后的学习铺平道路,能够培养儿童的自信心乃至独立学会未教之内容;⑥ 加大课堂练习量、取消家庭作业、布置必做和选做两类练习,可消除"吃不饱"和"吃不消"两类现象。这也是在大学教师指导并参与的情况下所开展的实验研究,尽管时间不长,但其实验效果是明显的,实验所获取的认识也是值得我们加以认真对待和深究的——如何同时兼顾"公平与发展"、"合格与优秀"和"竞争与合作",以使小学生在数学学习中"各得其所",应该也是当下深化"小学数学课程改革"所亟需解决的问题。但无论如何,作为教师,我们都应铭记苏霍姆林斯基的这句话:"我们不允许'反复咀嚼'已经熟知的东西,以免引起儿童对知识的冷淡和轻蔑的态度。需知儿童们希望感到自己是思考家,而不是再现知识的机械仪器。如果我们确知全体学生已经很好地掌握了某一教材,那就既用不着再布置课后去学习它,又用不着以其他方式去复习它。"因为热情永远都是我们任何工作与学习真正启动和持续发展的助推器。

由人民教育出版课程教材研究所小学数学教材研究实验组领导、设计、组织和实施的"小学数学教学内容和教学方法一体化实验",在前期调查研究的基础上,旨在探讨"小学数学如何从教学内容和教学方法上进一步改革,编出质量更高的教材,为提高全民族的素质,培养社会主义现代化建设需要的人才切实打好基础"。从1984秋起,就若干要点(进一步精选教学内容;改进教学内容的编排,根据数学知识的内在联系和儿童学习数学的认知特点,建立合理的教材体系;突出基本概念、基本规律,加强算理教学;教材的呈现和阐述注意符合儿童认知规律和教学原则,根据教学内容和学生的基础作不同的处理;有计划有层次地安排练习,体现训练过程,并注意因材施教;结合数学的学科特点,加强对学生的思想品德教育;教学方法改革与教材改革同步进行),逐步开展了全国范围内大规模的教改实验,取得若干共识[79]:① 改革实验的指导思想正确与否是实验成败的重要前提;② 小学数学教学内容既要适应我国现阶段社会和科技发展需要,又要符合学生的接受能力;③ 建立合理的小学数学教材结构,对于提高小学数学教学质量具有十分重要的意义;④ 处理好共同要求和因材施教的关系,是提高小学数学教学质量的一个重要环节;⑤ 教学方法的改革必须同教学内容的改革同步进行。应该说,这是以专业人员为核心、领导、设计、组织和实施的一项规模较大的小学数学课程与教学整体改革实验,其所探讨的"要点"与所取得的"共识"都仍然值得我们当下正在继续深化的"基础教育课程改革"所汲取,尤其是其"课程、教材和教法的同步改革"更是值得我们深入探索,而且任何真正意义上的"同步改革"都应建立在"实际调查"和"专业研究"的厚实基础上。

"现代小学数学"教学实验是一项由中科院心理研究所"儿童数学思维发展"课题组主持,在大量前期研究成果(譬如,"揭示认识对象的内在规律有利于主体的认识活动")基础上,与教学研究人员和教师协作,重新建构"以'1'为基础标准揭示小学数学中部分和整体的关系为主线"的"现代小学数学"教材,"并假设以此为主线建构起来的知识结构有利于塑造儿童良好的认知结构,有利于开发儿童的智能;并在此基础上进一步研究知识结构与认知结构及解决问题之间的关系和儿童数学思维发展的特点及促进其发展的条件"。旨在"以发展小学生数学能力为中心、探索儿童数学思维的发展和促进",而逐步开展的一项全国范围内规模较大的一项整体教改实验,其所采用的方法应该是系统设计——总体上,建构知识的主线("以'1'为基础标准揭示……")、知识的原则和特点("抓基础,促迁移",使学生从学会转到会学;寓辩证法于小学数学,萌发小学生的辩证思维;寓教法于教材,增加学生在教学过程中的参与度;抓选练,促发展,使学生在掌握知识的同时促进自己智能的发展);实验进程上,把探索实验(1981—1984)、先行性实验(1984—1989)和面上的扩大实验(从1985年开始)有机地结合起来,使之成为一个整体;实验测查方面,采用多种方法相结合的办法,并充分考虑实验的信度和效度问题。经过10年的探索取得了丰硕的研究成果[80]:① 用"以'1'为基础标准揭示小学数学中部分和整体的关系"作为主线建构起来的《现代小学数学》的知识结构,有利于小学生塑造良好的认知结构,让孩子们变得更加聪明些;② 寓辩证法于小学数学,萌发小学生辩证思维,不仅有必要,而且有可能;③ 数学思维的训练不仅有利于小学生数学知识的学习,而且能促进小学生数学思维的发展,培养他们学习数学的兴趣和爱好思考的习惯;④ 研究工作要有一个结构合理的协作组织和一支有一定业务素养的教师队伍,这两支力量的结合是开展教育实验工作的必要条件之一。这也是以(心理学)专业人员为领导和核心,所设计、组织和实施的一项大规模的整体教改实验,其所取得的成果更具有科学性、系统性和应用性;而且,这种心理学专业人员、教育学专业人员(教学研究人员)和教师"三结合"的合作研究模式,更是值得我们在继续深化"基础教育课程改革"的时代背景下规范推广和发扬光大。

时任重庆市教科院初等教育研究所所长的李光树等人,针对"深受联结主义心理学影响的"我国小学数学之"小步子"和"部分—部分—整体"之教材与教学模式所存在的"学生所获知识乃'散装'"之问题,在1993年9月至1998年8月期间开展了为期5年的"小学数学整体结构教学的实验研究"[81],其目的旨在:① 深入分析并妥善解决小学数学教学过程中"数学知识的整体把握和局部认识之间的矛盾",以克服教材内容的分散性和教学过程的阶段性所带来的负面影响;② 发挥小学数学学科内容的整体育人功能,整体优化教学过程,全面推进小学数学学科素质教育;③ 探索学科结构论等现代教学理论与小学数学学科教学实践相结合的途径与方法。其所研究的主要内容或实施的主要措施有:① 改革传统的教学模式,探索"整体—部分—整体"的教学新思路;② 协调教与学的关系,促进教学双边的相互适应

(先考虑学生怎样学然后再考虑教师怎样教,促使教师的教更好地适应学生的学,加强学生学习过程的引导);③ 突出数学知识的整体结构,提高学生的知识掌握水平(整体把握教材知识结构,将基本概念、基本规律和基本原理等核心内容置于教学的中心地位,沟通联系以促进知识之间的融合,搞好多层次的整理以使数学知识系统化、结构化);④ 发挥教学内容的整体功能,促进学生素质全面发展;⑤ 整体优化教学过程,全面提高课堂教学效率(整体认识新授课、练习课和复习课三种课型,系统设计它们的课堂教学结构;精心安排课堂结构,发挥教学环节的整体结构功能;坚持启发式教学,搞好多种教学方法的优化组合)。其实验结果为:① 提高了小学数学教学质量;② 探索出了整体结构教学模式;③ 积累了整体优化小学数学学科教学的经验;④ 促进了现代教学理论与教学实践的有机结合。该项教学实验也可谓是一项专业人员和教师合作研究的典范之一,它既拥有"突出数学知识整体结构、发挥教学内容整体功能、整体优化教学过程"等特征,还涉及小学数学教学思想、教学观念、教学内容、教学模式和教学方法等课程教学因素。因此,它是一项实实在在、"理论联系实际的"整体教改实验,而且还可作为上述"现代小学数学"教学实验的一项教育推广试验(因为它们的核心问题都是试图解决小学"数学知识的整体把握和局部认识之间的矛盾")。

整体教改实验不仅能够将有关理论研究成果运用于课程与教学实践,以改善其行为、提高其成效,并检验、改进所运用的理论及其研究,更为重要的是,它还可能是小学数学课程与教学理论创新的孵化器、催化剂或推进器。

九、教师专业发展

教师的专业成长与众多因素有关,而教师知识则是其中的关键因素之一。一般而言,教师知识包括学科知识(本体性知识)、教育教学知识(条件性知识)和教育内容知识或学科教学知识(实践性知识)。

就小学数学教师专业发展而言,数学知识应是其活水源头。20世纪80年代,我国小学数学教育界一般认为,它至少应包括数学知识结构、数学基本概念和数学基本原理。但多集中在"数"方面,因为"小学数学的中心内容是研究数"[82]。这与我国当时小学数学教材内容是比较一致的。21世纪初,随着课程改革的不断深入,针对"如何重新审视小学数学的内容及其本质",有学者在分析"分数的本质"(分数与百分数、分数与比的异同,分数的无量刚性,以及"数感")时认为,感悟小学数学课程内容的本质和教学工作的本质,并不断地反思自己的教育教学工作,是胜任小数学教学工作的关键[83]。更有学者针对"小学数学教师的知识状况是否适应'课程改革'的新要求"这一问题,就其"本体性知识"进行了较为系统的现状调研和改进尝试[84]:首先,小学数学教师的本体性知识是显性的可言传数学知识和隐性的默会知识(即数学能力和素养)的统一体;其次,小学数学教师的本体性知识缺失日益显现,其主要表现有教错、难以解答学生的疑惑与似是而非地理解加工教学内容等,并主要集中在概率统计、图形变换、几何证明和初等数论等方面;再次,造成缺失的原因可能既有学历教育数学课程内容以及数学素养培养的局限性,又有教师思维"童化"(即伴随教师重建儿童心智的努力而出现的本体性知识及其思维的退化)之必然性;最后,相应的对策可有调整、充实职前教育数学课程内容,改进职前教育数学课程的教学方法,加强职后培训的针对性(结合教材分析和课例点评,以引起教师自身的关注)。既然本体性知识如此重要,那么,就小学数学教师而言,是否数学本体性知识越多越好呢?若不是,那么有没有底线标准呢?若有,这标准又该由谁、依据什么、遵循何种程序、采取何种步骤具体制定呢?可能的答案是,没有本体性知识不行,但只有本体性知识也不行;在胜任前提下,本体性知识少而无益,多而无害。

就小学数学教师专业发展而言,强调数学学科知识应该不错,但仅有此类本体性知识,肯定不能成为一个"好老师"。那么,教师知识结构中的三类知识究竟有何关联呢?有学者运用自编"小学数学教师知识测查问卷"(包括学科知识、条件性知识和实践性知识三个分问卷),通过对近百位小学数学教师问卷答案的分析后发现[85]:① 在教师的学历、教龄和职称等特征项中,只有教龄在条件性知识和实践性知识上具有明显的主效应;② 不同教龄的教师在条件性知识和实践性知识上表现出显著的差异(教师的条件性知识随着教龄的增加出现"下降—上升—下降"的发展趋势,而实践性知识则随着教龄的增加呈现出逐步上升的趋势);③ 小学数学教师的知识结构呈"π"字形,最上面的一横代表教师的实践性知识,下面的两竖则分别代表学科知识和条件性知识,是教师实践性知识的两个支柱。针对上述小学数学教师"π"字形知识结构,有学者结合"分数教学"具体分析了教师三类知识的关系(运用自编问卷、150多位小学3年级数学教师参与)[86]:自编问卷具有良好的信度和结构效度,教师的学科知识和一般教育学知识都能显著地预测其教育实践知识(自编问卷分三个部分:① 关于分数的知识——基本概念、分数计算和应用题,② 一般教育学知识——学习理论、学习策略、儿童发展理论、教学目标与评估、课堂管理,③ 教学实践知识——"分数的初步认识"单元的核心概念是什么?与该单元相关联的小学生已有知识是什么?你认为学生学习时所遇到的难点是什么?你准备如何突破这些难点?你如何使学生巩固其所学内容?)。有学者仍然以"分数教学"为例,通过对小学数学专家教师和非专家教师的比较分析,进一步探讨了其间的差异等(运用自编问卷、专家教师和非专家教师各16位参与)[87]:除教学设计思想之外,两类教师在理解学生思维、诊断学生错误想法和所采用教学策略方面表现出明显差异——与非专家教师相比,专家教师更了解学生的错误想法和难点,所采用的策略倾向于从学生错误概念的本质入手,而非专家教师则直接引导学生掌握运算规则;此外,教师本身对学科知识的理解是学科教学知识的一个重要基础,而教师对学科教学知识的理解越深刻,也会加深教师对学科知识的理解(自编问卷分两个部分:① 学科教学知识——理解学生思维特点与解题策略、诊断学生的错误概念、教师突破难点的策略、教学设计思想;② 学科知识——分数概念、分数运算、有关分数相关概念之间的关系,教师对数学的看法、数学思想方法、如何认识"做数学"?如何看待答案的合理性?)。有研究者针对"小学数学教师对教学问题的认知"这一问题(包括① 中小学教师的教学问题意识内容有什么特点?在这方面,中学教师与小学教师之间是否有差异;② 中小学教师教学问题意识的强度如何?其主要影响因素有哪些?),问卷调查分析了近两百位中小学数学教师后发现[88]:教师意识到的教学问题主要属于"教学技巧"和"胜任层面",而且教学条件、教学管理和教学评估方面的问题比较突出;总体而言,教师的教学问题意识不强;教师的条件性知识和实践性知识对其教学问题意识的强度有显著的预测作用(问卷包括两个部分:① 教师教学问题意识——教师希望改进的教学问题、对教学问题可能造成影响的分析、对解决教学问题的途径和方法的认识等;② 教师条件性知识和实践性知识)。

就小学数学教师专业发展而言,其教学思维方式可能也是一个至关重要的问题。有研究者认为[89]：① 由数学教学观念、知识和技能综合形成的一种思维方式就是其教学思维模式，包括对数学、数学问题、数学解题，对数学教学，以及对数学教学改革中种种问题的看法和态度；② 现实的状况是，"扎扎实实狠抓双基"是其基本特征，而且，就数学思维的过程和结果而言我们更强调结论，就理解与练习而言我们讲究的是"精讲多练"，就学习的体验而言我们更提倡"苦中作乐"，就学习的动力而言我们更强调外因，就教学的方式而言我们习惯于班级授课，就教学方法而言我们更强调"数学味"，就学生发展而言我们更强调"规范"教育和"个人自觉"；③ 问题是，上面怎么说就怎么做(怕犯错！譬如，教学要到位但不能越位！)，社会怎么要求就怎么做(怕担责！譬如，升学率下降如何交待？)，整体上缺乏创新意识和行为变革。而教学设计能力则可能是"小学数学教师专业发展的"另一个重要问题。有研究者依据"走向学科教学实践是教学设计研究和发展的必然趋势"这一命题认为[90]：① 教学设计能力是运用系统方法来分析教学问题、设计教学问题的解决方案、检验方案的有效性并做出相应修改的能力；② 小学数学教师的教学设计是一个经历"分析—设计—评价—调整"的过程，应在学期前、单元前和课堂前都经历一个"由整体到局部"的设计过程，可有课程教学设计、单元教学设计和课堂教学设计等类型；③ 小学数学教师教学设计能力主要由三个方面构成——意识与态度(关于数学、数学教育、自主学习等的意识与态度，部分属于本体性知识，部分属于条件性知识)；知识结构(主要是条件性知识和本体性知识)，教学设计技能(主要属于条件性知识，部分属于实践性知识；具体包括对数学课程或教材、教学任务或问题、学习者和教学目标的分析技能，对教学过程、教学策略、教学媒体和教学评价的设计技能，对教学设计成果的评价技能，课后调整以及发现教学问题和研究问题的技能)。

农村学校教育整体发展水平尤其是其师资发展水平不高，一直是我国基础教育发展中的"短板"，并在很大程度上制约着我国"农村人口"素质的整体提升。有研究者运用自编问卷抽样调查了"农村小学数学教师知识发展状况"后发现(68位小学数学教师参与)[91]：① 在教师的各项特征中，只有教师的教龄存在明显的主效应，而教师的职称、学历等因素对教师知识的影响不显著；② 各教龄段的教师在三类知识的得分上呈现出一个共同的特征，即他们在学科知识上的得分最高，其次是教育教学知识，最低的是实践性知识(而且，教师的学科知识的得分呈"低—高—低—低"的发展趋势，教龄1—10年呈上升趋势，10年以后开始近乎直线下降；教育教学知识的掌握则呈"高—低—高—低"的发展趋势，1—10年变化不明显，10—20年得分最高，以后直线下降；实践性知识在6—10年达到高峰，11—20年开始下降，呈"低—高—低—低"的发展趋势)。由此可以推断：农村小学数学教师的知识结构不够完善，其发展也过早地进入到"衰退阶段"。而关于"如何解决农村小学数学教师知识发展所存在的问题"，可能不仅仅是一个提出"若干建议"的问题，更不可能仅仅是一个制度建构、管理落实的问题，而极有可能是一个"社会改造"或"改造社会"的问题。

由此可见，关于小学数学教师专业发展的研究正在逐步深入，而且多集中在"教师知识"领域及其延展。但是，相关研究之间缺乏某些一致性：① 研究对象之间的差异明显；② 研究工具尤其是自编问卷的差异显著；③ 各项研究尽管都有对此前研究的借鉴，但缺乏研究后的"相关分析"。而这些很可能就是此领域今后研究的重点和难点：① 如何整合相关研究，以获取更为一般的"小学数学教师专业发展理论"尤其是其"知识结构"及其发展规律；② 研制"标准化"的包括本体性知识、条件性知识和实践知识在内的"小学数学教师职业知识结构问卷"，以为职前教师教育和在职教师发展提供理论依据；③ 进一步结合小学数学教育教学实践尤其是"课程改革"之改进与完善,深入小学数学教学的具体领域或细微层面(譬如,数与代数、统计与概率、空间与图形、综合实践,课程内容或教材问题意识,教学问题认知、学习问题诊断、作业结构设计,等等),以探寻小学数学教师知识结构良性发展的普遍规律与应对策略;④ 外部条件(譬如,地域差异、办学条件、社会环境、晋升政策、奖惩制度等)对教师专业发展的影响与作用及其"整体改造"。

十、信息技术与课程教学

技术革新历来都是促动数学课程与教学变革的有力杠杆之一,而信息技术对数学课程与教学变革的推动则是此前众多"教育技术"所无法比拟的,其影响也将更为深远。

有研究者针对我国CAI长期处于"演示+练习"的问题,开展了"基于低档微机和简易网络的"系列化整体化CAI小学数学教学实验(对比实验、CAI软件/课件、新生开始、三年多、人教版五年制小学数学教材),结果表明[92]:学生的口算能力、笔算(速算)能力、思维能力都得到了充分发展;较好地解决了教学的个别化问题,创造了小学生学习数学的良好环境,切实减轻了教师和学生的负担,较好地处理了CAI与其他教学手段的关系;"两模式、四课型和六教法"的建构——"先上机后说写"和"先说写后上机"两模式,上机课、说话课、写字课和复习课等四课型,个别化教学法、愉快教学法、猜测发现法、对比类推法、反馈调控法和拓展迁移法等六教法。也有研究者开展了"以演示型为主的CAI实验"研究(对比实验、方正奥思创作工具自制新授课件、三年级学生、两年时间、前文中提及的《现代小学数学》),结果发现[93]:CAI能够激发学生学习兴趣,提高课堂教学效率,与计算和应用题教学相比,在数学概念和几何图形教学中,其效果尤为明显;但以下问题可能更值得关注——CAI在不同教学内容中的不同"优化"作用,CAI与其他教学媒体的有机结合,教学内容的优化与教学效果之间的辩证关系,"演示型CAI"和"交互型CAI"之间的相互关系(譬如,前者更适合教学几何知识,而后者则更适合于学生的练习、复习课?)。更有研究者针对"小学生过重数学课业负担"问题,开展了"运用电化教育手段减轻学生数学课业负担"的实验研究(对比实验、电教媒体、二年级学生开始、三年时间、人教版五年制小学数学教材),结果发现[94]:电教媒体(譬如,投影、幻灯、录音、录像、广播、电影、电视、计算机、网络等)尤其是计算机多媒体的应用,可扩大学习时空,加大课堂教学密度,缩短教学时间,提高教学效率,优化教学过程;科学合理地运用电化教育,有利于优化数学课堂教学;科学合理地运用电化教育,有利于提高课堂教学效率,减轻学生过重的数学课业负担。由于"网络教室"在中小学的逐渐普及,"基于网络教室的课堂教学模式研究"就自有其追求[95]:网络教室的优势——信息呈现多媒体化,信息流通网络化,信息反馈多样化;教学模式建构的思想前提——以人为本,立足课堂教学,发挥媒体作用,突出师生地位;教学模式建构的要点与应用——"教师、学生、网络"三元关系,"情境、同化/顺应、应用/创造"三阶段教学;但也应避免惟网至上、技能滞后、模式化、过于直观等问题。在基础教育课程改革大力倡导"自主学习,积极探索"的情境中,"在小学数学基础型、拓展型和探究型三类课程的教学中如何运用信息技术"就很值得尝试[96]:基础型课程教学中的尝试——情境激趣、引发思维,网上探究、协作交流,强化练习、拓展运用,全班交流、总结评价;拓展型课程教学中的尝试——联系生活、初步感知,引导观察、辨析感悟,拓展应用、巩固提高,总结评价、加深认识;探究型课程教学中的尝试——创设情境、提出问题,分工合作、收集信息,应用数学、处理信息,分析信息、反思总结。

上述五项研究都是教育实践工作者基于本校实际情况所开展的"运用信息技术优化课程内容促进小学数学课堂教学有效性"的实验研究或实践尝试,尽管其研究设计有待改进,研究结果与分析有待深化,结论与讨论有待完善,甚至语言与表述也有待调整,但其问题意识、研究行为和科学追求都值得肯定和鼓励。因此,若能有教育理论工作者的强力加盟或密切合作,将会大大提升该类研究的效度和信度。

MP-Lab(Multi-Purpose Laboratory,万用拼图实验室)以数学实验教学的思想为指导,采用拼图而非画图的模式,向师生提供包括作图、拼图、变形、背景图片、文字编辑等功能,是专为开展小学数学学习活动,帮助学生"学"而设计的数学学习情境建构平台。MP-Lab的设计强调学生亲自动手操作。通过观察、分析、思考、归纳建构数学知识,注重学生动手创作同时兼顾教师课堂教学,而实验结论则由学生通过一系列实践操作自己获得。MP-Lab作为一个用于数学实验教学的数学学习平台,采用拼图的模式使小学生在实践自己的想法时,相对于画图而言,具有更大的操控、想象、探索和创意的空间。有研究者为追求"建构学生进行'观察、实验、猜测、验证'的数学学习环境,学生'动手实践、自主探索与交流合作'的数学教学方法,从而达到把数学学习培养成'一个生动活泼、主动和富有个性的过程'"的理想,而对"利用MP-Lab促进小学生数学知识知识建构"进行了比较深入的分析与实验(2007年9月开始,至今全国有近40所学校参与)[97]:MP-Lab可展现现实问题的数学抽象过程,辅助学生由形象思维向抽象思维过渡;亦可方便学生动手操作,展现问题解决的多种途径,培养多种思维方式;更可支持学生进行观察、实验、猜测、验证、推理的数学思维过程,辅助个体知识建构;既可利用MP-Lab进行课堂情境教学,亦可利用MP-Lab开展课外创意教学。其实,这类"学习平台"(譬如,几何画板、超级几何画板等)的实践尝试或实验研究还是比较丰富多样的,但是,如何整合此类相关研究或实践尝试的成果,以形成更为一般化的"信息技术与小学数学课程教学"的系统理论,以便更好地指导教学实践,可能还是未来该领域研究的重点与趋势之一。

有研究者针对"在计算机辅助小学三年级学生建构两步应用题结构的教学中,对学生的错误反应,即时给予有关解题过程的提示,是否能促进学生对两步应用题结构的建构"这一问题,开展对比实验研究(小学三年级学生两个班各42人,教学与练习软件教学环境,教学部分相同,练习部分对比班"简单对错评判"或"再来一次"等中性话语、实验班还包括"具体的有关解题过程的提示")后发现[98]:在CAI中即时提示解题过程对小学三年级学生建构两步应用题整体结构存在显著性的影响;两班学生的阅读水平对他们的解题成绩存在显著性影响,但对结构理解和解题自我监控并不存在显著性影响;学生解两步题成绩以及对两步题结构的理解水平与解题自我监控之间存在显著性相关。也有研究者针对"在对小学三年级学生进行CAI两步应用题中,对学生进行自我反思训练是否有利于其数学学习"这一问题,开展对比实验研究(三年级两个班,实验班使用反思训练课件、对比班则使用无反思训练的课件)后发现[99]:在CAI中进行反思训练可提高学生的反思水平;反思水平的提高更有利于提高要求高水平思维的复杂任务的成绩;CAI时应充分考虑不同水平学生的学习特点——课件应针对学生的学业基础和不同能力设计不同的分支,以提供不同难度的学习内容和问题,供不同水平的学生选择,还应具有一定的诊断功能,以便不同水平学生在学习过程中进入合适的分支进行学习。上述两项研究都是心理学研究者所做的精细实验研究,有其内在的高效度和一定的信度,但可能由于时间短、样本小等原因而缺乏必要的外在效度。因此,"顶层设计"下教育理论工作者、教育实践工作者、心理学研究者和信息技术专家等众多群体的切实合作,可能既是提升此类研究理论水平,又是加强其使用价值的有效研究方式。

就教师个体而言,其信息技术和数学课程与教学整合的成效或层次(低、中、高三层次)涉及诸多因素,但一般可分为个人(内在)因素(譬如,教师的教学的、技术的及其整合的知识经验,对整合的价值认定、自我效能、情感、态度和动机等内在促动因素)和环境(外在)因素(譬如,软硬件设备,教学资源,学校行政支持、同事协作和研究氛围等学校管理因素)两类。有研究者就此运用结构方程模型(SEM,即 Structural Equation Model)进行实证分析后发现[100];因素模型(整合层次、外在支持、知识经验和内在驱动 4 个变量之间的结构关系,其中,整合层次是因变量,外在支持是自变量,而另两个则既是因变量、又是中间变量)能够较好地解释影响中小学数学教师整合层次的因素关系;在该模型中,外在环境因素扮演着影响教师知识经验和内在促动发挥的重要平台作用;个体内在影响因素影响那个整合层次的效果最为显著,但需要外在环境的强大支持。该项研究自有其系统设计与量化分析,但由于因素模型中诸多因素的组合性和复杂性,以及实证数据来源的范围和代表性的局限,所以,其研究结论还有待更为系统的设计谋划、更为广泛的数据来源和更为严密的量化分析与质性思量。

"信息技术与数学课程教学的整合"可谓是一个历久弥新的课题,它也是数学教育教学理论开拓创新的园地之一,它更是数学教育教学实践永葆活力的杠杆之一,很值得我们从多重视角、多维层面和多领域整合来加以系统思考、整体设计和比较研究。

以上十个方面的归纳与概述,尽管力争囊括 1979 年至 2009 年这三十年间我国小学数学课程与教学研究的全貌,但囿于个人立场的确立、视角的裁剪、学识的限量、方法的选取,甚至个人的偏见,必定会出现挂一漏万乃至"伸缩不当"的现象。在此,谨向那些被遗漏或被误解的作者表示歉意,并期待方家里手来斧正。

谨以此为序,试为导读。

参考文献:

[1] 张景中.感受小学数学思想的力量——写给小学数学教师们.人民教育,2007(18):32—35.

[2] 张奠宙,唐彩斌.关于小学"数学本质"的对话.人民教育,2009(02):48—51.

[3] 周玉仁.21 世纪我国小学数学教育改革展望.中国教育学刊,1997(06):59—61.

[4] 卢江.面向 21 世纪的小学数学课程改革与发展.课程•教材•教法,1998(10):38—43.

[5] 杨庆余.浅论小学数学素质教育的四个基本特征.中小学数学:小学版.1998(06):1—4.

[6] 李晓梅.实施凸显数学文化特征的小学数学教育.课程•教材•教法,2008(11):40—43.

[7] 王维花,王永红.对小学数学教育几个问题的思考.课程•教材•教法,2002(07):5—9.

[8] 张玺恩.谈谈当前小学数学教学改革若干问题.课程•教材•教法,1985(01):14—18.

[9] 张玺恩.深入开展义务教育数学教学研究工作.课程•教材•教法,1991(09):1—5.

[10] 肖鉴铿.掌握辩证思想,克服教学失误:对小学数学教学中一些科学性失误的思考.江西教育科研,1996(01):51—53.

[11] 郑毓信.试析新一轮课程改革中小学数学课堂教学——由若干小学数学课例说开去.课程•教材•教法,2003(04):29—33.

[12] 张玺恩,蔡上鹤.当前中小学数学教材改革中需要深入研究的几个问题.课程·教材·教法,1981(01):38—41.
[13] 宫建.对我国小学数学课程知识选择优化的思考.课程·教材·教法,1993(12):27—30,39.
[14] 刘意竹.关于小学数学教材改革研究的回顾与思考.课程·教材·教法,1999(01):12—17.
[15] 刘朝晖.关于小学数学教材编排的几点思考及构想.课程·教材·教法,2000(01):24—26.
[16] 陈晓东.教科书编写策略研究——以小学数学教科书为例.当代教育科学,2009(10):17—19.
[17] 郑毓信.关于小学数学教材建设的若干想法.课程·教材·教法,2006(07):35—38.
[18] 戎松魁,黄崇龙.关于人教版小学数学新教材中若干问题的思考.数学教育学报,2008(02):58—60.
[19] 张梅玲.儿童数学认知过程与小学数学教材的建构.教育研究与实验,1990(04):49—53,9.
[20] 钟善基.充实小学数学课中几何内容的一个设想.课程·教材·教法,1985(06):34—38.
[21] 刘晓玫,陈娟.小学生视图能力的测试分析及其对几何课程设置的启示.课程·教材·教法,2007(03):34—38.
[22] 杨豫晖,魏佳,宋乃庆.小学数学教材中数学史的内容及呈现方式探析.数学教育学报,2007(04):80—83.
[23] 丁国忠.数学应用:对应用题的超越——对小学数学教材中"数学应用"编写的几点思考.课程·教材·教法,2008(01):35—39.
[24] 梁梦莉,雷晓云.小学数学练习系统的特点分析——以人教版小学数学实验教科书为例.教育导刊,2008(04):37—39.
[25] 黄燕苹,黄翔.珠算应纳入我国义务教育数学课程标准——基于中日国家数学课程标准比较研究的结果.数学通报,2009(08):26—29.
[26] 李晓梅.如何进行有效的小学数学教学设计.课程·教材·教法,2007(02):50—54.
[27] 蔡宏圣.和谐:小学数学教学设计的新视角——以"用字母表示数"的教学设计为例.课程·教材·教法,2007(08):37—41.
[28] 杨豫晖,宋乃庆.小学数学课堂教学设计的问题与对策.课程·教材·教法,2009(04):39—43.
[29] 曹飞羽.谈小学数学教学中培养学生解答应用题的能力.课程·教材·教法,1994(08):28—33;1994(09):18—22.
[30] 卢盛华.现实原型与小学数学概念教学.学科教育,1999(04):24—26,38.
[31] 郭成,陈红.试论小学数学课堂教学中创设问题情境的有效策略.课程·教材·教法,1999(09):48—52.
[32] 刘良华."三算结合"教学的经验与问题.课程·教材·教法,2005(11):34—38.
[33] 荀步章."问题连续体"在小学数学课堂中的运用.上海教育科研,2008(09):89—90.
[34] 徐文彬.数学"解决问题的策略"的理解、设计与教学.课程·教材·教法,2009(01):52—55.
[35] 邱学华.数学教学的基本策略.小学教学设计,2007(07、08):6—7.
[36] 杨瑞美,潘胜天,谢光庭."数的整除"教学中,"讲解法"和"质疑讨论法"教学效果的比较实验.上海教育科研,1982(06):18—25.
[37] 潘炎南,王钰珍,徐彩霞.采用自练口算卡片提高小学低年级学生口算能力的试验.上海教育科研,1983(05):27—31.
[38] 东余杭路第一小学."20以内退位减法"两种教法的效果比较.上海教育科研,1984(01):64—66.
[39] 西安市小学数学结构教学实验研究组.小学数学结构教学实验研究总结.心理发展与教育,1985(02):35—39.
[40] 陈国盛.小学数学的启发式教学.课程·教材·教法,1985(04):46—48.
[41] 罗肇华,张元书,金建英.小学数学教材、教法改革的探索.课程·教材·教法,1986(11):46—48.

[42] 毕可峰,林乐善.小学数学"探究—研讨"法实验研究报告.山东教育科研,1990(04):40—43,33.

[43] 兰想林.小学数学情境教学实验报告.电化教育研究,1994(01):55—59.

[44] 陈今晨,李成忠.在小学数学教学中用"尝试教学理论"引导"目标教学"的实验研究.教育科学,1996(02):19—25.

[45] 邱学华.尝试教学 奥秘何在.湖北教育(教育教学),2009(04):12—15.

[46] 吕淑珍,冯玉环.优化数学课堂结构 运用"十步教学法".教育探索,1996(03):57—59.

[47] 广西"小学数学动像发现教学法"课题组.小学数学"动像发现教学法"课题实验研究报告.电化教育研究,1999(04):70—75.

[48] "小学数学分层异步教学策略研究"课题组.小学数学分层异步教学的实施策略.中国教育学刊,2006(11):57—60.

[49] 赵冬臣,马云鹏.小学数学课堂教学评价的质性研究.数学教育学报,2007(02):71—76.

[50] 陈铨.小学生心理发展的阶段性与数学教学的阶段性.心理发展与研究,1986(04):56—60.

[51] 孔企平.小学数学学习理论及其对课堂教学的启示.湖南教育·数学教师,2007(06):4—7;2007(07):4—6.

[52] 胡卫平,张蕾."学思维"活动课程对小学生思维能力和学业成绩的影响.教育研究与实验,2009(06):70—74.

[53] 郑俊杰,陈素芳.关于小学一年级数轴教学的实验研究.山西大学学报(哲学社会科学版),1979(03):109—120.

[54] 张慕蕴,王继桢.儿童思维发展潜力初探——一年级小学生第一学期就掌握了八位数的读法和写法.心理学报,1980(04):397—405.

[55] 刘范,赵淑文.八至十五岁儿童交集概念和解交集数学题能力的发展研究——儿童认知结构发展变化的研究之一.心理学报,1983(02):156—161.

[56] 沈庆华,丁松年.七至十二岁儿童数概念和运算能力发展的研究.西北师大学报(社会科学版):1988(01):85—94.

[57] 心理发展与教学研究组.课程结构与小学二年级学生倍概念的掌握.心理科学,1988(03):9—13.

[58] 刘电芝.解题思维策略训练提高小学生解题能力的实验研究.心理科学,1989(05):12—17,27.

[59] 何小亚.数学应用题认知障碍的分析.上海教育科研,2001(06):41—43.

[60] 李晓东,张向葵,沃建中.小学三年级数学学优生与学困生解决比较问题的差异.心理学报,2002(04):400—406.

[61] 刘儒德,陈红艳.小学数学真实性问题解决的调查研究.心理发展与教育,2002(04):49—54.

[62] 丁锐,黄毅英,马云鹏.小学数学课堂环境与学生问题解决能力的关系.教育科学研究,2009(12):39—42.

[63] 张梅玲,刘静和,王宪钿,何纪全,陈胜开.以"1"为基础标准揭示数和数学中部分和整体关系的系统性教学实验.心理学报,1983(04):410—418.

[64] 成子娟.解决学前与小学数学教学存在问题的一项改革实验.心理发展与教育,1995(01):40—44,7.

[65] 周希冰.试论数学教育中的幼小衔接问题.学前教育研究,1997(04):41—43.

[66] 徐文彬.试论算术中的代数思维:准变量表达式.学科教育,2003(11):6—10,24.

[67] 王永春.小学数学与初中数学衔接问题的思考.课程·教材·教法,2009(07):42—46.

[68] 富安利,赵裕春,张锦帆.数学能力发展水平不同的学生的创造性思维的比较研究.心理科学,1988(04):11—15,41.

[69] 郑和钧,李正绅,杨元生,王巧云.土家族、苗族和汉族一年级小学生数学能力发展的比较研究.心理发展与教育,1986(02):23—27,22.

[70] 孙杰远.藏汉 9—13 岁儿童数学思维能力及其发展的比较研究.心理科学,1991(05):26—31.
[71] 王文静.贾斯珀系列对我国小学数学教学改革的启示.课程·教材·教法,2001(11):67—72.
[72] 高向斌,胡咏梅.美国小学数学课堂活动管窥.外国中小学教育,2004(01):21—24.
[73] 上海市青浦实验研究所.小学数学新手和专家教师 PCK 比较的个案研究——青浦实验的新世纪行动之四.上海教育科研,2007(10):47—50.
[74] 李琼,倪玉菁.小学教学课堂对话的特点:对专家教师与非专家教师的比较.课程·教材·教法,2007(11):36—40.
[75] 袁红,韩翃.中美职前小学教师教育中数学课程的比较研究——以上海师范大学和纽约城市大学为例.课程·教材·教法,2009(03):91—96.
[76] 马芯兰.抓住智力与非智力因素的辩证关系,改革小学数学教学.心理发展与教育,1985(02):30—34.
[77] 郑俊杰.小学数学教改十年的实验结果与结构转化的教学措施.中国教育学刊,1989(02):34—39.
[78] 金增,王莉莉,李利平,于淑华.小学数学教学高质量、高效率、低负担的实验报告.内蒙古师大学报(哲学社会科学版),1990(02):87—96,134.
[79] 小学数学教材研究实验组.关于改革小学数学教学内容和教学方法的实验与研究.课程·教材·教法,1990(05):5—7;1990(06):26—29.
[80] 张梅玲.探索道路上的十年——"现代小学数学"教学实验.心理科学,1993(03):145—151.
[81] "小学数学整体结构教学研究"课题组.小学数学整体结构教学的实验研究.课程·教材·教法,2000(08):25—30.
[82] 王万喜.谈小学数学教师的数学知识修养.云南教育(基础教育版),1981(03):36—39,41;1981(04):41—44.
[83] 史宁中,孔凡哲,杨树春.从分数的本质看小学数学教师的专业素养——数学教育热点问题系列访谈录.小学青年教师,2005(01):4—5.
[84] 曹培英.新课程背景下小学数学教师本体性知识的缺失及其对策研究.课程·教材·教法,2006(06):40—45.
[85] 申继亮,李琼.小学数学教师的教学专长:对教师职业知识特点的研究.教育研究,2001(07):61—65.
[86] 辛涛.小学数学教师职业知识的结构与内在关系.心理发展与教育,2005(02):52—55.
[87] 李琼,倪玉菁,萧宁波.小学数学教师的学科教学知识:表现特点及其关系的研究.教育学报,2006(04):58—64.
[88] 曾拓,杨小洋,申继亮.关于中小学数学教师对教学问题认知的调查分析.心理发展与教育,2004(04):74—78.
[89] 梁学友,戴宇.当前我国中小学数学教师教学思维模式初探.数学教育学报,2002(03):75—77.
[90] 刘志平,刘美凤,吕巾娇.小学数学教师教学设计能力及其构成研究.中国电化教育,2009(09):77—81.
[91] 卢秀琼,张光荣,傅之平.农村小学数学教师知识发展现状与对策研究.课程·教材·教法,2007(09):60—64.
[92] 广西壮族自治区柳州钢铁厂第三小学.计算机辅助小学数学教学实验初探.课程·教材·教法,1993(09):30—33.
[93] 唐彩斌.小学数学应用 CAI 效果研究实验报告.中国电化教育,2000(05):31—33.
[94] 王场镇小学课题组.《电化教育减轻小学生过重数学课业负担》阶段实验报告.电化教育研究,1999(05):88—93.

[95] 龚道敏.基于网络教室的小学数学课堂教学模式探究.电化教育研究,2002(02):73—76.
[96] 赵萍.信息技术与小学数学教学整合的探索.中国电化教育,2004(11):52—55.
[97] 庄慧娟,李克东.应用 MP-Lab 促进小学数学知识建构的探索.中国电化教育,2008(07):82—85.
[98] 刘儒德.在 CAI 下即时提示解题过程对小学三年级学生建构两步应用题整体结构的影响.心理发展与教育,1997(02):18—23.
[99] 苗逢春,陈琦.计算机辅助小学数学教学中进行反思训练的实验研究.学科教育,1999(08):40—42;1999(09):40,46.
[100] 文玉婵,周莹.影响教师将信息技术整合于数学教学的因素分析.数学教育学报,2007(03):44—48.

一、通 论

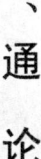

- 感受小学数学思想的力量——写给小学数学教师们（张景中）
- 关于小学『数学本质』的对话（张奠宙 唐彩斌）
- 21世纪我国小学数学教育改革展望（周玉仁）
- 面向21世纪的小学数学课程改革与发展（卢江）
- 浅论小学数学素质教育的四个基本特征（杨庆余）
- 实施凸显数学文化特征的小学数学教育（李晓梅）
- 对小学数学教育几个问题的思考（王维花 王永红）
- 谈谈当前小学数学教改若干问题（张玺恩）
- 深入开展义务教育数学教学研究工作（张玺恩）
- 掌握辩证思想，克服教学失误：对小学数学教学中一些科学性失误的思考（肖鉴铿）
- 试析新一轮课程改革中小学数学课堂教学——由若干小学数学课例说开去（郑毓信）

感受小学数学思想的力量
——写给小学数学教师们[①]

张景中

小学生学的数学很初等,很简单。

尽管简单,里面却蕴含了一些深刻的数学思想。

函数思想最重要

最重要的,首推函数的思想。

比如说加法,2和3加起来等于5,这个答案"5"是唯一确定的,写成数学式子就是2+3=5;如果把左端的3变成4,右端的5就变成6,把左端的2变成7,右端的5就变成10。右端的数被左端的数所唯一确定。在数学里,数量之间的确定性关系叫做函数关系。加法实际上是一个函数,由两个数确定一个数,是个二元函数。如果把式子里的第一个数"2"固定了,右端的和就被另一个数确定,就成了一元函数。

在中学里学习函数概念,只讲一元函数,以为多元函数复杂,不肯讲。其实,小学生先熟悉的是多元函数,因为学过的大量的数量关系是多元函数的例子。矩形面积等于长乘宽,是二元函数;梯形面积等于上底加下底的和再乘高除以2,是三元函数。所以多元函数的概念更容易理解。讲函数概念,不妨一开始就讲多元函数;具体研究,再从一元函数开始,这样比只讲一元函数更容易理解。

当然,不用给小学生讲函数概念。但老师有了函数思想,在教学过程中注意渗透变量和函数的思想,潜移默化,对学生数学素质的发展就有好处。

比如学乘法,九九表总是要背的。三七二十一的下一句是四七二十八,如果背了上句忘了下句,可以想想21+7=28,就想起来了。这样用理解帮助记忆,用加法帮助乘法,实质上包含了变量和函数的思想:3变成4,对应的21就变成了28。这里不是把3和4看成孤立的两个数,而是看成一个变量先后取到的两个值。想法虽然简单,小学生往往想不到,要靠老师指点。挖掘九九表里的规律,把枯燥的死记硬背变成有趣的思考,不仅是教给学生学习方法,也是在渗透变量和函数的数学思想。

做除法要试商。80除以13,商是多少?试商5余15,不够;试商6余2;可以了。这里可以把余数看成是试商数的函数。试商的过程,就是调整函数的自变量,使函数值满足一定条件的过程。

小学数学里有很多应用题,解题的思想方法常常是因题而异。可不可以引导学生探索一下,用一个思想来解各种各样的题目呢?试商的思想,其实有普遍意义,可以用来求解许多不同类型的问题,包括应用问题,只要问题中的条件数据和解答之间有确定性的关系。

---

① 本文选自《人民教育》2007年第18期,第32—35页。

例如，修一条长 32 千米的公路，已经修了 24 千米，已修的路程是剩下的几倍？我们用类似试商的办法来试解。如果是 1 倍，剩下的是 24 千米，总长 48 千米，比题设数据大了；如果是 2 倍呢，剩下的是 12 千米，总长 36 千米，仍比题设数据大；3 倍呢，剩下 8 千米，总长 32 千米，正好符合要求。

我想很多老师不会这样引导学生思考，认为这是个笨办法。其实，这个办法具有一般性，把试解的倍数看成自变量，把根据试解算出的总长看成试解倍数的函数，找寻使函数值符合题目要求的自变量，这个思路能解决很多问题，是"大智若愚"。

这样思考试算，最终也会发现具体的规律，列出通常的算式。

找寻使函数值符合一定要求的自变量，也就是解方程。方程本质上是函数的逆运算。加法看成函数，减法是解对应的方程；乘法看成函数，除法就是解对应的方程。

函数思想和方程的方法，是一个事物的两面，都是大智慧，贯穿数学的所有领域。

"数形结合"在小学是可能的

数学要研究的东西，基本上是数量关系和空间形式。当然，发展到今天，还要研究类似于数量关系的关系以及类似于空间形式的形式，甚至于一般关系的形式和一般形式的关系，等等。现在的课程标准把中小学数学分成了数与代数、空间与图形、统计与概率等几个模块。如何让这几块内容相互渗透、相互联系，是值得研究的问题。

提到数形结合，往往觉得是解析几何的事情。其实，数和形的联系，几乎处处都有。

在数学当中，几何具有非常重要的地位。几乎所有重要的数学概念，最初都是从几何中来的。所以有人说，几何是数学思想的摇篮。几何不仅是直观的图形，而且还需要推理，推理就要使用语言，所以几何的语言很重要。我们在教学或者编写教材的时候，往往是学数的时候就讲数，到了学几何的时候就讲几何，缺少把两者联系起来的意识。

例如，有一套教材开始就让学生玩积木，也就是认识立体图形。立体图形比平面图形更贴近生活，比数更贴近生活，是更基本的东西，这是教材的优点。但是，如果在玩积木时不仅让学生注意一块积木是方的、圆的、尖的，还让他们数一数某块积木有几个尖（顶点）、几条棱、几个面，就在学生头脑中播下形与数有联系的种子。

在认识数的时候，要举很多的例子，如一个苹果、一只小白兔等。我就想，在举例的时候能不能照顾到几何？比如学生在学习"1"的时候，就要学生用"1"来造句，书上可不可以有一些关于几何的句子？如"1 个圆有 1 个圆心"、"1 条线段有 1 个中点"、"1 个正方形有 1 个中心"等。有的老师会说，这样不行，学生不能理解。我想，可以画图帮助学生理解，学生虽然不知道这些概念准确的含义，但看看图就有一个直观的、初始的印象。孩子学语言一开始不是通过理解，而是通过模仿开始的，如果在学数的时候，能举一些几何上的例子，这对他将来学习几何肯定会有帮助。同样，在学习"2"的时候，我们可以教学生说："一条线段有两个端点。"不需要让学生知道什么是线段，只要画一条线段，指出两头是端点。到后来学几何知识时，回头一想，他会非常亲切，因为他早已经会说了。在学"3"的时候，可以画一个三角形，让学生说"三角形有 3 条边、3 个顶点"；学"4"的时候，可以画一个正方形，让学生说"正方形有 4 条边、4 个顶点"；学"5"的时候，可以画个五角星；认识"10"的时候，除了 10 个指头，不妨画一个完全

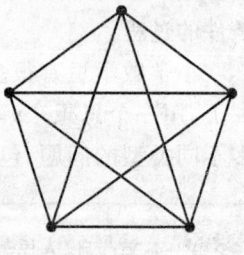

图 1

五边形让学生数一数有几条线段(如图1);学到100以内的数,就可以告诉学生正方形的角是90度,等等。小孩子记忆力好,早点记一些东西,以后再慢慢理解。

在中国古代的私塾里,学生入学后往往先让他们背几个月,甚至一年,然后才开讲。当然这种教育方式不能作为模式,但是也并非没有可取之处。学生已经会背了,再讲的时候,他印象就非常深刻了。我们讲建构主义,先要有信息进去才能建构,一个人闭目塞听,不和外界接触,是很难建构出东西来的。

总之,几何语言的早期渗透可不可能,值得研究。

形与数的结合,还提供了更多的数学之美的欣赏机会。关于数学的美,美国数学教育家克莱因有过这样的描述:"音乐能激发或抚慰情怀,绘画使人赏心悦目,诗歌能动人心弦,哲学使人获得智慧,科技可以改善物质生活,但数学却能提供以上一切。"怎样才能让学生逐步体会到数学的美呢?在小学阶段,可以先从几何图形上感知数学之美。现代信息技术提供了前所未有的可能。举个例子,这里有一些美丽的图案(如图2):

图2

你能想到,这些图案竟是同一种曲线的不同形态吗?

这条曲线其实很简单,如图3,用"超级画板"①软件画一个圆,圆上取3点 A、B、C,在弦 AB 上取点 G,再在线段 CG 上取点 H,利用软件的轨迹作图功能,作出3点 A、B、C 在圆周

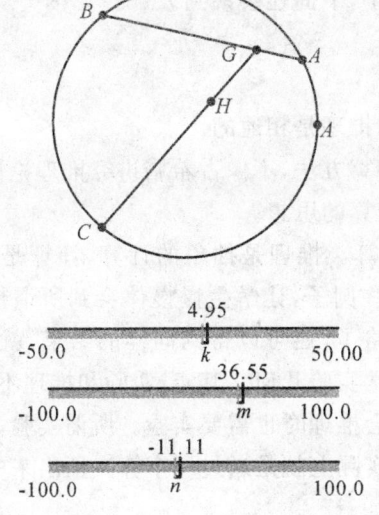

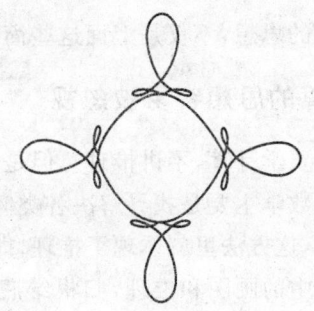

这是 A、B、C 三点在圆上运动时,点 H 的轨迹曲线。
调整 k、m 和 n 的值以及点 G、H 的位置,可以创作出千百种图案。

图3

---

① 该软件可以从网站 http:www.mathsedu.net 免费下载。

上运动时点 H 的轨迹,并把 3 点运动速度的比值分别设置为 k、m、n 的整数部分,做出这 3 个参数的变量尺。只要调整 3 个参数和点 G、H 的位置,就能创造出成百上千种不同的图案。这样几分钟就能做出来的课件,让孩子们玩上几个星期都不会失去兴趣。在潜移默化之中,数学之美会渗入幼小的心灵。

一位教师让她 9 岁半的孩子玩这类超级画板课件,孩子很快被超级画板所吸引。玩到第 3 天,就不想上网打游戏了。不到一个星期,就对超级画板上了瘾,很快学会了从屏幕上截取图片,把自己的作品保存起来。图 4 就是这个三年级学生的作品。他还根据自己的想象力给每个图案起了名字。

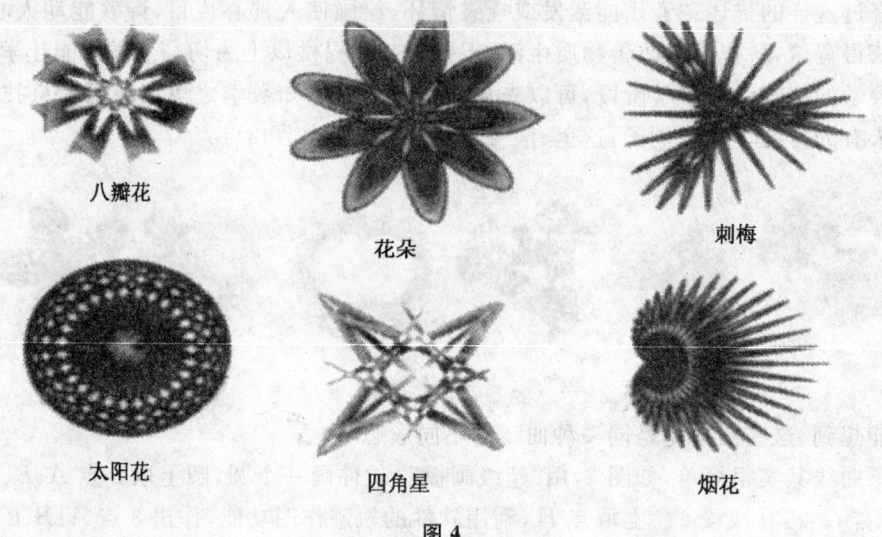

图 4

数形结合的思想,不仅是上面这些简单的例子,下面还会谈到。

寓理于算的思想容易被忽视

小学里主要学计算,不讲推理。但是,计算和推理是相通的。

中国古代数学主要是找寻解决各类问题的计算方法,不像古希腊讲究推理论证。但是,计算要有方法,这方法里就体现了推理,即寓理于算的思想。

数学活动中的画图和推理,归根结底都是计算。推理是抽象的计算,计算是具体的推理,图形是推理和计算直观的模型。我们可以举些例子,让学生慢慢体会到所谓推理,本来是计算;到了熟能生巧的程度,计算过程可以省略了,还可以得到同样的结果,就成了推理了。有的人认为几何推理很难,学几何一定要先学实验几何。其实,实验和推理不一定要截然分开。早期学实验几何阶段可以推理,后期学会推理时也需要实验。所谓实验,无非是观察和计算。"对顶角相等"这样简单的几何命题,实际上就是通过一个算式证出来的,这里的推理证明就是计算。

要把计算提升为推理,就要用一般的文字代替特殊的数字,再用字母代替文字。不要怕让学生早点接触字母运算。讲到"长方形的面积=长×宽"的时候,不妨告诉学生,这个公式可以用字母表示成 $M=C×K$。这里用了面积、长、宽的汉语拼音,学生很容易理解。再说明用别的字母也可以。

为什么说这样能把计算提升为推理呢？看一个简单的例子。设一个三角形 a 边上的高为 h，而 b 边上的高为 g，根据三角形面积公式，就知道 $a \times h = b \times g$；如果 $a = b$，则 $h = g$。这就推出了一条规律：如果三角形的两条边相等，则此两边上的高也相等。也就是证明了一条定理。这种证明方法比利用全等三角形简单明了。

我曾经在一张小学数学试卷上看到这样一道题："正方形的面积是 5 平方分米，求这个正方形的内切圆的面积。"表面上看，这个问题小学生解决不了，因为要求圆的面积，一般要知道圆的半径，这题中就需要先知道正方形的边长，而正方形的面积是 5 平方分米，边长就是 $\sqrt{5}$ 分米，小学生没有学过开方，似乎没有办法进行计算。而实际上，正方形的面积是它边长的平方，圆的面积用到的是半径的平方，并不一定要知道半径，知道半径的平方就行了，而此题中半径的平方是直径平方（即正方形面积）的四分之一，所以是能够解决的。但有很多学生解决不了，而告诉他们答案后，学生往往觉得非常简单。这是为什么呢？这就说明学生不能把计算转化为推理。引导学生认识计算和推理的关系，从计算发展到推理，是很重要的。这里有很值得研究的问题。

小学生学的是很初等的数学，但编教材和教学研究要有高观点。英国著名数学家阿蒂亚说过，"数学的目的，就是用简单而基本的词汇去尽可能地多解释世界"，"如果我们积累起来的经验要一代一代传下去，就必须不断努力把它们简化和统一"，"过去曾经使成年人困惑的问题，在以后的年代，连孩子们都容易理解"。这几句话，我觉得非常亲切，因为多年来我一直在想能不能把数学变简单一点，把难的变成容易的，把高等的变成初等的。我想，高等的与初等的数学之间，没有必然的鸿沟，主要看人们如何理解。把变量与函数的思想、形数结合的思想和寓理于算的思想结合起来，往往能够化难为易，化繁为简。

人们以前认为三角函数是非常难学的，是高等数学的内容。它既不是加减乘除，又不是开方，它是超越函数。在数学史上，函数这个词是和三角紧密联系在一起的。一次函数、二次函数都是算术运算的结果，就算没有函数的概念，学生也是比较容易理解的。三角函数则不然，一定要有"对应"的概念，函数的概念才说得清楚。有关三角的推导也是数学教学的难点。1974 年，我在新疆教过中学，那时发现学生学习三角比较困难，就开始研究如何把三角变容易。在我写的一本书里（《平面三角解题新思路》，中国少年儿童出版社 1997 年版）讲了这方面的具体想法。最近发现，三角不但可以变得很初等、很容易，而且可以成为初中数学的一条主线，把几何和代数联系在一起。我把这种思想写成一篇文章（《下放三角全局皆活》，载《数学通报》2007 年 1—2 期）。张奠宙先生说，按我的这种思路，三角里的正弦函数，可以在小学里引进。如何引进呢？他把我提出的正弦函数的新的定义方法，作了生动、通俗而精彩的表述。下面这段文字引自他的文章：

矩形用单位正方形去度量，结果得出长乘宽的面积公式。那么平行四边形的面积怎么求？自然是用单位菱形，同样可以得出平行四边形的面积是"两边长的乘积，再乘上单位菱形面积的因子"，原理完全相同。一个明显的事实是：单位正方形压扁了，成为单位菱形，两者的区别在于角 A。A 是直角，面积为 1，A 不是直角，面积就要打折扣。这个折扣是一个小数，和 A 有关，记作 $\sin A$（如图 5）。

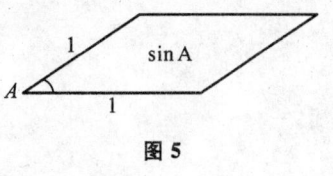

图 5

张奠宙先生还说："如果能从小学就学 $\sin A$，当然是一次解放。"

我们看到，数学可以有不同的讲法。看清了问题的实质，就能把难的变成容易的，把高等的变成初等的。就能把"过去曾经使成年人困惑的问题"，变得"孩子们都容易理解"。

不考虑矩形面积公式，不用单位菱形，也能在小学里讲正弦。怎么讲？先问，一个等腰直角三角形，如果腰长为1，面积是多少呢？学生容易回答，是0.5。进一步探索，如果这个等腰三角形的顶角不是90度，比如是60度，它的面积是多少呢？学生从图上会看到，90度变成60度，面积会变小，要打个折扣。多大的折扣呢？这可以从纸上测量出来一个近似值。老师进一步告诉大家，这个折扣的更精确的数值，可以在计算器或计算机上查出来，它叫做$\sin(60°)$，约等于0.866 7，这就引进了正弦函数。知道了正弦函数，就能解决许多实际的几何问题。如果问，这个0.866 7怎么得来的，就引出进一步的数学方法。这样不仅教给学生知识，更重要的是教他如何提问题、如何思考、如何获取新的知识。

这里，既有数形结合，又有寓理于算，还贯穿着变量和函数的思想。有些老师不是说缺少好的探索问题吗？这就是非常有意义的探索问题，它给学生留下很大的思考空间，会使学生长远获益。

陈省身先生说过，数学可以分为好的数学与不好的数学。好的数学指的是能发展的、能越来越深入、能被广泛应用、互相联系的数学；不好的数学是一些比较孤立的内容。他举例说，方程就是好的数学。

函数的思想、形数结合的思想、寓理于算的思想，都属于好的数学。这些思想是可以早期渗透的。早期渗透是引而不发，是通过具体问题来体现这些思想。比如引进了 $\sin A$，用这个概念解决几个看来很困难的问题（参看前引文章和书），学生会惊奇，为何能如此简捷地解决问题？学下去，过三年五年，他就体会到，是数学思想的力量。

关于小学"数学本质"的对话[①]

张奠宙　唐彩斌

唐：常说"教什么比怎样教更重要"。今天我们讨论的话题是小学数学教学中常见的一些"数学问题"。不过许多人认为，小学数学谁都懂，您怎么看？

张：小学数学的内容并不简单。现在有关的教材、论文中就有不少数学上的瑕疵。作为小学数学教师，首先要居高临下，知道小学数学在整个教育当中的地位和作用；此外，小学数学也要"与时俱进"，体现时代特色。最重要的是，教师要展示数学的本质，提高学生的数学素养。今天，我们就来谈一些具体问题。

0 为什么是自然数

唐：小学数学中最大的学习领域是数与代数。关于自然数，大家议论最多的是，"0 本来不作为自然数，现在怎么又说是自然数了"，究竟为什么？

张：在上世纪 90 年代以前，自然数不包括 0，但是 1993 年颁布的《中华人民共和国国家标准》(GB3102.11)里规定：自然数包含 0。

唐：新课程小学数学教材，已经根据这一标准进行了修改。具体的表述是：用 0 表示"一个物体也没有"所对应的数。在教学中，有些老师觉得把 0 作为自然数，不大好接受。

张：这只是习惯问题。0 是自然数有许多理由。首先，人的经验是，从无到有。我们常说："从零开始"、"零距离接触"，就表明 0 是最小的自然数。再比方说，魔术师总是先交代两手空空，再变出一只兔子，然后是两只兔子……铅笔盒中本来是空的，然后装进一支铅笔、两支铅笔，等等。老子的《道德经》里说："道生一，一生二，二生三，三生万物。"可见，一是由道——一种虚无的存在而产生的。第二，更重要的是书写的需要，10 的位置记数写法是 10。没有 0，就写不出 10，20，30，100。所以 0，1，2…9 这 10 个数字是最基本的。第三，0 的出现可以保证自然数集有单位元 $a+0=0+a=a$。在自然数中 $5-5=0$，如果 0 不是自然数，那么 $5-5$ 岂不是不能减了？

唐：对啊。说到习惯，从某种意义上说是老师的习惯。对学生而言，由于尚未形成习惯，也未必就不好接受。

感受 100 万粒米有多大有没有必要

唐：近几年来，我们经常看到这样的教学片段：通过让学生认识"100 万粒米的体积"，来认识 100 万有多大？您怎么看这样的教学？

张：当初设计这样的教案，初衷是好的，就是要大家体验一下 100 万是怎么来的。不过，数学教学要关注的是 100 万这个数的结构。至于说 100 万粒米有多大，知不知道无所谓。

[①] 本文选自《人民教育》2009 年第 2 期，第 48—51 页。

难道我们还要体验100万颗花生、100万个篮球有多大？有的文章问：100万张100元的人民币要多大的箱子装？这不是普通百姓需要的知识。关于100万的教学，主要精力要放在100万的结构，即如何形成100万上面。例如，我们可以设计这样的活动：从一个单位立方体出发，10个构成一排，10排构成一个正方形，10个正方形叠起来构成一个立方体，即1 000。再以这个立方体作为新单位，10个一排构成万，10排形成新的正方形构成10万，最后，10个新正方形构成新的立方体，就是100万。这个过程是每个人都要弄明白的。

分数究竟该如何定义

唐：很多教材都是这样定义分数的：单位1平均分为若干份，表示这样的一份或几份的数叫做分数。这样的描述听起来比较自然，也符合"几分之几"的称呼，因而是引入分数的首选。

张：对，用份数的定义来引入分数是非常自然的。但这样说还没有体现引进分数的本质：分数是一个不同于自然数的新数。份数定义还停留在"几份"的思考上，还没有越出自然数的范围。1份，3份，是分数还是自然数？因此必须尽快过渡到分数的"商"定义：即分数是正整数a除以正整数b的商，记为a/b。用a除以b，当除得尽时（整除），答案仍是"老朋友"——自然数。关键在于除不尽的情况，这时得到的商就是我们要结识的新朋友——分数。这个概念我们现在注意得不够，而这恰恰是我们学习分数的本质所在。

唐：您能举例说明一下吗？

张：比如1/4，它是一个整体平均分为4份中的一份。但是，这一份究竟有多大呢？1除以4的商是多大呢？它一定比1小，却又比0大。我们可以在数射线上标出它的位置：它在0和1之间，中间这一点是一半，就是1/2；在1/2和0之间再分一半，那个位置就应是1/4。这样一画，分数是"我们的新朋友"的特性就显示出来了。原来的自然数离散地分布在数射线上，现在的分数密密麻麻地填在射线上。商的分数的定义比份数的定义要深入一步，体现了引进分数的必要性。目前的教材只是说"分数和除法之间的关系"，未免不得要领。

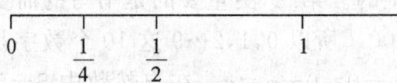

唐：确实，以前我们描述分数与除法的关系时只是一般地描述为：分数中的分子相当于除法中的被除数，分母相当于除法中的除数。但到底是怎样的一种关系，尚不明晰。分数的商的定义，强调分数是一个新的数，这太重要了。张老师，您以前还提到了分数的另外一种定义，那是一种怎样的定义？

张：分数的第三个定义是比的定义：两个自然数a和b，$b\neq 0$，把比值a/b叫做分数。比和除，本来是一个问题的两个方面，我的意思是说，用比的概念之后，分数就可以扩大它的应用范围，使我们的视野更广阔。我记得我曾经请你做过一个调查。

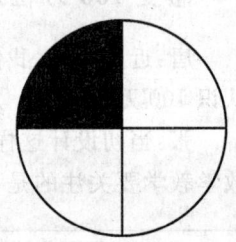

唐：是的。当时我们组织了100多名学生，分别来自三、四、六年级。给他们看屏幕上的一个圆，这个圆被分成4份，其中的一份被涂成蓝色。然后问学生，你看到了哪些分数呢？让他们想两分钟，尽量写答案。结果如下表。

表1

	总人数	1/4	3/4	1/2	4/1	1/3	3/1
三年级	39	38	14				0
四年级	39	36	17	10	8	8	2
六年级	38	36	8	3		3	
合计	116	110	39	13	8	11	2
百分率(%)		94.83	33.62	11.2	6.90	9.48	1.72

张老师,你怎么看这个数据?

张:我想,比的定义和我们原来份数的定义是相关的。份数的定义是说,分数表示的是一个整体平均分之后,其中的几份。从这个小调查看出,以整个圆作为"整体单位"的思维定式还是太强了。不仅仅是一个圆可以作为整体,1个半圆或3/4个圆也可以是整体。灵活地选择整体是理解分数的重要一步。我作为一个大学数学教师,看到的是1个圆里面有1块蓝、3块白,它们的比是1:3,首先想到的分数是1/3。所以,不能把一个整圆四等分作为一种定式,以至于看不到1块蓝与3块白之间的比。我想,比的定义也许和份数之间的灵活转换有一定的关系,我也希望老师们能把份数和比的定义联系起来思考。

什么是代数

唐:《数学课程标准(实验稿)》设置了"数与代数"的学习领域。过去,在小学里,对于数的认识我们比较熟悉。至于代数,相对来说比较陌生一些。怎么理解代数?

张:代数学的英文名称是algebra,是9世纪阿拉伯数学家花拉子米一部著作的名称。原意是"还原与对消的科学"。什么叫做对消?大家知道的有正负对消,就是解方程时所谓的移项。所谓还原,就是把本来淹没在方程中的未知数 x 暴露出来,还原了 x 的本来面目。所以方程是和代数紧密联系在一起的。

唐:一般在学习方程之前,我们都要先学习"用字母表示数"。方程理论就是"用字母代表数"吗?它们之间到底是一种怎样的关系?

张:单单用字母代表数,还不是代数。例如,加法交换律写为:$a+b=b+a$,虽然也用字母代表数,却和代数的思想方法没有关系。用字母代表数,即设某量为 x 的做法,只是运用代数方法的第一步。代数的思想方法,其核心是基于含有 x 的"式"的运算来求得未知数,最后解决数学问题。从数的运算到"式"的运算,实行对消和还原,是算术与代数的根本区别。

唐:小学数学的"代数"内容就是能够部分地解出一元一次方程 $ax+b=c$。至于 $ax+b=cx+d$ 这样的方程小学里解起来还是有些困难。

张:难在含 x 的项的合并,即关于"式"的运算。小学里解方程,用字母代表数之后,主要使用逆向思维进行对消和还原。例如 $2x-1=5$,用逆向思维也可以还原出 $x=3$。中学里则要引入负数、进行"式"的运算,用同解概念进行对消和还原,按照程式化的规则,一步步机械地做下去就能得到解。那就是代数思维。这就是说,算术中的逆向思维也有还原和对消的思想,需要学习,但是思维过程是一题一解,没有固定的程式,不能程式化。所以,小学学习逆向思维不要搞得太难。太多了,反而会干扰未来方程的学习。

唐:关于方程概念的争论也很多。如:$x=1$,是不是方程?

张:毛病出在"含有未知数的等式叫方程"。大家都把它当做方程的定义,所以会出现$x=1,0 \times x=0,x-x=0$是不是方程这样的怪问题。其实,这句话只谈了方程的表面,实在不重要。方程的本质是为了求未知数,在已知数和未知数之间建立一种等式关系。既然方程的本意就是要求未知数,如果$x=1$,未知数已经求出来了,也就没有方程的问题了。这类问题与我们学习方程知识没有关系,应当淡化。正如西南师范大学的老校长陈重穆先生所说,需要"淡化形式,注重实质"。

唐:陈重穆先生是代数学家,首批代数学博士生导师。他提出"淡化形式,注重实质",值得深思。

解决问题与应用题是什么关系

唐:在数学新课程中,以前特别熟悉的应用题不见了,取而代之的是解决问题。请张老师从数学的角度谈谈这两者之间的关系。

张:数学问题可以有多种分类方法。例如,可以分为常规的练习题和非常规的探究性问题。通常所说的"解决问题",则比较关注非常规问题。另外,还可以分为纯数学问题和应用数学问题。像哥德巴赫猜想这样的纯数学问题,来源于数学内部;至于"神舟7号"飞行轨道的计算问题,则属于应用问题,来源于现实生活中各行各业所涉及的数量关系。

小学数学里的应用问题是客观存在的,似乎不必回避。应用题可以改进,却不能取消。我们反对的是过去小学数学中那些矫揉造作、远离现实、缺乏教育价值的应用题。新的应用题,强调数学模型的建立,问题的条件可以冗余,数据需要取舍,模型需要建立,结果需要验证,值得提倡。

唐:张老师,你常常提起20世纪最伟大的数学教育家弗赖登塔尔举过的一个例子:"昨夜外星人访问我校,留下了一个巨大的手印(图),今夜他还要来,试问:我们给他坐的椅子应该有多高?他用的新铅笔应该要多长?"这个问题是应用题吗?

张:我认为这是好的应用题。首先,这是一个学生喜欢的题材,虽然不是实际发生的问题,却是可以领会理解的情境。正如鸡兔同笼问题一样,是一种好的数学模型。其次,它蕴含了丰富的数学思想,非常深刻地体现了比例的思想。学生通过测量巨人的手和自己的手的大小比值,然后按比例放大,将比值用于设计椅子高度和铅笔长度。这是比、比例、相似等数学本质的体现。再如,日本有一堂公开课,内容是要求学生在一块矩形场地上设计花坛,使得花坛的面积为场地的一半。这是数学和艺术相结合的应用题。类似这样的问题就和过去的应用题有很大的区别,是我们需要关注的。

小学几何内容为什么要增加

唐:新课程在空间与图形领域增加了一些新的内容,从您的角度看,为什么要增加?

张:几何学的内容很丰富。首先是直观几何,就是对平面图形、立体图形的认识;其次是一些求面积、体积的问题,属于度量几何。在实施新课程以前,小学数学主要包括这两部分内容。后来我们发现,大学数学的许多问题,它的原始思想是非常简单、非常朴实又非常重要的。于是就增加了以下三个方面的内容。

第一是演绎几何,比如说垂直、平行、线段、射线这些名词都属于演绎几何的范畴。第二是运动几何,如平移、旋转和对称,是小学生需要和可以接受的内容。第三是坐标几何。总体来看,现在小学数学里的几何学,包括直观几何、度量几何、演绎几何、运动几何、坐标几何这五大块。从过去的两块扩大到五块,扩大了我们几何学的视野,丰富了我们对几何学的感受,是十分有意义的改革。

唐:不过对于小学来说可能还是直观几何最为基本。张老师您认为直观几何学教学的重点是什么?

张:我想小学数学当中,直观几何最根本的或者最核心的内容就是用平面来描述立体。事实上我们生活的空间是三维的,接触的物体都是立体的,但是留在眼睛视网膜上的、画在教科书上的都是平面的;因此空间图形平面化,通过平面图形想象空间物体是直观几何的重要内容。新课程的教材中,通过照相机从"不同角度下拍摄照片",通过三视图科学描述简单对象,都是要用平面图形描写立体事物。

什么是长度、面积、体积

唐:小学教材中大都这样表述面积和体积:"物体表面或平面图形的大小叫面积","物体占有空间的大小叫做物体的体积"。这是它们的定义吗?

张:这些只是对面积、体积的描述,不是严格的定义。因为总是先有面积、体积的定义,才能谈大小。在严格的定义里不能出现"大小"的词汇。人的概念有两种,一种就是生活中自然形成的,比如说面积、体积,大家都明白,不必给出严格的定义(那是大学数学课程的内容)。现在的教材上,把体积说成"占有空间的大小",要学生记住,实在没有必要。事实上,要理解"空间",比理解体积更困难,往往是越解释越糊涂。这说明,对于这类定义不要太当真。在小学里,学生头脑里的体积直觉,已经够用了。

唐:在课堂上,我们会看到类似"排水法测土豆的体积"的案例。

张:那是物理方法。数学上可以运用,做一些教学实验。但是,数学的本质是如何"计算"某些图形的面积和体积。注意是找出"计算"的方法和公式,并不是一味地度量。面积的严密定义是"一些集合类上定义的有限可加、运动不变、单位正方形面积为1的集合函数"。这是大学里研究的问题。但是在小学课堂上,要让小学生体会面积、体积的一些特征:例如可以演示,不相交的两图形合并后的面积是两图形面积之和,图形搬来搬去,其面积不变,进而可以用单位正方形的割补、拼接去度量复杂图形面积,等等。

小学里为什么要渗透平面坐标思想

唐:小学数学为什么要渗透平面坐标思想?坐标的核心思想就是确定位置吗?

张:很多的教案都这样说,其实不准确。学习坐标确定位置,好像用经纬线确定地球表面上的位置一样,是地理学的研究目标。数学课程中更重要的是用坐标来表示几何图形。例如,两个坐标都一样的点($y=x$);第一个坐标为1的点($x=1$),等等,都能表示一类直线。同样也可以用坐标描绘一个矩形的"熊猫馆"。

唐:谢谢张老师,帮助我们基于数学的本质来分析这些问题,很受启发。

张:谢谢,希望有更多的机会与小学数学教师交流数学问题。

21世纪我国小学数学教育改革展望

周玉仁

面向21世纪,社会走向现代化,需要教育现代化与之相适应。所谓教育现代化或现代教育是指以现代生产和现代化生活方式为基础,以现代科学技术和现代文化为背景,以培养全面发展的现代人为目的的教育。现代教育植根于现代社会的现实,又面向未来急剧的变化和发展。

现代教育的特征具有多方面性和多层面性,而其最重要的特征是充分展现人的主体性,追求人的全面发展。当前我国提出的素质教育,就是现代教育的直接体现。

我国小学教育如何摆脱"应试教育"的枷锁而实施素质教育呢?更具体地说,各门学科的教学如何真正实施素质教育?这是我国广大教育工作者关注的热点问题。本文仅就我国小学数学改革与现代化问题提出几点思考。

一、重新认识数学和数学教育

数学是科学和技术的基础。国家的繁荣富强,关键在于高新科技的发展和高效率的经济管理,这一结论已为各发达国家的历史所证实。

随着时代的进步,本世纪数学得到空前发展,尤其是数学各学科、数学与其他科学之间的相互渗透,大批应用数学科学的产生,计算机的应用已形成了数学技术。现在的数学已不再是20年前的"数学"了,现代数学深深地融合着来自算术、代数、几何等传统领域的成果和来自统计学、运筹学、计算机科学等应用领域的新方法。在信息时代,数学已是一个应用极为广泛的有力工具;作为一门思考性很强的学科,数学又是发展人的思维和提高人的智力的有力手段;作为一种文化,数学还是培养与提高人的文化素质和科学素质的重要组成部分。因此,我们在充分发挥数学在社会主义现代化建设中的作用的同时,更要进一步明确数学在基础教育中的地位,加速数学教育的改革。

二、我国小学数学教育现状

小学教育是九年义务教育的第一阶段,是为儿童提供关于世界轮廓图景的第一个循环圈,是促进人的身心全面发展的奠基工程。1992年以来,随着我国《九年义务教育全日制小学数学教学大纲》的颁布和九年义务教育教材的试用,小学数学教育改革有了很大的进步,主要表现在:教育指导思想逐步明确,开始注重素质教育;某些教学内容删繁就简(如计算和应用题降低了一些要求);教学方法和手段有所更新;整个教学过程开始出现了三个转变:一是由以教为主转向以学为主,二是由只重视学习结果转向既重视学习结果又重视学习过程,三是由只研究教法转向研究学法。据1994年6月联合国儿童基金会、联合国教科文组

---

① 本文选自《中国教育学刊》1997年第6期,第59—61页。

织与国家教委基础教育司合作完成的《全民教育目标监控项目报告》,1993年6月对我国8个省的四年级与六年级各24 000余名学生进行数学水平测试,其中计算能力成绩最高,正确率达92%以上。

但是,从教育现代化的高度审视,小学数学教育也还存在不少问题。这主要反映在以下几方面:

(一)升学竞争导致学生厌学

在升学竞争的指挥棒下,小学生精神压力大,学习负担过重,数学亦成为将学生分类排队的"筛子",淘汰学生的工具,致使有的学生厌学,甚至弃学。

(二)教学内容偏窄、偏繁,有的陈旧过时

小学数学大部分内容是数与计算(至今还保留三位数乘以三位数和相应的除法)、繁杂的四则混合运算,这在现代数学和人类文明生活中只起着微不足道的作用,可仍被视为小学数学的重要内容。再则,占相当比重的应用题,不少是脱离学生生活实际、题材虚构并按题类选材的,这些人为编造的"应用"题,正是使后进生望而生畏的最难学的内容。而对现实生活中有广泛应用的统计、数据处理、估算等知识却很不重视。

(三)教师素质偏低

我国小学教师的学历达标似乎已经基本解决,但相当多教师的教学水平距他们要培养全体小学生的数学学习水平达到义务教育的基本要求还相差甚远。相当一部分教师的教学思想陈旧,重知识轻能力,重灌输轻启发,只要求学生听懂记牢,正确再现,不注意让学生了解知识的形成过程,至于创造能力的培养更是无从谈起。

三、关于我国小学数学改革与现代化的若干思考

(一)转变观念

小学数学教育的改革,绝不能仅从数学内部着眼,必须从科技迅猛发展的新时代对人才的需求和提高民族素质的战略高度出发,从小学教育培养德、智、体等方面全面发展的建设者和接班人这一目的出发,彻底摆脱"应试教育"的桎梏,树立正确的教育观、人才观、学生观和质量观,小学数学教育才能沿着现代教育的轨道登上一个新的台阶。

(二)精简传统的数学内容

教育现代化是教育由传统走向现代的不断改革的过程。传统和现代既有对立的一面,也有相互整合的一面。就教育而言,这需要正确处理好传统知识与现代信息之间的关系。小学是基础教育,是为培养人才打基础的阶段。先进的现代技术和知识并不都能作为基础知识纳入小学教材,而且许多现代知识的产生也不都是对传统理论的否定,相反,它往往是对已有原理综合运用的结果。数学的发展尤其如此。因此,小学数学改革的宗旨是必须选择现代科学技术发展和学生进一步学习所必需的数学基础知识作为基本内容。具体说来,需从以下四个方面着手:

(1) 精简传统的算术内容。计算机(器)的广泛应用,大数目的计算完全可以利用机器来完成,三位数乘以三位数和相应的除法(据了解,世界各国只有我国还保留这一内容)应删去;四则混合运算必须简化,降低不必要的难度。

应用题要从根本上加以变化。应用题教学对于培养学生的思维能力和解决某些简单问题固然有一定作用,但它是经过数学处理了的简单模式,对条件和问题都作了筛选,与现实生活中要解决的实际问题相距甚远,与当前国际上数学教改中提倡的"问题解决"更是迥然不同。正如有人指出的,"传统的'应用'题不应用"。要大力删去那些情节虚构、脱离学生实际的问题;要控制文字应用题的比重;要从实际生活中给学生提供多种形式(如对话、文字、图表等)的条件和问题,培养学生逐步学会选择信息、重新组织信息、分析其中数量关系进而解决问题的能力。对较复杂的文字应用题提倡用方程解答,要避免由于过多训练算术方法而对方程解题产生负面效应。

(2) 适当增加估算、统计等有实用价值的内容。

(3) 在小学高年级引进计算器(机)的使用。

(4) 切实加强空间观念的培养。

总之,要使小学数学内容广一点,浅一点,让每一个小学生学习更多有用的数学知识。

(三) 采取有效的教学策略

(1) 把数学与儿童生活实际密切联系起来。数学教学要讲来源、讲用处,让学生感到生活中处处有数学,在他们的眼里,数学是一门看得见、摸得着、用得上的学科,不再是枯燥乏味的数字游戏。这样,学生学起来自然感到亲切、真实,这也有利于培养学生用数学眼光来观察周围事物的兴趣、态度和意识。

(2) 动手、动口、动脑,使数学学习活动更加生动活泼。要解决数学的抽象性与小学生思维特点之间的矛盾,就要充分运用其直观性(操作性与非操作性的)进行教学。除了运用教具、学具外,还要利用现代化教学手段(包括计算机辅助教学与多媒体教学),使教与学生动形象,化难为易。我们主张:"要让学生动手做科学,而不是用耳朵听科学。"要让学生动手、动口、动脑,调动多种感官参与,使数学学习活动更加生动活泼。

(3) 创设问题情境,激发学生内在的学习动机。对学生来说,学习动机是实现自己理想目标而力求学好的内部动因,它总是和需要直接关联的。小学生入学前已有一些生活经验,包括一些模糊的数学活动经验,他们对数学知识有一些肤浅的潜在的需要。因此,数学教学的关键在于教师创设问题情境,提供诱因,把学生那些肤浅的潜在的需要变成正在"活动"的、实实在在的需求,并不断唤起求知欲,引导学生积极而主动地获取知识。

(4) 千方百计让学生了解知识形成的过程。学习归根结底是学生自己内部的活动。为此,教师要充分认识儿童认知结构的特点,根据教材结构与儿童的认知结构来建立高效的教学结构。按照小学生数学学习的规律,数学教学应突出以下三个方面:一要抓住新旧知识的连结点,以便筑起"认知桥梁";二要剖析新旧知识的分化点,以便增强新旧知识的可辨别性;三要让学生展现自己的建构过程,不仅知其结果,而且了解自己所得结果或结论的过程及先决条件,必要时能用图表、图示及语言等方式展现自己的建构过程。

作为教师,应在学生力所能及的范围内,让他们自己"跳起来摘果子"。凡学生自己能探索得出的,教师决不替代;凡学生能独立发现的,教师决不暗示。要尽可能给学生多一点思考的时间,多一点活动的余地,多一点表现自己的机会,多一点成功愉快的体验。

(四) 探索新的综合的教学模式

教学模式是教学工作的集结点,是现代教学的实体。针对班级授课制不能在课堂上充分照顾个别差异的缺陷,可以探求一种班级授课、小组合作学习与个别指导相结合的综合模式。其中,以班级授课为主,小组合作学习与个别指导为辅。

小组合作学习可视年级不同而占不同的比重。它的特点是:根据学生学习水平、智力、性别、性格的差别进行异质分组,以利于相互学习、取长补短。每一小组是由有一定共同目标的个体所组成的集体,在这一集体中各个体目标的达到又与集体的目标达成度息息相关;在组内既注意竞争(满足小学生的争强好胜心),更强调同学间的合作。它是一个既利于每个学生获得成功又利于集体获得成功的活动方式。

个别指导指在课堂教学中教师对学生的个别特殊指导,包括设问、讨论和作业等。如果配合计算机辅助教学,则可采用灵活多样的人机交互方式进行个别化教学,提高教学质量。

(五) 大力提高教师素质

教育现代化的关键在于提高教师素质。从我国目前情况看,教师的培养与提高已刻不容缓,需要采用多种不同形式和途径来提高师资水平。教师首先要学习先进的现代教育理论,转变教育思想,加强师德修养;同时还必须加强专业知识的学习,丰富自己的知识,提高教学能力。教师只有具备现代人的素质,才可能培养出全面发展的建设者和接班人。

面向21世纪的小学数学课程改革与发展

卢 江

数学是基础教育的核心课程,数学教育的改革与发展直接影响着教育的质量、人才素质的培养。特别是随着信息化社会的到来,数学的应用在不断地深化和扩展。科学家们展望,在下个世纪里,数学的知识和技术将成为社会公民日常生活和工作中所必需的一种通用技术。面向21世纪,用教育现代化的观点审视目前的中小学数学教育是十分必要的。数学教育的改革必须在现有的数学教育成果的基础上,以未来社会对人才素质的要求为依据,重新认识数学教育的目的和内容,探讨如何开发学生的潜能、发展他们的能力。本文结合主要发达国家的教育改革思想、经验,以及我国小学数学课程改革中的一些成果,阐述笔者对小学数学课程和教材进一步改革的一些粗浅见解。

一、数学教育改革是科技发展、社会进步的必然趋势

由于数学在科学技术发展、社会进步中的重要作用,面对未来国际间的竞争,各主要发达国家都非常重视数学教育的质量。80年代以来,纷纷提出数学教育改革的新观点、新方案,力图通过合理、科学的变革,获得高质量的数学教育成果。

1989年,美国国家研究委员会发布了关于美国数学教育未来的报告《人人关心数学教育的未来》,全美数学教师理事会公布了新的《学校数学课程与评价标准》等文献,阐明了改革美国数学教育的必要性,提出了数学教育改革的目标。为了在未来的世界中,美国能维持其强国的地位,在本世纪末美国要有世界最好的数学教育。

1988年,英国议会颁发了教育改革法,建立了国家课程(义务教育阶段)。国家课程数学对于英国中小学数学教育改革有着深刻的影响。1989年英国颁布了国家《数学课程标准》,经几次修订,于1995年颁布了最新的国家《数学课程标准》。这一课程标准在内容安排上,一改传统的安排体系,分为:运用和应用数学、数、代数、图形和空间、数据的处理五大块。在改革方向上,注重数学应用,注重数学意识的培养,注重发展能力。

我国的数学教育,历史悠久,具有很多优势。但是,面对21世纪,我国的数学教育正面临着严重的挑战。有关专家认为主要的问题是:学生学习负担过重;数学应用意识薄弱;动手能力低;数学创造能力弱;数学教育仍然是"英才教育"模式,而未成为"素质教育"模式等。因此,广大数学教育工作者及各界有识之士都在呼吁数学教育的改革。数学教育的改革与发展,不仅是要赶上国际数学教育发展的潮流,更是我国科学技术普及、发展,社会经济、社会生活发展的必然需求。因为,从某种意义上讲,培养出具有良好数学素质的公民也是21世纪我国能够参与国际竞争的重要保证之一。

从1985年起,人民教育出版社、课程教材研究所数学室,收集研究了各主要发达国家数

---

① 本文选自《课程·教材·教法》1998年第10期,第38—43页。

学教育改革的动态、文件、理论及经验,同时,对我国小学数学教育的现状进行了调查研究。在总结原通用教材使用经验的基础上,根据我国的国情,以唯物辩证法为指导,以现代教学论、儿童心理学研究成果为依据,以"三个面向"为指针,研究制订了小学数学教材改革的方案,编制了《小学数学实验课本》。于 1986 年秋到 1991 年,在全国部分地区的少数学校进行了教学实验。实验不仅取得了成功的经验和宝贵的实验数据,并且初步确认了课程教材改革的设计思想及理论。在此基础上,1989 年始,人民教育出版社数学室又根据《九年义务教育全日制小学数学教学大纲(试用)》,进行了九年义务教育教材的研究、编写和实验工作,进一步对小学数学课程改革的编写和设计思想进行检验,把前一阶段的研究成果运用于九年义务教育教材的编写中。到 1996 年为止,整个教材改革研究工作又告一段落。十余年来,课程教材改革与实验取得了初步成效,对我国的数学教育的发展,特别是小学数学课程的发展起到了推动作用,初步形成了比较贴近时代发展要求、反映义务教育精神的小学数学教材体系。

但是,由于各种客观条件的限制,课程教材改革的研究成果并未能在义务教育教材中全部反映出来。我国地域辽阔,各地的经济水平不一,社会文化的发展不平衡,教育条件差异较大;广大教师多年接触的是传统的教学内容和教材体系,较大的变革势必需要大规模的教师培训,因为教师理解掌握与否往往是教学改革成功与否的关键。而要使教师理解新的教学思想,使之成为他们的自觉行动,体现在教学过程中,都需要有一定时间。因此,我们认为课程教材的改革宜采用循序渐进的形式,逐步删减普遍认为是过时、无用的内容,增加反映时代需要、符合数学教育发展趋势的内容。在教材的结构和编排上,尽量符合学生学习数学知识的认识规律,让学生通过主动学习获得知识,注意使能力的培养落到实处。并且,必须通过逐步培训教师,使教材改革普遍为广大教师接受。

二、国际上数学教育改革的主要发展趋势

通过对几个主要发达国家近年来的中小学数学教学大纲或课程标准进行比较研究,可以看出国际上数学教育改革发展的主要趋势。

(一)有关教学内容的变化与发展

1. 数与计算

在数与计算的教学内容方面,变化与发展主要表现在:① 强调培养数的意识;② 重视口算和估算;③ 笔算教学强调理解算理和合理地运用计算方法。

2. 几何初步知识

近年来,各主要发达国家在中小学几何教学方面呈现出新的特点:① 演绎推理被削弱、几何直观得到加强,传统的欧氏几何的地位逐渐降低;② 强调培养学生的空间观念和空间想象力;③ 几何变换的内容、方法与思想渗透于数学课程之中;④ 重视几何知识的应用及学生的动手能力。

3. 统计初步知识

各主要发达国家都十分重视统计初步知识的教学。因为统计方法和概率知识在信息社会里越来越重要,21 世纪的公民必须很好地掌握。并且认为统计和概率的思想方法在小学低年级就应该开始学习。

4. 应用题

小学数学中应用题教学的改革趋势主要表现在：① 内容趋于扩大，加强与实际的联系；② 难度趋于降低；③ 重视让学生掌握解题的一般策略；④ 加强方程解法，使之与算术解法相辅相成。

（二）有关数学教学目的的变化和发展

对数学教育目的认识的变化和发展是数学教育改革与发展的重要问题之一。各主要发达国家近年来关于数学教育的目标，基本上都阐述了两个方面的内容。其一是使学生掌握社会生活必备的数学知识与技能；其二是具备良好的数学素质。概括地讲，数学素质应包括数学意识、解决问题、逻辑推理和信息交流四个部分。

1. 数学意识

是指能用数学的观念和态度去观察、解释和表示事物的数量关系、空间形式和数据信息，以形成量化意识和良好的数感。数学意识的培养应贯穿于整个数学教育的过程中。教育者要在教学过程中有意识地体现这种培养。

2. 解决问题

是一种全新的数学教育观念，主要是指创造性地用数学去解决新问题的学习活动。它可以使学生在实际环境中获取和构造数学，而不是单纯去背诵和记忆书本上现成的知识；使学生充分发挥自己的才智，运用已有知识去创造性地解决新问题，并通过此过程学到数学的思想和方法；提高学生学习数学的兴趣和信心。

3. 数学交流

数学交流是信息社会人们在工作和生活中必备的能力之一，在数学教学过程中应有意识地培养这种能力。数学是一种语言，它能够简洁而确切地表达和交流思想。随着新技术应用的日益广泛，利用数学进行交流的需要也日益增大，因此，数学教学应该重视数学交流的训练，使学生懂得将数学作为信息交流的工具，会使用数学进行交流。

4. 思维能力的培养

这仍然是数学教育的重要目的。关于思维能力，以往主要指逻辑思维能力，即抽象、概括、演绎、推理。目前国际上的提法比以前的内涵丰富得多，不再仅仅指逻辑思维能力，还包括参与思维活动的其他成分，如观察、分析、比较、猜测、直觉等等。

三、九年义务教育小学数学教材（人教版）的改革成果

如前所述，人民教育出版社的九年义务教育小学数学教材，是在总结多年的教学经验，对国际小学数学发展趋势的研究基础上，经过反复实验研究的成果，初步形成了比较贴近时代发展要求、反映义务教育精神的教材体系。教材的改革主要表现在下面几个方面。

（一）关于教学内容方面的改革

1. 数与计算

（1）重视数概念的教学，重视形成数的意识。

首先，加强了数概念的教学，将整数教学从原通用教材的四段改为五段（20以内、百以内、万以内、亿以内、亿以上）。其次，增加了培养学生数的意识的内容，除保留原通用教材中

的计数单位、数位、数的分级、求一个数的近似数等外,从一年级 10 以内的数的认识开始就加强数序、数的组成、数的比较大小的教学,经过五段数的认识的教学逐步形成学生数的意识。

(2) 重视、加强口算和估算。

增加口算的内容,在低年级教学基本口算的基础上,中、高年级适当增加口算内容。合理安排口算教学的层次,每一部分计算教学都从口算开始。加强算理教学,鼓励简便算法。增加练习频度,提高能力要求。

增加了估算的教学内容。在传统的用四舍五入法求近似数的基础上,在多位数四则运算中教学了简单的估算及运用估算对四则运算的结果进行粗略的检验。同时注意逐步培养学生的估算能力,在几册教材中分几个层次分别出现不同的估算。但是,考虑到教师接受的具体情况,所增加的内容仅仅是培养估计能力的一部分,数与计算以外的内容没有涉及。

(3) 笔算重视算理的教学。

重视笔算是我国小学数学教学的传统。但是,随着现代计算工具的广泛使用,笔算教学的意义已经发生了变化,义务教育教材在这方面的改革是显著的。除了精简一些繁难的计算外,还把教学的重点放在使学生较好地理解算理上。例如,低年级加强了直观、操作,帮助学生理解四则运算的含义、计算步骤;中、高年级加强了直观、对比,让学生在理解的基础上,使知识系统化。在整个小学数学教学中,都强调灵活地运用合理、简便的计算方法,要求怎样计算合理、简便,就怎样计算。

2. 加强几何初步知识的教学

义务教育教材在几何教学方面进行了十分有意义的改革尝试。第一,注意几何知识与认数、计算、量的计量的联系与配合,适当分散安排。第二,加强了动手操作。在教学各部分几何知识时,都让学生通过亲自触摸、测量、拼摆和制作,获得对几何图形及特征的感性经验,经过观察和思考进一步加深印象和理解。第三,注意从实际中抽象出几何概念和几何图形,强调对几何概念和几何图形的理解,培养学生的空间观念。例如,通过实际观察、测量,使学生对面积概念有正确的认识,对不同的面积单位的大小有明确的表象。教学轴对称图形时,注意引导学生观察实际事物(树叶、蜻蜓和天平),分析它们共同的特征,再做剪纸实验,让学生理解轴对称图形、形成轴对称概念。第四,适当渗透了一些几何变换思想。例如,在三角形面积的计算教学中,通过图示引导学生,先把两个完全相同的三角形叠在一起,然后以它们重合的一个顶点为中心,把上面的三角形旋转 180 度,再沿着一条边平移,直到与另一个三角形拼成一个平行四边形。这样不仅使学生清楚地看到三角形的底和高与所拼成的平行四边形的底和高的关系,而且还使学生直观地了解一些平移和旋转的含义,以及对图形位置变化的作用,有利于发展学生的空间观念。第五,重视几何知识的应用,适当增加了联系实际的题目。如计算长方体表面积的教学中,安排了计算粮店售米木箱的用料问题、木箱四周刷油漆的面积问题等,使学生学会运用所学的知识解决实际问题。

3. 加强统计初步知识的教学

义务教育教材加强了统计初步知识的教学。为了使学生逐步地认识统计的意义,逐步了解统计的思想方法,提高学生运用统计方法解决简单的实际问题的能力,在教材的编排上做了一些改革。改变了原通用教材直到最后一册才出现统计知识的做法,把统计初步知识提前并适当分散教学。低年级渗透统计图表的方法和形式;中年级教学简单的数据整理和简单的求平均数方法;高年级教学较复杂的数据的收集和整理、统计表和求平均数方法,以及统计图。并且把原通用教材中的求平均数应用题,改为从统计知识的角度来说明、教学平均数的概念和求平均数的方法。教材加强了统计思想的教学,通过教学生如何计数固定的数据(统计整理学生住家分布情况的数据)、收集随机出现的数据(介绍用划"正"字的方法收集随机出现的数据,并制成"频数统计表")、看懂并会分析统计表和统计图,能根据图表中的数据回答一些简单问题,培养学生用统计的思想方法分析思考问题的习惯。

4. 改革应用题的教学

应用题教学是小学数学教学的难点。如何改革应用题教学,使之适应数学教育改革及发展的需要,从内容到方法都需要花较大精力、较多时间进行研究。但是,义务教育教材在这方面的改变已经注意体现数学教育改革的精神,努力克服以往教材中传统应用题繁难题多、分类型教学、注重解题技巧的教学模式。在应用题步数上限制了难题,要求全体学生必学的应用题最多只有三步计算的;从内容的选取上限制了"典型应用题",尽量选取与实际相联系的题目,增加探索性的题目。注意与计算、几何初步知识、统计初步知识教学贯穿在一起。在编排体系上,根据应用题的内在联系,有计划地分组出现,加强应用题之间的联系。在教学过程中,注意培养学生的数学意识,教给学生解题的一般策略,发展学生的思维能力、解决实际问题的能力。限于我国小学数学教学界的可接受性,这些努力只是最初步的。

(二) 关于教学目的方面的变化

根据《九年义务教育全日制小学数学教学大纲(试用)》对于小学数学教学目标的规定,以及我们对小学数学教学目的的理解,九年义务教育教材在体现新的教学目的观方面表现在以下几个方面。

1. 采取科学、有效的措施,加强数学基础知识教学

第一,根据学生学习数学的认知规律,加强直观与实际操作,让学生主动参与学习活动,使抽象的概念、法则易于理解;第二,注意突出基本概念和基本规律,通过举一反三,促进知识的迁移;第三,突出重点、分散难点,降低学习难度;第四,加强联系与对比,揭示知识间的内在联系,形成学生合理的知识结构。

2. 努力创造各种机会,循序渐进地将数学能力的培养落到实处

计算能力已不仅仅是指笔算、口算的能力,计算得正确与迅速。它有着更为丰富的内涵,至少它还包含对口算、笔算、珠算、估算等多种计算形式的理解和掌握,以及根据具体情况采用合适的计算形式,它还应包括计算方法的合理、灵活、简便,等等。

思维能力的培养应贯穿于整个教学之中。第一,注意根据儿童思维发展的规律,有目的、有计划地为学生提供各种思维锻炼的机会,循序渐进地促进学生初步逻辑思维能力的发展。第二,注重教给学生思维的方法,逐步达到有条理、有根据地思考。第三,启发、鼓励学生独立思考,逐步培养学生创造性的思维能力。

空间观念的培养,注重让学生亲自参与操作、观察与实验,形成图形的表象,掌握图形的特征。适当渗透一些几何变换的思想和方法,注意联系实际,加深学生对周围事物形体特征的了解,逐步发展学生的空间观念。

重视应用数学知识解决实际问题能力的培养,通过增加联系实际的教学内容、练习题,与现实背景相联系的教学过程,培养学生用数学的观点观察周围事物的兴趣,运用数学的意

识以及解决简单的实际问题的能力。

3. 思想品德教育自然地渗透于教学过程之中

结合不同教学内容,贯穿于教学过程之中,自然地渗透爱祖国、爱科学的思想感情,坚强自信、勇于探索的优秀品德,独立思考、严格认真的良好学习习惯。

四、对进一步改革的几点思考

小学数学课程是最具有基础性的课程,时代要求它提供作为 21 世纪的公民所应具备的最基本的数学知识、技能和数学素质。小学数学课程的改革必须以此为出发点,进一步改革不适应教育现代化的教学思想、教学内容、教学方法。

(一)改革教学内容

1. 进一步删减过时、无用、繁难的教学内容

如前所述,由于先进而简便的计算工具的广泛使用,社会生活对笔算技能的要求降低了。同时,由于需要处理大量的、变化的信息,对口算和估算能力的要求提高了。但是,目前我们的小学数学教学内容中,笔算的内容仍占有很大的比例,一些繁难的笔算教学和练习,占用了许多宝贵的教学时间。不删减这些内容,就无法腾出时间,教学那些与社会要求相吻合、更有用、更有价值的内容。例如,五位以上数的笔算加、减法,除数是三位数的除法,三步的文字题,四步的整数、小数、分数混合运算等。这些计算知识的算理、算法可以从相应的较少位数或较少步数的计算知识类推出。而且,掌握了笔算的基础知识,随着年级的升高学生会逐步理解其所扩展的知识,并可以应用计算工具满足大数目的计算需要。

目前的应用题教学仍未摆脱传统的应用题教学模式,所以仍然是小学数学教学的难点,占用了大量的教学时间,还是导致学生分化的主要内容。所以小学数学教学改革必须对此进一步下大力气研究。目前存在的主要问题是,就其内容而言,有的部分脱离学生的实际生活;就其能力训练的价值来看,侧重的是解习题的技能,而对运用数学知识解决简单的实际问题能力的重视仍显不够。笔者认为,在应用题教学内容的改革上,第一,要增加联系实际的内容,使学生很早就了解学数学的用处。第二,要删减一些繁难的内容,只教学到步数较少的应用题。因为步数少的应用题的解答已经包含了多步应用题解答的主要内容,如解题的策略、分析数量关系的思路、解题的方法等。学生遇到步数较多的应用题,可以通过知识的迁移加以解决。第三,要加强收集数据、选择条件的训练,使学生学会一些收集、处理数据和解决问题的策略。第四,呈现形式应多样化,例如设计用表格、图画、文字叙述等形式反映数量关系,这样既可以提高学习的趣味性,又有助于培养学生将实际问题转化为数学问题并加以解决的能力。

2. 增加联系实际的内容

如前所述,信息化社会的到来,社会实践对数学的需求发生了变化,数学越来越成为人们进行交流的必不可少的一种工具。人们更需要的是收集、分析和处理数据、信息的能力,面对变化的情况迅速做出判断的能力,将获得的资料、数据转换成数学问题并加以解决的能力等。面对这样的社会需求,必须改变数学教学脱离实际的倾向,重视数学教育与社会实际的联系,较好地满足社会的数学需求。一方面,应当改造原有的教学内容,用强调从生活实际引入数学知识,运用学生的知识背景发展对数学知识的理解,增强应用知识解决实际问题

的训练等措施,给传统的数学教学内容注入活力。另一方面,精选在现代或未来生活中具有广泛应用性的数学知识丰富现有的教学内容,例如,估算、统计、概率、计算机的应用,以及与经济活动、信息交流等有密切关系的其他数学知识。

3. 加大渗透数学思想方法的力度

义务教育小学数学教学内容和教材中,已经注意了渗透数学思想和数学方法,例如,集合、函数、统计的思想、计算机的编程思想、图形变换的思想、转化的方法、归纳法等等。但是,渗透的力度不够,有些思想或方法完全可以以某种方式让学生较早地体会或初步了解,例如,数的意识、概率的思想、建模思想、优化的思想等等。使小学生能通过数学学习活动积累科学思想、方法的感性经验,逐步形成灵活而缜密、具有创造性的思维品质。

4. 适时引入计算器

在适当的年级(例如小学高年级)引入计算器,允许在验算、解决问题(如统计数据、求平均数)时使用计算器,以节省学习时间,提高正确率及学生的学习兴趣。

(二)更新教学思想

数学——人类历史中最古老的科学之一,由于其自身的发展,今天它的性质和应用的途径已发生了巨大的变化,特别是计算机及其应用的迅速发展与普及,使其以技术化的方式向社会的一切领域渗透。人们对数学的看法已经发生了变化,认为它同时具有科学和技术的双重特性。那么,我们对数学教育的认识,也应该有一个新的观点。例如,有的专家认为,学生之所以要学习数学,首先是为了应用。当然是在一定社会条件下的应用。因此,作为培养21世纪的合格公民所具备的基本素质的重要领域,数学教学的目的应有更为丰富的内涵。

笔者认为,在使学生掌握数学的基础知识,培养他们的数学能力,受到一定的思想品德教育之外,还有许多可以通过数学教育培养或发展的内容应该得到足够的重视。

(1)数学意识的培养。怎样使学生养成主动地从数量上观察、分析客观事物的习惯,认识数学符号、公式、图表是表示、交流和传递信息,解释、预测事物发展规律的最有效手段和工具;使学生善于将实际问题转化成数学问题;对变化了的数据情况会通过估计判断,迅速作出反应的能力;等等。

(2)自信心的培养。怎样使学生通过主动参与学习过程获得知识,主动参与运用数学知识进行交流、预测、解决问题的过程,得到成功的自豪感,体验自己能力不断发展的乐趣,树立不怕困难、学好数学的自信心,进而对自己的未来充满自信。

(3)发展能力的培养。当前教育专家们认为,基础教育的目的之一是培养、形成学生的发展能力,以适应不断发展变化的社会需求。据此观点,小学数学教学也应该重视学生的发展能力的培养,使学生形成一种科学合理且具有发展活力的知识结构,以及具有发展活力的能力基础,达到开发学生的潜能、促进学生个性全面发展的目的。

最后,笔者认为,我国的数学教育改革势在必行,并且要下一番大力气进行。同时,也要认识到,在我们这样一个人口众多的大国里,教育改革的实际操作往往比改革的设想要困难得多,即使是一个学科的课程改革也务必采用渐进的改革方式,逐步达到较理想的目标。如果企图通过剧变的改革,以期快速达到理想状态,往往适得其反,这一点无论是国际上还是我们自己的历史上,早有教训可鉴。

参考文献：

[1] 张奠宙.数学教育学.南昌：江西教育出版社,1992.

[2] 《21世纪中国数学教育展望》课题组.21世纪中国数学教育展望(第一辑).北京：北京师范大学出版社,1993.

[3] 美国国家研究委员会.人人关心数学教育的未来.北京：世界图书出版公司,1993.

[4] 发达国家中小学数学教学大纲(一).北京：人民教育出版社,1994.

[5] 全美数学教师理事会.美国学校数学课程与评价标准.人民教育出版社数学室译.北京：人民教育出版社,1994.

[6] 严士健.面向21世纪的中国数学教育——数学家谈数学教育.南京：江苏教育出版社,1994.

[7] 陈昌平.数学教育比较与研究.上海：华东师范大学出版社,1995.

[8] 刘兼.21世纪中国数学教育展望(第二辑).北京：北京师范大学出版社,1995.

[9] 曹飞羽.小学数学教育改革文集.北京：人民教育出版社,1996.

[10] 《进入21世纪的中小学数学教育行动纲领》课题组.进入21世纪的中小学数学教育行动纲领(讨论稿).上海教育,1997(9).

浅论小学数学素质教育的四个基本特征[①]

杨庆余

学校教育目标是反映社会和经济发展对人才的规格和要求的。当然,这种规格和要求在不同的社会发展阶段中,因不同的人文哲学观和价值观的差异,常常会得到不尽相同的诠释和具体化。但是,进步的教育总是将目光紧紧盯着社会的进步与发展。因而无论对社会的发展与教育之间有多少种解释,我们教育总的价值取向就是我们生存的空间——社会的现实与未来。

当今社会已进入科学技术的发展日新月异,知识的积累与变迁日益加快的信息时代。这样,人们生存与发展必需的知识范围被急剧扩大了,个体所面临的问题越来越具有社会性、创造性和整合性。因而,现今的学校已不再局限于担负继承人类科学文化遗产的使命,而是希望成为引起社会变革的一种力量,完成一种新文化的建构。

于是,学校首先要考虑的,已不再仅仅是将为个体提供那些系统的人类科学文化的遗产,更要考虑的是个体将如何面对生存及其在可持续发展前提下来自社会的各种问题的挑战。教育在这种情况下几乎所能做的一切,就是设法为个体能够解决无法预见的问题作准备,培养他们在飞速发展的社会变革中探索知识和解决问题的能力。从儿童能力发展在个体社会化进程中三个主要领域:个人能力的成长、社会参与能力的成长、处理环境的各种要求和作用能力的成长的整合角度来看,我们教育的价值功能并不是使个体完成(也无法完成)全部的系统的人类文化遗产的积累,而是力图使个体形成全面的和基础的素质结构,以便将来能在社会的科学技术与政治情报的激流中不断地自我扩充知识内容,调整科学文化结构,改变和提高自己的生存质量。

于是,我们的学科教育已经开始大大地超越了经验与技能传递的范围。学生在取得经验认知的同时,探求社会发展的科学方法,形成社会认识的正确价值观念,提高社会活动的参与意识与能力,获得积极良好的情感体验,业已成为社会对个体全面素质发展的基本要求。这样,我们就有理由认为,小学的数学教育,其学习的认知对象(数学知识)不仅仅是目的——掌握这些事实并能运用,同时也是发展科学地对社会探求的意识、价值、方法和情感的过程。这就是小学数学素质教育的全部本质内涵。

从这个本质出发,我们不难概括出小学数学学科的素质教育的四个基本特征,即:"注重社会实践"、"培养科学精神"、"发展创造潜能"、"加强情感体验"。

一、注重社会实践

长期以来,我们的小学数学教育追求的是个体智力的优异性和学问的卓越性。因而教育的价值似乎就在于更快更多地完成人类科学文化遗产的积累。于是,我们自上而下地、人

[①] 本文选自《中小学数学·小学版》1998年第6期,第1—4页。

为地从文化中编选主题、语言和材料,学生则被动地面对和自己生活相割裂的生疏的学术性文化——社会精英们谙熟的知识与经验。学生通过教师的语言、技术和观念的传授,努力地将这些文化堆积起来。这样,教育就成为一种游离于社会现实的封闭的自我积累与发展过程。学生只需要掌握这些知识并储存起来,并不需要了解知识的发生与发展过程,了解知识对社会的发展和自我适应的价值。这种认知的积累好比在个体与社会之间砌一堵墙,知识砖块叠砌越高,个体与社会的割裂似乎就越严重。学生即便有了丰富的知识,却因为各知识都随相应不同的传递通道而存入大脑不同的"储蓄箱"中,而存储的知识又是面对着教师人为编制的与"储蓄箱"中相应的知识对应的各种特定的问题情景,因而无法在自我反思、探究、融合与重组中建构新的文化,也就难以面对来自复杂社会各种无法预见问题的挑战。要知道,教育的价值在于使知识社会化、使个体社会化。"注重社会实践",就是要使小学数学教育成为开放的在对社会探求活动中自我积累的完善过程,让学生在获得必要的科学文化知识的同时,了解知识的发展与其社会的价值,认识知识探索的方法和途径,提高在社会活动中进行决策和参与改造的基本能力。通常地看,在教育中它常表现出这样几个特征:

1. 对学习对象赋以更多更强的社会性与现实性

即在小学数学学科教学中实施素质教育,就要通过一切可能,让学生了解更多的社会性问题,渗透知识的价值及其与社会发展的联系,并不失时机地融合其他相关学科的知识,使学生能更全面地了解社会。

在这里,教育中抓住这么几个变量似乎尤为重要:

第一,发展,即知识本身在社会发展中的轨迹,从发展中认识社会。

第二,价值,即知识本身在社会发展中所体现的价值,从价值中认识知识。

第三,方法,即从知识的发生与发展中探求知识,掌握认识的一般方法。

例如:我们在教学"圆的认识"这节课时,适时地将知识放在"为什么日常生活中有许多物体是圆形的"这一实践背景下,利用简单的知识历史归纳"圆"的物理特征和几何特征甚至美学特征。这样,学生不仅能独立概括出"圆"的基本特征,而且了解了知识在社会生活中所体现的价值。

2. 将认知过程与对社会的探求过程联系起来

即在小学数学素质教育中,合理地运用材料的呈现方式,引起学生对社会的关注,提高他们关心社会的意识和参与社会的兴趣。其价值的功能就在于在关注和参与中获得更多的科学的价值、思想、方法与技术。

在这里,教育中抓住这么几个变量似乎尤为重要:

第一,联系,即加强学习内容与社会现实的联系。

第二,关注,即关注知识本身的内涵同时关注知识的社会性价值。

第三,技术,即将数学认识方法当做科学技术来认识与掌握。

例如:我们在教学四年级"负整数认识"这节课时(上海版),有意将学习材料放在"不能适应社会需要"这一背景下呈现给学生,以此作为探究知识的起点,因而不仅认识了知识的本质,而且强化了知识的社会性。

二、培养科学精神

作为一个现代社会成员所必须具有的科学教养,其核心就是必须具有科学精神,包括科学的意识态度、科学的价值规范、科学的行为方式等等。它是个体面对生存和适应社会所必备的素质之一。从这个角度来说,学生在数学教育中所面临的已不再仅仅是一个个需要设法认知的事实,而更重要的是一个个需要设法解决的问题,即不仅是将学习看做是一个知识的认识过程(复制),更是看做一个科学的探索过程(创建)。对教师来说他们关注的将不再仅仅是如何将知识通过自己的观念及恰当的方法演绎出来转化为学生的认识结构,更为关注的是如何将知识合理地组织而转化为学生需要探究的、关乎他们生活的问题。通常地看,在教育中它常表现出这样几个特征:

1. 在学习中渗透更多的科学意识

即在小学数学素质教育中,培养学生能自觉地将一个个知识当做一个个科学的问题来对待。因为意识是有目的行为的基础,科学意识就是指个体在行为前能自觉地反映那些科学的态度、价值、规范和技术。

在这儿,教育中抓住这么几个变量似乎尤为重要:

第一,目标,即在学习时能明确与学习对象相关的科学知识并渗透在学习目标之中。

第二,强化,即在学习时能不断利用对学习对象的科学的探求来强化学生的科学意识。

例如:我们曾按逻辑与非逻辑两大系列,从低年级开始,分阶段分梯度地编制渗透数学思想方法的目标体系,在学生对知识认知的过程中逐渐培养探索活动的科学意识。

2. 将学习更多地看做是获得问题的解决

即在小学数学素质教育中,将知识的认知掌握看做是问题的解决。因为科学的方法论是科学精神的核心,个体要能在这急剧变革的社会中获得高质量的生存与发展,最重要的就是要改变这种"储蓄式教育"被动的和单纯的知识储存,而是利用科学探究的态度与方法去认识,去发现,去创造,去改变。

在这儿,教育中抓住这么几个变量似乎尤为重要:

第一,问题,即将学习对象看做是学生需要解决的问题,而不是需要掌握的事实。

第二,独立,即将学习看做是学生独立探索和解决的问题的过程,而不是再现教师思维并复制文化的过程。

第三,调控,即学习中教师调控由关注知识传递的速度及学生再现的可靠性程度向更多地关注学生探索的态度与方法及其过程转化。

例如:我们在教学一年级"米尺认识"这节课时,就从"比较长短"开始,一直到"国际统一长度单位(米)"的认识,安排了一个符合学生实际的完整的事件情节,在其中设计了一整套的问题展现给学生,让他们独立地用各种不同的方法去探究、去解决,并在不断的自我尝试与调整中获得一些科学的认识方法和解决问题的方法。

3. 注重科学技术在数学学习中的渗透

即在小学数学素质教育中,不断地渗透科学技术及其价值与思想。因为教育要始终跟上日益发展与变革的科学技术是不可能的,而个体不掌握全新的科学技术就不能适应发展。因此,教育必须承担培养个体在充分认识科学技术的价值、思想、规范等基础上独立掌握并创造技术能力的使命。尤其是在当前学科教育内容的昔时性和分科性的前提下显得更为重要。

在这里,教育中抓住这么几个变量似乎尤为重要:

第一,了解,即让学生了解科学技术常常是跨学科的、综合的和指向未来的。

第二，认识，即通过对数学知识的发展来认识科学与技术的价值。

第三，想象，即积极倡导对未来科学技术的预测和想象。

例如：我们在教学中归纳诸如"$S=vt$"这些数学关系时，不是简单地将它当做一个数学模型直接呈现给学生，而是将它们置于科学与技术发展的背景下。这样，学生不仅能认识并掌握这些数学模型，而且能适时地了解这些数学模型的建构对科学技术发展的价值。

三、发展创造潜能

社会离开了创造，单凭已有文化的传递与复制就根本谈不上发展，而社会的创造最终就是人的创造。要开发个体内在的创造潜能，就必须抓住个体创造性的个性特征与色彩。因为不同的个体其创造的领域和程度都具有明显的个体性。但创造对每个正常的人来说又都是可能的。这也是我们小学数学素质教育的重要目标策略之一。通常看，在教育中它常表现出这样几个特征：

1. 在学习中让学生有充分的心理安全感

即在小学数学素质教育中，能尽量给学生造成一种宽容与理解的气氛，让学生充分感受到在探究未知过程中师生关系的平等性，自己所有学习行为都能得到教师的理解与尊重，自己所有的成就感都能获得自我满足。从而使学生各自的潜能最大限度地释放出来。

在这里，教育中抓住这么几个变量似乎尤为重要：

第一，尊重，即尊重学生在学习中的一切想法和做法，学生矛盾的对立面只能是知识的未知而不是教师的已知。反对挑剔和讽刺。

第二，理解，即对学生在学习中一切想法和做法教师都要尽一切可能地帮助其理解，故倡导鼓励式评价，避免消极式评价，杜绝谴责式评价。

例如：学习中我们要求学生进行回答问题或板演等行为时，其目的应由"暴露出缺陷与错误"向"给学生提供一个充分展现自己思想、方法的机会"转变。这样，在这种自由和宽容的氛围中，学生展现思想和方法的时空和容量都将大大地增加。

2. 学习中倡导心理表达的自由和开放

个体能量的充分释放就是心理表达的充分自由，在学习中，应能给学生充分表达自己思想，表露自己情感，表达自己观点，表现自己欲望等自由。因而在小学数学素质教育中必须倡导"三不注重"，即一不注重学生思维程序和教师思维程序的完满一致性，允许学生思维暂时性地跳开或中断；二不注重个别回答对全体认识的代表性，不以个体的回答代替全体的理解；三不注重个体行为相对课堂纪律的严肃性，容忍个别学生因一时的"顿悟"与"发现"而出现的短暂的"忘乎所以"。

在这里，教育中抓住这么几个变量似乎尤为重要：

第一，宽容，即宽容学生为解决问题所取的一切想法和做法。

第二，充足，即将问题展现给学生时，给学生充足的思考、讨论和回答的时间。

第三，自由，即鼓励自由奔放和新颖的想象，允许暂时性的思考目标的转移。

3. 注重不同学习模式的目标价值

即在小学数学素质教育中，采用不同的学习模式，其目标价值不在于展现不同的学习过程，而是作为一种手段，在于展现不同的启智学生独创性地探索知识的过程。因为数学学习的最根本价值不仅仅在于掌握，更在于发现与创造。所以应从不同的学习模式表现不同的学习形式向不同的学习模式表现不同的探究过程的目标转化。

在这里,教育中抓住这么几个变量似乎尤为重要:

第一,探究,即任何材料的展现、演示实验,都不仅仅是为了验证事实,而是在于提供探究的途径与方法。

第二,过程,即学习不仅仅是指向结果而获得结论,更重要的是指向过程而获得方法。

例如:我们在准备四年级"三角形内角和"这节课时,采用了这样的学习程序:

 A. 教师提出要解决的问题——三角形的内角和有什么特征?
 B. 学生对问题按自己已有的价值、经验、技能等展开自主的探究操作;
 C. 学生表述自己的发现过程和结论;
 D. 教师讨论式的操作演示;
 E. 学生尝试其他发现方法,调整自己的认识过程;
 F. 师生讨论,评价过程、方法与结论。

这样,学生不仅能获得所要学习的知识,而且同时获得了认知的一般方法。

四、加强情感体验

良好的情感品质是个体素质的一个重要因素,而个体的情感素质则是个体在社会中获得成功的基本要素。个体在学习中能否获得积极良好的情感体验,不仅仅是能否全身心地投入到学习中去而使学习目标获得最大可能实现的问题,更是关系到个体能否受到良好的情感教育从而影响个体人格健康发展的问题,尤其是数学学习面对的是枯燥的、抽象的不带有任何物质的和能量特征的符号,学习很容易成为一种"外加指令"的、"完成任务"的和"强记死背"的被动性信号输入活动。因此,我们不仅要将小学数学教育看做是科学知识的教育,同时也应看做是人格发展的教育。这就是和非素质教育下的小学数学教育的本质区别之一。通常地看,在教育中它常表现出这样几个特征:

1. 注重学生在探究学习活动中积极良好的情感体验

即在小学数学素质教育中,特别关注学生被激发起的求知冲动以及平衡这种冲动的欲望满足的成功体验。于是,我们小学数学学习就不能简单地被封闭在"知"与"不知"的动态平衡上,而应开放到整个个体充分活动的"问题"与"解决"的空间上,使他们在一次一次的问题解决过程中获得一次次的良好的情感体验。而刺激则来自于个体探究对好奇性的满足;操作对动手欲的满足;发现对求知欲的满足;解决对表现欲的满足,也包括合作对个体融合与欢快情绪的刺激;成功对个体喜悦与轻松心境的刺激;如此等等,从而表现出对学习热情的关注、强烈的兴趣、积极的态度、持久的探索等良好的情感素质。在这里,抓住这么几个变量似乎尤为重要:

第一,体验,即尽可能地将每一次的学习设计成学生能获得积极良好情感体验的活动过程;

第二,个性,即尽可能地设计不同的活动而使不同个体的价值都能在获得问题解决的过程中得到体现;

第三,满足,即在学习中尊重学生在获得问题解决过程中的一切可能的满足。

例如:学习中可以经常采用"合作型"的组织结构与"聚合型"的学习模式。前者指根据不同的学习内容可以是聚块状的,抑或是平面辐射状的等等,目的是加强学习中的合作与互动。而后者指根据不同的学习内容可以是信息传递与交流的模式的,抑或是独立探究与操作模式的等等,目的是使个体能在真正自我特征基础上进行探究而获得属于自己的成功与满足。

2. 关注学生学习中的兴趣情绪状态

即在小学数学素质教育中,教师尤为关注的是怎样使学习成为学生在情绪状态下兴趣的刺激源,并能有意识地不断地强化这些刺激,使之成为有行为倾向的兴趣。而其中最重要的就是在学习中尽可能地满足学生在群体中受到赞扬与尊重的欲望,从而避免因在群体中受到多次的失败与谴责而产生焦虑情绪,甚至采用某种防御机制而回避真实情感,引起人格混乱。在这里,教育中抓住这么几个变量似乎尤为重要:

第一,特征,即在学习中尽可能地针对不同的个体特征设计不同层次的问题对象,并采用个性特征为参照的发展性的描述性的评价方式,使所有个体都能感受到成功。

第二,展现,即尽可能地将学生不同的学习过程与方法充分地展现给群体,满足个体期望的在群体中获得尊重的欲望。

例如:学习中教师对学生行为的巡视与检查,其目的应由过去的"发现学生的典型错误"向"发现学生的不同思路"转化,使每一个学生都有可能获得在群体中展现自己的机会。

将儿童的所有良好的潜能保留在一个广阔的结构之中,并通过教师不断地提供释放的时空而得到健康的发展,这就是素质教育的全部价值功能。

实施凸显数学文化特征的小学数学教育[①]

李晓梅

"数学是一种文化"已基本得到人们的认同,但如何理解数学文化的内涵与外延,如何在小学数学教育中凸显数学的文化特征,却是目前值得深入研究的一个问题。要理解什么是数学文化,首先应明确什么是文化。关于文化的内涵,《现代汉语规范词典》中的解释是:"① 人类在社会历史发展过程中所创造的物质财富和精神财富的总和,特指精神财富,如文学、艺术、教育、科学等。② 考古学用语,指同一个历史时期的不依分布地点为转移的遗迹、遗物的综合体。同样的工具、用具,同样的制造技术等,是同一种文化的特征,如仰韶文化、龙山文化。③ 指运用文字的能力及一般知识。④ 特指某一领域或某一范畴体现的思想、观念、道德和行为规范以及风俗习惯等。"[1]概括地说:文化是指由于某种因素(居住地域、民族性、职业等)联系起来的各个群体所特有的行为、观念、态度和精神等,也即指各个群体所特有的生活(或行为)方式。[2]

我们把数学作为一种文化来研究,而不只把它局限于科学的范畴,一是因为文化的含义比科学更广泛。文化涵盖所有科学,而数学具备这种广泛的涵盖性,既表现在其原创性方面,也表现在其应用性方面。它具备了"大文化"概念所具有的"真"(真理化)、"美"(艺术化)、"善"(道德化)。数学作为文化,还在于它表现了一种前所未有的探索精神、创新精神,其理性思维的功能发挥得淋漓尽致。[3]数学文化主要具有五个基本特征:第一,数学文化是传播人类思想的一种基本形式;第二,数学文化包含着人类所创造语言的特殊形式;第三,数学文化是自然与人类社会相互联系的一种工具;第四,数学文化具有相对的稳定性和连续性;第五,数学文化具有高度的渗透性。[2]那么,实施怎样的小学数学教育才能比较充分地凸显数学的文化特征呢?

一、还原数学概念的真实生命

美国著名数学家 M. 克莱因(M. Kline)曾说:数学家花了几千年时间才理解无理数,花了 300 年才理解复数……从一流数学诞生开始,数学家花了 1 000 年才得到负数的概念,又花了 1 000 年才接受负数的概念。因此,我们可以肯定,学生学习复数时必定会遇到困难,而且他们克服这些困难的方式与数学家也是大致相同的。[4]的确如此,诸多的数学概念的形成与发展大都经历过一个比较漫长的发展过程。小学生的数学学习不可能也没有必要经历和数学家一样的过程,但是,我们在实施小学数学教育时,要努力还原数学概念的真实生命,再现数学概念形成与发展的基本过程,以凸显数学的文化特征。

一位教师在教学"真分数与假分数"一课,概括真分数与假分数的概念时,设计了以下三个基本教学环节。

[①] 本文选自《课程·教材·教法》2008 年第 11 期,第 40—43 页。

首先让学生讨论:在 $\frac{\square}{\square}$ 这个分数中,□里可以填哪些数,不可以填哪些数。在明确目前我们只研究在□里填整数的前提下,让学生按自己的想法在□里填写数字。学生分别写出了 $\frac{5}{4}$、$\frac{6}{2}$、$\frac{8}{4}$、$\frac{1}{5}$、$\frac{5}{2}$、$\frac{2}{8}$、$\frac{7}{3}$、$\frac{3}{5}$、$\frac{9}{9}$ 等分数,并根据自己对写出的分数的理解画图表示它们的意义。这一环节的教学,特别是让学生画图表示分数的意义,有效地再现了学生对分数意义的理解,并为揭示真分数与假分数的概念奠定了基础。

其次,给这些分数分类。有的按分母分类,分母是 2 的一类,分母是 3、4、5、8、9 的各为一类。即 $\frac{1}{2}$、$\frac{6}{2}$、$\frac{2}{3}$、$\frac{3}{4}$、$\frac{8}{4}$、$\frac{5}{5}$、$\frac{7}{5}$、$\frac{5}{8}$、$\frac{9}{9}$。有的把分子比分母小的分为一类,分子和分母相等的分为一类,分子比分母大的分为一类。第一类:$\frac{1}{2}$、$\frac{2}{3}$、$\frac{3}{4}$、$\frac{5}{8}$;第二类:$\frac{5}{5}$、$\frac{9}{9}$;第三类:$\frac{5}{4}$、$\frac{6}{2}$、$\frac{8}{4}$、$\frac{7}{5}$;有的按分子能否被分母整除来分类,分成了两类。第一类:$\frac{6}{2}$、$\frac{8}{4}$、$\frac{5}{5}$、$\frac{9}{9}$;第二类:$\frac{5}{4}$、$\frac{1}{2}$、$\frac{5}{8}$、$\frac{2}{3}$、$\frac{7}{5}$、$\frac{3}{4}$。此时教师指出,数学上有这样一种分类方法:$\frac{1}{2}$、$\frac{2}{3}$、$\frac{3}{4}$、$\frac{5}{8}$ 这些分数叫真分数,其他的都叫假分数。

最后,让学生观察黑板上的分数与相对应的图形,尝试概括什么样的分数是真分数,什么样的分数是假分数,真分数与假分数各有什么特点。通过分析研讨得出了正确的结论。学生通过给 10 个分数分类,通过尝试给真分数、假分数下定义,实质上经历了一个寻找同一类事物的共同特征,抽象、概括同一类事物的共同特征的过程,并且用准确、精练的数学语言加以描述,这一过程不正是与数学家所经历的过程相似吗?不正是使枯燥的数学概念充满生命与灵性的过程吗?不也正是一个凸显数学文化特征的过程吗?

二、绽放数学法则的严谨之美

在小学数学学习内容中,存在着大量有关数的四则运算法则、运算定律与性质、计算公式等内容,这些内容既是世界数量关系和空间形式及其计算规律的概括与总结,又有有关计算过程具体实施细则的具体规定。我们把这些内容统称为数学法则。小学生对数学法则的掌握主要体现在三个方面:一是理解数学法则的推导与总结过程,不仅懂得各个数学法则是怎样规定的,而且还要懂得为什么这样规定;二是将总结出来的数学法则灵活运用到各种具体情境中去解决相应的问题;三是掌握不同数学法则之间的关系,明确他们之间的联系和区别。[5] 为了不使小学生陷入机械记忆、单纯模仿的窠臼,应将学生置身于数学法则发生、形成、发展的生动过程,让学生亲历观察、猜想、验证、建模、应用等数学活动,进而促使学生进行有张力、有条理的数学思考,体会与见证数学法则的严谨之美。

一位教师在教学"比较数的大小"一课时,首先让学生分别写出最小与最大的一位数、两位数、三位数和四位数,在此基础上再写出比最大的一位数、两位数、三位数和四位数大的数。学生在写这些数的过程中发现:一位数都比 10 小;两位数从 10 起,且都比 100 小;三位数从 100 起,且都比 1 000 小……在比较数的大小的时候,仅仅依靠这些方法是不够的,还应该得出比较数位不同的数的大小的具体方法。为了实现这一目标,接下来教师让学生把 853、47、100、5 640、98、63、807、857、3 840、454、56、3 510、8 790、3 529、45 各数按数位的多少分类。学生把这些数按两位数、三位数和四位数分成了三类,并得出结论:一位数<两位数<三位数<四位数,即在比较位数不同的数的大小的时候,位数多的数大,位数少的数小。但这种比较数的大小的方法仍旧不够全面。

此时教师组织学生进行了三次抽签游戏。第一次抽签游戏的规则是:① 每次指定两组,每组各派四个代表抽签;② 第一次抽到的数字放在千位上,第二次抽到的数字放在百位上……③ 哪一组抽到的数字组成的四位数大,哪一组就赢;④ 玩到能看出确定胜负时,本轮比赛结束,可进入下一轮。第一组先抽到⑧,第二组抽到⑤,学生认为不用再继续抽了,因为8个千比5个千大,所以第一组赢了。接下来做第二次抽签游戏,规则的第一条、第三条、第四条与第一次抽签游戏的规则相同,第二条规则是:第一次抽到的数字放在个位上,第二次抽到的数字放在十位上……第三组先抽到③,第四组抽到⑧,抽了四次之后,第三组抽出的数是 4 293,第四组抽出的数是 7 358,因为 4 293<7 358,所以第四组赢了。第三次抽签游戏规则的第一条、第三条、第四条也与第一次抽签游戏的规则相同,第二条规则是:每一次抽到的数字由抽签者自己决定放在哪一位上。第五组抽出的数字是③,学生把它放在了个位上,第六组抽出的数字是⑦,学生把它放在了百位上……抽了四次之后,第五组抽出的数是 9 853,第六组抽出的数是 6 727,因为 9 853>6 727,所以第五组赢了。通过三次抽签游戏活动,学生明确了比较数位相同的数的大小的方法。

至此,学生掌握了比较数的大小的基本方法,既掌握了比较数位不同的数的大小的法则,又掌握了比较数位相同的数的大小的法则。教师通过轻松的游戏活动,逐步"逼"出比较数的大小的法则,使学生在感受数学法则严谨之美的同时,体验数学法则生成过程中丰富的数学思考,领悟数学法则富含的无穷魅力。

三、彰显数学思想方法的深邃

数学知识本身是非常重要的,但真正对学生以后的学习、生活和工作长期起作用,并使其终生受益的是数学思想方法。数学思想方法是指人们对数学知识内容的本质认识,对所使用的方法和规律的理性认识;是人们从某些具体数学内容和对数学的认识过程中抽象概括出的观点,再运用到数学研究中证明其正确性。它具有普遍的指导意义和相对稳定的特征,是研究数学理论和运用数学解决实际问题的指导思想。[6]重要的数学思想方法主要有归纳、演绎与类比;分析、综合与抽象概括;极限法、公理法与模型法等[7]。由于数学思想方法的隐性特征,需要教师在教学时科学施教,以彰显数学思想方法的独特魅力。

一位教师在教学"交换律"一课时,上课伊始,给学生讲了一个"朝三暮四"的故事,在学生听完故事谈感受时,教师适时板书:3+4=4+3。然后让学生观察等式,看有什么发现。一个学生发现了"交换两个加数的位置,和不变"。此时教师随即写出:"交换 3 和 4 的位置,和不变。"并让学生比较两个结论。经过师生的共同讨论,明确了"仅凭一个特例就得出'交换两个加数的位置,和不变'的结论有些草率,如果把这一结论当一个猜想,然后进行验证比较好"。于是师生探讨应该如何进行验证。经过一番讨论,大家认为应该每个人都举出三四个例子,同时看能不能找到"交换加数的位置,和发生变化"的例子。学生不仅在整数的范围内举出了一位数加一位数、两位数加两位数、三位数加三位数等例子,还举出了分数加分数的例子,而且没有找到反例。经过验证学生认为可以得出"交换两个加数的位置,和不变"的结论。

接下来教师引导学生把已有的结论通过交换、联想,形成新的猜想,进而形成新的结论。学生提出了四种猜想。猜想一:减法中,交换两个数的位置,差不变?猜想二:乘法中,交换两个数的位置,积不变?猜想三:除法中,交换两个数的位置,商不变?猜想四:在加法中,交换几个加数的位置,和不变?通过列举正反两方面的例子,最后证明猜想二和猜想四是正确的。通过以上的教学活动,学生不但掌握了加法和乘法交换律的基本内容,更可贵的是掌握了这种"猜想—验证—概括"的思考路径,以及由"此知"到"彼知"的数学联想方法。这不正是我们所努力追求的数学思想方法的深度与力度吗?这不也正是我们力图所彰显的数学文化的内涵吗?

四、洋溢数学价值的理性精神

数学文化作为一种基本的精神价值体系,以其对人类生活越来越重要的作用,深刻地改变着人们的基本价值观。一方面表现在数学的理性精神对人类思维的深刻渗透力,数学的每一次重大的进展都给予人类思想以丰富的启迪;另一方面表现在数学应用范围的日益扩大。[2]在小学数学教育过程中应努力凸显这两方面的价值。

(一) 注重新知识引入的必要性

任何数学新知识的产生无外乎源于两方面的因素,一是生产与生活的实际需要,二是数学自身发展的需要。所以,在小学数学教学过程中应努力凸显数学新知识引入的必要性。

在小学数学教学中,数域由整数扩大到分数,是学生认识上的一次飞跃,那么如何引出分数,使学生体会到分数引入的必要性呢?一位教师是这样设计教学的。首先为学生创设了一个有趣的情境,星期六学校组织同学们去游园,老师给每组的同学分别准备了 4 个面包、2 瓶酸奶、1 个苹果,要把这些食品平均分给组里的 2 位同学,每人分别得到多少呢?4 个面包平均分给 2 人,每人得到 2 个面包;2 瓶酸奶平均分给 2 人,每人得到 1 瓶酸奶;1 个苹果平均分给 2 人,每人得到半个。如何来表示这半个呢?学生分别用文字、画图等方法表示了自己心目中的一半。在学生理解了 $\frac{1}{2}$ 的意义之后,教师向学生介绍:古人也曾遇到过类似的情况,在平均分物体,在测量时,当不能用整数表示结果时,可以用分数表示;另外在进行除法运算时,当不能得到整数商时,可以用分数表示,如 $1\div 2$ 的商是 $\frac{1}{2}$。这样,使学生真正理解了引入分数的必要性,这正是数学的文化价值所在。

(二) 强化数学知识应用的广泛性

著名数学家华罗庚曾精彩地论述"宇宙之大,粒子之微,火箭之速,化工之巧,地球之变,生物之谜,日用之繁"等方面,无处不有数学的重要贡献。中国科学院数学物理学部由王梓坤先生起草的《今日数学及其应用》课题中,特别强调了数学的贡献。他说:"数学的贡献在于对整个科学技术(尤其是高新技术)水平的推进与提高,对科技人才的培养和滋润,对经济建设的繁荣,对全体人民的科学思维与文化素质的哺育,这四方面的作用是极为巨大的,也是其他学科所不能全面比拟的。"[8]因此,在小学数学教学中,应尽量为学生提供运用数学知识解决实际问题的机会。

一位教师在教学"平面图形的周长——练习课"时,在这节课即将结束的时候,设计了这样一道题:图1中的三只小兔——小黑兔、小白兔、小灰兔以同样的速度同时从 A 点出发,分别沿着各自的路线向 B 点跑去。请你猜猜看,谁先到达终点?通过让学生在这种应用性的情境中思考、解决问题,通过大胆的猜测和验证过程,较好地培养了学生的应用意识及运用数学知识解决实际问题的能力。

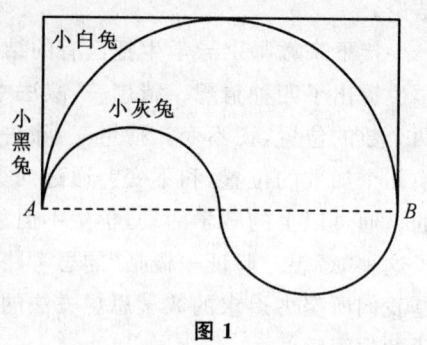

图1

在小学数学教学过程中,教师应努力为学生提供类似于这样的让学生运用所学知识解决问题的机会。另外,还应为学生提供运用数学知识解决生活中的实际问题的机会,如家庭生活中的问题、学校生活中的问题、社会生活中的问题等。在解决各种问题的过程中,使学生真切地体会到数学知识的应用价值,以凸显数学文化的魅力。

参考文献:

[1] 李行健.现代汉语规范词典.北京:外语教学与研究出版社,语文出版社,2004:1364.

[2] 课程教材研究所数学课程教材研究开发中心.数学文化.北京:人民教育出版社,2004.

[3] 方延明.数学文化导论.南京:南京师范大学出版社,1999:23.

[4] 林永伟,叶立军.数学史与数学教育.杭州:浙江大学出版社,2004:2—3.

[5] 李光树.小学数学教学论.北京:人民教育出版社,2003:157.

[6] 徐斌艳.数学课程与教学论.杭州:浙江教育出版社,2003:62.

[7] 夏俊生.数学思想方法与小学数学教学.南京:河海大学出版社,1998:20—24.

[8] 王梓坤.面向21世纪的中国数学教育.南京:江苏教育出版社,1994:343.

对小学数学教育几个问题的思考

王维花　王永红

在国际上,数学教育始终都是备受关注的领域。在基础教育课程体系中,小学数学一直处于重要位置。随着新世纪的到来,数学科学本身有了大的发展,人们对小学数学教育的要求也发生了变化,小学数学教育面临巨大挑战,理论上与实践上日益暴露出很多复杂的矛盾冲突。

一、关于满足学生兴趣需要与小学数学教育的强迫性之间的矛盾冲突

在教育问题上,经常会出现这样的情况,矛盾和冲突的双方似乎都有一定的合理性。满足学生的兴趣和需要与小学数学教育的强迫性就是这种矛盾的双方。现代社会要求尊重每一个学生的权利,尊重学生的兴趣和需要。它是现代教育的一个原则。然而,扪心自问,对学生真正需要和感兴趣的事情,我们成人无论如何努力,恐怕永远都不能完全地满足他们。对一个具有强烈的社会责任感的教师而言,出于长远考虑,从社会和国家的要求出发,有时会强迫学生服从教师的意志,听从教师的安排,尤其是在基础教育阶段更是如此。在小学阶段,数学教育具有基础性和普及性,是一种为学生打基础的教育,是要求人人都要接受的普通教育。当学生对数学缺乏兴趣时,满足学生兴趣需要与小学数学教育的强迫性之间的矛盾就显得更为突出。

事实上,我们无法否认有一部分学生是极其喜爱数学的,哪怕有升学的压力和高分的诱惑,对这些孩子来说,热爱数学是首要的学习动力源泉。但同时,我们也得承认有相当一部分学生是不喜欢数学的,甚至还有极少一部分学生是厌恶数学,一听到数学就头疼的。对这些学生来说,得到父母的肯定和教师的赞扬以及满足升级、升学的要求等,则是学习数学的主要动力。遵循满足学生需要和兴趣的原则,对那些不喜欢数学的孩子,教师应该表示宽容和理解。但对孩子来说,一个能够容忍他在数学课上看漫画书、开小差的教师,就其一生来说,是他的幸还是不幸呢?若因教师的宽容和放任,儿童失去了更好的发展机会,等长大成人以后一事无成,他对这样的教师是心存感激,还是心怀怨言呢?但是,反过来,如果教师对孩子实施强迫性的教育,致使他们对数学产生了一种消极的不愉快的情绪,影响了他们学习的积极性,甚至怀疑他们自己的能力,对数学产生了畏惧心理,这又岂不是得不偿失?

因此,在小学数学教育上,如何既能满足学生的兴趣需要,又能达成小学数学教育的目标是一件极为困难的事情。在这一问题上,前苏联教育家阿莫纳什维利给我们提供了很好的成功案例和积极的思想观念。他说:"如果一个儿童学习有困难,而我们确实想帮助他,那么,最主要的事——我们应该从何入手,什么是我们应该始终不渝地信守的原则——就是使他能感到,他像所有其他儿童一样,也是有才能的,他也有自己的特殊的'天赋'。"[1]在这里,

---

① 本文选自《课程·教材·教法》2002年第7期,第5—9页。

阿莫纳什维利所谓的"应该始终不渝地信守的原则"其实就是人性的原则。这个人性的原则超越了简单地满足学生的兴趣需要或实施强迫性数学教育的理念,既不以升级为目的,也不是简单地满足学生当前的需要,而是以使学生获得自信和对学习的兴趣为目的。基于此,在处理学生兴趣需要与数学教育的强迫性矛盾时,我们的初步认识是既不能简单地服从学生的兴趣和需要,降低对他们的要求,也不能过分强迫学生,给学生施加升级和升学的压力,而是要淡化要求,降低强迫性,创造一个合乎人性的学习环境,帮助学生取得进步,增强学生的自信心。

二、关于大众数学教育与精英数学教育之间的矛盾冲突

20世纪80年代以来,国际数学教育界就存在着"大众数学教育"与"精英数学教育"的矛盾冲突。所谓"大众数学教育"是一种面向人人,希望使数学对大多数学生来说更有吸引力和力所能及的教育理念。在我国,主导的大众数学教育思想认为,"大众数学意义下的数学教育体系所追求的教育目标,就是让每个人都能够掌握有用的数学"。[2]其基本含义包括"人人学有用的数学","人人掌握数学","不同的人学习不同的数学"。[3]国家教育部2001年颁布的《全日制义务教育数学课程标准(实验稿)》又将这一思想进一步阐发为:"人人学有价值的数学","人人都能获得必需的数学","不同的人在数学上得到不同的发展"。所谓"精英数学教育",就是指以培养数学精英人才为目的的数学教育,比如为大学数学专业输送人才、培养以数学研究或应用为职业的人等。

长期以来,我国的数学教育是一种典型的精英教育。人们批评这种教育是为了个别学生的发展,牺牲大多数学生的发展利益。数学教育的内容不是学生掌握不了,就是学了也没用。这种教育的价值是为高一级的学校筛选有能力的人,体现的是"筛子"的功能。它不能使大多数人体验到学习数学的成功喜悦,获得学习的自信心。但是,现代社会的发展又需要精英,需要有专业知识和专业精神的人,全盘否定精英教育的价值也是不可取的。因此,大众数学教育强调"不同的人在数学上得到不同的发展",就有解决大众数学教育和精英数学教育的矛盾冲突的意思,认为大众数学与精英教育并不对立。"恰恰相反,大众数学意义下的数学课程提供了更为广泛的现代数学分支的原始生长点,它为对数学有特殊才能和爱好的学生提供了更多的发展机会。"[4]在美国,大众数学教育和精英数学教育的矛盾具体化为"公平"和"优秀"之间的矛盾。"许多专门的计划都在探索着如何促进公平和优秀。其中最好的计划是对具有不同需要水平的学生提供不同水平的期望。""提高期望可保证对一切人公平和优秀。"[5]这也就是所谓的"数学上普遍的高标准",是一种要求人人能数学地思考的教育观念。

一些数学家对大众数学思想提出质疑[6],包括这种保证对一切人公平和优秀的数学教育的质疑。他们的问题有:①"这是否还是数学?"有数学家怀疑大众数学由于过分强调问题的开放性和问题的"真实意义",导致学生对数学的本质形成错误的认识,认为数学是无意义和毫无用处的,因而有人质问"大众数学是否就意味着没有数学了呢?"②"(大众)数学:一或多?"数学界对大众数学有不同的理解。经典意义上的数学是希腊人开创的传统,强调演绎和推理;古埃及和古巴比伦的数学传统是"经验的方法";我国的传统是"问题—算法",强调实用、经验归纳等。因此,人们不禁要问,"我们究竟需要什么样的大众数学?"③"是否人人都需要数学?""是否人人都需要高质量的数学?"在数学家Noddings看来,"数学上普遍

的高标准"不是一个正确的口号,他说:"我将帮助那些对数学有着强烈兴趣的学生学习数学家观察世界的方式,但我并不要求所有的学生'像数学家那样地思维',他们应当按照自己的目标来学会如何应用数学","除基本的算术以外,任何现行的课目都不能被认为是完全必要的"。

显然,大众数学教育和精英数学教育之间的矛盾并没有那么容易解决。稍有一点专业知识的人都明白,一个人如果没有精深的数学专业素养是不可能领略数学之美,透彻领会数学内蕴之深厚的。大众数学教育所倡导的数学教育思想必须依托于数学学科的成熟发展。对个体来说,整体认识数学全貌及其全过程,具备准确到位的数感以及数的意识等,非得有专业的训练不可。我国基础教育数学新课程改革要求课程内容的学习强调学生的数学活动,发展学生的数感、符号感、空间观念、统计观念以及应用意识与推理能力等。还有当前人们试图通过数学教育来传达的种种关于数学价值的阐释,比如,"数学是一种文化""数学是理解世界的工具""数学是一种意识""数学是一种思维方式""数学是一种技术"等等,这一切对小学生来说是否是一种更高、更难达到的要求,是值得思考的。在数学教育问题上,有时要求越多,越不知如何去做,最后的结果就可能不尽如人意。有时抓住一点,扎扎实实,深入做下去,反而兼顾整体。这不失为解决数学的大众教育与精英教育之间矛盾的一种思路。

三、关于数学专家的建议与学校数学教育目标之间的差距

数学专家的期望能否直接进入学校教育领域,成为教育的目的呢?这一问题也值得讨论。

1989 年,美国促进科学协会出版了《普及科学——美国 2061 计划》。计划内容涉及学习目标问题。但是"参与 2061 计划第一阶段的数学家在本报告中提出的一些思想,将在计划的第二阶段由另一些人转化成课程方案,这些人的职业工作使他们非常熟悉有关孩子们早期经历的各种解释"。[7] 由此可以看到,美国 2061 计划的专家建议并不是直接进入教育领域,而是通过一系列的转化工作。任何一门学科都有极其丰富的文化价值和教育价值,但是否有价值就要进入学校教育领域呢?从目前学校的状况来说,这是不可能的。一门科学要想成为学校的一门学科,其内容要想进入学校课程领域,必然经过一个被选择和筛选的过程。这个筛选过程在古典课程论专家拉尔夫·泰勒那里被理解为两个环节:一是在选择教育目标时运用哲学。究其原因是由于达到教育目标需要有一定的时间,学校的目标应该是少量的,而不应该太多。如果试图达到众多目标,而实际完成的却极少,那么,这种教育计划是无效的。同时有些目标之间也存在一定的矛盾冲突,这样容易引起学生的困惑,因此为了选择少量非常重要而又互相一致的目标,必须对已经获得的大量庞杂的目标进行筛选。而"学校信奉的教育和社会的哲学可用作第一个筛子。人们可以根据学校的哲学陈述的或隐含的价值观,对最初列出的教育目标加以鉴别,确定那些具有高度价值的目标"[8]。二是在选择教育目标时运用学习心理学。"这道筛子是学习心理学说提示的选择教育目标的准则。教育目标即教育宗旨,是经过学习而得到的结果。除非这些教育宗旨是与学习的内部条件相一致的,否则它们作为教育目标是没有价值的。"[9] 泰勒的这两个筛选教育目标的原则是针对一般的课程编制而言,是极为有价值的,对小学数学教育目标的确定也很有启发。除此之外,笔者以为,确立小学数学教育的目标还必须考虑以下几个方面。

首先,是促进学生发展的原则。在这点上,维果茨基的最近发展区理论给我们提供了很

好的借鉴。维果茨基认为,"只有跑到发展前面的教学才是好的教学"[10]。小学数学教育目标应该设置在儿童的最近发展区内。低于儿童现实发展水平的目标要求是没有意义的,而高于儿童明天的发展水平,任学生付出多么大的努力都不能达到的目标同样是没有价值的。比如,培养学生的"数感"问题、学生对数学与日常生活之间的联系的体验问题等,都是有层次之分的。数学专业人士所拥有的数感,以及他们所感受的数学对生活的重大意义不是所有的人都能理解和接受的。就连"数学是思维的体操"这样一句很多人耳熟能详的名言,恐怕也不是小学阶段的孩子们能够理解得了的。至于数学文化、数学意识、数学思维、数学技术等种种数学观念,如何以合理的方式进入学校,以促进学生的最大发展,都是必须解决的问题。

其次,必须考虑师资条件。20世纪60年代,美国的"新数学"运动失败了。其中一个重要的原因就是没有充分考虑当时的师资条件。"新数学"之新是毫无疑问的,"新数学"的教育理念也是先进的、现代的,但它对教师的要求之高也是众所周知的。尽管它也为教师提供了相应的培训和辅助教学材料,但终因要花费大量的时间和金钱,而并没有多少学校和教师真正采用和实施。因此,要求教师必须具备数学家的素养才能胜任数学教育,有可能也会重蹈"新数学"运动的覆辙。

再有,经济条件也是一个重要制约因素。比如,吴文俊院士1995年在《数学教育现代化问题》一文中说:"我今天讲的这个东西是我多少年一直想讲的。在好多年前,至少是1983年或者更早,我就想在中学里边推行,可就是不敢,因为中学里边是不能随便讲的,而且当时条件不具备,你要用计算机,可在中学里边根本不可能。"[11]一种教育目的的达成如果需要大笔经费的支撑,而这一大笔经费又根本是个画饼,是目前社会的经济发展水平不能提供的,这样的教育目标自然会因其不现实而不能达成。

四、关于小学数学教育目的的功利性与过程的非功利性之间的矛盾冲突

小学数学教育还须处理功利性目标与非功利性过程之间的矛盾冲突。教育是一种实践活动,就其追求来说,是现实的、功利的。人类任何科学领域的内容要进入学校领域都是以其是否有价值来衡量的。然而一旦进入学校教育领域,人们要求的理想的学习方式又是非功利的。比如,美国学者要求人人都来关心数学教育时,强调的都是数学教育的功利价值,像这样的陈述有"数学是打开机会大门的钥匙。""它以直接的和基本的方式为商业、财政、健康和国防作出贡献。它为学生打开职业的大门;它使国民能够作出有充分依据的决定;它为国家提供技术经济竞争的学问。""对所有学生进行优质的数学教育是兴旺发达的经济所必需的"等等。[12]大多数数学专家则认为引导学生对数学本身感兴趣,比对数学的应用感兴趣更有价值。这是一种追求数学的内在学习价值的观念,是非常好的。但是,对不想从事与数学专业有密切关系的专业的人们来说,我们不能不理解他们的功利追求。我们不但不反对人们这样问:学数学对我有什么用?有时反而还要顺着这一问题思考:对不想做数学家,不想从事数学专业的人来说,学数学有什么用呢?比如,泰勒认为,"向学科专家提出的问题应该是这样的,'这门学科对外行或一般公民有什么贡献?'学科专家倘若能够回答这样的问题,就能作出重大的贡献,因为他们可能具有这个专业领域大量的知识,而且其中许多人可能已有机会看到这门学科对他们自己以及对与他们一起工作的人有什么用处"。[13]美国2061计划第一阶段数学专家的小组报告的第一句话就是:"本报告回答一个问题:'当一个

人到了 18 岁的时候,有哪些重要的数学思想是他应该知道并且明白的'。"[14]而这里所谓"重要的数学思想","并不是按照培养数学家或者即使是培养大学生的标准来设计的"。[15]

  无论是泰勒还是参与 2061 计划的数学专家都尽量避免从个别"数学天才"的角度来回答上述问题,而强调数学的应用价值,使数学教育目的具有鲜明的功利追求。但在我们看来,数学教育的组织如果仅以满足大多数外行的要求为原则,则有可能会降低数学的科学性,使数学被大众歪曲应用,甚至对数学本身产生难以消除的误解。因为真正理想的数学教育过程是非功利性的,在这样的过程中,学生的学习是被数学本身的魅力和数学学习本身的乐趣所引发,学生的状态是积极主动的、自觉自愿的。只有非功利性的数学教育过程才能充分发挥学生的潜力,因为儿童都有一种与生俱来的以自我为中心的探索性动机,正如苏霍姆林斯基所说:"在人的心灵深处,都有一种根深蒂固的需要,这就是希望感到自己是一个发现者、研究者、探索者。而在儿童的精神世界中,这种需要则特别强烈。"[16]因此,在处理这一问题上,保持谨慎的态度不失为一种明智的选择。我们体会,尊重数学家的建议,借鉴赞科夫的教学过程性原则,尽量挖掘数学本身的内在价值,将数学教育组织得丰富有趣,既能吸引学生,又能保证在学生力所能及的基础上,接受具有一定难度的挑战,可能有助于处理这一矛盾冲突。

参考文献:

  [1][苏]阿莫纳什维利.孩子们,你们生活得怎么样?朱佩荣,高文译.北京:教育科学出版社,2002:97,87—97.

  [2][3][4]刘兼.面向 21 世纪的中小学数学课程改革——使大众数学成为现实.教育研究,1997(8).

  [5][12]美国国家研究委员会.人人关心数学教育的未来.北京:世界图书出版公司,1993:30—31.1—15.

  [6]郑毓信."关于大众数学"的反思.数学教育学报,1994,3(2).

  [7][14][15]国家教育发展研究中心.发达国家教育改革的动向和趋势(第四集).北京:人民教育出版社,1992:313,309,312.

  [8][9][13][美]拉尔夫·泰勒.课程与教学的基本原理.施良方译.北京:人民教育出版社,1994:26,29,20.

  [10]维果茨基教育论著选.余簏球选译.北京:人民教育出版社,1994:403.

  [11]吴文俊.数学教育的现代化问题.数学通报,1995(2).

  [16][苏]瓦·阿·苏霍姆林斯基.给教师的建议.杜殿坤编译.北京:教育科学出版社,1984:59.

谈谈当前小学数学教学改革若干问题[①]

张玺恩

小学数学是小学教育阶段的一门重要课程,在培养提高少年儿童素养方面起着重要的作用。如何搞好小学数学教学改革,已成为当前我国教育工作者、小学数学教研人员和教师极为关注的一个问题,也是世界各国一项重要科研课题。近二十年来,世界各国在改革小学数学教学方面有三点值得我们注意:一是更新小学数学教学内容,主要是删减那些无用或用处不大,以及陈旧的知识,充实先进科学成果,以学生可以接受的方式纳入教材;二是革新教学原则和教学方法,重视能力的培养和智力的开发;三是渗透现代数学思想。我们进行小学数学教学改革,要以邓小平同志提出的"三个面向"为指导,从我国实际出发,总结我们自己行之有效的经验,借鉴外国对我们有用的经验而且要因地制宜。下面就当前小学数学教学改革中的若干问题,谈几点意见。

小学数学教学改革,要全面贯彻党的教育方针,具体来说,要考虑三个方面的问题。一是为什么教,也就是小学数学的教学目的问题;二是教什么,也就是小学数学的教学内容问题;三是怎么教,也就是小学数学的教学方法问题。搞好教学改革的关键,在于有高水平的教师。为此,如果把教师问题也考虑在内,则是四个方面的问题。

一、小学数学的教学目的问题

数学是小学教育阶段的一门主课。在小学把数学作为一门主要学科来设置,它有别于数学科学。数学科学在于研究和发展数学的新的规律和方法,探索和开拓数学及其应用的新领域,它从现实世界中抽象出数学问题后,就在纯粹的状态中进行研究。但这不是说它同现实是脱离的,恰恰相反,它同现实世界是紧密联系着的。而数学作为教育的一门课程,是根据一定的社会要求、教育目的和教育对象来选择前人已经获得的数学知识和经验,并按照适合教学要求的体系进行安排。当前我国社会的要求是什么?《全日制十年制小学数学教学大纲(试行草案)》(以下简称《大纲草案》)一开始就指出:"把我国建设成为农业、工业、国防和科学技术现代化的社会主义强国,这是一项具有伟大意义的战斗任务。"这就是我们现在社会的根本要求。小学数学教学也必须服从于和服务于这个伟大的任务,也就是说,小学数学教学要为培养社会主义现代化建设人才服务。根据这个要求,《大纲草案》指出:"小学数学教学的目的是,使学生理解和掌握数量关系和空间形式的最基础的知识,能够正确地、迅速地进行整数、小数和分数的四则运算,初步了解现代数学中的某些最简单的思想,具有初步的逻辑思维能力和空间观念,并能够运用所学的知识解决日常生活和生产中简单的实际问题。同时,结合教学内容对学生进行思想政治教育。"从上述的文字中,我们可以看出,《大纲草案》对知识、能力和思想政治教育,提出了全面的要求,体现了新时期小学数学教育

---

① 本文选自《课程·教材·教法》1985年第1期,第14—18页。

的特点。

　　使学生理解和掌握数学基础知识,是小学数学教学的主要任务,这是毫无疑义的。但是,我们应该看到,随着时代的进步和科学技术的发展,基础知识不是一成不变的。我们要根据我国实现社会主义现代化培养人才的需要,在小学数学教学中,必须以儿童能够接受的形式,充实先进科学知识,以适应学生参加生产劳动和继续学习的需要。

　　能力的培养在小学数学教学中占有十分重要的地位,也是教研人员和教师们近几年来倾注很大力量探索的问题。《大纲草案》规定:"能够正确地、迅速地进行整数、小数和分数的四则计算","会解简易方程","具有初步的逻辑思维能力和空间观念,并能应用所学的知识解决日常生活和生产中的简单的实际问题"。概括来说,是三个方面的能力,一是计算能力,二是初步的逻辑思维能力,三是初步的空间观念和空间想象能力。为什么提这三方面能力的培养？这是根据数学学科的特点提出来的。不可否认,在数学教学中,其他方面的能力,如观察能力、想象能力、记忆能力等,也会得到提高和发展,在小学数学教学中也应注意培养,但这不是主要的。

　　计算能力是小学数学教学中应该培养的一种主要能力。它的主要内容是关于整数、小数和分数的四则计算,主要是笔算和口算。这些计算能力,不仅是在小学学习中不可须臾离开的,而且是进一步学习其他计算的基础。我们还应该看到,整数、小数、分数的四则计算,也包括百分数的计算,主要在小学进行学习,在以后的学习和计算中就直接应用了。因此,必须使学生牢固地掌握起来,形成自觉的技能技巧,以终身受益。计算能力在具体要求上不仅要求计算正确、迅速,而且包含着计算的合理性,以及机敏和灵活的训练。我们觉得,随着先进计算工具在日常生活和生产中的普遍运用,小学数学教学中的笔算能力的要求要适度,不应用过大的数字计算去加重学生的负担,特别是在教学分数、小数四则计算时,更不应该用过大的数字。有鉴于此,在小学数学教学中,口算和概算的能力应考虑适当加强。

　　初步空间观念和空间想象能力的培养,在小学数学教学中越来越受到重视,这是因为它对小学数学教学本身,特别是对以后的学习有十分重要的意义。在小学数学教学中,空间观念和空间想象能力的培养,是通过几何初步知识的教学来进行的,使学生在获得几何初步知识的同时,形成有关物体的形状、大小以及它们之间的位置关系的表象等。为了更有利于培养学生的空间观念和空间想象能力,几何初步知识的内容,有待进一步加强。

　　逻辑思维能力的培养,在小学数学教学中十分重要。由于数学的高度抽象性和逻辑严谨性以及应用的广泛性,从而使数学教学具有培养逻辑思维能力的特殊有利条件。因此,数学教学培养学生逻辑思维能力,就成为重要的目的之一。当然,在小学数学教学中,限于儿童的生活经验和思维发展水平,逻辑思维能力的培养,只能是初步的,主要培养学生具有初步的抽象、概括、分析、综合、判断、推理、归纳、演绎等方面的能力。与此密切相关的,在数学教学中,还应有意识地培养学生能够正确、准确、简洁地使用数学知识。

　　解决实际问题的能力,是数学教学的直接目的。为用而学,学以致用,这是大家都懂得的简单道理,但是做起来并不太容易。在实际教学中我们往往可以看到,有不少学生对教师所教的知识死记硬背,好像用口袋把教师教给的东西装进去就了事似的。我们反对死记硬背,因为这样做的结果,既不能使学生生动、活泼、主动地学习,也达不到学以致用的目的。在教学中,学生掌握了数学的概念、法则、运算定律、运算性质之后,教师就要注意引导学生把所学的知识应用于实际。通过学生对所学知识的实际运用,进一步加深对知识的理解,达到巩固熟练的程度。

上述计算能力、空间观念和空间想象能力、逻辑思维能力,以及运用所学知识解决实际问题的能力,是相互联系的。数学就其本质而言,就是研究数量关系和空间形式的科学。因此,形成计算能力和空间想象能力,应该是数学教学的必然结果。在小学里,几何初步知识的教学,在培养学生空间观念和空间想象能力的同时,又是与量的计算紧密联系着的。至于学生应用所学知识解决实际问题的时候,需要计算能力和空间想象能力是显然的。毫无疑问,无论是计算能力,还是空间想象能力,以及运用所学知识解决实际问题的能力,都需要逻辑思维能力。而逻辑思维能力又是在基础知识教学和上述三种能力的培养中形成的。因此,它们是相辅相成的。而在小学数学教学中,逻辑思维能力占据核心地位,是学生智力的集中表现。为此,在小学数学教学中,要着意加强逻辑思维能力的培养。这固然是由于数学本身的特点,也是因为小学生学习数学,主要是接受前人已获得的知识,而不是去发现新知识。当然,在学生接受前人已获得的知识的过程中,也有他们自己的"发现",这就是学生学得生动、活泼的表现,也是他们聪明才智的发挥,更是教师在教学中艺术性的体现。

思想品德教育,是小学数学教学必须完成的一项重要任务。在《大纲草案》中明确指出,要"结合教学内容对学生进行思想政治教育"。小学数学教材中,有许多进行思想政治教育的内容,教师在教学中还可搜集一些有利于进行思想政治教育的材料,补充教材内容。这方面的材料在报章、杂志中比比皆是,只要稍加留意,就可以搜集到很多。这里还应特别提出的,数学教学内容充满着辩证思想,如能在教学中努力加以体现,对学生初步形成辩证唯物主义世界观是会有极大的帮助。但应注意结合得自然,不可牵强附会。

还要通过数学教学有意识地培养学生严格、仔细、认真、工作有条理、对计算结果负责的良好作风,以及有毅力、肯动脑筋、勇于克服困难等坚强意志。

小学数学教学目的的三个方面,要在统一的教学过程中全面实现,而这三个方面又是互相促进的。思想政治教育要结合教学内容来进行;而学生获得知识,培养了能力,又能在他们的思想上产生作用。至于知识和能力的关系,更是显而易见的。比如,没有计算的知识,就不会形成计算能力,因为知识是形成能力的基础和前提;但这不等于说有了计算知识就会自然形成计算能力,而是要通过有目的、有计划、有步骤地训练和实际运用,逐渐形成能力。我们常常说的"学以致用""熟能生巧"就是这个道理。在教学中,教师要通过基础知识的教学,有意识地培养学生的能力,特别是逻辑思维能力。因为能力越强,就能更好地学习新的知识和解决实际问题。培养能力,是在学习知识、训练技能的过程中进行的,而且是日积月累,逐渐形成起来的。

关于在数学教学中应该着重培养什么能力的问题,还有不同的看法,可以继续探索和争论。但小学数学教学中要加强智力和能力的培养,是共同的认识。如何实现,有待于广大教研人员和教师在教学实践中去研究、探索。

二、小学数学教学的内容问题

在1977年开始制订小学数学教学大纲和编写全国通用小学数学课本时,我曾算过一笔账。从1978年使用全国通用小学数学课本的一年级学生算起,这年入学的小学生的年龄,一般为七周岁,到1983年这些学生从小学毕业,已经是十二周岁。这些学生有的在1983年进入中学,再学五年或六年,到1988年或1989年中学毕业时,已经是十七八岁。有的再上大学学上四五年,到 1992 年或 1993 年毕业时,就是二十一二岁的青年了。1978 年入学的小学一年级学生,从小学毕业后,或继续学习或直接参加生产劳动,到 20 世纪末,他们都正是三十岁左右。也就是说,正是在 1978 年入小学一年级的这些娃娃,到 20 世纪末,他们要肩负建设社会主义的重担。因此,用什么样的知识来武装这些娃娃,这在当时来说,是必须加以认真考虑的问题。在这个问题上,当时也是有争论的,有各种不同的看法。争论的焦点主要是:什么是小学数学的基础知识?一种观点认为,传统小学算术内容,就是小学数学的基础知识,认为学好了这些知识,才算是打好了基础。另一种看法与前者相反,认为传统小学算术内容,已经不能适应现代科学技术发展的需要,应该按照现代数学的体系来重新选择和安排内容。持这种看法的同志认为,任何内容可以用某种形式教给任何年级的儿童,就是说,现代数学的内容、体系,只要采取某种形式,也可以教给学生。第三种看法认为,数学的发展不是新的概念和原理否定原来的概念和原理,而是包含了原来的概念和原理。比如,数的概念,从自然数发展到有理数,是后者包含了前者,而不是后者否定前者。据此,算术中的内容有许多仍然是学习现代科学技术所不可缺少的。比如整数、小数和分数的四则运算,以及百分数知识和比例等内容,仍然是小学数学教学的基本内容,必须在小学学好,打下牢固的基础。但是,为了适应我国实现四化培养人才的需要和教育普及年限的延长,小学数学基础知识,应该不断有所更新,补充新的知识,删去陈旧的或用处不大的内容,而不应该是一成不变的,然而这种改变,应该是渐进的,而不应该采取突变的方式。这后一种看法,就是当时制订大纲和编写课本时着重加以考虑的。这就是"精选、增加、渗透"的由来。

从世界各国的教学实际情况看,教材都要有相对稳定的时间。这样,有利于教师积累经验,提高教学质量,否则,年年修改教材,就会形成"年年新教材,年年新老师"的恶性循环,这对提高教学质量是十分不利的。

教材建设是一项长期而艰巨的任务,可不能一蹴而就,需要广大教师、教研人员、编者、专家共同努力,才能编出具有体现我国社会主义特点、适应实现社会主义建设需要的好教材。

三、关于教学方法改革问题

学校的教学实践表明,不论是对哪一门学科,在选择教学工作的手段和方法的时候,都要依据教育学中教学论部分所阐明的教学原理,因为这些原理适合于各科教学。诸如教学的科学性原则、系统性和循序渐进性原则、可接受性原则、直观原则,以及自觉性和积极性原则等,都是在教学中需要共同遵循的。大家常说的"教学有法",意思就是说教学有规律可循。教师遵循这些原则进行教学,是使自己的教学活动获得成效的必要条件。这些教学原则是紧密联系在一起的教学体系,但任何一条教学原则都不是万能的,脱离总的体系来应用这样的原则,是不会收到应有的教学效果的。我们在实际教学中所采用的各种教学方法,如果有成效的话,都是教学原理在实际中的正确运用和体现。因此,我们不应该把某些教学方法孤立起来,突出其他某几种教学方法,甚至使其万能化。这样,也会使自己僵化。同一种方法,可以是有效的,也可以是无效的,决定于应用它的时间、地点、条件。这是很简单的道理。比如,上新课、上复习课、上练习课,就不应该也不可能采用同一种教学方法。在教学中,根据具体情况,适当使用各种不同的方式和手段,可以使自己的教学取得最佳的效果,从这个意义上讲,教学又无定法。

在教学方法改革中,首先要认清改革的目的。教学方法的改革,是为实现教学目的服务的。方法是手段而不是目的。方法可以多种多样、殊途同归。因此,教学方法的改革,要贯彻"百花齐放、百家争鸣"的方针。

教学方法的改革和运用,要因地制宜,因校制宜。即使在一个学校也不要"一刀切",搞一个模式,这是因为各地情况不一,更主要的是,每一种教学方法和手段的运用,都要考虑到教学目的和内容、教学阶段、学生的年龄特点和实际情况,以及教师的知识水平、教学经验和运用教学原则的修养等等。

这里还要强调一点,就是要重视自己的经验,也认真学习外地和别人的经验。要肯于学习,也要善于学习。学习外地和别人的经验,要从本地本校实际情况出发,不可照搬,要经过自己咀嚼、消化,变成自己的东西后,再付诸实践。这是因为任何好的经验,都是在一定条件下产生的,有其适用范围,在他那里行得通,在你那里有可能行不通,因为一切事物都是以时间、地点、条件为转移的。

教学方法的改革,要加强领导,也需要各方面的大力支持。面上的教学方法改革,应该有领导、有计划、有步骤、分层次地进行,以免产生大的偏差,造成不良后果。我们在这方面的教训太深了。各地进行的教法改革实验,可先在点上进行,取得经验后,再考虑是否可以推广,不可一哄而起。

教学方法改革,还应注意正确处理"主体"和"主导"的关系问题。

目前,在我国小学数学教学中,不少教师在叙述现成的知识方面,还是取得了相当好的教学效果的。但是从另一个侧面看,则存在不少问题。相当普遍的问题是,强调让学生掌握和记忆教师传授的书本中的现成知识,忽视了使学生生动活泼地、主动地学习的一面。教与学是教学过程的有机结合。小学学生在学习过程中,主要靠教师的引导来接受前人已经获得的知识。无疑,教师在教学中应该起主导作用,即在教的方面又为"主",又要"导",当前主要应该在"导"字上多下功夫。在现有的条件下,只要教师在教学中能够应用促进学生独立认识的手段和方法,并善于引导这种认识活动,工作就会取得成绩。教师应该看到,现在小学生的知识范围和活动范围,已经起了相当大的变化,认识能力也有了很大的发展,为此,教师应尽可能地利用学生的认识能力以及数学水平,在教学中积极进行诱导,培养学生的自觉地、创造性地学习数学的积极性。这样,就会使自己的教学取得成功。另外,就学生而言,他们是教育的对象。在教学中,学生不会像一面镜子那样,被动地反映教师所教的知识。学生对知识掌握得牢固与否,能力如何,归根到底,要靠他们的内因起作用。因此,就"学"来说,学生又是主体。教学中,教师要正确处理教与学的关系,充分调动学生的学习积极性,使他们学得主动,学得活泼,更好地长知识,长智慧,不仅使他们学会,而且要使他们会学。

四、搞好教学改革,关键在于老师

搞好教学改革,提高小学数学教学质量,要有好的教材,要有好的教法,自不待言,而关键在于教师。教师的素养如何,是决定小学数学教学能否大面积提高质量的重要条件。人们常常把教师比作园丁,这是人们对人民教师的高度信赖,也是对人民教师的殷切期望。因此,要求教师有全心全意为人民服务的精神,忠诚党的教育事业,以高度负责的精神去浇灌祖国的花朵。

教师不仅要有高度的政治修养,而且要有高度的业务修养。人们常常这样说:教师给学生一杯水,自己则要有一缸水。一杯一缸,这是个形象的比喻。就是说,为了搞好教学,教师要有宽广、扎实的基础知识,这就要求教师学习、学习、再学习,而且要明确认识到,读书不是为了应付第二天的讲课,而是使自己的知识不只限于教给学生那一点教科书中的内容。这样,才能用丰醇的乳汁,浇灌祖国的花朵,使少年儿童在阳光哺育下茁壮成长。

目前,我国小学数学教师队伍,就业务水平来说差异很大。有不少教师业务水平较高,教学效果也较好。也有为数不少的教师,业务水平虽不如前者,但是他们在教学工作中努力学习,刻苦钻研,加上有高度的责任感,教学效果也不错。但是,应该看到,也有不少小学数学教师,业务水平跟实际担任的教学任务还有一些差距,有的甚至有相当大的距离,教学效果不佳。这是不容回避的现实。解决这个问题,有一定的难度,也需要时间。但是,天下无难事,只要肯登攀,时间也是可以争取的。近几年来,不少地区举办小学数学教师培训班,研究大纲,分析教材,"过教材关",组织观摩教学,从而在提高小学数学教学质量方面,取得了良好的效果。与此同时,各地还分批抽调教师在业务上培训提高,经过几年努力,小学数学教师业务修养起了很大变化。而更治本的办法,是加强师范教育,培养出更多更好的合格师资。希望不久的将来,教师教给学生的那一点知识,只是自己知识海洋中的沧海一粟。希望人类灵魂的工程师都能够做到这样。到那时候,在小学数学教学的园地里,就会春色满园,繁花似锦,硕果累累。热切希望这一天早日到来!

深入开展义务教育数学教学研究工作

张玺恩

我国实施义务教育已经五年了。今年4月,经第七届全国人民代表大会第四次会议批准的《中华人民共和国国民经济和社会发展十年规划和第八个五年计划纲要》中进一步明确指出:"到本世纪末在全国普及小学阶段义务教育,在城镇以及经济比较发达的农村地区基本普及初中义务教育。"在中国实施义务教育,是中国教育史上一件大事。它关系到民族素质的提高,关系到国家的兴旺发达。实施义务教育的深远意义越来越被人们所认识而倍加重视。作为提高全民族素质的义务教育,其根本目的是适应我国经济发展需要,培养"有理想,有道德,有文化,有纪律"的社会主义现代化建设人才。当今世界科学技术迅速发展,生产力水平不断提高,生产机械化和自动化程度越来越高,不仅要求参加实际劳动的工人、农民以及其他劳动者需要有一定的科学文化知识,而且要有大量的科学技术人员直接参与生产过程,这一发展趋势越来越明显。展望21世纪,可以预计高新技术产业将使生产力有新的突破,世界经济的竞争则主要表现为科学技术水平和民族素质的竞争,生产水平的提高,则主要靠高超的科学技术和训练有素的人才。我们现在在校的中小学生,到21世纪将成为我国社会主义现代化建设的主力军,他们将面临着激烈的国际竞争和新技术革命的挑战。为使这些青少年能在激烈的国际竞争中处于主动地位,创造性地勇敢地担负起社会主义现代化建设的重担,从某种意义上讲,取决于今天用什么思想去教育青少年一代,用什么样的科学文化知识去武装他们。早在1983年邓小平同志就指出:"教育要面向现代化,面向世界,面向未来。"这一高瞻远瞩的战略思想,为我国教育发展指明了方向,也是我们研究义务教育课程设置、教学内容和教学方法改革的依据和出发点。我们必须站在这样一个高度,根据我国教育方针政策,从我国经济发展实际情况出发,结合学科教学特点,为教育的奠基工程和提高全民族素质,培养合格的社会主义现代化建设人才做出贡献。

数学在义务教育阶段是主要课程之一。它在日常生产和生活中有广泛的应用,也是人们学习,以及研究现代生产、现代科学技术和现代化管理不可缺少的工具。由于数学高度的抽象性与其广泛应用性的统一,使数学成为打开一切科学大门的钥匙。随着现代科学技术的发展,数学的作用越来越大,可以毫不夸大地说,数学已深入到科研、生产和生活各个领域,特别是在高新科学技术领域,如信息技术、生物技术、新材料技术、空间技术等,如果不与数学发生关系,就不可能达到应有的精确度和可靠性。因此,在义务教育阶段,必须使学生学好数学,打下扎实的数学基础,并通过数学教学培养学生良好的思想品德,使他们有为社会主义服务的明确方向,能把所学知识应用于实际,而且能够自我发展。

近几年来,在义务教育数学教学中,各地围绕着面向全体学生,大面积提高数学教学质量,进行诸多改革尝试。就教材而言,已有几套新教材相继问世,并正在不同范围内进行实

---

① 本文选自《课程·教材·教法》1991年第9期,第1—5页。

验;就教法而言,更是百花齐放,春色满园。但是大家也共同感到,义务教育数学教学有新的要求,具有新的特点,既有思想认识方面的问题,又有教学实际方面的问题,是一项新的科研课题,需要作更深入的研究,进一步取得积极研究成果,改进教学,以提高全体学生的数学素质。这里想就义务教育数学教学有关的几个问题,谈些粗浅意见,同大家一起研究。

一、结合数学学科特点,向学生进行思想品德教育

德育是学校教育的重要组成部分。在各科教学中,结合学科特点进行思想教育,是各学科教学必须完成的重要任务。伟大导师列宁指出:"应该使培养、教育和训练现代青年的全部事业,成为培养青年的共产主义道德的事业。"[1]古今中外没有不进行思想教育的教学,只有多与少、正确与错误之分罢了。我国义务教育是使青少年在德、智、体诸方面得到全面发展,为培养"四有"人才奠定初步基础。为此,必须贯彻文化科学知识教育与思想教育相统一的原则。通过教学,使儿童青少年在获得知识、技能的同时,在思想上受到有益熏陶,有明确的政治方向和良好的思想品德。特别应该提出的是,儿童青少年正处在生长发育时期,具有很大的可塑性。在义务教育阶段,加强对儿童青少年的思想品德教育就更显得重要。关于在中小学数学教学中,结合学科特点进行思想教育的重要性和必要性,经过多年的实践已取得共识,并突出抓住以下几个方面。

学习目的性教育,在义务教育阶段十分必要。通过数学教学,应该使学生明确认识到,科学研究、生产实践和日常生活都离不开数学,每个参加社会主义现代化建设的人都必须掌握一定的数学知识。学好数学是为了更好地为人民服务,把学习同党和国家、人民的命运联系在一起,使学生逐渐形成为参加社会主义现代化建设学好数学的信心和志趣,奋发向上,把数学知识技能学到手,打下扎实的数学基础。

通过教学,培养儿童青少年形成科学世界观,是各科教学的共同任务。数学学科在这方面有其更为有利的条件。整个中小学数学教学内容,充满着辩证唯物主义思想,教学中引导得好,将对青少年形成辩证唯物主义世界观起到潜移默化的作用。

众所周知,数学具有高度的抽象性,它撇开了一切事物的质的属性,得到完全脱离事物内容的量的关系。但它却来源于实践,又服务于实践。它是对现实世界的能动反映。通过教学,向学生进行发展观点的教育,使学生体会到,纯粹的数学并不是"悟性"的产物,而是对现实世界的能动反映。对立统一观点,是辩证唯物主义的重要内容。数学本身就是在对立统一不断解决矛盾中发展的。中小学数学教材中这方面的内容比比皆是。运动变化是物质的根本属性。自然界的一切事物都是运动变化着的。在中小学数学教材中,运动变化的内容也到处可见。互相转化的观点,在中小学数学教学内容中,更是不胜枚举。在义务教育数学教学中,应该紧密结合教材内容和特点,有目的有意识地培养学生辩证唯物主义观点,这不仅有利于发展学生智力,培养学生能力,提高数学教学质量,也是使学生形成科学世界观的重要途径。

爱国主义教育,民族自信心自豪感教育,在中小学数学教育中也应该得到充分体现。我国建国四十多年来,特别是党的十一届三中全会以来,我国社会主义建设的伟大成就,在中小学数学教材中作了多方面反映;我国历史上数学家对数学发展的伟大贡献和光辉业绩,在教材中作了专题介绍。这对培养儿童青少年爱国主义思想和民族自豪感,激励学生学好数学,献身祖国社会主义建设事业是十分重要的。

此外,中小学数学教学,还有利于培养学生的坚强意志、克服困难精神和对工作认真负责等思想品德,更有利于培养学生的科学态度和严谨的工作作风。

最后,还应该强调一点,即教师要"教书育人",也就是说教师不仅要把知识传授给学生,而且还要培养人,这就要求教师在教学中要充分发挥在思想教育工作的主观能动性。教师的表率作用,对学生形成好的思想品德,有着潜移默化的影响。这是历史所证实了的。这里不再多说。

在中小学数学教学中进行思想教育,要紧密结合数学学科特点和有关教学内容,以及学生的生理、心理的发展,采取生动活泼的方式来进行,不可牵强附会,否则将适得其反。

二、转变教育思想,面向全体学生,提高教学质量

前面已经谈过,义务教育有新的要求,具有新的特点。实施过程中,有思想认识方面的问题需要解决,也有教学实际方面的问题需要深化改革。义务教育数学教学要围绕提高全民族素质这个总目标来进行。要面向全体学生,提高教学质量,减轻学生负担,使学生生动活泼地、主动地学习,得到全面发展。几年来,不少地区和学校,着眼于提高全体学生的数学素质,并对"后进生"采取了一些有效措施,帮助他们提高,获得大面积丰收。但是也应该看到,影响围绕提高全民族素质这个总目标来进行数学教学的因素还存在。其中追求片面升学率以"应试"为教学目标的影响较广、较深。在数学教学中超越大纲的规定加深加多教学内容、提前结束毕业班课程、大搞题海战术等等,屡见不鲜,屡禁不止,严重干扰了正常教学秩序,少数学生在疲于奔命中数学水平有所提高,但运用知识的能力较差,不少学生学习质量下降,负担加重,影响身心健康发展,有些学生因跟不上班,产生厌学数学情绪,个别的甚至放弃了学习数学。这种现象早已引起各级教育领导部门的重视和广大教师学生的不满。这种偏离提高全民族素质的形形色色的教学弊端必须加以制止。我们应该看到,当前我国中小学毕业生,大部分要参加实际生产劳动,进入高一级学校继续学习的只是少部分。把数学教学引向脱离大多数学生,影响大面积提高教学质量是极其错误的。必须采取有力措施把数学教学纳入围绕提高全民族素质这个轨道上来。

近年来围绕提高全民族素质这个总目标,面向全体学生,大面积提高数学教学质量,教学内容和教学方法改革已步步深入,很多地区的学校认真贯彻教育方针,实施了目标教学,数学教学质量明显提高。这主要是由于各级教育领导和广大教育工作者深刻认识到义务教育对于提高全民族素质的重要性,反映了我国教育改革围绕发展经济,培养人才的需要已深入到教学内容和教学方法的改革,这是深化改革的必然趋势。从几年来不少地区的学校实施数学目标教学的情况看,这样做有利于大面积提高数学教学质量,有利于对教学进行评估,还可以补救教学大纲内容要求不具体的欠缺,使教师教学有所遵循,掌握好分寸。实施目标教学应该继续进行实验,不断完善,进一步取得积极成果。

有了明确的教学目标,还要采取适当的教学方法,才能使教学目标完美实现。方法是手段而不是目的,方法可以多种多样,殊途同归。教学是教师和学生的双边活动。就教而言,教师起主导作用,即要为"主"又要"导"。为主,是指在向学生传授前人已获得的知识方面起主要作用,但不等于在课堂上发挥最大积极性的是教师,而应该最大限度地调动学生学习的积极性和主动性,这就要求教师要在"导"字上狠下功夫。就学而言,学生是主体,他们不会像一面镜子那样被动地反映教师所教的知识。他们对知识理解得如何,掌握得怎样,能否灵

活运用,归根到底要靠他们的内因起作用。因此,教师的"导"重在调动学生的学习内因。教学方法的运用应视各部分教学内容的实际情况,以及学生对知识掌握的程度,在教和学的节骨眼上,或者说是联结点上狠下功夫。现在,教学方法多种多样,有我们自己的,也有从国外介绍来的。教学中究竟采用哪种教学方法使教学取得最佳效果,这取决于教学的具体情况、各部分教学内容的目的要求,学生对已有知识理解和掌握的程度,以及教师本人的水平、教学经验和教学修养等等,还是一句老话:"教学有法,而无定法。"当前,数学教学中要坚决克服满足于让学生掌握和熟记教师传授的书本中的知识,忽视引导学生生动活泼地、主动地学习的一面。应多用启发式,着重开发智力,培养能力,不仅使他们学会,而且要使他们会学,正像老教育家叶圣陶所说的,"教是为了达到不需要教"。

在实施数学目标教学中,已经注意到了分层次问题。这样做有利于因材施教,也反映了下要保底上不封顶,大面积提高数学教学质量的要求,也有利于个人爱好和聪明才智得到充分发展。这对培养社会主义现代化建设人才是十分有利的。

为了大面积提高数学教学质量,还要注意解决"后进生"问题。在中小学的每一个班级里,几乎都或多或少有些"后进生"。这是教师在数学教学中最伤脑筋的一个问题,也是不大好解决的问题。"后进生"的出现,原因是多方面的,有学生本身方面的原因,有家庭方面的原因,也有社会的不良影响方面的原因,情况相当复杂,这里不作深入探讨。就教学来说,有的教师或因教法不当,或因在讲授某些教学内容时在节骨眼上未交待清楚,使学生对教师讲授的知识似懂非懂,体会不深,理解不透,以致产生"夹生饭"现象。几节课拉下来,就会发生所谓"看电影"的情况。不懂就不会有兴趣,这是很自然的。1982年,在一次数学教学经验交流会上,一位年轻女教师介绍她教的班级的学生在数学上获得大面积丰收的经验,其中很大一部分是对"后进生"工作的经验。这位女教师教的班级的学生,入学时是"三类苗",教学一个阶段后,即出现一些"后进生"。这些学生对学习不感兴趣,放学时也不马上回家复习功课、做作业,却抱着极大的兴趣久久地停留在马路旁,聚精会神地观看别人打扑克、下象棋,有时还插些话,帮助出出主意。这位女教师调查了这类情况后,发现学生之所以对观看打扑克、下象棋感兴趣,是因为他们懂得扑克的打法和象棋的棋艺。这位教师从中悟出点道理,认为学生对理解了的东西就有兴趣,不理解的东西就没有兴趣。"后进生"在学习上缺乏浓厚的兴趣,是因为他们在课堂上对教师所讲授的内容似懂非懂,或者根本没有听懂,导致对学习越来越不感兴趣。这些"后进生"就是这样一节课一节课拉下去的。这位教师在调查之后,采取了一节课一节课拉上来的办法,逐步解决了她教的班级的"后进生"问题,数学教学获得大面积丰收,取得优异成绩。可贵的不是这位教师在调查之后悟出了一点解决"后进生"的道理,而是这位教师的精神。她在解决"后进生"问题的过程中,付出了辛勤的劳动,流了许多汗水。解决"后进生"问题还应特别注意的是,在教学中不应使"后进生"在精神上感到有压力。一般来说,"后进生"都有些自卑感,如果教师在教学中有嫌弃思想,甚至对他们说些带有讽刺性的语言,就更会使一些"后进生"感到压力沉重,抬不起头来,从而使他们内心感到莫大的痛苦,造成精神上的创伤。而这样的创伤是难以医治的。教师要针对"后进生"的实际情况,除进行个别辅导外,在课堂上应针对"后进生"的实际情况,给予适当的作业,或进行适当的提问,对他们微小的进步,应及时给予鼓励和表扬,使他们有自尊心、荣誉感,增强学习的信心,这些有赖于在教学第一线的教师的努力。当看到祖国的花朵健康成长时,教师的快慰就会油然而生。

三、加强数学与实际的联系

在义务教育数学教学中,加强与实际联系,是社会、学生和学生家长共同关心的问题。探讨这个问题,既要考虑数学学科教学特点,更要从义务教育的宗旨出发。有两个问题需要深入研究。一个问题是,数学教学要密切联系学生生活实际,以及他们熟悉的生产实际,以利于他们加深对数学概念、定理、定律、运算法则等的理解;另一个问题是,数学知识在实际中的应用。这两个问题相互联系。

数学具有高度的抽象性、严谨的逻辑性和应用的广泛性,这同中小学作为学科的数学教学形成了不可避免而又必须解决的矛盾。作为学科的中小学数学有严密的知识结构和能力培养结构,系统性很强。而中小学生限于社会经验不足,缺乏生产实践经验,以及生理、心理上的特点,接受系统性强而又抽象的数学知识无疑会有困难。这就要求数学教学要体现循序渐进原则,由浅入深,由易到难,由简到繁。同时,概念的引入,以及定理、定律、运算法则等的讲述,要紧密结合学生生活和他们了解的生产实际。这不仅有利于学习掌握抽象的数学知识,而且有利于他们把所学知识与生产实际联系起来。当然,在学生学习和掌握了较多知识的基础上,也要注意从旧知识引入新知识,以加强知识间的内在联系,发展学生的抽象思维能力,而这正是数学教学的一个方面的重要目的和要求所在。

另一个问题是,数学知识、技能应用于实际的问题。这是个有争议的老问题,需要从数学学科特点和义务教育的宗旨来进行研究。"就数学理论体系在实践中具体检验的方式而言,有通过生产实践、科学实践活动直接形式的检验。"即"直接从生产实践中提出问题上升为数学理论,然后直接应用这些理论解决生产实践中的问题"。"比较普遍的情况是,通过数学理论应用于其他自然科学技术的间接形式的检验,即首先应用数学理论解决自然科学理论问题。"[1]这就是说,在研究中小学数学在实际中应用问题时,既要考虑数学在实际中的直接应用,更要多考虑数学在学习研究自然科学中的应用。义务教育阶段学习的数学知识,像数和式的计算、形体知识、统计知识等,一般说来都能在生活、生产中得到直接应用,而数学知识则更多地广泛应用于学习研究自然科学。为此,义务教育数学教学必须使学生获得良好的计算能力,初步的空间想象能力和逻辑思维能力,着力培养学生的数学思想方法,提高他们的数学素质。有了良好的数学基础既可把所学知识应用于实际,又有良好的发展基础,毕业后当工人也好,当农民也好,适应性就强些,再通过自己进一步努力,发展余地也就更大。这样做既着眼于现实,又放眼于未来,充分体现了义务教育的宗旨。

四、重视数学教学评价研究

我国教育方针和义务教育的目标是比较全面和明确的。为了保证教育方针在教学实践中得到正确贯彻,义务教育数学教学目标得以完美实现,近年来,不少地区和学校进行了数学目标教学实验。与此同时开展了数学教学评价研究工作,取得了较好的成绩。这充分体现我国教育改革已深入到教学领域。实施数学目标教学,研究数学教学标准,建立科学的数学教学评价体系,这是个相当复杂的系统工程,涉及的问题很多,单就数学教学本身来说,就涉及诸如教学目标、教学内容、教学环节和教学方法、教学效果、教师素质等等方面的研究,儿童生理、心理特点的研究,还涉及传统教育思想、教学活动过程和结构的改变。我国是一个大国,经济和教育的发展差异较大,师资水平也不尽相同,更增加了问题研究的复杂性。

数学目标教学和教学评价,要从我国的国情出发,要结合各地的实际情况,制订出切合实际、有可行性的数学目标教学计划和数学教学评价标准。可喜的是现在已有不少的地区迈开了第一步,并经过多年实践,总结出了一些符合我国国情和数学教学实际的经验。走开了第一步,第二步就是进一步充实完善的问题,再经过不断努力,具有中国特色的数学目标教学计划和评价标准,就会在数学教学园地里开花结果。

五、加强数学教师队伍建设,提高教师素质

提高义务教育数学教学质量,需要方方面面的条件。比如要有切实可行的目标教学计划和评价标准,要有好的教材,要改进教学方法,要有必要的教学手段和配合得当的课外活动等等。而关键问题则在教师。正如《中共中央关于教育体制改革》中指出的"建立一支有足够数量的、合格而稳定的教师队伍,是实行义务教育,提高基础教育水平的根本大计"。首先教师要有培植花草树木的园丁精神,爱护学生,辛勤耕耘,用甘醇的乳汁浇灌祖国的花朵,使少年儿童在阳光哺育下茁壮成长。一句话,要以高度负责精神和满腔热情"教书育人"。其次,要不断提高数学教师业务素质,以保证数学目标教学的实施,取得最佳教学效果。加强数学教师队伍建设,加强数学教学科学研究,各地教育行政部门和教学研究部门,已给予足够重视,再加上教师本人的努力,高水平的数学教师队伍的形成指日可待。

"十年树木,百年树人。"这是中国的一句古话,极言树人之不易。实施义务教育,提高全民族素质,这是培养社会主义现代化建设人才的根本大计,让我们共同为之努力,加强教学研究工作,为我国社会主义建设培养出高质量的合格人才。

参考文献:

[1] 刘凤璞等.自然辩证法讲义(初稿).专题资料之五数学若干辩证内容简析.北京:人民教育出版社,1980.

掌握辩证思想,克服教学失误
——对小学数学教学中一些科学性失误的思考[①]

肖鉴铿

教育之目的在于提高学生的素质,广而言之,是为了提高全民族的素质。因而,作为教师,自身素质的提高不能不摆到一个突出的位置上。笔者因工作关系,常有机会听到一些由省、市优秀中、青年教师执教的小学数学公开课。这些课总体上都是很不错的。但遗憾的是其中也存在一些本可避免的科学性失误。这些失误,从表面上看,是对数学知识理解上的偏差,然而究其实质,却涉及教师对唯物辩证法的领悟。对此类失误,如果仅仅就事论事,只怕于事无补。故本文拟酌举数例,并运用辩证唯物主义的哲学观点略加辨析,旨在与广大同仁共商共勉,自觉提高自身的哲学素养,以利进一步提高小学数学教学的质量。

一、领悟全面分析的观点,克服结语的片面性

事物是一个复杂的整体,一些事物往往有多个不同的侧面。我们要清晰、彻底地了解事物,就应对其各个侧面都进行细致的观察,在统观全局的基础上作出全面分析。否则,看到事物的一些侧面,而遗漏它的另一些侧面,下结论、作结语时就难免出现以偏概全的片面性失误。

误例1 一位教师在讲课时说:"当我们用米尺量黑板的长度时,如果连续量了两次,剩下的不够1米,那么黑板的长度就不是整数而是分数了。"

辨析:这里的问题是:黑板的长度如果不是整数,是否一定就是分数?上述结语若要成立,除非由度量所得的数只有整数与分数两种,然而事实却并非如此。为方便起见,不妨假设这块黑板的形状是个对角线为4米的正方形,那么它的边长为$2\sqrt{2}$米。$2\sqrt{2}=2.828\cdots$,确实也符合条件"用米尺连续量了两次,剩下的不够1米",但$2\sqrt{2}$就不是一个分数,而是一个无理数。可见上述结语有误。

误例2 一位教师在讲几何初步知识时告诉学生:"只有当圆锥的底和高与圆柱的底和高分别相等时,圆锥的体积才等于这个圆柱体积的三分之一。"

辨析:这个结语错就错在"只有"二字。实际上,缺了"等底等高"这个条件,一个圆锥体的体积也可以等于某一个圆柱体体积的三分之一。例如,当圆锥的底面积S_1等于圆锥底面积S_2的两倍,而圆锥的高h_1等于圆柱高h_2的一半时,这个圆锥的体积V_1也等于这个圆柱体积V_2的三分之一。以上结语之误岂止是"漏万"而"挂一"!其失误原因在于观察问题太片面、太狭窄,错把充分条件当成必要条件,从而误加了"只有"二字。教师的此类失误实际上形成了一种先入为主的误导,它势必对学生思维能力的发展起着束缚和阻碍的不良作用,应

[①] 本文选自《江西教育科研》1996年第1期,第51—53页。

当努力防止和杜绝。

二、坚持相互联系的观点，防止论述的绝对化

世间万物都是相互联系、相互制约的。当我们研究事物、探索规律时，切忌孤立地、割裂地看问题，一定要把与之相关联的种种因素都考虑进去，特别是不能置那些与考察对象紧密相关乃至是相依相存的事物于不顾。否则，在论述中就要犯绝对化的错误。

误例 3 一位教师制作了一个教具，教具的形状是一个中心角为 90° 的扇面，也就是 $\frac{1}{4}$ 个圆面，还特意在上面标明"$\frac{1}{4}$"（如图1），教师手持这一教具，向学生强调指出："以后大家一看到这样的图形，就应立即知道它表示 $\frac{1}{4}$。"

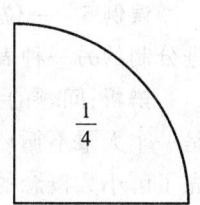

图1

辨析： 什么是分数？分数的定义是这样的："把单位'1'平均分成若干份，表示这样的一份或者几份的数，叫做分数。"由此可见，分数包含着一种"相对"的意义，或者说，分数本身就是"相对"的产物，分数只能在比较中产生。在没有明确什么是单位"1"的情况下，就武断地说某图形表示的是某个分数，是毫无根据的，也是不可思议的。实际上，只有把图1所在的圆面选作单位"1"时，这个扇面才表示 $\frac{1}{4}$。而当把它所在的半圆面看作单位"1"时，它就表示 $\frac{1}{2}$；事实上，图 1 所示扇面表示哪个分数，完全取决于单位"1"的选择，它可表示零分数以外的任何一个分数或自然数，岂容将"$\frac{1}{4}$"镌刻其上？这种绝对化的论述极易造成学生思维的呆滞和刻板，是断不可取的。

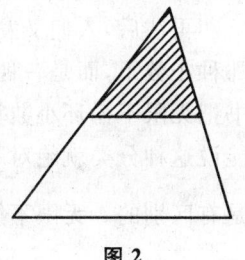

图2

误例 4 一位教师在指出图 2 表示的错误 $\frac{1}{2}$ 后，告诫学生说："紧记住，不是平均分就不能用分数表示。"

辨析： 此话不真。图 2 所示不是平均分，用 $\frac{1}{2}$ 表阴影部分确实不对，但若用 $\frac{1}{4}$ 表示却完全正确。因为根据"相似三角形面积比等于相似比的平方"这一性质，我们易知阴影部分（如图 2）面积与整个大三角形面积的比为 1:4。

另外，这位教师还在课末安排了一个"思维体操"，其中有这样一道题："以整个大长方形的面积为单位'1'，用分数表示图中阴影部分的面积"（如图3）。此题实际上是一种自我否定：在教师所设计的图中，长方形被分成的四块是不能算作"平均分"的，但教师居然却指令学生"用分数表示图中的阴影部分"，岂非与自己适才的结语矛盾？

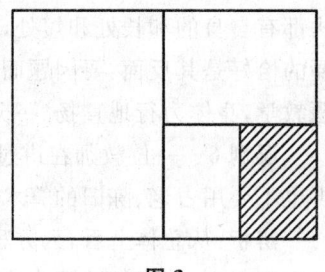

图3

三、掌握发展变化的观点,理清概念间的关系

一切事物均处于不停的运动之中,运动、发展是绝对的、永久的;静止、停滞总是相对的、暂时的。不少数学概念都经历了由形成到拓展的过程,拓展后的概念与初始概念已有很大差别。不注意概念的发展变化,忽视拓展后的概念与初始概念之间的这种差别,就容易造成对概念认识的混乱,甚至使自己难以走出困境。

误例 5 一位教师在集体备课时提出了如下观点:"圆周率 π 是一个小数,而小数是十进分制的另一种表示形式,所以 π 一定能用分数表示。"

辨析:问题的症结在"π 是一个小数"这句话上。这句话是含混的。准确地说,应指明"π 是一个无限不循环小数"。这里要弄清楚的是无限不循环小数究竟是不是小数?为此,应当先了解小数概念的发展变化情况。

最初,人们对小数是这样定义的:"分母是 10^n(n 是自然数)的分数,叫做十进分数。根据十进位制的位值原则,把十进分数改写成不带分母的形式的数叫做小数。"[1] 根据这一定义,小数只能是有限小数,小数集就是十进分数集。

后来,在研究分数化小数时,发现有一些分数不能化为有限小数,而只能化为无限循环小数,如 $\frac{1}{3} = 0.333\cdots$ 等。这时,小数的概念已经拓宽,它既包含原来的有限小数,也包含无限循环小数,小数集已不再是十进分数集,而扩展为分数集了。

再往后,人们又发现了一种无限的但又不循环的小数。不过这已不再是原来意义上的那种小数了,而是一种新数——无理数。这种无限不循环小数是不能化为分数的。也有些书把无限不循环小数算作小数,但这样一来,小数集就更加庞杂了。当然,分类是人为的,不能说这种分类就绝对不可以。不过,无论怎样分,总要记住一点:扩展后的概念与初始概念是有区别的。无限不循环小数是无论如何也化不成分数的。像分数 $\frac{22}{7}$ 和 $\frac{555}{113}$ 都只是圆周率 π 的近似值,而并非准确值。π 的准确值是无法用分数来表示的。

四、运用一分为二的观点,发挥算术解法的优势

辩证唯物主义的观点认为事物都是一分为二的。数学中的解题方法也不例外,各种方法都有自身的和长处和短处,都有自身的适应范围,不能简单地肯定一种而否定另一种。需要的恰好是其反面:要因题而异、因时而异地灵活选择解法,用其所长,避其所短,并通过解题教学,身体力行地宣扬"一分为二"的观点,使学生初步受到一些辩证思想的熏陶。

误例 6 一位教师在讲过简易方程和列方程解应用题之后,要求学生"在解应用题时,再也不要用古老、陈旧的算术解法"。

辨析:从总体上看,列方程比列综合算式要简便,应用题的代数解法确实优于算术解法。但也要看到,算术解法除去古老、陈旧的一面外,也还有灵活敏捷的一面。以下两例,可作说明。

1. 用浓度为 5% 和 53% 的两种烧碱溶液混合配制成浓度为 25% 的烧碱溶液 300 千克,需要用这两种烧碱溶液各多少千克?

此题若用代数解法,要先设出需用这两种烧碱溶液分别为 x 千克和 y 千克,然后得出

二元一次方程组

$$\begin{cases} x+y=300 \\ 5\% \cdot x+53\% \cdot y=25\% \cdot 300 \end{cases}$$

但二元一次方程组已超出小学数学中"简易方程"之范围，小学生难以列出，更谈不上解答。

如果改用算术方法，则反而方便：

稀、浓两种溶液的浓度与目标浓度之差分别为 $25\%-5\%=20\%$ 和 $53\%-25\%=28\%$，二者之比为 $20\%:28\%=5:7$。

在溶质一定的情况下，浓度差与应取的溶液数量成反比例。将 300 千克按 5:7 和反比 7:5 分配，立得 175 千克和 125 千克。这便是稀、浓两种烧碱溶液各应取的重量。

熟练之后，凡遇这类问题，只需口算得出答案，比代数解法简便得多。

2. 今有物不知其数，三三数之剩二，五五数之剩三，七七数之剩二，问物几何？（原载我国古算书《孙子算经》）

此题若用代数方法解答，要先列出 $3x+2=5y+3=7z+2=n$，并由此得到一个三元一次不定方程组：$\begin{cases} 3x-5y=1 \\ 5y-7z=-1 \end{cases}$ 解起来相当费劲。

若改用算术方法解，则异常简便：

由"三三数之剩二"与"七七数之剩二"，知此数应比 3、7 的公倍数大 2。$[3,7]=21$，$21+2=23$，再用第二个条件"五五数之剩三"来衡量，恰好符合，故 23 就是本题的最小正整数解。

由此二例，算术解法的优越性已可见一斑。除此之外，一些繁杂的应用题、不定方程题乃至著名的"牛顿问题"，采用算术解法比采用代数解法也要简便得多。有兴趣的同仁不妨一试，本文不再赘述。

参考文献：

[1] 上海市小学教师进修教材编写组.算术基础理论习题解答.上海：上海教育出版社，1983：93.

试析新一轮课程改革中小学数学课堂教学
——由若干小学数学课例说开去[①]

郑毓信

笔者近期参加了两次全国性的小学数学教学研讨会,听了十几堂观摩课。在此,无意于对这些课例进行全面评价,仅以其中的一些课例为背景提出自己的一些想法,特别是如何在课堂教学中更好地体现新一轮数学课程改革的基本理念。

一

"可能性"是改革后首次在小学数学课程中(三年级)出现的一个概念,因而相关的教学就是一个全新的尝试。演示这节课的教师在教学中突出了以下的主线:

$$\text{"一定"}\text{——}(\text{不一定})\text{——}\text{"可能"}\begin{cases}\text{大 —— 经常}\\\text{小 —— 偶然}\end{cases}$$

从而使整堂课表现出了较大的连贯性,这是应当充分肯定的。

这一堂课的另一特色是加强了学生的活动,特别是,在引出了"可能性"这一概念后,教师安排学生以小组(4—5人)为单位从事以下的"游戏":每个小组都配置了一个口袋,其中分别装有若干个粉色的球和黄色的球,教师要求学生每次摸出一个球,并对所得出的结果加以记录,然后算出一共摸了多少次,其中粉球多少次、黄球多少次。显然,教师在此的主要目的是希望学生通过动手实践更好地体会可能性的"大"和"小"。也正因为此,在小组实践后,教师又安排了全班性的汇报,并以各个小组所得出的"数据"为基础引出了这样的结论:"口袋里的粉球越多,摸到粉球的可能性就越大;而如果口袋里的黄球越多,则摸到黄球的可能性就越大。"

积极引导学生动手实践无疑是新的课程标准所大力倡导的一种学习方式;然而,就具体的教学活动而言,笔者认为,关键因素在于我们不应将所说的"动手实践、主动探索"与一般的课堂游戏简单地等同起来,而两者的重要区分之一就在于前者有着明确的目的性。就这里的课例而言,这就是指,我们究竟为什么要从口袋中连续不断地去"摸球"?我们应使学生在事先清楚地了解这种意图,从而相应的活动也才能够真正成为一种自觉的行为。

也正是从这样的角度去分析,笔者认为,就当前在教学中普遍采用的"情境设置"而言,关键就在于如何由所设置的情境引出恰当的问题,从而促使学生积极地去进行探索——后者正是围绕所说的问题进行的,从而就有着明确的目的性。例如,就所说的课例而言,在让学生实际地去从事"摸球"活动前,教师或许就可设计这样的"情境":向学生出示两个口袋并

[①] 本文选自《课程·教材·教法》2003年第4期,第29—33页。

告诉他们里面分别装有一定数量的粉球和黄球;然而,尽管两者的总数是一样的,其中一个口袋中黄球较多,另一个口袋中则粉球较多。现在的问题是:如何不用打开口袋就能知道哪个口袋装有较多的粉球,哪个口袋则装有较多的黄球?

另外,就实际教学活动而言,笔者认为,在此也不一定要采取"小组活动"这种形式,因为,亲手"摸"一次对于掌握"可能性"的概念未必有直接的促进作用,而且,在所说的课例中,由于学生并不知道其他小组的"工作背景",或者说,因为各个小组的活动并不具有共同的关注点,因此,大多数学生对于其他组所得出的数据就没有表现出任何的兴趣,恰恰相反,过多的"不相干"数据反而冲淡了主要的教学目标。与上述的做法不同,笔者以为,在明确提出了上述的问题并要求学生作出相应的猜测,以及全班统一了"我们可以通过摸球的次数对猜测作出检验"这种认识后,我们仍可采取全班活动的形式,例如,在此可以按照猜测的不同首先将全班分成两个组,然后,随着摸球活动的开展,也即越来越多相关数据的得出,可以允许学生不断对自己的猜测作出调整,也即由原来的组转移到对立的组,直至全班最终得出了完全一致的意见,这时教师再要求学生对"改变立场"的原因作出说明,这样全班学生就将始终具有同一个关注点,教师则可十分顺利地引出所希望的结论,包括最终打开口袋对猜测的正确性作出检验。

总的来说,与单纯地追求形式相比,在数学教学中我们更应注意通过提出适当的问题使学生的活动成为一种自觉的行为,并应根据教学的需要采取适当的组织形式。

二

"平面图形的整理和应用"主要是一节复习课(六年级),希望能对学生所学过的各种图形(长方形、正方形、三角形、梯形、平行四边形、圆)的面积公式作出整理,特别是帮助学生更好地掌握这些面积公式的相互联系。从实际的教学情况看,参与这一教学活动的学生应当说都已较好地掌握了相关的知识,因为,各个小组都能正确地回忆出相关图形面积公式的推导过程,从而大致地体现出如下的逻辑线索:

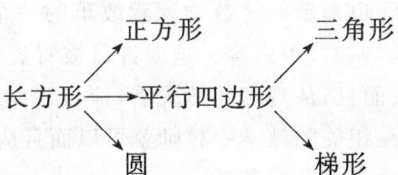

另外,任课教师在这一过程中也发挥了重要的引导和组织作用,包括提出明确的工作任务:要求每个小组用图形演示的方式表明各个面积公式之间的联系,组织学生进行全班汇报,以及对自己与其他人的工作作出评价。

就上述各个方面而言,笔者所观看的这一堂课应当说是相当成功的。但是,笔者认为,作为教学研究,我们仍应考虑这样的问题:如何能够使复习课超出单纯回忆的范围,特别是为学生的创新活动提供更大的空间?

具体地说,在以上课例中学生的活动主要是一种回忆的工作,特别是,其所展示的主要是相关公式的推导过程,也即其相互关系主要表现为线性的、单向的逻辑关系;然而,从教学的角度看,我们应当清楚地看到逻辑结构与认知结构的区别,特别是,与所说的逻辑结构的线性和单向性不同,认知结构不仅具有双向性(多向性),而且主要地表现为网状结构;另外,更为重要的是,教学工作的主要目标并非是使学生建立起关于相应逻辑结构的牢固记忆,而是应当帮助学生形成适当的认知结构。显然,从这样的角度去分析,这事实上应被看成这一堂课的重点和难点,即如何突破通过先前的教学所已形成的逻辑线索的束缚,从而为学生的自由探索开拓新的更大可能性。

例如,就所提及的各个面积公式的把握而言,笔者以为,除去以长方形为核心这一"标准"做法以外,我们也完全可以以三角形的面积公式为核心将其他各个图形联系起来;进而,通过这两种方式的比较与"互补",我们不仅可以帮助学生建立更为丰富和合理的认知结构,也可促进他们更为积极主动地去进行探索,从而表现出更大的"开放性"。

值得提及的是,由上述的事例我们也可看出:与单纯地强调"开放题"相比较,我们应当更为注意教学的开放性,这也就是说,只要有了正确的教学思想,即使是传统的"封闭题"同样可以为学生的创造性活动提供良好的平台。

最后,还应提及的是,作为面积公式的应用,教师设计了这样一个问题,即要求就所给出的一个房间的平面图(其中有标出了尺寸的一个窗户、一张床和一个方桌)进行计算以对房间加以装饰。然而,所有学生最终所得出的都是精确的面积数(甚至精确到平方厘米),而且,当任课教师在平面图上进行了实物模拟并追问学生对所做的工作有什么看法时,他们几乎异口同声地说"十分满意","很漂亮";经过教师的多次启发,学生才最终"意识"到需要给窗帘、床罩等加上一定的"裙边"。笔者认为,上述现象的出现并非是由于教师的教学有任何不恰当的地方,而是清楚地表明了教学活动的环境相关性,特别是,我们不能期望单纯依靠在教学中引入更多的应用题(现实问题)就可有效地解决数学教学严重脱离实际这一长期存在的"老问题",因为同样的问题在不同的环境中完全可能具有不同的意义,特别是,在学校这样一个特殊的环境中,学生往往会(有意识或无意识地)忽视各种现实的考虑,从而使"现实问题"的引入未必能达到使"学校数学"更加接近实际生活的目的。

三

注意联系学生的生活实际也是新一轮数学课程改革的一个重要特点。例如,一年级的教学内容中新增加了"前后"、"左右"等内容。这或许可被看成上述立场的一个具体表现,上述的基本立场当然无可非议;而且,从现实的情况看,应当说学生已经由日常生活建立起了"前后"、"左右"等概念,从而在相关的教学中教师就可以而且应当充分利用学生所已具备的这些知识和经验作为进一步学习的良好基础。

但是,就笔者所看到的几堂演示课而言,应当说又都存在这样一个问题:相关的教学是否应当停留于学生已有的知识和经验?为了更清楚地说明问题,在此可换一种方式来提出问题。众所周知,在新的数学教材中,"前"与"后"是作为空间概念得到引进的;但是,如果就实际生活进行考察,我们就可立即发现这两个概念还具有很多种不同的用法,诸如"两小时以前"和"三天以后"(在此"前"和"后"的概念所涉及的是时间而并非空间),"成绩在班上排前几位"或"排名向后移动了几位"("前"和"后"的概念在此所涉及的既不是空间也不是时间),等等,那么,我们究竟应当如何帮助学生去区分这些不同的用法呢?或者说,我们又是否应当去涉及或区分这些不同的用法呢?

事实上,在笔者看来,后者所涉及的主要是这样一个问题:我们应从所列举的各个不同情况概括出其中的共同点,特别是,从数学的角度看,它们事实上都涉及了"序"这样一个概念;进而,尽管所说的这些情况都可被用做进一步学习的良好基础,但是,我们在此又应清楚地看到在"日常概念"与相应的"数学概念"之间所存在的重要区别,从而清楚地认识到超出"日常数学"并上升到"学校(正规)数学"的必要性。例如,就所说的"前"和"后"的概念而言,其在日常生活中的应用显然有着明确的方向性,如我们总是以主体所面对的方向与现时朝向未来为准来决定何者为"前"、何者为"后";然而,作为一个数学概念,"前"与"后"的关系则具有相对性,也即完全取决于当时的规定。

显然,从这样的角度去分析,就"前后"、"左右"这样一些概念的教学而言,其重点和难点就都在于如何帮助学生较好地去掌握这些关系的相对性。更为一般地说,笔者认为:这事实上也就清楚地表明了这样一点,相对于数学教学的"生活化"而言,我们应当更加注意如何很好地去处理"日常数学"与"学校数学"的关系,这也就是说,我们既应明确反对数学教育完全脱离学生的生活实际,并应充分利用学生在日常生活中已建立起来的知识和经验作为新的学习活动的良好基础,又应注意防止以"生活味"完全取代数学教学所应具有的"数学味",并清楚地认识到由"日常数学"上升到"学校数学"的必要性。

最后,应当提及的是,这或许也就可以被看成"完全停留于学生已有的知识和经验"所容易造成的一个弊病,即相应的课程缺乏学习活动所应具有的挑战性。如果借用维果茨基的语言来表述,这也就是指,教学的内容应当位于学生的"最近发展区",从而,相应的发展就只有借助别人(如教师)的帮助或通过同伴的合作才能得以完成,也即既具有一定的难度,但同时又可通过一定的努力完成的;与此相反,如果学习活动缺乏应有的挑战性,那么,我们的学生就不仅不可能在知识上得到迅速的成长,也不可能真正体会到战胜困难取得进步的欢悦,从而也就不利于相应的"情感、态度和价值观"的培养。特殊地,也就是从这样的角度去分析,笔者认为,尽管在某些课堂上学生可以显得十分活跃;但是,我们又应仔细分析他们在知识技能以及情感态度等方面是否真的有所增长,特别是,什么又是学生在课堂上真正的兴奋点。

四

就"认识钟面(整点)"这一内容的教学(一年级)而言,显然也面临着上面所提及的问题,即如何使得相应的学习活动具有一定的挑战性,特别是,我们在此不应以"游戏性"简单地取代数学教学所应具有的知识性。

然而,这难道不正是新一轮数学课程改革的又一重要特点吗?即认为我们不应唯一着眼于知识和技能的学习,而应采用更为广泛的视角。事实上,就笔者所听的这些演示课而言,的确可以看到教师们普遍地为自己的教学活动设立了更多的"教学目标",诸如"使学生初步建立时间观念,懂得遵守、珍惜时间,养成合理安排时间的良好习惯","帮助学生学会数学地表达和交流","培养学生的合作意识和良好的合作习惯"等等。

上述的基本立场是完全正确的,但是,笔者认为,除去积极地引进各个新的教学目标,从而更好地促进学生的全面发展以外,我们又应注意不同方面的有机整合,例如,上述的各项"目标"并不应被看成是与知识和技能的学习完全不相干的(甚至被用做对于知识和技能方面低要求的一种补偿),恰恰相反,我们既应通过知识和技能的学习去落实其他方面的教学目标,同样地,也应通过后一方向上的努力帮助学生更为积极主动地去学习和掌握相关的知识和技能。"认识钟面"这堂课的教学明显突出了"帮助学生学会数学地表达和交流"这一目标;但是,我们又应如何使得这方面的努力与"帮助学生认识整时"这一"知识目标"更好地结合起来呢?笔者以为,从这一立场出发,我们在教学中就不应满足于让学生简单地去重复"分针指向12,时针指向3,就是3点"、"分针指向12,时针指向8,就是8点"这样的表述,而应更加注意由这种特殊的结论向以下更为一般的命题的过渡:"分针指向12,时针指向几,就是几点",这也就是说,我们应当帮助学生更为清楚地认识这两种表述方式的不同,从而逐步实现表述上的必要进步。显然,后者不仅与"帮助学生认识整时"这一具体的知识目标密切相关,而且也很好地体现了数学思维的高度概括性这一重要特点。

最后,笔者认为,这或许也可被看成众多新教材的一个共同特点,即为教师的创造性工作留下了较大空间。更为一般地说,笔者以为,这事实上反映了教师的不同定位:与"教师应当紧扣教材"这一传统的提法不同,教师应当根据具体的教学对象、内容、环境(以及本人的个性特质)创造性地去使用教材,包括在必要时适当地突破教材。当然,后者对教师提出了更高的要求,特别是,我们应将教学活动与教学研究更好地结合起来。例如,按照建构主义的观点,"学生的学习即是依据其已有的知识和经验所进行的主动建构",从而,在实际进行"认识钟表"的教学前,我们就应更为具体地去了解学生在这方面究竟具备了哪些知识和经验。如果大多数学生已经较好地掌握了"整时的认识"这一知识目标,那么,在给少数后进学生以更多关注的同时,教师就应大胆地设定新的更高的教学目标。当然,作为一种探索性活动,在课后教师应对自己的工作做出认真总结与反思,从而不断取得新的进步。

五

以下再从十分一般的角度提出一些想法。

第一,教学方法的改革应当被看成课程改革十分重要的一个方面;但是,在积极实施教学方法改革的同时,我们又应注意防止理解上的简单化与做法上的片面化。例如,在教学思想与教学方法之间无疑存在重要的联系;但是,我们又不应将教学思想与教学方法机械地对应起来,如将各种教学方式简单地加上"行为主义"、"认知主义"、"建构主义"等标签,并由此而做出"先进"和"落后"的区分。例如,在笔者看来,以下的提法就多少表现出了所说的简单化倾向:"记忆层次的学习反映了行为主义的学习观,理解层次的学习是认知心理流派的学习观,探索层次的学习反映了建构主义的学习观。"

另外,同样重要的是,我们又不应对各种教学方法采取绝对肯定或否定的态度,毋宁说,每种方法都有其一定的适用范围和局限性,从而,就如在教学中应当充分尊重学生的主体地位及其个体差异,在教学方法的选择上我们也应采取同样的立场,即应当充分尊重教师的自主权,并清楚地看到在教师中同样必然存在一定的个体差异。当然,后者并非是指在教学方法的问题上可以放任自流;恰恰相反,作为数学课程改革的重要一环,我们应当积极地倡导各种新的教学方法,而且,就如面对各种不同的解题方法教师的一个重要职责就是应帮助学生实现必要的优化,我们在此也应帮助广大教师很好地实现教学方法的必要优化,但后者同样不应是一种强制的行为,毋宁说,改革的倡导者应作为平等的一员参与到对各种教学方法的讨论中,帮助教师通过交流与反思找到适合自己的方法,也即能够根据特定的教学内容、对象、环境等创造性地去进行教学。

第二,在积极倡导改革的同时,我们也应十分注意对已有传统的继承和必要发展。

例如,一些西方学者通过国际比较研究现已认识到了中国(更为一般地说,是东亚地区或所谓的"儒家文化圈")的数学教学具有自己的一些鲜明特色,而这就是值得西方国家认真学习的:① 教学组织的高效性。这是指课堂中与教学无关的活动被压缩到了最低的限度。"如果教师没有过度的负担,学生能高度集中,时间和精力又没有消耗于无效的由一种活动向另一种活动的转移或不相干的活动之中,大班教学就能够有效地实施。"② 教学活动的一致性。这是指全部教学活动自始至终都围绕着同一个主题,而不是几个互不相关部分的简单组合。

当然,对于已有的传统我们并不应采取简单继承的态度,而应根据环境的变化以及新的实践作出深入的反思和必要的发展;但是,笔者认为,对于优良传统的自觉继承又确实应当被看成课程改革的一个重要方面,特别是,这是从不同的角度为改进教学指明了努力的方向。

例如,这次演示的各堂数学课都广泛地采取了多媒体技术,教师们在课上花费了不少时间让学生动手实践或从事相关的游戏,但是,从高效性和一致性的角度去分析,我们显然应考虑这些活动与教学目标的相关性,或者说,至少应当将无关的活动控制在一定的时间限度之内,另外,以下的一些做法应当说都是值得提倡的,如在长方形和正方形周长的教学中让学生实际地去从事度量活动,以及在统计初步知识的教学中注意培养学生的合作意识等,但是,如果教师在教学中能够更加注意各个环节的一致性(从而避免学生在学习了长方形的周长公式以后却仍然采用实际度量四边的方法以求得长方形场地的周长),以及不仅在一堂课,而且在一段时期内始终坚持合作意识的培养,就一定会取得更好的教学效果。

综上可见,教学方法的改革中一定要注意防止简单化,特别是对于形式的片面追求。希望各级教研部门对此也能予以高度的重视。

最后,应当再次强调的是,本文并非对于所涉及的各个课例的全面点评,特别是,尽管以上提出了某些建议或意见,但所有各堂演示课从总体上说都是相当成功的,笔者更由各位青年教师的教学看到了新一代小学数学教师的崭新形象。对此笔者将在另一文章中作出进一步的论述。

二、课程教材

- 当前中小学数学教材改革中需要深入研究的几个问题（张玺恩 蔡上鹤）
- 对我国小学数学课程知识选择优化的思考（宫建）
- 关于小学数学教材改革研究的回顾与思考（刘意竹）
- 关于小学数学教材编排的几点思考及构想（刘朝晖）
- 教科书编写策略研究——以小学数学教科书为例（陈晓东）
- 关于小学数学教材建设的若干想法（郑毓信）
- 关于人教版小学数学新教材中若干问题的思考（戎松魁 黄崇龙）
- 儿童数学认知过程与小学数学教材的建构（张梅玲）
- 充实小学数学课中几何内容的一个设想（钟善基）
- 小学生视图能力的测试分析及其对几何课程设置的启示（刘晓玫 陈娟）
- 小学数学教材中数学史的内容及呈现方式探析（杨豫晖 魏佳 宋乃庆）
- 数学应用：对应用题的超越——对小学数学教材中"数学应用"编写的几点思考（丁国忠）
- 小学数学练习系统的特点分析——以人教版小学数学实验教科书为例（梁梦莉 雷晓云）
- 珠算应纳入我国义务教育数学课程标准——基于中日国家数学课程标准比较研究的结果（黄燕苹 黄翔）

当前中小学数学教材改革中需要深入研究的几个问题[①]

张玺恩　蔡上鹤

　　我国中小学的数学教材建设,已走了近三十年的路程,积累了许多成功的经验,也有一些失败的教训。粉碎"四人帮"之后,于1977年9月开始着手编写全国通用的中小学数学教材,到1980年已编齐。这套教材从1978年秋季开始试用,到现在已试用两年多的时间了。很多地区小学的各年级已全部过渡到试用通用数学教材;全国的初中大都试用过通用数学教材;高中一年级的通用数学教材,全国多数高中也已试用过。这套教材计划于1982年或1983年修改成正式本,供十年制中小学使用。

　　经过两年多的试用,各地反映通用中小学数学教材对传统的中小学数学教学内容进行了精选,增加了一些为学生进一步学习和参加生产劳动所必需的知识,渗透了一些新的数学思想,比较重视学生的基础知识和基本技能的培养,对提高中小学数学教学质量起了积极作用。各地普遍要求把这套课本稳定一个时期,以利于教师熟悉教材,积累经验。同时,各地在试用过程中,也发现了一些问题,提出不少修改的意见和建议。根据各地的反映,在把这套课本修改成正式本之前,还需要进行深入细致的调查研究工作,包括学习和研究国外中小学数学教材改革的成果,总结我国中小学数学教材改革的经验,特别是要认认真真地总结各地试用通用教材的经验。只有这样,才能把教材的修订工作做好,使教材更适合教学的需要,更有利于提高中小学数学教学质量,为培养实现四化所需要的合格人才打下良好的数学基础。

　　经过两年多的实践,通用中小学数学教材在修订成正式本之前,我们感到有几个较重要的问题需要进行深入研究。本文想把这些问题提出来,并谈一谈我们的一些看法,跟同志们一起来进行研究。

一、关于基础知识问题

　　根据什么原则来确定中小学数学教材的基础知识?对这个问题的看法不尽一致。有些同志说,应从我国实现四个现代化培养人才的需要出发来确定教材的基本内容。不少同志则认为,应从我国目前教师水平和学生的基础出发来安排教学内容。也有些教师建议把1963年的中小学数学课本重印或改编一下就行了。总之,看法不一。究竟应该根据什么原则来考虑这个问题呢?根据教育学、心理学原理,以及我们多年来的实践经验,我们认为,确定中小学数学基础知识,主要应该考虑三个因素:一是为实现四化培养人才的需要,也就是中小学数学教学的培养目标问题;二是数学本身的发展;三是学生的接受能力。在这三个因素中,我们认为第一个因素是主要的。至于数学教师的水平和学生的数学基础要不要考虑呢?我们认为要加以考虑,特别是在目前,更应该加以考虑。我国教育事业如同其他事业一

[①] 本文选自《课程·教材·教法》1981年第1期,第38—41页。

样,经过林彪、"四人帮"的十年浩劫,损失十分严重。中小学数学教师队伍受到极大摧残,师资水平很不整齐,学生数学基础知识缺漏很多,目前还有少数高中毕业生连带分数运算都感到困难。这些因素在目前来说,都影响中小学数学教学水平的提高。但是我们认为,这些因素是要起变化的,不是主要的。我国幅员辽阔,各地教育水平参差不齐,就是在一个省、市、自治区里,各县的情况也不尽相同。就教师的水平而言,有高有低;就学生的基础来说,有好有差。那么教材的标准应该划到哪条线上呢?我们觉得,在目前来说,应该划到中等偏上一点的水平上,使一些重点学校有内容可教,使中等学校的数学教师努一把力能教。否则,如果降低要求,就不能为高等学校输送合格的新生,也不能为学生毕业后参加生产劳动打下必需的数学基础,一句话,不能适应四个现代化对人才的需要。另外,我们应该看到,随着我国教育事业的恢复和发展,数学教师水平低、学生数学基础差的状况会逐步得到改善,经过一个时期,师资水平低、学生基础差的问题,就不会像现在这样突出了。据此,我们认为,中小学数学教学的培养目标,数学本身的发展,以及学生的接受能力,应该成为确定用哪些内容作为中小学数学的基础知识时的主要因素。

教育就是培养人才,培养德智体全面发展的人才。为了适应为我国加速实现四个现代化和在科学技术上赶超世界先进水平培养人才的需要,必须下决心作最大的努力,来提高中小学的数学教学质量,使学生学好必需的数学基础知识,具有正确迅速的运算能力、一定的逻辑思维能力和一定的空间想象能力,为他们升学或参加生产劳动打下必要的数学基础。

我们可以算一笔账:就从1978年使用通用数学教材的小学一年级学生算起,这年入学的小学生的年龄,就算七岁吧,到1983年,这些学生从小学毕业,已是十二周岁了。从1983年这些学生进入中学,再念上五年或六年,到1988年或1989年中学毕业,已经是十七八岁了。如果再念上四五年大学,到1992年或1993年他们毕业时,就是二十一二岁的青年人了。到本世纪末,他们正是三十岁左右。就是从1978年入学的这些娃娃,到本世纪末,他们要肩负建设社会主义的重担。"百年树人",极言树人不易,因此,我们现在用什么样的知识来培养、武装这些娃娃,使他们到本世纪末能成为有用之才,这确实是在确定中小学数学基础知识内容时必须认认真真加以考虑的一个重要问题。

另外,无论从历史上看,还是从目前世界各国数学改革的趋势来看,由于生产技术的发展以及数学学科本身的发展,作为中小学数学的基础知识不是一成不变的,而是需要不断地加以更新,国外是这样,我国也不例外。像大家熟知的小学数学中复名数的运算,不仅大大简化,而且几乎完全用小数的运算取代了。随着电子计算机的广泛应用,中学数学中的对数则需要加以简化。为此,我们应当选取传统数学内容中为学生进一步学习所必需的基础知识,增加一些新的知识,渗透一些近代数学思想,充实和更新中小学数学教学内容,使学生在中小学阶段打下牢固的数学基础。这在今天科学技术飞速发展的时代,是十分必要的。

学生的接受能力,这也是确定中小学数学教学内容时,需要认真加以考虑的因素。对学生的接受能力估计不足,教材中的知识内容过少,学生吃不饱,就会影响教学质量,不利于培养人才;但是如果知识内容超越了学生的接受能力,也会给教学带来困难,甚至是失败。当然,学生对知识的接受程度如何,不完全取决于知识内容,在很大程度上还取决于教学方法,这里我们就不进行讨论了。

总之,中小学数学教学必须提高质量,必须根据培养目标、数学本身的发展以及学生的接受能力,来充实、加强中小学数学教材的基本内容,这样才能满足为实现四个现代化培养人才的需要。这就是新大纲在确定教学内容时所遵循的"精选,增加,渗透"的六字方针的依据。

关于基础知识的范围,在全日制十年制学校通用数学教材中,小学的内容与世界各国大体相同,但在深广度方面差异较大。我国通用教材的大体内容是整数、分数、小数四则运算,以及进行分数四则运算的准备知识——数的整除的一些知识,主要是最大公约数和最小公倍数的求法;此外还有计量制、比例,以及百分数和统计图表等;再就是几何初步知识。通用教材中还加进了简易方程和正负数的初步知识。根据两年多的试验,除正负数外,大家同意这个知识范围;在目前小学的实际情况下,正负数初步知识移到中学教学是适宜的。

中学数学的基础知识范围,在通用数学教材中,对传统内容进行了精选,增加了概率统计和微积分初步。从增加后教材的全部内容看,我国中学数学教材内容低于一些国家的供中学理科学生学习的数学教材内容,而略高于他们供中学文科学生学习的数学教材内容。经过两年多的实践,各地普遍认为,初中数学教学内容大体上是合适的。高中数学教学内容,不少地区反映有些内容(例如反三角函数和三角方程、极坐标和参数方程、线性方程组、不等式的证明等)对于升入高等学校文科各专业的学生和参加某些生产劳动的学生来说并不是必需的,因此建议删减这些内容,另有一些内容则可降低要求(例如微积分可以只学有理整函数的微分和积分),以减轻学生负担,保证学好其他必学的内容。各地普遍反映,关于新大纲和新教材的内容,对升入高等学校理工科各专业的学生来说,必须保证按照1979年教育部颁发的过渡办法进行过渡,逐年规定了的那些必学内容,必须让学生扎扎实实学好。我们认为,根据需要和可能,上面这些意见都是可以考虑的。

在中学里是否学点微积分初步知识,对这个问题也有不同的看法。根据有的地区试验的结果,学生是能接受的,效果是好的。我们认为,在中学阶段,学生学点微积分初步知识,对于升入高等学校或参加生产劳动都是有好处的。不少理工科院校的师生反映,学生在中学学点微积分,一进大学就可以学习普通物理,课程比较容易安排,也有利于缩短教学时间,多学一些内容。不少参加生产劳动的中学毕业生反映,在中学学点微积分初步知识,为他们进一步学习和从事技术改革都打下了必要的数学基础。

二、关于教材编排体系问题

教材内容确定之后,就有一个如何安排的问题。这个问题涉及数学本身的系统性,教育学、心理学等等。我们认为,学科体系不完全同于科学体系,教材内容确定之后,教材体系的安排应该主要考虑便于教、便于学;当然也要注意本门学科的科学系统性。就数学来说,作为科学的数学,近百年来发展极其迅速,不断充实它的新发现,在叙述上也经过千锤百炼,变得越来越严谨、系统和完备。一部数学专著的各个章节,可以起伏不匀,先难后易,它主要论证自己的新发现、新命题,阐述自己的新思想、新方法,它可以不关心读者的接受能力。而作为中小学教材的数学,除了要注意数学本身的系统性外,更重要的是必须考虑到学生的年龄特征和接受能力,只介绍学生参加社会主义革命和建设,以及学习现代科学技术所必需的数学基础知识,在内容的安排上遵循由浅入深、由易到难、循序渐进的原则,并允许有适当的循环。根据两年多的实践,全国各地对通用小学数学教材的编排体系基本上是满意的,并且认为在把试用本修改成正式本时,这个体系可以不作改动,个别内容需作一些小的调整。通用中学数学教材经过两年多的试用,各地普遍反映,将代数、几何混合编写不便教学,学生单科独进,不易消化,分段(指代数一段、几何一段交错进行)教学,学生容易遗忘,因此建议将代数、几何分开编写,从初二开始齐头并进。另外,从各国数学教材改革的情况看,学科体系的安排一般都注意到了本国的习惯。就我国来说,新中国成立后的教材是把代数、几何分开编写,在教学上齐头并进的。根据上述原因,并考虑到我国目前的师资情况,代数、几何分开编写,从初二开始齐头并进是适宜的。

三、关于能力培养问题

这里把这个问题突出地提出来,是因为这个问题在今天有它特殊的意义,需要在教材改革中引起我们的注意,深入地进行研究。我们认为,能力的培养离不开基础知识,只有使学生牢固地学好数学基础知识,才能更好地进行能力的培养;反过来,学生有了较强的能力,可以使学生学习知识理解得更快,掌握得更好。二者是相辅相成的,但学好基础知识是能力培养的前提,而能力也要在学习知识的过程中来培养。

在中小学数学大纲中提出了培养三种能力,即正确迅速的运算能力、一定的逻辑思维能力和一定的空间想象能力。我们认为,这三种能力与数学密切相关,它们主要是通过数学教学培养出来的;有了这三种能力,其他一些能力(例如有些同志提出的发现数学问题的能力、自学数学书籍的能力等)的培养也就有了基础。因此,就数学教学本身来说,培养这三种能力是主要的。当然,通过数学教学,培养学生观察能力和分析问题、解决问题的能力等等,也应该予以重视。但是,实际问题往往是很复杂的,观察、分析并解决一个实际问题,不仅要用到学生在数学方面的能力,还要用到他们在其他方面的能力,这就要求中小学各学科相互配合,而不是数学一个学科所能完成的。目前国内外都在研究这个问题,我们希望广大教师认真总结自己的经验,在数学教学中有意识地培养学生创造性的思考能力和独立探索知识的态度,以利于学生通过数学的学习,不但长知识,而且长智慧。

最后,任何好的教材都要通过教师来实现。目前我国各地、各校师资水平参差不齐,一部分教师完成现行大纲和课本的内容还有一定困难,各地教育行政部门已注意到这个问题,并且采取积极措施,通过各种途径培训师资。有的地区由于师资培训工作抓得紧,中小学数学教学已经取得了大面积的丰收,硕果累累,这些地区的经验可供借鉴。我们希望把这项工作抓得紧而又紧,因为这就抓到了提高中小学教学质量的关键。

对我国小学数学课程知识选择优化的思考[①]

官 建

一、近代我国小学数学教学内容的选择历程

1898年戊戌变法后,废科举,兴学堂,并于1903年颁布《奏定小学堂章程》,对小学算术课程的育人目标和相应的内容作了规定:

小学算术教学目的:"其要义在使日用之计算,与自谋生计必须之知识,兼使精细其心思。"

小学算术教学内容:"当先就十内数字以加减乘除之方,使之纯熟无误,然后渐加其数至万位而止,兼加小数,并直接以珠算,以便将来寻常实业之用。"

这个章程具有几点进步意义:

一是有明确的育人目标,使数学首次成为课程,反映了人的发展与社会需求的必然联系。

二是课程知识的选择贯彻了理论联系实际、教育为社会经济服务的原则,当时电子计算机尚未问世,普及珠算与当时社会生产力发展水平相一致。

三是课程知识的编排注意了适合儿童认知心理特征。

1912年,当局学习日本,将学堂改称学校。国民政府颁布《课程暂行标准》,商务、中华、开明印书馆都编出了算术教材,其编排体系与知识选择完全照搬日本和美国。当时学制为初小4年,高小2年。教材版本虽多,但到1930年以《复兴初小算术课本》八册及《复兴高小算术课本》四册使用最为广泛。

教学内容有所充实:"整数、小数、分数的四则计算,百分数、简利息、简单记账以及珠算。"

这种知识的选择适应了商品经济发展的需求,其中利息、记账会计知识的普及适应了商业专门人才的需要。此外,当时课程建设也注意了数学知识结构与儿童认识结构如何协调的问题,为上述十二册教材配备了"复兴算术教学法",这与目前我们小学教师使用的教学参考书和备课资料内容相近。这个体系一直沿用到1952年。

1952年,我国教育部颁布的教学大纲,在教学内容方面,把原苏联小学四年内所学内容拉长为六年,使得学习的知识内容偏少。六年只学整数的算术四则计算,简单的小数、分数加减计算,然后在初中一年级再学分数乘除法则。1958年我国教育部发布《关于小学算术课程的临时措施问题的通知》,将初一年级算术移到小学,并增加了比例、几何求积计算。尔后我国小学教学大纲几经修改,在知识选择的大方向上渐趋稳定。

在不断现代化的科学知识与儿童有限的认识能力发生矛盾时,应该怎样处理好知识的

[①] 本文选自《课程・教材・教法》1993年第12期,第27—30、39页。

选择问题？1992年国家教委颁布的九年义务教育教学大纲对小学数学内容又一次作了抉择。课程工作者综合了各地教改经验，采用了"精选传统算术内容，适当增加代数几何，渗透现代数学"的方针，提出了最优化选择的一种方案。其特点是突出双基，面向大多数。由于这个大纲是其他最优化选择方案的基础方案，所以值得认真领会推敲。

二、义务教育大纲对数学学科地位及小学数学知识链的论述

这份义务教育大纲把数学学科地位及数学知识的社会价值作了这样的描述：数学是学习现代科学技术不可少的基础和工具。它在日常生活、生产建设和科学研究中，有着广泛的应用。因此，掌握一定的数学基础知识和基本技能，是我国公民应当具备的文化素养之一。小学数学是义务教育的一门重要学科。从小给学生打好数学的初步基础，发展思维能力，培养学习数学的兴趣，养成良好的学习习惯，对于贯彻德智体全面发展的教育方针，培养有理想有道德有文化有纪律的社会主义公民，提高全民族的素质，具有十分重要的意义。

我们运用泰勒的课程设计原理来领会这段文字，可以看到大纲在"确定教育目标"—"选择学习经验知识"这两个环节的战略决策。大纲对小学数学知识的社会价值给予高度评价。小学数学知识是人人必备的最基础知识，而小学数学教育是处于具体运算阶段儿童的思维品质发展的主要渠道。我国物理学家钱学森先生在作了调查研究后，认为数学与文科各门学科发展的相关性同数学与理科学科知识发展的相关性都很高。他提出了新的学科分类。我们从九年义务教育人才规格知识最佳结构的分解来表达教育中数学的地位，有如下图示：

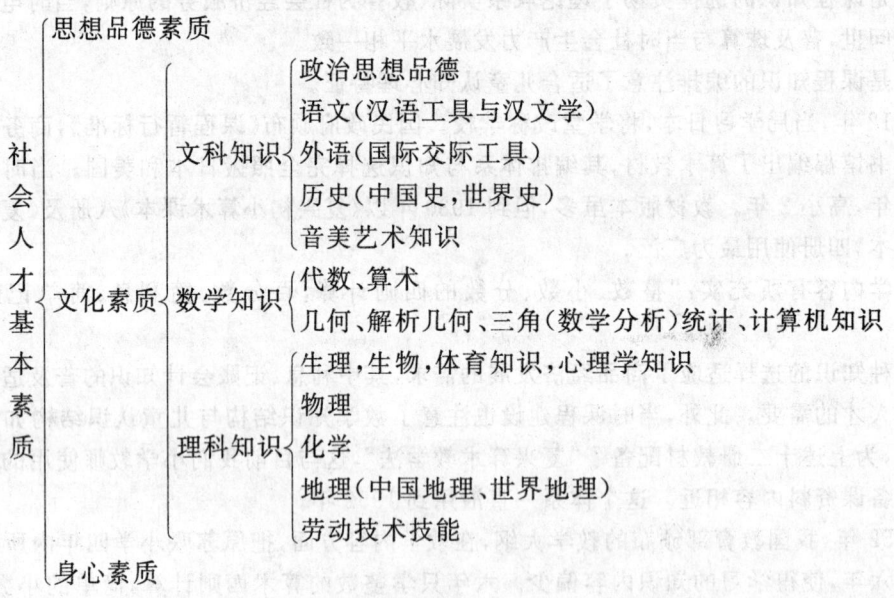

图1

上图把九年义务教育课程分成了三大类13科目，其中数学分析初步知识是高中生必备知识，在初中、小学仅渗透思想，并作准备性教学。这种分科教育系统，全面地塑造了工业社会需要的劳动者，其中数学学科地位突出，且具有综合性质。我国义务教育大纲对数学学科地位的肯定是完全适宜的。我国小学阶段已不单纯教算术，实际上已成为算术、代数、几何的综合课程，义务教育大纲把小学数学知识区分为基础知识和初步知识，前者在后继学习中

不再出现,后者在中学还将深入系统学习。一般来说,几何、统计、代数、比例这四个知识群是初步知识,而算术的数与计算、量与计量应用题则是基础知识。义务教育大纲把知识概括为七条。我们认为其中六条构成了前后相连的链,分别是:① 数与计算;② 应用题;③ 量的计量;④ 几何初步知识;⑤ 统计初步知识;⑥ 代数初步知识。大纲对这些链知识的选择与量的规定,分别作了论述,实质是对这六个知识群究竟学多少的社会价值,作又一次的推敲判断。

(1)"随着现代计算工具的广泛使用,应该精简大数目的计算和比较复杂的四则混合计算。笔算加减法以三、四位数的为主,一般不超过五位数,笔算乘除法以乘数、除数是两位数的为主,一般不超过三位数乘三位数和相应的除法。四则混合运算以二、三步的为主,一般不超过四步。珠算只学加减法。(注:使用珠算较多的地区,也可多学一些珠算)"

"在低年级教学基本口算的基础上,中、高年级要适当加强口算训练。"

"分数四则计算以分子分母比较简单的和大部分可以口算的为主。"

(2)"应用题要注意联系学生的生活实际。整数、小数应用题最多不超过三步、四步的计算应用题(只限于容易的)作为选学内容;分数、百分数应用题以一、两步计算的为主。最多不超过三步。(只限于比较容易的)"

(3)"量与计量,采用我国法定计量单位。"

(4)"通过直观学习一些几何初步知识,认识常见的简单几何形体的特征,学会计算它们的周长、面积和体积,对于培养学生初步的空间观念和进一步学习几何都是有益的。在安排内容时,要注意加强测量、拼摆、画图等实际操作方面的训练;求积计算的数据不应过繁。组合图形作为选学内容,只限于两个图形的组合。几何形体要从低年级起逐步认识,合理安排。"

(5)"统计知识,在日常生活和生产中有广泛的应用。要结合有关内容,使学生了解一些简单的统计思想和方法,逐步看懂简单的统计图表,对于绘制统计图表的要求不宜过高。"

(6)"一些用字母表示数和简易方程,有利于培养抽象概括能力,也可以为进一步学习中学数学作一些必要的准备。简易方程的内容只讲 $ax \pm b = c, ax \pm bx = c$,不讲等式的基本性质和移项法则。列方程解应用题,一般直接设未知数。"

以上关于教学内容的确定,确实颇具匠心,既要追赶国际课程潮流,又要考虑国内各种知识选择主张(有些是有争议的),既考虑知识的社会价值,又考虑到儿童的承受能力,既提出了基本要求,又提出了"弹性"和"选修"内容范围。"弹性"与"选修"这大约预示了培养目标的多元化设想。

三、小学数学教学内容选择优化中一些有争议的问题

以上关于小学教学几条知识链的详细的量的确定,回答或回避了当前小学数学教学课程内容选择优化的有争议的问题。

(1)"数与计算"折中地处理了"强调多教珠算"和"是否设置计算机知识教学"的问题。从大纲制定者意向看,对"口算、珠算、笔算"三算结合教改成果与主张作了弹性处理。一方面没有增加珠算教学内容的分量,"只教加减法",删去了乘除法;另一方面用一段括号内的文字,打开了方便之门。大纲没有果断地引进西方已经开始的小学计算机课程。但从强调降低算术四则计算技能教学要求来看,为引进计算机课程作了舆论和课时准备。

（2）应用题是我国特有的小学数学内容，原苏联、日本等国早就认为代数方法的出现使得算术方法解应用题的社会价值降到了零。但是实际上我国课程工作者有独到的认识。理由有二：其一是任何的知识学习都有一个较高的"应用"层次，从我国应用题效果看，应用题的算术解法是小学数学教学中最能发展儿童逻辑思维的部分。其二是从课程学的"分科好还是综合好"基本问题看，应用题实质是小学理科的综合课程，儿童从这里吸收了广泛的生产生活重要知识，有一些是今后理科学习的预备性知识，其知识的价值量不单由其在数学方法论上的落后性所确定。我国小学数学教育界喜欢争论的问题之一是，小学数学应用题中11类典型应用题的教学体系应如何改革？应保留什么？目前大多数专家肯定11类基本应用题应保留，有人进一步提出整合这11类基本应用题的系统。笔者认为在11类典型应用题中，一些极重要的数学思想和自然科学知识应保留，例如归一应用题、平均数应用题、分数的分率应用题、路程相遇问题、工程问题，但典型应用题的教学不能让儿童去死记硬背公式与结论。应用题体系能否沿综合课程方向进行改革？即把典型应用题涉及生产生活与科学知识作系统处理，使小学数学课程的综合性质更强，这样更有利儿童的发展。

（3）量的计量方面，大纲舍弃了市制单位，置不少人关于"亩"、"斤"不能取消教学的呼吁于不顾。在公制方面，用千米代替公里，用千克代替公斤，也更合乎国际三级计数习惯。这使人联想到解放初期我国课程工作者关于引进西方三级计数习惯，用千、百万来取代万、亿我国四级计数习惯。是舍弃还是保留？使人难于确定。

（4）上文中的(4)、(5)、(6)妥善地处理了初中对小学的下移课程内容，其中(4)十分详细地论述了几何内容选择的编排问题。几何概念提前教学，可以弥补以往小学数学"重数轻形"的缺陷，加强了几何与算术的有机联系，至于中学与小学几何内容的重复性，有人这样解释：初中几何作为一门完整的学科，有必要概述一下小学已教过的几何初步知识，关于几何下移引起的儿童认知困难或心理障碍，大纲在这里提出了"测量、拼摆、作图"的直观先导教学方法，为今后论证几何作了感性认识准备。

新中国成立以来，关于几何知识下移小学教材的编排有几种主张。1958年以前，人民教育出版社编《小学算术》课本，在一年级结合认数、数数，认识一些几何图形，然后在四、五年级安排直线、线段和形体特征、面积体积计算的教学。认识形体特征起步晚。1960年北京师范大学《中小学数学改革方案》，主张"数形结合"，反对一定要在整数、小数学习之后学习周长、面积的计算，以及在分数学习之后才学习体积计算，要求"打破算术、几何、代数的界线"，统一安排教材。1968年、1971年北京市编的《小学算术》教材，提出集中安排几何知识的主张。1974年"北京市三算结合教材"主张"数、式、形"三结合教学，具体来说是将长方形的周长计算提前移至四册，认数和应用题教学增加线段图。将中学的线角知识移到八册。这些意见从各自的角度作了最优化的选择。我们认为小学几何（大约43个概念）主要任务是培养较强的空间观念和空间想象力，还不是系统地讲授几何学科，所以分散综合比集中作为分科课程效果要优。(5)、(6)对小学数学课程内容选择的现代化作了努力。

四、小学数学课程内容现代化是小学数学课程优化的重要方面

数学科学是随着生产实践和科学技术的发展而发展的。从数学发展的历史看，从算术到代数，从几何到解析几何，从常量数学到极限变量数学，是人们在不同生产实践阶段对现实世界数形关系认识不断深化的结果。随着现代科技发展，数学科学本身在急剧变化，数学

的学科地位日益提高，成为自然科学和人文科学的基础科学。原来认为没有应用价值的纯粹数学分支如抽象代数等，广泛运用在电子计算机和自动化设计中。新的数学分支和边缘科学纷纷出现，如程序设计、运筹学、信息加工、模糊数学等。这些边缘科学需要代数、数理统计和概率论基础知识。随着大学各专业数学要求的提高，中小学数学基础教学也要变化，原来认为较高深的微积分、数理逻辑，某些部分可作为一般基础知识逐步下移到中学，而中学代数和几何的初步知识也要逐步下移到小学。新中国成立后，我国小学的教学内容有了大量的充实，从学习部分算术到学完全部算术，从算术改称为包括算术、代数、几何的小学数学，从六年学完改为五年学完。儿童数学认知结构急剧地变化，这种人为的科技压力使得课程优化首当其冲的要考虑知识更新的现代化。

各国都在研究如何实现小学数学基础知识的现代化。从美国"新数运动"的结果看，用现代数学的体系理论改组小学数学，实现布鲁纳"任何的知识都可以用某种方式教给任何阶段的任何儿童"的想法，是不能完全成功的。全部回到"基础"也是历史的倒退。必须正确处理好先进知识与昔时知识的关系，必须把现代化要求与基础知识结合起来，选择数学理论上最基本最普通的规律，在现代科技应用广泛的最基础的知识，作为小学数学基本内容，并渗透现代数学的思想方法，为今后正式学习作准备。

现代数学的特点是高度抽象和应用广泛。它要求综合各数学分支，使它们在更高的观念下走向统一。现代数学统一使用的概念有集合、映射、关系、函数、结构、变换、空间……其中集合与函数的思想要渗透进小学，而广泛运用的数理统计与概率初步应当作浅近的介绍。小学数学还应为计算机语言教学作准备。只有这样，我国才能跟上时代，迎接高科技挑战，在小学数学内容现代化过程中作出最优选择。

五、关于小学数学课程知识选择优化的多元化问题

比较我国与国际的小学数学课程知识选择，有人说基本上是大同小异，但总体结构并不相同。例如日本《指导要领》把知识分为四大领域：① 数与计算；② 量与测量；③ 图形；④ 数量关系。又例如我国台湾《课程标准》把知识分为五大领域：① 数与量；② 实测与计算；③ 图形与空间；④ 统计与图表；⑤ 集合与关系。

在具体内容的深度与广度上，几何方面多了许多图形之间的关系：重叠、全等、放大、缩小、中心对称，线与面的平行与垂直。在计算方面对计算器作了适当介绍。

以上值得重视的是，二者都同时提出了"认识空间与数量关系"的领域。而我国则没有，这说明各国关于知识选择优化的思考，不止一种。

由于我国小学不准使用计算器，我国儿童小学数学成绩居世界之首，说明我国儿童计算能力远超各国，但从知识的社会价值角度，是否还应让部分儿童早期接受计算机教育呢？我们可以看出，单就一个计算技能的发展方向，最优化选择不止一个：一是珠脑方向；二是电脑方向。笔者认为它们都是最优的，不能说何者比何者优。有人认为小学数学应实现几个转变，看来不无道理。

（1）教学内容现代化。从以四则计算为中心转变为认识数量与空间关系为中心。

（2）教学形式活动多样化。从机械的多层次大量练习强化，转变为突出练习中的思维性和游戏性。为此应重视活动课程的建设。

（3）人际关系合作化。从重视师生双边配合转变为重视儿童群体合作的学习效应。把

发展儿童学习的主动性既当成提高质量的手段,又当成教学本身的主要目标。

笔者认为,小学数学知识选择应由单一化转变为多元化。义务教育大纲把小学数学范围的知识规定得那么细,连教学乘除加减到几步,应用题几步,都不厌其烦地详加约束,是否有必要?

义务教育大纲的"弹性"系数怎么样?义务教育大纲的"选修内容"与必修内容比例怎么样?值得进一步研究。我国课程工作者已经把"弹性"与"选修"问题提到议事日程,这一问题涉及多规格人才的标准,以及他们的早期教育问题。笔者相信,课程工作者迟早会解决这些问题的。

关于小学数学教材改革研究的回顾与思考[①]

刘意竹

九年义务教育小学数学教材(人教版)分五年制和六年制两种。从1993年到现在,这套教材在全国大面积试用已经接近一个周期了。为了探讨我国面向21世纪的数学课程,本文想就这套教材在研究、编写和试用中的一些情况,谈一些个人的认识。

一、研究的基础

九年义务教育小学数学教材是在研究以往的教材以及改革实验的基础上编写的。

(一)70年代的改革

1977年拨乱反正以后,在邓小平同志的关心和亲自过问下,人民教育出版社组织了全国各地的专家和有经验的教师,编写了中小学各个学科的新教材。当时小学数学教学大纲中的教学内容有了显著的变化,主要是:根据"精选、增加、渗透"六字方针更新了教学内容,同时也改进了体系结构,提倡培养学生能力。

这个时期编写的小学数学教材,较以前的教材有明显的进步,从内容到编写思想都更加体现时代的特点和要求,学科名称也由算术改为数学。它反映了近代数学的发展以及现代数学教育的特点,较快地跟上了国际数学教育改革的步伐。这套教材在80年代初经过适当调整,一直在全国大部分地区使用,成为全国通用的小学数学教材,直至近几年才逐年更新为九年义务教育教材。它是历史上使用时间最长、影响较大的一套教材,也是改革步子较大的一套教材。

(二)80年代不断深入的研究

随着教材的逐步完善和稳定,广大教师和教研人员通过不断的理论学习、钻研教材和教法,积累了许多宝贵的教学经验。这些经验更好地体现了教与学的规律,对数学教育的发展提出了新的要求,也为课程和教材的进一步改革创造了条件。

为了把教学实践中取得的好经验吸收到教材中来,推动全国大面积学校的教学改革,人民教育出版社数学室自1984年起又开始了新的研究,并以课程教材研究所的名义编写了一套小学数学实验教材。这套教材着重从改革数与计算以及应用题的教学研究做起,突出的特点是更加注意发展学生的思维,让学生在学习知识的过程中,发展智力、培养能力;同时也根据80年代国际数学教育改革的趋势,引入了一些新的内容,例如,引入估算,加强心算,加强统计初步知识的教学,加强现代数学思想方法的渗透,加强联系实际等。

---

① 本文选自《课程・教材・教法》1999年第1期,第12—17页。

(三) 教材改革研究的实验与推广

实验教材采取边编写、边试教、边修改、逐步推广的方式不断地完善。开始,先由教材编写人员写出初稿,在北京的两所学校试教。在试教过程中,编写人员深入课堂,与授课教师和教研人员及时进行研究,重大问题利用不同班级进行不同的试教,然后在试教的基础上把初稿修改成正式的实验教材,在较大的范围内继续实验。到 80 年代末,实验的范围逐渐扩大到二十多个省(自治区、直辖市)的几百个班级。通过大面积试用,反映较好,学生水平普遍较以前有很大提高。

二、主要的改革

在上述实验教材研究的基础上,90 年代初人民教育出版社根据《九年义务教育全日制小学数学教学大纲(试用)》,进一步吸收国内外数学教育改革先进经验,编写了九年义务教育小学数学教材,供全国大部分地区试用。这次编写的教材较以往的全国通用教材又有了较大的变化,主要表现在以下几个方面。

(一) 教材内容的更新

随着科学技术的发展,社会的进步,数学已经成为人类不可缺少的一门科学,而且哪些数学知识是大多数人最常用和最基础的,也在发生着变化。

在小学数学中,数与计算是最基本的内容,生活在文明社会中的人不能不会计算,但是要掌握哪些计算,掌握到何种程度,随着时代的发展是有变化的。由于计算机等计算工具的普及,学生用纸和笔做计算的要求必须进行改革。在九年义务教育的新教材中,保留了最基础的计算要求,同时降低了大数目计算与多步骤繁难计算的要求。然而这只是改革的一个方面。另一方面,由于情况的变化,人们在使用工具进行计算之后,必须对其结果有清醒的认识。这就要求人们要有较强的数感意识和一定的估算能力,能够对工具计算结果的正确性做出估计,并对其是否合理做出解释。因此,新教材引入了一些有关估算的教学内容。这在我国小学数学教材的历史上还是第一次。另外,为了提高学生根据不同条件灵活解决实际问题的能力,新教材中还加强了心算和简便计算的内容。

现代社会进入了信息时代,大量信息以各式各样的数据形式出现在我们面前。如何收集有用的数据,怎样整理、分析信息,得出有用的结论,是现代人必不可少的一种能力。九年义务教育的新教材,加强了统计思想的渗透,在表现形式上注意强调收集数据和整理数据的方法,侧重让学生学会如何看图和分析数据,同时降低了制图、制表的教学要求。

在联系实际方面,新教材较以往有很大的变化。有很多新知识的出现都是由学生身边的现实生活问题引入,删除了过时的、繁杂的、人为编造的题目,增加了一些联系实际的例题和练习题,使学生借助这些有实际背景的问题,对所学的数学知识有更深刻的认识和理解。另外,在有些例题的后面或者练习题中,还增加了启发学生联想的问题,以利于沟通知识的内在联系,以及所学知识与实际问题的联系。

(二) 体现教学方法的改革

如果说 70 年代小学数学教材的改革,在内容更新方面比较显著的话,那么 90 年代初编写的这套义务教育新教材,明显的特点就是侧重教育思想和教学方法的改革。教材中以适当的复习题、准备题和启发性问题,并伴以生动的插图呈现知识发生、发展的过程,由此引导学生积极思考,让学生自己动手、动口、动脑,参与教学的全过程。变单一的教师教、学生听为学生在教师的指导下主动地探索和获取知识。

例如,教材中经常出现这样的情况:一是鼓励学生抽象概括。在引入新概念时,强调引导学生通过观察(有时是亲自动手触摸或摆弄)实物或教学材料,归纳概括它们所反映的数量关系或图形特征,让学生通过亲身活动来感知和理解所学的知识。二是留给学生思考的空间。有些内容在举例揭示出一些规律性之后,后面就不再以例题的形式重复讲解,而让学生自己迁移类推,举一反三(有时是在例题中留出空白,或在练习中引入变式题)。这样处理是为了启发学生独立思考,或在教师的引导下主动探索,达到在掌握知识的过程中发展思维、开发智力的目的。

另外,教材在有些内容教学之后,还经常出现一些启发性的问题让学生想。如对于同样的问题,能不能改变思路用不同的方法解答,或者改变原题中的条件,将会产生什么结果。这样处理是为了使学生经常处于一种不断求异或联想的积极思维状态,同时也可以使学生把学过的知识联系起来,构建自己头脑中的知识结构和体系,使学到的知识不是生吞活剥的,而是经过自己反复地琢磨和回味,重新组织加工而掌握的。

(三)改进教材的结构与编排体系

为了更好地适应儿童学习的认识规律,便于他们循序渐进地构建自己的数学认知结构,新教材改进了教学内容的编排体系。编排的主要变化表现在对一些内容适当地增加了循环。例如,把以前数与计算的内容分四个阶段改为分五个阶段。这一方面是为了使学生易于由浅入深地掌握数系的构成和发展,另一方面也是为了把计算能力的培养主要放在较小的数的范围内,削减数值较大的笔算训练。又如,把有些几何初步知识和统计初步知识的教学内容提前分散出现,在低年级增加一些简单几何图形的初步认识,在中年级和高年级分几次出现收集数据、认识图表等统计初步知识,以达到加强实验几何的教学、加强统计思想逐步渗透的目的。

另外,为了使学生能够及时地把学过的知识联系起来,在教科书的练习中,除了结合正在学习的内容安排习题之外,还安排了与以前学过的内容相关的练习题,并且随着新内容的学习有所提高。这样学生学习的知识不是一步到位,而是以循环出现、滚动前进、螺旋上升的方式逐步提高。

(四)注意发展学生认识数学和应用数学的能力

数学在现实世界中的应用极其广泛。80年代英美等一些西方国家的数学教育家提出"数学教育应当以问题解决为核心"的观点以后,立即受到世界上很多国家的重视,至今仍然还有很多人在研究。但是应当注意,这种"问题解决"并不仅仅限于简单地应用学过的知识解决实际问题,也不像以往教材中以求解为主要目的的应用题。自古以来人们对数学的地位和作用经常给予很高的评价,不仅是因为数学中有许多定理、公式和各种结论可以被直接应用于解决现实中的问题,而且更重要的是因为在数学学习过程中,可以学会很多认识世界、分析问题和解决问题的思想和方法。研究"问题解决"的目的,主要是让学生通过这样的方式,学习解决问题的策略和方法,提高自身的数学能力。

以往我们在数学教学中,往往只注意把前人总结的现成知识以结论的形式教给学生,而对这些知识的来龙去脉不够重视。这样教是不能适应新时代的要求的。我们需要教给学生现成的知识,但又要注意在教学过程中,教给学生探索规律、抽象概括的数学思想和方法。根据小学生的年龄特征,学好必要的基础知识和基本技能是首要的,但是我们不能把知识简单地灌到学生的脑子里,而要使他们在打好"双基"的同时,学会认识事物、分析问题、解决问题的思想和方法。

为此,新教材在展现知识时都尽可能地联系学生身边的实际,或者通过有目的的操作活动,引出数量关系或图形概念,以加深学生对这些知识与实际联系的认识。另外,在应用题教学中,为了使所学的数学与真实问题更加靠近,引入了有多余条件的应用题,以培养学生从众多信息中选取有用数据解决问题的能力,还引入了"提问题""填条件"的练习。另外,在统计初步知识中降低了制图表的技能要求,侧重教给学生收集和分析数据的方法。这些都是在学生可接受的范围内,使教学适应时代发展所做的一些改革与尝试。

三、进一步的研究与思考

这套小学数学教材在这几年的试用中,仍有很多教师对教材的变化表现出非常不适应。分析其原因,笔者认为以下几个问题仍值得进一步探讨。

(一)教材改革的现代化与可接受性

随着科学技术的发展、社会的进步以及教育科学研究的不断深入,课程教材的内容和教学要求以及教学的方法和手段都必须不断地改革与发展。笔者认为,教育的目标应当反映国家对于未来人才的需要,在教育改革中课程和教材应当具有一定的前瞻性。课程和教材中的教学内容和要求,应当是由有关教育部门组织各界的有关专家,进行充分的调查和研究之后认真确定的,是推进我国教育现代化的体现。一方面,课程和教材的研究应当走在一般人的认识水平的前面,而不是被动地适应教学现状。随着时代的发展,新的课程在某些方面可能与人们以往的认识有一定的距离。但是它反映了在一定的历史条件下一个国家预期的教育目标,关系着这个国家对本民族未来人才素质水平的要求。按照邓小平的教育发展战略,"教育要面向现代化,面向世界,面向未来"。这就是说,我们的教育应当着眼于未来,应当学习和研究世界上最先进的东西。另一方面,在实施时又要注意适当和得法,具体的安排要适当,使大多数教师、学生都能接受。记得在"拨乱反正"后的一次教材会议上,邓小平同志指出:"看来,教材非从中小学抓起不可,教书非教最先进的内容不可。当然,也不能脱离我国的实际情况。"这个指示谈到了问题的两个方面,要赶上世界先进水平,就要从根本抓起,就要奋起直追,但也不能不考虑中国的国情。然而,考虑国情并不等于消极地等待,而是努力创造条件去实现。这两者必须统筹兼顾,绝不可只强调其中的某一方面,而忽略另一个方面。

因此,研究工作必须走在一般人认识的前面,研究改革的方向和内容,同时也要研究它的可接受性。研究改革的可接受性,应当是教育现代化前提下如何前进的可接受性,而不是迁就现状的可接受性。随着社会的进步和发展,数学的教学内容必须改革与更新。更新既包括删减一些不符合时代要求的内容,调整其教学要求,也包括引进一些新的内容,并在原有内容中增加或渗透一些新的思想。这就是说,内容的更新并不是简单地做加减法,而是要根据新的形势对教学内容重新选择和安排。

例如,数与计算是小学数学中一项重要的教学内容。在更新这项内容时,繁杂的大数目计算必须删除,它可以被先进的计算工具所替代。但是,在删除不必要的计算内容之后,还须保留哪些计算,保留下来的怎么教,还有哪些需要加强,都是我们需要重新认识的。在九年义务教育小学数学教材中引入估算,加强心算和灵活计算,就是适应这方面需要的更新。另外,在繁杂的过时的应用题被删除之后,应当怎样教应用题,改革的方向是什么,也是需要重新考虑的问题。以往小学数学中的应用题一般都是给出恰好的条件和问题,学生往往习惯于套用例题的模式或类型解答,容易形成死套类型的解题习惯。这样培养的能力只是书本习题的解答能力,而不利于培养学生处理和解决实际问题的能力。新教材在传统应用题的基础上增加有多余条件的题目,并增加了一些让学生自己提问题、填条件的练习,就是为了培养学生从有关情景中抽取有用数据、解答问题的能力。

然而,像这样的一些内容更新,在试教中被很多教师认为是难教的内容,被视为多余负担而予以排斥。我认为这样的改革并没有错,在试教中出现的不适应,可能出自两方面的原因。一是有些内容教材处理得可能还不够得当,使教师不易把握这些内容的教学要求。比如引入估算,是学习近似计算的技能呢,还是着重培养学生估计的意识和能力呢,教材中反应得还不够清楚。二是对于引入这些内容的目的和意义,我们向广大教师宣传得还不够,很多教师的观念还停留在以传授知识和技能为主的教学目的上,而不大关心学生实际能力的培养。我们能够把那么多转了几道弯的传统算术题教得很好,难道就不能指导学生学好一些处理问题的策略吗?因此,我认为即使试教中这些改革的结果还不够理想,也仍然是需要坚持的,今后只是要在以前的不足之处多加努力罢了。

(二)改革中的借鉴与创新

我们在改革中研究外国的先进经验时,要注意保持我国教育的长处,要研究和创造我们自己的东西。长期以来,由于我们重视"双基"教学,我们的学生在掌握数学知识和计算技能方面一直比较好。但我们比较侧重知识的结论和法则,对知识发生、发展的过程重视不够,教学方法过于死板,不利于调动学生的积极性,这就需要借鉴其他国家的长处。一些国家在数学教学中非常重视引导学生主动地参与,让学生自己动手操作实物,观察、思考和探索,发现规律,由此来获取新知识。其中有很多是值得我们借鉴的,但借鉴不等于照搬,要注意适当和得法。由于我们与其他国家有着不同的文化背景,对有些教学内容,按我们传统的方法教学很有效,就不一定要学别人的。也就是说,我们需要在研究他人经验的基础上,考虑自己的改革方案,开创我们自己的新道路。

比如,西方国家教学乘法表,就不如我们教乘法口诀简便易行。但值得我们注意的是,在教学中应加强学生对口诀意义的理解。这方面可以借鉴其他国家的经验,让学生多参加一些操作活动,把实物数量与抽象关系对应起来,明白一个5是多少,两个5是多少……由此加深理解乘法的意义和5的乘法口诀。又如,在教学几何初步知识时,可以加强学生的观察或操作活动,使他们通过亲身感受和体验,理解图形知识,发展空间观念。

值得注意的是,这样的操作活动、直观教学,又要在一定的阶段适时提高,加以抽象。也就是说,学生的这些活动应当在教师的组织和引导下进行,并及时加以概括和总结,否则就会使学生学不到应有的东西,不能有效地达到预期的教育目的。这是我们与西方国家以儿童活动为中心的教学法的显著不同。

这就是说,教学还是应当"教学有法",好的教法可以有效地提高教学的质量和效率。过去我们的主要问题,是在"教无定法"上存在着很大不足。我们总是不善于根据学生已有的认识水平去引导他们提高,而是要求学生一律按照我们设计好的思路来理解学习的内容。国际著名数学教育家弗赖登塔尔认为,数学可以看做是一种常识。他认为每个人都会对客观世界有自己的认识,即其自身的常识。教育者应使学习者在自己认识的基础上建构新的认识。他把数学教育中这样的认识过程叫做数学化。在我们的数学教育中应当大力提倡这样的数学化过程。

在改进教法方面,九年义务教育的教材中有不少新的处理,一般是用插图或启发性问题来呈现的。这是提示教师要根据所教班级的不同情况,引导学生通过自己的观察、思考,主动探索知识。然而,试教中有很多教师对这种做法不理解,一是认为这样做太浪费时间,二是认为这样做很难控制教学,不如直接将过程和结果一并告诉学生来得容易。出现这种反应,并不是说这样做不适合中国实际,我认为除了教材仍需要继续改进以外,更重要的是我们很多人的教育观念还有待于更新。

再有,新教材另一个较大的变化,就是在整个教材结构上进一步加强了知识循环出现、螺旋式上升的发展过程。在这一方面,国外很多教材与我们以往的教材差别很大,但新教材这样做并不是完全模仿外国的经验,而是在研究认知理论的基础上,根据中国人研究数学的方式和特点,重新适当安排的结果。

人的学习是不可能一次完成的。知识的多次再现,并相互沟通内在联系,能使我们对所学的知识有更深刻的理解。以前我国的数学教学总是习惯于把某一知识系统地从头讲到尾,结果是有些内容在低年级学生接受不了,到了高年级学起来又感到时间紧张,不能充分理解,只好记住结论,这样无法达到培养学生能力的目的。在新教材中,把数与计算、几何初步知识、代数初步知识和统计初步知识等内容,都做了适当的分散处理。有的提前孕伏,有的分成几个层次出现,使学生能够在不同的学龄段,由浅入深、循序渐进地加深认识和理解,提高学习效果。

试教中教师对这方面变化的反应也不十分理想。很多教师认为难以把握每个阶段的教学要求,经常是在前面就把应在后一阶段教学的内容全都教完,结果使学生感到很吃力,纷纷表示最好恢复原来的编排,把有关知识一次出现为好。我认为这一改革的方向仍然需要坚持。今后需要进一步做的是,内容分散处理之后,还要进一步把每个层次的教学分寸搞清楚,使教师在教学中更加便于操作。

总之,有些教了多少年的内容并不是不能够改革的,引入的一些新内容和新思想也并非是不可接受的,只是需要我们继续做一些细致的工作,进一步创造条件去实现。

(三)课程教材改革与师资培训

师资培训是影响课程改革的一个非常重要的因素。它必须与课程教材的改革同步进行。要真正落实课程改革,没有广大教师的理解和配合是绝对不行的。

首先,师资培训的问题主要是教育思想观念的转变问题。必须使广大教师了解课程教材改革的问题所在,弄清当前我们为什么要在学校里教这些数学,怎样才能教好这些数学,以及怎样才算教好了这些数学。随着时代的前进，教材中更新的内容对于教师来讲可能是生疏的，但还不是影响他们的主要因素，最主要的因素是教师所习惯的传统教育思想观念。

长期以来，多数教师一般认为，在学校里教数学主要是把知识和技能传授给学生，教学效果主要是看书本上的内容学生会了多少，对学生的学习能力和应用能力关心很少。在如今的数学教育中，这是远远不够的。据有关方面预测，随着信息社会的发展，人类的知识量将以每五年翻一番的速度增长，学生将面对大量由他们独立处理的新问题，终身学习的特点将越来越明显。这样，学校里的教师就不能只是知识和技能的传授者，而应当是学生获取知识的指导者和促进者，既是学生的良师，又是他们的益友。教师应当在教学中帮助学生学会如何学习，指导学生学会探索和归纳数学规律的思想方法和策略，培养学生独立思考的能力和创造性。这就需要广大教师在思想观念上有较大的转变。无论是按照传统的内容原封不动地教下去，还是把新的内容按照传统的方法来教，都不能培养学生适应未来挑战的需要。

其次，要培训教师学会指导和培养学生主动学习的策略。为了帮助教师在教学中培养学生主动获取知识，新教材中增加了一些启发思考的问题和说明（有些是用图解的方式表现学生的思维过程）。这都是给教师如何引导学生进行思考提供的范例，而不是让学生记忆复述的内容，也并不要求每一个教师都必须按照这样的步骤或说明来教。再有，新教材计算题中的简便灵活计算的方法步骤、应用题中的一题多解等，都是属于提示教师依据学生的实际进行引导的范例，而不是强加给学生必须记忆的内容。其中，有很多是一线教师创造的好经验，编入教科书中是为了给更多的教师在教学中有参考和选择的余地。

由于人的思维方式千差万别，每个学生都可能以自己特有的方式去思考问题。教师可以依据学生的具体情况，采取不同的方式进行引导，可以参考教科书上提供的思路，也可以利用其他相关的问题进行引导。学生回答的语言可以与教科书上的相同，也可以不相同。要培养学生的能力，关键是要启动学生自己的思维，由学生自己来认识和归纳新知识或新规律，并且用自己的语言说出结论。我们教学的目的不是让学生背结论，而是让他们能够理解和运用这些结论。当然，数学中有些重要的结论和公式还是需要记的，但并不是什么都要记忆。问题是我们现在让学生记忆的东西太多了，没有必要！教材中的一些新处理带有帮助和指导教师教学的作用。这样的处理好不好，还可以进一步研究。但是无论教材怎样处理，让教师学会进行指导始终是摆在我们面前的大问题。

（四）关于学生成绩评价问题

学生成绩的评价也是与课程改革密切相关的问题。这是一个非常复杂的问题，这里不能再详谈了。由于现在教育中的选拔还不可能避免，有选拔就会有竞争，有竞争就会有负担，问题是我们能不能减轻学生那些无益的负担，能否研究一下考试的内容和形式，少考一些只看结论的东西，而设法多检测学生分析问题、处理问题的思想和能力。

谈到评价还涉及一个问题，就是教科书的功能问题。这也关系到今后怎样才能编好教科书。笔者认为，教科书最好不要与考试挂得太紧。多年来，教科书似乎一直被看做教学之本，甚至还成为考试之本。这样有利有弊。利在可以借教科书体现教学要求，为新教师和有困难的教师提供一些教学方便。弊在这样做，教材只能编得很死，灵活性很难实现，学生的个性很难得到充分发展。现在强调全面提高学生的整体素质，应当允许教科书在编写上有一定的灵活性，可以围绕国家规定的教学目标，用不同的方式或不同的途径呈现知识，编出不同特色的教材。在这方面,是否可以考虑做一些改革?比如,可否制定各学科比较细致的课程标准,规定哪个阶段的学生,应在哪一方面达到什么样的程度,作为教师掌握教学要求和评价学生成绩的标准?这样,教科书就可以只作为给教师提供不同的教法,给学生提供不同的思路和范例的资源,避免凡是上了书的就必须学、必须背,所有学生一刀切的弊病。

综上所述,课程教材的改革并非易事。数学教材的改革必须要充分地研究今天数学的地位、作用和发展趋势,还要深入地研究我国的实际,借鉴国内外各种先进经验。改革应是不断向前的,反映时代前进方向的要坚持,同时又要准备做有计划的试验、调整和完善,课程教材改革应是循序渐进的,要一步步地来。

参考文献:

[1] 曹飞羽.小学数学教育改革文集.北京:人民教育出版社,1996.

[2] 丁尔升.现代数学课程论.南京:江苏教育出版社,1997.

[3] 严士健.面向21世纪的中国数学教育.南京:江苏教育出版社,1994.

[4] 张奠宙,唐瑞芬,刘鸿坤.数学教育学.南昌:江西教育出版社,1991.

[5] 课程教材研究所.义务教育教材的研究与实验.北京:人民教育出版社,1997.

关于小学数学教材编排的几点思考及构想[①]

刘朝晖

一、编排的含义

"编排"这一概念应用到教材的编写和安排中,就不仅仅是指"按照一定的次序排列先后",[1]而是包含了两方面的意义:一是指对人类积累下来的文化科学知识进行选择和取舍,并进行整理和加工;二是指按照学科的逻辑结构和学生的身心发展顺序对教材进行前后次序的排列。

所谓教材就是教学所用的材料,它是教师和学生借以发生相互作用的媒介,它主要由发展至今的人类文化科学知识组成。可自人类产生以来所积累的文化科学知识浩如烟海,不可能统统搬上教材,这里面就有一个选取的问题。为了便于学生的接受和达到学校的教育目的,还有一个对选取的材料进行整理和加工的问题。这就是教材编排中的"编"的含义。教材编排中的"排"就是指按照一定的先后顺序对教材进行设计、排列和组合。这个先后顺序不仅仅指学科发展的先后顺序,更主要的是指学科的逻辑顺序和学生的身心发展顺序。正因为要符合这两个顺序,所以不但要对教材进行排列,还要进行设计和组合。如整数、分数、小数各自分为几段进行教学为好,它们互相之间又如何先后或穿插安排;珠算与口算、笔算如何配合安排;如何设计练习;如何排版;等等。

根据对编排含义的理解,我们在教材编排中就应思考如下问题。

(一) 如何选择

如何选择主要考虑解决无限与有限的关系问题。人类积累下来的文化科学知识浩如烟海,是无限的,而学生在校的时间是有限的,精力是有限的,因此,我们要把无限化为有限,把有限化为无限。即把最基础的、人类认识最原始的知识选择出来,这些知识是有限的,但它们却像大厦的地基,人类现有的文化科学知识都是在此基础上建立起来的,而它们也是人类智慧的源泉和细胞,只要学生真正理解和掌握了它们,它们就会化为学生发展的催化剂,促进学生的无限发展(当然,这个无限是相对于上面的有限而言的)。

(二) 如何取舍

如何取舍主要考虑如何处理传统和现代的关系。随着数学科学本身的发展和现代科技的发展,特别是现代计算工具和多媒体教学技术的发明和发展,我们要考虑传统数学中哪些内容可以精减,应新增加一些什么现代数学内容,学生能不能接受,等等。

[①] 本文选自《课程·教材·教法》2000年第1期,第24—26页。

（三）如何进行整理和加工

在进行小学数学教材编排的时候，要有清楚和明确的整理加工意识。可以说选择和取舍是处理现成材料的第一步，第二步应是对选择和取舍过的材料进行整理和加工。这一步对编排教材来说尤其重要和有意义，特别是对富有逻辑性和抽象性的数学学科来说更是这样。因为，第一，通过选择和取舍过的材料并不能原封不动、原汁原味地搬上教材，还要对其进行组织和整理，使它既要体现学科的逻辑体系和知识结构，又要符合儿童的心理发展特点和认识规律。只有把这两方面有机地联系起来，才能把外在的知识结构内化为儿童的心理结构。第二，数学教育的目的，不仅仅是把经过选择和取舍的知识传授给学生，更重要的是通过知识的教学，使学生领会和掌握人类在发现和发展数学过程中的思想、情感、认识及智慧，并把它们转化为自己的思想、情感、认识和智慧。这就需要我们在编教材的时候，要对原材料进行挖掘和加工，使教材呈现在学生面前的不仅仅是无声、无色、无情而枯燥无味的结论性的数量关系和空间形式，而是充满了美感、智慧、情感的数学王国。

（四）如何排列

如何排列应着重考虑在符合学科的逻辑结构的基础上，如何能使学生学得更快更好。本人认为，在教材呈现的纵的方面，即先学什么、后学什么，可以从数学发展的历史和顺序的角度来考虑。如先学小数目，后学大数目；先学加减，后学乘除；先学分数，后学小数；先学算术，后学代数；等等。因为，首先，数学发展的历史和顺序体现了人类认识的过程和规律，儿童认识的发生和发展实质上就是人类认识过程的一种复演。因此，按照数学发展的历史和顺序来排列基本上是和儿童的心理过程相吻合的。其次，数学科学是一个具有严密逻辑体系的不可分割的有机整体，小学数学教材必须注意和反映数学知识间的联系，使各部分知识形成一个有机整体，才便于学生理解和掌握，并内化为学生的一种良好的认知结构。再次，事实证明，过多地考虑儿童的接受能力（而且在很大程度上是我们成人对儿童接受能力的一种推测和估计）就会把联系紧密的知识割裂得支离破碎，不利于儿童建立完整的知识结构，还可能低估或高估儿童的接受能力，挫伤或消磨儿童学习的兴趣和积极性。在教材呈现的横的方面，即知识由点到面、由浅到深如何出现、如何拓展方面，应主要考虑儿童的认识发展顺序，符合他们的接受能力并能促进他们的能力发展。如基本概念、基本原理是知识网络结构的中心环节，而它们是高度抽象的，不易被学生理解和接受，因此，在引进基本概念和基本原理时要采用"孕伏—理解—发展"的编排方式，在呈现新概念和新算法的时候尽量利用学生原有的知识；小学生的思维是从具体形象思维发展到抽象逻辑思维的，因此在教材的编排上还要注重通过实物直观和实际操作让学生认识和理解数学知识。

（五）如何进行和完成数学教育

在编排小学数学教材时，我们还要考虑人的培养问题，而不仅仅是传统意义上的数学教学问题。因此，我们不仅仅要考虑科学知识、科学认识，还要考虑如何帮助儿童建立完整的数学认知结构、形成科学的数学观和数学思想方法，以及数学教材如何体现人文性、文化性、情感性、艺术性等等。不仅仅要考虑如何使学生掌握数学基本知识和基本技能，还要考虑如何促进和发展学生的智力和能力。

二、小学数学教材编排的指导思想

根据对小学数学教材编排的思考,笔者认为,小学数学教材编排的指导思想应是:既要重数学学科的逻辑顺序,又要重学生的身心发展顺序;既要重基础,又要重发展;既要后顾,又要前瞻;既要重教学性,更要重教育性,使小学数学教材为全面提高学生的素质服务。

三、编排的原则

(一) 基础性

小学数学教材选取的应是数学学科中最基础的知识。小学是儿童接受数学教育的起始阶段,这时相当于人的童年期,接触到的应是最基本、最常见的数学问题和数学知识,所以小学数学教材所选取的应是起点内容,也是最必要的内容,当然也是非常重要的内容。选取这样的内容,既符合儿童的接受水平,又有利于帮助儿童打下坚实的知识基础,有助于他们的进一步学习。但这个基础性不是绝对的、不可更改的,而是相对的、变化的。比如,在小学数学中,数与计算是最基本的内容,生活在文明社会中的人不能不会计算,但是要掌握哪些计算,掌握到何种程度,随着科学技术的发展社会的进步应有所变化。

(二) 趣味性

小学生的思维是形象、生动的,而数学内容高度抽象,逻辑严密,小学生不容易理解,当然也不容易产生兴趣,而小学生的情绪情感和学习积极性在很大程度上依赖兴趣,这就需要我们在编排小学数学教材时,尤其是在编中低年级的数学教材时要加强趣味性,使他们感到学习的乐趣。比如,把数学问题寓于新奇的富有情趣的情景之中,或从学生熟悉的生活实际中提出数学问题;数形结合使抽象的数学问题形象化;增加有趣的插图、教学游戏;改进排版形式,文字简明易懂,字体适当放大;加强操作性,尤其是低年级的小学生让他们动手操作,他们最高兴。因此,在数学教材中结合知识的呈现,让他们多拼一拼、剪一剪、画一画、折一折,就会使他们在动手操作的过程中既学得高兴,又能充分地理解知识,建立一定的空间观念,甚至在操作中或自觉地、或在教师的指导下主动地发现数量关系、运算定律等等。

(三) 应用性

教材内容要紧密联系实际。一是很多新知识的出现要由学生身边的现实生活问题引入,反映日常生活中的问题和数量关系。二是要增加应用性的材料,重视介绍知识的应用。

(四) 教育性

小学数学教育是对学生进行全面发展教育的主要途径之一,它不仅仅是传授数学知识和培养数学能力,更重要的是为培养"人"服务的,最根本的目的是全面提高人的素质,因此,小学数学教材从教育思想到教学内容和教学方法都应该包含丰富的教育性。因此在编排小学数学教材时应考虑如何培养小学生的数学素质,包括学习目的、学习态度、学习方法、逻辑思维方式以及逻辑的、直觉的、联系的、发展的思维方法。小学数学教材呈现的知识不能都是结论性的和定论性的,应该带有一定的问题性和不确定性(当然,这个不确定性是在保证内容的科学性的前提下,得出结论的方法和途径可以是不确定的),以培养学生的发现能力和创造能力。小学数学教材的内容应体现数学学科所包含的丰富的思想内容,把数学知识的辩证关系与培养小学生辩证的思想方法结合起来,使学生在学习数学知识的同时,接触一些较为浅显的科学的世界观和方法论的观点,如全面的、相对的、发展变化的观点,科学是可以认识的,科学是无国界的,科学是需要合作的,当然更应该包括道德品质、情感艺术等等方面的教育。

(五) 结构性

强调知识的结构性是现代教学的主要发展趋势之一。小学数学教材的编排应该更加重视和强调结构性问题。这是由数学学科的特殊性决定的。首先,数学知识的系统性很强,前面的知识是后面知识的基础,后面知识是前面知识的延伸和发展,它们在一定条件下又是相互统一的,它们是一个互相联系的整体。其次,运算活动本身就是一种心理结构,而并不仅仅是日常经验中所理解的计算。根据皮亚杰的解释——运算是内化了的、可逆的、组成系统(结构)且具有守恒性的动作——运算具有以下四个特征:① 运算是一种能够内化的动作;② 运算是一种可逆的动作,即动作可以在心理上逆转;③ 一个运算总假定某些守恒性或不变性的存在,即使它是一种转换或动作。比如在加法中,我们可以改变组合加法的方式,如 $4+1$ 或 $3+2$,但其总数保持不变;④ 一个运算不能单独存在,它只是一个大的结构或运算系统的一部分,如整数运算,它包括许多数学结构,例如加法群以及结合性、交换性、传递性和封闭性等法则。如果我们仅仅把运算理解为计算,而不能理解运算的真正意义,就会在编排教材的时候和在教学中,单纯地呈现知识或就事论事,教会学生用一定的模式、公式、法则、定律等解答数学问题,而不能帮助学生建立数学知识结构,并内化为一种心理结构。学生也很难理解数学的精髓,很难形成数学思维。基于以上两点,小学数学教材的编排特别要突出基本概念和基本原理的中心地位,将其作为教材的基本结构。注意知识之间的纵向联系和横向沟通,注意揭示知识之间的逆向转换关系,如加与减、乘与除;合与分、相等和不相等、变和不变;相并关系、相差关系、比例关系;等等。结构性的教材具有知识之间的联结功能和转换功能,具有认知结构的同化功能和顺应功能,做到前有孕状、中有突破、后有发展。而良好的教材结构有助于学生建立一个合理的认知结构。

参考文献:

[1] 中国社会科学院语言研究所词典编辑室.现代汉语词典.北京:商务印书馆,1996:75.

教科书编写策略研究——以小学数学教科书为例[①]

陈晓东

义务教育课程标准实验教科书为贯彻课程改革的理念和课程标准的要求做出了有益的探索,给人以耳目一新之感,同时,也给课堂教学带来了新的气息。但是,要使我们课堂中教与学的方式发生更深层次的变化,还需要进一步突破"以本为本"的旧观念,克服形式化、浅层化和绝对化的弊端。

教科书在很大程度上决定了课堂教学中教与学方式的走向,要把课程改革的理念落到实处,教科书的编写仅仅着眼于在面貌上做象征性的体现是不够的,必须力求在编写策略上寻求实质性的变化。

教科书的编写策略包含在三个层次中,第一是编写一套教材的原则和理念;第二是编写教材的操作性框架,也是组合知识呈现技巧的理论性框架;第三是知识呈现技巧,如教科书的体系结构和体例、知识点的表现方式等,也包括具体的课堂操作步骤。本文主要涉及前两个层次中的一些问题。

一、教科书的变化对教与学方式影响的现实分析

改进教科书的编写是体现课程改革基本理念的重要手段。我们传统的教科书不仅是知识的载体,同时也是教学方法的载体,主要的作用是体现教学的过程和方法,侧重于教师的教,在小学数学教科书中,注重给予教师具体的指导,知识内容严格按照课时编排也是为了便于教师教学。新课程改革中所使用的实验教科书则偏重于学生的学,有意地弱化了上述功能,注重编写问题情境和学生解决问题的活动过程,数学知识与技能在教科书中被隐性化了,而过程与方法则被显性化,一般会先出示一个有现实生活背景的情境图,然后提出问题或者让学生来提问题,结论、答案也很少明确写出,都是以问题或填空的形式出现,而在教学中教师应如何指导学生完成这个过程并成功地解决问题,教科书中则很少涉及,同时还淡化了法则的文字表述。

教科书中体现出的较为浓厚的"问题解决"和"探究学习"的色彩使课堂上教与学的方式在一夜之间改变了面貌。传统课堂教学一般是5个固定的环节:组织教学、复习旧课、讲解新课、巩固新课、布置作业,或者更为简练的"复习、新课、作业"三段式教学模式,而现在的课堂则变成清一色的出示情境、提出问题、合作交流,在问题得到解决后进行回顾总结。这与教材的呈现方式是基本一致的。它的问题在于,由于教师习惯于遵从教科书的设计进行教学,观念的转变没有到位,缺乏研究意识,对教科书进行加工创造的意识和能力都比较薄弱,所以教学过程依然习惯性地被教科书规定着,当教科书在呈现方式上作了一些改变之后,很容易导致课堂教学出现偏差。新课程提倡的动手实践、自主探索与合作交流等重要的学习

[①] 本文选自《当代教育科学》2009年第10期,第17—19页。

方式被绝对化了,从而出现了新的问题。

长期以来,我们的课堂教学是程序化的,一节课有几个环节,每个环节用多少时间,都有精密的设计。评价一堂课的好坏,关键看这堂课对教案实施了多少,是不是体现了教科书和教案的意图。这种做法虽然扎实,但是课堂缺少灵动,不能根据学生的学习状态和认识水平随时进行调整。也就是说,教学环节容易和学生的内在的学习进程脱节,这正是我们要改进的。但是,新课改以后的一些课堂,表面上是一种学生通过探究解决问题的自主学习的活动,但本质上仍然是一种程序化的教学过程,只是用一种新的程序代替了旧的程序,而教学环节和学生的内在的学习进程脱节的问题并没有得到解决。笔者认为,造成这些问题的原因虽然是多方面的,但与教科书程序化的呈现方式是有着非常密切的关系的。

二、从变革教与学方式的需要看教科书改进的方向

在新课程中,教科书编写的内容已不再是学生学习的目标,也不是师生在课堂这个"舞台"上"表演"的剧本,更不是要求师生贯彻执行的"法定文件",师生是教科书的"消费者",教科书上提供的信息被视作素材、问题、情境和话题。

以此为基点反观教科书,可以看到,目前的小学数学教科书中虽然淡化了对教学方法的具体指导和法则的表述,却面面俱到地对新课程理念做了"图解",而这种图解还存在内容与形式不匹配的情况,例如,为了体现"合作交流"的理念,教科书上就会设计几个学生在一起"交流"的画面,画面中每个学生都说一句话,而每句话的内容却是这部分教学内容的分解,也就是说,画面中学生各自所表达的内容相互并不构成交流的关系,教科书只是以这种形式编排了教学内容而已。这样一来,不仅教学内容显得散乱,而且合作交流这一学习方式的体现也显得牵强附会。如果教师完全依照教教科书进行教学的话,必然出现形式多于实质、外在多于内在的情况,课可能上得热热闹闹,但师生的教学过程很难产生实质性的变化。造成这种情况的原因,是我们在编写教科书的时候,仍然存在这样一个前提,那就是课堂教学是按照教科书中设计好的思路进行的,教科书中体现了什么,课堂上就会发生什么,教科书中漏掉了什么,课堂上就会忽略什么。

课堂教学要改变过去那种"传授—接受"的教学模式,代之以学生在教师指导下主动探索发现的学习,使主动探索的活动在教学中取得应有的地位,那么,教科书就不应以严格的学术语言向学生陈述相关的学科知识内容。即使在陈述内容的过程中采用类似上述那种花哨的手法,也仍然仅适合传授式的教学而很难适用于互动式、探究式、合作式的教学。

笔者认为,教科书既没有必要展示完整的教学过程,也没有必要面面俱到地体现新课标的全部内涵,只需为师生走进新课程提供必要条件和工具。教科书的编写应努力改变过于注重教科书自身的独立性和完备性的倾向,突破教学设计的程序化,让师生在宽松的条件下去探索、去思考、去创造。

三、一个基于现实的教科书知识呈现技巧的理论性框架

由于教学目标的多元性、教学对象的多样性、教学策略的多变性以及教学情境的复杂性,不存在一种绝对有效和最优的、在各种情况下都适用的教科书编写策略,但是,选择或建构一种教科书编写策略仍然是十分重要的,这可以使教科书的编写"有法可循"。从当前的现实来看,教科书的编写处于两难境地,一方面不能像过去那样按照知识体系进行编排,要

体现教材的活动性、开放性和可探究性;另一方面,如果缺乏基本的逻辑系统和规范的知识表述则又很难称其为教科书。这两方面从理论上说是可以兼顾的,但在具体编写的过程中则很难协调。为此,笔者以小学数学教科书为例,探讨一种可能的关于知识呈现的理论性框架,也可称之为教科书的教学设计。该框架大致包括以下六个部分。

（一）出示问题

从小学数学的教学过程来看,学生总是带着问题参与学习活动的,教学过程也就是解决有关问题的过程,小学数学学科的概念、法则、定律等都是在解决问题的过程中产生出来的,因此,小学数学教科书的编写可以以问题为主线,通过编排一系列的问题情境来安排学生的学习进程,而不像过去那样采用学科体系少儿化的编写模式。

这些问题可以是现实生活中的真实情境问题或模拟现实的问题,也可以是纯数学问题。问题是用来对学生进行学习定向的,什么时间研究什么问题应由教育者来决定,问题的出示应该是直接的,要让学生从一开始就感受到这是大家共同面临的问题,把自己置身于集体的探究行为之中。同时,出示的问题还应该是内容丰富的和可探究的。内容丰富是指出示的问题不能是单一的问题,至少应该是一个系列问题的组合。过去无论是教科书上的问题,还是课堂上给学生提出的问题,都是教育者替学生进行数学化之后的问题。这一数学化过程应该交由学生自己来完成。在传统教学中,讲解分散难点,为了突破难点作了许多人为的铺垫,这些铺垫现在应该设法整合到问题情境中去。可探究是指这些问题学生经过努力可以解决。

（二）提供支撑材料

在课堂教学中,当学生理解问题之后,教师可以发动学生进行讨论,寻找解决这个问题的关键点,学生可以畅所欲言,教师应创造条件让学生从不同角度去思考问题,鼓励学生大胆想象。在这一环节中,在不越位的前提下,教师的主导作用必须到位,要让学生最终达成共识。围绕着共同明确的关键点,进而由学生采用自己喜欢的办法进行实践,可以是独立探索,也可以是合作交流,教师则根据每个学生的学情参与到学生的探究过程中,为学生提供各种帮助,直至问题的解决。

在这一教学过程中,要让学生尝试从不同角度分析问题,发展和应用各种策略解决问题,并能体会到与他人合作解决问题的重要性,观察、实验、比较和类比、猜想、分析和综合、归纳和推理等逻辑和非逻辑思维都有机会参与其中,最有可能发生一般所说的课程的创生,具有高度的不可控性,要倚赖教师凭借实践中的智慧进行创造性工作。相应地,教科书对此不应有过多的干预,只要为学生探究学习的可能需要提供"脚手架"即可,最好不要对教学过程进行描绘。

（三）引导学生对前面的探究活动进行反思

问题得到解决之后,要引导学生对前面的探究活动进行反思。教科书中应呈现一系列的问题进行提示,这些问题应涉及回顾解决问题的过程、总结活动中所使用的各种方法等,鼓励学生尝试用数学语言(文字、字母、图表等)表达解决问题的过程,并突出强调学到了哪些新知识。过去对知识的教学是学习任务的出发点,对知识的掌握是学习任务的落脚点,而这样处理之后,学生对知识的掌握成为探究活动的一个自然的结果,既改变了以学科为中心的局面,又没有削弱学生对知识的掌握。

(四) 规范的知识表述

规范的知识表述在教科书中是必不可少的内容。这一环节可以在教学过程之后以小篇幅集中编排,不出现在学生的探究过程之中,以避免在已知中进行探究的悖论。

(五) 安排练习

在学生经历了探究的过程与方法、体验了成功的喜悦、了解了所学知识的用处之后,应该让学生通过练习进一步掌握学习内容。在这方面,中国的数学教育已经积累了丰富的经验,要在继承这些经验的同时,注意把学生在探究过程中形成的经验、解法或策略运用到一个新的问题情境中。

(六) 请学生提出问题

提出问题是最能体现学生学习主体性的环节,忽视了这个环节,就不能说学生在学习过程中的主体性得到了很好的落实。但是,如果在学生还没有具备必要的知识基础的时候,就让他们对这部分内容的学习去提出想要解决的问题,是荒谬的。所以笔者认为学生提出问题的环节应该放在巩固练习之后。这时候,学生已经基本掌握了这部分知识,具备了提出对于他们自己来说有价值的问题的基础,同时也能够保持教学过程的开放性。学生提出的问题,也许有的可以在课堂上解决,这样,学生等于参与了课程的创生;有的可能无法纳入教学计划,但学生确实有兴趣,可以由学生以课外活动的形式自由学习、探索,从而实现课程从课堂向课堂以外的延伸,为多种课程资源的整合提供了又一个接口;还有的问题可能当时无法解决,将伴随学生走出学校,甚至伴随他们的一生,但是应鼓励他们存疑,因为这是他们继续学习的动力。

以上关于六个部分的阐述只是一个安排设计教科书内容的基本分析框架,并非僵硬划一的模式,在编写具体教学内容时需要不断变化、创新和生成。可以想象,按这一思路编写的教科书是高度开放的,不仅为师生在教学活动中发挥主观能动性创造了条件,同时也有利开发利用多种课程资源、实现学生课内学习与课外学习的整合。

参考文献:

[1] 中华人民共和国教育部.全日制义务教育课程标准(实验稿).

[2] 钟启泉,崔允漷,张华.为了中华民族的复兴　为了每位学生的发展:《基础教育课程改革纲要(试行)》解读.上海:华东师范大学出版社,2001.8.

[3] 教育部基础教育司组织.全日制义务教育数学课程标准解读.北京:北京师范大学出版社,2002.5.

[4] 教育部《基础教育教材评价工具制定》项目组.新课程实验教科书的初步分析评价.全球教育展望,2002(9).

关于小学数学教材建设的若干想法[①]

郑毓信

教材建设是课程改革的一个重要方面。自新一轮课程改革实施以来,已有多部小学数学教材经"全国中小学教材审定委员会"审查通过,成为"义务教育课程标准实验教科书"。尽管这些教材之间存在一定的差异,但从总体上说它们有着明显的共同点,更有一些普遍性的问题需要我们作出更为深入的思考与研究。以下就从这样的角度并主要针对小学数学教材的建设提出自己的一些想法。

一

从总体上看,小学数学新教材与以往教材相比,应当说明显地表现出了一种新的编写风格。

首先,新教材特别强调与现实生活的联系,即普遍采取了"问题情境—建立模型—解释、应用与拓展"这样一种基本的编写模式。从而,不仅内容呈现较为生动,对学生也具有更大的吸引力。与此相对照,单纯的练习题在教材中所占的比例则大大降低了。

其次,新教材"致力于改变小学生的数学学习方式",即努力倡导"探索、合作、交流的新型学习方式"。例如,无论就哪一种版本的小学数学教材而言,以下都已成为最为普遍的一些用语:摆一摆、做一做、说一说、议一议、猜一猜……

第三,新教材在以下一些方面,也明显地表现出了新的导向。如对于计算方法多样化与估算的普遍提倡,努力培养学生提出问题的能力,等等。具体地说,在实际从事计算(或计数)前,教材往往要求学生首先对结果做一估计;另外,"还可以怎样算","你还能提出什么(数学)问题"等用语在教材中出现的频度也给人留下了十分深刻的印象。

对于新教材的上述特点可以从各种不同的角度去进行分析。笔者在此则愿突出强调这样一点:新教材的上述特点在很大程度上是与教学方法的改革十分一致的,而在后一方面已形成的一些共识,为我们改进教材编写工作提供了直接的启示。例如,就相关内容的教学而言,特定情境的设置不应仅仅起到"敲门砖"的作用,特别是,仅仅有益于调动学生的学习积极性,还应当在课程的进一步开展中自始至终发挥一定的导向作用;我们不仅应当大力提倡学生的主动探究,而且也应清楚地看到教师在这一过程中应当发挥的重要指导作用。特别是如何去提出启发性的问题以及提供适当的案例;如果我们始终停留于实际操作的层面,而未能很好地实现活动的"内化",包括思维中的必要重构,就根本不可能发展任何真正的数学思维;我们不应片面地去追求多种不同的解法,甚至认为解法越多越好,毋宁说,多样化的目的应是为学生的独立思考提供更大的空间。另外,更为重要的是,创新不应被等同于标新立异,恰恰相反,创新本身应当说就包含优化的含义,因此,在鼓励解决问题策略多样化的同时,教师应当十分注意如何帮助学生更好地实现思维方法的必要优化。

---

① 本文选自《课程・教材・教法》2006 年第 7 期,第 35—38 页。

当然，就上述方面的改革而言，我们又应肯定这样一个基本的事实："不可否认的是，教材的内容、编排体系以及隐含其中的教育理念仍然是影响教师的教学方式的重要因素。"[1]但是，在作出上述肯定的同时，笔者以为，我们应更为深入地思考这样一个问题：教材的编写在这方面是否也应给教师的创造性活动提供更为充分的空间？事实上，正如人们所普遍了解的，这正是课程改革关于教材与教师教学活动之间的一个新的定位：教师应当用教材去进行教学，而不只是教教材。这也就是说，教师应当创造性地去使用教材。也正是从后一角度去分析，笔者以为，我们现今或许不应再过度地去强调教材的编写风格，特别是，更不应对于各个具体内容作出教学方法上的硬性规定，因为尽管以下的说法有一定的夸张成分，但相应的情景显然是与上述的基本立场直接相抵触的，如全国使用某一新教材的所有教师都必须以"快乐的校园"作为引入"10以内数的认识"的特定情境；一年级末的实践活动则又必须采取"小小信息员"这样一种特定的形式；等等。

笔者以为，以上的分析事实上也就十分清楚地表明了这样一点：在教材中我们不应用"快乐的校园"这样的具体情境作为相应学习内容（"10以内数的认识"）的主标题。进而，与片面地提倡"学校数学的生活化"相对照，如何正确地去处理日常数学与学校数学的关系又应被看成努力提高教材编写质量的一个关键因素。例如，从后一角度去分析，我们显然就可对"教材中是否任一内容都必须立足于具体情境"以及"教材中是否应当允许一定数量的纯粹练习题"等问题作出自己的判断。

最后，就"积极鼓励学生去提出问题"这一现今十分盛行的做法笔者也愿提出如下的疑问：我们是否需要（或者说，应当）在各种场合反复地去提出这样一个问题："你还能提出什么（数学）问题？"（就较高的年级而言，这显然是一种类似的做法，即在学生从事了一定的解题活动后又进一步要求学生自己去编题）特别是，这一做法是否真的有利于培养学生提出问题的能力？进而，尽管这一做法在表面上似乎有助于学生更好地体会数学与实际生活的联系，但是，上述模式在课堂上的反复应用又是否会产生适得其反的效果——使学生不知不觉地形成了这样的信念：数学课堂上所出现的问题并非真的源自生活中的实际需要，而只是为了提出问题而提出问题，从而，归根结底地说，就只是一种"教学游戏"！

二

就教材的建设而言，编写风格当然不是唯一的要素，恰恰相反，内容的选择应占有十分重要的地位。由小学数学新教材与老教材的对照可以发现，在内容的选择方面也有很大的变化：不仅引入了不少新的内容，同时也删除了部分传统的内容，部分教材还对某些内容的编排次序作了较大调整。例如，更为突出乃至新增加了一些直接联系学生日常生活的内容，这显然是小学数学新教材的一个重要特点，如一年级教材中的"分类"、"位置与顺序"、"认识钟表"等；另外，从更大的范围看，我们显然应当提及"图形与变换"（特别是平移与旋转的引入），以及统计方面的相关内容（可能性与不确定性，平均数、中位数、众数等）。

上述的变化主要是以数学课程标准为基本依据来编写教材的结果，但是，作为一种自觉的行为，笔者以为，无论是教材编写者或是一线教师都应当更为深入地去思考这样一些问题：新教材中究竟为什么要引入这些新的内容（必要性）？教材中应如何去对此进行处理才能真正符合科学性的要求，包括正确体现数学的本质以及符合学生认知发展的规律？例如，正是从后一角度去分析，教材中对于"左右概念"的处理必须充分考虑学生认识发展的规律。"'实验表明，儿童左右概念的发展，有规律地经过三个阶段：第一阶段——儿童比较固定化地辨识自己的左右方位(5—7岁);第二阶段——儿童初步、具体地掌握左右方位的相对性(7—9岁);第三阶段——儿童比较概括地、灵活地掌握左右概念.'这就是说,小学一年级学生大多数正处在左右概念发展的第二阶段,我们不应该对他们要求过高。同时,实验结果还告诉我们,随着年龄的增长,儿童能自然而然地进入掌握左右概念的第三阶段。"[2]

进而,我们在此显然又应深入地去思考这样一个问题:对于诸如此类学生经由日常生活即可自然获得的生活知识(除去"左右"、"上下"、"前后"等概念以外,"时钟的认识"显然也是这方面的又一实例)是否真有必要列为数学课程的专门教学内容?或者说,这些内容是否仍可按照老教材那样只是作为相关学习内容的附带成分得到恰当的处理?①

另外,由于小学数学新教材中的部分内容(如"生活中的负数"等)是由中学教材中"下放"下来的,而且,这些内容在新教材中的出现又如"蜻蜓点水"一带而过,因此,我们在此也应当认真地思考这样一个问题:我们究竟为什么要在小学数学课程中提前安排这些内容而不能留待学生升入中学后再系统地去学习?或者说,小学生实际学习了这些内容以后究竟产生了什么样的变化或进步?进而,如果说这些内容的引入主要是为了使学生更好地体会数学与日常生活的联系,那么,这种"蜻蜓点水"式的教学与学生通过日常生活所形成的相关知识相比究竟又有什么不同或提高?

例如,由以下的实例我们或许可获得关于应当如何去处理相关内容才能更好地体现数学教学特殊性质的有益启示:一般意义上的"分类"相对于科学活动而言应当说比相对于数学具有更大的重要性,因为人们往往将科学家比喻为"博学者",而对数学家来说"诗人"则似乎是一个更为恰当的比喻。我们在此应当认真地去思考是否应当把这一内容纳入到数学教材之中,或者说,数学教材中究竟应当如何去处理"分类"这一题材才能更好地体现数学教学的特殊性?这显然是数学思维的一个基本特性:在数学抽象中我们所关注的只是对象的形式特征与量性关系,而完全不考虑它们的质的内容。如果分类的对象是用木头、硬纸片和塑料等材料所分别制成的各种图形,包括三角形、四边形、圆等,那么,数学中的恰当分类就一定是将所有的三角形归成一类、所有的四边形归成另一类……而完全不会去考虑我们是否也可将所有的木头制品归为一类、所有的塑料制品归成另一类……

容易看出,以上的分析事实上也为我们如何去处理以下一些问题提供了直接的启示:在数学教材中是否应当引入某些与数学并无直接关系的内容,如用七巧板去拼出"守株待兔"的故事,"用10根小棒能摆出几个正方形"这样的纯粹智力游戏,乃至加入过多的"数学游戏"?

其次,与新内容的引入一样,对于某些传统内容的删除(或弱化)我们显然也应作出深入的研究。例如,计算部分的弱化是否会影响学生对于相应基本技能的掌握,或者说,究竟什么是这一方面合适的"度"?例如,"通过调查分析,发现现行教材编排十几课时教学'20以内进位加法'不太符合小学生的实际认知水平,学生在学习这部分内容之前就掌握得比较好,所以教学落后于学生智力发展的水平,不利于激发学生学习的兴趣"。[3]

最后,容易想到的是,除去删除和弱化以外,如果教材中对某些内容的安排次序作出了较大调整,如将乘法的学习提前到了一年级下学期,也就必须从理论和实践两个方面对这一做法的合理性作出说明与检验。另外,我们应当大力提倡一线教师通过自己的教学实践与

---

① 对此可参见人教版《九年义务教育六年制小学教科书·数学》第一册第 28、30 页。

研究对如何改进教材提出建设性的意见,包括不同的看法与必要的批评。

三

上面我们事实上已经论及了教材建设的两个基本问题:编什么和怎样编。以下再从宏观的视角提出一些新的思考。

第一,就每一学段或每一学年(期)的教材编写而言,是否应有一条明确的主线,特别是,究竟什么是我们在此所面临的主要任务或问题?

具体地说,这事实上就关系到了"问题领先"这样一种基本的思维方式或研究方式。例如,全部的微积分理论主要就是围绕微分(如速度问题与曲线斜率的计算)与积分(如路程与曲边形面积的计算)这样两类问题展开的;另外,在笔者看来,初等(平面)几何与(平面)解析几何的学习则又可以被看成分别集中于直线型(包括圆)的度量性质与圆锥曲线的射影性质;等等。那么,究竟什么是小学数学学习的主要任务或问题呢?

对于上述问题也许有的读者会提出:课程标准已经围绕"数与代数"、"空间与图形"、"统计与概率"、"实践与综合应用"这样四个领域分别给出了各个学段的"内容标准"。但是,这恰恰也就是笔者在这一问题上的一个主要疑虑:这种高度的"统一性"是否会冲淡数学中不同分支以及数学学习过程中不同阶段的各自特点和不同内容?

第二,归根结底地说,以上所论及的无非是我们应当不断增强教材编写工作的科学性,特别是,这应是一种严肃的科学活动,而不应被看成某种"选择的艺术",如我们似乎可以任意地在以下两个极端之间作出自己的"选择":教材体例或是以"学科为本"或是以"学生发展为本";在内容处理上或是选择"将学生的数学学习有意识地与其现实相联系"或是完全"不将学生的数学学习与其现实做有意识的联系"……[4]

例如,与片面地强调"学科为本"或"学生发展为本"这种极端化的立场相对立,笔者以为,这应被看成教材科学性的一个基本内涵,即就各个主要内容的安排而言我们既应充分考虑到相关知识的逻辑结构,同时也应十分重视学生的认识发展水平。

显然,从这样的角度去分析,就正整数加减法的学习而言,与简单地列举出各个学期的学习目标("一年级上学期应当掌握 20 以内数的加减法","一年级下学期应当掌握 100 以内数的加减法"等)相比,我们无疑应更加重视对于相应"认知结构"的分析(如图1)。另外,美国学者富森(K. Fuson)的相关研究"正整数加减法的研究"则又可以被看成从学生思维发展的角度更为深入地揭示出了相关做法的合理性。[5]例如,很好地掌握"20以内的数的加法与减法"与"10 的分解"事实上应被看成促成学生由所谓的"加减法的单一性概念结构"过渡到"加减法的多单位概念结构"的必然要求;另外,由于所说的"加减法的单一性概念结构"又可区分出三个不同的发展水平,因此,即使就单位数的加减法而言,学生的不同做法——如究竟是采取"从头数起"的方法,还是用"继续往后数"的方法去进行计数;在从事加减法计算时是否善于利用已知的数学事实,如 $9+7=9+(1+6)=(9+1)+6=10+6=16$,其中就用到了 $7=1+6$ 和 $9+1=10$ 这样两个事实——也应被看成主要体现了不同的发展水平。从而,我们在此也就不应停留于对于"计算方法的多元化"的盲目提倡,而应更为积极地去促成学生思维的相应发展。显然,后者事实上也就是与"方法的优化"直接相对应的。

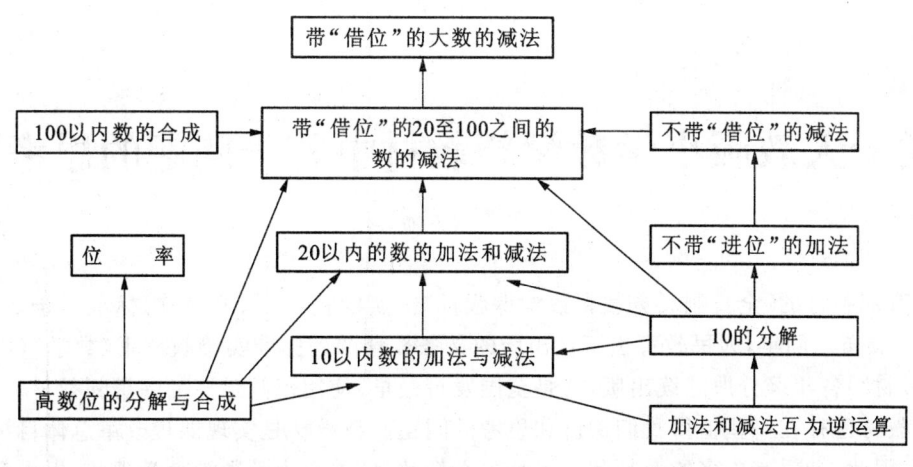

图 1

以上的分析表明,与积极的教学实践一样,对于相关内容与学生认识过程的深入分析与研究也应被看成不断提高教材编写质量的又一重要途径和必要保证。

最后,就现有的各种小学数学新教材而言,笔者以为,相对于它们之间所存在的种种差异而言,其共同点应当说更为明显,后者不仅表现于所已提及的新的编写风格,而且也表现在相关内容的选取与组织上。由于真正的多元化正是优化的必要前提,因此,在这样的意义上,笔者以为,我们应更为积极地去倡导教材的多样化。例如,相对于"面面俱到"的教材编写原则而言,我们是否也可(或者说,应当)更为明确地去提倡不同教材应当具有自己的鲜明特性,从而就可切实防止教材编写工作中的低水平重复及因此而造成的人力与物力的巨大浪费。又如,在积极实施课程改革的同时我们是否也可允许在一定范围与限度内继续使用原来的"九年义务教育六年制小学教科书",乃至对照性地去使用国际上所曾出现过的各种较有影响的教材,包括曾经风靡一时的"新数运动"或是 20 世纪 80 年代"问题解决"为主要口号的教材以及 90 年代以来所出现的各种改革教材,从而也就可以更好地吸取它们各自的长处或优点?

当然,为了实现后一目标,无论是课程标准或是"教材的审定"就都应当表现出更大的自由度或宽容性;我们应当彻底改变"自上而下"这种传统的管理模式和思维模式,特别是,无论是一线教师还是教材编写工作者,都应对现有的教材与课程标准保持自己的独立思考,并能通过积极的教学实践与认真的总结(包括必要的反思)作出自己的应有贡献。

参考文献:

[1] 李忠如.教材是培育学生良好学习方式的重要载体.小学数学教师,2005(7—8):4—12.

[2] 曹培英.关于左右概念教学的研究.小学数学教师,2006(1):4—11.

[3] 谢作长.直面儿童的数学现实——"20 以内进位加法"教学谈.小学数学教育,2005(12):14—15.

[4] 马复.选择的艺术——谈基于《标准》的数学教材之编写.教育部北京师范大学基础教育课程研究中心数学课程工作室."全国中小学数学教育论坛"会议资料,2005.

[5] 马立平.Knowing and Teaching Elementary Mathematics. Lawrence Erlbaum Associate,1999.

关于人教版小学数学新教材中若干问题的思考

戎松魁　黄崇龙

教育部制订的《全日制义务教育数学课程标准(实验稿)》(以下简称《标准》)于2001年7月正式颁布。同年,人民教育出版社出版的义务教育课程标准实验教科书《数学》(以下简称"新教材")各年级分册陆续出版,这是全国发行最早、使用范围最广的一套新教材。然而,这套新教材还存在一些值得我们探讨和思考的问题。新教材是实现课程改革总体目标的重要保证,因此,希望有更多的教师和专家来关心新教材,关心小学数学教学现状,提出意见和建议,使小学数学教学提高到一个新的水平。

一、新教材中值得探讨的几个问题

新教材中值得探讨的问题较多,本文主要就教材中涉及数学基础知识的问题进行探讨。

1. 正方体(1立方厘米)是否可以作为长度单位

新教材二年级上册第1单元的教学内容是"长度单位",与之配套的《教师教学用书》第18页上指出:"前面教学统一长度单位的必要性时,已经引出统一的长度单位——正方体(1立方厘米)……"《教师教学用书》是教师教学的指导用书,不少教师都是在该书的指导下完成备课和教学任务的,然而该书把体积为1立方厘米的正方体说成是"统一的长度单位",且这并非是笔误,而是按照教材内容要求经过精心设计使学生和教师相信体积为1立方厘米的正方体可以作为"统一的长度单位"的。在新教材二年级上册第1页中,教材安排了请小朋友用硬币、小刀、三角形、铅笔、正方体等物品测量书本边长的活动,在练习中又要求学生用正方体去测量胡萝卜、玉米、大蒜的长,用正方体去测量小刀、橡皮、曲别针、蜡笔的长,通过这些活动,学生大都能得出如下结论:"书边大约有4个三角形那样长"……"书边大约有15个正方体那样长"。而《教师教学用书》第17页上建议教师这样启发学生:"要想得到相同的结果,应选用同样的物品作标准进行测量。"还建议:"在此基础上,让学生用同一物品(如方木块学具)作计量单位去量不同的物品看结果如何。"由此可知,《教师教学用书》的作者的确是把正方体作为长度的计量单位了。不仅如此,连硬币、三角形、铅笔也都成了长度单位。这样一来,长度单位是被物品"具体化"、"生活化"了,但"长度单位"的概念却被模糊了。我们听了几位教师执教"长度单位"的课,都是按照《教师教学用书》的建议教学,没有一个学生或教师对此提出异议。

事实上,任何一种物品都是不能作为长度单位的。例如棱长为1厘米的正方体木块,它不能作为长度单位,可以作为长度单位的是它的棱的长度或某个面的对角线的长度等。教材为了"使学生初步经历长度单位形成的过程,体会统一长度单位的必要性,知道长度单位的作用"而要学生用不同的物品去测量另一些物品的长度,以致使学生错误地认为这些物品

---

① 本文选自《数学教育学报》2008年第2期,第58—60页。

就是"长度单位"。事实上,对二年级的小朋友来说,没有必要使他们"经历长度单位形成的过程"。

2. 小数和名数是否可以互化

众所周知,"小数"是"数",而"名数"表示的是"量"。"量数和计量单位的名称合起来叫名数,如 3 米、1 吨 20 千克,都是名数。"[1]由此可知,小数和名数是不可以互化的。然而新教材却多次要求学生将"小数"和"名数"进行互化。

例如在新教材四年级下册第 69 页上有这样的例题:"把上面的数据改写成以米为单位的数。"这里所说的数据是指 80 厘米,教材中最后得出结论:80 厘米＝0.8 米。把 0.8 米叫做"以米为单位的数",甚至把它叫做"小数",这显然是错误的。又如新教材第 77 页上有这样一道练习题:"2003 年我国在校小学生 116 897 000 人,改写成用'亿人'作单位的数(保留一位小数)。"该题是要学生将 116 897 000 人改写成 1.2 亿人。显然,"1.2 亿人"是一个名数,而不是数。

在与之配套的《教师教学用书》中,错误的说法更多了,例如在第 122 页上指出:"把单名数改写成小数是教学的重点",并以 80 厘米 $= \frac{80}{100}$ 米 $= 0.80$ 米为例,说明这就是把单名数改写成小数。显然,这里错误地把 0.80 米当做小数了。又如在第 121 页上指出:"在改写时,学生先要判断哪个单位大、哪个单位小,是从高级单位的数改写成低级单位的数,还是从低级单位的数改写成高级单位的数。"对于"数"来说,从来就没有"高级单位的数"和"低级单位的数"之分,这里指的应该是"带有高级计量单位的名数"和"带有低级计量单位的名数",显然,这里又把"数"和"名数"的概念混淆了。

3. 正方体和长方体究竟有哪些不同点

新教材五年级下册第 30 页上要求学生找出正方体和长方体有哪些相同点,有哪些不同点,在与之配套的《教师教学用书》上指出了长方体和正方体的相同点和不同点,其中所列的不同点如表 1 所示:

表 1 长方体和正方体的不同点

形体	不同点		
	面和形状	面积	棱长
长方体	6 个面都是长方形 (特殊情况有两个相对的面是正方形)	相对的面 面积相等	每一组互相平行的 4 条棱的长度相等
正方体	6 个面都是正方形	6 个面的面积 都相等	12 条棱的长度 都相等

如果我们仔细分析一下,就可发现这并不是它们的不同点,从"面的形状"看,作者已经偷换了"长方体"的概念,这里的"长方体"只是一些长、宽、高不全相等的"长方体"了,这显然是不对的。再从"面积"来看,正方体的"6 个面的面积都相等",而长方体"相对的面的面积相等",事实上,"相对的面的面积相等"并不排除"6 个面的面积都相等"的可能,况且正方体也具有"相对的面的面积相等"的性质,因此这并不是它们的不同点。对于"棱长"的比较也存在类似的问题。

在新教材的第 30 页上还指出:"正方体可以看成是长、宽、高都相等的长方体。我们可以用图 1 来表示长方体和正方体的关系",既然正方体集合是长方体集合的一个真子集,我们怎么能找出正方体和长方体的不同之处呢?要学生认识正方体,可以让学生找一找正方体的特点就可以了,不能叫他们去找正方体和长方体的不同之处。

4. 使"因数"具有两种不同的涵义是否合理

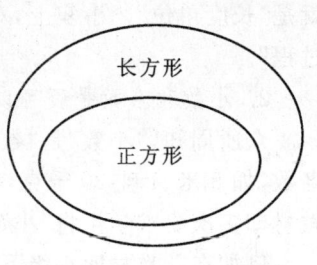

图 1　长方体和正方体关系

"因数"这个名词在新教材中有两种不同的涵义。"因数"这个名词最早出现在二年级上册"乘法的初步认识"这一教学内容中,在教科书第 47 页上列出算式 5×3=15 和 3×5=15 后,指出 3 和 5 都叫因数,15 是积,"×"叫乘号。此后,凡是出现在乘号两边的数,不管是整数还是小数、分数都叫做"因数",而且全套教材中都不出现"乘数"这个名词,也就是说,新教材中用"因数"取代了过去教材中的"乘数"。然而,在五年级下册"因数与倍数"这一单元中,"因数"又有了新的涵义。在这一单元中出现的"因数"必须是整数。在该册教材第 12 页上指出:"注意:为了方便,在研究因数和倍数的时候,我们所说的数一般指的是整数(不包括 0)",在与之配套的《教师教学用书》第 33 页上指出:"因数和倍数是一对相互依存的概念,不能单独存在。a 是 b 的因数,反过来是 b 就是 a 的倍数,因此,描述因数或倍数时必须说清楚谁是谁的因数(或倍数),要引导学生使用比较规范的语言,如'2 是 12 的因数,12 是 2 的倍数'而不是'2 是因数,12 是倍数',在课堂上或练习中学生如果出现类似的错误要及时加以纠正。"在同一页上还指出:"要注意区分乘法算式各部分名称中的'因数'和本单元中的'因数'的联系与区别,在同一个乘法算式中,两者都是指乘号两边的整数,但前者是相对于'积'而言的,与'乘数'同义,可以是小数,而后者是相对于'倍数'而言的,与以前所说的'约数'同义,说×是×的因数时,两者都只能是整数。"由此可知,《教师教学用书》的编者确认"因数"有两种不同的涵义,而且要教师区分这两个"因数"的联系与区别。

在同一套教材中,"因数"既与"乘数"同义(可以是小数),又与以前所说的"约数"同义(不能是小数),这显然是不合理的,不利于小学数学教学。

5. 在规定了"6×3 也可以记作 3×6"之后,乘法交换律应该如何处置

新教材二年级上册第 4 单元是"表内乘法",教材通过算式 3+3+3+3+3+3=18 来说明"像这样的加法,还可以用乘法表示:6×3=18 或 3×6=18。"教材是按《标准》编写的,《标准》中是有这样的一个注释:"关于乘法:3 个 5,可以写作 3×5,也可以写作 5×3,3×5 读作 3 乘 5,3 和 5 都是乘数(也可以叫因数)。"[2] 由此可知,6×3 也可以记作 3×6,据此推理,对于任何大于 1 的自然数 a、b,$a×b$ 也可以记作 $b×a$。然而新教材四年级下册中又安排了"乘法交换律"的教学。教材通过让学生计算 4×25 和 25×4,得到 4×25=25×4,然后再写出这样的一些乘法算式,再归纳出"交换两个因数的位置积不变,这叫乘法交换律,用字母表示:$a×b=b×a$。既然二年级时已规定 6×3 可以写作 3×6,而到了四年级 4×25 就不能写作 25×4,而是要学生通过计算来验证,再用不完全归纳法得到 $a×b=b×a$。这不是多此一举吗?事实上,规定了 6×3 可以记作 3×6 之后,$a×b=b×a$ 已经不能称为"乘法交换律"了,它只是一个规定而已。当然,这种"规定"是否合理也是值得探讨的。

二、思考与建议

通过以上分析可以看出,新教材中还存在诸多问题,因此,如何提高新教材的质量就值

得我们思考。

1. 数学课程改革需要高质量的数学课程标准

刘兼和孙晓天老师指出:"《标准》是整个基础教育数学课程改革系统中的一个重要枢纽,它的内容要涉及教材编写、教学、评估和考试命题等各个具体领域,它的内容要体现国家对义务教育阶段学生在知识与技能、过程与方法、情感态度和价值观等方面的具体要求。"[3] 如此重要的纲领性文件,其自身必须是高质量的。然而,《标准》本身却存在不少值得商榷之处。

文[4]指出了《标准》第 13 页上一个注释所存在的 3 个问题,正是由于这个注释,就使教材中出现了本文 1、2 节所指出的问题,对教材编写工作造成负面影响,建议《标准》修改时去掉这个注释。

文[5]则指出了《标准》中存在的 8 个瑕疵,这些瑕疵中有简单的数据错误(《标准》第 28 页例 5),也有耐人寻味的数学概念的错误。例如在《标准》第 50 页上有这么一个案例:"用一张正方形的纸制作一个无盖的长方体,怎样制作使得体积较大?"这里所提的"无盖的长方体"是一种错误的说法。对于长方体有这样的定义:"底面是矩形的直平行六面体,叫做长方体。"[6] 由此可知,长方体是一个六面体,它不存在什么"盖",如果少了一个面,那么它就不是长方体了,更谈不上它的"体积"大小了。正是由于《标准》中出现了"无盖的长方体"这样错误的说法,于是在北师大出版的新教材《数学》七年级上册第 212 页上就出现了标题为"制成一个尽可能大的无盖的长方体"的课题学习材料,在近几年出版的杂志上也经常可看到"无盖的长方体"这种说法,由此可见《标准》影响之大,同时也说明《标准》本身应该是要经得起仔细推敲的。

总之,要有高质量的新教材,首先要有高质量的《标准》。2003 年 10 月曾在沈阳开过《标准》修订研讨会,并对《标准》进行了修订,然而四年多时间过去了,修订后的《标准》仍未颁布,我们期望修订后的《标准》早日颁布,以便早日修订教材。

2. 新教材亟须修改与完善

综观新教材,除了存在涉及数学基础知识的问题外,还存在其他方面的一些问题。例如,对于"统计"这一教学内容的安排就值得商榷。在小学阶段"统计"的学习内容主要是收集数据、设计简单的调查表、画条形统计图、画折线统计图、画扇形统计图等。然而就这些学习内容却被编成了 10 个单元(12 册教材中除了复习课外共 94 个单元),除了一年级上册、三年级上册中没有"统计"内容外,其余十册教材中每册都有一个单元叫"统计",这就难免会使某些单元内容有相似之处,学生从一年级开始就学"统计",一直学到六年级,几乎每学期都学一个单元,实在没有必要。事实上,"统计"这些内容编成 4 个或 5 个单元已经足够了。总之,新教材中存在的问题还是不少的,亟须修订和完善。

李善良先生认为:"……而一套好的教材最难写,因为它是一个群体(包括数学家、教育学家、心理学家、优秀教师)的长期研究、实验、升华的结晶。"[7] 事实确实如此,一套新教材诞生之初存在一些错误和缺点是难免的。但由于教材"将影响到数以万计的学生的终生发展"[7],所以存在的错误和缺点又必须及时消除。

近几年来,一大批教育工作者以极大的热情关注着课程改革,他们在数学教育杂志上发表了大量关于课程改革的文章:有赞美新教材、介绍使用新教材经验的,也有指出新教材中不足之处、提出改进建议的,这些文章有力地促进了课程改革的深入开展,教材编写者可以对这些文章进行收集、整理和研究,然后对新教材进行修改和完善。我们相信,在不久的将来,经过修订的人教版新教材将会成为适合我国国情、符合新时代要求、质量一流的新教材。

参考文献：

[1] 洪潮,王明欢.小学数学基础理论和教法.北京:人民教育出版社,1984.

[2] 中华人民共和国教育部.全日制义务教育数学课程标准(实验稿).北京:北京师范大学出版社,2001.

[3] 刘兼,孙晓天.全日制义务教育数学课程标准(实验稿)解读.北京:北京师范大学出版社,2002.

[4] 戎松魁.关于《全日制义务教育数学课程标准(实验稿)》中一个注释的探讨.数学教育学报,2004,13(2):32—33.

[5] 戎松魁.《全日制义务教育数学课程标准(实验稿)》指瑕.中小学数学(小学版),2003,(1—2):69—71.

[6] 张奠宙.中学教学全书·数学卷.上海:上海教育出版社,1996.

[7] 李善良.论中小学数学教材编写的基本原则.数学教育学报,2007,16(1):73.

儿童数学认知过程与小学数学教材的建构

张梅玲

教师的活动、学生的活动和教材,是构成教学的基本活动。教学过程是在这三者相互作用中展开的,学习的过程则发生在客体作用于主体的中途。因此,我们在建构小学数学教材时,既要考虑数学本身的知识结构,也要考虑儿童本身的认知结构及其在数学认知过程的特点。

一、儿童掌握数学概念的层次性与教材的建构

儿童对某一数学概念的掌握是呈现不同的层次的。我们可以从不同的角度来研究儿童对数学概念掌握及其解题策略的层次性问题。首先,从儿童理解数学概念或解题的思维水平上来看,一般有直观动作水平、具体表象水平和抽象概念水平这三个层次。例如,当我们问一年级儿童 $3+4$ 等于多少时,四个儿童的回答都是7。再问7是如何得来时,儿童甲说:"因为7可以分为3和4,所以 $3+4=7$";儿童乙说:"3个苹果、4个苹果一起7个苹果";儿童丙则先伸出4个手指,然后往上数5、6、7;儿童丁则左手伸出3个手指,右手伸了4个手指,逐一点数手指后得出7。从结果来看,他们的回答都正确。但其解决问题的思维水平则分别为概念水平、表象水平、半直观水平和全直观水平。

其次,还可以从同一个概念所含的不同关系来区分概念理解上的层次。我们曾初步拟定出儿童对部分与整体关系的认知的12项指标,通过对4—11岁儿童对几何图形、正整数和分数概念的部分与整体关系的认识研究发现,在整体守恒的前提下,这12项指标可以分为4个层次,即部分与整体之间数量的比较关系、包含关系、互补可逆关系和补偿关系。儿童对这四个关系的认知的发展可以分为开始、持续和终结三个阶段。这三个发展阶段的年龄由于对象不同及同一对象的层次不同而有所不同。例如,儿童对互补可逆关系(第三层次)的认知发展,就简单的几何图形来说,其持续阶段在6—9岁;而就分数概念来说,其持续阶段则在8—10岁。

最后,同一概念也可以包含不同层次的数学知识内容。例如儿童对"1"的认识,儿童在小学前都能说"1",有的甚至也会认和写"1",但这时的"1"在他们的头脑里必定是与一个具体的量相联系的。小朋友总是说了"一朵花"、"一只狗"等等。儿童入学后,其对"1"的认识就从具体量变为抽象的数"1"。随着年龄和知识的增加,儿童对"1"的认识就更概括、更深刻。儿童对倍数中的一倍数、乘除法中的一份数、应用题中的假设"1"的认识过程,是从认识自然数中的单个"1"到认识群体中的"1"的认知发展过程。我们的研究表明,在这一认知发展过程中,儿童在认识上有两次质的飞跃,一次是从认识一个元素向认识一份数(若干个1均可以组成一个群体"1")的飞跃,另一次是从认识积"1"为正整数向认识分"1"为分数的飞

---

① 本文选自《教育研究与实验》1990年第4期,第49—53、9页。

跃。儿童在认识上的质的飞跃点也就是其认识上的困难点。总之,儿童对数学概念的掌握、儿童数学解题思维水平的提高都有一个发生、发展的过程,而且这一过程是有其阶段性和连续性的。在教材的建构中,我们一方面要注意使建构的内容适合该年龄儿童的认识发展水平,另一方面要考虑知识的孕伏、发展和深化的不同层次,以利于塑造儿童良好的数学认知结构。例如,《现代小学数学》实验教材,在让儿童认识"1"的时候,就以经验性、形象性的题材对儿童进行群体"1"(一盆桃、一筐桃)的启蒙教育。这也可以说是对儿童以后学习1份数、1倍数的一种孕伏。实验初步表明,儿童能够从经验性、形象性的孕伏中初步懂得"1"可以表示一个桃,也可以表示一盆桃、一筐桃、一卡车桃……有的儿童说:"1"可以表示一个小朋友、一个班、一个学校、一个宇宙……我们从课堂教学的实况来看,孩子们是富有想象力的。他们对"1"的课堂讨论可以是非常热烈的。据教师们反映,教学中的这种孕伏使小学生在学习乘除法中的一份、几份及倍数中的一倍数、几倍数时感到比较轻松。如教师拿12个小圆片请小朋友等分成若干份时,小朋友们分得很快,而且很明确地说:"我可以两个两个地分,12个小圆片可以分成6份,12是2的6倍……","我也可以把4个小圆片作为1份,12个小圆片有三个这样的'1',12是4的3倍"……又如,《现代小学数学》①实验教材第一册的认数部分有1的认识、9以内的数、10和100的认识。这样编排的主要依据是儿童对"10"认识的层次性。我们认为,应该把儿童对"10"的认识看作为儿童在对数的认识上的一次质的飞跃。10是由10个1组成的,反之,10个"1"可以叫一个"10"。这又是儿童对形象性的"群体1"的认识的一次初步深入(把几个1看成一个整体)。这样,小学生就比较容易认识百、千和万,同时这也有利于他们建立倍数概念。又如在对分数概念的认识上,儿童从认识聚"1"为自然数进入分"1"为分数,这是儿童对"1"的认识时又一次飞跃。儿童对任何知识的学习都是他们重建和改建原有认识结构的过程。根据这一原理,《现代小学数学》实验课本对这部分知识的建构是:以"1"为基础标准,把是"1"的几倍和"1"的几分之几联系起来(详见实验课本第七册第117—118页)。这样的一种知识结构不仅有利于儿童对分数概念的理解,而且能促进儿童对"1"的认识从原有的认识层次自然地向更高的层次发展。

二、儿童在认知数学概念过程中产生的矛盾与教材的建构

在儿童对数学概念从不知到知的转化过程中,他们经常处于矛盾的不平衡状态。例如,在分数概念的实验中,我们用形象的图形向没有学过分数概念的5—10岁儿童呈现这样一道题:

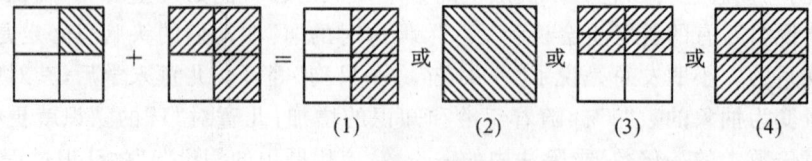

图1

请被试从等号右边的4个图形中选出自己认为对的图形。7岁之前的儿童不是选错,就是

---

① 《现代小学数学》由中国科学院心理研究所"现代小学数学"实验协作领导小组编写,主编:刘静和,副主编:张天孝。

选(4)号。当主试问为什么选(4)时,大多数儿童总是用小手指把加号左面的1个划道道的小块移到加号右面空白一小块上,并说:"这样就成为(4)号图了。"这种回答是对整体图形的一种直观认识。到了8、9岁,有相当一部分儿童选了(4)号图形后,会眼睛盯着(2)号看。当主试问他"你认为还有哪个图形也是对的,还可以选"时,被试带着疑惑的神情对主试说:"从形状上看上去,(2)号也应该是对的。"他选了(4)和(2)后,我们从儿童表情上观察到他仍处在犹豫不决之中。这时主试追问:"到底(2)和(4)号图形是不是都对呀?"他马上回答:"我想想又不一样。"主试问:"怎么不一样?"被试回答:"我想想(4)号是4块,(2)号是1块,4和1怎么会一样呢?"主试又问:"那么,你再好好想想,到底对不对?"被试又反复说:"看看一样,想想不一样。"这样反复了三次。突然被试向主试提出一个要求:"老师,我可以用笔在(2)号图上也在二边中间划上直的和横的二条线吗?"主试回答"当然可以"时,他恍然大悟地说:"噢,在(2)号图上可以加上横、竖二条线条,那我也可以把(4)号图的横、竖二条线条擦掉。"这时,他才明白一整块分为相等的四小块,四小块合在一起也就是一整块,这样问题就解决了。这些活动开始在具体物体上进行,以后就离开实物,在概念水平上协调操作,从而明白"$\frac{4}{4}=1$、1也可以用$\frac{4}{4}$表示"这个道理。从这个实验的个案的解决问题的思维过程中,可以很清楚地看到他在解决问题过程中遇到了形和绝对数值之间的矛盾,矛盾的解决办法是任意的一方通过一定条件转化成另一方,最后达到统一。在这个矛盾的转化统一过程中,儿童不仅学到了数学知识,而且在辩证思维方面也受到了一点启蒙性的教育。儿童在解决问题过程中处于矛盾之中的时候,也正是儿童智力兴奋处于高潮的时候。所以可以说,儿童进行思维的过程也就是他发展思维的过程。又如一个测查5—10岁儿童比的概念的发展的实验,其中有一个情境(全实验为八个情境)是小红和小刚各有两个同样大小的空杯子,小红的杯里倒入三小杯桔子水、三小杯白开水,小刚的杯子里倒进两小杯桔子水、两小杯白开水(事先告诉被试杯子的大小相同、桔子水的甜度也相同)。要求被试回答小红杯子里混合的水甜,还是小刚杯子里的甜。7岁前的儿童,基本上都很快地回答:"当然小红的甜,因为小红的有三杯桔子水。"(在7岁前,儿童只能从一个因素出发,而不能把桔子水和白开水放在一定的关系中去考虑而作出判断)或者说:"三杯桔子水的当然比二杯的甜。"8岁后的儿童大部分能利用一一对应的方法或从概念上来说明:"一样甜。"我们发现7岁前后的儿童在回答此问题的过程中,经常出现动摇和疑惑。有一位7岁儿童开始说"一样甜"(他用手作一一对应动作),但后来又补充说:"老师,我仔细想想,小红杯子里的水还是比小刚的甜那么一点点。""为什么?""因为小红是三杯桔子水呀。"可见,他在一一对应的操作水平上认为一样甜,但此时还受绝对数值的干扰(3杯和2杯),因此出现了疑惑,我们在实验中还发现,儿童在掌握某个概念前,他们会自己想出一些办法来解决问题。如我们问8—9岁的儿童:"甲、乙两人有同样多的糖块,如果甲给乙一块,那么乙比甲多几块?"7岁前的儿童一般总是很快地回答"给一块多一块,给二块多二块",他们看不到其中的蕴含关系。8—9岁的儿童,一般总要问:"甲、乙两人到底有几块糖?""随便多少块,只要同样多。""那好吧!甲6块,乙也6块,甲给乙一块6-1=5,乙拿到一块6+1=7,7-5=2,所以乙多2块。"思维水平高一点的儿童会说:"甲给乙一块,乙多2块,给2块多4块……甲是1、2、3、4……乙是2、4、6、8……"。思维水平更高的儿童能更概括地说乙比甲多几块,就是用甲给乙的块数乘以2,即$X=2n$。儿童从这道题中概括出双倍差的概念,其思维过程是很复杂的。教育者应尽可能创造一个符合儿童认知发展过程的情境,使设置的情境能展示儿童在学习过程中产生的矛盾及其矛盾转化的条件,使儿童在矛盾的对立统一中加深对概念的理解和掌握。儿童对数学的学习过程也就是他建构数学结构的过程。儿童在学习数学过程中产生的矛盾的解决过程也就是其认知的内化(包括同化和顺应)过程。儿童通过对概念的应用与练习等实践活动使概念得到具体化(有的学者也称它为外化)。皮亚杰称这种过程为儿童的双重建构(有的学者把这一过程看作为儿童认识在学习过程中的两次飞跃)。我们认为,教材的建构应尽可能展示出儿童在认知数学概念过程中所产生的矛盾,展示出儿童认知数学概念的发生、发展过程,以利于儿童完成这种学习的双重建构。

三、儿童的解题策略思想与教材的建构

1988年,我们进行了一次速算策略的临床测查。主试要求学生把 $3+4+5+6+7+8+9$ 这个算式改写为乘法算式。实验班学生有70%能正确解答,对比班只有10%的学生能解决这个问题。在策略上,对比班5名做对的学生自述的思考过程均为:"我把这七个数加起来是42,我再想几和几相乘是42,一想是 $6×7$ 等于42,所以这道题可以写成 $6×7$。"实验班学生一般的思路为:"我从9中取出个3给3,就合成两个6;从8中取出个2给4,也成两个6;再从7中取出1给5,这样又有两个6;再加原来的一个6,就成7个6。所以可以写成 $6×7$。"有的则先做 $3+9=12,4+8=12,5+7=12$,再写成 $12×3+6$ 或 $6×7$。从学生解答这类题所使用的策略中可以初步看到,实验班学生对数与数之间进行互补的思考能力比较强。这种思考方法可以从1988年的一次操作性测查中看得更清楚。实验者给学生呈现两行相等数量的棋子 $\begin{pmatrix}0000\\0000\end{pmatrix}$ 要求学生使用各种方法(可以从外取两个棋子加到一行上,也可以从一行中取两个,也可以从一行中移一个到另一行),使两行棋子相差2。实验结果,采用一行上加两个的,实验班占97%,对比班占81.8%;从一行中取走两个的,实验班达到100%,对比班只达到72.7%。采用移动办法的,实验班占54%,对比班占30%。采用这种策略所要求的思维水平是比较高的。也就是说,学生要从绝对的加减(从一行上加或减)转入到相对加减,就要能思考到一行在加的同时蕴涵着另一行在减。儿童开始时是看不到这种稳定的相互依存关系的。要达到这样一个加与减之间的辩证的综合过程,儿童缺乏的是对立面的同一性,即一行的增加意味着另一行的减少。

以上所列举的这些临床测查结果可以告诉我们,实验班学生在解决这类问题时的思维水平和解决问题的策略,相对来说是比较好的。也就是说,他们在这方面的认知结构比较好,因为人们解决和思考任何问题的过程均是同化和顺应其原有认知结构以达到暂时平衡的过程。从信息加工的角度来讲,也就是从长时记忆的仓库里提取解决问题所必需的知识。提取得快与慢、正确与否,当然首先要取决于仓库(长时记忆)中知识的存在,但关键在于仓库中的知识要结构化。近年来,费尔施坦(Reuven Feuerstein)等人对智力落后儿童进行了大量研究后提出一个"中介学习经验"(Mediated Learning)概念。费尔施坦(1986)甚至把皮亚杰的认知发展模式 S—O—R(刺激—机体—反应)改为 S—H—O—R(刺激—人类中介—机体—反应)。他认为,儿童是在对直接刺激的反应中不断修正其认知结构而习得适当的行为、学习的定势和操作的结构(内外界刺激的认知方式)的。因此,"中介学习经验"的效果可以概括为机体内在的大量的定向和策略,这些定向和策略构成了正常认知功能的前提

条件。从我们的实验中可以看到,实验班学生在数与数之间互补、可逆、补偿、整体不变性等方面的思考能力比较强一些,这主要和他们学习的知识结构的建构内容和形式有密切关系。如果按"中介学习经验"的观点来分析,我们也可以说,以上这些定向和策略构成了他们认知功能的前提条件。我们是把互补、可逆等思维方法作为一种功能来对待的,而功能的作用必须通过一定的结构才能显示出来。在教材建构中,我们有意识地以我们的主线(以"1"为基础标准,揭示数与数学中部分与整体的关系)的思想来显示数学本身内在的这种相互依存、相互关联、发展、运动等辩证性的思维内容和方法。这样做有利于从小对儿童进行唯物辩证法的启蒙教育,学生不但能学到知识,而且能学到学习的方法和思路,为学生从学会到会学的转化打下了基础。教材的建构不仅给儿童呈现知识的整体和部分,而且更注重揭示整体与部分之间的各种关系,这也就为儿童智能的开发创设了情境。我们实验教材的建构比较注重于新旧知识在连结点上的展开,这也就为培养学生的迁移能力创造了条件。此外,在教材的编写上,我们还注意展示儿童的解题策略。例如,《现代小学数学》实验课本第一册中对退位减法的建构,就把退位减法的各种策略都编入了教材。如 13−5=?

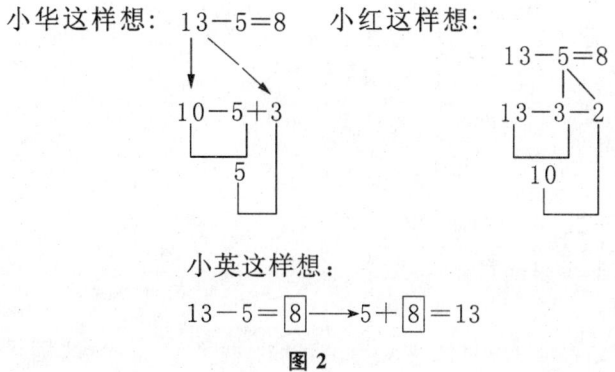

图 2

(引自《现代小学数学》第一册(修订本),第 85 页)

这样,儿童在解题时不仅仅满足于解题的结果,而且要思考用各种办法解题,注意解题的过程。这种解题过程本身就能促进儿童思维的灵活性。

四、儿童数学认知成分的相互作用与教材的建构

感知、表象和概念是儿童数学认知的三种主要成分。实际上,教学过程所涉及的是儿童的整个认知活动,只是因所学的内容不同、学生的年龄不同而认知的成分有所不同罢了。感知、表象和概念这三种成分基本上是互相作用的,并且是不断转化的。但在具体的教学活动中,儿童总是以某种成分为主导的。

个体的思维发展过程,是一个从动作思维逐步过渡到具体形象思维,再发展到抽象逻辑思维的过程。小学生的主导思维的发展过程,是一个从具体形象思维逐步过渡到抽象逻辑思维的过程。作为主体学习的客体,数学又是一门高度抽象化、符号化、结构化的学科。那么如何使抽象的、逻辑性很强的客体作用主体,而且使之相互发生作用呢?一般来讲,在低年级,根据儿童的年龄特点,教材的建构和师生的双边教学活动要注意直观性、形象性和操作性,要在教学活动中尽可能使静态概念动态化、抽象概念形象化。从我们的几个实验中可以看出,在儿童思维从具体形象思维到抽象逻辑思维的过渡中,表象起了很好的中介作用,也就是说,可以利用表象的中介作用来促进儿童的直观形象思维向抽象逻辑思维发展的过程。我们认为,教材的建构也应考虑到这种中介作用,也就是说,要创设情境,让儿童在头脑中唤起形象。(参见《现代小学数学》第一册(修订本),第26、31页)

此外,我们对儿童数学认知发展的快速期研究表明:

儿童数概念的稳定性在4—6岁发展较快,7岁以后趋于平缓;面积概念的稳定性则在7—8岁有较快的发展。教育者应据此对儿童进行及时的、适当的教育和训练。《现代小学数学》实验教材还在数学思维的专项训练上作了初步尝试,六年实践表明,这种专项训练深得儿童喜爱,可以使他们变得更乐于思考,更善于思考。

充实小学数学课中几何内容的一个设想[1]

钟善基

普通学校的初等几何课应如何改革,已经是二十多年来国内外数学教育工作者所公认的难以处理好的问题了。在这里,笔者准备针对这个难题,再一次提些看法,用作继续研究这个问题时的参考。

考虑到二十多年来,对于这个问题的研究总是在中学范围内进行,这就带来了一定的局限性,因而还是把中小学结合在一起通盘考虑,似较妥当。本文就是按照这样的意图,针对小学数学课中应该与如何充实几何内容提出的一个设想。

一、问题的提出

精简传统的中学初等几何课的内容,1958年就提出来了。这首先是由于科学技术的发展和数学本身发展的需要。必须增加一些新的内容;去掉一些不太需要或已经过时的内容。但是,应增加的新内容多于应去掉的旧内容,发生了矛盾。

于是又进一步回顾多年来在教学要求和教学效果上的反应。最后发现在初等几何课的要求上,大有改变的余地,可以腾出较多的时间使学生学习新的数学知识。原因大致是这样的:学生在掌握课本上所列的几何知识方面,用时并不很多,而较多的时间是用在解题上。在所解的习题中,又以论证题所占的比重最大,其中更包含着一定数量的较繁、较难的题。当然,解答习题是学生学好数学必不可少的、非常重要的手段。但是解答过多的、过于繁难的几何论证题,究竟有多大好处是值得研究的。事实上,在学习初等平面几何期间,有些学生所以善于解答几何论证题,常常是由于他们积累了不少的"证题术",取得了不少的解题经验的缘故。这样的学生升入高中,甚至进大学开始遇到稍难的代数论证问题时,常会表现得束手无策。这就说明,过多地使学生解答几何论证题,对于培养他们的逻辑推理能力,是没有必然的、直接的联系的。因此,数学内容的更新,可以从精简初等几何课的内容入手:一方面精简与重新安排初等几何课的知识内容;一方面去掉传统教材中过多的、过于繁难的几何论证题。

但是,进行精简,也还要有一个前提。这就是要加强代数课中逻辑推理的成分,以使学生的逻辑推理能力的培养不被削弱。然而由于这个前提不容易实现,在初中代数课中,还确定不了应加强的、适合初中学生接受的、进行较严格的推理论证的内容,以致初等几何课的内容几经精简,至今还不能令人满意。特别是不敢删去某些论证题,以致学时仍旧占用过多,影响了中学数学课的充分更新。为此,"普通学校初等几何课如何改革"这个难办的问题依然存在,仍旧是要继续研究、亟待解决的问题。

事实上,初中平面几何课的开始阶段,实质上是实验几何阶段。其中没有逻辑推理的内

---

[1] 本文选自《课程·教材·教法》1985年第6期,第34—38页。

容。而和它并行的代数课中,虽然也没有什么逻辑推理的成分,但是在学生的心目中却不这样感觉。他们把类比着已学过的算术知识通过归纳来解释代数知识,就认作是"说理"了;而几何是"不说理"的。如果把算术课比作代数课的"实验代数"阶段,那么"实验代数"的教学是在小学完成的。这样,实验几何的教学如果不和它并行而错后到中学,相形之下也就难免学生对几何的学习没兴趣了。其原因不是别的,就是"习惯势力"所致。因为在小学数学课中,几何的内容非常少,虽然也明确一些几何图形的性质,但师生都不够重视。注意力只放在长度、面积、体积等几何量的计算上。这也无怪乎在学生的心目中,对数学的认识只集中在一个"算"字上了。似乎无"算"就不是数学。

基于上述原因,很自然地便使人联想到:在小学数学课中,是否可以充实一些几何的内容?因而产生了下面提出的设想。

二、小学数学课中要充实的几何内容

(一)小学数学课中充实几何内容的必要性和可能性

众所周知,数学的研究对象,归根结底是客观世界的空间形式和数量关系。而几何学就是空间形式内部规律的直接反映。因此,从整体上说,学习数学尤其在开始阶段,如果不充分地学习几何,将是难以达到学习数学的目的的。再从数学历史的发展情况来看,还可以发现,不妨暂时机械地说,反映空间形式的几何学和反映数量关系的代数学(包括算术)又是并进地发生和发展着的。这就是说,学习数学如能从几何与代数两个方面同时并进地进行,才算是符合历史的发展过程的。特别是从具体的数学史料中更说明了,几何学和代数学是互相促进、相辅相成地各自得到发展的。几何学的发展过程如果说是从定性到定量的过程,显然没有代数学作依据,将是不可想象的。但是代数学的发生和发展,又必然要有它的实际的、直观的背景。而几何形象正是这样的一种具体背景。因此有理由说,要想学好代数(算术),也必须要有一定的几何知识作为依据。

这样,不仅从大处着眼,从数学的研究对象、从数学发展的历史过程来说,学习数学应该先从代数与几何双方同时入手;即使对初学数学的小学生来说,要使他们把数学学得更好、学起来更容易,也应该使他们在代数和几何两个方面都得学一些,而且是互相结合地学。因此,确实有必要对多年来不太注意教学生以几何知识、只偏重于教以代数范畴的单纯计算的小学数学课的内容作一番改变,把几何的内容充实进去。

多年的生活实践已经说明,学前儿童由于生活在几何形象的环境中,随时随地都与几何形象相接触,如室内的用具、家具、装饰品等等的形象;室外的场地、房屋、车轮等等的形象都呈现着几何形象,不胜枚举。在玩具中,尤其像积木一类的,更是具体地体现着几何形象,而且儿童们也都能说出这些形象的名称:"这个是长方形的,那个是圆形的,这个是三角形的……"这就说明学生在学龄前已经有了识别几何形象的能力了。在多年的小学数学教学中,虽然几何的内容很少,但从学生的学习效果和学习兴趣来说,学生也是喜欢学,并且能学得好的。事实胜于雄辩,无须从理论上分析,只从多年来儿童接触与识别几何形象、小学生学习简单的几何知识的实际情景来说,在小学数学课中能否使学生充分地多学一些几何知识,而且还只停留在实验几何阶段,不涉及逻辑推理,这个问题的答案已经是显然的了:完全是可能的。

学时从何而来？实际上，传统的小学数学课中所包含知识（概念、法则、公式等）的比重并不大。相当一部分的学时是用在解答例题和习题方面。而所解的例题和习题中又有相当一部分涉及各种实际事例的题。如果把几何的内容也作为实例充实进去，用来代替一些其他种类的实例，也就可以无须顾虑学时不够了。

（二）在小学数学课中可以包含的几何内容

小学是学校教育的最基础的阶段，几何内容要和算术内容一起安排，不可能涉及原来属于中学的初等几何课的全部课题，只能包含平面几何课中的一部分课题和一些立体几何的内容。

几何内容的选择除要遵循"按照逻辑关系及由简到繁、由易到难的顺序"来编选以外，还要从"反映认识过程"的要求来考虑。所谓"认识过程"，指的是人对事物本质的认识过程。概括地说就是由感性认识到理性认识的过程；由局部认识到整体认识的过程。形象地说，就是"去粗取精，去伪存真，由此及彼，由表及里"的过程。例如，把结构、大小、颜色、材料等各方面不尽相同或全然不同地呈现着三角形形象的实际对象，通过观察、比较、分析，把它们看做同一种对象：三角形。这样的认识过程就是以几何的眼光来认识事物的"去伪存真"的过程。但是一般地说，呈现着三角形形象的实际对象，它们的真实形象并非都符合三角形的确切定义。三角形的"确切的"抽象形象，正是来自于"不确切的"具体形象。这种由"不确切的"形象抽象为"确切的"形象的认识过程，就反映着"去粗取精"的过程。又如，人们在研究三角形时，首先认识到它有三条边、三个角。于是就首先研究作为三角形的边和角，它们该有什么样的特殊规律。随着学习的深入，将来还会逐步认识到三角形的三中线、三高线、三角平分线都分别共点；从而更进一步认识到对于正三角形来说，这样的三个点又合而为一。这种认识三角形的内部规律的过程，就反映着一种"由表及里"的过程。再如，把多边形看作由几个三角形拼合而成，并按照三角形的特点去研究多边形，从而认识多边形的特点的认识过程，既反映了一种"由表及里"的过程，也反映着一种"由此及彼"的过程。实际上，很多定义、定理的形成过程，除含有"由表及里"的过程，也常含有"由此及彼"的过程：因为有比较才有鉴别。在一个概念或一个论断的形成过程中，不仅要比较一定数量的同类对象，而且还要和一定数量的不同类对象相比较。

学习过程也是一个认识过程，在学生学习书本知识的过程中，也应反映出获得知识的认识过程，而人对事物的认识过程是有上述的客观规律的，因此在编选教材内容时，应以上述的认识过程为依据。据此，在小学数学课中可以包括下列的几何内容：

直线，射线，线段，两点间的距离；

角及其度量，角的分类，垂线及其画法，角的平分线及其画法；

三角形及其边和角之间的关系，三角形的画法，两三角形的全等，三角形面积的度量；

多边形（凸）及其角的关系，正多边形及其画法，多边形面积的度量；

特殊四边形及其周长和面积的度量；

圆及其画法，圆心的确定，等分圆周，圆周长与圆面积的度量；

基本几何体及其表面积和体积的度量。

三、教学要求

(一) 教材的编排

由于在小学数学课中,要充实在上面所列的几何内容,在编排上便产生了问题:是把教材编成算术和几何的混合数学,还是以其中一种为主线,把另一种穿插进去?根据小学数学教学目的以及算术内容衔接较为紧密的特点,仍应以算术为主线,而把几何内容有机地穿插进去。

学好知识要有一个反复认识、不断巩固的过程,一个概念、一个论断的教学常不是一次完成的。作为小学初学阶段的几何知识,更要考虑逐步深入地进行教学。如"三角形任意两边之和大于第三边"这个课题,可在 20 以内的加减法教学中,在线段的度量之后,结合着不等的概念进行教学。但在 100 以内的加减法的教学中,还要使学生再度熟悉"知三边画三角形"的方法、熟悉"三角形任意两边之和大于第三边"这个论断。同时又进一步地明确"三角形任意两边之差小于第三边"这个论断。在小数加减法的教学中,也还要使学生再度熟悉这些内容,同时更进一步地明确"三角形两边 a、b 的长度给定时,它的第三边 c 的长度虽不固定但有范围,即 $a-b<c<a+b$",并让他们解答"给定 a、b 以具体数字时,求 c 的具体范围"的数字题(这也是渗透集合思想的一种反映)。

小学几何的教学只要求到实验几何阶段,不存在逻辑推理的要求。除保持必要的逻辑顺序外,各项课题的安排次序是有较大的灵活性的。因而把几何内容穿插在算术中,可以也应该表现得越自然越好。例如,结合着认数教学进行认图的教学;结合着"钟面的认识"就可以进行角的概念和分类的教学(包括用量角器量角的大小);结合着时间单位的教学,通过观察钟面,进行角的单位的教学;结合着角的单位的教学,可以介绍方位的知识。

(二) 教学内容的宽度

在教学中仅仅使学生明白一些几何图形的概念,了解一些几何图形的性质是远远不够的。一般地说,通过几何教学,要使学生在计算、绘图、测量方面的能力都得到培养。

由于几何内容是穿插在算术当中的,似乎使学生在运用几何知识进行计算时,在计算能力方面自然地会得到较充分的培养。实际并不尽然。从多年来的初中平面几何教学中可以看出,对解答计算题的要求常常是偏低的。更不用说,过去在小学数学课中,对于几何方面的计算题,基本上只是停留在套用公式而后进行简单计算的程度。因此应该提高解答几何计算问题的要求。

对于绘图,应要求学生熟练地掌握常用的简单绘图工具;准确、迅速地绘出简单的几何图形;并能绘制简单的图样而后就它制成模型,如展开图之类。值得注意的是,过去曾有一种错觉:由于几何知识在小学的教学中出现较晚,就认为小学低年级学生没有运用各种常用的绘图工具进行绘图的能力。实际上通过近年的小型教学实验可知,不仅低年级学生有这种能力,而且对使用工具绘图是很感兴趣的。通过绘图还有助于加深对知识的理解。

关于测量,这在多年的教学中已在进行了,只是要求有所不同。其内容,一般地说,应小而包含先量出柱体或锥体实物的必要尺寸,根据这些尺寸(或按比例有所伸缩)画出表面展开图,而后再从展开图作成模型;大而包含到室外完成一些长度、角度、面积以至简单的地形的现场测量等。

（三）教学方法的改革

为了使学生学好书本知识，练好应用的基本技能，并在解决问题的能力上得到培养，在课堂教学中，应该依照教学的启发式的精神进行。因为启发式教学的理论基础就是认识论；启发式就是把学习过程看作认识过程而设计的教学方式。其主要的精神就在于使学生在教学中要通过一个从观察、比较到分析、归纳以至概括的思考过程。这样才易于使学生深刻地学到知识，才易于在解决问题的能力上得到培养。

遗憾的是，作为教科书的数学书，与课堂教学中应体现的认识过程相比，差距还是很大的。针对教科书中反映认识过程不足或不很足的课题，在教学中更应仔细地设计教学进程。要体现启发式的精神，要反映认识事物的过程，要使学生通过认真思考主动地学得知识。为了说明这个论点，仅举下述一例，即可见一般：

在现行小学数学课本中，对于"求平行四边形面积的公式"这个课题，大致是这样处理的：首先明确平行四边形的高的概念；而后明确如图1中用"阴影"表示出的左边的三角形放在右边的三角形上，便出现了一个矩形，从而平行四边形就和这个矩形等积；最后归结出公式：平行四边形的面积＝底×高。

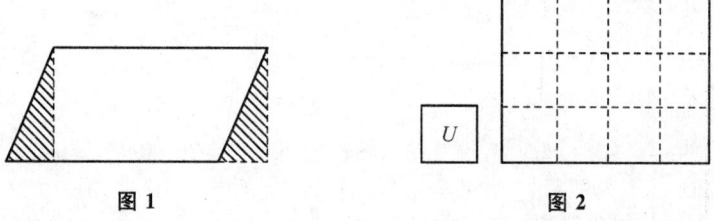

图1　　　　　　　　图2

这种教学过程的不足处在于：为什么要先引出"高"的概念？怎样想出用"割补法"？怎样想出应归结为矩形的求积问题？为了补足，可按下列的过程进行教学：

首先复习求矩形面积的公式及其来源。画一个矩形（如图2），使学生一直回答到"矩形内包含的单位面积（图2中的正方形U）的个数等于相邻两边量数的乘积"，并按图2解说清楚为止。

其次用一个和这个矩形合同的教具（边可转动的框子）演示，使它转动成一个斜平行四边形，并描画在黑板上，如图3所示。由于学生知道这个平行四边形的边长分别等于原矩形的边长，而该矩形的面积又等于两邻边的乘积，便很容易得出错误的联想：平行四边形的面积也等于两邻边的乘积。

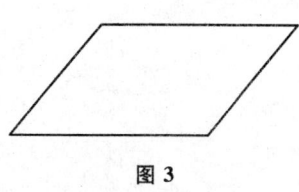

图3

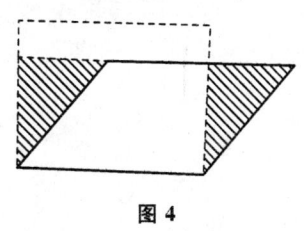

图4

教师可就此答案提出"如何检验"，并指出使两形相叠看它们所占平面部分的大小是否一样；同时把所用教具恢复为原矩形，并叠置在平行四边形上描画出这个矩形（如图4），使学生观察。一般地说，学生是不太轻易下结论的。原因是（图中尚未画出"阴影"）平行四边形有一部分在矩形的外部。于是教师可予以启发：能否把平行四边形中在矩形外部的三角形割下来，设法往矩形内"填补"，看看能否"补足"；如能"补足"，上述答案就正确，否则便错了。由于图形的直观性，使学生进行这种嵌入的实验。结果便发现该平行四边形的面积小于该矩形的面积，从而否定了上述的答案；同时还发现了该平行四边形的面积恰好等于另一个"小矩形"的面积。为了归结计算公式，自然地也就引出平行四边形的高的概念了，把计算公式明确后，教师再依课本中的顺序予以总结，这样就把认识过程较完整地反映出来了。

最后还要指出的是，"两邻边的乘积"不能作为求矩形和平行四边形面积的统一公式，但"底和高的乘积"可作为求矩形和平行四边形面积的统一公式，以使学生再一次体会这两种图形的从属关系。

小学生视图能力的测试分析及其对几何课程设置的启示[①]

刘晓玫　陈　娟

一、问题的提出

几何课程对发展学生空间能力的重要性已是不争的事实，然而，如何设置几何课程以发展学生的空间能力的研究却还有大量的工作要做。国际数学教育委员会（ICMI）的研究报告（1998）指出[1]，几何课程不能局限于平面部分，平面几何也不能局限于"微观空间"（指练习本和书本）。相反，特别在低年级，几何教学的起点必须是对我们所生活的现实三维空间的仔细观察，而且这种对三维空间的注意必须持续到高年级，并把焦点放在二维和三维空间的关系上，如我们眼中的物体与纸上的图形及计算机上的图形之间的关系。在课程中，除了度量性质外，自然还应该包括平面的仿射性质以及平面到平面的平行投影，当然，还可以考虑中心投影。

因此，注重联系"现实三维空间"，关注"二维和三维空间的关系"，成了一些国家几何课程中发展学生空间能力的出发点和着眼点。如果再考虑"投影"这一因素，那么很自然地想到"视图"。然而，可能对于大多数处于小学阶段的学生，与其对正投影概念进行严格定义和描述，不如用他们所具有的几何直观（视觉直观）的能力去感知三维世界，从而理解不同位置、不同角度观察到的物体形状会不同及为什么不同，识别和表示这些不同的形状，了解与这些形状相对的位置、角度，等等。因此，如果能够把这部分既与"三视图"有密切联系而又不同于其在几何上严格的定义且融合了更多现实空间成分的内容，以恰当的方式体现在小学的几何课程中，必将对学生的空间观念的培养起到积极的作用。这是目前数学课程建设与开发急需解决的问题。

心理学上虽然已有一些关于"视觉透视"等问题的研究，但大多是对特定群体针对个别具体问题的研究，而对不同年龄阶段的小学生关于"视图"内容的较为全面的认识水平的研究却没有。在数学教育领域，只是凭借经验以发展学生的视觉直观及空间观念为目的制定了一些课程和教学计划，同样对学生是如何认识的似乎都没有涉及。随着《全日制义务教育数学课程标准（实验稿）》（下称《标准》）的颁布及推行，当前我国的小学课程中也安排了相应的教学内容。[2]因此，本研究针对一部分小学生进行了测试，旨在寻求不同年龄、不同学校类型、对视图初步内容有着不同熟悉程度的小学生对视图初步有着怎样的认识，以及男女学生在性别上是否存在显著的认识差异，希望测试与分析的结果能对小学阶段的几何课程中相关内容的设计提供实验的基础。

[①] 本文选自《课程·教材·教法》2007年第3期，第34—38页。

二、研究方法

(一) 被试的选取

本研究在北京市的一所城区小学(A)和一所郊区小学(B)中选取 2—6 年级的学生作为被试,在每个学校中,从各个年级随机抽取一个自然教学班,共 405 人。

表 1 两所学校被试学生的一般信息

	二年级	三年级	四年级	五年级	六年级	每个学校的学生总数/男生数
A	35	36	45	45	38	199/104
B	41	46	42	41	36	206/115

需要说明的是,A 校的 2—4 年级的学生使用的是根据《标准》编写的北京师范大学出版社出版的教材,但 5—6 年级学生用的则是根据 2000 年的《小学数学教学大纲》编写的北京教育出版社出版的教材,没有学习或接触过视图方面的知识;B 校 2—6 年级使用的也是根据 2000 年的《小学数学教学大纲》编写的北京教育出版社出版的教材,但据校方介绍,除了 6 年级,该校在 2—5 年级的教学中均讲了一些"从不同方向观察物体"的内容。

(二) 研究方法与工具

我们设计了"视图测试卷",采用个人独立答卷的方式进行。试题的设计主要根据曹才翰(1990)提出的空间观念的五个要求等[3],分析参考了一些相关的研究及课程设置,从三个维度、三个方面设置问题来评价学生对视图的认识。三个维度分别为识图、读图和画图,对三个维度各有所侧重;三个方面是指从生活到生活、从生活到数学及从数学到数学。(例题见附录)

识图这类题目要求学生对呈现的空间或几何体识别它在不同方向或角度下的不同的视图;画图这类题目要求学生对呈现的空间或几何体画出指定方向或角度的视图;而读图这类题目则要求根据某个(些)方向或角度的视图建立起整个空间或几何体的结构。

对于三个方面,从生活到生活的题目要求学生从所处的生活空间出发,用"生活的"眼光来分析生活中的事物及它们之间的关系,认识到不同的视点对应着不同的视图。从生活到数学的题目要求学生从所处的生活空间出发,用"数学的"眼光分析生活中可以被模型化的事物,有一定的抽象。从数学到数学的题目要求学生从数学的几何图形出发,通过想象按要求抽象地分析图形的关系和特征,实现二维与三维图形间的转换。

题目设计过程中,征询了心理学专家和数学教育专家的意见,还参考了国际测试(如TIMSS)和其他一些研究中的试题,并抽取北京城区某小学的 2 年级 20 人、5 年级 30 人共50 名学生进行试测,最后确定了用于测试的 29 道题目,其中识图部分 14 道题,读图部分 8道题,画图部分 7 道题。

正式施测是在 2005 年 11 月至 12 月间,由笔者亲自参与完成。整个测试卷的总分为55 分。本测验的数据采用 SPSS13.0 统计软件包进行管理分析。

三、测试结果及分析

(一) 信度分析

测试完毕,采用 Cronbach's Alpha 系数法测得各部分(识图、读图和画图)及整个测验的信度,见表2。

表 2 各维度和总测试的 Cronbach's Alpha 系数

	识 图	读 图	画 图	总测试
Cronbach's Alpha	0.693	0.634	0.805	0.853

学者 DeVellis(1991)认为,一份信度系数好的量表或问卷,最好在 0.80 以上,0.70 至 0.80 之间还算是可以接受的范围;分量表最好在 0.70 以上,0.60 至 0.70 之间可以接受。因此,本测验是可以接受的。

(二) 测试结果及分析

1. 年级间总体趋势分析

由于两个学校的 2—4 年级均学习或接触过视图初步内容,首先考察这三个年级视图认识水平的总体发展趋势,其总平均分的趋势如图 1。

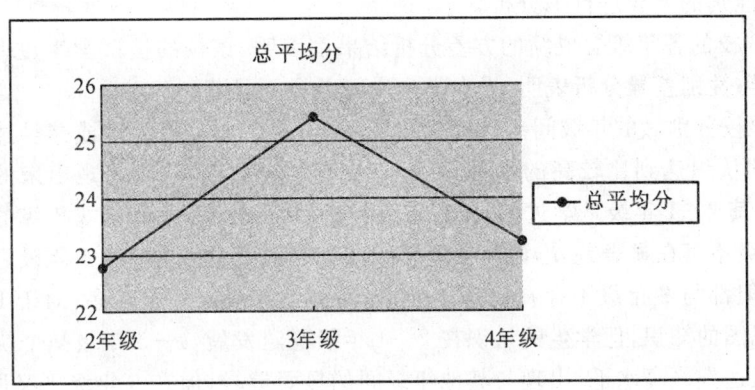

图 1 2—4 年级总平均分趋势图

从图形中能够看出,3 年级成绩略好一些,但方差分析的结果表明,三个年级间不存在显著差异。因此我们可以认为从总体上来讲,这三个年级之间在视图部分的认知水平差异不大。

进一步对 2—6 年级总体成绩以及三个维度的成绩进行方差分析,我们发现,均存在显著差异。具体分析年级间出现的显著差异,其结果表明:在识图这个维度上,2、4、6 年级分别与 5 年级存在显著差异,并且 2 年级的成绩好于 4、6 年级;在画图这个维度上,2、4、6 年级分别与 5 年级存在显著差异;在读图这个维度上,2、4 年级分别与 5 年级存在显著差异,6 年级的成绩略好于 2、3、4 年级。除此之外,其他年级间不存在显著差异。

2. 各学校学生年级间和性别差异分析

两个学校的总情况如图2,从图中我们可以直观地发现,除5年级外,A校的各年级好于B校的各年级,而B校的5年级是接触过视图内容的。

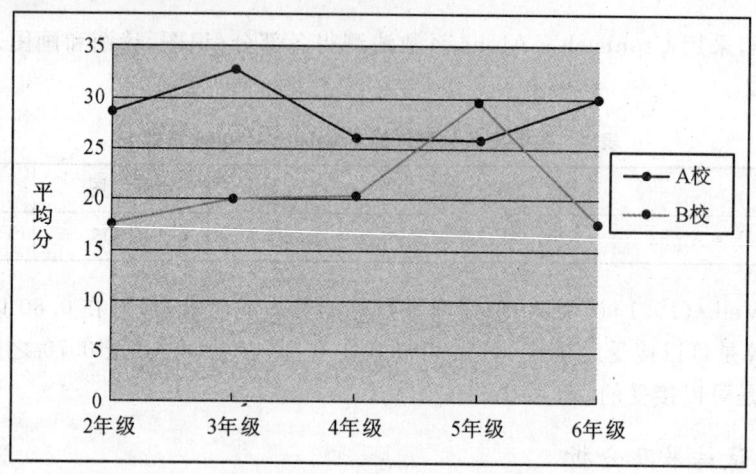

图2 两所学校2—6年级总平均分趋势图

为了进一步全面地考察小学生对视图初步认识在年级和性别上的差异,针对两所学校的不同情况,我们又以各个学校为单位,就测试总分进行了年级间方差分析和相邻年级间差异检验,也对性别的差异进行了分析。

A校和B校的各年级总成绩的方差分析结果都表明,该校的被试学生在理解上存在显著的年级差异;性别差异分析表明,男女学生之间差异不显著。

对两个学校分别做的年级间差异检验结果表明,两个学校中学过或接触过视图知识的年级对视图的认识达到比较高的水平,而对于没有学过的年级,则表现出来的水平比较一般。如A校,其2—4年级是学过的,与高年级相比,水平较高,尤其是3年级的成绩比较突出,但与2年级不存在显著差异,而与4、5年级间存在显著的差异,4—6年级之间保持相对稳定的状态,但都与2年级不存在显著差异,也即与2年级水平差不多;对于B校,2—5年级均接触过视图的知识,但学生的认识在2—4年级稳定发展,4—5年级是个快速发展的阶段且在5年级达到最高水平,出现与其他年级间的显著差异,但在6年级则又回复至与2—4年级相近的水平。

四、结论

(一) 学生对视图认识的性别差异

数学能力的性别差异是数学教育心理学现代研究领域内的基本课题,国际上对此已有几十年的研究历史。而空间能力上的性别差异(主要还是分为空间定向和空间想象能力这两类)很早就被人们所发现,并吸引了许多研究人员的注意。但对空间能力是否真的存在差异、差异的大小、发展过程和产生原因却不能形成一致意见。不同的研究选择了空间能力的不同方面,得出了不同的结果,对于不同年龄段的被试,结果也不相同。[4]西方学者对儿童或小学生所做的研究都表明男孩在空间能力上占一定优势。但是国内学者的一些研究结果与西方学者的结果有一定出入。许燕和张厚粲对 2、4、6 年级的小学生空间能力的研究结果表明,[5]在各年龄组均未显示出很大的性别差异,其变异数均未达到显著性水平;2、4 年级的男生占有一些优势,但到了 6 年级则发生优势"翻转"现象,表现出女生平均分略高于男生。从性别差异的发展倾向上来看,男生在空间能力上的优势表现为随年龄增长而缩小并消失的特点,这说明男生在空间能力上的优势并不是恒定的。这可能说明中国儿童具有与西方儿童不同的空间能力性别差异表现特征。

本研究在这一部分的结果是,小学生在对视图的认识上不存在显著的性别差异。作为数学课程的一部分,且是与发展空间能力相联系的课程内容,这一结果同样是与已有的研究结果相符合的:中国儿童在数学或空间能力上可能不存在显著差异,至少是在小学期间。[6]

(二)小学生对视图的认识特点

本测试结果说明,总体上说 2—4 年级学习或接触过相关内容的小学生对这部分内容的认识是平稳发展,虽然在 4 年级稍有回落,但不存在年级间显著差异。而对 2—5 年级情况一致的 B 校的分析表明,4—5 年级是学生认识发展的一个关键时期,并在 5 年级达到了与其他年级有着显著差异的水平。在访谈中,B 校的 5 年级学生告诉笔者,他们接触过这种类型的课程内容,而且教师还进行过多媒体教学——他们曾通过一些多媒体软件学习过相关的知识,如利用计算机呈现出一个三维的实物,要求他们选择从不同角度看到的二维图形;而在 A 校,4 年级教师则反映他们对这部分内容接触不多,识图的多些,基本上是课程之内的。

五、启示

通过对本测试结果的分析,我们从课程和教学的角度作了如下几个方面的思考。

无论是对两所小学进行的共同分析还是对他们各自的分析,都表明 2 年级学生的总体平均成绩以及在识图、读图和画图三个维度的成绩都与其他年级的成绩没有显著差异(5 年级除外),并且 3、4 年级的稳步发展说明了学生对视图内容理解掌握的稳定性。这说明视图的一些基本知识在小学第一学段就能够被学生较好地接受和掌握,因此从第一学段的开始就可以安排一些适当的视图内容供学生学习。

从 6 年级的总体表现和在三个维度的表现看出,6 年级在识图和画图等维度均不如其他年级,虽然其中可能存在学习态度上的问题,比如对学习的兴趣和对测试卷回答的厌倦等因素,但从访谈的情况看出,6 年级学生对某些问题的想象的意识和水平确实与 2、3 年级相当甚至低于低年级的学生。这从某种程度上说明在小学低年级段引入视图的内容,对学生空间观念的发展是有利的。

分析测试结果还能发现,不同年龄段的小学生在三个不同维度上的认知发展特点也有不同。6 年级在识图和画图方面不如其他年级,但在读图方面表现最好。究其原因,读图对学生的要求不仅仅是直观的想象,还要有一定的空间推理能力和逻辑思维能力,而这些都要求学生具有一定的思维水平,无论是在皮亚杰(Piaget)的思维发展阶段理论[7]中还是范希尔(Van Hieles)的几何思维水平[8]中,都是属于较高的思维层次和水平了,因此在测验的结果中也就体现出了年龄的差异性。

这样就为我们的课程编制提出了一个问题:如何在小学的不同年龄段安排不同的视图

内容,以适应学生的思维发展和空间能力发展的需要?

对五个年级小学生识图、读图和画图三个方面所作的方差分析检验的结果显示,识图以及简单的读图和画图内容适合在低年级安排,而且可尽量以"从生活到生活"的方式呈现,这不仅适合学生年龄特征的要求,也因为贴近生活而使学生的想象有了更多的观察基础,为他们创造出更广阔的观察想象空间。随着年级的增高,可以逐渐安排读图和画图的内容,将想象与空间推理和逻辑思维结合起来。

课程实施过程中教学方法和手段的运用,也是值得考虑的问题。如何为学生提供想象的空间,如何组织观察、想象、操作等环节,如何运用现代化的信息技术等都是教师在具体教学过程中针对不同的内容和学生需要考虑的问题。

在对学生的答卷进行分析的过程中,还引发我们思考了有关如何引入视图概念的问题。关于"视图"概念的引入,目前一些教材的做法是"从不同的方向看",也就是"生活化"地去处理,我们问卷中的问题也是这样提出的,但我们发现一些学生却是用透视的方法画出看到的图形来表达他们对此的理解,应该说对于我们提出的问题,学生的理解是有道理的,这也暴露出"从不同的方向看"引入的视图在严谨性方面存在的问题。但是,对于小学生来讲,直接由正投影引入视图的概念未免过于形式化。因此,怎样引导学生理解"从不同的方向看",进而从正投影的角度理解视图,是课程编制和教材开发需要深入思考的问题。

附录:例题

1. 下图中的玩具房子可以看成是由右边的两个几何体组成的,请根据这些图形回答下面的问题。

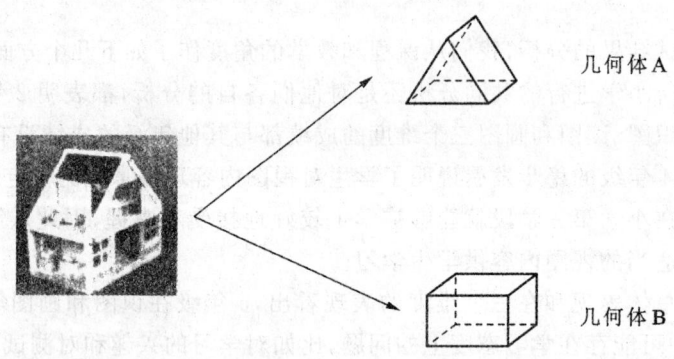

(1) 从上面看几何体 B 所看到的图形是下面哪一个?在你认为正确的答案上打"√"。

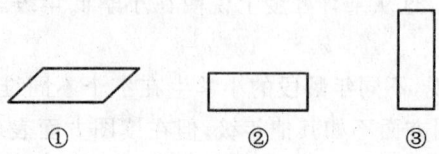

(2) 你能画出从正面、上面和侧面看几何体 A 时所看到的图形吗?

2. 有一个用小立方块搭建的几何体,从正面看是 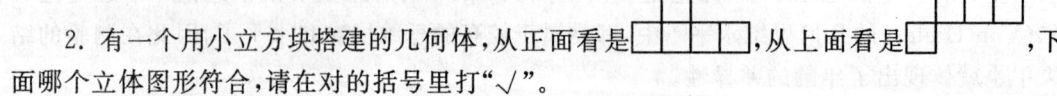,从上面看是   ,下面哪个立体图形符合,请在对的括号里打"√"。

参考文献:

[1] Perspectives on the Teaching of Geometry for the 21st Century —An ICMI Study (Volume 5). The Netherlands: Kluwer Academic Publishers, 1998.

[2] 中华人民共和国教育部.全日制义务教育数学课程标准(实验稿).北京:北京师范大学出版社,2001.

[3] 曹才翰.中学数学教学概论.北京:北京师范大学出版社,1990.

[4] 钱红.空间能力性别差异研究进展.宁波大学学报(教育科学版),2002,(6):13—17.

[5] 许燕,张厚粲.小学生空间能力及其发展倾向的性别差异研究.心理科学,2000,(2):160—164.

[6] 张厚粲,王晓平.中国儿童认知能力的性别差异发展倾向:韦氏儿童智力量表结果分析.心理科学,1996,(2):65—70.

[7] Jean Piaget. The Child's Conception of Space. London: Routledge & K. Paul, 1956.

[8] A J Bishop. International Hand book of Mathematics Education. The Netherlands: Kluwer Academic Publishers,1996: 161—204.

小学数学教材中数学史的内容及呈现方式探析[①]

杨豫晖　魏　佳　宋乃庆

新颁布的数学课程标准凸现了数学史的地位和作用,无论义务教育阶段还是普通高中阶段,都有与数学史相关的论述和要求。为此,义务教育数学课程标准小学数学实验教材各版本,都不同程度地选入了一些数学史料作为背景知识。事实上,在小学阶段,数学史知识能激发儿童学习数学的兴趣,能使儿童更好地理解数学,还能培养儿童的创新精神和实践能力。然而,迄今为止,专门研究小学数学教材中数学史的相关问题的文章尚鲜见,特别是就内容设计和呈现方式而进行的专门研究就更少。我们认为,对这些问题的研究,无疑能使数学史在小学数学课程中的具体样态凸现,从而为教材编写者和实施者提供可参考的建议。

我们选取西部的西师版[1—12]、北部的人教版[13—24]和东部的苏教版[25—36]教材作为主要的研究对象。为了叙述方便,我们先将 3 种版本教材中有关数学史的内容选择与呈现方式列出表格如下(见表 1)。

一、小学数学教材中数学史的内容特点

1. 数学史的篇幅和容量

人教版:每册篇幅都在 106 页至 128 页之间,平均每册 110 页左右。一(上)、一(下)、二(上)、二(下)、四(下)和六(下)没有安排数学史内容;六(上)有一处数学史内容,其余各册有 3—6 处,共 23 处。每处篇幅 1/4 页、3/4 页、1/2 页、1 页不等。

苏教版:每册篇幅为 108 页到 127 页不等,平均每册 110 页左右。一(上)、一(下)、二(上)、二(下)、三(下)、五(上)和六(下)没有安排数学史内容,其余各册有 2—4 处,共 13 处。每处篇幅 1/4 页、3/4 页、1/2 页、1 页不等。

西师版:每册篇幅 119 页至 145 页,平均每册 132 页左右。除一(上)和三(上)有 1 处数学史内容外,其余各册均有 2—3 处,共 24 处,除了 1 处占 1/3 页,1 处占 2 页外,其余各处篇幅均为 1 页,所占篇幅最大。

总体上说,西师版教材共有 24 处数学史内容,是 3 个版本中最多的,而且每处数学史内容绝大多数都是整一页,篇幅最大,一定程度上突出了数学史的地位和重要性,较充分地体现了课程标准提出的建议和要求。

[①] 本文选自《数学教育学报》2007 年第 4 期,80—83 页。

表 1 小学数学教材数学史内容选择与呈现方式

人教版	内　容	呈　现
三(上)	①分数的表示法；②乘号的来历；③古代记时工具介绍	①文字；②文字；③文字为主
三(下)	①七巧板；②加减符号；③小数的表示法；④除号的来历；⑤指南针	①图画；②文字；③文字；④文字；⑤文字为主
四(上)	①古代记数法；②阿拉伯数字的产生；③计算器、计算机的产生；④算筹记数法；⑤格子乘法；⑥莫比乌斯带	①图片为主；②连环画；③图片为主；④图片为主；⑤文字为主；⑥文字为主
五(上)	①方程；②出入相补计算面积；③几何学和几何原本	①文字；②文字；③文字为主
五(下)	①约分术；②四则运算法则；③长方体体积；④平面图形面积；⑤哥德巴赫猜想	①文字；②文字；③文字；④文字；⑤文字
六(上)	鸡兔同笼	文字为主

苏教版	内　容	呈　现
三(上)	①24时记时法；②分数的产生；③古代记数法	①文字为主；②文字为主；③图片为主
四(上)	①计算工具的发展；②古代乘法计算(铺地锦)	①图片为主；②图片为主
四(下)	①哥德巴赫猜想；②古代欧洲"双倍法"；③计算乘法；④用字母表示数	①文字为主；②文字为主；③文字为主；④文字为主
五(下)	①古代方程思想方法的发展；②求公因数方法	①文字为主；②文字为主
六(上)	①鸡兔同笼；②黄金比	①文字；②文字为主

西师版	内　容	呈　现
一(上)	分类思想	图片为主
一(下)	①计时法；②古代记数法	①图片为主；②连环画
二(上)	①除号的历史；②乘号的历史；③指南针	①图片为主；②图片为主；③文字为主
二(下)	①聪明的高斯；②七巧板	①连环画；②文字为主
三(上)	平年、闰年的来历	文字为主
三(下)	①杨辉的故事；②小数点的由来	①图片为主；②文字为主
四(上)	①进制；②奇妙的乘法	①图片为主；②连环画
四(下)	①括号的由来；②华罗庚的故事；③算筹与筹算	①图片为主；②图片为主；③图片为主
五(上)	①九章算术；②用字母表示数的来历	①文字为主；②文字为主

(续表)

西师版	内　容	呈　现
五(下)	①陈景润与哥德巴赫猜想；②阿基米德巧辩皇冠真假；③古老的方程	①文字为主；②连环画；③图片为主
六(上)	①圆周率之父祖冲之；②黄金比数；③逐渐被人接受的负数	①文字为主；②文字为主；③文字为主

2. 数学史的内容选择和分布

小数教材中数学史的类型主要有数学家的趣闻轶事、数学家解决问题的故事、相关数学知识史料，以及经典数学问题等。3种版本教材都选取了经典数学问题(如"鸡兔同笼"等)和相关数学知识史料(如加减号的由来等)。另外，3种版本教材也都不同程度选用了数学家的故事进行介绍，其中，西师版教材还特别添加了标题以突出主题，如四(下)的"著名数学家华罗庚"、二(下)的"聪明的高斯"、三(下)的"杨辉的故事"以及六(上)的"圆周率之父祖冲之"等。

从整体分布上看，除六年级第二学期外，人教版在一二年级和四年级第二学期没有安排数学史，苏教版在一二年级、三年级第二学期和五年级第一学期没有安排数学史。但是，西师版教材从一年级就开始渗透数学史，每册均有安排，体现出一定的连续性，使数学史凸现出来，显现出数学史的独特性和整体性。

3. 数学史的内容设计

内容选择、分布和篇幅容量体现了小学数学教材中数学史内容的外部特点，而对数学史的具体编排设计却体现了它的内部特点，即怎样设计才能使数学史更好地在小学数学课程教学中发挥其教育教学功能。

我们可以通过比较3种教材，总结出两种设计模式。三者都选用了"哥德巴赫猜想"的数学史料，便以此为例加以解释。

苏教版(如图1)：完成"倍数和因数"(包括素数和合数的知识)这章内容全部学习任务后，以课外阅读材料的形式体现出来。该版本绝大多数学史都采用这种方式进行编排，如在学习完"用字母表示数"的内容后，介绍最早用字母表示数的数学家韦达的简单资料。

图1　哥德巴赫猜想(一)

西师版(如图2):也是在"倍数与因数"这章内容后以阅读材料的形式体现出来的,所不同的是西师版的叙述以"陈景润"为主线展开,由陈景润的故事引出哥德巴赫猜想;苏教版以哥德巴赫猜想为主线展开,由猜想的叙述引出陈景润的故事。该版本其他数学史内容基本都是以阅读资料的方式给出,比如"小数点的由来"、"奇妙的乘法"等。

图 2　哥德巴赫猜想(二)　　　　　　图 3　哥德巴赫猜想(三)

人教版(如图3):先由习题第5题创设的游戏情境引出"有些偶数可以表示成两个质数的和"的结论,进而通过提出问题而引出哥德巴赫猜想的历史由来,以及我国数学家对此所做出的贡献。该版本其他数学史绝大多数都采用这种方式进行编排设计,比如四(上)第57页第10题:"用0,2,3,4,5组成3位数乘两位数的乘法算式,你能写出几个？你能写出乘积最大的算式吗？"在此基础上引出"铺地锦"的历史算法。

总体上说,小学数学教材数学史的内容设计目前主要有两种模式,其一是"习题内容引出数学史"设计模式,人教版采用此模式;其二是"阅读材料式数学史"设计模式,苏教版和西师版均采用此模式。"习题内容引出数学史"设计模式符合儿童认知心理特点,儿童能感知古今数学内在统一的迷人魅力,也能有效激发儿童学习数学的后续动力。"阅读材料式数学史"设计模式能够使儿童的数学学习由课堂延伸到课外,但是如果材料利用和挖掘不当(不使用或仅仅提示儿童自己阅读等),将起不到应有的作用。

二、小学数学教材中数学史呈现方式的特征

通过附录表格,我们可以看出小学数学新教材中数学史大体上有4种呈现方式:"文字"

(占17.5%)、"文字为主"(占47.3%)、"图片为主"(占26.3%)、"连环画"(占8.9%)。这里,"文字"呈现方式是指通篇仅采用"文字"这一种方式介绍,学生完全通过阅读文字来学习有关知识。如人教版五(下)中"哥德巴赫猜想"(图3),由教材中的数学问题引出哥德巴赫,进而介绍他的著名猜想。"文字为主"是指用文字作为主要的呈现方式,学生主要通过阅读文字进行学习,同时又穿插少量图片,起到衬托的作用。如苏教版五(下)"九章算术"(如图4),在文字叙述的同时,辅以数学家刘徽的头像和"九章算术"的图片,更加增添了文字的说服力,使得整个内容更加形象生动。"图片为主"主要是指用图片作为主要的呈现方式,学生主要通过看图片来学习相关知识,同时又辅以少量的文字,其作用在于对图片作简单介绍。如西师版一(下)的"计时法"(如图5),学生通过看4幅图画就可以了解从古到今记时方法的演变,更加直观和形象。"连环画"是指通过一组图片来讲述一个完整的小故事。这种呈现方式在西师版的教材中更为明显,体现了西师版的一个特色。如西师版二(下)"高斯的故事"(如图6)就是以连环画的形式进行呈现的,用4张图片讲述了一个生动、有趣的故事。

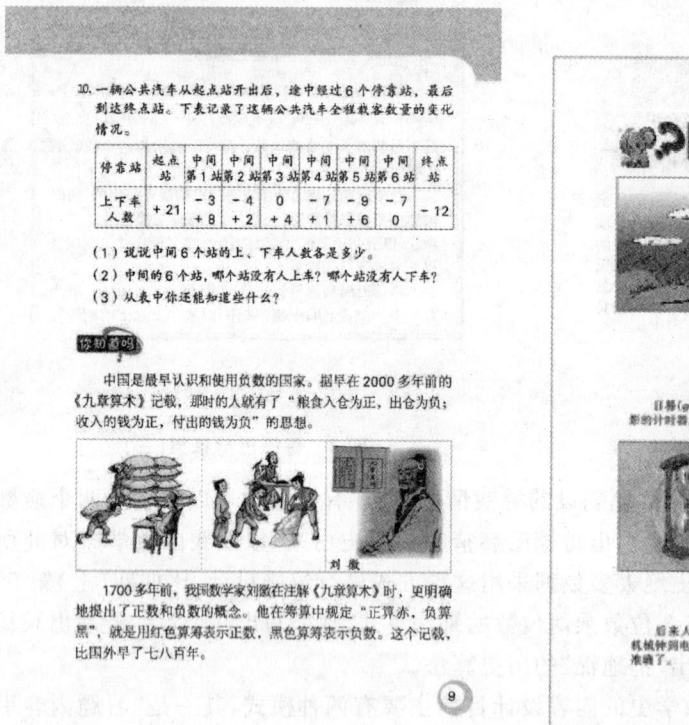

图4　九章算术

图5　计时法

在人教版、苏教版和西师版3个版本的小学数学教材中,数学史的呈现方式还是存在一定差异的,主要体现在下面两个方面:

首先,人教版和苏教版在小学低段没有数学史内容的呈现,而西师版本在小学低段有8处进行了数学史的呈现,而且主要以"图片为主"和"连环画"的形式呈现。如在一(下)中就以"连环画"的方式介绍"古代记数法"。人教版和苏教版在小学中段和高段都以"文字为主"和"文字"作为呈现方式,有少量的以"图片为主"作为呈现方式;西师版中段时以"图片为主"

作为呈现方式,到了高段,逐渐向"文字为主"过渡。

图 6　高斯的故事

其次,虽然 3 个版本均以"你知道吗?"引出数学史内容,但是版面设计有所不同。人教版主要是在正文下面的空白处直接进行数学史的呈现,并用醒目的蓝框框出(如图 3)。苏教版也主要是将数学史设计在正文下面,但是没有对其进行框出(如图 4),两个版本中数学史都很简短。西师版在设计上与前两个版本有很大不同,它将每一部分数学史作为一个独立的页面进行呈现,所占篇幅很大,而且在有些数学史的后面还提供可供学生阅读的书籍、论文,以及相关网站、网页的地址等,这也是与前两个版本的不同之处。

三、思考与建议

1. 加强低段的数学史教育

首先,从事实上看,西师版的教材编写和实施情况已经为我们提供了现实的佐证,对小学低段的学生介绍数学史是完全可以的。

其二,从儿童心理年龄特征看,在低段课程教材中恰当地融入数学史,更能吸引儿童,进而激发他们学习数学的热情和兴趣。

其三,从数学和数学史本身来看,小学低段的许多数学内容都有对应的数学史料,数学史的呈现过程就是数学知识的发生、发展过程。

另外,我们重点要关注的问题是,如何对数学史料进行加工转化,以一种低龄儿童可以接受、可以理解的方式呈现出来。

2. 关于数学史内容的设计

(1) 增加"学习内容引出数学史"和"数学史引出学习内容"两种设计模式。

从上面的分析可以看出,目前数学史内容设计主要有两种模式,即"阅读材料式数学史"

和"习题内容引出数学史"设计模式。我们认为可以增加"学习内容引出数学史"和"数学史引出学习内容"两种设计模式,它们与前两种本质的不同在于,数学史内容被请进了小学数学知识体系的核心殿堂,而不是边缘化于学习内容。

"学习内容引出数学史"模式以学习内容为主线,数学史作为学习内容的注解和阐释,能够丰富学习内容的内涵,为数学知识的学习增添绚丽色彩,使儿童在学习数学知识的同时体验数学的历史厚重感和美感。"数学史引出学习内容"模式是用数学史引领数学知识的学习,使儿童置身于历史境遇中,与文本达成视界融合,形成对数学知识的历史性理解。

(2) 不同学段采用不同设计模式。

低段儿童自主阅读能力较弱,数学史的学习更多依赖教师的引导。因此,数学史的设计模式要有利于教师更好地设计和实施教学,"习题内容引出数学史"、"学习内容引出数学史"和"数学史引出学习内容"设计模式便可以做到这点。页面可以稍小(1/2 或 1/3 等)。

中段可以综合运用 4 种设计模式,逐步由多采用"习题内容引出数学史"、"学习内容引出数学史"和"数学史引出学习内容"模式向多采用"阅读材料式数学史"模式过渡。

高段可逐步多采用"阅读材料式数学史"模式进行编排设计,页面最好充足(1—2 页),随着学生社会化程度的提高以及在低段所接受的数学史渗透,只要教师能够恰当引导(可以融入到数学知识的学习中,也可以引导学生课后阅读),能发挥极好的作用。当然,以阅读材料形式呈现,最好明确注明标题以突出主题;另外,还可适当提供相关书目和网站,利于学生拓展学习空间。

3. 体现呈现方式的丰富性

考虑到小学生的各方面特征,因此在数学史的呈现形式上要尽可能地丰富,以激起学生从小学好数学的兴趣。比如可适当增加些连环画这种呈现形式,使得数学史更具有可读性。有条件的还可以摄制相关视频以光盘形式附在书后,使学生更形象、更直观地接触数学史,对其产生深刻的印象。此外,还可以将正文中穿插与在正文后附加(比如"你知道吗"、"读一读"等形式)结合起来,使得显性数学史知识与隐性数学史知识达到一个很好的融合。

参考文献:

[1] 宋乃庆. 义务教育课程标准实验教科书小学数学一年级(上). 重庆:西南师范大学出版社,2001.
[2] 宋乃庆. 义务教育课程标准实验教科书小学数学一年级(下). 重庆:西南师范大学出版社,2001.
[3] 宋乃庆. 义务教育课程标准实验教科书小学数学二年级(上). 重庆:西南师范大学出版社,2002.
[4] 宋乃庆. 义务教育课程标准实验教科书小学数学二年级(下). 重庆:西南师范大学出版社,2003.
[5] 宋乃庆. 义务教育课程标准实验教科书小学数学三年级(上). 重庆:西南师范大学出版社,2003.
[6] 宋乃庆. 义务教育课程标准实验教科书小学数学三年级(下). 重庆:西南师范大学出版社,2003.
[7] 宋乃庆. 义务教育课程标准实验教科书小学数学四年级(上). 重庆:西南师范大学出版社,2004.
[8] 宋乃庆. 义务教育课程标准实验教科书小学数学四年级(下). 重庆:西南师范大学出版社,2004.
[9] 宋乃庆. 义务教育课程标准实验教科书小学数学五年级(上). 重庆:西南师范大学出版社,2005.
[10] 宋乃庆. 义务教育课程标准实验教科书小学数学五年级(下). 重庆:西南师范大学出版社,2005.
[11] 宋乃庆. 义务教育课程标准实验教科书小学数学六年级(上). 重庆:西南师范大学出版社,2006.
[12] 宋乃庆. 义务教育课程标准实验教科书小学数学六年级(下). 重庆:西南师范大学出版社,2006.
[13] 卢江,杨刚. 义务教育课程标准实验教科书小学数学一年级(上). 北京:人民教育出版社,2001.
[14] 卢江,杨刚. 义务教育课程标准实验教科书小学数学一年级(下). 北京:人民教育出版社,2001.

[15] 卢江,杨刚.义务教育课程标准实验教科书小学数学二年级(上).北京:人民教育出版社,2002.
[16] 卢江,杨刚.义务教育课程标准实验教科书小学数学二年级(下).北京:人民教育出版社,2002.
[17] 卢江,杨刚.义务教育课程标准实验教科书小学数学三年级(上).北京:人民教育出版社,2003.
[18] 卢江,杨刚.义务教育课程标准实验教科书小学数学三年级(下).北京:人民教育出版社,2003.
[19] 卢江,杨刚.义务教育课程标准实验教科书小学数学四年级(上).北京:人民教育出版社,2004.
[20] 卢江,杨刚.义务教育课程标准实验教科书小学数学四年级(下).北京:人民教育出版社,2004.
[21] 卢江,杨刚.义务教育课程标准实验教科书小学数学五年级(上).北京:人民教育出版社,2005.
[22] 卢江,杨刚.义务教育课程标准实验教科书小学数学五年级(下).北京:人民教育出版社,2005.
[23] 卢江,杨刚.义务教育课程标准实验教科书小学数学六年级(上).北京:人民教育出版社,2006.
[24] 卢江,杨刚.义务教育课程标准实验教科书小学数学六年级(下).北京:人民教育出版社,2006.
[25] 孙丽谷,王林.义务教育课程标准实验教科书小学数学一年级(上).南京:江苏教育出版社,2005.
[26] 孙丽谷,王林.义务教育课程标准实验教科书小学数学一年级(下).南京:江苏教育出版社,2005.
[27] 孙丽谷,王林.义务教育课程标准实验教科书小学数学二年级(上).南京:江苏教育出版社,2004.
[28] 孙丽谷,王林.义务教育课程标准实验教科书小学数学二年级(下).南京:江苏教育出版社,2004.
[29] 孙丽谷,王林.义务教育课程标准实验教科书小学数学三年级(上).南京:江苏教育出版社,2004.
[30] 孙丽谷,王林.义务教育课程标准实验教科书小学数学三年级(下).南京:江苏教育出版社,2004.
[31] 孙丽谷,王林.义务教育课程标准实验教科书小学数学四年级(上).南京:江苏教育出版社,2005.
[32] 孙丽谷,王林.义务教育课程标准实验教科书小学数学四年级(下).南京:江苏教育出版社,2005.
[33] 孙丽谷,王林.义务教育课程标准实验教科书小学数学五年级(上).南京:江苏教育出版社,2005.
[34] 孙丽谷,王林.义务教育课程标准实验教科书小学数学五年级(下).南京:江苏教育出版社,2005.
[35] 孙丽谷,王林.义务教育课程标准实验教科书小学数学六年级(上).南京:江苏教育出版社,2005.
[36] 孙丽谷,王林.义务教育课程标准实验教科书小学数学六年级(下).南京:江苏教育出版社,2005.

数学应用:对应用题的超越
——对小学数学教材中"数学应用"编写的几点思考[①]

丁国忠

长期以来,"应用题"在小学数学教材中一直占据着重要的地位。"通过解答应用题,促使学生把所学的数学知识同实际生活和一些简单的科学技术知识联系起来,从而使学生既了解数学的实际应用,又初步培养了运用所学的数学知识解决实际问题的能力。另外数学作为一门工具学科,也应该把它用于解决实际问题作为教学的一个重点。"[1]但过去教材中的"应用题"一般是从属于计算、代数初步认识等内容进行编写的,其含义在某种程度上被"狭义化"了,不能涵盖数学知识在更为一般意义上的应用。而通过在小学数学教材中增加数学应用的内容,提高学生的数学应用意识和能力,已成为各国数学教育工作者的共识。因此,笔者选用"数学应用"这一名词来表示这种一般性的应用。作为"应用题"的一种扩展,"数学应用"有着更广的概念外延,在内涵上也与"应用题"有着很大的不同。本文拟对"数学应用"的编写提出一些自己的想法,以期与广大同行共同探讨。

一、"后'应用题'时代"的混乱

与1986年颁布的《九年义务教育全日制小学数学教学大纲》[2](以下简称《大纲》)及2000年颁布的《九年义务教育全日制小学数学教学大纲(试用修订版)》[3](以下简称《大纲(试用修订版)》)相比,2001年颁布的《全日制义务教育数学课程标准(实验稿)》[4](以下简称《标准》)在小学数学教学内容方面的一大变化是:"应用题"不再作为一个独立的内容领域出现。与此同时,《标准》在"总体目标"部分明确提出了"解决问题"的目标要求,即要求学生"学会从数学的角度提出问题、理解问题,并能综合运用所学的知识和技能解决问题,发展应用意识……"

由于《标准》做出的如上调整,无论是教材编写者还是一线数学教师,在对"应用题"的处理上都面临着巨大的挑战:"应用题"体系应如何改革?"解决问题"除了"解应用题",还有什么新的含义?传统的"应用题"应保留哪些?删去哪些?增加哪些?怎么编?怎么教?从目前的情况看,各套教材在编写上都做出了较大的调整,虽然教材中仍然保留了某些传统"应用题"的内容,但在标题中都不再出现"应用题"的字眼。而在课堂教学实践中,教师也是对"应用题"这一提法讳莫如深,避之唯恐不及。一时之间,"应用题"俨然成了保守落后的代名词,似乎只要谁提及了"应用题",谁就缺乏改革意识。笔者认为,"应用题"体系诚然有其不完善的地方,需要进行重大的改革,但不应因此而否定"应用题"在提高学生解决实际问题的能力、发展学生的逻辑思维能力、培养学生的思维品质等方面所起的积极作用。

与"应用题"遭受冷遇的现象形成鲜明对比的是"'问题解决'满天飞"。在各种文本、讲

---

① 本文选自《课程·教材·教法》2008年第1期,第35—39页。

座、教学实践中,"问题解决"必定是使用频率较高的词汇之一。这本是一个可喜的现象,说明在当前的数学课程改革中,广大数学教育工作者对"问题解决"给予了空前的关注和重视。但是,由于对"问题解决"的相关理论与研究缺乏全面的认识和了解,许多人对"问题解决"的理解尚停留在比较肤浅的层次。把"问题解决"仅仅看成"应用题"的另一种表述方式的大有人在。有的数学课堂上,虽然从表面上看,教师不教"应用题"了而改为"解决问题",但教学方式仍然陈旧僵化,分类型、套公式的教法比比皆是,与"问题解决"的教学思想相去甚远。事实上,"问题解决"的含义非常丰富,远远超出"应用题",也远远超出本文所叙述的"数学应用"。

由于概念理解上的混乱,无论是在教材编写中还是在教学实践中,对"应用题"的改革不是"犹抱琵琶半遮面"就是"破有余而立不足"。因此,在《标准》的"总体目标"指导下,对传统的"应用题"体系加以扩展,建立一个更完善的"数学应用"体系,并以一种新的视角来编写"数学应用",从真正的意义上提高学生解决问题的能力,是目前亟须解决的任务。

二、从"应用题"到"数学应用"

在科技与经济飞速发展的今天,数学在社会生活和其他学科中的应用越来越广泛深入。反过来,数学的应用又促进了数学自身的发展。强调数学的应用性已成为全球数学教育改革的一个共同方向。因此,在小学数学教材中,不仅不能削弱"数学应用"的内容,还要进一步加强。

但是,这里所讲的"数学应用",又不能简单地等同于过去的"应用题"。如前所述,由于"应用题"这一名词在小学数学教材与教学中的特殊指向性,其含义已经被人为地缩小了,不能用它来表示更广泛的数学应用。而《标准》把解决问题能力的培养作为总体目标之一,就是要全方位培养学生的数学应用意识和能力。本文强调的"数学应用"指的就是这样一种更为广义的应用。与"应用题"相比,"数学应用"在内容范围上有两个方面的扩展。

第一,"数学应用"全方位地覆盖数与代数、空间与图形、统计与概率、实践与综合应用这四个内容领域。既可以是某一领域内部的应用,也可以是涉及各领域的综合应用。凡是涉及"应用"的内容,都可以"数学应用"的形式加以编排。这样,就克服了"应用题"只针对数与代数这一领域的局限性,大大扩展了数学应用的范围。

第二,"数学应用"中的"应用"不仅包括实际问题中的应用,还包括在纯数学问题中的应用。源于数学内部和数学外部的应用,对于培养学生"数学地思维"的能力同等重要。而"应用题"只涉及数学在实际生活中的应用,范围过于狭窄。

由此可见,我们也大可不必"见应用题而色变"。不管叫什么名称,作为"数学应用"的一个重要部分,"数与代数"中的实际应用问题中仍会包含大量过去的"应用题"的内容,只是要把这些内容纳入到一个更大的"数学应用"的体系结构之中。至于这些内容在教材中保留哪些,删除哪些,应该根据整个"数学应用"体系的需要进行整体考虑。

在编写原则与编写形式上,"数学应用"应更多地以"问题解决"的相关理论作指导,关于这一点,在下文会有更详细的叙述。但是,人们长期以来在"应用题"编写与教学方面所积累起来的许多理论和实践的经验也是值得重视和借鉴的,这些经验与"问题解决"的理念是完全一致的(事实上,过去小学数学教材中的"应用题"体系正是在"问题解决"相关研究成果的指导下建立的)。例如,要重视数量关系的分析;要注意联系运算的意义来选择算法;要培养检验的良好习惯;要让学生理解基本概念、基本原理,实现最大迁移要强调思维过程,而不是死记硬背;要发挥学生的主体作用,培养学生的探究能力;要加强各种"应用题"的横纵向联系,达到融会贯通要体现解题的一般策略……这些原则在"数学应用"的编写中依然是需要重点考虑的要素。除此之外,"数学应用"的编写应在更广阔的背景下展开,即"问题解决"。

三、在"问题解决"的视野下编写"数学应用"

自从1980年美国数学教师协会(NCTM)在《行动的议程》中提出"问题解决应该成为80年代学校数学教育的核心"以来,"问题解决"已成为国际数学教育领域的热门课题。[5]

对于"什么是问题解决",研究者的理解虽然不尽一致,但也取得了某种程度的共识。例如,在2000年颁布的《美国学校数学教育的原则和标准》[6]中就有这样的表述:"问题解决不仅是学习数学的一个目标,也是学习数学的一种主要方式;教师应当把问题解决作为教学过程的一部分,而不是单独教学生如何解决问题。"因此,作为贯穿于数学教学与学习整个过程的一种方式,"问题解决"也应成为数学教材编写的主线和核心。

即使从狭义的角度来说,"数学应用"也是包含于"问题解决"之中的。《美国学校数学教育的原则和标准》指出,问题解决既包括"通过解决问题掌握新的数学知识",也包括"解决在数学及其他情境中出现的问题",而后者正是本文所表述的"数学应用"。作为"问题解决"的一个方面,"数学应用"就应该在"问题解决"的大视野下进行编写。在编写过程中,要特别注意以下几方面的问题。

(一)"数学应用"所涉及的问题覆盖面要广,形式要多样

"什么样的问题是好的数学问题"一直是研究者很感兴趣的一个热门话题。过去教材中的数学问题以封闭性问题、常规性问题、演绎性问题居多,而开放性问题、探索性问题恰恰是以往教材中的薄弱环节,这从某种程度上造成了我国学生基础知识扎实而创造能力不足的现象。虽然早在1994年,曹飞羽先生就已尝试在小学数学教材中"适当出一些开放性的题目","适当出一些探索规律性的题目","适当出一些非常规的题目"。但从现在的观点来看,这样的数学问题还远远不够。因此,在将来的小学数学教材中,"数学应用"所涉及的问题在范围上应更广泛,形式应更多样。既要有封闭性问题,也要有开放性问题;既要有常规性问题,也要有探索性问题;既要有实际问题,也要有纯数学问题;既要有简单问题,也要有综合的问题;既要有经典问题,也要有紧跟时代的问题。

当然,在具体编排上,我们又应关注"数学应用"问题与基本知识、基本技能的适配性,同时还要考虑到不同年龄阶段学生的认知特点。例如,在低年级,可以编排一些与学生的日常生活联系紧密的、简单的、常规性的问题,使学生了解应用数学解决问题的基本步骤,如识别问题,寻找相关信息,利用已学知识加以解决。而到了中年级,问题范围应慢慢扩展,问题的开放性更大,探索性更强,使学生发展各种解题策略,并学会将这些策略推广到新的问题情境中去。在高年级,问题应更具综合性,学生通过"数学应用",能够提炼出较完善的问题解决策略,并运用于各种问题情境中,进行"数学地思维"。

(二)"数学应用"的编写要体现问题解决的一般过程

我们应该认识到,教学"数学应用"的目的,不只是为了解决若干具体问题,而是通过解

答一些有代表性的问题,使学生掌握解决问题的一般过程与方法,从而真正提高学生应用数学解决问题的能力。因此,在"数学应用"的编写中,要尽力体现这种一般过程。

问题解决的过程到底分为哪些步骤,研究者的答案也不尽一致。例如,波利亚把数学解题过程划分为弄清题意、拟订计划、实现计划、回顾四个阶段。而曹飞羽先生把解答"应用题"的过程分为条件和问题的收集、分析数量关系、拟订解答计划、解答、检验与评价五个方面。在近些年的研究中,"调节"被看成解题过程中十分重要的一环,即"解题者对于自身所从事的解题活动(包括解题策略的选择、整个过程的组织、目前所从事的工作在整个解题过程中的作用等)的自我意识、自我分析(包括评估)和自我调整"。由于对问题解决一般过程的研究不断深入,在编写"数学应用"时,也应注意体现这些变化。

(三)"数学应用"的编写要体现解决策略的多样化

由于学生存在个体差异,因此在解决具体问题时,所采取的策略往往会不同。因此,编写"数学应用"时,要注意体现这种策略的多样化。

《美国学校数学教育的原则和标准》提到,关于解决问题的策略,波利亚已经做了许多工作,包括"用图表、寻找规律、列出所有的可能性、尝试特殊值或特殊的个案、后推法、尝试错误法、寻找一个类似问题和考察一个较简单的问题等"。学生应通过解决不同的问题,学会根据不同的问题情境,决定选择哪一种策略。如要解决"鸡兔同笼问题",就可以使用枚举法、假设法(假设法本身就有多种)、代数法等多种方法。再如,要解决下图中"最外层一共有多少个正方形"的问题,也可以选择如下的不同方式。

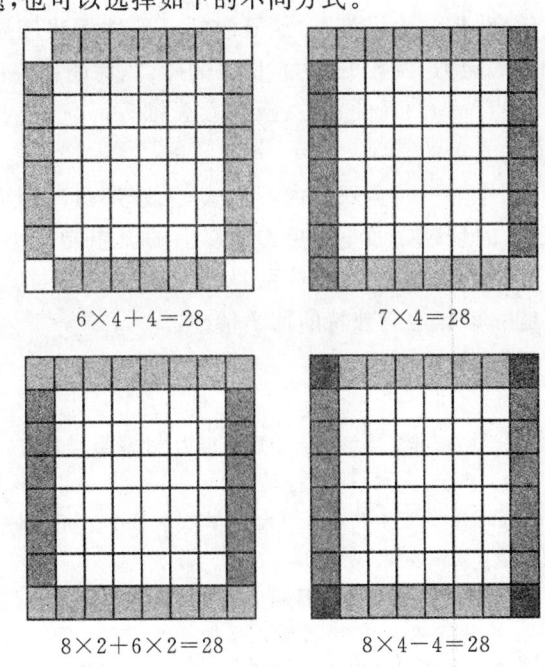

图 1

(四)"数学应用"的编写要注重提高学生提出问题的能力

相对问题解决的研究而言,提出问题的研究显得薄弱了一些,但近年来正逐渐引起研究者的高度关注。提出问题的重要性不言而喻,正如爱因斯坦所说:"提出问题比解决问题更重要,因为解决问题也许是一个数学上或实验上的技能而已,而提出新的问题、新的可能性,从新的角度去看旧的问题,却需要创造性的想象力,而且标志着科学的真正进步。"

提出问题应贯穿于解决问题的整个过程。例如,在一个问题情境中,要解决最终的问题,可能存在一些未知的信息,这些未知的信息就成为一些过渡性问题(与过去解决"两步应用题"中的"中间问题"类似)。还有一类需要提出的问题就是波利亚所说的"辅助问题":"如果你不能解决所提出的问题,可先解决一个与此相关的问题。你能不能想出一个更容易着手的相关问题?一个更普遍的问题?一个更特殊的问题?一个类似的问题?"此外,在解决完一个问题之后,可以从发展的角度去提出一些新的问题,这为进一步的数学研究提供了方向。例如,解决了上面的"方格问题"后,还可以提出新的问题:由外及里,每一圈的正方形数分别是多少?如果这是一个 $n\times n$ 的点阵,每一圈的点子数与 n 分别有什么关系?如果 n 是偶数,最里层有多少个正方形?如果 n 是奇数,最里层有多少个正方形?

通过这样的过程,可以激发学生不断地提出问题、解决问题,而这正是"问题解决"作为一种学习方式的主要过程。

(五)"数学应用"的编写要着眼于数学思维品质与数学精神的全面提高

如果仅仅就"应用"本身而言,通过"数学应用"获得了某个具体问题的解答,似乎就可以看做相应数学活动的结束。但就更广的意义而言,这样的目标达成就过于简单了。作为一个数学学习载体,"数学应用"的最终目标是要为培养学生全方位的数学素养服务。通过"数学应用"的教学,使学生学会"数学地思维"。这既包括一般性解决问题能力的获得,如猜想的能力、探究的能力、推理的能力、调控的能力、反思的能力、课题研究的能力等;更包括数学精神的培养,如学习数学的自信心、理性思维、批判性思维等。只有从这样的目标高度来编写"数学应用",才可以说是成功的。

综上所述,"数学应用"作为一种全新的内容形式,无论是在内容范围上,还是在编写理念上,都实现了对"应用题"的超越。而笔者更希望以上的设想能在小学数学教材中得以尽快落实,通过建立起一个完备的"数学应用"体系,从真正的意义上提高学生的数学应用意识和能力,更为重要的是,能够培养他们独特的数学精神。

参考文献:

[1] 曹飞羽. 谈小学数学教学中培养学生解答应用题的能力. 小学数学教育改革文集. 北京:人民教育出版社,1996.

[2] 中华人民共和国教育部. 九年义务教育全日制小学数学教学大纲(试用). 北京:人民教育出版社,1986.

[3] 中华人民共和国教育部. 九年义务教育全日制小学数学教学大纲(试用修订版). 北京:人民教育出版社,2000.

[4] 中华人民共和国教育部. 全日制义务教育数学课程标准(实验稿). 北京:北京师范大学出版社,2001.

[5] 郑毓信. 数学教育的现代发展. 南京:江苏教育出版社,1999.

[6] 全美数学教师理事会. 美国学校数学教育的原则和标准. 北京:人民教育出版社,2004.

小学数学练习系统的特点分析
——以人教版小学数学实验教科书为例[①]

梁梦莉 雷晓云

一、问题的提出

适应新课程改革的要求,小学数学实验教科书呈现出一系列的新特点,如重视学生的生活经验、确立学生的主体地位、创设多样化的学习方式、关注学生的情感体验等。练习系统是数学教科书的重要构成,教科书的变化对练习系统的变化提出了内在要求。新的小学数学教科书的练习系统有什么特点？其特点是否与教科书的变化相适应？对这些问题的正确认识是数学新课程改革顺利实施的重要条件。但是,数学教科书的练习系统及其研究并没有引起人们的重视。

鉴于上述情况,本研究采用内容分析的研究方法,对人民教育出版社《义务教育课程标准实验教科书·数学》小学一到四年级共 8 册教科书中的练习系统进行了系统的分析。这 8 册教科书分别为:2001 年出版的一年级上下册、2001 年出版的二年级上册、2002 年出版的二年级下册、2002 年出版的三年级上下册及 2003 年出版的四年级上册、2004 年出版的四年级下册。

具体研究路径为:先根据研究目的制定内容分析类目表,共设置了三个类目表格,其中,表一为练习系统的基本数据,表二为练习插图中人物的出现方式,表三为练习题中的背景素材分析。然后,对每册书中的练习系统进行类目整理、统计与分析,再根据统计结果分析、揭示练习系统蕴涵的内在特点。希望上述研究能为人们特别是教师正确认识与运用该套教科书的练习系统提供参考。

二、小学数学实验教科书练习系统的特点分析

人民教育出版社出版的小学数学实验教科书是按照"数与代数"、"空间与图形"、"统计与概率"、"实践与综合应用"四大领域来安排教学内容的,其课后练习题也是为这四大领域服务的。练习系统由练习题和附加内容组成,其中附加内容中有固定的思考题,有时还会出现数学知识介绍、数学故事介绍、数学游戏等拓展内容。下面从插图、类型和素材几个方面来分析练习系统的基本特点。

(一) 练习系统的插图特点

该套教科书的练习系统有半数以上的练习题配有插图。有插图的练习题在各年级教科书中所占比例为:一年级 65.6%,二年级 69.5%,三年级 69.3%,四年级 55.8%。单纯练习

[①] 本文选自《教育导刊》2008 年第 4 期,第 37—39 页。

题在各年级教科书中所占比例为:一年级 34.4%,二年级 30.5%,三年级 30.7%,四年级 44.2%。这说明新教科书单纯的练习题的比例降低了。

我们进一步分析练习题中的插图,发现这些插图还体现出以下特点:① 插图都是彩色图,色彩鲜明,符合小学生以形象思维为主的特点。② 插图与练习题中要解决的问题密切相关,有的插图就是问题情景图,通过它来创设一种解决问题的情景,让学生根据情景中的各种有用条件来解决一系列的应用问题。③ 插图内容丰富,在人物插图中师生人物插图占主导地位。练习题插图的内容十分丰富,有人物插图、实物插图、几何图形插图、地理插图等,当中以人物插图为主。人物插图中,师生人物插图占主导地位(具体见表1)。

表1 师生人物图所占比例

插图 年级	人物图总数	师生人物图总数	师生人物图占人物图总数比例
一年级	97	62	63.9%
二年级	139	85	61.2%
三年级	118	68	57.6%
四年级	85	50	58.8%

新教科书练习题中的师生人物图有多种表现方式,如教师1人、师生2人、师生多人、学生1人、学生2人、学生多人,其中学生2人图和学生多人图出现的频率最高。这种设计表明,新教科书的练习系统力图改变学生的学习方式,引导学生采取多种学习方式进行学习;同时体现了学生和教师在教学中的角色,学生是学习的主人,教师则是学生数学学习的组织者、引导者与合作者。

(二) 练习系统的题型特点

和新课程改革前的小学数学教科书比较起来,小学数学实验教科书的练习系统在类型上有很大的变化,集中体现为以下两点:

第一,增加了新题型。过去教科书中的练习题主要是计算题、选择题、填空题、判断题、画图题和应用题等几类基本题型,而新教科书除上述基本题型外,还增加了估算题、探索题、开放题、实践题等新题型。这些新题型蕴涵了新的数学教育理念:探索题主要是让学生通过自己观察来探索数学规律;开放题则没有唯一的答案,学生可以自由发挥,有利于培养学生的发散性思维;实践题有动手操作题、调查统计题等,可以让学生在实际操作中体会数学问题的意义。

第二,传统题型呈现出新特点。以应用题为例,传统教科书中的应用题基本属于封闭型,问题和条件都已在题目中明确规定,学生只需根据问题和给出的已知条件解题就可;但新教科书则在呈现方式、问题条件的设计及解题要求等方面都有改变。新教科书的应用题多以图画式、对话式来呈现,问题条件隐含于情景图中,而不是明确说明已知条件,让学生自己去观察、分析,而且情景图、对话往往与学生的生活实际联系紧密,此外还注意引导学生从课外收集信息解决问题。这些特点有助于培养学生的提出问题、处理信息等能力。

（三）练习系统的素材特点

练习系统的素材选择蕴涵着数学教育理念。《全日制义务教育数学课程标准（实验稿）》明确指出，义务教育阶段的数学课程要遵循学生学习数学的心理规律，强调从学生已有的生活经验出发，让学生亲身经历将实际问题抽象成数学模型并进行解释与应用的过程，进而使学生在获得数学理解的同时，在思维能力、情感态度与价值观等多方面得到进步和发展。新教科书练习系统的素材是否体现了这一要求呢？我们对该套教科书练习系统的素材从学生生活素材、社会生活素材、实物素材和其他素材四个方面进行了分析，具体情况见表2。

表2 练习系统的素材统计

项目 年级	有素材习题总数	学生生活素材习题数（占总数比例）	社会生活素材习题数（占总数比例）	实物素材习题数（占总数比例）	其他素材习题数（占总数比例）
一年级	225	66(29.3%)	4(1.9%)	100(44.4%)	55(24.4%)
二年级	274	110(40.1%)	12(4.4%)	92(33.6%)	60(21.9%)
三年级	299	118(39.5%)	32(10.7%)	92(30.8%)	57(19.0%)
四年级	265	83(31.3%)	19(7.2%)	81(30.6%)	82(30.9%)

由表2可见，四个年级的练习题都注重取材于学生的生活、学生经常接触或见到的实物，素材贴近学生的生活实际。在低年段，有素材的练习题以学生生活、实物素材的练习题为主；中年段开始，以社会生活为素材的练习题开始增加，其余各类素材习题的比例开始慢慢接近，其他素材里综合了其他学科的内容，有时事问题、环保问题、地理问题等等。这样分布的目的是力图让学生接触各种素材的内容，为学生提供丰富的练习素材，让其感觉到数学学习和生活实际、其他学科都密切相关。

三、启示与建议

（一）启示

从上面的分析中，我们可以看到，人教版实验教科书的练习系统具有趣味性、生活性、探究性与拓展性等特点。练习系统的设计非常灵活，学生的主体地位在该套教科书中得以突显，蕴涵了教学观应从"教本教科书"向"学本教科书"的转变。该套教科书练习系统的上述特点给予我们如下启示：

第一，要重新认识教师与教科书的关系。教师与教科书的关系不再是被统治与统治的关系，而是一种互动的关系。教师的角色也应相应地转变，教师要变数学知识的传播者为数学活动的组织者、指导者和参与者。现在的教科书不仅仅是一种信息资源，更是学生直接作用的对象，是促进学生发展的工具和手段。教师可以根据新教科书的新特点，结合自己的教学实际创造性地使用教科书习题，给学生一种引导，教给学生学习的方法，留给学生更多的思考空间和时间。

第二，要重新认识学生与教科书的关系。学生和教科书的关系不再是崇拜和权威的关系，而是一种探究和开放的关系。在新课程理念的指引下，数学课程改革强调培养学生的自主学习能力,注重学生的自主发展。为此,必须促进学生学习方式的转变。目前学术界对学习方式的解释并不完全一样,大多数学者认为学习方式指学生在完成学习任务过程中的基本行为和认知取向。因此,学生数学学习方式不是指具体的数学学习策略和方法,而是学生在数学活动中自主性、探究性和合作性方面的基本特征。新教科书的练习系统给了学生一种学习方式的引导,教科书中的练习也从原来注重教师的讲解转变为注重学生的讨论和探索。新教科书为学生提供各种信息资源的同时,创设了各种情景,给予问题引导,着力为学生的自主、探究、合作学习创造条件;学生可以利用这一切,发挥自己的主体作用,与教师、其他学生合作、交流、探究地学习,不断建构自己的知识,感受数学概念、数学知识产生和发展的过程。

第三,重新认识家长与教科书的关系。练习题是家长对学生进行辅导的一种重要手段,家长有必要对新教科书中练习系统的特点有一个总体的认识,以便能更好地配合学校进行新课程改革。家长若能充分利用教科书练习系统给予孩子课外辅导,将可以和教师在学校的工作相得益彰。

(二) 建议

结合新教科书练习系统的特点,我们认为,教师是教科书的执行者,是学生的指导者,是与家长的沟通者。教师要充分发挥自身的作用,有必要做到以下几点:

第一,建立新型的教材观。教师要从将教科书视为"教本教材"向视为"学本教材"转变,琢磨教材编写理念,改变传授教材知识为主的教学方式,转向以学生为主体,从学生已有知识经验出发,充分利用教材中设计的各种探究练习,引导学生积极主动地学习,促使学生获得知识技能的过程同时成为学会学习、联系社会生活实际和形成科学价值观的过程。此外,教师还要从将教科书视为"唯一课程资源"向视为"重要课程资源"转变,教学方法要从"教教材"向"用教材教"转变。

第二,加强对新题型的研究。人教版小学数学实验教科书练习系统出现了不少新题型,如估算题、探索题、开放题和实践题。教师必须加大力度对新题型进行研究,激发更多的教学灵感和智慧,帮助学生走进数学,学有趣的数学、学生活中的数学、学有价值的数学。

第三,加强各方面知识的学习。新教材练习题的素材趋于综合化,不单单是纯数学学科的练习,而是综合各科的综合练习,这对教师提出了更高的要求。教师只有有意识地加强对各方面知识的学习,才能把握新教材中越来越灵活多样的习题。

第四,创造性地使用教科书中的习题。教科书的习题编写只能满足大部分的地区的需求,并不能满足各地区的具体需求。这就要求教师要创造性地使用教科书中的习题,认真研读数学课程标准,把握教材的核心内容,有所选择地灵活地使用习题。比如,当习题呈现的问题情景与学生生活实际相差较远时,教师可以将其改造为学生熟悉的事物;当习题的内容、数据信息等与本班学生实际状况有差距时,教师可作适当调整;当习题量过多或较少时,教师也可以结合本班实际调整作业的布置量,等等。

第五,营造浓厚的文化氛围,让学生感受数学的文化价值。《全日制义务教育数学课程标准(实验稿)》指出:"数学是一种文化,它的内容、思想、方法和语言是现代文明的重要组成部分。"数学文化是自成体系的一种独特文化形态,数学文化通过数学中蕴涵的思想方法、知识系统、应用技术及其在精神领域的功能来体现。数学文化不仅具有科学教育价值,同时也具有人文教育价值。其科学教育价值主要指数学的概念定理、思想方法可以使学习者思维更严密、处理问题更科学合理；人文教育价值主要指数学文化在人的整体素养提高方面的作用，学习者通过对数学知识产生过程的感知、对数据的感知、对数学发展历史的了解、对数学家追求真理故事的了解等，可以提高综合素养，有助于成为既有理性又具情感的综合素质高的人。

从上面我们对练习系统的分析中可以看到，新教科书的练习系统蕴涵着丰富的数学文化。作为新时代的教师，不应只是一位数学知识传播者，更应是一位数学文化传播者，要让学生感受到数学的文化价值。比如，通过数学历史，让学生了解我国古代劳动人民对数学发展所作的贡献，以增强学生的民族自豪感；通过数学习题所反映出来的大量现实材料，让学生了解我国现代化建设的成就，由此让学生受到爱国主义教育，并帮助学生形成初步的科学发展观；通过习题中的一些与自然世界相关的数据，可以使学生受到关爱自然、保护环境的教育。总之，教师不仅仅是数学知识的传递者，还是数学文化的传播者，应该通过数学教育，通过练习系统的创造性运用，来为学生营造浓厚的文化气息，让学生感受到数学的文化价值。

珠算应纳入我国义务教育数学课程标准
——基于中日国家数学课程标准比较研究的结果[①]

黄燕苹 黄 翔

一、我国数学课程标准对珠算的要求

在我国现行使用的《全日制义务教育数学课程标准(实验稿)》(以下简称《标准》)中没有对珠算作任何要求。算盘作为在中国发明的古老的计算工具,随着它在世界各国的传播和应用,人们对它的认识已经超越了"计算工具"的意义。在我国现行使用的《标准》中为什么取消了对珠算的要求呢? 从新中国成立后,"大纲"的变迁来看对"珠算"要求的变化(见表1)可知,《标准》对算盘的功能仍然仅定位于"计算的工具"。

表1 历届"标准"(大纲)对珠算要求的变化

年 度	内 容
1950年	① 珠算的基本认识;② 1位、2位、3位及3位以上数的加减,连续进位退位的加减;③ 1位数乘2位数、3位数的乘法,乘数为2位数、3位数的乘法;④ 1位数除2位数、3位数的除法,除数为2位数的除法,被除数为3位数的除法,有余数的除法,除数为3位数的除法;⑤ 小数加减法,小数乘除法;⑥ 斤两法
1952年	① 算盘各部位名称的认识、计数法、拨珠法;② 加数是1—9的加法和减数是1—9的减法;③ 乘数是1位、2位、3位的乘法;④ 除数是1位、2位、3位的除法;⑤ 用16除的速算法(两化斤),用16乘的速算法(斤化两)
1956年	① 算盘的认识,计数法和读数法;② 加数是1—9的加法和减数是1—9的减法;③ 乘数是1位、2位、3位的乘法;④ 除数是1位数的除法
1963年	"掌握正确的拨珠方法,能够熟练地拨珠算","熟记珠算的口诀,掌握珠算整数、小数四则的方法和得数的定位法则;能够熟练地计算整数的和小数的加减法;能够比较熟练地计算整数的和小数的乘法(乘法的方法有多种,如留头乘、破头乘等,可以根据地区习惯选教一种);能够正确地计算整数的和小数的除法(除的方法有归除、商除两种,可以根据地区习惯选教一种,教商除的,余下的时间可以用来复习加减乘除)"
1978年	"掌握珠算加、减法和乘数是一、两位数的乘法"
1988年	"珠算只学加减法,并注意加强练习。(注:使用珠算较多的地区,也可以多学一些珠算)"
1992年	"珠算只学加减法。(注:使用珠算较多的地区,也可以多学一些珠算)"
2000年	取消了对珠算的要求,仅将"算盘只作为计算工具介绍"

由表1可见,1950年在教育部颁布的《小学算术课程暂行标准(草案)》中对珠算的要求是非常高的,1952年教育部根据"各科教材必须保持完整的科学性和贯彻爱国主义精神,必

---

① 本文选自《数学通报》2009年第8期,第26—29页。

须研究中国参考苏联,以苏联的中学教科书为蓝本,编写完全适合于中国需要的教科书"的方针,认为"珠算是我国很早就发明的一种计算工具。它的特点是计算迅速,使用方便,在我国实际生活中应用很广。因此,小学算术课程必须包括珠算",因而草拟并颁布了《小学算术教学大纲(草案)》和《小学珠算教学大纲(草案)》。

1956年教育部取消了《小学珠算教学大纲》,在《小学算术教学大纲(修订草案)》中提出了"珠算是我国很早发明的一种计算方法,它在实际生活中应用很广。它的特点是计算迅速,使用方便。因此,小学算术课程中规定学习珠算具有重要的意义",因而在大纲中保留了对珠算的要求,但与1952年大纲相比要求降低了许多。

1958年以后,教育部总结了"在制订现行中小学数学教学大纲和编写教科书的时候,没有很好地结合中国实际,存在着较严重的教条主义"的经验教训,于1963年颁布了《全日制小学算术教学大纲(草案)》。在此"大纲"中提出了"珠算,在日常生活中、在生产劳动中,特别是在农业生产劳动中用处很多。因此,在小学里应该注重讲授珠算"。从表1可以看出,从1963年的大纲开始对珠算的要求就不再具体了,而且降低了对乘除法的要求。

1978年,数学大纲强调"小学数学教学要以马克思主义、列宁主义、毛泽东思想为指导,教学内容的阐述要符合唯物论辩证法;要选择学习现代化科学技术所必需的数学基础知识作为教学内容,要理论联系实际;要使学生认识掌握数学基础知识的重要意义,为革命学好数学",《全日制十年制学校小学数学教学大纲(试行草案)》中对珠算的要求再次被降低。

这之后,国家教委于1986年重新制订和颁布了《全日制小学数学教学大纲》,其中对珠算的要求与1978年的大纲完全一致。1986年以后,国家教委根据《中华人民共和国义务教育法》实施九年义务教育的要求,于1988年颁布了《九年义务教育全日制小学数学教学大纲(初审稿)》。该大纲又一次降低了对珠算的要求。在1992年的《九年义务教育全日制小学数学教学大纲(试用)》中对珠算的要求变为,"珠算只学加减法(注:使用珠算较多的地区,也可以多学一些珠算)"。在2000年的《九年义务教育全日制小学数学教学大纲(试用修订版)》中完全取消了对珠算的要求,仅将"算盘只作为计算工具介绍"。

从1950年的"标准"到1963年的"大纲"本着"计算迅速,使用方便,应用广泛"的指导思想,都具体提出了对"珠算"的要求。但是从1978—2000年的"大纲"中珠算的内容被逐步取消了。而这一阶段正是我国在改革开放以后科学技术高速发展的阶段,随着计算机、计算器的广泛使用,作为计算工具的算盘,不再具有"计算迅速,使用方便,应用广泛"的特点。有学习者认为,"因为直到近来,机器才能做一些运算,所以很久以来一直有必要教会人们用一些缓慢的而不可靠的纸笔方法进行这些运算。在这一过程中,我们一直(并不聪明地)将几乎我们在教学上的努力和测试项目投入于这些运算"。[1]因而在2000年的《标准》中用"使用计算器"取代对珠算的要求。由此可见,我国对算盘功能的认识仅将其作为"计算的工具"。加之计算器的进入及基于课时有限等因素的考虑,珠算被逐渐取消。

二、日本现行的小学数学学习指导要领对珠算的要求

日本现行的《小学数学学习指导要领》在3年级要求,"知道用算盘表示数的方法,能使用算盘进行简单的加法和减法运算"。《要领》强调,"3年级的学生已经掌握了笔算整数的加法和减法运算,利用算盘表示数,可以加深学生对十进位记数法过程的理解,通过使用算盘进行简单的加、减运算,能够让学生更清楚地理解数的计算方法"。[2]

2008年3月日本文部科学省颁布了新修订的《小学数学学习指导要领》,其中除了保持在3年级对珠算的要求外,在4年级还增加了进一步使用算盘进行加减法的要求。从日本历年的小学数学学习指导要领对珠算的要求来看(见表2),《要领》对珠算的要求没有明显的变化。

表2 日本历届《要领》对珠算的要求

年代	年级	内容
1948年	五年级	使用算盘进行加法运算(整理零用钱的支出)
	六年级	使用算盘进行减法运算(对收入和支出进行记录)
1951年	五年级	提高在日常生活中准确、快速使用算盘进行加减运算的能力
	六年级	在日常生活中能准确、快速地使用算盘进行加减运算,并养成有效地利用算盘的习惯(记录学校或年级的收支情况)
1958年	五年级	能快速准确地使用算盘进行加减运算
	六年级	在日常生活中,能有效地使用算盘提高计算的效率
1968年	三年级	知道用算盘表示数的方法;能使用算盘进行简单的加减运算
	四年级	进一步提高使用算盘进行加减运算的能力
1977年	三年级	知道用算盘表示数的方法;能使用算盘进行简单的加减运算
1989年	三年级	知道用算盘表示数的方法;能使用算盘进行简单的加、减运算
1998年	三年级	知道用算盘表示数的方法;能使用算盘进行简单的加、减运算
2008年	三年级	知道用算盘表示数的方法;能使用算盘进行简单的加、减运算
	四年级	进一步使用算盘进行加减运算

由表2可以看出,从1948年到1958年《要领》是将珠算的内容安排在五、六两个年级,并且是从解决日常生活中所碰到的现实问题出发的。1968年的《要领》将珠算的内容提前到了三、四两个年级,并增加了"用算盘表示数"的内容。但是从1977年到1998年的三次修订中《要领》都只在三年级安排了珠算的内容。在2008年新公布的《要领》中又在四年级增加了对珠算的要求。

实际上从1998年到2008年这十年的时间内,日本有许多心理学家和教育心理学家对使用算盘与开发人类右脑的关系作了大量的研究,这些研究表明珠算以及珠算式心算对开发人类右脑的功能有非常好的促进作用。

珠算式心算(简称珠心算)是指以实际拨珠训练,到模拟拨珠训练,再过渡到映像拨珠,最终在脑中形成珠像运动进行计算的一种计算技能。日本大阪府立大学教授、先端科学研究所所长林寿郎博士在"日本珠算连盟全关东珠算恳谈会"的演讲中讲道:"由于珠算式心算是通过在头脑中对算盘珠子的组合与分解来进行的演算,因而推测珠算式心算对开发主要起模拟作用的右脑应该起到很好的作用。最近,随着对大脑生理学与脑血流的精密测定仪器的开发,证实了珠算式心算对激活右脑的功能有非常好的效果。"[3]日本医科大学基础医学情报科学中心研究员河野寅美子博士在经过多年的研究后发现,"一般认为左脑的机能主要是用于计算、推理和分析,在以学生为对象的试验中,的确是以使用左脑为主。但在对训练过珠算并具有一定水平的学生测试心算时发现,他们几乎都没有使用左脑,而主要是使用的右后脑。"[4]心理学研究认为:"手指是体外的大脑","儿童的智慧集中在手指尖上",儿童在拨珠操作时,手指的触觉神经受到丰富的刺激,经神经传送到大脑运动区形成一个高度兴奋网路,经常训练,就可以形成一种动作思维,也就是说手指的操作能刺激大脑的发育。一般认为使用算盘主要具有以下几个方面的功能。

1. 使用算盘能集中注意力

注意属心理学的范畴,是指人的心理活动对一定对象的指向和集中。指向和集中是注意的基本特点。注意力就是把自己的感知和思维等心理活动指向和集中于某一事物的能力。在使用算盘的过程中,手指的快速拨珠和算法口诀的配合使用必须在注意力高度集中的情况下才得以完成。在珠算教学中,常有听珠算、听心算练习。老师报数,学生听数计算,注意力必须十分集中,如果听而不闻,瞬时即逝,就不能计算了。例如在规定的时间内完成6位数与5位数的乘法,计算过程中,手指要操作100次以上,使用乘法九九表30次,期间不能有任何差错,否则就会导致错误的结果。这些练习,对培养学生集中注意力是很有帮助的。

2. 使用算盘能增强记忆力

记忆,是以认记、保持、再认或回忆的方式对经验的反映。识记和保持是"记"的过程,是外界信息在大脑中储存、编码的过程;再认和回忆是"忆"的过程,是在头脑中提取信息的过程。心算一般包括珠算式心算(使用右脑)和代数式心算(使用左脑)。珠算式心算是在右脑进行处理然后记录下计算的结果,这种训练下的直观结果能够较长时间地进行记忆。一般在心理学试验中,使用左脑进行的记忆方法在短时间忘记的情况比较多,而珠算式记忆法(使用右脑记录下直观结果)在较长时间内都不易忘记。日本信州大学教育学部的天岩静子教授,用3至9位数字对学习过珠算和没有学习过珠算的同年龄的学生进行了测试,发现学习过珠算的学生不管是所记忆的数字的位数还是回答的正确率都明显地高于没有学习过珠算的学生[5]。儿童在珠心算的训练中,通过看数、听数、拨珠、写数等一系列训练,充分调动各个器官进行活动,边记边加、边记边写,使记忆力得到很大的发展。

3. 使用算盘能提高学生的观察力

观察是一种根据一定的目的进行的有组织有比较的持久的知觉。观察是以感知过程为基础,是感知觉的最高形式。观察力就是在有目的、有组织、有思维参与的感知过程中形成的一种稳固的认识能力,是智力构成的一个重要因素。在珠算练习过程中,如珠算加法,学生在懂得被加数在什么情况下是直加,什么情况下是满五或进位加的情况下,首先要通过观察、比较然后才能拨珠。特别是在珠算比赛中,每一个步骤,都要认真观察,不能有半点疏忽。因为计算速度较快,稍有观察不慎,虽一字之差,也将形成错误。因此,学习珠算对提高学生的观察力是十分有利的。

4. 使用算盘能提高学生的信息处理能力

在计算机技术发达的信息社会,快速获取情报并能及时处理的能力是21世纪不可缺少的"脑力"之一。在珠算练习过程中,快速、准确地读出算盘上珠子的分布,通过右脑的快速处理,在左脑变成正确的数字情报,这样的"脑力"训练对提高学生获取数字情报的能力和处理数字情报的能力都是非常有效的。

三、将珠算纳入我国小学数学课程标准

在我国现行使用的《全日制义务教育数学课程标准(实验稿)》中,第一学段要求"能认、读、写万以内的数,会用数表示物体的个数或事物的顺序和位置";第二学段要求"在具体情境中,认、读、写亿以内的数,了解十进制计数法,会用万、亿为单位表示大数"。在义务教育课程标准实验教科书(课程教材研究所编著,人民教育出版社)一年级(上)中,1—10 的认识是使用的实物,11—20 的认识使用的是"小棒"。一年级(下)中,100 以内数的认识用了 10 捆"小棒",其中每捆有 10 根。在二年级(下)中,1 000 以内数的认识采用了"方格图"和标有万、千、十、个的"计数器",其实在这里"计数器"的功能已经非常接近算盘了。在四年级(上)中,"大数的认识(亿以内数的认识)"仍然采用的是"计数器",在这册教材中,仅将算盘作为计算工具作了简单介绍,而详细介绍了使用计算器进行计算。

这里,如果用算盘替代"计数器",更能直观地让学生学会怎样认识数和表示数,进一步掌握十进制记数法。建议从小学二年级开始结合内容介绍并引导学生认识算盘。三年级适当增加利用算盘进行简单的加减运算的内容。

以上,仅从中日数学课程大纲及标准比较研究的角度,探讨了重新认识珠算的教育价值以及珠算进入小学数学课程的必要性,事实上,不仅日本,目前很多国家(如新加坡、韩国、德国等)的数学教材中仍有珠算或算盘的内容。此外,从文化的角度看,珠算已被正式刊入我国的非物质文化遗产目录,正申报世界文化遗产,在小学数学中增加珠算更将显示出其独有的数学文化意义。

参考文献:

[1] 中华人民共和国教育部.全日制义务教育数学课程标准(实验稿)解读.北京:北京师范大学出版社,2002:194.

[2] 日本文部科学省.小学校学習指導要領解説(算数編).日本:东洋馆出版社.平成 11 年 5 月,平成 19 年 7 月一部补订:95.

[3] 林寿郎.脳開発における否珠算教育の在り方について. http://www.syuzan.net/daisuki/hayashi.html.

[4] 河野貴美子.脳の思考法とそろばん. http://www.soroban.com/yell/page/kim.html.

[5] 天岩静子.珠算学習の波及効果と今後の展望. http://www.syuzan.net/daisuki/index.html.

三、教学设计

- 如何进行有效的小学数学教学设计（李晓梅）
- 和谐：小学数学教学设计的新视角——以『用字母表示数』的教学设计为例（蔡宏圣）
- 小学数学课堂教学设计的问题与对策（杨豫晖 宋乃庆）
- 谈小学数学教学中培养学生解答应用题的能力（曹飞羽）
- 现实原型与小学数学概念教学（卢盛华）
- 试论小学数学课堂教学中创设问题情境的有效策略（郭成 陈红）
- 『三算结合』教学的经验与问题（刘良华）
- 『问题连续体』在小学数学课堂中的运用（荀步章）
- 数学『解决问题的策略』的理解、设计与教学（徐文彬）
- 数学教学的基本策略（邱学华）

如何进行有效的小学数学教学设计[①]

李晓梅

教学设计（Instruction Design，简称 ID），亦称教学系统设计，是面向教学系统、解决教学问题的一种特殊的设计活动，是运用现代学习与教学心理学、传播学、教学媒体论等相关的理论与技术，分析教学中的问题和需要，设计解决方法，试行解决方法，评价试行结果并在评价基础上改进设计的一个系统过程。教学设计不仅是一门科学，也是一门艺术。作为一门科学，它必须遵循一定的教育、教学规律；作为一门艺术，它需要融入设计者诸多的个人经验，并根据教材和学生的特点进行再创造，同时灵活、巧妙地运用教学设计的方法与策略。那么，如何进行小学数学教学设计，才能使其不但具备设计的一般性质，同时还遵循教学的基本规律，让其更加充分地体现教学设计者的教育智慧呢？

美国著名的教学设计研究专家马杰（R. Mager）指出：教学设计依次由三个基本问题组成。首先是"我去哪里"，即教学目标的制订；接着是"我如何去那里"，包括学习者起始状态的分析、教学内容的分析与组织、教学方法与教学媒介的选择；最后是"我怎么判断我已到达了那里"，即教学的评价。教学设计是由目标设计、达成目标的诸要素的分析与设计、教学效果的评价所构成的有机整体。所以，要进行有效的小学数学教学设计，必须围绕以上三个基本问题展开。

一、确定恰当的教学目标

教学目标既是教学活动的出发点，也是预先设定的可能达到的结果。小学数学教学目标不仅包括知识和技能方面的要求，也包括数学思考、解决问题以及学生对数学的情感与态度等方面的要求。对目标的不同理解会形成不同的教学设计，从而形成不同水平的课堂教学。例如，同样的"确定位置"一课，由于两位教师确定了不同的教学目标，因而形成了两种不同水平的教学设计。

一位教师对"确定位置"一课的教学目标是这样确定的："掌握用'数对'确定位置的方法，并能在方格纸上用'数对'确定物体的位置。"基于这一目标，教师给每个学生发了一张写有第几列、第几行的卡片，让学生手拿卡片到前边站好，然后按照卡片上的要求找到相应的位置。在教师的指导下，通过学生汇报是怎样找到位置的，最后达成了教学目标。从这节课的目标确定与教学过程设计来看，认知性教学目标是主体，尽管教学设计质朴，也考虑了学生原有的知识基础与生活经验，但却造成了学生的单一认知发展，而缺少良好的情感体验及运用知识解决实际问题的机会。

另一位教师对"确定位置"一课的教学目标是这样确定的："使学生能在具体的情境中，探索确定位置的方法，说出某一物体的位置；使学生能在方格纸上用'数对'确定物体的位

[①] 本文选自《课程·教材·教法》2007 年第 2 期，第 50—54 页。

置;让学生在具体情境中感受数学与生活的密切联系,自主发现和解决数学问题,并从中获得成功的体验,树立学习数学的信心。"在该目标的指导下,教师首先让学生尝试用最简捷的数学方法描述班级中一名同学的位置,然后把同学们各种不同的表示方法加以分类比较,在此基础上得出不同的表示方法的共同特点——都是用"第3组、第2个"描述这位同学在班级中的位置的。此时教师指出,其实这名同学的位置还可以用(3,2)来表示,这种方法在数学中就叫"数对"。在师生共同研究了"数对"的读写方法之后,教师设计了一个游戏活动——教师用手指一个学生,请这个学生用"数对"说出自己的位置,其他学生判断正误;教师说"数对",请坐在相应位置的学生起立,其他学生用手势判断对错。最后教师还设计了一个有趣的砸蛋游戏,把代表每个学生位置的"数对"输入电脑,同学们随机叫停,这位幸运的同学就到前边,在正确用"数对"说出想砸的金蛋或银蛋在方格纸上的位置后就可以砸蛋了,砸中后,电脑上会出现一句祝福的话。通过这样的教学设计,不但使学生感受到用"数对"确定物体位置的简捷性、唯一性,同时还体会到数学与生活是密切联系的。在这样的过程中,学生既掌握了知识,又享受了成功,体验了快乐。

通过对以上两个教学设计的对比,我们真切地感受到,要确定恰当的教学目标就必须正确地处理好课程标准、教材和学生水平三者之间的关系,同时关注认知、情感与动作技能等目标的不同层次。布卢姆以学习者的外显行为作为目标分类的基点,以行为的复杂程度作为划分目标的依据,提出了认知领域教育目标的六级分类——知识、领会、运用、分析、综合、评价。克拉斯沃尔等人于1964年提出了情感教学目标分类,并根据价值内化的程度将其分为五级:接受、注意,反应,价值化,价值观的组织,价值或价值系统的性格化。辛普森将动作技能依次分为知觉、定向、在指导下做出反应、机械化动作、复杂的外显反应、适应、创作。三位教育家的目标分类为我们确定教学目标提供了基本依据,在进行小学数学教学设计时,要对这三个目标领域统筹加以考虑,并把较高水平的目标当做影响内容的主题和根本目的来看待,只有这样才能确定出恰当的教学目标。

二、合理分析与组织教学要素

(一)分析学生情况

学生是学习的主体,要想有针对性地进行教学设计,必须进行学情分析,应着重分析学习者的起始能力、已经形成的背景知识和技能及学习者是怎样进行思维的。

1. 学习者起始能力的诊断

加涅对学习结果的分类及其关于学习条件的思想,为学习者起始能力的诊断提供了理论基础及诊断的基本思路。加涅将学习的结果分成了智慧技能、认知策略、言语信息、动作技能及态度五类。根据智慧技能学习的不同复杂程度,他又在该范畴中分出若干个亚类,即辨别、概念、规则和高级规则(解决问题)。辨别是概念学习的基础,概念是规则学习的基础,运用若干个简单的规则是解决问题获得高级规则的基础。如"三角形的面积"一课,学生需要通过实验,自己总结与概括三角形的面积计算公式,并运用公式解决简单的实际问题。这一内容属于规则学习的范畴,而规则学习的前提条件是获得运用有关概念的能力。三角形的面积=底×高÷2,这个公式中包括了"三角形"、"面积"、"等于"、"底"、"高"、"乘"、"除"七个概念,如果这七个概念中的任何一个概念没有掌握,规则学习都将无法进行。同时,学生必须掌握"剪"、"拼"、"转化"等策略,否则将不能自主地推导出三角形的面积计算公式。因此,准确地诊断学习者的起始能力是进行有效教学设计的基本前提。

2. 学习者背景知识的分析

学生在学习数学知识时,总要与背景知识发生联系,以有关知识——包括正规和非正规学习获得的知识来理解知识,重构新知识。小学数学教师对学生背景知识的分析,不仅包括对学生已具备的有利于新知识获得的旧知识的分析,还包括对不利于新知识获得的背景知识的分析。

一位教师根据学生背景知识的不同,对"质数与合数"一课做了三种不同的教学设计。

设计一:在"送教下乡"活动中,根据农村中心校学生已经掌握了自然数、分类、奇数、偶数、约数等背景知识,首先让学生把班级同学的学号数——1—16根据奇数与偶数进行分类。接着让学生找出2—16各数的所有约数,并根据约数个数的特征把这些数分成两类。在此基础上,让学生尝试概括这两类数的特征,进而在教师的不断追问下,师生共同概括出什么叫质数,什么叫合数。

设计二:在校际交流活动中,根据县实验小学学生已经掌握的背景知识,首先让学生把班级同学的学号数——1—59根据奇数与偶数进行分类。接着让学生找出1—59各数的所有约数,并根据约数个数的特征把这些数进行分类(应该分成三类)。在分类的基础上,让学生通过独立尝试概括、讨论交流、汇报辩论,揭示出质数、合数的概念,明确1既不是质数也不是合数。

设计三:在"省优秀教师教学成果汇报会"上,根据班级学生中有三分之一左右的学生通过不同的渠道已经知道了质数、合数的概念(尽管学生知道概念,但并没有真正理解概念),教师让学生阅读教材,理解质数、合数的概念,在师生的共同辨析争论下,使全体学生真正理解质数、合数的内涵与外延。

通过对"质数与合数"一课三种不同教学设计的分析,我们认识到,正确地分析学习者的背景知识,是进行有效教学设计的重要基础。

3. 学习者是怎样进行思维的

埃德·拉宾诺威克兹在《思维·学习·教学》一书中说:"作为教师,我们教儿童。既然我们教儿童,那我们就要了解儿童怎样思维,儿童怎样学习……也许,我们只是自以为了解了他们。"的确如此,很多时候我们以为了解学生,其实不然。许多小学数学教师在进行教学设计时,更多关注的是怎样进行教学,而很少考虑学生是怎样学习的,学生是如何思维的。一位教师对"长方体和正方体的体积"一课是这样设计的:首先复习体积单位并出示相应的1立方厘米、1立方分米、1立方米的正方体木块,然后让学生估计一个比较大的长方体的体积大约是多少。接下来让学生用正方体的小木块摆大小不同的各种长方体,并记录得到的数据。在此基础上让学生自主概括长方体的体积计算公式。在实际进行教学时,学生并没有按照设计者的思路估计这个较大的长方体的体积大约是多少,而是说这个长方体的长大约是30厘米、25厘米、50厘米,宽大约是20厘米、30厘米、40厘米,高大约是40厘米、50厘米、55厘米等。在记录数据的过程中,同样没有按照设计者的思路记录长方体的长、宽、高及体积各是多少,而是直接记录了小木块的个数。造成教学设计与实际教学差异的主要原因就是设计者缺乏对学生是如何进行思维的基本判断。因此,小学数学教师在进行教学设计时,不但要对学习者的起始能力进行诊断,对学习者的背景知识进行分析,还应关注学生是如何思维的。另外,对学生学习态度、学习兴趣的分析对达成教学目标也十分重要,也是进行教学设计时不能忽视的内容。

（二）组织教学内容

组织教学内容是教学设计的一项重要工作。教学内容是根据具体的教学目标,解决"教什么、学什么"的问题。所以,首先要分析教材的编写特点,领会编者的意图;其次要把握教学内容在整个教学体系中的地位和作用;再次应分析教学中的重点和难点,并通过合适的内容有效地突出重点、突破难点。一位教师是这样组织"比一比——求平均数"一课的教学内容的:

上课伊始,把男女生各分成3组（男生每组5人,女生每组4人）进行夹玻璃球比赛,由每组的记录员记录比赛的成绩。根据每组夹球的总个数评出男女生的冠军组。再从男女生的冠军组中选出最后的赢家。由于男女生冠军组的人数不等,根据夹球的总个数确定最后的赢家是不公平的,由此引出问题——求平均数。教师出示两组夹球情况统计图,在师生共同根据统计图合作探究出求平均数的方法并理解了平均数的意义之后,让学生解决三个实际问题——求平均气温,求五名同学的平均身高,求同学们平均每周的饮水量。

之所以如此组织教学内容,是因为教师首先认真地分析了教材。在前几册教材中,学生已经掌握了收集和整理数据的方法,会用统计图和统计表来表示统计的结果,并能根据统计图表提出问题、解决问题。本单元的教学内容是在学生已有的知识经验基础上,利用统计图中的信息,理解平均数的含义,探索求平均数的方法。为了让学生认识平均数的特征,教材结合"比一比"两个组投篮球的情况,根据统计图讨论哪个组学生的整体实力强,引出平均数的概念,让学生体会到学习平均数的必要性,并理解平均数的意义。为了让学生真切地体会到学习平均数的必要性,教师没有让学生比较两个组投篮球的情况,而是现场组织学生分组进行夹玻璃球比赛,以激起学生的参与热情。在根据夹球的总个数确定男女生组各自的冠军时,问题是很容易解决的,但在是否可以根据夹球的总个数确定最后的赢家时,则能引起学生的思维冲突,从而引出问题——求平均数。为了让学生自主探究求平均数的方法,教师为学生准备了男女生冠军组夹球个数的统计图。让学生通过观察探究求平均数的方法。为了更好地理解平均数的意义,掌握求平均数的方法,教师最后又安排了三个简单的实际问题让学生独立解决。

（三）选择教学方法

教学目标能否实现,很大程度上取决于教学方法的选择。不但要依据教学目标、教学内容、教师个人特点、学生年龄特征选择教学方法,还要最大限度地调动学生学习的积极性,真正突出学生的主体地位。仍以"比一比——求平均数"一课为例。这节课的教学目标是这样确定的:① 通过丰富的实例,以统计为背景,使学生初步了解求平均数的必要性,了解平均数的意义,掌握求平均数的方法。② 培养学生运用所学知识,合理、灵活地解决简单的实际问题的能力。③ 了解平均数在实际生活中的应用,使学生体会数学知识与日常生活的紧密联系,渗透对应思想,提高学生学习数学的兴趣。为了实现以上的教学目标,教师在进行教学设计时,首先组织学生进行夹玻璃球比赛,由于是学生自己参加比赛,他们非常积极主动,通过实际操作有效地激发了学生的参与热情,通过让学生决定男女生最后的冠军组激起学生的思维矛盾,激发学生主动学习的内驱力,进而使学生真切地感受到在每组人数不等的情况下,用男女生组夹球的平均数决定最后的冠军是公平的,从而了解求平均数的必要性。接下来让学生通过观察教师根据现场比赛结果制作的统计图,思考当参赛人数不同时,怎样确定冠军组才是公平的。教师选择了让学生自主合作探究的方式理解"平均数"的意义,掌握求"平均数"的方法。为了了解学生运用知识解决简单的实际问题的能力,教师设计了三个实际问题让学生独立解决。在解决问题的过程中,学生不但学会了运用知识,还体会到了数学的实际价值,激发了学生学习数学的热情。运用这样的教学方法展开学生的学习活动,最大限度地凸显了学生的主体地位,学生的主体性得到了尽情的发挥。

三、教学效果的正确评价

教学设计中所提出的教学目标是否达成,需要对教学效果进行评价。评价的主要目的是了解学生的数学学习历程,既要关注学生学习的结果,更要关注他们学习的过程;既要关注学生的学习水平,更要关注他们在数学活动中所表现出来的情感与态度。一位教师在"统计"一课的设计中,做了如下的教学效果评价设计。

问题一:你在这节课的学习中感觉怎么样?

请全体同学合作进行现场调查,看一看在这节课的学习中,有多少名同学很快乐、比较快乐,又有多少名同学不开心,把调查所得到的数据制成统计表和统计图,根据统计表和统计图提出相应的数学问题并回答问题。另外,请采访不开心的同学,了解他们为什么不开心,并帮助不开心的同学,争取让他们也能快乐地学习和生活。

这样的问题设计,不但能让全体学生经历数据的收集、整理的全过程,尝试根据收集到的数据制作统计图表,根据统计图表提出并回答数学问题,学会看统计图表,而且在这个过程中能够了解学生的学习体验,可以为改进教学提供基本的依据。

问题二:给统计图命名。

下面是一个画好的统计图,请观察统计图并回答问题。

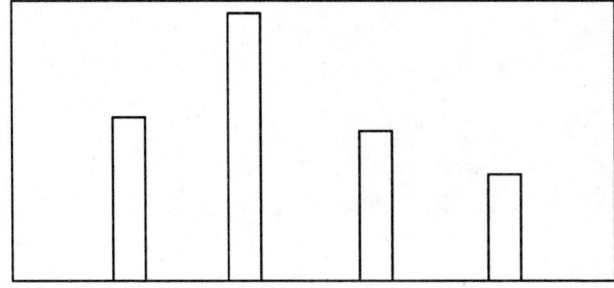

(1)你认为这幅统计图可能用来表示什么?
(2)请按照自己的想法给这幅统计图起名。
(3)请写出根据这幅统计图你所能想到的事情。

这样的问题具有一定的挑战性,解答时需要一定的创造性。评价教学效果时设计这样的问题,不仅能考查学生对统计知识的理解,更重要的是能考查学生是否具有统计的意识,是否具有创造力和想象力,以及对现实问题的了解情况。

教学效果评价的方式应是多种多样的,既有课堂上的应用练习,也应结合课堂观察、对学生的访谈、作业分析等综合加以设计。通过比较全面的教学效果评价,了解学生在知识与技能、数学思考、解决问题、情感与态度等方面的基本情况,为进一步完善教学设计提供比较科学的依据。

教学设计是由教学目标的确定、教学诸要素的分析与组织、教学效果的评价等组成的一个系统工程。系统的整体观认为,只有各组成部分和谐地统一、协调于系统的整体之中,才能达到整体的优化。所以,在进行小学数学教学设计时,不仅要掌握每个子系统的特点、功能以及各子系统设计的方法与策略,还要对各子系统之间的相互联系与相互制约有深刻的认识,洞察每一子系统与整体教学目标的关系。只有这样才能综观全局,从大处着眼、小处着手,进行整体优化的小学数学教学设计。

参考文献:

[1] 皮连生.教学设计——心理学的理论与技术.北京:高等教育出版社,2000.

[2] 张大均.教育心理学.北京:人民教育出版社,2005.

[3] 马云鹏,张春莉.数学教育评价.北京:人民教育出版社,2005.

[4] 埃德·拉宾诺威克兹.皮亚杰学说入门——思维·学习·教学.杭生译.北京:人民教育出版社,1985.

[5] 盛群力,献华编译.现代教学设计应用模式.杭州:浙江教育出版社,2002.

和谐:小学数学教学设计的新视角
——以"用字母表示数"的教学设计为例[①]

蔡宏圣

随着建构主义逐渐成为教学设计的理论基础,教学设计的主旨也转向了以学习者为中心的学习环境设计。从这样的命题出发,决定了我们不能在教学设计过程中倚重某个要素,而抛弃某个要素。因而,多要素、多视角的和谐也就成了必然的诉求。本文以"用字母表示数"的教学设计为例,对此问题作如下应答。

一、学校形态和原始形态的通融:在历史的长河中领悟知识的数学本质

作为数学教师,在设计教学时,面临的首要问题是深刻理解所教知识的数学本质、思想内涵。数学教育的规律告诉我们,对教学内容的理解程度直接影响到教学目标的确定、对教学对象的分析以及教学策略的选择,甚至直接影响到课堂情境中教者灵活应对生成性教学问题的智慧水平。因此说把握所教知识的数学本质、思想内涵是数学教学设计的灵魂实不为过。

由于小学生的年龄特点所限,他们学习的数学知识不是纯粹的科学形态的数学,而是经过教育学、心理学以及教学法加工的学校形态的数学。为使数学知识的呈现形式、学习顺序更符合小学生的学习规律,从数学的科学形态到学校形态,不仅仅弱化了数学的抽象性、逻辑性和形式性,而且还在相当程度上滤去了数学知识发展的脉络走向以及相互间的广泛联系,这就给广大一线教师想利用教材全面而又深刻地理解所教知识的数学本质带来障碍。例如,在小学数学的教材体系中,学生学习"用字母表示数"被认为是系统学习代数知识的开始,这之后再安排学习方程的意义、解法以及列方程解决实际问题。在小学的方程知识系统中,字母只是用来表示未知数。虽然在教师的教学用书中提出,用字母表示数是学生认识上的一次飞跃,但多数教师没有原始形态的数学知识作支撑,并不能透彻地理解这句话的真正意义。因而有教师还是误认为:用字母表示数就是用字母替代未知数,使得表达更简略。那用字母表示数到底意味着什么?作为学校形态数学知识载体的教材已经无力回答这个问题了,还是让代数发展的历史告诉我们答案吧。

初等代数的中心内容是围绕解方程展开的。早期,古埃及和稍后希腊人的代数几乎毫无例外地都是用文字叙述的。像公元9世纪阿拉伯数学家阿尔·花拉子米的著作《还原和对消的科学》中有这样一题:把一个正方形面积加上其一边长度之十倍等于39时,此正方形必是什么(用现代符号表示即为 $x^2+10x=39$)? 花氏的解答为:把所加边长的倍数除以2,得5。把该数自乘,得乘积25。把此数与39相加,得64。取此数的平方根得8,从该数中减去边长倍数之半,剩下3。此即所求正方形的边长,因而所求正方形面积等于9。[1]这还是一

[①] 本文选自《课程·教材·教法》2007年第8期,第37—41页。

个并不复杂的问题,解答过程读来就如此艰涩,当所要解决的实际问题复杂一些时,用这种方式表达的解方程过程那该会多么繁复!这种繁复非常缓慢地促使人类形成了"必须要有一套符号"的认识。最早使用简略记号的代数学家是古希腊丢番图。他在著作里将未知数称为"题中的数",并用希腊字"数"的第一个音节的缩写来表示。这之后,许多数学家在引入代数符号方面作出了贡献,但他们的符号和丢番图一样,基本上仍是标准文字的缩写。也正因为如此,16世纪最有天才的意大利代数学家卡当在其巨著《大法》中记录的方程种类就有66种之多。[2]用音节的缩写来表示未知量,虽然简略了方程解法的表述,但一个个音节的缩写,其本身都具有先入为主的意义,因而就只能表示一个个特定的数量,只不过有所简略而已。每一种方程都各具独自的特点,只能按照其本身的特点和细节来处理,一种方程就需要一个特殊的解法,这无疑耗去了数学家们巨大的精力。到了17世纪,法国数学家韦达设想寻找一种求解各种类型方程的通用方法,通过研读先辈们的代数著作,他逐渐认识到,要实现自己的设想,首先要使各种类型的方程具有普遍的形式。他在自己的著作中有意识地、比较系统地提出了用字母表示不同量的想法。他这样写道:"在这里,我们用一种技巧来帮助我们区别已给的量和所求的或未知的量,这就是用一种有永久性质的、易于理解的符号体系——例如,用 A 或其他母音字母表示未知量,用 B、C、G 或其他子音字母表示已知量。"[3]韦达用统一的字母表示未知量、已知量及其运算,被公认为是对世代代数传统的突破,是代数学发展历史上的一座重要里程碑。这种价值体现在韦达超越了各类数量的具体特点,从一般意义上用字母来表示它们,省略了数学关系的实际情境,去掉了实际语言带来的差别。这样,就把原先各具特点的方程归结成了通用的形式,使得代数变得能适应所有场合的普遍情况,极大地扩展了代数的应用范围。其后,字母表示的意义不断被拓展,字母不仅表示数量,而且可以表示向量、矩阵、超复数等各种形式的量,代数真正发展成为一门关于形式运算的学科。

回顾代数的发展历史,不仅仅是体会用字母表示数推动代数学发展的历史功绩,更重要的诉求是领悟用字母表示数的数学本质:字母表示数的过程,不是字母替代文字的过程,而是具体数量符号化的过程。换言之,用字母表示数,不是因为不知道这个数量是多少,而是因为这个已知的数量在不断变化中,因而用字母来概括地表示它。教学中,为了能使孩子们用极短的时间完成人类先祖认识提升的历史过程,我们需要将科学形态的数学科学转变为学校形态的数学学科,但为了使学校形态的数学更具有教育价值,我们更需要在数学知识的学校形态、科学形态和原始形态之间来回穿梭,从更宽广的视野研读教材,思索领悟知识的数学本质、思想内核,把握人类认识提升的大致过程。只有这样,从长远看,才能为学生对数学获得更好的理解提供生长点;从当前的教学设计看,才能更好地理清教学思路。像经过上面的分析,用字母表示数的教学就要致力于使学生认识到,字母不仅可以表示特定的未知量,还可以表示变化的已知量。站在历史的高度,我们还可以从整体上把握住人类认识提升的三个历史阶段:文辞代数—缩写代数—符号代数。虽然,个体的学习过程总呈现出其特有的特点,但整体上,儿童的学习过程往往会以某种形式重复人类认识提升的历程。因而,就有助于我们在教学过程中清楚地判断学生的认识处于什么水平,从而积极、能动地调整教学,以达到教学目标。

二、实践经验和教育理论的结合:在理性的分析中体味学生的学习障碍

有研究资料显示,小学教师教学设计能力的发展与教龄密切相关。教龄对于教学设计

的影响主要体现在分析教学任务和教学对象,以及编制教学目标、选择与运用教学方法等多个方面。[4]虽然教学内容不同,在分析教学任务、编制教学目标、选择与运用教学方法等方面有所差异,但其技能技巧终究可以迁移使用。而分析教学对象,意味着要了解学生的生活经验、知识基础、学习可能产生的困难与错误等。由于学习某个知识点,对学习者的生活经验、知识积累、要开展的思维活动等各方面往往有不同的要求,所以,教师在进行此教学设计分析教学对象时的所得所感,并不能简单地用在彼教学设计中。从这个意义上说,教师的实践经验在分析教学对象中所起的作用就显得格外重要。但需要引起我们思考的是,广大一线教师的实践经验往往是建立在教学经历基础上的感性体会,鲜有严密的分析和理性的总结,其科学性是有限的,有时甚至不能恰如其分地对学生的学习状况作出针对性的诊断和推测。例如学生学习"用字母表示数",从实践经验的角度分析,代数是算术的推广和发展,以数年的算术学习经历作基础,把特定的数量关系用简单的代数式表示出来,就不是太难的事。练习中要求学生用含有字母的式子来表示数量关系,正确率非常高,接近100%,似乎也佐证了这个判断。但我们在多次貌似成功的试教之后,要求学生回答"四年级一班有 a 人,二班有42人,两个班有多少人"的问题时,偏偏有平均50%以上的学生认为此题不能计算出最后结果,或者干脆写上"不能解答"。题目的表达形式虽然不同了,但学生是同样的学生,为什么在不同的情境中就表现出如此迥异的状况呢?像这样深层次的问题,实践经验是无法作出解释的。因而在教学设计过程中,应该基于实践经验并有意识地引入教育理论,特别是数学教育心理学的知识,在实践经验和理性思辨的相互结合中分析教学对象,从理性的高度把握住学生在数学学习过程中的心理过程,解释数学学习的某种心理现象,准确体味学生学习可能出现的障碍、难点,为学生创设真正有效的学习环境。

  从数学教育心理学的视角来分析,我们可以发现,孩子们学习"用字母表示数"是极富挑战性的事情。深入到数学概念形成的过程内部看,数学概念可以区分为"过程"和"对象"两个相互依赖的侧面,[5]用字母表示数就是无数次解决特定问题的思维由"过程"向"对象"凝聚的结晶。像"四(1)班有30人,四(2)班有32人",这个问题的"过程"属性侧重于表达"由两个班的人数可以得到两个班的人数和"的计算过程,关注"30+32=62",但这样的加法算式只能表示这个特定情境中的特定问题,不具有一般性。当孩子们积累了相当的学习经验后,就可以引导他们不仅仅关注一次次计算的过程,而把算法的本身作为数学思考的对象,关注"30+32",由此才可能从特殊情况概括出一般意义:两个班的人数不管有怎样的变化,两个班肯定一共有"$a+b$"人。从这里我们可以清晰地体会到由算术到代数不是简单的词面字义上的更替,而是思维方式上的提升。由于小学生在学习"用字母表示数"之前主要是算术的思维方式,形成的思维定势是列出的算式要算出确定的结果。这种思维方式对将一个代数式作为思考的对象是不能接受的,孩子们总觉得"这还没有算完呢"。而代数的思维方式偏偏更多地关注算法本身,结果是多少是次要的。因此,学生学习"用字母表示数"的最大难点是:能将含有字母的式子既看做一个过程,更看做一个对象,是确定性的结果和抽象性的关系的统一体。至此,我们也就能理解那平均50%以上的学生问题出在哪里了。有些学生虽然没有直接作出"不能解答"的应答,写了"$a+42=$",看似只是多写了"=",但反映出其心理上还是希望计算出结果,并没有将算法本身作为思维对象。

  那为什么学生没有形成代数的思维方式却也能正确地完成诸如"用含有字母的式子来表示题中的数量关系"这样的练习呢?这似乎是不可思议的。

实际上，数学技能上的高水平和数学思想上的低层次两者间本身就是可以不匹配的，它们可以统一地存在于一个个体身上。这就像代数的发展历史上，我们的祖先虽然没有意识到用字母表示一般的数，从而在更抽象的层面上思考和解决代数问题，但不妨碍他们运用特定的缩写字母或文字来替代未知数，并表现出高超的解方程技巧。英国的 CSMS 小组曾经对 3 000 名 13 岁—15 岁的学生做过调查研究，区分出学生使用字母的 6 个水平：① 给字母赋值。一开始就要用数值来代替字母表示。② 忽视字母的意义。字母被忽略掉，或者只承认它，但不给它任何含意。③ 视字母为具体对象。字母是具体对象的表示记号，或者就是对象本身。④ 视字母为特定的未知数。字母是一个特殊的未知量，可以对它进行计算。⑤ 视字母为广义的数，字母可以代表几个数，且不一定是未知数。⑥ 视字母为变量。字母代表一个范围内的非特定的数，而且在两组数之间可能存在一定的关系。他们的研究进一步显示，虽然在教学中表达了对象的一般性，但只有较少一部分学生能将字母看成广义的数，有能力将字母当做变量的就更少了，较多的学生是把字母解释成特定的未知数。[5] 也就是说，有相当多的学生是在比较低的层次上运用字母表示数的。算术知识是代数知识的基础，只要在算术学习阶段对各种数量关系有正确的认识，那么在代数思想的较低层次上学生就完全可以熟练地运用含有字母的式子表示各种数量关系，甚至进行简单的代数式的运算，只不过在他们的认识中，字母可能就是一个具体数量的替代而已，并不表示一般的意义。实际教学中，正因为学生在类似的练习中表现出很高的水平，所以才使相当一部分教师疏于反思自己的教学设计还有什么问题。

三、意义建构与文化传承的并举：在递进的反思中完成认知结构的重组

大家普遍认为，只有理解才能学好数学。"理解"的心理学意义是指，对于要学习的数学概念或原理，学习者能在心理上组织起适当的有效的认知结构，并使之成为个人内部知识网络的一部分。[5] 这样的表述至少包含两个意思：一方面，在新概念或原理的学习之前，学习者必须具备建构新知识意义的准备知识，否则就不会产生理解；另一方面，如果不致力于在新、旧知识之间建立恰当的联系，即使具备了新知学习的准备知识，也不会产生理解的心理过程。从这样的视角看，我们就不能漠视孩子们在以前的数学学习中运用字母的各种经历和体会。细细究来，孩子们在以前的数学学习中获得的字母运用的经验主要有三种情况。其一是一些单位和数量的字母表示，像 kg 表示千克、cm 表示厘米、h 表示高、t 表示时间等，无论哪种情况，都是有关词语的单词的缩写表示，不是代数学上的符号表示。其二用 x 表示未知数，即用字母表示特定的未知量，也不是新知的意义。其三，在运算律和面积计算的学习中用字母表示运算律和面积计算公式。这里的字母运用具有了代数学中的符号特征，但由于教学的侧重点不同，孩子们可能更多地经历了这样的替代过程，并没有经历清晰的用字母表示数的抽象过程。总之，孩子们在以前的数学学习中，对字母的运用主要是停留在数学发展历史上的缩写阶段。在数学发展史上，从丢番图用缩写的字母表示数到韦达用字母表示一般意义上的数，用了整整 1 200 年。要孩子们在短短的 40 分钟内，用独立建构的方式走过人类认识提升的这段历史显然是不现实的。因而，在正视孩子们已有数学学习经验的基础上，教学方式注重意义建构与文化传承的并举是理智的做法，教学中可以设计这样几个环节：

（1）唤起经验。利用扑克"6、7、A、10"算 24 点，以及求数列"2、4、6、m、10……"中 m 的

值来引导学生归纳出:用字母可以表示特定的未知数。板书:特定,未知数。

(2) 初次建构。课件演示用小棒摆三角形,要求学生说出用的小棒根数。在学生回答"摆两个三角形用 6 根小棒"时,教师引导学生认识到还可以写成"3×2"根。之后,给一段时间比一比:哪个同学这样的算式写得多? 待学生纷纷停笔不写的时候,再引导学生思考:怎样用一个式子来概括各种各样情况下摆三角形用的小棒根数? 由于学生在以前的学习中有过字母表示的经历,所以他们能得出"$3×a$"的写法。接着引导学生反思:这里的"a"还表示特定的未知数吗? 并讨论"a"不可以表示什么数。教师根据情况相机板书:特定——→变化未知数——→已知数。

(3) 再次建构。出示"数学魔盒",从电脑中输入一个数,经过魔盒加工输出另一个数。学生甲说输入 8,加工输出 18;学生乙说输入 10,加工输出 20……学生纷纷举手时,教师提出:哪个同学的回答能把其他所有同学想尝试的情况都包括进来? 引导学生提出输入"b",加工输出"$b+10$"。之后,再引导学生探究魔盒加工数的"秘密"。使学生认识到,如果输入"c",那么就按照"$c+10$"的关系加工,出来的数就是"$c+10$"。教师总结并板书:既表示关系也表示结果。

学习从最终意义上说,是新知识纳入原有认知结构的过程。用字母表示数的新意义要进入学生已有的认知结构,字母运用的原有经验是必经的节点。学生的认识要实现飞跃,就必须对字母表示数的新意义和旧经验之间的区别有清楚的认识,不然就不可能产生真正的理解。上述教学设计努力彰显的就是这点。分析其中的教法,呈现出的特点是让学生亲身经历用字母表示数的过程,教师相机用词语概括不同情境中用字母表示数的意义。这样的教法传递着这样一种认识,即当我们把现行约定俗成的数学知识看作历史传承结果的同时,也意味着这些知识经历了发生、发展、积淀的过程。为了让学生在数学学习过程中获得持续发展,应该让学生经历发现问题、尝试解决的过程,在此基础上,适时辅之以倾听接受似乎更有效率些。这样的学习,探索中有倾听接受,接受中有自主体验,才更符合课堂情境中小学生学习的科学规律。

和谐视角的小学数学教学设计的全部含义不是一个案例所能概括的。上面谈及的三点显然是不全面的,例如教学目标的确定是教学设计的核心所在,文中就没有涉及。本文从案例的视角来阐释这样的命题,正是想说明它的一个内在特性,和谐视角的小学数学教学设计既不是教学设计理论和小学数学的简单叠加,也不是小学数学和和谐教育理论的简单叠加。一个学科的建设,必定离不开理论的支撑和演绎,但教学设计作为实践性极强的学科,它的发展更离不开对鲜活案例的归纳和总结。一个成功案例虽然有局限性,但它所折射出的点滴的创新之举、学科教学设计的特有规律,不是理论演绎能全部涵盖的。这正如歌德所言:理论是灰色的,唯生命之树常青。当然,我们也应该本着和谐——案例设计和理性思考相结合的态度,在案例设计的基础上,概括、筛选、综合教学设计实践活动中的理性感悟,一例一得,得得相积,只有这样,才能构建既具有严密理论体系,又彰显实践智慧和数学教学规律的小学数学教学设计学科。

参考文献:

[1] 让·迪厄多内.当代数学为了人类心智的荣耀.沈永欢译.上海:上海教育出版社,1999:58—59.

[2] 朱家生.数学史.北京:高等教育出版社,2004:92.

[3] T.丹齐克.数:科学的语言.苏仲湘译.上海:上海教育出版社,2000:73.

[4] 张景焕,金盛华等.小学教师课堂教学设计能力的发展特点及影响因素.心理发展与教育,2004,(01):59—63.

[5] 李士锜.PME:数学教育心理.上海:华东师范大学出版社,2001.

小学数学课堂教学设计的问题与对策

杨豫晖　宋乃庆

"课堂教学设计"是指教师对课堂教学的内容、方法、手段、活动等进行总体规划的过程，具有系统性和预设性。尽管好的课堂教学设计并不能保证必定可以上出好的课，但不好的课堂教学设计从根本上就注定了无法上出好的课。因此，小学数学课堂教学设计是小学数学教师的常规工作，也是最重要的工作内容之一。然而，通过观察和访谈我们发现，小学数学课堂教学设计的现状令人担忧，主要存在信息堆积、静态知识梳理、学生被工具化等问题。小学数学教师在进行课堂教学设计时应该避免"信息堆积"而实现"文本理解"，避免"静态知识梳理"而实现"动态思维历程"，避免"视学生为工具"而实现"学生主体性回归"。

一、避免"信息堆积"，实现"文本理解"

信息堆积就是对所掌握信息的无结构化的处理方式。在小学数学教学设计过程中，教师对教材所承载的信息的处理至少要经历两个阶段：首先要确认所给信息，其次是对信息进行加工处理，以帮助儿童更好地学习数学，第二个阶段是教学设计的核心和重点。在调查过程中我们发现，小学数学教师在第二个阶段不同程度地表现出一种无序、无结构化的特点，仅仅将所确认的信息进行无意义堆积，这样加工、设计教材信息的方式对儿童数学学习的过程和结果都会产生负面影响。下面我们结合一个案例进行具体说明。

案例1　"圆的面积公式"（西师版《义务教育课程标准实验教科书·数学》六年级上册）

教材信息描述：教材按照主题图（云南曼飞龙白塔）、"估一估"、"拼一拼"、"议一议"、"试一试"的顺序和形式呈现教学内容，并在"课堂活动"的第一题设置了"讨论"的情境。其中"估一估"是以方格纸为背景，通过数方格比较圆和以圆半径为边长的小正方形的面积大小，直观感受到"圆面积是小正方形面积的3倍多一些，也就是半径平方（r^2）的3倍多一些"。"拼一拼"通过切分圆为若干等份转化成"接近于平行四边形"的图形。"议一议"主要在"拼一拼"的基础上通过讨论"平行四边形和圆之间的关系"逐步推导出圆的面积公式。"试一试"主要运用圆的面积公式解决主题图中的问题。"课堂活动"的"讨论"承接"拼一拼"，将圆等分后拼成近似梯形和三角形的图形，让学生讨论"能否推导出圆的面积公式"。

针对上述内容信息，教师对课堂学习过程作了如下设计（据笔者听课笔记和录音整理）。

活动1：回顾"圆的面积"概念。

活动2：用什么样的图形作参考？（对应"估一估"信息）

（希望学生能说方格图，然后教师展示课件。）

活动3：怎样求圆的面积呢？（对应"拼一拼"信息）

（将圆转化成近似平行四边形，把圆等分的份数越多，拼成的图形越接近平行四边形。）

活动4：还可以将圆转化成什么图形？（对应"课堂活动的'讨论'"信息）

（还可以转化成三角形和梯形）

活动5：推导圆的面积公式。（对应"议一议"和"课堂活动的'讨论'"信息）

（要求学生小组合作，选择一种方法——或平行四边形或三角形或梯形，进行公式推导。）

通过课堂观察和课后访谈笔者发现，教师没有依托主题图（云南的曼飞龙白塔）创设问题情境，是因为本地的学生不知道这个建筑，于是改为活动1的设计。其次，活动2、3、4、5是本节课的核心与重点，集中体现了教材中的"估一估"、"拼一拼"、"议一议"和"课堂活动"之"讨论"中的所有信息。结合课堂观察以及对教师的访谈，可以确定的是，在教学设计的过程中，教师基本上将教材提供的信息都囊括于设计之中，但是明显地显现出一种无序和无结构的状态。首先从每个活动的主题名称就可见一斑，其次从具体课堂实施过程也发现，各个活动之间确实没有一种逻辑关联性，比如活动2、3、4，可以看出教师试图将"估一估"、"拼一拼"和"课堂活动"的"讨论"糅合起来，一定程度体现了教师教学设计的创造性意识，但是，教师对教材的欠理解不仅扑灭了他的创造性火花，而且使整节课的重心部分变得无序和非结构性，他把这三个部分看成并列关系，仅仅从形式上将这些信息拼凑在一起。事实上，这三个部分是递进关系："估一估"利用原来的方格纸引导学生直观感受圆的面积是 r^2 的3倍多一些，为后续学习作好铺垫；"拼一拼"和"课堂活动"的"讨论"可以糅合，但是糅合中也要体现出相应的层次性，转化思想是此处的第一要义，要体现出为什么要转化以及怎样转化（这一点教师基本没有考虑），其次才是体现转化思想方法的多样性（不是多样的转化方法）。而活动1也反映出教师没有读懂教材编者设置该主题图的本意，即希望教师在教学时要以真实问题情境作为本节课数学学习的大背景，素材当然可以弃用，但是其所承载的思想是要坚持的。

由上述案例以及对其初步分析可知，小学数学教师在教学设计过程中对教材信息进行简单堆积，忽视信息所承载的思想和目的，不讲逻辑地一股脑儿抛给学生，其弊端不仅在于学生的数学思维得不到恰当的养成，而且在于课堂学习过程的无趣与混乱，最终造成学生只能靠机械记忆来维持会做题的基本表现（课堂观察到的现象）。而要领悟到教材信息背后的思想和意图，教师与教材文本应形成一种双向理解性关系，即教学设计时教师要进行文本理解。事实上，教材是有生命的事物，它以文本形式承载着编者的思想和意图，教师在课堂教学设计过程中要阅读教材，与教材编者对话和交流，最终达成与编者的"视域融合"。就教学设计而言，教师能够"读懂"教材作者（学科专家和一线优秀教师）的"原意"，对教学设计具有不可替代的指导意义，而教师对"原意"的创造性解释和应用是教学设计的灵魂所在，因为只有如此才能真正达成教师与教材作者的"视域融合"和思想交流，也因此起点而踏上数学课堂教学设计的思维征程。就案例1而言，可以在分析教材表层信息的前提下，理解编者"以真实问题为大背景——引导学生直观感受圆的面积是 r^2 的3倍多一些——渗透转化思想，推导出圆的面积公式——给出转化思想方法的多样性（即可以转化成不同图形，而根本思想都是转化）"的编写思路，进而设计这样的课堂学习过程："直观感受—理性探究—归纳概括—发散思考"的数学学习和思维过程。以此起点所设计的课堂活动过程应该与前面的呈现大相径庭吧。

二、避免"静态知识梳理",实现"动态思维历程"

教材呈现的知识信息停留在文本之上,是静态的,于是有些小学数学教师的教学设计过程就变成了对静态数学知识的澄清和梳理,他们认为只要能够把这些知识线条给学生讲清楚就完成了本节课的教学任务,甚少关注其他的内容,特别是数学思维的养成方面,这必然是不利于学生的全面发展的。心理学研究认为,对儿童进行教学,目的不仅仅在于给他们传授知识和技能,更重要的是发展他们的思维和智力,教学的着重点是促进思维的质的发展。[1]因此,小学数学教师在进行教学设计时,除了对知识进行静态梳理外,最重要的是要关注学生数学学习过程中的思维发展。

下面结合具体案例论述静态知识梳理的表现与弊端,以及怎样实现动态的思维历程。

案例 2 长方体和正方体体积(三)(人教版《义务教育课程标准实验教科书·数学》五年级下册)

教材信息描述:此内容是"长方体和正方体的体积"内容的收尾,学生已经探索和学习了长方体和正方体的体积计算公式,即"长方体体积=长×宽×高"和"正方体体积=棱长×棱长×棱长"。教材直接给出"底面积"概念,并配以图形说明;接着告知长方体和正方体体积公式中的"长×宽"和"棱长×棱长"就是底面积,进而得出"长方体(或正方体)的体积=底面积×高",将两个公式合二为一;最后是"做一做",有两道题目,其中第2题联系了实际生活。

教师是这样设计课堂学习过程的(根据笔者的听课笔记和录音整理):

活动 1:设置问题情境。

先复习长方体和正方体相关概念和它们的体积计算公式,然后出示问题:学校多媒体讲台的形状是一个长方体,它的底面积是 1.2 平方米,讲台高是 1.5 米。这个多媒体讲台的体积是多少立方米?

活动 2:合作探究,学习概念,推导公式。

同桌交流,探讨解决问题的办法。

在汇报前,教师引导学生看书学习"底面"和"底面积"的概念。

师:我们已经知道长方体体积是"长×宽×高","长×宽"就是底面积,所以长方体体积也等于"底面积×高"。

教师再讲解正方体体积与底面积的关系,最后得出结论:

长方体(或正方体)体积=底面积×高,用字母表示 $V=Sh$

接着将活动 1 问题中的已知条件代入公式,问题得解。

活动 3:巩固练习。

对照教材,上述课堂教学设计可谓"忠实"于教材,并且还创设了一个教材没有的问题情境,然而深入思考后总觉得有什么不妥之处,因为从实际教学的情形和效果看不尽如人意,学生们表现得没有兴趣。一面是教师对教材的"忠实",一面是学生的无兴趣,这种反差值得我们深思。细细想来,发现学生习得这些知识没有任何障碍,哪怕是些许的疑惑,学生们不用思考。毫无疑问,像这样忽视了学生数学思维培养的课堂教学设计遇到了学生的无声反抗。正所谓学是思维的体操,一节数学课,无论是什么层次和级别,其立足点都应该是数学思维的养成和发展,仅仅关注数学知识的静态性梳理是远远不够的。从这个角度来说,上述课堂教学设计是没有意义或无效的,还应该关注学生的数学思维历程,这是一个动态的活动过程。

正如前面所述,学生学习的一个重要目的是促进思维的发展,数学学科应更突出这个愿望。学生的思维是分阶段逐步发展的,但并不是自然而然得到发展的,数学教学活动是学生数学思维发展的重要平台,而教学活动的合理性依赖于教师的课堂教学设计,其根本在于教师进行课堂教学设计时是否基于切实培养学生数学思维的立足点。

因此,小学数学教学设计应该强调对学生数学思维习惯和能力的培养,关注这样的动态活动历程,据此,案例2可以这样修改:

活动1:创设问题情境,发现问题。

可以启用上述问题情境。要求学生先自主探究。

预计学生会这样解决的:1.2×1.5=1.8立方米(学生通常会这样做,事实上也如此)。

教师引导学生说出1.2×1.5就是底面积×高(根据问题中的信息容易得出)。一定让学生来说,这是他们自己实践的结果,促使学生对问题进行内部表征。

教师据此设置悬疑:照你们的说法和做法,底面积×高=长方体体积?(教师在等号上打一个大大的问号)(产生认知冲突:与前面所学"长方体体积=长×宽×高"不一样)

厘清问题:"底面积×高"是否等于"长方体体积"?

活动2:解决问题。

提示学生要认真思考,因为这个问题并不是想象得那么简单!

分析问题:① 要证明"底面积=长×宽"。把"底面积×高=长方体体积"和"长方体体积=长×宽×高"进行形式上的比较,然后引导学生归纳。② 确认"底面积"就是等于"长×宽"。

化解问题:底面积是否等于"长×宽"呢?(停顿,再次引起思维矛盾)

再次化解问题:什么是底面积?(引导学生说,激发学生对问题进行内部表征)

这时教师引导学生共同学习"底面"和"底面积"概念(教材上有明确呈现)。

学生知道了底面积就等于"长×宽",证实了前面的猜测和分析推理。

从而可以得出结论:底面积×高=长方体体积(前面的假设成立)。

活动3:类比推理,统一公式。

由长方体与正方体关系类比推理(横向思维)得出正方体体积与底面积的关系。

最后得出统一公式:$V=Sh$。

上述设计立足学生的思维养成和发展,设置悬疑,形成从未知"底面积×高是否等于长方体体积"到已知"长方体体积=长×宽×高"的逆向分析、推理求证的思维活动过程,中间很自然地融入底面和底面积概念的学习,而不是从告知"底面积=长×宽",结合已知"长方体体积=长×宽×高"得出未知"底面积×高=长方体体积"的正向说明过程。修改后的学习活动过程实际上是一个思维聚合和发散交错体现的过程。原设计的学习活动过程并不能给学生造成有效的思维矛盾,只是对知识进行了平铺直叙的梳理和说明。可以想见,这两个基于不同立足点的课堂教学设计所实施的课堂教学其效果会是怎样的不同。

三、避免"视学生为工具",实现"学生主体性回归"

为了更深入地研究小学数学教师的教学设计过程,笔者连续跟踪某小学数学教师数月,要求教师在进行教学设计时进行出声思维,笔者进行全程录音,然后再转录成文字。通过对文字材料进行编码、登录、类属分析、寻找意义等过程,发现教师在进行课堂教学设计时采取"我为中心"的思维方式,认为这节课是:我要做的一件事,为了使这件事情做得顺利,我必须调用所有可以控制的元素,包括学生。这样的教学设计其思维方式实际上是把学生视做自己所做某件事情的工具之一,漠视了学生学习的主体性。下面列举两段教师进行课堂教学设计时的口语报告资料(引自笔者整理的"3 的倍数特征"和"质数和合数"口语报告资料)。

口语报告片段 1:……因为一些孩子虽然是五年级学生,但是我觉得如果放得太开,这样会找不到一种方法,会浪费我一节课的时间,我们现在时间比较紧。所以在这里我会让他们做一个小的交流,说你想用什么方法去找 3 的倍数的特征,有些孩子可能会想到先把 3 的倍数找出来一些,然后再观察;有些会说随便找些数看是不是 3 的倍数,我会让他们做一个简单交流,不展开,否则会占我时间。

然后我就引导他们以我们班的学生号数为例找 3 的倍数。我们班有 55 个孩子,我准备让他们找出这 55 个数里面哪些是 3 的倍数,我觉得这些数比较少,也比较小,应该很容易,比较快。1—55 里面有许多 3 的倍数,找这些就行了,太多了我也觉得浪费太多时间。

口语报告片段 2:我就让孩子们认识质数、合数的这些概念,主要是想通过他们自己去找这些 1—20 的数的因数,他们自己去找出来,他们有这个能力的,我相信可以找对,而且应该找得也不会太久,所以这个应该不会花很多时间。我先让他们把 1—20 的因数给我找出来……如果有按书上这种分 3 类的,那我就认可他们,让他讲一下。我估计会有的说得出来,因为昨天我安排了预习。

上述口语报告资料中,在语词方面,教师使用了多次"占时间"、"花很多时间"、"浪费时间"之类的词语,表明教师在进行课堂教学设计时时间观念较强;在语义方面,多次使用上述这些词语以及使用时的情境,说明教师把课堂上的 40 分钟看做自己必须要控制的私有时间,控制的出发点和依据是其个人需求,并没有考虑学生因素;在内容层面,教师在课堂教学设计的过程中所考虑到学生活动的地方都附加了时间条件,比如,让孩子作交流的地方,总是会说"不能放得太开,否则会占我时间",话外之音就是"我就完成不了我要做的事了"。另外,片段 2 中设计让学生找 1—20 的数的因数,是因为"昨天我安排了预习",而且这些数小,因数是早已学过的内容,学生掌握得还可以,教师确定学生"可以找对,不会花很多时间",所以教师在设计时就决定"让他们把 1—20 的数的因数给我找出来",因此,在教师眼里,学生只是他们自己的课堂教学活动中的工具而已,教师话语中"给我"一词就表明了这一点。

学生被工具化的弊端是显而易见的,而新课堂要充分关注学生的主体性也已在教育界达成共识,因此课堂教学设计要实现学生主体性的回归也是无可争议的,问题是就小学数学课堂教学设计而言,学生主体性回归的表现形式怎样,怎样做才能真正实现学生主体性回归。学生主体性是指在教育教学活动中,作为主体的学生在教师的引导下处同外部世界及自我的关系时所表现出的功能特征,具体表现为自主性、能动性、创造性。[2]也就是说,学生的自主性、能动性和创造性需要在课堂活动中的主体性参与中得到实现,特别是主体体验性参与。体验是主体内在的知、情、意、行的亲历、体认与验证。它是一种活动,更是一个过程,其过程性正好内在地吻合于教育过程中学生主体对外在世界的接受与内化过程。同时,体验过程本身可以借助具体的实践载体展开,让内心的知、情、意与表层行为共时生发,二者互为表里,双向推动。[3]因此,教师在进行课堂教学设计时,要注意引导学生在具体的学习实践行为中融合知识、情感,达成对外在问题的表征与内化。体验的历时性要求有充足的时间保证,体验的亲历性要求所设计的活动能充分调动学生学习的能动性,体验的体认与验证性要求所设计的问题能够激发认知冲突,引发思维共鸣,只有如此方能激发学生的自主性、能动性和创造性,才能在课堂中真正实现学生的主体性回归。

课堂教学设计是一个个性化和情境化的过程,不同教学风格的教师对同一内容会设计出不同的课堂教学方案。即使是同一个教师在不同的情境(包括学生等因素)中也会设计出不同的课堂实施方案。对此笔者认为,课堂教学设计的个性化和情境化更多地体现在课堂教学方法、手段、语言等高个性特征的方面,而就数学教学的根本目的而言,教师应该在合乎逻辑的认知活动过程中传递给学生数学知识,更重要的是在这个过程中培养和发展学生的思维,特别是创造性思维,而要最大限度地实现这些目标,教师进行课堂教学设计时对教材文本进行理解、关注动态思维的呈现以及切实发挥学生在学习活动中的主体性是各类风格的教师在不同设计情境中皆应该首要和全面考虑的问题。

参考文献:

[1] 朱智贤,林崇德.思维发展心理学.北京:北京师范大学出版社,1986:131.

[2] 阎亚军.论教师权威与学生主体性的关系.上海教育科研,2004(9):12—13.

[3] 沈建.体验性:学生主体参与的一个重要维度.中国教育学刊,2001(4):41—43.

谈小学数学教学中培养学生解答应用题的能力[①]

曹飞羽

一、培养学生解答应用题能力的重要性

关于培养学生解答应用题能力,《九年义务教育全日制小学数学教学大纲(试用)》中没有明确提出,但是在教学目的中讲到了使学生"能够运用所学的知识解决简单的实际问题",这实质上包含了培养学生解答应用题的能力,当然在小学还是初步的。可以说,培养学生解答应用题的能力是使学生能够运用所学数学知识解决简单的实际问题的基本内容和重要途径。因为应用题反映了周围环境中常见的数量关系和各种各样的实际问题,需要用到不同的数学知识来解决。通过解答应用题,促使学生把所学的数学知识同实际生活和一些简单的科学技术知识联系起来,从而使学生既了解数学的实际应用,又初步培养了运用所学的数学知识解决实际问题的能力。另外数学作为一门工具学科,也应该把它用于解决实际问题作为教学的一个重点。这一点越来越多地被各国数学教育工作者所认识。例如,美国在 80 年代初就提出"解问题是 80 年代学校数学的重点";在为 90 年代拟订的中小学数学课程标准中,再一次强调数学教育的目标之一是使学生成为"具有解数学问题能力的人","有效地应用数学方法解问题的人"。当然,培养学生解应用题能力的重要意义远不止于此,还可以发展学生的逻辑思维能力,培养学生良好的思维品质(如思维的灵活性、创造性)和道德品质等。而这些都是作为现代社会中具有较高的文化素养的公民所必须具备的能力和品质。

长期以来,我国的小学数学,无论从教材或从教学来说,对应用题教学是重视的,但是也存在不少问题,主要是偏重内容的教学,轻视能力的培养,加之教材的选择和编排不尽合理,教学的方法不尽适当,以致花的力量很大,收的效果较小。因此,如何提高学生解应用题能力,又使学生负担较轻,是一个值得认真研究探讨的问题。

二、解答应用题教学的改革趋势

近年来,国内外一些数学教育工作者和有经验的教师对解答应用题的教学,特别是如何培养能力进行了一些改革的尝试,取得了一些有益的经验。主要有以下几个发展趋势。

(一)应用题的内容趋于扩大

首先是加强联系实际的问题。不仅限于课本中编好的现成应用题,而是从实际生活中收集材料和数据,进行一些计算。例如,美国在进行加减计算时,让学生分类收集一些数字材料,然后进行统计和计算。英国在教学时给学生一张火车时刻表,不仅让学生能看懂某次

[①] 本文选自《中小学数学教学改革》1994 年第 8 期,第 28—33 页;1994 年第 9 期,第 18—22 页。

车始发和到达的时刻,而且进行各种计算。通过一些实际作业使学生知道数学的概念和思想就存在于人们的活动当中,并且能够运用数学知识解决生活中的实际问题。我国有些教师也很注意实际生活中的数学问题。例如,一位教师出了这样一个题目:"某车间用一块长90分米、宽60分米的铁皮剪成半径是10分米的圆形铁片,该怎样下料才能使铁皮的利用率最高?"结果多数学生列成下式:$90 \times 60 \div (3.14 \times 10^2) \approx 17$ 个;部分学生通过画图(如图1)

图 1

得到答案是12个;还有一部分学生通过操作(如图2)

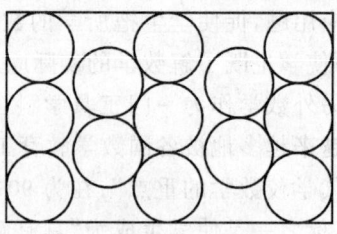

图 2

得到答案是13个。通过讨论,使学生认识到最后一种下料方法利用率高,而第一种计算方法是脱离了这块铁皮的实际的。通过这样的问题使学生初步体会到在解决实际问题时绝不能生搬硬套所学的计算知识,还要注意对实际问题进行具体分析。

其次,运用数学知识所解的问题不限于实际生活中遇到的,还包括一些有助于培养学生运用数学知识进行探究能力的问题。例如,在下面的○里填上合适的数,使每相邻两个○里的数的和等于它们中间□里的数。让学生不仅写出不同的答案,而且找出填写的规律,并回答出能不能使开头和末尾的○里的数相同。由于解题的范围较广,很多国家不用"应用题"这个名称,直接叫做"问题",日本原来叫做"应用题",现改称"文章题",以体现其范围的扩展。

○—13—○—10—○—15—○

（二）应用题的难度趋于降低

这个问题在多数国家已经得到解决。如日、美、英等国,解问题的面较广,较联系实际,但是难度较小。如日本课本中的文章题大多是两步计算的。有少数国家,如俄罗斯,原来应用题的难度较大,步数较多,后来难度已有所降低或适当后移。特别是在把小学三年制改为四年制以后,随着算术内容教学时间的延长,相应地应用题的教学时间也拉长了,应用题的难度也进一步降低。香港地区编订的《数学科学习目标》中规定整数四则应用题,"每题运算次数不超过两次",分数、小数限解简易应用题。许多国家或地区采取这些措施,使应用题教学更适合小学生的年龄特点,无疑会有利于减轻学生的学习负担,更好地激发学生对解应用题的兴趣和积极性。我国在解应用题方面一直存在着偏难偏多的问题,特别是升学考试为了便于择优录取,往往出现超过大纲、课本范围的题目,给教学带来很大的压力和负担。近年来实施义务教育以后,强调全面提高民族素质,应用题教学开始注意适当降低难度,是一个可喜的现象。

(三) 重视培养学生掌握解题的一般策略

这是培养学生解应用题能力的重要条件之一。它与应用题的教学目的和作用是紧密联系着的。长期以来,无论在国内或国外,都或多或少地把在小学数学课中要教会学生解答某些类型的应用题作为教学的最终目的。从这一看法出发,把教给学生应用题类型,记结语或公式作为基础知识。结果形成学生套公式的习惯,没有真正培养起解题能力。近些年来,越来越多的数学教育工作者认识到,应用题教学的最终目的,应是通过一些有代表性的问题的解答,使学生掌握解问题的一般策略或方法,从而达到真正培养学生解决简单的实际问题的能力。例如,日本伊藤武说过,过去解应用题,安于形式地机械地进行,把应用题分成若干类型,每一个类型都有一种确定的解法,结果容易使学生对确定的一些问题会解,而没学过的应用题就不会解了。前苏联弗利德曼著《中小学数学教学心理学原理》中说:"形成和发展学生解任何数学题(包括实用题)的一般技能,这是数学教学的基本职能之一。"1988年第六届国际数学教育会议也强调教学生学会使用解题的一般策略。有的代表指出,传统的教学解问题的方法往往是由教师给出一个范例,让学生模仿;教师不仅没有给学生准备真实的问题情境,也没有教给学生一般的解题策略,这样既不能提高学生解问题的能力,也不能提高他们解问题的积极性。有代表提出解数学问题的一般策略有:联系、分析、分类、想象、选择、作计划、预测、推论、检验、评价等。美国新拟订的《中小学数学课程和评价标准》中,每个学段的第一条标准就是学习和应用解问题的策略,只是要求的水平不同,体现逐步提高。目前美国的小学数学课本大都编入解题的一般策略,作为正式的教学内容。例如,一本五年级课本中出现以下一些内容:用图解,检验,有多余条件或缺少条件的,编题,多步题的解题步骤,估算得数,用表解。

近年来,我国一些数学教研人员和教师也开始注意研究如何教给学生一般的解题思路和方法,特别重视分析题里的数量关系。有的实验教材中也加强理解题意,摘录应用题条件,补充应用题的条件,检验应用题的解答等的训练。这对于提高学生解答应用题能力有很大的帮助。

(四) 加强方程解法使之与算术解法相辅相成

从60—70年代的数学教育现代运动开始,许多国家的小学数学增加了简易方程和列方程解应用题。但是列方程解应用题教学的起始期以及深度、广度,差异很大。例如,前苏联教学方程解法从小学二年级就开始了,而且有两步的应用题要求用方程解。这就涉及算术解法与方程解法之间的关系问题。近年来逐渐趋于一致。一方面,较多的国家或地区,如日本、俄罗斯、香港等,小学教学列方程解应用题限两、三步计算的,另一方面是在用算术方法解应用题有了一定基础再逐步出现列方程解应用题,这样可以使两种解法起到相辅相成的作用。

在我国,自80年代初小学开始增加列方程解应用题,一直有不同的看法。十多年的实践表明,增加简易方程和列方程解应用题,的确有助于发展学生抽象思维,减少解应用题的难度,培养学生灵活解题的能力,并有利于中小学数学的衔接。但是在实际教学时还存在着不同的处理方法。特别是涉及分数除法应用题的教学,很多教师把用方程解作为向算术解法的过渡,最后还是强调算术解法,忽视方程解法。这样仍不能达到降低难度减轻学生负担的目的。近年来有些改革实验,强调算术解法与方程解法并重,相辅相成,取得较好的效果。例如,据《小学数学教师》1989年第3期载上海虹口区教育学院等按上述方法试验情况,第一次测试,试验班与控制班差异不明显,第二年秋追踪到中学进行测试,结果试验班成绩明显优于控制班,只学算术解法的学生到了中学产生了负迁移。另据《小学数学教师》1992年第2期载无锡市教委教研室等使用课程教材研究所编的实验教材,也取得类似的结果。两个实验班采取加强算术解法与方程解法的联系,并且两者并重,而两个对照班仍教给解题模式。结果单元教学完了,测试实验班和对照班成绩没有显著差异,但是寒假后再测试差异明显,实验班和对照班的成绩分别为87.3分和78.7分。但是根据北京一所小学的实验,单元教学完了在测试3步题和灵活解应用题时,实验班和普通班的成绩就出现明显差异。

三、义务教育《小学数学教学大纲(试用)》对提高解应用题能力采取的措施

《九年义务教育小学数学教学大纲(试用)》为了适应义务教育的性质和需要,切实提高小学生解答应用题的能力,根据国内外应用题教学改革的趋势,结合我国的实际情况,采取以下一些具体的改革措施。

(一)降低应用题的难度

《大纲(试用)》明确规定:整数、小数应用题最多不超过三步;分数、百分数应用题以一、两步计算的为主,最多不超过三步(只限比较容易的)。删去了原大纲中的稍复杂的应用题以及综合性的不太繁难的应用题。由于全国各地的条件不平衡,作为义务教育,提出的统一要求不能太高,这样修改就使全国大多数学校大多数学生经过努力都能达到规定的要求,而且有利于学生的全面发展,为升入初中打下更好的基础。考虑到各地的条件不平衡,《大纲(试用)》中也注意有些弹性,规定四步应用题(比较容易的)作为选学内容,以便使少数条件较好的学校能充分发挥学生的积极性,更好地提高解题能力。

(二)加强联系实际

这比原大纲有明显加强。一方面增加了联系实际的内容,如百分数的应用中明确提出利息等的计算,把求平均数问题与统计紧密结合起来等。另一方面在说明中强调"要引导学生了解数学知识的实际应用,从当地实际出发,进行调查,收集数据,在教师的帮助和指导下,编成数学问题,进行计算、解答,或作一些简单的统计,逐步培养学生这方面的兴趣、意识和解决实际问题的能力"。这对于培养学生具有自觉地把数学应用于实际的意识和态度,使数学真正成为学生手中的有用的工具,起着重要的作用。

（三）注意体现教给学生解题的一般策略

在《大纲（试用）》的说明中提出："要引导学生分析数量关系，掌握解题思路。"这实际体现了培养学生掌握解题的一般策略。为了使之更加落实，在各年级的教学要求中还明确提出分阶段要求。例如，在五年制一年级要求学生知道题目中的条件和问题，二年级要求初步学会口述应用题的条件和问题，三年级把常见的数量关系作为知识点列入大纲，要求初步学会口述解题思路，进一步培养检查和验算的习惯，四年级要求掌握解应用题的一般步骤，五年级要求会有条理地说明解题思路。这样安排要求，有利于循序渐进地培养学生掌握解题的一般策略，逐步提高学生解应用题的能力。与此同时，《大纲（试用）》中还注意适当让学生掌握解题的特殊策略或方法。例如，说明和教学要求中都提到会按照题目的具体情况选用简便的解答方法。这样有利于培养学生思维的敏捷性和灵活性。

（四）适当加强方程解应用题及其与算术解法的联系

首先，在教学简易方程时增加了 $ax \pm bx = c$ 这一类型，相应地扩展了用方程解应用题的范围。这不仅可以用来解答较多的整数、小数应用题，而且可以用来解答一些分数、百分数应用题（需用逆思考的）。这样还降低了所解的分数、百分数应用题的难度。例如，饲养小组养白兔和黑兔共18只，其中黑兔的只数是白兔的 $\frac{1}{5}$。白兔和黑兔各有多少只？过去求白兔的只数强调列方程 $\left(1+\frac{1}{5}\right)x=18$，学过 $ax \pm bx = c$ 这类方程的解法并解过 a、b 是分数的方程之后，就可以列出 $x+\frac{1}{5}x=18$。这样列方程，解题思路容易为学生接受，而且符合代数列方程解应用题的一般思路，从而为初中的学习做更好的准备。其次，《大纲（试用）》中强调五年级进一步提高用算术方法和用方程解应用题的能力，体现了加强两者间的联系以及灵活合理地运用两种解法。如上面的例子，如果列出方程 $x+\frac{1}{5}x=18$，把它变形为 $\left(1+\frac{1}{5}\right)x=18$，进一步计算可以得 $x=18\div\left(1+\frac{1}{5}\right)$，这样就得到了算术解法。从而使学生知道方程解法和算术解法是密切联系着的，不是各自孤立的。也只有这样教学才能提高学生用两种方法解应用题的能力，从而进一步发展学生在解题中的思维的灵活性和创造性。

四、对培养学生解答应用题能力的几点教学建议

下面根据近年来国内外改革的经验以及个人参加实验工作中的体会，对培养学生解答应用题能力提几点教学建议。

（一）抓好简单应用题的教学

大家都知道，解简单应用题是解复合应用题的基础，无论整数应用题或分数应用题都是一样，它们有共同的教学规律。打好整数、分数简单应用题的基础就为解复合应用题做好了准备。

怎么叫做打好解答简单应用题的基础？个人体会主要是使学生初步理解和掌握四则运算的意义，会分析简单应用题里的数量关系，然后能根据题里的数量关系正确选择运算方法，并养成检验的良好习惯。下面做一些具体的分析。

1. 初步理解和掌握四则运算的意义

这是学习解答一切应用题的重要基础。正像有的教师所讲的，虽然应用题的内容是千变万化的，但都是四则运算在实际中的应用。往往有些学生不理解四则运算的意义，解答简单应用题时乱猜算法，或者根据题里的某个词语选定运算方法，这样是不能真正培养起解答应用题的能力的。关于四则运算的意义，要根据儿童不同年龄的认知特点分成不同的层次来教学。低年级要通过操作直观使学生理解每种运算的含义。例如减法，只要通过摆物品和图画等使学生懂得是从一个数里去掉一部分求剩下的部分是多少；高年级再进一步抽象，使学生懂得减法是已知两数和与其中一个加数求另一个加数是多少。高年级教学分数除法也是从乘法的逆运算的角度来理解的，这样就便于在解应用题时实际应用。

2. 使学生学会分析数量关系

这是解答应用题的一项基本功。即使是简单应用题也存在着一定的数量关系，绝不能因为应用题简单而忽视对数量关系的分析。分析清楚题里已知条件和问题之间存在着什么样的数量关系，才好确定解决问题的方法。有些简单应用题的数量关系是明显的，学生容易弄清的。例如，"有 5 只黑兔，又跑来 3 只白兔，一共有几只兔？"学生很容易弄清，把原有的 5 只和跑来的 3 只合并起来，就可以知道一共有几只兔。但是有些简单应用题，学生分析数量关系就困难一些。例如，"有 5 只黑兔，白兔比黑兔多 3 只，白兔有多少只？"有些学生往往不清楚题里的数量关系，简单地看到"多 3 只"就判断用加法，结果与遇到求白兔比黑兔多几只的题发生混淆。因此，教学时最好通过操作、直观使学生弄清题里的数量关系。如下图，引导学生根据题里的条件分析出：

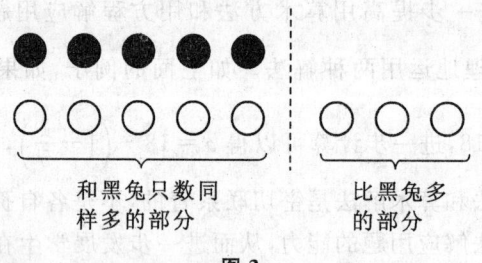

图 3

白兔的只数多，可以分成两部分，一部分是和黑兔同样多的 5 只，另一部分是比黑兔多的 3 只，要求白兔的只数就要把这两部分合并起来，从而要用加法计算。由于通过操作和直观，在学生的头脑中对所学的应用题的数量关系形成了表象，经过多次练习，就能初步形成概括性的规律性的认识。这样教学，学生对每种应用题的数量关系都有一定的分析思路，就不容易发生混淆，也就不需要再教什么计算公式。

还可以举一道分数应用题。例如，"果园里有梨树 480 棵，占果数总棵树的 $\frac{2}{5}$，果园里有果树多少课？"在分析分数应用题的数量关系时，还有一个判断哪个量是单位 1 的问题。通过线段图，学生容易理解，梨树的棵数占总棵数的 $\frac{2}{5}$，就是把总棵数平均分成 5 份，有其中的

2份，因此要把总棵数看做单位1。进一步再分析，题里没有告诉总棵数是多少，知道总棵数的 $\frac{2}{5}$ 是480，从而可以求果树的总棵数。这样分析，学生容易弄清应用题的数量关系，并且可以防止学生根据一些关键词来机械地判断单位1和套用数量关系式。

3. 紧密联系运算的意义来选择运算方法

在分析数量关系的基础上紧密联系运算的意义（或含义），把对运算的意义（或含义）的理解与应用直接联系起来，很容易确定运算方法。例如，当学生分析出要把两个数合并（结合应用题内容具体分析，如上面求白兔的只数的应用题），就联想到用加法；当分析出要从一个数里去掉一部分，就联想到用减法；当分析出要求几个几是多少，就联想到用乘法；当分析出要把一个数平均分成几份求一份是多少或者求一个数里有几个另一个数，就联想到用除法。对于分数应用题也是一样。当分析出要求一个数的几分之几是多少，联想到一个数乘以分数的意义，可以确定用乘法；反过来当分析出一个数（未知数）的几分之几等于多少（已知），要求未知的数（如上面求果树的总棵数的应用题），联想到可直接列方程解，或联想到分数除法的意义，可确定用除法。由于运算的意义（或含义）与分析应用题的数量关系建立起直接联系，学生在解答应用题的过程中一方面加深对运算意义（或含义）的理解，一方面学会应用运算的意义（或含义）来解题，从而提高学生自觉地应用所学的数学知识正确地解决实际问题的能力。

4. 培养检验的良好习惯

解答简单应用题同进行四则计算一样，也要注意培养检验的习惯，这样一方面可以提高解题的正确率，另一方面可以为培养检验复合应用题的能力打下初步基础。检验应用题要比检验四则计算复杂一些，首先要重新读题，分析已知条件和所求的问题之间的关系是否正确，然后再看列式、计算、答案是否正确。较高年级还可以通过改编应用题并解答来进行检验。通过检验还可培养学生思维的深刻性，对解答结果的负责态度和自信心。

实践表明，很多城乡的教师按照上述原则和方法教学，收到良好的效果，学生容易接受，解题的正确率高，灵活应用知识的能力较强。但是也有一些教师采用另一种教学方法，即教给学生区分应用题类型，运用解题公式，结果给学生增加了学习难度，出现死记硬套的现象。目前对这个问题还有争论，下面谈谈个人的一点看法：

（1）从数学本身看，把简单应用题划分的类型以及概括的解题公式是否科学，还值得研究。简单应用题的内容范围很广，从科学的角度说，研究它的分类是完全可以的，实际上美、日等国也有些数学教育工作者对简单应用题进行分类。但是如何分类差异较大，目前国内流行的分类也不完全一致，因此这还是一个有待深入研究的问题。例如现代数学用笛卡尔积定义乘法，有些实际问题就不好区分被乘数和乘数。而这类问题就没有包括在目前流行的分类之中。把求一个数的几分之几是多少作为一个类型题也欠妥当，因为一个数乘以分数的意义就是求一个数的几分之几是多少，这样的应用题不过是分数乘法的意义的直接应用，根本没有什么分类型的问题。至于有些解题公式是否正确地全面地反映实际也值得研究。例如，所谓"标准量×分率＝部分量"，容易使学生误解"部分量"都是小于"标准量"的，从而导致判断哪个量是"标准量"的错误。而且遇到这样的问题只要应用一个数乘以分数的意义就能解决，因此这种公式是多余的。

（2）从唯物辩证观点来看，应用题的数量关系是有内在联系的，分类型、套公式，往往把本来有联系的问题却人为地割裂开来,不利于学生掌握。例如,有这样两道应用题:"食堂每天吃20千克面粉,3天吃多少千克面粉?""食堂每天吃20千克面粉,吃的大米是面粉的3倍,每天吃大米多少千克?"如果分析两题的数量关系,都是求3个20千克是多少,因此要用乘法算。如果要把它们划分为两种不同类型的题,就割断了它们在数量关系上的内在联系,从而不利于学生以简驭繁地掌握应用题的分析和解答方法。

（3）从学生的认知特点来看,也值得研究。低年级学生的认知特点是以具体形象思维为主,教学解应用题同教学其他数学知识一样,也应结合操作、直观,使学生掌握应用题的分析和解答方法,而不宜教给抽象类型、公式,否则学生不理解,就容易死记硬套。在教学实践中常常看到,学生会解答一道应用题,却说不出是"部分数＋部分数＝总数",还是"总数－部分数＝部分数"。遇到两步应用题就更加困难。例如,"同学们做了30件玩具,自己留下6件,剩下的平均送给幼儿园的3个班,每班分得几件?"第一步是"总数－部分数＝部分数",有些好学生还能说出,而第二步就很难说出"求出的部分数变成了总数"。这些违反儿童认知规律的做法给学生增加了不必要的学习负担。

（4）从现代数学论的原则看,要教学生理解基本概念、基本原理,才能实现最大迁移;强调思维过程,要从以记忆为主的教学方法转到以思维为主的教学方法;注意发挥学生的主体作用,培养学生探究能力。而以教分类型、记公式为主的教学方法正好与上述的原则相违背,妨碍学生对数学基本概念、基本原理的理解和掌握,束缚学生的思维。

当然,提出简单应用题教学不宜分类型记公式的问题,并不意味着在任何情况下都不能教给学生公式。对某些内容在适当的时候教给学生必要的公式,如面积、体积计算公式等,还是可以的,但教学时也要注意使学生理解公式的来源,防止机械的记忆。总之,简单应用题教学生分类型记公式,涉及培养什么人的问题以及如何提高民族素质的问题,从理论和实践上进行一些深入的探讨,是十分必要的。

关于抓好简单应用题教学还有其他一些问题,将在下面论述。

（二）加强应用题之间的联系

从实质上说,这是应用题的组织结构问题。应用题的组织是否合理,结构是否恰当,对于培养学生的解题能力具有十分重要的意义。过去的数学课本,由于对这个问题处理得不够好,给应用题教学造成一定的困难,直接妨碍学生解题能力的提高。经过近年来的实验研究,比较深刻地认识到,应用题的内容和解法虽然千变万化,但其内在联系十分紧密。只要根据应用题的内在联系,合理地组织教学,可以使学生较好地理解应用题的结构,较快地掌握应用题的分析和解答方法。

1. 简单应用题的内在联系

即使简单应用题之间,也有着紧密的联系。下面以两组加减法简单应用题为例加以分析。

① 有5只黑兔,8只白兔,一共有多少只兔?
② 黑兔和白兔一共有13只,有5只黑兔,有多少只白兔?
③ 黑兔和白兔一共有13只,有8只白兔,有多少只黑兔?
④ 有5只黑兔,白兔比黑兔多3只,有多少只白兔?
⑤ 有5只黑兔,8只白兔,白兔比黑兔多几只?

⑥ 有 8 只白兔,黑兔比白兔少 3 只,有多少只黑兔?

从上面 6 道题中,很容易看出①②③为一组,①是原型题,②③是①的逆思考;④⑤⑥为一组,⑤是原型题,④⑥是⑤的逆思考。同时第一组题与第二组题也有联系。例如,①④的条件和问题虽不相同,但分析数量关系时却要把两个已知数合并,从而要用加法解答。①⑤的条件都相同,但问题不同,数量关系不同,解答方法也不同。编写教材和教学时,不宜把重点放在分类型上,而要逐步地揭示它们的内在联系和区别,使学生更好地掌握题里的数量关系和解答方法。

分数应用题之间、分数应用题与整数应用题之间也有其内在联系。例如,教学分数乘、除法应用题之后,可与整数应用题进行联系。

① 有 12 只鸭,4 只鹅,鸭的只数是鹅的几倍?
② 有 4 只鹅,鸭的只数是鹅的 3 倍,有多少只鸭?
③ 有 12 只鸭,鸭的只数是鹅的 3 倍,有多少只鹅?
④ 有 12 只鸭,4 只鹅,鹅的只数是鸭的几分之几?
⑤ 有 12 只鸭,鹅的只数是鸭的 $\frac{1}{3}$,有多少只鹅?
⑥ 有 4 只鹅,鹅的只数是鸭的 $\frac{1}{3}$,有多少只鸭?

通过联系对比,可以看出①②③是一组整数应用题,①是原型题;④⑤⑥是一组分数应用题,⑤是原型题。分数应用题分别与整数应用题相对应,数量关系相反,但解答方法是一致的,因为分数乘法的意义扩展了。教学时如能引导学生发现和总结规律,就会加深对两组应用题的理解。

2. 复合应用题与简单应用题之间的联系

一般地说,复合应用题都是由几个简单应用题组合而成的,或者说是在简单应用题的基础上扩展起来的。因此它们之间有着密切的联系。但从简单应用题扩展到复合应用题又是个质的飞跃。以两步应用题为例,它们同简单应用题比较,不仅是已知条件增多,而且数量关系也复杂了。一般地说,简单应用题的问题是和两个已知条件直接联系和相对应着的,从两个已知条件可以判断所求的问题就是题里的问题;反过来,问题所需要的条件就是题里所给的条件。而在两步应用题中,问题是和题里所有的已知条件联系着的,是对所有的条件提出来的。这样就形成了问题和所需要的直接条件之间的"分离"现象,也可以说一个直接条件被隐藏起来,而需要根据问题和已知条件的关系把这个所需的条件找出来。从解答的角度说就是要提出一个中间问题。而要解答这个中间问题还要正确地选择已知条件。因此这比解答简单应用题需要较为复杂的分析和综合,需要进行间接的推理(即从两个判断推出一个新的判断)。

例如,两步应用题,"小明画 5 张画,小华比小明多画 3 张,他们一共画多少张?"要求两人一共画多少张,必须先知道小明和小华各画多少张,而题里没有直接告诉小华画多少张,所以要先求小华画多少张。这样的分析、推理显然比简单应用题复杂。

至于三步或更多步数的应用题,已知条件就更多,数量关系更复杂,分析推理的步骤也就更多。但分析推理的方法与两步应用题的基本相同。下面着重谈教学两步应用题如何加强与简单应用题的联系。主要有以下两点:

(1) 解答一些连续两问的应用题。为了给学习两步应用题做好准备,除了打好简单应用题的基础(包括提问题、填条件)外,适当出现一些连续两问的应用题很有好处。这种应用题在向两步应用题过渡方面起着桥梁的作用。在这样的应用题中,关键在第二问,有时缺少一个已知条件,需要到前面的简单应用题里去找,往往正好是前面一题的计算结果;有时第二问中一个已知条件也没有,都要到前面一题里去找。例如,"学校里有 8 棵杨树,柳树比杨树多 3 棵,有多少棵柳树?两种树一共有多少棵?"第二问所需的两个已知条件,一个是前面一题的一个已知条件,另一个是前面一题的计算结果。由于适当进行这样的练习,就为两步应用题的分析和解答做了一定准备。

(2) 教学两步应用题时由简单应用题引入,然后把它扩展成两步应用题。例如,"①学校买来 20 张颜色纸,用去 14 张,还剩多少张?②学校买来 12 张红色纸和 8 张黄色纸,用去 14 张,还剩多少张?"通过比较,使学生看出两步应用题与简单应用题的联系和区别,从而初步体会到两步应用题的结构,明确解答两步应用题必须分两步计算,先提出一个问题,进行计算,再解答原题里的问题。这样学生不仅容易掌握,还有利于激发学生的思考,培养学生分析问题的能力。以后还要经常做一些对比练习。

3. 复合应用题之间的联系

这一点更为重要。通过复合应用题间的联系对比,可以加深学生对新学的应用题的结构、分析推理方法等的理解,从而较快地掌握复合应用题的解答方法,产生迁移的效果。复合应用题间的联系是多种多样的,需要进行认真的分析,选取适当的联系的途径,才能收到良好的效果。下面举出加强联系的几个方面的例子。

(1) 纵向联系的:有些应用题是由已学的步数较少的应用题扩展而成的。教学时由已学的应用题引入,通过联系比较,很容易看出新的应用题的条件或问题有哪些变化,如何在已学的基础上进一步分析推理,获得新的应用题的解答方法。例如,"①汽车从甲地开往乙地,3 小时行 135 千米。照这样计算,一共行了 5 小时,甲乙两地相距多少千米?②汽车从甲地开往乙地,3 小时行 135 千米,照这样计算,还要行 2 小时才能到达乙地,甲乙两地相距多少千米?"

(2) 横向联系的:有些应用题基本数量关系相同,只是已知条件有些变化,学生容易在已学的基础上类推出来,不需要作为新内容来讲,这样既调动学生思维的积极性,又可减少教学时间,收到举一反三的效果。例如,"①学校先买 10 瓶墨水,又买来 8 瓶。用去 14 瓶,还剩多少瓶?②学校买来 3 盒墨水,每盒 6 瓶。用去 14 瓶,还剩多少瓶?"

(3) 联系对比的:有些应用题的条件问题相似,解法容易混淆,可以通过联系对比使学生区分它们的异同,从而提高解题的正确率。例如,"① 商店运来 160 千克苹果,运来的梨比苹果重 $\frac{1}{4}$,运来多少千克梨?② 学校运来 160 千克苹果,比运来的梨重 $\frac{1}{4}$。运来多少千克梨?"

(三) 重视教学解题的一般策略

这是培养学生解题能力的关键性问题。正如前边所讲的,会解答所学的应用题并不是最终的教学目的,而是通过所学的有代表性的应用题达到使学生掌握解题的一般策略。这在现今的信息社会尤为重要,要使学生成为能够处理信息的人,通过解答应用题培养学生解题的一般策略是一个重要途径。关于解题的一般策略,主要有以下几个方面:

1. 条件和问题的收集

为了解一道题首先要弄清楚题里给了哪些已知条件,要求解决什么问题。识别或收集条件和问题的过程也就是收集信息的过程,也是理解信息的过程。在低年级往往要求学生口述已知条件和问题,到高年级也可以教给学生用图(如线段图)或表解来表示已知条件和问题。学生清楚地表述和表示一道题的已知条件和问题是解题的重要前提。一般地说,题里的问题和所需的已知条件都已直接给出。但是为了更好地培养学生正确收集必要的信息的能力,在适当年级也可适当出现信息不完全的题目。例如有的题目可以缺少问题或一两个已知条件,让学生从实际中收集,加以补充;也可以适当出现一些有多余信息的题目,使学生能在较多的已知条件中,正确选择有用的和必需的来进行计算。实验表明,有能力的学生看到题很快指出不需要的数据,而能力较差的学生则需要教师的帮助,有的甚至在教师的帮助下也很难找到多余的数据。经常练习对于培养学生这方面的能力很有好处。

2. 分析数量关系

这是对所收集的信息进行加工的开始,也是解题的一个重要步骤。无论解简单应用题和复合应用题,都要认真分析题里的已知条件和已知条件之间,已知条件和问题之间的数量关系,才好确定解答的方法。分析数量关系一般有两种方法:一种是从条件入手,通称综合法;另一种是从问话入手,通称分析法。综合法比较容易掌握,但其缺点是学生往往看到前面相邻的两个已知条件就进行计算,而忽略后面的已知条件,未从整体考虑。提出的中间问题不一定是解这道题所需要的。从问话入手稍难一些,但能使学生从整体出发,根据所解的问题提出所需的条件,从而较正确地确定中间问题。实验表明,开始教学解两步应用题,宜于从条件入手,即使采取了这种分析的方法,也还会有部分中、差生难以提出中间问题,需要经过一段训练逐步掌握。但是逐步要转到训练学生从问话入手,这对提高学生分析能力解多步应用题很有帮助。至于学生自己解题时用哪种方法分析,不必加以限制。考虑到进行分析需要一定的训练时间,课堂上解应用题时要给学生口头分析的机会,除了教师指定某个学生分析外,要让同桌的学生互相练习分析。不宜过早地让学生书面分析,这样费时间,会减少解答应用题的数量。学生有了口头分析的基础,可在课外安排少量的书面分析作业。此外,订正时也要重视让学生进行口头分析。

3. 拟订解答计划

这是对信息进行加工的继续。就解决一般的问题来说,它是必不可少的步骤。但在小学数学中,解答简单应用题时则没有必要,只在解答复合应用题时才有必要,而且有时边分析边拟订解答计划边解答,往往与上一步的分析数量关系或下一步的解答合并起来。从掌握解题的一般策略来说,还是单把它划为一个阶段为好。拟订解答计划是在理解题意、分析数量关系的基础上确定解答需要分成几步,每步要解答什么问题。这是分析、推理的直接成果。正确地拟订解答计划,表明学生对所解的题目有了整体上的理解,同时又对解决问题的具体步骤做出了合乎逻辑的规划。能否在解答之前正确地拟订解答计划也是考查学生能力的重要的标志之一。实验表明,好的学生一般能在解答之前订好解答计划,而较差的学生往往能正确解答,却不一定能正确地提出每一步所要解决的问题。因此,教学时在这方面适当加以训练,对培养学生的逻辑思维有一定的好处。

4. 解答

这是对信息进行加工的最后阶段。如果说前面各阶段主要是思维的过程,那么这个阶段要产生思维的结果。当然这个阶段也是有思维过程的。例如解答每一步要选择哪两个已知数,进行哪种运算,如何使计算正确等,都要深思熟虑,这样才能达到最终的正确结果。教学的任务就是要引导学生既重视思维的过程,也重视思维的结果,达到正确解答应用题的目的。这里需要提出的是,往往学生把算法选对了,但把得数算错了;或者竖式里的得数算对了,最后抄错了数。因此这个阶段特别要注意培养细心认真的良好习惯。

5. 检验与评价

对应用题的解答的检验与评价实质上是对信息的检验与评价。这一步教学不仅对提高应用题解答的正确率有帮助,而且有助于培养学生良好的检验习惯,对信息的正确评价的能力。有经验的教师对这方面的教学比较重视,收到较好的效果。但是也常常遇到教师虽然重视了,但有少数学生仍没有养成良好的检验习惯,甚至有少数好的学生做得很快,但是检查不出错误。因此在培养检验习惯的同时,还要适当教以检验的方法。检验方法有多种,通常低年级只要教学生从审题到解答逐一检查。中、高年级有些题可以逐步教给学生用不同解法来检验。例如,原来应用题是用连减计算的,检验时可以把两个减数相加,再从被减数里减去,看两次算得的结果是否相同。以后还可以适当教学生把求得的结果作为已知条件,把另一个已知的量作为未知的,然后倒推求出结果看是否与已知的相符。这只作为一种检验方法教给学生在解答中练习应用,不宜作为考试要求。通过检验要培养学生对自己的解答具有负责态度和自信心。检验之后还要能对自己的解答进行评价。为了培养学生评价能力,可以开展相互评价,或教师给学生一些案例让学生练习评价。有条件的话,还可以教给学生估算得数。

解题的一般策略除上述几方面外,还有预测、解释等。这里从略。总之,今后应用题教学要真正做到培养学生的解题能力,不是在加深应用题的难度上下功夫,而是要通过有代表性的又为学生容易接受的题目,着重培养学生解题的一般策略,使学生能够产生迁移,这样即使遇到一些未解过的题目,学生经过自己的分析、推理也能找出解答的方法。

(四)重视变式练习

练习在培养解答应用题能力中起着重要的作用。但是练习要合理地组织,才能收到良好的效果。其中特别是适当安排一些变式练习,对于克服简单的机械重复,提高解题效率,培养灵活的解题能力,具有十分重要的意义。实验表明,通过变式练习,很多学生能够排除应用题中非本质特征的干扰,正确地分析题里的数量关系和选择运算方法,求得正确的答案。应用题的变式练习从低年级起就要做一些安排。主要有以下几个方面:

1. 改变叙述的顺序

例如,乘法应用题,第一个已知条件不仅有需做被乘数的,还要有需做乘数的。复合应用题,有些相邻的两个已知条件可以进行计算的,也要有些不可以进行计算的,使学生能在真正理解题里的数量关系的基础上正确地选配已知数进行计算。

2. 改变叙述的方式

例如,加法应用题,不宜每题的问题都出现"一共",已知条件中也可以出"飞走""跑掉"等词语,以防学生简单地根据个别词语错误地判断运算方法。在高年级教学分数应用题更要注意适当变化叙述方式。例如,"小华家养鸭 24 只,它的 $\frac{1}{3}$ 相当于鹅的只数,小华有养鹅多少只?"这样可以防止学生死记"相当于"后面就是"单位1",而加强分析数量关系。

3. 有多余的条件

在解题的一般策略中已经谈过。也可以把它看作是一种变式练习。由于有多余的条件,对原来所解的正常的题目来说,在内容和形式上都有了一些非本质的变化,这就促使学生更认真地分析数量关系,正确地选择已知数和运算方法,而不受这些非本质特点的干扰,从而有利于发展学生的思维。例如,教学两步应用题后出现这样的应用题:"同学们做了8朵红花,7朵黄花。送给幼儿园3个班,一共送了10朵,还剩多少朵?"实验表明,如果去掉"3个班",绝大多数学生都能做对;加上"3个班"这3个字后,出现了各种各样的错误,其中按三步计算的达30%。

4. 改变个别已知条件或问题,使其具有不同的或特殊的解法

例如,教学正比例之后出现这样的应用题,"果园里有梨树100棵,桃树与梨树的棵数比是4∶5,有桃树多少棵?"学生很容易用比例解答出来。如果把第二个已知条件改成"桃树的棵数比梨树少$\frac{1}{5}$",就要根据这个条件先求出两种棵树的比才能用比例解答。又例如,"玩具厂原计划每天生产玩具42件,8天完成。实际只用6天。实际每天比原计划多生产多少件?"学生一般都能列成算式:42×8÷6−42。如果把"6天"改为"7天",虽然仍可照上面方法列式解答,但是还有特殊解法,有的学生会列成简便算式:42÷7。因此它有利于发展学生的直觉思维。

解答应用题的变式练习是多种多样的,这里只选常见的有代表性的几个方面举例说明。由此也能看出它们在提高学生灵活的解题能力,发展学生思维方面的作用。

(五) 适当增加探究性的题目

如前所述,国外应用题教学改革的一个趋势是扩展应用题的范围,其中增加探究性的题目又是重点。我国应用题教学要进行改革,也应突破传统的应用题的范围,适当增加探究性的题目,以利于提高学生的解题能力,发展学生思维的创造性。初步考虑,可以注意以下几个方面:

1. 适当出一些开放性的题目

所谓开放性的题目就是题目的答案可以有多个。长期以来我们教学应用题的答案都是唯一的,这样把学生的思维束缚得很死,不利于培养学生的探究能力,如前面第二部分所举在○里填数的题目就是一个开放性的题目。第一个○里可以填不同的数,但是也有一定的范围限制。即最小是3,最大是13。又例如,周长是12厘米的长方形,长和宽都是整数,它的长、宽可能各是多少厘米?

2. 适当出一些探索规律性的题目

通过探索规律可以培养学生抽象概括的能力,发展思维的创造性。出题目时要注意具有多层次,以便于区分学生的不同思维水平。例如,下面的题有3个层次,第1小题是通过直观进行计算,第2小题离开直观进行计算,第3小题脱离具体计算概括公式。

(1) 照下图的样子用小棒连着摆正方形。

摆2个用(　　)根

摆3个用(　　)根

☐☐☐☐　　　摆4个用（　　）根

（2）连着摆6个正方形,要用（　　）根小棒。写出算式。

（3）如果不数小棒,你能找出一般的计算公式吗?

实验表明,学生的答案呈现不同的思维水平。例如,有的学生第2小题就做错了,有的学生第2题虽然做对,但不会在此基础上概括出一般计算公式。

3. 适当出一些非常规的题目

上面举的一些例子有开放性、探索规律等特点,但是还与常规计算有较密切的联系。这里则指的是不一定用到常规计算的题目。例如,"有甲、乙、丙、丁4个学生赛跑,结果可能排出不同的名次。算一算一共可以排成多少种不同的名次。"这道题就不能利用常规计算而要借助图表找出正确答案。

以上探究性题目可都不作为教学要求,也不作为考试内容。

小学数学是随着社会、科学技术、生产和生活的发展需要不断变化的,其中的应用题教学必然也要随着发生变革。目前,无论从教材或教学来看,对应用题进行了一些改革,但是还很不够,需要进一步实验、探索,使其更加完善,以适应社会发展的需要,为培养人才打下更好基础做出贡献。

现实原型与小学数学概念教学

卢盛华

一、何为"现实原型"

数学概念(或运算)的产生有两个主要途径[1]。其一是现实生活的需要。如现实生活中,存在许多的每份数相同的情境(同一种货物的价格、同一种书的页数、每个星期的天数等),面对这些情境,我们计其总数,则不必采取一个一个去加的方式,只需采取一种简便的运算(每周有7天,8周共有7×8=56天)。这就是我们采取乘法运算的现实原因。以上实例中我们面对每份数相同的情境而采取的运算,就是乘法运算的现实原型。数学概念(或运算)产生的另一条途径,是数学知识体系自身建构的需要。如虚数,它找不到现实原型,但它在整个数概念中,却有着自己的地位。小学阶段,学习的是数学的基本概念和基本运算,可以说,均可找到有关的现实原型。

现实原型在教材中以实例的形式出现,但仅仅是实例中的一部分,是蕴含基本概念的内在涵义的实例。

基本概念的现实原型,在促进学生形成基本概念和基本运算的过程中,起着重要的作用。但现实原型究竟具有哪些教学意义?教学中如何选取和利用现实原型?对于这些问题我们往往知其然,而不知其所以然。本文试图对这些问题作些探讨,以期对小学数学课堂教学有益。

二、现实原型与抽象概念的关系

就概念的产生过程来说,从现实原型到概念是一个抽象的过程;但这并不意味学生获得概念的过程也只有一个"方向"(即从具体到抽象)。这里我们必须区分两种不同的过程:作为抽象概念产生的过程与学生获得概念的过程。前者是人类科学研究的历程,后者是学生个体在课堂情境中的认识过程。事实上,抽象之后的具体化,与前一过程一样重要,这是因为:第一,就学生理解与形成概念而言,需要用具体形象的东西予以表征;第二,抽象概念形成之后,还须运用于具体情境中。能否运用于解决具体问题是概念形成的标志。因而我们说,学生获得概念的过程是从具体到抽象、从抽象到具体的双向过程。

与以上现象相关联,还存在另一种错误的观念:忽视学生的日常生活经验[2],以为真正的学习是在学校里、以语言及其他符号系统地进行的,学校以外的学习活动是零散、偶然、不系统的,所以是无益的。这最后一句话,应该说前半部分是正确的,后面的推理就大错而特错了。诚然,日常生活中的学习是零散的、偶然的、不系统的,但却是不可或缺的。它在如下两个方面支持并促进学校里的符号化学习。首先,日常生活中的学习为符号化学习提供起

---

① 本文选自《学科教育》1999年第4期,第24—26,38页。

点。学生在接受符号化学习之前,已在日常生活中习得了必要的知识。在语言方面,上学之前已习得了基本母语;在数学方面,习得了计数、分合、比较大小等初步知识。其次,日常生活中的学习还源源不断地为符号化学习提供现实原型的支持。

可见,数学概念(或运算)本身来源于现实原型;具体事例与抽象概念之间,是双向关系;符号化学习离不开实际生活经验的支持。同时,小学儿童正处于具体运算时期,必须结合实例来进行符号化概念的学习。因而,利用数学概念的现实原型来学习数学,在小学阶段显得尤为重要。

三、现实原型的教学意义

数学概念一般以"静态"的方式储存在主体记忆里。而在运算过程中,一旦被激活则表现为一种动态的内部操作。学生获得数学概念的过程,实际上是形成相应的内部操作的过程。与此同时,一定的内部操作总是针对一定的外在数量关系而进行的。一般来说,学生获得数概念的过程可以分析为如下不同的阶段:① 理解外在数量关系;② 形成相应的内部操作;③ 所形成的内部操作进一步迁移到不同的问题情境中。

对于小学生而言,可以说概念形成的每一步都离不开现实原型的作用。以下我们从概念获得的一般过程出发,讨论现实原型所具有的教学意义。

1. 促进理解

现实原型的利用可促进学生理解外部数量关系。

实例 1　正比例概念及其原型

概念的文字表述:两种相关联的量,两种量一起变化,它们中相对应的两个量的比值一定。

概念的算式表征:$a:b=c:d=e:f\cdots\cdots$

现实原型:一种笔,单价 2 元。那么,支数与总价的关系是

支数:1　2　3　4　5……

总价:2　4　6　8　10……

如果我们就概念讲概念,就算式讲算式,对于小学生而言,很难或根本无法接受。结合现实原型则能促进理解,其原因在于,现实原型本身能明晰地表征相应的数学概念所包含的内涵与数量关系。如上例,几乎不必花太多的精力就可明白支数与总价的关系:买得愈多,花钱愈多,且钱数是支数的 2 倍(即钱数与支数的比值一定)。这同时也减轻了注意负荷,一方面使理解本身成为可能,另一方面,也使注意力更加集中于"反思",使概念得以形成。

2. 促进内部操作的形成

数学运算是对外在数量关系所进行的操作或交换。"一个运算的变换,经常使整个体系中的某些特点保持不变。"也就是说,数学运算是一种转换,但在转换过程中总有一些东西是恒定的、不变的、必然的。正是在这种意义上,皮亚杰指出,恒定因素的存在"可作为一个运算结构是否完成的心理指标"[3]。换言之,内部运算是否形成,就在于学生是否体会到某种恒定因素的存在,体会到某种必然之感。

现实原型的利用可以使学生体会到数学概念(或运算)的必然性,因为现实原型本身蕴涵着必然的、非人为的性质。在上例中,单价一定(每支 2 元),那么 1 支一定是 2 元,2 支一定是 4 元……两个量一起变化,支数和总价同时扩大,同时缩小,但两者的比值总是恒定不

变的,学生体会到这种恒定性与必然性,才算真正形成了比例的概念。

3. 促进迁移

概念初步形成之后,还存在一个运用到不同情境中去的过程。这一过程从学生主体而言,是一个练习或进一步学习的过程;从整个教学过程而言,则是一个检测与评价的过程。在某种意义上,从一种情境中学习的知识是否能运用到其他情境中——知识是否能发生迁移,是教学是否成功的标准。

现实原型的利用之所以能促进迁移的发生,是因为现实原型所呈现的是日常生活中的问题情境,学生面对这样的问题情境,首先必须要有一个辨别情境、理解其数量关系的过程。这样的训练是迁移赖以发生的首要条件。迁移,实质上是辨明条件与外部线索,然后激活相应的内部操作进行运算、从而解决问题。一般而言,概念的文字表述或算式表征,其数量关系已被抽象化、"纯化",不需要辨别过程。因而,从概念到概念的教学,不利于知识的迁移。

四、现实原型的选取和利用

1. 现实原型应涵盖有关概念的全部内涵

实例 2 关于单位"1"的教学

呈现问题:1箱月饼有6盒,1盒月饼有4个,那么1个月饼是多少盒?1个月饼是多少箱?为什么?

具体步骤(略)

"1箱"、"1盒"是"单位'1'"的原型。"1箱"、"1盒"是两个层次不同的整体,同时也是用以对具体的月饼数进行"计量"的两个不同的标准。1个月饼是1/4盒,是1/24箱,同样是一个月饼,相对于"盒"是1/4,相对于"箱"是1/24。只有运用这样的原型,才能使学生完整地理解并掌握"单位'1'"的概念,即是一个整体,也是用来"计量"的标准,且整体和标准都是相比较而言的(有不同的层次),这样可促使学生有一个"和谁比较的辨别过程"。

现行教法,关于"单位'1'"的原型,往往一味地选取单一的整体,将唯一层次的整体分成若干等份,取一份或几份即是这个整体的几分之几(如:把一个饼平均分成2块,其中的一块是这个饼的1/2)。这样学生从来就没有一个辨别的过程(因只有一个整体,不需辨别)。因而,学生在这种情况下所掌握的"单位1"的概念,只有"整体性",没有"相对性"。这样的缺陷在解答分数应用题中,会暴露出来:弄不清题文中各种数量的相对关系。

2. 现实原型所包涵的数量关系要简洁,数目不要过大,以免在运算方面分散精力

如果我们将实例2的数据换成:

每支笔17元,那么支数与总价的关系是

支数:1　2　3　4……

总价:17　34　51　68……

这样,学生不能一目了然地了解数量的内在关系;过大的数目的演算,也不利于对数量关系进行理解与转换。

3. 变换现实原型的具体"题材",保留内在的数量关系不变

如实例1中的具体情境是"购买"题材,在以此例初步讲解了支数与总价的比例关系之后,可采取如下变式:

每人植树5棵,那么人数与植树总棵数的关系是

```
人    数：1    2    3    4    5……
植树棵树：5   10   15   20   25……
```

这样,可避免所形成的概念"固着"于特定的情境和题材,同时也有利于学生对数量关系进行辨别与理解,从而促进迁移的发生。

4. 提醒学生记住原型中典型的数量关系,以及相应的操作

在概念尚未巩固的情况下,记住原型,在解题过程中进行对照,可促进概念的巩固。不过这样的记忆,一定要建立在透彻理解的基础上。

参考文献:

[1] 乐秀成.数学中的范式与结构.科学传统与文化.西安:陕西科学技术出版社,1983(6):227.

[2] 陈会钦.数学领域认知技能的获得.心理学动态,1997(2):40.

[3] 皮亚杰,英海尔德.儿童心理学.吴福元译.北京:商务印书馆,1980:73.

试论小学数学课堂教学中创设问题情境的有效策略

郭 成 陈 红

一

数学是研究现实世界的空间形式和数量关系的科学。它具有高度的抽象性、严密的逻辑性和广泛的应用性,被认为是"锻炼思维的体操"。因此,如何在数学教学活动中加强学生的思维训练,就成了数学教学心理研究的重要课题。在小学数学教学中,存在着数学材料的抽象性与小学生思维发展的具体形象性之间的矛盾。要有效地解决这一矛盾,必须着眼于小学数学课堂教学情境的创设。实际上,小学数学课堂教学就是由问题构成的。在教学活动中,学生总是以"问题中心"的心理参与学习活动的,教学过程也就是解决有关问题的过程。因此,小学数学课堂教学应以问题为主线,通过创设问题情境来调动学生思维的参与,激发其内驱力,使学生真正"卷入"学习活动之中,达到掌握知识、训练思维的目的。所谓"问题情境"是指个人觉察到的一种有目的但又不知如何达到这一目的的心理困境,也就是当已有知识不能解决新问题时而出现的一种心理状态。通过创设有效的问题情境,一方面,可以激发小学生学习数学的兴趣,充分调动学习的积极性和主动性,产生学习的内在动力,使其智力活动达到最佳激活状态并主动参与教学活动;另一方面,可以激发小学生的思维活动,诱发思维、引导思路,教给学生如何思维的策略和方法,从而提高解决问题的能力。因此,教师必须以导为主,为学生创设良好的问题情境,以问题为中心,揭示矛盾,使课堂教学真正地活起来,营造一种"意味无穷"的教学情境。

针对小学数学教学的特点和小学生心理发展水平的特殊性,笔者认为,在小学数学课堂教学中,创设良好的问题情境,必须遵循以下原则。

（一）展示性原则

现代教学心理学研究表明,人的智力活动的进行与发展必须经历由外部物质活动向内部认知活动的转化过程。小学数学教学过程就是要促使学生由外部的、物质的、展开的活动向内部的、压缩的活动转化。问题情境的创设必须充分利用外在物质材料,展示内在的思维过程,即在问题情境的创设中,充分运用形象化的材料,揭示知识的发生、发展过程,使学生掌握知识的思维过程清晰可见。这既体现了现代教学的基本要求,又反映了小学生掌握数学知识的认知规律。

（二）发展性原则

发展性原则指构建的问题情境应具有促进学生智力和非智力素质发展的功能。一个良

---

① 本文选自《课程・教材・教法》1999年第9期,第48—52页。

好的问题情境不仅应该针对学生心理发展的"现有水平",更重要的是要针对学生心理发展的"最近发展区";不仅应该构建起良好的知识结构,包含着促进学生智力发展的知识信息,而且应该营造起亢奋的心理环境,蕴涵着促进学生非智力素质发展的情感信息。

(三) 结构性原则

结构性原则指问题情境的构建及其所揭示的知识应具有内在的逻辑结构。我们知道,结构化知识是最易于转化为认知结构的,而结构化的情境则为这种转化提供了心理空间,能促进这种转化。所以,在数学课堂教学中,应使问题情境结构、数学知识结构与学生认知结构三者和谐统一,相互促进,即通过问题的情境结构使数学知识结构与学生的认知结构和谐统一,并促进数学知识结构向认知结构转化。

(四) 延伸性原则

延伸性原则是指在所创设的问题情境中,既构建着当前教学应当解决的问题,又蕴涵着与当前问题有关,让学生自己去回味、思考的问题。这样的问题情境营造了一种"完而未完,意味无穷"、"心求通而未得"、"口欲言而未能"的教学心理境界,让学生迫不及待而又兴趣盎然地去继续学习,这样可减少课外学习的盲目性和被动。其目的在于激发学生循着教师讲课的线索去继续阅读材料和思考问题的兴趣,使学生能保持一种经久不衰的探索心理。这样才能使课堂教学具有延伸性,达到提高课堂教学效率的目的。

(五) 操作性原则

皮亚杰认为智力技能的形成是由感知动作开始的,活动、操作是小学生获取知识的重要途径。因此,问题情境的创设应该充分调动学生的手、脑、眼、耳、口等多种感觉器官直接参与学习活动。多种感官接受信息,使问题情境不仅有语言的解释、说明,而且有文字、图形的揭示、示意;有逻辑思维的支持,更有形象思维的配合。这样有助于形成和丰富学生的表象,从而帮助学生深刻理解、掌握数学概念和法则。加强操作性,可以使问题情境中抽象的思维过程在操作活动中得到具体体现,使抽象的概念具体化,深奥的道理形象化。它不仅是解决数学知识的高度抽象性和儿童思维发展的具体形象性之间矛盾的有效途径,而且充分体现了提高学生学习的参与程度,调动学生学习主动性的主体性教学思想。

二

良好的问题情境有助于实现原有认知结构对新知识的同化,使认知结构得到补充和完善,从而促进学生的心理发展。构建良好的问题情境,可以使学习材料的意义被充分地揭示出来,使学生易于理解,也就是使学习材料的逻辑意义明朗化;更重要的是,它可以激发学生积极主动地使新旧知识发生相互作用,产生有机联系的心向,从而使新知识获得实际意义,最终实现有意义的学习。因此,要创设有效的问题情境,应遵循如下策略。

(一) 创设"小步距"问题情境,注重问题情境的有序性

问题情境的设置要具有合理的程序。问题的设计要由浅入深,由易到难,层层递进,把学生的思维逐步引向新的高度。创设"小步距"问题情境就是要善于把一个个复杂的、难度

较大的知识点分解成一个个相互联系的较容易的问题或步骤,或把解决某个问题的完整的思维过程分解成几个小阶段,然后总结出每个阶段的有效策略。这种方法对于小学数学特别重要而有效。它具有针对性,能突出重点;同时,这种设计还注重策略性知识的传授,即结合相应的专门知识,教给学生学习、思维和解决问题的方法。例如,在"乘法的初步认识"的教学设计中,问题情境的创设可分为这样几步:

(1) 复习相同加数连加,激发探究新算法的意向,激活已有知识经验。先出示一些相同加数连加的试题,让学生计算。当加数个数较多时,计算就十分繁琐。此时提出问题:"相同加数相加,除了用加法计算外,还有没有较简便的算法?"

(2) 引进并揭示新算法。通过让学生摆一摆、算一算,得出加法算式并改写为乘法算式,如 3+3+3+3+3=15→5 个 3(3×5=15);2+2+2+2+2+2=12→6 个 2(2×6=12)。此时提出问题:"什么样的算式可以用乘法计算?"

(3) 总结归纳,形成程序性知识。提出"加法算式怎样改写成乘法算式"这一问题,让学生归纳总结。这样,整个教学情境体现了由低到高、由已知到未知、由具体演算到抽象概括这一特点。"小步距"问题情境的创设,首先,必须具有适应性和针对性,即必须针对学生已有的知识、心理发展水平和学习材料的难易程度设计问题情境。创设的问题情境既要反映数学知识的发生发展过程,如数学概念的形成过程、结论的推导过程、解法的思考过程等,又要考虑学生学习数学知识的认知活动过程,如感知、表象、抽象概括等,使知识的"发现"过程和"获取"过程有机统一。在问题情境的创设中,教师应当依次提出一些适合学生已有知识和心理发展水平的小问题,引导学生发挥其潜能去发现有关解决问题的事实,在解决所提出的一个个问题的过程中一步一步地克服困难,直至发现问题的解决途径和方法。其次,必须具有有序性,即针对知识的系统性和学生认知发展水平的有序性,教师设置问题要坡度适中,排列有序,形成开放性结构,即问题情境必须是有层次结构的开放性系统,必须不断地与外界教学环境保持能量、信息的交换,这样才能使问题情境所包含的信息量不断增加。如果问题设计得杂乱而无系统,则不能体现学科知识的结构性,不利于学生认知结构的形成;如果问题的坡度忽平忽陡,造成学生的心理反差大,则无法以正常情绪展开认知活动。问题太平,则无训练价值,浪费课堂有限时间;问题太陡,则令学生心灰意冷,不利于激发动机。只有问题设置序列正确,坡度舒缓,集"文路"、"思路"、"教路"、"学路"于一体,才能让学生产生"有阶可上,步步登高"的愉悦感,也才能兴趣盎然地接受知识,训练能力,体验情感。

(二) 创设"变式"和"矛盾式"问题情境,注意问题情境的发散性

良好的问题情境不仅应当是"标准的",即具有典型的模式,为吸收或同化其他学习材料提供理想的框架,有利于学生对材料进行抽象和概括,而且应当具有"变式"性,即问题情境的形式和叙述可以不断变化,而基本原则和本质属性保持不变。变式性问题往往注重揭示条件性知识,注重的是方法。因此,变式性问题情境主要具有这样一些功能:① 构建功能,即利用变式性问题情境能加深对相应"问题群"的理解和解释;② 整合功能,即能够把输入的信息按问题类型或知识结构整合成一个整体,有利于知识结构向认知结构的转化;③ 迁移功能,即它揭示了知识应用的条件,最具迁移性。因此,教师在创设问题情境的过程中,既要注意基本知识点的中心性,又要引导小学生从不同角度去思考,善于发散,去了解与中心点有密切联系的知识,从而深化学生对知识的理解。对于问题更要注重其变式综合,灵活应

用。可以对已有问题进行改变,使一问题精髓渗透到其他问题当中,加强新旧知识的联系,促进知识的迁移学习。

良好的问题情境在于它能有效地引起小学生认知的不平衡,使其产生"矛盾"心理。因此,在教学中,教师不仅要重视变式性问题情境的创设,还要注重"矛盾式"问题情境的创设。通过精心设计、巧妙揭露学生已有认知结构与学科知识之间的矛盾,引导学生正确认识矛盾,进而去寻找解决问题的途径。如某教师在"小括号"这一教学设计中,先引导学生复习加减乘除混合运算的顺序"先乘除后加减"之后,让学生独立试解如下应用题:"工人师傅上午工作了 3 小时,下午工作 4 小时,每小时做 12 个零件,试问他一天共做多少个零件?"(列综合算式解答)学生这样列式计算:"$12\times3+4=12\times7$。"这就与已有知识"先乘除后加减"发生了矛盾——"怎么先算加法呢?"学生说:"不先算加法就要发生 36 个零件加 4 小时的错误。"此时老师提出:"运算顺序要求我们先做乘法,后做加法,可实际情景又要求我们先加而后乘,怎么办呢?"学生的认知活动陷入了矛盾之中。这一矛盾为引出"小括号"创造了心理空间,成为学习"小括号"这一知识点的认知内驱力,并引导着学生的认知方向。人总是力图使自己的思想协调一致,不自相矛盾。当学习者发现某种新知识与头脑中的已有知识矛盾时,就会产生"认知不平衡",导致一种"紧张感",从而产生消除这种紧张感的认知动机,促使其努力求知。一旦问题得到解决,紧张感得以解除,就会产生一种轻松、愉快、满足的情绪体验,从而更进一步强化认知动机。因此,"矛盾式"问题情境不仅可以促使知识的获得,而且可以加强学习动机,达到学有所得、学而不厌之功效。这样,就可使问题情境具有较好的发散性,即问题情境的设计能充分激发学生联想,开拓学生思路,激发学生的创造精神,如一题多解、一题多变等问题情境的设计均可以活跃学生的思维,使其产生多向联想。

(三)创设"精致性"问题情境,注意问题情境的策略性

人在解决问题时,既需要概念性知识,又需要程序性知识,还需要策略性知识。新的知识观正是从这三个方面来规范和强调了知识的重要性。因此,一个问题情境包含的知识也应该是多方面的。一个精而有效的问题情境,不在乎其所具有的概念性知识的多少,而在于其蕴涵的程序性知识和策略性知识的有效性,在于由概念性知识和程序性知识相结合而形成的问题图式,即解决各类问题的基本框架和模式。教学更重要的是解决"怎么做"的方法问题。因此,一方面,必须充分考虑知识的有效性和问题情境的策略性,构建良好的问题图式。构建的问题情境一旦具有延伸性,就可以扩大学生学习活动的心理空间,充分激活原有知识,并使新旧知识发生有机联系,形成良好的知识结构。因此,在课堂教学中,教师应充分利用每堂课宝贵而有限的时间,精心构建问题情境,使其蕴涵丰富的程序性知识和策略性知识,帮助学生形成问题图式。一个良好的问题情境,往往具有"先行组织者"的作用。因为问题情境的设置必须激活、呈现相应旧知识,并且能够成为同化新知识的熟悉的框架。这个框架能有效地帮助学生对新知识进行理解、记忆和组织,从而使问题情境具有先行组织者的作用。也只有这样,才能使问题情境具有策略性,使有限的课堂教学给学生以无限而有效的知识信息,才能使学生获得既"新"又"活"的知识。例如,教学"异分母分数加减法"时,可抓住同分母与异分母的连接点——"通分"这一关键点来创设问题情境,让学生体会和学习"利用新旧知识的联系学习新知识"这一策略性知识。在教学中首先出示 1/2 和 1/3,5/6 和 3/4 等这样的分数,让学生通分,把每组分数转换成同分母分数,然后再进行计算(3/6+2/6;10/

12+9/12),复习相应法则和算理;引导学生观察、比较、分析、思考"怎样计算异分母分数加减法",使学生认识到"通分"是异分母分数转化为同分母分数的关键。这样,不仅使学生掌握了异分母分数加减法这一知识点,同时还揭示了它们之间的相互联系,更重要的是还让学生体会到了可以利用新旧知识的联系去学习新知识的方法,这样设计就把程序性知识和策略性知识均蕴涵于问题情境之中了。另一方面,在教学中,设置的问题不能太泛,要精而有效,注重消化;设置的问题要具有典型性和代表性,使其达到无穷延伸,对问题解决也不应求全、求同,而应求异,使学生能一题多解,一法多用,达到触类旁通、举一反三之目的。

(四)创设"栩栩如生"的问题情境,注意问题情境的形象性

小学生的思维具有较强的形象性,因此,小学生学习抽象的数学知识必须有直观形象的支持。形象化的问题情境一方面适合了小学生思维形象具体的特点,易于引导学生的兴趣,愉悦学生的情绪,集中学习的注意力,从而激发学习的积极性和主动性。另一方面,形象化的问题情境还有助于充分发挥大脑两半球的整合功能。现代脑科学研究表明,大脑左右两半球虽然是整体协同参与问题解决活动,但却有不同分工。左半球具有语言、逻辑、分析等抽象思维的优势,它是以抽象推理的线性方式处理信息的,如遇障碍则不易逾越且难以理解;右半球具有形象、直觉、情感等形象思维的优势,它是以视觉空间的非线性方式处理信息的。因此,注重问题情境的形象性,可以使大脑左右两半球协同合作、相互补充,发挥两种思维的功能,既有利于提高教学效果,又有利于智力潜能的开发。创设"栩栩如生"的问题情境,必须紧密联系学生的生活实际或者充分利用一些半具体半抽象的模型化了的数学材料,多角度、多方位、多形式地提供丰富表象。如"比例尺"这一知识点的教学设计,我们可以先出示一张中国地图,告诉学生我国国土面积约有960万平方千米,从东到西的距离有5 000千米,从北到南的距离有5 500千米,还有辽阔的海域,以此在学生头脑中形成生动的形象。然后设问:"这么广阔的疆域怎么能画在这么一张纸上呢?是什么东西在起作用?"这样不仅激发了学生学习的需要和兴趣,而且所唤起的形象就成为直接激活"比例尺"这一知识点的关键经验,从而加深学生对这一知识的理解。又如,"乘法意义、乘法分配律"的教学,可利用实物图、模型等帮助学生理解抽象的概念和算理,尤其是有关法则算理的教学更需要注意形象性,形成实物图→数学图像→抽象算式的操作程序。

(五)创设"知识丰富域"问题情境,注重问题情境的具体性

所谓问题情境的具体性,是指结合具体教学内容创设问题情境。"知识丰富域"主要指问题情境应该与具体学科、具体知识点相联系。问题情境的创设必须与学科具体的教学内容紧密结合,否则,难以实现激发学生学习该学科的兴趣,发展学生能力的目的。当代认知心理学以大量的实验证明,知识在问题解决中具有重要作用。从某种意义上说,小学数学课堂教学中创设的问题属于"知识丰富域"的问题,即这些问题的解决涉及大量数学专门知识的应用,离开了这些知识基础,就无法解决这些领域内的任何问题。专家在其领域内之所以善于解决问题是因为他们具有本领域内丰富的知识。一些一般思维策略的训练之所以效果不好,也是因为这种训练没有同专门知识和具体学科相联系。那种企图通过用脱离学科知识的一般智力训练去增强"心理力量"的做法是不可取的。必须把一般认知能力训练与学科知识学习结合起来才会更加有助于培养解决问题的能力。因此,创设数学课堂教学的问题

情境必须与具体的小学数学计算、应用题、几何等知识结合起来，不能追求那种只注重情境而忽视问题本身与具体知识相联系的纯粹性问题情境。例如，"三角形"概念的教学，可从学生戴的红领巾、教学用的三角板等入手创设问题情境；通过摆一摆来感知"倍"的概念；摸一摸物体表面感知面积的概念，用手比一比感知厘米、分米、米的实际长度；把生活中用到的各种知识如计算储蓄利率、日常购物等问题编成例题或习题；等等。这些问题情境中所包含的知识与实际生活紧密联系，不仅能激发学生学习的兴趣，而且能提高其应用数学知识解决实际问题的能力。

总之，创设良好的问题情境直接关系到小学数学课堂教学的质量。在有限的课堂教学时空中，教师要有效地加工教材内容，必须把握创设问题情境的基本原则和有效策略，以创设良好的问题情境为教学的中心，以置疑、问难等灵活的探究方式充分调动学生思维的积极性，促进师—生合作，教—学合作，既发挥教师的主导作用，提供适宜的教学活动内容，积极创设问题情境和拓宽"最近发展区"，更要充分调动学生自主学习的积极性、主动性和创造性，激发学习的内在动力，使其学得更多、更快、更好。

参考文献：

[1] 张庆林.当代认知心理学在教学中的应用.重庆：西南师范大学出版社，1995.
[2] 张德.教育心理研究.北京：教育科学出版社，1981.
[3] 梁镜清.小学数学教育学.杭州：浙江教育出版社，1992.
[4] 王维城.小学数学教学法.重庆：西南师范大学出版社，1993.

"三算结合"教学的经验与问题

刘良华

"三算结合"教学实验是我国小学数学教育改革中的一个重要探索,其主要特征是将珠算引入小学低年级的数学教学,使珠算、笔算、口算"三算"之间相互促进。从小学一年级起,教师利用算盘帮助学生认数和计算,将珠算与笔算、口算(心算)结合起来进行教学,且不用口诀教珠算。

一、"三算结合"教学实验的由来

自清末兴学以来,小学数学教学中一直有口算、珠算、笔算三种算法。因口算与珠算都从高位起算,而笔算从低位起算;珠算用口诀,笔算不用口诀,三种算法各成体系,故不能结合起来同堂教学。

1917年前后,曾有人倡议并在小学中年级进行珠算与笔算同堂教学。而且,在珠算与笔算同堂教学时,"不用口诀教珠算"。1942年,教育部门颁行的《小学课程标准》中明确提出珠算教学"应与笔算充分联络","除除法必须用口诀外,加减乘三种方法应避用口诀计算"。1948年的《小学课程标准》再次强调:"珠算教学应当和笔算密切联络,力避使用呆板的口诀计算。务使笔算中习得的知能,尽量在珠算中活用。例如把除法的商数,比惯行方法更向左推进一位。归除口诀就可以不用。这种方法和笔算一致。"[1]

1951年,赵万容在《绥远文教》第2卷第5期发表《把珠算与笔算结合起来》,对"珠算与笔算结合起来教学"有详细的说明。但这里所主张的珠笔结合限于小学中年级范围,与后来从低年级开始的"三算结合"有差别。

正式开始"不用口诀教珠算"的教学实验始于1963年前后。1963年北京中国数学会召开"珠算及辅助工具座谈会"。会上有人提出,珠算本是我国发明的,明朝时传到日本后,日本民间流行不用口诀教珠算。"现在东风可借,不妨大胆试行。"会议建议一面上书教育部从速推广,一面分请各地珠算教学者进行实验研究。于是上海、浙江、吉林等地开始试行这种不用口诀教珠算的办法。

1969年,上海崇明县新河公社五大队"五·七"三校出于当时"教育革命"的需要,决定"从小学一年级开始,结合珠算进行教学"。但当时由于准备不充分,"在教到算盘上珠以一代五这个难点时,学生不易接受。具体执教的老师思想上产生了反复,首次实验失败了"。[2] 1970年上半年,在总结了经验教训之后,实验重新开始。由于这种教学坚持"开门办学",让学生走出校门用"算盘"为工人和农民计算和清理"三账"(工分、柴草和现金收付),实验结果显示"八岁娃娃就能算我们贫下中农要算的账",因而迅速引起广泛的关注。[3]

1972年初,上海市闸北区开始"三算结合"教学实验,并逐步从单纯研究"口算、珠算、笔

---

① 本文选自《课程·教材·教法》2005年第11期,第34—38页。

算结合"发展为综合研究"口算、珠算、笔算"、"整、小、分"(整数、小数、分数)、"数、式、形"三个三结合的问题,即从狭义的"三算结合"发展成为广义的"三算结合"教学。同年 3 月,杭州师范学院教学系以杭州上城区光明小学一年级为试点,进行"三算结合"实验。1975 年又扩大到全区 229 个实验班。各年级试点班占全区班级总数的百分比是:一、二年级 94%,三年级 44.6%,四年级 10%。[4]

受上海、杭州"三算结合"教学实验的影响,全国各地纷纷呼应。至 1976 年,"三算结合"教学实验几乎遍及上海、北京、福建、广西、山西、浙江、江苏等地。为推广研究成果,上海市崇明县、闸北区等地还编辑出版了《崇明县小学数学"三算结合"教学实践》《三算结合教学:闸北区教改实践》等书刊。

"文化大革命"期间,不少教育实验受到冲击和破坏,但"三算结合"实验因切合当时"改革旧的教育制度,改革旧的教学方针和方法"的需要而受到特别的重视。不少中小学和大专院校"吸取了工农群众的丰富创造,把珠算与口算、笔算结合起来进行教学"[5],大规模地走向工厂、农田,结合粮食产量、农药配制等等进行"现场教学"、"开门办学"[6]。也正因为"三算结合"顺应了"学制要缩短"、"教育要革命"、"教材要彻底改革"等教育改革的呼声,它为自己争取了生存的空间。

到 1978 年,全日制十年制学校小学数学"教学大纲"只字不提"三算结合"教学,规定把珠算集中在三年级(五年制)教完,由此人们误以为"三算结合"已经过时,各地大部分学校的实验突然停止,只剩下极少数学校坚持下来。

1979 年后,在中国珠算协会三算结合教学研究会和中央教科所的组织和指导下,"三算结合"教学实验在一些学校重新开始,至今已发展到全国 29 个省、市、自治区。

二、"三算结合"教学实验的基本做法

前期(1979 年前)进行的"三算结合"教学实验与后期(1979 年后)进行的"三算结合"教学实验在具体做法上有些差异。前期"三算结合"教学实验更明显地具有个性化探索的特征,而且普遍强调"开门办学",走向工厂和农村进行"现场教学"。后期"三算结合"教学实验更多地显示出经验总结与借鉴的特征,而且普遍将"三算结合"教学作为一项研究课题。

(一) 前期"三算结合"教学实验的基本做法

前期"三算结合"教学实验虽然普遍提出"将珠算与笔算、口算结合起来",但"结合"的方式在各地实验研究中并不完全一样,影响较大的大致有以下六种做法:[3]

1. 以口算为基础,笔算为重点,充分发挥珠算中算盘的工具作用

这是以上海崇明县为代表的做法。他们的理由是:在口算、笔算、珠算三者之间的矛盾转化中,口算不是主要矛盾,因为口算的运用,要受到数量大小、计算复杂程度的限制;珠算也不是主要矛盾,因为它要运用工具进行计算,在整数、小数的四则运算中较为合适,要发挥它的长处,但在分数以至更高的计算中就有局限性;而笔算则是数学中基本的运算方法,讲运算理论主要是笔算的运算理论,笔算是将来进一步学习数学的基础。所以"三算结合"的教材体系应以笔算为重点。为此,崇明县采用"加减并进,乘除并进"的方式重新编写教材,并注意在不同阶段保持不同的"结合"重点。在具体的教学中,崇明县提出采用数的"拼拆法"进行珠算加减教学,"不用口诀教珠算"。从一年级开始,直接用数的拼拆尤其是"5"和

"10"两个数的拼拆来代替口诀进行加减运算。

2. 从三算"合一"到有机"结合"[4]

这是上海市闸北区"三算结合"教学实验的探索经历。"三算结合"教学实验初期，闸北区实验研究者仅从字面上理解"结合"两字，以为"三算结合"就是在教学时同时教口算、珠算和笔算，一堂课的内容，安排一段口算、一段珠算，再加一段笔算，少了哪一段的内容就不是"三算"了。这种"三算结合"教学简单地被理解为"口算、珠算、笔算同时教学"，结果实验受阻。后来实验研究者开始寻找三算的"结合点"。但当时主要是将三者的"结合"理解为三者的"合一"。看到口算、珠算和笔算的顺序不一致，以为要结合就要解决运算顺序的问题。于是提出过两个方案进行加减教学的实验。一个方案是把珠算、口算的加减运算顺序全部改成低位算起，经过一段时间的试验发现这个方案的缺点是珠算、口算的计算速度提不高；另一个方案是把笔算的加减运算顺序也改成高位。这个方案实施一段时间后，发现笔算的正确率减低。

针对这些问题，有研究者提出不必学习连加竖式，连加问题仅用珠算处理就可以了。但分析之后，发现这个方案也不理想，认识到"结合"不等于"合一"，必须从"三算"内部联系上揭示它们的共同规律。后来的"三算结合"保留了笔算从低位算起的传统，针对具体的计算采用不同的"结合"方式。显然，闸北区最后采用的这种"结合"方式与崇明县以及其他各地（除杭州市上城区外）的做法是一致的。

3. 以珠算为基础，改造笔算，促进口算，把三算有机地结合起来

这种做法以杭州市上城区为代表。他们的理由是：以珠算为基础，就是要充分发挥算盘的直观教具和计算工具的作用。因为认数和计算的概念的形成，必须建立在感性认识的基础之上，而珠算具有形象、直观的特点，充分发挥算盘的作用，有利于学生从感性认识开始，又从感性认识向理性认识发展。同时，通过珠算的大量反复的练习，能够促进口算、笔算能力的提高。所以"三算结合"中要以珠算为基础。

实验研究者按照珠算的规律，对笔算的运算顺序作了相应的改革。笔算改造成从高位算起，这是杭州市上城区"三算结合"教学实验的最大特点。但如果以上海市闸北区的探索经历作为借鉴，这个做法是否有效，是值得怀疑的。

4. 以笔算为主，珠算为辅，以珠算促笔算，以笔算带珠算

这种做法以广西为代表，他们认为：珠算是算术中一种以算盘为工具的计算方法，通常使用的算盘，只解决整数和小数的加、减、乘、除四则运算，只涉及整个算术知识中的一部分内容。笔算、珠算结合主要是在数值计算方面，把笔算与珠算结合起来教学，其他内容则是要求将已掌握的珠算技能用来进行计算或验算，以达到熟练的程度。同时他们还认为：笔算是数学计算中的一种基本方式，中小学数学中的有关数值计算问题，它都可以解决。所以三算结合教材应按笔算的体系来编写，而把珠算的内容结合进去。

5. 口算是基础，笔算是延伸，充分发挥算盘的工具作用

这是江苏省对口算、珠算、笔算三者关系的提法。他们的考虑是：口算在较小数量的计算中比较灵活，能发挥它的长处，而珠算、笔算则不受数量大小的限制。笔算要以熟练的口算为基础，才能提高计算速度，而珠算则由于有形象具体的算盘作为工具，所以不论对口算还是对笔算都能起促进作用。因此，百以内数的加减运算只有口算、珠算，进入万以内数的加减运算时才出现笔算。

6. 以"珠算新法"促进"三算结合"教学

这种做法以吉林省四平县为代表。他们的基本思路是：废除旧珠算的加减法口诀，并吸收了财贸职工口算的经验。在乘法中，采用"破头乘法"和"隔位乘法"，避免旧珠算中由于"留头"、"掉尾"等方法产生"悬梁挂柱"等情形而易打错的缺点；在除法中，废除旧珠算的"归除法"，介绍了一种"简易商除法"，克服了"归除"口诀多、退商难、不好处理的缺陷。

以上是各地三算结合教学实验探索出来的具体经验，就小学数学教学数值计算这一整体而言，"三算结合"教学比较一致的思路是"以口算为基础，笔算为重点，充分发挥算盘的直观教具和计算的作用，把三算有机地结合起来"。在具体的教学环节中，则灵活掌握。

（二）后期"三算结合"教学实验的基本做法

后一阶段的"三算结合"教学实验有两个明显的转变：一是明确提出了"口算是基础，笔算是主体，珠算是工具"的理念，这个理念显然与前期崇明县"三算结合"教学实验的理念很接近。二是在吸收前期"三算结合"教学的教材以及其他小学数学教材的基础上重新编写出版了新式的"三算结合"小学数学实验教材。从1992年到1998年，中央教育科学研究所陆续编写出版了小学"三算结合"教学的教材。[7]

本阶段"三算结合"教学实验的具体做法与前期的做法在很多方面大体一致。各地"三算结合"教学实验在实践中也探索出一些新的经验，如"珠心算"教学、"速算"教学、引入计算机教学的"四算教学"等等。黑龙江省绥化市的"三算结合"教学利用"低位减补，高位进一"的三算法则引入了"速算"的方法。[8]

总之，这一阶段的"三算结合"教学实验更强调口算、笔算和珠算的有机结合，在此基础上充分发挥算盘的教育功能，帮助学生形成数的概念，理解运算原理。除此之外，这一阶段的实验还关注了"三算结合"教学与学生的学习兴趣以及思维发展关系的问题，比如通过口算、笔算和珠算恰当地交替变换，使学生始终保持较高的学习兴趣，注意力集中；通过学生自己耳听、眼看、口念、手拨、笔写等，激发和促进学生的动作思维、形象思维和逻辑思维的协同活动。

三、对"三算结合"教学实验的评价

珠算曾是中国的国粹，但后来在国内处境清冷。珠算课曾经渐渐地在中小学消失，算盘也逐渐变得稀罕。说起算盘，人们总把它与算术联系在一起，而今计算器已进入了课堂甚至考场，便以为算盘可以告退了。"三算结合"教学实验至少使人们重新看到了算盘的教育价值。"三算结合"教学实验近年来已经引起愈来愈多的国家如日本、美国以及东南亚国家的关注。

"三算结合"教学实验虽然最初主要是一种关于珠算教学的改革，但将珠算教学引入小学低年级的数学教学，它所产生的价值却超出了珠算教学改革的范围。

第一，"三算结合"教学的实验为儿童形成数的概念以及进行数的计算提供了有效的支持。一般来说，初入学的儿童，还未建立起明确的数的概念。他们所认识的数，还只是同实物联系在一起的具体的数。过去教师教儿童认数的办法，就是扳手指头、数小棒或豆子、画点子图。这样虽然也能帮助学生理解，但有很大的局限性。有些儿童扳手指记数，手指不够用了，就感到困难。而且，运用小棒、手指、点子图来帮助计算时，一般只采用"逐一计算"的办法,很难让学生从"逐一计算"上升到"按群计算"。

在教学实践中,富有教学经验的教师也尝试了让学生"在操作中学"的种种办法,例如摆弄火柴棒、苹果、乒乓球或其他学具。但算盘取代火柴棒或苹果,"拨珠靠梁是加,拨珠靠框是减,同数连加即乘,同数连减即除"等等,在引导学生理解数的概念及数学的算理等方面具有独特的价值。

"三算结合"教学的特点使之有利于调动学生学习的主动性。算盘对于学生来说,是一种有趣的学习工具。"三算结合"教学重视学生的实践活动,为学生提供了"在操作中学"(类似"在做中学")的机会,学生在课堂上通过眼看、耳听、嘴念、手拨、笔写,保持较高的学习兴趣和热情。

第二,"三算结合"使珠算充分发挥多种教育功能。作为一种"学具",算盘有助于学生在"活动"中形成数的概念,理解数的意义以及计算的结构。作为一种"教具",算盘是比较理想而重要的教具之一,它有利于教给学生数学知识和运算技能,有利于学生学会思考与探索,掌握科学的学习方法,学会把知识、技能应用于生活与生产实际,解决简单的实际问题。

作为一种"计算器",算盘可以用来验算、核对笔算和口算的结果;熟练掌握之后,珠算比笔算的速度更快、更准确。"在相同的时间内,用笔计算一道两位数的加、减法式子题,用珠算可以计算三至五道题;如果计算一道四、五位数的加、减法式子题,用笔计算一道题的时间,用珠算就能计算八至十道题。"[9]珠算与笔算、口算的结合具有"启智功能",算盘以其看得见、摸得着、拨得响、听得到的特性使学生在动手操作中学会认数、读数、写数、记数。它既有利于学生打好数学基础,又有利于开发智能。在学习和训练计算能力的过程中,增加了手、眼、耳、口的活动频率,刺激神经元,有利于右脑开发。

在"三算结合"中,珠算是工具算,计算速度快,课堂练习机会多,这为儿童训练手指活动提供了有利条件。儿童听报数或看算式的过程,也是听心算或看心算的过程。这使"手巧心灵"的教育效果成为可能。

第三,"三算结合"使学生在口算、笔算、珠算三种方法的变换交替中学习,便于学生理解加与减、和与差、乘与除、积与商的相互变化及其对立统一关系,便于学生理解各个数学概念之间的联系和区别,数与计量的产生和发展等。

从"三算结合"教学实验的实践影响来看,珠算教学及其与笔算、口算"三算结合"的实验研究是有价值的。总体上看,后期"三算结合"教学实验显得规范而有序,但缺乏前期"三算结合"教学实验的个性化探索。在前期的"三算结合"教学实验研究中,上海市闸北区教师红专学院提交的《坚持唯物辩证法,彻底改革小学数学旧体系》以及《三算结合教学:闸北区教改实践》两份研究报告清晰地"叙述"了他们的"研究经历"及其"转化过程"。这使该研究显得别具一格,具有较强的研究方法论的价值。

在1973年,上海师范大学教育系、上海市教育局和《解放日报》记者组成联合调查组,对上海市崇明县、闸北区、普陀区等地的"三算结合"教学实验做了广泛的调查研究。联合调查组在该年10月9日的《解放日报》上发表了《从"三算结合"看小学数学教学改革》的调查报告。该报告明确地提出了"三算为什么能结合"的问题以及"三算结合与儿童认识规律"的问题。这些问题的提出使这份报告成为三算结合教学实验研究中的经典性文献,频繁地为后来的"三算结合"教学实验研究者直接或间接地引用。相比之下,后期的"三算结合"教学实验研究虽然提交了不少研究报告,但在研究的深度与信度上,似乎有限。

"三算结合"教学实验中提出来的经验与策略在多大程度上能够转化为日常教学方式，取决于它能否不断地整理自己的教学经验并不断地寻找新的突破。

参考文献：

[1] 沈百英.三算结合教学的昨、今、明.华东师大学报(教科版).1984(2):20—25.

[2] 上海市崇明县新河公社五大队"五·七"三校.关于进行"三算结合"教学的试验.小学数学教学改革参考资料.上海:上海人民出版社,1973:56—59.

[3] 无锡师范学校.小学数学"三算结合"教材教法.无锡师范学校1976年印行.

[4] 人民教育出版社.三算结合.北京:人民教育出版社,1975.

[5] 四平师范学院数学系.三算结合——珠算新法.北京:中国财政经济出版社,1978.9.

[6] 广东紫金县城镇小学党支部.开门办学,搞好"三算结合".新教育,1975(9):17—20.

[7] 陈朴.三算结合小学数学教材被审查通过.江西教育,1998(4):18—23.

[8] 陈朴,唐宝衡.创新求实二十年,素质教育走在前——"三算结合"教学改革的回顾与展望.广西教育,1999(9):5—9.

[9] 陈朴.试论"三算结合"的教学优势和珠算的教育功能.北京教育,1994(1):8—12.

"问题连续体"在小学数学课堂中的运用

荀步章

亚利桑那大学的琼·梅克等人基于对多元智能的研究,在前人研究的基础上提出"梅克—斯克维的问题连续体"或"DISCOVER 问题连续体矩阵"。见下表:

表1 梅克—斯克维的问题连续体

	问题		方法		答案	
	教师	学生	教师	学生	教师	学生
I	已知	已知	已知	已知	已知	已知
II	已知	已知	已知	未知	已知	未知
III	已知	已知	一系列	未知	一系列	未知
IV	已知	已知	开放的	未知	开放的	未知
V	未知	未知	未知	未知	未知	未知

表格中有五类问题,涉及到四个名词,"已知"、"未知"、"一系列"和"开放的"。"已知"和"未知"不用解释,"一系列"可理解为问题的序列和层次,"开放的"理解为问题的广度和深度,解决方法和答案的多样性。

一、单一性问题

第一类问题是教师和学生都知道问题、方法和答案。这类问题是完全封闭的,它仅有单一的解决方案,有着单一的正确结论。这一类问题,没有任何思维含量、没有给学生留下任何思考空间,是应该被封杀的问题!由于第一类问题没有研究价值,这里不再举例。

二、再现性问题

第二类问题通常是以了解个别范例的事实为目标,要求学生对问题思考解决。这类问题比较封闭,它的解决方式相对单一,以回忆知识为主,这类问题运用最多的就是对重点知识的再现性复习。

例如,在"数的整除"复习时,教师提出以下问题:

问题一:自然数(0除外),按能否被2整除,可以如何分类?

生1:奇数和偶数。

问题二:自然数(0除外),按约数的个数,可以如何分类?

生2:质数、合数和1。

---

① 本文选自《上海教育科研》2008年第9期,第89—90页。

问题三：什么叫质数呢？

生3：一个数只有1和它本身两个约数，没有其他约数，这个数就是质数。

教师提出的三个问题，是对学生已有的知识进行提问，属于第二类问题，绝大部分学生只要回忆以前学过的内容，就能很容易解决这些问题。

三、引导性问题

第三类问题是以形成概念、掌握规律为目标。学生在教师的引导下，学会解决问题的多种方法，再通过这些方法概括总结出解决此类问题的实质和规律。这类问题是以培养学生的能力为目标，解决问题的方法与问题的答案对教师而言不具有生成性。

例如，在学习"三角形的高"之后，教师出示以下两幅图并提问：

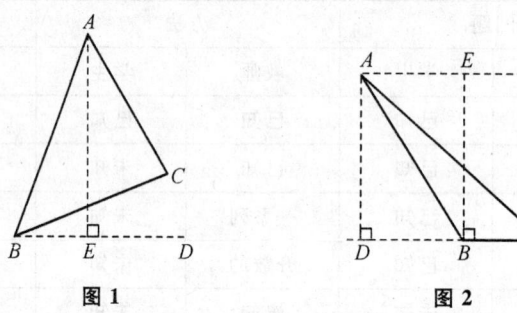

图1　　　　　　图2

问题一：图1中 AE 是三角形 ABC 的高吗？

生1：这不是三角形 ABC 的高，三角形 ABC 的高应从 A 点画对边 BC 的垂线，而 BD 不是三角形 A 点的对边。

问题二：图2中 AD 是三角形 ABC 的高吗？

生2：AD 肯定是三角形 ABC 的高，因为 AD 垂直于 BC，A 点的对边就是 BC。

问题三：图2中 BE 是三角形 ABC 的高吗？

生3：BE 不是三角形 ABC 的高，虽然它不是高，但我发现它和高 AD 的长度相等，因为平行线之间的距离处处相等，所以 BE 和 AD 的长度相等。

这些问题属于第三类问题，它以三角形的高来创设问题情景，体现了建构主义的学习观，即学生的学习不是被动的接受，而是根据自己头脑中已有的知识和经验，通过不断的同化和顺应，将新知识纳入已有认知结构之中，从而产生更高水平新的认知结构。

四、参与性问题

第四类问题是运用所掌握的概念、规律或原理，解决以主题范围内的定向问题为目标。教师仅起引导作用，充分体现学生的主体地位，通过问题情景的创设，引导学生主动参与，互动合作，最终解决问题。这类问题是以培养学生的能力为目标，侧重学生的主体参与，且解决问题的方法与问题的答案对教师而言具有生成性和开放性。

例如，在教学"直角三角形的面积"新授课上，通过各种直角三角形的有效操作，教师和学生共同经历探究过程，在总结结论时，教师进行提问：

问题一：直角三角形的面积如何求？

生1：一条直角边的长×另一直角边的长÷2。

生2：斜边的长×和斜边垂直的线段的长÷2。

问题二：你们还能得到什么结论？

生3：一条直角边的长×另一直角边的长＝斜边的长×和斜边垂直的线段的长。

问题三：锐角三角形和钝角三角形没有直角边，面积该怎么求？

生4：是不是也可以用"斜边的长×和斜边垂直的线段的长÷2"？

师：你的猜测很大胆，这个猜想我们暂且把它称为"张氏猜想"。但这个猜想到底合不合理呢？要请同学们进行验证……

第二天，学生们带着学习用品：各种大小不一的锐角三角形和钝角三角形、剪刀、直尺、彩纸等，一改以往老师说要学生带这带那，学生只是被动的服从，常有学生忘记带学具。而这次学生们目的明确，几乎没有学生不带学具。课堂上学生们发言踊跃，最终主动地验证了"张氏猜想"。

问题三属于第四类问题，思维量及潜在的思维价值都很大，它由直角三角形自然过渡到一般类型的三角形，并根据直角三角形面积公式猜想出锐角、钝角三角形面积公式，都将通过对此问题解决达到理解和掌握的程度。

五、创造性问题

第五类问题是在主题范围内自行发现与主题相关的综合性问题，学生自行提出问题或解决方案，进而解决问题。这样不仅要求学生要提高解决真实问题的能力和创造性，同时要形成对人、对世界的态度、情感和价值观。这类问题是开放和综合的，有多种解决方案，而这些方案中可能没有结论或就没有正确的结论，具有高度的主观性。

例如，在"圆的面积"教学后，有这样一道习题：房子围墙外面是大片草地，一只羊拴在桩上，绳净长5米。

问题一：这只羊最大能吃到多少面积的草？

生1：就是求以绳长5米为半径的圆的面积。

生2：生1求出来的是这只羊最多能吃到的草，如果这只羊运气不好，不一定能吃到最大面积。

问题二：这只羊可在多大面积吃到草？

经过学生讨论，羊吃草有无数种情况。如图：

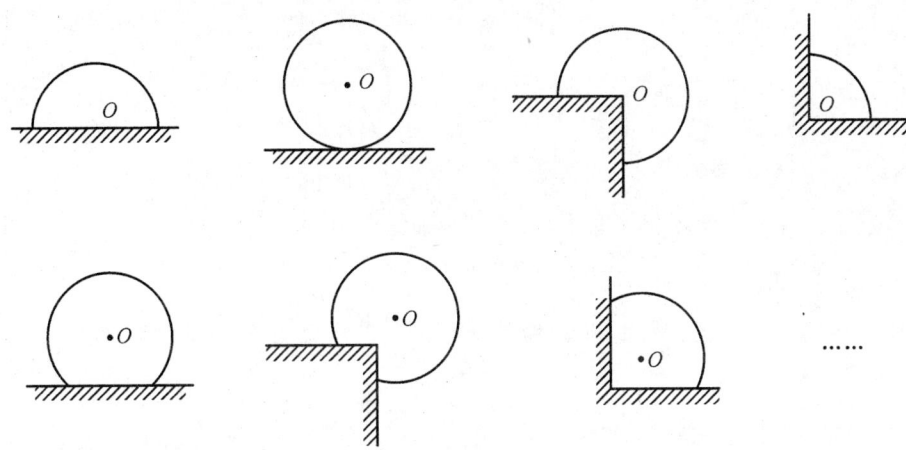

图3

问题二属于第五类问题,对于同一问题的理解,不同的学生就有不同的体验和感悟,学生会从自身角度来阐述自己的感受,并且用了一组图形表达结论,充分展示了学生无法估量的创造潜能。他们猜想构思问题,生成解决问题过程及其所经历的体验,有助于落实新课标倡导的"情感、态度与价值观"目标。

　　传统的教学,留给学生思考和探索的空间很小,许多问题的潜在功能和价值都大为削弱。而运用"问题连续体"理论进行问题设计,封闭的、思维量很小的一、二类问题一般很少,综合的、开放的后三类问题就会增多,这给学生留下了充分地思考和探索的空间,问题潜在的功能和价值也将得到充分的体现,但又难免使有些问题的挑战性过大,学生产生畏难情绪而不愿意思考和探索,可在问题后面设计若干子问题来缓解这一矛盾。当然,如何拿捏问题的挑战性、针对性与有效性是教学设计中的永恒话题。

数学"解决问题的策略"的理解、设计与教学

徐文彬

与我国《全日制义务教育数学课程标准(试验)》相配套的各种版本的小学数学教科书当中,都或多或少地安排有"解决问题的策略"单元或主题,而这些单元或主题也都充分体现了"形成解决问题的一些基本策略,体验解决问题的策略的多样性,发展实践能力和创新精神"[1]的数学课程目标。但是,对于这些过去散见于各种解题研究或奥数等数学教学之"提高或补充材料"中的数学思想,如何理解、如何设计以及如何开展教学等问题,一线教师还是存在诸多困惑与不解。而对"问题解决的策略"的理解将直接影响其课堂教学设计的针对性以及教学实际的具体效益。因此,本文将结合小学数学教科书中有关该部分的内容、课堂观察及教学研讨,仅就数学"问题解决的策略"的理解、设计与教学这三个问题进行分析,以期能够获得抛砖引玉之功效。

一、如何理解数学"解决问题的策略"

各种版本的小学教科书一般都从 4 年级上册开始,直至 6 年级下册,每册书都有一个单元或主题专门讲解数学"解决问题的策略"。具体有列表、画(示意)图、列举、倒推、替换和假设以及转化等。其实,上述这些"解决问题的策略"在此前的数学学习中也都或多或少地有所体现,只是还没有把它们专门提升到策略的层面。因此,我们就必须首先理解策略、解决问题的策略以及数学解决问题的策略等概念,然后才有可能思考数学"解决问题的策略"的教学设计和课堂教学等问题。

相对于具体命题和方法而言,策略是一种比较宏观的思考问题的思路,其背后可能蕴含着某种或某些基本的思想与方法。一般而言,策略总是通过被运用于解决各种具体问题而体现其功效或凸现其局限;或者,在解决各种具体问题的过程中被提炼出来或得到改进。任何不能够解决具体问题的策略是不存在甚至也是不可想象的。因此,策略总是被冠以"解决问题的策略"之名。因而,数学解决问题的策略也就是,解决数学问题的策略,其背后所蕴含的可能是某种或某些数学基本思想或方法。所以,我们认为,对数学"解决问题的策略"的理解必须上升到其所蕴含的数学基本思想或方法上来,而这也就是我们所强调的"学科教学的本原性问题"。那么,如何理解小学数学"问题解决的策略"的本原性问题呢?

譬如,列表,它所蕴含的数学教学的本原性问题就是,"对象的分类"或"概念的划分"[2],以及相应的分类或划分的方法;画(示意)图,它所蕴含的数学教学的本原性问题是数形结合思想与相应的画图法;列举,它所蕴含的数学教学的本原性问题是分类思想以及相应的分类方法;倒推,它所蕴含的数学教学的本原性问题是过程或运算的可逆性思想以及相应的互逆运算;替换,它所蕴含的数学教学的本原性问题是过程中的不变量思想以及相应的等量关

---

① 本文选自《课程·教材·教法》2009 年第 1 期,第 52—55 页。

系;假设,它所蕴含的数学教学的本原性问题是不变量思想和逼近思想以及相应的等量关系和逼近方法;转化,它所蕴含的数学教学的本原性问题是不变量思想以及相应的等量代换方法;等等。由此亦足见,策略的相对性和多样性。因此,那种在教学中把策略解释为是"最好的方法"或"最有效的方法"的理解是不足为道的,而那种在教学中只关注一种策略却不对多种策略进行比较或分析的做法也是不值得提倡的。

因此,对策略、解决问题的策略尤其是数学"解决问题的策略"的本原性理解,即对"策略"所蕴含的数学基本思想或方法的理解,应该是进行有针对性的数学"问题解决的策略"教学设计的前提条件和根本保证。

二、如何设计数学"解决问题的策略"?

因为任何"解决问题的策略"的教学都会涉及"具体地解决问题"或"解决具体的问题",所以数学"解决问题的策略"的教学设计是以解决"具体的问题"还是以把握"解决(具体)问题的策略"为教学重点乃至教学目标,是进行数学"解决问题的策略"教学设计必须首先思考而且需要做出决定的一个核心问题。

不可否认,任何"解决问题",包括小学数学中的"数与代数"、"空间与图形"和"统计与概率"等领域中的"解决问题",以及"实践与综合应用"等都会涉及"解决问题的策略"的选择与运用。但是,之所以把数学"解决问题的策略"提炼出来并专门作为一个相对独立的单元或主题来设计课程并安排教材内容,是自有其独到见地的——那就是,在积累一定范围和数量的解决(数学)问题经验基础之上,通过抽象与概括、分析与综合等,来对"解决问题"中所涉及的策略及其所蕴含的数学基本思想与方法,进行提炼与整理,是提高解决问题能力、"发展实践能力和创新精神"的有效途径与方法。

行文至此,我们相信,读者诸君可以自行得出如下结论:在数学"解决问题的策略"的教学设计中,应该以"解决问题的策略"而不是"解决问题"为教学重点乃至教学目标;应该以挖掘"解决问题的策略"所蕴含的数学基本思想或方法为核心或关键问题,并始终围绕着这个核心或关键问题来展开教学设计,不能脱离。因此,那种在教学设计中把教学重点乃至教学目标设定为"问题解决"的思想是有所偏向的;而那种在教学设计中只关注"解决问题"方法的多样性却唯独不考虑一般性的策略及其所蕴含的数学基本思想或方法的设计思路,也是有所偏离的。

如果教学设计并没有脱离"解决问题的策略"所蕴含的数学基本思想和方法,那么,是否就可以保证教学的有效性,以及正确、恰当地处理课堂教学中可能出现的诸如偏离"解决问题的策略"而趋向"解决问题"或者脱离"解决问题的策略"所蕴含的数学基本思想或方法而只关注"计算"等问题呢?显而易见,第一个问题的答案是否定的,因为再"完美的"课堂教学设计在没有实施之前,尽管都会考虑到实际实施时的具体情景,但也仅仅可能是一个"理想的"规划,根本无法保证其实施的有效性——有效性的必要条件,而非充分条件。至于第二个问题,答案只能在具体教学过程中来寻找——如果不只是在教学设计时关注而是在教学观念与思想上根植"解决问题的策略"及其所蕴含的数学基本思想与方法,那么,正确、恰当地解决"趋向'解决问题'"或"只关注'计算'"等问题,是可以得到保证的。

因此,在正确理解数学"解决问题的策略"所蕴含的数学基本思想和方法,即获得了对数学"解决问题的策略"的本原性理解,同时也对数学"解决问题的策略"教学进行了有针对性的设计的前提下,如何具体实施设计规划或方案并处理课堂教学中可能出现的上述诸如"趋向'解决问题'"或"只关注'计算'"等"偏离问题",是保证学生对数学"解决问题的策略"学有所得,以及教师对其教有所为的关键之所在。

三、如何教授数学"解决问题的策略"

依据上述分析,我们认为,在数学"解决问题的策略"的课堂教学中,应该坚持贯彻上述教学设计中的基本思想,即,把握数学"解决问题的策略"所蕴涵的数学基本思想与方法,始终围绕"解决问题的策略"而不是其他什么来展开教学,并在具体的教学过程中灵活处理各种"非本质问题",尤其是上面所提到的两个"偏离问题"。

首先,在数学"解决问题的策略"课堂教学中,如果过多地关注学生的"解决问题",那么肯定会削弱"解决问题的策略"的教学效益。

课堂观察中,我们发现,有些教师在数学"解决问题的策略"教学中,非常强调"问题的解决",而忽视"解决问题的策略"。譬如,在"列举"的教学中有这样一个问题:"王大叔用18根1米长的栅栏围成一个长方形羊圈,有多少种不同的围法?"那种在得到具体有多少种围法之后就简单总结了事的做法显而易见是不足取的。当然,如果仅仅是"解决问题"的教学,那么这种做法也许还是可以的。但是,在"策略"教学中,还应引导学生就其所获答案的依据(即分类思想)进行概括与抽象(当然,应结合具体解决问题的过程来展开),以及对各种具体分类方法(即分类依据)进行比较与分析(不应过于强调某种分类方法而忽视其他分类方法,因为在这里所应注重的是各种可能的"分类方法",而不是"方法的好坏"),并在此基础上对"列举"策略有一个较为一般的理解。

课堂观察中,我们还发现,有些教师尽管注意到了"解决问题的策略"与"解决问题"的不同,但是,往往忽视了"策略的交叉性"。譬如,"列举"教学中还有这样一个问题:"旅游团23人到旅馆住宿,住3人间和2人间(每个房间不能有空床位),有多少种不同的安排?"在这个问题的"解决策略"的教学中,那种关注了"列举"策略而不仅仅是"解决问题"的教师可能做得还不够。因为这里还有一个"假设"策略的运用问题:假设都住3人或者2人间——这是不可能的!尽管简单,但是在"策略"教学中却是较为重要的——假设的否定运用。事实是,"在这个世界上,许多方法的好坏成败,并不在于方法本身,而在于你是否在合适的时间用在合适的地方"。

其次,在数学"解决问题的策略"课堂教学中,如果过多地关注学生的"计算问题",那么肯定会弱化"解决问题的策略"的掌握。

课堂观察中,我们发现,有些教师为了"解决问题"的完整性,而忘却了"解决问题的策略",甚至忽视了"解决问题",把教学的重点自觉不自觉地放在了"数的计算"上。譬如,"列表"教学中的一个"解决问题"涉及这样一则计算问题:"168÷6=?"当学生在计算出错时,有教师会花大量时间来讲解"计算法则与技巧",以便学生在解决该问题的后续计算(譬如,"504÷28=?")中不再出错——这不仅忘却了"列举"策略,也忽略了"问题的解决"——"问题解决"不仅仅是一个计算问题。

课堂观察中,我们还发现,有些教师在课前尽管做了很好的准备与教学设计,但是由于没有很好地理解"解决问题的策略"所蕴涵的数学基本思想与方法,而在教学中错把一个策略中的部分当成了该策略本身。譬如,在"替换"教学中,有教师在导入时(也有在总结时)以

"曹冲称象"为例,来说明"替换"策略的含义或运用,但是却都一带而过或不加分析。事实上,在导入与总结时运用"曹冲称象"是不同的教学设计:引入时应着重引导学生分析其间所蕴涵的不变量——"船的刻痕"——"船的吃水深度"——"船的载重量",以及"等量代换关系"——"大象的重量"="船的载重量"="石块的重量";而在总结时应放手让学生自主分析其间所蕴涵的"不变量"与"等量关系"。这样,我们不仅可以培养与发展学生"分析问题与解决问题的能力",而且还可以判断我们自己教学效果的好坏或效率的高低,诊断自身教学可能存在的问题,进行自我评价,改善教学设计,提高教学效益。

因此,我们认为,"解决问题的策略"教学的追求是,"手把青秧插满田,低头便见水中天。六根清净方为道,退步原来是向前"。——教师适当的"退",才能引得学生适度的"进"。

参考文献：

［1］中华人民共和国教育部.全日制义务教育数学课程标准(试验).北京:北京师范大学出版社,2001:7.

［2］蔡贤浩.形式逻辑.武汉:华中师范大学出版社,2000:40—42.

数学教学的基本策略[①]

邱学华

几十年的小学数学教学的实践与研究,让我逐渐形成了自己的数学教学的基本策略:培养一个兴趣(即调动学生学习兴趣,引导学生喜欢学数学);狠抓两个基本(即口算基本训练和应用题基本训练);体现三个为主(即以学生为主,以自学为主,以练习为主);做到四个当堂(即作业当堂完成,当堂校对,当堂订正,当堂解决);应用五步教法(即尝试教学法的五步基本教学程序);实施六段结构(即六段式课堂教学结构)。

一、培养一个兴趣

我在长期的数学教学实践中悟出一个道理:"要使学生学好数学,首先要让学生喜欢学数学。"许多青年教师经常问我:"数学教师怎样才算成功呢?"我的回答是:"如果全班学生都喜欢上你的数学课,你就成功了;如果学生都讨厌上数学课,甚至见你就头疼,你就失败了。"

我记得有一位外国著名数学教育家曾经说过:"数学教师最大的失败,就在于把学生都教得讨厌数学。"这句话讲得非常深刻。数学教师最大的失败为什么不是把学生教得考"零"分呢?因为考"零"分还有挽回的可能,换一位教师就可能会有所改变。如果"讨厌数学"了,他看到数学就头疼,见到数学符号就害怕,他还怎么继续学习中学数学和高等数学呢!这就害了孩子的一生。

为什么把"学习数学的兴趣"看得这么重要,我想主要原因有两个:

一是,从内因与外因的关系来看,教师的教是外因,学生的学才是内因,外因是通过内因而起作用的。所以,如果学生不愿学,教师讲得再好,作用也是不大的。

二是,从小学生年龄特点来看,他们好奇爱动,集中注意力的时间短,而数学又具有抽象性、严密性的特点,比较单调枯燥。如果不重视培养学生的兴趣,教学是很难有效的。

培养学生学习数学的兴趣,要从外在和内在两方面进行:

外在方面,主要凭借教师采用一定的教学方法进行,如愉快教学法、情境教学法、游戏教学法等。特别重要的是多采用赞赏、激励的办法,让学生树立起学好数学的信心。

内在方面,主要是依靠数学本身的魅力吸引学生,使学生从中产生兴趣。教学中要尽可能采用趣味题、游戏题、智力题和思考题,使学生在"练中生趣"。由内在方面发生的兴趣,是学生自身的需要,能够持久下去。

二、狠抓两个"基本"

加强"双基"的思想,在小学数学教学中如何具体落实呢?通过长期的实验研究,我提出了"狠抓两个基本"。所谓两个基本,一个是口算基本训练,一个是应用题基本训练。口算和

[①] 本文选自《小学教学设计》2007年第7、8期,6—7页。

应用题是小学数学中的两大教学内容,这两种基本训练几乎覆盖了小学数学的基本内容。

(1) 口算基本训练——我经过长期的调查研究得出了"口算是笔算的基础"的科学结论,由此提出了"计算要过关,必须狠抓口算"的教学策略,每堂课开始用5分钟进行基本训练。为了落到实处,我主编了全套《口算基本训练册》,每学期一本,按照各年级的口算要求,由浅入深地编排。这样就方便教师系统地对学生进行口算基本训练。

(2) 应用题基本训练——应用题是小学数学教学中的老大难问题。经过长期的实验研究,我发现审题是解答应用题的关键,由此提出了"应用题要过关,必须抓审题"的教学策略。应用题教学不能采用依题讲题的办法,而应该从基本抓起,把解答应用题的能力分解成十几项基础,然后有计划地进行训练。根据各年级应用题教学的要求,我又主编了全套《应用题基本训练》,每学期一本,保证了对学生进行系统训练。

三、体现"三个为主"

"三个为主",即以学生为主、以自学为主、以练习为主。课堂教学只有体现三个为主,才能促成有效的数学教学,才能提高教学质量。

(1) 以学生为主,要保证学生的主体地位,承认学生是数学学习的主体。"以学生为主"不能是一句空话,必须落到实处。要把时间留给学生,要把主动参与活动的权利交给学生,要让学生多动口、多动脑、多动手、多听、多看。

(2) 以自学为主,指导学生自己学,培养学生的自学能力,是课堂教学的重要任务。指导学生自学时,要着重抓好三点:一是引起学生自学的兴趣,二是教给学生自学的方法,三是自学后有口头表达的机会。

(3) 以练习为主,一节数学课应以练习为主线,设计一个多层次的练习系统。同时,要把教师讲解和学生讨论穿插在练习之中,做到"教师在练中讲,学生在练中学"。

四、做到"四个当堂"

"四个当堂"是指课堂作业的处理方法,即当堂完成作业、当堂校对作业、当堂订正作业、当堂解决问题。

(1) 当堂完成作业。教师要留有充裕的时间,让学生在课内完成,不把作业拖到课后。课内有安静环境又有教师指导,有利于提高练习效率。

(2) 当堂校对作业。当堂完成作业后,教师公布正确答案,让学生自我校对,使学生当堂发现错误。

(3) 当堂订正作业。当堂校对后发现错误,立即在课内订正,这样效果最好。

(4) 当堂解决问题。由于做到当堂校对,当堂订正,把错误消灭在课堂内,及时弥补了知识缺漏,真正做到了当堂解决问题。也就是做到"堂堂清",不留尾巴到下一堂课。

教学实践证明,"四个当堂"是提高课堂教学效率、减轻师生过重负担的一种行之有效的办法。

五、应用五步教法

五步教法就是尝试教学法。

第一步,出示尝试题(提出问题,用问题激活学生思维);

第二步,自学课本(用尝试题引导学生自学课本,找到解决问题的线索);

第三步,尝试练习(让学生大胆尝试,自己解决问题);

第四步,学生讨论(尝试练习中出现不同答案,让学生讨论,自我评价);

第五步,教师讲解(根据学生尝试练习中存在的问题,有针对性地重点讲解)。

尝试教学法是小学数学教学新体系中的核心部分,它不仅仅是教学方法问题,而且能促进教师教育观念的转变,引起评价方法、学习方法、练习方法、考试方法一系列的改革。教学实践证明,这种方法通俗易懂,简便易学,效果显著。

六、实施六段结构

六段结构,是指六段式课堂教学结构。我在实验尝试教学法同时,对课堂结构进行了改革。根据小学数学教学的特点、学生的年龄特点以及现代教学论思想的要求,提出了六段式的课堂教学结构。

第一段,基本训练(一开始进行口算或应用题基本训练);

第二段,导入新课(从旧知识引出新知识,揭示课题,明确教学目标);

第三段,进行新课(这是新授课的主要部分,采用先进的、恰当的教学方法);

第四段,试探练习(这是一种试探性练习,检查学生掌握新知识的情况);

第五段,课堂作业(集中巩固练习,做到"四个当堂");

第六段,课堂总结(做好结束工作,让学生自己总结本课的收获)。

以上六个方面,凑巧是一、二、三、四、五、六,排列整齐,非常醒目。为了便于大家记忆,可编成一段顺口溜:

一个兴趣两基本,

三个为主四当堂,

五步教法六结构,

认真运用能成功。

四、教学方法

- 「数的整除」教学中,「讲解法」和「质疑讨论法」教学效果的比较实验(杨瑞美 潘胜天 谢光庭)
- 采用自练口算卡片提高小学低年级学生口算能力的试验(潘炎南 王钰珍 徐彩霞)
- 「20以内退位减法」两种教法的效果比较(东余杭路第一小学)
- 小学数学结构教学实验研究总结(西安市小学数学结构教学实验研究组)
- 小学数学的启发式教学(陈国盛)
- 小学数学教材、教法改革的探索(罗肇华 张元书 金建英)
- 小学数学「探究—研讨」法实验研究报告(毕可峰 林乐善)
- 小学数学情境教学实验报告(兰想林)
- 在小学数学教学中用「尝试教学理论」引导「目标教学」的实验研究(陈今晨 李成忠)
- 尝试教学奥秘何在(邱学华)
- 优化数学课堂结构·运用「十步教学法」(吕淑珍 冯玉环)
- 小学数学「动像发现教学法」课题实验研究报告(广西「小学数学动像发现教学法」课题组)
- 小学数学分层异步教学的实施策略(「小学数学分层异步教学策略研究」课题组)
- 小学数学课堂教学评价的质性研究(赵冬臣 马云鹏)

"数的整除"教学中,"讲解法"和"质疑讨论法"教学效果的比较实验

杨瑞美　潘胜天　谢光庭

一、问题

为了在教学中落实"加强基础、培养能力、发展智力"的要求,必须研究和改进教学方法。从当前小学数学教学的实际情况看,教师在教学中常用以下两种不同的教学方法:

(1) 教师通过讲解把教学内容教给学生,再让学生通过练习掌握知识。一般称之为"讲解法"。

(2) 教师引导学生阅读课本,通过学生的质疑或教师的设疑,启发学生独立思考,展开讨论,解决疑难,再通过练习掌握知识。我们称之为"质疑讨论法"。

这两种教学方法的利弊得失究竟如何?特别是一些概念性强、新知识多、学生掌握有困难的教学内容,采用哪一种教学方法更有利于学生掌握知识和发展智能?教师中有不同意见。为此,我们选择了"数的整除"一章教材,拟用两种不同的教法,进行比较实验。目的是:

(1) 比较概念性强、学生学习有困难的教学内容采用"讲解法"和"质疑讨论法"有无不同效果。

(2) 探索哪一种教法更有利于发展学生的智力、培养学生的能力。

二、实验方法与经过

(一) 被试

实验采用等组法。实验对象是上海市第四师范附属小学四年级(1)班的33名学生。由执教老师根据任教四年来对学生的了解,结合考虑被试的年龄、性别、上学期末学习成绩、学习态度、智力发展情况、家庭辅导条件等,分成条件基本相等的两组,由第三者随机决定实验组及对照组(其中一名本学期新转来的插班生,因差距太大,所以在进行实验结果处理时,不将其成绩统计在内)。分组后,两组男女学生相等;上学期末的数学总评分平均成绩分别为89.85和90.25,经 F 检验无显著差别。试验中,两组分别有一人因长期病假和转学退出实验,故实际参加实验的学生每组各15人。

(二) 教材

选用全日制十年制学校小学课本《数学》第八册第三章"数的整除"。选该章教材的理由是:

---

① 本文选自《上海教育科研》1982年第6期,第18—25页。

(1) 该章教材,概念较多,内容比较抽象。[1]
(2) 该章在整个小学数学教材体系中是独立的,与以往数学基础知识的关系较小。
(3) 有的教师认为像"数的整除"这类教材,不适宜用质疑讨论法而只能用讲解法进行教学。他们的看法,有一定的代表性。

(三) 时间

据小学数学教学大纲规定的该章教学时数,从4月10日至4月27日,安排在16节课内完成。

(四) 方法

实验对"讲解法"和"质疑讨论法"的教学过程具体规定如下:

讲解法:教师讲解—学生看书—练习—教师初步小结—再练习—教师纠错、评讲—教师总结。

质疑讨论法:学生看书、质疑(或教师设疑,学生看书)—师生共同讨论—引导学生看书并启发学生自己思考、得出结论—练习—集体讲评—再练习—学生总结。

实验由同一位老师(潘胜天老师)执教。实验组采用"质疑讨论法",对照组采用"讲解法"。对这两种教学方法,教师都有比较丰富的教学经验,最后按照学生学习效果的好坏来比较两种教学方法的利弊得失。

具体做法是:

(1) 每堂课内,都留出相同的时间,用同样的题目分别进行当堂检查。
(2) 每一小节内容教学完毕,用相同的题目分别进行检查。
(3) 整章教学结束,用该校四年级平行班统一的单元测验题进行检查。
(4) 整章教学结束,另拟定难度、要求略高的单元试题进行测验。
(5) 测验完毕后,按相同方式,对所有学生逐个进行口试。了解学生对本章教材中基本概念的掌握情况。
(6) 教学结束后相隔一个月,对两组学生同时进行一次书面的后效测定。

以上各项测验,均按相同的要求进行评分,口试按预定标准评定等第。

为了取得客观的效果比较,实验中注意对七个方面的因素进行控制。

三、实验结果

1. 实验组与对照组六次当堂练习平均成绩的比较,如表1、图1

表1 实验组与对照组六次当堂练习的平均成绩比较   单位:分

	一	二	三	四	五	六
实验组	88.40	99.83	90.33	95.60	96.00	93.33
对照组	88.30	97.80	91.50	96.26	94.00	95.30

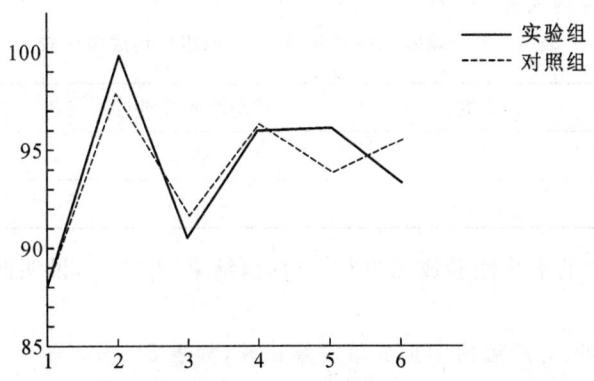

图 1　实验组、对照组六次当堂练习的平均成绩比较图

2. 实验组与对照组七次阶段练习的平均成绩比较,如表2、图2

表 2　实验组、对照组七次阶段练习的平均成绩比较*　　单位:分

	一	二	三	四	五	六	七
实验组	96.13	97.73	95.53	98.53	90.33	90.66	89.33
对照组	98.00	98.26	95.40	98.60	92.73	95.33	88.66

* 该种练习题在每一小节教学内容完成后进行。

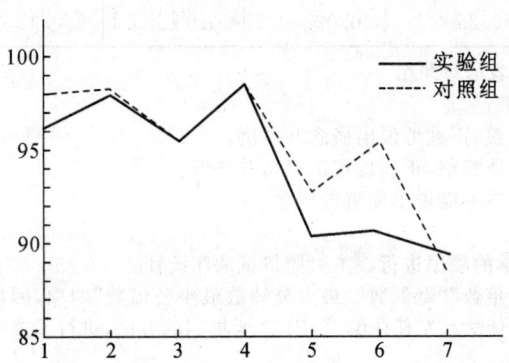

图 2　实验组、对照组七次阶段练习的平均成绩比较图

3. 用四年级平行班试题测得的实验组、对照组平均成绩比较,如表3

表 3　用四年级平行班试题测得的实验组、对照组平均成绩比较

组别	人数	平均测验成绩($\overline{X}$)	标准差 S
实验组	15	95.00	4.71
对照组	15	92.46	11.57

对以上两组学生的平均测验成绩进行 t 检验。结果 $P>0.4$,说明两组学生的学习成绩无显著的差别。

4. 自行编题测得的实验组、对照组平均成绩比较,如表 4

表 4　自行编题测得的实验组、对照组平均成绩比较

组别	人数	平均测验成绩($\overline{X}$)	标准差 S
实验组	15	95.93	3.73
对照组	15	95.53	3.09

对以上两组学生的平均测验成绩进行 t 检验,结果 $P>0.5$,说明两组学生的学习成绩无显著差别。

5. 口试中实验组、对照组的学生成绩等第比较,如表 5

表 5　口试中实验组、对照组学生成绩等第比较*

	质数		互质		约数倍数		公约数		奇偶数		质因数		自然数		数的整除		整除特征		最大公约数最小公倍数		总和			
	A	B	A	B	A	B	A	B	A	B	A	B	A	B	A	B	A	B	A	B	A	百分比	B	百分比
一	14	14	12	8	14	8	15	12	15	14	11	3	15	13	13	5	15	11	15	14	139	92.6%	102	68%
二	0	0	1	3	0	0	0	1	0	0	1	0	0	1	1	1	0	2	0	0	2	1.33%	9	6%
三	1	1	2	1	0	0	1	0	0	0	2	1	0	0	1	5	0	1	0	0	6	4%	10	6.7%
四	0	0	0	3	1	7	0	1	0	1	2	10	0	1	0	4	0	1	0	1	3	2%	29	19.3%
χ^2	0		5.13		4.261		3.33		0		11.23		2.143		8.222		4.615		0		32.26			
P 值	1		>0.1		<0.05		>0.25		1		<0.02		>0.25		<0.05		>0.1		1		$P<0.005$			

* 1. A 表示实验组,B 表示对照组。
  2. 口试等第划分标准:
     第一等:一次能完整、正确地说出概念并举例。
     第二等:三次以内能完整、正确地说出概念并举例。
     第三等:在三次以内不能说出完整的概念。
     第四等:完全错误。
  3. 口试时不按概念教学的顺序进行。本表照口试顺序统计。
  4. 本表中"质数""约数倍数""奇偶数""最大公约数最小公倍数"四项,因期望频数小于 5,又因 df 均为 1,故根据《教育与心理统计学》(左任侠编著)P173 所提到的方法,进行了连续性校正。

根据表 5 所列数据,对实验组、对照组口试各等第人数的实际分配进行 χ^2 检验,计算出 χ^2 为 32.26,查表得当 $df=3$,P 值为 0.005 时 χ^2 应为 12.8,说明 $P<0.005$。由此说明实验组、对照组口试各等第人数的差别有非常显著的意义。我们再改用符号检验法分别对第一等第人数的差别,第一和第二等第之和的人数差别,第一、二、三等第人数之和的差别进行检验,均可得 $P<0.01$,于是确证,两组间的差别有着非常显著的意义。

同时,对表 5 中的十项教学要点,分别采用 χ^2 检验,结果得"约数倍数"、"质因数"、"数的整除"三项的差别显著或非常显著,其余各项均无显著的差别(仍见表 5)。

6. 实验一个月后的后效测定中,实验组、对照组的平均成绩比较,如表 6

表 6　实验一个月后的后效测定中,实验组、对照组的平均成绩比较

组　别	人　数	平均测验成员($\overline{X}$)	标准差 S
实验组	15	93.66	4.52
对照组	15	86.66	7.66

对以上两组学生的测验平均成绩进行 t 检验,得 t 值为 3.053,查表 $df=28$ 时 $t_{0.01}=2.763$,∴$P<0.01$,可见两组学生的学习成绩间有非常显著的差别。

四、分析与讨论

(1) 从表 1 到表 4 各项的学习成绩比较中,可以明显看出,在整个教学过程及教学结束后即时进行的书面测验中,实验组和对照组的成绩十分相近、不稳定并时有交替变化。在阶段练习中,对照组的成绩多数略高于实验组。经逐项统计检验,各次成绩的差别均无显著意义。说明,在教学过程及即时的效果检查中,两种教法的效果差别不明显,仅仅据此,不能简单地判定何种教法为好。

(2) 从表 5 可以明显看出,实验组和对照组口试的成绩有极其明显的差异。在十项口试回答中,实验组一次回答正确的共 139 人次,占 92.6%,对照组共 102 人次,占 68%。在回答错误的人数中,实验组共 3 人次,占 2%,对照组共 29 人次,占 19.3%。在对实验组、对照组各种等第人数之和进行的 χ^2 检验中得出 P 值小于 0.005,从而表明,两组学生学习效果的差别是极为显著的。

再从教学过程中学生必须掌握的十个教学要点看,除了在掌握质数这一概念上两组的成绩相同以外,其余九个,实验组的成绩都优于对照组。经过逐项的统计检验,说明在约数倍数、质因数、数的整除这三个内容要点上,两组的成绩差别非常显著。

综上所述,可以看出,不论是从两组实验结果的总体看,还是从掌握教学内容的各个要点看,在口试中"质疑讨论法"的教学效果都明显优于"讲解法"。

(3) 从表 6 登载资料说明在后效测定中,实验组的效果明显的优于对照组。经过统计检验证明这种差别是有非常显著意义的。从而证明,从学生掌握知识的巩固程度来看,"质疑讨论法"的教学效果也明显优于讲解法。

造成以上结果的原因可以初步分析如下:

其一,形成正确的概念是掌握数学基本知识技能的首要条件。学生要掌握数学的概念,必须具备一定的抽象概括能力。在教学中,不是以"现成的抽象"传授给他们,而要尽量引导学生独立地寻找所学对象的主要特征和属性。这样,就更能发挥他们的主观能动性,提高他们的概括水平,发展他们的概括能力、创造思维能力以及超越所传授的知识范围去灵活地运用知识,解决实际问题的能力。但学生掌握了知识并不一定等于同时发展了抽象概括、判断推理能力。本实验中两种教法效果不同,主要是因为它们在促进学生抽象概括、判断推理能力的发展上作用不同。

在质疑讨论中,老师并不把现成的知识喂给学生,在整个学习过程中,学生一直处于积极的思维状态中。通过认真的讨论,学生们已经自行发现,解决了许多掌握概念时必须注意的问题,大部分的内容已经可以在原有知识基础上通过推理自己作出一些判断。有些虽然

不能立刻解决,但也找到了关键所在,一经教师点拨,很快就明白过来。"学懂了基本概念、基本原理,就可利用已学的概念原理,通过判断、推理来理解新知识。从这时起,理解新知识就更多地依靠抽象的思维,特别是推导,这是理解知识水平提高的重要标志。"[2]学生从自己看书接触新内容,到在教师指导下摸索着对概念下定义,在正确判断推理的基础上掌握概念,又在掌握概念的基础上进行判断推理以加深理解的水平。他们的逻辑思维能力得到了发展,他们学习的知识,学会了,也就记住了。掌握是比较牢固的。

讲解法则不一样,在整个教学过程中,学生思维的积极性不够高,思维能力锻炼的机会不多。经过教师的讲解,他们虽然同样掌握了概念,但缺少一个通过自己思考得出结论的思维过程,因而抽象概括、判断推理的能力没有得到相应的发展。由于小学数学教学的主要内容是数、式、形,教学和解题的过程可以归结出明确的类型步骤,易于模仿、记忆,通过训练虽能形成一定的技能技巧,但多数学生在掌握知识时,容易养成以模仿为主的思维定势。在测验中,这些学生也可以考得不错,但是这不能全面反映出学生理解水平上的不同,在口试时经不起深入的追问,这种抽象概括能力上的差距立即暴露出来。口试中我们常常遇到这样的情况,对照班的同学明明是掌握这些知识的,却就是不能对概念作出一个完整的解释,他们往往是先举一个具体的例子,然后再尝试着去归纳、总结。这个过程正是实验组的同学学习时已经经历和解决了的。这很典型地说明了,对照组学生由于抽象概括、判断推理能力未得到相应的发展,他们的理解水平较之实验组的同学要低了一级,只是属于"记忆的或初步的理解"水平,而不是本质抽象的水平。他们掌握的知识是不牢固的,随着时间的推移,机械识记的作用减弱,他们的成绩就会明显退步。由于在教学过程中,他们的口头语言没有得到应有的训练,也使他们在口试中难以用严格的数学语言来表达自己的认识。

基于以上种种原因,他们的成绩明显地不如实验组。

其二,在数的整除这一章中,概念很多,其中一些概念是建立在前一概念的基础之上,又是它们的继续和发展,而这些概念又都建立在"整除"这个概念的基础上。全章教材中,概念间的相互关系可以如图3所示。[3]

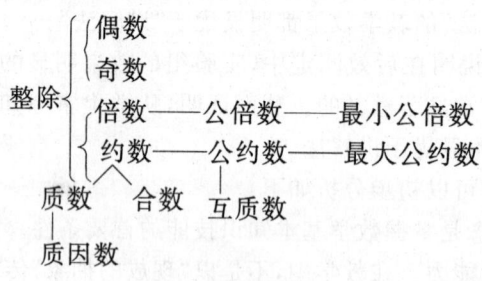

图 3

从上图可以看出,对照组所以在数的整除、约数倍数、质因数三个概念上掌握特别困难,正是由于这三个概念有其自身的特点,为了便于说明,现将三个概念的定义摘录于下:

整除:数 a 除以数 b,除得的商正好是整数而没有余数,我们就说 a 能被 b 整除。

约数、倍数:如果数 a 能被数 b 整除,a 就叫做 b 的倍数,b 就是 a 的约数。

质因数:每个合数都可以写成几个质数相乘的形式,这几个质数就叫做这个合数的质因数。

从整除这个概念说,它要受到两个条件的限制:商是整数,余数为0。这样的两重限制在过去的数学教学中是没有的。特别是商是整数,很容易与除尽相混淆,在教学时不注意培养学生的比较、概括能力,便往往会与过去的学习经验相冲突,学生接受较困难。

从约数倍数这个概念说,它是建立在整除的基础之上的。除了受整除的两个条件限制之外,约数和倍数这两个概念还是相互依存的,这里就包含着辩证的思想,这样的思维形式和要求,小学生是从未经历过的。

从质因数这个概念说,它是建立在质数、合数两个概念的基础上而又必须化成几个质数连乘的形式才能掌握质因数的概念。它对学生的抽象概括能力,乃至整个抽象逻辑思维能力都提出了更高的要求。学生掌握这三个概念相对于其他概念来说,思维的难度一个比一个大,要求一个比一个高。因此学生的掌握也就来得格外困难。

总之,这些有诸多条件限制的,互相依存带有辩证法思想的概念是过去学生从未接触过的,要真正掌握这些概念,事实上就是向学生的思维能力提出了高的要求。由于"讲解法"中学生缺少判断推理能力的培养,他们对概念的掌握只能是模糊不清的,而"质疑讨论法"则恰恰是在这一点上满足了教学的要求。

此外,"质疑讨论法"中学生有不理解的地方能主动提出及时解决,从而更能引起学生的学习兴趣,调动他们的学习积极性。学生受到自己学习效果的鼓励,能长久保持于记忆中。

本实验未对学生智力、能力的发展作出具体的测定,但是在口试与笔试的试题中,注意了对学生智力、能力的考查,所以,实验的过程和结果,仍可反映出"质疑讨论法"有利于发展学生的逻辑思维能力和自学能力。

以上实验时间较短,教法的作用尚不能充分显示,因此,条件可能的话,将在下一个学年度,就本课题作进一步的扩大实验,以验证结果的可靠程度。

参考文献:

[1] 湖北教育学院小学教研室.全日制十年制学校小学数学第八册教学参考书.北京:人民教育出版社会,1980:4.

[2] 潘菽.教育心理学.北京:人民教育出版社,1980:111.

[3] 上海市教育局.上海市中小学教育工作经验选编.上海:上海教育出版社,1982:195.

采用自练口算卡片提高小学
低年级学生口算能力的试验[①]

潘炎南　王钰珍　徐彩霞

一、问　题

三年级学生数学成绩下降,是当前小学数学教学中一个突出的问题,主要原因是学生在低年级时,基本口算不熟练。我们曾于1981年春对三年级(下)5个班的学生作过一次多位数乘法的调查,总平均成绩为64.48分。在全部错误中,属基本口算错误的就占62%。

《小学数学教学大纲》指出:"口算是笔算的基础,要使学生先学好20以内口算加减法、表内乘法和相应的除法(即基本口算),要求准确、熟练。"我们认为"准确",是指教师应让学生做到基本口算百分之一百的正确;"熟练"是指学生在口算时,得数应脱口而出。两者不可偏废。如果只重前者,忽视后者,就会导致学生基本口算错误大量增加。因此,如何在低年级贯彻大纲中对学生基本口算的要求,并摸索达到这一要求的具体做法,是一个值得研究的课题。

心理学研究证明,儿童达到口算的准确、熟练程度,要经过三个心理活动阶段。第一阶段是借助于实物或手指进行计算;第二阶段是运用头脑中对事物的表象进行心算;第三阶段是熟能生巧地形成自动反应(脱口而出)。目前,第三阶段(即如何形成自动反应)尚未引起广泛的重视和研究。

我们在研究国内外这方面经验时,感到日本小学数学教科书中的做法较好,这套教科书第一册中口算题极少,主要采取附有得数的口算卡片练习,这种练习方式能使学生及时获得正、误的信息,即心理学中所谓及时反馈,及时得到巩固和纠正,并减少师生作业的负担等。为了摸索口算卡片在低年级数学教学中的可行性,我们进行了这方面的试验。

二、方法和步骤

(一)方法

1. 设计口算卡片

我们根据实验的进展,先后设计了10以内加减自练口算卡片90片,20以内加减72片(根据五年制统编教材第一册中4张表),乘法45片,相应的除法80片。每片用10平方厘米(5×2)的耐磨而又不太厚的硬纸制成,正面印算题,反面印得数。如:正面 $\boxed{7+8}$,反面 $\boxed{15}$ 。把以上4组的算题,分别用4种色彩印制,每个学生备有这种卡片(每片反面宜加盖学生名章或编号,以防遗失)。

[①] 本文选自《上海教育科研》1983年第5期,第27—31页。

2. 练习的方法

(1) 常规训练。

由于卡片小而多,容易杂乱和散失,所以先要训练学生学会保管和使用卡片。练习时,规定始终将卡片的算题朝上、数字正放、斜摊在桌上,用右手去取卡片,先讲得数,再看反面;将算错题的卡片放在桌上,算对的逐步整齐地放入左手中。总之,要规定统一的操作要求,做到有条不紊(10以内卡片,可用橡皮筋分成两束)。

(2) 重点练习。

开始,专门提高正确性。先练算错的卡片,每片5遍,要逐片练和反复练。再专门练速度,这是最重要的一环。练习时,将"要思索的"卡片放在一处,然后对它们作重点的反复的练习,既要详细地示范指导,又要使全班学生在同一训练时间内,都有这种重点练的机会。对速度慢的学生可适当减少练习的片数。

(3) 自练的时间。

根据不同的教学阶段,灵活安排练习时间,但必须保证每天必练。例如,一(上)可在认识5后或学了10以内加减法后用部分正课和全部自修课时间练。一(下)则利用课前3—5分钟或部分自修课时间练习。除个别学生外,不要求回家练习。

(4) 自练与检查。

每周或隔周利用一节自修课(20分钟),先让学生自练卡片,再书面练习(只写得数),并复算一遍,然后核对,由学生自批,或利用部分自修课让学生自练。教师在上课开始5分钟或课结束前的5分钟作书面检查。

(5) 评定成绩。

根据大纲中对基本口算准确、熟练的要求和学生的实际水平,初步订出以下评分办法:

1) 期末要评定基本口算成绩,占数学总成绩的20%(或在记分册中专列一栏)。

2) 基本口算内容,一(上)为20以内加减,一(下)增加2—6乘法;二年级全部为基本口算题。试卷均为100道。

3) 评分办法。每错一道扣5分,扣到0分为止。速度分以期终为准(平时的速度,可根据实际情况订定,逐步提高),一(上)满分为6分钟,一(下)为5分钟,二(上)为4.5分钟,二(下)为4分钟。每推迟一分钟扣5分,扣到0分为止,如果正确率百分之百时,则每提前1分钟增加5分。凡不满一分钟均按一分钟计算。以一(上)为例,具体评分标准如表1。

表1 一(上)基本口算评分举例表

学生	一	二	三	四	五	六	七	八	九	十
错题数	0	0	0	0	0	1	1	10	9	8
时间	6′	5′45″	4′50″	8′05″	6′10″	4′20″	6′20″	6′10″	7′50″	18′
得分	100	105	110	85	95	95	90	45	60	0

(二) 研究对象和步骤

1. 个案试验

在华康路小学选择一个二(上)学生为被试者,给以口算125道20以内加减的卡片,用

20分钟算完。了解被试对部分算题的思索和心算的过程,将其思索的卡片反复筛选,逐步缩小范围,直至全部不假思索为止,除中间休息时间外,共训练了2个小时。最后,被试仅用4分钟,全部准确算完。

2. 对比试验

于1981年春,先后在同一位教师所教的一(下)两个班级中,选择较差班做试验,择较好班作对照,口算内容为125道20以内加减。

3. 扩大验证范围

1981年秋季,本试验在沪北新村小学等三所学校进行验证。

三、效果

(1) 采用自练口算卡片后,学生基本口算趋向熟练。

1) 将对比试验中试验班和对照班学生自练卡片速度的比较列入表2。

表2 华康、宝山路小学自练卡片试验速度对比

学校(教师)	华康(王钰珍)			宝山(张美芳)		
一(下)周次	第4周	第5周	一周缩短	第7周	第12周	五周缩短
试验班	19′2″	12′33″	6′29″	12′	7′49″	4′11″
对照班	17′25″	12′48″	4′37″	11′14″	9′19″	1′55″

由上表可见,两个试验班学生自练卡片的速度在试验开始前比对照班慢,而在试验开始一周或五周后,则比对照班快。可见,学生自练卡片能在较短的时间里提高学生基本口算的熟练程度。

2) 华康路小学两个试验班自1981年春一(下)第5周起进行试验后,取得显著成效,于二(上)、二(下)连续获得区口算竞赛第一名。

3) 地处近郊区的沪北新村小学属本区较差(学生来源)学校,1982年一个班级进行本试验后,一(下)平均成绩为99.52分,平均速度为4′22″,获区口算竞赛第一名。二(下)平均成绩为98.94分,平均速度为4′8″,获区口算竞赛第二名。

(2) 采用自练口算卡片后,学生基本口算能力提高,对稳定三年级学生数学学习成绩起了促进作用(见表3)

表3 1981年春—1982年秋"华康"两个试验班总成绩发展表

时间	一(上)期末	一(下)期末	二(上)期末	二(下)期末	三(上)期中
一班成绩	92.6	90.1	92.8	89	92.3
二班成绩	91.6	90.8	91.5	88.8	90.7

由上表可见,"华康"两个试验班学生的数学学习总成绩,自一年级至三年级基本上没有下降。可以认为,采用自练口算卡片,有助于改变三年级学生数学成绩下降的状况。

由于试验班学生口算速度快,课上计算教学的时间就减少,应用题等教学时间就相应增多,对总成绩提高也提供了有利的因素。华康路小学两个试验班总成绩发展趋势,基本没有

下降,也可以证明。

四、讨论

(1) 关于自练口算卡片优缺点的分析。

优点:① 及时反馈,便于集中。采用这种卡片,学生练习中出现的个别错误在脑子里停留短暂,能通过及时反馈,反复练习,获得纠正。教师在使用中要注意,凡需思索的题目宜集中练习,逐步筛选,学生才能容易逐步熟练。② 练习密度大。二(上)学生能在 2—3 分钟内完成 72 道进、退位加减法口算,并自己核对。③ 针对性强。学生易错的和不熟练的题目,各有不同,无法进行统一的纠正练习,各人自练,就能让学生针对自己弱点选取练习题目,有的放矢地纠正。

缺点:一(上)学生年龄小,手指不够灵活,管理和使用这些小而多的卡片有一定难度,而且容易丢失。对此,教师要不厌其烦地向学生进行教育,耐心地示范指导,这样,学生还是能保管和使用好的。

(2) 这项试验必须按儿童形成口算的准确、熟练的三个心理活动阶段进行。

例如,一(下)一个学生口算 125 道加减题用 95 分钟,由于他已达到第二心理活动阶段的要求,可全部算对,所以,经过一周自练卡片的训练就缩短到 15 分钟,期末只用 7 分多钟,二(上)时用 6 分钟,且经常全对。而另外几个心算有较大缺陷的学生,自练卡片后,速度虽然加快,但很难达到准确的要求,只有补上缺陷,才能取得好的效果。又如,华康原试验班以及 1981 年、1982 年秋的一(上)学生中,都有几个入学前数概念特别差的儿童,对学习数的组成、分解等有很大困难,教师就指导他们扳手指进行计算,达到正确心算后,再自练卡片,他们也逐步赶上班级的水平。

(3) 大纲中要求基本口算的准确熟练,最终目的是为了提高计算能力,因此,试验时还要瞻前顾后,在贯彻基本口算要求的同时,教师必须相应地训练学生百以内加减与表外乘除,为多位数四则运算作好铺垫。这项试验我们正在探索之中。

"20以内退位减法"两种教法的效果比较[①]

东余杭路第一小学

一、问题

小学数学第一册教学内容,以20以内进位加法和退位减法为重点,这是多位数计算的基础。

根据教材编写意图,加法采用"凑十法",减法运用加减互逆关系,一般称为"想加法,算减法",即"互逆法"。前者意见比较一致,但对采用"互逆法"教,还是采用"破十法"教减法,有不同看法。有些教师往往先用"破十法"向学生讲清算理,再用"互逆法"指导运算;有的教师用"互逆法"教学后,还要用"破十法"作为辅助;即使是采用"互逆法"教学的班级,在老师提问时,学生也往往会用"破十法"说明演算过程,原因是家长在辅导子女学习过程中,都是采用"破十法"。特别是对20以内进位加法学习上还感到困难的学生,教师必须借助于"破十法"进行辅导。但也有的教师认为采用"破十法"要分两步去思考,会影响计算速度,不及"互逆法"容易掌握。为了检查以上两种教法的不同效果,我们做了下述试验。

二、方法

选择一(1)班为试验甲班,采用"破十法"进行教学,即"十几减几,个位不够减,从十里减,所得的差再与被减数个位上的数合起来"。例如,15-6,口算过程10-6=4,4+5=9。该班有学生40名,其中男、女生各20名,任课教师是一位多年担任低年级数学教学工作的中师毕业生。

以一(3)班为试验乙班,采用"互逆法"进行教学,即"以加算减",根据加减互逆关系来推算。例如,15-6口算过程是6+9=15,15-6=9。该班同样有学生40名,其中男生25名,女生15名,任课教师也是一位中师毕业生,一向担任中高年级的数学教学工作,本学期开始教低年级数学课。

三、结果

从五次基本口算题考查和两次多种形式的书面考查情况,对两个班级的教学效果进行比较。

第一次在教完8加几和相应的减法后,书面考查40题,其中加减法各20题,包括10以内的加减法5题。考查结果如表1所示:

[①] 本文选自《上海教育科研》1984年第1期,第64—66页。

表 1

班级	累计错题	正确率	平均每人失分
甲班	32	98%	0.8
乙班	20	98.8%	0.5

第二次在教完 7 加几和相应的减法后,书面考查课本(市编六年制小学课本数学第一册)第 101 页复习题中的 9 加几,8 加几和相应的减法以及 7 加几的题目,共 36 题。按 9＋2,9＋3……的顺序排列和打乱顺序两种方法进行考查。考查结果如表 2 所示:

表 2

班级	累计错题	按顺序排列正确率	累计错题	打乱顺序正确率
甲班	29	98%	52	96.4%
乙班	17	98.8%	32	97.8%

第三次是在全部内容教完后,对复习题中余下的 36 道题进行一次书面考查,其中加法 15 题,减法 21 题,题目也是打乱顺序的。考查结果如表 3 所示:

表 3

班级	累计错题	正确率
甲班	23	98.4%
乙班	52	96.4%

第四次是在期终复习时,在课本中 72 道题的基础上,又补充了几＋0、几＋1、几－1 和＋几－10 的 46 道题,合计 181 题,其中加法 52 题,减法 66 题,进行了一次书面考查。同时,对每个学生的解题速度进行了一次测定。考查结果如表 4 所示:

表 4

班级	累计错题	正确率	解题平均速度
甲班	146	96.9%	7.33 分钟
乙班	142	97%	8.46 分钟

试验甲班学生解题时间累计 293 分钟,最快 5 分钟,最慢 15 分钟;试验乙班累计 338 分钟,最快 5 分钟,最慢 18 分钟。

第二学期末,我们又对学生解 20 以内加减法的速度,进行了一次测定。给学生做 72 题,测定结果如表 5 所示:

表 5

	累计时间	平均速度	其中最快	其中最慢
甲班($n=40$)	174′11″	4′21″	2′5″	7′5″
乙班($n=37$)	178′7″	4′47″	3′	8′28″

注:测定时学生已学完 100 以内加减法。

上表可见,20以内加减法的解题速度仍为试验甲班快。

第五次是根据期终考试的基本口算题30题进行统计。考查结果如表6所示:

表6

班　级	累计错题	正确率
甲　班	40	96.7%
乙　班	56	95.3%

以上多次考查或测定的内容仅限于20以内加法和退位减法的基本口算题。为了从"加强基础,培养能力,发展智力"的教学要求出发,比较全面地考查学生的学习质量,检查教学效果,我们还运用多种形式,对有关基础知识和学生能力的培养进行了两次书面考查,以便分析比较。

第一次考查结果如表7所示:

表7

班级	从小到大按顺序排列（应得10分）	识整点钟（应得8分）	填写几比几多（或少）几的数（应得10分）	连加连减（应得12分）	填写数的组成（应得4分）	看图列式计算（应得12分）
甲班	实得9.7分	实得6.6分	实得7.6分	实得11.2分	实得4分	实得9.6分
乙班	实得9.4分	实得6.2分	实得5.6分	实得10.2分	实得3.5分	实得9.4分

第二次考查结果如表8所示:

表8

班级	按顺序排列（正确率）	比多比少（正确率）	填数（正确率）	写出括号内的数（正确率）	看图列式计算（正确率）	看图列出四种不同式子（正确率）
甲班	95%	55%	68%	98%	95.7%	87%
乙班	78%	39%	50%	97%	86.2%	87%

上两表可见,试验甲班——运用"破十法"教学——的学生计算能力稍强一些。

为了测定两种教学方法中哪一种较为有利于学生以后的学习,我们于第二学期末用学生学过的100以内加减法,进行了各项测定,结果如表9所示:

表9

班级	计算题*	文字题	应用题	期终考总分 $\bar{X}$
甲班	97%	94.2%	93.4%	95分
乙班	96.9%	93%	87.7%	93.7分

*1. 计算题包括100以内的加法、减法、连加、连减和加减混合运算。
2. 表中的百分比全部指正确率。

上表可见,试验甲班——用"破十法"教学——的学生以后的学习成绩稍高。

四、分析和启示

(1)"破十法"把超十的减法转化为 10 以内的减法,降低了计算的难度。不足之处是要分两步计算,而且有加有减,开始时速度较慢。"互逆法"的优点是做减法可以巩固加法。缺点是进位加法错了,减法也就跟着错。

从试验情况看,乙班开始教学效果较好,因为教师根据加减互逆关系教学,学生通过记忆的再认,能较快地说出得数。它的口算过程也比较简单。甲班的教学效果开始时比较差一些,因为这种教法要分两步,如 12－9,学生要先想个位上不够减,用 10 减 9 得 1,第二步再想把差数 1 和原来被减数个位上的 2 合起来得 3。通过"10"去思考,影响了速度。但从后期教学效果看,甲班逐步赶上并超过了乙班。这是因为随着内容的加深,需要记忆的数据增加了,采用互逆法教学容易混淆。学生记错了,就会较多地发生错误,还会一错再错。

"破十法"的最大特点是它不依赖于加法,思路清晰,思考过程比较强调数的组成与分解,用算理指导运算,而不是过多地强调记忆,即使 20 以内进位加法学得不够巩固的同学,照样可以通过"破十法"学好退位减法。

(2)采用"互逆法"教学,学生的解题速度,有一个由慢变快的过程,掌握运算规律以后,速度就可以逐步加快。如 15－8,学生看到这道题目,马上就会说出得数是 2＋5＝7,因为 10－8＝2,所以十几减 8,只要在个位数上加 2 就行了。这样,减 9 就等于个位上的数加 1,减 7 就等于个位上的数加 3……(有的称 1 是 9 的补数,2 是 8 的补数……这种运算方法叫做"加补法",即把被减数个位上的数与减数的补数相加,我们在试验中没有出现这样的概念。)

当学生的计算速度加快后,教师的教学速度亦相应加快,这样就能腾出时间来进行综合练习,反复巩固,从而使 20 以内进位加法和退位减法的口算更为熟练。

综上所述,我们认为采用"破十法"的教学效果较好,我们主张先让学生掌握"破十法"的口算规律,然后再根据加减互逆关系,用"互逆法"进行加减法对比练习,这样可减少学生机械记忆的负担,提高口算速度。但是学生掌握口算方法是不同的,有的能直接说出得数,有的以加减互逆关系口算结果,有的用破十法求解。因此,在教学中不宜强求一律。20 以内加减法是多位数四则计算的基础,基础扎实了,能为以后的学习创造有利的条件。

(执笔人:汤殿余)

小学数学结构教学实验研究总结

西安市小学数学结构教学实验研究组

一

应用题教学是小学数学教学的重要内容,也是小学数学教学中的重点与难点。应用题教学对于理解各种数学概念、数量关系和算理是极为重要的,对培养和发展小学生的逻辑思维能力起着重要作用。虽然目前"简易方程"已下放到小学,无疑,代数解法较算数解法更为简捷与适用,但代数解法与算数解法同样必须建立在对数量关系正确理解的基础上,才能分析题意,布列方程。如果搞不清数量关系,也就无法布列方程,代数解法也就不能发挥其应有的作用。

目前我国对小学数学教材中应用题这部分知识的结构和教法还缺乏从心理学的角度进行研究的系统资料,对小学生学习应用题时所发生的困难和错误,还缺乏科学的分析,因而仅能就事论事,做局部的改进。

那么,小学应用题教学中存在的主要问题是什么?学生学习这部分知识时主要的困难是什么?应如何加以改进呢?

两年多来,我们西安市部分心理学教师、小学数学教材教法教师和小学数学教师组织起来成立一个教改实验研究小组,对小学应用题教学开展了一系列实验研究工作。

我们认为,数学是一门结构性很强的学科,它所包括的知识具有紧密的内在联系和系统性,因此如何编排教材,使教材体系能符合学生认知结构发展的心理规律就成为极端重要的事情了。而现行的小学数学教材,在应用题这部分知识内容的编排上,有把整体知识割裂的倾向。这种编排教材的方式,也限制了教师在教学方法上的创新。如目前教材的编排是:先教加法应用题,后教减法应用题;先教乘法应用题,后教除法应用题;先教正比例应用题,后教反比例应用题等等。这样就把三量关系知识的整体结构割裂而按应用题的类型顺序进行教学。这种教法势必使得学生对应用题数学结构理解不深,数学概念模糊,只注意各种类型应用题的特殊解法,却忽视了作为解题基础的算理。同时,由于给学生呈现的应用题题目类型单一,学生已经知道当前所学题目的类型,因而极为重要的智力活动(即判断应用题的特点和类型)被人为地取消了,显然这不利于学生分析问题能力的培养。按应用题类型顺序进行教学,虽然从表面上看,好像一教就会,但一旦出现各种类型的混合练习时,学生的思维又发生混乱,于是胡蒙乱猜、张冠李戴现象的错误全出现了。这时教师就要花费相当多的时间和精力来加以纠正。这种处理教材的方式,使学生的学习过程呈现:表面清楚→糊涂→不十分清楚→清楚的过程。实际上还有相当一部分学生始终不能达到真正清楚的阶段。这种教学教师教的吃力,学生感到难学,即费时间,教学效果又差。

应如何扭转这种局面?我们研究组的成员,分别从心理学理论和教学实践的切身体验

---

① 本文选自《心理发展与教育》1985年第2期,第35—39页。

的不同角度出发,经过一段探索,得到一个共同的结论:结构教学有助于提高小学数学应用题教学的质量。所谓结构教学就是把教材的基本结构放在教学的中心地位上,在教学中要求学生把数学概念、算理、规律以及部分知识的内在联系搞清楚,提高分析问题和解决问题的能力,使之形成完整的认知结构。

什么是小学数学应用题教材的基本结构?我们认为应用题知识结构中最基本的因素是三量关系,即 $A+B=C$、$C-A=B$、$C-B=A$ 和 $A\times B=C'$、$C'\div A=B$、$C'\div B=A$(见图1所示)。只要学生掌握应用题的上述基本结构,就能转化为较完整的认知结构。

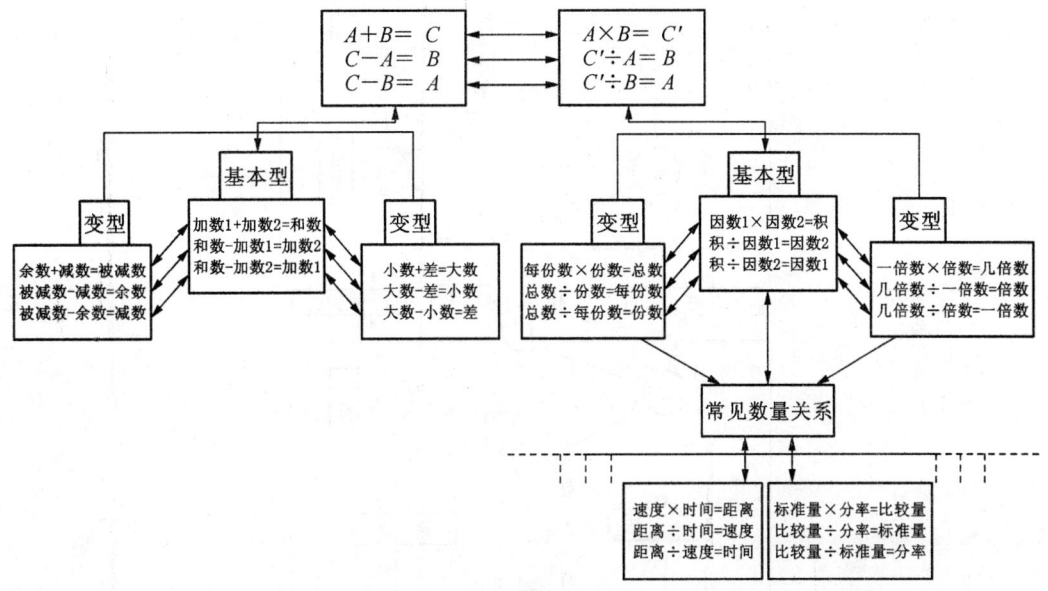

图1 应用题基本结构

图1表示,小学应用题类型虽然复杂,但都是从基本的数量关系中演变出来的,任何复杂的应用题,最后均可分析和归结为基本的三量关系。三量关系可以表现为各种具体的一个加法类型题和相应的两个减法类型题;一个乘法类型题和相应的两个除法类型题。图中 $A+B=C$ 和 $A\times B=C'$ 用 ←→ 相连表示它们之间也存在着联系。

图2是学习较好的学生头脑中形成的数学认知结构示意图。图中表示这个学生懂得加法与减法、乘法与除法的可逆关系(即互为逆运算),以及加法与乘法、减法与除法的联系。他还理解加法与乘法的交换律。图中的 ABC 与 ABC' 可以代表小学数学教材中的全部三量关系式。

数学知识结构和数学认知结构二者是不同的。前者对学生来说是客观的、外在的东西。后者乃是学生掌握前者以后,在头脑中所形成的内在的、心理的东西。认知结构包括两个方面:一是作为知识内容的表象、观念、概念体系;二是掌握相应知识内容所必需的思维能力,即应用知识解决相应课题时的智力活动方式。小学数学应用题的认知结构包括:一是在知识内容方面为解应用题的一般知识和三量关系式($A+B=C$ 和 $A\times B=C'$);二是运用上述知识解决相应课题的智力活动方式,包括:① 能根据题目所给予的条件和问题正确选择运算方法,即根据三量关系式能知道要求什么数(如和),则必须具备什么条件(如果知道两个加数)和有了什么条件(如已知两个数),可能会出现什么问题(如求和、求差数等)。② 能分析和综合几种类型题目的内在联系。

如果学生头脑中所形成的数学认知结构完整,内部整合水平高,各部分知识间联系紧密,符合数学原理(如图 2 所示),那么它的作用就越大。如果学生头脑中所形成的数学认知结构是相互割裂的、毫无联系的知识碎片,那么这种认知结构的用处是不大的。

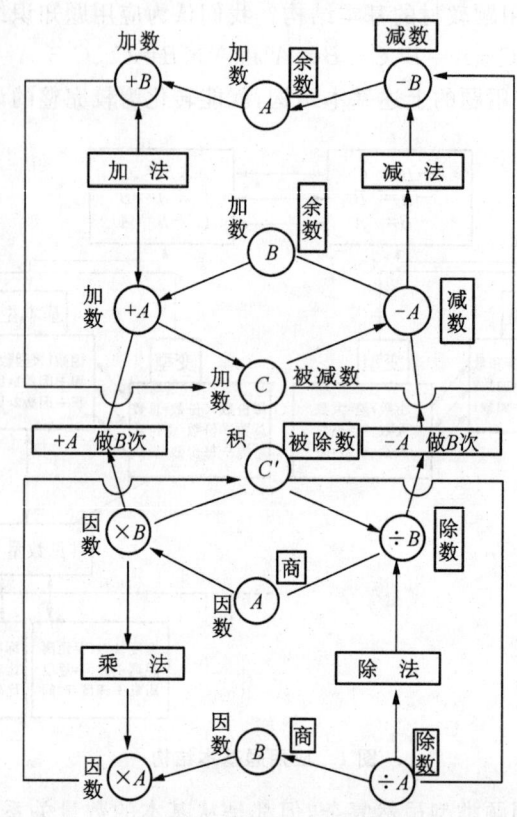

图 2 学习较好的学生在头脑中形成的数学认知结构示意图

从这种认识出发,我们先后在求比一数多(少)几的数应用题(小学二年级)、分数乘除法应用题(小学五年级)和正反比例应用题(小学六年级)等部分的教学进行了改革实验,我们重新编排了教材,采用了"结构教学",基本做法是,以三量关系式为核心,把各种类型应用题联系起来,利用交错对比的方法同时教给学生。在教学中强调理解,特别是对算理的理解,注意培养学生的思路(主要是分析问题的能力)。在教学方法上采用启发、讨论等多种形式进行。

二

实验结果:

表 1 和表 2 表明,两年来六次教学实验效果明显,实验班学生平均成绩均高于对比班,其中三次达到显著的水平。

我们初步分析结构教学的优点在于:

第一,结构教学有助于学生深刻理解数学概念和算理。现代认知心理学的研究表明,人们对待现实的无数纷繁复杂的信息,在认知时具有简缩的趋势。学生掌握了教材的基本结构就能使这种简缩具有合理性。表 3 充分说明结构教学促进学生概念明确,解题思路清晰。

第二，结构教学能使学生形成完整的认知结构，从而能促进正迁移减少负迁移。

传统教学是按应用题类型顺序进行的，割裂三量关系的整体结构，因而当教学从一种类型过渡到另一种类型时，负迁移现象比较严重。结构教学由于采用同时交错对比的方式，一开始就给学生形成完整的概括性和包摄性较高的认知结构。这种认知结构一经形成，就可以作为进一步学习变式题和复杂题的重要内因，对后继学习产生积极的影响，使学习顺利进行。而传统教学中经常大量产生的负迁移现象在这里则显著减少。表4迁移测试表明，实验班学生迁移能力（改编、自编应用题和解难题能力）明显优于对比班学生。

表1 三个实验班实验教学后的效果（没有分组测验和两周后的效果测验）

开通巷小学五年级（五年制）			西工大附小五年级（五年制）			陕西师大附小六年级
正反比例应用题			分数乘除法应用题			正反比例应用题
教学后			教学后			教学后
平均数	标准差	显著性考验	平均数	标准差	显著性考验	平均成绩
77.06	20.43	$P>0.05$	54.38	25.76	$P<0.001$	82.6
68.26	18.39		38.72	10.18		70

表2 三个实验班实验教学后的效果

	大学南路小学六年级								大学南路小学五年级（六年制）								先锋小学二年级		
	正反比例应用题								分数乘法应用题								求比一个数多(少)几的题		
	分组测验		教学中测验		教学后测验		教学后两周测验		分组测验		教学中测验		教学后立即测验		教学后两周测验		分组测验	教学后立即测验	教学后两周测验
	平均分	标准差	平均分	标准差	平均分	标准差	平均分	标准差	平均分	标准差	平均分	标准差	平均分	标准差	平均分	标准差	平均分	平均分	平均分
实验班	75.72	17.05	82.2	11.8	99.3	20.16	61.4	24.95	65.6	13.4	82.83	11.66	90.98	9.3	82.57	12.36	91.71	80.26	69.56
对比班	75.77	14.36	76.3	12.5	84.16	25.35	42.67	19.9	66.2	13.15	66.83	18.33	60.05	19.83	51.03	18.8	92.47	69.36	64.49
$D\bar{X}$	−0.05		5.9		15.14		18.73		−0.8		16		30.26		31.54				
t			2.565		4.206		4.46		1.271		4.533		8.46		7.861				
P			<0.05		<.01		<0.01		>0.2		<.001		<.001		<.001				

表3 实验班和对比班学生运用概念判断的正误情况

班级	学校	大学南路小学六年级								大学南路小学五年级			
	教学内容	正反比例								分数乘除法			
	测试内容	表格判断		数量关系判断		应用题判断		总计480		对判断的解释(12×30)			
	测试结果	正确	错误	正确	错误	正确	错误	正确	错误	正确	不准确	错误	总计
实验班		108	12	198	42	110	10	416	64	258	8	97	360
对比班		83	37	159	81	90	30	332	148	137	50	173	360
χ^2 P		14.77 <0.01		15.796 <0.01		9.928 <0.01		8.709 <0.01		95.28 <0.001			

第三，结构教学能充分调动学生的学习积极性。

结构教学是把解题的技能建立在学生充分理解数学概念和算理的基础上，使学生不仅知道如何解题，而且懂得为什么这样解题，因而就极大地激发了学生学习数学的积极性，不少实验班的学生家长反映："现在我的孩子变得喜欢数学了。"班主任也高兴地说："结构教学，使头脑不灵活的孩子也变得灵了。"实验班的学生反映："这种教法好，容易理解，使我们对数学越加感到有兴趣了。"一个过去曾留过级的实验班学生反映，他今年才懂得了怎样解分数乘除法应用题，而以前没有真正理解，解题只靠胡蒙乱猜。担任实验课的教师认为这种教法很好，老师越教越轻松，学生越学越爱学。

表4 实验班和对比班学生知识迁移的情况

	大学南路小学						大学南路小学		
	正反比例						分数乘除法		
	改编自编应用题			解难题能力				改编自编应用题		
	纯正确表述	不能正确表述	总计	正确	错误	半对	总计	能正确表述条件与问题	不能正确表述条件与问题	总计
实验班	110	70	180	85	58	7	150	136	14	150
对比班	82	98	180	68	68	17	150	83	67	150
χ^2 P	8.097 <0.01			7.627 <0.05				<0.001		

三

我们的教学实验，在理论上吸取了美国教育心理学家布鲁纳的某些设想，但布鲁纳的观点带有推论的性质，缺乏教学实验的基础。几年来我们在小学二、五、六年级应用题教学方面，做了些实验，取得了一些经验，初步证实，结构教学是可行的。我们今后的打算是，要摸清1—6年级学生学数学的基本的认知结构是如何逐步形成的。对各年级的学生的数学认知结构，应提出什么样的要求（要掌握哪些三量关系式，要达到什么样的概括水平）。在此基础上着手改编教材，使教材结构符合学生认知结构发展的规律，待条件成熟时，我们准备从一年级开始进行系统的小学数学教改实验。

参考文献：

[1] 孙昌识、姚平子、王淑兰. 从两种学习理论看小学应用题教学. 1982.
[2] 刘凡、张绪芬. 正反比例结构教学实验报告. 1983
[3] 高素勤. 用"认知论"指导比和比例教学的尝试. 1982
[4] 张绪芬、刘凡、郭萍. 小学生形成正反比例认知结构的教学实验研究. 1984.
[5] 马晓梅、张丽. 关于求比一个数多（少）几的数应用题的教学实验. 1984.
[6] 杨利群. 一次有意义的改革尝试——从心理学理论分析碑林区小学数学教改经验. 1983.
[7] 张莉. 小学数学分数乘除法应用题结构教学实验, 1984.
[8] J. S. 布鲁纳. 教育过程. 上海：上海人民出版社, 1973.
[9] 邵瑞珍. 教育心理学. 上海：上海教育出版社, 1983.

小学数学的启发式教学[①]

陈国盛

在小学数学教学中,怎样进行启发式教学,近年来,我省一些教师进行了探索性的实验,取得了可喜的成绩和经验。但是有些教师对启发式教学仍有不同的看法。有的觉得,启发启发,启而不发,倒不如由教师原原本本讲清楚更省事;有的认为,启发式仍然属于传统教学的范畴,改革的味道不浓,没有探究的价值,等等。下面谈谈我们对这个问题的认识和怎样在小学数学课进行启发式教学的。

一、为什么要提倡启发式教学

在小学数学教学中,不论采取什么方式方法,学生获得知识和能力的途径只有两条:一是注入式,只靠教师讲授,学生消极被动地接受,缺乏观察、分析、思考、操作等能力的培养;二是启发式,由教师向学生提出学习的任务和需要研究解决的问题,创设学习的情境,激发起学生学习的动机和兴趣,使学生主动积极地去观察、思考和讨论,从而在真正理解的基础上掌握数学知识,提高数学能力,养成良好的学习习惯。

启发式没有固定不变的可以到处套用的模式,而是从教材和学生实际出发,灵活运用启发的手段获得最佳的教学效果。最优的启发式教学具有的特点是:学生学习数学的积极性最优;学生理解和掌握数学知识最优;学生主动探索,运用智力最优。从这些原则出发,我们选择不同年级作了一些实验,从实验中得到的数据,可以反映出启发式教学有下列几方面的效果。

(一)有利于调动学生学习的积极性

我们在"百以内数的认识"这个课题里,对两组采用不同方法学习作对比试验:第一组启发组,加强直观性,把计数单位的概念形象化,并提出思考问题,让学生学习;第二组对比组,让学生自己学习,结果启发组比对比组学习效果好,可用表1的数字来说明。

表1

方式＼人数	总数	作预习的人数	掌握读法的人数	有主动探索精神的人数
启发组	50	45	41	46
对比组	50	18	20	25

[①] 本文选自《课程・教材・教法》1985年第4期,57—60页。

（二）有利于学生理解和掌握知识

我们在两步复合应用题教学中，两组采用不同的教学方法：启发组，用图表法揭示中间的隐蔽问题，着重引导学生通过思考去理解和掌握数量关系；对比组，着重讲解两步应用题数量关系，结果也是启发组比对比组学习效果好，可用表2的数字来说明。

表2

人数 方式	总数	能叙述数量 关系的人数	能分步解 答的人数	能综合解 答的人数	能自编题 目的人数
启发组	50	48	48	48	43
对比组	50	30	35	34	20

（三）有利于发展学生的智力

我们在"长方形"这一课题里，两组也是采用不同的教学方法：启发组，用操作法引导学生通过观察、度量来认识和掌握长方形的特征；对比组，讲解长方形的特征，结果也是启发组比对比组学习效果好，可用表3的数字来说明。

表3

人数 方式	总数	表现出较好的 观察能力的人数	表现出较好的 分析综合能 力的人数	表现出较好的 的抽象概括 能力的人数	表现出较好的 掌握图形能力 的人数
启发组	50	48	45	45	44
对比组	50	40	35	35	30

二、怎样进行启发式教学

我们根据启发式教学原理、数学学科的特点和小学生认识规律的特点，灵活运用启发式，具体做法如下：

（一）利用数学的魅力，激发学生学习兴趣，调动学生学习积极性

数学虽然是一门抽象的科学，但是只要教师善于帮助学生打开智慧的通路，揭示知识的规律，则趣味盎然，具有诱人的魅力。我们根据小学生的心理特点，注意在下列几个方面引起学习兴趣，调动学习积极性。

1. 在"新"上引起学习兴趣

小学生年纪小，喜欢新鲜，因此，我们注意知识从内容到形式都给学生一种新鲜感。例如教11—20的数，这时学生已经学会一个一个地数了，怎样才能更好地引起学生的兴趣呢？教师便抓住"以十作计数单位"这个重点，引导学生探求新数的组成。教学时，教师先提出一个问题给学生思考："11根小棒怎样摆，使人最容易看出这个数呢？"学生感到问题很新鲜，便主动地拿出小木棒摆起来。有的一根一根并列地摆出来，有的分开十根和一根摆出来。然后提问："哪一种摆法最好呢？"这就激起了学生学习11—20各数的兴趣。

2. 在"奇"上引起学习兴趣

小学生生活经验少,对新事物易产生好奇心,喜欢追根问底。因此,教师要善于发掘教材的智力因素,提出恰当的问题,吸引学生去学习。例如讲 7 的乘法口诀,教师运用课本的五角星图,引导学生用不同的方法去探求 7 的乘法口诀。教学时,教师先出示五角星图,然后提问:这幅图有几行五角星?每行有几颗?应怎样数?学生便自觉地数起来,有的按照竖行数……有的按照横行数……当学生推出 7 的乘法口诀后,教师便进一步提问:还有别的数法吗?学生感到问题很新奇,便积极地进行思考,过一会儿,有一个学生站起来说,从这幅图画出一斜线(教师指出:这叫对角线),用补割的方法,使 7 条斜线上的五角星数都相等,这样也可以推出 7 的乘法口诀。这样做,不仅加深学生对乘法意义的理解,而且发展了学生的创造力。

3. 在"特"上引起学习兴趣

小学生喜欢动脑筋,想问题,因此,教师要善于抓住数学的特点,帮助学生掌握知识的规律,调动学生学习积极性。例如教用 11 乘的速算法,教师先要学生计算课本的四道竖式题:

$$
\begin{array}{cccc}
11 & 12 & 23 & 36 \\
\times 11 & \times 11 & \times 11 & \times 11 \\
\hline
\end{array}
$$

然后提问:这四道题的积有什么特点?通过观察、分析、比较,学生便得出:它们的积都把被乘数的两位数字相加,所得的和写在这个被乘数两位数字的中间组成三位数。接着,学生就运用这个规律,很快地算出了 13×11、38×11、46×11、67×11 的积来。由于学生掌握乘数是两个相同数字的两位数乘法的规律,看到了自己积极思考所得的成果,便主动地探求用 22、33 乘的速算法,有效地提高了学习数学的积极性。

此外,我们还用科学家学数学的故事,用有趣的数学问题,用数学游戏,用电化教学等手段引起学生的学习兴趣,调动他们的学习积极性。

(二)创设问题情境,启发学生动脑筋,想问题,养成思考的习惯

数学是一门思考性很强的科学,我们注意根据不同年级、不同教材和不同学生来设问,以诱发学生积极思考。

1. 在"点子"上设问

教材内容有主要和次要之分,有起决定性作用与一般作用之分,有难易之分,因此,教师对教材的重点、难点和关键要设问,引导学生学好重点,突破难点,解决关键,这样,其他内容也就容易理解和掌握了。例如讲"商不变"的规律时,为了帮助学生正确理解"被除数和除数同时扩大(或缩小)相同倍数"的意义,教师先让学生计算下面一组题:

$$4\div2=2$$
$$40\div2=20$$
$$400\div2=200$$

使学生看到:当除数不变,被除数扩大 10 倍、100 倍时,商也扩大相同的倍数。然后提问:"如果使商不变,除数应怎么办?"引导学生从变中掌握不变的规律,使学生对被除数和除数为什么要同时扩大(或缩小)相同倍数有一个比较深刻的理解。

2. 在"衔接"处设问

数学知识,既有它的阶段独立性,又有它的系统连贯性,因此,教师要注意在知识衔接处设问,启发学生承上启下,沟通好知识衔接。例如教学异分母分数相加时,就要用到通分知识。教师便提出下面问题,帮助学生思考:① 为什么异分母分数不能直接相加? ② 分数单位不同的意思是什么? ③ 用什么方法把不同分数单位化成相同分数单位? ④ 怎样通分? ⑤ 通分后应怎样相加呢? 这样学生就容易掌握通分知识与异分母相加知识的衔接了。

3. 在"联系"处设问

学生往往对有联系的概念、法则、公式和性质容易混淆,教师针对这样的内容设问,引导学生动脑想问题,找答案,准确地辨别两者之间的联系和区别,才能获得正确的认识。例如讲质数和合数时,教师给出两组数:第一组:5、7、11;第二组:6、9、12,启发学生找出每组数中各个数的约数,并板书:

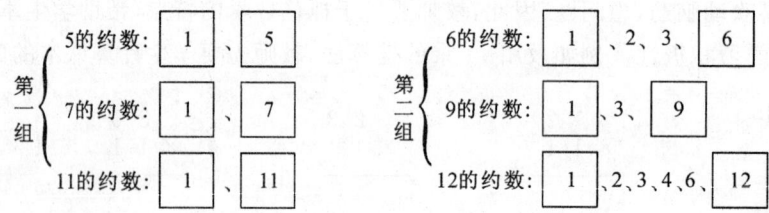

然后提问:"这两组数的每组数中各个数的约数有什么共同的特点?"通过观察和分析,学生就会看出:第一组各数的约数,只有1和它本身;第二组各数的约数,除了1和它本身以外,还有别的约数。教师便因势利导,启发学生概括出质数和合数的定义。这样做,不仅使学生理解和掌握质数和合数的概念,而且能正确区分质数和合数。

4. 在"思路"上设问

只有思路清晰,才能正确有效地进行思考。我们根据不同教材的特点,通过提问题,疏通学生的思路。例如讲列方程解应用题:"一个化肥厂,今年一月份平均每日生产化肥284吨,比去年平均每日产量的2倍多44吨,去年平均每日产量多少吨?"教师围绕如何确定等量关系这个重点,利用图解帮助学生理解题意:

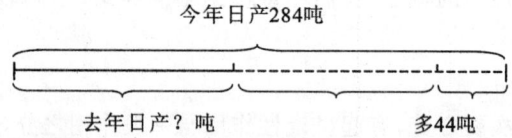

然后提出三个问题让学生思考:① 可以根据题中哪句话找等量关系? ② 比2倍多44吨是什么意思? ③ 如何由此得出等量关系? 这样诱导学生一步一步地进行分析和判断,正确列出方程:$x \times 2 + 44 = 284$。为了检查学习效果,教师还把上题中"比去年平均每日产量的2倍还多44吨"的"多"字改为"少"字,然后提问:"这样应怎样列方程?"学生很快解答出来。

此外,我们还要学生学会检查、验算的方法,养成自觉检验的习惯。

(三)注重实际,诱导学生用各种器官(眼、耳、手、口、脑)参加学习,养成爱学习、会学习的习惯

我们根据不同年级和不同教材,启发学生主动、积极地参加各项学习活动,在实践中学

会学习方法。

1. 引导学生学会从具体活动过渡到抽象思维

实现这个过渡,要有适当的顺序,要求过高,不注意依靠直观现象,学生对抽象的概念就不能理解和掌握;过于依赖直观形象,学生就不会运用概念进行思维。我们依据大纲和教材的要求,制定从具体逐步到抽象的程序。在处理具体活动与抽象思维的关系上,我们按照"实物模型—图式—数式"的程序安排。例如一年级学生,每人有一套计数圆片学具,每套30个,每个一面涂红色,一面涂蓝色,作为学习20以内计数之用。如学习"8+3"时,教师启发学生按下面三个程序进行学习。

（1）实物活动：

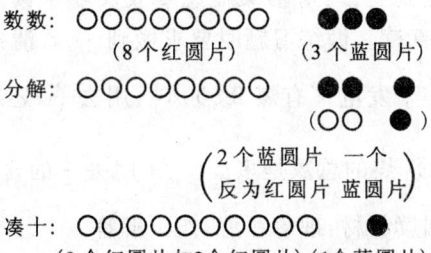

（2）图式：写出思维过程

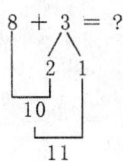

（3）数式：直接计算8+3=11。

以上做法,我们根据实际情况,灵活应用,不搞模式化。

2. 引导学生学会从旧知识过渡到新知识

数学的新概念总是在旧概念的基础上建立起来的,在教学中,我们启发学生运用已有概念,通过判断和推理,获得新的概念,例如讲三角形的面积计算时,教师要求学生先把一个长方形对折成两个直角三角形,再把一个平行四边形沿对角线折成两个一样的三角形。然后启发学生分析、推理,从中获得三角形的面积计算公式。

表 4

分析	推理	结论
	三角形的底相当于长方形的长,三角形的高相当于长方形的宽,一个三角形的面积等于长方形面积的一半	一个三角形的面积 =(长)×(宽)÷2 =底×高÷2

分析	推理	结论
	三角形的底相当于平行四边形的底,三角形的高相当于平行四边形的高,一个三角形的面积等于平行四边形面积的一半	一个三角形的面积 ＝平行四边形面积÷2 ＝底×高÷2

最后总结出:三角形面积＝底×高÷2。

3. 引导学生学会学习的方法

例如学生读书时要求做到三读:对抽象概念要咬文嚼字读;对容易混淆的概念要对比读;对承上启下的概念要认真读。做练习题时要求做到:一看清条件,二思考解法,三正确解答,四检查验算。如学习"一个发电厂有煤 2 500 吨,用去 $\frac{3}{5}$,还剩多少吨?"的分数应用题,教师设计三个针对性问题:① 煤的总数是多少? ② 用去 $\frac{3}{5}$ 的含义是什么? ③ 剩下的是总数的几分之几? 帮助学生阅读教材,理解题意,作出解答。

我们还教学生掌握实际操作方法。在学习整数时,学生用计数圆片进行计数;在学习面积、体积计算时,学生用面积单位、体积单位分别去度量面积和体积。此外,学生还学会编题,绘制图表,调查数据,实地测量,使用度量衡、算盘和计数器等工具,这样做,不仅使学生加深对数学知识的理解,而且培养了学生的独立工作能力。

小学数学教材、教法改革的探索[1]

罗肇华　张元书　金建英

我国的科学技术与生产水平日益向现代化方向发展,如何使中小学数学教育、教材、教法适应现代化的需要,从 1978 年开始,我们进行了一系列的实验,以期探索未来数学教育改革的途径。

长期以来,小学低年级数学教材的内容都是自然数的四则运算,其教学目的就是使学生能熟练地、正确地进行计算。一些教育学家或心理学家认为低年级儿童只能进行具体的形象思维,除了学习自然数的四则运算外,不能学习更多的知识。我们在上海市向阳小学从一年级开始,在数学课上所进行的七年多的实验事实,说明了上述看法是片面的。大量的事实说明,我国低年级儿童的智力发展大大超过原先估计的水平,他们完全能够学习更多的知识。在我们实验的班级中,小学三年级的学生,已经学完自然数的四则运算,有理数的四则运算,多项式的加、减、乘法运算,解一元一次方程及列方程解有关应用题等内容。二年级小学生马道轶在听老师通俗地介绍了"直线"、"射线"等概念之后,课上向老师提出了这样的问题:"老师,直线能绕地球很多圈吗?"老师回答说:"地球是像皮球那样的球体,直线是直的,它很长很长,但不能绕地球几圈。"马道轶小朋友马上说:"那么根本就画不出直线,因为我们都在地球上,不管画出多长的线,都是弯的!"七岁的小朋友有这样丰富的想象力、思维能力,其智力发展的水平难道不给我们数学教育工作者很大的启迪吗?

我们所进行的改革实验的主导思想是:① 从我国少年儿童的实际情况出发,根据智力发展的规律,科学地安排少年儿童每一年龄特征阶段可能掌握的知识。② 发展智力、发展思维是数学教育的重要任务。③ 改革教学方法,使少年儿童能主动地、生动活泼地、有趣味地学习数学,从而充分调动他们的学习积极性。下面从教材与教法两方面具体谈谈我们实验的思想、方法与情况。

一、教材方面

从内容选取与编排等方面改革传统教材中不足之处,从小学开始就采用经验几何、平面几何、立体几何、解析几何一条线;算术、代数、三角、微积分初步一条线,二线并进,相互渗透的知识结构来组织教材。

1. 加强数与形之间的联系与渗透

传统的小学数学教材中,有关几何图形的性质等内容是很少的,也不讲怎样使用作图工具及基本图形的作法,只要求计算面积与体积,学生只能死记公式进行计算。少年儿童生活在现实世界之中,放眼所见都是各种立体或平面图形,对于数的认识是与图形紧密结合在一起的,我们从小学二年级开始,开设经验几何课,通过制作模型,认识作图工具,利用作图工

---

[1] 本文选自《课程・教材・教法》1986 年第 11 期,第 46—48 页。

具测量和作图等实践活动,既认识了几何图形,也逐步掌握了图形的性质。立体几何中的求积问题与定积分的有关内容渗透在一起,既加强了知识之间的联系,又节约了课时。

2. 加强数与式的联系

传统小学数学教材只讲数的运算,不讲式的概念与运算。事实上,小学生很早就能懂得总价＝单价×份数,路程＝速度×时间,这些抽象的数学公式。我们在小学一年级就引进字母表示数,将数与式结合起来,学完整数就学整式;学完分数就学分式⋯⋯在数的运算基础上学习式的运算,提早学习用代数方法解应用题。三年级小学生金帆列方程解出下面的应用题:"小明有中国邮票和外国邮票共 237 张,其中中国邮票比外国邮票的 2 倍还多 12 张,问小明有中国邮票和外国邮票各多少张?"金帆小朋友的解法如下:

设小明有外国邮票 x 张,中国邮票 $2x+12$ 张,

$$x+2x+12=237$$
$$3x+12=237$$
$$3x=225$$
$$x=75$$

答:小明有外国邮票 75 张,中国邮票 162 张。

3. 加强等量与不等量之间的联系与比较

传统教材,很少讲数的不等关系,不讲式的不等关系。事实上,在生活中数和式的不等关系大量存在。儿童早就知道 5 粒糖比 4 粒糖多,1 比 2 小⋯⋯正是在相等与不等的类比之中,才能真正认识相等的关系。相等与不等是对立统一、相互依存的。我们在一年级教材中,让小学生同时认识">"、"<"、"="三个符号,即同时认识相等关系与顺序关系。一年级小学生入学三个月后就可以正确回答下面的问题:"使 $2×\square<13$ 成立的最大的数是几?"当教师把"最大"两字擦去后,一个学生回答:填的数愈小愈好;另一个学生说:填 0 到 6 的数都可以。说明 6 岁的孩子完全能认识不等关系,而且有一定的归纳、分析问题的能力。

4. 加强与其他学科的横向联系

数学课的学习特别是应用题的学习,要依赖于语文课的学习。凡是数学课所用到的概念,如加数、被加数,交换律等等,我们都专门选出,提前在语文课上学习。在学习长度单位时,在常识课上配合测量身高。学科之间的横向联系既加深了对概念的理解又加快了学习进度。

5. 教材内容要符合儿童的智力发展水平

传统的数学教材内容,有些地方是低于该年龄阶段儿童的智力水平的。例如一年级第一学期只学习 20 以内数的进位加法与退位减法,100 以内数的读法和写法;第二学期学习 100 以内数的加法和减法,乘除法的初步认识,2—6 的表内乘法口诀与用口诀求商。从我们在上海市的两所小学调查的情况来看,小学一年级入学儿童,绝大多数都能读出 100 以内的数,会计算 20 以内不进位加法,不退位减法。这就是说,入学的第一学期,大部分儿童在学习那些已经会了的或基本会了的知识。从幼儿园升入小学一年级是儿童身心发展、智力发展的重要转化阶段,他们具有强烈的上进心与求知欲。过低的要求不能激发他们的学习兴趣。儿童们如果只是在纪律的约束下,乖乖地坐在教室里,不动脑筋或不积极地思考问题,这只能妨碍他们智力的发展,养成注意力分散的不良习气。因此,我们在一年级第一学期就教完了 100 以内数的进位加法与退位减法,学生会做二位数乘以一位数的乘法,二位数除以

一位数的除法,其内容相当于一般二年级第一学期的水平。

二、教法方面

改革我国课堂教学长期以来由复习旧知识、讲授新知识两个环节组成的模式。

我们大胆地采用了渗透式教学法,将课堂教学改为三个组成部分,除复习旧知识、讲授新知识外,课上常留出几分钟时间,有计划地与学生们谈谈后几节课,甚至于后半年或一年所要学的知识。同时加强课内练习,强调学生动脑,动口(回答问题、讨论问题),动手(运算、解题),加强知识的小循环,减少课外作业。例如,学习 20 以内数的加减运算时,乘法运算本来是下学期才能学到的内容,而我们在进行连加运算时,黑板上出现这种类型的题目:5+5+5=□,2+2+2+2=□,4+4+4+4+4=□……小朋友们用加法算完之后,教师和孩子们谈心似地说:"以后像这种相同的数相加,我们还会学到一种新的方法来计算,那就是乘法,利用乘法口诀算起来可快啦!"班里有一两个小朋友会背简单的乘法口诀,他们大声地说:"我会做乘法,二五得十,三五十五……一下子就算出来啦!"虽然大多数同学不明白乘法的意义,但他们十分羡慕会做的同学,下课后互相问,回家后要家长教乘法口诀,积极性高得很。在以后的课上再出现 4+4=□,6+6+6=□这类题目时,更多的同学说:我会用乘法来做。这样继续下去,愈来愈多的同学逐渐明白或猜到了乘法的意义。当复习加法应用题时,一个小朋友编出应用题:"有三人踢毽子,每人踢 5 下,一共踢了多少下?"马上有小朋友列出 5+5+5=15 和 5×3=15 加法与乘法两种算式。等到正式讲乘法概念时:教师已摸透孩子们学习乘法的难点所在,可对症下药了。

为什么要采用这种教学方法呢?

(1)少年儿童的求知欲强,每天都有无数个"为什么"在头脑中打转,他们渴望学到新知识。这是少年儿童最大的特点之一。我们每节课都有一点新的,甚至不能一下明白的知识,引起他们的学习兴趣,大家动脑筋,课堂上的气氛总是热烈的。当学习有了趣味,就不再成为一种负担了。兴趣是智力发展所需要的一种表现形态。有了兴趣才能使人开足马力;有了兴趣,才能使人的智慧放出光彩。过低的要求,不能激发学生的兴趣与求知欲,只会妨碍他们智力发展。只有既高于原有智力水平,通过努力又可以达到的要求才能产生新的需要。

(2)培养创造性思维是发展智力的重要方面。少年儿童模仿力、记忆力强,如果我们只注意这一点,一切只要求按老师讲的去做,就会把他们教得死板板的。从小培养儿童创造性思维是教学中必须高度重视的。在课堂上对一道题的解法,鼓励学生列出不同的算式,运用不同的思维方法,哪怕只与教师讲的或别的同学做的稍有点差异也要加以表扬。例如演算:10−3−2=? 一般学生是从左到右一步步计算,但有一个同学提出从 10 中减去 3 又减去 2,一共减去 5,所以 10−3−2=10−5=5。教师就表扬他爱动脑,算得又对又好。在我们的课上,孩子们总是争先恐后地提出自己的想法。在期终考试时,我们采用普通班二年级上学期的试卷,其中有一题是:"小东从家里到学校要走 40 米,他上学去走了 20 米,想起忘记带作业本,又回家去取,今天他从家到学校走的路共有多少米?"此题考试结果如下:

表1

班级	对比班(一)	对比班(二)	对比班(三)	对比班(四)	实验班
总人数	38	39	41	38	33
做对人数	26	16	18	3	21
得分率	69%	49%	44%	8%	64%
解题方法	20+20+40=80	同左	同左	同左	(1) 20+20+40=80 (2) 20×2+40=80 (3) 20×3+20=80 (4) 40−20+20+40=80 (5) 40+(20+20)=80 (6) 20×2+40×1=80

（3）教师所用的教材、教法、教具都是外因，必须通过学生的内因才能发挥作用。我们十分注意培养儿童主动学习的精神，让他们相信自己是学习的主人，自己有能力学好数学。学生认识了20以内的数以后，我们就带领学生自己编应用题。对同一道应用题，要学生改变条件，改变问法。如可问8比5多几？也可问5比8少几？还可问8与5相差几？将孩子们编出的好的应用题，记录下来，印成课外作业，让全班同学做。孩子们看到自己编的题目，打印出来，非常兴奋，拿回去给父母看。其他的孩子也都想编出更好的题，能被老师选中。

实验班的孩子一年级基本学完了二年级的内容，期终考试是采用普通班二年级的试卷，考试成绩与对比班差不多。但解题思路显得更加灵活。

通过七年的实验，我们已取得一些成果，但教育实验的周期很长，我们的工作刚刚开始！

（执笔人：罗肇华）

小学数学"探究—研讨"法实验研究报告[①]

毕可峰　林乐善

一、实验设想的提出

前几年,在小学数学教学改革探索中,我们曾根据大纲要求,结合教学实际,围绕数学教学如何使学生"不仅长知识,还要长智慧"的问题进行过许多探讨和尝试,但没有抓到要害,效果不够理想。教师仍对学生不放心,不放手,习惯于传授现成的知识,致使学生死学、厌学,消极、被动接受知识,智力开发和能力培养受到严重的阻碍。因此,就我市小学数学教学实际而言,如何从根本上摆脱传统教学的束缚,摆正教与学的关系,寻求通过数学教学开发学生智能的有效途径是当务之急。

（一）实验课题的内涵

"探—研"法的创始人是美国哈佛大学兰木达教授,由胡梦玉教授引到我国。这种教学法的特点是在学生获得概念的初步阶段,教师提供给学生有结构的材料,学生通过探究,通过手、身、耳、目等多种感官获得反映概念的多方面的信息,在此基础上,组织研讨活动,把外在的物质结构上升为表象的结构,进而内化为智力活动的结构,使学生在获得知识的过程中形成和发展能力。

"探—研"是一个教学过程的两个阶段。"探究"的目标是有所发现,也就是让学生独立自由地支配材料,充分发挥他们的想象力、创造力,去体会、寻找材料中所包含的概念；"研讨"的目标是表达思维,也就是在探究的基础上,组织学生讨论,让他们把探究过程中发现的东西讲给大家听,互相启发和补充,逐渐从具体的事物中抽象出概念来,加深了对事物本质的认识。探究得越充分,研讨的效果越好,研讨得越深入,建立的概念越准确。

（二）实验目的

此次实验是在充分地考察、论证的基础上实施的,目的在于学习、吸收和借鉴"探—研"法的精髓,探求适合农村小学实际的"探—研"教学路子,为我市小学数学教学全面改革提供经验,具体地说有以下四点：其一,探求如何摆正教与学的关系,使学生乐学、活学,真正成为学习和知识的主人；其二,探求充分挖掘学生智慧潜力,有效开发学生智能的途径；其三,研究学生的接受水平,为缩短我市小学学制（六年制改为五年制）,为普及"五四分段"的九年义务教育提供更充足的论据；其四,考察数学改革实验对其他学科的影响,探求数学与其他学科之间的横向联系。

[①] 本文选自《当代教育科学》1990年第4期,第40—43、33页。

二、实验的设计与准备

(一) 实验班与对比班

为了提高实验的代表性和说服力,实验点选在农村小学。经过反复酝酿和协商,决定第一轮实验在泽库乡中心完小进行。该校 1985 年在驻村只招收了一个一年级新生班,确定该班为实验班。该班的全体学生系该项实验的被试。实验班学生入学时基本情况如下表:

表 1

性别		年龄			人口性质		智力状况			父母职业		父母文化程度		
男	女	八岁	七岁	七岁下	农业	非农业	较好	一般	较差	农业	国家职工	高中	初中	小学
21	15	1	22	13	31	5	9	20	7	68	4	6	8	58

当时该村学前教育比较薄弱,渔民的子女较多,父母对子女教育不大关心,智力表现较好的儿童,对 10 以上内的加减法反应较快,能口算出求和、求剩余两类应用题;智力一般的儿童对 10 以内的数能分辨清楚,10 以内的加减法反应较慢;智力较差的儿童数 10 以内数时数不全或发生混淆,反应迟钝。

对比班设在各方面条件与该班大体相当的一处渔村学区完小。另外,为使小范围的实验与大范围的教学相比较,实验班同时与本乡各完小、全市各中心完小同年级进行对比。

(二) 实验教师

实验班数学课由李方丽老师担任,她本人是 1976 的高中毕业生,1977 年参加教育工作,是一名具有八年教龄的民办教师,教过小学各年级数学课,能够胜任实验班全部数学教学任务,而且热心于教学实验。其他学科教师与普通班同样安排,如语文科教师前后共换了四次,实验教师曾兼任一个学期语文课。

(三) 实验周期及实验阶段的划分

实验周期定为五年(1985—1990),即学生从入学到毕业的整个小学阶段,根据实验的目的,实验班在不增加课时、不加重学生课业负担的前提下,超前学完小学数学教材,其他学科也相随提前学完,将提前一年于 1990 年小学毕业。

由于实验周期较长,为便于控制、考查与指导,整个实验划分为三个阶段。

(1) 第一学年为上路阶段,重在启发诱导,引发"探—研"兴趣,使儿童对实验逐步适应。根据儿童心理特点,做好启发、诱导和点拨,认真指导儿童摆弄材料,学着探究和研讨;教给儿童思考问题的方法,鼓励儿童大胆地说出自己的想法;努力提高课堂教学的趣味性,使儿童能学得轻松、快活、开心。

(2) 第二、三学年为放手阶段,重在发挥群体效应,提高"探—研"能力。教师要提供有结构的材料,创设情景,大胆放手地让学生独立进行探索;指导学生学会从不同角度思考问题,并能较条理、完整地表达自己的思维;对他人发言能做出反应,对不同意见能大胆争辩;着力提高学生的学习欲望、探求欲望和进取精神,培养学生兴趣的广泛性,丰富对其他学科的感情。

（3）第四、五学年为提高阶段，重在深化"探—研"成果。教师要把发展思维，提高"探—研"水平放到首位。要求学生探究时达到观点明确、思路开阔，研讨时能清楚、条理完整地表述自己的发现，有根有据地进行争论；要通过个人努力和相互帮助及影响，逐步形成整体优化的趋势，不使一个学生掉队，使部分儿童得到超常发展；通过数学实验对其他学科和各种活动产生积极影响，进一步发展学生的求知欲望和理想，形成品学兼优的班集体。

根据实验阶段的划分，适当调整教学进度，安排第二、三学年超前学习第七、八两册数学，第四、五学年超前学习第十一、十二册语文及其他学科相应教材。

（四）实验的组织与指导

为加强实验班的领导，成立了由市教研室主任、乡教委办主任、中心完小校长、驻村村委会主任参加的实验领导小组，负责实验的筹备、组织和实施，还成立了有市数学教研员、乡数学辅导员、中心完小教导主任等参加的实验指导小组，负责设计方案，指导方案的实施，组织考查与鉴定等。

三、实验的实施

我们在实施过程中突出抓了以下几点：

（一）始终坚持四个基本观点

1. 学习的观点

理论是实践的先导，我们在实验过程中，始终坚持把学理论、学观点放到首位，对兰本达和胡梦玉两位教授有关论著反复深入地学习，并注意结合实际，把实验中遇到的问题抽出来，对照理论分析、研究。指导教师和实验教师还于1987年七月再次去北京学习、考察，听取了兰本达在北京举办学习班的学生——黄城根小学常舒政主任的介绍，并观看了他的示范课，得到一次再学习的机会，进一步深化认识，提高了分辨评价能力。

2. 长效的观点

我们的实验，着眼于智能的开发培养，不过分强调知识的积累，不可能收到立竿见影的效果。实验一开始，我们就强调长效观点，把整个小学阶段看做一个总目标，整个实验都要围绕这个总目标开展，坚持"提高素质，开发智能"为中心的原则，解除急于求成和忧虑成绩上不去的紧张心理，提高实验班对外界偏见、非议及统考排队的承受能力。

3. 求实的观点

要搞好教学实验，必须有严格的科学态度，必须抓得踏踏实实。为此，我们抓了如下三点：一是要严格控制实验过程的各种材料、数据，避免任何水分，对实验能做出客观的反映；二是对实验的各个环节、各个部分、每一节课、每一"探—研"活动都务必抓得有根有底，不走过场，不马虎从事；三是抓好分析、总结，实验班除参与全乡统考外，还有计划地进行平日考查、定期考查和现场考查。平日考查由实验教师和辅导员组织，每学期二到三次；定期考查由实验指导小组负责组织，逐人考查，每学期一次；现场考查是在实验观摩课后由听课教师根据教学内容，按照灵活性、综合性，着眼考查能力的原则，当场命题考查。考查后认真分析、研究，做出实验阶段总结。

4. 发展的观点

"探—研"教学法来源于美国,使学生的学习走的完全是科研的道路,以培养儿童的研究能力为唯一宗旨,教学自由度很大。而我国小学进行的是基础教育,有纲有本,有教材、进度、考核等制约,办学条件与美国又有一定的距离,因此,我们并不生搬硬套,而是学习精神,吸取精华,发展创新,走自己的路。如分段要求、教材调整、课堂结构改革都是根据我们的实际通过实验逐步提炼出来的。

(二)调整教材结构

根据实验的需要,对教材做适当调整。调整本着小动大不动的原则,有的教材适当提前,有的教材适当合并,把相近或相关的概念放到一起。例如,简单应用题适当提前,集中学习,并把①求和、求剩余;②比多、比少、相差;③倍数、一倍数、几倍数等简单应用题分别相对集中,把加法与减法、乘法与除法、分数与百分数、正比例与反比例等内容从概念、计算到应用都放到一起进行对比教学。这样,把一个概念的整体展现出来,学生探究、分析与比较都很方便,学习的过程是步步深化,以避免认识的片面性,克服概念的混淆。

(三)改革课堂结构

通过实践,逐渐形成了适合"探—研"的课堂教学基本结构,即提供材料——→个人探究——→组织研讨——→引申应用。

1. 提供材料

材料是指有结构的材料,它可以是有形的物质材料,也可以是无形的抽象材料。但是它必须与所学习的概念有紧密的关系。运用它,可以揭示与概念有关的许多现象——这对激发学生的兴趣很有帮助,学生可以借助它们的相互作用,用不同的思路去探究。对于低年级儿童来说,奎逊耐彩棒具有很大的吸引力,摆弄、操作这种有结构的学具,对学习概念很有帮助。中、高年级的教学中几何形体、各种图表、整理的数据或问题等都可以作为有结构的材料。

2. 个人探究

探究是指学生运用有结构的材料,去寻找、体会材料中包含的概念,去发现规律。它对培养学生动脑、动手能力,学会怎样学习有独到之处。教师在组织探究时,要充分相信学生,做到放心放手,让他们有充足的时间去独立地、自由地支配材料,按照各自的思路去探索。教师要细心观察与倾听,了解与控制探究的进程,但不作肯定或否定的答复,以避免学生对教师的依赖性。例如学习乘法口诀时,先让学生用彩棒做同数连加,制造了一种必须有新的运算方法来解决同数连加问题的情景,引出了乘法,再让学生运用彩棒做被乘数不变、乘数有序变化的操作,并写出算式,编出口诀,学生感到很有兴趣,许多同学编到几乘以十几,大大超过了九九表的范畴,理解得很深刻。这是传统的教师教口诀、学生背口诀的教法无法比拟的。

3. 组织研讨

研讨的目的是让同学一块儿来思考,把内语言思维转化成外部语言,把每个人的发现转化成共同的财富,从互相交流感觉和思维的过程中提高每一个儿童的概念水平,帮助儿童沿着形成概念的方向前进。研讨有小组研讨和全班研讨两种形式,小范围内的议论和争辩机动灵活,发言面广,是小组研讨的长处,而要形成热烈的气氛,造成认识的深化则需要全班集体研讨。在研讨过程中,教师一要把握思维方向,引导学生抓住本质问题,避免对一些非本质问题的纠缠;二要注意挑起矛盾,使同学对矛盾有所警觉;三要创造一种有利于思维发展的情景和气氛,设法使不爱讲话的学生讲出意见,使爱讲话的学生不要讲得过多。例如学习"一位数乘两位数"时,通过探究和研讨出现了许多算式,如:

$$
\begin{array}{r} 24 \\ \times\ 3 \\ \hline 24 \\ 24 \\ +24 \\ \hline 72 \end{array}
\qquad
\begin{array}{r} 24 \\ \times\ 3 \\ \hline 60 \\ +12 \\ \hline 72 \end{array}
\qquad
\begin{array}{r} 24 \\ \times\ 3 \\ \hline 12 \\ +60 \\ \hline 72 \end{array}
\qquad
\begin{array}{r} 24 \\ \times\ 3 \\ \hline 72 \end{array}
$$

对于各种算法,小组之间争论的非常激烈,最后认为虽然这几种算法都有道理,但是以最后一种算法简单明了。这样既统一了算法,又彻底弄清了运算法则到底是怎样产生的。

4. 引申应用

通过探究和研讨,概念初步建立后,还需要对新的概念进行简单应用和综合应用,将新概念纳入已有的概念结构,除进行有选择、有层次的基本练习,进一步消化吸收外,还要根据学生实际,进行适当的综合、引申,提出高一层次的要求,不死扣课本,不完全受教材的约束,使探求和创新精神在运用中得到进一步发展。例如,学习两个量之间的关系问题时引出了三个量之间的关系,学习单一的几何形体时引出组合形体,学习应用题时对条件与问题进行变换与组合等。

我们虽在实验中逐步建立了新的课堂教学结构,有了比较实在、有效的基本模式,但绝不模式化,对于不同的教材,不同的年级则要灵活掌握,做到大同小不同,力求既有法,又得法。

(四)加强横向联系

各学科之间都存在着固有的内在联系,它们互相渗透,又互相影响。我们的基本观点是用数学学科的改革去影响和带动其他学科的改革。具体做法是,一是组织全校教师学习"探—研"理论,共同研究实验方案,使"探—研"精神深入人心;二是定期组织全校教师看实验课,并认真组织评课,使教师对"探—研"的基本课堂教学结构逐步加深理解;三是要求各科教学通力合作,紧密配合,不论是否担任实验班的教学任务,都要根据自己所教学科的特点,自觉地把"探—研"基本精神运用于教学实践中去。正由于此,实验班对全校教师、对各年级、各学科的教学都产生了积极的影响,更大地发挥了整体效应。

四、实验效果

(一)学制缩短,学习成绩显著提高

实验班36名学生在各年级均无留级,已按照实验方案的要求,超前学完小学全部功课,提前一年小学毕业,暑假后将升入初中。

(1) 实验班从一年级到五年级各学期期终考试均由教研室命题,教委办组考,考试成绩如表1:

表1 实验班数学成绩表

	第一学年		第二学年		第三学年		第四学年		第五学年	
	上	下	上	下	上	下	上	下	上	下
及格率(%)	100	100	100	100	92	100	91.8	100	100	100
优秀率(%)	92	92	83	60	27	68	27	67.6	54	64
正确率(%)	96	96.8	85.6	90	79.1	91.2	79.1	91.2	91.9	91
全乡平均正确率(%)	89.5	85.2	75.4	81.8	66.5	80.2	64.3	80.7	79.1	80.1

该班从第三学年开始参加超前一个年级的数学考试,五年级下学期考试即为毕业升学考试。

(2) 为考查实验班学生灵活运用知识的能力,单独考查时,命题稍高于大纲、教材要求。如1990年5月份考查题目的灵活性、综合性较大,高于小学毕业升学考试的要求,考查结果见表2。

表2 实验班数学成绩表(五年级)

	人数	三率			单项正确率						S	t
		及格率(%)	优秀率(%)	正确率(%)	计算	填空	选择	画图	应用题	应用题第8题		
实验班	36	94	28	80.5	87	80	87	71	79	22	12.8	4.84
对比班	34	76	6	70.2	70	72	80	68	68	8	16.6	$P<0.01$

(二) 智慧潜力得到较充分地挖掘

(1) 今年5月份省教科所的同志亲自主持对实验班和对比班学生进行"中国比内量表"测试,测试结果如下表:

表3

单位	人数	智商 150	140	130	120	110	100	90	80	70	60	$\overline{X}$	S	t
实验班	36	1		5	4	8	8	6	4			111.2	17.48	3.95
对比班	34				5	8	6	5	5	3	2	100.7	17.45	$P<0.01$

一般认为智商大于130者为智力超常,智商在50—75者为轻度智力落后。测试结果表明,实验班未出现智力落后者,智力超常者占近15%;对比班不仅有轻度智力落后者,而且没有智力超常者。实验班学生智商明显高于普通班。证实该项实验对开发学生智力具有显著的积极意义。

(2) 该班学生在历次数学竞赛活动中成绩非常显著。1988年在乡数学竞赛中,实验班的4名选手夺得前四名,并由该班的两名学生代表乡参加市数学竞赛(每乡2人),她们分别夺得全市第四名和第六名;1989年该班两名学生代表乡参加市数学竞赛(每乡2人),分别夺得全市第二名和第四名;1990年该班一名学生代表乡参加市智力竞赛(每乡一人),夺得全市第一名。

(三)学生身心健康发展

实验班学生活泼好动,精力旺盛,兴趣广泛,善于探索、勇于钻研,在各种活动中表现积极,身体素质优于普通班学生,具有较强的自我管理能力、集体观念和竞争意识。在文艺汇演、讲故事、朗读、拔河、运动会等各项比赛活动中,均取得优秀成绩,已成为品学兼优的优秀班集体。

五、原因分析

实验所以能够取得如此显著的效果,其主要原因有如下几点:

1. "探—研"法符合儿童心理发展的特点,有利于激发儿童学习的兴趣

学习的内驱力和主动性来源于强烈的求知欲,它渗透并作用于儿童学习和心理发展的全过程。诱发儿童强烈的求知欲是学习的起点,同时又是获得学习成果的源泉。"探—研"法充分利用儿童好奇、好动、好胜的心理特点,不断诱发儿童的求知欲,有利于激发儿童学习的兴趣。特别是低年级儿童的学习动机主要是对学习的直接兴趣。"探—研"法把有结构的物质材料置于一定的情景之中,学生玩弄、摆布兴趣盎然,这就强化了其学习动机。

2. "探—研"法符合儿童认识过程的规律,有利于智力的发展

儿童的智力是不能靠单纯的"听讲"就得到发展的。小学儿童的抽象思维又需要有典型的感性材料和相应的形象思维作为支柱。"探—研"法提供了充足的材料,创造了适当的环境和方法,使儿童口、手、脑并用,通过对客体的操作,用自己的肉体和感官作用于客体,并通过分析、比较、抽象与概括,逐步形成理性认识。这种从感性材料入手,从具体到抽象的过程正符合儿童认识的规律,同时,儿童智力开发也会在同一过程中实现。

3. 采用"探—研"法教学,摆正了教与学的关系,有利于儿童自主、探求、创新精神的形成和发展

这种教学法从根本上摆正了教与学的关系,充分发挥学生作为认识主体的主观能动性。教师对学生放心放手,相信他们依靠个人和集体的智慧,能够成为知识的主人。新知识靠学生自己探索,自己发现,对学生的回答,教师不作简单的肯定或否定,总是引导学生通过讨论来解决。学生摆脱了许多条条框框的束缚,处于一种愉快而活跃的学习气氛之中,享受到了成功的喜悦与自豪,逐步减少了对教师的依赖和盲从,自主、探求、创新精神逐渐形成与发展。

4. 充分发挥学生间语言的相互作用,有力地促进了语言的发展

儿童的数理思维落后于语言发展,是身心发展的规律决定的。我国现行课程设置,小学语文、数学同时开设,同时进行。儿童在学习数学中,本应用理解的方法去获取数学知识,由于语言未发展到相应水平,数量概念尚未有充足积累,只得用死记硬背的方法去记住数学知识,这不仅加重了学生的学习负担,扼杀了学生的学习兴趣,而且影响了学生语言的发展。

采用"探—研"法教学时,让学生把自己发现的问题表述出来,是一个重要的教学过程,学生可以在心里说,与同桌说,在小组里说,还可以对着全班同学说,发言的机会很多,同学间通过语言的交流产生相互作用和影响,促进了语言的发展,进而促进思维的发展,而且对学习、生活各方面都会产生积极的影响。

实验班学生已经毕业了,但这项实验并没有结束。我们已于1987年开始了五个班的第二轮实验,到1989年,又把这项实验(第三轮)推向市直属小学、中心完小和少数学区完小的37个教学班,使各乡镇都有自己的典型,为下一步全面推开创造更为有利的条件。我们将在全市小学各科教学中去推广已取得的实验成果,进一步拓宽"探—研"空间,踏踏实实地走出一条农村小学"探—研"的道路来。

小学数学情境教学实验报告

兰想林

一、课题的提出及研究目标

数学是一门抽象性很强的学科,受应试教育的影响,小学数学偏重于知识的传授和智力的操作训练,忽视了教学中学生的学习动机、兴趣、情感等非智力因素的培养,造成学生死记硬背数学概念,纯粹进行公式推导,机械运用解题方法。教师教法单调,课堂结构老化,学生学得乏味。为此,我们提出了既能发展学生思维能力,完成认知的教学任务,又能培养学生学习情感,发展数学兴趣爱好的小学数学情境教学。

情境教学是江苏省南通师范附小语文特级教师李吉林同志首先在小学语文学科教学中提出来的。她总结出的有关情境教学的理论不仅对小学语文教学具有现实意义,而且对于我们在小学数学学科开展情境教学研究,发展情境教学的理论更具有指导意义,因此,如何结合小学数学教学的特点走出理科情境教学的"路"来,使我们跃跃欲试。实验的总体目标是在小学高年段利用电教手段创设情境进行教学,培养学生健康的学习情感,发展学生的思维,提高课堂教学效率。其具体目标是:① 界定数学情境的概念,摸索情境创设的途径和方法。② 探索情境教学的课堂效应(如心理效应、控制效应、优化效应、时间效应等)及对学生思维品质的培养和发展的规律。③ 情境教学的课堂结构。媒体优化组合对情境教学的影响作用。④ 情境教学的特征及操作原则。

二、实验的理论假设

情境就其广义来理解,是指作用于学习主体,产生一定的情感反应的客观环境。从狭义来认识,则指在课堂教学环境中,作用于学生而引起积极学习情感反应的教学过程。我们所研究的情境是指小学数学课堂教学中,教师通过各种教学手段(主要是电教手段)为学生提供的引起积极的学习情感反应的数学学习材料。既包括具体的形象材料(如实物、实物图像、实物投影等),也包括抽象的形象(如线段图、方框图、几何图形、文字符号等),也可指教师描述的形象。但无论怎样的形象材料,都必须要能激发学生的积极的学习情感,如动机、兴趣、注意等。所谓数学情境教学,就是指教师根据数学课堂教学目标,有目的地引入或创设情境,引导学生主动探究情境内容,共同完成教学任务,实现教学目标。

任何刺激都会产生情感反应。情境教学至少在两个方面作用于学生:一是电教手段所具有声、光、色、形、动等特征的组合,会吸引学生的注意力,唤起好奇心,产生刺激的愉悦感;二是情境的内容具有直观性,展现现实的客观性让学生循着数学的发展轨迹(校正的轨迹)去发现数学规律,在这里,学生感到了学习数学的需要,意识到自己是学习的小主人,学习的

---

① 本文选自《电化教育研究》1994 年第 1 期,第 55—59 页。

积极性和主动性便油然而生。因此,无论是情境的外在形式还是情境内容都会使学生产生积极的情绪反应。这种情感反应活化了右脑的潜意识功能,促使学生的理性思维由平衡态向非平衡态跃迁,强化知识的自组织过程(内化过程),产生自组织效应。同时使整个过程形成两"场"两"回路":一是认知场,学生通过"内化"获取知识。在这个"场"中存在着一条认知信息回路,教师输出认知信息—学生接受认知信息—教师回收反馈信息。二是"情绪场",即师生情感交流的过程,学生通过情感交流而完善人格特征。在这个"场"中也存在一条信息回路,即教师通过手势、体态、表情、眼神等方式传递情感信息(或通过控制情境激发学生情感)—学生接受(或产生)情感信息并作出反应—教师接收反馈信息。"两场两回路"不仅能使情境教学得以实现"知"与"情"的统一,而且也改变了传统教学课堂结构要素,引起传统课堂教学结构的变形、换位、解体、重构等变化,形成以情境为中心的课堂结构,实现情境教学的功能。

三、实验过程

小学数学情境教学实验开始于1990年9月,采用等组对比实验法进行实验。实验依据创造性原则、整体优化原则、可操作性原则进行,经历了理论学习初步尝试(准备阶段)、实验操作、实验总结三个阶段,着重研究了情境的创设、情境教学的课堂效应、情境教学的特征、情境教学的课堂结构。

(一)实验对象的选取

实验前,分别对实验班和对照班进行了较为全面的了解,做了四个"一"的工作:一次学习成绩测验;一次智力测验(由市教科所施测);一次非智力测验(依据《教育理论与实践》1990年第10期所介绍的量表制卷);一次家庭情况调查,在此基础上,在实验班和对照班运用分层抽样法各取20名学生作为实验对象,其选样情况如下表:

表1 实验对象学习成绩、智力、非智力情况比较

	人数	学习成绩		智力		非智力	
		$\bar{X}$	S	$\bar{X}$	S	$\bar{X}$	S
实验班	20	77.8	9.57	105.2	7.39	54.45	11.02
对照班	20	77.3	10.05	100.85	10.38	53.2	13.16
t		0.16($P>0.05$)		1.53($P>0.05$)		0.325($P>0.05$)	

由此可见,实验班和对照班在学习成绩、智力、非智力因素方面均无显著性差异。

(二)实验的操作过程

情境教学是以情境为核心而展开的教学活动。实验中,我们采用教学水平、教学经历大致相当的教师分别在对照班和实验班施行传统教学和情境教学,在学校支持下,其授课时序、课程安排等干扰因素基本保持一致,在实验班中施行情境教学,其主要内容如下:

1. 情境创设的原则

数学化原则:数学化就是对具体数学情境原型,按照数学教学目标进行选择、加工、整

理,突出其数学特性,或用一定的数学形式表现出来。主要包括:① 对学生所接触所经历的实际情况进行提炼加工,用实物投影、模拟投影、灯片投影等形式突出其数学特征;② 将实际情境转化为学生所熟悉的数学形式,用投影、幻灯、电脑、录像等展现出来。运用数学化原则注意将实际情境数学化的程序要符合学生实际,一般说来,数学化的抽象程度表现:实物＜实物投影图像＜几何图形＜数学符号。

充分必要性原则:所谓充分是指情境所提供的信息材料对于实现教学目标是足够的。所谓必要,是指数学情境所提供的有效信息要尽可能大,即情境信息要从不同的侧面揭示教学目标,这个原则对情境内容从数量和质量两个量标作出了要求。因此,情境材料要典型,不是简单地越多越好,而是越能说明问题越好,越能促进学生有效地学习越好。

略示启迪性原则:这个原则是指数学情境的创设要充分利用儿童的心理特征(如兴趣、动机、情感、无意注意等),在情境中隐含着某种学习的线索,暗示或启迪学生去获取数学知识。

媒体优化原则:电教媒体,作为传输教学信息的重要手段,有着传统教学媒体所无法比拟的优势,但就每种媒体功能而言,又各有利弊,媒体优化原则就是要避其所短,扬其所长,根据教学目标和情境创设的要求,合理选择、组合各种媒体。

2. 情境教学的方法

(1) 创设趣味情境,让学生尽快进入角色。在开课的5分钟内,通过讲故事、看录像、观察灯片,创设一些有趣味的情境,如教学相遇问题的应用题时,动用灯片的抽拉创设"同时相对运动"的情境使学生尽快地进入学习的"角色"。

(2) 创设问题情境,激发学生思维。通过观察表演,设置悬念等方法创设问题情境,如教学平均数应用题,运用抽拉灯片展现相等与不等的矛盾,引导学生思考理解"平均数"的含义。

(3) 创设活动情境,实现分层教学。活动情境是指教师运用幻灯片、录音、录像等展示活动程序,让学生开展讨论、摆弄学具等活动;在活动中不同层次的学生都能尽其可能而学到一定的知识,成绩较差的,完成教师的一般要求,成绩较好的,可以进一步作深入的学习,这就是分层教学。

(4) 把握知识的连接点和分化点,引导学生实现情境的正迁移,提高学生解决问题的能力。教师创设的情境与学生原有知识结构在某些方面相同,学生似曾相识,这就是知识的连接点;在有些方面,与学生的原有知识又不相同,这就是分化点。教师把握好了这"两点",就能正确地引导学生实现知识的正迁移,防止负迁移。

(5) 创设反馈情境,调整信息的输出。反馈情境是教师创设的旨在了解学生对某知识点的掌握情况的情境,以便教师及时回收反馈信息,调整信息的输出。

(6) 创设竞技情境,掀起学习的高潮。课堂教学中,往往易出现情绪的低潮,为了调动学生学习积极性,教师运用投影仪组织一些小型的课内竞赛活动,如计算接力赛、抢答赛、走迷宫等。

(7) 控制教学节奏,调节课堂氛围。课堂氛围本身也是一种教学情境,影响氛围的主要因素便是教学的节奏,节奏过快,使课堂氛围显得紧张,节奏过慢,课堂氛围就会松散。因此,情境教学要做到速度快慢交错,有张有弛,教学内容讲解有收有放,有详有略,练习安排有疏有密,有易有难。

(8) 创设体态情境,进行情感交流。体态情境是教师利用自己的表情、语调、手势、眼神、距离学生的远近等构成的情境,教师通过这些体态语言与学生进行情感交流。

(9) 树立榜样情境,感染学生。教师对课堂上表现好的学生或对某一问题的回答有独到见解的学生进行表扬鼓励,使其他学生受到感染而努力地思考问题。

(10) 重视使用激励性评价语言,对于在课堂上回答问题的学生不是通过简单的"对"或"不对"来评价,更不是加以讽刺、挖苦、批评等语言来伤害学生的自尊心,打击学生的积极性,而是采用既肯定学生正确的一面,又委婉指出不足一面的语言来评价学生,既保护学生的积极性,又指出其不足。

3. 情境教学的课堂结构

(1) 创设情境,诱发动机。创设情境是教师根据教学内容、教学目标、学生原认知水平和学生无意识的心理特征,采用适当电教媒体设置的能引起学生积极情绪反应的形象整体,电教手段的选择,集中反应媒体的优化组合,情境的表现方式,充分利用了学生的无意识心理与非智力因素;情境形象的展现,注意了学生的抽象能力;情境的内容考虑了学生的原认知结构,在这里既有人们常说的复习旧知识,也有引入新课,还包括讲授新课的一部分,融复习引新,初步感知新知识于一体,为尽早进入课堂教学最佳期创造条件。

(2) 探究情境,以知激情。情境的创设,激发了学生的探求欲望。教师抓住时机,依据情境所提供的各种线索,引导学生多角度、多方位地对情境内容进行分析、比较、综合、抽象概括,学生不断地将新知识通过"连接点"和"分化点"的作用进行"同化"、"顺应",构建新的认知结构。每个认知结构的构建就意味着一个冲突的解决,冲突的解决伴随着成功的喜悦,求知欲的满足,从而激发学习热情,增强进一步探索的信心和毅力。

(3) 模仿情境,想象体验。小学生可塑性大,模仿性强,学生一方面按照教师的要求模仿练习,以巩固新知识,另一方面凭借想象,再现表象,展开联想,亲身体会解决问题的乐趣。

(4) 强化情境,升华情感。教师根据教学反馈信息,创设旨在放大情境信息的情境,开阔学生思路,培养创造思维,掀起学习高潮,形成情境交融的课堂氛围,师生的情感体验已外化,并发展为态度体验,成为"数学兴趣"的构成要素。

情境教学课堂结构提高了课堂教学的效率,优化了课堂教学过程。为保证情境教学实验的可信性,我们对每堂研究课都作了认真的记载,其统计结果如表2。

表2 实验班投影情境课堂教学情况统计

研究课时数(有记载)	灯片幅数	使用时间	主要操作方式	课堂效果	学生反映	灯片来源
76	183	457分	1. 单片显示 2. 抽拉复合 3. 遮盖 4. 旋转 5. 实物投影	优 36节 良 36节 一般 4节	感兴趣52节 容易理解12节 一般14节	1. 学校现有灯片 2. 自制或改制70幅

四、实验结果

经过两年的实验,在实验结束前,我们对实验班和对照班的学生在学习成绩、学习现状、学习项目等几个方面进行终测,其结果如下:

表 3　实验班与对照班实验对象毕业考试成绩比较

	N	$\sum X$	$\overline{X}$	S	t
实验班	20	1 942	97.1	2.89	3.28
对照班	20	1 826	91.3	7.12	$P<0.01$

实验班与对照班学习成绩有非常显著差异。

表 4　实验班与对照班实验对象学习现状调查情况比较

	人数	A			B			C			D			E			总体		
		$\sum$	x	s	$\sum$	x	s	$\sum$	x	s	$\sum$	x	s	$\sum$	x	s	$\sum$	x	s
实验班	20	568	88.4	7.77	628	31.4	5.41	457	22.25	5.53	422	21.1	3.65	521	26.05	3.64	2 506	129.3	17.53
对照班	20	543	27.86	4.48	492	24.6	9.58	372	18.6	6.66	368	17.9	5.74	431	24.1	4.48	2 180	106	22.85
t		0.62			2.76*			2.17*			2.10*			1.51			3.23**		

1. *表示差异显著；**表示差异非常显著
2. 影响学习的五因素：A：身体健康 B：学习动力 C：学习方法 D：师生朋友关系 E：家庭环境

从上表可知，除 A、E 两项对实验对象的影响不够显著之外；B、C、D 对学生学习的影响存在显著性差异说明情境教学对激发学习动力，教授学习方法，改善师生关系具有显著的作用。

表 5　实验班与对照班几个调查项目通过率与常模比较

项目	实验班通过率（%）			对照班通过率（%）			
	0	1	2	0	1	2	
学习基础	12.5	46.4	41.1	\	9.3	51.9	38.9	△
学习自觉性	5.4	44.6	50	\	0	57.4	42.6	△
排除干扰	0	35.7	64.3	\	5.6	37.0	57.4	△
控制情绪	5.4	42.9	51.7	\	13.0	46.3	40.7	△
学习兴趣	3.6	21.4	75.0	\	18.5	27.8	53.7	×
当天及时复习	17.9	48.2	33.9	\	18.5	63.0	18.5	×
完成当天任务	1.8	19.6	78.6	\	7.4	75.9	16.7	×
师生关系	0	17.9	82.1	\	3.7	28.5	67.8	×
朋友爱好	5.4	21.4	73.2	\	5.6	42.6	51.8	△

1. "\"表示 2 分通过率大于常模，0 分通过率小于常模。
2. "△"表示 2 分通过率小于常模，0 分通过率小于常模。
3. "×"表示 2 分通过率小于常模，0 分通过率大于常模。

从上表可知，实验班学生在学习兴趣、学习方法、师生朋友关系方面明显优于对照班。

五、主要结论及研究成果

小学数学情境教学实验主要结论如下：

（1）情境教学实现了认知与情感共同发展，培养了学生对数学的兴趣爱好，达到了乐学的目标。

（2）培养了学生的非智力因素，诱发了学生的无意识学习心理，开发了学生右脑，提高了学生的学习效率。

（3）提高了课堂教学的质量，找到了一条改革课堂教学结构、提高课堂教学效益的途径和方法。

（4）扩展了学生的思维，培养了学生创造性思维。

（5）融洽了师生间的关系，增强了合作精神。

实验研究的主要成果：

经过两年的艰苦努力，实验取得了具有一定理论价值的研究成果，拓宽了情境的概念，丰富了情境教学的内容，先后有10余篇论文或阶段性成果在市级以上学术研讨会上交流或在省级以上教育杂志上发表，其中《小学数学情境教学课堂效应初探》、《试论小学数学情境教学的心理效应》分获市论文评比一等奖，省论文评比二等奖，《小学数学情境教学的控制及效应》发表于《电化教育》1991年第5期，《小学数学情境教学的课堂结构》发表于《电化教育研究》1992年第3期，实验研究课录像《三角形的底和高》送中央电教馆，并在中国教育电视台播出。

在小学数学教学中用"尝试教学理论"引导"目标教学"的实验研究[①]

陈今晨 李成忠

一、问题的提出

尝试教学法从问世至今已有十多年的时间,全国二十多个省、市和自治区都参加推广和应用这一教法。众多实践证明了尝试教学法在提高教学质量、培养学生自学能力和激发他们学习兴趣等方面都显示出其无比的优越性,成为我国当代中小学教育界各具特色的教学法百花园中一朵绚丽的鲜花。

随着对尝试教学法的进一步研究,"如何再深入地发展尝试教学"这一重要课题已摆在我们面前。早在1990年在江苏金湖召开的全国第五届尝试教学法研讨会就提出,"应进一步研究尝试教学法与其他教学法的配合,以形成具有中国特色的小学教学法体系"。本课题的提出,顺应了尝试教学理论研究有待进一步深入发展的需要。

我们知道,小学数学教学是有目的、有计划地提高小学生关于现实世界数与形的最基础知识水平和计算、初步逻辑思维与空间观念三大能力的有意识的活动。然而在当前运用尝试教学法的小学数学教学中,尚存在为数不少的学校和教师,或因素质水平的限制,或因钻研学习理论、备课功夫的不足等原因,对尝试教学法机械搬用,照本宣科,忽视了教学本身应具备的意识性,使数量相当可观的小学数学课堂教学的目标不清晰,信息交流缓慢,教学效率不高。在这些教学者头脑中只有搬用的经验型教学环节的模式,学生不易感知其行为变化的过程和结果,这就影响了学生知识的能力的优化发展,也削弱了尝试教学课堂中对教学目标的积极实施。

近几年来,美国著名心理学家、教育学家本杰明·S·布卢姆的"掌握学习"的教学思想和教育目标分类学的有关理论,被我国教育界广泛接受和实施运用,并形成了一套"目标教学"理论体系,很好地解决了小学数学教学目标、教学评估等问题。其最大特点就是强调措施和目标的对应性,也就是选择特定的教学方式去达成既定的教学目标。我们从1988年至1991年组织了对小学数学目标教学的课题研究,探讨和积累了小学数学目标教学的教法经验,为本课题的孕育和提出创造了条件。

尝试教学法的创导人邱学华先生认为,"提倡一种教学法,并不意味着排斥另一种教学法,它们之间不应是对立的,而应该互相结合,互相融合,综合运用"。根据巴班斯基的教学过程最优化理论,我们认为把"尝试教学理论"引入"目标教学"之中,让其两者相互补充,相互结合,为了一个共同的目标——大面积提高小学数学教学质量去实现优化组合,这样才能发挥最佳教学效益。

[①] 本文选自《教育科学》1996年第2期,第19—25页。

二、用"尝试教学理论"引导"目标教学"的理论基础

目标教学更多地适用于"必修的、序列性的、封闭的及强调求同思维的学科"(布卢姆语),这恰好是小学数学的学科特点。而尝试教学也是依据数学教材这种内在的联系,充分利用数学教材本身的逻辑关系,诱导学生去尝试,这样做符合小学生的认知规律和小学数学的学科特点,为两种教学思想相结合提供了必要的基础。

更为重要的是,尝试教学理论中渗透着许多目标教学的原理,这是尝试教学理论与目标教学相结合的重要理论依据。探讨如下:

1. 整体发展原理

目标教学相信:95%以上的学生都能够掌握所教学科的基本知识、理论体系,达到既定的客观的教学目标。学生的能力差异,主要反映在学生学习速度上,而不一定是反映在最终可能达到的学习水平和所能到达的教学目标上。布卢姆认为"学生成绩分布的正态曲线不过是最适用于偶然与随机活动的分布而已"。除极少数具有某种大脑生理缺陷的儿童外,绝大多数儿童只要得到适当的帮助和必要的时间,每个学生都能学得好。

在尝试教学中,各个试验班的教学质量都有不同程度的提高,特别是中差生提高的幅度最大,基本实现了班级的整体发展。仔细分析,一是由于按尝试教法设计的教学上的逻辑顺序,是按照学生的心理特点来安排的,比较符合中差生的需要。以前教师先直接讲授,中差生不易抓住重点,眉毛胡子一把抓,对知识一知半解,到独立练习补救为时已晚了。现在先让学生做尝试练习,发现难点在哪里,又经过自己一番自学课本思考,再听教师有针对性的讲解,这就容易使学生对知识融会贯通。二是中差生最缺乏的学习习惯就是学会怎样看教科书,学会怎样思考。尝试教学能有意识地引导他们主动地自学课本,指导他们思考,对症下药,从而解决中差生最基本的知识理解和接受方面的问题。以上这样面向全体、偏重于中差生的尝试教学思想恰好是目标教学中整体发展原理能够得到的具体体现。

2. 目标期望原理

我们知道,教学目标是在教学之前预先设定的、可操作和观测的学生终点教学行为的变化,也是教学活动的出发点归宿。它有四个特点:一是指向性。指向学生、指向学生的学习和围绕大纲和教材的教学内容。二是外显性。用外在可感的行为变化表示学生经过教学后的心理变化。三是操作性。用含义明确的行为动词把教学要求明确具体地显示出来,便于师生操作。四是超前性。在教学的初始阶段预见和规划好教学结果。在实际教学时强调目标的导向、评价、调控等功能,强调紧紧围绕实现目标而组织教学活动,实施教学目标。教学中目标期望意识的强弱与传统教学有着重大的区别。具体实施过程中,教师要从学生的认知、情感、动作技能三个领域考虑,以教学大纲和教材为依据,从学生的实际水平和认识规律出发,制定能观察学生行为和行为结果的教学目标,使之贯串于教学过程的始终,成为教学的出发点和依据。目标期望的原理可以在尝试教学中有机应用。

邱学华先生提出的"有指导尝试原则"认为,学生的尝试和教师的指导是"互相依存紧密联系的。学生的尝试以教师的指导为前提,教师的指导以学生的尝试为目标"。可以看出尝试教学自始至终都是凭借教学目标来调控其教学全过程的。学生的尝试不是盲目的,而是在教师指导下根据教学目标有目的有步骤的自学;在学生尝试前,教师要围绕目标编拟准备题和尝试题,设计指导学生自学课本的指导语或提出自学思考提纲,预计学生在各阶段的行

为变化和结果。在学生尝试过程中,教师必须对照目标及时指导,了解学生讨论,尝试讲道理,进行反馈矫正,并根据情况有针对性地重点讲解,确保学生达到教学目标,即教学前所拟定的行为结果。

3. 自主活动原理

尝试教学中,新授阶段一开始就要求学生进行尝试练习,把学生推到一个主动的地位,当他们遇到困难时,就会主动地去自学课本,反复思索和接受教师的讲解,这样学生的学习活动就变成了他们自身的需要。同时学生依靠自己的力量解决了尝试题,就会产生一种成功感,从而激发继续学习的兴趣,促使学生更主动积极地学习。

同样,目标教学自主活动原理认为,学习是学生不断提高和完善认知结构的过程,是一种主动的认知过程。学生的自觉参与程度直接关系到学习的效率和效果,合理充分地自主参与学习能创造生动活泼的学习环境和气氛,形成学生充分展示其才能的机会和条件,从而促进知识与能力的结合,认知与情感的结合,有意注意与无意注意的结合。难怪学生们在尝试教学中经过自主活动后感到"学起来很有劲!"

4. 情感激励原理

目标教学承认"学生的学习过程是心理活动为基础的认知过程与情感过程的统一"。要求在课堂双边活动中,采取一系列情感激发措施,调动学生在数学课堂教学中的情感因素,力求认知与情感的和谐发展,使之相互促进,有效地提高学生的综合素质。

在尝试教学中一方面教师利用学生的好奇心、好胜心、求知欲,让他们对教学的客体产生兴趣。教师先出示尝试题,立即吸引住学生,让学生有一种迫切地想"试一试"的愿望。自学课本完成尝试题后,学生又产生"自己做得对不对"的疑问,就又会迫切需要听老师讲解。另一方面教师的饱满的情绪、生动形象的语言与娓娓动听的讲解、谈话等又可以调动和影响学生的情感。比如当教师怀疑地问:"老师还没有讲,自己会做吗?"以激发学生尝试的愿望。再一方面尝试教学中能保证学生主体地位的实现,加强学生尝试成功后的情感体验,这都会起到比较充分地激发情感因素的动力作用。

5. 反馈调控原理

反馈是教学过程中一个极其重要的环节。对学生而言,反馈信息可使学生强化正确,纠正错误,找出差距,以便调节思维方式改进学习方法;对教师来说,反馈信息可使教者掌握教学的效果与反应,改进教法,以保证达到预期的教学目标。通过全程的反馈,师生可以不断地纠正和调整所发生的信息,从而实现有效的控制,促进学生的掌握。在尝试教学中利用反馈原理主要表现为以下几点:一是根据信息,及时调节教学进程。尝试法的五步教学程序把课堂信息的"双向"流通过程步骤化,形成一个完整的反 S 型的课堂信息交流系统,其中每一步都是可以控制的,互相配合的,反馈信息极为畅通。二是教师对学生关键性的反应作及时评价,如学生尝试练习后,经过充分的讨论,已为教师提供了大量的教学反馈信息,使教师讲解更及时,更具有针对性。三是发挥了"前馈"作用。尝试题在尝试教学中是非常重要的部分,教师编拟的尝试题与课本例题同类型同结构,难度大致相等。且教学前教师已根据经验和预测分析,预测学生尝试的信息反馈,所以教师能在偏差发生前就加以控制,使学生做尝试题水到渠成,教学信息畅通无阻。

6. 系统结构原理

"未来的文盲不再是没有知识的人,而是没有学会怎样学习的人。"学生在学习中一旦掌握了基本原理和它们的结构联系,许多看起来的是新的问题也不完全是新的了,它们不过是诸多旧内容的变式、延伸或综合而已。为了使学生形成良好的系统的认知结构,尝试教学优化了教材的结构,改进了呈现教材内容、程序和方法。教师不是先把现成的知识传授给学生,而是先让他们尝试练习,学生通过自学课本并在旧知识的基础上去尝试。这个过程是学生探索思考的过程,促进了学生智力、能力的发展和数学的思考方法的掌握,从而使学生在尝试教学中具备举一反三、触类旁通的本领。

当然尝试教学中还有其他一些"目标教学"原理的体现,不一而足。综上所述以上六条的主要的目标教学原理,在尝试教学的教学程序中是如下图显现的:

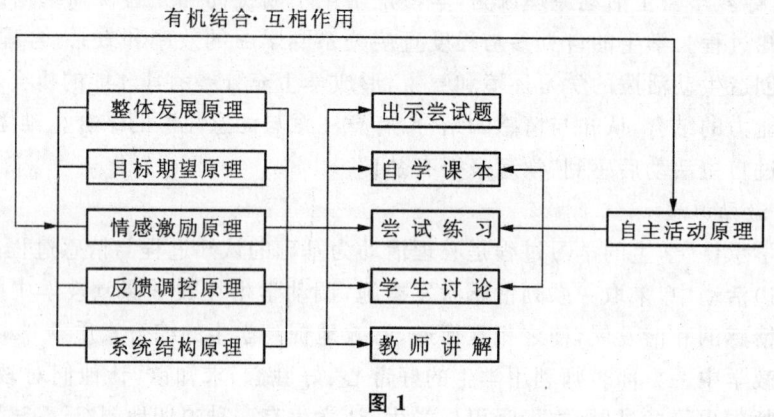

图1

三、尝试教学与目标教学优化组合实践

因为尝试教学与目标教学在理论上具有一些共同的构成因素,我们进行了如下的数学教学实验的探索:

1. 实验对象的确定

鉴于尝试教学与目标教学的实施均要求学生具备一定的认识能力和学习习惯为基础,我们选取了一个班46名小学高年级的数学学习的学生作为本课题的实验班。从五年级开始,经过两年的教法试验。同时选取同年级的一个同等人数的平行班作为暗设的对照班。

2. 无关因素的控制

实验班和对照班在师资状况、班级规模、使用教材方面均大致相当或者相同。学生知识基础在实验前期测试中保持相当的基础,甚至对照班略强于实验班(成绩统计见附表)。同时,在教学中,教学时间进度以及经常性的作业安排都控制在大致相同的地步。

3. 实验班教学措施

(1)实验班教者积极学习尝试教学的思想和目标教学的策略手段,力求实现二者的有机结合。

(2)实验班教学中,努力取得学生的配合。训练学生在课上积极尝试,学会阅读教材,习惯于使用和对照教学目标,树立努力学习数学的信心。

(3)数学课堂教学中积极施行尝试目标教学的课堂结构,见如下"六结构、五环节"教学模式图(图2)。

可以看出,这种"六结构、五环节"相互配合能够实现:① 在导入新课时"亮目标",学生

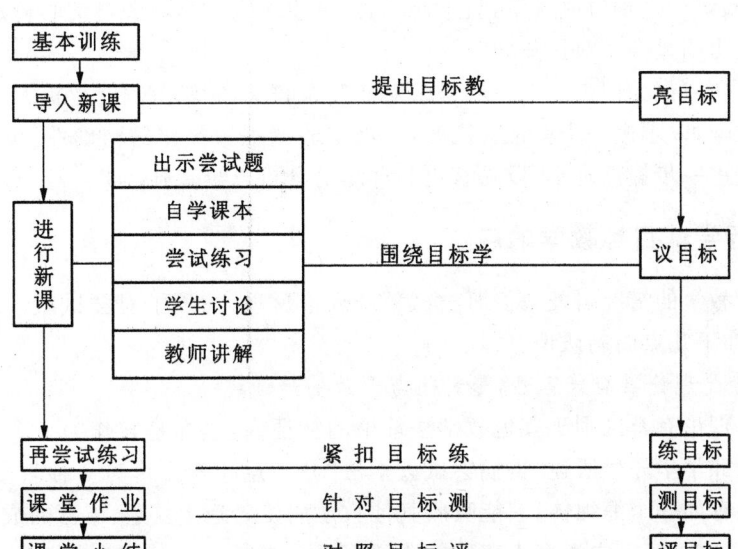

图 2

更加明确学习任务,激发学习热情;② 在实施五步尝试时"议目标",紧密围绕目标展开与旧知识的联系和对新知识的探讨;③ 第二次尝试练习中紧扣目标巩固练习——"练目标",巩固和深化学生对新知的掌握,促进目标达成;④ 课堂作业时针对性地"测目标",强化学生的知识技能形成;⑤ 对照目标评议发挥学生的主动尝试学习精神,组织"评目标"进行课堂小结,让学生或教师自评、互评、明确得失,增强反馈纠正教学功能。

4. 尝试目标教学成效

经过两年的实验教学,使用全县统一编制的试卷进行终结性检测评价,发现试验班的数学成绩明显高于对照班,班均分由原来低于对照班 0.6 分到高出对照班 2.8 分,相对均分上升 3.4 分,高分段人数大幅度上升。成绩对照统计如下表。

表 1

教法统计 班级	传统教法(四年级)					尝试教学与目标教学(六年级)				
	人数	均分	及格率	优秀率	上升率	人数	均分	合格率	优秀率	上升率
试验班	46	78.6	89.1	15.2%	−1.75%	46	95.7	100%	54.3%	+19.6%
对照班	46	79.2	91.3	17.4%	−1%	46	92.3	100%	52.2%	+16.5%

(注:上升率 = $\dfrac{\text{班级均分} - \text{全县均分}}{\text{全县均分}} \times 100\%$)

该项成绩统计表明了运用尝试目标教学法进行小学高年级数学教学,显示了其与传统教学法的差异。其差异从班级学生构成看主要是班级整体水平有所提高,尤其是中等生进入优秀层的人数大幅度上升;从卷面构成分析,计算方面差异不显著,主要表现在对基本概念的理解能力和对应用题的分析推理能力大为增强,尤其在对步骤较多、思维间接性较强的难题上,实验班学生有一股尝试探索的精神的习惯,使对照班学生难以望其项背。

此外,实验班学生学习风气浓,自学能力强,学生对数学学习的自信心较足,在数学学习方面的自觉性也明显高于对照班。

该项实验研究仅为两个班的一轮等组对照实验教学,实验范围有待扩大,并须进行必要的重复实验教学,以求进一步验证。同时,本项实验过程中操作的精确性、统计对比的准确性等方面都应进一步提高水平,以求有更为详尽的分析思辨基础。

四、进行尝试目标教学的启示

以上实验教学的情况引发我们对尝试教学理论反思,加深了对尝试教学理论的开拓研究,初步形成如下几点明确认识:

1. 尝试教学理论具有兼容性,是封闭与开放的辩证统一

尝试教学理论有其区别于其他教学法理论的特征性,这即是它作为一个理论系统的封闭性。但诚如邱学华先生所述,提倡尝试教学法"并不意味着排斥另一种教学法"。尝试教学理论的框架有如一个海绵体,它能吸收其他教学法使之趋向复杂、丰富的成熟。其所以能如此开放,不仅在于其创立者个人态度的明智、大度,更是由于其与别的教学法理论有着不少共通的构成因素,使之具备了开放的客观可能性,因而尝试教学理论,具有巨大的理论回旋余地,能够接纳诸多教学法与之结合交融,使之成为富于生机的教学理论框架。

2. 尝试教学理论具有概括性,是复杂与简约的辩证统一

尝试教学理论虽然有待完备,但从辩证唯物论的认识论来看,从学生掌握知识的客观规律来看,从少年儿童心理发展的客观规律来看,从数学教材逻辑序列严密性特点来看,尝试教学理论的创立与应用都可以找到内在的合理性。它的指导思想的理论基础,它的操作程序,它的运用技巧如编拟和出示尝试题的技巧等,都使之成为一个复杂的理论阐述系统。然而在实践中,广大教师又可以从自身的教学实践体验出发,把握住它改变先讲后练、强调学生尝试和自学的基本精神,因而可以很容易地为广大教师所理解和掌握。概括到实践运用的一点上,尝试教学法主要是突出了在讲与练的次序上的变更。这就使普通教师有可能不必深入地研究其理论体系,而能迅速运用推广,也使我们尝试目标的实验教学能够把握其实验要义。尝试教学理论本身所具有的这一特性,也正是它成为在十几年的发展中能持续大面积推广的原因之一。

3. 尝试教学理论具有探索性,是继承与创新的辩证统一

尝试教学理论强调"尝试",要求学生在学习中不是从知识的逻辑起点出发,而是从实际的问题情境出发,不是突出消极接受,而是倡导积极探索。这就发扬了不墨守陈规的精神,启迪了思维的创造性。但在整个教学过程中,又要求学生在尝试"似曾相识"的教学过程中运用教材,进行阅读,围绕教材去自学。这是继承前人知识体系的体现。这就使尝试教学过程中弥漫了继承与创新的有机统一气息。如果尝试教学中增加了教学目标的运用因素,就可以使学生的探索和创新处于学习目标导引的清醒意识之中,更有利于实现继承与创新的结合。

4. 尝试教学理论具有发展性,是教师的主导性与学生的主体性的辩证统一

尝试教学理论提出了有指导的尝试原则,其基本做法是在提出问题后,教师以静制动,

不是把现成的知识传授学生,而是安排学生尝试、自学,这就把学生推向了学习的主体地位,让学生由自己来研究问题,尝试探索,自学课本,使之进入问题解决的角色之中,加大了学生在知识授受过程中的参与度;而同时,尝试教学的教学安排,教学活动的组织,教学环节的转换,对学生的反馈学习信息的收集,对教学内容的扼要的讲解阐述,对学生在认识过程中的点拨与诱导,特别是教学目标的编拟与实施等,又使教者居于教学的主导地位,从而避免教学中的放任自流、一盘散沙,减少盲目性。可以这么说,有指导的尝试原则的制订,就是教师主导性与学生积极尝试自学的主体性相统一的浓缩。而运用了尝试教学法的过程,则为学生的发展提供了种种契机:在尝试题的引导下,发展学生的求知欲,激发其探索的精神;在自学教材的安排中,促使学生的钻研自学的能力得到发展,学习意识得到增强;在教师的讲解和对尝试题的评订中,又使学生产生尝试成功的愉悦,从而激发他们学习的兴趣,产生内心的更大学习需要,并形成自我学习意识。所有这些都立体地发展了儿童少年的心理素质,使他们能通过尝试教学逐步走向发展和成熟。

  总而言之,通过两年在小学高年级数学教学中,用"尝试教学理论"引导"目标教学"的实践研究,我们进一步深入地理解了尝试教学理论的精神实质——① 尝试教学不仅是发端于小学数学学科中的一种富有特色的教学方法,更是一个富有生机的教学模式。它兼有宏大的"本体论"的理论结构,又有其"方法论"的实践作用,是格式与样式的统一,是在面向21世纪的思想指导下,实现的课堂教学系统中的结构与功能的统一。② 尝试教学只有走与其他教学方法相互结合、融合的路子,才能在理论上得到进一步的丰富和发展。③ 尝试教学中充分运用教学目标,实施目标教学的教学策略,就能保证尝试教学获得成功,从而增强师生教学的意识性和有效性。

参考文献:

[1] 邱学华.邱学华小学数学教育文集.南京:江苏教育出版社,1991.
[2] 江苏部分县市课题组.教学目标、掌握学习与小学数学教学.北京:北京教育出版社.
[3] 山东省大面积提高教学质量课题组.单元达标教学研究.济南:山东教育出版社,1994.
[4] 布鲁姆.教育评价.上海:华东师范大学出版社,1987.
[5] 吴也显.教学论新编.北京:教育科学出版社,1991.

尝试教学 奥秘何在

邱学华

《湖北教育》编辑部多次约我写文章介绍尝试教学法的新进展,我答应一定要写,因为我与湖北教育界有着特殊的感情。1996年10月,在湖北省十堰市举行了全国第八届尝试教学法研讨会。会上,全国重点研究课题《尝试教学理论研究与实践》得到了专家组的充分肯定,并正式宣告尝试教学法已提升到尝试教学理论,这在尝试教学研究史上是一个里程碑。会后,《湖北教育》杂志全文刊登了此篇研究报告,湖北人民出版社出版了论文集《尝试·成功·发展》。这项研究后来还获得了教育部颁发的"全国第二届教育科学优秀成果二等奖",尝试教学理论已成为当代著名教学流派之一。所以说,尝试教学理论是从湖北走向全国的,我永远不会忘记湖北人民对尝试教学法的热情支持。

一、从小学到中学

1980年,尝试教学法实验正式在小学数学教学中启动,并取得了显著成效,后逐步推广到小学语文、自然以及音、体、美各科。而后,尝试教学法实验的规模逐步扩大,从1983年开始在中学运用,这里还有一个感人的故事呢。

1986年,我接到了来自湖南山区一所农村中学的信,写信的是位年轻的数学教师,我并不认识他,看完信后我才知道"真相"。这位年轻的数学教师是湖南师范大学数学系的高才生,毕业后分配到家乡的一所重点中学任教。这个高才生在大学里的学习成绩门门优秀,可他最大的问题是不会教书、不懂教学方法。任教一段时间后,学生的学习成绩直线下降,家长纷纷向学校提意见,致使他第二年就被调离重点中学到山区一所乡初级中学工作了。

对这个年轻人来说,这是一个沉重的打击。幸好他没有消沉,反而促使他反思,下决心钻研教学理论和教学方法。那时,当地的小学正在轰轰烈烈地推广尝试教学法,于是他就到小学听课,千方百计地寻找我写的文章和尝试教学法的有关资料,如饥似渴地学习。他在他所教的初二班级中试用尝试教学法,边学边教。经过两年时间,在全地区的毕业会考中,他所教的班级出人意料地名列全地区第一名。后来,那所重点中学的校长又把他请了回去。为此,他写了这封长长的信感谢我,谈及他的酸甜苦辣,他深切地体会到作为教师一定要学习好教学理论和教学方法。

这件事令人深思,它生动地说明了尝试教学法拥有巨大的生命力,在中学教学中同样能取得良好的效果。小学生都能尝试,中学生就更能尝试,这是极简单的道理。可是,这一点很长时间不为中学教师所关注。

以上事例说明从上世纪80年代开始,已有少数中学教师自发地采用尝试教学法,可是

---

① 本文选自《湖北教育(教育教学)》2009年第4期,第12—15页。

受"应试教育"等因素的影响,他们步履艰难,不敢大规模进行教学改革,形不成气候。直到1995年,湖北省十堰市教委才率先在中学推广尝试教学法,1996年在十堰市举行全国第八届尝试教学法研讨会时开始有了尝试教学进入中学课堂的教学观摩活动。特别是在1998年9月4日《中国教育报》用整版篇幅介绍尝试教学法以后,更加快了尝试教学法进入中学各科的步伐。

尝试教学法在中学的实验开始时大都在初中。由于受高考升学率的压力,高中成了教法改革的禁区,如果谁敢越雷池半步,使得高考升学率下降,谁就吃不了兜着走。于是,大家都沿用传统的教学方法,很多教师甚至加班加点搞满堂灌,搞题海战术。不过,上个世纪90年代,有一些胆大的校长和高中教师开始偷偷地试验尝试教学法。浙江省湖州市长兴县煤山中学是一所农村普通中学,当时招收的都是三流学生,该校高二数学教师俞志勇在校长的鼓励下,大胆运用尝试教学法。仅一年时间,他所带班级的期末统考成绩从全县第150名跃居第1名,超过了重点中学。山东省德州市齐河县第一中学张著军老师教两个班物理,原来两个班的物理学科平均分都只有60分左右,采用对比实验不到一年,普通班仍只有66分,而试用尝试教学法的实验班成绩提高到了81分。令人惊喜的是,在第二年普通班也改用尝试教学法后,不到半年时间,该班物理学科的平均分也提高到了81.6分。

新世纪以来,随着新课程改革的实施,越来越多的高中也加入到尝试教学研究的队伍。重庆市开县第一中学是一所有着60多个班级的高级中学,该校大胆在高中各年级、各学科全方位推行尝试教学法,结果奇迹发生了,该校的高考升学率逐年提高,连续6年获得好成绩,2008年高考本科上线率竟达80%以上。高中阶段不能搞教法改革的禁区被打开了。这些事例有力地证明了抓高考升学率也必须按教育科学规律办,也必须破除损害学生身心健康的落后教育观念和教学方法。随着高中新课程改革的全面实施,尝试教学法在高中阶段的运用和推广,必将得到进一步的发展。

为什么尝试教学法历经30年仍经久不衰?为什么尝试教学法在小学和中学都能大面积促进教学质量的提高?奥秘在哪里?奥秘就在于"先练后讲,练在当堂"。

二、从"先讲后练"到"先练后讲"

传统教学方法的共同特征是"先讲后练",上课时由教师先讲,教师讲课文、讲例题,把知识内容都讲清楚了,学生都听懂了,再让学生做练习。这样的模式实际上阻碍了学生成为学习的主人。为什么"以学生为主"、"以学生为主体"已经提了几十年了,可直到现在许多课堂上学生还是"主"不起来?究其原因,毛病主要出在"先讲后练"的教学模式上。"教师讲学生听"、"教师问学生答"、"教师出题学生做题"这样的模式已经把学生定位在被动位置上,学生还怎能"主"起来呢?

如果把"先讲后练"改为"先练后讲",情况就不同了。尝试教学法有其鲜明的特征:"先练后讲"(也可说"先试后导"或"先学后教"),上课时先由教师提出问题,让学生尝试解决,遇到困难学生先自学课本和互相讨论,在旧知识的基础上依靠自己的努力,初步尝试去解决问题,最后教师根据学生尝试练习中的难点和教材的重点,有针对性地进行讲解。一上课教师让学生先练,就把学生推到了主动位置上。教师提出尝试问题后,学生会主动思考,想一想自己能不能做出来;遇到困难时学生会主动去自学课本,主动向同学请教;做完尝试题后,学生不知道自己做得对不对,就会主动进行讨论,主动听教师讲解。所以,从"先讲后练"到"先练后讲"会引发课堂教学的一系列变化,如学生从被动转变为主动、教师从"主宰者"转变为"引导者"等,这些都是新课程改革的主要教育理念。

从"先讲后练"到"先练后讲",虽然只是前后顺序调换了,但其中蕴含了教育思想的巨大变化,是传统教育观向现代教育观的转变。这里给我们一个很大的启示,实施新课改的教育理念必须抓住教学模式这个根本,从"先讲后练"转变到"先练后讲",一步走对,全盘皆活,真可谓"试一下海阔天空"。

三、从满堂灌输到练在当堂

"先讲后练"容易引起满堂灌的现象,教学实践证明这是低效费时的。原因在于:

(1)一上课教师先滔滔不绝地讲解,学生在心理上、知识上没有做好准备,难以引起学生注意。因此,往往教师讲了半天,很多学生还不知道教师在讲什么。

(2)教师的讲解不能适应学生的个别差异。一般教师只能根据班级的中等水平进行讲解,因而往往有一些内容对学优生来说是多余的,对学困生来说又是听不懂的。

(3)教师的讲解是连续性的,往往没有留下足够的时间让学生去思考,影响了学生对知识的理解。

(4)课堂学习的进程受教师讲解所控制,学生学习的快慢节奏也是由教师控制的。教师讲到哪里,学生必须听到哪里,学生难以根据自己在学习中遇到的问题自主学习。

(5)教师长时间的讲解是一种单调的刺激,容易引起学生的倦怠,学生的不良状态会降低听课的效率。

(6)教师的讲解占用了课堂大部分时间,接近下课时教师才匆匆忙忙布置课堂作业,学生拿起笔才做几道题就下课了,剩下的作业统统到课外去做,容易导致练习的低效。

以上分析的是"先讲后练"的弊病,其中第6条说明满堂灌输必然会侵占学生的练习时间,这是目前课堂效率低下的重要原因。许多教师对练习的重要性并不十分了解。其实古人早已知晓其中的奥秘,古人云:百闻不如一见,百见不如手过一遍。它的意思是听一百遍不如看一遍,看一百遍不如动手做一遍。我当过小学教师、中学教师、大学教师,已有近60年教龄,我悟出一个道理:学生主要不是听会的,而是练会的。教师在课堂上要管住自己的嘴巴,一般来说,要控制讲话时间在10分钟左右,留30分钟左右给学生活动和做练习,争取课堂作业在当堂做完、当堂反馈、当堂矫正,这就叫做"练在当堂"。

其实,课外做很多作业的效果并不好,由于作业过多,时间又不够,加上青少年自控能力差,因而一些学生往往会马马虎虎,草草完成,交差了事。这样非但没有多少效果,反而会养成学生做事马虎、不负责任的坏习惯,害了孩子一生。我认为:马马虎虎做十道题,不如认认真真做一道。学生在课内做作业,有安静的氛围,有教师的指导,有同学的互助,又能当堂校对、当堂订正,能够保证练习效益。

"先练后讲"与"练在当堂"是尝试教学策略中相互联系的两个方面,只有"先练后讲"才能留有时间做到"练在当堂",而"练在当堂"又能保证"先练后讲"的教学效益。这两者相辅相成,缺一不可,形成一个完整体系。

四、从胆小怕事到大胆创新

由于受几千年来封建思想的束缚,大多数中国人封闭保守、胆小怕事、唯书唯上。现在大家都在关心和议论一个问题：建国快60年了，为什么我们还没有出一个诺贝尔奖获得者。原因很多，但不得不承认陈旧的教育思想和教学方法是一个重要的因素。美籍华人、诺贝尔奖获得者杨振宁教授语重心长地指出：中国学生要在科学上创出成就，就必须具有敢于尝试的冒险精神。

无数事实证明，潜移默化的作用是巨大的，教师每天要给学生上课，他所采用的教学方法对学生的思维方式和习惯会产生巨大的影响。如果采用注入式的教学方法，上课一开始教师就把什么都讲清楚，把现成的结论告诉学生，学生用不着思考，用不着自己去探索，只能被动地接受教师灌输的知识，什么都跟着教师走。长此以往，学生就会养成"人云亦云"、"随大流"的习惯，这样的人是没有多大出息的。如果采用"先练后讲"的尝试教学法，教师大胆让学生自己去尝试练习，遇到困难自己想办法、自学课本和向别人请教，靠自己的努力去初步解决问题，那么学生在尝试学习的过程中就会养成不怕困难、积极思考、敢于创新的习惯，今后遇到新事物和新问题都敢于去"试一试"。这正是新时代对人才的要求。

尝试和创新是密切关联的，没有尝试何来创新？"尝试是创造的前提"，"尝试是成功的阶梯"，这两句话是简单朴素的真理，为世人所公认。古今中外的科学家、发明家的创造无不是从尝试开始，古今中外的政治家、企业家的成功也无不是从尝试着手。当今国家需要大批敢于尝试、勇于创新的人才。但是现在聪明的人很多，胆大的却太少，关键是不敢去尝试。古往今来无数事实证明，人们的探索精神的强弱，是一个国家、一个民族兴旺发达与否的重要标志。因此，作为一名教育工作者，目光要放远，采用什么样的教学方法，并不仅仅是为了提高学生的学习成绩，而是关系到人才的培养和国家的兴旺。

五、从崇尚西方到发扬中国特色

中国教育理论界历来"崇洋"，先是照搬日本，后来照搬美国，建国初期又照搬苏联，现在又崇尚西方教育。有些人总认为中国的教育落后，西方的教育什么都好，看不起自己的东西，开口布鲁纳，闭口赞可夫。翻开教育理论书籍，全是西方各式各样的教育理论。其实有些国外的教育理论还在探索之中，尚有争议，可是在中国已经得到大力宣传、推广应用了，这岂非咄咄怪事？100多年来的事实证明，西方的教育理论并不能解决中国教育的实际问题。

尝试教学理论继承了中国传统教育思想的精髓，又从中国教育实际出发，具有鲜明的中国教育特色。其应用范围遍及全国31个省、市、自治区以及港、澳、台地区，从小学发展到中学又渗透到幼儿园，从普教发展到职教，试用教师有六七十万，受教学生达三千万，特别是经受了近30年的时间考验，它已成为中国当代著名教学流派之一。现在有两所闻名全国的中学，一所是江苏省泰兴市洋思中学，一所是山东省聊城市茌平县杜郎口中学。它们原来都是落后的农村中学，生源差、条件差、教师水平也不高，教学质量很差，可经过大胆改革，奇迹发生了，洋思中学的教学质量跃居全省前列，杜郎口中学也从全县倒数第一变为名列前茅。前去这两所学校参观学习的教师络绎不绝，每天有几百人甚至上千人，成为了中国学校教育的一大奇观。这是中国的教师采用中国自己的办法，解决了世界教育上的难题，创造了教育的奇迹。

他们成功的奥秘是什么？洋思中学是"先学后教、当堂训练"，杜郎口中学是"预习展示、反馈达标"，这与尝试教学法的"先练后讲、练在当堂"不谋而合，异曲同工。这种教学改革中的趋同现象,正说明了具有中国特色的尝试教学理论拥有巨大的生命力。

尝试的过程,也是探究的过程、发现的过程,外国人提"探究"、"发现",而中国人提"尝试"更符合中小学生的特点,对教师来说更通俗易懂,便于操作。我们要认真总结经验,按教育科学规律办事,尊重中国人自己的创造,走自己的道路。

优化数学课堂结构 运用"十步教学法"[①]

吕淑珍 冯玉环

针对数学教学中仍有不少教师重教轻学的弊端,我校从1990年开始,对小学数学课堂教学结构进行改革尝试。总结出了"前有孕伏、中有突破、后有发展"的教学新法——"十步教学法"。

运用"十步教学法"的目的是在教师指导下,学生通过自行思考参与到掌握知识的过程中去。把以教为重点转移到以学为中心,不但重视学生掌握基础知识更重视学生智能培养。使学生灵活学习、融会贯通,富于想象和创造精神,充分调动学生学习的积极主动性,激发学生的求知欲望,以期达到数学教改的"四化"。即:基本训练系列化、课堂结构高效化、教学过程最优化、教学内容现代化。

"十步教学法"是以学生读书自探提纲训练思维为主线,在教师指导下,学生通过复习、入情、设疑、悟理、归纳、练习、发展、训练、总结、作业十个环节。在获取知识的过程中,自学能力得到提高。

一、"十步教学法"的课堂教学结构

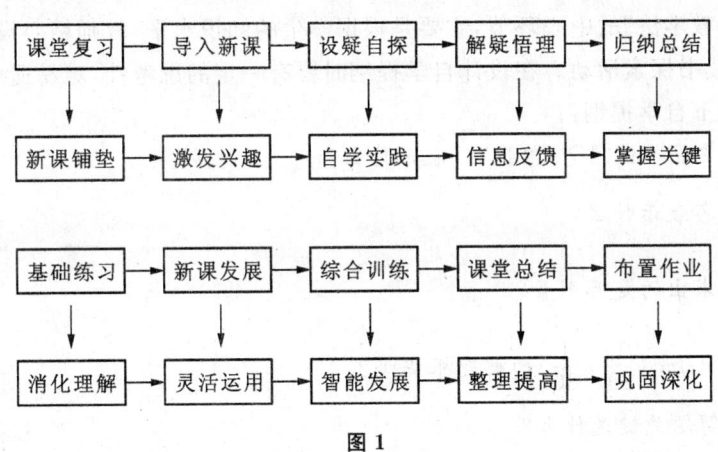

图1

二、"十步教学法"

(一)课前复习

在讲新课之前,有目的、有计划、系统地进行口头或书面练习,为进行新课做好铺垫。在

[①] 本文选自《教育探索》1996年第3期,第57—59页。

这个环节中要切忌盲目性和形式主义。如在"工程应用题"教学时出示如下基本训练题：

1. "工程问题"中有哪几个数量？
2. 这三量之间能列出几种关系式？
3. 运用三个关系式解答简单应用题。
   (1) 修一段路需要9天完成，平均每天完成几分之几？
   (2) 某工程队，每天完成一项工程的四分之一，完成这项工程需要几天？
   (3) 一块地，甲拖拉机每天耕它的十分之一，3天耕它的几分之几？
   (4) 修一条600米长的公路，甲工程队修建需要20天，乙工程队修建需要30天，两队合修需要多少天？

通过以上内容的复习，使学生把已有的知识和要学的内容有机地结合起来，为学习新课做好铺垫。

（二）导入新课

导入不是直接宣布、揭示课题，而是在基本训练的基础上引出新课题，使学生带着悬念，在最佳心理状态下进入新课。如前面所说的那节课可以这样导入：把课前复习题(4)中的"修一条600米长的公路"变为"一项工程"应该怎样解答呢？揭示这道题就是分数应用题中的例5：工程应用题。通过以上一换、一问、一揭有利于知识的迁移，激发了学生的学习兴趣。

（三）设疑自探

这是"十步教学法"的中心环节，主要是根据学生的知识水平，教师精心设计自学提纲引导学生独立地读书探索活动。在设计自学提纲时要有一定的思考性，难易适度，还如前面那节课，可出示如下自学提纲：

1. 为什么要设单位"1"？单位"1"表示什么？
2. $\frac{1}{20}$ 和 $\frac{1}{30}$ 各表示什么？
3. $\frac{1}{20}$ 和 $\frac{1}{30}$ 求出的是哪个量？
4. 你能读出 $1\div(\frac{1}{20}+\frac{1}{30})$ 的解题根据吗？
5. 本题的解题关键是什么？

学生根据以上自学提纲中的5个思考题独立思考、探究，提高学生的自学能力，使学生掌握学习方法。

（四）解题悟理

是学生自探情况的信息交流，也是自探成果的汇报，它是学生独立获取知识的重要一环。如前面所说的那节课，通过学生读书自探汇报自学情况，教师掌握学生的信息反馈，对学生出现的错误及时进行分析和指正，使学生顺利获取新知，掌握了工程应用题思路和解题关键。

(五）归纳概括

这一环节是教师根据新课内容特点作出"水到渠成"的归纳总结，指出学了什么内容，例题的类型特点怎样，得出什么方法、规律、怎样运用，运用时注意什么事项，是教师在知识重点区域的关键性的点拨，使学生把感性认识上升到理性认识。

（六）基础练习

是让学生将学到的知识具体地应用到实践中去，让学生解答几道与例题相似的问题，加深学生对基础题型的理解，也是学生消化新知的过程。教师在检查学生掌握知识情况的过程中要注意中下等学生效果，有利于有针对性的指导。

（七）新课发展

在学生掌握基本题型的基础上，把知识引申、扩展和变更，培养学生灵活思维和创造思维能力。在工程问题教学中学生掌握基本题型的解题方法后，运用这一方法解答相遇问题、水管问题，使这两种类型题解答起来更加简便、敏捷，同时把例题变形：① 增加合作伙伴"丙队"，求三队的合作时间怎样解答？② 如果两队只完成全工程的三分之二，怎样解答？通过这样的练习使学生触类旁通，防止了思维定势。

（八）综合练习

是进行多种形式、多种类型的解题练习。如：口算题、判断题、模仿题、交换题、对比题等，从不同的角度训练学生的思维，最大限度地发挥学生的主观能动性和创造性，充分挖掘学生智慧的潜力。

（九）课堂总结

是就本堂课的知识要点进行画龙点睛的重述，同时指出学生在练习中存在的问题及解决的方法，是知识系统的整理和完善，是提高教学效果的重要一环。

（十）布置作业

这是学生掌握新知后再一次独立探究的过程，作业中既要有与新课相类似的基本题，也要有适量的变形题，是学生对新知进一步巩固和深化的过程。

三、"十步教学法"的作用

通过几年来改革试验表明，运用"十步教学法"后，学生学起来感兴趣，学习主动、扎实；教师教起来轻松，教得得心应手。其作用有以下几点：

1. 养成了学生的读书习惯

以前，相当一部分学生感到读数学课本枯燥乏味。运用"十步教学法"以来，学生都能根据教师出示的自学提纲自学新知识。有了争议从书中找答案，初步尝到了读书的甜头，绝大多数学生养成了动脑思考、积极参与学习和读书习惯，并有所得。一位教师在讲了数的整除的意义后，要求学生判断 $15 \div 3$ 和 $1.5 \div 0.3$ 这两组数中，前一个数能否被后一个数整除？

有的同学说,前一组数可以被整除,后一组不能被整除。有的说这两组数的前一个数都可以被后一个数整除,并从课本中找出了根据:"数 A 除以数 B,得到的商正好是整数而没有余数,我们就说 A 能被 B 整除。"然后,通过认真讨论,学生补充说:"我们讲数的整除时,所说的数,一般只指自然数,不包括0。"刚才我们的争论就是忽视了被除数都应是自然数这一条件,所以后一组数是不能叫整除的。

2. 有效地提高了学生的自觉能力

十步教学法的应用,在课堂教学中充分体现三个为主,即:以学生为主、自学为主、训练为主,使"教"为中心转变为以"学"为重心。

(1) 以学生为主——就是发挥学生的主体作用。让学生多看、多思、多讲、多动和充分调动他们的主动性和积极性,学生依靠自己的力量解决问题,从而产生一种成功的喜悦,进一步激发学习的兴趣。

(2) 以自学为主——根据自学提纲内容的引路,迫使学生自觉地去自学课本,探索新知识,这是学生自我检验自学的结果。因此"十步教学法"是以自学为主。

(3) 以训练为主——"十步教学法"注重学生的逻辑思维、直觉思维、创造思维的培养,以训练为主线,贯穿整个教学过程中,使学生通过自探、悟理、概括、练习、发展等环节获取新知识,以求得最佳学习效果。

3. 发展了学生的求异思维

培养学生思维能力是小学教学中的一项重要任务。以前不少教师感到棘手,运用"十步教学法"可以较好地解决这一问题。如一位教师讲到5辆卡车3次共运水泥1 200袋,平均每辆卡车每次运多少袋?先要求什么?学生思维积极,得到这道题可以先求出5辆卡车一次运多少袋。列式是:1 200÷3÷5;还可以先求出每辆卡车3次运水泥多少袋。列式是:1 200÷5÷3。由于学生有一定的自探和悟理能力,在教师自学提纲引路下,主动进行探究,从而使其求异思维能力得到了发展。

小学数学"动像发现教学法"课题实验研究报告[①]

广西"小学数学动像发现教学法"课题组

一、问题的提出

随着教育改革的深入发展,小学数学教学领域涌现出了许多小学教育工作者,他们经过长期艰苦的探索研究,提出了新的教学方法,传统的小学数学的教学思想、教学方法受到冲击。如,北京的马芯兰老师提出的"四性教学法",是在小学数学教学中培养学生思维的敏捷性、灵活性、深刻性和独创性;江苏的邱学华老师提出"尝试教学法",着重培养学生自学的探索能力。80年代,中央教育科学研究所教育心理学研究室"数学能力研究组",组织全国15所大学等单位的36位科研人员深入全国九个地区、数十所小学,采取严密的测查和统计,科学地分析小学生各阶段(低、中、高年级段)的数学能力的表现特征,得到一整套较为科学的小学数学能力的测量、评价指标体系,使小学数学工作者衡量学生的数学能力高低有了测量评价标准。

随着科学技术的迅猛发展,教育手段现代化成为教育的发展趋势,然而手段的改革必然导致教学思想方法的改革。为此,我们构思如何在传统教学的基础上,充分利用现代教学手段提高小学生的数学能力,首先作下面两方面的思考、分析。

(一) 教师在课堂上给学生传授知识(信息)三种方法的优、缺点分析

按照课堂教学任务的要求,教师让学生掌握到知识的方法,概括起来有三种类型:

1. "讲授法"

是教师运用口头语言作为传递知识信息的媒体,通过教师讲、学生听的方式,向学生传递知识信息。

"讲授法"知识信息传递过程为:

教师口授   学生直接接受、掌握的知识
↓
知识信息 ────────→ 知识信息

一般来说,学生在教师"讲授"系统知识过程中,被动地建构本身的知识框架,也逐步掌握思维方法,数学逻辑思维能力也得到发展。

2. "启发"式教学法

是教师把知识信息按教学进度分成若干个问题①、②、③,然后构思寻找类同问题①、②、③的事例 A、B、C 来"启发"学生,让学生通过掌握 A、B、C 后自行理解到①、②、③,并经综合整理而掌握知识。这种教学方法符合国外提出的"教学最近发展区"的原则。

[①] 本文选自《电化教育研究》1999年第4期,第70—75页。

"启发"式教学的知识信息传递过程如图：

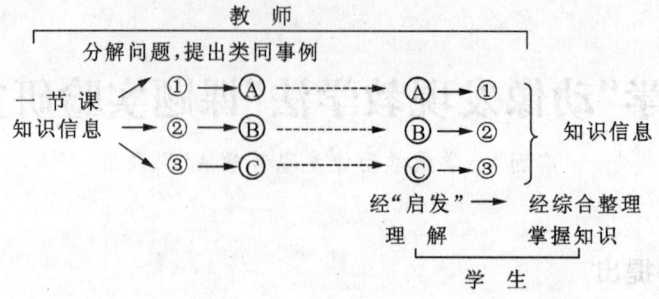

图 1

"启发"式教学法的特点是调动学生学习的积极性、主动性，激发学生积极思考，融会贯通，掌握迁移知识的能力。我们从图中看到：其一，教师的作用不是口述知识的本身，而是先把一节课的知识分解成①、②、③，并找出类同事物 A、B、C，并要诱导"启发"学生实现从 A 到①的知识迁移；其二，学生要开动脑筋，把事例 A、B、C 迁移成知识问题①、②、③，并主动思考，把①、②、③综合整理出知识(信息)。在完成学习的过程中，培养良好的推理能力。

3. "发现"教学法

是教师在学生学习概念和原理时，只是给他一些事实(例)和问题，让学生积极思考，独立探究，自行发现并掌握相应原理和结论(概念)。它的指导思想是以学生为主体，独立实现认识过程，即在教师启发下，使学生自觉地、主动地探索，科学认识和解决问题的方法及步骤，研究客观事物的属性，发现事物发展的起因和事物的内部联系，从中找出规律，形成自己的概念。

"发现"法教学的知识传递过程如图：

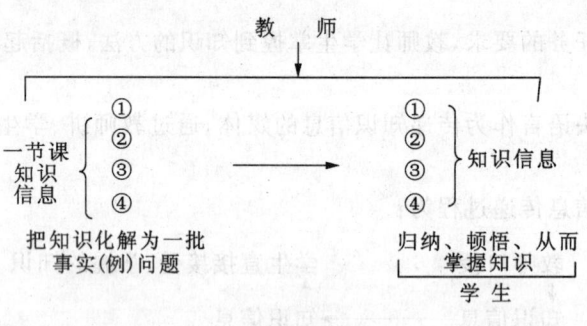

图 2

从图中看到：其一，教师要把知识本身隐蔽起来，化解为一批事实(例)①、②、③、④，并善于"启发"学生归纳；其二，学生在接受问题①、②、③、④之后要积极思考，并在归纳①、②、③、④的过程中，顿悟出其规律性，即学生自行"发现"知识。"发现"教学法能很好培养学生"用自己的头脑亲自获得知识的方法"(布鲁纳)，并在完成学习知识的同时，培养判断、推理能力，也培养敏锐的直觉思维能力。

（二）电化教育研究深入发展，必须要科学地阐述本身的认知规律

我国电化教育从1978年重新起步之后，在各级领导大力支持下得到很大发展。电化教育研究是1982年在部分省市开始进行，这段时间的电教研究多是采取对比实验方式，运用教育统计学原理，用大量无可争辩的事实和实验成果，科学地证实运用电化教育能提高教学质量。但"教育理论建设的进展远不适应教育改革实验的需要"（张文松），电教理论研究也是一样，远远落后于实践的需要。到90年代中期，电化教育的理论研究还停留在论述是否优化的水平上，而未能进一步探讨优化的内在规律，在推广应用上还没有较稳定的电化教学模式。这样，电教的进一步推广普及和发展就得不到理论上的有力支持。

上述两方面的思考、综合表述为：电化教育的发展，需要寻找到在课堂教学中，能培养学生思维能力的电化教学"发现法"教学模式。

二、实验研究的目标、过程和方法

（一）实验研究的目标

"小学数学动像发现教学法"实验研究的目标是经过一段时间探索才逐步明确的。开始，课题研究的内容受到中央教科所"小学数学能力的测查与评价"课题研究的影响，提出的课题是"利用电教提高小学生数学能力"。经一段时间的实验思考，认为这个课题内容范围大，于是，根据实际情况，课题改为探索必须用电教手段的教学方法，即利用电教优势的比较稳定的优化教学模式。同时，各地电教馆在组织中小学校开展电教的实践中，了解到广大教师开展电教急需的是要现成的电教教材，以及指导上课的电教教案。因此，经充分论证，最后确定课题研究设计的三个目标是：提出一个电教教法，研制出一套电教教材，经实验编辑一本电教教案集。

（二）实验研究过程（略）

小学数学"动像发现教学法"课题被广西教育科学规划办批准列入广西教育科研"八五"规划重点项目，并按实验条例规定，实验结束时，由规划办组织专家现场验收（附实验成果鉴定表）。

（三）实验研究方法

中小学数学研究方法有观察法、调查法、经验总结法、实验法、个案法，但实际上，课题研究工作往往不单只用一种方法，会用两种，甚至多种。在"动像发现教学法"课题研究中就用经验总结法和实验法两种。

经验总结法是在不受控制的自然状态下，根据教育实践所提供的事实，分析概括教育现象，使之上升到理论高度的研究方法。而实验法是为解决某一教育问题，根据一定的教育设想，在控制的条件下进行教育实践，探索教育措施与教育效果之间的因果关系，作出科学结论的方法。

参加"动像发现教学法"课题研究的20位教师和电教工作者分别在3个城市的6个学校等10个单位中工作，平时各自独立实验研究，举行研讨会时才集中讨论。同时，教育改革

的深入发展,要求实验时间不能太长,因此,我们设计实验时根据具体情况采取:① 经验总结(筛选)法;② 有序、交叉、同期安排的实验法。具体做法是分两个阶段进行。

第一个阶段是:实验设计安排 6 所实验学校,在同一年级各选一个实验班,同时上相同的实验课,各校实验教师自行在实验中总结出一些规律认识,然后集中召开研讨会,经各实验教师、专家反复研讨,从 6 个学校的经验筛选出带有规律性的认识,通过实验研讨,得出初步意见,再去实验、再研讨,一共进行四次筛选。第一次筛选出是"闪现教学法",其教学过程为:创设情景—激活思维—闪现概括—总结规律。第二次研讨会上与会教师热烈讨论,反复比较各校实验情况,筛选出在原有基础上有所发展的新教法,称"类比闪现教学法",其教学过程为:创设情景—动像启发—类比闪现—迁移提高。这种教学突出激活学生形象思维去发现事物变化规律时,教师是采取类比方法的结果。

到第三次研讨会,又一轮的经验筛选,根据许多教师在实验过程中的体会,认为电教手段提供"变动着的图像"是该教法的重要标志,建议教法名称改为"动像闪现教学法",其教学过程设计为:创设情景—动像启发—类比(对比)闪现—巩固提高。到第四次研讨会上,各校实验教师根据本身实验的经验,再次进行集中讨论筛选,认为用"发现"比"闪现"更能表达学生在学习过程中思维的顿悟过程,最后终于总结出比较满意的成果,即现在的四环九步:"动像发现教学法"。

第二阶段是"用 2 年多时间完成 6 个学年的实验课程"。学校教学实验周期长,是学校教学实验难以进行的一个原因。如小学的一个周期是 6 年,若加一个重复性实验就要 12 年。北京马芯兰老师用 4 年完成 6 年教学,重复一次共用 8 年时间,这样从实验设计到成果推广,需要 10 年的时间。上海青浦县顾冷沅的实验筛选法,前后 14 年。现在,现代教育日新月异,发展迅速,用 8—12 年时间才有成果显然是不行的。因此,"动像发现教学法"是采用有序、交叉、同期展开的实验。6 个学年的实验分别在 6 个学校同时展开,每个学校 2 个实验教师以上,最后又采取同一年级多个学校同期验证。通过有序的交叉,6 年的实验 1 年完成,再用一年重复验证,还用一年重点核实就完成一般需 8—12 年的实验任务。

有序、交叉、同期的教学实验是根据生物学阶段综合实验方法。生物学一个完整从生到死的实验周期,少则几年,多则几十年、上百年,这样长时间的实验是无法进行的,因此,生物学中采用同时对某生物从出生到死各个阶段的生长情况进行同期实验,然后联系起来,考虑综合因素,就可以得到该生物一个完整生长周期的实验数据。同样,教育实验,小学生 6 个学年的学习,我们也可以分成 6 个阶段(每阶段 1 学年)在 6 个学校,同时进行实验。交叉是指某一学年的实验是××学校,重复验证是交叉到别的学校进行,重点核实又是第三个学校。一般来说,对一个实验因素的检查交叉 2 次,得到的实验结果可信度是肯定的。

三、实验研究成果

课题经 5 年的研究,完成预定的实验研究目标,提出一个新教法,为论述这一教法,共撰写 11 篇论文;研制一套投影教材;经实验总结出 32 个实验教案集,现分别叙述。

(一)创立一个新的电化教学方法——"动像发现教学法"

课题组在"发现法"、"情境教学法"的基础上,充分运用现代教育技术能"产生变动的图像"的优势,创立了小学数学"动像发现教学法",提出了"四环九步"的教学流程:

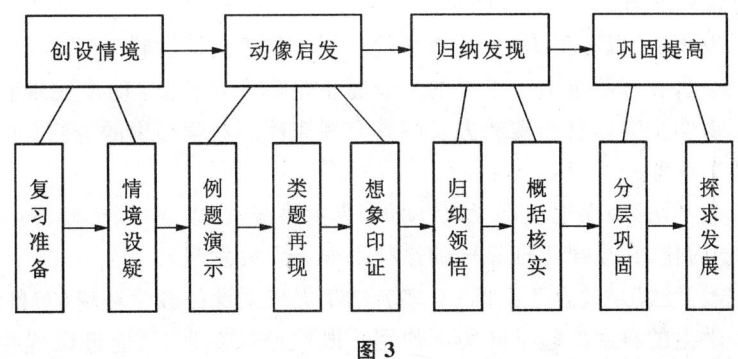

图3

新教法的教学模式共分为四个环节九个步骤。这四环九步又是围绕着引导学生发现规律性的数学知识这一中心而设计的。

"学起于思,思源于疑","不愤不启,不悱不发"。新教法的第一环节"创设情境"的主要目的是设疑。通过创设一个为儿童所熟悉的生活情境或教学情境,引发出旧知识与新问题的矛盾冲突,将学生导入"心求通而未得","口欲言而不能"的愤悱境地,让学生在好奇、期待、跃跃欲试的心态下,积极投入对新知识的学习。

"动像启发"是新教法的第二环节。所谓动像,即变动着的图像。这里的图像,除通常意义的图画、图形外,还可以是数学中的点子图、线段图、示意图、集合图、对应图等,有时也可以是实物或符号。而变动,可以是位置的移动、形状的改变,也可以是数量关系的变化或组合方式的更迭。动像启发,就是要通过图像的"动",提示出旧知识与新问题之间的联系,将未知转化为已知,从而使问题获得解决。为了使各层次的学生都能理解,新教法又将这一环节分成三步。以"类题"重复例题,以"想象印证题"作为"半例题"。让学生通过对例题、类题的观察或操作,在头脑中形成内隐的"动像",再接触一道与例、类题相似的题目,让学生在想象之后,再以教师提供的"动像"作为印证。

在一而再、再而三地经历了对"个"的研究之后,新教法以第三环节"归纳发现"转入对"类"的认识。将第二环节研究过的一个个现象集中起来观察、比较、归纳,概括出它们的共性。然后,再在教师的引导下,将其共性表述为结语式的猜想,并通过实例验证、对照课本核实方式,使猜想得到确认。

新教法的第四环节是"巩固提高"。它的基本目标是通过多方面的运用,体会先前所获得的发现的意义,巩固发现的成果,新教法的巩固提高与通常的巩固练习的区别在于,新教法强调巩固时要有层次,巩固后要有发展。巩固不是靠一个平面上作单调重复训练来完成的,而是在渐进的发展的过程中逐步地实现的。

"动像发现教学法"是在学习美国学者布鲁纳提出的"发现法"的基础上,充分运用现代教学技术的优势,在中国特殊教学环境下,在课堂教学中实现经教师引导下学生"发现"数学知识。但与布鲁纳的"发现法"有三点不同。

1. 教学目的侧重点不同

布鲁纳主张"学习者优先的任务是有所发现",把学习"发现的方法"本身作为教学的主要目的,而"动像发现教学法"是一种通过发现进行学习的方法,仍然把学习"大纲"所规定的知识作为教学的第一目的,把"学会发现"作为教学的次要目的。

2. 教师的作用不同

布鲁纳的"发现法"以儿童为中心,教师的作用仅限于提供材料(问题、学具)让学生自由地得到各自的发现,教师甚至对于不同的发现通常也不予评价。"动像发现教学法"则是在教师的引导下,由学生集体有步骤地去发现具有规律性的数学知识的方法。

3. 发现途径不同

"动像发现教学法"明确地规定了以"动像"为主要线索,以观察、比较、归纳为基本方法,通过让操作逐步内化,让规律逐渐显现的途径引导学生去发现。

"动像发现教学法"是适合于我国 40 多名学生大班上课的教学环境(布鲁纳"发现法"要求是在 10 多个学生的自由的教学环境下使用),既能照顾差生,又能鼓励优生大胆猜测,充满激情地去学习。许多教学实验都证明,教师掌握好"动像发现教学法"去指导学生学习,教学质量明显提高,思维能力发展更加显著,这是因为:

(1) 运用现代教学技术实现"动像",在一节课中学生有效注意的时间分阶段出现多个高潮,连续累加有效注意的时间比传统教学延长 5—10 分钟。

在四个教学步骤中,运用投影片引导学生观察、类比,学生的学习注意力得到吸引而集中。特别在"归纳发现"环节时,一般已经上课 20 分钟左右,在以往教学中,小学生的学习情绪开始松懈,注意力分散,而教学的重、难点往往是这个时间才开始讲授,但学生头脑疲劳,注意力失控,学习兴趣提不起来,学习效果很差,这是小学课堂教学的一个结症。而"动像发现法"由于采用"投影"展示活动的图像,一步一步引导学生观察和思考,学生都能聚精会神地跟随教师的指导去思索,保持高度注意力。注意力集中学习效果就好,教学质量自然就提高了。

(2) 在培养形象思维能力的同时培养逻辑思维能力,学生两种思维能力都能得到训练、发展。

"动像发现法"课题研究遵从钱学森教授关于青少年思维是三种思维并存,并共同发展的观点,充分运用现代教学技术,改革传统教学模式,打破原有教学环境束缚,达到一个新的阶段。在原有传统教学条件的环境下,很难在课堂教学中培养学生形象思维能力。现在,教学环境条件改变了,可以运用"投影"技术,教师根据教学需要操纵"运动的图像",引导学生遵从形象思维规律的思维活动,激发从形象的感性认识飞跃到形象思维的理性认识。再引导学生思维去建立概念,这样学生两种思维能力都得到了训练、发展。

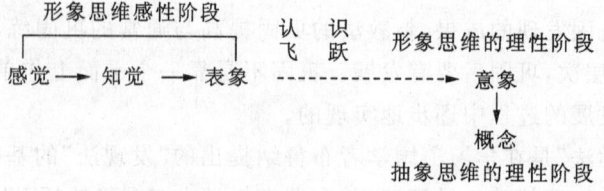

图 4

例:三角形内角和一课。传统教学是学生用量角器来测量三个角的度数,然后相加,由于种种原因,学生把量度得到的度数相加,往往不是 180°而是 179°或 181°,此时,教师要求学生认真、严肃地测量,一定要测量出三角形的内角和是 180°,从而得出三角形的内角和等于 180°的结论。然而按照新教法,是采用培养学生形象思维能力的学习新途径。首先引导学生观察,教师用投影仪,先把一个三角形的三个内角分别旋转组成一个平角。接着又把一个纸片钝角三角形的三个角撕开,在投影仪上拼接成一个平角,再请学生自己撕一个纸片的三角形的三个角拼接,同学们都得到三内角相加等于一个平角,而平角＝180°是已学过的知识,学生就领悟出三角形内角和等于180°的规律性认识,这个认知过程是:

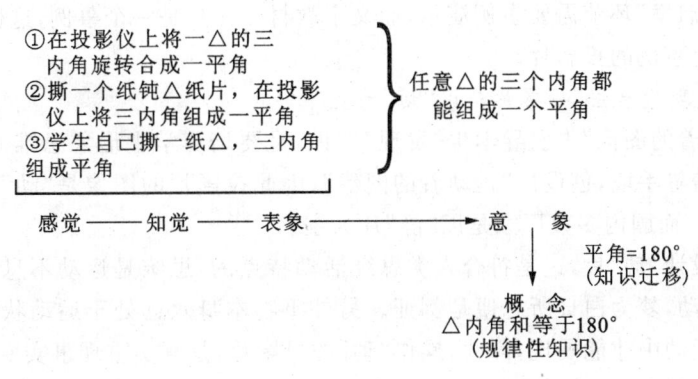

图 5

（3）活跃课堂学习气氛,提高学生学习兴趣。

小学数学受到学科严密的影响,课堂学习枯燥、乏味,与小学生活泼的性情不甚合拍,造成学生上数学课时无精打采,提不起学习的兴趣,而"动像发现教学法"每一个教学环节都有活动的图像,刺激学生各个感官,激发其兴奋点。如第一环节"创境设疑"就是使一节数学课一开始就趣味盎然。如"比较分数的大小"一节课,上课开始,投影一幅西游记唐僧师徒四人图画,猪八戒满头大汗,抱着一个大西瓜。教师一边用教鞭指着图,一边讲述小故事,说到猪八戒贪心想多吃西瓜,不要1/4而要1/6,这个有趣的问题就激发了小学生学习的兴趣,是1/4西瓜大还是1/6西瓜大,以前学过的整数知识是6＞4,而1/4与1/6分数又如何呢？这种"创境设疑"还能激发学生形象思维的发展,为实现从表象到意象的第一次飞跃,打下铺垫。

"动像发现教学法"是一种新型的电教教法,经6校多年实验和第一批扩大200所学校实验的结果,充分证实"动像发现教学法"的教育性、科学性完全符合青少年的心理及思维活动特点,能减少教学时间,提高课堂教学质量。

（二）研制一套配合"动像发现教学法"的投影片

我国电化教育从1978年重新起步以来,鉴于投影仪的易操作性、经济实惠、保管方便等优点,应用比较广泛。为配合投影仪的使用,研制投影教材的厂家较多,仅小学数学就有10多家厂、出版社出版发行了投影片,现我们研制的"动像发现教学法"投影片,与目前国内众多厂家出版的小学数学投影片有三点异同:

1. 教学内容范围不同

"动像发现教学法"是根据"发现法"的要求,不是课课都可用,只有部分课程属于介绍事实变化规律的概念,即有发现的知识点才能运用"动像发现教学法"。因此,我们从6个年级12册教材中初选了32课教学内容。

2. 投影教材的设计思路不同

众多出版社制作的小学数学投影片是根据文字教材的内容图画化,或课本画面的重现,这类完全从属于文字教材的投影教材属第一代投影片;而"动像发现教学法"的投影片的设计:① 要符合文字教材大纲及教材内容的要求。如三角形内角和一课,就要设计出学生掌握到三角形内角和等于180°的教学大纲要求。② 设计的另一要求是遵从"动像发现法"四步骤的特色。有许多投影教材是文字教材中没有的。如"创境设疑"所设计各种形式的小故事。又如"动像启发"环节需要多例演示,而文字教材往往只是一个事例,这样就需要多设计一至两个有特色事例的投影片。

3. "动像发现教学法"投影片是以"动"为主

要以"运动着的图像"去引导学生"发现"知识,是要培养学生形象思维能力,因此,采用抽拉、翻转、覆盖等手段,创设出"运动着的图像",因此投影片的图像是"动"的,整套投影教材动片占80%。而国内多数厂家是以"静"片为主。

为什么要设计"动"片,这是符合人类思维活动特点的:思维是运动不息的,就是人睡眠时,思维也有活动,梦为白日所思便是例证。另外事物本身永远处于运动状态,事物变化的规律更是要从运动中才能展现,因此,操作"动"的投影片,是真实重现事实变化的规律,符合人类思维活动的思考,而"静"片就达不到这一要求。

(三)推出32个"动像发现教学法"的实验教案

在五年的实验过程中,教师先进行教学设计、上实验课、归纳总结规律性认识,集体讨论筛选,再实验,再筛选,反复四次,得到"动像发现教学法"的四环九步的教学过程。然后在各年级寻找能使用该法的课程,再经有序、交叉、同期的实验,终于得出32个实验教案,这些教案充分体现出运用"发现法"及配套的投影片。

四、体会与存在的问题

五年多实验研究实践,有下列体会:

(一)充分论证课题研究的内容,立项要准确

"动像发现教学法"课题研究的题目、内容是用近两年时间、四次筛选而初步确定的,但出于对课题研究内容的慎重考虑,区电教馆邀请区教科所、广西教育、广西教研部等专家对课题研究内容进行认真充分的论证,最后才确定课题研究的内容。可以说花了课题2/5的研究时间进行研究内容的挑选是很有必要的。

爱因斯坦说:"提出一个问题往往比解决一个问题更为重要,因为解决问题也许仅是数学上或实验上的技能而已,而提出新的问题、新的可能性,从新的角度去看旧问题,却需要创造性的想象力,而且标志着科学的真正进步。"这是至理名言。课题研究内容的提出就类同提出一个新问题。

(二)课题组织遵从"领导、专家、群众"的"三结合"原则

50年代我国工业生产研究有一个典型经验,是由"领导、专家、工人"组成各种科研、攻关、技术革新小组,取得卓越的成绩。这种优化组合的科研小组,是符合我国国情的,在教育领域中也是可行的。"动像发现教学法"课题组在成立时,按"领导、电教专家、第一线教师"的"三结合"原则选定课题组人员,并明确分工职责:

领导是课题研究的决策人、宏观计划的制订者、组织工作的协调人、后勤工作的保障者；专家负责制定课题研究计划、指导实验工作、对课题人员进行培训；第一线老师是实验课题的提出者、教学实施者和推广、普及的示范带头人。

（三）课题实验的步骤是"实验、教材、培训、推广"八字方针

广大教师开展电化教学的基本条件是要有电教设备，如投影仪、录像机、电视机等，还要有现成的电教教材，如投影教材、录像教材等。因此，"动像发现教学法"课题组一边实验，一边研制投影教材，当实验结束，就得到一套能推广使用的投影片。同时课题组依托区电教馆的工作安排，边实验，边培训（课题组人员理论培训，扩大实验的教师培训），让更多的教师了解、参与、熟悉、掌握"动像发现教学法"和熟练地运用投影教材。现在"动像发现教学法"已在200所小学扩大实验，我们期望在课题验收之后，通过培训，逐步向全区范围推广。

（四）通过实验，不断提高理论认识水平，实现教学观念的突破

1. 实现在我国特定教学环境中，"发现式"教学普及的突破

我国是45人以上大型班级规范性教学，课堂纪律严明，教学以教师指导为主，因此布鲁纳的"发现法"不适应中国的教学环境，而"动像发现教学法"是教师利用投影技术实现图像运动，有效指导学生观察、思考，从而实现"发现"，经6校的实验观察，能"发现"问题的不仅是优生，一般的学生也能实现"发现"。这样，实现"发现法"教学在我国特殊教学班级中得到普及、推广。

2. 在小学数学教学中能培养学生的形象思维能力

由于运用现代教育技术有效地改变了传统的课堂教学环境，从而解决了课堂教学中难以培养学生形象思维的问题，实验证明，在培养学生形象思维的同时，能发展逻辑思维能力，对现有教学大纲仅仅提出培养初步空间想象能力的要求有所发展。

综观五年来的实验，课题研究也存在有下列问题：

（1）课题经费不足严重制约课题研究的深度及广度。

开展电教研究的基本条件比一般教育研究的条件较为复杂，如运用投影仪、录像机、电视机、电子计算机等，又需研制电教教材，这两项实验的必备条件需投入大量资金，由于经费不足，有许多任务是依赖行政的干预才能落实，这样就严重影响了课题研究的深度及广度。

（2）理论工作准备不够，制约了课题研究的理论成果的水平。

"动像发现教学法"课题开始是定位在"教学法"方面，但电教的教法面临着要解决思维科学的问题，由于对思维科学理论认识不够，课题组也缺乏这方面的专家指导，因此"动像发现教学法"课题未能在思维科学的角度上有较高水平的研究。

"动像发现教学法"课题历时五年多，在许多领导、专家的关怀指导下，特别是在许多教师热情的支持下，推出一个教法、一套教材、一本教案集，完成了预定的实验目标。但由于课题组实验经验不足，理论功底浅，又未能作过细定量的统计分析，因此还存在着不少问题，望同行、专家们批评指正。

小学数学分层异步教学的实施策略[①]

"小学数学分层异步教学策略研究"课题组

一、小学数学分层异步教学的内涵

《全日制义务教育数学课程标准(实验稿)》指出:"义务教育阶段的数学课程应突出体现基础性、普及性和发展性,使数学教育面向全体学生","实现不同的人在数学上得到不同的发展"[1]。寻求适应学生个体差异、满足学生个体学习需要、促进每个学生在原有基础上得到最大程度发展的数学教学模式与实施策略,已成为将数学课改理念转化为教师实际教学行为的必经之路。

小学数学分层异步教学,就是在小学数学教学中,将同一班级内的学生按照一定的标准划分成不同的层次(群体),并根据需要将之组合成学习小组,把教学目标置于各层次学生的最近发展区之中,引导学生自主选择学习目标、内容和活动方式,允许学生在一定限度内选择不同的学习进度、学习方式学习,教师进行分层施教、分类指导。这种教学方式可以简单地概括为"分层施教、异步达标、保底扩顶、各有所得",其实质是在班级授课制条件下,立足于学生的个性差异和发展潜能,增加教学活动的选择性、针对性和拓展性,实现教师集体教学与学生个性化学习的有机结合,真正做到因材施教和教育面向全体学生。

分层异步教学需要把学生划分为不同层次的群体,由教师指导学生依据自身状态对学习目标、内容和学习方式做出选择,这必然会使单线条的教学流程发生改变。教师需要设计非线性的教学流程,构建具有可选择性的教学模式,具体见图1。

如图1所示:由于A、B、C 3类学生的活动是并列进行的,其活动或者形式不同,或者任务不同,或者目标水平不同,当分组学习和分类指导时,教学线索就被分解成两条或3条平行线;而在全班交流、归纳总结等活动时,这几条线索又会交汇合并。这种教学模式把不同层次学生的异步自探究与师生同步的合作指导统一在一个框架之中,要求"分"与"合"的活动协调一致,

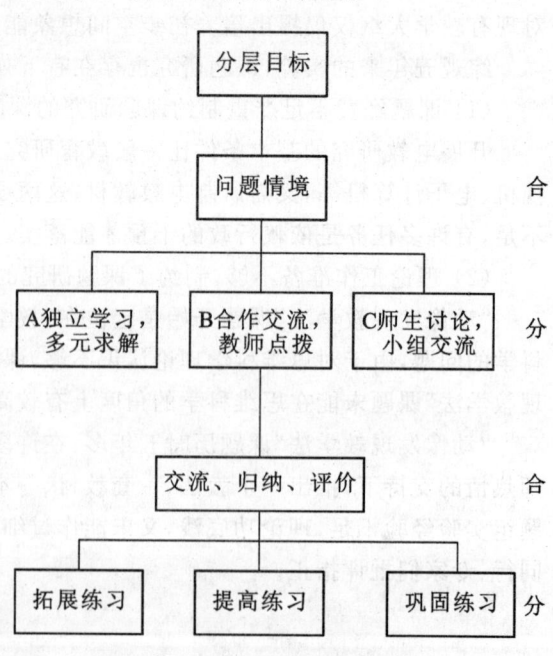

图1 分层异步教学模式图

[①] 本文选自《中国教育学刊》2006年第11期,第57—60页。

使教学内容的难易程度与学生的个体差异相互适应。

就教师与学生的教学关系而言,教师对 A 层学生以"放"为主,倡导他们独立学习,鼓励他们从多角度思考问题,并积极帮助他人;对 B 层学生以"半扶半放"为原则,在其互动、交流的基础上予以点拨;对 C 层学生以"扶"为主,教师要增加对他们的关注,较多地介入他们的活动,并及时反馈和辅助,同时注意利用异质小组的资源对他们进行援助。需要注意的是:这种教学模式不是一成不变的,可以通过教学实践的不断修正和调适探索出多种变式。

二、小学数学分层异步教学实施策略

小学数学分层异步教学的实施必须有相应的教学策略作保障。为此,我们设计了 9 条策略。

1. 学生层(组)划分的策略

要为不同的学生提供适合他们的教育,就必须了解学生学习的差异状态和需求。经过调查研究,我们发现了影响小学生数学学习的主要因素,并据此编制了"小学生数学学习障碍与认知风格测查表"(见表 1)。需要指出的是:首先,由于学生的学习兴趣、动机、态度、自我意识、学习价值观等是相互联系的,因而我们把它们统称为数学学习中的情感因素,并通过"乐趣感、焦虑感、厌倦感"进行区分。其次,学生的认知风格虽然没有优劣之分,只表现学生信息加工方式的偏好,但如果得不到适当的顺应和利用,就有可能导致学生学习效率的下降。

表 1　小学生数学学习障碍与认知风格测查表

应用价值	主要因素																		环境因素					
	已有知识基础			认知风格		认知能力			情感体验			应用意识			行为习惯			家庭教育			师生沟通		
	良好	一般	较差	独立型	依存型	完善型	一般型	缺陷型	乐趣感	焦虑感	厌倦感	强	一般	弱	良好	一般	较差	重视	一般	放任	良好	一般	较差
整体分析																							
个体分析																							
学生分层																							

我们根据测查结果把学生的学习状况划分为 A 层、B 层、C 层。这种划分采取的是隐性、动态的方式。"隐性"是指不公开,但教师心中有数。"动态"是指每学年(必要时,也可以半年或一两个月)测查一次,并根据变化对学生的层级予以调整。学生学习层次的划分也为教学中的学生分组提供了依据。教学中可以采用同质分组、异质分组或混合分组等方式组织教学,但具体采用哪种分组形式,要根据学习内容、课型和教学过程来确定。

2. 目标设计和选择策略

分层异步教学的基本指导思想是教学内容相同但要求相异。在教学目标的设定上,一方面要遵循"下要保底,上要扩项"的基本原则,层级目标相互跨度不宜过大,同时设定基础性目标和发展性目标;另一方面,要做到"指令性与指导性相结合",明确各层次学生必须达成的目标,在尊重学生选择的基础上对目标定位加以引导。学习目标的确立可以采用两种方式:一是对同一项学习活动提出难度不同的要求;二是针对同一课时教学内容提出 A 层学生要达成的所有学习目标,再结合 B、C 层学生的学情确定其相应的学习目标。

教师要及时引导学生恰当地选择学习目标。在学生完成基本层次的目标后,要充分调动其主观能动性,促使其向更高一层次目标迈进。如果学生目标定位不准,教师原则上不加以阻止,而是通过强化其行为产生的效果,促使其进行自我调整。例如:如果学生由于目标定位过高而遭受失败,教师应引导其分析失败原因,促使其把目标降低到适当层面。在第一学段,考虑到学生的理解能力,教师可以不明确出示目标,而把目标转化成一些激励性的语言,引导学生明确学习的主题和努力方向。在第二学段,教师要通过创设情境帮助学生"认购"目标,让学生在课堂学习一开始就明确学习要点,激发自我挑战的意识。

3. 分层设问策略

在分层异步教学中,教师设问的对象性和目的指向性必须明确,即教师必须明确每个问题指向哪一层次的学生,提问的目的是什么。教师可以通过"一问多式"的方法,设置层层衔接、逐步递进的问题,既针对相应层次的学生,又使前后问题形成铺垫延伸,让不同层次的学生既解决一些基础性、变式性问题,也尝试解决一些综合性、发散性问题。在问题的呈现方式上,教师应先呈现 A 层问题,在大部分学生不能解决问题时再呈现 B 层问题,引导学生思考;通过巡视,对 C 层学生予以指导,提出 C 层问题辅助学生学习。

4. 个别指导策略

分层异步教学必须强化教师对学生的个别指导。具体来说,教师要注意以下几个方面:

(1) 加强过渡引导。在分层施教的过程中,教学活动呈两轨制或三轨制交叉运行。由于学生完成同一学习任务的方法、途径和速度不同,会出现一部分学生提前完成而停顿等待未完成学生的现象,也可能出现由于 C 层学生无从下手,教师予以个别辅导,从而不得不延时进入下一学习环节的情况。已完成前一学习任务的学生如果没有补充性任务,就会造成时间浪费,甚至出现暂时性的秩序混乱。为此,教师可以安排相互检查验证、拓展性思考、同伴小声交流、完成自选题、休息等过渡性学习活动,引导学生自觉选择其中一两项去完成。

(2) 加强分类指导。教师在学生遇到困难时应给出建设性意见。例如:对回答问题有困难的 C 层学生,教师可以提供分解后的铺垫性问题以形成学习支架,帮助其实现思维序列化、定向化;对于思维较活跃的 A 层学生,要通过点拨、启发的方法引导其变换思维视角。教师还要针对个别性问题进行小范围的分类指导,并收集一些共性问题,在归纳总结时共同解决。

(3) 延展学习时空,促进"提优"、"补差"。教师要在做好课内指导的同时,充分发挥预习和复习的作用,加强课前的铺垫性指导和课后的强化性辅导。对于 A、B 层学生,教师可要求其在课前收集与学习主题相关的背景资料,或尝试独立解决课本上的"思考题";课后提供相关的探究问题,鼓励其积极实践,以拓宽知识面。对于 C 层学生,教师要在课前帮助其强化认知准备,指导其复习相关的旧知识点,明确新知识的要点,以实现其知识的联结、沟通;课后精选涵盖知识要点的习题,围绕教学的重点和基本要求反复强化,帮助其达标、提高。教师还应把教学单元适度缩小,及时增加小单元的整理复习,以把握学生数学学习过程中的"夹生点"、混淆处,进行有针对性的补救、提高。

5. 分层练习策略

在分层异步教学中,练习的内容要有一定的弹性,以便学生自主选择。练习的方式有 3

种：一是"剥离式练习"，即像剥卷心菜一样，对各层次学生提出不同的要求。例如：在一题多解练习中，教师应鼓励各层次学生通过发散思维来寻求不同解法。C层学生可以分步解答，能得出一种以上解法即可，必要时教师还可以帮助他们降低习题难度；B层学生可以合作交流，用综合式解答，尽可能寻求两种以上的解法；A层学生则要求独立解答，看谁的解法多、解法最优。二是"并列选择式练习"，即把难易程度相近的题目同时呈现，让学生自由选择，以完成题目的数量和准确度为主要指标进行评价。三是递进式练习，即就同一内容设计难度层次不同的练习题目。一般设计的练习有基本题、提高题、拓展题3个层次。在操作中，一般可从基本题开始，要求C层学生必须会做，并力求解决提高题；而A、B层学生可以从解答提高题开始，争取完成拓展题；A层学生如果提前完成，则要行使对其他学生的督查职责，或完成教师额外提供的练习。

6. 合作互助策略

学生学习过程中出现的问题与困惑以及不同的认知风格和学习水平都是重要的课程资源。充分挖掘这些资源，可以使班集体教学的优势得到最大限度的发挥。在集中研讨学生的共性问题时，既可以按照C—B—A层的顺序提问学生，让学生相互补充、完善，使问题得到完善解决；也可以先要求A层学生示范作答，再出示同一问题或类似问题让B、C层学生模仿作答；还可以让A层学生承担作业检查、辅导督促C层学生完成作业等职责，并制订"值日小老师"制度，允许个别"小老师"在教学中离座巡查，给其他学生提供帮助，以缓解学生人数多而教师指导时间有限的矛盾。教师还要在课内外强化学生的小组竞争意识，通过多种形式开展竞赛，使组内成员接纳C层学生，并把帮助C层学生提高作为每个人的职责。

7. 区别评价策略

分层异步教学评价要把差异作为评价的起点和归宿，以个体的纵向比较和层内的横向比较为基础，实现评价的激励和矫正功能，力求使评价指标弹性化、主体多元化、手段多样化。教师要引导学生学会"自己与自己比"，把自己近期内的学习表现和结果作前后对比；引导学生恰当地选择与自己学习状况相近的同学作"竞争对手"，比较一段时间内彼此的进步程度。在学生自我评价的基础上，教师结合家长、其他同学的评价肯定学生各自的优势。对A、B、C层学生，分别采用竞争评价和激励评价，增强其学习的动力。对C层学生，要做到即时评价与延时评价相结合，重在评价学习态度和过程，努力发现其闪光点并及时鼓励；在发现错误时，也尽可能给予其自我矫正的机会。对A、B层学生则注重评价学习活动的质量和结果，激发其提升自我的欲望。教师的评价要让学生感受到真挚的情感，同时应避免过度赞美。评价的方法有：① 利用教室墙壁设立评价专栏；② 建立成长记录袋，收集反映学生数学学习成长、进步的资料，进行自我反思和评价；③ 改进作业评定方式，将学生喜欢的小红花、小兵器等图案作为奖励不断鼓励学生相互竞争；④ 加强平时随堂的单元测查，淡化期终考试；⑤ 笔试分层，在同一试卷上设置难度不同的试题，以供各层次学生自由选择。对考试成绩不满意的学生，给予重新考试的机会。

8. 习惯矫正策略

小学生是否具有良好的学习习惯与其数学学习成绩存在密切的关联。为此，教师要通过多种方式引导学生养成良好的学习习惯。具体来说：一是要引导学生学会倾听。教师在教学中要引导学生注意听明白别人讲的是什么，能复述其讲话的内容，并对别人说的内容进行评价，发表自己的看法。二是要引导学生学会读书。许多师生对数学课本的阅读不重视。

其实,仔细阅读数学课本有利于学生提高数学学习能力。阅读数学课本的关键是读通、读懂、读会。教师要引导学生一边思考,一边在书本上圈、点、画,把关键词、句找出来,把问题补充进去,以避免不理解题意而胡乱猜测的现象。三是要引导学生学会表达,逐步提高学生数学语言的准确性、逻辑性、有序性。四是要引导学生认真书写。五是要引导学生养成自我反思的习惯,学会用"我的想法与别人的有什么不同"、"从别人的想法中我得到了什么启示"、"结论是怎么一步一步想到的"等问题反思自己的学习过程,提高思维的批判性、有序性和深刻性。

9. 环境支持策略

学生的学习活动是在与周围环境的互动中进行的。构建支持性的学习环境可以有效地提高学生的学习效率。尤其是对数学学习存在情感障碍的部分学生,更需要通过改善与周围环境的关系来增进学习的责任感和自信心。教师不仅要关注学生的认知活动,更要注重学习环境的优化和利用。首先,要注重班级学风的建设,通过"班训"、"每日格言"、"小组竞赛"等形式激励学生形成积极向上、互信互助的氛围,鼓励 A、B 层学生主动接纳 C 层学生,不歧视、孤立他们。其次,要注意与学生、家长沟通。教师要多与学习上有障碍的学生进行交流,与家长保持联系,互通信息,形成教育合力。

参考文献

[1] 中华人民共和国教育部.全日制义务教育数学课程标准(实验稿).北京:北京师范大学出版社,2001.1.

(执笔人:吴辛君)

小学数学课堂教学评价的质性研究[①]

赵冬臣　马云鹏

一、研究问题

对于数学课堂教学评价,我们既要探讨"应然",又要关注"实然"。在新一轮数学课程改革的背景下,小学数学课程实施者是如何进行课堂教学评价的呢?这是一个很有必要研究的问题。课堂教学评价,归根结底属于价值判断的问题。通过研究课堂教学评价,可以透视课程实施者对数学新课程理念的理解情况,了解数学课程实施中出现的问题,一方面可以丰富小学数学课堂教学评价的研究,另一方面可以对新课程实施有所启示。我们研究的问题是:小学数学课程实施者对"好课"的认识,以及他们如何评课。

二、研究方法

(一)访谈对象及资料收集方法

本研究主要采用访谈法。我们将访谈对象确定为教研员、名师两类,采用"典型个案抽样"方法在 W 市(W 市为北方一省会城市)的两类对象中各抽取若干,共 5 位。其中小学数学教研员 3 位(A1、A2、A3),小学数学名师两位(A4、A5)。所有研究对象的确定均以对方愿意参加本研究为前提。

我们对每位访谈对象各访谈了两次,每次 60—90 分钟。第一次了解他们对好课的认识;第二次请他们评课,评价素材是从 W 市新课程教学大赛参赛课中选取的两节课(课 1、课 2),以录像的形式呈现给访谈对象。A2、A3、A5 评价了以上两节课,由于时间限制,A1 和 A4 只评价了课 1。

(二)评价素材简介

1. 课 1 简介

课 1 的教学内容是"可能性",步骤如下:

(1)情境引入。

教师演示"摸球":拿一个空盒子,顺次放入 9 个白球,随便摸出一个,让学生猜颜色。重复做 3 次。学生猜测并谈自己的想法,体会"摸到白球"这个事件是确定的。

(2)学生用盒子做摸球游戏,体会事件发生的可能性有大小。

猜测:9 个白球、1 个黄球,任意摸一个,让学生猜测可能摸到什么颜色的球。

实践:小组合作,轮流摸球总计 20 次,并记录摸球情况。然后,小组代表分别汇报各组

[①] 本文选自《数学教育学报》2007 年第 2 期,第 71—76 页。

统计结果,留有一组不公布统计结果。全班猜测最后一组可能出现的结果。

验证:小组同学交流各自的想法,选代表发言。

教师小结。

(3) 深化、拓展。

拓展一:变化各颜色球的个数,让学生进一步体会可能性的大小及其与数量的关系。顺序如下:①8白2黄;②7白3黄;③6白4黄;④5白5黄;⑤8白4黄2红。最后,教师问:"摸到黑球的可能性怎样?"让学生体验不确定性的另一种情况——不可能。

拓展二:幸运大转盘游戏。引导学生根据课件所展示的内容分析中奖情况。针对游戏结果,师生谈感受:为什么很少中奖或没中奖? 再次感受事件发生的可能性是不确定的,是有大有小的。

(4) 总结。

2. 课2简介

课2的教学内容是"分数的初步认识"。步骤如下:

(1) 创设情境,导入新课。

教师演示课件。屏幕显示2只猴子分4个桃子。请学生思考分桃子的方法,学生回答:有平均分和不平均分两种方法。

桃子由4个变为2个,2只猴子平均分。学生回答:每只猴子1个桃子。

桃子由2个变为1个,2只猴子平均分。学生回答:每只猴子半个桃子。引出分数"1/2"。

(2) 动手操作,感知分数。

让学生把一个图形平均分成2份,用画斜线的方法表示图形的1/2。

学生动手操作。

教师让两名学生到前面展示,并陈述自己的想法。

教师小结,强调"平均分"。

(3) 练习巩固、拓展。

练习一:判断图1中各图形中涂色部分是不是整个图形的1/2。

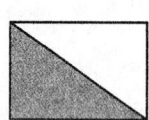 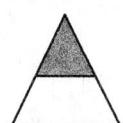 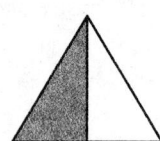 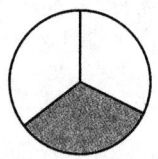

图1 涂色部分面积

教师详细讲解第四个图形,引导学生认识1/3。

练习二:列举其他分数。

教师问学生还知道哪些类似的分数。学生列举了很多分数。

练习三:用正方形表示1/4。

利用正方形纸片表示1/4。学生小组合作动手操作。然后由一组学生展示了他们组的3种做法。

(4) 教师总结。

三、研究结果

（一）对好课的认识

通过访谈了解到，5位访谈对象均赞同新课程所倡导的理念，但他们列出的好课的标准有很多不同。表1显示了各访谈对象的好课标准在具体项目上的异同。

表1　5位访谈对象的好课标准的对比

好课标准	访谈对象				
	A1	A2	A3	A4	A5
教学设计		●	●	●	
教学目标的确定	●	●	●	●	●
教学内容				●	
重难点突出		●			●
教学方法与学习方式	●				
学生参与情况	●	●	●	●	●
教学氛围	●		●		
教师的引导		●			●
教学的生成性	●				●
数学思考	●	●		●	
教师基本功				●	
多媒体的使用		●	●		
教学目标的落实	●	●	●	●	●

注：个别项目之间有交叉和重叠，为了真实再现各访谈对象的观点，我们没有作进一步归纳概括。

可见，每个人的评价标准里的项目不尽相同，但是也有比较集中的关注点，所有的评价者都关注教学目标的确定、学生在教学活动中的表现、教学目标的落实，大多数访谈对象都关注教学设计、数学思考。下面分析了各访谈对象评价项目的具体要求。

1. 教学目标的确定

所有访谈对象均把教学目标作为评价项目之一，并把教学目标作为第一项来阐述。新课程所提倡的3维目标得到了充分关注，但各访谈对象所强调的重点有所不同。A1更强调过程性的目标，认为过程和结果要兼顾，A4比较强调知识与技能这一维度的目标，认为知识与技能不仅是实现其他目标的工具和途径，其本身就是目标，并且是最基本的目标。A5认为每一节数学课都应该体现3维目标；而A2和A3则认为3维目标有时候未必能面面俱到或分清彼此。

2. 学生主体

A2认为，现在评课要改变，要关注学生这一学习主体。A3认为，过去评课和现在评课的最大的差异就在于现在评课充分考虑到了学生。A4从尊重学生生命的角度，认为必须关注学生。各访谈对象都认为学生在教学活动中的表现应该是评课的主要关注点,是否以学生为主体是评价一节课的主要标准,而不能只关注教师的教学行为。可见,学生在课堂教学中的主体地位已经被广泛认同。

3. 教学目标的落实

访谈对象普遍认为,一堂好课应该让学生有所收获、有所发展,课后与课前相比应该有变化,即教学应该是有效的。A4 非常强调教学的有效性,认为如果教学目标没有落实,那么无论采用过何种学习方式,也都是枉然;如果能够让学生学会,哪怕采取的方式不恰当,也比学生没学会好。A2 比较强调"双基"的落实情况,在 A2 看来,"双基"是基础,如果没有重视"双基"的落实,那就是把课程改革的路走偏了。

4. 数学思考

"思维"一词经常被访谈对象提及。有3位访谈对象认为数学课应该发展学生的思维能力,其中 A2 和 A1 把思维训练作为数学课的重要特点,A4 关注的是思维的深度。他们都重视数学思考,认为一堂好的数学课应该有助于培养学生的数学思维能力。

5. 教学设计与其他项

除了以上分析的各项,访谈对象谈及的项目还有教学内容、教学方法与学习方式、教师的引导、教学氛围、教师基本功、教学手段、教学的生成性等。以上几个方面,有的是与新课程理念相呼应的,比如教学内容要具有现实性和挑战性,运用现代信息技术进行教学,处理好教学的预设与生成,营造民主、和谐、平等的学习氛围。有的早在课程改革之前就一直被强调,比如教师基本素质,教学方法要灵活多样,这些在新课程背景下依然具有重要意义。教学内容、教学方法与学习方式都是进行教学设计时需要考虑的重要内容,A2、A3、A4 认为教学设计应充分考虑学生这一学习主体。可见,教学设计也是好课标准里不可缺少的一项,正如 A3 所说:"学生的参与情况是重点,但也要看教师的设计,教学设计毕竟是基础。"

6. 要把握好"度"

5位访谈对象还谈到数学课程实施的一些情况。从他们反映的情况来看,新课程实施以后,广大教师对新课程的理念有所领会,但是部分教师没有真正领会到精髓,有的教师理解得比较片面,结果是花费了很大的力气做表面文章,实质性的变化却很小。他们对于课程实施过程中的某些极端现象都持质疑和批评态度。

现在存在的问题是,有很多教师求新不求实。新课程实施过程中,基础知识和基本能力还是不能丢掉的。有的课,光是热闹,学生也活了、动了、说了,但是一些该落实的却没有落实。比如,20 以内加减法的教学,重点就是计算准确。基础知识和基本能力是基础,只有实现了这个基础,在此基础之上才能去考虑过程、方法,情感态度价值观等。(A2)

数学应该努力让学生去总结。现在讲淡化概念,但是不等于不要概念。(A5)

我们现在学习西方的教育教学经验,但是必须是在本民族的基础之上。我们应该保留本民族的优势和经验,我们的那些好的东西不能全部扔掉。学习外国的东西要结合我国国情。(A2)

动手操作是什么呢?是一种教学方式,那这种教学方式是从哪里来的呢?不仅仅是因为新课程理念里面说学生动手、动口,而是你这部分知识本身就决定了你必须由他们亲自去操作、去体验,他们才能对知识获得深刻的理解、深刻的掌握……现在老师就有这种现象,一拿来课就想,我要创设一个什么情境,我组织一个什么样的小组合作学习,就被这种新的课

程理念的模式给绊住了。(A4)

"双基"还重要吗？重视学习过程，结果还要不要？如何处理国外经验与本土传统之间的关系？教学方法和学习方式，究竟是目的，还是手段？从访谈对象反映的以上问题可以看出，数学新课程在实施过程中面临着很多矛盾。认识到以往的数学教学存在的不足并力图改之，这个初衷是好的，但是由于没有把握好"度"，有矫枉过正的现象，最终走向另一极端。一节好课应该在各对矛盾中寻求动态的平衡，这也是各位访谈对象所强调的。

(二) 评课

1. 对课 1 的评价

5 位评课者都肯定了课 1 的教学氛围和教学设计，有的评课者还指出了课 1 的其他优点。

(1) 教学氛围。

5 位评课者都认为课 1 的教学氛围非常活跃，教师激发了学生的学习兴趣，学生的积极性被充分调动起来，师生关系非常融洽。

这节课的成功之处在于教师的情感教学。她靠自己的形体动作、语言、教学设计感染、吸引着孩子。她的语言、情境、形体动作有趣，教师进入了状态，由于感到有趣，孩子都愿意去做。新课程倡导关注孩子的兴趣，她做到了。(A2)

老师的个人素质比较突出，特别幽默风趣，有个人的教学风格。她能够最大限度地调动学生，使学生在很短的时间内交流、沟通得很好……这节课老师和学生交融得很好。(A5)

语言很幽默、很风趣，所以学生气氛很快就调动起来了。她这节课，最突出的特点就是老师本身的素质的确是不错，尤其是她的语言和动作，很直观、形象，调动了学生学习气氛。这是最典型的通过老师的个人素质来调动学生学习气氛。(A3)

我觉得她那种老师和学生的关系比较融合，老师完全融入到课堂教学当中了……当时就觉得这个老师非常投入，和这一节课的学习就整个进入那种状态了，而不是浮在外边。(A4)

关注学生的学习兴趣，比如幸运大转盘的游戏，老师也比较风趣。(A1)

由暗箱摸球引入，引出数学问题，学生比较感兴趣……都积极参与摸球活动。可见老师对教材体会比较好，抓住了学生的学习需要，能够设计学生感兴趣的活动，调动学生的学习兴趣。(A5)

大转盘的活动设计得也比较好，关注了学生的兴趣，孩子平时接触得比较多，学习生活中的数学，把书本知识运用到生活中。这个活动有趣而现实。(A2)

概括起来，5 位评价者观察到的激趣点主要有教师的语言、动作、情感投入和教学设计 4 个方面。A2 认为教师从 4 个角度激发学生的学习兴趣；A5 和 A1 认为教师的风趣和教学设计激发了学生的学习兴趣；A4 认为教师主要通过情感的投入激发了学生的学习兴趣；而 A3 则认为课 1 是"最典型的通过老师的个人素质来调动学生学习气氛"。

表面看，气氛很热烈，但是学生始终是被动学习。（学生）是被她（教师）这种语言的风趣和幽默吸引过去的，本质上讲，还是在跟着老师学习。(A3)

显然，A3 不赞同教师仅仅通过风趣和幽默来激发学生学习兴趣。

(2) 教学设计

评价者们对课 1 的教学设计的认同主要在于"暗箱摸球"和"大转盘"这两个教学活动。其中,对"大转盘"的认同主要因为它激发了学生的学习兴趣,相对而言,评价者在认同"暗箱摸球"时所着笔墨较多。

让学生摸球的活动,这个环节设计得比较好,让学生亲自摸球、做记录,亲自去做,真正地让学生经历、感受到可能性。老师不急于把可能性的有关知识传授给学生,通过不同层次的教学活动达到目的。(A5)

注重操作、体验。让学生通过摸球游戏体验可能性的大小。9 白球 1 黄球,摸球 20 次。尊重了儿童的认知规律,让孩子去猜测、验证、反思,培养学生的科学精神。(A1)

A5 和 A1 认为教师设计的这个摸球活动使学生经历了知识产生的过程,尊重了儿童的认知规律。对于这一点,A2、A4 也表示认同,但具体看法有所不同。

先感受可能性大小,然后再进一步感受,9 黄 1 白,8 白 2 黄,7 白 3 黄,一直到最后的 8 白 4 黄 2 红,在球的数量和种类变化中不断深入体会可能性的大小。让孩子体会到可能性的大小随球多少而变化,随条件变化而变化。可见,教师备课比较透彻,设计的每个环节都有很强的目的性,层层深入。(A2)

别人都用口袋,球在里面就晃荡不起来,你可能摸完了放回口袋,孩子记住了那个位置,下一个孩子还到这里摸。而这个老师不是。当时她拿着盒子,说什么摇一摇啊,当时把大家逗坏了……但是就符合可能性这个知识本身。你必须得摇一摇,让它们没有规律在里面排列。然后你摸一摸,拿出来看一看,目的是什么,是看一看颜色,然后记录。我就觉得她对知识内容理解得比较好。所以她那环节设计得就比较科学,指导就比较到位。(A4)

这个老师尊重教材,摸球 20 次。小组合作学习有合理的分工。给孩子充分的体验时间,在做中体验。教师舍得时间,不走过场,落到实处。(A2)

教材上建议至少记录 20 次,她做到了这一点,从而使统计结果比较有说服力,如果仅仅做一两次或者三五次,那么就不能说明问题。老师真正让学生动手、操作,经历了整个过程,知道了可能性是怎么回事。老师舍得时间,让学生摸球 20 次。(A5)

A2 认为教师的教学设计目的性很强,设计了不同层次的摸球活动,层层深入,使学生在对比活动中感受可能性大小的变化。A4 觉得教师选择盒子作为游戏道具比较科学,提出"摇一摇,摸一摸,随便拿一个……"这一游戏要求是让学生明确摸球的游戏规则,由于选择了合适的道具并教给学生操作要领,使摸球试验活动更加客观、科学,更符合可能性知识。

A5 和 A2 还认为,教师能够让每个小组摸球 20 次,使学生的经历和体验更充分,同时也符合可能性试验的要求,不是为了活动而活动。A4 认为,课 1 之所以成功,就在于教师对教学内容本身理解得比较透彻,根据教学内容的需要设计了恰当的教学方式和环节。

(3) 其他优点。

A1 和 A2 认为,课 1 不但有小组合作,而且合作有方,有明确的分工。

小组做完摸球实验后,各小组代表分别汇报统计结果,教师留下一组不汇报,让学生猜测这一组可能出现的结果,然后再让这一组汇报,对学生的猜测进行验证。A1 认为这一环节"让学生推断下一个可能是什么结果,根据前面的结果来推测。注重培养学生的推理、类比能力"。

在总结的时候,教师让学生在课后跟父母探讨有关可能性的事件,开展社会调查。A2

认为这体现了"学以致用,把学到的知识运用到生活中"。

当学生汇报完摸球实验的结果,教师说:"大家看了这些数据,再回想一下刚才我们的猜测。这回,你是不是想说点啥了?是不是有想法了?"A2认为这一问题具有开放性,让学生谈自己的认识,是这节课的一个亮点。而A1持不同意见,他认为:"对孩子的指定要求不明确,老师问学生想说点啥,那么可以天南海北地随便说,应该进一步明确一下,比如:你在数量上有什么体会?"

(4) 不足之处。

A5认为课1的不足是:对于一些知识点,比如可能性的大小与什么有关,这些应该在板书上体现得更详细一些。因为板书可以揭示知识的规律。

相对来讲,A3对课1的批评比较多。他的批评基于这样一个教学片段(其中:T表示教师,S表示学生,SS表示全体学生或大部分学生):

T:你认为,摸到白球的可能性怎么样啊?

S:大。

T:摸到黄球的可能性怎么样啊?

S:小。

T:那大家刚才商量了,小组都是这样认为的吗?

T:好,老师也非常同意大家的观点,的确是摸到白球的可能性大。摸到黄球的可能性怎么样啊?

S:小。

T:刚才还有一个同学跟老师讨论,为什么会这样啊?因为咱们要靠这个数字说话,对不对?

SS:对。

T:哎,每一组的结论都是这样的,因此啊,我们足以证明我们刚才的这个猜测。实际啊,但是大家看看我这个球,你看是什么球啊?

SS:黄球。

T:那你觉得,我们验证了这个,但是老师的确摸的是黄球,你觉得这是一个什么情况?你说。

S:这是特殊情况。

T:哎呀,太意外了,是不是?我摸到的是它。

针对以上片段中的几处问答,A3说:"你看,老师提示语言太长,学生只需要几个字就回答了,这个老师不太会培养学生语言表达。你看,所设计的问题,学生就几个字就回答了。传统教学最大的特点就是老师说一段话,学生只需要说是不是、多少就可以了。老师把该说的话都说完了。"

A3认为教师给学生的学习机会太少,教师主导过头,没有发挥学生主体性,虽然课堂气氛很活跃,但主要是通过教师的语言和动作调动起来的。A3更看重学生的长远发展,他认为,如果老师总这样教学,时间长了,将不利于学生的发展。

从以上4位评价者对这节课的评价来看,大家普遍肯定了教师的个人素质,比如教师的语言、动作、情感等。对于教师设计的摸球活动,也普遍得到了认可,大家认为这个摸球活动给学生亲自操作、经历、体验的机会,让学生在活动过程中体验可能性的大小。尤其是教师让学生摸球20次,给学生充分体验的机会,另外一个被普遍肯定的就是教师关注了学生的学习兴趣,充分调动了学生的学习积极性。总之,被肯定之处,大多是因为教师关注了学生,能够激发学生的兴趣,给学生体验的机会。但是,有的评价者认为教师是通过个人素质(比如语言、动作)来调动学生学习兴趣的,有的则认为通过有趣的活动调动了学生的学习兴趣。可见,对于同一节课的评价,各位评价者有共识、也有分歧。

2. 对课2的评价

A2、A3、A5评价了课2,A2和A5没有谈这节课的优点,A3很勉强地说出了几处优点。

导入基本可以,但是一般都这么导入,分水果、分月饼什么的。前面这一段设计都比较常规的,看不出什么新颖的地方。学完1/2、1/3之后问学生还想到哪些分数,这是一个改进,传统的教学法会直接让学生认识1/4,或者(问学生)还有几分之一,学生说1/5、1/6……让学生说还有哪些分数,比传统的稍微发展了一步,但是发展不是特别大。如果再找一些比较值得肯定的,那就只能是老师设计得比较精心了。但是从学生来讲,学生不是在主动地学习,你看,学生始终没有动起来,始终比较被动。

总体来看,对课2的评价是批评多于赞扬。评价者认为课2的不足主要有两点:一是没有发挥学生的主体性;二是对个别教学环节的处理不到位。

(1) 学生的主体性。

这节课的不足就是孩子的主体性发挥不够。老师对学生考虑得不够。他的课还是按照10年、20年前的讲法进行的。精心设计问题,让学生跟着老师走,一问一答式,我问什么,你答什么。老师也创设了情境,但在这个情境中没有让学生主动探究,教师放不开手,主导过头,学生的自主性和主动性没有发挥出来。(A2)

这节课对学生的调动不如前面的课,学生的沟通和情感方面也还有距离。重要的原因是老师没有进入"为学生学习服务"的角色。老师还是考虑如何才能把课上好,获得好的比赛名次,定位不好。老师应该考虑学生的认识,理解学生的心理。(A5)

学生都在那里静静地坐着,总是老老实实地坐着,感觉不到前几节课的那种场面。听完这节课,感觉是一节比较传统的课……就是学生训练、发言……学生就是跟着老师学。(A3)

这节课老师没有调动起学生学习的积极性,精心设计好教学的各个环节,牵着学生走,没有体现出新课程理念。由于教师设计得过细,导致教学中很多地方都限制了学生主动性与创造性的发挥。

表示1/2,表示方法是多样化的,而老师只让孩子用划斜线的方式。教师限制了学生的方式,不能发挥学习的个性和自主性。老师微不足道的一句话就把学生的思维限定到了框框之中。这样一来,学生的思维单一,不需要去考虑表示方法。应该让学生去想办法表示,这样方法才会与众不同,富有个性……用正方形纸片展示1/2的表示方法,就展示了对折这一种。应该在不同的方法中找到共同点,体会1/2……另外,为什么一定要用正方形表示分数呢?为什么不让学生任意选择图形?孩子的自主性没有体现,整齐划一。(A2)

在讲1/4的时候,让学生折正方形纸,有很多种不同的分法,可以培养学生创新意识和发散思维。可能是时间不够了,没有深入。(A5)

(2) 教学重点的处理。

在"分数的初步认识"的教学中,学生对1/2的认识是最基本的,应该作为教学的重点。

对1/2的认识是否正确会影响到学生对其他分数的认识。A3、A2、A5普遍认为教师对"1/2的认识"这一环节的处理不到位。

  他教学1/2,你没有感觉到1/2是怎么出来的。1/2是分数初步认识里最基本的,老师教学中,那些最新的知识,老师要通过各种形式让学生把它学到手,或者表达出来。就是学知识的起始点,这块你要是把它做好了,下一步的教学就容易了。我觉得这里应该加重笔墨让学生去研究,研究1/2是怎么回事……现在许多学生之前就知道1/2了,因为课外辅导班特别多。学生知道1/2了,但是不知道为什么是1/2,你要让他说清楚1/2是怎么得出来的。(A3)

  老师对学生考虑不够,没有考虑学生原有的知识基础。学生原来有一定的分数基础,在生活中都对1/2有一定的认识,但是没有形成概念。如何在生活(经验)基础之上进行教学,老师考虑得不够,把学生看成一无所知。结果前半部分浪费了很大时间,后半部分只讲了1/2、1/3和1/4,但是也没有认识充分。(A2)

  老师在处理的时候,1/2花费了很长时间,但是也没有处理好。从两个猴子分4个桃,到两个猴子分1个桃,孩子可以根据生活经验说出每个猴子分半个桃。那么半个怎么表示?孩子对此不好理解,你必须告诉学生,把这个桃平均分成两份,每一份都是这个桃子的1/2。学生要会说、会描述,把什么分成几份,每一份都是什么的几分之一。(A5)

  评价者认为教师在处理"1/2的认识"的时候,没有考虑到学生原来已经有一些关于1/2的生活经验,结果浪费了很长时间。另外,对于几分之一表示什么,老师讲解得不够透彻。总之,该略的地方浪费了大量笔墨,而该重点讲解的地方也没有处理好。

  (3) 其他不足。

  A3还指出了其他不足:① 教师的评价语言单一,表情呆板;② 教师打断学生的发言给学生纠正错误;③ 当3名学生到讲台展示正方形的1/4时,教师只让第一个学生说了她是怎么做的,没有给另外两名学生陈述的机会;④ 超时1分钟。

  从访谈对象的评价可以看出,学生是否积极主动地参与教学是评课的一个主要关注点。由于学生的主体性没有发挥出来,评价者都认为这节课不是好课。另外一个关注点就是是否将教学目标落实下去,课2没有把1/2这一知识点讲解透彻,评价者认为这是一处缺憾。

四、结论与思考

(一) 结论

(1) 每个人的好课标准都不尽相同;评课时,对某些教学现象亦有不同见解。

  每个人给出的好课的标准都有所不同。首先,标准的构成项目是不同的;其次,有些标准的某个构成项目相同,但是不同的人对于这一项目的要求是不一样的。评课时,对于个别教学现象的评判,亦是见仁见智,存在不同程度的分歧。

(2) 在建构好课的标准时,教学设计、学生的参与情况、教学目标的落实、数学思考等受到普遍关注。

  虽然每个人给出的好课的标准不尽相同,但亦有共识。在教学设计方面,教学内容、教学方法和学习方式的选择都被提及,教学目标被普遍关注。知识与技能方面的目标依然被着重强调,过程与方法、情感态度和价值观两个维度的目标也开始受到重视。学生在数学学习中的主体地位得到极大关注;普遍注重教学目标的落实情况,强调教学的有效性;重视培养学生的思维能力,为学生提供数学思考的空间。

(3) 评课时,学生在教学活动中的表现是大多数评价者的关注点,以学评教是普遍的做法。

以往评课大多关注教师的表现,现在评课也关注教师的表现,但更多地要通过学生表现来反映教师教得如何。在评课过程中,评价者都把学生在教学活动中的表现作为评价的重要方面。从"以教评教"到"以学评教",评课文化正在发生积极的变化。

(4) 小学数学课程实施过程中出现的一些问题正在受到关注。

数学新课程在实施过程中出现了许多极端的做法。一些课程实施者正在对这些问题进行反思,他们对课程改革的态度以及在课程实施过程中的作为更加务实。

(二) 思考

(1) 课堂教学评价应该是交流、协商、理解的过程。

基于不同的评价标准,从不同的角度出发,不同的评价者对同一节课,或一节课的个别教学现象的理解和判断必然会有差异。在这种情况下,评价者与评价者之间,评价者与被评价者之间的沟通就显得非常必要。通过相互交流和理解,可以更全面地认识课堂教学,促进课堂教学质量的提升,促进教师的专业发展。课堂教学评价应该以交流、协商、理解的形式进行。

(2) 数学课程改革面临的许多问题需要在两种极端之间平衡解决。

数学课程改革面临着众多的"两极"问题。一场大规模的改革,必然会引起许多不同观点的争论,而真理则往往在两个极端的中间,也就是取得适当的平衡[1]。其实,不仅在数学课程改革中,在课程改革乃至教育改革中,这种"钟摆"现象广泛存在。伴随"钟摆"现象,很容易出现矫枉过正的做法。我们既要正视"钟摆"现象,又要努力避免矫枉过正。不应当把"过正"视为正确,更不应该把"过正"视为"矫枉"的前提[2]。应在各种理论和做法之间保持必要的张力。

(3) 课程实施是一个不断调整、适应的过程。

课程实施不是简单地执行课程计划,实施本身是对课程的一个再创造,没有创造性的实施,课程设计可能只会停留在书面上[3]。基于成功的教育改革,富兰(Michael Fullan)曾提出 10 个假设,其中两个假设是:"假定任何有意义的改革,如果想取得改革成果的话,都需要实施者按照他们自己的理解去做;假设冲突和不同的见解不仅是不可避免的,而且是成功改革的基础。"[4]改革如果想取得成效,必须有实施者的积极参与,而且允许他们有自己的理解。这种多元理解是必然的,而且是必要的。通过各种观点的碰撞、沟通,我们可以加深对课程改革的理解。课程改革在理解的过程中不断调适,进而不断深入。

参考文献:

[1] 张奠宙,赵小平. 中国数学教育需要科学地总结. 数学教学,2004(8):封底.

[2] 廖哲勋. 课程新论. 北京:教育科学出版社,2003.

[3] 马云鹏. 课程与教学论. 北京:中央广播电视大学出版社,2002.

[4] Michael Fullan. The New Meaning of Educational Change (2nd ed). New York: Teachers College Press, 1991.

五、教学心理

- 小学生心理发展的阶段性与数学教学的阶段性（陈铨）
- 小学数学学习理论及其对课堂教学的启示（孔企平）
- "学思维"活动课程对小学生思维能力和学业成绩的影响（胡卫平 张蕾）
- 关于小学一年级数轴教学的实验研究（郑俊杰 陈素芳）
- 儿童思维发展潜力初探——一年级小学生第一学期就掌握了八位数的读法和写法（张慕蕴 王继桢）
- 八至十五岁儿童交集概念和解交集数学题能力的发展研究（沈庆华 丁松年）
- 七至十二岁儿童数概念和运算能力发展的研究——儿童认知结构发展变化的研究之一（刘范 赵淑文）
- 课程结构与小学二年级学生倍概念的掌握（心理发展与教学研究组）
- 解题思维策略训练提高小学生解题能力的实验研究（刘电芝）
- 数学应用题认知障碍的分析（何小亚）
- 小学三年级数学优生与学困生解决问题的差异（李晓东 张向葵 沃建中）
- 小学数学真实性问题解决的调查研究（刘儒德 陈红艳）
- 小学数学课堂环境与学生问题解决能力的关系（丁锐 黄毅英 马云鹏）
- 以"三为基础"标准揭示数和数学中部分和整体关系的系统性教学实验（张梅玲 刘静和 王宪钿 何纪全 陈胜开）

小学生心理发展的阶段性与数学教学的阶段性

陈 铨

一

无产阶级的革命导师马克思在谈到教育问题时指出:"对少年儿童和工人应按不同年龄循序渐进地授以智育、体育和技术教育课程。"(《临时中央委员会就若干问题给代表的信》)学校的各项工作都有一个"按不同年龄循序渐进"的问题,小学数学教学也不例外。

所谓循序渐进的"序",包括两个方面:一是循知识系统的"序";另一方面是循学生认识规律的"序"。"渐进",一是指量的逐渐增加;二是指质的逐渐提高。不管是知识的系统传授和知识量的增加以及质的提高,都必须遵循小学生的认识规律。可见,小学生心理发展的特征,主要是认识活动方面的特征,是进行小学数学教学的重要依据。我们要研究小学数学教学的阶段性,必须了解小学生心理发展的阶段性。

许多有经验的教师都有这样的体会:不同年龄阶段的小学生在心理发展方面具有不同的特征。小学生心理发展的特征是指他们心理在一定年龄阶段中的那些一般的、典型的、本质的特征。这些特征是各个阶段许许多多具体的和个别的心理发展的事实中概括出来的。以小学生的思维发展为例,小学阶段儿童思维发展的一般的、基本的、本质的特点,是从具体形象思维为主要形式逐步过渡到以抽象逻辑思维为主要形式。但许多研究材料表明,在整个小学阶段儿童思维有一个发展的过程,低年级(7—8岁)在学前期思维的基础上发展起来,他们主要是具体形象思维,即主要凭借事物的具体形象或表象,凭借具体形象的联想进行思维;中年级(8—9岁),从具体形象向抽象思维过渡;高年级(10—12岁),开始以抽象逻辑思维为思维的主要成分,但这种抽象逻辑思维,仍然具有很大成分的具体形象特征,仍需提供感性材料的支持。

从以上小学生思维发展的特征可以看出,儿童心理的发展在整个小学阶段,既是不断发展的,而又在发展的过程中表现出一定的年龄阶段性。而在这一阶段之初,可能保存着大量的前一阶段的年龄特征;而在这一阶段之末,也可能产生较多的下一阶段的年龄特征。

为什么小学儿童心理发展会产生年龄阶段性呢?我国心理学研究表明:儿童心理特征是在一定生理发展基础上,在一定社会条件特别是教育条件的制约下,在儿童掌握人类知识经验和行为规范的活动过程中,由于心理机能不断得到改造,心理水平不断得到提高而逐步形成和发展起来的。就是说,儿童心理发展的年龄特征产生的原因主要有以下四个方面:

(1)儿童脑的发展尽管有其个别差异,但它是有次序和阶段的,是一个逐步成熟和发展的过程,这就是儿童心理发展阶段性的生物前提。

(2)儿童心理年龄特征的形式是受社会生活条件制约的。尽管社会生活条件千变万

---

① 本文选自《心理发展与教育》1986年第4期,第56—60页。

化,但它也有一定的顺序性,儿童也不能违背这个顺序,致使儿童学习和掌握知识,也是循序渐进的。同时,促使儿童心理发展年龄阶段性的形成。

(3) 尽管作为儿童心理发展的基础的实践活动,对每个儿童来说不尽相同,但实践活动的顺序性,决定了儿童心理发展的年龄阶段性。

(4) 从儿童掌握研究经验到心理机能得到改造、提高,也是要经过一个不断量变到质变过程的。

鉴于上述分析,儿童心理的发展必然形成年龄阶段性。我们了解和掌握儿童心理发展的年龄阶段性及其产生的原因,为我们研究小学数学教学的阶段性提供了心理学依据。

二

小学数学是一门主要的最基础的学科。教学内容的编排有严密的系统性、科学性和逻辑性。从教学内容的系统性和连续中又体现了教学的阶段性,这种教学的阶段性是符合儿童心理发展的年龄阶段性的。

为了便于研究小学数学教学的阶段性起见,我们以统编五年制小学数学材料为例,把它分成认数与计算、量的计算、几何初步知识和应用题四个方面,从中加以分析研究,不难看出:

(一) 小学数学教学内容中的各部分知识,自成体系,而且由浅入深,由易到难,循序渐进,螺旋上升,符合小学生心理不断发展的规律

例如:

(1) 认数与计算:认识的顺序基本符合数系扩展的顺序,并且先讲认数再讲四则计算:
从整数→小数→分数;整数又从 20 以内→百以内→万以内→多位数;
四则计算从整数四则计算→小数四则计算→分数四则计算。

(2) 量的计算:(长度与重量单位)从市尺、斤→米、公斤→公里、吨。

(3) 几何初步知识:从线→角→面→体;平面图形从长方形→正方形→平行四边形→三角形→梯形→圆形→扇形;立体图形从长方体→正方体→圆柱→圆锥。

(4) 应用题:从整数应用题→小数应用题→分数应用题→比例应用题;整数应用题又从简单应用题→复合应用题;从应用题解法上先算术方法解→列方程解。

(二) 对不同年龄阶段的儿童提出不同的要求,学习不同的内容,体现了教学的阶段性

例如:

1. 把整数分成 20 以内、百以内、万以内、多位数四个阶段,各个阶段、各个年级有不同的要求

20 以内→百以内→万以内→多位数
　　一年级　　二年级　三年级

一年级的教学要求是:

(1) 通过直观,认识计数单位"一"和"十",熟练地数 100 以内的数,知道数的顺序大小,

正确地读写100以内的数。

(2) 初步理解加、减法的意义,知道加、减法各部分名称,熟练地口算一位数的加法和相应的减法,两位数加整十数、减整十数或一位数,熟练地笔算两位数加减两位数。

(3) 初步理解乘、除法的意义,知道乘、除法中各部分名称,熟记2—5的乘法口诀,并且能够正确地用这些口诀求商。

二年级的教学要求是:

(1) 认识计数单位"百"和"千",能够正确地读写万以内数。

(2) 掌握加、减法的笔算法则,熟练地笔算万以内的加、减法;比较熟练地口算两位数加、减两位数(和在100以内)。

(3) 熟记全部乘法口诀,能够熟练地用口诀求商;掌握乘、除数是一位数的乘、除法的笔算法则,熟练地笔算乘、除数是一位数的乘、除法;比较熟练地口算一位数乘、除两位数(积在100以内)。

(4) 初步掌握混合运算的顺序,比较熟练地演算两、三步计算的试题。

三年级的教学要求是:

(1) 认识计算单位"万"、"十万"、"百万"、"千万"、"亿",掌握十进制计数法,正确读、写多位数。

(2) 进一步理解四则运算的意义,加法和减法、乘法和除法之间的关系,掌握加法、乘法的运算定律。能够熟练地笔算多位数加减法,乘数、除数是两、三位数的乘、除法;能够口算10、100、1 000乘、除一个数,一位数乘两位数;学会一些简便算法。进一步掌握运算顺序。

(3) 掌握珠算加、减法和乘数是一、两位数的乘法。

为什么把整数分成四个阶段呢?这是因为:

第一,整数是小学教学的重要基础,必须保证有足够的时间让学生学好练好。

第二,整数部分教学内容较多,难点也多,分成四个阶段,便于分散难点,各个解决。

第三,适当划分阶段,使每一个阶段内的学习既有一定重复,又有独特的任务,便于反复练习,螺旋上升,逐步巩固和熟练掌握,也为学习小数和分数打下基础。

2. 把小数、分数分成两个阶段

(1) 小数分成两个阶段,第一阶段在二年级第四册讲小数的初步知识,联系货币单位元、角、分,给学生对小数以初步的感性认识,并进行简单的小数加、减计算;第二阶段,在四年级第七册系统地讲解小数的意义和性质,熟练地进行小数四则计算。

(2) 分数也分成两个阶段,第一阶段在三年级第六册讲分数的初步认识,给学生以初步的感性认识并能够计算简单的同分母分数的加、减法计算;第二阶段在三年级和五年级的第八、第九册,系统地讲解分数的意义和性质,并熟练地进行分数四则计算。

对于小数和分数怎样编排,在国内和国外都有争论,一种意见认为要集中编排;另一种意见认为分散编排好。我国现行五年制小学数学教材是分两个阶段编排,这样做的主要原因是:① 小数在日常生活中应用较为广泛,便于联系实际,所以在第四册以常用的货币单位元、角、分引入,使学生初步认识一下,也易于掌握,如果到第七册就显得有点迟了。② 第六册让学生初步认识一下分数,到了第七册系统地学习小数时,可以用分数的思想讲解小数的意义,分数、小数互相促进。③ 小数、分数分成两个阶段,便于反复学习巩固,逐步掌握,如果过于集中,给学生学习带来困难。

三、不仅注意了教学的阶段性,而且注意各部分知识之间的联系

儿童认识事物不是孤立地进行的,学习数学也是如此。小学数学教学内容的安排注意了各部分知识之间的联系,这也符合儿童的认识规律。

认数与计算是小学数学教学内容中的一条主线,其他各部分内容,即量的计算、几何初步知识和应用题,围绕认数与计算这条主线,分散在各年级教材中。例如:

(1) 量的计算:先公制后市制,以公制为主。在二年级第三册认识米、公斤;第五册认识公里、吨。同时将尺、斤的认识放在"100以内"的循环圈内;米、公斤的认数放在"万以内"的循环圈内;公里、吨放在"多位数"的循环圈内,这样与数值计算密切配合。

(2) 几何初步知识:小学数学的教学内容,概括起来是数与形两个方面。要考虑到随着学生年级的升高,不断扩大认数与计算范围,又不断发展学生的空间观念,注意数与形的适当配合。如在一年级"20以内"用长方形、正方形、三角形、圆形作直观教具;在二年级"万以内"学过四则计算之后,学习长方形和正方形并计算周长;在二年级学过多位数乘、除法之后学习长方形和正方形面积计算;在四年级学过小数四则计算之后,才出现三角形、平行四边形、梯形的认识和面积计算,因为这些图形的面积计算可能用到小数计算;学过分数四则计算之后,在五年级方出现长方体、正方体、圆形、扇形及圆柱和圆锥,因为这类求积计算需要用到分数。这样,使学生通过认识一些几何形体的特征与它们的求积计算,可以加深理解数的概念和计算方法,使数与形相结合。

(3) 应用题:是随着学生认数范围的逐渐扩大和四则计算的逐步完整来出现的,在各个年级都有不同的要求。例如,整数部分在低年级"20以内"的加、减法出现求总数和求剩余的简单应用题;100以内出现求两数相差多少、求相同加数和、把一个数平均分成几份,求一份是多少、求一个数包含几个另一个数、求比一个数多几的数、求比一个数少几的数的简单应用题和简单的两步计算的应用题;"万以内"出现求一个数的几倍是多少、求一个数是另一个数的几倍的简单应用题和两步计算的应用题;在中年级"多位数"出现用综合式解答两、三步的一般应用题和求平均数、归一、相遇问题。在高年级小数部分出现小数应用题,分数部分出现个数应用题(包括百分数应用题);学习简易方程后出现列方程解应用题;学习比和比例后,出现比例应用题。这样有利于学生运用所学知识解决日常生活和生产中简单的实际问题,培养学生分析问题和解决问题的能力,又能加深对数概念和计算法则的理解和巩固。

(四) 注意概念的不断深化

小学儿童的认识过程是一个逐步深化的过程。所以,小学数学中有些概念的含义也是随着学生学习范围的不断扩大而逐步深化的。例如,简易方程,在低年级只出现填括号:( )+6=10,7−( )=3,3×( )=15,( )÷2=8 等等,是简易方程的雏形,采取早期孕伏,给予感性认识;到了三年级引进字母 x;到了四年级再概括出等式、方程、解方程等概念。

三

综上所述,我们清楚地看到,小学生心理发展的阶段性为确立小学数学教学的阶段性提供了心理依据;反过来,通过小学数学不同阶段的教学,又促进儿童心理不断向前发展。所以,二者是紧密联系、互相促进、相辅相成的。例如,加法的交换律,在整个小学阶段就是根

据小学生思维发展的特征,按照从具体到抽象的顺序来安排的。在低年级给学生以初步的感性认识,出现 3+2=5、2+3=5……并利用"调换加数的位置,和跟原来的一样",来验算加法;到了三年级进行概括总结出:"两个数相加,交换加数的位置,它们的和不变,这叫做加法交换律",并能运用它进行简便运算;到了四、五年级将加法交换律推广到小数、分数运算中去,进一步熟练掌握和运用。这样,根据儿童思维发展的特点,逐步抽象概括,不仅可以使学生较好地掌握加法交换律及其应用,而且,通过不同阶段的教学,可以使学生的思维形式,随着学生学习过程的进展,从形象思维向抽象思维过渡,培养学生的抽象逻辑思维能力。

我们发现在小学数学教学中,有的教师不能统观教材,不善于从整个小学数学教材的系统性和连续性中掌握数学的阶段性,往往出现提高要求或降低要求;有的教师不能按照小学生心理发展的年龄特征来设计课堂教学程序,选择教学方法,违背学生的认识规律,费了那么大的劲,而课堂教学效率低,教学质量提高得不那么快。因此,每一个小学教师都应该学习点儿童心理学,按照小学儿童心理发展的特征,把握住教学的阶段性,有的放矢地组织和安排教学,这样才能有效地提高小学数学的教学质量,全面发展小学数学的目的和任务。

小学数学学习理论及其对课堂教学的启示[①]

孔企平

学生是如何理解和掌握数学知识的？这是数学教学研究所关注的基础性问题。本文围绕数概念、加减法、乘除法这三个常见的数学内容，对学生数学学习过程进行分析。在文献分析的基础上，对部分知识点进行一些验证性的研究，对一些学生进行观察和访谈，考察我国学生理解这些数学知识的特点。在此基础上，提出了相应的教学策略或建议。

一、促进学生形成数概念

数是数学学习的基本内容，学生在获得有关数概念的过程中，体会数的多方面的意义和作用，为理解运算意义打下基础。数学概念性知识是学生数学学习的重要内涵。概念的获得有两种基本的形式：形成和同化。概念形成是从大量具体例子中抽象出某一类对象或事物的共同本质特征的过程。概念同化是指利用认知结构中已有知识来理解新的概念。一般说来，年幼儿童获得概念往往以形成为主，而随着年龄的增加，知识的丰富，学生概念的获得由形成向同化的方向发展。根据对学生课堂的观察和小学生认知特点的分析，发现他们获得数学概念主要通过概念形成这一形式。但是，在教师的引导下，学生也能用概念同化的方式来掌握数学概念。概念的同化和形成对学生思维发展都具有重要的意义。

学生概念的形成过程可概括如下：

(1) 辨别各种具体事例。这些事例可以是学生自己在日常生活中的经验或事实，也可以是由教师提供的有代表性的典型事例。

(2) 抽象出各个事例的共同属性，并提出它们的共同关键属性。

(3) 概括并形成概念。学生用语言对概念进行概括，研究表明，让学生用自己的语言表达能十分有效地促进他们对知识的理解。

(4) 把新概念的共同关键属性推广到同类事物中去。这一步骤既是在更大范围内检验和修正概念定义的过程，又是一个概念应用的过程，从中可以看出概念的本质特征是否已被学生真正理解。

小学生理解概念，要经历一个逐步深入的过程。在一般的教育条件下，小学生掌握数概念是以具体形象概括为主要形式，逐步过渡到以抽象逻辑概括为主要形式。总体说来，小学生对数学概念的理解，需经历不同的认知水平。第一个阶段是直观形象水平，学生对概念的理解往往是直观和形象的。第二个阶段是形象抽象水平，学生在对概念的理解中，形象的、本质特性的成分逐渐增加。第三个阶段是初步的本质抽象，学生对概念进行一些抽象概括，但还不能脱离他们生活领域的基础。

因此，教师在概念的教学过程中要多让学生观察，在观察的基础上让学生尽量用语言表

[①] 本文选自《湖南教育（数学教师）》2007 年第 6 期，4—7 页；第 7 期，4—6 页。

达并进行概括,在此基础上进行应用实践。概念教学一般可以分为这样几个步骤:引入、理解、巩固、应用等。学生在理解概念时,有时会出现一些对概念的误解。教师应该把这种情况看做是一种正常现象,因为每一个新概念的建构都必须经过自我调整阶段,所以帮助学生如何主动发现问题,引起他们的认知冲突,在思维过程中逐步建构新概念才是最重要的。

计数是小学数学学习的开始。计数是儿童有目的的一种活动,计数的目的是要确定物体的数量,其手段是数数。因此,计数活动就是将具体集合的元素与自然数列里从"1"开始的自然数之间建立起一一对应关系。如口说数、手点实物,使每个数与一个集合内的每个元素建立一一对应的关系。

儿童计数能力的发展,一般可以分为以下两个阶段。第一个阶段为按物点数。随着学生抽象思维能力的提高,学生计数活动会过渡到第二个阶段,即按群计数。一般4岁以后的儿童大多能数出10以内物体的总数。儿童能手口一致地点数并说出总数,标志着他已经开始理解数的实际意义。儿童知道将最后说出的数作为所数过的一群对象的总体来把握,这就是最初的数抽象,它意味着儿童计数能力达到了一个新的水平,即形成了最初的数概念。学生能进行按群计数,说明了他的思维能力发展到了一个新的水平。这表明数对儿童来说已具有更加抽象的性质。我们对刚入学的城市儿童进行观察,发现我国城市儿童在入学时,大多数已经学会了简单数数,已经有了初步的数概念,达到了上述第一个阶段的要求,但按群计数的能力还比较弱。入学以后,教师应让儿童逐渐发展按群计数的能力。在教学中,可以根据具体情况让学生在计数时以数群为单位进行数数,如两个两个地数、五个五个地数等。

学生认数超过10,即开始接触十进制计数法,会逐渐体悟这种计数法的基本特点和优越性。我们为什么以十作为计数的单位,而不是以三、八或六来划分数?数的十进制的基础结构的确具有不少优点。首先,有助于比较方便地生成新的数。数的这种构造方式使学习者能自己说出数,而不是全靠机械记忆来记住它们。实际上,学生只需记住几个表示数的词,并弄清数体系的逻辑,就可以生成未曾听说过的数。第二个优点是这种计数结构有助于写数和读数。当我们使用位置值写数时,右边的位表示个位数,紧挨它左边的位表示十的倍数,以此类推。第三个优点是,以十进制为基础的计算高效、节时。当我们把数按照数位对齐排成列,就可以按顺序进行竖式运算。这有助于降低记忆的要求,把计算过程中的记忆负担卸到书写数上,这也是竖式计算的原理。

对课堂教学的观察表明,我国学生在理解计数制时具有一定的优势。通过各种数学活动,小学生逐步理解了计数系统的构造。他们逐渐理解计数系统是以十为基础的,同时理解了计数单位。而且,他们会看到较大的数是通过合并较小的数而产生的。所以,学生学习计数的过程是他们结合自己的经验感受、理解的过程。基于学生的这种学习过程,在教学时教师可以经常使用以下的策略:第一,引导学生自己逐步体会十进制计数法的优点,而不仅仅说这是一种规定;第二,使用多种学具让学生进行操作;第三,让学生用自己的语言表达想法,与同伴进行交流;第四,让学生多进行读数的练习。这些都是行之有效的教学策略。

排列在序数表中的任何一个数都可以分解成在它之前的两个数,而且这两个数相加的和刚好等于这个数。数的这种特性被称为数的加法组成,简称数的组成。数的组成也是数次序概念的一个重要特征,对于帮助学生理解加法和减法的概念具有重要意义。当我们想要考察儿童对计数法的理解时,我们需要了解的不仅仅是他们是否能按一定的顺序说出这些数,还要了解儿童是否确实理解数的组成,如6可分解为5加1等。在教学过程中,考查学生能否用自己的语言表达数的组成是十分必要的。学生理解数的组成,也是一个自己体会和理解的过程。

在数的组成等内容的教学过程中,学生数量守恒的观念等可以得到切实的培养。教师可以帮助学生通过掌握数的组成,进一步理解数的分解。关于数的读法也能明显地表现出数分解的特征。比如:数23可分解为两个十加上三个一,用"二十"和"三"表示这个数。既然数是可以分解的,学生进一步发展了关于数量守恒的概念,这是量化思想中的一个重要内涵。要完全理解一个计量系统就得了解它的等值关系。如果我们有一个5分的硬币,即使我们的朋友有两个2分和一个1分,我们也能买到和他一样多的东西。如果一个物体长一米又二十厘米,我们就能用两个50厘米和一个20厘米这样三段的尺子把它量完。同时,教师可以帮助学生借助具体情境进行数的分与合的活动,从而自然地和加减法概念产生联系。

二、学生通过具体情境理解加减法的含义

研究表明,学生理解加减法主要通过两个基本渠道。第一,是数的组成与分解活动的延伸。第二,根据现实经验与情境理解加减法的概念。前者是概念同化的过程,后者是概念形成的过程。

加法活动具有多种教育的含义,对掌握计数法也具有重要作用。儿童在理解加法运算的过程中取得的进步,是理解十进制读数法特点的基础。希腊学者科尔尼克(Ekaterina Kornilaki)做的一个研究支持了这一结论。她的实验方法有助于学生由一起数向继续数转化。实验的对象是5岁半到6岁的儿童,她在加法应用问题中试图阻止儿童用一起数的方法。在实验中,孩子们看到一个钱包,接着被告知某个女孩的钱包里已有8元,别人又给了她7元(硬币),这7元(硬币)就放在孩子们面前的桌子上。他们要回答的问题是现在有多少钱。运用钱包的目的是避免儿童用一起数的办法,保证儿童有一个看得见的实物(桌上的7元)表示第二个加数,而第一个加数(钱包里的8元)是看不见的。像这样包含一个看不见的加数的问题,儿童在解答的时候,必须用钱包外面的硬币从8开始数起,然后才能得出总数。结果表明,对于五六岁的儿童来说,这不是一项简单的任务,只有66%的儿童能得出正确的答案。

科尔尼克描述了在含有一个看不见加数的加法任务中儿童解答问题的各种方法。她的观察结果表明,没有完成任务的儿童只数了看得见的实物,所以他们给出问题的答案,或者是第二个加数的值(即他们数了7个看得见的硬币,然后回答"7");或者他们把钱包数为1,然后加上看得见的硬币(即答案是"8")。完成任务的儿童都能用以下其中之一的方法解决问题:23%的儿童用他们的手指代表第一个加数,从一开始就数出手指,再接着数出看得见的硬币;37%的儿童用另一种方法(或者用手指指着钱包,或者面向钱包点头),从一开始,数出第一个加数的值,然后接着数出看得见的硬币,这些儿童似乎是用活动来代表钱包里的硬币。

另一些儿童在数数时,没有用明显的姿势表示看不见的硬币,他们只用词语表示那些看不见的硬币。23%的儿童用了其中的一种方法,他们只是迅速地说出第一个加数的值,然后接着数出看得见的硬币。所以,每个看不见的硬币都只用一个数词表示。18%的儿童用另一种方法,他们只用第一个加数的基数,接着数出看得见的硬币。在这种情况下,这个基数被认为是完全体现了一整组看不见的硬币。

科尔尼克接着考察了对于数的组成任务的完成情况,儿童在有一个看不见的加数的加法任务中,他们解答问题的方法是否起重要的作用。分析结果表明,不用明显的姿势,而用词语代表看不见的加数的儿童,在数的组成的任务中,更有可能完成任务。在数的组成的任务中,用一个基数代表看不见的那组加数的儿童,全部完成了任务;不用手指或数出手指,而用数词代表看不见的加数的儿童中,7个中有5个完成了任务。他们在成功完成数的组成任务人数中的比例为11:12。

我们对此进行验证性的实验,看一看中国儿童是否是同样的情况。事实确实如此。对于同样的问题,6名将要入学的儿童参加了测验,其中5名用继续数的方法完成了任务。当研究者再一次向另一名学生用语言进行解释时,另一个随后也完成了任务。这些研究的结果有明显的教育意义,表明孩子们在入学时就可以做简单的加法问题。教师可以利用数的组成等活动,引导学生体会简单的加法和减法,将极大地有助于学生数学能力的发展,提高小学数学的教学效率。实际上,学生理解以十为基数的数结构,既不是一一对应数数,也不是学习读写数字,而是孩子们对数的组成知道多少,这一点与儿童对加减法的运算意义理解有紧密联系。

学生的生活经验是他们学习数学的基础。实际生活情境对于学生理解加减法具有十分重要的作用。在小学生学习加减法之前,他们通常已经具有一定的加减法活动的经验。五六岁是儿童有关加减法概念发展的重要时期。另外,低年级学生的思维水平以具体形象为主,他们更多地关注发生在自己身边的有趣而新奇的事物。学生在有趣的学习活动中,在运用数的知识解决简单问题的过程中,体会加减法的意义,探索数量关系,掌握加减法的基本运算。

加减法运算概念的形成与生活情境是紧密联系的。让学生在具体的情境中提出问题具有重要意义。在同一个情境中,学生往往能提出多种问题,既能提出加法问题,又能提出减法问题。而且,儿童解答加法和减法问题的思路也是紧密联系的。利用情境引入并让学生提出问题是重要的教学策略。目前,教师和研究人员越来越关注让学生自己提出问题。问题提出和问题解决一样,是学习的重要形式。学生学习加减法是学习数学运算的第一个阶段,教师应该让学生提出自己的问题,发展学生观察和思考的能力,强化运算概念的现实背景。实际上,让学生提出和解决问题的过程,也是发挥学生学习主动性的途径之一。

我们通过调查发现,入学前大多数儿童已经可以完成一些加法的问题,这些加法题是简单计数的延伸,他们在思考中往往联系自己的生活经验。例如,他们在解决"小明有5颗糖,祖母给他4颗,他现在有几颗糖?"的问题时,如果发生困难,他们会在头脑中假设桌子上有一些糖,实际情境会有助于问题解决。对于低年级学生来说,实物或者是表征实物的符号对于儿童解决问题很有帮助。小学生逐渐把加减法和现实背景联系起来,获得对加法运算的现实意义的理解。用这样的方法来学习数学,小学生会对运算的方法感兴趣,也可以体会到数学的有用性。

随着学生思维抽象水平的提高,他们对具体情境的依赖程度会有所降低。情境呈现的形式也在变化。学生可以在头脑中思考有关的情境,也可以用一些符号表示某些具体物体。一些学生常常借助线段图或者符号图来解决问题。从总体上说,具体情境对于小学生学习加减法是很重要的。情境给学生理解加减法的概念提供了具体的素材,也为学生的思维提供了具体的背景。

学生学习加减法一个重要方面是形成基本运算技能。在解决实际情境问题的过程中，学生逐步学会了加减法的运算。对小学生来说，学会运算的过程也经历了从具体到抽象的过程。许多学者反对学生从一开始就进行大量的符号运算，这并不有利于学生建立数学概念。按照这种理论，在一年级进行大量口算并不有利于数学思维的发展。学生可以从情境出发逐步建立数学概念。美国著名数学教育家卡彭特（T. P. Carpenter）等人在1982年的研究表明，学生能够使用积木等学具计算加减法，比没有积木时做得更好，他们反对一开始就进行单纯的符号训练。他们认为，在符号训练之前，让孩子们在学校第一年中使用具体学具是重要的。这些学具有助于拓展学生的思考空间。这样做，看起来比较低效，但实际上是发展数学思维的基本途径。在小学低年级的教学中，我们认为有必要进一步加强开发各种学具，以更好地发展学生的数感。

学生初步学会了加减法之后，就逐渐可以用符号进行一些推理和运算，逻辑推理能力也有可能获得重要发展。同时，逻辑推理的发展也促进了学生更好地进行符号操作。学生在进行加减法运算时，有以下两种不同的情况。第一种情况，学生按照教师的方法完成运算。第二情况是学生自己根据已有的知识，在老师的启发与引导下使用自己的方法运算。在后一种情况下，由于学生生活的背景和思考的角度不同，所使用的方法必然是多样的。对于同一个问题，不同学生可能列出不同的计算方法。这些方法都是学生自己的方法，有的方法并不高效，甚至有的方法并不合理，但却是学生思考的结果。在小学数学教学中，必须适当提倡算法多样化。

如何对待这种算法多样化？我国的数学教学往往着眼于使学生形成一种统一的标准化的高效的解题方法。而西方很多国家则不同，在教材中不列出具体的算法。例如，英国的一套小学数学教材《剑桥数学》的教师手册中指出，"算法是进行计算的方法。从整体上说，课文中并不给出这些详细的方法，是为了留出学生选择的自由。教师可以引入你们喜爱的方法，学生也可以发展出他们自己的方法。如果学生确实能发展出自己的方法，他们就容易记住"。我们认为，在学生学习中除了要形成一种较为高效的运算方法外，也应该适当关注算法多样化的问题。算法的多样化对于发展学生的独立思考和创造思考的能力是有帮助的。在算法多样化的基础上，还要进一步比较、归纳，对计算方法进行优化，并将一些基本的运算通过多种方式达到熟练。

三、乘除法的学习与乘法推理能力的发展

一些教师认为，乘、除法是小学生学习了加减法后再学习的一种数学运算，当学生学习使用乘除法时，他们的推理能力没有大的改变。对于这种观点，皮亚杰和他的同事提出了质疑。皮亚杰等认为，儿童在理解乘除法的过程中，他们的数学思维发生了重要的变化。学习乘除法应该使小学生的数学思维产生一次新的飞跃。通过学习乘除法，小学生不仅掌握了运算技能，而且拓展了数学视野和应用数学的空间，发展了数学思维。

乘法的基础是什么？加法在某种程度上构成了乘法的基础。这种说法无疑是对的，因为解决乘法运算的方法之一就是重复做加法。你可以将270加三次而得到3×270（或者是270×3，这是无关紧要的）的答案。除法和减法也有类似的关系，计算$270\div90$也可通过从270中连续减去90直到差为0。但是，如果将乘法看成一种复杂的加法，将除法看成另一种形式的减法，这是不完全的。原因之一是乘除法比简单的加减法需要更多的数学理解，学生

必须以新的思维方式进行思考。另一方面,我们把"经验"作为小学数学的基础,不难发现乘除法和学生的某些生活情境紧密联系,这些情境是小学生理解乘除法知识的基础。

一对多情境指一个与多个相对应的现象。这是三种情境中最简单和最基本的一种。日常生活中的这种例子比比皆是。如,一辆汽车有4个轮子(1与4对应),那么3辆汽车有多少个轮子?结果为4乘3得12。一张桌子能坐6个人(1与6对应),那么5张桌子可以坐多少人?等等。从一对多情境出发,乘法有以下重要意义和特点。

第一,乘法表示两个集合之间的一与多相对应的恒定关系。这种一个与多个相对应的恒定关系在生活中普遍存在。它的基础是一个新的数学概念,这就是"比率"。为了保持这种对应关系,如一辆汽车对应4个轮子,每将一辆汽车加入汽车的集合,我们就必须将4个轮子加入到轮子的集合。也就是说,我们必须加入不同数目的物体到不同的集合。这种方法与加法运算在思维方法上具有本质区别。为了使一个比率保持不变,不是像加减法运算中将数"分"与"合",而是同乘以一个数或同除以一个数。

第二,随着学生头脑中有关"比率"意义的发展,另一种新的数学意义逐渐为他们所认识。例如,如果我们刚开始有一辆车4个轮子,重复6次后,即4乘6,6就是重复次数——称为乘数(因数)。一个乘数既非车的数目也非轮子的数目,它不是针对物体的数目,而是重复的次数。6表示这种关系:1→6辆车和4→24个轮子。为使比率保持不变,同一个乘数要同时对两个物体的集合产生作用。乘数表示了变化过程一种确定的关系。乘数的含义与加减法中数的含义有所不同,这种新意义的产生拓宽了学生的数学眼界和思维天地。

一与多的情境涉及两个新的数学意义:一是比率,二是乘数。无论是比率还是乘数,都和学生以前所认识的数不一样,两个数都与测量单位无关,它们不是对现实物体数量的概括,而是说明数之间的关系。学生的数学思维涉及的不仅是对量的概括,而且涉及到数与数之间关系的概括,这是一个重要的飞跃。

乘除法中蕴涵着变化的思想。共变现象是指在一个情境中,一个量变化,另一个量也发生相应的变化。在日常生活中,会发生两个或两个以上的变量一起变化的情况。这种变化具有因果关系。因果关系指的是一个变量对其他变量的影响。例如:1千克糖的价格是4.60元,则0.5千克糖的价钱就是2.30元,2千克糖的价钱是9.20元,糖的数量与总价发生了"共变"。共变是两个变量的一种有规律地变化的现象。在共变现象中,学生逐步体会了数量的有规律的变化,进而逐步体悟一些与以前不同的数学观念。

以上例子的特点是,当解决有关两个变量间的关系时,都运用了扩大倍数和缩小倍数的方法。在共变现象中,产生了"倍数"的含义。倍数是学生的一种生活经验。如果你要买20倍重量的糖,就应支付20倍的钱,两个变量之间的关系并不会因为数量倍数的增加而改变。当论及糖的价钱时,我们就会提到"每千克糖的价格"。"价格"这个量既不是实际的价钱,也不是实际的重量,而是价钱与重量间的一种关系。

平分的活动为学生提供了进行乘法推理的另一种情况。平分包括在一组受领人中平均发一组东西。例如,把20粒糖果平均发给4个学生。虽然也和加减法一样,平分活动涉及部分与总体的关系,但是也有很大的不同。在加减法问题中,整体的大小是部分之和,每一部分不需要相等。平分活动中虽然也包括部分—整体的关系,但是要考虑三个因素:全体的大小,分为几部分和每部分的大小,且每部分必须相等。如果有20个糖果(整体)分给4个孩子(4部分),则每个孩子有5个糖果(每部分的大小或数量)。因此,平分活动是一种新的数学情境。

对于平分活动的描述也许会联想到一对多的情境,但是儿童对这两种情境的想法是不一样的。平分对于儿童说来是一种很生动的活动。小学生在思考这种活动时心理过程和一对多情境是不一样的。在平分中,孩子们需要逐渐地了解三个变量之间的关系:糖果的总数、孩子的总数和每个孩子的糖果数。如果你保持孩子的数量不变,并且增加糖果数,则每个孩子得到的糖果数会增加;但是,如果你保持糖果数不变,而增加孩子的数量,则每个孩子的糖果数会减少。糖果的总数和每个孩子的糖果数之间有直接的关系,但是孩子的数量和糖果的数量之间则是反比例函数的关系。研究表明,学生对这种反比例关系的体悟(不是掌握)是理解除法的重要内容。了解这种反比例函数的关系是越过简单的平分行为去理解除法含义的基本步骤。概括起来,平分情境是学生理解除法概念的经验基础。这种活动使学生进一步深入理解了部分—整体的关系,这种关系和加法情境中的部分—整体的关系是不同的。

总之,并不能说乘法仅仅是加法的重复,除法仅仅是减法的重复。显然,加法和乘法是有必然联系的。同样,减法和除法也是有必然联系的。乘法和除法的实际计算结果也可以由连加或连减导出。但是,我们必须注意,乘除法与学生生活经验相联系,在乘除法推理中出现了新的数学观念。小学生在乘除法的三种情境中,逐步发展其乘法推理能力。在小学生学习乘除法过程中,教师应该充分向学生提供这些重要的情境,有目地让学生开展多种活动,使学生有机会在学习乘除法过程中,发展数感和数学思考的能力,而不是仅仅掌握运算技能。

进入乘除法学习阶段,对学生的数学能力的要求更高,数学的学习价值也得到了更高的体现。数学思维在小学生数学学习中具有重要作用,没有数学思维,就没有真正的数学学习。小学生思维是一种心理活动的历程,数学思考贯穿于整个数学学习的过程中,数学教师应该使学生能够认识并掌握数学思考的基本方法,如归纳、类比、猜想与论证等;使学生根据已有事实进行数学推测、论断和解释,养成"推理有据"的习惯,能够反思自己的思考过程;使他们能够理解他人的思考方式和推理过程,并能与他人进行沟通。学生在学习乘除法时,乘法推理能力可以得到极大的发展,在这一过程中学生的逻辑思维能力得到锻炼。乘法推理也称为增倍推理,它是指学生运用倍数的概念进行正向和逆向的应用性推理。增倍推理有很多不同的水平层次,实际上,儿童很小的时候就在这一方面迈出了第一步。

四、基于数学学习理论的教学策略

从上述对学生在数的认识、加减法和乘除法认识过程的分析,笔者认为小学数学教学要注意以下几个特点。

第一,学生的生活经验是小学数学学科的基础。学生的经验既是名词,又是动词。实际上,小学生的数学学习是他们生活常识的系统化。荷兰著名数学教育家弗赖登塔尔曾经提出作为"普通常识的数学"的概念,他认为数学的根源在于普通常识。对小学生来说,小学数学知识并不是"新知识",在一定程度上是一种"旧知识",在他们的生活中已经有许多数学知识的体验,学校数学学习是他们生活中有关数学现象经验的总结与升华,每一个学生都从他们的现实数学世界出发,与教材内容发生交互作用,建构他们自己的数学知识。小学生的数学学习离不开现实生活经验。

第二,情境设计和利用在小学数学学习中具有重要意义。"经验"也是一个动词,它表示小学生的数学学习是一个从具体到逐步抽象的活动过程。例如,一年级小学生学习认数,可以通过一些具体情境获得有关的体验,从而认识数的意义。从认识事物的角度来说,符号化的数学知识与学生生活实际内容互动是学习数学的基本途径。小学生的数学学习是以经验为基础的认知过程。儿童头脑中的"数学"往往和成人的理解有不同的含义,对于小学生来说,数学是他们对自己生活中的数学现象的解读。

第三,学生学习数学经历了一个"数学化"的历程。数学化有正和反两个方向,正向是由情境到数学结论,反向是数学结论到实际应用。弗赖登塔尔认为,学生的学习活动,与其说是学习数学,倒不如说是学习"数学化"。学生从现实出发,经过反思,达到"数学化"。在这一过程中,"数学现实"和"反思"是十分重要的。对于小学生来说,"数学现实"就是他们的"经验"。"数学化"是数学学习的基本过程。对活动的理解具有广泛的含义,我们不能理解为单纯的操作活动,数学学习是学生自己的活动过程。

建构主义学者认为,学习是主体在对现实的特定操作过程中对自己的活动过程的性质作反省抽象而产生的,学习数学是一个"做数学(doing mathematics)"的过程。学生用自己的活动建立对人类已有的数学知识的理解。前苏联数学教育学家斯托利亚尔曾经提出,数学教学是数学活动的教学。数学学习也不是单纯的知识的接受,而是以学生为主体的数学活动。因此,数学课堂要提供学生进行自主探索、合作交流、积极思考和操作实验等活动的机会。现实的、有趣的和探索性的数学课题学习活动要成为数学学习内容的有机组成部分。从课堂教学的角度来看,小学生的数学学习是他们参与课堂教学活动的过程。学生从行为、情感、认知等多个方面投入课堂教学过程中,从而在知识、能力和品质方面获得全面提高。这样来理解数学学习,就要求学生在学习中成为真正的主体,这样才能产生有效的数学学习。

第四,思考是小学数学学习的核心。小学生数学学习是一个思考过程。"思考"是学生学习数学认知过程的本质特点。从这个意义上来说,死记硬背公式,没有思维要求的反复操练,都不能算是真正的数学学习。首先,学生的数学思维是对自身活动的反思,是对经验的反思。小学生数学学习是一个具体形象思维和抽象逻辑思维相结合的思考过程。数学具有内在逻辑体系和抽象性,学习数学过程本质上是一个思考的过程。小学生在学习的过程中,思考是直观思维、具体形象思维和抽象逻辑思维三个方面的结合。他们一般不能像成人那样完全借助纯抽象的数学概念进行思考,往往要以具体表象作为理解数学知识的基础。而且,小学生正处于由具体形象思维为主向抽象逻辑思维为主的过渡阶段,低年级和高年级的学生思维具有不同的特点。数学学习和数学思维密切相关,这是由数学学科知识本身的特点所决定的。数学学习不是让学生仔细地吸收课本上的或教师的现成结论,而是一个学生亲自参与的充满丰富、生动的概念活动或思维活动的过程。学生应该从"数学现实"出发,在教师帮助下自己动手、动脑做数学,用观察、模仿、实验、猜想等手段收集材料,获得体验,并作类比、分析、归纳,渐渐达到数学化、严格化和形式化。

第五,数学学习是一个再创造的过程。弗赖登塔尔认为,学生数学学习是一个有指导的再创造的过程。数学学习本质是学生的再创造。虽然,学生要学的数学知识都是前人已经发现的,但对学生来说,仍是全新的、未知的,需要每个人再现类似的创造过程。数学知识的学习并不是简单的接受,而必须以再创造的方式进行。例如,$4+6=10$可以通过学生自己的学习过程获得。教师不必将知识直接灌输给学生,而是要让学生经历一个再创造的过程。因此,在数学学习的过程,学生应该具有充分的再创造的通道,以激励学生进行再创造的活动。

因此,我们可以用"经验"、"情境"、"数学化"、"思考"和"再创造"这几个词说明小学生数学学习的基本要素,其实质是说学生是数学学习活动的主体,思考是它的本质。有效的数学教学,是以学生为本的课堂学习过程。用上述观点来看,确认学生的主体地位,改善数学课堂中的学习方式是一项重要的任务。

参考文献:

[1] 中华人民共和国教育部.义务教育阶段国家数学课程标准.上海:华东师范大学出版社,2001.

"学思维"活动课程对小学生思维能力和学业成绩的影响[①]

胡卫平　张　蕾

一、问题的提出

思维是智力和能力的核心,儿童青少年思维能力的培养,是基础教育的重要目标,也是教育学与心理学研究的一个重要领域。20世纪50年代以来,许多教育与心理学家提出了思维能力培养的思想、理论和方法,开发了思维能力培养的课程,有效促进了儿童青少年思维能力的发展。研究者采取不同的方法培养儿童青少年的思维能力,概括起来有两种途径:一是思维方法训练。Osborn提出头脑风暴法;[1] DeBono训练侧向思维;[2] Covington编写了《创造性思维教程》;[3] Feuerstein开发了工具丰富教程;[4] Greenberg提出了10个思维积木;[5] Buzan开发出思维构图技术;[6] Adey设计了CASE教程[7]等。二是学科教学渗透。Williams提出了思维能力培养的认知—情感交互作用理论;[8] Guilford依据他所提出的智力结构模型(The Structure of Intelligence),设计了一种以解决问题为主的思维培育教学模式;[9] Sternberg提出了培养学生思维能力的具体的思维策略;[10] 林崇德提出学习与发展理论,并将这一理论应用到课堂教学中。[11] 所有这些研究对儿童青少年思维能力的发展都起到了积极的作用。

20世纪90年代以来,我们对青少年科学思维能力的发展与培养进行了较为系统的研究,取得了一定的效果。[12] 但在研究中发现,如果完全应用方法训练,不利于学生对思维方法的迁移;如果完全通过学科教学渗透,又不利于学生系统思维方法的掌握。为了更加有效地培养学生的思维能力,我们将两者结合起来,开发了"学思维"活动课程,[13] 提出了相应的教学原理、教学原则和教学模式,[14] 并在100多所中小学实验,收到了良好的效果。本文主要介绍"学思维"活动课程对小学生的思维能力和学业成绩的影响。

二、研究方法

(一) 实验对象

选取山西省霍州实验小学一年级至四年级各一个班的学生,在各班中分层随机抽取30名学生作为实验组,同班中的其他学生作为对照组。一至四年级共计217名(男生119名,女生98名),其中参加实验的学生共计126名(男生63名,女生63名)。未实验的学生共计91名(男生56名,女生35名)。

[①] 本文选自《教育研究与实验》2009年第6期,第70—74页。

（二）实验材料

采用课题组编制的《学思维》活动课程。根据皮亚杰认知发展理论、维果茨基的社会文化理论、林崇德教授的思维发展理论，建构了由思维内容、思维方法和思维品质构成的思维能力的三维立体结构模型；提出了让学生在知识学习和活动中掌握思维方法，训练思维品质的思维能力培养思路；开发了用于培养学生思维能力和创造能力，并对学生整体素质有显著影响的"学思维"活动课程。"学思维"活动课程共有8册，每个年级1册，每册有16个左右的活动，分为形象思维篇、抽象思维篇和创造性思维篇3个部分。每个活动都包括紧紧相扣的4个环节：第一，活动导入。即创设情境，引起学生认知冲突、激起学生兴趣的环节。第二，活动过程。即按照活动的内部结构，组织学生进行观察、思考、讨论、实验的环节。第三，活动心得。即教师和学生一起回顾整个活动，总结心得，引起反思的环节。第四，活动拓展。即向生活和其他学科领域拓展思维方法的环节。活动内容以系统的思维方法为主线，按照学生心理发展规律以及知识面的扩展而不断加深，由易到难、由简到繁。每个活动先从日常问题开始，再到各个学科领域；先从具体形象的问题开始，再到抽象的问题；先从简单问题开始，再到复杂问题。从整体上看，活动内容涉及语文、数学、科学、社会、艺术和日常生活等多个领域。

（三）实验设计

教学实验由所选班级班主任教师承担，实验组和控制组的学生来自同一个自然班级，他们的师资条件、教学条件等均相同，只是参加实验的学生每两周上一节"学思维"活动课。在正式进入实验之前，收集在校的二年级至四年级学生的上学期期末考试成绩，并对所有学生进行瑞文推理测试。实验过程中进行两次思维能力测试，最后进行创造性思维测试，并收集每个学期的期末考试成绩。具体实验设计见图1。

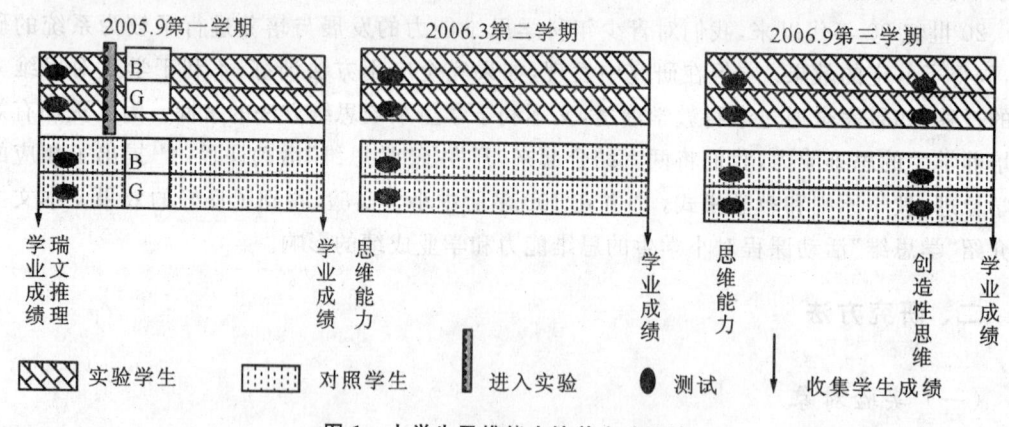

图1 小学生思维能力培养实验设计

（四）测量工具

1．《瑞文标准推理测验》

瑞文标准测验由英国心理学家瑞文(J. C. Raven)于1938年创制，在世界各国沿用至今。它是一种非文字的智力测验，用以测验一个人的观察力及清晰思维的能力。经国内外多次使用证明其有良好的信度和效度。

2. 自编《思维能力测验》[15]

采用自编的"小学生思维能力测验",该测验有文字、数字、图形三种测试材料,包括比较分类、归纳推理、演绎推理、空间认知、类比推理、抽象概括6个分测验。该测验难度适中,区分度较好,信度和效度较高。

3. 托兰斯《创造性思维测验》

选用托兰斯的创造性思维测试题目,共4道题,分文字测试和图形测试两部分:① 文字部分:用简短的话把图中人物可能发生的事情写下来;写出报纸的用途。② 图形部分:用给定的两个形状任意组合不同的图形;在半圆上添笔成画。每道题目分别从流畅性、灵活性和独创性上计分。流畅性是指产生多少个观念而言,是所有答案个数的总和;灵活性是指不同分类或不同方式的思维,是所有答案类别的总和;独创性是反应的独特性,想出别人所想不到的事物。独创性得分由选择该答案的人数占总人数的百分比来决定。若该比例小于5%,得2分;若该比例在5%—10%之间,得1分;若该比例在10%以上,得0分。总测验的总分转化为 z 分数,内部一致性系数 Cronbach's Alpha 系数 α 为0.725。

(五)数据处理与分析

本研究采集的数据均采用 SPSS10.0 for Windows 进行处理。采用 t 检验分别对被试在各测试中的得分和学业成绩得分进行差异显著性检验。

(六)前测成绩比较

1. 实验组和控制组瑞文标准推理成绩比较

实验开始前,实验组和控制组的学生参加瑞文标准推理测验,结果见表1。

表1 实验组和控制组瑞文标准推理成绩比较

	实验组(M±SD)	控制组(M±SD)	t	P
一年级	16.45±6.26	18.41±5.85	−1.139	.260
二年级	32.35±7.33	31.00±4.48	.809	.422
三年级	36.94±4.23	35.08±5.37	1.475	.146
四年级	39.15±4.76	38.33±4.03	.618	.539

从表1可以看出,实验组学生和控制组学生瑞文标准推理的成绩没有显著性差异。

2. 实验组和控制组学业成绩比较

实验开始前,收集二至四年级各班学生的语文、数学成绩,结果表明,各年级实验班与控制班学生的语文、数学成绩差异的 t 检验的 P 值在0.325—0.947之间,表明均无显著差异(表略)。

三、结果与分析

(一)实验组与控制组的思维能力比较

用《思维能力测验》及其平行问卷分别对每个年级实验组和控制组的学生进行了两次测

试,并用 t 检验比较了实验组与控制组的学生在《思维能力测验》上得分的差异及其显著性,结果见表2。

表 2　实验组和控制组的思维能力比较

		实验组（M±SD）	控制组（M±SD）	t	P
一年级	第一次	23.17±6.15	22.59±5.74	.343	.733
	第二次	33.3±3.18	30.64±3.46	2.914	.005**
二年级	第一次	39.29±4.86	38.76±3.46	.460	.648
	第二次	40.17±3.73	36.56±5.25	2.969	.004**
三年级	第一次	42.66±3.01	38.00±8.07	3.00	.004**
	第二次	43.71±3.00	39.00±4.06	4.987	.000***
四年级	第一次	42.79±2.09	40.61±2.20	2.558	.014*
	第二次	42.91±3.42	39.39±4.37	3.77	.000***

注：* 表示 $P<0.05$，** 表示 $P<0.01$，*** 表示 $P<0.001$，下同。

从表2可以看出,一年级和二年级实验组学生经过近一年的思维培养实验后,总体思维能力水平与控制组学生出现显著差异($P<0.01$)。三年级($P<0.01$)和四年级($P<0.001$)学生则在经过近半年的培养实验后,总体思维能力水平显著高于控制组学生,实验一年后,差异更加明显($P<0.001$)。

"学思维"活动课程提出"教给学生思维方法,训练学生思维品质"的培养思路,通过螺旋式的课程概念分层次地、循环往复地教给学生科学思考问题的方法,更加有效地促进了学生思维能力的发展。实验组学生在总体思维能力上都显著高于控制组学生,但实验效果显现的时间有年级差异。小学低段(一年级和二年级)实验组学生在经过近一年的"学思维"课程培养,与控制组学生开始出现显著性差异,而小学中段(三年级和四年级)实验学生进入"学思维"课程半年内,就与控制组学生在思维能力方面出现了显著差异。这种情况的出现是因为三四年级是小学生从具体形象思维向抽象逻辑思维过渡的关键期,有意识地进行系统训练,可以有效促进学生思维能力的发展。

（二）实验组与控制组的创造性思维能力的比较

1. 实验组与控制组的创造性思维品质的比较

实验进行一年半以后,对实验组和控制组学生进行了创造性思维能力的测试,并用 t 检验比较了实验组和控制组学生之间的差异,其结果见表3。

从表3可以看出,在流畅性方面,实验组和控制组的差异主要表现在一年级和二年级上($P<0.01$),四年级和五年级在流畅性方面的差异不显著。在灵活性方面,二年级实验组和控制组的差异极为显著($P<0.001$),三年级和四年级的实验组和控制组之间也有显著性差异($P<0.01$)。在独特性方面,实验组和控制组的差异出现在二年级($P<0.05$),其他年级总体上看,没有出现显著差异。

表 3 实验组与控制组的创造性思维品质的比较

	年级	实验组(M±SD)	控制组(M±SD)	t	P
流畅性	一年级	56.03±19.28	42.27±14.44	2.815	.007**
	二年级	69.26±24.65	52.33±15.40	2.945	.005**
	三年级	75.10±21.34	71.56±18.84	.649	.519
	四年级	79.19±18.50	78.67±23.71	.086	.932
灵活性	一年级	16.13±2.27	15.36±2.65	1.126	.266
	二年级	17.19±3.48	13.54±2.40	4.396	.000***
	三年级	19.19±2.36	17.52±2.31	2.663	.010**
	四年级	20.66±3.38	18.50±2.60	2.345	.023**
独创性	一年级	0.93±1.01	0.50±0.67	1.740	.088
	二年级	1.03±1.02	0.46±0.72	2.346	.023*
	三年级	1.23±1.26	0.83±1.20	1.169	.247
	四年级	1.81±1.33	1.28±1.18	1.419	.162

2. 实验组与控制组的创造性思维能力的比较

把各年级实验组和控制组的流畅性、灵活性和独特性得分转化成 z 分数后相加获得创造性思维总分,其结果见表 4。

表 4 实验组与控制组的创造性思维能力的比较

年级	实验组(M±SD)	控制组(M±SD)	t	P
一年级	4.11±1.82	2.91±1.71	2.408	.020*
二年级	5.08±2.41	2.781±1.56	4.059	.000***
三年级	6.08±2.08	5.11±1.67	1.900	.063
四年级	7.12±2.27	6.08±2.27	1.562	.125

从表 4 可以看出,各年级实验组的创造性思维能力都高于控制组,其中一年级实验组学生与控制组学生的差异达到显著水平($P<0.05$),二年级实验组学生与控制组学生的差异极为显著水平($P<0.001$)。

"学思维"活动课程不仅包括创造性思维方法的训练,而且教学中特别强调师生互动和生生互动,教师以完全开放的心态来组织活动,找到促进学生思维发展的方法,对学生的问题及时地给予反馈;"学思维"活动课程营造了一种开放、民主、积极的活动氛围,鼓励学生用更多的时间与同伴讨论、独立思考,评判他人的观点,学习同伴的优秀思维方法,从而有效促进了小学生创造性思维的发展。

通过对学生思维的流畅性、灵活性和独特性方面的测量,发现不同年级的实验组学生在思维品质的不同方面都达到了与控制组学生的显著差异。第一,一、二年级实验组与控制组在思维的流畅性方面存在显著性差异。创造性思维主要表现为发散思维,经过一年半的"学思维"活动教学实验,一年级和二年级实验组学生首先在流畅性上表现出与控制组学生的差异,这是获得更富创造性思维的第一步。第二,二、三、四年级实验组学生在思维的灵活性方面,显著优于控制组学生。这说明三年级以上的学生(二年级的学生经过一年半后也成为三年级学生)比二年级更好理解了题目的意思,没有刻意追求答案的数目,而能够有意识地从不同的角度对同一问题进行思考,给出不同的答案。第三,思维独特性方面,只是对二年级学生(测试时已经是三年级)达到显著差异,其他年级的实验组和控制组之间都没有显著差异。需要指出的一点是,实验组在思维的流畅性、灵活性和独特性方面都达到显著差异的时期出现在三年级,这说明三年级是学生创造性思维发展的关键期,从二年级开始培养,更有利于关键期时创造性思维的迅速发展。

(三) 实验组与控制组的学业成绩比较

正式进入实验后,收集参加实验年级的语文和数学期末考试成绩,共收集了三个学期的成绩,依照顺序用"第一次"、"第二次"、"第三次"分别标示,比较实验组和控制组学生每学期期末考试成绩,并进行了显著性检验。其结果见表5。

表5 一年级实验组和控制组学业成绩差异

			实验组(M±SD)	控制组(M±SD)	t	P
一年级	语文	第一次	78.60±15.08	77.74±12.89	.214	.832
		第二次	88.31±8.58	85.11±7.97	1.369	.177
		第三次	85.38±11.07	82.15±9.04	1.118	.269
	数学	第一次	74.20±14.70	71.09±17.63	.692	.492
		第二次	92.20±5.60	89.59±6.63	1.534	.131
		第三次	97.06±4.51	94.04±6.29	2.018	.049*
二年级	语文	第一次	88.96±6.29	86.16±8.63	1.403	.166
		第二次	81.75±6.98	76.30±8.41	2.574	.013*
		第三次	90.70±5.79	84.82±7.98	3.195	.002**
	数学	第一次	89.72±7.71	87.73±5.29	1.009	.277
		第二次	92.41±6.20	90.65±5.06	1.109	.273
		第三次	88.32±10.69	82.89±8.25	2.084	.042*
三年级	语文	第一次	88.09±6.05	86.10±5.33	1.311	.195
		第二次	88.38±4.48	85.42±3.11	2.807	.007**
		第三次	79.35±7.19	69.55±8.03	4.898	.000***
	数学	第一次	95.00±4.64	90.93±5.39	3.082	.003**
		第二次	93.74±4.56	90.62±5.24	2.381	.023*
		第三次	93.57±3.88	87.85±5.18	4.808	.000***

(续表)

			实验组(M±SD)	控制组(M±SD)	t	P
四年级	语文	第一次	89.56±8.00	86.49±5.76	1.431	.159
		第二次	92.66±3.06	91.26±2.85	1.593	.118
		第三次	85.93±6.21	79.22±7.07	3.466	.001***
	数学	第一次	87.71±5.18	82.57±8.63	2.664	.010**
		第二次	92.62±9.04	83.50±10.61	3.194	.003**
		第三次	96.27±3.65	91.07±5.34	4.108	.000***

从表 5 可以看出,一年级实验组学生与控制组学生在第一学期期末成绩相差甚小,语文和数学的 P 值分别为:0.832 和 0.492,在第二和第三学期的学业成绩比较中,两组的差异逐渐增大,第三学期的数学成绩中实验组显著高于与控制组($P<0.05$)。二年级第一学期末,实验组和控制组学生的语文和数学成绩都没有达到显著性差异,第二学期末的语文成绩差异显著($P<0.05$),第三学期末的语文($P<0.01$)和数学成绩($P<0.05$)差异都显著。三年级实验组的数学成绩每个学期都显著高于控制组,P 值分别为 0.003,0.023 和 0.000。后两次实验组的语文成绩与控制组的差异也达到了显著水平,P 值分别为 0.007 和 0.000。四年级实验组前两次的语文成绩差异不显著,第三学期末实验组的语文成绩显著高于控制组($P<0.001$)。实验组的数学成绩三个学期都显著高于控制组,P 值分别为 0.000,0.010 和 0.003。

通过"学思维"活动课程的学习,有助于提高学生的学业成绩(语文和数学),原因有两个方面:一方面,"学思维"活动课程通过教给学生科学的思维方法直接影响学生的思维能力,思维能力的发展又为学生学业成绩的提高打下了良好的基础;另一方面,"学思维"活动课程决不是一种"形式训练",思维能力三维立体结构模型中除了思维方法、思维品质外,还有很重要的一个维度,即思维内容。"学思维"课程中的每一个活动都是和学生的学习生活紧密相关的,涉及了大多数的学科知识,如语文、数学、物理、社会、艺术等,每一种思维方法的学习都是在情境丰富的活动中进行的,而不是单纯学习思维方法的理论、过程和原则。这样的课程设置有利于学生把在"学思维"活动课程中学到的思维方法,运用到学科学习中去,从而提高学生的学业成绩。

从表 5 可以看出,"学思维"活动课程提高一、二年级学生的学业成绩需要较长的时间,而提高三、四年级学生的学业成绩需要的时间较短,效果较明显,这一方面是由于三、四年级是学生思维发展的关键期,思维能力的提高可以有效提高学业成绩,但有一个延迟效应;另一方面,"学思维"活动课程中,一、二年级的活动更多地涉及学生的日常生活,三、四年级的活动更多涉及学科知识。这一结果也说明,思维方法的训练一定要和学科知识结合起来,才能更有效地提高学生的学业成绩。

四、结论

综合以上的研究,我们可以得出以下结论:
(1)"学思维"活动课程能有效促进小学生思维能力的发展。

(2)"学思维"活动课程能有效促进小学生的创造性思维能力的发展。

(3)"学思维"活动课程能够有效提高小学生的语文和数学成绩。

参考文献：

[1] Osborn, A. F. Applied Imagination. NewYork:Charles Scribner's Sons, 1963.

[2] De Bono, E. Lateral Thinking—A Textbook of Creativity. London:Ward Lock Educational Limited, 1970.

[3] 张庆林.当代认知心理学在教学中的应用.重庆:西南师范大学出版社.1995:196—197.

[4] Feuerstein, R., Rand, Y., Hoffman, M. & Miller, M. Instrumental enrichment：An intervention programme for cognitive modifiability. Baltimore, MD: University Park Press, 1980.

[5] Greenberg, K. The Cognitive Enrichment(COGNET)funded in part by the U. S. Department of Education Follow Through Program(grant ♯S014C10013). The University of Tennessee Follow Through Sponsor Project, Katherine Greenberg, Ph. D., Director, 1989.

[6] Buzan, T. Use Your Perfect Memory. N. Y.: E. P. Dutton,1984.

[7] Adey, P. & Shayer, M. Really Raising Standards. London: Routledge, 1994.

[8] Williams, F. E. A Total Creativity Program for Individualizing and Humanizing the Learning Process. Englewood Cliffs, NJ: Educational Technology Publications,1972.

[9] Guilford, J. P. The Nature of Human Intelligence. New York:McGraw-Hill, 1967.

[10] Sternberg, R. J. & Spear-Swerling, L. 思维教学.赵海燕译.北京:中国轻工业出版社,2001.

[11] 林崇德.学习与发展.北京:北京师范大学出版社,1999.

[12] 胡卫平,林崇德.青少年的科学思维能力研究.教育研究,2003,(12).

[13] 胡卫平."学思维"活动课程(8本).北京:科学出版社,2006.

[14] 胡卫平.提高整体素质　培养创新人才——谈谈"学思维"活动课程的设计与教学.中小学校长,2008,(9).

[15] 胡卫平,李海燕,秦亚平.小学1—4年级学生思维能力测验的初步编制.心理与行为研究,2008,6(1).

关于小学一年级数轴教学的实验研究[①]

郑俊杰　陈素芳

一、问题

实现四个现代化的关键是科学技术现代化,数学是科技的基础和工具。作为数学基础教育的小学数学课,怎样提高教学效率,让学生较快较早地学好现代数学的基础知识,是教改中的一个重要问题。

数学教育改革,在国外已搞了二十来年。在 60 年代,他们普遍认为传统课程中最需要作根本改革的是几何,应充分利用代数方法处理几何问题,使形数结合。到了 70 年代,对数学教育改革的看法虽有变化,但还是比较一致地认为要用统一的观点来改造初等数学的内容。

在美国,为了讨论数学教育改革,曾在坎布里奇(Cambridge)举行过会议,他们主张从小学二年级开始,就通过适当的游戏介绍直角坐标系。现在一些国家(如苏联)在五年级讲正负数时,用数轴上的点表示数,有数轴上点的坐标。这个问题究竟怎样解决合适,是值得实验研究的。

根据我国数学教改的要求与国际上教改的有关动态,我们如果能在小学一年级就下放一些现代数学的基础知识,例如结合数轴教算术,使形数结合,这对上述的数学教学改革,对学生今后学习有理数等都是具有重要意义的。

我国在"大跃进"的年代里,进行过中小学数学下放的试验。例如中国科学院心理研究所的刘静和等同志,曾在小学五年级做过试教代数的实验。[1]还有北京景山学校曾把原中学一部分代数初步知识下放到小学里去学习。此后,北师大实验小学、景山学校都曾在小学一年级做了一些数轴教学的试验。

我国新的小学试用数学课本,把一些数轴的内容渗透到小学第一学年第一学期去教,用数轴上的点表示的数来作加法或减法。为了能更好地做好这一教学改革工作,我们需要进一步考查以下的问题:六、七岁儿童能否接受数轴思想?六岁儿童与七岁儿童在接受数轴思想方面有什么差异?借助数轴学习加、减法的难点是什么?现用课本对这些数轴题的安排是否合适?在 20 以内的加、减法中结合数轴进行教学,对教学效果有什么影响?所有这些问题,都需要通过实验来加以解决,本研究就是为解决这些问题而进行实验的。

二、方法

本实验研究是在山西大学附属小学一年级的三个班进行的。甲班有学生 48 人,平均年龄六岁四个月。[②] 乙班有学生 38 人,平均年龄七岁三个月。丙班有学生 38 人,平均年龄七

[①] 本文选自《山西大学学报》(哲学社会科学版)1979 年第 3 期,第 109—120 页。

[②] 以实验时的实际年龄为准。

岁两个月。这三个班都是男生略多于女生,他们基本上是山西大学教职工的子弟,百分之七十左右的儿童上过山大幼儿园。从实验前对学生数学摸底测验的情况来看,三个班的学习成绩基本相同。

(一) 实验的准备阶段

在此阶段中,我们对三个班的教学活动进行了观察与调查,并在实验前对三个班的学生进行了数学摸底测验。

(二) 对甲、乙两班的实验方法

此实验用 38 道数轴题(见附录1),分两个阶段进行教学。1978 年 10 月 30 日至 11 月 6 日为实验的第一阶段,在这一阶段内,甲、乙两班都用了 8 道数轴题讲"11—20 各数的认识",其中有 4 道题是配合讲数的顺序和大小的,另有 4 道题是配合讲十加几和十几减几的加、减法的(见附录1"(1)")。教这 8 道题所用的时间,甲班为 15 分钟,乙班为 12 分钟。11 月 7 日和 8 日为实验的第二阶段,在这一阶段里,甲、乙两班都在两节课内,较集中地用了 30 道数轴题讲"20 以内的进位加法和退位减法",其内容为:10 道看图列加式计算题,10 道看图列减式计算题,6 道看加法试题画图计算题,4 道看减法试题画图计算题(见附录1,"(2)—(5)")。教这 30 道数轴题所用的时间,甲班为 62 分钟,乙班为 57 分钟。11 月 9 日上午,在两个班进行了统一测验(测验题见附录2)。

(三) 对丙班所用的实验方法

从 10 月 30 日至 11 月 14 日,分散地用了 38 道数轴题(与甲、乙两班讲的 38 道题的内容相同,见附录1)讲"11—20 各数的认识"和"20 以内的进位加法和退位减法"。教这 38 道题所用的时间为 73 分钟。11 月 15 日,用与甲、乙两班相同的测验题进行了测验。

(四) 考查数轴教学效果所用的实验方法

11 月 21 日,在甲、乙两班,利用学生已掌握的数轴知识,借助数轴的图形,用讲练结合的方法来讲 6 加几的新课。在十分钟的时间内,学生学会了 6+5、6+6 两句口诀(包括交换两个加数的位置——5+6 以及相应的减法),第二节课出了 18 道已学过的加减法复习题(考查数轴教学效果以前学生所学的并复习过的数学知识)和两道刚学过的加减法练习题(6+6、6-5)进行测验。

甲、乙、丙三班由一位老师讲授同样的内容,以便分析比较。甲、乙两班的实验,除考查一般的问题外,主要是把六岁(甲班)儿童和七岁(乙班)儿童在接受数轴思想方面有无差异的问题加以比较。丙班的实验除考查一般的问题外,侧重于与甲、乙两班进行比较,以便研究数轴教材的分散与集中哪一种方法较好的问题。

在整个实验过程中,我们作了观察的记录,对学生的作业进行了考查,对考卷做了分析,还进行了一些个别谈话。通过以上的方法,了解数轴教学的效果和儿童对它的反映。

三、结果

（一）六、七岁儿童接受数轴教学的情况

甲班的六岁儿童和乙、丙两班的七岁儿童，对接受数轴教学的情况，可以从三个班用数轴教学的时间和取得的教学效果来作比较说明。

表 1　甲、乙、丙三个班用 38 道数轴题进行教学所用的时数表

时数(分) 项目 班级	用数轴讲"11—20各数的认识"	用数轴教"20以内进位加法和退位减法"				共计
		看图列加法算式	看加法试题画图计算	看图列减法算式	看减法试题画图计算	
甲班(六岁)	15	25	12	21	4	77
乙班(七岁)	12	20	8	18	11	69
丙班(七岁)	12	25	10	22	4	73

表 2　甲、乙、丙三个班学习 38 道数轴题的成绩表

班　级	每人平均成绩
甲班(六岁)	87.0 分
乙班(七岁)	87.8 分
丙班(七岁)	73.2 分

从表 1 看到，甲(六岁)、乙(七岁)、丙(七岁)三个班的儿童，在 70 分钟左右的时间里，借助数轴学习了五个方面的 38 道题。这些内容实际上有 11 到 20 各数的认识，有 9 加几到 2 加几和相应减法的主要东西。这些教材，我国现用的小学数学教学大纲规定要用 50 多个课时学完它。这就是说，我们用数轴教学的实验课，只用了 70 分钟左右的时间，就学习了一般要用 50 多个课时学习它的一些主要内容。

从表 2 看到，甲、乙、丙三个班的儿童，学习上述教材的平均成绩，分别为 87.0 分，87.8 分和 73.2 分，即都取得了良好的成绩。这说明运用数轴进行 20 以内的加、减法教学，可以使儿童学得快、学得好，它对儿童掌握算术知识和技能起着良好的作用。

（二）六岁儿童与七岁儿童学习数轴的快慢差异

表 1 和表 2 说明，六岁儿童用数轴学习 20 以内的加、减法，能够取得和七岁儿童不相上下的成绩，但学习的速度则有快慢之别，即六岁儿童要比七岁儿童多用百分之十几的时间。

（三）用数轴学习加、减法的难点

从表 3 可以看到，学生学习数轴的难点是"中间环节"。即在看图列加、减法算式时，儿童常常把第二个箭头所包括的点看错、数错，因此就表现在第二个加数写错或减数写错，其错误的次数各占错题总数的 50% 和 61.5%。把第二个箭头所应包括的点数看错、数错，而

使表示加式或减式的第二个箭头画错的,各占错题总数的85%和90.9%。我们课堂观察到的情况也与此相同,儿童看到第一个箭头或最后箭头指向几,能立即说出第一个加数是几、被减数是几或得数是几。只有这"中间环节"儿童常常感到困难。

表3 数错、画错数轴第二个箭头的次数占错题总数的百分数表

项目 错题数 班级	1.看图列 加法算式 列式错		2.看加法试题 画图计算 画箭头错		3.看图列 减法算式 列式错		4.看减法试题 画图计算 画箭头错	
	第二加数错	其他错	第二个箭头画错	其他错	减数错	其他错	第二个箭头画错	其他错
甲班	—	1	2	1	3	2	10	2
乙班	1	1	6	1	2	1	4	—
丙班	4	3	9	1	3	2	16	1
共计	5	5	17	3	8	5	30	3
占错题总数的百分数(%)	50.0		85.0		61.5		90.9	

(四)教材的集中与分散

新课本,共用29道数轴题配合讲20以内数的认识与加、减法的计算。这两个单元的教学时间,数学教学大纲规定为60个课时,平均两个课时左右才有一道数轴题,所以这些题的出现是分散的。本实验在丙班,也是用较分散的时间进行数轴教学的,其中后30道题是在十天内教完的。此30道题,甲、乙两班则是在两天内教完的。较分散学习的丙班儿童的学习成绩是73.2分,较集中学习的乙班儿童的学习成绩是87.8分(见表2)。乙班儿童的学习成绩,与同年龄的丙班儿童相比较,高了14分多。这表明借助数轴学习20以内的加、减法,如果把它适当集中,可以更好地发挥数轴教学的优越性。

(五)数轴教学的效果及其对加、减法教学的影响

加法的两句口诀以及用它来计算加法和相应的减法,儿童要掌握它,一般要用一个课时以上的时间。利用儿童已掌握的数轴知识,即用数轴表明加、减法基本原理的知识,来学习6加几的两句口诀,只用了11分钟,儿童就基本上掌握它了。实验后进行了测验,测验的结果如表4:

表4 甲、乙两班新旧知识测验的对错比较表

题别 项目	已学过的复习题		刚学过的新题	
总题数	1548		172	
对错	做对题数	做错题数	做对题数	做错题数
题数	1421	127	167	5
百分数(%)	91.8	8.2	97.1	2.9

表中说明：已学过的复习题,学生做对的是 91.8%；刚学过的新题,学生做对的是 97.1%。已学过的复习题,学生做错的是 8.2%；刚学过的新题,学生做错的是 2.9%。也就是甲、乙两班 86 个学生的平均成绩是：已学过的复习题是 91.8 分；刚学过的新题是 97.1 分。

以上的实验情况表明：儿童在十多天以前学习的数轴知识是掌握得比较牢固的；他们运用这些知识来学习有关新教材的效果是良好的。即儿童借助数轴来学习 20 以内的加、减法,与一般的教学方法相比较,学习的速度较快,学习的质量较好。这也说明：通过数轴的教学,儿童掌握一些加、减法的基本原理,这些原理对他们学习类似的新知识,可以起着明显的促进作用。

四、讨论

（一）关于数轴教学与六、七岁儿童的接受问题

20 以内的进位加法与退位减法,是多位数加减法计算的基础,是整个四则计算的基础。它是教学的重点,也是教学的难点。这个难点是由加减法的客观规律与儿童的认识规律所决定的。

为了摸索这一规律,在实验前我们做了一些调查与观察,看到比较普遍的现象,是刚入学的一年级学生能机械地背诵一些数字,但没有理解数概念的实际意义,当他们对此作出错误的反应时,只通过抽象的语言来纠正,难以帮助他们解决问题。例如大多数儿童能按数序从 1 背到 100,但常常在进位处背错(像……16、17、48、49、20),我们立即给以口头纠正,收效甚微。这是因为他们通过对数序的简单重复,在 1 与 9 之间建立了简单的固定联系,不易出错。9 与 10、20 等等之间无简单的固定联系,容易出错。此处若要不出错,需要理解前面十位数是多少个十,才能确定后面个位数上的 9 加 1 之后该进位到几十,这就需要有一定的知识经验做基础的意义的理解。有了这种理解,才能在不同的情况下,掌握数量之间的本质联系。我们在一个小组里,用珠子计数器做直观教具,在 30 分钟内,他们基本上学会了 9 加几的八句口诀,突破了进位加法这个难关。在另外一个小组里,用数轴上的点进行此试验,也收到了类似的效果。这说明六、七岁儿童在理解抽象的数概念时,需要有具体的实物或表象做基础。也是因为这一阶段儿童的思维有具体性和直觉性的特点,他们的思维活动需要借助于具体活动或直觉形象的感知。因此,需要通过直观教具的演示、操作,或具体事例的介绍,引导儿童认识数概念、掌握加减法,使新概念建立在已有知识经验的基础上,建立新旧知识的联系。

随着学习的进展,儿童如果还停留在只有借助于具体实物才能进行运算的水平上,就会妨碍学习数学,就会阻碍计算能力的发展。在实验中我们观察到,老是依靠掰手指头或摆数实物的儿童,他算得又慢又容易出错,如换一种其他教具就不知怎么算。他们对数概念的认识和计算,受实物的具体形象、空间形式、表面现象和特点以及物体本身的性质和名称的影响,这些影响妨碍了他们对数概念的抽象与分析综合。因此,学习到一定的阶段,就需要引导儿童由具体事物的分析综合向抽象概念的分析综合过渡。这个过渡是重要的,也是困难的。我们在这方面的观察和看法,与国外的敏钦斯卡娅[2]等,以及国内的二十年来的有关研究[3]是一致的。

但是只要引导得当,是能够使儿童的认识较快地由具体形象的感知向抽象概念过渡的,在 20 以内数的认识和进位加法、退位减法中,运用数轴进行教学,可以起到这个良好的作用。数轴与抽象的数概念相比,它较形象地表明了数的顺序、大小和加减法之间的内在联系,因而容易为这一阶段的儿童所接受。数轴与具体事物相比,它又是较抽象较一般的。用直线上的点所表示的数,就不只是指珠子若干、铅笔若干……而是各种不同物体、对象的若干,它是具有一般性的特点的。它所表示的加(或减)法算式,不只是指多少什么东西加(或减)多少什么东西,而是一般地表示多少加(或减)多少,等于多少,反映了加减法的本质属性。因此,它可以使儿童在学习数概念与计算时,避免具体物体的表面现象和个别特点的干扰。

一般的直观教具,也不能像数轴那样明确地反映数量。用珠子计数器或其他的直观教具,三个以上的客体,儿童就不能一眼看清(需要逐个地数它们),加上他们注意的不稳定性和知觉的不完全性,因此,在这样具体实物感知的基础上进行运算,就会造成计算过程的慢和错。若仅用这本身有局限性的物体的表象(加上表象本身具有不稳定性等的特点)来向抽象思维过渡,就可能得不到好的效果。数轴上有清楚的点,并且有明白的数字标志它,数量之间的关系明确,儿童一眼可以看清每个点上的数字,能较快地引导儿童从直觉地具体地认识数到较抽象较概括地认识数,到用词来认识数,抽象出数的本质特点,也容易看出加数与和的本质联系。它留下的表象,也较明确地反映了数量之间的关系。这样,就可以促进儿童由具体事物的分析综合向抽象的分析综合过渡。由于运用数轴进行教学,是符合六、七岁儿童开始从具体形象思维向初步的逻辑思维过渡的,所以在 20 以内的加减法运算中,结合数轴进行教学取得了较好的效果。

在 20 以内的进位加法中,用数轴图形进行教学,对培养儿童的直觉思维能力也是有重要意义的。现用课本结合直观教具,用"凑十法"来讲进位加法,如 $\begin{matrix} 8+3=11 \\ \diagup\diagdown \\ 2\quad 1 \\ 10 \end{matrix}$ 其思维过程是:① 分辨清相加的两个数是 8 和 3,② 8 和 2 凑成 10,③ 3 里面分去了一个 2 还有一个 1,④ 10 加 1 等于 11。这是一个连续分析综合的思维过程,并且要用口算,要记住中间的得数。这对于一年级的学生来说是比较困难的。我们在一个班里,用珠子计数器讲了几道"凑十法"的进位加法题之后,以数轴来讲练 20 以内的进位加法与退位减法,仅用了 26 分钟的时间,学生就学会了 16 道题,9+2,5+7,8+8 等,经考查,学生学得较灵活,平均成绩在 80 分以上。这是因为数轴通过直线上的点和箭头,可以清楚表明进位加法的意义,简化了分析、综合、再分析、再综合的复杂思维过程,它的明确形象与表象,对运算推理起了支持的作用。所以儿童理解得快,掌握运算的技能也较好。

在这里,形数结合的重要意义明显地表示了出来,也看到了形象思维在学习数学中的作用。我们认为学习数学需要对抽象概念进行分析综合,逐步培养抽象的逻辑思维能力,但并不一概否定形象思维在学习数学中的重要意义。国外,如美国的杰罗姆·S·布鲁纳,主张在数学教学过程中,培养儿童直觉思维的能力。因为这种能力在发明创造中,在解决问题中,常常能很快地"猜出"答案,提出假设。用直观程序,并继之以检验,这对解决各种问题是有帮助的。[4] 也有人用图解进行几何教学的试验,尽可能用视觉证明代替形式证明。他们这种看法和我们的看法是相似的。

上面说明了儿童在学习20以内数的认识和进位加法、退位减法中,开始必须用直观教具(包括数轴)或实例来引导。一般教具只在一定的阶段上和一定的范围内有积极的意义,而数轴却可以在较大的范围内、较高的水平上和长远的观点上起着积极的作用。

(二) 关于数轴教学与加法的逆运算问题

加和减是一对矛盾,它们既对立又统一,加是矛盾的主要方面,减是加的逆运算。把加减联系起来进行教学,有利于理解加、减法的意义,培养学生辩证唯物主义的观点。国际上英、日等都采用加减对照编排。可是我国旧教材是先教加法,后教减法,在退位减法中,用"连减法"等进行运算,思维的分析过程长、速度慢。新编的现用教材,把加、减法联系起来编排,在加法学得比较巩固的基础上,利用加法的逆运算来做减法,口诀熟了,用可逆性联想,一步就能求出差来。这对学生来说,缩短了解题的思维过程,提高了计算速度,培养了逻辑推理的能力,促进了儿童智力的发展。

用加法的逆运算来做减法,儿童分析问题的思维过程是由原方向转向相反的方向,由综合转向分析,这种逆转方向的分析综合的思维活动是比较困难的,对于一年级的儿童来说尤其如此。皮亚杰等认为5—6岁这一阶段的儿童,所缺的主要是可逆性概念。所以儿童学习新课本的20以内的加减法,它的难点是理解加减的互逆关系。

对解决这一重点、难点的问题,数轴可以起着重要的作用。在直线上,箭头向右表示加,箭头向左表示减。向右的两个箭头表示两个加数;向左的一个箭头和剩下的一段,表示一个减数与一个差。向右的最后箭头表示和是多少,向左的最后箭头表示差是多少。在这里看到在加减互逆关系中,同一个数,对加式来说它是和,对减式来说它是被减数。从加式上看,和里面减去了一个加数,还剩另一个加数;从减式上看,被减数减去减数,剩下的就是差。通过这样鲜明的对比,就形象而又概括地表现出减法是加法的逆运算,表现出加减的互逆关系,并表现出和差的变化,还揭示了有一定隐蔽性的加减法间的辩证关系。这就使儿童清楚地认识到减法是加法的逆运算,从而突破了难点。

(三) 关于六岁儿童与七岁儿童认识能力的差异问题

根据我们的测验考查,六岁的甲班儿童与七岁的乙班儿童,在用数轴学习20以内的进位加法和退位减法中,除了"看减法式题画图计算"这一类型题有明显的差异外,其余各种类型题都大致相同。这"明显差异"表现在画错箭头和计算错的人数,七岁的儿童是10.5%和15.8%,六岁的儿童则是25%和35.4%。这是否是因为六岁儿童缺乏可逆性概念呢?但从表1可以看到,这一类型的题,在乙班教了11分钟,在甲班因儿童接受慢些,教了4分钟就下课了,六岁儿童的错误人数虽是七岁儿童错误人数的两倍多,但所用的学习时间,六岁儿童几乎只有七岁儿童的三分之一。为考查这一问题,我们在七岁的丙班实验时,也集中4分钟讲授这一内容。实验的结果是:丙班的七岁儿童画错箭头和计算错的人数,都不比甲班的六岁儿童少。所以这"看减法试题画图计算"的成绩差异,主要不是六岁儿童与七岁儿童在"可逆性"方面有不同的问题,而是学习时间多少的问题。因为时间多一些成绩就好一些,时间少一些成绩就差一些。但在同样的教学条件下,六岁的甲班儿童要达到七岁的乙班儿童的成绩,要多用百分之十几的时间(见表1),讲授新教材要慢些,巩固知识的练习要多些,但掌握了数轴知识之后,也像七岁儿童那样记得好。所以这里的差异,并没有什么"质"的不同,也不存在什么小了一岁就不能学习一年级的数学的问题,只是他们理解与识记数学教材慢些,这可能与六岁儿童的知识经验较贫乏和思维的灵活性较差有关。我们在这方面的研究结果与中国科学院心理研究所教育心理组研究的结果是基本上一致的。[5]

（四）关于数轴教学的难点与解决难点的问题

学生借助于数轴学习20以内加减法的难易情况,通过数轴教学实验结束时的考卷分析（见表3）,就可以清楚地看到:在全部错题中,半数以上的错题都错在表示第二个加数或减数上,也就是所谓"中间环节"上,第一个加数（或被减数）与最后的得数则很少有人做错。这是因为第一个箭头所指向的点,有形象的图形可感知,有明确的现成数字表明数量,最后箭头所指向的点也有清楚明白的数字标志它,儿童一眼就可以看清它们并掌握它们是几。还可以通过语言掌握"最后箭头指向几,得数就是几"之类的规律性东西。这些数概念和体现数概念的数词,在儿童的思维活动中起了组织和调节的作用,它使儿童能够明确地进行分析与综合。"中间环节"的图形,仅有点表示数量,这些点是隐蔽性的,儿童往往不能一眼看清它们（如三个以上的点）,并且与点对应的数字是间接地表示出第二个加数是几或减数是几,而不是直接地反映这些数量,也没有相应的字、词来调节儿童对"中间环节"的分析综合。这种隐蔽性和间接性阻碍了他们的列式计算,成为影响学生计算的正确和迅速的主要原因,所以这个"中间环节"就成为数轴教学中的难点了。

教学时要抓住这个难点。隐蔽性的地方要揭露它,没有数字直接标志它应转化为有数词直接表示它。这就要在教第二个加数或减数是多少时,让儿童指着数轴数一数,明确它是几,数得的结果用数词说出来。要教给他们怎样数,当然,数点比数小段复杂（数点有从哪点起到哪点止等问题）。我们在课堂上观察到,开始教看图列式时,前后四道题都有一部分学生数错点,教师提出数小段,数错的人数立即减半。要讲清这数轴所表示的三个数（第一加数、第二加数与和或被减数、减数与差）和口诀、算式计算这三个数的关系,使数轴、口诀与算式在数量关系上统一起来,以达到学习这三种东西时互相促进。例如在学过口诀之后的练习课和巩固课里,可以用口诀来协同解决"中间环节"的问题。这样做,对思维尚有固定性特点的一年级学生来说可能更有必要。为了加强儿童用词语来指导、组织自己的思维活动,可以把解题的要点编成顺口溜等,帮助他们掌握解题的方法,如说:"第一看,第二数,最后箭头是得数。"还要通过一定数量的练习,巩固正确的,纠正错误的,并形成计算的技能、技巧。像表1、表3所表明的,看图列式计算的练习时间较多,做对题的人数就较多,看减法试题画箭头的练习时间较少,做对题的人数就较少。总之,要根据难点的问题与儿童的认识特点,采取各种有效措施,来解决问题,来提高儿童的计算能力与逻辑思维能力。

（五）关于数轴教学的集中与分散的问题

数轴反映了数量的内在联系,儿童领会它,有个由现象到本质的认识过程,因此,需要有一定的时间来理解它、掌握它。如果学习它的时间很分散,学了一点现象的东西,又停止不学,就理解不深,记忆不牢,过时再学,类似重学,并且如加减互逆关系等问题,需要有较集中的时间才能加以对比说明。

如何安排数轴教学呢？根据我们的实验与观察，可以总结出这条："一对比"、"二结合"、"三应用"的教学方法。"一对比"是加减法对比讲。"二结合"是形和数相结合，认识和实践相结合。即从数的认识到加减法的计算，到和差的变化，都可运用数轴进行教学。通过形数结合，引导学生从图形的启示到列算式，又从列算式到画图形；从形象的感知到思维，又从思维到实践活动。这就使他们多种感官起作用，使动作、感知和表象能够作为思维分析综合的基础。经过思考，理解了数量关系，又加深了对图形的认识，指导画图练习等实践活动。画图练习等实践活动，又检验了认识的正误，巩固与加深了对数量关系的认识。这样通过不断的实践、认识，可以提高学生的计算水平与认识能力。"三应用"就是预习课、讲新课和练习课都可以应用数轴进行教学，并可使它起着不同的作用。据我们的观察，这样做学生有兴趣，课堂较活跃，可以调动学生学习的主动性、积极性。

（六）关于数轴教学与掌握基本原理的问题

甲、乙两班用较集中的时间，以数轴教学的方式，使儿童学习了20以内的进位加法与退位减法，其内容涉及本单元要学习的五十多个课时的教材。在考查数轴教学效果的实验中，运用儿童已掌握的知识，即运用数轴表明加减法基本原理的知识，他们只用了11分钟的时间，就学习了一般要用一节课以上的时间才能学完的内容，并且取得了良好的成绩。其原因就是数轴图形是六、七岁儿童所能接受的，又是概括地反映了加、减法的数量关系的。数轴表明了加、减法的一般原理，儿童掌握了这些原理，就可以解决类似的问题和有关的新问题。根据儿童的心理特点，在小学低年级的数学教学中，尽可能使他们掌握一些规律性的东西，这对他们的学习是大有好处的。

我们这种实验的结果与分析，与国外一些心理学家的看法是类似的。例如苏联的敏钦斯卡娅，同意一些数学教学实验者的看法，认为在一年级20以内加减法等教学中，形成儿童的概括能力是完全可能的。儿童掌握了一般的法则定律，就更有可能应用所获得的知识来解决学习上有关的新问题。[6]

五、结论

（1）七岁儿童能够接受数轴思想，六岁儿童也能够接受数轴思想。通过教育与培养，他们还能掌握一些一般原理来解答未学习过的加减法问题。

（2）在结合数轴学习20以内的加减法中，看不出六岁儿童和七岁儿童在心理特点上有明显的差异和什么"质"的不同。但六岁儿童在掌握数学知识和技能方面要达到七岁儿童的水平，需要较多的时间，即他们学习数学的新教材要慢些，练习的时间要多些，但经过复习巩固后，能和七岁儿童掌握得一样好。

（3）20以内的加、减法结合数轴进行教学，能提高教学效果。数轴教材的适当集中和合理安排，可以较明显地提高教学效果。

（4）20以内的加、减法用数轴来进行教学，难点是"中间环节"，采取有效的措施可以解决此难题。

参考文献：

[1] 刘静和.在小学试教代数的实验研究.心理学报,1960(1).
[2] 敏钦斯卡娅.算术教学心理学.北京:人民教育出版社,1962:256—259.
[3] 郑祖心等.六、七岁儿童数概念广度的实验研究.心理学报,1960(1).
　　胡德辉.小学一年级学生掌握数概念中智力活动发展的过程和特点.心理学会第二届年会论文.
[4] 杰罗姆.S.布鲁纳.教育过程.上海:上海人民出版社,1973:38—47.
[5] 中国科学院心理研究所心理组.六岁儿童入学问题的心理学研究.心理学报,1959(6):374.
[6] 敏钦斯卡娅.算术教学心理学.北京:人民教育出版社,1962:256—259.

附录1　数轴实验教学的内容提纲

(1) 四道表示 1—20 各数的顺序和大小的数轴题。四道十加几、十几减几等的加、减法计算题，即 10＋3，10＋5，13－10，15－5。

(2) 看表示加式的数轴图形，列加法试题，并进行计算的教材内容是：9＋2，8＋5，8＋4，9＋4，7＋5，7＋6，5＋8，8＋7，9＋9，9＋6。

(3) 看加法试题，在数轴上画箭头表示加法试题，并进行计算的教材内容是：10＋5，9＋2，8＋4，8＋8，9＋3，11＋7。

(4) 看表示减式的数轴图形，列减法试题，并进行计算的教材内容是：11－2，12－3，11－4，14－7，15－7，13－6，15－8，14－8，16－8，18－9。

(5) 看减法试题，在数轴上画箭头表示减法算式，并进行计算的教材内容是：15－5，13－4，16－7，14－8。

附录2

(1) 看图写出加法算式：

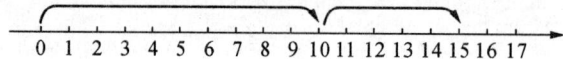

(2) 在图上作下面的加法：

$$7+8$$

(3) 看图写出减法算式：

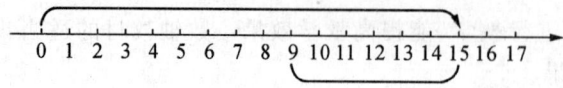

(4) 在图上作下面的减法：

$$14-6$$

（5）看最后箭头说出得数：

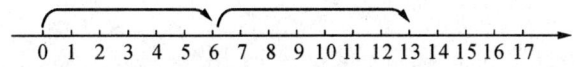

这道题的得数是：_____。

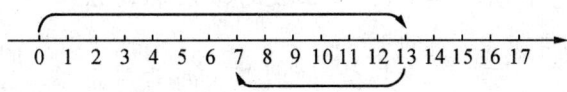

这道题的得数是：_____。

儿童思维发展潜力初探
——一年级小学生第一学期就掌握了八位数的读法和写法[①]

张慕蕴　王继桢

一、实验研究的目的

数学是学习掌握现代科学技术必不可少的基础知识。为了进一步提高中、小学数学课的教学质量,对中、小学数学教学的改革研究,便成为一个十分迫切而又重要的课题。

由于我国目前农村小学和中、小城镇小学占绝大多数,所以在农村取得的教改经验就更有普遍的意义。因此,于1978年9月开始在呼和浩特市郊区巧报公社桥靠小学一年级进行了教改实验。一年来的改革实验,效果显著,受到了师生和社员的欢迎。于是1979年9月又扩大实验面,在巧报、桃花、太平庄三个学区的九所小学十个班同时进行实验。现有十一个实验班,其中二年级一个班,一年级十个班。由于考虑到数学、语文两学科之间的相互影响,还在一个实验班同时进行了黑山集中识字法的实验。

我们试图通过实验研究,摸索改革中、小学数学教学的途径和具体做法,创造积累改进数学教学的新经验。同时深入探讨数学教学与儿童思维发展的关系,揭示数学教学中儿童思维发展的规律,促进儿童思维的发展,以达到提高中、小学数学教学质量的目的。

二、实验研究的基本情况

1978年9月入学的桥靠小学实验班,共有29名学生。入学分班时未进行任何优选,与普通班儿童的情况完全相同。从年龄看,最小的为5岁10个月,最大的为8岁(降班生),绝大多数儿童在6.5岁到7.5岁之间;从智力发展看,总体偏低,入学时的摸底情况是:口头数数,好的能数到100,差的只能数到10、20。按群计数,在有规则排列的情况下,好的能认识到7、8,差的只能认识到3、4。读数和写数,个别好的能读写1—10,差的既不认识也不会写。运算能力,个别好的能算10以内的加减法,差的则不会任何加减运算;从学习条件看,也比城市儿童差,家长的文化程度一般较低,又忙于生产,对儿童的学习关心不够,也很少能给以辅导和帮助。

实验教师是一位具有初中文化程度的民办教师,有6年教龄,过去只教过一次一年级,教学经验虽不够丰富,但热心教改,教学认真努力。学校条件差,除一块黑板、一本书外,没有任何其他教学设备。

实验班的教材和教法都进行了一定的改革,教材是自编的,使用中主要有以下几个特点:① 教学进度快,一年学完将近两年的课程;② 内容难度大、下放了二、三、四年级的部分内容;③ 体系安排突出知识的内在联系,抓住知识锁链上的关键环节,使知识由繁变简,由

[①] 本文选自《心理学报》1980年第4期,第397—405页。

难变易，由多变少，引导学生把主要精力用在掌握知识的规律性上；④ 注重知识的应用，适当增加了应用题的分量，并且从一开始就出现了口头应用题；⑤ 以新带旧，避免简单的机械重复，在学习新知识中复习巩固旧知识，以引起儿童学习的兴趣。教学方法上主要是抓住主要矛盾，集中全力进行突破。对教材的重点、难点，采用了分步的、对比的、直观形象化等方法，不惜时间地讲深讲透，并通过较多的练习，使学生对知识达到真正理解和牢固掌握。

实验班一年来的教学过程是：第一学期，从9月开学到11月，为二部制，每天只学习半天。从12月开始，改为全日制。第一学期用了不到十七周的时间，讲授了教学大纲规定的40周的内容。第二学期用18周的时间，讲授了教学大纲规定的32周的内容。全年用35周讲授了教学大纲规定的70余周的内容，而且其中还有部分是属于二、三、四年级的内容。

实验班虽比普通班的教学进度加快了一倍，教学效果反比普通班好得多，不仅学生对概念理解得比较清楚，掌握得比较牢固，而且运算能力也比较强，正确率高，速度快。历次考试成绩突出，消灭了不及格，优良成绩的比例大，平均分数一般比普通班高20分左右。实验班入学一年来的考试成绩见下表。

表1　1978年入学实验班与普通班统考成绩比较表

班别＼项目	教学周数	讲授内容	统考时间	统考成绩		
				平均分数	及格率	90分以上优异成绩%
实验班	9	① 10以内加减法 ② 20以内加减法	1978.11	90	100%	65%
普通班	9	10以内加减法	1978.11	53.3	42.2%	7.6%

表2　1978年入学实验班一年来历次考试成绩统表

目次	考试时间	考试单位	试题程序	考试成绩	
				及格率	平均成绩
1	1978.11	学区统考	统编教材第一册上半册	100%	90
2	1979.1	市内统考	统编教材第二册上半册	100%	87.5
3	1979.5	三个学校联考	统编教材第二册上半册	100%	90
4	1979.6	班级考试	实验教材	100%	92.7
5	1979.7	学区统考	统编教材第二册	100%	78

说明：1979年学区统考成绩低，主要是因教师复习时讲错了一道题。考试时除个别学生做对外，大都按教师讲的做错了。教师说："这次是我把娃娃们的分数拉下来了，不能怪娃娃们。"

1979年9月入学的十个实验班的儿童同样没有优选，儿童的学习基础和教师的水平，与1978年实验班情况基本相同。第一学期的教改实验效果同样显著，用一个学期时间，讲授了近一年的内容，考试成绩有的班比1978年实验班还要好。在学区18个一年级班的统考中，实验班的考试成绩普遍高于普通班。可以说，1978年实验班的教改成果，于1979年在更大范围内再次得到了验证。

表3　1979年实验班与普通班统考成绩比较表

名次	实验班	普通班	及格率	平均分数	备注
1	府兴营子(一班)		100%	95.2	
2	大台(一班)		100%	94	
3		桥靠(一班)	100%	91.4	分班时进行了优选
4	双树		100%	90.6	
5	茂林太		100%	88.7	
6	三合村		100%	88.6	
7	府兴营子(二班)		100%	85.6	
8		后巧报(一班)	99.9%	84.8	教师有较丰富的经验
9	东瓦窑		100%	83.6	
10		前巧报(一班)	89.7%	81	
11		后巧报(二班)	92.1%	80.3	
12	小台		82.2%	77.3	因教师生病误了课
13	麻花板(一班)		80%	73.2	因教师生病误了课
14		前巧报(二班)	80%	72.4	
15		大台(二班)	76%	71.3	
16		茂林太(二班)	70%	69.6	
17		桥靠(二班)	68.8%	66.2	
18		麻花板(二班)	63.8%	64.3	

三、实验结果的初步分析

这次教改实验初步成功的因素固然很多，但其中一个重要因素，是正确处理了教材、教法与发展儿童思维之间的关系。发展儿童的抽象逻辑思维，是小学各学科教学的一个极其重要的任务。

小学一年级儿童的思维特点是什么？怎样才能符合儿童智力活动的规律？小学儿童思维总的特点，就是从具体形象思维向抽象逻辑思维过渡。这个过渡并不是一下就能完成的，而是要经历一个由简单到复杂，由低级到高级，由不完善到比较完善，由量变到质变的长期发展过程。一年级儿童的思维特点，正是在教师指导下，有计划、有步骤地实现这个过渡的开始，学习和掌握10以内的数的认识和加减法，从具体事物的实际数量关系上升到抽象的数概念，也就是从具体形象思维向抽象逻辑思维的具体过渡，这可以说是认识过程上的一个飞跃。因此对刚入学的儿童来说并不是那么轻而易举的。儿童虽然入学前在他们的生活中接触了大量的事物，但他们注意的往往是事物的外部的表面特点，如形状、颜色、气味以及其他的实用意义，而对事物的数量方面是容易忽视的，头脑里的数量观念也是极其淡薄的。如何组织这部分内容的教学，才能使儿童顺利地进行这个过渡，实现认识上的这个飞跃呢？要使儿童很好地形成数的概念和掌握运算法则，就必须使我们的教学符合学生的认识规律，这是大家都早已懂得并在教学中认真贯彻了的。特别在小学一年级的数学教学中体现得最为充分，每个数概念的出现，总是在一定数量的生动形象的直观事物的基础上抽象概括出来的，但从以往的教学看，虽然我们是在直观的具体事物的基础上讲授数概念，而具体时间用得也不少，但儿童对数概念的掌握，尤其是农村儿童，总是离不开掰手指头。同时在加减运算中也经常出现这样那样的问题，如把11写成101，把2+15算成35等，这是为什么？这说明我们的教学仅仅服从人的认识过程的一般规律是不够的，还必须服从儿童智力活动的具体规律。教学过程中儿童智力活动的规律是怎样的？心理学工作者早已指出，教学中儿童智力活动的形成，一般要经历以下五个阶段："① 了解当前活动的阶段，也就是听教师讲解或看演示而获得一般表象或初步理解的阶段；② 运用各种实物来完成活动的阶段；③ 离开直观事物，在有外部言语参加下，依靠脑子里留下的表象进行分析综合来完成活动的阶段；④ 只依靠内部语言而在脑子里完成活动的阶段；⑤ 智力活动过程的熟练化而简约化阶段。"对刚入学的儿童来讲，由于他们还没有进行过智力活动的专门训练，因此在教学中这五个发展阶段就更不能违背。如果我们的教学符合了这个规律，不仅使儿童学习顺利，而且还能促进儿童思维的发展。但在以往的教学中一般对第①、第②两个阶段，思想上明确，做法上重视，因为离开这两步，教学工作就无法进行。对第④、第⑤阶段，是迫切追求的，因为教学效果的好坏，主要是通过④、⑤阶段表现出来。恰恰对第③阶段这个中间环节，往往忽视。而我们在教学中出现的许多困难和问题，其原因也往往正是发生在这里。正因为在外部言语参加下，依靠脑子里留下的表象进行分析综合完成活动的阶段，是儿童智力活动过程中不可缺少的中间环节，所以我们在这次教改实验中，在讲述数的读法、写法和表内加减法口诀以及进退位法则时，充分运用了表象这个中间环节。

在讲解10以内数的认识和表内加减法口诀时，利用了这样一套数码进行教学，让儿童借助数码来掌握数的概念和进行加减运算。

数 码	一	二	三	亖	亖(·)	·一	·二	·三	·亖	亖(∴)
数 字	1	2	3	4	5	6	7	8	9	10

在教儿童认数时，不仅让儿童看实物和教材上的画图，而且还把教师和儿童双手作为方便有效的直观教具充分利用。横伸一个手指，看做数码一；横伸两个手指看做数码二；横伸三个手指，看作数码三；横伸四个手指，看做数码亖；横伸五个手指，再攥成一个拳头，看作数码亖(·)；一个拳头，再横伸一个手指，看做数码·一；再横伸两个手指，看做数码·二；再横伸三个手指，看做数码·三；再横伸四个手指，看做数码·亖；伸出两只手，再攥成拳头，看作数码亖(∴)。通过手指抽出数码，通过数码掌握数概念。如讲5的读和写：认数时，先让儿童看教材上画的5支枪，再让儿童横放五根火柴，然后师生伸出五个手指，最后再攥成一个拳头。同时教师在黑板上写出亖(·)=5。从而达到让儿童认识抽象的数字5。写数时，让数码与数字同时出现，并一起练习。

二	二	二	二	二	二	二	二	二	二
·	·	·	·	·	·	·	·	·	·
5	5	5	5	5	5	5	5	5	5

在进行加减运算时,也充分利用数码。如讲不超 4 的加法时:

(1) 先让儿童看教材上的图来算 ★★★ + $\frac{1}{3}$

(2) 在括号内填数 ├──2──┼──2──┤
　　　　　　　　　　　　( )

(3) 看着数码算 $\frac{=2}{=+2}$ $\frac{=2}{-+1}$ $\frac{-1}{=+2}$ $\frac{-1}{≡+3}$ $\frac{≡3}{-+1}$ $\frac{-1}{-+1}$

(4) 想着数码算 $\frac{3}{+1}$ $\frac{1}{+3}$ $\frac{2}{+1}$ $\frac{1}{+2}$ $\frac{2}{+2}$

当儿童熟悉了数码和数字的对应关系,并能熟练地运用数字进行运算之后,自然也就不再使用数码了。

利用数码进行教学,还收到了意外的教学效果,教学时间用得比过去少,对数概念的理解比过去好,加减法口诀掌握得比过去牢,运算的正确率和速度也比过去高。甚至个别智力发展差、学习吃力的儿童,利用数码也基本上掌握了数的概念和加减运算。1980 年元月,对一年级十个实验班进行了测验,第一题是口算 162 个加减法口诀。测验结果,其中一个班的准确率达到 99.3%,七个班在 95% 以上,两个班也都在 90% 以上,速度最快的仅用 4 分钟,而大多数学生也都能在十二三分钟内完成。而普通班只有两个班的准确率达到 90% 以上,速度最快的用了 7 分钟,也没有一个班能在 20 分钟内完成。

为什么数码在一年级儿童掌握数概念和加减法口诀中起如此大的作用呢？这正是因为数码的出现,符合儿童智力活动过程中第③个阶段的需要。表象是从直观感知到抽象思维不可缺少的过渡环节,而数码正起到了由直观具体事物的数量关系到抽象数概念之间的桥梁作用。数码之所以能起到这种过渡作用,是与数码本身的特点分不开的。数码是具体事物数量的一种概括,它和任何表象一样,既有一定的直观形象性,又有一定程度的抽象概括性。它既不同于任何事物的具体数量,又不同于代表任何事物数量的抽象数字。它比事物的具体数量抽象,又比抽象的数字直观形象,同时还比较鲜明地突出了事物数量这个属性的特点。事物的数量属性与其他形状、颜色等属性相比,不够鲜明,因此人们对数量属性的感知,也没有对其他属性感知得那么突出。这一点对儿童更为明显,我们把 5 个苹果呈现在儿童面前,儿童立即会回答,这是苹果。只有当我们再问儿童,这是几个时,儿童才会回答是 5 个。事物的数量属性虽比较隐蔽,但当事物的数量比较小时,人们是可以通过感知直接把握它的数量的。但当事物的数量大到一定的限度,事物数量的直观性就会减弱,以致完全消失。如将 14 个苹果排成一行,我们一看只会感知数量很多,但不能感知出它准确的数量,当然对儿童来讲困难就会更大,如果用数码来表示事物的数量,不仅可以排除事物其他属性的干扰,还会进一步增强事物数量的直观性。如上边 14 个苹果用数码 ⁙⁙ 来表示,便一目了然,清晰而准确地知道是 14 个苹果。同时数码还能直观形象地表示出数量之间的关系和数的加减运算,如数码 ≡≡ ,就可以表示出 8+1,1+8,9-1,9-8;7+2,2+7,9-2,9-7;6+3,3+6,9-3,9-6;5+4,4+5,9-4,9-5 的数量关系。因此利用一个数码 ≡≡ ,便可帮助儿童理解掌握以上16个口诀。可见,儿童之所以对数的概念和加减法口诀,掌握得比过去快,比过去好,就是由于利用了数码,使抽象的数概念和抽象的加减法口诀规律直观形象化了,变成看得见、摸得着的东西,儿童既可感知它,又能直接理解它。

在讲解对10的认识以及"满十进一,退一当十"的进退位法则时,考虑到对10的认识与10以内其他各数的认识不完全相同,这里有个区分个位和十位与掌握十进制法则的问题。真正区分清了个位与十位,掌握了个位与十位的十进制关系,就为以后理解掌握三位数、四位数以至多位数奠定了基础。为了使儿童更好地认识10这个数和彻底理解十进制法则,我们利用了数位格和火柴这个直观教具,从而把个位和十位以及它们之间的十进制关系,直观形象地表示了出来。

讲解10时,教师先在黑板上划出个位和十位的数位格,然后往格里放火柴和写数,个位的格里先放九根火柴,然后再加一根,这样就变为十根火柴,然后把这十根火柴捆成一捆,放在十位格里,在其下面写1。个位格里一根火柴也没有了,所以写上0。十位的1,先读1,因在十位上,还要读出它的位名,所以读作一十,简读为十。个位上的0不读出来。这样就形象地表明了10的位值意义,把十位与个位直观地区别开了。

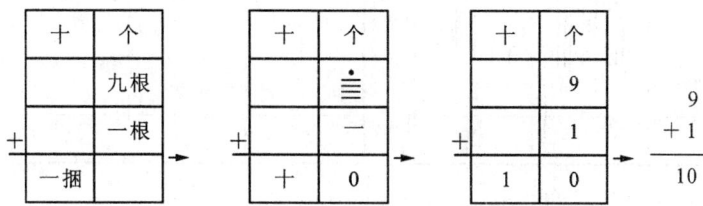

讲进位加法,如讲9+2=11时,讲明九根火柴和2根火柴各自都不能成捆,因为都不够10。但从2根中拿出1根,放在9根里,便凑成十根,可以捆成一捆,还剩一根,所以9根+2根便成了一捆余一根,用数字来表示就是11。

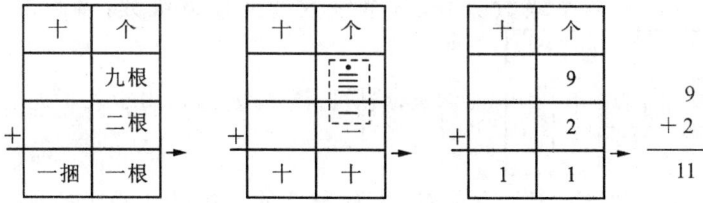

讲退位减法时,如讲11-9=2时,讲明11是由10和1组成的。从一根火柴中减去9根当然不够,但可把一捆火柴打开,变成十根,从中拿出九根,还剩一根,和原来的一根合在一起,共有二根。

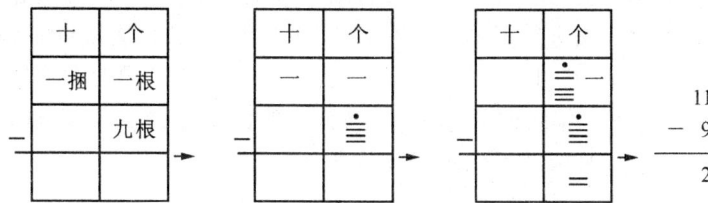

虽然"满十进一,退一当十"的进退位法则,对刚入学的儿童来讲是更为抽象,难以理解的。但当我们利用数位格和火柴这个直观教具进行具体形象地讲解以后,儿童也就顺利而迅速地掌握了十进制法则。

在讲解三位数、四位数的读法、写法时,教师把十捆火柴放在一个火柴盒里,学生就了解一盒火柴有十捆,共有 100 根。进一步再把十盒火柴包成一包,学生就了解了一包火柴有十盒,一百捆,一千根,这样就把一千里含有十个百,一百个十,一千个一直观形象化了。然后教师再在黑板上画出个位、十位、百位、千位的数位格,规定把成包的火柴放在千位格里,有几包就在千位格下面写几;成盒的火柴放在百位格里,有几盒就在百位格下面写几;把成捆的火柴放在十位格里,有几捆,就在十位格下面写几;把单根的火根放在个位格里,有几根,就在个位格下面写几,哪位格里没有火柴,就在哪位格下面写 0。这样以位值区别表示的数也直观形象化了。

千	百	十	个		千	百	十	个
				→	二包火柴		三捆火柴	五根火柴	→2035
2	0	3	5		2	0	3	5

同时,由于我国是按四位来分级的,所以只要儿童真正理解掌握了四位数的读法、写法,学习多位数的读法、写法就不会有大的困难了,只要能区分出多位数的各级数位的名称,多位数的读法、写法也就掌握了。因此在讲万位数(八位数)的读法和写法时,教师利用十包火柴装一箱,学生就了解了一箱火柴有十包,一百盒,一千捆,一万根,然后教师画出个级位与万级位,然后把万级数与个级数分开,按个级数读法读万级数,再画出万级的位名万,

万级				个级			
千	百	十	个	千	百	十	个
3	5	6	0	2	3	0	6

35602306,然后再读个级数时,由于儿童提前掌握了千位、万位以至多位数的读法、写法,不仅为儿童进行较复杂的运算提供了可能,而且还激发了儿童学习兴趣和积极性。为了及时了解儿童对八位数读法,写法掌握的情况,讲完后以课堂练习的形式进行了测验。读法、写法共四题。从测验结果,参加考试的 28 人中,全对的 9 人,占 32.1%;对三题的人,占 35.7%;对两题的 9 人,占 32.1%。由于考虑到讲授八位数时正值放假前夕,学习时间仓促,又经过一个寒假,第二学期开学后,发现有遗忘现象,所以期初又进行了复习,复习之后又进行了测验。读法、写法共出了五题,从测验结果看,参加考试的 27 人中,全对的 23 人,占 85.1%;对四题的 1 人,占 3.8%;对三题的人,占 11.1%。将实验班的考试成绩与普通班三年级的试卷进行比较,虽然由于考题不同,但从各自考分的比率看,实验班的及格率和优良成绩反比三年级的高。

表 4 一年级实验班与三年级普通班考试成绩比较表

年级	班别	考试时间	考题数	人数	考试成绩 100 人数	%	80以上 人数	%	60以上 人数	%	60以下 人数	%
一	实验班	1979.3	5	27	23	85.1	1	3.8	3	11.1		
三	普通班	1979.4	3	53	21	37.7			18	32.1	14	26.6

为什么一年级小学生在第一学期就掌握了八位数的读法、写法呢？这同样是因为利用表象，使多位数的读、写规律直观形象化了的缘故。多位数的读、写规律与两位数的读、写规律不尽相同，大数目与小数目有着完全相反的特点。就整数而言，数越小，它的直观性就越强；数越大，它的直观性就越弱，到了多位数时，数的直观性就难以表现出来了。因此对大的数概念的掌握，主要是通过理解数的位值原则，分清数位，认清数值来实现的。所以在讲完百以内数的读、写及其运算，接着讲万以内数的读、写及其运算，再接着讲多位数的读写及其运算，恰恰对儿童理解数的十进制法则和掌握数的位值原则是十分有利的。同时由于多位数的各级数的读写法则都和个级数的一样，因此，只要儿童真正掌握了个级数以后，便可发生迁移作用，顺利地过渡到掌握万级数以及亿级数的任何大的数的读和写。但数的十进制法则及数的位值原则是非常抽象的，一年级儿童掌握它显然是困难的，但由于利用数位格和火柴这一直观教具，就使抽象的多位数和抽象的数的位值原则直观形象化了，同样变成了看得见、摸得着的东西，儿童既可感知它，又可直接理解它。这样儿童掌握多位数的困难也就变成可以克服的了。

一年多的教改实验，使儿童的抽象逻辑思维也得到了较大的发展，远远超过了普通班的儿童。正如观摩课后有的同志所说的："这个班的儿童的抽象思维能力真强。"实验的事实说明，教学过程中儿童思维的发展也是有规律可循的，表象在儿童从具体形象思维向抽象逻辑思维过渡中的作用是不容忽视的。

四、值得讨论的几个问题

上述实验事实，向我们提出不少问题，需要进一步研究探讨。

1. 儿童的思维发展，究竟还有没有潜力？

儿童思维的发展，是儿童智力发展的核心。教学中必须十分重视儿童思维的发展，同时还必须从小学一年级就认真抓起。根据现有大纲要求看，儿童的思维发展还有没有潜力可挖？目前一些国家和我国的小学数学教学大纲，都是分阶段、分年级编排的。一般都是一年级学百以内的读、写及其运算，二年级学万以内的读、写及其运算，到了三年级才把数的范围扩大到多位数的读、写及其运算。为什么这样安排？有的资料写道："由于小学生的年龄小，接受能力还低，认识整数，学习四则运算，都必须随着他们的年龄逐渐增长而逐渐加深。……例如一年级小学生认识一千和一万都是很困难的，学习多位数的乘除法也是很困难的。因此在小学一年级，一般认识到100以内的数，并且学习100以内的四则运算。"[2]但现在的事实是，农村小学的一年级儿童千真万确地学会了八位数的读和写。这就明确地告诉我们：儿童思维发展的潜力，不仅是有的，而且远远超过了我们的主观估计。

2. 我们的教学,是立足于消极适应,还是立足于积极发展?

教学中不论是教学内容的安排,还是教学方法的选择,都要从儿童的实际出发,无疑是完全正确的,否则不仅会影响教学效果,还会影响儿童的身体健康。但是,从儿童实际水平出发,绝不是消极地、简单地适应儿童智力发展的已有水平,而是通过教学要积极地、最大限度地促进儿童智力的发展。这是两个完全不同的立足点,立足点不同,教材内容和教学方法的处理也就不同,自然教学效果和儿童智力的发展也就完全不同。我们对整数这部分教材教法的改革,就是立足于积极发展的观点来处理的。

教改试验的实践还告诉我们,教学中促进儿童思维发展的有效方法,就是不间断地提出通过师生共同努力可以克服的困难,不停顿地把儿童的思维发展,从一个水平引导到另一个新的更高的水平。当儿童学会了100以内数的读、写和运算之后,在他们的面前又出现了千以内、万以内以及多位数的读、写及其运算,使儿童克服一个又一个的困难,攀登一个又一个的知识高峰。

3. 我们的教学,是着眼于发展思维,还是着眼于掌握知识,还是二者得兼?

从试验班的教改事实看,儿童思维发展与掌握科学知识之间是互为前提、相互依存、相互制约、相互促进的辩证关系。儿童的抽象思维并不是凭空发展起来的,而是在掌握知识和运用知识的过程中逐步发展起来的。离开了知识的掌握(感性知识与理性知识),儿童思维的发展是根本不可能的。反过来,在儿童思维发展的基础上,又可以进一步获得更多、更艰深的知识。在掌握新知识的过程中,儿童的思维又得到新的更高水平的发展。

参考文献:

[1] 朱智贤. 儿童心理学(下册). 北京:人民教育出版社,1963:34.

[2] 北京市教育局中、小学教材编审组. 小学算术教材教法. 北京:北京出版社,1963:2.

注:本文还参考了《数学教育现代化研究会参考资料》(国外部分)。

八至十五岁儿童交集概念和解交集
数学题能力的发展研究
——儿童认知结构发展变化的研究之一[①]

刘 范 赵淑文

一、问题

集合是一些具有某种共同属性的元素的总称。集合概念是一个很基础的也很重要的数学概念。我国教学、科研工作者对集合的教学已给予相当的注意,例如有些实验教材中,适当渗透了集合概念[1],并编入有关集合包括交集的专门章节[2,3]。

皮亚杰学派的研究曾相当广泛地涉及集合问题。例如,他们发现,5—9岁儿童对不连续量(串珠)的守恒是从完全受感知的表面现象所支配,经过开始构成持久性集合(表面现象与一一对应的对抗),发展到各种关系的数量上的协调,从而确定集合的基数值[4]。他们把逻辑类和感知性集合区分开来,认为后者是以空间接近性和(或)相似性为基础的,不符合于类的内包和外延的要求[5]。其实他们所说的类和类的包含,就是集合和子集的关系。由于元素可以根据各种共同属性构成不同的集合,上述这种区分似乎并非集合的实质性区分。维果斯基的分类实验要求儿童将颜色、形状不同的木块分出高而宽、高而窄、矮而宽、矮而窄的子类,这里包含了交集的问题,高而宽的子类实质上就是高的子类和宽的子类的交集。

在我国过去的研究中,曾涉及基数问题,群与子群的关系问题[6],也相当广泛地研究了儿童类概念的发展问题[7,8],儿童对部分与整体的认知问题[9—13],这都是同集合概念有联系的。可是没有对儿童交集概念的发展作专门的心理学的探讨。

本研究试图考查不同年龄儿童交集概念的发展水平,解答交集应用题的过程以及有关活动中各认知成分的相互作用,由此分析儿童认知结构的发展规律,并为探讨集合教学的有效途径提供心理学上的帮助。

二、方法

试验采取个别方式进行。受试为小学每年龄组20人,初中每年龄组30人,共151人。年龄以10月范围的中点计。分别取自三种不同水平的中、小学,包括农村学校。另试验了少量高一和幼儿园大班受试作为对比。

经过预试拟定了三个不同难易程度的课题,第一、二课题包含一个交集,但数目大小不同,第三课题包含两个交集。前两题暗含三个答案,第三题暗含五个答案。每个课题分别以语言方式(视、听同时)、图片方式、实物操作方式进行试验,前一种方式完全通过者则不试后面的方式。受试每次作答后都要求说明理由,详细记录。约1/3受试同时录音以作校对。(具体材料及试验步骤见附录)

[①] 本文选自《心理学报》1983年第2期,第156—161页。

三、结果

1. 儿童各试题的成绩

第1、2两题的1—3问都分别记0.3,0.7,1.0分;第3题每问记0.2分,满分1分。由于图片和实物都是在语言方式未通过或未完全通过的情况下才进行试验,因此被试少于实际人数,大都没有统计学的意义,故仅将语言层次的平均数制成图1。由图可见,儿童的成绩有随年龄上升的趋势。

2. 儿童对交集的认知水平

将受试的答案区分为三种情况:① 在语言条件下通过或部分通过(利用其他试验方式亦无改进者,下同);② 在图片或语言和图片的情况下通过或部分通过;③ 在实物、实物和语言,实物和图片,实物和语言与图片四种情况下通过或部分通过。

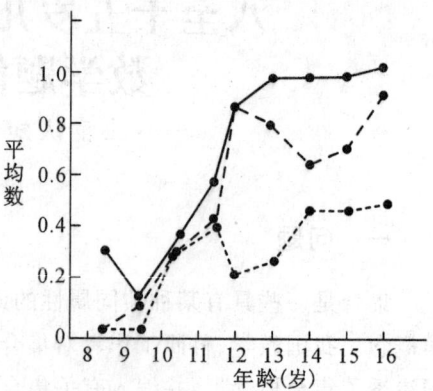

图1　儿童各试题(语言)的平均成绩
题1 ●——●　　题2 ●------●　　题3 ●- - -●

如果人为地把受试按通过各试题的人数百分数分为对交集未掌握(<25%)、开始掌握(25%—50%)、部分掌握(50%—75%)、基本掌握(75%—90%)和完全掌握(>90%)五种情况,则从统计成绩可以看到,试题1,小学一、二年级已接近完全掌握;试题2,小学一、二年级未掌握,小学三、四年级部分掌握,小学五年级以上达到或接近完全掌握;试题3,小学五年级以上仍只达到部分掌握。

除有些受试是在概念水平通过试题外,还有些受试分别在概念与表象水平,概念、表象和感知操作水平通过试题,这更明显地显示出儿童对交集的认知是通过不同水平的认知成分的相互作用实现的,可视为发展的中间状态或过渡阶段。

3. 儿童解试题的过程

上面分析了儿童对交集的认知的量的方面,关于儿童认知的过程方面情况如下:

(1) 题1涉及的数量都不超出感知所能把握的范围,儿童大都能够通过。根据40名解题过程清楚的被试的材料,解题过程有:① 20%的儿童通过概念推理解题。② 70%的儿童通过在想象中具体分配解题,少数还在纸上画出来。这里多数是自己试验的性质,是有目的有计划的尝试,例如从左到右分,余下的又从头分;一种玩具从一头分,另一种玩具从另一头分等等。这也许更近似于所谓"过滤式的分析"(鲁宾斯坦)或者说在一定程度上掌握了"ρ关系"(魏太墨)。只有极少数儿童自己绘图表现出试误。这类儿童解题时都有表象起着主导的作用,有的还根据表象自己绘图解题。③ 少数小学二年级以下儿童不能解题而要求其他外加条件,如"要5个球才能分"等。上述解题过程,第一种绝大多数见于初中受试;第二种小学儿童约占2/3,初中约占1/3。

(2) 解决题1只能说明儿童已了解两个集合的部分交叉,具有解决交集概念的认知上的基本条件,并不能肯定他们有了真正的交集概念。在解题2的35个典型受试中,有70%虽得出交集的人数,却将他们分属于两个组,或者说,"这二人或为数学组,或为语文组",或者对自己的答案表示怀疑。14%的受试虽得出正确的答案,但是经过"凑数"而得出的。另外14%的受试才是正确理解和解答试题的,有的还提出了"人次"的概念。设参加数学和语文小组的学

生分别为集合 A 与 B,交集为 $X=\{ab\}$。大多数儿童虽然在概念水平上计算出参加两个小组的人数为 2,但是并未了解 $X=A\cap B$,他不承认 $X\subset A$ 同时 $X\subset B$,却认为 $a\in A$ 而 $b\in B$,或 $X\subset A$(或 $X\subset B$)而 $X\cap B$(或 $X\cap A$)$\neq \phi$,或认为 A、B 中的 $\sim X$ 元素数都是不定数。

(3) 题 3 中包含两个交集,成 $a\,b\,c\,d\,e$ 的形式,从左到右依次表示参加数学、参加数学与作文、参加作文、参加作文和外语、参加外语的五种情况,分别标以 a、b、c、d、e。其中 b、d 两个交集是问题的中心,它们是分别同时属于第一与第二、第二与第三个集合的子集。a、b、c 的结构与题 2 相同;e 则可以由题中学生人数和参加数学与作文的人数直接算出;而 c 牵涉到两个交集,较 a、e 难于把握。对 44 个解题过程较典型的受试进行分析,情况如下:约有 62% 的受试把握了整个问题的结构,解题先从两个交集 b、d 开始,然后以不同的顺序去解决其余问题,或者先 b 后 d,如 $bdeac$、$bdace$、$baedc$、$badce$、$bacde$ 等等。约 26% 的受试也把握了整个问题的结构,而从 e 开始解题,如 $edbca$、$ecabd$、$ebacd$ 等。还有 10% 的儿童解决了交集 b,得出 bac,而后一个交集则在图片或实物操作条件下才获得解决。

(4) 根据解题过程较典型的 38 个受试的材料可以看出儿童解题时认知活动的倾向性。这种倾向性大体可以分出三个类型:① 虽然失败,也坚持通过算术或代数运算的方式解题,有的甚至在主试给予图画卡片或实物时也拒绝利用。这是一种"空洞思维"的倾向。另外也有些儿童则相反,囿于图形或实物而不能概念化。② 有效地利用图片或实物,不仅通过了试题,也初步领会了交集。有的在语言条件下未能通过试题,看到图片或实物时就恍然大悟。③ 主动采取策略解决试题,如用画片一端彼此重叠,或用手盖上属于交集的人数,或将属交集的小泥人放在两张分组卡之间,还有的自己作图帮助解题。

4. 启发的作用

启发有两种形式:第一,初中学生从题 2 试起,如不能通过,则试题 1,然后再试题 2,就得到通过;甚至在这种情况下也通过了题 3。第二,用塑料卡片启发而会意,顺利了解了课题。看来这种试验的过程也是儿童学习的过程。

四、讨论和小结

本试验采取三种试验方式(语言、图片、实物操作)以分别引起主要是概念、表象和感知操作水平上的活动,以探查儿童认知交集的过程中所包含的各种认知成分,了解儿童解答交集课题的认知过程及其对交集中各个集合的实质的关系。但在试验中虽然从受试的成绩看题 1、2、3 表现出从易到难的顺序,但题 2、3 的对象(主语)都是学生,"参加什么"都是定语,而题 1 则引出了同样具体的三种对象(小朋友、小球、小碗),使它与其他两题的交集从心理学上说并不是等值的,有些受试能解题 2 而不能解题 1,也许原因就在这里。这是本研究设计的一个缺点。

在本实验条件下,初步看到儿童解决交集课题的能力随年龄而增长,因课题难易而异的趋势,小学儿童已具有掌握简单交集概念的心理基础。儿童解决了交集课题也并不必然就有交集的概念。交集认知中包含概念、表象、感知操作等成分的协同活动,其中表象、感知操作成分具有重要作用,在年幼儿童或课题较难时尤为明显;有些在语言试验条件下不能解题的儿童,在这两种条件下则顺利解决了课题。儿童解交集课题是一种主动积极的认知活动,他们主动思考,采取策略利用图片和实物,通过实物和图片的帮助而上升到概念水平上的理解。还有少数儿童养成了按数学公式运算的习惯,却并不理解所得结果的实际意义,有的还拒绝利用给予的图片或实物,有的则相反,陷于图片、实物而不能在概念上理解交集,这是"空洞思维"的倾向或囿于直接认知的倾向,都是教学上所应注意的。

参考文献:

[1] 中学数学实验教材编写组.中学数学实验教材.第一册(上、下).北京:北京师范大学出版社,1981.

[2] 中央教育科学研究所教学改革实验小组.初中实验教材.代数和初等函数.第一册(过渡试用本).

[3] 中学数学实验教材编写组.中学教学实验教材(第二册第一分册),1981.

[4] Piaget, J. and Szeminska, A, The Chila's Conception of Number, Routledge and Kegan Paul Ltd London, 1952.

[5] Inhelder, B. and Piaget, J, The Early Growth of Logic in the Child: Classication and Seriation, Routledge and Kegan Paul Ltd London, 1964.

[6] 幼儿数概念研究协作组.儿童是怎样形成数学概念的.心理学报,1979(1).

[7] 刘静和,王宪钿等.四至九岁儿童类概念的发展的实验——Ⅰ.分类与分类命名的实验研究.心理学报,1963(4).

[8] 王宪钿,刘静和等.四至九岁儿童类概念的发展的实验——Ⅱ.儿童分类中的概括特点的实验研究.心理学报,1964(4).

[10] 张梅玲.关于儿童部分与整体关系认知发展的实验研究 Ⅰ 4—7岁儿童类和数的包含.心理学报,1980(1).

[11] 林嘉绥.儿童对部分与整体关系认识发展的实验研究——Ⅱ.4—7岁儿童数的组成和分解.心理学报,1981(2).

[12] 何纪全.关于儿童部分与整体关系认知发展的实验研究——6—7岁儿童用非除法运算解答包含除的实验.心理学报,1982(1).

[13] 刘静和,王宪钿等.儿童在数及数学上对部分与整体关系认识的发展.心理学报,1982(3).

附录:试验材料及步骤

材料:

一、课题卡片——三张,分别书写下列三课题

1. 有5个小朋友,老师先拿3个小碗,再拿4个小球给他们玩。每个小朋友至少拿到一个;有的可以拿两个,但拿的两个不能都是小球,也不能都是小碗,只能是一个小球和一个小碗。请你告诉我:① 又拿到小碗又拿到小球的有几个小朋友? ② 只拿到小碗的有几个小朋友? ③ 只拿到小球的有几个小朋友?

2. 有30个小学生都参加了课外小组。其中参加数学小组的有8人,参加语文小组的有14人。问:① 又参加数学小组,又参加语文小组的有几人? ② 只参加数学小组的有几人? ③ 只参加语文小组的有几人?

3. 一个班有15个学生参加数学、作文、外语三种竞赛,其中参加数学竞赛的8人,参加作文竞赛的6人,参加外语竞赛的4人。他们每个人至少参加一种竞赛,有的还参加了数学和作文两种竞赛或作文和外语两种竞赛。已经知道参加数学和作文竞赛的(包括只参加一种竞赛和参加了两种竞赛的)一共有12人。问:① 只参加外语竞赛的有几人? ② 只参加作文竞赛的有几人? ③ 只参加数学竞赛的有几人? ④ 既参加数学竞赛、又参加作文竞赛的有几人? ⑤ 既参加作文竞赛,又参加外语竞赛的有几人?(注:本题中五个问题分别用小卡

片抄写。试验时先让儿童完全弄懂题意,再将五个问题随机排列顺序,同时呈现,以便探讨儿童解题过程。)

二、图画卡片——分别画下述内容

① 五个小娃娃(1×5排列);② 三个小碗(1×3);③ 四个小球(1×4)。④ 三十个小朋友(3×10);⑤ 十八个小朋友(3×6),卡片下方书"数学小组";⑥ 十四个小朋友(2×7),卡片下方书"语文小组";⑦ 十五个小朋友(3×5);⑧ 八个小朋友(2×4),卡片下方书"数学竞赛";⑨ 六个小朋友(2×3),卡片下方书"作文竞赛";⑩ 四个小朋友(1×4),卡片下方书"外语竞赛"。

三、分组卡片——用较大卡片两张,分别书写"语文小组"、"数学小组"。又三张,分别书写"数学竞赛"、"作文竞赛"、"外语竞赛"字样。

四、实物——很小的玩具小娃娃30个,玩具小碗3个,玩具小球4个。

五、启发卡片

1. 用5张透明塑料薄版,分别绘制图画卡片5、6、7、8、9、10的内容。图中小朋友的排列要求:卡片5、8右方的二人分别可与卡片6、9左方二人完全重叠、合而为一,卡片9右方一人可与卡片10左方一人完全重叠、合而为一。

2. 卡片一张,各绘相交的两个圆,分别作为课题1、2的图解;另一张,绘相交成串的三个圆,作为课题3的图解。各圆的面积和相交面积的比例要求大体与各课题内容一致。

六、记录表格,备录音机一架。

实验步骤:

个别试验。以三种方式呈现课题:

1. 语言(口头与书面同时):将课题卡片放置受试面前,同时主试按书面讲解课题的内容,反复讲解,直至受试表示已完全理解为止。然后,问卡片下方的几个问题(注意:题3在受试完全理解课题条件之后才按随机顺序呈现五个问题),要求受试回答(回答顺序不作规定),回答后要求受试申述理由。受试回答过程中如有必要,可进行适当的询问。详细记录受试的一切活动。

2. 图片:在以语言形式呈现的条件下不能答对或不能全部答对各问题时,改用图画卡片呈现,相应的图片平置受试前面,结合少量的说明。然后要求受试回答各个问题。详细记录答案和受试可能的其他活动。

3. 实物:题2、3在以图片呈现的条件下不能答对或不能全部答对所提出的各问题时则实物呈现。将相应的分组卡片平置受试前面,结合少量说明。将相应数目的实物一面数一面放在桌面上,使受试确信数目正确(可以和受试共同进行),然后加以说明如"这里是×××个小学生"。并要求受试:"现在请你按照题的要求把他们分到各个组里去。"(仍将课题卡片放在一侧,受试随时可以再看)在受试自认为摆对时,要求他回答所提的问题。详细记录受试答案和操作活动。题1是让儿童直接去给小人分配玩具。

最后,在上述三种呈现的条件下受试不能解答或不能全部解答各问题时,可作进一步的启发,以考查他接受交集概念的可能性,将结果另行记录于备注中。启发的方法取下述三者之一:① 主试协助完成上述第三种呈现条件下的操作;② 应用启发卡片1;③ 应用启发卡片2。此外,受试开始不能完成题2,改做题1后再回头做题2所得结果,亦作为启发的结果计算。

七至十二岁儿童数概念和运算能力发展的研究[①]

沈庆华　丁松年

一、研究目的

第一,初步了解7—12岁儿童数概念发展的特点、一般过程和规律,为建立我国儿童心理学积累资料。

第二,为改革小学数学教学,为早出人才、快出人才提供心理学依据。

第三,为探讨儿童思维发展理论提供资料。

二、研究对象

本研究从7—12岁儿童中选取90人作为研究对象,分7岁至12岁六个年龄组,每组15人。分组按实足年龄计算,如7岁组指的是满7足岁至7岁零12个月,余类推。7—11岁各组选自我校附小一至五年级,12岁组选自我校附中初中一年级。对于男女人数及家庭出身等也作适当照顾。在各年龄组中学习成绩中等水平者约为$\frac{2}{3}$或$\frac{1}{3}$,上等水平略高于下等水平。各组年龄分布大致匀称,一般是向该年龄组中数靠拢,只有7岁组年龄分布略偏于前半年。

由于测查时间是在八月底九月初,中小学刚刚开学,儿童开始进入新的年级,所以各年龄组所测得的成绩不能代表儿童所在年级的水平,而是代表着上一个年级末的水平。如12岁组选自初中一年级,他们的成绩实际上是代表着小学五年级的水平,7岁组的成绩是代表着幼儿园最高班或上学前家庭教育的水平。

三、测查内容和方法

测查内容包括认数(认写、图⇌数、数位)、数序与系列(相邻数、比大小、完成系列)、数的组成和数概念的应用四个方面。每一个方面都涉及整数、小数、分数等小学数学的基本内容。

1. 认数

即认识各个数本身。例如根据图得出数,把数在图上表示出来(即数出某数所代表的物体,说出一堆物体的总数);看到一个数字能读出来或根据读出的数能写出来,认识一个数的位数和这个数所包含的数位等等。

2. 数序和系列

即知道一个数在自然数列中的位置。例如:知道一个数的相邻数(即这个数的前一个数

[①] 本文选自《西北师大学报(社会科学版)》1988年第1期,第85—94页。

是几,后一个数是几);能比较两个数的大小;能完成系列(即在一个数的系列中按要求继续扩展,如1、3、5……)。

3. 数的组成

知道某个数是由哪几个数组成的。其中既包含着分解,也包含着一定程度的运算。

4. 数概念的应用

数概念的应用主要是通过运算。运算能力发展的高低直接反映着数概念掌握程度。

根据儿童对数概念的掌握是一个不断加深和扩大过程,确定了认数、数序与系列、数的组成和数概念的应用四个方面作为衡量儿童数概念发展的基本指标。

通过上述项目的测查,企图查明7—12岁儿童能在什么范围内和什么程度上掌握那些数概念,了解儿童数概念发展的顺序性、规律性以及在发展过程中的特点。

研究是以个别测查方式进行的。为了了解各年龄组数概念掌握范围和深度,一般是逐项进行。但是由于儿童的年龄有大小、年级有高低,其中有些项目可以从难的或数目大的做起,较易而肯定会做的项目可以免做。为了了解儿童解题时的思维过程,在书面解答后可进行一些询问。此外,在儿童不会解答时有时可给以启发,以了解儿童需要何种程度的启发才能完成,由此也可看到儿童的判断推理能力。

四、结果

测查结果列表于下:

表1 七至十二岁儿童掌握数概念总成绩表

项目		7		8		9		10		11		12	
		M	σ	M	σ	M	σ	M	σ	M	σ	M	σ
认数	认写	6.7	14.23	21.7	21.29	98.3	6.8	80	16.68	61.7	30.47	91.7	11.79
	数位	8.7	11.88	37.3	18.02	63.3	9.36	78.4	21.58	64	17.69	78	13.8
	图↔数	15.8	7.42	23.3	5.97	33.3	14.24	48.8	10.85	56.7	19.68	80.3	8.5
	平均	10.4		27.43		64.96		69.1		60.8		83.33	
数序与系列	相邻数	42	26.35	64.7	21.29	84.7	15.92	86	15.39	80.7	11.84	94.7	10.87
	比大小	18.3	10.96	32.5	18.02	53.5	14.44	63.6	10.24	88.35	12.02	95	5.93
	系列	6	13.05	32.4	5.97	38.1	19.87	50	36.01	62.8	26.65	82.8	14.95
	平均	22.1		43.3		58.9		66.5		77.28		90.83	
组成		13.3	16.82	53.3	15.14	62.7	16.17	59	19.62	78	17.16	97	5.42
应用		4	5.51	20.4	7.92	34.5	13.23	38.4	12.21	60.4	19.97	89.3	8.8
八项平均分数		14.4		35.7		58.6		63		69.8		88.6	

表 2 单元测查成绩比较

成绩项目		年龄 7		8		9		10		11		12	
		M	σ	M	σ	M	σ	M	σ	M	σ	M	σ
认数	认写	6.7	14.23	21.7	21.29	98.3	6.8	68	16.68	61.7	30.47	91.7	11.79
	数位	14.4	20.85	61.1	28.71	94.4	8.69	90	17.46	82	21.19	91.1	10.31
	图↔数	40	15	54.29	11.49	72.7	3.87	80	10.88	74.3	13.85	85.7	10.62
数序与系列	相邻数	42	26.35	64.7	13.98	84.7	15.92	86	15.39	80.7	11.84	94.7	10.87
	比大小	44	29.82	60.3	11.72	84	7.55	79.7	12.58	85.3	13.4	92	9.8
	系列	6.7	12.75	75.5	31.97	77.8	16.45	82.2	34.36	88.9	15.66	95.6	11.32
组成		19	22.85	77.1	16.7	81.91	18.35	81.4	19.01	84.8	17.11	97.6	4.06
七项平均分数		24.7		59.2		84.83		82.7		79.7		92.6	

表 3 小数成绩表

成绩项目		年龄 7		8		9		10		11		12	
		M	σ	M	σ	M	σ	M	σ	M	σ	M	σ
认数	数位	0	0	1.7	6.24	16.7	11.79	63.3	28.93	35	25.95	61.7	35.2
	图↔数	3.3	12.47	8.3	14.91	18.3	29.94	66.7	23.02	55	32.76	81.7	11.33
数序与系列	比大小	0	0	6.7	14.35	45	33.69	81.7	20.39	93.3	29.37	98.3	6.24
	系列	0	0	0	6	16.7	34.96	53.3	44.14	56.7	34.29	86.7	28.67
组成		0	0	26.7	44.22	80	40	86.7	32.62	93.3	24.94	93.3	24.94
平均		0.7		8.7		35.34		70.3		66.7		84.3	

表 4 分数成绩表

成绩项目		年龄 7		8		9		10		11		12	
		M	σ	M	σ	M	σ	M	σ	M	σ	M	σ
认数	图↔数	0	0	2.5	6.77	6.7	17.6	13.3	16.75	48	14.04	75	16.38
数序与系列	比大小	0	0	6.7	19.04	15.5	29.47	13.3	23.84	86.7	29.32	95.6	11.32
	系列	0	0	0	0	0	0	0	0	30	40	56.7	39.9
组成		0	0	1.3	4.99	5.3	15.43	6.7	9.43	65.3	14.62	96	10.33
平均				2.6		6.9		3.3		57.5		80.8	

五、分析讨论

（一）一种特殊现象

本研究从结果来看出现了一种较为特殊的现象。这就是在数概念发展中从 7 岁起到 9

岁或 10 岁时成绩大都是随年龄增长而增高,但是有几项在 9 岁或 10 岁以后,到 11 岁时成绩却显著下降。这种现象实际有其内在原因。在我们所测查的 11 岁儿童,是刚升到小学五年级的学生,这班儿童 1975 年进入小学,当时正是"四人帮"横行时期,基础没有打好。既然如此,那么 12 岁儿童是在 1974 年入学的,岂不是受害更大,为什么 12 岁的儿童成绩反而又突出地好起来?这是因为这些 12 岁儿童选自刚进师大附中的学生,程度较高,质量较好,除了上述原因以外,是否还有其他原因,还可以作进一步研究。

(二) 七至十二岁儿童数概念发展的一般趋势

从表 1 中八项平均成绩来看,7 岁至 12 岁组成绩分别是 14.4 分、35.7 分、58.6 分、63 分、69.8 分和 88.6 分。从这里可以看出一般趋势,即成绩是随着年龄增长、年级升高而发展的,这充分说明了在小学五年的学习中,最后到 12 岁毕业时基本掌握了测查的内容。

但是这一发展趋势,并不是绝对的,在个别项目上,在发展进程中有时表现出起伏,发展暂时停顿,甚至有一定程度的倒退。例如,数位和相邻数的成绩在 11 岁时都有下降。像这些个别的暂时现象,一方面说明了数概念本身发展的复杂性,另一方面也说明了影响数概念发展的外在因素也是多种多样的。总之,它的发展和一般事物"波浪式"的发展现象是一致的,它并不影响儿童数概念的整个发展进程。

(三) 七至十二岁儿童数概念发展中的个别差异

从表 1 中还可看到,在各年龄组中,各个项目的标准差数值皆较大。这种显著的离中趋势,说明了在同一年龄组中各个儿童成绩差别悬殊,反映着数概念发展上显著的个别差异。以 7 岁组相邻数成绩为例,有两个得零分的儿童,其中之一是未上过幼儿园,另有得 90 分和 70 分的两个儿童不仅上过幼儿园,而且在家里还得到这方面的教育。从这两个极端来看显然与教育条件有关,至于在其他项目上和其他年龄中造成这种现象的原因,有待进一步研究。

(四) 七至十二岁儿童数概念发展顺序

1. 整、小、分数概念发展顺序

就整数、小数、分数三者比较而言,数概念发展顺序,首先是整数,其次是小数,最后是分数。

就 7 岁时整、小、分三者的成绩看,起点有显著差异,就 12 岁时三者的成绩看,在掌握程度上也有差异。产生这种差异的原因,从客观上说,小学数学教学在 7 岁入学时是从整数开始的,而小数一般是从三年级开始,分数是从四年级开始。从主观上讲当然也与心理发展有关。因为整数、小数、分数本身抽象的性质和水平不一样,所以儿童在学习和掌握这些数概念时也不同。

但是还应看到,在数学教学中尚未讲到小数、分数之前,儿童对小数、分数并非一无所知。例如,有一个 7 岁儿童能在线段图上表示出 0.3 的位置和 1.25 的位置,又如有个别 8 岁儿童能用分数 $\frac{1}{2}$ 和 $1\frac{1}{2}$ 表示出线段图上所指出的位置。这些个别事例说明,虽然尚未系统学习,个别 7 岁儿童也有一点较为简单的小数概念;8 岁儿童也有一点较为简单的分数概念。

2. 整数和小数数位概念发展过程中的问题

在整数中数的写法比数的读法要难一些。例如,对五位数的读法和写法,7岁组会读的人数为20％,而会写的人数只有7％,8岁组会读的人数为60％,而会写的人数只有20％。从9岁以后差别逐渐降低。其次,在五位数的位数和数位掌握上也有差别,即数位比位数难一些。例如,掌握位数和数位的人数7岁组分别为40％和13％,8岁组则为87％和67％。

在小数中掌握数位也同样比掌握位数难一些。例如,9岁组掌握三位小数的位数的人数为67％,而对其数位,却无一人掌握。10岁组尽管是刚学过小数,掌握三位小数位数的人数达到100％,但对小数数位掌握的人数只有53％。以上这些情况,在数学教学中值得重视。

(五)逐一计数向按群计数的发展

从逐一计数过渡到按群计数,很多人进行过研究。根据我们这次测查结果,大部分7岁儿童仍采用逐一计数,从8岁组到9岁组逐一计数的人数逐渐减少。

另外从数↔图的整数题目中,其中有一个题和上面两个题不同,而是给出一个数目"17",让儿童用图形表示出来。各年龄组画图的水平显然有差异,如表5。

表5 各年龄各种画图人数及其百分数(％)表

画图水平 \ 年龄	7岁	8岁	9岁
单格画	5(33)	4(27)	2(13)
分行画	1(7)	1(7)	0
整体分割	4(27)	8(53)	13(87)
未画	5(33)	2(13)	0

单格画、分行画、整体分割可以代表三种水平:单格画是画出17个单独方格,水平最低;分行画是画出两行,再把每行分出格子,这属中等水平;整体分割是用分割整体办法画出17个格子,这种水平最高。从上表可以看出,单格画者7岁最多,9岁最少。整体分割者,9岁最多,7岁最少。到10岁以后,再无人采取单格画的方法。

上述情况可以直接着出从逐一计数向按群计数发展的过程,随年龄增长,逐一计数逐渐减少,按群计数逐渐增多。看来这是一个思维发展的过程,这个过程要持续一定年月,因此加速这个过渡在小学一年级似应是一个关键时期。

(六)几何图形知觉的发展

几何图形知觉的发展,首先是线段,其次是平面,最后是立体。现在就7—12岁儿童对平面图形及立体图形的计算方法来看知觉发展情况。

表 6　平面图形知觉的发展

年龄	人数（百分数）计算方法	图↔数 整数第 4 题（正方形）
7	平面方法	3(20)
7	其他方法	11(73)
7	不会	1(7)
8	平面方法	8(53)
8	其他方法	7(47)
8	不会	0
9	平面方法	11(73)
9	其他方法	4(27)
9	不会	0
10	平面方法	15(100)
10	其他方法	0
10	不会	0
11	平面方法	15(100)
11	其他方法	0
11	不会	0
12	平面方法	15(100)
12	其他方法	0
12	不会	0

表 7　立体图形知觉的发展

年龄	人数（百分数）计算方法	整数第 5 题（立方体）	分数第 7 题（立方体）
7	立体方法	0	0
7	其他方法	7(47)	0
7	不会	8(53)	15(100)
8	立体方法	0	0
8	其他方法	13(87)	2
8	不会	2(13)	13(87)
9	立体方法	2(13)	0
9	其他方法	12(80)	2(13)
9	不会	1(7)	13(87)
10	立体方法	4(27)	0
10	其他方法	10(67)	6(40)
10	不会	1(7)	9(60)
11	立体方法	7(47)	4(27)
11	其他方法	7(47)	10(67)
11	不会	1(7)	1(7)
12	立体方法	9(60)	5(33)
12	其他方法	6(40)	10(67)
12	不会	0	0

从表 6 可以看出，在整数中采用求面积方法计算平面图形，从 7 岁开始，到 10 岁时，就完全掌握了平面图形的计算方法。

从表 7 可以看出在整数中采用求体积的方法计算立体图形，从 9 岁才开始，到 12 岁时也不过达到 60%。除了根本不会做的以外，采用其他方法进行计算的，大都是利用立体图形中的线条。由于在立体图形中在长、宽、高三条线上给出了三个数，所以有的人就把这个图形当成平面上的三条线，列为 10+10+10。另外也有人把它当成几个平面并未视作立体，所以他们的答案五花八门，例如 37、57、67、97、10 007 等。

在分数中采用求体积方法来计算立体图形的，从 11 岁才开始，到 12 岁做对的人数是 33%，具体答案是 12。而把这个立体图形视作平面图形进行计算的，除了 7 岁的根本未做外，其他各年龄中都占有一定比例的人数，例如 8 岁和 9 岁儿童都是只有二人做了这个题，所采用的方法都是面积计算，具体答案几乎全是 $\frac{3}{16}$。10 岁儿童，只有六人做了题，他们全是采用面积计算。11 岁和 12 岁儿童在采用其他方法计算中，都有 33% 是采用面积计算，在这两个年龄中,使人感兴趣的一个问题,就是在答案中出现了采用方法的混乱思想(或者说是知觉的动摇性),具体答案有 $\frac{3}{12}$、$\frac{1}{16}$ 等等。看来有的人写在分母上的数字是来自立体知觉,按体积对待,而写在分子上的数字又来自平面知觉,按面积对待;有的人写在分子上的数字来自立体知觉,按体积对待,而写在分母上的数字来自平面知觉,按面积对待。像这种情况在这两个年龄的人数中,各占33%。

从以上这些情况可以看出,平面图形的知觉发展得较早,到10岁时已经发展得很好。而立体图形知觉,不管是用整数还是用分数来计算体积,都显得较迟,也可以说在小学阶段还处于过渡时期。当然由于分数概念较整数概念发展得较晚,因此用分数来计算体积的能力就显得更低了。

但是在平面图形和立体图形的知觉中,又离不开线(边),或者说必须以线为基础。因此可以说7—12岁儿童几何图形知觉的发展,首先是线,其次是平面,最后才向立体图形知觉过渡。立体图形知觉所以发展得晚,与透视能力有关,而透视能力的发展,又与思维想象能力的发展密切关联着。所以立体图形的知觉,并非单纯的知觉,而是和其他心理过程相关联的较为复杂的心理现象。

(七) 思维能力的发展

根据表1—4来看,7—12岁儿童各种思维能力的发展情况如下:

1. 从"图—数"一项,可以看出抽象与具体化的发展趋势

根据图写出数是抽象过程,或者说是由具体到抽象的过程,根据数画出图是具体化过程,或者说是由抽象到具体的过程。从整数、小数、分数的"图—数"的成绩来看,有一个共同的趋势,就是年龄越大成绩越高。这在分数中表现得比较典型。7岁至12岁组得分分别是0、2.5、6.7、13.3、48、75,这说明抽象与具体化的水平是随年龄增长而提高的。

2. 从完成系列、数的组成等项中可以看出数学推理能力的发展趋势

完成系列是根据一系列数与数之间的关系推出下一个数,例如根据1、3、5系列,来推出下一个数是7。其中既有推理也有概括。数的组成是数的分解的逆运算,要想得出数的组成成分,运算是必要的。但是要完成运算,必须首先从数与数之间找出规律,然后根据规律(或一定的程序),再进行运算才能得出正确答案。例如第(3)题要求在空格中填上数,使每一横行、竖行、斜行相加都得18。解决这种课题,就必须先从包括两个数的横行或斜行填起。这一规律的得出,也离不开概括推理能力。

在本研究中,7—12岁儿童就完成系列的成绩看,以整数为例,7岁至12岁儿童得分分别是6.7、75.5、77.8、82.2、88.9、95.6。就数的组成的成绩看,以整数为例,7岁至12岁得分分别是19、77.1、81.91、81.4、84.8、97.6。小数和分数的成绩也有类似情况。从7—12岁儿童完成系列和数的组成的成绩来看,说明概括推理的水平是随着年龄的增长而提高的。

关于数的抽象与具体化,概括与推理等能力的发展,在7—12岁这一时期,有无阶段性,各阶段的具体水平是什么,尚待进一步研究。

3. 思维灵活性的发展

所谓思维的灵活性,指的是善于寻找新的途径来解决问题。我们根据下面两个题的解决方法,可以看出它的发展。这两个课题,一个是在图—数分数中的第(6)题,要求答出阴影

部分占整个图形的几分之几。另一个是在运算中的第(6)题。兹将这两题的答案整理如表 8。

表 8　分数及运算中两个课题各种答案人数分配表

题目及答案	人数（百分数）	7	8	9	10	11	12
分数第六题	$\frac{1}{8}$				1(7)	3(20)	7(47)
分数第六题	$\frac{1}{5}$		1(7)	1(7)	5(33)	6(40)	5(33)
分数第六题	无答案（包括乱答的个别人）	15(100)	14(93)	14(93)	9(60)	6(40)	3(20)
运算第六题	$\frac{1}{2}$		1(7)	3(20)	3(20)	6(40)	11(73)
运算第六题	$\frac{2}{3}$				2(13)	6(40)	2(13)
运算第六题	无答案（包括乱答的个别人）	15(100)	14(93)	12(80)	10(67)	3(20)	2(13)

从表 8 可以看出：

第一，表内两题同是分数计算题，但为什么对分数项内第(6)题，10 岁时才开始有人会答，而对运算项内第(6)题，8 岁就开始有人会答，这种差别与分数开始教学的时间无关，因为分数的教学都是在 10 岁开始的。主要原因应与问题的难度和表达形式有关。在分数中第(6)题让儿童看图写数时，虽有口头说明，但很简单。而在运算中第(6)题是应用题，有结合实际的文字说明，形象直观，因而能起到帮助儿童进行思维的作用。其次，在运算中第(6)题只要画一条辅助线，即可解决，而在分数中第(6)题需要两条辅助线才能解决，所以也和问题本身难度有关。

第二，表内答案（分数和运算）有两类，一类是 $\frac{1}{5}$ 和 $\frac{1}{3}$，这类答案是根据图上现成的分割线所分割开的部分做出的，是错误的。另一类是 $\frac{1}{8}$ 和 $\frac{1}{2}$，这类答案不被现成的分割部分所局限，而是在图上增加辅助线之后得出的，是正确的。从上表看出，正确答案（分数和运算）的人数，有随年龄增加而增长的趋势，但是人数很少。错误答案的人数，随着年龄增长而减少的趋势并不明显。根据这样的事实，可以看出在小学阶段，思维灵活性的发展水平，还是很低的。而思维的表面性即使在小学高年级，表现还是比较明显的。

4. 解答问题时的思维过程

7—12 岁儿童从解答问题时所采用的方法，可以看出思维过程。我们以数的组成第三题作为代表来说明这一问题。

表 9 各年龄儿童解答问题采用非试误法及试误法人数分配表

结果与方法		人数（百分数） 年龄	7	8	9	10	11	12
对	非试误法		1(7)	9(60)	4(27)	3(20)	5(33)	9(60)
	试误法				4(27)	6(40)	4(27)	6(40)
错	非试误法		1(7)				2(13)	
	试误法		1(7)	5(33)	6(40)	6(40)	4(27)	
未作			12(80)	1(7)	1(7)			

注：8岁儿童所以有特别多的人能一次做对（即采用非试误法），据被测儿童说，老师教过。

从表9可以看出：

第一，7岁儿童对该题未做的人数特多，占80%。这说明该题对7岁儿童是力所不及的难题。从9岁起，不做的人数突然减少，表示出对该题解答逐渐进入力所能及的地步。到12岁，消灭了错误的解答，可以说前进到一个新的水平。

第二，就做对一项来看，从7岁到12岁除8岁儿童外，采用非试误法（即只做一次）的人数，基本上是随年龄增长而增多的，而采用试误法（至少试做两次以上）的人数，从9岁到12岁在数量上不少于非试误法的人数，而且基本上是维持着一个稳定状态。就做错一项来看，从7岁到11岁儿童采用非试误法的人数，只有20%（7岁是7%，11岁是13%），而采用试误法的人数，从8岁到11岁，在数量上大大超过非试误法的人数，而且基本上同样是维持着一个稳定状态。

根据上述情况，我们认为：①儿童在解答一个新课题时，在他们对课题处于完全不理解时，往往采取放弃态度，根本不做。在他们的水平达到力所能及时，就要设法解答。②在解答过程中，既有顿悟现象又有试误现象，顿悟是达到结果的一种途径，是思维活动高度集中的表现（像8岁儿童那样，老师已经教过，主要凭记忆和经验解答，在思维活动水平上当然有所不同）。试误同样是达到结果的普遍存在的现象，也同样是一种有目的的思维活动，它导致对课题解答步步深入，从而加深着思维的广度和深度。

（八）运算能力的发展与运算方法

这次测查共十二道应用题，最难的是(12)、(10)、(6)、(11)四个题。在第(9)题以前的八道题，特别是(1)、(2)两题，可以说是较为容易的题。测查结果是在前八道题中解题方法没有例外的，都是采用算术解法。而在(12)、(10)、(11)三道题中〔第(6)题在几何图形知觉发展中已作分析，不再重复〕，在运算方法上都发生了差异。

表 10 9—12 岁儿童对(10)、(11)、(12)三题运算方法表

题号及运算方法		年龄 作对人数（百分数）	9	10	11	12
(10)题	迭次累计			4(27)	6(40)	8(53)
	算术解法（列式）					2(13)
	代数解法					1(7)
(11)题	算术解法	不会列式		1(7)	3(20)	6(40)
		列式			2(13)	
	代数解法				2(13)	8(53)
(12)题	算术解法	不会列式	1(7)	1(7)	3(20)	2(13)
		列式			2(13)	
	代数解法				2(13)	7(47)

从表 10 看出，各年龄儿童对三道题的运算方法可分三种。第一种是迭次累计（即在 280 中减一个 8，在 40 中加一个 8，这样逐次计算），第二种是算术解法，第三种是代数解法。就第(10)题来看，做对人数虽然随年龄增长而逐渐增多，但是从 10 岁到 12 岁儿童都是采用迭次累计方法。这种方法实际上和逐一计数性质有些近似，是非常原始的。其次，在 12 岁儿童中虽然也有用算术解法列出算式，但人数很少，只占 13％。就第(11)、(12)两题来看，11 岁儿童已经有采用代数解法代替算术解法的趋势。12 岁儿童采用代数解法的人数却超过了采用算术解法的人数。把这一点和上面提到的较为容易的八道题的运算方法联系起来看，可以说，应用题越复杂，采用算术解法就越感困难。这样看来，如果小学的数学教学只要求用算术解法来解答应用题，就会限制学生运算能力的发展。最近全日制小学数学教材中增加了代数部分，对发展儿童的运算能力也是非常必要的。

代数解法所以优于算术解法，主要是绕过未知数，把未知数暂时作为已知，能直接根据应用题数量关系以及它们之间的联系分析等量关系，并根据等量关系列出方程进行计算。因此我们觉得在小学应用题教学中，很好地把算术解法与代数解法结合起来是值得重视的。

另外，在应用题教学中，利用线段图来表示题中的数量关系，既直观形象又容易理解。它能够把复杂应用题中被掩盖的环节完全揭示出来。这样无论是对算术解法或代数解法都会有很大的帮助，对促使运算能力的发展同样是重要的，也值得重视。

六、小结

研究结果表明，数概念是随着年龄的增长、年级的升高而发展的。这一发展过程并非直线上升，既存在着起伏现象，又有个别差异。不过从整个发展过程来看总是前进的。

从逐一计数过渡到按群计数，入学前并未完成，未受学前教育的儿童表现更为明显。在小学一年级数学教学中仍应重视这一问题。

几何图形知觉的发展，首先是线段知觉，其次是平面图形知觉，最后是立体图形知觉。立体图形知觉，与透视能力、想象以及思维能力等方面的发展有关，因此即使到了小学高年

级也只是向立体图形知觉过渡的时期,并未完成这一发展。

关于思维能力的发展,例如抽象与具体化,概括与推理等能力的发展是逐渐提高的。但是,在 7—12 岁这一时期,这些能力的发展有无阶段性,各阶段的具体水平是什么,尚待进一步研究。又如思维的灵活性在这一年龄阶段发展水平还不高,而思维的表面性还是比较明显的。

运算能力的发展与运算方法密切联系着。在小学阶段运用算术解法来解答复杂的复合应用题,还是非常困难的。因此,为了提高儿童运算能力,在小学数学教材中增加代数部分,把算术解法与代数解法结合起来,并能运用线段图进行应用题教学,是值得重视的。

课程结构与小学二年级学生倍概念的掌握[①]

心理发展与教学研究组

一、问题的提出

倍概念是我国小学数学统编教材中的内容。[1]掌握倍概念是学习理解数学概念的重要一环。全国优秀教师马芯兰曾经提出一个教案,引入"1份"这个概念,并以之作为比较的对象。该教案现已被纳入小学数学教学中。[2]但是现有教材有着忽略儿童的逻辑运演水平和课程结构条理性的倾向。皮亚杰根据逻辑运演的水平将儿童的心理发展分为四个阶段,并指出"最有成效的学习,出现在教材中的逻辑与儿童思维结构相吻合的情况下"。[3]艾尔金德(Elkind,1981)赞成皮亚杰的观点。[4]布鲁纳也强调教学的结构原则。[5]他认为应当研究"关于如何有效地教授基本结构或者如何提供形成基本结构的学习条件等问题"。这就是课程结构的设计问题,只有解决了这个问题才可能实现教学目的。[6]儿童的认知发展中是否具有共同的结构,在这一点上,布鲁纳同皮亚杰、艾尔金德看法不一致。尽管如此,他们在强调课程结构或教学中的逻辑程序这一点上是共同的。

本研究试图分析小学数学教学中倍概念单元的逻辑结构并检验其贯彻到教学中去的具体效果。

二、方法

本研究是在重庆北碚区朝阳小学二年级的两个班中进行的,二·一班共 40 人,二·二班共 41 人,两班成绩相当,前者为实验班,后者为对照班。

两班各由一名实习教师讲授,两位实习教师的教学经验和知识水平相当。

根据理论推演和经验总结,我们分析出了作为完整的、准确的科学的倍概念所包含的逻辑结构:

(1)倍概念表示一种数量关系,在比较中产生。教学的第一步是树立比较的思想。

(2)"倍"是在比较中产生的,比就得有个标准,或以大(多)的数为标准,或以小(少)的数为标准。即第二步是确定标准。

(3)倍概念中隐藏着包含关系。以小(少)数作为标准,则大(多)数里包含 1 个或 1 个以上的小(少)的数。即教学的第三步就是辨别包含关系。

因此,本单元中我们准备教给小学二年级儿童的倍概念是"两个数进行比较,我们以小的数为标准数,大的数里包含有几个标准数,我们就说大数是小数的几倍"。

以上所述对倍概念的逻辑结构分析,既是我们教学的内容,也是我们教学的逻辑步骤。实验班严格按照这一结构进行讲授。对照班采取一般的教学方法和教案。

[①] 本文选自《心理科学》1988 年第 3 期,第 9—13 页。

在单元教学完后,进行测查,比较两班的成绩,并进行答卷分析。

三、结果

这两个班以前均由一位教师授课,均以国家统编教材为课本,两个班的实际数学水平相当。上学期期末数学考试,二·二班平均分数和二·一班平均分数相比仅差0.3分。本单元考试中,二·二班平均分数为84.2分,二·一班为90.4分,相差达6.2分。

表1 单元测查成绩比较

题号及题次*	班级 正确计算	实验班		对比班	
		正确计算题次	正确计算率	正确计算题次	正确计算率
一	273	219	80.2%	200	73.2%
二	195	130	66.7%	122	62.6%
三	39	35	89.7%	25	64.1%
四	78	71	91.0%	72	92.3%
五	117	93	79.5%	80	68.4%
六	117	101	86.3%	90	76.9%
七	78	31	39.7%	28	35.9%
总计	89.7	680	75.8%	617	68.8%

*注:由于每大题内又含有不同数目的小题,故每一题次各不相同。例如:第一大题共有7个小题,参加考试人数为39人(1人缺考),其题次即为39×7=273。

(一)正确计算数比较

由表1看出实验班成绩高于对照班,其正确计算的百分数最大相差25.6%(3题),其次相差11.1%(5题)、9.4%(6题)、7%(1题)、4.1%(2题)。

(二)倍概念掌握水平的分析

从表1成绩差异的比较中可以看出实验班对倍概念的掌握远好于对比班。

表2 单元考试中几类题的分析

题号	题的类型	实验班		对比班	
		正确人次及百分比		正确人次及百分比	
一、5	10是1的( )倍	32	82.0%	26	66.7%
6	33是33的( )倍	27	89.2%	19	48.7%
7	为什么12是3的4倍 因为( )	25	64.1%	17	43.6%

(续表)

题号	题的类型	实验班 正确人次及百分比		对比班 正确人次及百分比	
二、1	左边图形是右边图形中阴影部分的（　）倍大	30	76.9%	14	35.9%
三、3	48里有几个6,48是6的几倍	35	89.7%	25	64.1%

表2的数据进一步证明了以上的结论，我们可以以三(3)题为例来具体分析一下，3题有两小问。后一问仅是第一问的引申，它反映了关于倍概念最基本的含义。实验班只有4人答错，而对照班却有16人答错，从试卷分析发现其中的14人，全都是这样解答问题的："48×6=288,48是6的288倍。"这类错误的出现与教学中对倍概念中的包含关系强调不够是紧密相联的。在一(7)题的回答中，实验班回答正确的25人里，45%是这样回答的，"因为12里面有4个3，所以12是3的4倍"，或者能够直接列出算式"12÷3=4"，这两种回答体现出学生对倍概念的准确掌握及其思维过程的清晰性。对照班回答正确的17人中，经试卷分析和口头询问发现大多数(95%)是这样回答的，"因为3乘以4等于12"，或者直接列出算式"3×4=12"。可见，后两种回答不及前两种回答清晰、准确。在两个班的错误统计中，我们发现大多数错误(90%)是这样的，"因为12里面有3个4"，表现出确定标准时思维过程的不清晰和混乱。

（三）解题灵活性的分析

以上几道题都是对倍概念基本含义的考察，我们得出的结论是实验班掌握得更准确、牢固些。这种准确、牢固性直接影响着学生在其他类型问题解答中的正确性和灵活性。首先，我们来看二(1)题，从表2中可知实验班解题的正确人次为30人，正确率为76.9%，对照班解题的正确人次为14人，正确率为35.9%，相差达41%。两班在这道题上的明显差别反映出不同教学方法对学生思维过程的不同影响。另从表1中，我们可以看出在解答6题看图编题列式解答和看式子编题的回答中，实验班正确率为86.3%，对照班为76.9%，相差9.4%，也表现出两班学生在灵活性上的差别。

我们还可以从分析七(2)题的回答中，进一步说明以上提出的问题。该题的题目是："梨子的个数是苹果的两倍，桃子的个数是梨子的两倍，问桃子的个数是苹果的几倍？"这是一个推理题，反映出解决问题的高层次水平。从卷面情况来看，实验班有14人、对照班有12人其答案正确，列出了2×2=4的式子，得出桃子的个数是苹果的4倍的结果。但在这个结果的后面，我们不能肯定学生已理解了2×2=4(倍)的意义。答卷分析中，我们发现了一种解法，它反映出学生的真正领会和理解。他们将苹果假设为一个数目进行三步推导：① 算出苹果数。② 算出桃子数。③ 算出桃子是梨的几倍。实验班能这样做有6人，对照班仅1人。

四、讨论

教学的目的不仅在于教给学生知识,而且必须促进学生智力的发展。小学数学培养学生的抽象思维,是发展儿童智力的重要步骤。因此改进小学数学教学,积累教改的实际资料是有意义的。我们准备围绕本研究从以下几方面展开讨论。

(一)本研究理论根据的进一步探讨

皮亚杰认为6—7岁的儿童已获得具体运演能力,这种能力使得他们能够同时协调两个变量。皮亚杰的这一观点可以帮助我们去分析学习内容和安排教学程序。皮亚杰十分重视儿童数理逻辑经验的获得,据此,他进而提出了这样的观点:"最有成效地学习,出现在教材中的逻辑与儿童的思维结构相吻合的情况下。"艾尔金德(1980)支持皮亚杰的观点,他认为一定发展阶段的儿童其认知特点及局限性就决定了他们接受教育的程度和方式。美国心理学家布鲁纳尽管与皮亚杰和艾尔金德在某些方面存在着深刻的分歧,但在强调结构的重要性上,他们却是共同的。

本研究所使用的新的教学方式就是以这些心理学家的思想观点作为基础的。

本文的课程结构指的是一门知识的具体内容及其与教学程序的结合。课程结构不仅要求知识内容而且要求教学的程序具有逻辑性,而且应符合学生的知识结构。课程结构可以指一门学科的整个教学程序,也可以指该学科某一单元(或部分)的教学程序。

在引证皮亚杰、布鲁纳的观点时,需要作两点说明:① 皮亚杰式的教学与发展的探索与一般的程序教学是不同的。皮亚杰强调活动,重视根据儿童的特点来设计作业。这有待我们作更进一步的探讨和研究。② 布鲁纳关于教学原则的思想也发生了改变。在1971年发表的《教育过程再探》一文中更为强调学校教育与社会需要相切合的思想。[①]我们认为社会需要不能不考虑,但如何从课程结构去进行深入探讨仍然是有益的。

(二)原教材的分析

既然我们确认有必要从课程结构去考察教学活动以找到切合儿童实际的教材和教学方式,那么我们就应当分析原有教学的不足之处,并设法改变它。

经分析,我们认为原有教材教法有两个局限性。第一,以"份"过渡到"倍",对包含关系强调不够,显得有点含糊不清晰;第二,将"1份"作为比较的标准,来教授倍概念,这里面隐含有三种思维操作(将某对象确定为1份——将1份作为标准——用另一对象与标准相比),需要儿童同时加以协调,增加了小学二年级学生的负担。就此,我们相应采取了两种方法,第一,将倍概念分析为三个简单的逻辑步骤,突出强调"包含关系";第二,以"标准数"代替"1份",减少需要儿童协调的概念数目。

我们还了解到小学教材中关于倍概念共出现过三次:求一个数的几倍、求一个数是另一个数的几倍,求一倍数。分别安排在第四、五、六册教科书中。

鉴于对儿童已有水平的了解和教学要求,并结合新教学方法的特点,我们决定将"求一个数的几倍"和"求一个数是另一个数的几倍"结合起来讲,而且先讲"求一个数是另一个数的几倍",来树立儿童对倍概念的认识。然后引导学生逆向学习求一个数的几倍。结果二年级的学生都能掌握,并且还能解决求一倍数的问题。由此我们认为目前的教材,在处理倍概念时,似乎有点零乱而且低估了儿童的认识发展水平。

(三) 实验中的问题

(1) 实验班的教学内容在一堂课内完成,并做课堂练习,而没有布置书面的课外练习。对照班教学内容在两堂课内完成,并布置了课外作业。因此,实验班在学习时间和练习程度上都不及对照班,但成绩却高于对照班。这似乎也证明了新教学方法的优势。同时也减轻了小学生的课业负担。

(2) 从表1可看出,4题实验班的正确计算数为71人次,正确率为91.0%,对照班为72人次,正确率为92.3%。对这个数据有两点说明:① 4题的类型是简单的倍数应用题计算,这类题,对照班的练习远多于实验班;② 两者之间相差甚微,并不能说明问题。

(3) 从卷面分析来看,可将学生的错误划分为4种类型:① 不能正确确定与何者相比;② 比的标准混乱;③ 不明白包含关系;④ 计算错误。错误的出现,表明理解上有障碍,找出障碍所在,然后有针对地指导学生学习,这是提高教学效率的关键。重视课程的逻辑结构可以帮助我们进行这种分析。本研究没有将各种错误类型的人数统计出来,这是不足。

(四) 今后的设想

(1) 深入把握皮亚杰的教育观点和日内瓦学派对这类问题的最新研究和理论阐释。认真分析布鲁纳的教学原则,找出对教学改进有帮助的思想。也应当研究苏联心理学家和教育学家的有关著述。总之,我们的实践应当更加广泛地占有最新的研究资料。

(2) 应当进行比较长久的实验研究,避免偶然现象的混淆。应当多选择测查的指标,以便更加准确和全面地反映学生成绩和智力水平的提高。

(3) 应当扩大实验对象范围。多选用各种类型学校的学生充当被试,提高实验的外在效度。

五、结论

本实验结果表明:
(1) 课程结构对小学二年级学生的倍概念掌握起促进作用。
(2) 突出强调包含关系这个因素是倍概念教学中的关键。

参考文献:

[1] 小学统编教材.算术(试用本)(第四册).北京:人民教育出版社,1985.
[2] 小学统编教材.算术(试用本)(第五册).北京:人民教育出版社,1985.
[3] 马芯兰.关于倍数认识的教案设计.河北教育,1985(5).
[4] E.拉宾诺威克兹.皮亚杰学说入门:思维、学习、教学.北京:人民教育出版社,1985.
[5] 布鲁纳.论教学的若干原则.教育研究,1979(3).
[6] 布鲁纳.教育过程.北京:文化教育出版社,1982.
[7] 布鲁纳.教育过程再探.教育研究,1980(1).

解题思维策略训练提高小学生解题能力的实验研究

刘电芝

一、前言

几个世纪以来,教育家、心理学家一直在以各种方式探索发展思想的途径。尤其是从70年代中后期开始,为克服学校只重视知识的传授,而忽略能力培养的倾向,美国、苏联、日本以及委内瑞拉等国都相继大力提倡思维训练。各国训练的内容多种多样,但训练形式主要有两种:第一种是把训练思维技巧作为一门独立的课程开设。训练的主要内容有"无认知培养"[1]、一般智力训练[2]、一般学习方法训练[3]、创造思维训练等。这些思维训练的一个共同特点即不在于传授知识,而在于训练思维的一般方法与技能,传授适合于任何课程设计及任何形式的思维。第二种是把思维技巧糅合在其他课程中讲授[4],即在传授具体学科内容时,也重视教给方法。

不过,以上两种训练形式均有局限。一些批评家指出,不与专门知识相结合的一般思维训练只是对日常生活问题的解决有良好的效果,在知识的领域却很难促进学生的学习。而另一些学者也认为,把思维技巧糅合在其他课程中讲授,就有被淹没的危险。因此,如何避免这两种思维训练形式的缺陷,探索思维训练的新途径,已成为心理学家、教育家追求的新方向。

另一方面,从我国教育实践来看,小学生学习应用题普遍感到困难。国内外对小学生学习应用题困难的原因已作过一些研究,但并未提出解决的措施。本人通过对国内外一些研究的考察及对我国教师教学和学生解题的实际观察与了解,认为缺乏解题策略是学生不能正确解决较复杂应用题的重要原因。同时为避免前述的两种思维训练形式的缺陷,本实验企图以教方法的形式,结合专门学科独立开设思维课,在学生已有知识基础上专门系统地进行解题思维策略的训练,来提高学生解应用题的能力。

二、方法

1. 被试的选择

实验在重庆市北碚区朝阳小学六年级二班和四班进行。为避免实验组与控制组教师不同所产生的实验效应(因毕业班一个数学教师只教一个班),每班均分半,组成等组——实验组与控制组。参加实验的学生共94名,实验组与控制组各47名,实验组男生22人,女生25人,控制界男生24人,女生23人,平均年龄12岁零3个月。参加实验的两个班,一个是全年级最好的班(二班),另一个是全年级最差的班(四班)。实验在程度不同的两个班同时进行,可考察本实验训练方法的适用范围。实验在第一学期分数、工程应用题学完后进行。

---

① 本文选自《心理科学》1989年第5期,第12—17、27页。

2. 教材、教法

自编教材，共讲六种解应用题的方法。选择的方法主要来自三方面：专家解决应用题的常用方法（如美国著名数学家 G. Ploga 的一些解题思想[5]）及数学天才儿童的常用方法[6]，有经验的教师的教学经验总结，认知心理学家解决问题的部分策略。最后根据小学教学实际，确定出六种方法。这六种方法是：① 简化法，包括勾画重点及写式简化。勾画重点简化就是删去影响思考的枝节与修饰，突出问题和条件。写式简化即把错综复杂的文字描述写成算式，使条件和问题的关系一目了然。② 图解法，以线段图或草图呈现待解决的问题，把问题直观化。③ 结构训练法，把一个复合应用题分解为几道简单应用题，由于各简单应用题的解决，最后导致复杂应用题的解决。④ 联想法，让被试联想以前解过的相同或类似的题，以解决当前的题。⑤ 假设法，主要是把复合关系单一化，使问题容易得到解决的方法。⑥ 对应法，包括列出对应条件及找对应分率，通过排列出对应条件或找到与题中具有数最相对应的分率而找到解题思路。

实验组分别由两个原任教师根据实验者编的教材上课。每周上三次，每次一节课。实验持续七周，共上 20 节课。具体教学方法是：一般由教师出示课题（方法的名称），讲解方法的意义，通过具体例题讲解方法的使用及其使用的范围与条件。实验组上课同时，控制组做练习，所作练习与实验组相同。

三、程序

（1）预测：在教科书外选出 47 道较难题在不参加实验的班进行测查，根据学生通过的人数将题配对，一题放入前测，另一题（难度相等或稍难）放入后测。剔去难度太小或太大及学生做过的共 15 题，前后测各由 16 题组成。

（2）前测：为全面评定学生的情况，前测由学习能力测验（林传鼎、张厚粲等编译，测 33 分钟），数学基本知识测验（共 10 题，测 15 分钟），数学较难题测验（可以只列式不计算，测 80 分钟）等三部分内容组成。把学生每项测验所得分转化为标准分，三个标准分相加为一个总分，且参考了教师的评价，把分数大致相等（相差三分内）的分数配对分组，除 4 名学生条件相差太大未配上对外，94 名学生随机分成两个等组——实验组和控制组。未配对的 4 名学生随同实验组听课，只是不作统计处理。由于后测仅以较难题等值测验作实验指标，因此对两组数学难题测验进行了统计检验，差异均不显著（$P>0.05$）。说明实验组与控制组不仅在所测验的三方面总分相等，仅就数学难题而言也无显著差异。

（3）后测：以等值难题测验考察实验效果，测验时间与要求同前测。最后进行问卷调查，共 7 个问题，了解学生的实验情况。

四、结果

1. 实验组和控制组后测成绩差异比较

实验组和控制组后测成绩差异列入表 1。

表 1 实验组与控制组后测成绩差异比较

差异考验		$D=\sum D(X_1-X_2)$	t	P
不同班次	六·二班($n=24$ 对)	305	2.093	<0.05
	六·四班($n=23$ 对)	485	2.78	<0.02
	*合班	790	3.48	<0.01
不同层次	优生($n=14$ 对)	67	0.71	>0.4
	*中等生($n=28$ 对)	690	3.582	<0.01
	差生($n=5$ 对)	33	0.64	>0.5

*合班指两实验组与两控制组的比较。中等生包括中上、中、中下生三个等级。

上、中、下学生的划分是根据测验成绩出现明显的阶段差异,并参考了教师意见划分的。

表 1 表明,经方法训练后,无论是分班还是合班差异都达到显著水平,尽管两实验组是由不同教师教学,且两班原有较大差异。从分层来看,虽然实验组上、中、下学生绝对分数均高于控制组(平均分数优生高 4.8 分,中等生高 24.6 分,差生高 6.6 分)。但中等生增长幅度最大,达到非常显著的差异水平。中等生共 28 人,占实验总人数的 59.58%。

2. 上、中、下不同成绩水平学生的差异比较

为什么训练对一些学生收获较大,而对另一些学生收效小。为了探寻这个原因,我们必须了解优、中、差不同水平学生本身存在着哪些差异。我们根据测验成绩的划分,对优、中、差学生难题与数学基本知识两项成绩进行了差异考验,以便进一步考察不同水平学生形成的原因。考察结果见下表:

表 2 难题与数学基本知识不同成绩水平学生的两两比较

项目	优生($n=28$)		中等生($n=56$)		差等生($n=10$)		两班差异	
	$\overline{X}$	S	$\overline{X}$	S	$\overline{X}$	S	t	P
前测难题	96.32	21.96	52.27	21.32			8.69	<0.01
			52.27	21.32	12.5	12.75	5.65	<0.01
	96.32	21.96			12.5	12.75	11.08	<0.01
基本知识前测数学	9.76	0.43	8.72	1.19			4.33	<0.01
			8.72	1.19	6.03	1.17	6.52	<0.01
	9.76	0.43			6.03	1.17	14.04	<0.01

表 2 说明不同成绩水平学生的两两比较都达到非常显著的差异水平。不过从 $\overline{X}$ 来看,优生与中等生在难题方面的差异远大于他们在基本知识方面的差异,从而证实了中等生与优等生的最主要差异不是基本知识,而是解题方法与技巧。而差生在两方面不仅与优生、与中等生均存在极大差异,可见,基本知识与学习方法的缺乏是差生学习落后的主要原因。

3. 实验组学生对训练方法的自我评价

统计考验是考查实验效果的重要方面,不过了解学生的自我评价及体会也是考查实验效果的重要辅助材料。我们把问卷中的 4 个选择试题的回答结果列表如下:

表 3 学生对实验课的评价

项目		人数	百分数(%)
对实验课的喜爱程度	很喜欢	13	25.49
	喜欢	27	52.94
	有点喜欢	11	21.57
	不喜欢	0	0
实验课对学生的帮助程度	很有帮助	20	39.22
	有帮助	22	43.14
	有一点帮助	8	15.7
	无帮助	1	2.0
实验课对学生解决一般智力题的帮助程度	很有帮助、启发	29	56.86
	有一点帮助、启发	17	33.33
	不知道	5	9.8
	无帮助、启发	0	0
实验课对学生应用题兴趣形成的影响	对应用题一贯有兴趣	14	27.45
	实验后开始有兴趣	18	35.29
	实验后兴趣更浓	18	35.29
	一直无兴趣	1	2.0

五、讨论

（一）在本实验条件下,解题思维策略训练可以提高小学生解复杂应用题的能力

从实验总结果看,实验组解题能力显著高于控制组($P<0.01$,见表1),实验组平均分数高控制组17.87分。从个人来讲,后测六·四班前8名都来自实验组,六·二班前4名中只有一名来自控制组。在解题速度上,每班最先完成的两名均是实验组学生。从学生的反映来看,所有参加实验的同学都喜欢实验课(见表3),参加实验的同学(除1人外)都认为实验课对他们解应用题有帮助(见表3)。

实验不仅当时效果显著,而且实验结束三个月后,实验班所在的全年级进行了一次测查(测验题是某年某区小学升初中的升学统考题),其中有一道附加应用题,难度较大。全年级四个班做对这题的共54人,其中参加过实验的二班有19人,四班有17人;而未参加过实验的一班有13人,三班仅5人。而实验之前,一、三班均比四班成绩好。实验能取得这样显著的效果,说明结合专门学科,单独开设思维课,教给学生解题的思维策略是可行有效的,确能在短时间内提高学生的解题能力。

实验课由于提高了学生的解题能力,深受学生欢迎。在"谈谈你上实验课后的体会和看法"一题中,有的学生郑重地提出:"……我希望以后能多上一些这样的课。希望以后能把它

作为正式学科,排在我们的课表里。""希望各学校应该专门开设数学应用题解法的实验课,因为这种课对我们解应用题帮助很大。"

(二)影响思维训练成效的两个重要因素

1. 结合专门学科的思维训练的成效依赖于基础知识

表2反映出两组优生后测差异不显著,这是由于优生日常通过揣摩教师思维的方法及对自己解题经验的摸索,在实验之前就已掌握、运用了一些科学的思考方法,他们的前测成绩本来就比较高,因此后测差异不易显现出来,不过优生通过个人摸索获得的方法毕竟有限,因此,他们在谈实验体会时,仍觉得实验对他们很有帮助。如有的优生在问卷中写道:"实验课锻炼了我的思维能力,拓宽了解题思路,使我能从不同角度想出更多的解法。而且我的解题速度与正确率都有所提高,希望以后多上这样的课。"在与几个优生的个别谈话中,也反映出类似的看法。说明优生通过思维方法训练主要提高了一题多解及解题速度的能力,而实验后测则主要考察的是解题的正确性,因此解题速度及一题多解能力的提高并未得到反映。

表2表明,优生与中等生的最大差异是解题方法与技巧,可不是基础知识,问卷中"实验前,你通常用过哪些解题方法"一题也表明了方法用得多的仅是少数优等生。因此,通过思维方法训练,解决了中等生最大缺陷,从而解题能力大幅度增长,平均每人比控制组高24.6分。

而差生由于基础知识、解题方法两方面不仅较优生、较中等生均有非常显著的差异(见表2)。因此,只提高解题方法与技巧,对提高解题的正确性仍无济于事。同时实验课练习题均有一定难度,离差生的实际水平相差太远,因此实验对他们帮助不大。也许改做与他们基础知识相当的题会有较明显的进步。

从上、中、下学生通过思维训练,解题能力增长的不同程度及不同方面来看,说明专门学科思维训练的成效在很大程度上依赖于相应的基础知识。因此要帮助差生提高,必须同时从这两方面着手,才可能收到理想的效果。

2. 思维训练的成效依赖于训练方法

美国心理学家 Brown 把"只教个体使用策略,但不帮助他们理解这些策略为什么有用及什么时候能用的训练"称为"盲训练"(blind training)[7]。由于盲训练不能收到应有的实验效果,因此 Brown Compion 等认为"策略训练应包括三种因素:一是教策略及巩固练习,二是自我执行及监控策略的使用,三是了解策略的价值及其使用范围"[8]。J. Anderson 等现代理论家也强调"应重视获得'条件化的知识'(Conditionalized Knowledge),即包含知识使用的条件及促使知识的使用"[9]。否则一般策略也会同一般知识一样处于僵化的状态,如 A. Brown 等人1983年的研究表明,"当教儿童某种记忆方法时,他们能很好地运用这些策略,但在后来要求他们完成类似的任务,却不能自动地运用这些策略"[10]。我们通过实验体会到讲明策略的意义,会提高学习者学习策略及使用策略的积极性。如在实验中,当学生不能解答出示的题时,教师就出示课题(方法的名称)说我给大家介绍一种解题方法,学了这种方法解此题就比较容易了,学生的学习兴趣陡然上升。而且讲解策略使用条件与范围能促使迁移发生,促使学生解题时选择正确的策略。实验组学生解题能力的提高不仅与教方法、与教"条件化的知识"也是很有关系的。学生学习了各种方法使用的条件后,优生就能迅速提取相应的策略,减少了盲目尝试的过程,提高了解题的速度。而中等生解题时就能提取正确的策略,提高解题的正确性。John Bransford 等人认为"学习落后的学生使用的策略通常不适用于需要解决的问题的性质"[11]。我们认为教给使用策略的条件与范围,可以一定程度弥补这个缺陷。

(三)解题方法的迁移与运用

思维能力的培养,最重要的是能迁移。通过解题策略的训练,学生不仅能自觉运用学习的方法于课内习题,还能运用于课外所见的题及与数学课无多大关系的一般智力题。如学生在回答"老师讲的解决应用题 6 种方法对你解决一般智力题有帮助和启发吗"一题,除了 5 人回答"不知道"外,其余 46 人都认为有帮助和启发(见表 3)。有的学生在实验体会中写道"我上了实验课后,以前书上或报上看到的一些难题,现在再拿来做,有许多都会做了"。

(四)解题策略训练对学生非智力因素的培养

兴趣是非智力因素中的重要因素,它是推动学生学习的巨大内部动力。解题思维策略的训练,使学生解题获得了一定成功,从而对数学应用题都产生了不同程度的兴趣(除 1 人外;见表 3),优生兴趣更浓,一些对应用题不感兴趣甚至讨厌的中等生及一些差生也开始有了兴趣。如一个中下生写道:"开始上实验课时,我是很讨厌的,但越上到后面,我就觉得越有趣。"有的还写道:"我希望这种实验多开展一些,来促使同学们对应用题的喜爱和进步。"数学兴趣的产生将会对他们以后的数学学习产生更大的推动作用,产生受益无穷的效果。

(五)解题策略训练的社会效果

解题策略训练受到了原任教师及所在学校的好评。原任教师认为通过这次实验对他们的教学帮助很大。该校已决定把此训练普及到每个数学教师,推广到全校,从三年级开始就对学生进行解题方法的训练。

六、结论

(1)在本实验条件下,以教方法的形式单独开设的解题思维策略训练课,可在较短时间内提高学生解复杂应用题的成绩,激发学生学习数学的兴趣,且训练的方法可以迁移,其中特别是中等生受益最大。

(2)结合专门学科的思维训练成效不仅依赖于训练的方法,还依赖于对象的专门学科的基础知识。

(3)上、中、下不同成绩学生在数学基本知识及解题两方面都存在质的差异。帮助差生提高,必须从这两方面同时着手进行。

(4)严格控制实验条件及增加实验指标是本实验应进一步改进的问题。

参考文献:

[1][7][9][10][11] John Bransford. Teaching Thinking and Problem Solving, American Psychologist 1986, 41, 1078—1090.

［2］邹秀基.美国学校开设思维技巧新课程.光明日报,1984-7-4.
［3］徐君藩.一个别开生面的改进大学生学习方法的实验研究.心理科学通讯,1986(4):48.
［4］德波诺.思维的训练.何道宽等译.北京:生活·读书·新知三联书店,1987:218.
［6］马荣根.美国当前开设的思维技能课程.课程、教材、教法,1986(5):58.
［9］[苏]克鲁切茨基.中、小学生数学能力心理学.赵裕春等译.北京:教育科学出版社,1984.
［8］Dale H. Schunk and Paula D. cox. Strategy Training and Attibutional Feedback with Learning Disabled Students of Educational Psychology,1986:78,201—209.

数学应用题认知障碍的分析[①]

何小亚

众所周知,数学应用题的教学是一个难点,尽管教师和学生在这上面所花费的精力不少,但收效甚微。那么学生学习数学应用题的障碍到底表现在哪些方面呢?在此,笔者试从以下几个方面予以分析。

一、由复杂的问题背景引起的障碍

要解决一个问题,首先就要理解这个问题,而复杂的问题背景是学生理解数学应用题的一大障碍。

数学应用题源于实际问题,是一个可以转化为纯数学问题来解答的实际问题。客观现实的多样性和复杂性使得实际问题的背景很复杂,它牵涉到客观物质现象、社会生产和社会生活的方方面面。由于学生分析思考的能力不够,对社会生产和社会生活方面的常识了解不多,缺乏相关的经验,因此,往往不能正确领会问题所传达的信息。面对一大堆非形式化的材料,不会去粗取精、去伪存真地理解问题的本质,常常感到很茫然,不知从何下手。这是学生惧怕数学应用题的原因之一。

问题表述的背景的差异或者客观陈述的顺序的不同是造成学生理解困难的另一原因。例如:

① 果园里有梨树60棵,它占果树总棵树的五分之二,果园里有果树多少棵?

① 的背景简单,即使学生不熟悉模式:总量=分量÷分率,他可以如此思考:60是五分中的两分,一分就是30,五分就是150。

② 新世纪小学有60台586型电脑,它占全校电脑总数的2/5,问新世纪小学共有多少台电脑?

和①相比,②的无关信息较多,如果不熟悉模式:总量=分量÷分率,那么就不容易得出答案。

③ 同学们做了8朵红花,7朵黄花,并送给幼儿园3个班,一共送了10朵,还剩多少朵?

实验表明,如果去掉"3个班",大多数学生都能做对;加上"3个班"后,出现了各种各样的错误,其中按三步计算的达30%。

④ 新世纪小学只有两种型号的电脑,其中PⅡ型有100台,而PⅢ型比PⅡ型少52台。问新世纪小学共有几台电脑?

⑤ 新世纪小学只有两种型号的电脑,其中PⅡ型有100台,而PⅡ型比PⅢ型少52台。问新世纪小学共有几台电脑?

从学生认知的角度看,显然⑤比④要难得多。

[①] 本文选自《上海教育科研》2001年第6期,第41—43页。

背景的复杂性,除了上述原因之外,另一个原因则是一些应用题本身的表述有问题。

⑥ 小明看一本书,所看页数的 1/4 比没看的少 72,这个数正好比没看的 1/3 多 10 页。这本书有多少页?

"这个数"指的是什么数?是所看页数的 1/4 还是 72,或是没看的页数。让学生解决这样的问题,真是难为他们!

⑦ 盖一栋楼房,计划投资 200 万元,后因需要增加 10%,实际费用比后来降低了 10%,实际用了多少万元?

"后来"指的是什么?即使将"原来"误排版为"后来",也还是不清楚。"原来"指的是什么?是"原计划费用"、"原计划投资"还是实际投资?众所周知,在表述比较时,一提到"原来"、"后来"、"降低",指的是对同一对象的前后状态的比较。从作者的答案:200(1+20%)×(1—10%)可知,作者是在两个不同的对象"实际费用"与"后来投资"之间进行比较。

这种令成人都费解的问题,儿童能理解吗?我们能怪他们笨吗?

⑧ 有一个星期天,三位同学去郊游。李明拿了 5 样菜,张强拿了 3 样菜,王刚按价该拿 8 元钱。如果每样菜的价钱都相等,这 8 元钱应该怎样分给李明和张强?

笔者读此题时,如坠云里雾里。看了作者的解题分析才明白,前面两个"拿"是购买之意,而不是"抢"。第三个"拿"是"支付"之意(3 人共享 8 个菜,按平均价分摊,王刚应该付 8 元钱)。

我们在编应用题时,应注意把问题表述得清楚明白,反映实际情景的名词术语要规范化,不能为了迎合儿童的口味而使用一些似是而非的语句,也不能为了少写几个字而把问题的表述过度简化,否则会引起歧义。

一个简单的问题,如果表述不清楚,让儿童去猜编者的意图,那么就变成了一个困难的问题,一个令人生厌的问题,这将会影响儿童对数学的看法。

二、由不理解基本术语的意义引起的障碍

课题范围中的一些专有名词,如销售、成本、利息、原计划,以及像还剩、还差、比多、比少、增加到、增加了、利润这些表示数量关系的基本概念术语,往往是解决问题的关键词,一旦不理解其含义,就不能正确解决问题。

对于专有名词,教师应有计划、有步骤地将现代生产、生活中的常识介绍给学生,使学生熟悉相关的术语,了解它们的实际意义,逐步积累这些方面的经验。

对于表示数量关系的基本概念术语,教师不应该让学生孤立地理解这些术语,要把它们放入情景中去理解,一个术语对应着一个情景,对应着一个数学模式,使学生在情景中理解并掌握术语所对应的数学模式。

例如,可以让学生想象下面的情景来理解"增加到"和"增加了"。

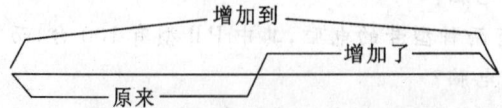

对于概念术语,如果教师运用直观演示进行教学,学生是可以理解的。但是,当问题的叙述稍有变化,障碍就出现了。原因之一是,对于同一模式情景,学生只会以一种方式予以

表述。

三、由泛化律引起的障碍

根据经典性条件反射理论，学习就是学会对刺激作出反应，也就是说学会条件反射。条件反射是通过条件刺激与无条件刺激的配对引起的。某一种条件反射一旦确立，就可以由类似于原来的条件刺激引发。例如，学生学习了一定数量的"一共"、"增加"这一类加法应用题后，就形成了比较稳定的条件反射，一旦碰上新情景下类似的刺激"一共"、"增加"，就会引发已习得的"用加法"的反应。

比如对于问题："某工厂原来产量是 27 万台，现在增加到 30 万台，该工厂的产量增加了多少万台？"有的学生一看到"增加"，就会引起"用加法"的错误反应。

对于问题："爱心商店今天销售了 42 袋奶粉，还剩 17 袋，问爱心商店今天原来有多少袋奶粉？"有的学生一看到刺激"还剩"，就会引起"用减法"的错误反应。

教学建议：(1) 运用直观图模拟问题情景的发生过程：

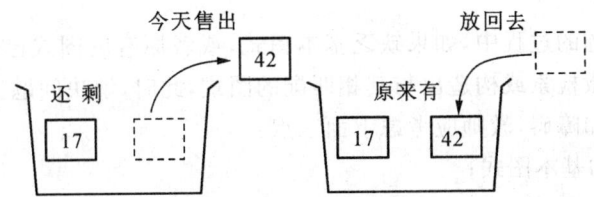

(2) 运用表象模拟上述情景的发生过程。

又例如，对于问题："新世纪小学仅有两种型号的电脑，其中 PⅢ 型的电脑有 60 台，而 PⅢ 型的电脑比 PⅡ 型的电脑少 40 台。问新世纪小学共有几台 PⅡ 型电脑？"有些学生的答案是 $60-40=20$。

现在我们来仔细分析学生出错的原因。通过学习"比少"这一类问题，学生建立了条件反射 $S \rightarrow R$："A 比 B 少 C"→"$A=B-C$"，一碰上类似的刺激："比少"，根据泛化律，就会引发原来的反应："减"，即出现了错误的刺激反应 $S_1 \rightarrow R_1$："比少"→"减"。

学生未能克服泛化律的影响，原因之一是，学生没有真正掌握"A 比 B 少 C"这一模式，分不清"B 比 A 少"与"A 比 B 少"，不理解"A 比 B 少 C"与"B 比 A 多 C"之间的等价性；原因之二是，部分教师片面强调总结解题方法引起的。如：比多用加法，比少用减法。

教学建议：

(1) 从认知"A 和 B 同样多"开始。利用实物演示并讲解几种特殊的情形→概括出等价模式"A 有几个；B 也有几个；B 有几个，A 也有几个。"→练习等价模式。

(2) 利用"A 和 B 同样多"模式学习"A 比 B 多"和"B 比 A 少"的模式。

① 给 A 5 个实物，给 B 3 个实物，就这一状态训练学生用两种方式予以描述，即

A 多，B 少，A 比 B 多，多 2，$A=B+2$；

B 少，A 多，B 比 A 少，少 2，$B=A-2$。

② 再给出另外两个类似的问题；

③ 形成条件反射：

A 比 B 多 $C \rightarrow A=B+C$；A 比 B 少 $C \rightarrow A=B-C$。

按下面的次序进行：

A 比 B 多 $C \to A$ 多，B 少 $\to A = B + C$；
$\qquad A$ 比 B 多 $C \to A$ 多 $\to A = B + C$。
A 比 B 少 $C \to A$ 少，B 多 $\to A = B - C$；
$\qquad A$ 比 B 少 $C \to A$ 少 $\to A = B - C$。

四、由认知图式的检索引起的障碍

表象是人脑对当前没有作用于感官，而以前感知过的事物的形象的反映，是过去痕迹的再现。学习者对图形、式子、结构、关系等数学对象进行感知后就形成了表象——数学表象；认知图式就是心理活动的组织结构，它以心理表象的形式贮存于记忆中，它是现实模式的内化。

学习者对于一个客观模式进行认知后，就在脑中形成了相应的心理表象，即认知图式。每一认知图式都含有相应的现实模式的许多信息，只要部分信息被激活，整个图式就被激活。

被试在解决问题的过程中，如果缺乏基本图式，或者原有的图式已模糊，那么被试就不能由问题情景的刺激检索或构造出与其相匹配的图式，此时，解决问题就会受阻。

要克服这种认知障碍，教师应考虑下面三点：

（1）建构丰富的基本图式；

（2）对于同一个客观模式，教学生用不同的方式表述，或者改变叙述的顺序，建立"等价"的认知图式。例如，

A 比 B 多 $C \Leftrightarrow B$ 比 A 少 $C \Leftrightarrow A$ 与 B 的差是 C。

（3）教学生学会由基本图式构建变式。例如，看到三个刺激"路程"、"速度"、"时间"之一，要立刻想到其他两个刺激及其相应的关系。

在解决多步应用题中，认知图式的检索障碍表现得尤其明显。

例如，问题1：某商店从7月份开始销售某种新产品。7月份进货30件，8月份进货20件，两个月一共销售37件，问还剩多少件未售出？

这是一个由加法模式与减法模式组合构成的复合模式，没有做过这一类问题的学生，由于其认知结构中缺乏与问题情景直接对应的认知图式，故问题解决受阻。考虑下面两个问题。

问题2：7月份进货30件（条件 A），8月份进货20件（条件 B），两个月一共进货多少件？（结论 C）

问题3：两个月一共进货50件（条件 E），售出37件（条件 F），还剩几件？（结论 G）

问题2和问题3的情景分别与加法和减法的基本图式直接对应，容易引发相应的运算反应。在此，引发"加"的反应的关键刺激是 C，引发"减"的反应的关键刺激是 G，但是，如果没有刺激 C 和刺激 E，那么加法图式和减法图式的检索就会困难。

把问题2中的 C 和问题3中的 E 去掉后合并，就可以得出问题1。它是由加法模式和减法模式嵌套而成，由于缺少 C 这个间接问题，因此不容易引发"加"与"减"的反应。

综上所述，在解决由多个模式嵌套而构成的综合问题中，提出适当的中间问题是解决问题的关键。

教学对策：

（1）训练提高顺推的综合思考能力，即由已知条件来推出尽可能多的结果。例如，A、B → $A+B$、$A-B$、$A\times B$、$A\div B$、A 比 B 多几，B 比 A 少几，等等。

（2）训练提高逆推的分析思考能力，即由结论开始，去搜寻推出结论所必需的条件。例如，在问题 1 中，一看到"还剩"、"售出"，就联想到"总数"。能否联想出"总数"，取决于学生对减法模式中整体与部分之间的关系的把握。所以，建构清晰、准确、灵活的基本认知图式是分析的基础。

（3）顺推与逆推相结合。一方面，由条件出发，一步一步地推演；另一方面，由结论出发，追溯、选择结论成立的充分条件。上下紧逼，前后夹击，一到相会合拢之处，解题思路就豁然贯通。

参考文献：

[1] 施良方.学习论——学习心理学的理论与原理.北京：人民教育出版社，1994.
[2] 邱学华，戴汝潜.邱学华小学数学教学法探究.济南：山东教育出版社，1997.
[3] 马芯兰，温寒江等.小学数学能力的培养与实践.济南：山东教育出版社，2000.
[4] 刘品一.小学数学智力趣题解析.济南：山东教育出版社，1997.

小学三年级数学学优生与学困生解决比较问题的差异

李晓东　张向葵　沃建中

一、问题提出

在小学阶段,学生接触到的算术应用题主要分为变化、相等、组合和比较等几种不同类型,其中以比较问题(compare problem)最难。国外研究表明,儿童和成人在解决比较问题时都存在一定的困难[1—3]。为什么儿童在解决比较问题时普遍感到困难呢?一个重要原因是比较问题有着特殊的语义结构,这种结构给儿童建立相应的数量表征带来了困难。比较问题由已知条件、关系和问题三个要件组成。在已知条件句中给出一个变量的值,关系句是根据一个变量来定义另一个变量,问题是求另一个变量的值。如在"小明有 3 个苹果,小刚比小明多 5 个,问小刚有多少个苹果?"这道题中,第一句是已知条件,第二句是关系句,第三句是问题。根据文字表达和数量关系是否一致可将比较问题分为两类:一致问题和不一致问题。在一致问题中,未知数是关系句的主语,变量关系的文字表达(如比……多)与所需要的算术运算是一致的(如用加法),上面的例子就是一道一致问题。在不一致问题中,未知数是关系句的宾语,变量关系的文字表达(如比……少)与所需要的算术运算相冲突(如用加法),如将上题中关系句"小刚比小明多 5 个"改为"小明比小刚少 5 个",这道题就成为一道不一致问题。

虽然一致问题和不一致问题要求同样的解题程序,但由于不一致问题需要解题者在心理上对关系陈述句进行转换,从而增加了问题的难度,容易引发更多的错误。国外对大中学生的研究表明,学生在解不一致问题时犯更多的错误。Hegarty 等人通过分析大学生解决比较问题所犯的错误,提出成功的解题者和不成功的解题者在表征比较问题时可能运用了不同策略。不成功的解题者在表征变量之间的关系时,运用的是直译策略(direct translation strategy),即根据关键词来决定采取何种运算,如看见"多"或"贵"就用加法,看见"少"或"便宜"就用减法。这种策略在一致问题上即关系词的表述与所需运算一致时能够导致正确的答案,但在关系陈述与所需要的运算相冲突的不一致问题上则会导致错误的答案。成功的解题者则运用问题模式策略(problem model strategy),他们根据变量之间的关系建立数学表征并确定采取何种运算,因而能够正确地解决问题。本研究以小学三年级学生为被试,通过实验法和临床访谈法对比数学学优生和学困生在解决比较问题时的表现来检验 Hegarty 的理论。并假设小学生解决一致问题的成绩优于不一致问题,学优生解决比较问题的成绩优于学困生,这种差异是由于他们表征变量之间的数量关系时所用策略不同造成的。

除了心理表征会影响问题解决成绩之外,元认知的影响也不容忽视。Davidson 和 Sternberg[4]认为问题解决是一种目标导向的思维活动,要解决问题必须有元认知的参与。

---

① 本文选自《心理学报》2002 年第 4 期,第 400—406 页。

元认知通过对人的心理过程的觉察与管理,对目标导向的思维活动进行指导。在问题解决的过程中,元认知可以帮助学生识别并策略地应付问题的三个要素:即已知条件、目标和障碍,从而成为更好的问题解决者。Schoenfeld[5]认为元认知对于数学问题解决的重要性表现在学习技能的发展部分取决于学生对自己能够学些什么的现实的评价以及对学习进行控制或自我调节的能力。因此本研究的第二个目的是考察小学生的元认知能力与解决比较问题的成绩是否有关,同时检验元认知知识和元认知监控是否对问题解决成绩有不同的贡献。

二、研究方法

(一)被试

在长春市一所小学三年级中抽取两个班级,两班人数分别为54人和57人。由数学教师按数学能力把每班前10名和后10名的学生抽取出来,共计40名学生作为本研究的对象。其中学优生男13人,女7人;学困生男女各10人,年龄在10、11岁。所有被试经瑞文推理测验表明智力正常,经语文老师评定其语文能力也正常,已学过有关的数学知识。

(二)材料

8道两步比较问题,第一步要求针对关系陈述进行有关加减乘除的运算,第二步是乘法题。一致问题和不一致问题各4题,共八种类型,见表1。将题目打印在 8×15 cm 的卡片上,每题一张卡片。具体题目见附录1。

表1 本研究中的各类比较问题

类型	特征
一致加法	需要将两个数相加,问题表达形式为"多"
不一致加法	需要将两个数相加,问题表达为"少"
一致减法	需要用第一个数减去第二个数,问题表达形式为"少"
不一致减法	需要用第一个数减去第二个数,但问题表达形式为"多"
一致乘法	需要将两个数相乘,问题表达形式为"是它的几倍"
不一致乘法	需要将两个数相乘,但问题表达形式为"是它的一半"
一致除法	需要将两个数相除,问题表达方式为"是它的一半"
不一致除法	需要将两个数相除,但问题表达方式为"是它的几倍"

(三)程序

由受过培训的心理系研究生担任主试。个别施测,将所有访谈内容用数码录音机录下。

1. 比较问题测验

指导语为:"同学你好!我们正在作一个研究,想了解小学生是怎样解数学题的。这不是考试,也不是测验。我每次给你出一道题目,请你把能说明你思考过程的解题步骤详细写出来,你可以使用任何帮助你思考和解题的方法。"在呈现题卡的同时读给被试听,解题时间不限,被试一般在 2 分钟之内即可解完一题。为避免问题呈现顺序的影响,本研究采取了 ABBA 法,A 为一致问题,B 为不一致问题,一半被试以 ABBA 形式呈现问题,另一半被试以 BAAB 形式呈现。评分标准:解答两步比较应用题包括两步列式和两步计算,每步如果正确计 1 分,错误计 0 分,如果第一步表示关系的列式错误,则后面无论是计算或列式正确与否均计 0 分。

2. 元认知能力评定

(1) 元认知监控技能评定。① 自信心评定。每当儿童解完一题后,即询问儿童"你确定自己的答案正确吗?"请儿童在完全不确定、基本不确定、基本确定和完全确定四种情况下做出选择,4 点评分。② 元认知监控技能有两个指标:区分指数和偏差分数[6]。区分指数 (discrimination index)是解答正确题目的平均自信心与解答错误题目的平均自信心之差,在本研究中介于+4 和−4 之间。这个指标测量的是被试对解答正确和解答错误的题目的自信心是否有所不同。区分指数大于零表示对解答正确的题目的自信心高于解答错误的题目的自信心;接近于零表示被试不能区分正确解答和错误解答;小于零表示对解答错误的题目的自信心高于解答正确的题目的自信心,区分能力差。在本研究中一个大且为正的区分指数表示监控技能高,越接近于 4 表示监控越准确。偏差分数(bias score)是学生在 8 个题目上的平均自信心与平均成绩之差。它测量的是学生对测验是过于自信还是不自信。在本研究中偏差分数介于+4 和−4 之间,大于零表示过度自信,小于零表示不自信,越接近于零表示偏差越小,监控技能越高。

(2) 元认知知识评定。① 对自己解题思考过程的了解。每当被试答完一题后,即要求其讲出解题思路。指导语为:"假如现在有一位同学,不会做这道题,你把你的思考过程、解题方法解释给他听好吗?"评分标准:被试如果能清楚说明先求什么,后求什么,用什么方法的计 2 分;只能说出一步,不能完整说明整个思考过程的计 1 分;不能说明思考过程或只是将应用题读一遍的计 0 分。② 关于解题任务的知识。每当被试答完一题后,询问:"你认为正确解决这道题的关键是什么? 为什么?"评分标准:能指出搞清楚两个变量之间的关系是解题关键的,计 2 分;认为题中出现的关键词或其他条件是重要的,计 1 分;不能指出关键之处,或认为没有关键点的计 0 分。

(3) 关系陈述的表征策略评定。每当被试答完一题后,针对问题中表示关系的运算(可能是加、减、乘、除),问儿童:"我注意到你这里用了加法(或减、乘、除),为什么你这里要用加法(或减、乘、除)呢?"通过分析被试对这个问题的回答,可将被试运用的表征策略分为直译策略和问题模式策略。如果被试是根据关键词来决定采取何种策略的就归为直译策略,如被试对为什么用加法回答说:"因为多,多就用加法";如果被试明确阐述两个变量之间的关系,不局限于问题文字的表述形式,能将其在头脑中进行转换并在分清楚谁多谁少的基础上决定采取何种策略,就归为问题模式策略。如被试说:"王力比张军每月少存 50 元,也就是张军比王力多存了 50 元,求张军每月存多少元,就得用加法,因为张军比王力多存了。"

以上评定由两位研究者独立进行,评分者的一致性达到 92%。对不一致的地方经过研究小组讨论决定。数据用 SPSS for Windows 8.0 软件包进行处理。

三、结果

（一）学优生与学困生解决比较问题的成绩

自变量为学生成绩组别和性别，因变量为一致问题成绩、不一致问题成绩及总成绩。经 2×2 多元方差分析（MANOVA）结果显示，学习成绩的主效应达到显著水平，学优生与学困生在一致问题、不一致问题及总成绩上均有显著差异，$F(1,36)=5.03, P<0.05$；$F(1,36)=20.29, P<0.001$；$F(1,36)=17.70, P<0.001$，学优生在各项成绩上都优于学困生。性别主效应未达到显著水平，一致问题：$F(1,36)=1.77, P=0.19$；不一致问题：$F(1,36)=0.14, P=0.71$；总成绩：$F(1,36)=0.94, P=0.34$，表明男生与女生在解决比较问题的成绩上无显著差异。学习成绩与性别之间没有交互作用，一致问题：$F(1,36)=3.18, P=0.08$；不一致问题：$F(1,36)=0.47, P=0.50$；总成绩：$F(1,36)=2.02, P=0.16$。

表 2　学优生和学困生解决比较问题成绩的平均数和标准差

问题类型	学优生		学困生	
	男生($n=13$)	女生($n=7$)	男生($n=10$)	女生($n=10$)
一致问题				
M	3.83	3.71	2.83	3.60
SD	0.41	0.49	1.33	0.44
不一致问题				
M	3.60	3.50	2.00	2.33
SD	0.64	0.52	1.09	1.30
总成绩				
M	3.69	3.61	2.41	2.96
SD	0.39	0.33	1.06	0.77

为了解小学生解决一致问题的成绩是否优于不一致问题，我们又做了配对 t 检验。结果发现，对于学优生来说，其解决一致问题和不一致问题的成绩并无显著差异，$t(19)=0.165, P=0.694$；学困生解决一致问题和不一致问题的成绩有显著差异，解决一致问题的成绩明显优于不一致问题的成绩，$t(19)=3.97, P=0.001$。

（二）学优生与学困生解决比较问题的错误分析

在本研究中，小学生在解决比较问题时所犯的错误可分为四种类型，第一类是转换错误，指由于对第一步表示关系的运算产生了错误的表征，因而运用了相反的运算（即应该加法时用了减法，应用减法时用了加法，应用乘法时用了除法，应用除法时用了乘法）。第二类是计算错误。第三类是目标监控错误，只算了一步或只用了一个条件。第四类是知识错误，如已知买一条牛仔裤158元，买三条需要多少钱？学生用158+3。

表3 学优生与学困生解决比较问题出现的各类错误次数(%)

问题类型	转换错误	计算错误	目标监控错误	知识错误	合计
一致问题					
学优生	1(3.7)	3(11.1)	2(7.4)	0(0)	6(22.2)
学困生	3(11.1)	9(33.3)	3(11.1)	6(22.2)	21(77.8)
不一致问题					
学优生	5(10.2)	3(6.1)	1(2.0)	0(0)	9(18.4)
学困生	28(57.1)	8(16.3)	1(2.0)	3(6.1)	40(81.6)
合计					
学优生	6(7.9)	6(7.9)	3(3.9)	0(0)	15(19.7)
学困生	31(40.8)	17(22.4)	4(5.3)	9(11.8)	61(80.3)
全体学生					
一致问题	4(5.3)	12(15.8)	5(6.6)	6(7.9)	27(35.5)
不一致问题	33(43.4)	11(14.5)	2(2.6)	3(3.9)	49(64.5)

2×4的独立性χ^2检验表明,学生的成绩组别与其所犯错误类型无关,一致问题:$\chi^2(3)=2.70, P=0.44$;不一致问题:$\chi^2(3)=2.82, P=0.42$。但问题类型与学生解题时所出现的错误类型有关:$\chi^2(3)=20.40, P<0.001$。从表3可以看出,学生在不一致问题中出现的转换错误(33个,占全部错误的43.4%)明显多于一致问题中出现的转换错误(4个,占全部错误的5.3%)。

(三)学优生与学困生对关系陈述的表征策略比较

2×2的独立性χ^2检验表明,学生的成绩组别与其运用的表征策略有关,一致问题:$\chi^2(1)=26.93, P<0.001$;不一致问题:$\chi^2(1)=29.32, P<0.001$。学优生在表征比较问题时,绝大多数运用的是问题模式策略,占全部策略的96.9%,很少使用直译策略;学困生除运用问题模式的表征策略外,还运用了较多的直译策略,达37%,见表4。

表4 学优生与学困生在解决比较问题时使用不同表征策略的次数(%)

问题类型	直译策略	问题模式策略
一致问题		
学优生	2(1.3)	78(48.8)
学困生	25(17.1)	47(32.2)
不一致问题		
学优生	3(1.9)	77(48.1)
学困生	29(19.9)	45(32.2)
合计		
学优生	5(3.1)	155(96.9)
学困生	54(37.0)	92(63.0)

（四）学优生与学困生元认知能力的比较

自变量为学生成绩组别和性别,因变量为偏差分数、解题关键、区分指数和思考过程。经 2×2 多元方差分析(MANOVA)结果显示,学生成绩组别在偏差分数和解题关键上主效应差异显著,$F(1,33)=13.06,P=0.001;F(1,33)=8.99,P<0.01$。表明学优生关于任务的元认知知识和元认知监控技能均优于学困生。在区分指数和思考过程方面两组学生并无显著差异,$F(1,33)=0.54,P=0.47;F(1,33)=1.40,P=0.245$。性别主效应在各项指标上均未达显著水平,区分指数:$F(1,33)=0.00,P=0.99$;偏差分数:$F(1,33)=0.71,P=0.41$;思考过程:$F(1,33)=1.11,P=0.29$;解题关键:$F(1,33)=2.38,P=0.13$,表明男女生元认知能力并无显著差别。学生成绩组别与性别之间的交互作用未达显著水平,区分指数:$F(1,33)=1.50,P=0.23$;偏差分数:$F(1,33)=3.03,P=0.09$;思考过程:$F(1,33)=0.05,P=0.82$;解题关键:$F(1,33)=0.88,P=0.35$。

表5　学优生与学困生元认知知识和监控技能的平均数和标准差

组别		元认知知识		元认知监控	
		思考过程	解题关键	区分指数	偏差分数
学优生	M	1.94	1.73	1.20	0.14
	SD	0.15	0.33	1.74	0.47
学困生	M	1.78	1.28	0.52	0.99
	SD	0.37	0.49	1.88	0.88

（五）元认知能力与解题成绩的关系

为了查明元认知能力对解题成绩是否有影响,我们以元认知知识(关于思考过程的解释和解题关键的阐述)和元认知监控(区分指数和偏差分数)为预测变量,学生成绩组别和性别作为控制变量,学生解决比较问题的平均成绩作为因变量,采用 enter 方法做了多元回归分析,结果见表6。由表6可知,只有偏差分数对学生解决比较问题的成绩有显著影响($\beta=-0.84,P<0.001$),表明学生偏差分数越高(即元认知监控技能越差),解题成绩越差,它们可以解释82%的变异数。

表6　元认知对解题成绩影响的多元回归分析

预测变量	β	R^2	$F(6,30)$
学生成绩组别	0.18	0.82***	22.53***
性别	0.05		
区分指数	−0.12		
偏差分数	−0.84***		

(续表)

预测变量	β	R^2	$F(6, 30)$
思考过程	0.00		
解题关键	−0.07		

注：在编码时学优生为1，学困生为0，男生为0，女生为1。
***$P<0.001$

四、讨论

（一）学优生与学困生解决比较问题的差异

本研究发现学优生与学困生解决比较问题的成绩差异显著，学优生的成绩好于学困生，这种差异在不一致问题上表现尤为突出。通过分析学优生和学困生解决比较问题表现出的错误及访谈记录，我们发现这种差异与学优生和学困生表征问题的策略不同有关。学优生在解决比较问题时由于运用问题模式策略来表征变量之间的关系，因而在一致问题和不一致问题上都取得了好成绩。学困生在表征数量关系时由于采用的是直译策略，即不是根据变量之间关系的实质而仅仅依据应用题中的某些关键词来建立心理表征，这种表征在一致问题上因关键词与变量之间的关系一致而导致了正确答案，但在不一致问题上就会导致错误答案，这一结果有力地支持了Hegarty等人的假设。与他们不同的是，本研究不仅仅是通过学生表现出的错误类型推导出这一结论，而且是根据对学生的实际访谈，了解学生采用相应运算的真实想法得出这个结论的，因而更加可靠和有说服力。

在学生解决比较问题出现的各种错误中，转换错误远远超出计算错误，这说明在数学问题解决中学生的错误主要发生在理解阶段而不是解答阶段。还需要指出的是，学生使用何种表征策略并不是全或无性质的，即一个学生并不是在所有问题中都使用某一策略，往往是在一些问题中使用了问题模式策略，在另外一些问题尤其是乘法和除法问题中却使用了直译策略，这反映了小学三年级学生对于乘除法的概念还没有很好地掌握，在确定什么时候运用乘除法时还存在一定的困难。

在本研究中我们发现一些学生在决定用乘法还是除法时使用了一类特殊的关键词，他们不是根据"倍"或"半"这种较为常见的关键词而是根据助词"的"来决定运用乘法或除法。这些同学认为在关系句中出现的助词"的"是关键，根据"的"前及"的"后是否给出数量，决定用乘除法，如果"的"前的数量没给，"的"后的数量给出就用除法；如果"的"前和"的"后的数量都没给就用乘法，见附录2。运用助词"的"来决定运用乘除法的现象只在一个班级的同学中出现，而另一个班级的同学并无这种现象。由于这两个班的数学任课教师不同，因此我们推测学生这种特殊的问题表征可能是教师教学的结果。为了让学生学会解乘除法应用题，有些教师自己归纳了一些关于某类习题的特征及相应的解题策略让学生记住并在解题时套用，由于学生没有掌握数学问题的本质，当问题内涵未变但形式发生改变时，机械地套用这些法则就产生了错误。这种现象的出现值得数学教育工作者深思，即数学教育的目的是让学生真正地理解数量之间的关系、数学地思维，还是仅仅为了能够得出正确答案而机械地学习？本研究这一发现表明在问题解决研究中进行质化分析是十分重要的，如果不对学生进行深入访谈,我们就无从了解学生作业表现背后的深层原因,就不能有效地制定改善学生解决问题的能力的方案。

(二) 元认知与比较问题的解决

以往研究比较问题都侧重于分析学生解题错误的原因以及学生的表征策略,没有考虑元认知对解题成绩的影响。本研究认为问题解决离不开元认知活动,元认知技能能够帮助学生策略地对问题的本质进行编码并形成一个心理模式或表征,为达成目标选择适当的计划和策略,识别并克服阻止进步的障碍。本研究发现在四个元认知指标中,表示元认知监控技能的偏差分数对学生解题成绩具有显著影响,与我国其他学者关于小学生解应用题的研究是一致的[7,8]。当控制了学生的元认知能力后,学生成绩组别对解题成绩并无显著影响,这进一步说明学优生与学困生解决比较问题成绩上的差异,是由于他们在元认知监控技能上的差异造成的。本研究发现从总体上讲学优生的元认知监控技能优于学困生,但在学优生及学困生内部之间元认知监控技能的发展也是不平衡的,这一点可从他们在元认知监控技能得分的标准差较大看出,这说明元认知监控技能是与认知能力不同的一个独立的成分并对解题成绩有独立的影响,这个结果与 Swanson 关于元认知与问题解决的研究是一致的[9]。

本研究发现说出思考过程作为评定学生元认知技能的一项指标虽对学生解题成绩没有显著预测作用,但在某种程度上是能够帮助学生改善解题成绩的,其作用是以学生掌握了相关数学知识为前提的。本研究中学优生共出现 6 个转换错误,3 个目标监控错误,在要求他们说出思考过程时,4 个转换错误和 1 个目标监控错误得到了改正;在学困生中出现的 31 个转换错误则只有 3 个得到了改正。当要求学生对自己的思考过程进行说明时,迫使学生对题目的要求及自己的解答进行监视和评价,因此有可能发现他们所出现的错误并加以改正。学优生因把握了变量之间的关系,掌握了相关算术运算的基本法则,在说出思考过程时较容易发现错误并改正过来。学困生由于对相关知识掌握得不是很好,虽然在说出思考过程时对出现错误的题目也表现出一定的困惑,但对阻止目标达成的障碍是什么,已知条件、目标和障碍之间有怎样的关系等问题还不能把握,因而无法改善其成绩。本研究显示在确保学生掌握了有关数学知识的前提下,对学生进行元认知训练,要求他们口述解题思路是改善其解题成绩的一种有效方法。

五、结论

学优生与学困生解决比较问题的成绩差异显著,学优生在一致问题和不一致问题上的解题成绩均优于学困生。这种差异与其解题时所运用的表征策略有关。

学生在解决比较问题中出现的主要错误为转换错误,在不一致问题中出现的错误多于一致问题中出现的错误。

学优生与学困生在元认知知识和监控技能上均有显著差异,元认知监控技能对解决比较问题的成绩有显著预测作用。

参考文献:

[1] Lewis A. B, Mayer R. E. Student's Miscomprehension of Relational Statements in Arithmetic Word

Problems. Journal of Educational Psychology, 1987,79(4):363—371.

[2] Hegarty M, Mayer R E, Monk C A. Comprehension of Arithmetic Word Problems:A Comparison of Successful and Unsuccessful Problem Solvers. Journal of Educational Psychology, 1995, 87(1):18—32.

[3] Wu Q Letal. Cognitive Psychology of Instruction(in Chinese). Shanghai Science and Technology Press,2000,300—344(吴庆麟等.认知教学心理学.上海：上海科学技术出版社,2000.300—344).

[4] Davidson J. E, Sternberg R J. Smart Problem Solving:How Metacognition Helps. In：Hacker D J, Dunlosky J, Graesser A Ceds. Metacognition in education theory and Practice. Lawrence Erlbaum Associates，1998.47—68.

[5] Schoenfeld A. H. What's All the Fuss about Metacognition? In：Schoenfeld A H. ed. Cognitive Science and Mathematics Education. Hillsdale, NJ：Law rence Erlbaum Associates, 1987. 189—215.

[6] Schraw G. S,Dunkle M. E,Bendixen L. D et al. Does a General Monitoring Skill Exist? Journal of Educational Psychology,1995,87(3):433—444.

[7] Liu R D. The Influence of the Immediate Prompts about the Procedure of Problem Solving in CAI on the Construction of the Structure of Two Step Problem(in Chinese). Psychological Development and Education,1997,13(2):18—23(刘儒德.在CAI下即时提示解题过程对小学三年级学生建构两步应用题整体结构的影响.心理发展与教育,1997,13(2):18—23).

[8] Zhang Q L, Guan P. Metacognitive Analysis on Pupils Representation of Mathematics Word Problem(in Chinese). Psychological Development and Education,1997,13(3):11—14(张庆林,管鹏.小学生表征应用题的元认知分析.心理发展与教育,1997,13(3):11—14).

[9] Swanson H. L. Influence of Metaognitive knowledge and Aptitude on Problem Solving. Journal of Educational psychology,1990,82(2):306—314.

附录1 本研究中采用的8道比较问题

一致问题

1. 一条耐克牛仔裤卖158元,一条苹果牌牛仔裤比这个价格多16元,买三条苹果牌牛仔裤需要多少钱？

2. 李平和高山都是足球队队员,李平每天跑11公里,高山比李平每天少跑3公里,按一周7天计算,高山一周跑多少公里？

3. 张明每天做27朵纸花,王冬每天做的是张明的三倍,请问王冬4天会做多少朵纸花？

4. 一盘少儿英语录像带卖62元,一张CD是这个价格的一半,问买三张CD需要多少元钱？

不一致问题

1. 在百货大楼,一件玩具卖48元,这比国贸商场贵了12元,请问在国贸商场买10件这种玩具需要多少钱？

2. 王力每月存420元,比张军每月少存50元,6个月后,张军将存多少元？

3. 一盒金莎巧克力卖42元,这是一盒旺旺巧克力价格的2倍,如果买7盒旺旺巧克力要花多少钱？

4. 在面包店,每天卖出的蛋糕数量是卖出的面包的一半,如果每天卖134个蛋糕,5天里将卖出面包多少个？

附录2 一名被试使用助词"的"决定乘除运算的访谈记录

不一致问题 3

研究者：我注意到你用 42 除以 2，为什么你要用除法呢？

被试：看"的"。老师说"的"前没给，"的"后给你了，求"的"前，就应该用除法。

不一致问题 4

研究者：我注意到你用 134 除以 2，为什么这里你要用除法呢？

被试：抓"的"，"的"前是卖出面包，面包没给，"的"前没给你还得用除法。

小学数学真实性问题解决的调查研究[①]

刘儒德　陈红艳

一、引言

　　文字应用题解题训练是数学教育的一个重要组成部分,在很大程度上表现了数学与现实之间的相互作用,为数学建模提供基础性的经验[1],并有助于学生把课内所学的数学知识和技能运用到真实生活情境中去。但多年来,在教育领域一直存在着这样的看法:学生在课上所学的大量的应用题解题经验,很容易使他们在解决数学问题时不考虑真实生活的知识和问题的真实性。国外一些调查研究也证实:小学生大多数倾向于将真实生活的知识排除在对课内数学应用题的理解和解答之外[2],在解答真实性数学问题时,也只有少量(17％)学生是基于对真实情境的考虑而做出解答和评价的[3]。学生之所以在解答应用题时不考虑真实情境因素,是因为课内常规应用题都是经过人为简化处理过了的,与真实生活有一定的距离,学生们经过一定时期的解题训练后意识到:如果在解答课内常规应用题时,像在校外解决生活问题那样,考虑真实生活常识、经验以及问题的情境性因素,那对于获得"正确"答案往往是有害的而不是有益的[4]。

　　我国也有学者从类似的角度对小学数学教学的效果进行了批评,但相关的实证研究还没有看到。本研究旨在初步考察我国小学生在解决数学真实性问题时的反应情况,并与国外学者所调查的同龄小学生进行比较。借鉴国外的研究思路,考虑到我国的实际情况,本研究的假设有:① 由于我国小学生在学校中总是受到常规问题的解题训练,因此当学生遇到真实性问题时,可能倾向于以常规解题思路加以解决,而忽视问题的真实性情境;② 随着年级的升高,学生知识和生活经验越丰富,他们就越可能考虑问题的真实性情境;③ 学生们对不同类型的真实性问题的反应存在显著差异,具体而言,当真实问题与学生生活经验不是十分相关、而且与课本上的常规问题表面上又非常相似时,学生可能倾向于作出常规解答。

二、研究方法

1. 被试

　　被试为北京市两所普通小学的四、六年级的学生148人,其中四年级75人,六年级73人。被试的年龄在10—12岁之间,与国外相关研究所用被试的年龄相当。

2. 测查工具

　　所用问卷为 Verschaffel 等人(1994)研究中的10道真实性问题[3],附加 Greer 研究中的2道真实性问题(1997)[2],题中所涉及的外国人名被替换为中国人名。具体题目见附录。

　　在 Verschaffel 等人(1994)的研究中,研究者向被试呈现一个真实性问题的同时还呈现

[①] 本文选自《心理发展与教育》2002年第4期,第49—54页。

一个作对照用的常规问题。例如：

常规问题：斯迪夫买来5根2米长的木头，他可锯出几根1米长的木头？

真实性问题：斯迪夫买来4根2米5长的木头，他可锯出几根1米长的木头？

本研究在对另外一所学校的四、六年级20名学生进行预测试过程中，采用了这种对照测查的方法，发现学生很容易解决这些对照题，常规问题帮助他们提高了对真实性问题的意识。为了避免这种暗示，本研究在正式测查中去掉了对照题。

3. 编码方案

被试对这些问题的所有解答将分为以下四类：① 真实解答，即考虑过真实情境的解答，无论考虑得是否周全，例如，学生写出"无解"、"条件不够"或者写出多种可能的答案，这些答案不是根据题中数字直接进行某种运算而得到的，并说明这样做的理由，其理由有一定道理；② 常规解答，即没有考虑真实情境的解答，通常是按解答与该题对照的常规问题的思路进行解答的，也就是直接运用题中数字进行某种运算后而得到一个数字；③ 其他解答，即其他无法归类的答案；④ 无解答，即没有作答，也没有给出任何说明。

4. 调查过程

研究者首先形成问卷并在预测试结果的基础上完善问卷，然后对两所学校的被试施测问卷。问卷施测是在学校放学后的管理班上进行的，由学校老师负责，研究者参与监督，时间约40分钟。施测前，老师告知学生在解答问题的过程中，除了可以写下解题过程与答案外，也可以写下对问题的评论或者他们解决这个问题时所遇到的难处。一旦开始测验，学生不允许大声提问。如果学生有疑问，如对问卷中的真实性问题感到很困惑、不知道怎样解决这种困惑，可以举手要求老师帮助。老师走向该学生，尽可能给予他非指导性的帮助，例如："请你现在不要向我解释你的问题；如果你在这道问题上有困惑，你可以在空白处写下来。"施测完毕，研究者回收问卷，进行数据编码和登记，并用SPSS(10.0)作统计分析。

三、结果与分析

1. 被试解答真实性数学问题的整体状况

被试对这些数学真实问题所作四种解答的总体状况见表1，结果表明，只有四分之一左右的学生对这些数学真实问题作出了真实解答，近一半的学生对这些数学真实问题作出了常规解答，作出常规解答的人数比例显著高于作出真实解答的人数比例（$\chi^2=4.34, P<0.05$）。六年级中作出真实解答的人数比例显著高于四年级（$\chi^2=4.63, P<0.05$）；两个年级中作出常规解答的比例不存在显著差异（$\chi^2=0.25$）；作出其他解答、无解答的比例都不存在显著差异。

表1 两个年级被试平均在每道问题上作出四类解答所占的百分比

年级	解答类型			
	真实解答	常规解答	其他解答	无解答
四年级	18.00	49.78	18.78	13.44
六年级	34.25	45.21	7.76	12.78
总计	25.82	48.02	13.13	13.03

2. 被试在每道真实性问题上的解答的具体状况

两个年级被试在每道数学真实问题上所作四类解答的比例见表2,题目的呈现顺序已经根据四年级被试所作真实解答比例的高低作了重新排列。两个年级中在每道问题上作出真实解答与常规解答的人数比例之差异情况见图1。

表2

题号	题目	真实解答			常规解答			其他解答		无解答	
		四	六	χ^2	四	六	χ^2	四	六	四	六
1	生日聚会	62.67	65.75	0.15	33.33	27.4	0.62	1.33	5.48	1.33	1.37
7	分气球	34.67	46.58	2.18	48	34.25	2.89	5.33	4.11	12	15.07
4	运新兵	28.00	56.16	12.05**	46.67	32.88	2.93	17.33	5.48	6.67	5.48
11	船长年龄	25.33	54.79	13.40**	50.67	20.55	14.60**	2.67	1.37	20	23.29
12	牧者年龄	22.67	49.32	11.43**	50.67	21.92	13.19**	1.33	1.37	22.67	27.4
3	水温	10.67	35.62	13.01**	49.33	35.62	2.85	25.33	12.33	9.33	16.44
2	锯木头	8.00	17.81	3.18	53.33	72.6	5.88*	24	8.22	13.33	1.37
5	长跑时间	6.67	21.92	7.07**	41.33	58.9	4.57*	33.33	9.59	16	9.59
6	两家相距	6.67	24.66	9.12**	78.67	64.38	3.71	6.67	1.37	6.67	9.59
10	水面高度	5.33	16.44	4.73*	30.67	43.84	2.75	38.67	24.66	21.33	15.07
9	系绳子	2.67	15.07	7.14**	32	47.95	3.92*	33.33	15.07	26.67	21.92
8	姐姐岁数	2.67	6.85	0.01	82.67	82.19	0.01	6.67	4.11	5.33	6.85

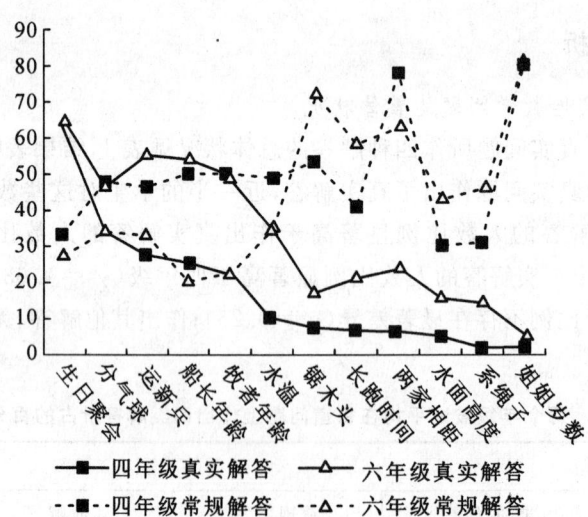

图1 两个年级中在每道题上作出真实解答和常规解答的人数比例

结合表2和图1中的两条实线考察两个年级真实解答的情况,可以看出:① 无论四、六年级,在重新排序后的后六个问题上,学生中作出真实解答的人数比例普遍低于前6个问题,四年级中比例不足10%,六年级中比例不足30%。② 六年级在每道题上作出真实解答的人数比例都高于四年级。而且,在运新兵、船长年龄、牧者年龄、水温、长跑时间、两家相距、水面高度以及系绳子等8个问题上,六年级的真实解答比例显著高于四年级。③ 根据在每道题目上的真实解答比例的高低,两个年级的题目排序基本相似,只是六年级在分气球、锯木头两个问题上的排位与四年级略有不同。④ 两个年级作出真实解答的人数比例最高和最低的数学问题是一致的。在生日蛋糕问题上,两个年级作出真实解答的人数比例都是最高的,在姐姐岁数问题上人数比例是最低的。而且在这两道问题上,两个年级作出真实解答的人数比例之间均不存在显著差异。

结合表2和图2中的两条虚线考察两个年级常规解答的情况,可以看出:① 在船长年龄与牧者年龄这2个问题上,四年级中作出常规解答的人数比例显著高于六年级;但在锯木头、长跑时间、系绳子这3个问题上,六年级中作出常规解答的人数比例反而显著高于四年级。在其他问题上,两个年级中作出常规解答的人数比例不存在显著差异。② 六年级在后6道问题上作出常规解答的人数比例普遍高于或等于四年级(只有两家相距问题低于四年级,却未达到显著水平),这是一个特别值得注意的现象。

四、讨论

1. 我国小学生被试解答真实性数学问题的能力的状况

从结果可知,我国小学生被试在解答真实性数学问题时,作出真实性解答的人数占总人数的四分之一(25.82%)。这一结果略高于国外同类研究的结果,Greer[1]、Reusser[2]以及Verschaffel等人[3]的研究结果在15%—20%之间。这说明,在我国小学生被试与国外小学生被试在解答真实性数学问题时存在大致相同的倾向,即排除真实生活的知识和问题的真实性因素。当然,我国小学生被试是在没有对照题的情况下来解答真实数学问题的,这意味着,我国小学生被试比国外小学生被试对问题真实性的敏感程度要高一些。但尽管没有对照题,如果撇开与国外状况的对照,我国小学生被试只有四分之一的人考虑问题的真实性因素,这一状况也是不能令人满意的。相反,我国小学生被试对这些真实性数学问题作出常规解答的人数占总人数的近一半(48.02%),显著高于作出真实解答的人数。这一结果证实了本研究的第一个假设。这一结果可能是由以下三个方面的原因导致的。

(1) 学生多年解决课堂问题所形成的思维定势以及错误的数学观。数学课本上那些反复使用的、老套的常规数学应用题,总是可以直接根据所给的数字,运用一种或多种数学运算加以解决。而且,学生在课堂中这种的数学实践活动以及课堂教学要求导致学生形成了一些错误的数学观,例如,数学就是数字、公式、法则、计算;数学题一定是有一个解答的;数学是精确的;数学题中的数字在解答时必须全部用上;数学题做得对不对,老师说了算等。[5]

(2) 解决这些问题所需要的数学与课堂数学有所不同。有人指出,学校中所用的数学语言和符号法则系统与人们在日常生活中所用的语言符号系统不在同一个层次上[6]。在日常生活中,人们只是把数学知识以及运算法则作为一种工具,来处理他们生活中可能遇到的重要问题。然而,当这些用日常生活语言所形成的问题,如在商店或银行里的交易、路标的距离等等,一旦转化为数学问题,人们将被迫进入不同的语言和符号法则系统,原来在日常生活很熟悉的事情和活动变得较为陌生了。课堂中的数学应用题剥去了运用日常生活语言所形成的那种熟悉的生活情境,然后在数学语言环境中采用文字表述的方法再赋予它一个情境。经过这样去情境化和再情境化的处理,交流的前提已经转换了,因此学生解决数学应用题时通常关注数学本身的语法,而不是所描述事件的意义,不是所用规则和符号在具体情境中的含义[6]。正是由于学校没有注意到对这两个系统的转换,并缺乏系统的训练,致使学生在学校的纸笔测验中很少能够弄清楚什么时候所给的文字题是需要考虑真实因素的。

(3) 这些问题的解决仍然是在课堂纸笔测试情境下完成的。在本研究中,被试是在课堂测试情境中来完成这些真实数学问题的,脱离了解决真实问题的日常生活情境,课堂测试情境所隐含的活动意图是获得精确数字解答,而真实生活情境所隐含的活动意图则是有效达到目标。如果学生是在真实生活情境中来解决这些真实数学问题,其效果如何呢? 有待进一步研究。

2. 我国小学生被试解答真实性数学问题的能力的发展

从结果可知,在解答真实数学问题时,六年级被试中作出真实解答的人数比例普遍高于四年级被试,而在某些问题上,六年级被试中作出常规解答的人数比例反而高于四年级被试。这一矛盾现象可能存在三种原因:① 六年级学生被试比四年级被试数学知识增多、阅读理解能力增强、日常生活经验丰富,致使他们能够在课堂数学与日常数学之间进行灵活的转换,故而作出真实解答的人数比例比四年级有了普遍提高。② 六年级被试中有一部分人由于课堂数学活动实践的增多,其常规解题的思维定势和习惯得到了更多的强化,故此反而比四年级被试更倾向于作出常规解答了。③ 六年级被试中有一部分人在面临某些真实数学问题时,由于受到了更多常规解题思维训练的定势的影响,不免对问题本身产生了疑惑:这些问题为什么与以往的问题不一样呢? 或者由于其生活经验的增多,对常规解答方式产生疑虑,但是,由于考虑到这是在做测验,课堂测验情境往往需要一个答案的,测验题没有答案是没有先例的,因此,最终还是按常规解答思路完成了测验。国外也有人认为,某些学生在解决问题的过程中可能激活了真实生活的知识与经验,虽然在他们的答案中并没有反映出来。但他们很有可能仅仅只是在最后做决定的时候,为了与习得的观念以及学校里解数学应用题的游戏规则保持一致,而采用了常规解答,而非真实性考虑[6]。

3. 我国小学生被试在解答不同真实性数学问题上的差异性

从结果可知,在四、六年级被试中,对这些真实数学问题作出真实解答的人数比例有高有低,但是难易顺序基本是一致的。两个年级作出真实解答比例最高的题目都是生日聚会问题,最低都是姐姐岁数问题。而且值得说明的是,在本研究中,对全部问题都作出真实解答的人极少;都作出常规解答的人也极少。这说明,小学生被试是否作出真实解答,并非完全受课堂数学思维定势、课堂数学文化以及课堂测验情境的影响,还与真实问题的特点相关。

(1) 真实问题所要求的课堂知识、技能如果明显低于学生当前正在学习的知识、技能,那么,学生们对问题本身就作出了常规解答以外的真实性思考。例如,对于生日聚会问题,在施测的过程中,有学生自言自语念道:"不可能这么简单,肯定有蹊跷。"简单的一步加法应用题通常出现在一、二年级的课本中,四、六年级课本中遇到的应用题一般都是多步的混合列式题。这导致他们(特别是六年级的学生)解决这道问题时变得较为慎重,在回答的过程中可能使学生意识到所得答案的不适当性,因而学生根据真实性限制和真实性考虑对问题的答案进行了一定程度的调整[1]。因此对这道题作出真实解答的学生比较多。

这是否提示我们,第一,考察学生是否作出真实解答的倾向最好采用与学生当前知识、技能水平相当的真实问题,这样的问题具有一定的挑战性,更能反映出学生的实际水平和倾向。第二,对问题作出真实解答可能只是一个解答意识问题,而非解答能力问题,只要在平时教学中,教师提示学生注意数学问题与真实生活的联系,经过一段时间的提示后,学生有可能将课堂解答能力迁移到真实生活中去。

(2) 真实数学问题与学生的生活经验越相关,学生就越有可能考虑问题的真实性因素,作出真实解答。例如,分气球问题与学生的生活经验比较接近,所以两个年级被试中作出真实解答的都比较多。反过来,真实数学问题所涉及的生活经验越匮乏,学生就越不能作出真实性考虑。对于有些问题,学生并不具备正确而明晰的相关真实生活知识和经验。例如,水温问题对于成人来说是一个真实问题,但是对于小学生来说,他们有可能从来没有遇到过需要解决这类问题的情境,或者即使有过这种生活经验、做过这种事儿,但没有有意识地思考过。有些学生在解释说明中写道:"没有人真正测量过,老师也没讲,生活中我也没测量过,所以我不知道";"水的最高温度是100度,所以混合后为100度";"无法计算,因为不知道容器多少度";"过好长时间再看,水温就不一定了";"水水相容,不知道是多少度"。所以,这种问题可能对他们而言是非常陌生的,自然解读不出其中的生活意义了。更有甚者,学生头脑还可能缺乏生活常识、或者存在一些错误的生活常识和经验,对他们解决数学真实性问题产生了很大的影响。例如,对于长跑问题,在现实生活中没有运动员跑1 000米可以和跑100米保持相同的速度。这提示我们,在进一步研究中,需要收集学生掌握真实生活知识和经验的数据,而这些知识经验的数据对于研究解决数学真实性问题是很有必要的。

(3) 真实数学问题与课本数学问题越相似,学生就越有可能直接按常规解题思路解决问题。例如,两家相距问题简直就是课本中的常规数学题,锯木头问题与课本上类似的常规问题相比只是数字的不同而已,姐姐岁数问题的表述与课本上类似的常规题是一致的。这提示我们,常规表述方式可能误导了学生的思维方式,国外也有人认为,任务呈现结构的变化(文字上的改变),能显著地影响问题的难度[4]。

五、结论

(1) 我国小学生被试中在缺少常规对照题的情况下,对真实数学问题作出真实性解答的人数比例约为四分之一,而国外同类研究中,被试在配有常规对照题的情况下,作出真实解答的人数比例在15%—20%之间。

(2) 我国小学生被试中对真实数学问题作出常规解答的人数比例显著高于作出真实解答的人数比例。

(3) 六年级被试作出真实解答的人数比例普遍高于四年级,但是在某些问题上,六年级被试中作出常规解答的人数比例反而高于四年级。

(4) 我国小学生被试对不同真实问题的反应存在一定的差异,这可能与真实问题的特点有关,对于那些远离学生生活经验的、或者与课本数学问题非常相似的问题,学生有可能作出常规解答。

参考文献:

[1] Reusser K, Stebler R. Every Word Problem Has a Solution—The Social Rationality of Mathematical Modeling in Schools. Learning and Instruction, 1997, 7(4):309—327.

[2] Greer B. Modeling Reality in Mathematics Classrooms: The Case of Word Problems. Learning and

Instruction. 1997，7(4)：293—307.

［3］Verschaffel L, De Corte E, Lasure S. Realistic Considerations in Mathematical Modeling of School Arithmetic Word Problems. Learning and Instruction，1994，4：273—294.

［4］Verschaffel L, De Corte E, Borghart. I. Preservice Teachers' Conceptions and Beliefs about the Role of Realworld Knowledge in Mathematical Modelling of School Word Problems. Learning and Instruction. 1997，7(4)：339—359.

［5］刘儒德,陈红艳. 小学生数学观调查研究. 心理科学，2002，25(2)：194—197.

［6］Wyndhamn J, Saljo R. Word Problems and Mathematical Reasoning—a Study of Children's Mastery of Reference and Meaning in Textual Realities. Learning and Instruction. 1997,7(4)：361—382.

附录：真实性数学问题（括号内是对题目的简称）

1. 马丽有5个朋友,张华有6个朋友。他们想在一块儿举行一个生日聚会。他们都邀请了各自所有的朋友,并且他们的这些朋友都参加了。请问参加宴会的有多少个朋友？（生日聚会）

2. 小军买了4根2.5米长的木头,如果他用锯子锯,他可以得到多少根1米长的木头？（锯木头）

3. 如果你把1升80度的水和1升40度的水都倒入一个大容器,请问大容器中水的温度是多少度？（水温）

4. 有450名新兵需要用汽车把他们运到训练场地。每辆汽车只能运36名新兵。请问需要多少辆汽车？（运新兵）

5. 小华跑100米最好的时间是17秒。请问他跑1 000米需要多长时间？（长跑时间）

6. 小花和小亮到同一个学校上学。小花家离学校17千米。小亮家离学校8千米。请问小花家和小亮家相距多少千米？（两家相距）

7. 老师给4个学生18个气球,他们想平分这些气球,请问每个学生可以得到多少个气球？（分气球）

8. 小华的姐姐生于1978年,现在是2001年。小华的姐姐多少岁？（姐姐岁数）

9. 王老师想要一根足够长的绳子把两个相距12米的杆子拉紧,但是现在只有1.5米长的绳子。请问他需要把多少根绳子系在一起？（系绳子）

10. 一个水龙头正在匀速给一个楔形瓶子注水（图略）。如果10秒钟后,水面高度为4厘米。请问30秒钟后,水面的高度为多少厘米？（水面高度）

11. 船上有48只绵羊,10只山羊,请问那位船长的年龄有多大？（船长年龄）

12. 羊群中有125只绵羊,5只山羊,请问放羊人多大岁数？（牧者年龄）

小学数学课堂环境与学生问题解决能力的关系[①]

丁 锐 黄毅英 马云鹏

课堂环境与学生学业表现的关系一直是课堂环境研究的热点。本研究的主要问题是小学数学课堂环境与学生问题解决能力之间的关系。研究假设为建构型课堂中学生的问题解决能力好于传统型课堂中的学生，传统测验成绩比传统型课堂的学生差；中间型课堂中的学生问题解决能力和传统测验成绩均处于传统型与建构型课堂的学生之间。其中，"课堂环境"指发生在课堂内的对学生的认知、情感、意志产生影响的心理、社会、教学环境[1]。研究者针对新课程改革后的课堂环境所编制的《小学数学课堂环境量表》以及该量表较好的信度及效度[2]，使回答上述问题成为可能。

一、研究方法

本研究主要采用量化的研究方法。选取吉林省长春市的33个班级1 416名四至六年级小学生为研究对象。其中男生732人，女生684人。在研究对象中施测《小学数学课堂环境量表》和开放题测试，并收取大部分学生的平时测验成绩。研究使用SPSS14.0和LISREL8.53对数据进行分析。

《小学数学课堂环境量表》包括七个维度，共50个题目的五点量表。七个维度分别是：愉快、教师投入、知识相关、师生关系、学生声音、学生投入、学生协作，每个维度意义的解释和样题见表1。五个选项分别为"从不这样"、"很少这样"、"有时这样"、"经常这样"和"总是这样"。

表1 《小学数学课堂环境量表》的描述性信息

维度	维度描述	样题
愉快	学生对数学课的总体感受	数学课的气氛轻松
教师投入	数学教师投入教学的程度	数学老师教学的时候非常有耐心
知识相关	数学知识的趣味性，以及与学生的相关程度	同学学到一些很感兴趣的东西
师生关系	师生之间相互支持、相互理解和友好的程度	数学老师常常鼓励同学们
学生声音	学生向老师有表达意见的机会以及意见被重视的程度	同学可以表达自己的意见
学生投入	学生积极参与学习，并尝试解决问题的程度	同学有兴趣研究数学老师提出的问题
学生协作	学生在数学学习中相互帮助、交流的程度	同学在数学学习上遇到困难，可找到其他同学帮助

[①] 本文选自《教育科学研究》2009年第12期，第39—42页。

《小学数学课堂环境量表》每个维度的内部一致性信度都在 0.74—0.88 之间,评分者一致信度在 0.86—0.92 之间,表明整个量表具有较高的信度。

《小学数学课堂环境量表》七因素模型验证性因素分析(CFA)的结果显示,该模型的拟合指数分别为 $\chi^2=4535.53(P<0.01)$,NFI=0.98,NNFI=0.99,CFI=0.99,GFI=0.86,RMSEA=0.053。在这些拟合指数中只有 GFI 略低于 0.9 的标准,其他均达到拟合优度模型要求的界值,说明数据与模型有较好的拟合,量表的结构效度比较理想。另外,所有题目在相应因子上的负荷介于 0.49—0.75 之间,表明该量表每个题目均能较好地反映所测量的因子。

传统的数学教学强调统一的解答方法和唯一正确的答案,并注重结果忽视过程。开放题则允许学生自己建构解决问题的方式,把解题过程写出来,允许多种表达方式、策略和验证的方法。开放题是评价学生问题解决能力的有效方式。

研究者选用三道开放性数学问题,其中两道题目选自 QUASAR 认知评价工具[3](一个是有多个答案的题目,一个是提出不同水平问题的题目),另一个题目是一位资深小学数学教师提供的(比较两个图形的异同)。研究者还收取部分学生平时测验成绩并进行分析,发现大部分题目都是传统题目,包括很多计算题,问题解决也多是传统应用题,几乎没有开放性问题,因此,这样的问卷测试结果恰好可以作为反映学生传统测验能力的指标。

二、研究结果

(一) 不同课堂环境中学生问题解决能力与传统测验成绩的差异

通过施测《小学数学课堂环境量表》,研究者发现,小学数学课堂环境确实存在差异。研究者根据课堂环境量表的测试结果,使用聚类分析方法,将所有施测班级的课堂环境分为三种类型:建构型、中间型和传统型[4]。方差分析结果显示,三种课堂环境类型中学生的问题解决能力与传统测验成绩存在显著差异,如表 2 所示。

表 2 不同课堂环境类型的班级中学生学习成绩的差异

量表	组别维度	建构型		中间型		传统型		F 值
		M	S	M	S	M	S	
开放题	开放题 1	1.88	1.19	1.39	1.12	1.52	0.98	29.49***
	开放题 2	1.54	0.84	1.39	0.80	1.53	0.92	5.17**
	开放题 3	1.96	0.88	1.78	0.92	1.83	1.05	6.51**
	总分	5.38	2.06	4.55	2.07	4.87	215	24.65***
平时测验	Z 分数	0.17	0.87	−0.04	0.89	−0.70	1.37	43.54***

M 为平均分,S 为标准差,** $P<0.01$,*** $P<0.001$

通过平均分看,学生解决开放性问题的得分并不高,满分 4 分,所有课堂环境类型班级学生的平均分都没有达到 2 分。根据方差分析的结果,不同课堂环境类型的学生在解决开放性问题上的表现有显著差异($F=24.65,P<0.001$)。后续分析结果显示,建构型课堂的学生在解决开放性问题上的表现好于中间型和传统型课堂的学生,而中间型与传统型之间

没有显著差异。具体说，建构型课堂的学生在三道开放题上的得分显著高于中间型课堂的学生，第一道开放题的得分显著高于传统型课堂的学生，而后两道开放题的得分与传统型课堂的学生的差异并不显著，这与研究假设不符。

从表 2 得知，不同课堂环境类型的学生平时测验成绩也有显著差异（$F = 43.54, P < 0.001$）。后续分析结果显示，三种类型课堂的学生平时测验成绩都有显著差异，具体说，建构型课堂学生平时测验成绩显著高于中间型的学生，而中间型学生又显著高于传统型学生。这与研究假设完全不符合。研究假设认为，在建构型课堂中，学生的传统测验成绩会下降，而传统型课堂学生的传统测验成绩应该最好。

上述研究结果均与研究假设不符，我们将在"结论与讨论"部分分析。

（二）课堂环境与学生问题解决能力的关系

结构方程模型比传统的回归分析更能有效探讨变量之间的关系[5]。研究者采用结构方程模型检验课堂环境与学生问题解决能力之间的关系，根据简效的原则，在最终模型中删除不显著的关系。图 1 为课堂环境与学生解决开放题能力之间关系的最终模型。

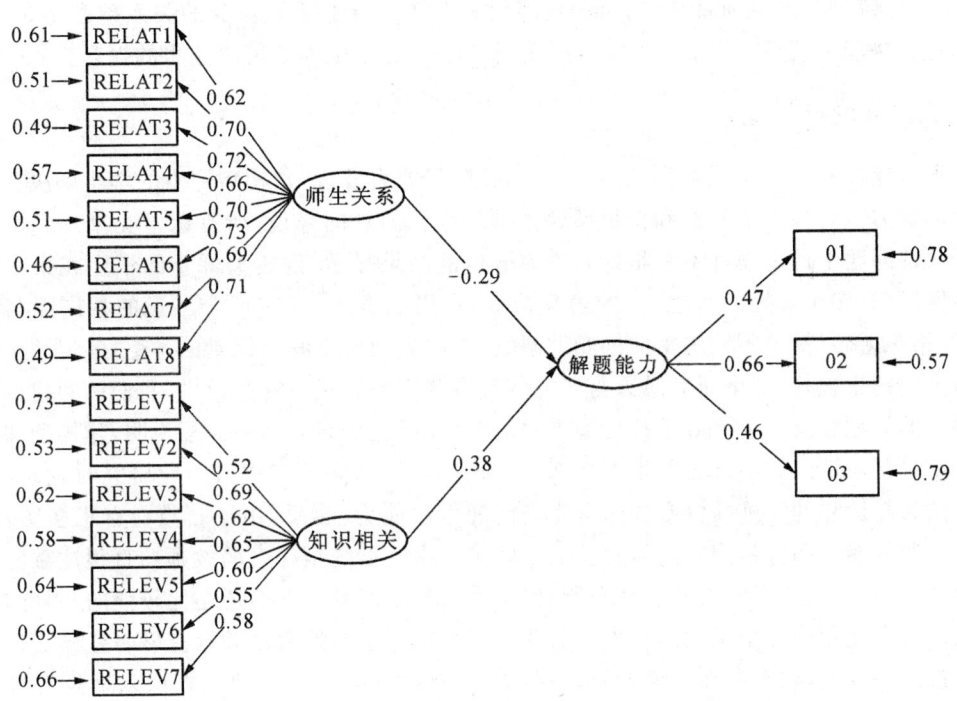

图 1　课堂环境与学生解决开放题能力之间关系的最终模型

图 1 左侧为课堂环境的两个维度"师生关系"和"知识相关"，分别有 8 个和 7 个指标；右侧为问题解决能力的潜变量"解题能力"，有 3 个指标，所有指标的因子负荷及误差均见图 1。该模型拟合指数分别为 $\chi^2(132) = 669.30 (P < 0.01)$，NFI = 0.97，NNFI = 0.97，CFI = 0.98，GFI = 0.95，RMSEA = 0.056。除 χ^2 显著（χ^2 值对样本数相当敏感，当样本数越大时，χ^2 值越容易达到显著，而导致理论模式遭受拒绝[6]），RMSEA 略大于 0.05 之外，其他拟合指数均达到 0.9 的标准，因此，我们可以说该模型的拟合良好。

学生感知到的"知识相关"对学生解决开放性问题的能力有显著正向预测作用($\beta=0.38, P<0.05$),而学生感知到的"师生关系"则对学生解决开放性问题能力有显著负向预测作用($\beta=-0.29, P<0.05$)。也就是说,学生感到所学数学知识与他们的生活和自身的相关越高,学生解决开放性问题的能力越高;相反,学生感到师生关系水平越好,学生解决开放性问题的能力越低。

(三)课堂环境与学生传统测验成绩的关系

由于传统测验成绩只有一个指标,因此,使用 SPSS 进行回归分析。首先,将每个班级的平时测验成绩都转变为 Z 分数,然后使用逐步(stepwise)回归的方法,发现课堂环境中只有"愉快"维度对传统测验成绩的影响是显著的,标准化回归系数为 $0.20(P<0.001)$。也就是说,学生对"愉快"的感知与传统测验成绩有正向预测作用,当学生感觉到课堂的"愉快"水平越高,学生的传统测验成绩越好。

综合课堂环境与学生问题解决能力和传统测验成绩关系的结果,我们发现,"愉快"和"知识相关"两个维度对学生的学习表现至关重要。当课堂气氛越好,学生感觉越愉快的时候,学生传统测验的成绩就越好;当学生感到所学知识与生活和自身的关系越密切时,学生的问题解决能力就越强。而"师生关系"好却未必引起学生问题解决能力的提升。

三、结论与讨论

通过比较不同类型课堂环境中学生的表现,研究者发现,建构型课堂的学生解决开放性问题的能力显著高于中间型和传统型课堂的学生。但总的来说,所有课堂类型的学生在解决开放性问题上的表现都不是很好。方差分析的结果显示,建构型课堂的学生在第一道开放性问题(有多个答案的问题)上的表现最好,在第二道题(比较两个图形的相同点与不同点)和第三道题(提出不同水平的问题并解答)上的表现比中间型课堂的学生好,但并不比传统型课堂的学生好,这个研究结果与研究假设有些不同。在研究假设中,我们认为建构型课堂学生的问题解决能力要好于传统型课堂的学生,但这个研究结果似乎说明,建构型课堂的学生解决开放性问题的能力并没有那么好。我们在对课堂环境进行质化研究时发现,很多教师认为新课程的实施并没有提高学生的问题解决能力,相反,由于新教材有很多图,学生审文字题的能力和分析问题的能力反而下降了。由于传统型课堂的教师一直很注重应用题的教学,尽管他们并不常做开放性问题,但学生分析应用题的能力还是比较强的,因此,建构型课堂的学生和传统型课堂的学生在后两道开放性问题上的表现并没有显著差异。在第一道开放性问题上,两者存在显著差异,一些参与访谈的学生谈到,他们在课堂上经常遇到这种类型的问题。可见,建构型的数学课堂对于有多种答案的问题有一定的训练,学生在解决这类问题上的技能有所提高,但如果一些开放性问题已经存在于学生的经验当中,学生操练过,能引起固定模式的思考,那这个开放性问题就失去了测量学生高层次思维水平的意义[7]。对于不常见的第二道和第三道开放性问题,学生的表现就没有太大差异,而后两个问题恰好能测量学生的创造性和开放性的思维水平。

更值得我们注意的是,中间型课堂的学生在解决开放性问题方面表现最差。与传统型课堂的教师相比,中间型课堂的教师更试图去改变自己的课堂,他们的课堂里会有小组合作,会有更多的讨论,但他们的改革却不那么彻底,保留了一些传统的东西;他们的课堂环境不如建构型的课堂那么积极,却也不像传统课堂那样保守。由于他们并未建立起新的问题解决的教学方式,又丢弃了传统的应用题教学,因此,学生解决开放性问题的表现最差。这种现象应引起教师和课程改革者的重视。我们在大力提倡数学课程改革的同时,不能只注重"小组合作"、"学生参与"、"自主探究"的形式,更应该通过实践深刻体会这些理念的内涵,明白到底如何做才能真正促进学生的学习和发展。否则,教师很可能为应付检查,适应环境,而捡了芝麻丢了西瓜。

此外,通过比较不同课堂环境类型的学生在传统测验成绩中的表现,研究者发现,建构型课堂的学生的传统测验成绩要显著好于中间型和传统型课堂的学生,这与研究假设不符。研究假设认为建构型课堂的学生的传统测验成绩下降,而传统型课堂学生的传统测验成绩应比建构型课堂的学生高。一方面,这可能与数学教师比较重视操练有关。另一方面,一些人担心强调建构主义理念的数学课程会与中国台湾实施的"建构式数学"的下场一样,但对台湾"建构式数学"失败的原因进行分析的研究者发现,导致它失败的原因有很多,可能是因为 1993 年的课程标准中数学授课时数的减少[8]。而翁秉仁则认为,台湾的"建构式数学"之所以失败,是由于台湾的教材对"建构"的强调过于形式化[9],建构式学习本身仍有可取之处。尽管新课程数学的教材也强调多种计算方法,但计算过程并不像台湾教材那么繁琐,因此,未必强调建构主义的数学课程就一定导致学生的计算能力下降。教师讲授、学生被动听讲的传统课堂也能因为对抽象能力和分析能力的重视而提高学生解决应用题的能力;关注小组讨论和学生自主探索的建构型课堂也会因为学生没有时间和机会操练他们所学的,在解决开放性问题的考试中而茫然不知所措。

在对课堂环境与学生问题解决能力和传统测验成绩的关系进行分析时,研究者发现,与学生密切相关的课堂环境对学生的问题解决能力和传统测验成绩都有积极的影响。有关"个人环境适应"的研究结果显示,当学生感知到的课堂环境与他们理想中的课堂环境更适合时,他们的问题解决能力和传统测验成绩就越好[10]。教师应为学生创设使他们更为愉悦的课堂气氛,让学生感受到他们所学的知识与他们的生活息息相关,这对于提高学生的问题解决能力和计算能力都有好处。良好的"师生关系"本身并不能提高学生的问题解决能力,只有当教师为学生提供更多发现身边的数学问题、提出问题,并通过自主探索和小组合作等方式找出解决问题方案的机会时,学生的问题解决能力才有可能提升。教师所营造的"生存空间"对学生的表现也有重要影响,当教师营造的生存空间更开放时,学生的数学观则更开放;当教师所营造的生存空间比较狭窄时,学生也更容易形成狭隘的数学观。相应地,当师生关系好,但教师所营造的生存空间却比较狭窄,没有多少解决开放性问题的机会的时候,学生的解决开放性问题的能力可能会更差。那么,教师如何为学生创设一个提供丰富问题解决情境的"生存空间"则成为研究者的下一个研究焦点。

参考文献:

[1][4] 丁锐,黄毅英,林智中等.小学数学课堂环境与学习成果的关系.教育研究与实验,2009,(7).

[2][10] 丁锐.中国大陆小学数学课堂环境探究.哲学博士论文,(未出版)香港:香港中文大学,2007.

[3] Lane S. The conceptual framework for the development of a mathematics performance assessment. Educational Mea-surement, Issues and Practice,1993,(12).

[5] 侯杰泰,温忠霖,成子娟.结构方程模型及其应用.北京:教育科学出版社,2004:15—18.

［6］黄芳铭.结构方程模式理论与应用.台北：五南图书出版公司，2002：173.

［7］Newmann F M. Linking restructuring to authentic student achievement. InBurke K. (Ed.), Authentic assessment: a collection. Arlington Hirghts, IL: Skylight, 1992. 133—148.

［8］周祝瑛.谁捉弄了台湾教改？台北：心理出版社，2003：177.

［9］翁秉仁.谈建构数学. http://tms.math.ntu.edu.tw/edu/a—03—02—21c.htm, 2005-10-22.

以"1"为基础标准揭示数和数学中部分和整体关系的系统性教学实验[①]

张梅玲 刘静和 王宪钿 何纪全 陈胜开

一、前言

1979 至 1980 年我们研究小组曾在儿童类和数的包含[1]、分数概念[2]、数的组成和分解[3]等四个方面进行了实验研究。从实验中看到儿童在解决类和数包含问题及掌握分数概念等方面的主要困难之一是儿童不能较好地掌握部分和整体之间的关系及确立基础标准"1"。为此,我们一方面重新学习了马列著作中有关一与多的论述,另一方面又深入小学教学实践,向有经验的数学老师请教,在此基础上我们认识到部分与整体的关系不仅反映了客观世界的普遍联系,而且也是儿童掌握数学概念的重要环节之一。因而,我们提出了以"1"为基础标准,揭示数与数学中部分与整体关系,以促进儿童数学概念的掌握和认知能力的发展这样一个研究课题。1981 年我们一方面对儿童部分与整体关系的认知从几何图形[4]、正整数[5]和分数[6]三方面进行深入一步的研究,从中初步概括出儿童对部分和整体关系认识的十二项指标以及认识的三个阶段和四个层次[7];另一方面为了从实践中验证我们的设想,又设计了百以内数的认识[8]及乘除概念认识[9]的两个阶段性教学的验证实验。结果表明,以"1"为基础标准,揭示数和数学中的部分和整体关系来重新组织这部分算术知识的结构,有助于儿童对数学概念的掌握及促进其认知能力的发展。为了更深入一步验证我们的设想及较系统地观察儿童在此知识结构影响下认知发展的特点和规律,我们把现行小学算术教材重新组织,并于 1981 年秋季起在辽宁黑山北关实验学校开设一个实验班,计划进行四个学年,本报告是这个系统性实验教学的一个学年的总结。

二、方法

被试:以北关实验学校一年级一班(42 人)为实验班,并以同年级的一年级二班(45 人)为对比班,班级均由学校随机选择。该校的学生均为就近入学的一般小县城的儿童,入学时,两个班的学生各方面水平基本上接近。实验班的任教老师是自愿承担这项实验任务的年轻教师。

内容:实验班使用自编实验课本一、二册,对比班为人教社五年制统编教材一、二册。

实验班的教材特点是贯穿以"1"为基础标准,揭示数和数学中的部分与整体关系。

例一:百以内数的认识,采用 1—10 一次呈现,多次重复,突出数与数之间关系的教法,即强调"1"是自然数中最基本的,"1"可以代表 1,也可以把 10 看作"1",一个 10 是 10,二个 10 是 20……(见表 1)

[①] 本文选自《心理学报》1983 年第 4 期,第 410—418 页。

表 1　百以内数的教学方式

○○○○○○○○○○	10	一个10	↓	10
○○○○○○○○○○	10	二个10	↓	20
○○○○○○○○○○	10	三个10	↓	30
○○○○○○○○○○	10	四个10	↓	40
○○○○○○○○○○	10	五个10	↓	50
○○○○○○○○○○	10	六个10	↓	60
○○○○○○○○○○	10	七个10	↓	70
○○○○○○○○○○	10	八个10	↓	80
○○○○○○○○○○	10	九个10	↓	90
○○○○○○○○○○	10	十个10	↓	100

例二：在乘除法的教学中，强调加法和乘法的变换关系及乘除法之间的可逆关系（见表2）。

表 2　乘法和加法、乘法和除法的关系

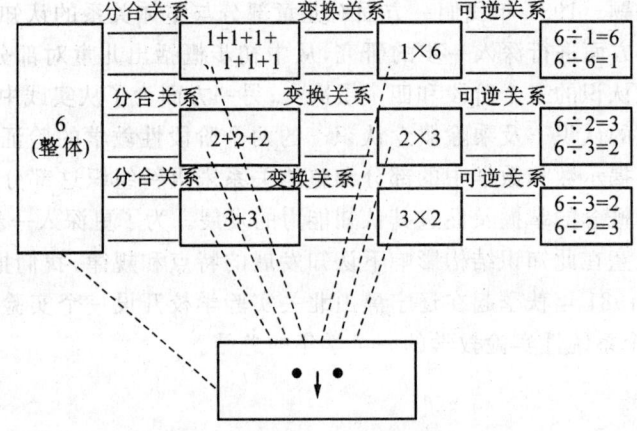

方法：以正常课堂教学为主，结合阶段性的书面测查和个别测查。教学时数由学校严格控制，两个班一律在学校规定的统一课时内完成教学内容及课外作业。

在第一学年共进行了以下几方面的测查：① 学生的迁移能力（对两个班学生均没有学过的万以内数的认识；万以内数的不进位加法；进位加法；不退位减法和退位减法五个方面进行测查）；② 思维的灵活性；③ 乘除概念的理解；④ 数学解题能力；⑤ 对简单应用题的理解。

三、结果

1. 学习内容及成绩

从表3我们可以看到，第一学年两个学期的期中和期终的考试成绩，实验班和对比班的差异只在1—2分之间，可以说成绩相当。9次考试中，第一和第二学期的期终考试是锦州市的统考,这说明实验班的学生在全市统考中不仅能达到同年级的水平,且略高于对比班。

表3 两班的学习内容和学习成绩的对比

学期	学习内容		学习成绩		
	实验班	对比班		实验班	对比班
第一学期	除同对比班相同内容外增加了: ① 100 以内加减法 ② 求两数差,求多几、少几的应用题	十年制算术统编教材第一册	期中(全班平均分)	99.0	99.7
			期终(全班平均分)	99.7	99.4
第二学期	除同对比班相同内容外增加了: ① 万以内数认识及加减 ② 表内超6乘法和相应除法 ③ 包含除法应用题	十年制算术统编教材第二册	期中(全班平均分)	93.5	94.5
			期终(全班平均分)	99.3	97.3

从表3的教学内容来看,实验班比对比班在同样的时间内多学了相当不少的内容。在第一学期,除和对比班同样学了统编教材第一册内容外,还学了100以内加减法及求两数差、求多几和少几的应用题。第二学期多学了万以内数的认识和加减法及表内超6乘法和相应除法及含除法应用题。实验班多学的内容以教学时数估计,大约在这一个学年中多学了近150课时的内容。所以从表3的两方面的内容结合起来看,初步可以表明第一学年的实验教学基本上是成功的。

2. 迁移能力

从图1我们可以看到实验班和对比班的五次迁移能力的测查成绩,这五次的测查内容

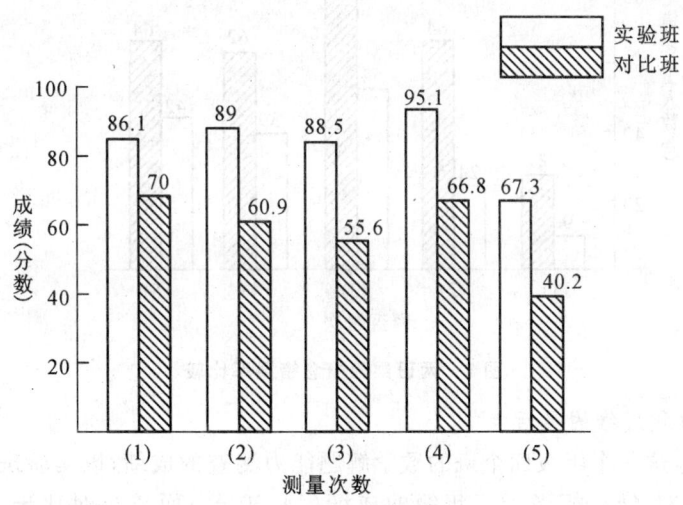

图1 五次迁移能力测查成绩比较

均系两个班学生没有学过的,通过测查可以看出学生利用已有知识迁移到新知识的能力。对万以内数的认识,实验班平均成绩为86.1,对比班为70;万以内数不进位和进位加法,实验班分别为89和88.5,而对比班分别为60.9和55.6;在万以内数的不退位和退位减法,实验班分别为95.1和67.2,而对比班分别为66.8和40.2,经统计考验,各次测查两班的差异均在 $P<0.001$ 水平上显著。五次测查的总平均,实验班为85.2,对比班为58.7,实验班比

对比班高出 26.5 分。这就表明,实验班的学生在利用已有知识解决新问题的能力大大高于对比班的学生。

3. 乘除概念的理解

对乘除法基本概念的理解方面的测查,实验班有 13 人得 100 分,3 人得 90 分以上,不及格 6 人为全班的 14%。而对比班①没有一人满分,仅有 1 人 90 分以上,而不及格却有 28 人,占全班的 62%。再将两个班测查的各题的错误率加以对比(如图2),更可以清楚地看到两个班之间的差异。如测查的第一题是要求学生把一道乘法算式用加法形式写出来,以考查学生对乘法概念的理解。实验班错误率为 9%,而对比班为 27%,他们的主要错误表现在对乘法算式中的被乘数和乘数的意义不清楚。如 5×7=35,当要求写成加法时,错误地写成 7+7+7+7+7=35,这是 5 个 7 相加,而 5×7 的意思是 7 个 5 相加。实验班的教学中突出加法和乘法的内在联系,同时以每份数、份数和总数来阐明其相互关系,所以学生对乘法中所列算式的每一个数是代表什么数比较清楚,对 5×7 这道题,大部分学生能清楚地指出 5 是每份数,7 是份数,5×7 就是每份是 5 这样的每份数有 7 份,所以应是 7 个 5 相加。又如第二题是要求学生根据一道乘法算式写出两道除法算式,并要说明是包含除还是等分除法。这题的主要错误是把等分除法和包含除法混淆。实验班错误率为 24%,对比班几乎一大半学生都搞不清楚。从图 2 我们可以看到两个班在乘除的基本概念上错误均较多,这说明学生掌握这些概念,尤其是包含除法是比较困难的,但实验班的错误率远低于对比班。

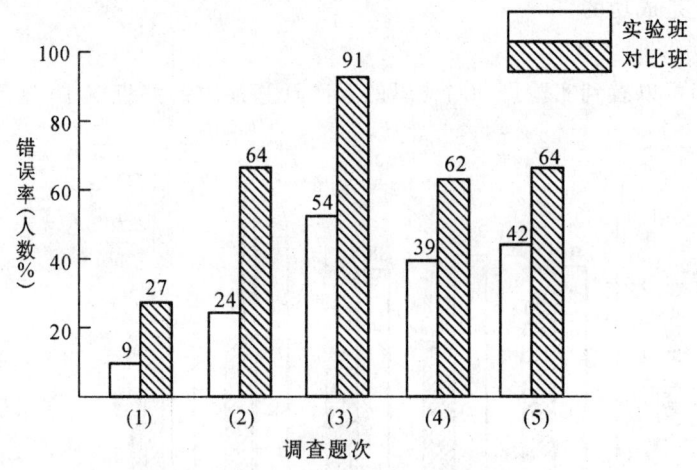

图 2　两班乘除概念错误率比较

4. 解题能力和思维的灵活性

从表 4 看到,这三个年级四个班的数学解题能力测查的成绩,以实验班[一(1)班]的平均分最高分(14.34 分),相当于三年级的成绩(14.00 分)而较之对比班[一(3)班]高出 11.27 分。

思维的灵活性是要求学生利用 1—9 九个数字和+、-、× 三种运算符号,列出答案是 6 的所有算式。从而观察所列的算式正确数及其策略特点。测查结果实验班平均为 94 分,对

---

① 用原对比班(一、三班),当测查时还没学到包含除法,所以这次测查成绩系同本校二年级四班作比较。

比班为 66.7 分,相差 27.3 分。从策略上看,实验班的学生表现出比较有规律性,即能按 1、2、3……次序有计划地列式,所以就不易遗漏。

表 4　三个年级解题能力成绩比较*

正确解题数 结果 班级	3 题		2 题		1 题		班级 平均分
	人数的 %	得分	人数的 %	得分	人数的 %	得分	
三年级一班(54)人	4	120	18.4	400	22.2	240	14.00
二年级一班(43 人)	9.3	240	4.7	80	35.0	300	13.25
一年级三班(39 人)	—	—	2.5	40	10.0	80	3.07
一年级一班(41 人)	4.9	120	12.2	200	36.6	280	14.34

* 由学校统一出题,在三个年级四个班内测查。

5. 解简单应用题的策略特点

从简单应用题的个别测查中初步可以看到在不同教学体系下学生解题的策略是不同的。

表 5　两个班解答简单应用题策略特点的比较

题目及解题策略 小红有 3 个球,以后小华又给她几个,现在小红有 8 个球,小华给小红几个球?		实验班 (30 人)		对比班 (30 人)	
策略	列式	人数	%	人数	%
① 看总数部分数关系	8−3=5	21	70	1	3
② 看分解,组成关系	3+5=8 或 8−3=5	7	23	12	40
③ 看文字	3+5 或 3+8=11	1	3	10	34
④ 从数字凑	3+4 不是 8,只能 3+5 才是 8	1	3	7	22

表 5 显示实验班有 70% 学生是从总数、部分数的关系来寻找题中的数量关系的,从而正确列计算式。大部分实验班学生一读题就说:"这题告诉了我们总数,要求部分数,所以 8−3=5。"也有从分解组成关系来分析的说:"因为可以 8 分解成 3 和 5,所以 3+5=8 或 8−3=5。"这里 3+5=8 的列式是错的。而对比班从总数和部分数分析的只有 1 人,从分解组成关系分析的有 12 人占全班 40%,而且多数列式是错误的,即写成 3+5=8,同时有半数以上学生从文字上看或从数字上凑,说:"又给了,就是加,所以 3+8=11。"由于他们不能从题中所给条件的本质上来分析,因而不能正确解答问题。

四、讨论

1. 以"1"为基础标准揭示数和数学中部分和整体关系可以有效地应用于小学数学教学

在这第一学年的实验教学中,实验班的考试成绩基本上和对比班一样或偏高,而且多学了近 150 课时的数学内容,实验教学可以说已获得了初步的成功。这说明在教材和教法上突出了以"1"为基础标准揭示数和数学中的部分和整体关系可以促进学生掌握数学概念和思维的发展。根据我们过去一系列有关数学的研究结果,我们认为揭示认识对象的内在规律有利于主体的认识活动。认识活动的本源是外在的物质世界。物质世界有其内在规律。数与数之间有其本身的内在规律和联系,在我们教学实验中揭示其中一个方面的关系——数的部分与整体关系——组织成为系统并使之贯穿于儿童的学习内容,作为认识对象,这样是有利于主体的反映活动的。例如,在教学实验中,对 10 以内数的认识,我们就不同于传统的一个数一个数地教,而是采用 1—10 一次呈现,多次重复的教法,重点突出数的内在关系和组成,在数序上,3 在 2 的后面,3 比 2 多 1,而 3 又在 4 的前面,3 比 4 少 1;3 是由 3 个 1 组成的。一个数在一定关系中呈现,这样可以使儿童对这个数的理解更加深刻,我们研究组在幼儿园大班所进行的另一个有关百以内数概念的阶段性实验教学[8],也就是采用了这样的教法,同样取得了较好的教学效果。这种教法不仅使学生加深了对数的理解,而且大大加快了教学进度。在教乘法时,则利用大小塑料白袋内装上小球来形象地说明加法和乘法的内在关系及对"1"的相对性的理解,例如 6 个小球可以放在 2 个小塑料口袋里,一个小口袋内是 3 个小球,再把两个小口袋放入一个大塑料口袋内,则一共是 6 个小球,也就是 $3\times2=6$,写成加法是 $3+3=6$;如果一个小口袋内装 2 个小球,则要 3 个小口袋才是 5,即 $2\times3=6$,写成加法是 $2+2+2=6$,儿童理解了整体数不变,各部分的数是随着小口袋的多少而相应增减。这样,学生较好地理解了加法和乘法的相互关系,也理解了"1"的相对性概念,"1"能代表一个大口袋里的 6 个,又可代表一个小口袋里 2 个或 3 个,还可以代表小口袋里的一个小球。这样对"1"的整体概念也更深刻了。因此在对乘除概念测查时,实验班的成绩就优于对比班成绩,因为实验班学生通过这种揭示加法和乘法的内在联系的教学,对乘法中的每份数、份数、总数就理解得比较深刻。再如在讲述包含除法时,我们是把乘除法放在一定的辩证关系中同时呈现,即一道乘法算式可以引出两道除法算式(见表 2)。正如一个学生在上课时回答老师问题时说:"$3\times8=24$ 这道乘法算式,可以导出两道除法算式,一道是 $24\div3=8$,这是总数除以每份数,求份数,所以这是包含除法;一道是 $24\div8=3$,这是等分除法,因为这是求每份数。"可见揭示乘法和除法的内在本质联系可以较好地克服包含除法这个难点,有利于小学儿童较好地掌握数学概念和运算。

2. 教学和智能发展的相互关系

人的智能的发展,既有先天遗传的一面,也有环境教育等影响的后天的一面。智能的发展是依从于儿童本身的活动和他们对新知识内容的掌握而形成起来的。现有的发展水平是学习掌握某种知识内容的可能性的标准。发展心理学不仅要研究现有的发展水平,而且更要在"动"中研究发展的潜力以及作为认知对象的系统结构。在我们的实验教材中,以"1"为基础标准揭示数与数的部分与整体的关系来组织教材,在学生获得一定的认知结构后,又提出超出学生已有认知结构的新的对象,造成他们认识之间的矛盾以作为动力,并力图让学生利用已有认知结构来探索解决新的课题,从而有利于促进学生的智能发展。从第一学年可以初步看到实验班的迁移能力高于对比班。也就是说,这种揭示知识内在规律性的教学有利于学生领会基本的原理和观念,及培养和提高学生的迁移能力。由五次迁移测查中所显示的学生的策略思想来看,都是从已学过的类似模式中找出共同点,用类似的原理推导到新的课题,从而正确地解决了新的问题。学生掌握了借位减法的原理和法则就能从已有知识推导出新的知识,能正确解答 1243—718 这样一道多位减法的算术题。正如美国心理学家在论述结构的重要性时所曾指出的"……领会基本的原理和观念,看来是通向'训练迁移'的大道……就是不但必须学习特定的事物,还必须学习那个适合于理解可能遇见的其他类似事物的模式"[10]。迁移能力是学生学习能力的一种,我们把它作为学生智能发展的一个指标。当然要说明智能发展和教学的关系,以及学生智能的发展是怎样得到促进的是一个很复杂的课题,还有待于进一步地探讨。

3. 关于认知结构和策略特点

在思维的灵活性和对简单应用题的测查中,两个班的学生在解题中反映出不同的策略思想。例如要求学生列出答案是 6 的算式,实验班学生表现出思维的规律性,从方法上看即先是加法、次减法、再乘法,从数上则是从 1 到 6,有规律地依次列出一道道算式,例如 1+5＝6;2+4＝6 然后是 7－1＝6……再后是 1×6＝6,2×3＝6……至于对比班则缺乏这种策略上的规律性,有的学生虽然也能列出十几道算式,但时而是 2×3＝6,时而是 7－1＝6,没有一定规律,所以容易遗漏和造成错误。那么实验班所表现出的策略上的规律性是否与我们实验教学突出揭示数与数的内在联系有关呢？即和学生在这种教学体系下所形成的认知结构有关呢？看来是有影响的,这种影响在应用题的个别测查中实验班学生和对比班学生也反映出不同策略类型。关于解答应用题的思维特点,国内外均有不少研究,文字陈述的影响[11],解题的思维模型[12]等也有人做过分析,Resnich 更提出未知数的顺序问题[13],即未知数是始项,中项或末项其解题难度均有不同,她并提出儿童一旦掌握了部分和整体关系,就能正确地解决这类应用题。在我们的测查中虽然两班学生均有类似情况,但他们在解题策略上却不相同,例如"小红有 3 个球,以后小华又给她几个,现在小红有 8 个球,小华给小红几个球?"这样一道应用题,对比班学生有半数仅从文字上"又给"就用加法(3+5＝8)甚至 3+8＝11;但实验班学生由于实验教学在解应用题时也突出部分与整体的关系来揭示应用题中的数量关系,所以极大部分学生,读一遍题,很快就说"用减法,8－3＝5,小华给小红 5 个球,因为这题已告诉了总数和一个部分数求另一部分数,所以总数减去一部分数"。学生具有这样的认知结构就能正确地分析应用题的数量关系,而不受陈述的语词和顺序的影响。一个很有趣的例子是:北关学校校长用这样一道智力性的题:180×(□□－□)＋□＝1 983 来测查该校的二、三、四、五年级学生,其结果实验班的二年级学生有 22 名学生(全班 40 人)能正确解答,而同年级的其他三个班却没有一个学生能解答,三年级有 4 人,四年级有 7 人,五年级有 13 人能正确解答此题。从实验班能正确解题的 22 名学生的解题方法来分析,约有 45％的学生用乘除之间关系来解决的,即用 1 983÷180＝11……3;约有 40％单用乘法来算;5％把 1983 分解成 1980+3 再用除法来算;约有 10％学生以凑数来解答。在其他年级约有半数学生均用凑数来解答,有一个学生说"我先以 21×180,再 20×180……一直到 11×180 才接近 1 983",而实验班近半数学生利用乘除关系又快又正确地解答了这题,这无疑是和实验班教学中突出乘除可逆运算的关系有关。由此,我们认为从我们的测查中初步看到不同的教学体系能使学生形成不同认知结构,而学生一旦形成了这种认知结构又会影响他在解决新课题时采用的策略。苏联心理学家赞科夫在他《教学与发展》一书中曾提到"教学结构是学生一般发展的一定过程发生的原因"[14]。知识结构和认知结构之间的关系及其和学生解题策略关系等问题尚须作进一步研究。

五、小结

（1）以"1"为基础标准揭示数和数学中部分与整体关系的教学体系，可以使学生较好地掌握数学概念，并节省时间，所以它可以有效地应用于小学数学教学实践。

（2）实验教学不仅能使学生有效地掌握数学知识，而且能较好地促进学生智能的发展。

（3）在实验教学体系影响下学生形成的认知结构，能促使学生采用较好的策略正确解决问题。此问题尚须做进一步的探讨。

参考文献：

[1] 张梅玲.关于儿童部分与整体关系认知发展的实验研究 Ⅰ 4—7岁儿童类和数的包含.心理学报，1980(1).

[2] 王宪钿，张梅玲等.儿童心理与教育心理，1980(2).

[3] 林嘉绥.儿童对部分与整体关系认识发展的实验研究——Ⅱ.4—7岁儿童数的组成和分解.心理学报，1981(2).

[4] 何纪全，刘静和等.关于5至11岁儿童对几何图形的部分与整体关系的认知发展的实验研究.心理学报，1983(1).

[5] 林嘉绥.1981年心理学年会资料。

[6] 张梅玲，刘静和等.关于儿童对部分与整体关系认知发展的实验研究——5—10岁儿童分数认识的发展.心理科学通讯，1982(4).

[7] 刘静和，王宪钿等.儿童在数及数学上对部分与整体关系认识的发展.心理学报，1982(3).

[8] 张梅玲，王宪钿等.幼儿百以内数概念的形成和促进.心理科学，1983(3).

[9] 何纪全，韩茹.关于儿童对部分与整体关系认知发展的实验研究——促进小学儿童乘除概念的形成.心理科学，1983(5).

[10] 杰罗姆·布鲁纳.教育过程.上海：上海人民出版社，1973.

[11] 肖前瑛.一年级学生理解应用题的思维过程及其特点.心理学报，1965(1).

[12] 肖前瑛.加里培林论智力活动.华南师范大学学报(社会科学版)，1981(3).

[13] Resnick, L. R, Syntax and semantics in learning to subtract, In I. Carpenter, J. Mooser, & T. Romberg (Eds), Addition and substraction：A cognitive perspective, N. J：Lawrence Erlbaum Associates，1982.

[14] 赞科夫.教学与发展.北京：文化教育出版社，1980.

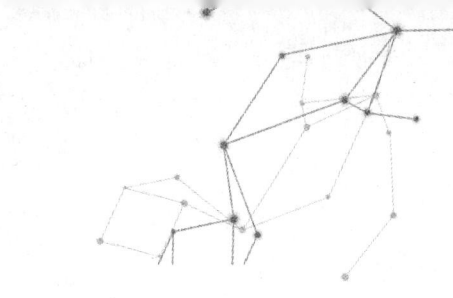

六、衔接问题

- 解决学前与小学数学教学存在问题的一项改革实验（成子娟）
- 试论数学教育中的幼小衔接问题（周希冰）
- 试论算术中的代数思维：准变量表达式（徐文彬）
- 小学数学与初中数学衔接问题的思考（王永春）

解决学前与小学数学教学存在问题的一项改革实验[①]

成子娟

在几年来从事学前数学教学研究和小学数学教学研究的实践中,我们发现,在学前与小学数学教学衔接中存在着极其普遍而又不容忽视的一些问题,这些问题构成了一个"误区",不走出这一误区,将给儿童认知发展带来损害。

一、误区在哪里

请看1994年9月份进行的一份调查资料。

表1 一年级新生数学知识摸底测查

数学测题来源	一年级上学期							一年级下学期							二年级上学期				二年级下学期			
题号	1	2	3	4	5	6	7	1	2	3	4	5	6	7	1	2	3	4	1	2	3	4
答对人数	503	497	423	333	367	310	90	464	310	310	268	95	184	283	142	13	95	76	25	16	16	48
答对人数占总人数的百分比	96	95	80	65	71	6	17	90	60	60	52	18	36	55	28	2.5	17	13	4.8	3.2	3.2	9.3

注:这项数学知识摸底测查内容是从小学数学课本前四册中按数概念、计算、应用题等几个部分中随机抽取的;在一所重点校、3所中上等校和1所中下等校中各随机抽取两个班,共514名学生作为被试;测查时间为新生入学之初、正式上课之前。

表1显示:第一,65%—96%的一年级新生对一年级上学期1—5题中的数概念,6以内加减法和简单应用题知识了解得较多,成绩很好。被试儿童对一年级下学期百以内的基数和序数掌握得较好,分别有90%和60%的儿童答对,百以内的加减法答对人数为60%和52%,但乘法、加减法混合运算和应用题的成绩较差。能够了解和掌握二年级数学知识的人数较少,分别在2.5%至28%之间。

第二,被测儿童数学知识基础好差悬殊,存在明显的个别差异,这反映了知识学习的不平衡性。有的儿童对二年级的知识能够准确解答,而有些儿童却仅仅会写1—10。

第三,被测儿童知识学习的跳跃性较大,有些儿童能解答二年级的测题,却不能解答部分一年级的测题,说明他们现在的知识结构中存在着许多"沙眼"和"漏洞"。

第四,被测儿童虽然能正确解答一年级数学知识,但却不能解答在他们已有知识范围内的数学能力测题(一年级上学期第六题)。当我们要求儿童回答"10能分成几和几"这个问题时,几乎60%以上的儿童都能讲出10的5—9种分法,但要求他们解"有8块糖分给2个小朋友能有几种分法"时,只有6%的儿童回答出4—7种分法。

上述调查结果与我们几年来所了解的中国国内各大、中城市和香港地区入学新生的实际情况极其相符:第一,学前数学教学偏重于小学一年级课本知识教学,许多幼儿园数学教

---

① 本文选自《心理发展与教育》1995年第1期,第40—44,7页。

材与小学一年级教材内容大同小异。虽然我国国内幼儿教学大纲把幼儿园数学教学内容确定在 20 以内,但这仍属于小学一年级要完成的内容。有些家长甚至直接把小学课本拿来对儿童施教。另外,在我国许多地区,儿童 7 周岁入学,因此,在入学前一年(在无全国学前教学大纲的限制下)更是以"抢"小学教材为荣。

第二,许多幼儿园教师和家长不是依据儿童心理发展的规律去制定教学目标,也不是依据数学知识本身内在的完整性、统一性和系统性去编排教学内容,而是凭主观意志或"拿来主义"去教学,使儿童的学习不系统、不连贯,造成儿童入学后学习的"夹生"状态。

第三,学前数学教学内容安排整齐划一,不能做到因材施教,致使部分儿童"吃不饱",他们还要回到家里再吃"小灶"。又使得部分儿童,特别是那些中途入园和智能发展稍缓的儿童"消化不良"而厌烦学习数学,失去对学习数学的兴趣和自信心。

第四,学前数学教学忽视对儿童数学能力的培养,使得儿童只会机械背数、写数、机械地掰手指运算,或机械地背诵,"1+1=2,1+2=3……"而不理解数学的意义。例如有许多儿童能计算"52+36",却不知道 12 里面有几个 10 和几个 1 这样简单的数量关系,他们能背诵下来 10 能分成几和几,却不能用这个原理解决现实生活中的一个实际问题。

我认为以上四点是学前数学教学的误区之所在。

二、怎样走出误区

根据上述分析,陷入误区的根本原因就是没有正确认识教学与儿童发展之间的辩证关系,也因而混淆了学前数学教学与小学数学教学的界限,走出误区,就要首先对这两个问题有清晰和明确的认识。

(一)教学以促进儿童发展为最终目的

现有数学教学内容体系安排的弊端就在于教学内容与儿童年龄增长机械对号,而幼儿园教学内容又与小学低年级教学内容重叠,见图 1。

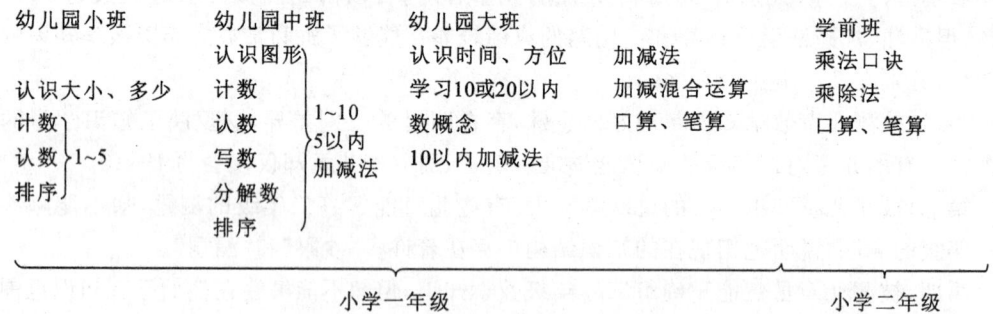

图 1 现有幼儿园、小学数学教学内容的编排

在教学方法上,幼儿园与小学低年级基本雷同,多采用直观、演示的教学法。如果援引现代发展性教育理论,这种教学内容体系的安排对于幼儿园和小学低年级来说有明显的缺陷。首先,早已为教育工作者所熟知和供认的"最近发展区理论"认为,教育要想促进儿童的发展,教育内容既不能完全是儿童已知的,又不能是儿童完全没有能力接受的。教育内容处于这两种状态下,都不能促进儿童的发展。事实证明,儿童学习重复的知识或学习难于接受的知识都不会激发内在的学习动机和学习兴趣,他们只能对此望而生厌或望而生畏;其次,

如果援用儿童发展心理学的理论,直观、演示教学法的选择,似乎符合儿童心理发展的规律。因为,具体形象思维是3—6、7岁儿童的主导思维形式,所以,在幼儿园和小学低年级采用这种教学法应该是无可非议的。但是在实际实施教学时,不仅要考虑儿童心理发展水平,还要顾及教学内容特点,即我们必须辩证地看待儿童心理发展与教学之间的关系。如果教学内容对于儿童来说是简单的或重复的,即使年幼儿童也能在抽象概念水平上完成,如果教学内容对儿童来说是高难的或全新的,即使年长儿童也要通过操作思维做辅助才能完成。因此,教学方法的选择要根据儿童心理发展水平与教学内容之间的错综复杂的辩证关系来确定,而不能单纯根据儿童年龄阶段特征选取整齐划一的教学方法。可见,只有把握住教学与儿童心理发展的辩证关系,才能科学地安排教学内容体系,也才能科学地选择为儿童所接受的教学方法。

(二)学前数学教学区别于小数数学教学的根本出路

如果我们真正理解了上面的思想,我们就不难回答,学前数学教学与小学数学教学既要在教学内容方面有各自不同的重点外,更重要的是要在教学方法和教学目标上有别。如果我们能切实把握住后两者的界限,知识范围的界限可灵活变通。根据这一指导思想,我们从1989年开始,在东北师范大学实验幼儿园进行了为期三年的幼儿数学课程改革实验,到目前为止,这项实验跟进到小学又有三年多的时间。这项追踪实验为回答本文的中心问题提供了第一手资料。

我把幼儿园和小学在数学教学内容的重点、数学教学方法、教学目标的区别和关系绘制成下图,从中可见一斑。

从图1和图2中可以看到,数学教学内容在幼儿园无论限定在多小的范围,也都要进入到小学数学教学内容的圈子里。因此,我认为,学前数学教学与小学数学教学的区别不是在"10以内"还是在"10以外"的区别,而主要是在教学要求或教学目标上的区别,是在教学方法或儿童学习方式上的区别(见图2)。

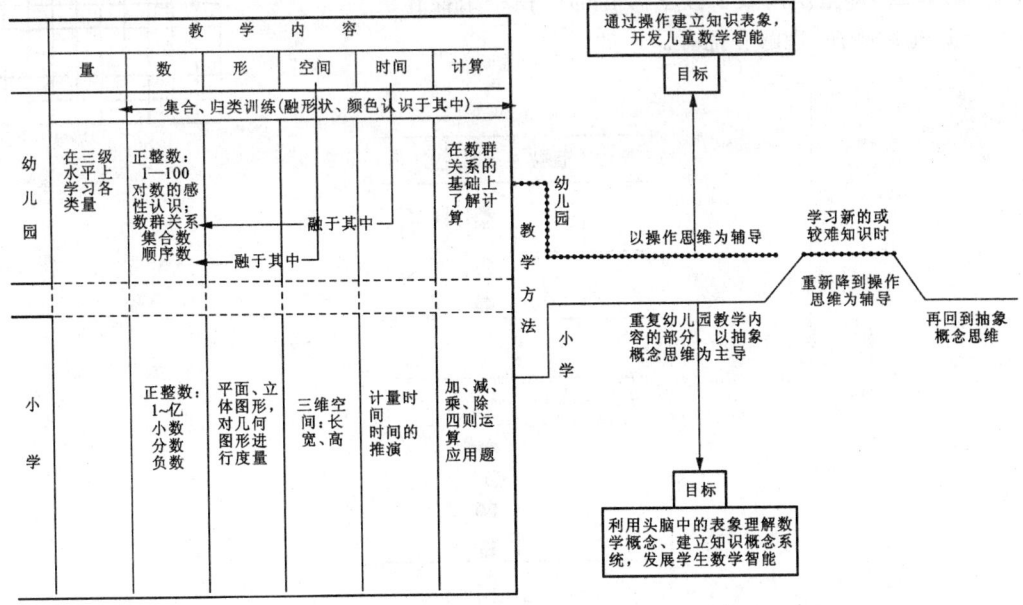

图2 幼儿园、小学数学教学内容,方法、目标间的区别和联系

首先,在教学要求和教学目标方面,小学和幼儿园都要通过知识教学培养儿童的能力,但是对学前儿童能力的培养更突出。如果说小学数学教学是要求儿童通过学习掌握有关的数学概念、定义、法则、公式的话,那么学前数学教学则是利用数学教学中数量之间的关系定义、法则的内涵来训练儿童的思维。比如,学习"10"这个数,小学生要从概念上掌握"10是个自然数式正整数"、"10是自然数列中的第十个,它的前面是9,它的后面是11"、"10中的1在十位上代表'10',个位没有是用'0'来占位"、"10能分解为相等和不相等的部分"等整个概念系统。而学前儿童学习10这个数、则不能直接交给他们这些以定义形式出现的概念,我们可以为儿童设置一个直观感知的环境。比如,在我们的实验中设计了10个小朋友,其中有1个戴眼镜的,2个背包的,3个拿球的,4个戴帽子的,5男5女。然后让儿童通过观察、分析和比较进行归类,再归纳出各类所包含的1至10各数(10个小朋友能分成1个戴眼镜的,9个不戴眼镜的;2个背包的,8个不背包的……),最后再由数导向类(即1至10各数都是指哪类小朋友),从而培养儿童对数学现象的观察、分析、比较、抽象和概括的能力,培养儿童逆向思维的能力等等。在这里就是利用10这一集合数的概念内涵训练儿童的思维,同时,也使儿童在感性认识水平上形成了10的计数、分解组合等知识表象。可见,学前数学教学与小学数学教学的要求和目标是截然不同的。从另一角度讲,学前这一教学目标完成得好不好,直接关系到儿童能否顺利地实现小学的教学目标,即进入概念系统的学习。而以往的弊端就在于,学前教学急于进入小学教学的目标体系,在儿童知识经验匮乏、知识表象不完备的情况下就要求他们像小学生一样接受成套抽象的数学概念体系,结果造成前面所述的教学误区。

其次,在教学方法或儿童学习方式上,我们认为,数学知识与儿童学习的语言、自然、音乐、美术等知识相比,十分抽象,对于初学者来说,是属于全新的和高难的。因此,在学前阶段,教学方法或学习方式应限制在操作水平上最合适(见图2),即把学前数学教学内容都摆在一个操作的平面上让儿童感知、理解和把握。比如,

再比如,

表示12+24=36

我们的实验班在集中教学中基本上是让儿童在这种操作方式下直观理解各类数概念和数量关系。在这种条件下学习,学前教学内容可以继续向小学教学内容部分延伸,延伸的范围越大,儿童建立的知识表象就越多,则入学后的学习基础打得就越牢。

当小学数学教学接手这样的实验班时,就应该在儿童知识表象的范围内直接进行概念教学和在既有知识的难度、深度基础上扩充练习,儿童的学习方式也就要相应地转变成以抽象、概念思维为主导。当数学教学内容重新落入儿童未知领域时,教学方法或学习方式则要再度做出调整(见图2)。

如果小学接收的是一般的儿童团体,首先要对这个团体进行调查分析,画出每个学生数学知识结构的剖面图,或改变教学进度表,或改进教学法,总之从学生的实际出发。

最后,学前数学教学要根据教学目标来选择教学内容。当然,教学内容的选择也不能是漫无边际的,更不能是跳跃式的。很显然,在儿童还不能很好地理解正整数概念时,还不懂得数能进行分解组合时,就不能让他们接触分数和小数。我们的实验教学就选择了那些与儿童生活经验密切相关的,容易为儿童所理解的,又是为儿童入学后数学学习打基础的那些核心知识。根据这个原则,我们的实验教学体系确立在:以量的学习为起点,以集合归类为前提,以对数量关系的理解训练为主线,融形状、时间、空间概念于一体的交错、递增式的教学体系(见图2)。

以量的学习为起点,是因为儿童对数学现象的认识是从量开始的,他们最先能通过感知觉感知到事物的多少、温度的高低、时间的长短、物体的速度等等,并对事物不同的量做出不同的反应。在儿童的第二信号系统尚未形成之前这种认识只能是限于感知觉水平。而量的教学就是建立在这样一个基础之上,首先训练3、4岁儿童通过比较或对比给各种量命名。比如,两根长短不同的铅笔比一比,儿童便可以用"长"和"短"这类词汇来反映所比较的事物。其次是训练4、5岁儿童通过直接动手量、称来反映事物的量,完成由量到数的初步过渡。最后是训练5至7岁儿童在复杂的条件下认识各种量的恒定性,即训练儿童形成量的守恒。这三个阶段教学中的每一课都是围绕培养儿童对量的空间感知、观察能力、空间想象力、可逆性思考能力和直接动手操作能力的主线编排的。

以集合归类为前提,是因为数本身就是一个抽象的集合,它对各类物群计数的时候与各类物群的数量具有一一对应的关系,而每类物群也是一个个集合。数是从各个物质集合中抽象出来的。据此,我们根据儿童认知发展的特点首先对不同年龄段的儿童进行由简单到复杂的集合归类训练(把各种形状、各种颜色的知识融于各种集合归类的训练中),并在这一基础上指导儿童学习集合数(基数)、序数和数的分解组合。比如,让儿童对下面的集合先根据不同的标准进行归类。这样,按形状分,可以分为2个三角形、3个正方形;按大小分,可以分为3个大的,2个小的;按颜色分,可以分为1个白色的,4个黑色的(见图3),再从各类中抽出1—5各数,同时对总类所包含的数目"5"分解为2和3、3和2、1和4。再后,由数推导到类,即1—5各数各包含在哪类图形中,进而完成由类到数和由数到类的双向思考能力的典型一例。

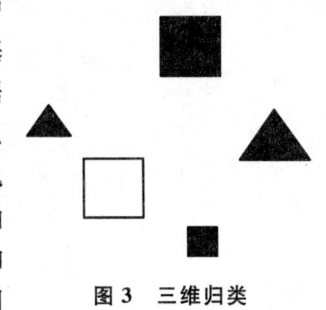

图3　三维归类

以对数量关系的理解训练为主线,是因为数量关系是小学数学的基础,同时对训练儿童数学能力也具有重要的智慧价值。首先,我们让儿童形成对数的感性认识(如,唱数、按物点数——正数、倒数,从任一数查数,报物体总数等)的基础上,用身体的各种感官去感知数群、按群计数,进一步学习数的分解组合,从中理解集合数整体与部分的关系、包含关系、倍数关系、和差关系、等分关系等。其次,训练儿童把各类数量关系与加、减、乘、除法之间建立联系。比如,"9"这个集合数可以分解成"4"和"5"两个数群,而"4"和"5"又能合成"9"这个大的数群,再让儿童把这一知识同"4+5"和'9-5'或"9-4"之间建立联系。从中培养儿童对数量关系的推导能力。

所谓交错,就是指在分年段教学和同一年段按能力分组教学中,教学要求、教学方式手段的多层次以及学习内容的多起点,表现为年龄、个别差异、教学内容、教学要求、教学方式和手段之间的交错的关系,通过这样编排教学内容和程序,做到因材施教。

所谓递增是指,无论是教学要求、教学方式和手段的多层次也好,还是学习内容的多起点也好,对于不同年段、不同能力的儿童来说教学总体安排都是由浅入深、由低到高、螺旋式上升而非直线上升的过程,使儿童在各自不同的基础上都能得到提高和发展。

我们这套学前数学教学体系经过三年的实践检验,证明是成功的和可行的。最初从学前实验班毕业的儿童现已是小学四年级的学生,他们不仅顺利渡过了幼小数学教学衔接的一步,而且直到今天,全班各项数学学能测验以及学习数学自信心测验的平均成绩一直明显地好于同年级的其他班级。这一成绩的取得,不仅是因为我们在学前抓住了教学的关键,而且也因为我所跟踪的小学数学教学能根据这个实验班儿童的实际,大胆尝试新的教学方法,变儿童的被动学习为主动学习,使小学的数学衔接工作做得恰到好处。这套幼、小数学教学的衔接实验为走出学前与小学数学教学衔接中的误区树立了典范。

试论数学教育中的幼小衔接问题[①]

周希冰

一、衔接问题产生的根源

衔接是指两个相邻的教育阶段之间在教育上的互相连接。解决好衔接问题,应明确衔接点问题产生的根源。通过近几年对幼儿园数学教育与小学低年级数学教学所存在的衔接问题的调查,我认为衔接问题产生的根源在教学内容、教学形式、幼儿学习心理方面。

(一) 在教学内容的知识结构上没有严格把关

幼儿园数学教材的内容是:使幼儿初步认识10以内的数,学会10以内数的加减法;初步认识一些常见的量,学习一些量的比较;初步认识一些简单的几何形体;初步获得简单的空间方位和一些时间观念。小学一年级上学期数学教材的内容是:10以内数的认识和加减运算,认识图形(一),11—20各数的认识和加减运算。现在不少幼儿园将一年级内容提前到幼儿园大班的数学教育中进行教学,这样导致的后果是:幼儿上小学时对所学的内容似曾相识,但对这些内容的数学思维训练要求尚未掌握,不但为教师组织教学带来困难,而且使幼儿入学初期失去了学习的新鲜感,产生厌学情绪。

(二) 在教法上整体观念不强

数学教育的教与学是由多种因素构成的复杂系统,各系统在实施过程中必须构成一个有机的整体。幼儿园数学教育和小学数学教学这两个层次的教学有着各自的分工及特点,但整个教学过程的进行是相互衔接的,每个环节应得到整体的均衡发展,这就要求任何一个层次的教学必须有整体观念,在教学时注意知识的延续、教法上的过渡。

幼儿园是一个保教并重的机构,幼儿主要是在玩中学习,教学形式以游戏为主,灵活、自由、趣味性强,没有严格的约束力和规范性。小学是实施义务教育的机构,各种知识的传授必须根据国家统一计划、大纲、教材进行系统教育,有目的、有要求,教学形式主要是以课堂教学为主,学习活动中严肃氛围显著增加,游戏色彩大幅度减弱。这两种教学形式上的一"动"一"静",幼儿园教师与小学教师在教法上的差异,对于刚进入小学的幼儿来说是难以适应的。

(三) 幼儿的学习心理存在障碍

1. 儿童心理发展方面

我国小学适龄儿童的年龄在7岁左右,正是处于前运算阶段(2—7岁)到具体运算阶段

[①] 本文选自《学前教育研究》1997年第4期,第41—43页。

(7—12岁)的过渡,前一阶段为后一阶段作准备,后一阶段同前一阶段相比有着质的差异。学前期与学龄初期正是两个不同的年龄阶段、两种不同认识水平、两种教育环节的转变期,入学儿童从学前期跨入学龄初期的转折,是儿童心理发展过程中的重要里程碑,如果不重视这一转折,没有一个减缓坡度的过程,则会产生心理上的"陡坎"。

2. 数学思维方面

80年代后期,在幼师学校的课程设置上,文化课的比例有所削弱,特别是数学教学与现代科技意识的培养在学校处于薄弱环节,学生没有重视也没有用足够的时间与精力钻研数学学科的内容。学校培养出来的幼儿教师擅长于形象思维、舞蹈、音乐、绘画、手工等技能技巧,缺乏一定的数学逻辑思维训练与现代科技意识及技能的培养。因此,在幼儿数学教育中,大多数教师不能真正挖掘数学教材中的数学思想,往往是在机械地传授知识,忽视了数学思维品质的培养。幼儿在学前期未能达到应有的数学思维训练的要求,在头脑中没有树立应有的数学思想。小学教育中数学是一门主科,其要求比音乐、绘画、手工要高,需要有初步的数学思想、抽象的概括能力,且课堂的教学密度大,幼儿的思维水平难以达到教学要求,造成心理障碍。

二、解决途径

解决问题的关键是:在幼儿数学教育活动中,注重幼儿数学思维品质的培养,使阶段性与连续性达到统一。

(一)吃透两种教材,注意知识结构的衔接、数学思想的建立

幼儿园数学教育的任务是:教给幼儿一些数学初步知识,发展幼儿智力,培养幼儿的学习兴趣,培养幼儿良好的品德和学习习惯。幼儿园教育是学校教育的预备阶段,幼儿园教师不但要钻研幼儿园教材,还要钻研小学一年级教材,从数学知识结构上弄清知识的衔接点、思维的过渡点,将这些作为幼儿园数学教学的重点,从而达到为幼儿进入小学作准备的目的。例如:10以内数的加减运算教育中,把教学重点放在对概念的理解上,通过幼儿的观察、操作、理解而得出"把两个数合并在一起,求一共是多少"用加法,"从一个数里减掉一部分,求还剩多少"用减法。进入小学后,数字扩充到20以内并要求用数字列式,这只是在数量与表示方法上变化了,其加减法概念的内涵是在延伸,如果学生有了在幼儿园的对加减法含义的理解,在这部分内容的学习时既不会感到吃力,又不失新鲜感,学习数学的兴趣会有增无减,这种效果是在幼儿园教育中机械传授20以内数的运算所不能达到的。

在"四等分"教学中,教师在幼儿理解了"四等分"的含义、学会了操作方法后,并没有再教幼儿学习八等分,而是提出"看哪位小朋友分的方法最多?"这样幼儿兴趣盎然,一个个比比、画画、剪剪,得出正方形的一系列不同的四等分,一系列操作过程正是幼儿对"等分"含义的理解与发散性思维能力的培养过程。"等分"是小学数学教学中除法运算、分数运算的基础,是数学教学中的重点及难点,由于学生有了在幼儿园对"等分"含义的认识与这种发散性的思维训练的基础,除法运算、分数运算则会学得更灵活、更深刻,这正是幼儿教师把握知识结构、挖掘教材中的数学思想所产生的效果。

目前科技发达国家把数学应用能力的培养作为数学教学的首要任务,例如,英国自从1982年cock-croft报告出版以来,对5—16岁的学生进行这一能力的系统化训练并取得了

显著的成绩。数学应用能力的培养已是当前国际上数学教育的重要任务。如果我们能在数学教育中将一些封闭性的教学任务变为开放性任务来要求,不需要加深知识的深度增加教学内容,便能有助于培养幼儿的数学应用能力,实现教育"面向二十一世纪"的目的。这种开放性任务只需改变问题的角度与提问方式就可以达到。

例如,在幼儿运算 5+2=7 后,设计"构造一些数,其结果为 7"的开放性任务;在幼儿找出一组图形的排列规律后,要求幼儿仿此规律进行另外一些图形排列;等等。通过这种长期训练,幼儿数学思维的敏捷性与数学应用能力定能逐渐建立起来。

把握幼儿园数学教材与小学数学教材中的两种知识结构的渗透点、发展点,新旧知识的相关点、转换点,才能真正实现新旧知识的衔接与过渡,减少彼此重复、脱节现象,实现教学内容的连续性、系统性,使幼儿在浅显的数学教育活动中建立初步的数学思想,感觉到在进入小学初期的数学学习是幼儿园数学知识的继续、延伸,在数学思维与能力上达到小学数学教学的要求。

(二)处理好沿袭与变革的关系,注意教学方式与学习环境的衔接

1. 注意大班期间教学方法的选择,使幼儿尽快适应小学数学教学方式

按思维规律进行教学是教学法的共同原则。在幼儿园大班第二学期的数学教育活动中,教学方法既要考虑到幼儿的思维以具体形象为主,采用直观教具操作与游戏形式,又要考虑到此时幼儿的抽象思维开始萌芽,将进入以上课为主的小学学习,因此,在教学方法的选择上应减少"游戏法"的使用,增加"引导发现法"的使用。由于在幼儿园大班的数学教育活动中,经常采用"引导发现法"的教学方式,幼儿的探索数学初步知识与独立解决问题的能力逐渐培养起来,进入小学时对于小学数学教学中常用的这种教学方式不会感到陌生而不适应。

2. 适当改进幼儿一日生活形式,使学习环境与小学协调连贯

适当调整幼儿大班后期的一日生活内容,使其身心状态和学习环境与学校生活的内容和节奏逐渐协调起来,构建一个适合幼小衔接的育人环境。

幼儿园大班第二学期,要求幼儿每天背书包入园,增加集体活动时间,上午安排两节课,课间进行 40 分钟的户外活动,适当缩短午休时间,下午安排上两节课,每节课 30—35 分钟,课后安排各种游戏活动。大班第二学期上课的形式也逐渐向小学过渡,例如:在数学教育中幼儿可坐在桌子旁进行学具操作,做做、讲讲、练练、提问、思考、回答等穿插进行,在"静"中进行"思维体操"的训练。这样,幼儿园与小学相比,游戏活动增加了,与大班前期相比学习内容增加了,既像幼儿园又像小学,既生动活泼又严肃紧张。在活动室的环境布置上也可向小学靠拢,在毕业前夕将桌椅像小学课桌形式排列并设置黑板,教师在黑板上板书数字、图形、符号,教具、学具从实物→彩色图片→黑白图片→符号、数字过渡,造成一个与小学学习相似的学习环境,使幼儿在潜移默化的熏陶中向小学过渡。

通过半年学习生活与环境的适应,幼儿入学初期对每节课 40 分钟的教学与课间 10 分钟休息的学校生活环境与规律,不会感到紧张与疲劳,从而达到隐性教育的目的。

(三)培养良好的学习习惯,稳定入学的倾向性

非智力因素的训练、良好学习习惯的培养非一日之功,它要求从幼儿入园到毕业这 3 年

的幼儿园教育中都应充分重视。在数学教育活动中,操作的规范性,学具使用后的收拾还原;培养幼儿的学习适应能力与引导幼儿实现无意注意向有意注意的转化,树立认真的学习态度;在书写阿拉伯数字时,执笔书写的姿势、习惯、笔顺及对学习任务认真完成等等,一定都要严格要求并持之以恒。要组织毕业班的幼儿到小学去参观,请小学生到毕业班介绍小学的学习生活及要求,使幼儿对小学数学学习的任务和各种要求有一个感性认识和心理上的准备,培养幼儿上学的兴趣。要使幼儿在毕业时具有初步的规则意识、任务意识,遵守规则、完成任务的能力,形成良好的学习习惯与非智力因素,以达到适应小学数学教学要求的目的。

（四）幼师学校的课程设置与教学要求应适当调整,以提高幼儿教师的数学素质

解决数学教育中的幼小衔接问题,教师的数学素质也是一个关键因素。幼儿教师要用辩证唯物主义观点,切实把握住幼儿数学教育中的数学思维品质的要求、新旧知识的衔接与过渡。这不是单纯钻研幼儿园教材能解决的,而是必须以扎实的数学基础理论作基石,并且只有具有较高的数学素养,才能用高观点去挖掘与处理数学教育中的实质性问题。例如:"2＋3＝5"是自然数基数理论用构造并集方法定义的加法运算,教学的实质是通过运算训练使幼儿初步感知集合的思想;"排序"中的找规律如△△□△△△□_____,教学的实质是通过观察、判断、填空的形式培养幼儿的观察、分析与建立初步的逻辑推理能力;在"6 的形成"教学中,用 6 架飞机组成不同的图案,如:圆形、三角形、梯形、斜线段……教学的实质是在图形的变化过程中使幼儿初步建立数的守恒思想。如果幼儿教师在 3 年的数学教育中能充分挖掘出教材中的数学思想,设计出科学的、生动的、可被幼儿接受的教学形式,并持之以恒贯穿于整个教育活动中,是能够达到在浅显的数学教育中培养幼儿初步的数学思维品质的目的,从而解决数学教育中的幼小衔接问题。因此,在幼师学校的课程设置中应加强文化基础课的比重,加强数学教学、现代科技意识与能力的培养,加强数学教育理论、初步的数学教育研究能力的培养,强化专业课,联系实际培养学生能力的职能,提高学生自身的数学素质。

（五）加强幼儿园与小学之间的交流,做好小学入学的后期衔接工作

在衔接工作中注重幼小双方的配合与协作是一个不容忽视的环节。幼儿园教师与小学教师要互相联系,定期交流、沟通,共同研究教育理论、教学内容,探讨教学方法,研究教学对象的学习心理状况。小学数学教师也要掌握幼儿园数学教育的内容与教育形式,在小学入学时期,有的放矢地做好衔接工作。如:放慢起始阶段的教学密度,适当调整教学内容、教学结构,例如:10 以内数的认识,学生在幼儿园已学过,小学则把重点放在 10 以内数的组成与书写上,这就避免了课堂教学中两段知识的机械重复;适当调整教学方法,沿用一些幼儿园的教育方式,例如:在数的加减运算教学初期,多使用学具盒进行操作,从口算形式逐步过渡到笔算形式,增加一些智力游戏形式,使幼小的两种教学方式有一个过渡阶段;适当控制作业量,精选学习,注重练习的效益,不布置课外作业;弹性安排课时时间,课时时间由 35 分钟逐渐过渡到 40 分钟,课间休息由 20 分钟逐渐过渡到 10 分钟……完善衔接的后期工作,是促进衔接工作的系统化,保证教育的连续性,使幼儿入学初期比较顺利地建立数学学习兴趣与良好的数学学习习惯,比较自然地进入小学生的"角色"的重要保证。

试论算术中的代数思维:准变量表达式[①]

徐文彬

自义务教育在我国全面实施以来,小学和初中在教学体制方面的差异已越来越少;而新一轮课程改革则更是缩小了这种体制上的差异,强化了义务教育的整体性和一贯制,把九年义务教育数学课程划分成前后相互承接的三个学段:1—3年级、4—6年级和7—9年级。但是,另一方面,义务教育阶段的数学教学却很少或根本就没有体现这种整体性和一贯制。[②] 这样,原来小学和初中之间的衔接问题就显得更为重要和迫切了。否则,义务教育的这种整体性和一贯制就只能是形式的和表面的"制度文本",而非丰富和内在的教学现实。本文正是在这样一个背景下,试图运用算术中的代数思维即"准变量表达式"来探讨算术教学与代数教学之间的一致性和整体性,也即,如何在算术教学中培养学生的代数思维。

一、算术与代数之间的割裂:传统与现实

造成算术和代数这两个数学领域在学校教育中的割裂有其传统的原因。首先,算术和代数有着不同的发展历史,而且它们是各自带着不同的符号学的结构先后走进现今的学校课程的。如果要从数学思维的角度来看,那就是,算术主要是由程序思维(procedural thinking)来刻画的,也即,算术程序思维的核心是获取一个(正确的)答案,以及确定获取这个答案与验证这个答案是否正确的方法;而代数思维则是由关系或结构(relation or structure)来描述的,它的目的是发现(一般化的)关系、明确结构,并把它们联接起来。其次,算术和代数在学校教育中扮演着不同的角色和作用。算术(主要是计算)被传统地视为义务教育必不可少的一个有机构成,而代数则被看做是那些进入中学的学生才要学习的一个合适的数学内容,甚至代数还被看做仅仅是那些具有抽象思维能力的中学生才能学习的数学内容。

造成算术和代数这两个数学领域在学校教育中的割裂,不仅有其传统的原因,而且还有其现实的根源。众所周知,初始的代数教学都要关注以下几个问题:如何向学生介绍表达奠基于一般数学关系基础之上的数量关系?他们是如何理解和解释代数表达式的?他们又是如何"计算"奠基于相等性质基础之上的代数表达式的(其核心是恒等变形或恒等变换)?等等。另一方面,通常都认为,在小学头几年的数学(主要是数)的教学中,记数和读数法是其要点与基础。而这两者之间有着本质的区别。因此,如果想要向小学生介绍代数思维,那么肯定是勉为其难。这就是造成算术和代数这两个数学领域在学校教育中相互割裂的现实

[①] 本文选自《学科教育》2003年第11期,第6—10,24页。

[②] 这里,我们无意否定正在进行的课程改革中的课程整合与融贯。比如,把原来小学的《思想品德》、《社会》和《自然》等分科课程整合成《品德与生活》(1—2年级)或《品德与社会》(4—6年级)等综合课程。但是,在教学甚至教材的编写方面,这种整合与融贯并没有得到切实的重视或贯彻(笔者部分参与了其中的教材编写和实验,对此深有体会)。

根源。

那么,是不是算术与代数在学校教育中的割裂就是不可更改和动摇的呢?显然不是。因为当代的研究业已表明,这种割裂不仅具有人为性,而且它还是造成学生后续学习代数困难的祸首之一。前苏联教育家赞科夫就曾指出,"按照传统的教学方法行事,10以内的每一个数是单个地学习的。学习每一个数都要花费相当多的时间,而且,数是应用在各种事物上出现的,后一个数的学习,联系前一个数。例如,3这个数被说成是2和1两个数组成的。以后的每一个数也都是这样来学习。这里似乎有着后一个数和前一个数的联系。这在某种程度上确实如此。可是,这种联系是狭窄的和片面的,因为从1到10的整个数列,作为某种统一的整体,完全没有提到。"[1] 这里的"作为某种统一的整体"其实质就是代数的结构观点,而"后一个数和前一个数的联系"则必定与儿童的数概念发展的"数数模式(Counting Model)"[2] 有关。虽然在数学教育研究者中都有这样一种明确的观念,那就是,小学生一般都认为,等号就意味着在确信相等之前要进行计算,而且这是小学生从算术过渡到代数的障碍之一。但是,卡彭特和利维(Carpenter and Levi)却强调指出,"算术和代数之间的人为割裂不仅剥夺了学生在小学低年级思考数学的有效图式,而且这还给他们在后续学习代数时造成了更大的困难。"[3]

另一方面,在(教学)技术的影响和作用下,代数符号和代数记号也已有了很大的改进。挑战传统学校代数地位的数字代数变量形式也正在涌现。此外,算术任务和表达式尤其是在其未完成的形式中,其本身也还保留着代数的意味。可是,这些算术中潜在的代数特性,却在无视关系思维的前提下,被只关注算术中的程序思维所遗忘了。

二、算术与代数之间的联结:准变量表达式

在卡彭特和利维的研究中,他们曾给一年级和二年级的小学生介绍过关于"数字语句"的真假概念。例如,"$78-49+49=78$"就是他们所运用的一个语句。当他们提问小学生这是不是一个真语句时,除了一个孩子外,其余的都回答是真语句。而且,有一个小学生说道:"我确信这是真语句,因为你拿走了49之后,随即又把它带回来了。"

该例已经表明,当给予小学生以丰富的学习材料时,他们会浸润于相当内在的代数思维之中;而且,本例所关注的数学思想已经远离了(算术)计算。当然,计算很可能对孩子们重新确认那个数字语句的真假是有帮助的,但是,这类数字语句已经把孩子们的注意力吸引到它所蕴涵的潜在的代数结构上了。显然,在该例中,卡彭特和利维所关注的既不是想要孩子们通过计算来证明"$78-49+49=78$"(尽管某些孩子最初可能会通过计算来重新确认判断的正确与否),也不是78和49这两个特殊的数。同样,向一、二年级小学生介绍形式的代数表达式"$a-b+b=a$"也不是他们的意图(孩子们肯定会在他们的后续学习中碰到这类形式的代数表达式)。他们想要孩子们理解的一定是:"$78-49+49=78$"是这样一类典型的数字语句,即,不论减去和再加上的那个数是什么,它都是真的;而且,不论第一个数是什么,只要减去和再加上的那个数相同,结果都是一样的(比如,$67-72+72=67$)。在此,尽管卡彭特和利维并没有这样使用过"准变量(表达式)"这一概念,但是,Max Stephens和Toshiakira Fujii却把数字的这种运用定义为"准变量(表达式)〔Quasi-variable(expressions)〕"。因此,在我们运用准变量这一概念时就意味着:一个或一组数字语句,它(们)蕴涵着一个潜在的数学关系,在这种关系中,不管它所包含的数字是什么,这(些)语句都是真的。

Max Stephens 和 Toshiakira Fujii 在提出"准变量"概念之后,随即运用一个所谓"彼特减 5 算法"(比如,32－5＝32＋5－10)对澳大利亚和日本的一些一、二年级小学生进行了访谈。访谈的目的是要了解:① 他们是如何理解"彼特减 5 算法"的? ② 他们是如何运用"彼特减 5 算法"来构造自己的案例的? ③ 他们对"彼特减 5 算法"进行一般化的可能性? 访谈的结果是,孩子们对算法的选择并没有明显的倾向性,但是,把注意力仅仅集中于获取一个正确答案的算术程序思维方式肯定是非批判性的;同时,也有一些学生能够对"彼特减 5 算法"进行一般化:"无论你减什么数,你都要加另外一个 1 到 10 之间的数,使它们的和等于 10,比如,7 和 3、4 和 6 等,然后再减去 10,就算出了答案。"和"我有一个适合任何数字的解释,那就是,无论彼特要减去什么数,都应该加上一个数,使其构成一个 10,然后再减去 10。减去的数越大,要加的那个数就越小,而且它们的和要等于 10。"等(这些都是算术中的代数思维,即准变量的运用)。这个结果说明,在算术教学中可以运用准变量对小学生进行代数思维的培养,并且有可能降低他们学习代数的困难。

行文至此,有的读者可能会说,我们的小学算术教学中已经普遍运用了"准变量"这种使用数字的方式,比如,"凑整十"、"整十数"和"分整数"等。笔者曾就此分别与小学教师和学生进行过探讨和访谈,结果是,尽管这些使用中蕴涵着"准变量"的可能,但是,由于我们的目的只是获得一个正确的答案,所以,在本质上这些使用并没有体现准变量的思想。例如,在"加和减(二)"这一单元,对(超过 10 的)"几加几"教学中,我们只有"凑 10",而无像"彼特减 5 算法"那样的凝结,即无过程的对象化。如,在计算"9 加 4 等于几?"的教学过程中只有"4 由一个 1 和一个 3 组成,而 1 和 9 的和是 10,所以,9＋4＝13",而无"9＋4＝10＋4－1"这样的准变量表达式;再如,在计算"13 减 9 等于几?"的过程当中则更无"13－9＝13－10＋1"等准变量表达式;更有甚者,在一个二年级学生按如下方式计算(其实是说)"71－54"时,老师却武断地加以阻止。该学生的算法是:"70 减 50 等于 20,4 减 1 等于 3,所以,71 减 54 等于 20 减 3,即 17"(这是我们事后了解的!)。① 该学生的算法恰恰体现了准变量的思想,即,其准变量表达式为:71－54＝(70－50)－(4－1)(如果能够得到"71－54＝71－60＋6"那就更佳了! 因为"整十数"是学生们所熟悉的,所以这也是可能的)。笔者认为,之所以造成这类现象的主要原因是,我们的老师一般都认为,在算术的教学中,重点是要教给学生正确、基本的计算程序(或步骤)与方法,而不是灵活、丰富的数学思想。其实,这与我们缺乏与义务教育相一致的整体、一贯的数学教学思想不无关系。

那么,准变量(表达式)在新课程标准的推进和与之相适应的实验教材的试用当中,对改进小学数学教学有什么切实的现实意义呢?

三、准变量表达式对改进小学数学教学的意义

1. 正确认识准变量表达式

准变量表达式是算术中潜在的代数性质,它在由算术思维过渡到代数思维的过程当中具有不可替代的作用和意义。它有助于我们教师和学生代数地看待数字和算术。正如 Blanton 和 Kaput 所强调的:为了理解和运用这些算术中的代数思维之机会,小学教师尤其

---

① 这里所选用的前两个例子均取自江苏教育出版社出版的义务教育课程标准实验教科书《数学》(一年级上册)(2002 年第 2 版,第 78—80 页),第 3 个例子则是选自学生的作业。

需要培养"代数的眼睛和耳朵"[5]。

但是,要培养"代数的眼睛和耳朵"并不是一件很容易的事情,尤其是在教师们已经长期地习惯于算术思维的情况下更是如此。这就要求我们在小学阶段就应特别关注算术运算中的符号性质。而准变量表达式则刚好体现了这种算术中的符号性质。因为,教师可以在无须依赖事先准备字母符号形式的情况下,就利用准变量表达式在算术问题中为学生提供代数思维的机会。而且,为了揭示数字之间所蕴涵的一般关系,准变量表达式还可以用非计算的形式来表示:当学生依据其结构来解释某个表达式或数字语句的真假时,准变量思维就已经出现了。也就是说,准变量思维并非一定得使用代数符号。

准变量表达式不仅可以使我们更加关注算术中的关系,而且还能为学生学习后续的代数内容建构一个强有力的桥梁;同时,它还能够加深我们和学生对算术基础的理解。而这正是任何义务教育阶段数学课程和教学改革都必须认真考虑的首要问题之一。

2. 准变量表达式有助于我们更新观念

首先,在数学中,"由算术思维到代数思维的转换标志之一是,从等号的程序观念到等号的关系观念的转变。"[7]这也就是说,如果我们能够在小学低年级算术教学中一开始就关注"等号的关系性质",那么小学生就可以较早地接触到代数思维,并能够减少他们今后学习代数的困难。而准变量表达式正好体现了"等号的关系性质"。所以,全面、正确地理解并掌握准变量表达式将有助于我们改变在算术中只关注"等号的程序性质",而忽视或无视它的"关系性质"的陈旧观念。

其次,虽然我们现行的小学数学教学中早已引进了未知数和方程的概念,但是,它们都是建立在算术思维基础之上的。我们知道,未知数是一个不变化的数,而变量则表示一个其值可以取不同数的量,即,"未知数不变,变量变化"。所以,尽管我们在小学低中高年级已经开始用字母符号来表示数(尤其是在简易方程概念和方程求解过程当中),但是,这些还都属于算术思维的范畴,并没有涉及"等号的关系性质"(即等号的代数理解)。准变量表达式的运用可以为小学生提供一个通向变量概念的大门。因此,准变量(表达式)概念的引入与使用将有助于我们改变"小学数学主要是初等数学,而初等数学就是常量数学,即小学数学只关涉不变的数和量"的陈腐思想。

第三,尽管现在我们小学教师的学历要求已越来越高,一般都要求本科毕业(尤其是在经济发达的沿海和东部,甚至有些地方都已经在追求幼儿教师的本科化了!),但是,在我们大多数老师(甚至包括教师教育者)的头脑里还是存在着这样一个观念,那就是,"小学数学教师不需要太多的或更高的专业知识"。通过上述我们对准变量表达式的介绍与分析,我们应该知道,要想在数学教学中真正做到"深入浅出"和"融会贯通",教师首先就要不断地学习、深入钻研。只有做到常流水,才能保证不断水。而决不能像过去那样只满足于"一桶水与一滴水"的比喻。因此,通过对算术中准变量表达式的了解与把握,从一个侧面(又一次)给我们教师提出了终身学习的要求。正所谓"要想教他人学习,首先得自己学会学习"。

3. 在算术中进行"代数教学"

通过上面的分析与讨论,我们知道:在小学阶段,教师就可以而且应该为学生提供特殊的代数推理之机会,以发展他们的代数思维。下面我们将通过两个具体事例来说明。

第一个例子是大家都熟悉的"握手问题"。有 n 个人聚会,要求每个人都要与其他人握手(一次)以示友好,请问:这 n 个人一共握手多少次?对于小学低年级学生而言,我们不可能要求他们给出一般化的结论:$n(n-1)/2$。但是,我们可以通过下面的方式来引导他们进行准变量思维(尽管我们没有使用代数符号):

首先是"角色扮演"。通过具体地扮演握手来记录:2个人握手1次,3个人握手3次,4个人握手6次,5个人握手10次,等等。这显然是程序思维。

其次是引入关系思维。通过具体地扮演握手,我们可以知道,10个人握手的总次数是:9+8+7+6+5+4+3+2+1(不要求学生计算具体的结果!)。现在提问:如果有15个人,那么握手的总次数是多少呢?这一提问本身就已为学生提供了一个浸润于代数思维的丰富机会。一个可能的回答是:如果第11个人来了,那么为了和每一个人都见面,他需要握手10次,因为其他人都彼此握过手了,所以,11个人握手的总次数是"再加上"10:10+9+8+7+6+5+4+3+2+1;同理,如果第12个人来了,那么就要"再加上"11,第13个人来,"再加上"12,第14个人来了,"再加上"13,第15个人来了,"再加上"14。因此,15个人握手的总次数应该是:14+13+12+11+10+9+8+7+6+5+4+3+2+1。

再次是变换提问方式,进一步强化关系思维。比如,如果聚会的人总共握手"8+7+6+5+4+3+2+1"次(也不给出具体的结果!),请问:总共有多少人聚会?等等。这些都是发展关系思维的极好时机。

第二个例子与解决问题有关。如果计算器或计算机键盘上的"键7"失灵了,那么请问:我们如何使用这块计算器或这台计算机来计算"737−476"呢?这个例子为学生提供了一个探索算法多样化的极好机会。比如,737−476=636+101−466−10(主要体现了程序思维,但已出现了准变量思维的痕迹),或737−476=626−365,或737−476=959−698(这后两个式子是典型的准变量思维!因为它们运用了作为关系项的等号)等。在澳大利亚,有关这类问题被统称为"Broken Calculator",以用来培养小学生解决问题的能力。

参考文献:

[1] Л. B. 赞科夫. 论小学教学. 北京:教育科学出版社,2001:109.

[2] 周欣. 儿童数概念发展研究的新进展. 学前教育研究. 2003(1):11.

[3] Carpenter T. P. and Levi L. Developing Conceptions of Algebraic Reasoning in the Primary Grades. Paper presented at the Annual Meeting of American Educational Research Association, Montreal, Canada,1999:3.

[4] Blanton, M. and Kaput, J. J. Algebraifying the Elementary Mathematics Experience Part II: Transforming Practice on a District-wide Scale. In H. Chick, K. Stacey, J. Vincent, and J. Vincent(Eds.), Proceedings of the 12th ICMI Study Conference. The Future of the Teaching and Learning of Algebra. Melbourne: University of Melbourne,2001:91.

[5] Carpenter T. P. and Franke, M. L. Developing Algebraic Reasoning in the Elementary School: Generalization and Proof. In H. Chick, K. Stacey, J. Vincent, and J. Vincent(Eds.), Proceedings of the 12th ICMI Study Conference. The Future of the Teaching and Learning of Algebra. Melbourne: University of Melbourne,2001,156.

小学数学与初中数学衔接问题的思考

王永春

一、问题的提出

《全日制义务教育数学课程标准(实验稿)》(以下简称《数学课程标准》)改变了传统的义务教育阶段小学和初中数学教学大纲分开编制的做法,合成一本颁布出版。这体现了义务教育的整体性,加强了小学和初中数学的联系,有利于更好地完成义务教育阶段的任务和目标,促进学生个性的全面发展。但是,由于我国受传统教育体制、模式和办学条件的影响,目前学校教育的实际情况是仍然沿袭小学和初中独立建校的做法。这种办学模式事实上造成了小学(第一、二学段)与初中(第三学段)在教学方法和学习方式等方面的割裂,一定程度上影响了小学与初中数学的衔接,不利于初中数学的教学和学习,给初中一年级学生的数学学习带来某些障碍。那么如何有效地解决这个问题呢?应该说解决这个问题的角度至少有两个:一个是未雨绸缪,在第二学段就提前做好各方面的准备;二是亡羊补牢,在初中开始阶段有针对性地进行教学。本文把第一个角度作为切入点,首先分析初中一年级学生在数学学习上存在哪些障碍以及产生的原因是什么,让小学高年级教师了解初中一年级学生在学习过程中出现的与小学有关的学习障碍;然后重点分析如何使小学高年级的数学教学做到有的放矢,采取有效的策略,使即将结束小学生涯的小学生在思维方式和学习方式上逐步与初中接轨,为升入初中打好基础。

二、初中一年级学生产生数学学习障碍的原因

从小学数学到初中数学,是从算术到代数、从常量到变量、从直观形象的实验几何到抽象逻辑推理的论证几何的过渡和转变过程。这种变化对刚升入初中的学生来说无疑是巨大的困难和挑战,使得相当一部分学生在数学学习上产生了障碍。当然,初中生数学学习产生障碍的原因可能是多方面的,本文主要谈以下几点。

(一)小学数学的基础知识和技能不扎实

虽然小学数学内容的容量和难度不是很大,但是初中的各部分内容都是在小学数学的基础上学习的。如有理数、方程、函数、几何图形的性质和证明、统计与概率等。有一部分学生对小学数学中的概念和计算技能没有很好掌握,影响了初中的学习。如初中的有理数四则计算,主要是在小学非负有理数四则计算的基础上增加了负数的计算,其计算技能的熟练程度与小学数学四则计算的基本功是直接相关的。

（二）学生对教师的教学方法不适应

小学生处于以直观形象思维为主、逐步向抽象逻辑思维过渡的阶段，因而决定了小学教师通常采用操作、直观形象的教学方法，教学过程比较细腻，知识间的坡度小、思维跳跃小，这样便于学生理解。进入初中后，由于学科的增加和知识难度的增大，每堂课数学知识的容量、抽象性和逻辑性加大，教学进度较快，思维跳跃大，导致部分学生不适应。

（三）学生的学习方法不适应初中阶段的学习

初中数学无论从教材的编写还是课堂教学，都注意培养学生自主学习的方法和能力。对于数学中的概念、法则、性质、公式和定理，教科书大多是通过设置"观察""思考""讨论""探究""归纳"等栏目。让学生通过这些探究性活动，归纳得出结论，再对结论进行说明或论证，从而发展思维能力，培养自主学习的方法和能力。初中比小学的课程多、难度大，教师更无精力辅导每一个学生，要求学生有较强的自学能力。这种自学能力包括课前预习、课后复习、认真记笔记、独立完成作业等。对于多数初中学生而言，自学能力的形成是一个相对较漫长而艰难的过程，至少需要一年甚至更长的时间，才能形成较强的自学能力。由于小学生年龄小，依赖性强，教师和家长在生活和学习等方面指导得较多，使得多数小学生缺乏自学的方法和能力；同时，进入初中后，部分家长在数学方面已无能力辅导孩子；这些原因使学生逐步失去依靠，从而导致部分学生无所适从。

（四）学生的思维方式和水平不适应初中数学的学习

小学生的思维以具体形象思维为主，随着年龄的增长逐步向抽象思维过渡。小学生在理解和掌握数学概念、公式、规律等知识的过程中，一方面需要借助操作和直观等手段，另一方面也要运用类比、归纳等合情推理以及简单的演绎推理的方式。如学习长方体的体积公式的推导时，需要借助实物操作进行探索，通过几组数据归纳出体积计算公式，这其中应用了合情推理；再通过正方体是特殊的长方体，得出正方体的体积公式，这其中应用了简单的演绎推理。当然，这种演绎推理的应用是简单的、少量的。当学生升入初中后，随着变量和演绎推理证明等知识的引入和增加，对学生的抽象思维水平和判断推理证明的能力的要求不断提高。如在初中学习有理数的运算法则时，尽管法则的学习过程有数轴作为直观手段，但是法则的总结概括以及学生对法则的理解和运用，还具有一定的抽象性。再如学习"如果两直线垂直于同一条直线，那么这两条直线平行"时，需要运用演绎推理来证明，这种思维方式对于学生来说比较陌生和抽象，从而造成学习障碍。

三、小学高年级数学教学应采取的策略

如前所述，义务教育的整体性和教育目标，为我们提供了思考问题的新视角。初中生数学学习存在的问题，对小学数学教学提出了更高的要求。作为小学高年级数学教师，一方面要了解初中数学的特点及初中生产生学习障碍的原因，站在更高的角度认识小学高年级数学教学的任务和目标；另一方面要研究如何采取有效的策略，才能使小学生打好知识技能、思维方式和学习方法的基础，升入初中后尽快地适应初中的学习。根据上文的分析及笔者的思考，现提出小学高年级数学教学宜采取的几个策略，供教师们参考。

（一）三维目标应以双基目标为主线

《数学课程标准》所确立的三维目标不是互相独立和割裂的，而是一个密切联系、相互交融的有机整体。这些目标的整体实现，是学生受到良好数学教育的标志。基础知识和基本技能目标是基础、是主线，其他目标要在这个目标基础上实现，并要渗透在这个过程中；同时，知识技能的学习要有利于其他目标的实现。

在小学阶段，学生除了掌握基本的概念、法则、公式、定律外，还要重点掌握在初中阶段学习所必需的重要的知识和技能，主要有以下几点。

1. 加强四则混合运算的训练

初中数学无论是数与代数领域，还是空间与图形、统计与概率领域，主要是通过代数式的运算和几何证明来解决问题，其中运算占主要部分。根据对安徽省2006年和广东省中山市2007年数学中考题分布情况的统计分析发现，涉及运算的题目占大多数，推理证明不足30%。与教科书中涉及运算内容和涉及推理证明内容的分布基本一致，这充分说明了运算的重要性。初中一年级学习的主要内容之一是有理数的运算，这是初中阶段学习整式、二次根式、方程、函数等代数式运算的基础。而有理数的运算，主要是在小学学习的整数、小数和分数四则混合运算的基础上，增加了负数和乘方的运算。也就是说，有理数运算的基础来自小学的四则运算。因此，在小学打好四则混合运算的基础非常重要。教师应在学生理解了四则运算的意义和法则的基础上，适当加强练习，使学生在整数、小数和分数的四则混合运算方面能够比较熟练地计算，达到较高的正确率。

2. 加强列方程解决问题的训练

在小学阶段，运用算术方法解决实际问题是传统的重要的方法，可以提高学生分析问题的能力和思维能力。但是，在初中阶段，要解决的实际问题更为复杂，运用传统的算术方法很难解决，方程是解决复杂的实际问题的最基本的方法。为了更好地与初中进行衔接，打好列方程解决问题的基础，在小学高年级，教师应把列方程作为主要的解决问题的方法让学生掌握，使学生认识到它的重要性。下面两个案例似乎能给人以启示。

案例1：人教版《义务教育课程标准实验教科书·数学》五年级上册第70页列方程解决问题。

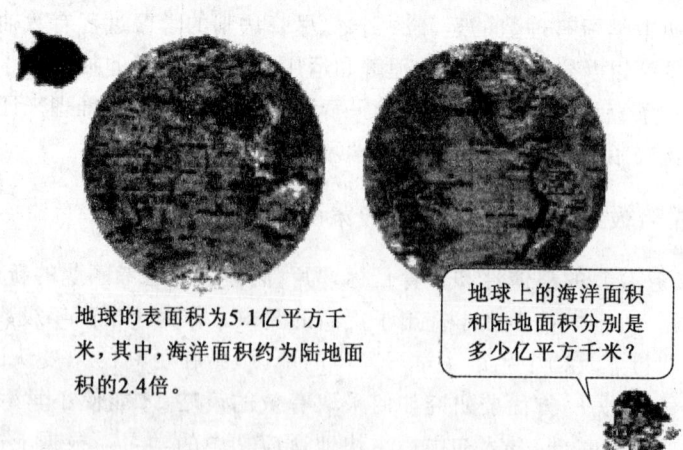

地球的表面积为5.1亿平方千米，其中，海洋面积约为陆地面积的2.4倍。

地球上的海洋面积和陆地面积分别是多少亿平方千米？

案例2：人教版《义务教育课程标准实验教科书·数学》七年级上册第88页解一元一次方程。

问题1　某校三年共购买计算机140台，去年购买数量是前年的2倍，今年购买数量又是去年的2倍。前年这个学校购买了多少台计算机？

案例1是小学阶段有名的"和倍问题"，是已知两个数量的和以及倍数关系，分别求这两个量是多少。通过两个案例的对比可以发现，案例2是与之数量关系类似的稍复杂的和倍问题。由此可知，小学的列方程解决问题是初中的基础，初中的列方程解决问题是小学内容的进一步发展。

3. 渗透推理证明的意识

小学阶段的空间与图形的内容，主要是结合直观和实验的手段让学生掌握基本的几何形体的特征和周长、面积、体积等的计算，培养空间观念。在人们的传统观念中，小学几何是实验几何，很难在演绎推理证明方面有所渗透。同时，在初中阶段，培养学生的演绎推理能力是重要的教学目标之一，然而对于部分初中学生而言，这部分知识又是学习中的难点。那么，在小学高年级，能否进行演绎推理思想的渗透，从而使刚升入初中的学生有演绎推理的初步经验呢？下面的案例也许能说明问题。如下左图，两条直线相交形成4个角，在初中要根据"同角的补角相等"来证明对顶角相等。那么，在小学阶段，如何渗透这一思想呢？下面给出最简单的证明：

因为∠1和∠2，∠1和∠4分别组成平角，

所以∠1+∠2=180°，∠1+∠4=180°，

∠2=180°−∠1，∠4=180°−∠1。

所以∠2=∠4。

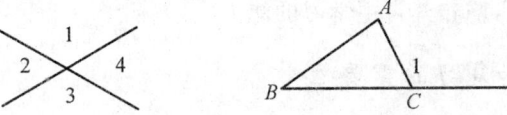

再看右上图，在初中要证明三角形的一个外角等于与它不相邻的两个内角的和，在小学阶段同样可以类似地得到证明。

4. 渗透全面思考问题的意识

在小学阶段，有关数的性质和计算范围仅限于非负数，而且往往不考虑0的特殊情况，如有关整数的因数和倍数的内容往往不考虑0，这种思维定势带到了初中。在初中，学习有理数的性质和计算时，常常要考虑0的存在。如此反差使初一的学生一时难以适应，相当一部分学生产生了学习障碍。有些学生会出现如下比较低级的错误判断：任意两个数的和一定大于每一个加数，$-a$一定是一个负数，任何有理数的平方都是正数，等等。又如下图，平面上有三点，过任意两点连一条直线，一共可以连几条？在小学一般不太考虑三点共线的情况。而在初中，就必须考虑任意三点的位置关系，分为共线和不共线两种情况，再来解决问题。

初中数学与小学数学相比,严密性明显增强,这就要求小学高年级教师应有长远眼光,在教学时注重培养学生全面地思考问题的意识。

(二) 处理好独立思考与合作学习的关系

初中数学教学更多地提倡学生的独立探索和自主学习,合作学习运用较少。因此,培养小学高年级学生具有一定的独立思考和解决问题的能力,显得尤为重要。小学数学教学中合作学习运用得较多,这样做符合《数学课程标准》的理念。问题的关键是教师应处理好独立思考与合作学习的关系,在合作学习之前要让学生先独立思考问题,每个学生有了初步想法后再进行探究合作与交流,共同解决问题。这样将给不爱动脑思考或学习有一定困难的学生提供进步的机会,对提高他们的学习能力也会有帮助。小组合作学习与传统的教学形式不是替代的关系,而是互补的关系。不讲原则的、过多的合作学习也可能限制学生独立思考的空间,对学生个人能力的发展同样是不利的。

(三) 培养高年级学生掌握良好的学习方法

如前所述,刚升入初中的部分学生还没有掌握一定的学习方法,较难适应初中的学习。由于初中数学每堂课的知识容量大、难度大,学生只凭一堂课的时间很难较好地掌握所学知识,甚至有些学生还不能完全理解所学知识。基于这种情况,初中数学提倡"三先""三后"的学习方法,即先预习后听课,先复习后做作业,先思考后动笔。因此,小学教师要注意培养高年级小学生,尤其是六年级的学生,逐步掌握"三先""三后"的学习方法。教师应提醒学生每天进行预习,在教学中应控制讲授时间,留给学生自主学习和做习题的余地。使学生在课堂内能够有自主看书、自主思维、自主练习的机会。教师应精讲、选讲,重在引导、启发、点拨,充分体现学生的主体性,培养其自主学习的能力。

(四) 认识巩固和复习的重要性

根据心理学记忆的遗忘规律,学习的新知识在一周内会保持较高的记忆百分率,一个月以后会遗忘较多。因此,无论是在小学还是在初中,适时适量的科学的巩固练习和复习是必要的,能够提高学习效率。在小学学习的数学概念、公式、法则和规律等知识,大部分在初中会进一步直接运用或加以拓展后再运用。然而,初中生对小学相关知识有所遗忘是在所难免的。因此,小学教师在日常教学中可以采取两方面的措施:一是在日常教学中的每堂数学课的最后留有一定的巩固练习时间,同时练习的形式应是丰富多样的,应让学生在理解的基础上巩固;二是应在单元教学之后进行适当的整理和复习,保证所学的新知识在一个月内得到及时的梳理和巩固,使所学的知识结构化。教师还应对学生的练习和考试进行反馈,找出学生出现错误的原因,及时采取相应的对策,保证中等偏下的学生达到基本要求。这样,便于学生在理解的基础上形成良好的数学知识结构。在此基础上进行适当的综合练习,提高学生综合地分析问题和解决问题的能力。对于学有余力的学生,还可以适当增加探索性和开放性强的题目,使他们在数学上得到更好的发展。最后,在小学结业前的最后一学期进行总复习时,首先应把小学所学的主要知识进行比较系统的整理和复习,然后了解初中数学中有哪些知识需要小学数学知识做基础,适当加以准备和练习,如小学数学的四则运算、各种数量关系式(模型)和列方程解决问题等。

（五）加强数学思想方法的教学

《数学课程标准》在总体目标中指出：让"学生能够获得适应未来社会生活和进一步发展所必需的重要数学知识以及基本的数学思想方法和必要的应用技能"。这说明了数学思想方法的重要，对学生进行数学思想方法的培养应贯穿于小学和初中。在小学阶段有意识地向学生渗透一些基本的数学思想方法可以加深学生对数学概念、公式、法则、定律的理解，提高学生解决问题的能力和思维能力，也是小学数学进行素质教育的真正内涵之所在。同时，也能为初中数学思想方法的学习打下较好的基础。在小学阶段可渗透的数学思想方法有很多，有符号化思想、化归思想、类比思想、归纳思想、分类思想、方程思想、函数思想、集合思想、一一对应思想、统计思想、模型思想、数形结合思想、推理思想等等。其中应用较为广泛的有符号化思想、类比思想、归纳思想、化归思想、方程思想、模型思想等。如归纳思想，是根据几个特殊情况作出的推理，属于合情推理。小学数学中很多运算法则、公式、定律等的推导，都是在列举几个特殊例子的基础上得出的。如根据 $40+56=56+40$，$28+37=37+28$，$120+80=80+120$ 等几个有限的例子，得出加法交换律。

那么，小学数学教师，应如何在日常教学中渗透数学思想方法呢？这个问题非常重要，因篇幅所限，本文不详细阐述，只提如下几点建议：

（1）比较系统地研究小学阶段的数学思想方法，把小学阶段的数学知识按照数学思想方法的应用范围进行分类和归纳整理。小学数学教师由于长期从事小学数学教学工作，如果忽视对数学专业知识的继续学习和深造，很可能导致数学知识的退化，更谈不上达到数学思想方法的较高境界。教师只有自己熟练地掌握了数学思想方法的内涵及其在各知识领域的应用，才能做到心中有数、驾轻就熟，进入小学数学的自由王国。

（2）把渗透数学思想方法作为一个重要的教学目标，而且要尽可能地在教学中体现。在近几年课程改革的大背景下，教师在教学中比较重视知识技能目标和过程性目标的贯彻和落实。但是，由于没有明确的评价标准，对过程性目标的落实程度很难有一个清晰的判断。笔者从课改以来深入实验区听课调研所了解的情况来看，教师们还是比较重视对过程性目标的落实，但不足的是教师更多地关注了让学生在体验和探索的过程中获得知识和技能，而没有重视让学生体会获得知识和解决问题的方法，即数学思想方法的渗透往往成为被遗忘的角落。教师在教学中既要重视知识和技能的获得，也要总结和提升解决问题的方法。

（3）通过思想方法的教学，使学生形成举一反三的能力。人所共知，我国学生的数学基本功扎实，但这往往是教师采用题海战术进行训练的结果，这也令人深思。实践经验表明，优秀的教师之所以在教学上取得成功，并不是因为采用了题海战术，而往往是紧紧抓住了数学的本质和灵魂——思想方法。方法得当可以事半功倍。数学知识和情境丰富多彩，表面上看杂乱无章，但其数学模型是有限的。教师的主要任务就是培养学生逐步地达到用有限的模型解决变化多端的数学问题，学会举一反三，这是学习数学的最高境界。

参考文献：

[1] 中华人民共和国教育部.全日制义务教育数学课程标准(实验稿).北京:北京师范大学出版社,2001.

[2] 章志光.心理学.北京:人民教育出版社,2002.

[3] 李海东.义务教育课程标准实验教科书数学七年级上册简介.http://www.pep.com.cn.

[4] 田载今,李海东.义务教育初中数学新课标实验教材的研究与编写.http://www.pep.com.cn.

七、比较研究

- 数学能力发展水平不同的学生的创造性思维的比较研究（富安利 赵裕春 张锦帆）
- 土家族、苗族和汉族一年级小学生数学能力发展的比较研究（郑和钧 李正绅 杨元生 王巧云）
- 藏汉9—13岁儿童数学思维能力及其发展的比较研究（孙杰远）
- 贾斯珀系列对我国小学数学教学改革的启示（王文静）
- 美国小学数学课堂活动管窥（高向斌 胡咏梅）
- 小学数学新手和专家教师PCK比较的个案研究——青浦实验的新世纪行动之四（上海市青浦实验研究所）
- 小学教学课堂对话的特点：对专家教师与非专家教师的比较（李琼 倪玉菁）
- 中美职前小学教师教育中数学课程的比较研究——以上海师范大学和纽约城市大学为例（袁红 韩翊）

数学能力发展水平不同的学生的创造性思维的比较研究[①]

富安利　赵裕春　张锦帆

有关智力与创造力关系的研究表明,智力高低与一个人的创造力并没有绝对的相关。数学能力作为一种特殊能力,与学生的创造力是否也是这样一种关系呢?这是本文所要探讨的第一个问题。我们从发散思维和辐合思维这两个方面来分析创造力与数学能力的关系,并从发散思维的各项指标(思维的流畅性、灵活性和独创性)上具体地分析数学能力不同的学生的创造性思维的特点。另外,数学能力发展水平不同的学生,他们在数学创造性测验和一般创造性测验上所得的结果是否会一致,还是有其特殊性?这也是我们所探讨的一个主要问题。

一、研究对象和方法

(一)对象

本实验以数学能力优、中、差三组各10名学生(优、差两组男女各半,中组男生6名;女生4名)为实验对象。他们是从北京市参加"小学生数学能力测验"(删除其中个别题目)的10个班226名刚升入六年级的小学生中挑选出来的(他们在1—5年级参加了5次数学能力测验,成绩历年都分别属于五级分配中的优、中、差这三个级别)。

(二)方法

实验以团体测验的方式进行。

(三)实验材料

(1)以张德琇教授编制的创造性思维潜能测验(C)(删除其中个别题目)作为测量和分析学生一般创造性思维能力及其特点的工具。内容包括:① 急骤联想,② 数系完成,③ 推理,④ 能与物的用途,⑤ 简易发现,⑥ 制造设计,⑦ 科学常识,⑧ 造句。①,④,⑥,⑧属发散思维方面的试题;②,③,⑤,⑦属辐合思维方面的试题(每个正确答案计1分)。

(2)以选编的三个试题(下称数学创造性思维测验)作为测量和分析学生创造性思维能力及其特点的工具。

1)"编题"——利用2、3、4三个数和十、一、×、÷和( )列出不同算式,并写出答案(10分钟)。

2)"求值"——利用4这个数和十、一、×、÷和( )列出答案是下外各数:1=,

[①] 本文选自《心理科学》1988年第4期,第11—15,41页。

2＝，……，20＝的算式（10分钟以内完成者可继续求20以外的值）。

3）"识别图形"——下边这个图里有多少种图形，每种图形各有多少个？（5分钟）。

第1题属发散思维题。以正确的编题数量衡量流畅性（编对一题计1分）；以编题的类型数衡量灵活性（一种类型题计1分）；以全体被试在每种类型题上的反应次数衡量独创性。第2、3题均属辐合思维题（兼有发散思维的性质）。每一正确答案计1分。

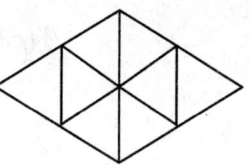

二、结果和分析

（一）创造性思维潜能测验（C）

1. 优、中、差三组学生一般创造性思维的差异比较，见表1、2

表1　优、中、差三组学生一般创造性思维测验平均成绩

学生（人数）	全测验		发散思维部分		辐合思维部分	
	X	S	X	S	X	S
优(10)	69	13.10	35	11.21	34	4.71
中(10)	43.6	10.27	20.1	7.92	23.5	6.64
差(10)	31.4	9.74	16.2	6.34	15.2	5.41

表2　三组学生测验成绩的方差分析及各对均数差异比较

组别	全测验	发散思维部分	辐合思维部分
	$F=29.68$	$F=12.92$	$F=27.86$
	$P<.0001$	$P<.001$	$P<.0001$
优・中	$P<.001$	$P<.01$	$P<.001$
优・差	$P<.0001$	$P<.001$	$P<.0001$
中・差	$P<.05$	$P>.05$	$P<.01$

方差分析的结果表明，三组学生不论全测验，还是发散思维部分或辐合思维部分的差异都十分显著（P值均小于.001或.0001）。从三组间各对均数差异比较结果看，除中差组在发散思维上无显著性差异外，各组在不同的测验上都有显著性差异。

2. 以"急骤联想"一题为例看优、中、差三组学生发散思维的特点

本题包括5个小题：① 从社会主义想到；② 从电灯想到；③ 从飞机想到；④ 从正义想到；⑤ 从诚实想到（5分钟答完）。每小题都以前述三项为指标计分，每项指标的最高分5分。

优、中、差三组学生流畅性的平均分数分别为3，0.4，0.5；灵活性的平均分数分别为2.7，0.1和0；独创性的平均分数分别是2.3，0.1和0.2。上述结果表明，优组学生的思维比较敏捷，思维的发散量大、面广、灵活，且具有独到之处。中、差组学生的思维广度差，缺乏灵活性，其中有极少数的学生在个别题目上表现有一定的创造性。以"从

飞机想到"一题为例,中、差组学生的联想常常局限在与飞机有直接关系的事物上,如交通工具,飞机制造工厂、工人、机场、火箭等,联想缺乏广泛性、新颖性,中、差两组学生在这方面没什么差别;优组学生则不然,他们除了可以想到上述这类事物外,有的还想到莱特兄弟、宇宙飞行器以及光速、战争、第二次世界大战、坠毁、欢乐和科学技术的发展等许多不易想到的东西。

3. 优组学生一般发散思维能力上的个别差异

如前所述,优组学生总的来说发散思维水平都比较高,但个别学生在这方面的测验成绩并不理想。例如学生×××,曾获1986年华罗庚数学竞赛二等奖,数学能力测验分数也很高,但在创造性思维潜能测验(C)的发散思维部分的四个题目上的得分都很低:"急骤联想"在5个小题中只有2个小题在流畅性上得分,在灵活性和独创性上的得分为零;"制创设计"的两个小题中只有1个小题在流畅性上得分,其余两项指标均为零分,其他两题的得分情况在优组中也是偏低的。也就是说,数学能力强的学生,一般性发散思维能力不一定都强,有的甚至很差。

4. 以"简易发现"中的一题为例看优、中、差三组学生辐合思维的特点

此题要求用简便方法求出2,4,6,8,10,12,14,16,18,20,22,24这12个数的总和,并说出自己所用的方法。

优组中7名学生利用(首项+尾项)×项数÷2的公式,其中1人用的是自己推导出的公式,尽管它与原公式的形式不同,但推理是准确的;1名学生用加法结合律,1人用凑10法计算,只一名学生公式推理有误,但计算正确。优组学生计算结果全都正确。说明优组学生思考问题方式简约概括,思路清晰,逻辑性强,准确性高,有的人还表现出一定的创造性。中组中有两人利用加法结合律,8名学生用凑10法,计算结果正确,只是不能在高一级的概括水平上用公式求和。差组中有7名学生利用凑10法,其中2人计算有误,其余学生没有找到简便方法,不会计算。可见差组学生的思维概括能力低,大多利用教师教过的方法计算,最差的学生由于要求他用简便方法计算,就不知从何入手解决问题。

辐合思维题主要是用数学教材和一般推理题构成的,所以优组学生的成绩没有个别较差的。

5. 优、中、差三组学生在创造性思维潜能测验(C)上,男女学生之间均无显著差异

(二) 数学创造性思维测验

1. 优、中、差三组学生数学创造性思维特点的差异比较,见表3、4

表3 优、中、差三组学生数学创造性思维测验平均成绩

学生(人数)	全测验		发散思维部分		辐合思维部分	
	$\overline{X}$	S	$\overline{X}$	S	$\overline{X}$	S
优(10)	139.3	25.10	78.1	21.78	61.2	4.57
中(10)	90.4	14.21	42.7	11.38	47.7	5.58
差(10)	45.0	18.15	14.9	11.14	30	8.91

表 4　三组学生测验成绩的方差分析及各对均数差异比较

组别	全测验	发散思维部分	辐合思维部分
	$F=33.82$	$F=28.38$	$F=11.94$
	$P<.0001$	$P<.0001$	$P<.001$
优·中	$P<.001$	$P<.01$	$P<.05$
优·差	$P<.0001$	$P<.0001$	$P<.0001$
中·差	$P<.001$	$P<.001$	$P<.05$

方差分析结果表明,优、中、差三组学生他们在全测验、发散思维和辐合思维两部分的差异都十分显著。(P 值小于 .0001 或 .001)。说明优组学生的数学创造性思维能力明显地超过中组和差组。

2. 优、中、差三组学生发散思维特点的差异比较

我们对优、中、差三组学生在数学发散思维方面的流畅性、灵活性和独创性的平均分数进行方差分析,结果表明,三组学生在发散思维的这三项指标上的差异都十分显著(P 值小于 .0001 或 .001)。

为了更具体地说明三组学生在发散思维品质上的差异,我们对学生编题性质的不同层次做了进一步的分析,见表 5。

思维的流畅性是以编题的数量衡量的。优组学生在各层次上的平均编题数量高于中组(除层次Ⅱ上,中组略高于优组外),中组又高于差组学生。且优组学生在 3 个层次上所占百分比的大小是按Ⅲ—Ⅰ—Ⅱ的顺序呈现的,中组学生则按Ⅰ—Ⅱ—Ⅲ的顺序呈现的。差组学生虽然和中组的排列顺序相同,但他们在层次Ⅰ上占的比重要比中组多 15.9%,这说明中差组学生多利用低层次或较低层次的运算方式编题,差组学生表现得更为突出。

表 5　三组学生在编题性质的不同层次上的差异

组别	平均编题总数	层次(由低到高)					
		Ⅰ. 四则混合运算		Ⅱ. 带括号的四则混合运算		Ⅲ. 利用平方、立方、四次方和开方运算	
		编题数	编题类型数	编题数	编题类型数	编题数	编题类型数
优	40.7	14.8	9.1	8.7	4.8	17.2	12.4
中	26.8	13.3	7.7	11.5	4.3	2	1.7
差	9.3	6.1	3.4	2.8	1.1	0.4	0.1

思维的灵活性是以编题的类型数量衡量的。从表 5 可以看出,优组学生各层次的平均编题类型数均高于中、差组。由此可见,在数学思维的灵活性上,优中差学生不仅表现出量的差异,同样也表现出质的差异。

在本测验中,优组学生在数学发散思维方面的成绩都较高。前边提到的曾获 1986 年华罗庚数学竞赛二等奖的那个学生,一般性发散思维能力虽然很差,但在数学发散思维题的各项指标上得分都很高。他在思维的流畅性和灵活性上的得分居优组学生的首位,独创性上的得分居第二位。也就是说,数学能力强的学生,一般来说一般性发散思维能力也比较高,

但不是绝对的,有的也可能是比较差的。但在数学发散思维能力上,就我们的实验结果看,数学能力的高低同他们数学的发散思维能力是成正比的。即数学能力强的学生,数学发散思维能力亦强。

3. 优、中、差三组学生辐合思维特点的差异比较

三组学生这方面的能力,是用综合"求值"和"识别图形"(参见实验材料2)两方面的成绩来比较的。

从优、中、差三组学生在"求值"题上的平均分数,可以看出他们完成作业量上的差异:优组大部分学生都超出了 20 以内的数的求值,最多的是 27 个,平均完成了 23.8 个;中组学生平均完成 13.8 个,没有超出 20 以外的,最高分数是 20,成绩较优组分散;差组学生平均只完成了 5.2 个,大多数学生(70%)的得分在 1—7 分之间,10% 的学生得 20 分,20% 的学生为零分,一个题也没做出。

优组学生完成这些作业时,基本上是遵循这样一个规律进行的,即对较小的数(11 以下)的求值,主要利用以加、减为主的四则混合运算(如用 $4-4\div4$ 或 $(4+4+4)\div4$ 求 3,用 $4+4+4\div4$ 求 9)。由 12 开始,对 12 以上的数转而利用乘、除为主,其他为辅的四则混合运算(如用 $4\times4-4\div4$ 求 15,用 $4\times4+4\div4$ 求 17)。但也不拘泥于这种做法,对待特殊的数,如 4 和 12,他们有的也用 $4+4-4$,也有的用 $4\times4\div4$ 求 4;有的用 $4+4+4$,也有的用 $4\times4-4$ 求 12。看来优组学生算法简洁、灵活而准确。中组学生中,有的由于在求 10 以前过早地利用乘、除为主,或有的虽以加法为主,但方法笨拙,致使关系表达式复杂化了,如用 $4\div4+4\div4+4\div4$ 求 3,用 $(4+4+4+4+4)\div4$ 求 5。这样就使一些学生不能完成 20 以内数的求值问题。差组学生思维比较混乱,有的长时间找不到解题的办法,最好的一个学生,虽然得了 20 分,但他从求 3 开始便利用几个 4 的和再除以 4 的方法求值,如求 20 时,写了 20 个 4 相加再除以 4。其他学生有的只能完成几个特殊的数——1,8,12,16,20 的求值,有的由于逆向思考能力特别差,找不出可以利用 4 这个数求某数,如 5=?的算法,所以一个题也没做出来。

"求值"题基本是辐合思考题,但在解决这种问题时也有发散思维的成分,从学生解题的灵活性和新颖性上也能在某种程度上看出他们的思维创造性。

4. 优、中、差三组学生在数学创造性思维测验上,男女学生之间无显著差异

三、小结

(1) 数学能力优、中、差三组学生,无论在一般创造性思维潜能测验上,还是在数学创造性思维测验上取得的成绩,经方差分析的结果表明差异都非常显著(P 值均小于 .001 或 .000 1)。在两个测验成绩的各组均数差异比较中,除中、差组学生一般性发散思维差异不显著,优组与中组,中组与差组学生在数学辐合思维部分的差异显著外,其他各方面,差异均非常显著。也就是说,学生数学能力的强弱同创造思维能力的高低,基本上成正比。

在数学能力强的优组学生中,有个别学生一般发散思维能力较差,但数学发散思维能力却很强,说明数学能力强,一般发散思维能力不一定强,但数学发散思维能力总是比较强的。数学能力属中、差水平的学生一般发散思维能力都比较差,而数学发散思维能力和他们的数学能力基本上都是一致的。看来,数学能力的强弱和数学的发散思维与辐合思维能力以及一般辐合思维能力都有相应的一致关系。但在一般发散思维能力上,这种关系对数学能力

强的学生来说,不是绝对的。由此可知,一般的发散思维能力和数学发散思维能力虽有关联,但却是两种不同性质的能力。

(2)数学能力强的学生,运用高层次的数学知识,力求算法简洁、新颖,计算准确、迅速,能在限定时间内完成定额以外的数的求值作业;数学能力差的学生利用低层次数学知识列式求值,算法繁缛,速度低,不能在限定的时间内完成定额作业。由此见,数学能力不同的学生,在解答辐合思考题时,即便取得的结果全部正确,他们思考问题的策略和动用的知识也是不同的,完成作业的质与量均有很大的差别。结果还说明,在解决数学问题时,数学发散思维是不可缺少的重要成分,可以作为鉴别学生数学能力强弱的一个重要标志。

(3)优、中、差三组学生,在一般创造性思维测验和数学创造性思维测验所得的结果表明,男女学生之间均无显著差异。

土家族、苗族和汉族一年级小学生
数学能力发展的比较研究[①]

郑和钧　李正绅　杨元生　王巧云

一、研究的宗旨

三年来我们对城乡小学生数学能力发展状况进行了较系统的研究。在此基础上,我们对湖南湘西少数民族地区的土家族、苗族和汉族学生数学能力的发展进行了初步的研究,以探讨少数民族学生数学能力发展的规律性,为因材施教,提高少数民族教育质量提供一些参考意见。

二、研究方法

(1) 本研究采用中央教科所组织的小学生数学能力研究协作组编制的《小学生数学能力测验研究方案》的第一套团体测验材料,这套测验由75个试题组成,内容包括:数概念、数的概括和推理以及空间关系等三个方面。这套材料经过全国性测试,证明它的效度和信度是高的,题目的难度适当,鉴别力强。

(2) 测验对象:我们从湖南湘西永顺县民族师范附小、永顺县第一中心完小和第二中心完小等校的一年级各班的学生中,抽取所有的汉族和苗族学生,并在各班土家族学生中按优、中、差三类的实际比例抽取相当数量(即抽取各班汉族和苗族学生总数的1/2的数量)的土家族学生作为测验对象,共212名学生,被试都是学习全国统编全日制十年制教材。

(3) 测验方法:本研究采取团体测验的方法,测验严格按《数学能力测验(一年级)实施说明书》进行。土家族和苗族学生都懂汉语,不用翻译。统一用汉语发布指导语。测验主持者统一由永顺民师心理学老师担任。全套测验共75小题,分两次做完,每次一节课,评分按统一标准进行,基本上做对1题记1分,做错记零分(28、29题做对一半的记1分,全对的记2分),满分为77分。

三、测验结果及其分析

(一) 总测验成绩差异的比较

表1的数据说明,经过统计检验,土家族与汉族和苗族学生之间测验的平均成绩有非常明显的差异,三族儿童之间标准差的差异不显著。土家族学生数学能力总的发展水平非常明显地优于汉族和苗族儿童。

[①] 本文选自《心理发展与教育》1986年第2期,第23—27,22页。

表 1　三族学生测验成绩的方差分析

变异源	平方和(SS)	自由度(df)	均方(V)	F值	考验结果
民族间	2 856	2	1 428	9.58	$F_{0.01}=4.8<9.58$
民族内	31 164	209	149		$P<0.01$
总变异	34 020	211			

（二）年龄差异的比较

相同教学条件下，年龄因素（即成熟）对能力发展起什么作用呢？结果如表2

表 2　三族学生数学能力发展的年龄差异*

民族	年岁（岁）	N	X	S	δE	$Z7.8$	$Z8.9$	$Z7.9$
汉族	6	2	41.5	11.68	12.5	0.104 ($P>0.05$)	2.58 ($P<0.01$)	2.57 ($P<0.01$)
	7	34	33.4	13.61	2.33			
	8	40	32.6	10.55	1.67			
	9	5	23.2	7.19	3.22			
	10	3	29.7	9.5	5.49			
土家族	6	5	49.6	7.7	3.44	1.949 ($P>0.05$)	0.025 ($P>0.05$)	1.75 ($P>0.05$)
	7	23	44.4	12.63	2.63			
	8	48	38.3	11.59	1.67			
	9	16	38.4	8.82	2.2			
	11	2	35.5	4.05	3.5			
苗族	7	13	37.8	13.68	3.79	1.26 ($P>0.05$)	0.95 ($P>0.05$)	1.64 ($P>0.05$)
	8	15	31.3	13.67	3.50			
	9	2	22.5	12.02	8.50			
	10	2	29.0	1.41	0.99			

*有的年龄组因人数太少，没有计算Z值

从表2可见：① 三个民族中都是6岁学生能力发展比7岁的学生强，7岁的比8岁的强，6、7岁比9、10岁儿童强。② 土家族、汉族和苗族7岁和8岁学生之间能力发展无明显差异。这种情况与我们近三年来的研究结果是一致的。这又一次证明：① 年龄是影响能力发展的重要因素之一，但不是主导的因素，起决定作用的是教育。在相同教学条件下，7、8岁学生之间差异不明显。② 一年级学生的最佳年龄是6、7岁。皮亚杰认为6、7岁是儿童由前运算阶段向具体运算阶段过渡的时期，是智力发展的关键期（加速期）。儿童在关键期内受到良好的教育，成熟的作用能得到充分的发挥，能更大地促进能力的发展。我们的测验也证明：在相同教学条件下，土、苗、汉三族6、7岁儿童能力发展明显地优于9、10岁儿童。但是，同一年龄组的不同民族儿童之间的差异是很大的，如土家族七岁儿童平均测验成绩为44.4分，比汉族七岁儿童(33.4)高11分,比苗族儿童(37.8分)高6.6分。其他年龄组也有类似情况。

(三)性别差异比较

表3说明:土家族、汉族和苗族一年级学生男女生之间,能力发展没有明显的差异。

表3 三族学生性别差异比较

民族	性别	N	X	S	SE	Z
汉族	男	50	34.26	11.8	1.67	1.70($P>0.05$)
	女	35	29.88	11.6	1.96	
土家族	男	57	41.19	11.19	1.46	0.86($P>0.05$)
	女	38	39.10	11.92	1.93	
苗族	男	16	33.37	12.92	3.23	0.065($P>0.05$)
	女	16	33.06	14.28	3.57	

(四)三族学生测验题通过率的比较分析

我们进一步对土、汉、苗族212名学生各题通过率进行比较分析,可以为改进小学数学教学提供更为具体有用的反馈信息。各题通过率见表4。

表4 土汉苗三族学生各题通过率表

题目	通过率% 汉	土	苗	题目	通过率% 汉	土	苗	题目	通过率% 汉	土	苗	题目	通过率% 汉	土	苗	题目	通过率% 汉	土	苗
1	73	73	63	16	52	61	53	31	38	39	28	46	48	73	41	61	21	25	19
2	47	57	53	17	75	78	81	32	74	83	91	47	48	72	44	62	34	48	34
3	52	63	49	18	27	38	25	33	62	81	78	48	55	76	73	63	28	38	47
4	56	64	59	19	48	50	44	34	68	75	69	49	48	65	34	64	2	3	3
5	11	13	16	20	41	45	53	35	56	64	56	50	45	64	47	65	22	41	16
6	61	41	41	21	58	66	59	36	35	52	50	51	64	69	53	66	14	18	9
7	16	11	19	22	1	0	0	37	40	57	61	52	65	79	69	67	35	43	25
8	12	14	6	23	2	0	3	38	11	14	0	53	6	3	0	68	66	76	69
9	62	69	69	24	45	58	53	39	5	11	3	54	53	75	66	69	87	91	84
10	48	42	50	25	52	59	44	40	47	58	50	55	28	68	31	70	74	63	38
11	39	48	44	26	44	57	44	41	42	49	44	56	48	72	69	71	82	95	78
12	54	68	53	27	18	29	28	42	42	51	44	57	58	72	59	72	81	91	78
13	27	38	53	28	34	23	21	43	42	52	53	58	64	79	69	73	80	88	69
14	36	53	53	29	32	30	21	44	54	75	50	59	6	1	3	74	29	45	41
15	39	47	34	30	41	63	19	45	49	73	47	60	35	38	28	75	44	49	38

1. 数概念 I——对应、守恒、分类及部分与整体的关系

(1) 对应是整数结构的重要基础,它为两个集合是否等值提供了一个最直接的计量方法。因此,学生掌握对应是学习求差问题的基础。两个集合各元素按顺序对应排列,就有了函数关系,因而对应也是形成函数关系的基础。1—4 小题涉及对应集合中的对应与等值和根据对应关系判断的数大小,解答一对一和一对二的对应问题。在一对二的对应问题中又体现了简单的倍数概念。三族儿童 1—4 题的通过率大都在 50% 以上,这说明三族儿童初步形成了"对应"观念,土家族儿童更优一些。

(2) 所谓"守恒"就是改变物体的物理属性(如形状、长度、方位、颜色等等),其总量仍然不变。守恒概念和可逆思维是不可分割的,儿童形成守恒概念和可逆思能力是掌握数量关系和进行运算的重要条件。17 小题是对应与数量守恒题,三族儿童的通过率都在 75% 以上,苗族达 81%。18 小题是重量守恒,三族儿童的通过率都较低(通过率在 25%—38% 之间)。这可能与成熟有关,重量守恒出现较晚,一般在 9 岁左右方形成。19、20、21 小题是液体守恒,三族儿童有 40%—60% 的人通过,它比重量守恒好一些,但是还有 40%—60% 的人不能通过。三族儿童守恒概念发展的状况与皮亚杰的研究基本上是一致的。一年级正是守恒概念形成的关键期,通过教学有目的有计划地促进守恒概念的发展,将有助于发展儿童的智力和形成运算能力。

(3) 分类及部分与整体的关系是小学数学的重要内容。分类是解决数学问题的重要思维形式,部分与整体的关系是贯穿小学数学的一条红线。9—10 小题包括从圆的集合中分出部分集合"大圆";把部分集合(大小方块)组成"方块"的集合;从三角形集合中分出部分集合"小三角形";把部分集合(大、小叉子)组成"叉子"集合等内容,目的在于考查儿童在解决分类及部分与整体关系时,分析与综合、抽象与概括的思维能力发展的水平。三族儿童解这类题的通过率为 39%—69%,有一多半的儿童还不能解这类题。因此,数学教学中应加强对于分类及部分与整体关系方面的训练。

2. 数概念的第二部分试题是通过分组数数、区别基数与序数、判断数的大小、理解数的分解与组成来考查学生掌握这些数概念的水平及相应的能力

(1) 分组数数是形成乘法概念和函数关系的基础,40—47 小题是分组数数题,土家族学生通过率为 50%—75%,非常明显的优于汉族和苗族学生(40%—50% 左右)。

(2) 判断百以内数的大小(32、33 小题),三族学生通过率都很高,特别是土家族和苗族学生高达 80%—90%。

(3) 数概念是集合数(基数)和顺序数(序数)两者的综合。22、23 小题是考查学生序数概念的,三族儿童此题的通过率极低,只有 0%—3%,明显低于全国水平(62%,59%)这可能与这道题的指导语印的不清有关。

(4) 数概念形成的最重要的标志是能明确地把握数群的结构,根据部分与整体的关系,熟练地进行数的分解和组成。一年级二学期的学生对百以内数的分解和组成应是没有困难的。但是 28、29 小题不是以学生背的很熟的"九可以分成几和几"的形式来考查学生分解和组成数的能力,而是要学生透过具体情境对数的分解的掩盖才能正确解答。28 题是"有 9 支铅笔分给甲、乙二人:如果甲得→,那么乙得→"。29 题与 28 题相类似。这两题三族学生通过率都较低。汉族学生为 32%、34%,并明显地优于土家族学生(23%,30%)和苗族学生(两题均为 21%)。此两题是当和数不变时,考查学生能否对被加数和加数之间的关系作对

应函数关系的思考。结果表明：三族学生在这方面的差距都较大。34—37 小题是分解较大的数(76、65、90、102)，要求学生以 1 和 10 为单位进行分解，它既考查学生数的分解与组成的能力，又考查学生对数位概念的掌握能力。结果是土家族最优(52%—75%)，苗族其次(50%—69%)，汉族较差(35%—68%)。38、39 小题是把两个 100 以内的数相加分解为四个数相加，这种题型超出了一年级教材的内容，但是，只要学生真正把握数群的结构，灵活运用百以内数的分解和组成的知识，产生迁移作用，仍然可以解答这类题。然而三族学生解这两题的通过率很低(0%—14%)，可见，在教学中运用各种变式题目培养学生思维的灵活性、迁移能力，使学生真正概括地理解数概念的本质是很重要的。

3. 数概念的第三部分是运算题，但是这些题目都不是像教材上那种形式的试题，而是各种变式的题目

24、25 小题要求学生在规定的时间里从 7 个点子图中找出三群点子相加为 11 和 15 的点子圈，目的在考查学生按群感知计算的能力。三族学生解此题的通过率为 44%—59%。30、31 是组数计算，它不仅要求从已知的"和"中减去一个"加数"，还要分解"差数"，并要考虑相邻两列数的关系，才能找出适合的分解数以完成组数计算。这种题目对于学生掌握部分与整体的关系，培养观察力、可逆思维能力、综合能力等多种能力是一种多功能性的综合运算练习。此题难度较大，三族学生通过率都较低(汉族 38%、41%，土家族 39%、63%)，苗族更低(19%、28%)。62—67 题主要考查学生对基数与序数相互关系的理解水平，学生要能把基数序数化和把序数基数化才能回答。此题三族学生的通过率都很低，其中有四道通过率在 20%—40%左右，另外两小题为 3%—18%，可见这是教学中的一个薄弱环节，应该加强这方面的训练。68—75 题是应用题，目的在考核对已知数之间以及已知数与未知数之间的关系的理解力，考查思维的灵活性(克服思维习惯的消极影响)和可逆性(加减互逆)，其中 69、71、72、73 小题，三族学生通过率高达 78%—95%。74、75 小题，主要考核学生的可逆思维能力，通过率较低(29%—49%)，因此应加强培养三族学生的可逆性能力思维。

4. 基本能力——数的概括和推理能力

数的概括和推理能力是数学能力的核心。因此，教师了解学生的概括和推理能力，是因材施教的重要条件之一，为了帮助教师诊断学生的基本能力的状况，全套测验有 1/4 分量的题目是属于考核基本能力的。

15 小题要求学生从五堆东西中找出一堆与其他四堆不同的东西来，实际上五堆东西从内容、形状、功能等各方面去看都是不相同的。如果学生不能排除五堆东西的具体属性的干扰，就无法抽象概括出四堆东西的共同点都是每堆包含"5"样东西，另一堆数里是"3"。此题三族学生的通过率都很低(34%—47%)。16 题与 15 题是同一类型的题目，通过率稍高一点(52%—61%)。13、14 题是多数列推理题，它要求通过几组数的比较，找出异同，概括出数列之间的关系，此题三族学生通过率都较低(27%—53%)。48—61 题是些单系列或双重系列推理题。单系列推理题较简单，通过率较高，尤其是土家族更高，通过率为 64%—79%，但是 53、59 是两列成倍数关系的单数列推理题，三族儿童通过率极低(0%—6%)。这两题主要用于鉴别能力强的学生。二重数列题(60、61 题)要求分别找出两个系列的每两个数之间的关系，并概括出规律，然后才能正确地推知后续的两个数，如 60 小题，学生要根据每一括号中两个数的关系(前一个数比后一个数多 5，或后者比前者少 5)和每一系列的公差都是统一的规律，才可推知在(10、5)之后应填(11、6)。61 题括号中每两个数之间的关系是

倍数关系,而且一个系列公差为1,另一个系列公差为2,故难度更大。此两题三族学生通过率都很低(19%—38%)。总的看来,三族学生概括推理能力都应加强,否则会影响数概念的掌握和运用。

5. 空间关系

空间关系同数量关系一样也是数学的基本内容,而且数和形是不可分开的。因此,学生掌握空间关系的能力也同样是数学能力的重要组成部分。26题数立方块,它要求学生把挡着的立方块也数进去,这就要有三维空间观念。该题的通过率土家族为57%,汉、苗族均为44%。27题比较面积的大小,学生要能利用图中的参照系即小方格作互补运算,方能作出正确判断,实际上它也是一道面积守恒题。三族学生此题的通过率都很低(18%—29%)。这种情况与皮亚杰的研究是一致的,说明面积守恒的概念出现较晚(在重量和液积守恒的后面)。5—8题是图形辨认,该题把许多不同的图形组成一个统一的结构,共中有些图形的方位分别作45°、90°或180°的变化。学生只有概括地掌握了图形的本质特征,才能排除方位变化的干扰,正确地辨认图形,该题也可考查学生对图形的分类能力。三族学生解此题的通过率除6小题稍高外(41%—60%),其他三小题都极低(6%—19%)。可见,发展三族学生的空间观念能力也是值得十分重要的。

四、结论

(1) 在教学条件下土家族学生的数学能力非常明显地优于汉族和苗族学生。

(2) 三族儿童数学能力发展有共同的趋势,但在发展水平上又是不相同的。

(3) 三族一年级男、女学生数学能力发展的性别差异不明显。

(4) 三族7、8岁一年级学生数学能力的年龄差异不显著,但7、8岁儿童的数学能力明显地优于9、10岁儿童。

藏汉 9—13 岁儿童数学思维能力及其发展的比较研究[①]

孙杰远

一、研究目的

数学,作为人的"思维体操",以其特有的内容、形式、方法概括和显示出人的思维水平,这就使研究儿童数学思维能力及发展水平成为研究儿童思维发展一般规律的有效途径,并为跨文化心理学研究提供有力工具。

儿童数学思维能力是指儿童独立地处理数学材料、解决问题的能力。它包括比较能力、分类能力、概括能力、运算推理能力、可逆思维及分析综合能力等方面。早在 1988 年,我们便开始了对西北地区藏区儿童数学思维特点的研究,经过调查、反复抽样比较,发现藏族儿童与同地区的汉族儿童在数学思维方面存在着显著差异。本研究即是在调查、测试的基础上对甘南藏区 9—13 岁藏汉儿童进行比较研究,从而把握藏区儿童数学思维发展规律,揭示藏族儿童数学思维能力发展的特殊性,探索影响藏族儿童数学思维能力发展的因素。

二、研究方法和内容

(一) 对象

我们的研究对象选自甘肃甘南藏族自治州夏河县拉卜楞小学和拉卜楞藏民小学的 9—13 岁儿童,每个年龄段各有藏汉两组儿童 20—30 人,其中男女各占一半。之所以选取夏河县藏汉儿童,是因为夏河县是藏族人民聚居之地,其文化与教育具有鲜明的民族特征。夏河县拉卜楞小学以汉、回儿童居绝大多数,并设藏族班,但所有的教学班全部采用汉语教学,而把藏语作为一门主课必修(我们称之为"汉加藏"模式);而拉卜楞藏民小学儿童皆为藏族,采用藏语教学,而把汉语作为一门主课必修(我们称之为"藏加汉"教学模式)。这样就保证了我们选取被试的代表性与合理性。

(二) 研究的方法和内容

我们的研究是以年龄横断测试为主、调查为辅进行。

在儿童数学思维能力测试中,考虑到两种不同的教学模式以及儿童本身的语言素质,我们采用相同内容的不同语言形式进行测试,即对使用"汉加藏"教学模式的所有儿童使用汉语测试,对使用"藏加汉"教学模式的所有儿童使用藏语测试。

测试内容包括五个方面共十二组项目,并按照各个方面、各组项目以及其中测试范围、抽象程度赋以相应的计分权重。这五个方面十二组项目及其对应的指标是:

[①] 本文选自《心理科学》1991 第 5 期,第 26—31 页。

1. 比较能力

即儿童寻求数学对象的相同、相异特点或进行单一性质类比的能力。将其单列为一个项目。

我们确定儿童比较能力的指标是：① 实物量度比较；② 数、式、图的相同、相异点比较；③ 选择平面图形的近似逼近图（如正多边形的近似逼近图为圆）。

2. 分类能力

即儿童按照数学对象的鲜明特征进行判别、群集划分的能力。将其单列为一个项目。

我们确定儿童分类能力的指标是：① 以几何形状、度量特征对实物进行分类；② 对数、式、图进行划分、归类。

3. 概括能力

即儿童对数学对象的本质属性、内部规律进行抽象、概括的能力。包括数编码、数序列、比较大小、字母代数、组合与分解、图数、图形概括等七组项目。

我们确定儿童概括能力的指标是：① 与实物相关的直观概括程度（如有序编码）；② 对数的意义、性质的理解（如数的表象范围、顺序、结构、字母代数等）；③ 数规律、图规律的抽象概括；④ 图的结构与量化分析；⑤ 简单的代数命题归纳。

4. 运算推理能力

即儿童进行数字运算的程度以及在运算中使用归纳、演绎两种推理形式的能力。将其单列为一个项目。

我们确定儿童运算推理能力的指标是：① 运算规律的归纳程度；② 基本法则、公式的演绎使用。

5. 解决问题能力

即儿童解决应用题以及解决创造性问题（如编题、拼图等）的能力。包括解决问题与创造两个项目。

我们确定解决问题能力的指标是：① 文字问题数字化；② 不同类型问题的解决；③ 完成编题、拼图等创造性问题的程度。

为了保证测试的科学性，除在正式测试前对测试题进行预备使用和修正外，我们还对各被试组平行使用了国际通用的瑞文标准推理测验（Raven's Standard Progression Matrices，简称 SPM）。SPM 均为图形测试，不受语言、文字影响。测试结果表明：SPM 成绩与儿童数学思维能力测试成绩出现显著相关（SMP 与藏族儿童数学思维能力测试的相关系数为 +0.69，与汉族儿童数学思维能力测试的相关系数为 +0.74），与常规相符。这就说明我们的藏汉儿童数学思想能力测试有较高的信度与效度。

三、研究结果

通过研究，我们发现了藏汉 9—13 岁儿童数学思维能力发展的一般规律、特殊性与差异。

（一）藏汉 9—13 岁儿童数学思维能力的发展

我们将藏汉 9—13 岁儿童数学思维能力的测试成绩与比较结果列成表 1。

表1 藏汉儿童9—13岁数学思维能力测试成绩比较*

	藏族		汉族		t值	P值
	X	S	X	S		
9岁	21.80	6.17	37.50	13.69	−4.673	<0.01
10岁	24.75	9.87	40.65	17.78	−3.495	<0.01
11岁	31.30	15.39	54.70	19.74	−4.181	<0.01
12岁	39.55	17.63	72.55	8.57	−7.529	<0.01
13岁	47.98	15.66	74.75	6.18	−7.131	<0.01
年龄组间差异	藏族:9—10岁、10—11岁、11—12岁、12—13岁组间差异水平为$P>0.05$。					
	汉族:9—10岁,$P>0.05$;10—11岁,$0.01<P<0.05$;11—12岁,$P<0.01$;12—13,$P<0.05$。					

* 每个年龄组$N=20$

将表1的结果按平均值制成图1,得到发展趋势曲线:

从表1和图1我们可以看出:

(1)藏汉9—13岁儿童数学思维能力随年龄的增大而增强,是一个不断上升的过程。从其均值与标准差显示的结果来看,藏汉儿童数学思维能力的发展既有年龄特征,又有个性差异。

(2)藏汉9—13岁儿童的数学思维能力存在显著差异。藏汉9—13岁儿童相应年龄段差异均达到0.01的显著性水平,这表明藏族儿童的数学思维能力低于相应年龄的汉族儿童,处于"滞后"状态。

(3)对藏汉9—13岁儿童各自相邻年龄组间差异水平分析可知:藏族9—13岁儿童的数学思维能力发展呈现随年龄增大而平缓增强的趋势;而汉族9—13岁儿童的数学思维能力在11—12岁出现"激增",显出数学思维能力发展的关键年龄。

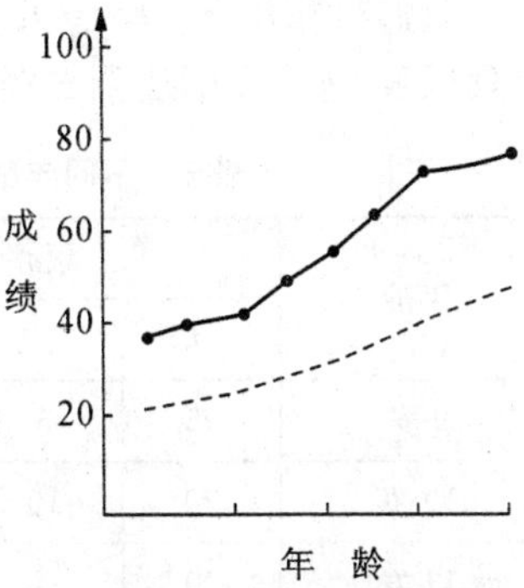

图1 藏汉9—13岁儿童数学思维能力发展趋势曲线

(二)藏汉9—13岁儿童数学思维发展的阶段水平及年龄特征

儿童数学思维的发展是一个逐渐量变达到质变的过程,因而具有发展的阶段性,即在不同的年龄具有不同的表现形式和不同的水平。

我们确定藏汉9—13岁儿童数学思维发展水平的指标是:① 对直观性材料的依赖程度;② 数学语言的使用;③ 对数、式、图的比较分类;④ 对数系列、图系列、数对应内在规律的抽象概括;⑤ 运算推理;⑥ 对单一型、综合型、正向、逆向问题的解决;⑦ 创造性问题的解决。

根据指标分析,确定藏汉9—13岁儿童数学思维发展的水平为三个等级亦即藏区9—13岁儿童数学思维发展的三个阶段。

第一级水平系具体形象思维。其显著特点是:① 儿童能对具体事物、图形进行感知,如完成序数、基数的转换,进行数编码等,离开具体形象,思维中断或发生困难;② 儿童能进行简单的四则运算;③ 对编题、拼图等创造性数学活动显得无能为力。

第二级水平系初步的逻辑思维。其显著特点是:① 儿童能够顺利完成简单的数对应、简单的数序列、数大小比较;② 儿童能够在数学运算中顺利使用演绎推理,如交换律、结合律、分配律等;③ 儿童能够对不同图形进行比较分类;④ 儿童能够进行简单的三段论式推理;⑤ 儿童能够解决单一型的应用题;⑥ 儿童能够顺利完成正向思维到逆向思维的转换;⑦ 儿童能完成一部分或基本完成编题、拼图等创造性数学活动。

第三级水平系较强的逻辑思维。其显著特点是:① 儿童能够完成数的组合、分解,能够以字母代数、解简单方程;② 儿童能够完成较复杂的数序列;③ 儿童能够对图形进行量化分析;④ 能够进行数字命题的抽象概括(如,由 $a=b, a+c=b+c$ 得出"等式两边加相等的数,仍为等式");⑤ 儿童能够顺利解决综合性应用题;⑥ 儿童能够对图形系列的规律进行感知、概括;⑦ 儿童在拼图等创造性数学活动中显出灵活性、规律性(如,图按对称、平衡规律拼接)。

综合上述数学思维的三个发展阶段,从思维心理的角度来看,藏汉儿童数学思维的发展是一个由简单到复杂、由低级到高级的不断"内化"过程。

我们将藏汉 9—13 岁儿童年龄组(每年龄组 $n=20$)被试达到数学思维各级水平的百分比列成表 2(表 2 中达到三级水平的不列入二级水平,达到二级水平的不列入一级水平)。

表 2 不同年龄的藏汉 9—13 岁儿童达到数学思维各级水平的百分比

年龄	藏族			汉族			λ^2 值	P 值
	一级	二级	三级	一级	二级	三级		
9 岁	95	5	0	60	40	0	7.024	<0.05
10 岁	90	10	0	55	35	10	6.468	<0.05
11 岁	70	25	5	20	55	25	10.473	<0.01
12 岁	55	35	10	10	60	30	9.546	<0.01
13 岁	30	55	15	5	50	45	6.617	<0.01

由表 2 易见:

(1) 藏汉 9—13 岁儿童数学思维的发展是由形象思维向抽象思维转化。随着年龄的增大,逻辑思维将成为他们思维的主要形式。

(2) 藏汉 9—13 岁儿童数学思维的发展既表现出发展的稳定性,又在达到某阶段的年龄界限上表现出可变性。如,藏族儿童随着年龄的增大,达到二级的百分比由 9 岁的 5% 提高到 13 岁的 55%,而在同一年龄阶段如 11 岁时,达到一级、二级、三级水平的百分比为 70%、25%、5%,汉族儿童也有类似的现象。这就充分说明藏汉儿童数学思维发展的年龄特征是稳定性与可变性的统一,是共性与个性的统一。

(3) 藏汉 9—13 岁儿童数学思维发展水平存在着显著差异。统计结果表明,藏族儿童数学思维发展的加速期为 11—13 岁,而汉族儿童数学思维发展的加速期为 10—12 岁,汉族儿童超前于藏族儿童。

（三）藏汉 9—13 岁儿童数学思维能力发展的性别差异比较

藏汉 9—13 岁儿童数学思维能力发展的性别差异是我们研究的一个重要方面,结果发现藏汉 9—13 岁男、女性儿童数学思维能力差异未达到 0.05 的显著性水平,无统计学上的价值。

四、分析

通过我们的研究,不但看到同地区藏汉儿童数学思维能力发展的一致性,同时,也看到了同地区汉藏不同民族儿童在数学思维能力及其发展规律方面存在着显著差异。那么,导致这种差异的因素是什么呢? 我们认为主要有以下几个方面:

1. 数学活动

人的心理,包括儿童的心理都是在活动中形成的,并随着活动形态(游戏、学习、劳动)的不断发展而发展。自然,作为一种高级的复杂的心理现象的数学思维也与活动特别是数学活动分不开。对儿童而言,学习数学的过程归纳为体验、语言、图画、符号等四个阶段[1],儿童数学思维的发展也是伴随着这四个阶段循序渐进。正是儿童这种学习过程、思维发展的特点要求儿童在学龄前后必须进行大量的数学活动,获得体验,才能使数学思维得以正常发展。

但我们对藏族儿童的调查研究表明,藏族儿童学龄前(七岁前)数学活动奇缺。这主要是因为:一是受藏文化背景的影响,社会范围内的大多数藏族家庭成员数学知识贫乏,无力引导或指导儿童进行家教式的数学活动;二是由于藏民居住零散、教育观念淡漠以及经济、文化条件的限制,儿童无法得到正规的科学的幼儿教育,失去了幼儿期开发智力、培养思维能力的机会。

由于藏族儿童数学活动的缺乏,不但使儿童数学思维的早期培养出现空白,而且无法调动儿童数学学习中的非认知因素,如数学学习的兴趣、意志、积极性、动机,久而久之使儿童形成了数学学习中的"懒散"心理,阻碍了数学思维的正常发展。在比较研究中,我们看到藏族 11 岁儿童的数学思维仍停留在汉族 9 岁儿童的水平上,这与藏族儿童数学活动的缺乏恐怕有极深的渊源。

而对汉族儿童而言,其家庭成员绝大部分具备一定的数学修养,儿童的成长经历家教、幼儿教育并伴随大量的数学活动,入学时已基本具备读数、认数等数学预备知识,因而其数学思维能力能得到正常的长足的提高。

2. 语言

语言是思维的物质外壳,思维以语言为工具并受语言水平的制约。而数学思维必须在语言达到符号表现的最高、最概括的水平上才能进行,因而不可避免地受语言水平、语言特点的影响。

在研究中,藏汉儿童数学思维能力的显著差异引起了我们对语言的关注。为此,我们对使用"藏加汉"教学模式的藏族儿童和使用"汉加藏"教学模式的藏族儿童进行比较,结果发现:

(1) 使用"汉加藏"教学模式的藏族儿童与使用"藏加汉"教学模式的藏族儿童在数学思维能力方面存在显著差异($P<0.01$)。

(2) 使用"汉加藏"教学模式的 9—11 岁藏族儿童与同龄汉族儿童的数学思维能力相比无显著差异（$P>0.05$）。

我们认为使用两种不同教学模式的藏族儿童形成差异的一个重要原因是：使用"藏加汉"教学模式的藏族儿童数学学习内容的语言情境、语言习惯、语言水平与其本民族语言不符、与儿童个体语言水平不符。这也是我们提出的导致藏汉儿童数学思维能力差异的语言因素。

我们了解到，拉卜楞藏民小学采用的数学教材是五省区（青海、甘肃、四川、云南、西藏）协编教材，而这套教材实际上就是全国统编的五年制小学教材的译制品，尽管采用藏语编写，但问题情境特别是文字应用题却是汉语情境，这就与儿童的生活经验、语言情境脱离开来，出现理解、同化与顺应上的障碍。虽然藏小的藏族儿童同时开设汉语课，但他们作为初学者，汉语水平远远达不到理解汉语情境的程度。

而相对地，拉卜楞小学使用"汉加藏"模式教学的藏族儿童却不存在这样的问题。主要是因为这些藏族儿童从小学说、使用汉语，入学时汉语水平已达到学习数学的要求，不存在语言上的障碍。事实上，这也是他们进入拉卜楞小学学习的主要条件。

3. 数学教学活动

数学教学活动是有计划、有目的、有组织地培养儿童数学思维的活动。数学教学活动的优劣直接影响儿童数学思维能力的发展。

我们认为，对藏族儿童的数学教学活动主要有以下的缺陷：

(1) 师资匮乏，教师教学水平低下。师资缺乏，教师水平低下是藏族数学教育的一大障碍。就甘南藏族自治州夏河县而言，全县共有双语数学教师 185 人，中专以上学历的 94 人，仅占 50.7%，余部为社会招聘、民办教师，这些人仅有初中以下文化程度，既无数学基础，又无教学理论知识与教学经验，严重影响了数学教学质量。

(2) 教学材料的缺乏。目前，在全国范围内，有关藏族小学数学教学的参考资料奇缺，掌握在数学教师手中的教学材料仅有五省区协编教材，而无任何与此配套的辅助性材料诸如课堂练习、课外读物等，教师的教学活动只能靠自己的理解、发挥进行。

与此相反，对汉语儿童而言，无论教学材料、师资设备均占有一定的优势。

五、小结

(1) 藏汉 9—13 岁儿童数学思维能力发展趋势相近，即随年龄的增大儿童数学思维能力增强，且均无统计意义上的性别差异。

(2) 受活动、教学、语言水平等因素的影响，藏汉 9—13 岁儿童数学思维发展水平、年龄特征等方面存在着显著差异，活动水平、语言水平、教学水平较高的汉族儿童数学思维发展较好。

(3) 加强幼儿教育、学校教育，改善藏族数学教材建设，提高师资水平是促进藏族儿童数学思维发展的重要途径。

参考文献：

[1] [英]帕梅拉·利贝克.儿童怎样学习数学.方未之译.北京:人民教育出版社,1986:4—222.
[2] 王仲春等.数学思维与数学方法论.北京:高等教育出版社,1989:56—77.
[3] 朱智贤、林崇德.思维发展心理学.北京:北京师范大学出版社,1986:250—518.
[4] 沈坚等.儿童教育心理学.北京:教育科学出版社,1987:305—338.
[5] 赵鸣九、童长江、万明纲.汉、藏、回、东乡族9—15岁儿童智力发展水平的比较研究.心理科学通讯,1988(8).

贾斯珀系列对我国小学数学教学改革的启示[①]

王文静

小学数学是小学教育的基础课程,是数学教育改革的龙头,在数学教育备受各国关注、数学课程改革的理念不断更新的今天,对小学数学教育教学改革势在必行。本文拟从对当今流行于美国小学数学教育界的建构主义典范案例——贾斯珀系列的研究分析入手,揭示贾斯珀系列对我国小学数学教学改革的启示。

一、贾斯珀系列及其主要特征

(一)贾斯珀系列简介

贾斯珀系列(Jasper series)是20世纪80年代以来美国建构主义教学模式的典范案例之一,它是由Vanderbilt大学Peabody学院的学习技术中心于1984年开始启动的研究项目,贾斯珀系列的产生来源于该中心启动的为贾斯珀系列提供基础的三个主要研究项目:惰性知识研究项目(The Inert Knowledge Project)、Vanderbilt Logo项目和Vanderbilt动态评估项目。该中心将对这些项目的研究成果首先提供给语文和科学领域的学习,进而转向对数学领域的教学研究,取得了较大的成就。对贾斯珀系列最初的实验研究遍及美国9个州的16所学校,实验研究的结果充分表明了贾斯珀系列的巨大生命力。"温特贝尔特认知与技术小组"(CTGV)运用已有的前期研究成果,充分利用教育技术在教学中的作用,以建构主义学习理论为理念,以抛锚教学为主要教学设计原则,以基于案例学习、问题学习和项目学习为课程设计思想与原则,创设了当今风靡美国教育界的建构主义教学模式的案例典范——贾斯珀系列。

贾斯珀系列共包括以录像为依据的12个历险故事,这些历险故事主要是为小学5年级以上的学生设计的,也有人认为贾斯珀系列适用于幼儿园至12年级的学生。这些历险故事主要是以发现和解决一些数学中的问题为核心。每一个历险故事都是按美国国家数学教师委员会(NCTM)推荐的标准来设计的,而且,每一个历险故事都为数学问题的解决、推理、交流以及与其他领域如科学、社会学、文化与历史等的互动提供了多种机会。每一张光盘包括一小段约17分钟的历险录像,录像总是以提出各种各样的挑战性问题而结束。每一个历险故事的设计都像一部精彩的侦探小说,用以解决历险中所有问题所必需的数据都镶嵌在故事中,其中也镶嵌了一些原始数据和教学情境,以便为一些典型的问题解决方法提供示范。这些片段还为学生提供了一个及时重访录像的机会,以便他们更好地解决贾斯珀历险故事中的挑战性问题。下面以贾斯珀系列中的历险故事"邦尼牧场的援救"为例来进行说明。

[①] 本文选自《课程·教材·教法》2001年第11期,第67—72页。

以下是"邦尼牧场的援救"故事概要。

一年夏天，一个奇怪的飞行物出现在 Cumberland 上空。人们对它有种种猜测。Jasper 想它可能是从死神那里回来的白衣兄弟之一。然而，这位兄弟就是 Larry Peterson 和他的飞行器。他把它叫做超轻型飞机。

Larry Peterson 是 Jasper Woodbury 的朋友，造成人们种种猜测的不明飞行物就是他的超轻型飞机。不久，Larry 开始教 Emily 驾驶这种超轻型飞机。Larry 告诉 Emily 飞机的一些具体情况：这架飞机的总重量为 250 磅，最高载重量为 220 磅。Larry 向 Emily 解释飞机的载重量是指飞机在自身的重量之外，可以安全装载的重量。它包括飞行员的重量、燃料的重量和货物的重量。然后，Larry 给 Emily 看一个可以额外装载货物的盒子。但他说他几乎不用它，因为这盒子本身就重 10 磅。

Emily 走近飞机以便可以看得更仔细。Larry 向她说明是螺旋桨在推动飞机的飞行，就像它能推动船航行一样。而机翼则是使飞机向上飞。然后，他又向 Emily 演示这种独特的机翼构造如何帮助飞机向上飞。

几天以后，Larry 给 Emily 讲这种超轻型飞机的发动机。Larry 说这种超轻型飞机的发动机原来是用于雪地汽车的。所以，它所使用的是一般的燃料而非航空燃料。能装 5 加仑汽油的油箱净重 30 磅。Emily 注意到油箱的两边分别装有 1.5 加仑的汽油。她问 Larry 油箱里耗掉的 2 加仑汽油能支持它飞多远？Larry 告诉她能支持他飞到 Headvible 一个来回，大约 30 英里。Emily 问 Larry 飞了多长时间？他回答到："天气不错的话，大约每两分钟飞 1 英里。"他还告诉 Emily 他只需要一个 100 码长的地方就能起飞。

几星期后，Emily 进行了她的首次飞行。为了庆祝，Larry、Emily 和 Jasper 一同出去吃饭。在饭桌上，Jasper 讲起了他的一次钓鱼计划。他说他计划从 Cumberland 城开 60 英里的汽车到 Hilda 的加油站，然后再徒步去他最喜欢的一个钓鱼点，大约需要走 18 英里。Larry 提到上周他驾驶他的超轻型飞机去看 Hilda，飞机降落在加油站旁边的空地上。

吃餐后甜点时，Emily 点了一道草莓冰淇淋的菜，Larry 想吃一种在糖锥英里放进柠檬浆的甜点。他们的账单一共是 17.50，Emily 建议还要加上 20% 的小费，三人平分。

在离开餐馆之前，Larry 和 Emily 都各自称了体重。Emily 重 120 磅，Larry 重 180 磅。

钓鱼的时候，Jasper 听到了一声枪响。随后他发现了一只被枪打伤的鹰。给鹰做完紧急救助后，他用步话机给 Hilda 发出了求救呼叫。

Hilda 正在给一个客户加油。公路的最高限速为每小时 60 英里。她加完油后，油泵显示一共加了 13.9 加仑的汽油，每加仑汽油 1.259 美元。这位客户需付 17.50 美元。她给了一张 20 美元的钞票。她告诉 Hilda 她用上一箱汽油跑了 312 英里。

当 Hilda 回 Jasper 的呼叫时，Jasper 告诉了她受伤的鹰的情况。希望能把鹰交给 Cumberland 城的兽医 Ramriez 救治。Jasper 告诉 Hilda 他在邦尼牧场，从加油站大约要走 5 个小时。他让 Hilda 去找 Emily，向她说明这个情况。

Emily 开车前往 Ramriez 医生的办公室。医生在他办公室的墙上标出了他办公室的位置，指出 Hilda 加油站的位置，并提醒她说从加油站到邦尼牧场无路可走。Emily 问他一只秃鹰重多少？医生估计大约 15 磅。在地图上，医生确定从 Cumberland 城到邦尼牧场的空中距离大约 65 英里。他告诉 Emily 大部分飞机需要大约长 2 000 英尺的跑道降落，而邦尼牧场只有一半那么长。他走之前告诉 Emily 越早治疗那只鹰就越有机会救活它。

Emily 开始设计她的营救计划。她先用地图确定邦尼牧场到 Hilda 加油站的空中距离大约 15 英里。然后,她打电话给 Larry,得知 Larry 可以飞行。他的飞机刚灌满油,正整装待发。Emily 将所收集到的信息仔细地分析。她估计如果在营救计划中使用超轻型飞机,就最好要把飞机每停一次一共所需花费的 5 分钟时间算上。

这个故事以 Jasper 的朋友 Larry 教另一个朋友 Emily 学习驾驶超轻型飞机开始(故事的铺垫),Jasper 和他的朋友做到邦尼牧场钓鱼露营的旅行计划。在旅行中 Jasper 发现一只严重受伤的鹰需要紧急抢救才能存活。全部的问题是 Emily 必须想出办法尽量帮助 Jasper 把这只受伤的鹰及时送到兽医那里去抢救。Jasper 系列中的每一项探险都提出了一些复杂的问题。学生需要三天到几个星期的时间来解决这些问题。在故事中,Emily 给我们提出的挑战是:

(1) 怎样才能以最快的方式将受伤的鹰运到 Cumberland 城?
(2) 需要花多长时间?

在贾斯珀系列中,还包括以录像为依据的 SMART 挑战性系列,它是贾斯珀系列的更广泛、更高级的发展。这一系列的设计目的旨在打破传统班级的孤立与隔离,使学生与教师共同构成一个大的学习型社区,从而去解决一系列的与贾斯珀系列相关的挑战。SMART 是"Special Multimedia Arenas for Refining Thinking"的缩写,这一操作平台充分运用电信、电视技术以及因特网技术给教师和学生及时提供反馈,从而使他们了解尝试解决特定贾斯珀系列问题的进程以及其他小组的工作情况,并决定是否对自己的计划进行修正。"SMART 挑战性系列"的样本在随书附加的 CD 只读光盘中可以看到。CTGV 已经用贾斯珀系列对"SMART 挑战性系列"做了有益的尝试。在不久的将来他们还会将其拓展到科学等其他学习领域,进而拓展到"思维学校"的建立,将"班级"变为"学习共同体"。[1]

最初,CTGV 对贾斯珀系列的开发是将其作为数学教学的支持性工具来运用的;目前,在美国的数学教育教学中,CTGV 以及他们的合作者正以更为饱满的热情进行贾斯珀系列的进一步研究与开发,使贾斯珀系列和数学课有机地统一、整合在一起,全面推进小学数学教育改革;接下来第三步是建设"思维学校"方案与"思维学校"网站,运用计算机网络技术,在班级、学校中,跨越班级、学校、社会,建立一个新型的学习共同体,为未来关注 Jasper 的研究者、Jasper 教师以及 Jasper 学习者提供一个互动交流的平台,使贾斯珀系列向更高的层次发展。

(二) 贾斯珀系列的主要特征

贾斯珀系列在美国小学教学中的运用,受到教师与学生的普遍欢迎,显示出了与传统的数学教学支持性工具难以比拟的鲜明特征,主要体现在以下几方面。

1. 运用技术间的交互作用,创设逼真的数学学习情境

贾斯珀系列中的历险故事都是以录像、影碟以及计算机软件的方式呈现给学生的,为学生创设了逼真的数学学习情境。研究表明,这些历险故事以视觉的形式出现比以文本的形式出现更具有视觉冲击力。录像等方式比文本提供的故事更为逼真。它使呈现给学生的材料更具有活动性、可视性和空间立体感,而且学生更易于在一个逼真的问题情境中形成丰富的心理模型。在真实的生活世界中的数学问题情境具有转瞬即逝的特点,学生很难在数学问题的解决中再现当时的情境,也很难对其中与数学问题解决相关的数据与资料进行准确

的记忆。现代教育技术的运用以及技术间的交互作用,解决了这一困惑,它不仅将贾斯珀系列中的历险故事"逼真地"呈现在学生面前,而且为贾斯珀系列中数学问题的解决提供了一个互动的平台。

2. 使学生通过提出问题与解决问题学习数学

问题的提出是问题解决和数学思维的一个重要方面,贾斯珀系列不仅关注通过解决问题学习数学,而且更加关注提出问题的重要性。通过先前对小学生数学问题解决的研究表明:教师与学生过分关注问题的解决而忽略了提出问题的重要性,从而使得大多数学生并不善于提出问题。传统小学数学学习中的应用题常常具有清晰的目标结构,因此,教师便不再鼓励学生去提出他们自己的问题、形成他们自己的学习目标。而贾斯珀系列总是以提出一些挑战性的问题而结束,这无疑给学生指明了一个总体的学习目标。然而,为了解决这些具有挑战性的问题,学生必须明确自己要解决的一些子问题和子目标。在学生看完录像后,教师常常组织全班进行讨论,学生提出他们必须要解决的子问题,并由一名教师或学生记录。有一些教师也把这些问题留给学生的合作小组或学生自己去解决。无论是哪一种方法都能使学生积极参与、提出问题、分析和解决问题。对贾斯珀系列的研究数据表明:在贾斯珀系列中的合作性学习小组中学习4—5个课时后,5年级的学生在完成类似于贾斯珀系列的任务中更善于进行复杂问题的解决,而且更善于在学习的过程中提出问题。

3. 帮助学生整合对数学与其他学科的学习,加强对数学概念的深层理解

在传统的数学课堂中,学生常常在一段时间内学习一个概念或一种技巧。例如,他们总是按照数学教材的逻辑顺序,先学习分数,再学习小数,然后学习百分数,等等。而在贾斯珀系列中,一系列的数学概念和技能都被镶嵌在故事的情境中,学生可以从开发对这些技能与概念的理解开始,同时又可以针对历险故事中提出的问题运用他们的知识。当学生解决这些挑战性问题时,他们会获得各种各样的学习策略,不仅整合了对数学概念的理解,而且整合了数学与其他学科的学习。当学生共享他们的问题解决方案时,他们便有了互动的机会。贾斯珀系列运用教育技术间交互作用的支持,使学生在逼真的情境中学习数学,为学生提供了学习数学学科之外的知识的机会。

在贾斯珀系列中,每一张影碟历险故事中包含一个至少14步的数学问题,问题的呈现都具有相当的复杂性。学生除了要解决一些一般性的数学问题外,还要对一些拓展性的数学问题进行解决,从而给学生提供深层理解数学概念的机会。例如,在"邦尼牧场的援救"中,学生找到一种援救受伤的老鹰的方法后,他们还会看到这样一些拓展性的问题,即如果出现逆风或顺风是否影响他们原来的问题解决方法。事实表明,风向的些微变化便会对学生从前的结论有巨大的影响。这些类似或拓展性问题的产生,主要是因为研究人员和与他们合作的教师担心学生对问题的理解和迁移不像他们所希望的那么灵活,为了发展学生对数学概念的深层理解而设计的。实验研究表明,这一设计是积极而有益的。

4. 在相对宽松的时间内,提高学生的数学探究能力以及与他人合作的能力

在贾斯珀系列中,挑战性问题的复杂性使学生难于单独解决问题,因而一个历险故事中问题的解决需要用3天到几个星期,这便给学生提供了一个探究学习与合作学习的宽松机会。研究表明:学生喜欢在小组中工作,而且,当他们共同工作、共同探究解决复杂的数学问题时,他们会表现得更好。贾斯珀系列的设计旨在帮助学生理解那些各种各样通过数学探究能力才能解决的问题。在传统的数学课堂中,学生也许能直接回答有关教师教给他们的

数学内容的问题,能对书本中的各类数学题进行运算与解答,但却依然缺少同时将他们所学到的数学知识运用到其他情境中去的能力,忽视了"课堂情境"与"课堂外情境"之间的关联。而当这种情况发生时,学生所学的知识无疑是惰性的。因此,贾斯珀系列所提供的宽松的时间以及其中包含的运用专家示范方式的镶嵌式教学,给学生数学探究能力的提高提供了可靠的保证。

另外,当学生在一段时间内(从几天到几个星期)为了解决一个具有挑战性的数学问题而共同工作时,他们会因为这些数学问题不断地进行合作,共享他们解决问题的思路,并从获得的反馈中修改他们对问题的思考。当各个小组将他们的问题解决方法呈现给班级时,他们就会讨论各种不同的问题解决策略的优缺点。这一过程可以帮助学生考虑和分析可供选择的解决方法,解释和理解其他小组选择的理由,并在解决现实中的数学问题这一大背景中互动,从而使得他们在一段相对宽松的学习时间内进行充分的互动交流,在对复杂的数学问题的解决过程中,学会合作的技巧。

5. 突出教师的主导作用,架设"学校数学"与"日常数学"的桥梁

贾斯珀系列所倡导的学习情境是教师与学生共享的。就像父母帮助儿童学说话一样,学习在一种自然、真实的情境中产生,父母与儿童共享同一种学习情境,儿童的学习任务是具体而真实的。贾斯珀系列的独特之处就在于它能够同时为教师和学生提供一个基于丰富情境的、可信度极高的故事,故事里面有富有情趣的人物和复杂而有意义的挑战性问题,教师与学生可以共同运用问题解决技巧、数学概念和技能来迎接挑战、解决问题。在师生共享的学习情境中,教师与学生的背景、兴趣、知识、价值观等可能不尽相同,但是,教师在情境中的作用却充分显示出来,引导学生架起"学校数学"与"日常数学"的桥梁,让学生充分体验到学校中学习到的数学知识可以用来解决生活中的真实问题,体验到"教育即生活"的真谛。

二、贾斯珀系列对我国小学数学教学改革的启示

在国际数学教学改革风起云涌的今天,我国传统数学教学的理念与模式已经不适应当今数学教育改革的新要求。我国传统的数学教学局限于"书本"、局限于"课堂"、局限于"考试",被称为"书本中的数学","课堂中的数学","考试中的数学"。在我国基于素质教育的基础教育课程与教学改革全面展开的同时,教育部即时地对我国《九年义务教育全日制小学数学教学大纲》进行了修订,并于2000年3月颁布了《九年义务教育全日制小学数学教学大纲(试用修订版)》。修订后的大纲基于新的数学教育教学改革背景与理念,反映了最新的小学数学教育改革的精神,无疑将成为未来小学数学教育教学改革的纲要。而贾斯珀系列在美国小学数学教学改革中的成功,给我们当前小学数学教学改革提供了有益的借鉴与启示。

(一)转变小学数学教学观念

传统的小学数学教学中,学生是在课堂中通过对课本中相对孤立的数学知识与技能的掌握来学习数学的;在学生看来,数学是玄妙的、抽象的,它更多地与"计算"和"解题"联系在一起;教师是易于驾驭数学的权威,他们总是严格按照数学教学参考书的要求,将数学概念、公式、计算技能、解题方法,按部就班地传授给学生。而贾斯珀系列的设计理念则给我们传统的小学数学教学观念以有力的冲击。

1. 数学既是认知的,又是社会的

在建构主义者看来,"数学既是受社会和文化发展过程限制的认知活动,又是由许多积极的认知个体所组成的社会文化现象,数学的认知和社会过程是一个互补的整体"。[2]基于这种理念,数学不再是与日常生活情境相脱离的高度形式化、符号化的独立于人类活动之外的活动,而是一种与社会紧密相连的社会实践或活动。西方学者Lave从人类学的视角,提出了在活动和情境的视角中"理解实践"的著名论断。在她看来,人类的行为和社会活动是不可分割的,在日常生活中,没有一种特殊的学习是远离社会文化情境的,只有根据文化背景的差异而不断变化地参与共享性活动。她更多地倾向于对社会实践中的人、活动和情境三者之间的关系进行分析,并将其看做一个统一的、相互依存的理论实体。[3]因此,我们应该彻底地将传统小学数学教学中仅仅强调个体知识与技能获得的观念抛弃,像贾斯珀系列所倡导的那样,将学校中的数学放归到社会中、放归到生活中、放归到学生的活动与实践中,让学生在一个更为广阔的天地中去理解数学、解释数学、体验数学、获得数学、运用数学。

2. 学生会对"数学"进行有意义的建构

数学走出了课堂,每一个学生的眼中都有"数学"也就成为必然。在广阔的社会大课堂中,学生的数学学习不仅仅局限于抽象的推理,而应该根据自己的理解与体验去对数学进行有意义的建构。建构主义者认为,学生的数学学习应以他们的日常生活体验为起点,而不应该以学生对正规、抽象的数学概念、公式的学习为起点。在贾斯珀系列中,学生是在试图解决一些挑战性问题来学习数学的,学生在他们需要的时候去学习和发展数学概念和技巧,从而建立了数学与日常生活实践的关联,克服了传统数学教学中仅仅关注"惰性数学知识"学习的弊端。因此,作为教育工作者,我们应首先建立"学生会对'数学'进行有意义的建构"的观念,"根据学生的年龄特征和教学要求,从学生熟悉的情境和已有的知识出发进行适当调整,开展教学活动","重视从学生的生活经验和已有的知识中学习数学和理解数学"。[4]只有这样,才能平等地与学生进行数学交流,使学生在一种宽松的氛围中发现数学问题、提出数学问题、解决数学问题,真正从自己的探索中建构对数学的理解。

3. 教师是一个多元的主导群体

数学教学不仅仅局限在课堂之内,使得传统的数学课堂中教师的"数学权威"形象受到挑战。但是,这并不意味着学生的数学学习不要指导,而是应该转变传统的数学教师作用观,丰富教师的形象,将教师视为一个多元的主导群体。教师在学生的数学学习中更多地起着主导作用,为学生建构对数学知识的理解提供一种概念框架,从而发展学生对数学问题的进一步理解,教师还应事先把复杂的学习任务加以分解,以便于把学生对数学的理解逐步引向深入。而在贾斯珀系列中,教师作用的含义已经有了拓展,数学课堂中指导学生数学学习的教师是指导者;在日常生活实践中指导学生学习数学的成人是指导者;在数学问题的共同解决中,有能力的同伴也是指导者。因此,我们应改变过去数学教师的"单面形象",统整教师人力资源,共同缔造学生数学发展的未来。

(二)调整小学数学教学内容

传统的小学数学教学内容是以小学数学课本为依据的,学生靠"课本",教师靠"教参",这似乎成了人们头脑中对小学数学教学的普遍认识。即使是优秀的、经验丰富的教师也不敢越"雷池"半步,他们会运用各种教学策略让学生按教学大纲的要求,更好地掌握数学知识,在各类纷繁复杂的数学考试中获得高分,较少考虑建立数学与其他学科的联系,很少顾及数学与日常应用的整合以及学生数学能力的培养。有学者认为:"传统数学课本编排的内容使数学与应用分离了,数学与学生熟悉的生活几乎无关了。而课本试图提供给学生的那些完美的数学概念和现成的数学结果大多处于一个封闭的系统之内,看不到出口和入口,所以,教学只能采用'灌输'式。学生的参与只能是被动的和机械模仿式的。而机械的训练不仅容易使学生对数学敬而远之,并且失去了学生可以发挥探索性和创造性的时间和空间。"[5]英国议会早在1995年就颁布了最新的国家《数学课程标准》。这一课程标准在内容安排上,一改传统的安排体系,分为运用和应用数学、数、代数、图形和空间、数据的处理五大块。在改革方向上,注重数学应用、注重数学意识的培养、注重发展能力。[6]可喜的是我国本次大纲试用修订版中明确提出,每学期至少设计一个数学实践活动,这无疑是小学数学教学内容改革的新尝试;但同时也为小学数学教学改革提供了一片广阔的天地。在数学实践活动的设计中,我们可以借鉴贾斯珀系列中的成功经验,加强数学与其他学科的联系,加强数学与日常生活之间的联系,使传统的数学教学真正走出"课本"、走出"课堂",使学生在广阔的时间与空间中,创造性地探索"数学王国"的奥妙。

(三)创设各种数学学习情境

在小学数学学习中,情境是抽象的数学与日常生活联系的纽带,是学生学习数学的出发点,更是学生数学思维活动积极化的桥梁。在小学数学教学中,各种数学情境的创设,不仅可培养学生对数学的兴趣,而且能使学生更易于在情境中对各类数学问题进行解决。情境有各种分类,它可以是现实生活中的真实的情境,可以是运用现代教育技术创设的虚拟的情境,也可以是以故事、神话、童话等支持的想象中的情境,等等。真实的情境与学生的生活紧密相连,学生可以在这种情境中运用数学、动手"做"数学,真正做到"做中学";想象中的情境的创设可为学生的数学学习提供积极的支持。贾斯珀系列的成功表明:运用现代教育技术创设的虚拟的、逼真的情境对学生的数学学习是最有帮助的。逼真的数学情境的创设为学生复杂的数学问题的解决、为学生的互动交流、为学生建立对数学概念的深层理解,提供了一个有力的支持;而现代教育技术的飞速发展则为这种情境的创设提供了有力的保障。教师可以在数学教学中,充分运用现代教育技术手段,呈现给学生富有情趣的数学学习情境与将要解决的数学问题,鼓励学生在对教学情境的了解中,提出问题、明确问题、解决问题;鼓励学生在问题解决中学习、在问题解决中探索、在问题解决中合作;培养学生对数学的兴趣、激发学生对数学的好奇心、引发他们对数学问题解决的深层理解,从而通过数学问题的解决使学生建构起对数学知识的深层理解,学会对数学的应用,架起"学校数学"与"日常数学"的桥梁。因此,我们应该重视各种数学学习情境的创设,为学生提供理解、探索数学的平台。

(四)运用多种数学教学策略

教学策略是教师在教学活动中进行有效教学的规则、方法、技巧及其调控。在小学数学教学中,多种有效的数学教学策略的综合运用,对学生的数学学习会有积极的帮助。贾斯珀系列的成功在很大程度上归功于对多种数学教学策略的有效运用。它不仅为学生提供了合作学习的机会,鼓励学生提出问题,而且,在具有挑战性的数学问题的解决中,培养了学生的数学探究能力与创新能力。因此,在小学数学教学中,我们不仅应在课堂中为学生创造合作学习的机会,鼓励学生进行合作学习,而且要在数学实践活动中为学生提供合作学习的机会,使学生在数学问题的解决中,与同伴合作、与教师合作、与家庭成员合作、与社区中的成员合作等等,使学生在与众人的互动交流中,学会交往与合作的技巧;帮助学生把学校中所学到的数学迁移到家庭、社区等生活情境中,建立学校与社会的联结;教师应当重视学生在数学学习中提出问题的重要性,鼓励学生在对问题的解决中,全面地分析问题、发现问题、提出问题,只有这样,才能使学生在数学问题解决的矛盾冲突中,锤炼数学思维,敢于向权威挑战,大胆探索与创新。

总之,贾斯珀系列在美国小学数学教学中的运用与发展,对我国当前的小学数学教学改革具有积极深远的启示。我们应当在我国素质教育改革的主旋律中,借鉴国内外先进的数学改革经验,在对小学数学教学的不断反思与改革中发展、创新。

参考文献:

[1] Jim Hewit, Kathy Frecker & Jim Webb. School for Thought:Transforming Classroom into Learning Communities. (From internet)

[2] Leslie P. Steffe and Jerry Gale. Constructivism in Education. Mahwah,NJ:Lawrence Erlbaum Associates,1995:401.

[3] Seth Chaiklin and Jean Lave. Understanding Practice:Perspective on Activity and Context. Cambridge University Press,1993:7.

[4] 马云鹏.对《九年义务教育全日制小学数学教学大纲(试用修订版)》的理解与认识.课程·教材·教法,2000(7):21.

[5] 孙晓天.关于数学课本面貌的改变.课程·教材·教法,2000(10):13.

[6] 卢江.面向21世纪的小学数学课程改革与发展.课程·教材·教法,1998(10).

美国小学数学课堂活动管窥

高向斌　胡咏梅

为了迎接新世纪的挑战,基础教育课程改革在世界范围内深受重视。美国国家教师协会(NCTM)在 1998 年制定了《学校数学的原则和标准:讨论稿》,并于 2000 年正式出版。与之相配套的小学教师培训也在深入持久地开展,教师培训中使用大量的案例展示实现新课程标准的途径和方法,在这种有效的理论和实践方法指导下,丰富多彩的课堂教学活动实践在美国许许多多的小学展开。

一、美国小学数学课堂活动的类型

由 Leonard M. Kennedy 编著的《指导儿童学数学》作为新课程标准培训教材在 2000 年已经印了第九次。这本书强调了三个关键:教师是学生学习的指导者;学生的学习过程规律;有意义的数学活动经验的获得。以此为主线,搜集了大量的案例,并以数学课堂活动的方式呈现出来,具有很强的可操作性。将此书中的案例进行归纳,可有四种基本类型:

1. 应用型数学活动(即 *application activities*)

该类型数学活动的程序一般是:① 教师设计活动情景,活化学生以前的知识,然后学生在教师的帮助下获得新的知识和技能。② 通过活动强化所学知识技能。③ 学生积极地投入到活动中,应用新知识和技能并进一步对所学知识进行深层次的思考。

这种活动的思维特点:聚合型。

这种活动强调知识的力量,相信知识是逐步积累的。教师在教学中要相信:可以通过激发兴趣使学生成为积极参与活动的学习者,并在活动过程中为学生确定方向。这种活动需要教师在组织中给予明确的限制。下面是应用型活动的一个片段:

活动目的:顺序感、逆序感训练。

情景设计:学生二人一组,各自准备用纸卷好的小圆筒和与小圆筒直径大小一样的各色纸蛋。

活动内容:一人将纸蛋从圆筒的一端塞进去,并用另一只手捂住圆筒的另一端,当塞了若干纸蛋后,问另一人:放开手后纸蛋掉出来的顺序如何?

2. 发现型数学活动(*discovery activities*)

该类型数学活动的程序一般是:① 教师创设一个再发现问题情景。② 学生通过活动发现这些前人已经发现的事实、技能或原理。③ 教师在活动中指导学生反思。

这种活动的思维特点:聚合型。

与应用型活动相似,这种活动也强调数学知识的力量,但对学生的观点有所不同。教师在活动中把学生当做能够并喜欢自觉工作的积极的学习者,他们通过自己做出决定,乐于探

---

① 本文选自《外国中小学教育》2004 年第 1 期,第 21—24 页。

索,专心地投身于一项活动直到得出满意的结论。在这种活动中教师要做到适时点拨。下面是发现型活动的一个片段:

活动目的:通过计算一个三角形中的点数找出规律。

活动情景:让每个学生或小组准备好一张纸片,并在其上均匀地描出一个点阵(如右图)。

活动内容:

(1) 在纸片上随意找出三个点,用直尺将其连接成为一个三角形。

(2) 教师提出活动中要解决的问题:

• 在你所画出的三角形中,中间包含一个点的三角形有哪些形状?

• 中间有两个点、三个点的呢?

• 你画出的三角形最多能包含几个点?

(3) 要求学生寻找关系:

• 你能发现一个三角形中所含点数与其面积之间有何关系?

3. 拓展型数学活动(extension activities)

该类活动的程序一般是:① 教师和学生先复习某些先前所学的知识与技能,作为解决问题的基础。② 在这些知识的基础上教师组织学生进行推演,以期对已学知识和技能进行拓展。③ 当活动完成后,教师再提供时间让学生进行反思。

这种活动的思维特点是:发散型。

在这种活动中,知识被认为是具有个性色彩的。学生通过调查研究选择性地接受,知识便以个人的方式纳入到认知结构中。在这种活动中,理解主要概念和过程是重要的,学生在这种过程中通过创造性和批判性思维获得解决问题的方法。在这种活动中,问题具有开放性,没有预定的唯一答案,答案是多种多样的。下面是拓展型数学活动的一个片段:

活动目的:通过活动让学生找出质数和合数。

活动情景:每个小组发一张表格,上面写有从1到100的100个整数。

1	2	3	4	5	6	7	8	9	10
11	12	13	14	15	16	17	18	19	20
21	22	23	24	25	26	27	28	29	30
31	32	33	34	35	36	37	38	39	40
41	42	43	44	45	46	47	48	49	50
51	52	53	54	55	56	57	58	59	60
61	62	63	64	65	66	67	68	69	70
71	72	73	74	75	76	77	78	79	80
81	82	83	84	85	86	87	88	89	90
91	92	93	94	95	96	97	98	99	100

活动内容：

(1) 先与学生一起复习质数和合数的定义，提出问题：为什么 0 既不是质数也不是合数？

(2) 要求学生确定最小的质数。在 1 的外面画一个圈，因为 1 是所有数包括它自己的一个因数。

(3) 2 是一个质数，在它外面画一个圈。问："哪些数是 2 的倍数？"在下面的数中将 2 的倍数划去。

(4) 3 是一个什么数？合数还是质数？在 3 的外面画一个圈并把它的所有倍数划去，问："是否有 3 的倍数已经被划去了？"（是），"哪些？"（那些是 3 的倍数的偶数，在划去 2 的倍数时已经被划去），"现在开始将是奇数的 3 的倍数都划去"。

(5) 问："为什么 4 和所有 4 的倍数都已经被划去？"（因为它们是 2 的倍数）

(6) 问："5 呢？质数还是合数？"，圈起 5 并划去未划去的 5 的倍数。

(7) 让学生继续圈起质数划去合数，让学生将按这个要求做好的数图相互比较。

(8) 列出小于 100 的所有质数。

进一步可提高要求，让学生做如下工作：

(1) 找出从 100 到 200 的所有质数，或在更大范围内找出质数。

(2) 从百科全书或因特网上查找有关质数的知识。

(3) 发现质数的用处。

4. 发明型数学活动（invention activities）

这种活动的程序一般是：① 教师给学生呈现一个问题情景。② 学生们通过独立或合作实现学习，用创造性思维或批判性思维去"发明一个结论"。

这种类型活动的思维特点：发散型。

在这种活动中，知识被看做是结构化的和个性化的。学生被看做积极的学习者，相对于前三种活动类型，教师在这种活动中的指导量最小。发明型活动的一个片段如下：

活动目的：学生通过活动找出正方形砖块的拼合图形的形状。

活动情景：学生以小组为单位，每组准备正方形塑料块或用包装硬纸做成的相等大小的正方形若干块。每个小组给一张空白统计图表。

活动内容：

(1) 拿出一个正方形块，问学生，这张正方形能有多少种形状？（当然只有一种，因为不论如何放置，它的形状是不会变化的。）

(2) 拿出两个正方形块，将它们边对边完全对接，但正方形内部不相互重合，此时可能有几种形状？（一种）

(3) 再拿出三个正方形块，将它们的边作对接，可拼成一个长方形。问，有无其他的对接方法，能对接出不同的形状？（还有一种可能）

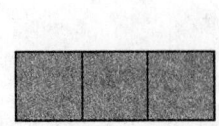 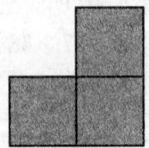

(4) 列出 T 形图如下。用思考——配对——分享(Think-Pair-share)型合作学习策略。

正方形数	对接后形状数
1	1
2	1
3	2
4	?
5	?

每个小组有一些正方形,将其分开,使每一对学生有12到15个小正方形块。小组中每人拼一种图形,再比较这些图形,并把这种形状写到一块正方形上。问,四块正方形能拼成多少种不同的图形？小组成员相互检查并确认拼出的形状数,把所得结果写在 T 形图中。

(5) 对于五块正方形,重复上述过程,并在 T 形图中记录所得答案。

(6) 当小组任务完成时,每个小组选择一人向全班汇报本组结果。

(7) 挑战性问题：可要求一些小组或个人继续对六块或七块正方形继续做上述研究。

二、美国小学数学课堂活动的特点

美国小学数学课堂活动丰富多彩,归纳起来有如下三个方面的基本特点：

1. 活动形式灵活多样

美国小学数学课堂活动在形式上灵活多样,不拘一格。虽然近年来合作学习在美国有很大影响,但独立学习的活动在课堂中仍然占有一定比例,这在很大程度上是考虑到活动内容和学生学习的特点。小组合作学习活动占有相当的比例,但它所呈现出的却不是一个固定的格式,而是相当灵活的,一般根据学习内容的不同,有二人小组活动、四人小组活动等。在活动过程中,教师将有效的教学策略渗透到这些数学活动之中,教师也加入到学生的活动中,提出问题、讨论问题和解决问题。教学活动的安排显得自然得体又新颖活泼。在这种活动中,学生可以真正体会到数学是一个激动人心的领域。

比如,在教学一位数加法时,教师就设计了一个合作学习巩固运用加法的例子：每两个学生为一组,喊"一、二",两人同时伸出右手,每人随意地伸出几个手指,两人分别计算共有几个指头是伸开的。当两人手指总数是约定好的数字(如 8),就同时欢呼"year!"。

学生们在玩的过程中愉快地不知不觉便达到了巩固一位数加法的目的,同时也培养了同学之间有效合作交往的能力。

2. 活动内容丰富深刻

美国数学课堂活动的内容充分体现了新课程标准(2000)的要求。在数学知识的来源和应用上,体现了数学的本来面貌。活动与现实生活联系紧密,体现了数学知识的生活特点,使学生从数学的角度认识一些生活常识,体会到生活中处处都有数学,避免对数学学科产生畏惧心理。

例如：学生学习加减法、认识平面图形时,教师用街道上的路标作为活动依据,既能使学生从中学到路标的实际意义,形成在外出旅游时有意识地注意路标的习惯,也从中学到数学的有关知识。

同时,数学活动中贯穿一些猜想规律、数学游戏类的内容,还有一些是隐藏在比较简单的问题中的深刻的数学内容或数学思想,让学生在活动中逐步体会。这样使学生逐步形成以数学的方法思考问题的习惯。例如:有一个数学活动是让学生们随意地画一些图形,然后统计这些图形的边、顶点和封闭部分的数目。这个活动是让学生体会当年欧拉在解决一笔画问题时的思维。再如,有一个活动是让学生随意地用不同的颜色去涂抹地图,这是在让学生体会著名的四色定理。

3. 活动环境轻松开放

在美国小学数学课堂上,教师组织的数学活动中,教师为学生创设了宽松的环境,学生在回答问题时不必担心自己的回答因为错误而受到老师的批评或同学的嘲笑,学生可以针对教师所给的材料自由地进行表达。老师根据学生的表达逐步把话题引向要讨论和解决的问题上来。因此,每个学生,只要他面对老师的情景作出了自己的表达,就说明他是聪明的,是一个有效的参与者,因而课堂活动环境就是轻松开放的。

例如:有一个老师讲两位数减法的口算方法,在用简短的语言引入之后,她给出了四个算式:$54-35=19;58-39=19;62-43=19;66-47=19$。然后,让学生通过对这四个算式的观察,概括一句话。学生们七嘴八舌地说出自己观察的结果:有人说这四个算式有个共同的规律就是答案都是19;有人说这四个算式的被减数和减数相应地每个增加4……老师接着又给出一些结果是19的减法运算,继续让学生反思自己的观察,最后学生终于得到两位数减法的口算方法:把减数和被减数同时加上同一个数,使减数成为一个整十数(如20,30,……),这样就使得减法变得容易。整个活动过程在老师不断列出新算式的同时,呈现出一种轻松、开放而又热烈的场景。

参考文献:

[1] Kennedy, Leonard M, Guiding Children's Leaning of Mathematics. Wadsworth, 2000.
[2] NCTM. Principles and Standards for School Mathematics. 2000.

小学数学新手和专家教师 PCK 比较的个案研究
——青浦实验的新世纪行动之四[①]

上海市青浦实验研究所

一、前言

PCK 是学科教学知识（Pedagogical Content Knowledge）的简称。1986 年，舒尔曼（Lee. Shulman）针对美国教师资格认证制度和教师培养学科范式的缺失而提出的，最初的界定为，教师将自己所掌握的学科知识转化成学生理解的形式的知识，并认为，PCK 最能区分学科专家与教学专家、高成效教师与低成效教师的差别[①]。PCK 这一概念的创立为教师的教学效能研究开启了一个崭新的视野，克服了教师教学效能研究重行为、结果的行为主义倾向，而是关注到教师的认知过程，注重教师认知和行为的相互作用。本研究试图通过"小学数学新手和专家教师 PCK 的比较个案研究"，探究教师的 PCK 的结构、差异，以及影响其生成、发展的因素，为教师的专业培养提供实证的、本土化的支持材料和实践参考。

二、研究方法

1. 研究对象

尽可能考虑对象的代表性和典型性，新手教师从青浦区教龄 0—3 年的小学数学教师中析取，专家教师从青浦区教龄 10—15 年小学数学名优教师中析取，并为大家所公认；为了便于比较，两位教师为同年级（三年级）任课教师。两位研究对象的基本信息，如下表所示。

表 1

类型	姓名	性别	教龄	职称	学历
新手	颜禾	女	2	小学一级	本科（小学教育）
专家	华英	女	20	小学高级（区示范教师）	职后本科（理科）

注：表中教师的姓名均为化名。

2. 研究方法

主要采用课例研究方法，将文本分析、录像带分析、参与式观察、深度访谈、测试与问卷调查相结合，研究中尽可能地保持教学原生态。

课例选择：上海市九年制义务教育教材数学第六册整理与提高单元"数学广场——谁围的面积最大？"

研究时间：2007 年 5—9 月。

[①] 本文选自《上海教育科研》2007 年第 10 期，第 47—50 页。

三、结果与分析

1. 新手与专家教师在教学设计中目标、内容(任务)、对象、策略四要素的比较

(1) 新手教师与专家教师在教学设计中的目标比较,如下表所示。

表 2

	言语表述	阐述与理解
新手	1. 知道长方形的周长一定,当长与宽相等时,面积最大 2. 通过学生动手操作,探究"长方形周长相等时,长、宽与面积之间的关系" 3. 通过分类、观察、验证等各种形式的活动,培养学生的动手操作能力、观察能力、抽象概括能力和初步的空间观念 4. 让学生在动手中获得成功的体验	1. 教学要落实三维目标 2. 教学要与学生生活相联系 3. 让学生主动学习 4. 借鉴别人的教案并修正
专家	1. 通过"围图形"的活动,探究"周长相等的图形,面积不一定相等" 2. 通过围长方形(包括正方形)的活动,探究"长方形(包括正方形)周长一定时,长、宽差别的大小与面积之间的关系" 3. 在探究中加深对长方形(包括正方形)周长、面积概念的理解,巩固长方形(包括正方形)周长和面积的计算知识 4. 发展学生的动手操作能力,培养学生记录、整理、观察、总结的能力	1. 三维目标的落实并非是机械的,而是以认知目标的落实为主,情感、过程作渗透 2. 教学要充分考虑学生已有的知识经验、学生的实际和学科知识前后的联系 3. 让学生多一点探索 4. 自我思考确定后吸收借鉴他人优秀的设计

从表中可看出,在制定教学目标上,新手和专家教师对新课程都有良好的认知,强调三维目标的落实,学生主动学习和联系生活。但在目标表征的背后,新手和专家教师存在着质的差别。专家能正确预见学生的学习经验,能充分考虑知识在教学中的前后联系,并加以灵活地运用;新手做不到这一点,设计仅是"骨架"。

(2) 新手与专家教师在教学设计中的内容(任务)比较,如下表所示。

表 3

	言语表述	阐述与理解
新手	1. 重点:探究长方形周长相等时,长、宽与面积之间的关系 2. 任务:学生通过动手操作,获得规律;然后通过练习来巩固知识	1. 二期课改学习方法,让学生主动学习,教师不灌输知识 2. 优质课例标准的"印刻"
专家	1. 重点:探究"长方形(包括正方形)周长一定时,长、宽的差别的大小与面积之间的关系" 2. 任务:围绕重点难点加工教材,在化解难点的基础上凸现重点,引导三次自主探究活动	1. 教材的理解把握很重要 2. 单纯教教材没用,要培养学生综合能力 3. 目标只是一个底线

在确定内容上,新手和专家教师都能把握住教学重点。但新手注重的是课例标准引导下的教学,较程式化;专家注重学生有效获得知识、能力的教学,教学任务为学生的能力提高而设定。

(3) 新手与专家教师在教学设计中的对象把握程度比较,如下表所示。

表 4

	言语表述	阐述与理解
新手	难点:发现长方形周长一定,当长与宽相等时,面积最大	1. 学生周长与面积概念混淆 2. 学生学习数学有困难 3. 教学后需要个别指导
专家	难点:培养学生方法策略意识和解决问题的能力	1. 学生对周长、面积概念掌握牢固 2. 学生在怎样围的问题上出现学习障碍

在把握对象上,新手和专家教师对教学对象的学习基础、认知风格和易理解、误解知识的定位有很大差别。新手把握不住教学起点,对学生缺乏信心,认为当堂教学后30%—40%学生不理解知识,需要个别指导。专家对学生的学习基础和教学中碰到的问题、困难有充分、正确的认知,对学生容易误解的知识(难点)有充分预设,学科知识的联系有深度的把握。

(4) 新手与专家教师在教学设计中的策略比较,如下表所示。

表 5

	言语表述	阐述与理解
新手	课改、课例标准引导: 铺垫—动手操作—动脑思考—练习—总结	1. 二期课改学习方法,让学生主动学习 2. 教师不灌输知识,教学要联系生活,解决生活问题,让学生动手操作 3. 教研员的影响,优秀课例"分豆子"的"印刻"
专家	目标导引下有效的知识获得: 铺垫—关键性问题的点拨—多例证—练习—总结	1. 教学目标导引下的方法,让学生获得知识,培养能力;数学教学要多例证 2. 用教材,要对教材进行加工 3. 动手做和动脑想要结合 4. 教学要进行有效铺垫

在选择策略上,新手与专家教师都能从新课改理念出发选择教学策略、方法,强调课堂联系生活,注重学生动手操作。但新手比较机械,按课例的标准按部就班,缺乏对课堂实际的思考。专家有自己独特的见解,注重学科性质和学生实际来组织教学,强调在有效指导基础上学生有意义的探索,注重课堂教学效率和学生的实际获得,以学生的有效获得来选择教学策略与方法。

2. 新手和专家教师课堂教学过程、教学方法、教学效果三要素的比较

(1) 新手和专家教师课堂教学过程中知识的呈现方式(铺垫、关键问题的设置、探索与练习、总结、总体特征)5因素的比较,结果如下(实例略)。

新手和专家教师在课堂教学过程(知识的呈现方式)有很大的差别。新手有铺垫,但铺垫的意义不大,缺乏为学生正确理解新知而设置铺垫;专家的铺垫不但有意义,而且能为学生的理解而设计,重点凸现、难点有效突破。新手无关键问题设置,仅回忆旧知识;专家有关键问题的设置,通过有意义的指导为学生的自主探索铺平道路。新手对学生的探索与练习有一定层次,但未作精加工,较机械;专家能作精加工,有效指导与学生自主探索相融合,并

能渗透数学思想方法。新手课堂总结没有在帮助学生理解知识和形成能力上"重敲",建立起数与形的联系;专家做到了这一点。新手标准引导的取向明显,缺乏对学生有效学习的关怀;专家始终以学生有效学习为取向,对学生的认知和学习状态有深切的把握。

（2）新手和专家教师课堂教学过程中教学时间分配的比较,如图1所示。

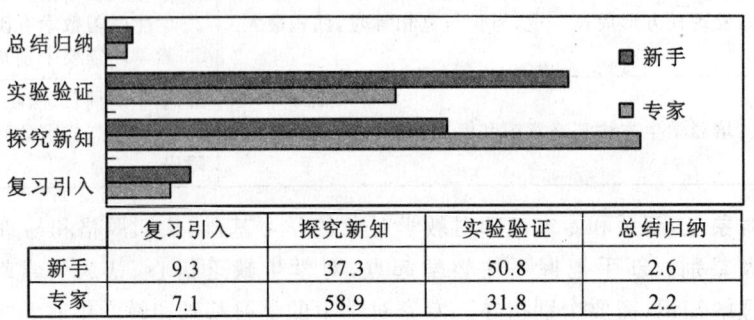

	复习引入	探究新知	实验验证	总结归纳
新手	9.3	37.3	50.8	2.6
专家	7.1	58.9	31.8	2.2

图1 新手和专家教师课堂教学时间分配比较

注:图中的数据为该段所占时间的百分比。

从图中看出,新手和专家教师在探究新知和实验验证两个项目中所用时间有显著差别。新手注重学生的实验验证,主要精力和时间花在练习上,练习指向全体学生基础知识的掌握,但是忘记了探究活动的根本,练习时间把握不准。专家主要的精力和时间花在探究新知识上,强调理解基础上的运用,注重过程性指导,帮助学生养成正确的练习观。

（3）新手和专家教师课堂教学过程中提问水平的比较,如图2所示。

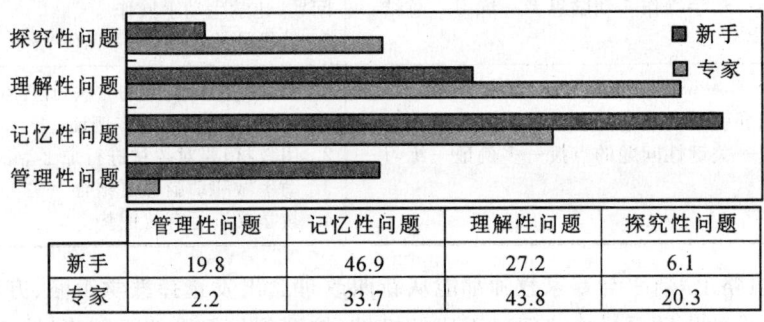

	管理性问题	记忆性问题	理解性问题	探究性问题
新手	19.8	46.9	27.2	6.1
专家	2.2	33.7	43.8	20.3

图2 新手和专家教师课堂提问水平比较

注:图中的数据为该类问题所占提问次数的百分比。

从图中的统计看,新手比专家教师管理性的提问高17.6个百分点,记忆性的提问高13.2个百分点,理解性的提问低16.6个百分点,探究性的提问低14.2个百分点。新手低认知水平的提问（管理性、记忆性的提问）明显多于高认知水平的提问（理解性、探究性的提问）,而专家教师正好相反。新手的问题没有明确导向性和目的性,比较随意,对学生的回答只是给予简单评价,而且课堂提问主要集中于成绩优秀的学生。专家提问主要集中在促进学生理解和探究能力上,问题具有组织性、层次性、启发性,能及时反馈。新手更多地控制课堂,以完成任务为主;专家对课堂的控制更为柔性,以教学为主。

（4）新手和专家教师课堂教学方法的比较,如下表所示。

表 6

	教学方法描述	总体特征归纳
新手	严格执行教学设计方案,注重让学生动手,体现新课程思想;教学监控较刚性,缺乏技巧,知识前后的实质联系少;关注教学形式、课堂状态和师生的行为表现	新课程、课例标准取向
专家	对象感特别强,小步子引导,注重动手和动脑的结合;教学技巧娴熟,细节把握充分,教学监控更柔性;十分注重目标、对象、效果的统一;关注点是每一个学生,情境知识特别丰富;保持教学的高认知水平	学生有效获得取向

从表中看出,新课程的思想和理念在课堂中体现明显,但新手缺乏方法和内容融合的技巧,对课堂、学生缺乏细节关怀。专家能从学科本义上去理解、把握教学,新课程理念和特定知识内容教学融会贯通。

(5) 新手和专家教师课堂教学效果的比较,如图 3 所示。

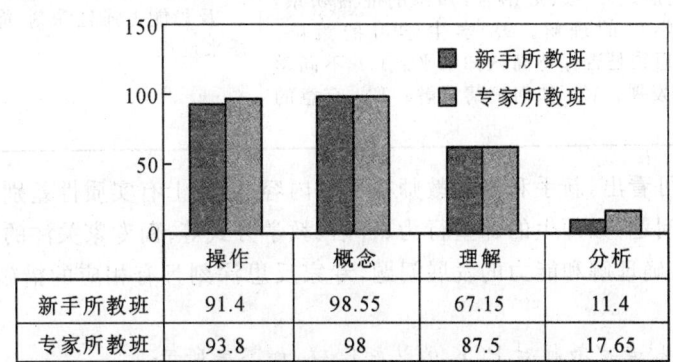

图 3 新手和专家教师课堂教学效果的比较

注:表格中的数字为教学目标每一级得分的百分比;此测验参照顾泠沅教授的数学教学目标检测分类。

从图中可看出,新手和专家教师所教学生在低认知水平(操作、概念)上基本相同,而在高认知水平(理解和分析问题能力)上专家所教学生明显优于新手所教学生,理解水平高 20.45 个百分点,分析水平高 6.25 个百分点。

(6) 新手和专家教师所教班级学生喜欢数学的程度比较,如图 4 所示。

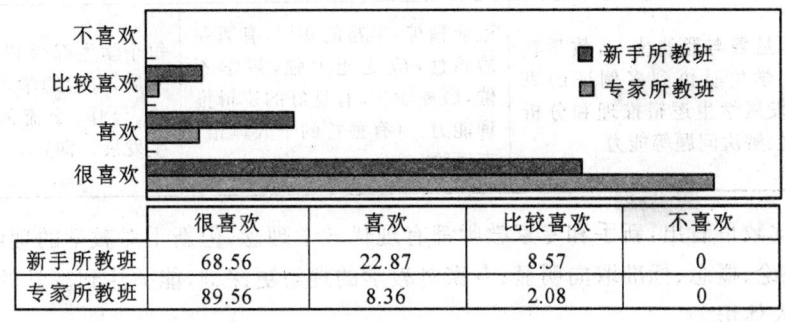

图 4 新手和专家教师所教班级学生所喜欢数学的程度比较

注:图中的数据为该类项目人数的百分比。

图中的统计可看出,新手和专家教师所教的学科都受学生喜欢,但在极端喜欢(很喜欢)上,专家所教的班比新手所教的班高 21 个百分点,差异显著。

3. 新手和专家教师课后反思内容、特征的比较,如下表所示

表 7

	内 容	特 征
新手	1. 教师的行为和言语。2. 提问和应答结果。3. 提问程序。4. 知识的呈现。5. 学生合作学习。6. 学生学习概念的正确性。7. 学生的学习方法。8. 师生关系。9. 学生的表达。10. 课堂教学状态。11. 评价对学生的影响。	1. 关注师生行为和表现,课堂教学的方式。2. 较肤浅,表象问题。3. 从技术的角度反思,关注教学成败。
专家	1. 知识的有效铺垫。2. 学生有效、正确地理解。3. 学科本质、概念和数学思维方法。4. 学生个性差异。5. 课堂教学效率。6. 学习方法和学生的思维发展。7. 数、形结合,知识的前后联系。8. 全体学生的理解。9. 学生学习的策略。10. 学生思维是否保持高认知水平。11. 不同学生思维的发展。12. 如何澄清误解。13. 有意的指导。	1. 关注学生有效学习。2. 反思能力强且深刻,能抓住课堂教学实质来反思。

表中的比较可看出,新手和专家教师在反思内容、特征上有实质性差别。新手更多关注的是课堂的表象问题,如师生的课堂行为、言语、教学方式等;而专家关注的更多是学生的有效学习,知识的正确理解和能力的发展问题,专家反思深刻且有相应的措施跟进,新手做不到这一点。

4. 新手教师和专家教师对 PCK 的认知比较,如下表所示

表 8

	学科性质的理解	对优秀教师的阐述	有效教学的理解
新手	数学是生活,解决生活实际问题,重在培养学生能力和思维	有扎实的专业知识,良好的表达能力,和谐的师生关系。(没有自己的独特见解,理论、概念取向明显)	目标达成,学生实际会用,学生能力得到培养。(目标、能力取向)
专家	数学是数与形的统一,数学教学让学生感悟到多例证的思想,发展学生逻辑推理和分析问题、解决问题等能力	敬业精神,丰富的知识,有职业敏感性,应变能力强,好学不倦,服务学生,有良好的逻辑推理能力。(有独特的个人体悟,态度第一)	每个学生都得到最大程度的发展,有后续学习能力,有体验、合作、交流的学习。(学生发展取向)

表中的比较可看出,新手和专家教师都有现代教学理念,但新手对教学的理解明显不及专家教师,理论、概念、标准取向明显;专家对教学的理解更深刻,能关注到教学的本质问题,有独特的个人体悟。

5. 新手和专家教师对PCK生成和发展的体认比较,如下表所示

表9

	成长的关键事件、人物的描述	假设事件的回答	体 悟
新手	关键事件:课例研究(三实践二反思),参加青年教师骨干班,教研员听课,参加"大比武"。 关键人物:教研员,师傅教师	精心备好每堂课,根据学生的知识、认知水平和学科知识的内在联系去设计教学	学会教学,教学方法第一
专家	关键事件:不断地回应环境挑战,市级听课活动,课堂历练,反思实践。 关键人物:标杆式同行,学校领导、教研员,自我激励	态度决定一切,学会敬业,从敬业、用心做好每件事开始	态度比方法更重要,什么事只要肯做,就会有成功的希望

注:假设事件是:如果你指导新教师,你最想告诉他(她)的是什么?

表中的比较可看出,教师PCK的生成和发展受到关键事件和人物的影响,课例研究、课堂历练、反思实践是教师PCK生成和发展的重要阶梯;观摩、研修、向同行学习、专业指引、一定的环境压力是教师PCK获得的重要途径。教师PCK的发展需要一定时间和经验的积累,阶段不同所体悟到"真理"也不同,新手教师体悟到的是方法,专家教师体悟到的是态度。

四、讨论

1. 综合以上的分析,可以得出,教师的PCK是决定教学有效性的核心知识,它能有效区分高效和低效教师

这一点印证了舒而曼的观点。同时我们也可看出,PCK的实质是一种"转化"的智能,是教师将学科知识"转化"成学生有效获得的一种学科教学智能,即教师根据课程理念、目标,进行系统思考,把学科知识有效地"转化"成教学任务,又由教学任务有效地"转化"为学生实际的获得。第一次"转化"主要体现在教师的教学设计中,表现为对课程目标、内容,学生认知基础、风格、个性的把握,教学方法、策略的选择;第二次"转化"主要体现于课堂教学中,表现为知识的呈现,课堂的决策、监控、补救,媒体的使用,教学的指导、评价,生成问题的应对,师生关系。呈现出以下几个特征:

(1) 综合性。这是教学内容知识、一般教学法知识、学生知识、情境知识等的统整与合金,核心是向特定学生有效呈现特定内容的知识;各种知识在教学过程中的套嵌,存在于教师的教学实践中,是教师特有的知识。

(2) 情境性。这种知识往往与具体的行动联系在一起,受特定的情境、问题驱动,透过教师的教学机智反映出来,是处置具体教学问题的一种策略。

(3) 个体性。这是教师日积月累,内心真正信奉和拥有的知识,包含着教师的信念、理想和态度,根植于生动、具体的教学场景,存在于教师的个人叙事之中。

(4) 实践性。这是实践形态的知识,一种能够指导教师实践、教学决策和完善教学行为的知识。"在实践中建构(in practice),关于实践的(on practice),指向实践的(for practice)。"[②]

(5) 默会性。这是通过教师身体感官或理性直觉获得,在行动中展现、被意会,边界模糊,又不能以正规形式加以传递的知识。

(6) 开放型。它不是一种静态的知识，而是一种动态的、功能性知识。它的获得和增长不是随着教师的学科内容知识、一般教学法知识的获得而自然获得和增长，而是教师在个体实践中，不断将诸方面知识整合的过程。

2. 新手和专家教师的 PCK 存在着明显的差别

新手主目标、标准取向，具有学科知识"转化"教学任务的"教育学化"能力，但缺乏针对性，缺乏对学生掌握知识过程中障碍的正确把握，缺乏将教学任务"转化"成学生实际获得的能力；专家主学生有效学习的教学，具有良好的二次"转化"能力，并且在实际中，专家的二次"转化"是以交互的形式呈现于教学过程之中，认知图式更丰富、更精致，"具有丰富的关于学生发展、特点和学习规律的图式，能够观察到学生的行为和学习上的微弱线索"，[3]能及时、正确地捕捉到教学的要害，辨明教学的真义，化解教学的难点，使学生有效地理解知识，获得解决问题的能力。

3. 教师 PCK 的生成和发展是一个不断建构的过程

经历/历练是第一把重要的尺度。包括：教师的学习经历、课堂教学实践、同事间的观摩和交流，领导和专家的听课，自主的理论学习等。当然建构的过程并非匀速的，在教师教学生涯中发生的一些关键事件，出现的一些关键人物，能给教师带来顿悟的机会，从而有效促进他（她）的 PCK 跨越式发展。

反思是第二把重要的尺度。反思才能积累和积淀经验。教师在行动前、行动中和行动后的反思，能有效地促进教师 PCK 的扩展。本研究揭示：反思是促进教师 PCK 获得和增长的重要因素，专家教师之所以优秀，在于他反思更深刻，更有方法，能把握住教学的关键点，有正确的措施跟进。

态度是另一把重要的尺度。专家教师十分强调态度，在这一点上许多教师知识的研究常常忽视。我们认为态度也是一种知识，而且是一种大智，是教师在德性视野下对教学的体认，PCK 应该涵盖道德态度这一维度。事实上，在日常的教学生活中，态度往往对教师知识的建构和发展起决定性的作用，正如研究对象华英老师所说："只要肯做，就会有成功的希望"，"一个人是否愿意花时间思考、反思和改进教学，都与他（她）的态度有关"。

4. 本研究是 36 个教师 PCK 个案比较研究的一个研究，样本太小，不具有统计意义，有待日后完善

参考文献：

[1][2] Shulman, L. S. Knowledge and Teaching: Foundations of the New Reform. Harvard Educational Review. 1987, 57(1): 1—22.

[3] 杨彩霞. 教师学科教学知识：本质、特征与结构. 教育科学, 2006(2): 61.

[4] 胡谊. 专家教师的教学专场的知识观、技能观与成长观. 华东师范大学学报（教育科学版）, 2000(6): 62.

小学教学课堂对话的特点：
对专家教师与非专家教师的比较[①]

李 琼 倪玉菁

一、问题的提出

自古希腊苏格拉底开始，对话就一直成为人们探索与生成知识的重要方式。教学作为一种师生交往、积极互动、共同发展的过程，其本质是以对话、交流与合作为基础的知识建构活动。[1]互动开放的数学课堂对话有助于学生解释、论证与澄清自己的思维，并倾听他人的想法，挑战来自教师与同伴的质疑，从而引发学生的深入思考；而教师控制的"一言堂"无疑会让学生失去思考空间与表达思维的机会。课堂对话的不同方式影响着学生不同的学习机会。正因如此，新课程改革积极倡导建立一个互动开放的课堂对话环境，将其视为实现学生自主、合作、探究性学习的一个有效途径。

课堂对话意指师生主体双方在学习共同体中的平等交流、相互建构与分享知识的过程，它包括教师引导下的师生之间与生生之间的相互对话与交流。积极互动的对话式课堂交流应成为有效教学的理想追求。但目前的课堂对话存在如下问题。一是把"对话"当成"问答"。[2]表现在师生之间的对话限定在"问题—答案"的问答式逻辑中，学生的回答在于获得教师预期的"标准答案"，教师作为问答的评价权威，控制着课堂的话语权。学生平等交流的主体性受到阻遏。二是对话多指向师生之间，缺少生生之间的交流。表现在学生与学生之间的回答往往互不相关，都直接指向教师的提问，期待教师的评价。三是将课堂对话简单理解为让学生充分参与，缺少教师的适时引导。表现为教师热衷于给学生提出问题，让学生自由讨论，自己在教室里走马观花，成为课堂对话的旁观者。教师在对话中的"失语"，使得课堂对话成为一种徒有热闹形式而无深层思考内容的低效交流。

如何才能创造一个真正发展学生思维，促进师生与学生之间进行数学猜想、探究与发现的课堂环境？在一个深层对话互动的课堂中，教师与学生的角色是什么？如何在课堂对话的开放性与有效性中保持一种良好的平衡？这些问题都是在促进有效教学，特别是在目前新课程背景下提高课堂交流的有效性方面需要深入思考与解决的问题。教学专长的研究表明，专家教师的明显特征之一在于其出色的教学行为表现。专家教师在引发师生之间以及学生与学生之间进行课堂对话交流方面有何特点？（如提问了哪些不同认知水平的问题激发学生的思维，如何鼓励学生分享彼此的想法，如何引领师生课堂对话的方向，等等。）非专家教师的课堂互动与其有何本质的差别？通过对比分析专家教师与非专家教师课堂对话的方式与内容，旨在揭示专家教师课堂交流的特点，以对非专家教师的专业学习提供实证的支持。

---

① 本文选自《课程·教材·教法》2007 年第 11 期，第 36—40 页。

二、研究方法

(一) 被试的选取

本研究的被试来自福州市15所小学的32名小学数学教师,其中专家教师与非专家教师各16名。基于专长的研究文献,本研究对专家教师的选取采用联合提名法:通过校长、同事与学生的推荐,取三者共同的提名。由于本研究特别关注教师的课堂教学,强调学科教学的出色表现,考虑到教师们经常互相听课与观摩,因此同事的推荐更为重要。教学专长的研究表明,从一名新手教师成长为专家教师,通常需要至少10年的教学经验,本研究综合考虑以上指标进行专家教师的选取。

这里的非专家教师意指具有2年以上教学经验的教师。这些教师已经适应了课堂教学的各个环节,特别是对课堂管理的常规已有较好的把握,开始关注学科的理解与教学。两类教师的选取在学校中是配对的,即在同一所学校中一名专家教师对应一名非专家教师,这样可以尽可能地控制学校变量的影响,便于专门对两类教师课堂教学进行对比分析。

(二) 研究方法

1. 数据来源

为深入分析教师的课堂表现,对32名专家教师与非专家教师的55节课的教学进行了观察与录像,教学内容选取的是分数教学,包括四年级分数的初步认识和六年级分数除法及其应用。

2. 课堂对话的编码

本研究从课堂对话的方式与内容来考察师生互动交流的特点。前者意指教师与学生如何在课堂中互动,包括:① 教师是否鼓励学生分享彼此的想法,即教师对学生想法的反应;② 判断答案的合理性是由教师还是由师生学习的共同体来决定,即对话的权威来源。课堂对话的内容意指教师如何通过提问的内容来引发学生特定的数学思维,以及决定哪些学生的想法在课堂中讨论,例如是仅仅通过简单回忆性、描述过程性的问题,还是通过解释性以及分析比较的问题引发学生进行课堂交流。本研究从以上三个方面对教师的课堂对话分别进行了编码。一是教师对学生想法的反应,包括四个方面:① 放弃或忽视学生的想法。例如,教师(T):谁能告诉我10以后是什么?学生(S):11。T:对吗?(教师继续上课)② 认可但是并没有将之纳入教学中(教师评论"很好",继续上课)。③ 通过重复学生的想法而认可。例如,T:为什么你知道是19?S:因为有9个1与1个10。T:哦,1个10与9个1(转到其他内容)。④ 探查与运用学生的想法,意指澄清与运用学生的想法(特别是提供新异或不正确的想法时);运用学生提供的想法联系到教学中(如引入或进一步推动教学的进展);将教学内容联系到具体某学生提供的方法(如"大家看,张明的解法是怎么想出来的?")。二是课堂对话的权威来源,意指答案的正确性由谁来决定,包括三个方面:① 由教师决定(如"5+5+1=11。哇,完全正确");② 由师生学习共同体决定(如"每个同学都同意吗?""让我们一起看看他是否正确");③ 由数学课本决定(如"课本上是这么定义的吗?""对照书上例子怎么做的")。三是教师所提问题的类型,包括四个方面:① 回忆性的问题,意指需要回忆以前教过的事实或规则(如"15的个位是多少?""这里的数字是什么?");② 描述过程,意指要求学生描述所采用的过程或策略(如"如果在分子上乘3,分母乘几得到的分数不变呢?");③ 解释性问题,意指要求学生解释为什么这样做或选择这样一个策略(如"你这里为什么要用除法?");④ 分析性问题,意指分析学生不同策略之间的区别与联系(如"这与以前的解法有何区别?")。

评分规则上,计算每一个维度中不同种类所出现的百分比。抽取20%的课堂进行评分者信度的检验,课堂对话各维度的评分者一致性百分比在0.756—0.924,说明具有较好的评分者信度。

三、研究结果

本研究主要从师生对话的权威性来源、教师提问的问题类型与学生想法的运用程度三个方面对比分析了专家教师与非专家教师课堂对话的特点(见表1、图1、图2)。

在课堂对话的权威性来源上,两类教师在课堂中对学生反应的评判表现出不同的特点,专家教师更倾向于由师生学习的共同体来评价学生的问答(或反应)的合理性,而非专家教师更倾向于由教师来评价学生的反应,两类教师表现出非常显著的差异($t \approx -4.03, P < 0.000; t = 4.25, P < 0.000$)。说明在专家教师的课堂里,学生的回答是指向全班学生而不只是教师,教师并不直接评价学生,而是鼓励全班其他学生评价同伴的反应;而在非专家教师的课堂里,教师的提问指向全班学生,而学生的回答只是指向教师的,更多地由教师直接评价学生的反应,这种教师控制的单调的对话,更多地以评价为目的,而不是激发学生的思维,引起全班学生的讨论。

在问题提问类型上,除了描述过程或规则问题外,两类教师在简单回忆性问题、解释性与分析比较性问题上表现出显著的差异($t = -6.31, P < 0.000; t = 3.80, P < 0.000; t = 4.13, P < 0.000$)。专家教师在解释性与分析比较性问题中所占比例明显高于非专家教师,而在简单回忆性问题上非专家教师的比例要高于专家教师。说明非专家教师给学生更多简单回忆性与描述性信息,未提供给学生解释自己思维的机会;相反,在专家教师的课堂里,教师的提问不仅仅检验学生的知识,而且探查学生不同的想法,通过提问"为什么""回答的依据是什么"以及不同解决方法之间的比较性与分析性问题,引导学生在全班交流自己的看法,从而让学生学会通过表述证据来说明自己的不同想法,培养学生学习数学的科学态度。

在学生想法的运用方面,在"放弃或忽视学生想法"与"重复学生的想法而认可"这两个维度上,两类教师未表现出显著的差异,但在"认可但未纳入教学中"这一维度上非专家教师明显高于专家教师($t = -3.69, P < 0.000$),在"探查与运用学生的想法"维度上,专家教师明显高于非专家教师($t = 6.93, P < 0.000$)。说明专家教师在课堂中更倾向于探查与运用学生的想法,将其作为课堂资源加以利用,学生在教师的引导下解释、论证自己的思维,公开表达自己的想法,这种开放的对话交流成为教师与学生、学生与学生之间学习的重要方式;而非专家教师能够认可学生的想法,但很少将之纳入教学中;在非专家教师的课堂里,不管学生提出的想法是新异的,还是错误的,教师或者只是简单地认可,或者忽视学生的错误想法,不能灵活运用并使其成为课堂的生成性资源。

表1 两类教师在课堂对话各维度上的平均百分比(%)

维度	专家教师		非专家教师		T值
	M	SD	M	SD	
课堂对话的权威性来源					
教师	37.12	0.23	66.85	0.17	−4.03***
师生学习的共同体	62.13	0.23	31.52	0.17	4.25***
数学课本(数学传统)	0.75	0.16	1.63	0.35	−1.82
问题的提问类型					
简单回忆性	11.85	0.07	33.81	0.11	−6.31***
描述过程或规则	20.50	0.15	30.58	0.19	1.59
解释性	55.70	0.13	33.55	0.18	3.80***
分析比较	11.95	0.08	2.06	0.04	4.13***
学生想法的运用程度					
放弃或忽视学生的想法	3.49	0.04	10.81	0.16	−1.68
认可但未纳入到教学中	6.51	0.08	27.36	0.20	−3.69***
重复学生的想法而认可	31.85	0.21	43.49	0.21	1.51
探查与运用学生的想法	58.15	0.18	18.34	0.13	6.93***

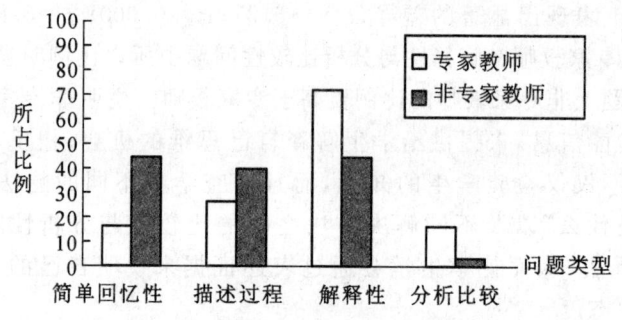

图1 两类教师在问题提问类型上的分布

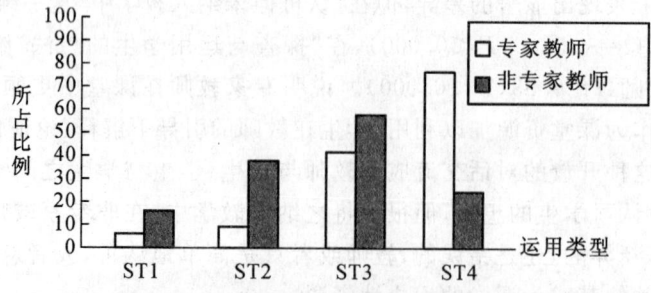

(ST1:放弃或忽视学生的想法。ST2:认可但未纳入教学中。ST3:重复学生的想法而认可。ST4:探查与运用学生的想法。)

图2 两类教师对学生想法的运用程度

四、讨论

(一) 两种不同性质的课堂对话特点

如上分析结果表明,专家教师更倾向于通过师生的共同讨论来评判答案的合理性,而非专家教师则更倾向于由教师自己来评价学生的回答;前者提问了更多比例的解释与分析性问题,而后者则在简单回忆性与描述规则问题上所占的比重相对更多;专家教师在课堂中更倾向于探查与运用学生的想法,将其作为课堂资源加以利用,而非专家教师能够认可学生的想法,但很少将之纳入教学中。基于以上分析,形成以下两种不同的课堂对话特点。

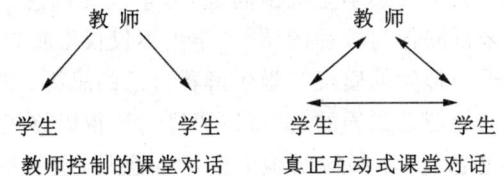

教师控制的课堂对话　　真正互动式课堂对话

1. 教师控制的课堂对话:教师提问—学生回答—教师评价(教师—学生—教师)

这种课堂对话结构典型地表现为教师提问—学生反应—教师评价。这种师生对话的方式,由教师决定着学生回答的"对"或"错",其目的在于教师评价学生知道什么,很少引发学生之间的讨论。如果学生答错了,教师会叫不同的学生来回答,直到获得教师预期的答案。例如,下面是分数除法解决问题一课的教学片段:

(问题:一桶水用去它的 $\frac{3}{4}$,正好是 15 千克,这桶水重多少千克?)

T(老师):这里是把什么看做单位1?

S_1(学生):把一桶水。

T:数量关系是什么?

S_2:一桶水 $\times \frac{3}{4} = 15$。

T:××,你呢?

S_3:用方程解,设这桶水为 x 千克,然后列式:

$x \times \frac{3}{4} = 15, x = 20$ 千克。

T:还有吗?××,你呢?

S_4:$15 \div \frac{3}{4} = 20$ 千克。

T:用除法做,这种方法很好。

第四个学生的回答似乎是教师期望的解答方法,但是未让学生解释理由,教师只是最后提供了一个评价性的反馈,"这种方法很好",而"好"在哪里,教师未给予任何的解释与说明。事实上,从学生的回答看,第三个学生与第四个学生的解法是一样的,都是方程的思路。从数学的角度来说,无论是列方程,还是直接用除法,没有哪种方法的优劣,只是解题思路的不同,运用除法是列方程解法的逆向思维。在教师提问问题的类型上,也只是简单回忆性与描述性信息,未提供给学生充分思考的空间,而且教师的问题是指向全班学生的,但是学生的回答仅仅是指向教师的,学生之间几乎没有交流,由教师来评价学生的反应。这种由教师控制的课堂对话,忽视了对学生思维的解释,教师失去了了解学生理解的机会。这种课堂对话的目的在于评价学生,而不是激发学生的想法,引起全班学生的讨论。

在这种单调的课堂对话中,教师按照既定的教学计划控制着课堂的进展,由于担心学生的"节外生枝"会影响教学内容的进度,教师未重视学生的不同想法,"压制"了学生的质疑。久而久之,学生往往把教师作为评价答案合理性的权威,做数学题就是按照既定步骤,获得教师预期的答案。这种机械的数学学习观与教师提问—学生回答—教师评价的课堂对话密不可分。这种由教师控制的师生对话方式在非专家教师的课堂里体现得比较明显。

2. 互动式课堂对话:学生的陈述—师生质疑—学生的解释(学生—教师—学生)

在专家教师的课堂中,教师鼓励学生提出问题,分享彼此的想法,并期望学生解释与论证自己的思维过程,接受来自同伴与教师的质疑,学生不仅仅汇报自己的答案。这样的对话结构可以描述为:学生陈述—师生的质疑—学生解释自己的思维。在这样的对话方式下,所有学生的想法,无论是正确的还是错误的,都可以通过讨论得以修正与改进。在全班讨论的过程中,学生提出自己的想法,并不断倾听他人的不同意见,进行不同想法的交流,形成师生、学生之间真正的课堂对话。在这样一种开放的课堂对话交流的环境中,教师的引导与参与的角色主要体现在以下几方面。

(1) 建立一个安全、开放的表达想法的交流环境。专家教师不是通过评价学生的回答,而是通过鼓励学生解释自己的思维来探查学生的不同想法,推动学生参与课堂的讨论,使学生内部的思维过程成为课堂共享的知识。教师通过"有没有不同意见""这种看法的依据是什么""你如何看待同学的回答"这样的问题引发学生倾听他人的想法,并与自己的想法进行比较,通过班级同伴之间的互动与协商来评价学生的回答,来判断哪一种答案更合理,而不是通过教师来决定答案的正确与否。在这样的课堂交流环境里,师生之间、学生之间的相互倾听、质疑与交流,成为构建知识的重要来源;学生不会因为缺乏勇气而不愿意在全班展示自己的想法,也不会因为自己的想法得到了教师的肯定,就不再倾听其他同学的方法,学生之间的不同想法是智慧的共享与激发。

(2) 运用学生的想法并将其作为课堂动态生成的资源。知识建构的观点强调,学生作为一种活生生的力量,带着自己的知识、经验、思考、灵感与兴致参与课堂活动,从而使课堂教学呈现出丰富性、多变性与复杂性,课堂是一个生成性的动态的过程。学生提出的问题、争论乃至错误的想法都是有价值的教学资源,这对教师与班级的其他学生都是很好的启发。教师只有善于捕捉课堂上的动态生成性资源,教学才能充满智慧。

例如,在解决分数除法问题(实验小学 11 月份订购了 100 桶矿泉水,比城关小学多订购了 $\frac{1}{4}$,问城关小学订购了多少桶矿泉水?)的课堂中,教师在巡视学生解题的过程中,发现了下面两种不同的解答,于是让两个学生将自己的解答写在黑板上,让同学们讨论自己同意哪一种,为什么。

$$100 \times \left(1 - \frac{1}{4}\right) = 100 \times \frac{3}{4} = 75(桶) \quad (1)$$

$$100 \div \left(1 + \frac{1}{4}\right) = 100 \times \frac{4}{5} = 80(桶) \quad (2)$$

S_1：我同意第二种。把城关小学的桶数看做单位 1，实验小学比城关小学多订购 $\frac{1}{4}$，也就是实验小学是城关小学的 $1+\frac{1}{4}$，求单位的量用 100 除以 $\frac{5}{4}$。

T：××，你做的是第一种，说说你是怎么想的？

S_2：因为这里的数量关系"实验小学比城关小学多订购 $\frac{1}{4}$"，也就是说城关小学比实验小学少订购 $\frac{1}{4}$，那就是，城关小学是实验小学的 $\left(1-\frac{1}{4}\right)$。即 $\frac{3}{4}$，已知实验小学的桶数，用乘法。

S：好像都行？

S_3：第一种解法，单位 1 设错了，应该设城关小学为单位 1，实验小学是它的 $\frac{5}{4}$ 倍。不能说城关小学是实验小学的几分之几。

T：看来我们的分歧是怎么表示它们之间的数量关系，谁可以用线段图表示出来（学生的演示）

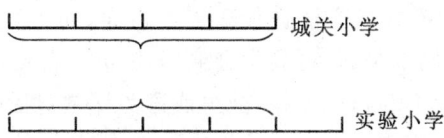

S：实验小学是城关小学的 $\frac{5}{4}$。

T：那城关小学是实验小学的几分之几？是不是 $\frac{3}{4}$？

S_2：刚才我错了，实验小学这里应该是 5 份，城关小学是实验小学的 $\frac{4}{5}$，不是 $\frac{3}{4}$。

T：刚才××同学说，不能求城关小学是实验小学的几分之几，可不可以？

S：可以。

T：第一种解法思路是可以的，只是数量关系搞错了。

教师通过两种解法的对比，让学生通过线段图自己能够正确地表示数量关系。实际上，在学习应用题时，学生容易受题目类型的影响。即使是解法正确的学生，对单位 1 的理解也是特别固定的，他们往往习惯正向思维，其实第一种解法的学生是逆向思维，从另外不同的角度看它们的数量关系，并不是"单位 1 设错了"，而是数量关系搞错了，教师也发现了他的思维价值。借助于线段图让学生发现自己的错误，这对其他同学也是一种启发。教师要抓住学生思维的闪光点，即使是错误的想法，也可以成为学生进一步探索的资源，从而从不同的角度为学生创造学习的机会。

（二）对新课程背景下有效对话教学的启示

以上展现了两种不同的课堂教学画面：一种课堂是教师主要控制着课堂的话语，师生问答的目的在于寻求"标准答案"，教师的评价成为构建知识的来源；另一种课堂里，教师通过提问高层次的问题，不断质疑学生，鼓励学生解释与论证，为学生的积极参与提供了机会，有助于师生、生生之间的数学推理与交流。这样的课堂对话结构,说明教师的提问不仅仅为了检验学生的知识,更是为了引导学生在全班交流自己的想法。这种真正互动的课堂对话,类似于研究者 Cobb 提出的反思对话或集体反思,即在个体学习过程中,个体间合作、交流的重要性。教师应鼓励学生在个体建构知识的同时,进行师生与学生之间的互动,建立共享的数学想法。

在当前新课程改革的背景下,如何将这种真正互动开放的对话教学贯彻在实际的日常课堂实践中呢?专家教师的课堂表明,教师首先通过提问高层次的问题推动学生去对话,如"你是怎么想的""两种解法为什么会有不同"等,并参与到学生的讨论中。学生的责任则是表达他们的兴趣、对数学的理解与疑问,形成师生与生生之间不同意见的交流。其次教师应创造一个安全的对话环境,让课堂里的每一个学生都能参与到数学的讨论与交流中来,重视每一个学生的想法;同时也要注意引导学生在对话和争论过程中不断寻求共识,防止出现相反的倾向,即将"开放"理解为"放任",将"个性化"看做"标新立异",提倡"多样化"而忽视了必要的优化。这就十分明显地表明了教师作为适时的引导者角色,要在互动开放的课堂中始终把握对话的方向、节奏与平衡。如在学生各种不同的想法中哪些需要提出来在全班讨论,如何改变讨论的方向,又要结合具体的教学目标,保持课堂交流的开放性与有效性。另外,教师也要对学生对话的方式与方法进行适当的指导,如提醒学生在与他人的对话交流中,既要善于和勇于发表自己的见解,也要学会倾听与吸取他人有益的东西,并为学生开展有意义的对话提供必要的智力与情感支持,减少或避免课堂对话的盲目或低效,在真正互动有效的课堂对话中促进学生实现新课程改革提出的三维目标。

参考文献:

[1] 教育部基础教育司. 全日制义务教育数学课程标准解读. 北京:北京师范大学出版社. 2002.

[2] 余文森. 新课程教学改革的成绩与问题反思. 课程·教材·教法,2005(5):3—9.

[3] 郑毓信. 简论数学课程改革的活动化、生活化与个性化取向. 小学青年教师,2003(5):11—13.

中美职前小学教师教育中数学课程的比较研究
——以上海师范大学和纽约城市大学为例[①]

袁 红 韩 翊

一、问题提出

Kenschaft(2005)在研究中提到，美国小学教师认为数学太难，不容易理解，更不容易教。[1]马立平(1999)通过对比中美两国小学教师对于小学数学知识的理解程度，得出中国小学教师比美国小学教师更能深刻理解基本数学知识。但她继而访谈中国未来的小学教师，让他们解释一些小学数学算法意义时，他们的解释很简单，缺乏一题多解的解题思路以及对一些数学内容与其基本数学思想之间联系的认识。通过进一步研究，她认为，中国小学教师是在他们的教学生涯中获得与发展这些基本数学知识，而不是在他们所接受的职前教育中获得。[2]

我们知道，影响小学教师数学知识的因素很多，其中学生在教师教育中对于数学课程的学习是影响未来小学教师数学知识的主要因素之一。那么，目前中美两国职前小学教师教育中，要求未来小学教师学习哪些数学课程？两国的数学课程内容有何不同呢？

由于上海和纽约在中国和美国地位的相似性，上海和纽约的教育情况分别在自己国家又都处于领先地位，于是笔者拟通过对上海和纽约的职前小学教师本科学历培养方案中数学课程作初步比较研究，以反映中美两国小学教育专业职前小学教师本科培养中数学教育的差异性及对我国小学教育专业本科培养数学课程设置的启示，以进一步优化我国小学教育本科专业课程体系。

二、研究方法

为体现上海和纽约高校在小学教育专业培养所具有的领导地位及培养规模，本研究选择上海师范大学和纽约城市大学作为研究对象。

上海师范大学教育学院是首批获国家教育部批准的培养本科学历小学教师的高等师范院校之一，[3][4]在全国小学教育专业本科培养方面具有一定领先地位，并且是上海唯一培养职前职后小学教师的院校。

纽约城市大学(City University of New York)是一所在纽约市处于领先地位且规模最大的公立大学，在培养小学教师方面在美国处于领先地位。自1960年起，纽约城市大学就开始培养小学教育专业本科生。现共有12个学院培养小学教育专业专科生、本科生与硕士生。笔者选择其中具有本科培养目标的6个学院作为本研究的对象。另外还选择一所社区学院，是因为其学生获得职前小学教师专科培养计划中的数学课程学分可以免修其他学院职前小学教师本科培养计划中的数学课程。所选纽约城市大学的7个学院分别是曼哈顿社

[①] 本文选自《课程·教材·教法》2009年第3期，第91—96页。

区学院、曼加爱福学院、城市学院、斯坦顿岛学院、莱蒙学院、布鲁克林学院和皇后学院。

本研究结合国内外小学教育专业本科培养计划,在查阅相关文献的基础上,通过对上海和纽约各学院 2005 年至 2007 年培养计划和课程内容的研究以及对两地任课教师的访谈交流,归纳总结出两地职前小学教师本科培养中数学课程设置及实施情况,以反映中美两国职前小学教师本科培养计划中数学教育的差异性。

三、研究结果

上海师范大学教育学院本科学历小学教育专业的培养目标是具有宽广、扎实的科学文化知识,系统的教育理论知识和基本技能,能适应上海国际化大都市基础教育改革和发展需要的新型小学师资。培养模式是在全面发展的基础上分科培养。完成本科学习需要 4 年时间,总学分为 160 分。[5]

大多数美国本科学历小学教师的培养模式是综合培养。以纽约城市大学布鲁克林学院为例,其培养目标旨在培养能胜任小学 1—6 年级教学,具有小学教学初级证书的小学教师。使学生在本科学习过程中能获得不同哲学思想和儿童发展理论,并能知道不同课程领域的教学工作[6]。完成本科学习需要 4 年时间,所需总学分平均为 120 分左右。

由于上海师范大学本科学历职前小学教师培养模式是在全面发展的基础上分科培养,纽约城市大学的培养模式是综合培养,所以两校数学课程存在着显著差异。

由于美国小学教育专业中将数学类课程分为数学内容类课程与数学方法类课程,数学内容类课程就是我们通常所说的数学课,即数学学科知识课程,而方法类课程就是数学教学法课程,所以,笔者对上海师范大学和纽约城市大学就这两类数学课程的必修课程进行比较。

(一) 数学内容类课程的比较

1. 上海强调数学内容类课程的学习,学分要求明显高于纽约

上海强调数学内容类课程,其必修课达到 22 学分,占总学分的 13.75%。而纽约各学院情况不同,有些学院只需学习一门数学必修课程,计 3 学分;有些学院学习一门 4 学分的数学课程;有些学院要求学习两门各 3 学分的数学课程;有些学院学习两门课程共 8 学分。占总学分的 2.5%—6.67%。具体课程名称与学分如下表所示。

表 1　上海纽约数学内容类课程比较[5]—[12]

上　海	纽　约
大学数学Ⅰ(5 学分) 大学数学Ⅱ(5 学分) 线性代数与解析几何(3 学分) 离散数学(2 学分) 概率统计(3 学分) 初等数论(2 学分) 组合数学(2 学分)	小学教育数学Ⅰ,Ⅱ(8 学分) 小学教育数学(3 学分) 小学教师的数学(4 学分) 概率统计(3 学分) 数学测量(3 学分) 定量推理(3 学分) 数学基本思想(3 学分) 数学基础Ⅰ(4 学分)
共计 22 学分,占总学分的 13.75%	各学院情况不一,共计 3—8 学分不等,占总学分的 2.5%—6.67%

2. 上海课程聚焦于高等数学内容，而纽约课程则聚焦于与小学数学内容相关的初等数学内容和部分高等数学内容

从上海培养计划看，数学内容类课程类似于中学数学教师培养方案中的数学课程。其教学目标强调学生对于高等数学概念和定理的理解和掌握。其中"大学数学Ⅰ"和"大学数学Ⅱ"的主要内容是一元微积分、二元微积分、极限续论和一元微分方程。"线性代数与解析几何"主要内容包括线性方程组、向量与矩阵的基本运算、矩阵乘法、高斯消去法、逆矩阵和行列式等线性代数内容和空间直角坐标系、向量代数、空间平面和空间直线等解析几何内容。"离散数学"主要包括集合论、代数系统和图论等。

然而，纽约培养计划注重培养学生掌握与美国数学教师协会 2000 年制定的课程标准相一致的初等数学内容。以"小学教育数学"和"小学教师的数学"课程为例，主要包括整数、有理数和实数及其运算、几何和三角函数等初等数学内容。所有学院的小学教育专业都要求学生必须掌握这些小学数学课程中涉及的初等数学内容。

虽然上海与纽约课程计划中都有"概率统计"课程，且学分要求都是 3 学分，但课程内容和难易程度存在很大区别。纽约"概率统计"课程内容除了包含有限样本空间、基本统计概念、正态分布和中心极限定理等概率统计内容外，还包括排列和组合等组合数学内容，并且所有这些内容都直接与小学数学内容紧密联系。而上海计划中的"概率统计"和"组合数学"是两门独立课程，共需 5 学分。其中"概率统计"主要内容有事件和概率、随机变量及其分布、随机变量的数字特征、统计估计和假设检验等。"组合数学"内容包括基本计数问题、容斥原理和鸽笼原理、递推关系和生成函数等。

此外，纽约培养计划中没有"初等数论""线性代数和解析几何"课程，但是在"小学教师的数学""数学测量"和"数学基础"这些课程中都涉及一些初等数论知识的学习，"数学测量"中也有解析几何和线性规划内容。而上海培养计划中将"初等数论"作为一门 2 学分的课程学习，其要求明显高于纽约培养计划。主要内容包括整数的整除性、不定方程和同余式等知识。

3. 上海课程内容抽象，强调系统性和学术性；纽约课程内容具体，注重基础性和实用性

上海课程计划中的数学内容类课程内容抽象，强调系统性和学术性。课程设置注重培养学生数学知识的底蕴和后劲，提高其未来职业所需的数学素养。使学生掌握高等数学知识的结构、发展过程及其与小学数学间的联系，以使学生将来能居高临下地分析小学数学教材，有的放矢地指导小学数学教学。例如，"大学数学"课程目标之一在于让学生掌握微积分知识的同时，培养学生能用极限数学思想方法来审视小学数学教材中的面积教学。如小学数学教学是通过实验由长方形面积公式得出圆面积公式，这种方法其实就是我国魏晋数学家刘徽的"割圆术"。小学数学课本中求不规则图形的面积，如求一片树叶的面积，方法是用小方格去近似。其理论根据是定积分思想中的过足近似与不足近似，也就是极限思想。而且，学生只有知道级数理论才能真正理解 0.9 与 1 之间的关系等。又如，"离散数学"课程中代数系统内容能为学生更好地理解小学数学中的代数运算打下理论基础。

相对于上海，纽约数学内容类课程的设置更直接联系小学数学课程内容和教学实际，具有较强的基础性和实用性。其课程强调学生掌握小学数学概念的发展和基本数学思想。如"数学测量"和"数学基础"课程中强调数学结构的一些重要概念，内容包括十进位记数法及其算法以及其他进位制的计算，实数系的发展及其性质，数学逻辑，集合和集合运算，等等。

"定量推理"课程中注重培养学生理解数学运算、比率和百分数、线性和指数增长、公式与图形、测量几何等知识并解决相关的数学问题。

纽约数学内容类课程还加强培养职前小学教师对于基本数学思想的掌握。如"小学教师的数学"课程培养学生意识到数学美和数学价值。教学中紧密联系小学数学课程,结合某些数学知识渗透数学美和体现数学价值。"数学基础"课程强调基本数学思想的研究,内容包括问题解决方法和技巧等。"数学基本思想"课程在强调问题解决的基础上,还注重培养学生的数学写作和合作交流能力。

(二)数学方法类课程的比较

综合纽约城市大学7个学院的培养计划,总结得出纽约城市大学与上海师范大学的数学方法类课程名称与学分分布如下表所示。

表2 上海纽约数学方法类课程比较[5]—[12]

上 海	纽 约
小学数学课程与教学(4学分) 小学数学临床案例分析(2学分)	儿童如何学数学(3.5学分) 小学数学、科学与音乐教育(6学分) 数学教学法(3学分) 小学数学教学(3学分) 小学数学与艺术(4学分) 小学数学与科学教育的整合(3学分)
共计6学分,占总学分的3.7%	不同学院情况不一,共计3—7学分不等,占总学分的2.5%—5.8%

笔者发现,课程学分之间的差距不大,但两校在课程的教学目标、教学内容和教学方法上各具特点,其差异主要表现在以下几个方面。

(1)上海的课程内容系统全面,培养具有一定课堂教学研究能力的小学教师。而纽约的课程内容侧重于对学生的数学教育教学行为进行直接有效的指导,培养具有一定教学能力的小学教师。

上海培养计划中的"小学数学课程与教学"课程的教学目标是:使学生系统地获得小学数学教育教学的基本理论与方法,懂得数学教育的特殊规律,并能运用这些理论指导小学数学教学实践。其主要内容包括小学数学的性质与任务、小学数学的课程结构、目标与内容的变革、课程标准解读、儿童数学学习过程、教学理论分析和小学课堂教学组织、设计和评价等,还有数学概念、数学规则、几何图形和概率统计及数学问题解决教学等。此外,"小学数学临床案例分析"课程教学目标旨在帮助学生更深刻地理解课堂教学的意义及过程,以促进学生获得自己专业成长的必要知识。主要内容包括临床观察的基本概念,临床观察的主要策略和若干技术,课堂教学的临床诊断,如何编写教学案例以及分析案例,等等。

纽约培养计划中数学方法类课程目标注重研究儿童数学学习的思维发展,培养学生掌握一些具体的小学数学教学组织方法,对他们工作后的教育教学行为进行直接有效的指导。例如,"儿童如何学数学"课程是从理论和实际相结合来探讨儿童如何学习数学,让学生学会如何帮助儿童发展数值关系和几何模型;"数学教学法"课程中,主要内容包括从发展的观点探讨儿童的数学思维,掌握与纽约州和美国国家数学标准相一致的数学内容与方法;"小学数学教学"课程中注重当代小学数学教学方法的教学,内容包括如何更好地理解数学,如何着手小学数学备课和评价小学数学学习。教学材料中附有小学数学课程材料、小学数学教学大纲、教学资源和研究报告等参考资料。

(2)纽约数学方法类课程内容的综合性程度高,强调数学与各学科之间的整合。

纽约课程的综合性程度高,符合小学课程综合化的趋势。这主要表现在以下这些课程中。

"小学数学与科学教育的整合"课程的设计是为学生提供机会学习如何将数学和科学概念融入儿童广泛的学习经验中,学生将在此课程中探究儿童如何学习数学和构建适当的小学数学课程以提高所有儿童的学习能力。"小学数学与艺术"课程探究儿童发展其数学概念和理解艺术的方法,儿童数学与艺术发展正式与非正式的评价方法,以提高儿童问题解决能力,并培养学生在数学和艺术方面表达自己观点的能力。"小学数学、科学与音乐教育"课程考察小学数学、科学与音乐的结构与概念,并将三门不同学科恰当地联系在一起,将儿童发展与学习的相关研究合成一体,以及探究适用于不同学生需求的教学策略。内容还包括课程发展、课程资源和材料、课程管理、课程标准和课程评价以及教育技术的应用。

(3)纽约的课程在教学方法上采取课内外结合的教学形式,强调培养学生实地经验及反思能力。

纽约所有数学方法类课程的教学实施都注重课内教学与课外活动相结合的教学方式。让学生走进小学数学课堂。学生在学习一定的教学方法知识后,去小学实地体验学习数学的过程与方法、小学教师教数学的过程或自己实践教学,然后再回到课堂反思。这些内容并不包括在实习课程之内。实习课程是"学生教学"(Student Teaching),学分是4学分,实习时间为15周,每周5天全天在班级,共授课300小时。

例如,"儿童如何学数学"课程的教学中包括15小时去小学实践和体验活动;"小学数学、科学与音乐教育"课程教学中有36小时让学生有机会去小学设计教学,体验教学并增强学生的学科间的交流能力和理论联系实际能力;"数学教学法"和"小学数学教学"课程强调让学生有机会参与小学数学教学工作,鼓励学生在教师指导下参与实习,并回到课堂反思他们与儿童相处的经历;"小学数学与艺术"课程安排4小时的实地调查活动。

上海课程培养计划中,虽然有集中的3周见习时间和8周实习时间,但在数学方法类课程教授过程中没有安排学生去小学体验后回到课堂反思分享及教师指导的过程。而8周短暂实习之后就直接踏上工作岗位。又因为见习期间学生只是听课并不上课,8周实习期间,学生要求完成的数学课程教学工作量是每周7节,每节35分钟。也就是说,我国未来小学教师只要完成约32小时的小学数学授课量就能毕业,直接踏上小学教师岗位。显然,我国小学教师从新手型转变成合格型的过程需要他们在带教教师的帮助下才能完成,而不能在教师教育本科培养中完成。

四、思考

综上所述,中美两国职前小学教师本科培养方案中数学课程无论是内容类还是方法类都具有一定差异性,各具特点。显然,在小学教育本科培养阶段,我国未来小学教师虽然学习大量高等数学知识,但是这些知识很少联系小学数学课程;我国未来小学数学教师虽然学习系统全面的小学数学教育的基本理论与方法以及利用技术进行课堂教学临床诊断分析,但是缺少对小学数学教学行为直接有效的指导,学生缺少实践教学经验。这也验证了本文开头马立平博士的研究。

与美国职前小学教师教育本科培养现状相比,我国处于起步探索阶段。尽管美国职前小学教师教育本科培养方案中的数学课程并不完美,但是可以给我国小学教育本科培养计划中数学课程设置与实施提供一定借鉴。

（1）数学内容类课程应该紧密与小学数学课程相结合,在强调学术性的同时,更应该注重基础性与实用性。

小学数学教师到底应该拥有多少数学学科知识？是否越多越好？学科知识应该如何应用？……到目前为止没有定论。而 Eward Begle 在 20 世纪 70 年代末的关于教师所具有的数学知识如何影响其学生数学成绩的研究结果却令人惊讶。他发现教师学习高等数学课程对其学生的数学成绩产生积极效应仅占 10%,而产生的负面效应为 8%。他认为"教师关于学科知识知道得越多,就越可能是位好教师"的论断应该修正。[13]

在此不去评价 Eward Begle 的观点是否正确,但是笔者认为,对于未来小学教师数学内容类课程的设置应该紧密结合小学数学教育实际。一方面,我们应该整合各类高等数学类课程,适当降低高等数学知识的难度,注重与初等数学知识之间的关系,以提高未来小学数学教师的数学素养,使他们能居高临下地分析小学数学教材,有的放矢地指导小学数学教学,从而提高他们的小学数学课堂教学能力。另一方面,我们还应开设关于数学史与数学思想方法课程作为必修课程。未来小学数学教师对于数学的理解会影响到他们的数学教学实践,进而影响到他们的学生关于数学的理解和数学学习的态度。小学数学中蕴涵着丰富的数学思想方法。数学史与数学思想方法课程能使未来小学数学教师掌握初等数学各个知识点的发展历史,深入理解数学的本质和方法,体验到数学美与数学价值,从而进一步提高他们的数学素养和数学教学能力。

（2）数学方法类课程的内容应更强调对于未来小学教师数学教学能力的有效指导,强调数学教学与其他学科教学之间的整合。

为让未来小学教师毕业后尽早胜任小学数学教师工作岗位,职前小学教师本科培养阶段的数学方法类课程的设置更应注重对学生实际教学行为进行有效指导。首先,增加关于儿童数学学习心理方面的课程,使未来小学教师能了解儿童数学学习的思维发展过程以及理论结合实际地探讨儿童如何学习数学。其次,结合新课程标准和新小学数学教材,帮助学生分析理解教材内容并对于如何备课加以引导。再次,在课程教学过程中应提供更多机会让学生去小学体验小学生、小学数学课堂和小学数学教学等情况,因为自身经历才能更深刻地理解教育理论知识。最后,从小学实践回到课堂教学,让学生反思、互相交流和分享他们在小学的经历和遇到的困难等。针对学生碰到的困难,教师再更深入地指导,从而使学生在实习前就已熟悉小学数学教学的实际情况。

此外,由于小学课程综合性程度高,这就要求未来小学数学教师能将数学与其他学科相联系。于是,职前小学教师本科培养计划中的数学方法类课程还要注重小学数学教学与其他学科教学的整合,特别是小学数学教学与科学教学的整合。

参考文献：

［1］Patrieia Clark Kensehaft. Racial Equity Requires Teaching Elementary School Teachers More Mathematics. Notice Of The AMS,2005,Volume52,Number2.

［2］LipingMa. Knowing and Teaching Elementary Mathematics —Teachers'Understanding of Fundamental Mathematics in China and United States. Lawerence Erlbaum Associates,Publishers. Mah-wah,New Jersey,1999:127—129.

［3］惠中. 中国大陆地区高学历小学教师的培养及其前瞻. 集美大学教育学报,2000(3):1—7.

［4］惠中. 高等教育体系中小学教育专业建设的思考. 高等师范教育研究,2003,15(2):35—41.

［5］上海师范大学教务处编. 上海师范大学 2005、2006、2007 级本科培养方案.

［6］Brooklyn College Bulletin—Undergraduate Programs 2003 - 2006. http://www. brooklyn. Cuny. Edu/bc/pubs/bulletin/2006/undergrad/pdf/2006ug. pdf

［7］Childhood Education General Requirement. http://www. bmcc. cuny. edu/ teacher educa-tion/ EDU. html.

［8］Medgar Evers College in the of the City University of New York 2005 - 2008 Bulletin. http://www. mec. cuny. edu/catalogue/MEC—CATA - LOGUE - 2005 - 08. PdL.

［9］Qeens College City University of New York 2005 - 2007 Bulletin. http://www. qc. Cuny. edu/college_bulletins/115980. pdf.

［10］The College of Staten Island in the City University of New York 2005 - 2007 Bulletin. http:// www. csi. cuny. edu/catalog/pdfs/undergrad 20052007partl. pdf.

［11］The City College Undergraduate Bulletin 2005 - 2007. http://www. ccny. cuny. Edu /CCNY-Bulletin/upload/2005_07_UGraduateBulle-tin - 2. PDF.

［12］Lehman College in the City University of New york 2005 - 2007 Undergraduate Program Bulleti. http://www. lehman. edu/lehman/pro-grams/pdf/Sectionl_ 05. pdf. http://www. leh-man. edu/bulletins/ecce/undegrad. html.

［13］Ball,D. L. Knowing Mathematics for Teaching:Relation Between Research and Practice. In Mathematics and Education Reform Newsletter. Sununer,2002:14(3):1—5.

八、整体教改实验

- 抓住智力与非智力因素的辩证关系，改革小学数学教学（马芯兰）
- 小学数学教改十年的实验结果与结构转化的教学措施（郑俊杰）
- 小学数学教学高质量、高效率、低负担的实验报告（金增 王莉莉 李利平 于淑华）
- 关于改革小学数学教学内容和教学方法的实验与研究（小学数学教材研究实验组）
- 探索道路上的十年——"现代小学数学"教学实验（张梅玲）
- 小学数学整体结构教学的实验研究（"小学数学整体结构教学研究"课题组）

抓住智力与非智力因素的辩证关系，改革小学数学教学[①]

马芯兰

从 1978 年开始，我在改革传统教学上作了一定的努力，先后进行了小学数学改革的两轮实验，并取得了初步成果和经验。我认为，为了在传授知识的同时，灵活地发展学生的智力，为了充分发挥两个积极性，就应该将学习中的两个心理因素有机地结合起来，形成学习良性循环。

在教与学的关系中，学生是学习的主体，教学的效果、学生知识技能的获得、智力的发展、教学质量的提高，归根结蒂要依靠学生"自己的运动"，也就是，要依靠学生学习心理的智力系统和非智力系统结合的功能的有效发挥。为此，教师的主导作用主要应该体现在：通过有效的教学活动，创设良好的条件，启发学生"爱学"，帮助他们"学会"和"会学"，从而达到获得知识、发展智能、进步成才的目的。"爱学"，是学习积极主动性问题，属于非智力的动力系统所要发挥的功能。"学会"和"会学"是学习方法效能问题，属于智力系统所要发挥的功能。学习心理上的这两个系统是相互联系、相互制约、相互促进的，在教学上使这两个心理活动系统紧密结合，交互作用，运用得当，使学生既想学、又爱学，既学会、又会学，就能够逐步使学习呈现良性循环状况，达到提高教学质量的目的。我的数学教学特点：一是激发学生以兴趣为核心的学习动力系统，二是培养以发散思维为核心的学生的智力品质。

一

根据心理学原理，学习的动力系统的目标，在于调动学生的学习积极性，使学生在学习过程中处于高度的自觉能动状态，集中注意，指向目标——学习对象。在这个学习动力系统中兴趣具有特殊的意义和作用。爱因斯坦说："兴趣是最好的老师。""真正有价值的东西，并非从野心或仅从责任感产生，而是从人对客观事物的爱与热诚产生。"兴趣是人的各种需要的情绪表现，是学习积极能动性中很现实很活跃的成分，是诱发学习动机、强化注意的重要因素。兴趣既是影响学习进程与学习效果的强大动力，又是激发创造性思维、开发智力的催化剂。在正常的条件下，学习兴趣越浓，动力越大，学习效果越好；相反，兴趣越低，动力越小，学习效果越差。因此，在教学过程中如何有效地诱发、强化和稳定学生的学习兴趣，是教师必须十分重视的问题。

学生学习兴趣是靠后天培养形成的，它是随着学习主体年龄的增长和知识、能力积累而发展变化的。不同年龄的人的兴趣具有各自的心理特征。例如小学生学习兴趣具有单纯、不稳定、易变化的特点，其一般发展规律是由对学习活动本身感兴趣（直接兴趣）发展为也对学习活动的内容和结果感兴趣（间接兴趣）；由对可以直观的事物感兴趣发展为对抽象的事物更感兴趣，等等。因此，诱发和培养学习兴趣要十分重视适合学生的年龄特征，遵循心理

[①] 本文选自《心理发展与教育》1985 年第 2 期，第 30—34 页。

发展规律,对不同的教学内容和不同的对象,选择不同的途径和不同的方法。

我在小学数学教学改革实验中的做法是:

(1) 利用好奇心,诱发小学生的求知欲望。

小学生对新事物有好奇心。在教学中,教师要善于把学生心中的好奇之火点燃起来,诱发学生的求知欲,增强学习的兴趣。例如,为了帮助初学应用题的小学生理解和掌握应用题中条件、问题的概念和简单应用题的结构,我常常借助生活中学生比较熟悉的事物图画进行直观演示,如我把动物园猴山上有 5 只小猴和 3 只大猴在走铁索的图片用幻灯投影;因为画面的内容是小学生喜爱的动物,能一下子把学生的注意力吸引住。通过反复演示和启发讲解,使学生在非常轻松愉快的气氛中,在渴望学懂、学会的情况下,达到熟练地掌握有关的知识的效果。

(2) 利用个人的自尊心和好胜心,开展练习和竞赛活动,激发学生的学习兴趣。

小学生都有自尊心,个个好强好胜,不甘落后。在教学中通过各种练习和开展多种形式的竞赛活动,有利于激发学生积极动脑、动口、动手,增加学习的兴趣。例如,开展自编应用题的练习竞赛,我给学生 12 和 4 两个数,要求编出一步计算的应用题,不准重复,看谁编的很多。学生一听,个个都想自己编得最新最多。于是,人人聚精会神,积极动脑,全班同学争先恐后,踊跃发言,编出了一道又一道内容新颖的一步应用题。课堂上气氛既紧张,又活泼。老师再把编得好的题选编成练习题,让学生进行练习解答。学生做自己编的题,如同享受自己的劳动成果一样,更激起了学习的兴趣。

(3) 进行学习目的性的教育,启发学生的责任感和学习热情。

在学习一项新知识时,要使学生明确学习的目的,理解学习这一知识的意义。例如,学习加、减、乘、除四则运算的知识时,为了使学生明白学习的意义,我往往列举一些去商店买东西、班上日常活动的小统计、家庭收房租水电费、会计统计报表、科学家的发明创造等等具体事例,使学生明白学习四则计算的重要意义。学生明白所学知识的用处,知道掌握知识的作用后,学习的积极性和学习的热情越来越高。

(4) 利用满足个人今后的前途和社会活动的需要,激发学习的紧迫感。

今天的数学学习的好坏,直接关系到个人今后的利益,关系到个人的前途和是否能够适应四化建设和社会交往的需要。所以,在学习每项知识时,都要使学生懂得学习这项知识和个人将来事业上的成就与前途是紧密联系的,从而把学习数学作为自己应尽的社会义务,更加自觉地学好数学。例如,学习三角形、正方形、长方形、梯形等图形面积计算的知识时,使学生懂得不掌握这些计算的知识,就不能适应自己以后工作的需要。如果自己不学好这些知识,以后在实际工作和自己的生活中,遇到这样的问题就解决不了,从而激起学好数学的紧迫感。

实践证明,上述各条做法,对激发小学生的学习兴趣,调动小学生的学习积极性都是有效的。我所教的两个实验班的学生,由于从一年级开始,就注意对学习兴趣的培养和积极性的诱发,所以学生的学习兴趣和积极性是不断增强的。课堂上学生眼、脑、手、耳、口同时并用,专心致志,积极思维。同学们常说:上我的数学课"一节课不知不觉就过去了"。

当然,调动学生的学习积极性,使他们在学习上保持高度的注意,还有其他非学习心理的因素,如学生的个性品质、健康状况、校内外环境的影响等,这些也是不可忽视的。

二

启发学生积极思维又善于思维,是发挥智力系统作用的关键。毛泽东同志十分强调思考作用,指出这是使感性认识向理论认识飞跃的关键。只有积极思维,才能有深刻的感知,只有积极思维,才能达到理解;而理解基础上的记忆是最可靠的记忆,也只有透彻的理解,才能灵活应用,充分发挥知识和能力的迁移作用。由此可见,积极思维是发挥智力因素作用的中心环节。积极思维又是学习心理的动力系统和智力系统的结合点、桥梁和纽带。

我在教改实验中深刻地体会到,学生取得学习上的成功,是在发展智力中起反馈的作用。因为经过艰苦努力获得学习上的成功,可以使学生体验到学习的乐趣,使学习成为生活本身的需要,产生对学习更深的爱好,树立更坚定的学习信心。这样反过来又可以进一步强化学习的兴趣和动机,对学习动力系统发挥良好反作用。相反,如果学生有了学习积极性,经努力而得不到良好的学习成绩,甚至不及格,学习上的挫折就会伤害他们的学习积极性。发展下去,就会逐渐丧失学习兴趣和信心,从而出现学习上的恶性循环。

因此,在发挥智力系统作用时,我在自己的教学中,把保证学生"学而必得"、不让一个学生在学习上掉队作为一条重要的原则。我在小学数学教学改革的实验中,十分注意研究学生的心理年龄特征和思维规律,深入钻研教材,讲究教学方法,努力使自己的教学符合学生的实际情况,适应他们的接受能力,帮助他们熟练地掌握知识技能,提高他们的智力和能力。我的主要做法有以下几点:

(1) 抓住"概念是思维的细胞"的特点,在精讲概念上狠下功夫。

数学概念是构成数学知识体系的基础,也是运算中思维活动的细胞。要学好数学,首先要掌握好有关的数学概念。因此,在数学教学中,我很重视概念的教学,舍得花时间,要求做到人人理解,个个掌握,决不轻易放过。在讲概念时,我注意按照学生的认识规律,从具体到抽象,从感性到理性,联系学生的生活实际,引导他们把丰富的感性材料,进行抽象,上升为概念,使认识有一个飞跃,从而真正地理解和牢固地掌握。例如,教学"小时、分、秒"的概念,在教学之前,我把钟表放在讲桌上,让学生天天看,动手拨,在学生有了一定的感性认识的基础上,再进行讲解。在老师的启发引导下,学生通过自己动手、动口、动脑,掌握了钟表的有关概念。这种教法,学生理解深,记得牢,效果好。

(2) 根据知识的内在联系,重视运用"迁移"和"渗透"规律。

小学数学知识是由浅入深,由易到难,循序渐进,螺旋上升的。每一个旧知识都是新知识的基础,而每一个新知识又是在旧知识的基础上发展来的。这就为知识之间的迁移和渗透提供了可能性。

在实际教学中,我比较重视研究新旧知识之间的联系,注意发现新旧知识的结合点,利用旧知识导入新知识。例如,教学"求一个数的百分之几是多少?"时,我先复习整数求一个数的几倍是多少的题,由整数到分数,从分数再引到百分数。这样使学生感到知识是自己学会的,并且掌握了一定的学习方法,这就有利于增加学生的学习兴趣,提高学生的学习能力。

知识的渗透,就是学习上部分知识时,有意渗透下部分的有关知识。其主要目的在于减小两部分知识间的学习坡度,使两部分知识有机地联系起来。例如,根据一步应用题和两步应用题的内在联系,我在教学一步应用题时,适当渗透两步应用题的知识。这样,当学生学两步应用题时就不觉得生疏,会听得进,学得快,理解深,记得牢。这对提高两步应用题的教学质量,无疑有很多的益处。

(3) 运用发散思维开发学生智力,培养学生的创造能力。

例如,"大牛20头,小牛4头,一共多少头?"的一步应用题,条件、问题都可以用来进行发散思维。大牛 20 头,可以发散为:比小牛多 16 头;是小牛的 5 倍,比小牛多 4 倍,大小牛头数的平均数是 12 头;小牛是大牛的 1/5;小牛是大牛的 20%;等等。小牛 4 头和问题也可以进行类似的发散。实践证明,培养发散式思维,在知识方面可以使学生举一反三,触类旁通;有利于知识的系统化,在能力方面,思维发散越广,表现越灵活,这是培养创造力的基础。

(4) 采用多种形式,进行严格的基本技能训练。

严格的基本技能训练是小学数学教学中不可缺少的重要环节。在教学中,我一直把基本技能的训练放在重要的位置。基本做法是:在精讲有关知识的基础上,采用灵活多样的形式,加强学生基本技能的训练,逐年做到使每个学生的运算技能达到熟练的程度。其主要目的在于围绕思维规律,巩固和提高技能技巧,培养学生的能力。例如,在应用题教学中,我常用的训练方法有:补充条件和问题的训练,扩通、拆题、缩题训练,画线段图训练,自编应用题训练,审题、说理训练,对比训练;思维训练,变式训练一题多解训练;等等。实践证明,进行严格的基本技能训练,有助于开阔学生的思路,培养学生的思维品质,有利于提高学生分析问题和解决问题的能力。

(5) 适应教材教法改革的需要,设计新的课型。

从教学的实际需要出发,根据以教师为主导、以学生为主体的教学原则,我在改革教材、教法和传统课型的基础上,摸索出如下的一些新的课型:渗透课、结构课、变式课、发散思维课、思维分析课、基本技能训练课、系统思维训练课等等。根据不同的教学内容、教学对象、教学目的,分别选用不同的课型进行教学。试验的结果证明,新的课型有利于开发学生的智力,培养学生的创造性学习能力。

总之,改革小学数学教学,必须遵循教育科学的规律,立足于知识的教学,着眼于能力的培养。改革是为了减轻学生的负担,提高学生的学习质量,促进学生德智体诸方面的全面发展。

三

学生在学习过程中智力因素同非智力因素的结合及其作用,根据我粗浅的体会,试列模式图如下:

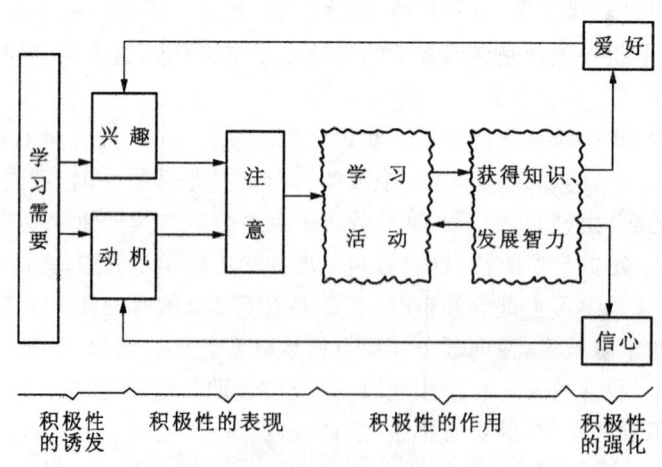

图 1

(图中 ▭ 表示动力系统; ∽ 表示智力系统)

这个模式图,为了着重说明学习积极性和学习效果之间的相互作用,略去了各种因素之间相互影响的关系。它还可以简化为:学习需要、学习行动和学习结果的双向循环关系(如下图)。

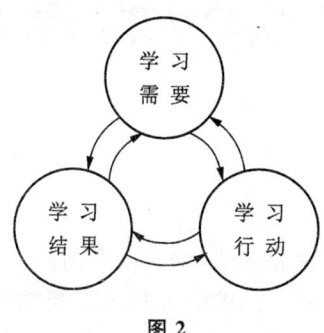

图 2

在这个链条中,如果三个环节都是正常的、有效的,学习就呈现良性循环状态。如果其中某一个环节不正常或者失效,就会导致良性循环中断,发展下去,可能变成恶性循环。我的小学数学教学改革的两个试验班,都做到了学生在学习上保持良性循环状态,达到学习成绩的良性偏常分布,就是由于较好地处理好学习中智力因素和非智力因素的关系的缘故。实践证明,学生的学习(只要不是弱智儿童或其他特殊情况)纳入了这两个因素正确关系的正常运转轨道,都可能取得进步,逐步使学习出现良性循环。例如,我所教的第一轮试验班的学生不是择优录取的,第二轮试验班的学生也不是专门挑选的优秀生,分别经过三、四年的学习,学生的数学成绩能够达到五年制或六年制毕业班的优良水平。即使一些中间插入的留级生和转学来的差生,也能在较短的时间内跟上全班的学习,并取得良好的成绩。

根据系统论原理,学习也是一个系统,它主要包括智力和非智力系统。使这个系统中的各个要素都处于良好的状态,组成合理的结构,相互作用,这个系统就能够发挥整体的功能,实现学习的高效益。在这个整体的各环节,启发学生智力活动的积极性,帮助学生有效地学习,取得优良的学习成绩,具有决定性的作用。我的体会是,教师想在教学中有效地发挥主导作用,就应该:千方百计设法调动学生学习的积极性,千方百计设法帮助学生取得学习上的成功,使学生在学习活动的全过程中始终保持浓厚的兴趣,使学生在学习的全过程中始终能够进行积极的思维,从而充分发挥学生的主体作用。

小学数学教改十年的实验结果与结构转化的教学措施

郑俊杰

一、问题的提出

我国教育的根本目的是提高民族素质,培养出全面发展的合乎四化要求的人才,为建设有中国特色的社会主义强国而进行有效的智力投资。要实现这个战略性的任务,当前最紧迫的要求是促进广大地区(特别是山老边穷区)保质保量地贯彻《义务教育法》,扎扎实实地办好初等教育,为较高层次的教育打好基础,为四化提供素质良好的人才。但在初等教育中,长期以来存在着"马鞍形曲线"(学生到中年级成绩急剧下降)。它严重地影响到及格率、优秀率、巩固率和毕业率。在占全国人口百分之八十的广大农村中,这个问题尤为严重。造成此结果的原因,除地理经济诸因素外,主要的是在某些传统教育方法和片面追求升学率的思想影响下,小学数学的教材教法比较分散地表述各个现象与概念。例题一个个地孤立讲,练习一个个地死板练,而忽视按知识结构、认识结构来进行教学,只注重学生死记繁杂材料,而忽视其用科学的学习方法掌握系统的规律性知识,使学生无求知欲望,无扎实基础,个性受压抑,能力上不去,难以适应以后出现的较高层次的复杂知识。可见,在教学中明确我们教育的目的要求,用全面发展的辩证统一的观点来处理教学的问题,用结构转化的原理来引导学生,并随时考查教学效果与调节教学措施,引导学生按一定的方向层次去积极主动地、创造性地掌握好系统知识,使他们的学习成绩与能力得到稳步地持续地发展,这是当前小学数学教学中急待解决的问题。

二、实验研究的一般情况

(一)实验的目的要求

(1)实验效益的目的:要打破多年来严重影响小学数学教学质量的"马鞍形曲线",使学生的学习成绩得到稳步发展。

(2)在理论上,探索教育心理学的一些基本原理。

(3)实验教学的要求:① 提高学生掌握知识、技能的效率与质量。② 培养学生优良的个性品质,开发学生的智力,即培养明确的学习目的、浓厚的学习兴趣、端正的学习态度与良好的学习习惯以及必要的能力(如计算能力、逻辑思维能力、自学能力与创造能力等)。

(二)实验的前后经过

1978 年至 1983 年,在山西大学附小,按科学实验要求,招收了一个六岁入学的实验班

---

① 本文选自《中国教育学刊》1989 年第 2 期,第 34—39 页。

和两个七岁入学的参照班,进行数学教改的五年追踪实验,使学生提早两岁、提前一年学完了教学大纲所规定的教材,并取得了优良成绩。1983年,我们对2 000名小学生学习数学的成绩进行了考查,发现他们应用题的成绩最差,其主要原因是低年级的基础差,这一问题在厂矿和广大农村尤为严重。为此,我们于1984年秋后,在太原市一个职工子弟学校,注重对低年级的应用题教学,进行了持续的两年数学教学实验。至1986年夏,使二年级学生在小一岁和少四分之一教学时间的条件下,其解题能力的发展达到了三年级学生的水平。为使实验的成果能促进广大农村提高基础教育的质量,于1986年秋后,在榆次市的市区、郊区和工厂开辟了6个实验班;1987年秋后,在太原市、榆次市和山老区的左权县、五合县又新开了11个实验班。榆次市和左权县都按城区和农村的不同类型来布点。经过一年或两年的持续实验,都取得了明显的效果。今年秋后,在广大农村和山老区,进一步把实验班扩大到40个。

(三) 实验的方法

实验研究的主要方法是追踪实验法、自然实验法,与之相配合的有观察法、谈话法、产品分析法、个别实验法、个案法等。考查方法主要用对比法:① 在实验班内采用实验的教学措施,进行前后、左右(优、中、差学生)的对比观察与考查;② 与常规教学的对比班作比较;③ 与本校的较高年级的数学教学作比较;④ 与社会上一批学校的数学教学及其结果作比较。

(四) 实验教学的主要措施

在指导思想与措施上,第一个五年追踪实验是在全面发展的思想指导下,用辩证统一的观点,抓学生学习数学的扎实的基础知识与基本技能、浓厚的学习兴趣与自学能力等。用这一指导思想进行教学改革所取得的实验效果,已于1985年写出了《五年追踪实验的结果与措施》。自1984年至今的五年持续教改实验,除继续以上述思想内容为基础外,在原理与措施上把原实验中的应用"结构转化"原理予以突出,用它来分析知识结构和学生认知结构的发展,其相应的教学措施如下:

(1) 在小学数学教学中,以算术为基础、为中心。在算术四则中,以 $a_1+a_2=b$、$a_2+a_1=b$、$b-a_1=a_2$、$b-a_2=a_1$,为加、减法数量关系的基本结构。以 $a\times n=b$、$n\times a=b$、$b\div n=a$、$b\div a=n$ 为乘除法的基本结构。按照知识的结构系统,以基本结构为基础、为核心,来统摄四则的基本概念,来贯串四则的计算题与应用题。

(2) 从10以内数的认识和加减法开始,就渗透贯串这"基本结构"、"转化"的思想,并遵循教材的内在逻辑关系和学习主体从已知到未知、从具体到抽象的认知发展规律,使教学内容和相应的教法,按一定的层次顺序,不断地提高和扩大。

(3) 在横向上以数概念为中心,把数概念、计算题和应用题结合起来使基本结构互相印证,持续转化,以达到三者之间互相促进。

(4) 根据学生学习新知识的认知过程与特点,抓起点的充分准备,中间的重点突破,后面的巩固提高;抓住结构转化解决好难点、重点问题。

(5) 从实际出发,运用灵活多样的方式方法,调动学生学习的积极性主动性,把教与学、讲与练结合起来,并通过"一书多用"的实验教材予以系统保证。

(6) 用结构转化的思想方法来分析问题。

三、实验的结果

(1) 1978年秋天至1983年夏天,在山西大学附小,追踪实验的结果见表1、表2。

表1 实验班与参照班一至五年级数学成绩比较表

年级	一	二	三	四	五	六
实验班成绩	93.9	93.6	92.8	93.3	93.9	93.5
参照班成绩	90.0	88.7	82.2	78.2	80.5	83.9
P	.10	.05	.01	.001	.001	.01

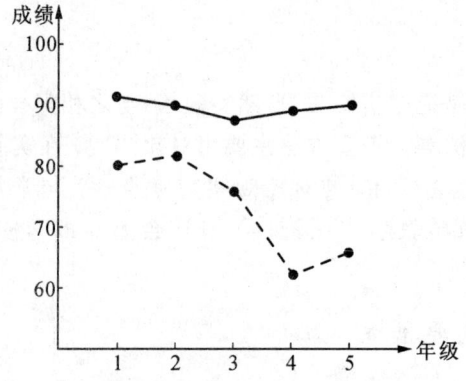

表2 实验班与参照班差生成绩比较图

实验班差生学习成绩 ○———○
参照班差生学习成绩 ○••••••••○

经过五年的追踪实验教学,使6岁入学的儿童,提早两岁、提前一学年学完了教学大纲所规定的教材,大多数学生的数学成绩属于优秀,差生成绩一般在85分以上,毕业时参加市统考名列前茅。与此实验班相平行的参照班和太原市75所小学(常规教学班)、7岁入学了6年,留级了一批,到中年级时,其成绩仍下降到70多分,呈现出"马鞍形曲线"。

(2) 1984年秋天至1986年夏天,在铁三局职工子弟学校,对低年级学生学习数学的持续两年实验,其结果见表3。

表3 第一至第四学期实验班与参照班学生数学成绩比较

学期	一	二	三	四	总均分
实验班	97.6	95.1	95.2	95.0	95.7
参照班	93.6	81.1	88.2	86.3	87.3

这个职工子弟学校的实验班入学年龄为6岁,有学生38人。实验班比参照班少用四分之一的教学时间,但学习成绩明显地高于参照班。如果从学生学习数学知识的难度、掌握知识的难度来看,在应用题学习方面,二年级实验班的学生以非常显著差异而优于同年级参照班的学生,达到了三年级常规班学生的水平。

(3) 1986年秋后和1987年秋后,新开的17个小学数学教改实验班,共有学生760人。用各地、市按常规教学的进度和内容所出的统一考题来考查,则第一至第四学期的成绩,对比如下:

表4 第一至第四学期实验班与参照班数学成绩比较表

学期	一	二	三	四
实验班	94.1	94.4	95.2	94.2
参照班	87.6	89.1	85.3	83.7

表4说明,实验班成绩优于参照班,并且达到了显著性水平。看来这类教材教法对农村小学的数学教改,可能有更为重要的意义。

有的学校实验班与参照班的数学成绩差异,在低年级阶段并不显著,但学生的数学能力却以显著性或非常显著性而优于常规班。左权的西关学校就是其中的一例。实验考查的结果见表5。

表5 左权县西关学校实验班与参照班学生解题能力比较表

级别 班别 正确率与水平(%) 项目	一年级		二年级	备注
	参照班 正确率	实验班 正确率	参照班 正确率	
求相差数求大数应用题	61.4	84.1	88.0	重、难点内容,一年级学生尚未学,二年级学生已学过。
统计检验	$P<0.05$		$P>0.05$	
求小数应用题	43.2	73.2	66.7	重、难点内容。一、二年级学生都未学。
统计检验	$P<0.01$		$P>0.05$	

四、结果的讨论

本文讨论的问题是运用结构转化的原理及其相应的教学措施进行小学数学教改,为什么能够明显地提高教学效果。那么什么是结构转化呢?这里所说的"结构"是指客观的知识结构;所说的"转化"是指横向上客观的数学知识结构转化为主观的认知结构,纵向上是认知结构的持续转化发展。什么是认知结构呢?认知心理学家认为学习是认知结构的变化。"所谓认知结构,就是学习者头脑里的知识结构。"

"转化"是指认知结构在已有结构的基础上,在新课题的作用下,通过对比与分析、概括与统一的组织改造,使客观的与主观的、新知与旧知,在认识结构中得到整合统一。基本结构由客观到主观,由主观反作用于客观,如此回环往复上升,认知结构也在量与质上,在横向上与纵向上不断地向前发展。

要促进结构转化,必须掌握客观知识结构与主体认知结构的特点。小学算术等的基本结构如前所述是加与减、乘与除的最基本的数量关系。据我们考查,学习主体课堂学习每一个新课题的积极思考过程是:是什么?为什么?怎么做?有效的认知活动的特点是:①优势准备;②信息适量;③纵横统一;④系统层次;⑤回环发展、反馈调节;⑥逐步概括、分清

主次;⑦ 灵活多样、实践应用。遵循上述实验结果和原理原则,我们在教材教法上所采用的有效教学措施如下:

(一) 在教材教法上,以基本结构为基础为核心,顺序发展,纵横统一

小学数学基本上是算术,并且要在算术的基础上学习简易方程等数学。算术是以四则计算为红线,以基本概念为指导来安排四则的计算与应用题。它们都统一在加与减、乘与除的基本数量关系上。因此学生理解好其数量关系,是掌握好算术四则的根本。这加与减的基本数量关系是 $a_1+a_2=b$、$a_2+a_1=$、$b-a_1=a_2$、$b-a_2=a_1$;乘与除的基本数量关系是以 $a\times n=b$、$n\times a=b$、$b\div n=a$、$b\div a=n$。若从整体与部分的辩证统一关系来看,则加法是两个部分数合并为总数,乘法是若干个相同部分数合并为总数,减法与除法是加法与乘法的逆运算。加法、乘法都是"合",其逆运算都是"分",进而从每式的位置关系可以确定总数(和、积)是:加式(或乘式)独自在一边,减式(或除式)就在减号(除号)前。在加减法算式中,除了求总数,就是求部分数的。求总数用加法,求部分数就用减法。例如:$37+(\ )=56$,$(\ )-28=75$,立即可以辨清而判断出:第一个算式是求部分数的用减法,第二个算式是求总数的用加法。同理,立即可以判别出解下列三道乘除法算式 $(\ )\times 7=56$,$(\ )\div 16=35$,$528\div(\ )=88$ 是除、乘、除。这样就达到以简驭繁、一通百通的目的。在此,我们实验的结果,与王继祯教授的见解是一致的。

随着学习的进展,基本结构也向纵横发展。从横向来看,算术的数概念、计算题和应用题本来是有机联系的。我们以基本结构为核心、为红线来贯串三者,使它们彼此联系、互相支持,改变目前存在的三脱离现象。以应用题、计算题来支持数概念的教学,也以应用题为基础。以数概念为准则来教学计算题、教学应用题时,以数概念来分析应用题的数量关系,再通过计算来解答问题。三者结合,使基本的数量关系互相印证,促进学生对基本结构的掌握,在认知策略上既能抓住数量关系的本质,又能在不同的方面来考察它、理解它。事实表明,实验教材运用这三结合来安排教材和教法,实验班学生在解决应用题上不感到困难,其解题能力比常规教学班的学生高得多,对数概念、计算题的学习也较好。

从纵向来看,数概念、计算题和应用题虽然要持续发展,但表示数量的基本结构和以结构转化的原理来考察问题的思想方法和都仍然起作用。就数概念来看,它最根本的是"分"与"合"、整体与部分、加数与和、因数与积的辩证关系。交换律、互逆的思想方法等,这些仍可起作用。就计算题来看,百、千、万、亿之后,数量大了,复杂了。但加、减、乘、除的每一个算式,已知其中的两个数就可以求出第三个数,这仍可用基本结构的数量关系来分析它、解决它。

就应用题来讲也是如此。因其较为复杂,需稍加不同层次的事例说明。加减法简单应用题的线段图解模式是:

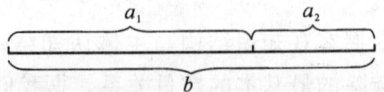

"求和"则是"b"是未知数,"求剩余"则是其中一个 a(a_1 或 a_2)是未知数。随着数量关系的进一步发展,出现了"两数相差关系"的应用题。其线段图解的基本模式同上。求小数则是

已知 b 和 a_2 而求 a_1，用减法；求相差数则是已知 b 与 a_1 而求 a_2，用减法；求大数则是已知 a_1 与 a_2 而求 b，用加法。其结构转化，数量之间的统一关系说明是："求和"用加法（$a_1 + a_2$）。"求大数"为什么也用加法呢？因为"大数"除了有和小数同样多的那个部分（a_1），还有比小数多的这个部分数（a_2）。所以，求大数，实质上也是 a_1 与 a_2 这两个不同的部分数相加。"求相差数"是在大数（b）中，分去了和小数同样多的 a_1 这个部分数，求剩下的另一个部分数是多少……这样，就在"部总关系"和"两数相差关系"之间用基本结构的转化，把它们统一起来了。这一结构原理也能用之来分析分数加减法及其应用题。乘、除法的简单应用题，关于"每份数、份数与总数关系"的三种题，其线段图解的模式是：

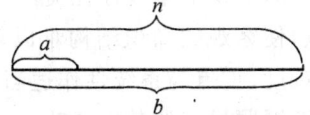

求"几个相同数的和"是已知 a、n 而求 b，用乘法；"求每一份是多少"是已知 b，n 而求 a，用除法；"求几份"是已知 b、a 而求 n，用除法。发展为"倍数关系"，其线段图解的模式是：

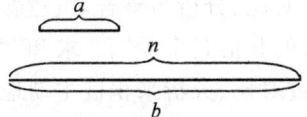

"求一个数的几倍是多少"是已知 a，n 而求 b，用乘法；"求一个数是另一个数的几倍"是已知 b，a 而求 n，用除法；"求一倍数"是已知 b，n 而求 a，用除法。它们都可以用基本结构为核心、为红线，用"几个几是多少"来统一它们，以相应的 n、a、b 来表示它们。已知二者即可求出第三者。这一结构可进一步扩大到分数的乘除法及其应用题。例如："求这个数的几分之几是多少"把它看成是"求一个数的几倍是多少"的发展，则此题是已知 a 与 n 而求 b，用乘法；"已知一个数的几分之几是多少，求这个数"，是已知 n 与 b 而求 a，用除法。基本结构在转化到复合应用题上，例如"比多求和"等，其思想方法，首先是把它看成是"求和"题的发展，进而按两个层次的基本结构来分析它。如此等等。由上述的分析可以看出，认知结构系统是一个统一的整体。这知识在结构上的统一，也就是它在认知结构中编了号、扎了根，成为认知结构系统中的有机组成部分。在这个结构系统中，以基本结构为核心为基础来分析解决数学上的问题，就可以起到以简驭繁的作用。

　　为了促进这结构转化，我们实验课本以基本结构为核心、为红线。还把对旧知识的复习与学习新知识的准备（如"复习与准备"）、新知识的理解、掌握及已有知识经验的运用联系起来（如"启发"、"讨论"），把教与学作同步性的安排（如对新内容、例题的呈现与"启发提问"并列编排），把讲与练、理解与操作紧密结合起来（如每教学了一个新课题立即出现"小练习"等进行练习实践）。这种数概念、计算题与应用题、教与学、讲与练、新知与旧知、理解与应用结合起来，使左右沟通、纵横统一，促进了基本结构转化的持续性、流畅性，提高了教学效果。几轮实验的事实都表明，运用这结构转化的原理来教学应用题。学生到二年级时，已全部学完十种简单应用题，还学习了隐蔽条件的两步复合应用题，实验班学生的成绩明显地优于参照班学生的成绩，彼此数学能力的差异达到了显著水平。这说明，运用结构转化的原理来进行应用题教学，可以明显地促进教学质量的提高。

（二）运用结构转化的原理与程序，狠抓学生有效认识新课题的基本环节，以解决教学的重点难点问题

结构转化的认知发展，由具体现象到抽象本质，由简单到复杂。学生对数的认识和加减法，其学习程序是10以内、20以内、百以内、千以内、万以内……就简单的加减法应用题来说：①"部分数与总数关系"，②"两数相差关系"，③"求大数"、"求小数"的反问题，④"比少求和"等两步复合应用题。如此等等都表明知识、认知发展有层次性、持续性，前为后基础，后为前发展，教学的进程顺序必须与之相适应。

现在常规班教学脱离学生实际，知识的呈现往往突然而出，孤立零散，坡度不宜，主次不分，或简单重复，未能解决重难点，使客观的知识结构难以转化为主观的认知结构。为了解决这些问题，我们除了对教材的难度、重点与系统性作适当的调整外，还根据知识结构、认知结构的内在联系，狠抓有效认知新课题过程的基本环节——前有起点与系统准备，中有充分改造与突破重点，后有应用与巩固提高。首先抓学生学习接受新知识的起点和新旧知识的接合点（或叫知识的生长点）。它由高到低的层次可以是：① 根据新课题的要求及其内在联系，以有关的几种因素为基础，经对比、分析与整合，组建新结构。例如学习"几倍求和"的两步复合应用题，先复习"求一个数的几倍是多少"和"求和"的简单应用题各一道，进而呈现出"几倍求和"的新题，启发学生经过对比、分析来积极主动地理解它，掌握它。② 用逐步增加新因素的途径方法。对新旧知识诸因素，通过对比分析，先统一新旧中相同的因素，突出改造个别不同的新因素，逐步扩大认知范围。例如学习四则混合运算，先复习342＋168，再呈现342＋168－124，再出现342＋168－124×3……在对比、分析、统一新旧知的基础上，不断出现新因素，不断再分析新因素。③ 用已学习过的基本结构为模式进行转化，持续扩大统一认知结构。例如学习10以内、20以内数的认识和加减法时，学习5时知道3＋2＝5，2＋3＝5，5－3＝2，5－2＝3。再学习其他各数都可以此结构模式进行类推。此思想方法还用之来分析较为复杂加减法等题，这就使知识的转化过程达到简要化、迅速化，就可以让学生自觉地独立思考地来学习它。④ 以学生有关的生活经验为基础，由现象到本质来逐步概括数量关系。例如一年级上学期的学生开始学习简单应用题时，要从学生熟悉的生活现象入手，从结果开始，逐步深入到分析数量关系，再到题型的基本结构。⑤ 当学生缺乏有关的知识基础以及生活经验时，就要用具体事实，或具体形象的直观教具，以感知材料为基础，由具体到抽象，逐步认知数量间的内在联系。在此基础上，为使新知识尽早生根发芽与主体积极主动获取知识，我们还从"优势准备"原理出发，摸清底细，充分准备，打好基础，培养能力。在纵向上当有关知识出现时，就作孕伏；在横向上通过复习，把有关的系列知识呈现在新知识前面，以供不同的学习者能主动地灵活地来选择对比、分析与整合。

新旧知识联接后，需要充分地加工改造，即经过对比、分析综合；抽象概括和推理，理解了知识的内在联系，促进了认知结构的转化、统一与发展，这一环节是学习任何新知识都需要的，而突出的是解决重点、难点的问题。知识结构、认知结构，在纵向上上升到一个新的层次，在横向上发展到较远区域，其基本结构有所发展，其表达方式有所不同。这新特点带来新的难度，就有难点的问题。这新的结构与方式反映了基本结构在新层次、不同方面的基本模式。它是认知结构宝塔中的支撑点，学生掌握了它，就可以在同一层次诸多方面的问题中，举一反三。这就是结构系统中的重点。例如开始学习四则定律、分数的意义、新层次的

应用题……它是重点难点。在这个过程中，教师要引导学生去积极探究"为什么"，以已有知识为基础，狠抓新知识转化的联接点、转折点和关键点，运用生动有趣多种多样的方式方法，去揭露数量关系的隐蔽点，攻破知识中的难关和重点。例如学生对应用题的学习，通过用补充因素法、结构组合法、一题多解、一题多变法、一式多编法、一图多用法和讨论评定法等，使学生对学习的新内容得到深入理解与充分的应用，得到有效的整合与统一，使客观知识较流畅地转化为主体认知结构的有机组成部分，促进认识结构的发展。

理解了的知识还需要应用检验、巩固提高，使知识转化为技能，并为后继的新知识的获得打下良好的基础。因此，我们在实验教材中，每当学生学习理解一个新问题之后，紧接着就是练习。按其发展层次，有立即模仿性的巩固——小练习；有独立性的巩固提高——练习；有使知识系统化、统一化的练习——复习；有创造性分析问题、解决问题的练习——"试试看"、"参考题"等。

学习新课题的"是什么"、"为什么"和"怎么做"的持续探究过程是：就计算题来说，看清题目，会计算它，懂得算理，先要求算得对，再要求算得又对、又快，再进一步要求算得又对又快又巧又活；就应用题来说，明确题意，在理解数量关系之后，要求会列式计算来解题，从一种解法中发展到一题多解，从多解中筛选出最佳解法，再发展一题多变，创造性解题。这就是使基本结构得到顺序的持续的转化发展。

可见，为了提高教学质量，按照结构转化的原理，在教学的全过程中，前要有孕伏铺垫，使难度适当，以加速学生接受新信息的过程中要重点突破，深入理解数量之间的内在联系，以确切掌握知识的基本结构；后要有巩固提高，以扎实地掌握"双基"，并为有关新知识的获得做好准备。

小学数学教学高质量、高效率、低负担的实验报告[①]

金 增　王莉莉　李利平　于淑华

一、实验基本情况

从 1989 年 3 月 1 日至 7 月 20 日,实验班教学了四个大单元的内容:连加连减和加减混合、比多比少应用题、表内乘除法及应用题、万以内数的读法写法及加减运算。除了"长度、重量"一单元外,学完了实验教材第三册的内容,基本上相当于学完了五年制小学数学课本第三册的内容,六年制小学数学课本第四册的二分之一,即一年学完了一年半的课程。5 月底就学完了实验教材第二册的内容,即提前两个月完成了教学任务。如果从这时开始进入复习,势必会因单调重复而损害学生的学习积极性。瓦·阿·苏霍姆林斯基说:"我们不允许'反复咀嚼'已经熟知的东西,以免引起少年对知识的冷淡和轻蔑的态度。需知少年们希望感到自己是思考家,而不是再现知识的机械仪器。如果我们确知全体学生已经很好地掌握了某一教材,那就既用不着再布置课后去学习它,又用不着以其他方式去复习它。"[1]因此,为了使学生始终保持旺盛的学习热情,就不得不开始学习第三册的内容。

实验班教学高效率的另一个表现是,注重做题的速度。由于平时注意进行这方面的训练,所以实验班学生在做题速度和准确率方面都超过了二年级普通班学生。

1989 年 7 月 27 日测试乘除法 150 题的情况如下:

表 1

班级 人数 时间 分数段	一年级实验班		二年级普通班	
	人 数	时 间	人 数	时 间
150	8	7′—15′	1	12′45″
145—149	30	7′—15′	18	9′10″—15′
140—144	4	9′—10′	10	9′15″—15′
108—139	5	15′	13	15′
108 以下	0	0	3	15′

一个学期来,教学显然是"高速"的。但高速度并不是我们的最终目的。"我们是根据是否有利于学生的一般发展来决定掌握知识和技巧的适宜速度的。"以"高速度"进行教学,效果怎样呢?这显然是人们最关心的问题。3 月 27 日测试"比多比少"文字题和应用题,全班平均成绩为 95.95 分,得 100 分的 21 人,90—99 分的 21 人,80—89 分的 6 人,得 72 分(最

[①] 本文选自《内蒙古师范大学学报(哲学社会科学版)》1990 年 2 期,第 87—96,134 页。

低分)的1人。6月24日测试乘除法150题,要求15分钟交卷,有12人得满分,12人得149分,7人得148分,4人得147分,3人得146分,2人得145分,有5人没有做完,最低分117分。7月20日期末考试平均分数为97.4分,得100分的有17人,90—99分的有28人,80—89分的有2人,最低分为80分。

表2 与普通班成绩对比情况(乘除法150题)

分数段	班级 时间 人数	实验班 1989.7.18	平行班 1989.7.20
150		8	
148—149		34	
100—139		5	
50—99			
40—49			1
30—39			17
20—29			16
10—19			11
0—9			1
最高分		150	43
最低分		108	8

我们遵循国家教委不给小学一年级学生留课外作业的规定,一个学期来,我们的教学任务完全是利用上课时间来完成的,没有给学生留任何课外作业。

试验班的数学课堂教学坚持"精讲多练"。每节课都有20分钟左右的时间用于学生独立练习。教师不给学生布置课外作业,但学生却积极要求老师留一些课外作业,以便带回家去做。每节课剩下的练习题纸往往被学生一抢而光。

我们实验的另一个主要目的是想研究一下学龄初期儿童的学习能力的极限。一个学期的实验再一次证明,在良好的教学条件下,确实很难找到学生学习能力的极限。

对儿童学习潜力的乐观估计是现代教学论的主要思想之一。美国心理学家杰罗姆·S·布鲁纳在《教育过程》一书中提出一个"大胆的假设":"任何学科的基础都可以用某种形式教给任何年龄的任何人"[2]。

实验证明,教学之所以达到高速度与高效率的统一而且减轻了学习负担,除了教材、教法方面的原因之外,学生强大的学习潜力是一个十分重要的因素。一年级儿童能掌握用带分数的形式表示余数不为零的除法的商这部分知识吗?实验结果给了这个问题以完全肯定的答复。

1989年7月5日在教四位数加减法前让学生做了以下练习题:

① 7 362+2 637=　　② 6 984−5 873=
③ 8 765+1 226=　　④ 2 783−1 565=

⑤ 7 544+1 384＝   ⑥ 6 738−5 447＝
⑦ 3 872+5 129＝   ⑧ 8 572−7 854＝
⑨ 3 069+4 943＝   ⑩ 3 000−1 275＝

其结果为：

做对题数	10	9	8	7.5	7	6	5	4	3	2	1	0	缺席
人　数	3	3	2	1	4	4	3	7	5	5	3	8	1

1989年7月11日，金雪薇完成课堂作业后，主动要求老师出几道题，结果她都做对了。

$$\begin{array}{r}8\,000\\-226\\\hline 7774\end{array}\quad\begin{array}{r}869\,771\,453\\-647\,331\,342\\\hline 222\,440\,111\end{array}\quad\begin{array}{r}987\,654\,321\\-12\,347\,456\\\hline 975\,306\,865\end{array}\quad\begin{array}{r}975\,306\,865\\-12\,347\,456\\\hline 987\,654\,321\end{array}$$

一学年来，实验班的儿童对数学课的兴趣越来越高涨，在学习过程中处于高度的自觉能动状态。他们不是被牵着走或推着走，实际上是他们在积极推动着教学的进程。

二、几点体会

（一）新编小学试验课本数学第二册及第三册表内乘除法部分具有以下几个显著优点

1. 教材具有较高的科学水平

例如，该书给乘法所下的定义是"求多少个几或几的多少倍的算法，叫做乘法"。这里的"多少"或"几"都可以是任何自然数、整数、分数或小数。例如：3×1,5×0都是满足上述定义的。求一个3或3的1倍，求零个5或5的零倍都是有意义的。但是，如果把乘法定义为"求几个相同加数的和的简便算法"那么，3×1,5×0就不能包括在上述乘法定义之中，因为一个3既谈不到是加数，更谈不到是"几个相同加数"，但3×1毕竟是乘法。5×0则更与上述乘法定义不相容，"求零个相同加数的和"本身就是一个在逻辑上站不住脚的命题。

试验课本把"求几个相同加数的和的简便算法"只看做是"求多少个几或几的多少倍的算法"这个定义的一种特例。在实验课本第二册第65页上就写道："在整数乘法中，乘数（后因数）≥1时，还可说：求几个相同加数的和的简便算法叫乘法。"

由于试验课本给乘法下了一个更科学的定义，因此在表内乘法部分一开始就安排了"一因数是'0'和'1'的乘法"并且提出了"几和0相乘还是0，几和1相乘还是几"的法则。此外还讲解了 几×10＝10×几＝$\underbrace{10+10+\cdots+10}_{\text{几个}}$＝几十。这样就为以后的表内乘法教学打下了良好的基础。

2. 教材所包含的知识具有更大的广度和深度

教材提出了"因数"概念，并把被乘数称作前因数，把乘数称作后因数，还利用因数概念把除法定义为"知道积和一因数，求另一因数的算法"。这样就指明了乘法和除法的内在联系。

教材还提出了"积的位置法则"即"积不靠'×'号，或在'÷'号前"。

在这部分教材中还包括除数是0的除法,讲解了几÷0和0÷0。这部分知识给儿童留下了深刻的印象。在多次练习和测试中,试验班儿童只要看到形如"8÷0"或"0÷0"一类的题时,都能做出记号,表明这类题"无意义"。

教材在叙述到"除以2的表内除法(整除的)"时,就由例14÷2＝7引出了分数,即提出14÷2可写成$\frac{14}{2}$,它的商是7,即$\frac{14}{2}=7$,从而初步指明了除法和分数的一种关系。在讲到"除数是2的表内除法(不能整除的)"时,提出商可写成带分数形式,并且提出了"分子"、"分母"、"分数线"等概念。教学实验证明,一年级儿童可以很好地掌握这部分知识。

3. 教材反映出了知识的内在规律

试验教材在讲到乘除法应用题时,采用了下列的解题模式,例如,"满族小学有5个班的同学参加平整操场劳动,每个班去8人,一共去多少人?"

第一步是"简化题意",如上题可简化为"参加劳动";

第二步是"列表",即写出"每份数"、"份数"和"总数",如上题可列表为:

人/班	班	人
8	5	几

即求5个8或8的5倍;其中人/班(8)是"每班8人"的意思,"班"(5)是"有5个班"的意思,"人"(几)是"共几人"的意思,其中8是被乘数,试验教材称之为前因数,5是乘数,试验教材称之为后因数,几是积。因为是求积,所以用乘法。

第三步是"列式"并计算,根据上题题意,应列式为:8×5＝40(人)。

再如,"《小熊的故事》共72页,姐姐8天读完,平均每天读多少页?"

第一步,简化题意:读书

第一步,列表

页/天	天	页
几	8	72

因为是知道积和一个因数(后因数),求另一因数(前因数)所以用除法

第三步,列式并计算

72÷8＝9(页)

如果题目改为"《小熊的故事》共72页,姐姐每天读9页,几天读完?"

根据解题模式

第一步,简化题意:读书

第二步,列表

页/天	天	页
9	几	72

因为是知道积和一个因数(前因数)求另一个因数(后因数),所以用除法。

第三步,列式并计算

72÷9＝8(天)

教材接着指出,知道积和后因数,求前因数是等分除法,知道积和前因数,求后因数则是包含除法。

由前因数、后因数和积导引出乘除法一步应用题的解题模式,再导出等分除法和包含法

的含义及二者的区别,显示出试验教材本身体现出了知识的内在规律性。

试验课本,讲解了 $2×几=几×2=几+几$ 后,即利用 $几×10=几十$,解决了一因数是 5 的乘法问题。教材提出:

$$5×几=几×5=\begin{cases}几÷2 后添 0(几为偶数)\\(几-1)÷2 后添 5(几为奇数)\end{cases}$$

的法则。

如 $8×5=8÷2$ 后添 0 即 40;

$9×5=(9-1)÷2$ 后添 5,即 45。

在这个基础上,连续解决了

$3×几=几×3=几×2+几$

$4×几=几×4=几×5-几$

$6×几=几×6=几×5+几$

$7×几=几×7=几×5+几×2$

$8×几=几×8=几×10-几×2$

$9×几=几×9=几×10-几$

我们所以能在 12 周内教学完了表内乘除法,这与试验教材本身反映了知识的内在规律性有极大的关系。

4. 教材有利于培养学生的创造性

例如讲一因数是 4 的乘法,如果只列出:

4	$4×1=4$	一四得四
$4+4=8$	$4×2=8$	二四得八
$4+4+4=12$	$4×3=12$	三四十二
$4+4+4+4=16$	$4×4=16$	四四十六

学生固然可以学会,但对于培养学生的创造性似乎并不能起太多的作用。学生可以"套出" $4×5=20$ 来。

利用试验教材讲解,则可以启发学生思考 $几×4$ 的各种求法,例如:

① $几×4=几×2+几×2$ ② $几×4=几×3+几$

③ $几×4=几×5-几$ ④ $几×4=几×2×2$

再如利用 9 的乘法口诀求商,如果学生熟记 9 的乘法口诀,确实可以较快地求出除数是 9 的除法的商,但对发展学生的创造性,收效甚微。我们在教改实验中,对实验教材进行了研究,采用了如下的方法:

计算 $几÷9$,可以依据下列法则:

几的十位数与个位数的和 $\begin{cases}<9,则商为十位数,余数为十位数与个位数的和,\\ \geq 9,则商为十位数加1,余数为十位数与个位数的和减9。\end{cases}$

如 $61÷9=6⋯7$ $78÷9=8⋯6$

上述法则是在论证的基础上得出的,儿童是在理解的基础上记住并使用的。他们知道 60 里有 6 个 9 和 6 个 1,61 里有 6 个 9 和 6 个 1,另外还有个位上的 1,一共是 7,所以 $61÷9=6⋯7$ 。78 里有 7 个 9 和 7 个 1,这 7 个 1 和个位上的 8 加起来是 15,15 里又有 1 个 9 和 1 个 6(15−9=6),所以 $78÷9=8⋯6$

这个方法开启了儿童创造性的"闸门"。当他们学会了这个方法后,个个表现得十分兴奋。

(二)试探使用发现法

《小学数学教学大纲》指出:"小学数学教学,要使学生不仅长知识,还要长智慧"。这就要求教师在教学过程中,不能只是把现成的知识传授给学生,而是要通过引导、启发,让学生从已知的材料中概括出规律性的东西,从而获得新知识,发展聪明才智。因此,在教学中,我们试探使用了布鲁纳倡导的"发现"学习(Learning through discovery)法。他说:"发现不限于寻求人类尚未知晓的事物,确切地说,它包括用自己的头脑亲自获得知识的一切方法。"发现法着眼于培养学生的能力,使之敢于思考,善于探索,能够发现和创新。例如,学习完了2、3、5的表内乘法口诀后,在学习4的表内乘法时,教师不是把现成的口诀告诉学生,要求学生背诵,而是采用发现法,让学生自己动脑筋,自己找出4的乘法口诀。这部分教学的具体过程如下:

教师在黑板上画6行4列白点,

教师:一列几个? 有几列?
学生:一列6个,有4列。
教师:怎么写乘法算式?
学生:$6 \times 4 =$
教师:一行几个? 有几行? 怎样写乘法算式?
学生:一行4个,有6行,$4 \times 6 =$
教师:$4 \times 6 = 6 \times 4$　6×4是什么意思?
学生:6×4的意思是4个6,也就是$6 \times 4 = 6+6+6+6$
教师:怎样用简便方法计算$4 \times 6 = 6 \times 4 = 6+6+6+6$?
学生A:$6+6+6+6 = 6 \times 2 + 6 \times 2 = 12+12 = 24$
学生B:$6+6+6+6 = 6 \times 3 + 6 = 18+6 = 24$
学生C:$6+6+6+6 = 5 \times 6 - 6 = 30-6 = 24$
学生D:5×6应为6×5,因为是5个6,而不是6个5。

还有一个儿童出人意料地提出了$6 \times 4 = 6 \times 2 \times 2$。他说,因为$12+12$是2个12,所以可以写成$12 \times 2$。通过$4 \times 6$这一典型的例子,学生自己还求出:$4 \times 4 = 16, 4 \times 7 = 7 \times 4 = 28, 4 \times 8 = 8 \times 4 = 32, 4 \times 9 = 9 \times 4 = 36$。

又如,学生利用教师所提供的材料:$2 \times 1 = 2, 3 \times 1 = 3, \cdots, 4 \times 0 = 0, 6 \times 0 = 0, \cdots, 10 \times 1 = 10, 10 \times 2 = 20, 10 \times 3 = 30, 4 \times 10 = 40 \cdots$,自己发现几$\times 1 =$几　几$\times 0 = 0, 10 \times$几或几$\times 10 =$几十这些规律。德国教育家第斯多惠说得好:"科学知识是不应该传授给学生的,而应当引导学生去发现它们,独立地掌握它们。"

实验证明,小学一年级学生在学习过程中,也是可以有所"发明",有所发现的。

（三）重视掌握知识的过程，组织学生做到观察、动手、思考三结合，使之充分理解所学知识

在教改实验中，我们力求使观察、动手、思考有机结合起来。赞科夫说："我们是按三条线索来研究学生发展的，这就是：观察力、思维能力和实际操作能力。"[3]

我们注意使学生能够深刻理解基础理论知识，将这些理论知识牢固保持在记忆中，并构筑合理的知识结构，从而能够取得举一反三的效果。

例如，在讲"几十除以5的表内除法"时，老师拿出10张纸，叫5个学生到黑板前面来，另外再叫一名学生，让他把10张纸平均分给5个人。他首先拿一张给甲，再拿一张给乙，直到5人每人领到1张，接着分第二轮，每人又领到1张。通过学生自己观察、动手，得出如下结论：平均每人分到2张纸。

这时，教师在黑板上写出：$10 \div 5 = 2$

然后，教师又拿出20张纸，叫一个学生平均分给5个人，经过学生自己动手，得出结论：平均每人得到4张纸。

教师在黑板上写出：$20 \div 5 = 4$

用同样的方法得到：$30 \div 5 = 6 \quad 40 \div 5 = 8$

教师让学生把每个得数都写成几×2的形式：

$10 \div 5 = 2 = 1 \times 2 \quad\quad 20 \div 5 = 4 = 2 \times 2$

$30 \div 5 = 6 = 3 \times 2 \quad\quad 40 \div 5 = 8 = 4 \times 2$

然后组织学生观察。这时，教师启发说：前因数1、2、3、4，恰好是几十前面的"几"，后因数都是2。谁能说一说有什么规律？一个能力较强的学生说：几十除以5，都用十位上的数与2相乘。于是教师在黑板上归纳出：

几十 $\div 5 =$ 几 $\times 2$

一年级的孩子能够在教师的启发下，得出这样的结论，应该说是一件了不起的事情。他们凭借这一规律性的知识，就可以快速、准确无误地进行除法运算。

在讲表内包含除法、等分除法以及四位数的加减法时，也都力求让学生多活动，多思考，使他们理解学习过程。

四位数的认识和加减法运算的讲授，利用了数位格和火柴。通过学生自己动手捆绑、装盒、包包，透彻地认识了数位格上每一位上的数的意义，顺利地解决了进、退位加减法和连续进、退位加减法这个难点。

例如：

```
    5 2 4 6
  + 2 3 6 5
  ─────────
    7 6 1 1
```

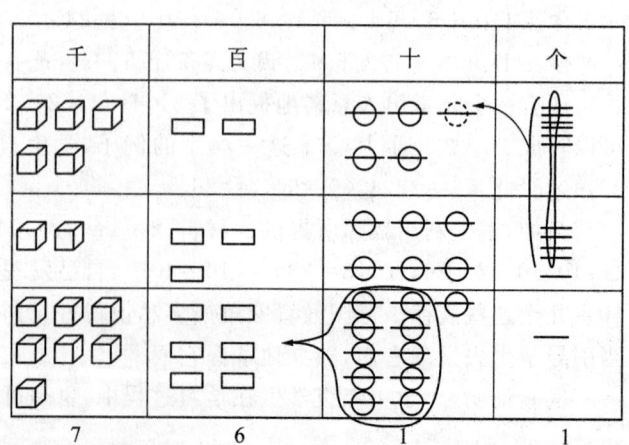

① 个位上 6 根加 5 根火柴,满 10 根捆成一捆,放到十位格里,剩 1 根;② 十位上 4 捆加 6 捆,再加由个位进上的 1 捆共 11 捆,满十捆装成一盒,放到百位格里,剩 1 盒;③ 百位上两盒和 3 盒相加,再加上由十位进上的 1 盒为 6 盒;④ 千位上 5 包加 2 包为 7 包。这样,学生就清晰地知道:

千位上的 1(包)等于百位上的 10 盒,(1 个千等于 10 个百);

百位上的 1(盒)等于十位上的 10(捆)(1 个百等于 10 个十);

十位上的 1(捆)等于个位上的 10(根)(1 个十等于 10 个一)。

我们再看退位减法:

$$\begin{array}{r} \overset{\cdot\cdot\cdot}{2\,0\,0\,3} \\ -1\,3\,5\,7 \\ \hline 6\,4\,6 \end{array}$$

千	百	十	个
□□	□□□□□ □□□□□	○○○○ ○○○○	☰
□	□□□	○○○○ ○○	☰☰
	□□□ □□□	○○○ ○○○	☰☰

(1) 首先看个位,3 减 7 不够减,向十位借,十位上是 0,向百位借,百位也是 0,最后向千位借 1(包)。打开 1 包是 10 盒(学生自己动手打开),放在百位上;拿其中一盒,打开是 10 捆,放在十位上;拿其中一捆,打开为 10 根,放在个位上。10 减 7 等于 3,再加上原有的 3(根)为 6(根)。

(2) 十位借走 1(捆),剩 9(捆),减 5(捆)是 4(捆)。

(3) 百位借走 1(盒),剩 9(盒),减 3(盒)是 6(盒)。

(4) 千位借走 1(包),剩 1(包),减 1(包)是 0,不写。结果差是 646。

这样让学生动手、观察,使他们理解了每一步的意义,理解了百位、十位上的 0 为什么变成了 9,为今后继续学习打下坚实的基础。我们也正是在这个基础上引进了多位数进、退位加减法,结果大多数学生都能正确计算,实现了学习中的正迁移。这种教法也鼓舞了学生的情绪,他们都怀着极大的热情去探索、研究尚未知晓的知识,对学习产生了浓厚的兴趣。他们带着惊奇、赞叹、高涨的情绪愉快地走向了学科——数学。

(四) 准确率与速度统一,培养竞争意识

为了培养竞争意识、探索和创造精神,我们在教学中,向学生提出下列要求:每组练习题都要在规定时间内完成,到时就收卷。每次练习都要记录每人做题所用的时间。在成绩册内既记录做对的题数,也记录所用的时间。准确率最高、用的时间最少,才是最好的成绩。我们用这种办法培养儿童把准确率和速度统一起来的观念。

1989年5月13日,我们让学生在课堂上做一百道乘除法题,学生做题所用时间如下:

7—10分钟,4人;11—20分钟,24人;21—30分钟,18人;31—35分钟,3人。

当有的学生完成这组练习题时,我们又把另外一组练习题(属于超前内容)发给他们,其中有5人在规定时间内做完。到35分钟时,无论是否做完100题一律收卷。由于课堂上经常组织学生进行这种练习,学生的时间观念不断增强。每个学生都聚精会神地尽自己最大的努力去做练习。学生的精力在有限的时间内得到了最充分的发挥。1989年5月13日练习的准确率如下:

做对100题,6人;做对90—99题,40人;做对90题以下,3人(最低做对87题)。

在有意识培养学生竞争意识方面,我们还为个别学生树立竞争对象。刘默(学习优秀)与杨昊(学习较差)同座,有时我们暗示杨昊:刘默比他快了。他就埋下头去尽最大努力去追赶。我们这样做,可以使优秀的学生充分施展自己的才能,好上加好,使学习较差的学生也受到了鼓舞,不断进步。孩子们在难题面前都不甘示弱,在速度方面你追我赶。

(五)超前学习的再实验

我们的教改实践一再证明,超前学习是一种正确的教学思想。

1. 超前学习是防止差生学习落后现象出现的最佳方法之一

一学期来,试验班原来数学学习成绩较差的学生均有比较显著的进步。1989年7月20日期末考试,原来学习较差的学生刘斌得80分、李杰得92分、李志鹏得95分、赛夫得99分、杨昊得100分。

一学年来,我们除了采取个别辅导等方法直接帮助学习成绩较差的学生外,还发现超前学习是帮助学习成绩较差学生的一个十分有效的方法。苏霍姆林斯基说:"我们认为,要防止差生的学业落后的现象,就必须让那些天赋高、有才能的学生在他们有能力的那些学科上和创造性活动的领域里超越教学大纲的界限。"[4]实践证明,这个主张是正确的。

为什么超前学习不仅没有"甩"掉学习较差的学生,反而使他们在学习方面得到大幅度的进步呢?这是因为"如果教师引导最有才能的学生超出教学大纲的范围,那么集体的智力生活就会变得丰富多样,从而影响到最差的学生也不甘落后"[5]。

超前学习对所有学生都是一种鼓励性刺激。杨昊基础比较差,这学期进步比较大,期末得了一百分的好成绩。7月4日的第二套题是"万以内相同位数的数比大小",属超前学习内容,他做对了15道。学习上的成功和喜悦成了促进他进一步学习的最强大的动力。

2. 超前学习给了优等生以充分发展的余地

在学习四位数读写法时,我们给优等生布置八位数读写法的练习题。例如7月5日的练习题:

读出下列各数:50 892 130、312 080、70 389、8 960 003、7 008 500

写出下列各数:五千九百三十六万四千五百八十、四十七万零八十二、九百六十五万零五、三万四千零九十、八千零四万

在全班学生做两步应用题时,我们给优等生布置三步、四步应用题。例如,期末试题中

有一道选作题:有白羊 1 238 只,白羊比黑羊少 397 只,花羊比白羊多 128 只,白羊、黑羊、花羊共多少只?

考完之后,海沁当着妈妈和老师的面讲述第一题:先看前两句话,已知白羊的只数,求黑羊的只数,黑羊在"少"字前,是"和",求"和"用加法。再看第三句,求花羊的只数,花羊不在"多"字两边,是"和",求"和"用加法,白羊的只数加 128。最后把白羊、黑羊、花羊的只数加起来。

超前学习给优等生的发展创造了有利条件。如果让优等生和其他同学做相同的练习,他们在很快完成了作业后就会无事可做,以致出现"捣乱"行为或厌倦情绪。超前学习使得"学习能力强的儿童有可能回答全班尚未学习的问题,可以充分显示他们的洞察力和机灵,因此,他们可以得到迅速的发展,即使处在学习能力较差的儿童们中间,他们也不会像传统的课上那样感到厌倦和无事可做。"[6]

3. 超前学习实质上是把"竞争机制"引进课堂的一种方法

我们经常给学生布置两套课堂练习题,必做的和选做的,在选做题中有一些具有超前性,儿童可以挑选他们能够做的题。出于"脑力劳动是在集体里进行的。所以就带有在创造性才能上进行竞赛的性质。谁也不愿意示弱,每一个学生都想在难题上考验一下自己的力量。在这种竞赛的气氛中,天才才能得到发展。"[7]试验班儿童不仅比谁做的题多,而且还比谁做题快,他们的时间观念强烈,真是争分夺秒。

4. 超前学习为以后的学习铺平了道路

例如在讲除法时,引进了分数及商的带分数形式,儿童在学习这些知识时并没有发生任何困难。他们知道 $4\div3=1\frac{1}{3}$,$5\div3=1\frac{2}{3}$,两个 $\frac{1}{3}$ 是一个 $\frac{2}{3}$。因为他们知道一张纸平均分成 3 份,其中每一份都是一张纸的 $\frac{1}{3}$,那么两张纸都平均分成 3 份,各取其中的一份,合起来就是两个 $\frac{1}{3}$,也就是 $\frac{2}{3}$。教改实验证明,早期引进分数概念不仅不会造成混乱而且可以帮助儿童正确地理解分数,理解整数除法和分数的关系。

5. 超前学习能够培养儿童的自信心,使他们相信自己有能力独立学会教师还没有教过的知识

超前学习的知识对儿童来讲显然是难点。习惯于超前学习的儿童是不怕学习中的困难的。试验班的学生尤其是那些优等生都热烈希望老师给他们出"选做题",因为"选做题"正是显示他们的力量的"点"。

(六)加大课堂练习量,取消家庭作业,采用布置两类作业的方法

课堂练习量大,不留家庭作业是我们的实验的一大特点。这一特点主要体现在以下几个方面:

(1)时间上,每节课至少有 20 分钟的练习时间。

(2)数量上,一个学期来,学生课堂练习题共为 4 139 道,平均每节课练习 32.8 个题。六年制小学课本教学第二册练习量总共约 700 道左右。王继祯教授编写的教学实验教材第二册练习题量与统编教材的题量相当。

(3)采用布置两类作业(必做题与选做题)的方法,使不同水平的学生都得到发展。

这些做法激发了学生的认识兴趣,消除了"吃不饱"与"吃不了"的现象,使每个学生在学习过程中都"各得其所",在不同程度上得到发展。

三、展望

如果能进行整体改革,我们预计用四年时间可以高质量地完成小学的全部教育任务,并能为高一级学校培养若干英才苗子。

本项实验得到了王继祯教授和满小于慎孝校长的大力支持。参加本项实验的还有教学论研究生李振玉同学。

参考文献:

[1] 苏霍姆林斯基.给教师的建议.北京:教育科学出版社,1984:237—238.

[2] 布鲁纳.教育过程.上海:上海人民出版社,1973:8.

[3] 赞科夫.论小学教学.北京:教育科学出版社,1982.

[4][5][7] 苏霍姆林斯基:给教师的建议(下册).北京:教育科学出版社,1981:193—194、141、140—141.

[6] 杜殿坤等.苏联关于教育思想的论争.北京:教育科学出版社,1988:12.

关于改革小学数学教学内容和教学方法的实验与研究[①]

小学数学教材研究实验组

一、问题的提出和实验的目的

1978年从一年级开始使用的通用小学数学教材,是根据教育部制订的《全日制十年制学校小学数学教学大纲(试行草案)》编写的,以后做了一些小修改,成为正式教材。这套教材在内容的精选、增加和渗透方面作了一些改革,程度比较合适,编排基本可行,开始重视培养能力,基本适合当时我国的国情。但是,随着我国社会主义现代化建设的发展,国内外数学教学改革的深入,日益显示出教材中有些地方与形势发展不相适应。主要有以下几点:① 教学内容还不能很好地适应现代社会发展和进一步学习的需要;② 教学内容编排还有不够合理之处,如三年级内容偏深,应用题间的内在联系不够紧密等;③ 教材还没有完全摆脱以教为主的教学方法,体现学生学习数学的规律不够,在培养能力方面缺乏有力的措施;④ 教学要求存在着"一刀切"的问题,缺少适应个别差异的措施。由于教材教法都存在着一些问题,妨碍小学数学教学质量的进一步提高。

本实验的目的就在于探讨小学数学如何从教学内容和教学方法上进一步改革,编出质量更高的教材,为提高全民族的素质,培养社会主义现代化建设需要的人才切实打好基础。在实验中着重研究以下几个问题:① 如何根据我国经济、社会发展和进一步学习的需要以及学生的接受程度,进一步精选数学教学内容;② 如何根据数学学科的特点和儿童的认知特点,建立合理的教材结构;③ 在改革教学内容的同时,如何相应地改革教学方法,使学生既能较快地理解和掌握数学知识,他们的智力和能力又能得到较好的发展;④ 在小学数学教学中如何做到既有统一的基本要求,又能适应不同学生的特点,使每个学生都得到较好的发展。

二、实验方案的设计

为了使实验切实建立在科学研究的基础上,我们进行了以下几项工作。

(一)调查研究

从1983年起,我所数学室和数学教学研究会合作调查了我国经济和社会发展对数学的需要,为进一步精选小学数学教学内容提供实际依据。实验组还调查了现行通用教材使用中的问题和改进意见,并研究了国内外小学数学教材教法改革的经验和发展趋势。

(二)确定实验的指导思想

根据调查研究和要解决的问题,我们确定实验的指导思想为:以"三个面向"为指针,以

[①] 本文选自《课程·教材·教法》1990年第5期,第5—7页;1990年第6期,第26—29页。

唯物辩证法为基本指导思想,以课程论、教学论和心理学为依据,正确处理需要与可能,数学学科特点与儿童认知特点,教与学,掌握知识与发展能力,智育与德育,共同要求与因材施教,提高教学质量与减轻学生负担等方面的关系,恰当地精选教学内容,建立合理的教材结构,为编写一套具有中国特色、适应我国现阶段发展需要、大面积适用而质量又较高的小学数学教材,提供新的改革经验和措施。

（三）拟订本实验的改革要点

1. 进一步精选教学内容

根据我国现阶段社会发展需要和科技发展趋势,以及小学生的接受能力,对教学内容作了如下调整:适当降低大数目的笔算和较复杂的混合运算的要求,删去珠算乘法,加强口算,增加简易估算;适当增加简易方程的内容;删去市制计量单位;适当充实几何初步知识,如增加球的认识和一些测量、画图的内容;加强数学思想和数学方法的渗透;适当增加联系实际的内容等。

2. 改进教学内容的编排

根据数学知识的内在联系和儿童学习数学的认知特点,建立合理的教材体系。使数、量、形、应用题等方面的内容既循序渐进,螺旋上升,又彼此联系,相互配合。主要作了如下调整:把现行教材中整数教学从分为四段改分为五段,同时调整了后三段的教学重点,以分散难点,便于学生接受;把小数初步认识移到分数初步认识之后;加强口算、珠算、笔算之间的联系和配合,如把作为笔算基础的一部分口算分别放在笔算之前教学,珠算加减法改从二年级起教学,分散安排与笔算配合;应用题则按照数量关系的简繁和彼此间的联系,适当分组出现,并在每一册中按分散与集中相结合的原则加以编排;几何初步知识从一年级起教学,并在每一册中加强与认数、计算和应用题之间的联系和配合;统计初步知识适当分散安排在三、四、五年级,也注意与计算和应用题的联系。

3. 突出基本概念、基本规律加强算理教学

根据每一部分知识的结构和学生的认知特点来揭示概念的含义或本质特征;通过教材编排和典型例子突出基本规律;对有密切联系的内容注意突出它们之间的共同规律;对易混的概念和法则注意加强对比。

4. 教材的呈现和阐述注意符合儿童认知规律和教学原则,根据教学内容和学生的基础作不同的处理

有些新知识,学生缺少感性经验,注意提早孕伏;教学时加强实际操作和直观,引导学生观察、分析、比较、抽象、概括,从感性认识逐步上升到理性认识;有些新知识与旧知识联系密切,则注意引导学生在已学的基础上类推;还有些新知识,则通过实际例子或操作,引导学生探索规律,寻找解决问题的方法。注意通过对不同例题的分析,引导学生归纳,得出一般结论,然后再应用一般结论解决具体问题,以培养学生归纳和演绎的推理能力。

5. 有计划有层次地安排练习,体现训练过程,并注意因材施教

一般教学新知识后,安排少量试做题,然后出现一些基本练习题和变式练习题,以巩固所学的知识;在这之后适当安排混合练习题、综合练习题,以提高熟练程度和综合运用知识的能力。为了便于因材施教,除了加强原已出现的思考题以外,还增编一些与新知识联系紧密、难度稍大的题目,在题号后加上"＊",供学有余力的学生思考和练习,以利于提高他们学习数学的能力。

6. 结合数学的学科特点,加强对学生的思想品德教育

教学新知识,注意让学生了解在生活中的应用,激发学习数学的兴趣,进行学习目的的教育;编入富有教育意义的数据和统计材料,向学生进行爱祖国、爱社会主义的教育;教材的编排和阐述渗透辩证唯物主义思想,使学生受到辩证唯物主义观点的熏陶;注意启发学生思考,教学计算和解应用题的检验方法,培养学生独立思考、严格认真等良好品质和习惯。

7. 教学方法改革与教材改革同步进行

除实验教材中体现教学方法改革外,在实验中加强教师的教学方法的研究与配合。着重研究以下几点:① 充分发挥学生在学习中的主体作用;② 加强操作,把操作同思维和语言表达紧密结合;③ 教学新知识时,根据内容、学生的年龄和基础选用有利于发展学生思维,培养学生独立获取知识的教学方法;④ 充分利用教学时间提高课堂教学效率的方法;⑤ 加强对差生的课内辅导,提高差生,以及充分发挥学有余力的学生的才能。

(四)编写实验教材,分以下几步进行

(1) 根据实验目的、指导思想和改革要点,拟订全套教材(共十册)的内容要目。

(2) 拟订各册的改革要点、章节目录和课时计划。

(3) 逐册编写课本。

三、实验过程

(一)选点

1984年秋,在北京城区选择两所条件较好的学校各一个班进行实验。学生6岁半就近入学,学前基础如下表:

表 1

	人数	写数字	10以内加法	10以内减法	20以内进位加法	20以内退位减法
实验班1	40	89.5%	73.7%	60.5%	18.4%	13.2%
实验班2	42	88%	83.3%	55.6%	20.7%	11.1%

注:表中统计的都是基本上会的人数所占百分比。

任课教师都是中师水平,有较多的低年级教学经验,但教中高年级的经验不足。

(二)加强实验指导

一般每个单元教学前由实验组同志介绍教材,与教师一起备课,研究教学中应注意的问题。实验组同志经常听课,了解教学情况,研究学生的认知规律,发现实验中的问题,及时研究解决。

(三)控制实验条件

为了使实验结果真实、可靠,在实验中强调以下几点:① 按教材内容、要求和教学顺序以及研究设计的教学方法进行教学,遇到教材中有不妥处或对教学方法有不同意见,要在共

同研究后加以修改,或采用两种方案进行教学,再加以比较。② 每部分内容按预定的课时数教学,不加班加点。③ 控制课外作业的分量,按国家教委教学计划中的规定进行布置。

（四）实验效果的检测

① 一般每单元完了进行一次测试,着重了解单元教材教法改革的效果;期末进行一次总的测试,着重了解全册教材教法改革的效果。② 专项测试:为了弄清某一具体内容(如除法的初步认识)在教学过程中学生掌握的情况,并检查改革的效果而进行的测试。③ 对比测试:由于实验过程中不设对照班,只在高年级对实验班与使用现行教材而条件大体相当或较好的班级进行少数测试比较。

（五）对实验结果的评价

每单元和期末测试完了都进行分析和评价,注意征集教师、学生和家长的意见,并针对发现的问题和提出的意见拟订改进措施。

四、实验结果与分析

（一）实验结果

表 2　实验班各学期期末测试结果

	一上	一下	二上	二下	三上	三下	四上	四下	五上	五下
人数	79	80	80	76	80	81	78	81	79	81
平均分	95.3	92.4	96.1	95.4	85.6	89.5	89.2	82	91.3	91.3
80 分以上%	98.7	93.8	100	97.4	82.5	92.6	85.9	69.1	87.3	88.9
及格率	100	100	100	100	100	100	100	96.3	98.7	100

注:四下、五上期末测试不及格的学生经复习补考都及格。

表 3　实验班五下参加本区六年制小学毕业升学考试结果

	人数	平均分	80 分以上	及格率	附注
实验班(1)	36	94.5	91.7%	100%	
某小学六年级较好的班	37	93.9	94.6%	100%	

注:实验班(1)与某小学六年级较好的毕业班在同一个区,考试题相同。

表 4　实验班五上数学能力测试结果以及与他校的比较

	人数	平均分	标准差
实验班(1)	36	50.8	18.3
某较好的五年制小学五年级最好的班	34	44.3	18.7
某区较好的小学六年级较好的毕业班	36	48.3	18.9

表 5　实验班五下期末总结性测试成绩以及与他校的比较

	实验班	某较好的五年制小学毕业班	某六年制小学较好的毕业班
人数	81	40*	37
平均分	91.3	87.9	89.5
80分以上	88.9%	85%	86.5%
口算正确率	98.6%	97.9%	96.9%
口算时间(中数)	约 2′	约 2′50″	约 2′53″
混合运算	91.9%	91%	91.9%
度量、画图	93%	85%	89.1%
概念和判断	91.6%	87.3%	90.3%
综合和灵活运用知识解问题	81.1%	74.5%	77.4%

＊另有5个优等生未参加测试。

(二) 对测试结果的初步分析

(1) 本实验各学期测试结果,总的来看是比较好的。其中三上和四下因少数测试题稍难,成绩受到一些影响;加之四下学期短,实验班教师参加全国实验工作会议,误课两周,也受到一些影响。值得提出的是,教师缺少中高年级的经验,在教学要求较高、备课任务较重的情况下,还是取得较好成绩。

(2) 测试结果中的表 2 还表明,三年级同一、二年级成绩相比,没有明显下降。联系到平时教师反映,三年级教学不感困难,可以推断这与三年级调整教学内容、建立合理的教材结构有很大关系。这表明,本实验初步解决了使用现行五年制教材三年级成绩出现低谷问题。

(3) 测试结果中的表 3 表明,实验班学生参加本区六年级毕业升学统一考试,全部合格,而且取得较好的成绩。测试结果中的表 4 表明,用我所拟定的测试题,分项考查学生掌握数学知识和能力发展的情况,大都稍高于相比较的班。

(4) 五上专门进行的数学能力测试结果表明,实验班学生在能力发展方面,同五年制、六年制小学较好的班比,稍好一些,而且学生间的差距也稍小。

综合以上的分析,可以看出实验班学生不仅数学知识掌握比较全面扎实,而且能力也得到较好的发展。因此可以认为,本实验是比较成功的。

五、讨论与结论

经过五年的实验,不仅在教学上取得很大成绩,而且在小学数学教学改革的理论认识上深入了一步。下面结合本实验工作,就小学数学教学改革的几个主要问题从理论和实践上进行一些探讨。

(一) 改革实验的指导思想正确与否是实验成败的重要前提

进行这次实验时,我们十分重视研究和确定正确的指导思想。由于坚持以唯物辩证法作为基本指导思想,以现代教学论和心理学为依据,认真调查研究了我国社会的发展需要和小学数学教学的现状,全面分析了小学数学教学中存在的主要矛盾,实事求是地和比较细致地研究解决矛盾的途径,避免了在改革中可能产生的各种片面性,才取得了较好的教学效果。当然,这并不是说,在具体处理每一部分教材和选择相应的教法时,都是一帆风顺的,还必须对具体问题具体分析,研究解决的办法。例如,珠算的加、减法提早到二年级教学,出现了教多少内容、如何编排等新的问题,我们进行不同的设计,不同的实验,并经过分析、比较后才确定下来。又例如20以内进位加法和退位减法,如何编排既便于学生掌握规律,又便于发展思维能力,是在第一年实验的基础上经过修改,第二年再实验一遍之后才解决的。在实验中,我们还吸取过去的经验教训,注意处理好批判与继承的关系。对现行教材的优点注意保留和发扬、学习外国经验注意结合本国实际,同时注意吸收本国的好经验。改革实验注意从我国的实际条件出发,动态地看问题,既看到当前的实际,也适当注意未来的发展,既考虑到客观的条件,也考虑到教师与学生的主观能动性。这样,使我们的改革实验工作既是积极的,又是比较稳妥的,基本上能够顺利地沿着正确的方向前进。从近三年来在全国扩展的实验点的情况看,进一步证明了我们改革实验的指导思想基本上是正确的。

(二)小学数学教学内容既要适应我国现阶段社会和科技发展的需要,又要符合学生的接受能力

教学内容不是一成不变的,是随着社会和科技发展的需要而变化的。小学数学的教学内容虽然都是最基础的知识,也不是固定不变的。这次改革实验,十分重视了解我国现阶段社会和科技发展的需要,力求根据需要调整教学内容。但是,对于国家和社会的需要应有全面的了解,不仅是知识方面,而且在能力方面也提出了新的要求。《中共中央关于教育体制改革的决定》中就指出,教育的主要问题之一是"从小培养学生独立生活和思考的能力很不够"。因此,小学数学的教学内容要适应现代社会和科技发展的需要,一方面要注意精选为进一步学习和实际生活所需要的内容,另一方面要考虑有利于发展学生的思维能力。这次改革教学内容注意适应这两方面的需要。例如,根据现代计算工具逐步普及的趋势,适当降低了大数目的笔算和比较复杂的四则混合运算的要求,删去珠算乘法;由于市制计量单位已决定废除,在实验中删去;加强或增加了实际应用较广的内容,如加强了口算、统计初步知识,增加了简易估算、形体(如球)的认识以及测量、画图的内容,为了提高学生的抽象思维能力,更好地为进一步学习打基础,适当加强了简易方程,加强了数学思想和数学方法的渗透。在考虑教学内容适应社会和科技发展需要的同时,还必须考虑学生的接受能力,把需要和可能恰当地结合起来。对于学生接受能力要有正确的理解。儿童心理学家认为,儿童的接受能力既随着社会和教育的影响有一定的可变性,又在一定条件下具有相对的稳定性。我们在选择教学内容时,既考虑到近年来随着社会和教育的发展,对儿童接受能力的增强起了一定的积极作用,也注意防止过高估计儿童的接受能力。因此在确定教学内容时,一方面注意选择最基本的而又最必需的数学知识,另一方面从总体上加以控制,做到有减、有增,有降低、有加强,以保持教学内容在总的程度和分量上与现行五年制教材基本相近。实验结果表明,我们在处理需要和可能这两者关系方面,基本上是合适的,既不加重学生负担,教学质量又有所提高。例如,口算能力得到了加强,不仅正确率较高,速度也较快;测量、画图能力有了提高;抽象、概括、判断、推理能力有了增强;学习新增加的简易估算、简易方程和形体认识

等内容基本上是可行的。

（三）建立合理的小学数学教材结构，对于提高小学数学教学质量具有十分重要的意义

我们理解所谓合理的小学数学教材结构，主要是把小学数学中的基本概念和基本规律按照它们的内在联系和学生的认知特点适当地加以组织和编排，形成合理的教学系统。数学的学科特点是它具有抽象性、严密的逻辑性和应用的广泛性。而儿童的认知发展特点是，由近及远，由局部到整体，由以具体形象思维为主逐步过渡到抽象思维。在教学时，要解决数学学科特点和儿童认知特点之间的矛盾，就必须把数学的逻辑顺序和儿童的心理发展顺序统一起来，建立合理的教材结构。过去我们也重视小学数学教学内容的编排系统，但是由于对矛盾的双方以及它们之间的联系未能全面地进行分析，往往处理得不够好。这次实验把建立合理的教材结构作为研究的重点。根据上述原则，我们采取了四条措施（见前面的改革要点中第2,3,4,5点）。实验表明，这些措施基本是适当的，主要有以下几个优点：

（1）遵循儿童的认知规律，按照从操作、直观→表象→概念的原则来安排教学内容，学生很容易接受。例如，教学有关两数相差关系的一组应用题，通过操作，学生对于较大数、较小数以及它们的差之间的数量关系获得具体的表象，即较大数总可以分成较小数和它们的差这两部分，题里给出任意两个条件（包括反叙条件的），学生都能分析出已知数和未知数的关系，然后联系加、减法的含义，正确地解答出来。这部分内容在现行教材中分散安排在一、二年级，学生容易混淆；而本实验全部安排在一年级教学，阶段测试结果，学生解题的平均正确率达到93.8%。

（2）由于突出基本概念和基本规律，注意概念之间、规律之间的联系和对比，就便于学生对数学知识形成良好的认知结构，从而达到清楚的理解、牢固的掌握。例如。现行教材中分数初步认识放在三年级教学，而小数初步认识放在二年级教学，小数的含义很难讲清楚。本实验在学生初步理解分数的含义的基础上教学小数的初步认识，由于加强了小数与分数的联系，学生不仅容易理解小数的含义，而且概念清楚，为后面系统地学习小数和分数打下良好的基础。教学正、反比例概念时，除了在教学顺序上作了适当调整外，还加强了它们的联系和对比。在总结性测试中判断正反比例概念的题，实验班的正确率为90%，而另外两所较好的学校的两个班的正确率分别为72.5%和73%。又例如，教学两位数除法时，先着重教学商一位数的试商方法，一方面教给学生按照四舍五入法把除数看作整十去试商的一般方法，另一方面对某些除数不接近整十数的情况适当教给特殊的试商方法。在这基础上再教学商二、三位数的除法时，学生联系到一位数除多位数商多位数的计算方法，比较容易理解它们之间有共同的规律，不需要举很多例子就能掌握。而且在实验时，由于被除数的位数不超过四位，计算的数目较小，更便于突出计算规律，学生既容易接受，也容易激发学习兴趣。

（3）有利于发展智力，培养能力。首先教学新知识时，注意引导学生发现和总结基本规律，并注意训练学生把所学的知识迁移到新的情境中去，从而有助于培养推理能力和迁移能力。例如，20以内的进位加法，改按9加几、8加几……的编排顺序，以突出"凑十加"的计算规律；20以内退位减法改按十几减9、十几减8……的编排顺序，以突出"以加算减"的计算规律，并使每一组退位减法与相应的进位加法紧密联系起来。这样不仅便于学生掌握计算方法,而且教学后面的内容时便于迁移类推,从而初步培养学生举一反三的能力。其次,在实验教材中加强知识间的内在联系,有助于学生在已学的基础上类推。例如教学两步应用题时,一方面根据应用题的结构、数量关系和解题思路等方面的内在联系,把两步应用题适当分成几组,按照从易到难的顺序排列;另一方面注意两步应用题和一步应用题之间的联系。由于加强了应用题之间的内在联系,突出了两步应用题的结构和数量关系的特点,通过少数例题,可以使学生掌握两步应用题的一般分析方法,初步学会举一反三,能够解答一批数量关系和解题思路相近的应用题,从而促进了学生的迁移能力的发展。在二年级末我们曾出过一道未学过的归一应用题让学生试做,结果正确率达到70%。又例如,教学乘数是三位数的乘法,引导学生在复习乘数是两位数的乘法的基础上类推;教学异分母的分数加减法,在复习通分的基础上启发学生独立解决,都获得较好的效果。另外,在实验中注意启发学生用多种方法解题,或找出简便的解法等,有助于培养学生灵活运用知识和综合运用知识的能力。从前面表4中学生综合和灵活运用知识解问题的正确率,可以看出这方面的发展情况。

(4) 提高了教学效率,节省了教学时间,减轻了学生的学习负担。由于教学内容突出了基本概念和基本规律,减少了不必要讲解的内容,学生举一反三,教学顺序又符合儿童的认知规律,学生容易接受,从而减少了直接教学的时间。另外学生的思维能力发展了,迁移类推能力增强了,又进一步加快了学生接受新知识的速度。本实验中改进编排的内容,大部分比教学现行五年制教材中相应的内容所用的时间有不同程度的减少,而且教学效果较好。例如,20以内进位加法和退位减法,本实验比现行五年制教材少用十多课时,单元测试两个实验班的错题率都低于1.5%,期末测试都低于1%。

总之,实验证明,建立合理的小学数学教材结构,不仅便于学生掌握数学基础知识,而且促进学生智力的发展,学习能力的提高。

(四) 处理好共同要求和因材施教的关系,是提高小学数学教学质量的一个重要环节

长期以来,在小学数学教材中存在着"一刀切"的问题。由于只有共同要求的内容,而没有因材施教的措施,加上教学方法上不注意适应个别差异,结果往往是差生感到吃力,而优生的才能又得不到充分的发挥。这次实验从教材教法上做了一些尝试。首先从普及义务教育出发,注意适应大多数学生的接受能力,教给学生最基础的数学知识。在教学中注意对差生的辅导,力争一个学生也不留级。而这种辅导主要是在课内进行,教师经常注意差生的反应,给以帮助和鼓励。同时允许差生理解和掌握新知识有一个较长的过程。对于学有余力的学生,一方面试行在每个练习的后面编印少量的稍费心思的题目,让他们自由选做,另一方面组织他们参加数学课外小组,推荐少数好学生参加数学奥林匹克学校,以便更好地发挥他们的数学才能。这些措施收到了较好的效果。两个实验班从一年级到实验结束没有一个学生因数学而留级。有的学生在低年级是差生,由于加强辅导,到中高年级转变为中上等。更可喜的是,在实验班中形成了关心同学鼓励进步的好风气。至于学有余力的学生,也得到较好的发展。有一个实验班在四年级时有4人考取了本区数学奥林匹克学校的四年级班,到五年级上学期期末有2人获本区六年级数学竞赛二等奖。实验班到五年级单科实验结束时,有6人被两所重点中学录取,提前进入初中学习。

（五）教学方法的改革必须与教学内容的改革同步进行

这是我们这次实验的显著特点之一。教学方法并非一成不变的，而是随着教学目的、教学内容、教学组织和教学手段等的改变而改变的。为了切实保证实验的基本目标的实现，我们遵循上述原则，一方面力求在教材中体现适当的教法，另一方面争取参加实验的教师在教法上予以配合。我们认为，改革教学方法，重要的是改变教育思想，而不在于具体采用哪一招哪一式。因此，我们注意提高教材编写人员和参加实验的教师对教学基本原则的理解和运用，在具体处理某一部分内容的教学方法时不束缚学生的创造性。本实验主要在以下几方面做了改进。

（1）从一年级起始终注意加强学习数学目的性教育，发挥学生在学习中的主体作用，强调启发学生思考，放手让学生提问题、想问题，而且随着年级的升高，逐步增加学生独立学习的成分。

（2）按照儿童认知的规律，加强操作，在操作中引导学生思考，注意把操作、思维和语言表达紧密结合起来。

（3）加强算理的教学，结合操作、直观或实际例子，说明概念的含义，法则的来源，在理解的基础上经过练习达到牢记，坚决防止死记硬背。

（4）紧密结合教学内容发展学生的思维能力，并且贯穿在课堂教学的各个环节。根据所教学的概念、法则、规律的具体情况和学生的年龄特点，确定发展思维的侧重点和要求，进行有针对性的训练，并通过练习中发现的问题对思考的方法进行指导，以收举一反三之效。

（5）提高课堂教学效率，充分利用每一分钟。口算等基本训练，坚持经常练，占用的时间不多，但收效很大。教学新知识注意抓住重点、关键，避免面面俱到。对于与已学的知识有联系的新知识，放手让学生去类推，然后对学生产生的错误有针对性地讲解，或引导学生展开讨论。课堂上力争留出较多的练习时间，及时收集反馈信息，有针对性地加以辅导。

（6）改进成绩考查和评价方法。这次实验主要研究了如何根据目的要求，做到分项考查，全面评价。例如口算，根据每学期教学内容确定不同要求，作为必须考查的项目；测量、画图也列为考查的项目之一；此外加强对概念、判断、推理方面的考查。评价时对于解题当中运用简便方法或有创见的适当加分。从总结性练习中可以看到，这些措施初步收到较好的效果。

在实验中，教材编写人员和教师注意选用适当的教学方法，促进了教学质量的提高。学生不仅知识掌握得比较牢固，而且能力得到较好发展，课业负担基本合适。例如，根据对学生和家长对作业负担的意见调查，填写作业负担合适和较轻的，1—5年级分别为98.5%，97.1%，92%，84.2%和79%。

表6

	重	较重	合适	较轻
一年级		1.5%	30.9%	67.6%
二年级		2.9%	50%	47.1%
三年级		8%	56%	36%
四年级	2.6%	13.2%	63.2%	21.1%
五年级	2.6%	18.4%	63.2%	15.8%

由于教学方法的改变,反过来又发现教学内容改革的不足,从而进一步促进了教学内容的改革。从实践中更深刻地体会到教学内容的改革与教学方法的改革是相辅相成的。

实验班的教学方法的改革,特别是在发挥学生学习的主体作用以及提高教学效率方面,得到了一些听课的教研员和教师的好评。1986年我们还曾把一二年级课堂教学录像送到第十届国际数学教育心理会议上播放,也受到与会代表的好评。1987年11月世界银行的教育专家柯林看了实验班的数学课,给予很高评价。他说,"你们说要学习外国的经验,我看外国也要学习你们的经验"。

总起来看,五年的改革实验是基本成功的。成功的基本经验是由于我们确定了正确的指导思想,使我们的改革得以沿着正确的方向前进。教学内容的改革基本上适应我国现阶段社会和科技发展的需要,同时符合国际数学教学改革的总趋势。在教学内容的安排上,由于建立比较合理的教材结构,对于学生掌握知识,发展智力,培养能力,起了重要的作用。教学方法随着教学目的和教学内容的改革而改革,保证了小学数学教学质量的提高和实验目标的实现。

这两个实验班的改革实验的基本经验尽管还是不完善的,但是在最近三年多全国范围扩展的实验点上已经进一步证明是基本成功的,对后续的实验工作起了一定的指导作用,我们将在全国各地教研部门的协作下,把目前在全国范围开展的实验搞好,进一步研究解决实验中提出的新问题,为更好地提高全国小学数学教学质量而努力。

探索道路上的十年
——"现代小学数学"教学实验[①]

张梅玲

"现代小学数学"教学实验是一项以发展小学生数学能力为中心的小学数学教学实验,它既是一项小学数学教改实验,也是探索儿童数学思维的发展和促进的科研课题。它是在中科院心理所"儿童数学思维发展"课题组主持下,有心理学研究工作者和小学数学教学研究工作者及教师参加的一项协作性研究项目。从1981年起,这项教学实验已经过辽宁黑山北关实验学校一个教学班的探索阶段、1984年杭州上城区拱墅区的5个学校8个教学班的先行阶段及1985年以来面上的实验阶段。《现代小学数学》这套实验教材已经过试用本、修改本和实验本三次较大的修改,受到了全国中小学教材审定委员会小学数学学科审查委员会的审查,1990年被国家教委中小学教材办公室纳入九年制义务教育国家教委教材编写规划。目前这项教学实验在全国28个省、市、自治区约有4 000个教学实验班。

一、目的

发展心理学既要研究儿童现有的发展水平,更要在"动态"中研究儿童发展的潜力,研究作为儿童认知对象的系统结构。为此,我们课题组早在70年代就对5—10岁儿童对数和形的部分与整体关系的认知特点进行了4个心理学临床实验[1-4]和3个阶段教学实验[5-7]。实验结果表明,揭示认识对象的内在规律有利于主体的认识活动。于是,我们提出了用以"1"为基础标准揭示小学数学中部分和整体的关系作为主线,并与教学研究人员和教师协作,来重新建构现行小学数学教学大纲中的知识内容(教材取名"现代小学数学")的实验设想;并假设以此为主线建构起来的知识结构有利于塑造儿童良好的认知结构,有利于开发儿童的智能。"现代小学数学"教学实验正是为了验证这个假设,并在此基础上进一步研究知识结构与认知结构及解决问题之间的关系和儿童数学思维发展的特点及促进其发展的条件等课题。这样,心理学工作者在开发人类智能的系统工程中,不仅可以对教育事业、对培养符合时代要求的人才作出自己的贡献,而且可以在研究的实践中使心理学本身也得到更好的发展,以便更有效地贯彻科研与实践相结合并为实践服务的科研方针。

二、方法

为了使这项教育实验具有科学性,在实验设计方面,我们以辩证唯物主义为指导,着重考虑了以下几个方面的问题:

[①] 本文选自《心理科学》1993年第3期,第145—151页。

(一) 在总体设计上,我们把对主体认识对象的客体的建构(小学数学知识内容)和对主体对客体认识的发展规律的研究有机地结合起来

1. 建构知识的主线

我们建构小学数学知识内容的主线是:以"1"为基础标准揭示小学数学中部分和整体的关系。实验教材循着"1"这条发展线索把整数、分数、百分数、比值等概念基本上构建在一个系统之中,并用"1"去说明它们之间的内在联系和层次之间的过程。

部分和整体的关系是自然辩证法中的一个基本问题,也是小学数学中的一个基本数学关系。培养儿童从部分和整体的关系上去认识数量关系和空间关系的能力,这对儿童对数概念的掌握及其运算能力的发展,对数量关系的分析及空间关系的认识和理解,对其解决数学问题的能力等均起着重要的作用。

2. 建构知识的原则和特点

为了在教学中有效地发展学生的数学能力,我们在组织教学内容时贯彻了以下原则和特点:

(1)"抓基础,促迁移",使学生从学会转化到会学。
(2)寓辩证法于小学数学,萌发小学生的辩证思维。
(3)寓教法于教材,增加学生在教学过程中的参与度。
(4)抓训练,促发展,使学生在掌握知识的同时促进自己智能的发展。

(二) 在实验的进程上,我们把探索性实验(1981—1984年)、先行性实验(1984—1989年)和面上的扩大实验(从1985年开始至今)有机地结合起来,使之成为一个整体

(三) 在实验测查方面,我们采用了多种方法相结合的办法

对实验班的测查采用了面与点相结合的方法,面上的测查有统一的知识卷和能力卷。点(用分层随机取样)上的实验班的测查采用:① 自然教学实验和心理学临床实验相结合(采用问卷测查、口头报告、操作观察和社会调查等多种方法);② 纵向与横向相结合(纵向的追踪研究和横断面的取样测查);③ 平行比较和常模比较相结合;④ 连续实验、反复验证。

我们采用了两种办法来解决测查题的信度和效度问题:一是使用现有的数学能力测查方面的题,二是使用相关法得出自测题的信度和效度。

三、结果

(一) 学生对数学知识的掌握情况

表1是杭州5个学校8个先行班于1989年6月进行验收测验的成绩。这次测验属常模参照性测验,验收测验试卷为小学数学标准化考试协作小组1988年编制的"小学数学毕业考试试题"。该测验经过28个省、市、自治区部分学校数万名学生预测,并制定出成绩的常模(平均分为74.19,标准差为11.57)。杭州8个先行班级的平均分分别比常模平均分高出13.01,6.51,1.81,7.81,15.61,15.01,4.91,2.31分。这个结果表明,实验班学生对数学

知识的掌握是能达到教学大纲要求的。

表1　杭州先行班验收测验成绩

学校	班级	人数	平均分	标准差	90分以上人数	不及格人数	两极分数
胜利小学	五(1)	49	87.2	10.03	28	1	100—54
	五(2)	50	80.7	10.87	12	2	100—55
天长小学	五(1)	46	76.0	11.96	6	3	96—43
饮马井巷小学	五(1)	46	82.0	11.67	12	2	98—46
小营小学	五(2)	40	89.8	8.93	26	1	100—57
	五(3)	38	89.2	10.77	24	0	100—61
卖鱼桥小学	五(1)	39	79.1	12.37	6	2	94—29
	五(2)	39	76.5	12.38	4	2	100—34

表2　福建闽侯县实验班测查成绩

年级	班级	N	$\overline{X}$	S	Z	P
一	实验	94	86.7	9.1	0.25	>0.05
	普通	103	86.4	9.7		
三	实验	89	85.2	10.2	0.06	>0.05
	普通	68	85.3	12.0		
五	实验	90	90.8	8.09	6.08	<0.01
	普通	170	83.8	10.1		

表2是福建闽侯县实验班一、三、五年级使用县里统一的年段过关统一验收卷的测查成绩。从表2中可以看出，一、三年级实验班的成绩与普通班的成绩相近，即都达到年级应掌握知识的基本要求。随着年级的增高和能力的逐步形成，到五年级时实验班的成绩明显优于普通班。

（二）学生数学能力的发展情况

学生数学能力的发展情况可以从三个方面来考查：一是书面测查卷成绩；二是心理学临床测查结果；三是实验班学生参加各种数学竞赛的获奖情况。

1. 数学能力的书面测查结果

天津市河西区1985年开设的13个实验班1990年4月在数学能力方面按照中央教科所数学能力测查第六套评分标准进行了测查。全套题满分为70分。从整体得分统计来看，六年级普通班平均成绩为35.04分；五年级实验班为38.85分；高出普通班3.81分。按照这套测查题的理论常态曲线下的面积比的常模标准（按五级划分），五年级实验班与六年级普通班的比较见表3。

表 3　天津市河西区数学能力测查比较

等级(分数标准)	五年级实验班(560 人)		六年级普通班(356 人)		理论常态曲线下的面积比(%)
	人数	百分比	人数	百分比	
优(54.97 以上)	46	8	18	5	7
中上(40.60 以上)	194	35	85	24	24
中(28.22 以上)	207	37	146	41	38
中下(14.85 以上)	105	19	95	27	24
差(1.48 以上)	8	1	12	3	7

从表 3 可以看出,五年级实验班学生数学能力优和中上的占 43%,而六年级普通班仅占 29%,相差 14 个百分点;属中下和差的等级的五年级实验班占 20%,而六年级普通班则占 31%。由此可见,实验班学生数学能力测查的成绩高于比其高一个年级的六年级普通班学生。

图 1 是 1988 年北京四个类型的实验班学生数学能力测查的结果。为了考查出实验教材对学生数学能力的发展的促进情况,所选择的对比对象为三个年级组,即和实验班学生同一年级的三年级学生及比其高的四年级和五年级普通班学生。

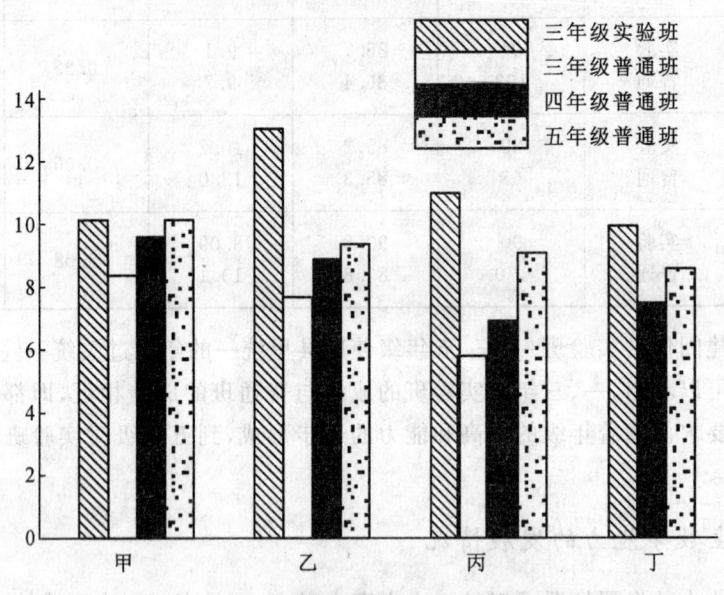

*丁校三年级普通班因故没有参加测查

图 1　北京四个实验学校 1988 年数学能力测查的比较

图 1 表明,实验班三年级学生数学能力测查的成绩,不仅远远超出同一年级的普通班学生,而且还接近或超过比其高一、二个年级的四、五年级普通班学生(除甲校三年级和四、五年级组、丁校三年级和五年级组差异没有达到显著水平外,其他 8 个对比组差异均达到显著水平)。图 1 还表明,实验教材的知识结构对不同水平的学校学生的数学能力均能起到促进作用。

2. 心理学临床测查结果

表 4　几何积木拼合的操作性实验结果比较

		组平均解题时间(秒)	正确解题人数的百分比	解题策略		
				感知水平(看一块摆一块)(%)	概念水平(从三角形对顶角)(%)	互递水平(从前一图逆过来)(%)
1984年实验	实验班(30人)	39″3	100	3	43	53
	对比班(30人)	69″	90	34	40	25
1987年实验	实验班(30人)	42″8	96	10	41	48
	对比班(30人)	65″	90	22	52	26
1988年实验	实验班(29人)	45″4	93	7	48	44
	对比班(27人)	76″5	88	21	50	29

表 5　相对加减思考能力测查结果比较

	设法使相等的二行珠子相差2		○○○○ ○○○○
	一行上添2个(%)	从一行中取出二个(%)	从一行中移动一个到另一行(%)
实验班(30人)	97	100	54
对比班(30人)	82	73	30

表4、表5是部分测查结果,从结果可以看到实验班学生在可逆性、相对性思维能力上确实比同龄人强。

3. 实验班学生参加数学竞赛的情况

各地的实验报告都提到实验班学生在该地区各种数学竞赛中很有竞争力,成绩都比较突出。本文只能列举一部分情况。

北京西城区1988年从全区94所小学中推选了1 000名四年级小学生参加区里的奥林匹克学校考试,在1 000名中录取400名(考分要在50分以上)。西城区三个学校三个实验班119名学生中,考分达到50分的就有98名(占82%),有9名四年级实验班学生还考上五年级奥林匹克学校。北京石景山区1988年12月举行四年级数学竞赛,在18名一、二、三等奖获奖者中,古城二小的实验班占了12名(第一、二、三名均为实验班学生)。老师们兴奋地说:"实验班学生在数学竞赛中看到了自己的优势。"北京东城区府学胡同小学四年级有两个实验班,共有49人参加1990年东城区奥林匹克学校考试,其中40人被录取,占东城区四年级总招生人数的三分之一。

福建省闽侯县实验班学生参加1990年福州市小学生"迎春杯"数学竞赛,实验班学生获五年级组一、二、三等奖各一名(福州地区一等奖共5名)。1991年福州市小学生"迎春杯"数学竞赛实验班4名学生获奖(占全县获奖人数的三分之一)。福建省第二届"小火炬杯"小学数学邀请赛,根据初赛成绩,全县选拔30名人参加决赛,实验班有13人入选。在决赛中,实验班学生有一人获二等奖,三人获三等奖,这是县级学校参赛的较好成绩。

四、讨论

（1）认知心理学派认为,学习是认知结构的组织与重新组织,他们既强调已有知识经验（即原有的认知结构）的作用,也强调学习材料本身的内在逻辑结构的重要性。对知识系统建构的研究,是当代认知心理学家们感兴趣的领域之一,也是认知心理学研究的一个主要趋势(Gelman,1982)[8]。我们课题组提出:"以'1'为基础标准揭示小学数学中部分和整体的关系"为主线,与小学数学教学研究人员和教师协作,从重新组建小学数学教材的知识结构着手,来研究儿童数学思维的发展。十年的探索性研究,不论是面上的问卷测查结果,还是点上的临床测查,都表明这一条建构教材内容的主线是反映了小学数学中数量关系和空间关系的内在本质联系,揭示认识对象的内在联系,有利于主体的认识发展[9]。《现代小学数学》把数学知识中有序系统（知识之间的纵向联系）的梯级结构和具有知识点之间内在联系（知识之间的横向比较）的网络结构有机地结合起来,成为一套主线明朗的、纵横交错的知识网。学生掌握了知识网,就能从整体上把握知识体系,而这能促进学生数学思维的发展。我们从一系列心理学临床测查结果（表4、表5）都可以看出,一个合理的知识结构有利于主体塑造良好的认知结构,而主体良好的认知结构又有利于主体在解决问题时策略的选择。

（2）寓辩证法于小学数学,是《现代小学数学》实验教材特点之一。辩证思维是人类思维的最高形态。在人类思维发展过程中,形式逻辑思维和辩证思维都是十分重要的[10]。今天的教育是培养21世纪人才的,这种人才在哲学、语言和数学上都需要有一定的素养和训练。

客观世界是相互联系的、充满着矛盾的统一体。它本身按照辩证法的规律发展着。研究客观世界中的数量关系和空间形式的数学,也必然反映客观世界的辩证规律。数学本身充满着辩证的内容。我们只是把小学数学内容中一些辩证的关系有意识地揭示出来,对小学生进行一些辩证思维的启蒙教育。教学实践表明,对小学生进行辩证思维的启蒙,不仅有必要,而且也是可能的。实验班学生在解决数学问题时,能较好地把握问题的整体,看到事物之间的内在联系。

表5的结果表明,实验班学生应用移动的策略使二行珠子相差2的占54%,比对比班高出24个百分点。他们要应用移动的策略,就必须把握整体,意识到从上一行上移走一颗珠子本身就蕴含着下一行已经比上一行多了一颗珠子。儿童对这种蕴含关系的理解,意味着儿童的思维已经从绝对加减发展到了相对加减,而这是儿童思维发展过程中的一个质的变化。如何结合小学数学内容自然地渗透辩证思想？小学生辩证思维启蒙教育的特点和规律是什么？这些问题均有待进一步研究。

（3）数学思维是70年代以来数学研究工作者和心理学工作者感兴趣的一个研究课题。苏联数学家A. Я. 辛钦指出,数学思维的特点是推理的逻辑结构占绝对优势、思路简洁、符号精密准确的分解论证过程精确。A. A. 斯托利亚尔则把数学思维发展水平分为五个等级[11]。我认为,数学思维是从数和形来认识事物和事物间相互关系的科学思维方式,它主要包括对数与形的概括和推理能力以及可逆、互补、补偿、相对、关联、对应和转换等思维形式[12]。我们的实验教材,除了注重知识发生过程、结论推导过程和解题思考过程外,还有计划地安排了一系列数量关系、空间关系的专门训练。实验班学生在数学能力测查中,不仅成绩能超过同年级普通班学生,而且还能达到比他们高一个或两个年级的普通班学生的水平。

他们还能在各种数学竞赛中占一定的优势。这些都是与实验教材重视数学思维训练这一点分不开的。据实验班老师反映,学生非常喜欢上这类思维训练课,他们感到思考是一件愉快的事。实验结果表明,数学思维的训练是有效的,是学生所喜欢的。但数学思维训练的序列、小学生数学思维发展的特点及促进小学生数学思维发展的条件等问题还有待研究。

五、小结

(1) 用"以'1'为基础标准揭示小学数学中部分和整体的关系"作为主线建构起来的《现代小学数学》的知识结构,有利于小学生塑造良好的认知结构,让孩子们变得更加聪明些。

(2) 寓辩证法于小学数学,萌发小学生的辩证思维,不仅有必要,而且有可能。

(3) 数学思维的训练不仅有利于小学生数学知识的学习,而且能促进小学生数学思维的发展,培养他们学习数学的兴趣和爱好思考的习惯。

(4) 研究工作要有一个结构合理的协作组织和一支有一定业务素养的教师队伍,这两支力量的结合是开展教育实验工作的必要条件之一。

参考文献:

[1] 张梅玲.关于儿童对部分与整体关系认知发展的实验研究:Ⅰ 4—7 岁儿童类和数的包含.心理学报,1980(1).

[2] 林嘉绥.关于儿童对部分与整体关系认知发展的实验研究:Ⅱ 4—7 岁儿童数的组成和分解.心理学报,1980(2).

[3] 何纪全,刘静和等.关于儿童对部分与整体关系认知发展的实验研究——4—7 岁儿童几何图形认知发展.心理学报,1983(1).

[4] 张梅玲,王宪钿等.5—10 岁儿童分数概念的认知发展.心理科学通讯,1983(3).

[5] 张梅玲,刘静和等.幼儿百以内数的促进.心理科学通讯,1982(4).

[6] 何纪全,6—7 岁儿童用非除法运算解答包含除法的实验.心理学报,1982(1).

[7] 王宪钿,张梅玲等.分数概念形成的教学实验.儿童心理与教育心理,1980(2).

[8] Gelman, R, Recent Trends in Cognitive Development, a Lecture in the 1982 G. Stanley Hall Lecture Series at the Annual Meeting of the American Psychological Association, Washington, D. C, 145 - 146, 1982.

[9] 刘静和,王宪钿等.儿童在数及数学上部分与整体关系认识的发展.心理学报,1982(3).

[10] 朱智贤,林崇德.思维发展心理学.北京:北京师范大学出版社,1986.

[11] [苏] N. M,弗利德曼.中小学数学教学心理学原理.北京:北京师范大学出版社,1987.

[12] Zhang Meiling and Liu jinghe. An Experiment to Promote the Development of Children's Mathematical Thinking, Applied Psychology, An International Review, 1991, 40(1):27 - 35.

小学数学整体结构教学的实验研究

"小学数学整体结构教学研究"课题组

一、问题的提出

我国传统的小学数学教学由于深受联结主义心理学的影响,无论是教材的编写还是教学过程的安排,基本都是采用"小步子",按照"部分—部分—整体"的模式进行。这种模式强调把数学知识分解成若干小的部分,并让学生通过反复练习去掌握这些知识,结果造成数学知识各部分内容之间、教学过程诸要素之间互相封闭,不能发挥其整体结构功能。学生获得的数学知识大都是一些"散装"的内容,没有形成具有普遍联系和广泛迁移力的数学知识结构。这不仅影响了学生的知识掌握水平,同时还严重阻碍了小学数学学科整体育人功能的发挥。为了从根本上改变这种状况,1993年9月至1999年8月,我们结合义务教育小学数学教学大纲和教材的使用,开展了小学数学整体结构教学的实验研究。

二、实验研究的目的和理论基础

(一)研究目的

(1)深入分析并妥善解决小学数学教学过程中"数学知识的整体把握和局部认识之间的矛盾"[1],克服教材内容的分散性和教学过程的间断性给学生掌握数学知识结构带来的负面影响,提高学生的数学知识掌握水平。

(2)发挥小学数学学科内容的整体育人功能,整体优化小学数学教学过程,全面推进小学数学学科素质教育。

(3)探索学科结构论等现代教学理论与小学数学学科教学实践相结合的途径和方法。一方面加强教学理论对教学实践的指导,另一方面丰富小学数学学科教学理论。

(二)实验研究的主要理论依据

1. 学科结构论

美国当代著名教育心理学家布鲁纳在他的《教育过程》中明确提出了学科结构论的课程论和教学论思想。他指出,"不论我们选教什么学科,务必使学生理解该学科的基本结构"[2],"学习结构就是学习事物是怎样相互联系的"[3]。他认为学生掌握学科的基本结构,有利于对知识的理解和记忆,有利于知识的迁移,能够缩小"高级"知识和"初级"知识之间的差距。

学科结构论为学科课程特别是数学课程的编制和教学提供了强有力的指导。它告诉我

---

① 本文选自《课程·教材·教法》2000年第8期,第25—30页。

们;在数学课程内容的选择和编排上,一要选择那些"尽量简要""尽量带有迁移力"的基础知识作为课程内容;二是"给予那些和基础课有关的普遍的和强有力的观念及态度以中心地位",[4]并通过这些内容的联结和扩展形成一个概括化、结构化的数学知识体系;三是要注意数学知识本身的逻辑顺序和儿童心理发展顺序的协调与统一。在教学上学科结构论更是提出了一系列具有重要指导意义的主张,如强调学习的准备,重视概念和原理的早期渗透与孕伏;突出基本概念和基本原理在教学中的中心地位;重视原理和态度的普遍迁移;重视激发学生的学习兴趣,认为"学习的最好刺激,乃是对所学材料的兴趣";[5]注重引导学生发现学习等。这些思想被我们广泛应用于小学数学教学实践,作为课题研究的重要理论依据。

2. 系统论

系统论把系统看做"是由具有相互联系、相互制约的若干组成部分结合在一起并且具有特定功能的有机整体"[6]。系统论的一些原理和规律,特别是整体原理、有序原理、反馈原理等对我们的实验研究具有重要的指导意义。整体原理认为任何系统都是有结构的,系统的整体功能不等于各孤立部分功能之和。这一原理告诉我们,在教学中既要充分发挥教学过程诸要素、各环节的部分功能,更要注意让它们形成合力,使其产生最大的结构功能。有序原理认为任何系统都可以看成是由其构成要素按照一定的等级和次序组织起来的序列,并且系统只有开放,与外界进行信息交换,才能有序。根据这一原理,数学教学过程应该是一个开放的有序系统。在教学中一方面要协调好数学知识的逻辑顺序与学生心理发展顺序的关系,实现数学知识结构与学生心理结构的有机统一;另一方面要根据教材内容和学生心理两方面的"序"去协调好教学过程诸要素、各环节之间的关系,实现教学过程诸要素、各环节的最佳组合。反馈原理认为,任何系统只有通过信息反馈才能实现控制。这一原理要求我们,在教学中要注意让学生主动展现他们学习数学的思维过程,并根据其思维活动及时调控教学过程,使教学过程始终沿着教学目标所规定的方向顺利进行。

三、实验研究的主要内容及措施

(一) 改革传统的教学模式,探索"整体—部分—整体"的教学新思路

我们认真研究了我国长期采用的"部分—部分—整体"的教学模式,深入分析了它的弊端,在此基础上提出了"整体—部分—整体"的教学思路。其做法是,不打乱现教材(人教版九年义务教育六年制小学数学教材)的基本结构,以教材的单元为基本单位实施整体结构教学。

各单元教学开始时,先不急于教学各部分知识,而是引导学生对全单元教材内容作初步感知,让他们了解本单元包括哪些知识内容,这些内容之间是怎样联系的,使学生对本单元知识结构的大致轮廓有一个初步印象。

紧接着按照教材的逻辑顺序分系统教学各部分知识,各部分知识的教学与传统的分散教学也不相同。其主要区别是,我们始终把所教的各部分内容置于单元知识结构的整体之下,让学生明确意识到今天学习的知识是单元知识结构整体中的一个部分,并知道该部分内容在整体中所处的地位,以此让学生在一定的知识体系中更好地理解各部分内容。

在单元复习中我们特别强调对所学知识的系统整理,通过复习整理进一步沟通知识之间的联系,让学生在头脑里形成系统化的单元知识结构。单元知识整理在低年级特别是一

年级主要由教师帮助学生整理,到高年级以后则更多地由学生自己整理,要求他们对全单元知识内容进行逻辑编码,并尽可能勾画出知识结构图。

(二) 协调教与学的关系,促进教学双方的相互适应

1. 转变教学思想,树立新的教学观念

实验一开始我们就注意统一全体研究人员和实验教师的认识,树立与课题研究相适应的教学观:数学教学要以学生的发展为本,学生的数学知识特别是数学能力从根本上讲不是教师教会的,而是他们自己学会和练会的,教师的教最终要通过学生的学才能起作用。因此,小学数学教学要先考虑学生怎样学,然后再考虑教师怎样教,彻底改变传统教学中让学生被动适应教师的教的做法,教师的教要为学生的学服务,一切为了使学生的学习获得成功。

2. 让教师的教更好地适应学生的学

我们认真研究了小学生学习数学概念、四则计算、几何初步知识、应用题等不同内容的心理过程及其规律,并据此选择教学方法,设计教学过程。如在概念教学中,根据小学生主要通过概念形成和概念同化两种认知方式掌握数学概念这一特点,我们对小学数学教材中的概念作了学生认知方式上的分类,让教师明确哪些概念学生主要通过概念形成去获得,哪些概念主要用概念同化去掌握,哪些概念要综合运用概念形成和概念同化两种认知方式去掌握,在此基础上采取与之相适应的教学策略和方法。

3. 加强学生学习过程的引导

学生学习数学的过程实际上是把教材知识结构转化成学生数学认知结构的过程。由于小学数学教材既是数学知识的载体,又是教材编写者把科学数学知识结构转化成学科数学知识结构思维过程的记载,所以在实验中我们十分注意通过教师的讲解去再现教材编写者隐藏在教科书中的思维过程,并引导学生根据这种思维过程去对教材中的数学知识进行再发现,以此减少学生学习过程中的思维障碍,提高学习效率。

(三) 突出数学知识的整体结构,提高学生的知识掌握水平

1. 整体把握教材知识结构

我们要求实验教师备课时要树立整体意识,从整体上把握教材知识结构:一是从整体上认识各册、各单元教材内容,并以其中的基本概念、基本原理及其联系为主干概括出各册、各单元教材的知识结构;二是从一定的知识体系上去分析所教教材内容,明确教材内容在前面已有知识基础上的发生、发展过程和在后继教材中的延伸情况。

2. 将基本概念、基本规律和基本原理等核心内容置于教学的中心地位

从数学知识结构的构成来看,任何一个知识结构中都有一个或几个在结构中起统帅作用的基本概念、基本规律或基本原理,其他内容都是它们的扩充、发展或具体化。我们把这些基本概念、基本规律、基本原理叫做统帅知识结构的核心内容。在教学中我们始终把这些核心内容置于各单元教学的中心地位,让学生牢牢掌握这些概念的本质属性、基本规律和基本原理的普遍意义。

3. 沟通联系,促进知识之间的融合

① 重视数学概念和原理的早期渗透与孕伏,为后继内容的学习做好准备。如在一年级

的数数活动中让学生感知"只要不遗漏,不重复,数数的结果与数事物的次序无关"的数数公理,从而为后面学习加法交换律做好准备。② 突出原有知识在新知识学习中的地位和作用,促进新旧知识的融合。如突出商不变性质和整数除法法则在除数是小数的除法计算中的作用,把整数除法和小数除法融为一体,形成知识结构。③ 沟通不同知识之间的横向联系,打破知识系统之间的封闭性,让学生在头脑里形成一些内容充实、结构开放的数学知识系统。

4. 搞好多层次的整理,使数学知识系统化、结构化

除搞好单元知识整理外,我们还注意引导学生进行分系统的归纳整理。分系统整理有两种途径:一是在一册教材内分系统整理,即把一册教材内容分作几个系统,使每一系统都成为全册知识结构的一个子结构。二是跨越教材编排的时空界限,按照小学数学知识体系的构成要素分系统整理,把在不同阶段学习的相关内容概括起来,构成一个具有更大包摄性的知识系统。

(四)发挥教学内容的整体功能,促进学生素质全面发展

全面发挥小学数学学科内容的整体功能,通过本门学科的教学促进学生素质的全面发展。在研究中我们根据素质教育的内涵,学习和研究了《九年义务教育全日制小学数学教学大纲(试用)》,按照素质教育的要求重新审视了小学数学学科的性质、功能和任务,把实施素质教育同完成教学大纲规定的任务有机地统一起来,使教学更好地促进学生素质的全面发展。

1. 全面完成教学大纲已明确规定的教学任务

在实验中我们要求实验教师首先要全面完成《九年义务教育全日制小学数学教学大纲(试用)》所规定的任务,学生在数学基础知识和基本技能的掌握,计算能力、初步的逻辑思维能力、初步的空间观念和用所学数学知识解决简单实际问题能力的发展,思想品德养成等方面都必须达到大纲所规定的基本要求。

2. 按照素质教育的要求进一步挖掘小学数学学科内容的功能

在研究中,我们根据素质教育的内涵和要求认真分析了小学数学学科教学在素质教育中的地位和作用,把那些教学大纲没有明确提出,但是小学数学学科内容本身所具有的并且是素质教育要求发挥的功能充分挖掘出来,并根据这些功能给小学数学学科教学增设相应的教学目的和要求:① 初步培养学生的数学意识;② 给数学能力培养赋予新的任务,增加培养学生形象思维能力、自学能力、创新能力和实践能力等方面的要求,特别是创新能力和实践能力更是作为小学数学学科教学的核心任务在教学中加以落实;③ 挖掘教材中美的因素,对学生进行美的教育;④ 培养学生健全的人格,特别注意在良好的人际关系中培养学生的合作精神;⑤ 培养学生积极向上的健康心理。

(五)整体优化教学过程,全面提高课堂教学效率

整体优化教学过程需要探索的问题很多,我们主要做了三方面的研究。

1. 整体认识三种课型的特点和任务,系统设计它们的课堂教学结构

在小学数学教学中,最常用的是新授课、练习课和复习课三种课型,这三种课型都有各自的特点和任务。在实验中我们把三种课型看做一个有机的整体,根据它们各自不同的特

点和任务去有序地安排课堂教学结构,使每种课型的课堂教学结构既有利于发挥各自的功能,又能密切配合,形成更大的整体结构功能。具体来讲,新授课保证学生学懂、学会,不出现知识理解上的缺陷,以此提高练习课的教学起点;练习课保证学生对知识的掌握达到比较熟练的水平,为复习课实现知识系统化打好基础;复习课使知识结构化,让学生进一步提高知识掌握水平,更好地为后面新知识学习奠定基础。这样,使三种课型的教学活动成为一个逐步深化的过程,通过它们的系统优化确保教学取得最佳效果。

2. 精心安排课堂结构,发挥教学环节的整体结构功能

为了提高课堂教学效率,在课堂教学结构的安排上我们十分注意做好两方面的工作。一是根据不同课型特点和具体的教学内容确定一堂课的结构,保证每一个教学环节都能发挥应有的作用。如让新授课中"复习旧知识"的教学环节充分发挥学习准备作用;让"导入新课"环节更好地发挥导向作用和激励作用,为新知识的学习指明方向,提供动力。二是根据整体优化课堂教学结构的需要去设计教学环节,让每一个教学环节都有助于课堂教学结构整体功能的发挥。凡是不利于课堂教学结构整体功能发挥的教学环节,无论其部分功能如何,都不能成为构成小学数学课堂教学结构的组成部分。

3. 坚持启发式教学,搞好多种教学方法的优化组合

优化教学方法,关键是坚持启发式教学,在启发式教学思想指导下搞好多种教学方法的综合运用。其做法有以下几点:① 充分发扬教学民主。教师尊重学生,努力调动学生的学习积极性和主动性,让学生始终以饱满的热情积极主动地参与数学学习。在课堂教学中教师鼓励学生大胆质疑,尽可能多地给学生提供机会让他们展现思维过程,特别是创新思维过程。② 搞好多种教学方法在课堂教学中的优化组合。教学时根据教学目的、教学内容和学生年龄特征综合运用讲解法、谈话法、练习法、演示法、讨论法、发现法等教学方法。通过多法并用或一法为主多法为辅等措施实现这些教学方法的优化组合,以此给传统教学方法注入新的活力,使它们在课堂教学中更好地发挥作用。③ 充分运用讨论式和探究式教学,引导学生在学习中通过相互讨论和独立探索等形式主动发现问题,总结规律,以此培养学生的探索精神和创新能力。如加法运算定律、乘法运算定律、商不变性质、分数的基本性质、圆周率、圆柱表面积计算方法等规律性知识,我们都是让学生自己去发现和总结的。

四、实验研究的主要成效

(一)提高了小学数学教学质量

实验结束时,我们一方面结合各实验学校的毕业考试对实验班和对比班学生数学基础知识、基本技能的掌握情况作了对比测查与分析(其成绩见下表)。

表1 实验班和对比班学生毕业考试成绩对比

实验学校	实验学校(一)		实验学校(二)		实验学校(三)		实验学校(四)	
平均分	实验班	对比班	实验班	对比班	实验班	对比班	实验班	对比班
	94.6	85.7	91.7	89.6	92.3	90.5	95.8	85.4

另一方面我们还对学生的数学能力作了对比测查,试题由重庆市教科所负责课题管理

的理论研究室审查确定,主要考查学生 10 个方面能力的发展情况:① 分析能力;② 比较能力;③ 抽象概括能力;④ 判断推理能力;⑤ 空间观念;⑥ 计算能力;⑦ 迁移能力;⑧ 沟通联系、整体把握数学知识的能力;⑨ 创新能力;⑩ 实践能力。每一方面能力满分都是 10 分。测查结果见下表。

表 2 实验班和对比班学生数学能力测查分项得分情况

	题号	(1)	(2)	(3)	(4)	(5)	(6)	(7)	(8)	(9)	(10)
平均分	实验班	8.74	8.42	8.86	7.71	7.20	8.21	7.79	8.90	7.52	6.29
	对比班	7.26	6.50	5.58	4.82	7.32	7.50	5.90	4.50	3.91	5.72

实验班学生数学能力总的发展水平明显优于对比班,数学能力测查结果统计分析表明:实验班学生人平均成绩高出对比班 20.63 分,经检验,差异非常显著(见下表)。

表 3 实验班和对比班学生数学能力总的发展水平对比表

项目	N	$\overline{X}$	S	T	Z
实验班	190	79.64	15.04	5.82	$P<0.01$
对比班	183	59.01	20.11		

在数学知识和数学能力协调发展方面,实验班学生更是明显超过对比班。四年级下学期学生学过加法交换律、结合律和乘法分配律后,我们作过一次简便计算能力的对比测查,让学生计算 $45+99\times 99+54$。实验班 85% 的学生能用加法交换律、结合律和乘法分配律进行简便计算:原式 $=(45+54)+99\times 99=99\times(1+99)=9\,900$;而对比班则有 75% 的学生只能按照常规的四则混合运算顺序先算乘法后算加法,真正能用运算定律正确地进行简便计算的学生不足 20%。

另外,实验班学生在数学意识、学习习惯、探索精神、学习兴趣、自信心和成功体验等方面发展都很好。问卷调查表明:实验班 95% 以上的学生喜欢学习数学,对学习充满信心;90% 的学生能经常获得数学学习成功的喜悦。

(二)探索出了整体结构教学模式

经过六年的艰苦努力,我们探索出了"整体—部分—整体"的教学模式。这一模式的理论基础是学科结构论和系统论;目标是让学生更好地把握数学知识的整体结构,提高知识掌握水平;其行为程序是先整体后部分,最后又回到整体。这一教学程序不仅在理论上具备了教学模式的特征,同时还具有很强的操作性,目前已被教师们在教学中广泛采用。

(三)积累了整体优化小学数学学科教学的经验

本研究是一项综合性的学科教学整体改革研究,在研究中所采用的一系列措施有效地促进了小学数学学科教学质量的提高,这为今后进一步大面积整体优化小学数学教学过程、提高教学质量积累了有益的经验。特别是在研究过程中根据指导实验的需要,我们编著的《小学数学整体教学策略》,从方法论的角度对小学 1—6 年级数学教学如何帮助学生把握数学知识整体结构、怎样发挥教学内容的整体功能和整体优化教学过程等问题作了系统阐述。

该书获重庆市普教优秀科研成果一等奖。

（四）促进了现代教学理论与教学实践的有机结合

小学数学整体结构教学研究的过程，实际上是一个把学科结构论和系统论等现代教学理论广泛应用于小学数学教学实践的过程。研究促进了教学理论与教学实践的有机结合，它不仅把学科结构论等现代教学理论转化成了能够解决小学数学学科教学中的实际问题、提高教学质量的"生产力"，而且还丰富了我国的小学数学学科教学理论。

五、结论与讨论

小学数学整体结构教学研究是一项以突出数学知识整体结构、发挥教学内容整体功能、整体优化教学过程为基本特征的小学数学学科教学整体改革研究。本研究不仅切实解决了当前小学数学教学中的一些难点问题，使小学数学学科教学在不改变现行教材结构的前提下大幅度提高教学质量；而且还从教学思想、教学观念、教学内容及其功能、教学模式和教学策略等方面解决了小学数学学科教学中的一些重要理论认识问题，对推动小学数学学科教学改革具有重要意义。

研究中所总结出来的"整体—部分—整体"教学模式，改变了传统教学中的"部分—部分—整体"的知识构建方式，解决了长期未能解决的小学数学教学过程中数学知识的整体把握与局部认识之间的矛盾，克服了教学内容的分散性和教学过程的间断性给学生掌握数学知识结构带来的负面影响。它不仅提高了学生的数学知识掌握水平，更重要的是帮助学生树立和获得了整体把握数学知识的意识、方法和能力，这对学生今后的进一步学习，对他们的终身可持续发展将会产生深远的影响。

本项研究涉及了小学数学教学思想、教学观念、教学内容、教学模式和教学方法的全面改革，无论是研究内容还是研究过程中所采取的措施都体现了素质教育的思想和要求，特别是发挥教学内容的整体功能、培养学生的创新精神和实践能力、整体优化教学过程等内容更是触及了素质教育的核心问题。因此我们认为，小学数学整体结构教学研究从一定意义上讲是对小学数学学科素质教育的一种成功尝试，其研究成果对我们进一步推进素质教育，通过小学数学学科教学这一渠道促进学生素质和谐发展具有重要的借鉴意义。

掌握结构化的数学知识，可以减轻记忆负担，使学生有更多的时间和精力去深刻理解和综合运用所学知识。因此，本项实验研究既可以提高学生的数学知识掌握水平，又能够切实减轻学生的学习负担，这对当前贯彻国家教育部关于减轻学生过重学习负担，提高教学质量的指示来讲，具有尤为重要的现实意义。

20世纪60—70年代以来，以布鲁纳的学科结构论为理论指导的数学课程改革运动虽然在美国失败了，但学科结构论作为一种课程论和教学论思想，其中许多主张，如强调学习准备的作用、突出学科基本结构的教学、重视一般原理和态度的迁移、引导学生发现学习等，对当前的数学学科乃至其他自然学科的教学仍然具有重要的指导意义。当然，这一理论也有其自身的局限性，我们决不能照搬套用。我国的小学数学学科教学必须坚持以我为主的原则，走自己的路，在此前提下不断吸取国外一切优秀教学理论中适合中国国情的合理成分，只有这样，才能形成具有中国特色的小学数学学科教学理论。

参考文献

[1] 李光树.试论小学数学教学过程中的矛盾.小学数学教育,1999(4).
[2][3][4][5][美]布鲁纳.教育过程.邵瑞珍译.北京:文化教育出版社,1982:31、28、37、34.
[6] 王雨田.控制论、信息论、系统科学与哲学.北京:中国人民大学出版社,1988:401.

九、教师专业发展

- 谈小学数学教师的数学知识修养（王万喜）
- 从分数的本质看小学数学教师的专业素养——数学教育热点问题系列访谈录（史宁中 孔凡哲 杨树春）
- 新课程背景下小学数学教师本体性知识的缺失及其对策研究（曹培英）
- 小学数学教师的教学专长：对教师职业知识特点的研究（申继亮 李琼）
- 小学数学教师职业知识的结构与内在关系（辛涛）
- 小学数学教师的学科教学知识：表现特点及其关系的研究（李琼 倪玉菁 萧宁波）
- 关于中小学数学教师对教学问题认知的调查分析（曾拓 杨小洋 申继亮）
- 当前我国中小学数学教师教学思维模式初探（梁学友 戴宇）
- 小学数学教师教学设计能力及其构成研究（刘志平 刘美凤 吕巾娇）
- 农村小学数学教师知识发展现状与对策研究（卢秀琼 张光荣 傅之平）

谈小学数学教师的数学知识修养

王万喜

没有一定数学知识修养的小学教师,是不能完成好教学任务的。而数学知识修养的范围很广泛,那么,一个小学教师,应该具备哪些数学知识修养呢?我认为必须具备以下几个方面:

一、数的知识结构修养

当前,世界上的一些著名教育家,主张通过数学,使学生掌握一定的知识结构。

小学数学的中心内容是研究数,所以,教师首先应当搞清楚数的知识结构。小学数学的教学要求只涉及数的概念的部分内容。然而,为了教好这"部分内容",教师都要全面地学习和掌握数的概念的全部内容。即不但要学习和掌握自然数、整数、分数、有理数,还要学习和掌握实数和复数的有关知识,比较全面地了解数的形成和发展状况。

我们知道因为计数的需要,产生自然数;因为要表示没有物体,或要进行 $3-3$ 之类的减法计算,产生数 0,从而数扩充到整数;因为表示某些度量结果或作 $2÷3$ 之类的除法计算,产生分数,从而数扩充到算术数;因为要表示具有相反方向的量或解 $5+x=3$ 之类的方程,产生负数,从而数扩充到有理数;因为要表示度量的又一些结果或解 $x^3=2$ 之类的方程,产生无理数,从而数扩充到实数;因为要解 $x^3+1=0$ 之类的方程,产生虚数,从而数扩充到复数。

每一次扩充的具体情况如何?每扩充一次解决了哪些理论问题和实际问题?可以从以下十个方面去认识。

(1) 为什么要研究自然数?为了计数。

(2) 怎样给自然数下定义,即什么叫自然数?要给自然数下定义,首先要弄清集合、对应、等价集合等概念,然后才能得出:非空有限等价集合内的共同性质(基数)的标记,叫自然数。

(3) 怎样给每个自然数命名?怎样记和读每个自然数?数名、记数以及数的读写都有一些规则,根据这些规则,可以用不同的音给每个自然数命名,用不同的符号记出每个自然数,简便地读出每个自然数。

(4) 每个自然数有什么性质?每个自然数都可以用来表示物的多少(回答有多少个物体)和事物的次序(回答第几个事物)。用来表示事物的多少的自然数叫基数,用来表示事物的次序的自然数叫做序数。比如我们说某个人有兄弟 3 人,这里的"3"是基数,说某人是老三,这里的"3"是序数。

(5) 怎样规定自然数的大小、相等?两个等价集合对应的自然数,叫做相等。甲集合的

---

① 本文选自《云南教育》(基础教育版)1981 年第 3 期,第 36—39、41 页;第 4 期,第 41—44 页。

子集合与乙集合等价,则甲集合对应的自然数大于乙集合对应的自然数。

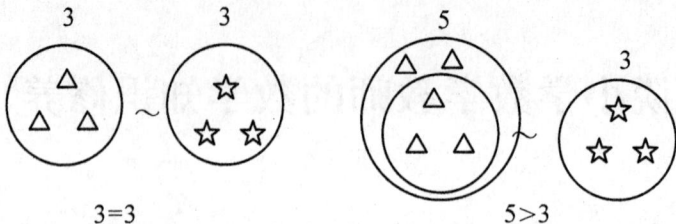

（6）怎样规定自然数的各种运算？根据并集,定义自然数的加法；根据加法的定义乘法,再根据加法和乘法分别定义减法和除法。两个已知集合的并集对应的自然数,叫做两个已知集合对应的自然数的和,求和的运算叫加法。b 个相同加数 a 的和,叫做 a 与 b 的积,求积的运算叫乘法。已知两个加数的和与其中的一个加数,求另一加数的运算叫减法。已知两个因数的积与其中的一个因数,求另一个因数的运算叫除法。

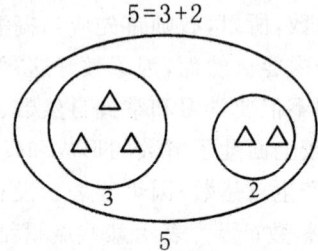

（7）自然数的加法和乘法是否满足五个运算定律根据自然数加法和乘法的定义以及集合的运算性质,可验证自然数的加法和乘法是满足五个运算定律的。

比如验证加法交换律：

因为,集合 M 加集合 N,等于集合 N 加集合 M：

$M+N=N+M$

所以集合 M 对应的自然数 m 加集合 N 对应的自然数 n,等于集合 N 对应的自然数 n 加集合 M 对应的自然数 m：$m+n=n+m$

又比如验证乘法结合律：

$$c\left\{\begin{array}{l}a\times b=b\times a=\underbrace{b+b+\cdots\cdots+b}_{a\text{ 个}}\\ a\times b=b\times a=b+b+\cdots\cdots+b\\ \cdots\cdots\cdots\cdots\cdots\cdots\cdots\cdots\\ a\times b=b\times a=b+b+\cdots\cdots+b\end{array}\right.$$

$(a\times b)\times c=\cdots\cdots=\underbrace{b\times c+b\times c+\cdots\cdots+b\times c}_{a\text{ 个}}$

$=(b\times c)\times a$

$=a\times(b\times c)$

所以 $(a\times b)\times c=a\times(b\times c)$

（8）自然数的四则运算还有些什么性质？根据自然数的四则运算定义及五个运算定律,还能推证出许多推论。

比如：

$a+b+c=a+c+b=b+c+a=\cdots$

$a\times(b+c-d)=a\times b+a\times c+a\times d$

$a\div(b\div c)=a\div b\times c$

等等,就是四则运算的性质。

(9) 怎样进行计算? 根据自然数的各种运算的定义及运算定律、性质,进行大量的计算,可以发现各种运算都有自己的计算规律,这种计算规律就是运算法则。

例如:

$$
\begin{aligned}
326+435 &=(3\,\text{百}+2\,\text{拾}+6)+(4\,\text{百}+3\,\text{拾}+5)\\
&=(3\,\text{百}+4\,\text{百})+(2\,\text{拾}+3\,\text{拾})+(6+5)\\
&=7\,\text{百}+5\,\text{拾}+11\\
&=761
\end{aligned}
$$

从第二步及第三步即可发现,多位数相加,可以变成相同数位上的数字相加,哪一位满十,就向高一位进一个单位,于是得到加法的法则:"数位对齐,个位加起,逐位相加,满十进一"。

(10) 自然数的应用。自然数实际应用于计数,解应用题。它在理论上为整数、分数及整个数学打下基础。

这些知识都贯穿在小学的数学教学中,如小学数学课本第一册,就具有自然数结构的思想。教材中用圈起来的实物图表示集合,在讲 10 以内的数时,每一页画了几幅实物图,图里的东西一样多,在这些图下面写上数字,即是把集合按等价性分类,图下的数字就是这类等价集合的共同性质,即自然数。

二、基本概念的修养

在小学数学中,应特别强调加强基础知识和基本技能的教学,而基础知识和基本技能,都是以一系列基本概念为基础的。实际上,基本概念就是基础知识的一部分。学生如果有了正确、清晰、完整的数的概念,就能进一步掌握基础知识,提高运算的技能技巧。要具有较高的数学基本概念的修养,应搞清以下几个问题:

(1) 弄清什么是基本概念。数学中的基本概念,主要是指各个数学名词、术语。我们必须弄懂这些名词、术语的含义。

(2) 搞清基本概念的定义,以及它的地位和作用。基本概念的定义,就是用来阐述某个基本概念的数学术语。比如:"已知两个加数的和与其中的一个加数,求另一个加数的运算,叫做减法。"就是减法的定义;"$a\times 0=0$",就是一个数与零的积的定义。"比 1 大只能被 1 和它本身整除的自然数,叫做质数。"这是质数的定义,等等。

很多数学概念的定义,既可以作性质定理用,也可以作判定定理用。如:"有两边相等的三角形,叫做等腰三角形。"这是等腰三角形的定义。这个定义告诉我们:① 如果知道某三角形是等腰三角形,那么,我们就知道它必定有两条边相等。② 如果要判断某三角形是不是等腰三角形,只要看它是否有两条边相等就行了。因此,定义的一个很重要的作用就是可以直接用来解题。又如:$\left(3\dfrac{1}{4}\times 2\dfrac{5}{7}-4\dfrac{3}{4}\div 3\right)\times 0$,无需计算,即可根据数与零的积的定义知道,它的结果是 0。

定义还有一个用处,就是推出其他定理。例如:"对于整数 a 和自然数 b 来说,如果存在

一个整数 q，使得 $a=bq$ 成立，那么我们就说整数 a 能被自然数 b 整除。"这是整除的定义，由它可以作一个数能整除两个数的和的定理的证明：

如果一个数能分别整除两个数，那么这个数能整除这两个数的和。

已知：a_1 能被 b 整除，a_2 能被 b 整除，

求证：a_1+a_2 能被 b 整除。

证明：∵ a_1 能被 b 整除，

∴ 存在一个整数 q_1，使得 $a_1=bq$ 成立，

∵ a_2 能被 b 整除，

∴ 存在一个整数 q_2，使得 $a_2=bq_2$ 成立，

∴ $a_1+a_2=bq_1+bq_2=b(q_1+q_2)$ 这就是说，存在一个整数 q_1+q_2，使得 $a_1+a_2=b(q_1+q_2)$ 成立，

∴ a_1+a_2 能被 b 整除。

由此可见，基本概念是基本原理的基础，基本概念掌握不好，基本原理也就不可能真正掌握。

(3) 掌握概念的严格定义。考虑到学生的接受能力，小学课本对多数概念只是简单形象地加以解释，没有严格定义。做好一个教师，不仅要懂得课本怎样解释概念，而且还应该做到深刻理解和掌握定义中的关键词句，清楚地表述概念。例如：角。过去有的课本只用了一幅图来说明"这就是角"。而角的严格定义有两种：一是"从一点引出的两条射线所构成的几何图形，叫做角。"二是"一射线绕着它的端点旋转到一定位置，那么射线的原来位置和后来位置所构成的图形，叫做角。"再如：自然数的加法，小学课本是这样叙述的："把两个数合并成一个数的运算，叫做加法。"这样定义加法很不严密。这样的例子很多。教师掌握了概念的严格定义，就有利于深入浅出地进行教学。

(4) 有些概念在不同的书上有不同的解释，我们也必须搞清楚。例如：倒数的意义，有的书上说："把一个分数的分子和分母的位置交换所得到的分数，叫做原分数的倒数。"有的书上则说："如果两个数的积是 1，那么，这两个数叫做互为倒数。"这两种定义是等价的。又如"比"的意义，有的书上说："一个数是另一个数的几倍或几分之几，也叫做一个数比另一个数是几或几分之几"。有的书上又说："一个数除以另一个数的商，叫做这两个数的比。"前一个定义中的两个量必须是同类量，而后一个定义中的两个量就不一定是同类量，如距离与时间也可以比。所以后一个定义包括前一个定义，是前一个定义的推广。因而有人把比的前一个定义叫做比的狭义定义，把比的后一个定义叫做比的广义定义。这两种定义则是有区别的。

(5) 严格区分相近概念。对于相近的概念要严加区别，不可混淆。例如：（自然）数和数字。自然数是集合类的共同（数量）性质，而数字则是用来表示这些共同性质的符号，数字是为自然数服务的。自然数和数字在意义上是不同的。另外我们还可以从数量上去区分，1、2、3、……15、……1 207 等都是自然数，自然数有无穷多个，可是数字则只有 0、1、2、3、4、5、6、7、8、9 这十个。又如记数和计数，记数就是写数，计数则是数数。又如增加和扩大，虽说两者都是把一个数变大，但是前者是通过加法变大，后者是通过乘法变大。这两个概念在实际应用中最容易搞错，在讲成正比例的量时，有人说一个量增加，则另一个量也跟着增加，这样的两个量就是成正比例的量。这显然是错的。另外还有"增加了"与"增加到"、"扩大

了"与"扩大到"等概念也要严加区别。再如进率与换算率,进率是指两个度量单位或计数单位之间的倍数关系,1米=10分米,米与分米之间的进率是10,1小时=60分,小时与分之间的进率是60。计数单位千与十,千与十之间进率是100。换算率则是指同类不同制度的两个单位之间的倍数关系,1米=3尺,米与尺之间的换算率是3,等等。又如除法、分数和比这三个概念,它们有一些密切的联系和一些共同处,这些联系可以列表表示为:

除法	被除数	除号(÷)	除数	商
分数	分子	分数线(—)	分母	分数值
比	前项	比号(:)	后项	比值

三者都有类似的基本性质,但也有不同。其共同点是:除法,被除数和除数同时扩大(或缩小)相同的倍数,商不变;分数,分子和分母同时扩大(或缩小)相同的倍数,分数值不变;比,前项和后项同时扩大(或缩小)相同的数,比值不变。区别是:除法中的除数、分数中的分母、比的后项都不能为"0"。它们之间有些什么区别呢? 除法是一种运算,分数是一个数,比是两个数的一种关系,除法一般要求出商来,而分数就不须再求分数值,比就不一定要求出比值。另外,在实际应用上也不一样:除法中12米÷3米、12米÷3是有意义的,分数中$\frac{12 米}{3 米}$、$\frac{12 米}{3}$就无意义,狭义的比中12米:3米是有意义的,而12米:3就无意义。除法的结果商可以是数,也可以是名数,5、5尺等都可以作为除法的结果。分数值也可以是数,或者是名数,如$\frac{3}{4}$、$\frac{3}{4}$尺。而狭义的比值就只能是数,没有比值是5尺、$\frac{3}{4}$尺的比。在除法中12米÷3秒是没有意义的,分数中$\frac{12 米}{3 秒}$也无意义,可是在广义的比中,12米:3秒就有意义。

(6) 正确理解几个"补充规定"。乘法运算中说到5×3是表示3个5相加,那么5×1呢? 没有1个5相加的说法。5×1是没有意义的,但是为了以后计算方便,可以补充规定为:$a \times 1 = a$。在分数概念中,$\frac{3}{5}$表示把整体"1"平均分为5份,取其中的3份,那么$\frac{3}{1}$呢? $\frac{0}{5}$呢? 都没有意义。但是为了以后计算方便,又可以补充规定为:$\frac{a}{1} = a, \frac{0}{b} = 0 (b \neq 0)$。这样的规定很多,作这些补充规定都是有一定道理的。补充规定不仅出现在小学数学中,而且出现在高深的数学中,比如代数中a^0、a^1等等,在整幂里是没有意义的,但为了发展运算,使幂指数的意义更加广泛,于是又补充规定 $a^0 = 1 (a \neq 0) a^1 = a$。由此可见,掌握小学数学中的补充规定,对于将来学习高深的数学是很有帮助的。

(7) 正确使用数字术语。有的教师数学术语混乱,很不规范。例如:6÷3应读作6除以3,或3除6。可是,不少人读作"6除3",这就完全把意义搞颠倒了。又如名数和单位名称不分。3米这个数是怎样得到的? 是用米作单位去量某一条线段,量3次刚好量完,那么这段线段的长就是3米,3米中的米是说度量时用米作单位,3是说刚好量3次,叫量数,3米叫名数。可是有的人常把"3米的单位名称是什么?"提问成"3米的名数是什么?"这是不对的。又如有的人在计算$\sqrt[3]{2}$时,常常这样提问学生:2除以3"够不够商?"或"够不够除?"这样提问是不正确的。正确的提问应该是"够不够商1?"再如有的人把奇(jī)数念成奇(qí)数,这也是不对的。通过 3×2=6 得出的乘法口诀,教学时应读作"二三得六",而不是"三二得六"。这在开始讲乘法口诀时,就应加以注意。在倍数概念中,有扩大、增加三、五倍,缩小三、五倍的说法,而不能说减少三、五倍。如:"上月生产 21 件产品,本月生产 7 件产品,本月减少几倍?"不少人说减少了 3 倍或 2 倍,这显然是不对的。正确的答案应该是"减少 $\frac{2}{3}$ (倍)"。

三、小学数学基本原理的修养

所谓基本原理,我的理解是指数学中的性质、法则、公式等内容。

小学数学教学大纲指出:"小学数学中的概念、性质、法则、公式等,都是基础知识,必须使学生确实学好。"要学生确实学好,教师必须首先确实学好。

(1) 加深对课本中每一个基本原理的理解。

小学课本上,多数性质、法则、公式只是作了一些说明,没有严格的证明。究竟是怎样说明的?教师必须首先搞清楚。例如:对分数的初步认识,是遵从"给数取名字——数的写法——数的读法"这样一个规律的。我们在进行教学时,也必须注意这个规律。可是有的老师在教这一课时,一开始就说:"把一个饼分为两等分,一等分是 $\frac{1}{2}$。"这显然没有完全把这部分教材吃透。又如:有的老师通过 $\frac{2}{7}+\frac{3}{7}$ 讲同分母分数的加法法则时,一开始就写出 $\frac{2}{7}+\frac{3}{7}=\frac{2+3}{7}=\frac{5}{7}$,用法则讲法则。而不是先通过

$$\frac{2}{7}+\frac{3}{7}=\frac{5}{7}=\frac{2+3}{7}$$

得法则:

$$\frac{2}{7}+\frac{3}{7}=\frac{2+3}{7}=\frac{5}{7}。$$

有的老师在讲商中间有"0"的除法时,用了 412÷4 为例讲运算法则,说:"4 除以 4 商 1,把被除数十位上的 1 移下来,1 不够 4 除(应该说 1 除以 4 不够商)补 0 占位,再把 2 移下来,12 除以 4 商 3……于是得商是 103,"总结出商中间有"0"的除法法则。为什么"补 0 占位"?这也是一种"用法则讲法则"的教法。教材很注意这个问题,并要求用直观教具先算出商的百位数字,再求商的个位数字,最后根据记数原则,十位上要补 0 占位。但为了计算方便,以后"除到哪一位,不够商 1,补 0 占位",再继续除,于是就得到商中间有 0 的除法法则。

(2) 要了解有关性质、法则、公式等的推证。

作为一个教师不仅要理解课本对基本原理的意义的说明,而且还应该知道这些基本原理是怎样论证的。

"零不能做除数",这是一个定理。这个定理是用反证法证明的,教师就应该自己证一证。"为什么利用分解质因数法可以求几个数的最大公约数 0"?根据整除定理知道,如果 b 是 a 的约数,那么 b 的质因数一定是 a 的质因数的一部分,b 一定是 a 的一部分质因数的乘积。如果 b 是 a_1、a_2、……a_n 的公约数,那么 b 的质因数一定既是 a_1、a_2 的质因数的一部分,也是 a_n 的质因数的一部分。因此 b 的质因数一定既是 a_1、a_2……a_n 的公有的质因数,b 是

a_1、a_2……a_n 的公有质因数的乘积。b 的最大值即 a_1、a_2…a_n 的最大公约数是它们的所有公共质因数的乘积。于是我们利用分解质因数法求几个数的最大公约数的方法是：求几个数的最大约数，只要把这几个数分别分解质因数，再将各个数所有的公共因数连乘起来，这样所得的积，就是所求的最大公约数。

小学数学中的性质、法则、公式很多，我们都应该知道它们的严格证明或详细推导。

（3）注意数学知识的科学性，系统性。

数学是一门科学性、系统性很强的科学，因此无论是学习数学，或者是进行数学教学，都必须注意数学知识的科学性、系统性。

例如：分数除法法则，有许多种方法说明：

1）用分数除法的定义及分数值的变化规律来说明：$\frac{3}{4} \div \frac{5}{6}$，就是要求一个用 $\frac{5}{6}$ 相乘以后得 $\frac{3}{4}$ 的数，也就是扩大 5 倍又缩小 6 倍后是 $\frac{3}{4}$ 的数。既然要求的数扩大 5 倍又缩小 6 倍是 $\frac{3}{4}$，所以 $\frac{3}{4}$ 缩小 5 倍，又扩大 6 倍就应该是所求的数，于是根据分数值的变化规律有：

$\frac{3}{4} \div \frac{5}{6} = \frac{3 \times 6}{4 \times 5} = \frac{3}{4} \times \frac{5}{6}$。

2）用分数的意义来说明：$\frac{3}{4} \div \frac{5}{6}$，$\frac{5}{6}$ 是 5 个 $\frac{1}{6}$，商的 5 个 $\frac{1}{6}$ 是 $\frac{3}{4}$，则商的 1 个 $\frac{1}{6}$ 是 $\frac{3}{4 \times 5}$，则商的 6 个 $\frac{1}{6}$，即所求商是 $\frac{3 \times 6}{4 \times 5}$，即 $\frac{3}{4} \div \frac{5}{6} = \frac{3 \times 6}{4 \times 5} = \frac{3}{4} \times \frac{6}{5}$。

3）用图解说明。$\frac{3}{4} \div \frac{5}{6}$

设所求的商是这么多

① 商的 $\frac{1}{6}$ 是 $\frac{3}{4 \times 5}$

② 商的 $\frac{5}{6}$ 是 $\frac{3}{4}$

③ 6 个 $\frac{1}{6}$ 即商是 $\frac{3 \times 6}{4 \times 5}$

即 $\frac{3}{4} \div \frac{5}{6} = \frac{3 \times 6}{4 \times 5} = \frac{3}{4} \times \frac{6}{5}$

4）用分数与除法的关系即整数除法的性质说明：

$\frac{3}{4} \div \frac{5}{6} = (3 \div 4) \div (5 \div 6)$

$= 3 \div 4 \div 5 \times 6 = 3 \times 6 \div 4 \div 5$

$= (3 \times 6) \div (4 \times 5)$

$= \frac{3 \times 6}{4 \times 5} = \frac{3}{4} \times \frac{6}{5}$

5) 用分数除法的性质说明：

$$\frac{3}{4} \div \frac{5}{6} = \left(\frac{3}{4} \times \frac{6}{5}\right) \div \left(\frac{5}{6} \times \frac{6}{5}\right) = \left(\frac{3}{4} \times \frac{6}{5}\right) \div 1 = \frac{3}{4} \times \frac{6}{5}$$

究竟哪一个说明好？有人主张用第四、五两个，但小学没有讲整数除法和分数除法的性质，学生不易接受。

有的教师讲："求一个数的几倍是多少"的应用题，讲成小数×倍数＝大数。这个结论碰到一些特殊情况就不能成立，如 5×1＝5,0×5＝0,4×0.25＝1。这就说明上述结论缺乏科学性。

(4) 注意数的范围和 0 的作用。

一个问题在不同的数的范围有不同的结果。3÷4＝？这个数在自然数、整数范围内都无解答，在分数范围内得 $\frac{3}{4}$。3－5＝？这个题在算术数范围内无解答，在有理数范围内得 －2。要对"数的范围"有正确认识，必须深刻理解数的分类。

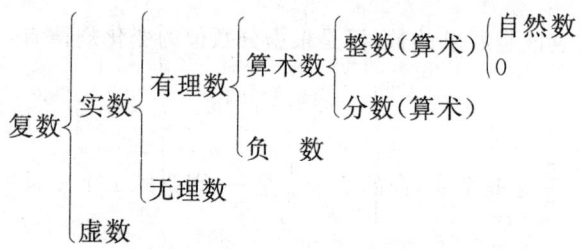

数"0"具有很多特殊的性质,它在数学中具有相当重要的地位,$0+a=a+0=a, a-0=a, a-a=0, 0\times a=a\times 0=0, 0\div a=0, a\div 0$ 无意义。0 既不是正数,也不是负数；既不是自然数,也不是奇、偶数。我们不仅要牢固地掌握这些性质,而且要注意灵活应用。

(5) 寻求算理，注意知识的联系。

每个问题的解答根据是什么？只要寻根究底，即可发现知识之间的相互联系。在数学中，有些问题的解答是根据计算法则，有些问题的解答是根据定义、定理(包括公式)。一个问题的解答究竟是以法则为根据，还是以定义定理为根据？解答时必须十分清楚。

"2＋3＝5"是根据加法定义计算的。

"33＋22＝55"是以加法法则为根据计算的。

"55－33＝22"是以减法法则为根据计算的。

"3×2＝6"是以乘法定义为根据计算的。

"33×22＝726"是以乘法法则为根据计算的。

"$\frac{4}{1}$＝4"是以分数补充定义为根据计算的。

"$\frac{1}{4}$＝0.25"是以分数化小数的法则为根据计算的。

"长 1 米宽 1 米的正方形的面积是 1 平方米"，这是用定义解答的。"长 2 米宽 3 米的长方形面积＝3×2＝6 平方米"，这是用公式解答的。"判断 31 257 能否被 3 整除"。"因 3＋1＋2＋5＋7＝18 能被 3 整除，所以 31 257 能被 3 整除"。这是以能被 3 整除的充要条件定理为根据解答的。

大家都知道，加、减、乘、除四则运算能解答的简单应用题总共有十多种，这十多种都是与四则运算的定义有紧密联系的。

由加法的定义,可解的简单应用题有:

1）求两数的和:部分＋部分＝总数。

2）求比一个数多几的数:甲数＋乙数比甲数多几(甲比乙少几)＝乙。由减法的定义,可解的简单应用题有:① 总数－部分数＝部分数,这就是求剩余部分。② 乙数－甲数＝甲比乙少几(乙比甲多几),这就是求两个数的差。

由乘法定义 $a \times b$ 或表示 b 个 a 的和,或 a 的 b 倍,可解的简单应用题有:① 求几个相同加数的和:部分×份数＝总数。② 求一个数的若干倍:甲数×倍数＝乙数。

由除法的定义,可解的简单应用题有:① 总数÷分数＝部分数,这就是等分除法。② 总数÷部分数＝份数,这就是包含除法。③ 乙数÷甲数＝倍数,这就是一个数是另一个数的几倍。④ 乙数÷倍数＝甲数,这就是求一个数的几分之一是多少。

（6）作为一个教师,必须加强基本功的训练。

写数字,很多人写 0、8,倒下笔画。有的不会使用三角板、圆规,画直线时,将整块三角板铺在黑板上,显得很呆板。用圆规画圆时,不是从左下方顺时针方向画,而是从上方或右方画。画正方形成长方形,画柱体、锥体,不会画底面,使人看了无立体感,不会画椭圆等等,这对教学是很不利的。我们必须加强基本功的训练。

从分数的本质看小学数学教师的专业素养
——数学教育热点问题系列访谈录[①]

史宁中　孔凡哲　杨树春

随着时代的发展,尤其是随着课程改革的不断深入,小学数学教育领域发生了诸多改变,新的变化对小学数学教师专业素养提出了新的要求。其中,一个亟待解决的问题就是如何重新审视小学数学的内容及其本质。小学数学各部分内容的核心究竟是什么?哪些概念特别重要?为什么重要?……带着这些问题,我们和史宁中教授进行了畅谈。

问:新时期需要小学数学教师具有较高的数学专业素养。如何提高自己的数学专业素养,这是广大小学数学教师十分关心的话题。史教授,作为关注小学数学教育发展的应用数学家、教育家,您如何看待这个问题?

史教授:我们先从分数的数学含义谈起。就整个中小学数学来说,分数主要有两个作用:一个是作为有理数出现的一种数,它能和其他的数一样参与运算;另一个是以比的形式出现的数。而后者是小学分数教学的重点。因此,最重要的分数应该是真分数,它代表一个事物或一个整体的一部分,其本质在于它的无量纲性。比如,盘子的 $\frac{1}{2}$ 与足球场的 $\frac{1}{2}$,它们所代表的实际意义是不尽相同的,但是在讨论分数时又是等价的。

但是,对于"等价"的使用一定要慎重,特别是对于与"记数"有关的事物。

问:分数有时也表示成百分数,二者是等价的,但又有区别。您认为应该如何理解这个区别?

史教授:以 $\frac{1}{2}$ 为例。在通常情况下,$\frac{1}{2}=50\%$,二者是等价的,但是,二者的意义并非完全相同,在很多情况下并不真正等价。如投篮球,连续投 30 次投中 15 次,与投 2 次投中 1 次,这两种情况的命中率虽然都是 50%,但是给人的直观感觉是不一样的。前者的命中率显得更稳定一些,而后者可能是偶然的。

问:我们注意到,分数有比的含义。您如何看待这里的比与数学上的比以及现实生活中的比这三者之间的区别?

史教授:虽然 $\frac{1}{2}$ 等于 1:2,但二者的意义有所不同,不能混为一谈。在小学数学中,对于以比例形式出现的分数,在计算加法时更要十分慎重,有时候用加法计算后的结果可能与原意不符。比如,甲乙两个队踢足球,第一场 2:3,第二场 1:2,如何描述总的结果呢?如果用分数加法计算,结果为 $\frac{2}{3}+\frac{1}{2}=\frac{7}{6}$,这显然是不合常理的。

在现实生活中,对于处理分数的加法,有时候需要分子加分子、分母加分母。对于上述

[①] 本文选自《小学青年教师》2005 年第 1 期,第 4—5 页。

的这个例子，$\frac{2+1}{3+2}$还是比较合理的。

　　下面的例子更为明显：在某种药物的临床试验中，试验人员对一批患者进行了疗效跟踪调查。其中，男性患者 50 名，有疗效的 23 人；女性患者 50 人，有疗效的 27 人。此时，男性有效率为 $\frac{23}{50}=46\%$，女性的有效率为 $\frac{27}{50}=54\%$。现在需要描述总体疗效，总的有效率只能是 $\frac{23+27}{50+50}=\frac{50}{100}=50\%$。

　　在小学数学统计内容的教学中，可能会涉及像上例这样的问题。作为小学数学教师，不仅需要了解数的运算，还需要与实际生活联系起来，了解数的本质和运算的意义。在教学过程中，当学生提出类似的问题时，教师应当思考其中是否有合理的成分，是否有生活的背景，而不能一味地否定学生的"怪想法"。

　　问：分数的无量纲性是国内外首次出现的新观点，您能否进一步说明一下它的重要性？

　　史教授：分数无量纲性的意义在于能够把事物的许多不可比的状态变成可比的状态。这一点，有时候对于数学活动，特别是对于数学建模来说是非常重要的。比如，一个小国的老百姓的生活质量和富有程度，与一个大国的老百姓的生活质量和富有程度，在很多情况下并不是可比的。但是，一旦转换成人均 GDP 而得到 GDP 指数或者恩格尔系数，就可以进行相互间的比较了。

　　（注：GDP 即国内生产总值。人均 GDP 是衡量一个国家富有程度的重要标志，通常也用 GDP 指数。恩格尔系数是指家庭用以购买食物的支出与这个家庭的总收入之比。对一个国家而言，这个国家越穷，其恩格尔系数就越高；反之，这个国家越富，其恩格尔系数就越低）

　　问：从分数的无量纲性，我们可以更清楚地把握小学分数教与学的侧重点。那么，就整个小学数学而言，您认为，小学数学的核心问题是什么？或者说，小学数学的核心目标是什么？

　　史教授：现代数学的研究对象主要涉及度量和非度量。在小学数学中，数是度量的基础，而图形是非度量的具体体现。对于数而言，重要的在于对数的本质的理解和感觉（即《标准》上所讲的"数感"）。我理解，数的本质是"多与少"或者"大与小"，从而过渡到数的顺序。

　　思考这个问题可以追溯到动物的感知。比如说一条狗，它可能敢与一匹狼争斗，但如果有两匹狼它就会害怕，如果面对一群狼它就会逃跑。这说明动物也知道"多与少"。我曾经查过一本书，书上的故事说明动物有明确的"多与少"的感知。1938 年出版的《数：科学难的语言》（丹齐克著，苏仲湘译）一书中记载了这样一件事：一只乌鸦在一家庄园的望楼顶上建了个鸟巢，庄园主对此很生气，决心杀死这只乌鸦。可是，每当庄园主走进望楼，乌鸦就离巢而去，直到庄园主走出望楼才回巢。庄园主想了一个办法，他找来一个朋友，两人一起进去，然后走出一人，希望留下一个人去杀乌鸦，但是乌鸦并没有上当回巢。后来是三人进去两人出来，四人进去三人出来，依然如故。直到五人进去四人出来，乌鸦才分辨不清，回巢了。这说明乌鸦关于数的悟性至少可以分辨到 4 或 5。那么，如果人不会数数的话，能辨别到几呢？后来我请教儿童发展心理专业的老师，他们说有实验表明，人也只能辨别到 4 或 5。由此可以推断，在数学方面，发明了计数之后，人类才与动物产生了本质的差异。

　　有了"多少"这一概念，人类才可能理解"有序"、"后继数"等概念。从 1 开始，借助"后继数",便形成了自然数系;通过自然数的四则运算,形成了有理数系;通过有理数的代数运算,最终形成了实数系。所以,"多少"的概念,以及由其自然产生而不是通过运算产生的自然数,才是数学最本质的概念,也是小学数学的根基。在这个意义下,培养小学生的"数感"就成为小学低学段数学教学的重点。教会孩子对"数"的感悟,建立起关于数的直觉、形的直观,对于孩子未来的发展非常重要。

问:东北师大也有小学教育专业(本科),作为大学校长,您如何看待小学数学教师专业成长?除上面所说的需要感悟数学本质、重新审视小学数学的核心内容之外,还有哪些东西更重要?

史教授:教育的根本在于培养学生的学习兴趣,教会他们如何思考,从而激发他们学习的潜能,给他们以智慧。对于小学教师,一是要感悟小学课程内容的本质,二是要感悟教学工作的本质,不断地反思自己的教育教学工作。我之所以用"感悟"这个词,就是说,有许多能力不是仅仅通过学习就能获得的,而是需要实践并且在实践中有意识、有目的地反思,这是一种感悟,只可意会而很难言传。做到了这一点,就会在教学过程中有非常清晰的思路,就可能娴熟地驾驭小学数学教学工作。

访谈者的感想:对于小学数学教育教学过程中最本质的东西,如果不掌握,你就很难胜任小学数学教学工作。作为数学教师,只有不断地感悟、反思和体验已有的数学教学内容的本质,尤其是找到并真正感悟中小学数学课程教学中的那些核心内容,及时地反思自己的数学教学工作,自觉体验和不断完善自己对教育的理解,并与他人及时地进行沟通、交流,才能不断加速自己的专业化进程。

新课程背景下小学数学教师本体性知识的缺失及其对策研究[①]

曹培英

一、问题的由来与本课题的前期研究

课程改革给教师专业发展带来了新的挑战。尽管改革的成败取决于方方面面众多因素,但教师是其中的关键。面对前所未有的挑战,教师的知识状况是否适应新的要求?如有不适,怎样应对?这是我们必须认真加以研究并做出回答的问题。

一般认为,教师的知识可以分为三个方面,即教师的本体性知识、实践性知识和条件性知识。本研究主要针对小学数学教师本体性知识的现状展开。研究者认为,数学教师的本体性知识,既包括显性的可言传数学知识,也包括隐性的默会知识即数学能力、素养,是两者的统一体。

(一)国外关于数学教师本体性知识的研究结论

国外有关数学教师本体性知识的研究,影响较大的当数美国"全国数学教师理事会"(NCTM)于 20 世纪 60 年代进行的"全国数学能力纵向研究"所得出的相关结论。这里,引用美国学者芬内玛(Elizabeth Fennema)和弗伦克(Megan Loef Franke)《教师的知识及其影响》一文中的综述:"尽管相信数学知识的重要性,尽管有迹象表明一些教师不具备相应的数学知识,但研究工作对教师的数学知识和学生学习之间存在着直接关系的看法并不给以很大支持。""NLSMA 调查者仔细地核实了教师所学过的数学课程的数量,然后测算这些数量和学生学习之间的相关系数,他们没有发现重要的关系。5 年后,艾森伯格(Eisenbeng)重复这一研究,得到了同样的结论。"[1]

这类研究的明显不足是对教师所掌握知识的测度不够合理。显然,用教师先前学过的数学课程数目作量化指标,难以反映教师对数学知识的理解程度和应用水平。正如芬内玛和弗伦克针对这类研究中关于知识测试与相关系数计算方面的问题分析后所指出的:"可能是不适当的知识测量与相对有限的研究方法隐蔽了原本存在着的教师知识与学生学习之间的相互关系。"[1]再者,将教师数学知识的一个自变量对应于学生成绩的因变量,使得这类研究"对教师的知识是如何综合起来的,或在所学大学课程与课堂教学之间是否存在着相互关系,没有提出多少依据"。[2]因此,"人们的普遍反应是,我们不应该轻易地去否定数学知识的重要性,而应对这一问题作出更为深入的研究"。[3]

[①] 本文选自《课程·教材·教法》2006 年第 6 期,第 40—45 页。

（二）国内关于数学教师本体性知识的研究结论

在我国，长期以来，一种根深蒂固的观念是，教师必须具有足够的学科知识，才能应付自如地教学。"给学生一杯水，教师自身要有一桶水"便是这一观念的真实反映。

然而，到了20世纪90年代中期，国内也有研究得出与上述NLSMA调查者相类似的结论。如林崇德等人的研究（1996）称："我们的研究表明，教师的本体性知识与学生成绩之间几乎不存在统计上的关系。我们认为，教师需要知道一部分学科知识，以达到某种水平，但并非本体性知识越多越好。"[4] 由于没有报告研究的方法与过程，因此无从对"几乎不存在统计上的关系"作出评估。就结论而言，可以认为只是陈述了一个众所周知的判断：教师拥有一定的知识，对于搞好教学是必要的，但不具充分性。由此得出的推论是，从某种意义上说，教学的中心任务就是对学科作出教育学的解释，并把学科知识"心理学化"，以便学生接受与理解。

进一步的研究，有一项是以北京97名小学数学教师为调查对象，对其职业知识进行的调查分析。该调查"根据教师的三种知识类型，结合对9名有经验的一线小学数学教师的访谈"分别编制问卷。对于学科知识，主要从小学数学的基本概念、公式的运用及应用题等方面予以考查。"从教师对数学学科知识的掌握情况来看，小学数学教师在学科知识基本概念的理解、公式的运用以及应用题等方面的答对率（题目得分/总分）都在85%以上，说明当前小学数学教师对学科知识的掌握是比较好的"，但"对条件性知识与实践性知识的掌握都不能令人满意"。[5]

这里，透视"观念—结论"的变迁，不难发现，它实际上反映了对教学的关注，从学科知识向学科知识与学生认知整合的转移，同时也折射出教学的价值取向，从追求知识传授向追求学生更广泛发展的倾斜。这无疑是一种发展、进步，应当加以肯定。

问题在于，首先，为了实现新的追求，教师的本体性知识应达到何种水平，才能保证在对学科知识作教育学的解释和心理学的加工时不至于出现知识性、科学性的偏差。可以说，这一直是一个悬而未决的问题。

诚然，要对本体性知识的"某种水平"作出泛学科的、较为一般的具体刻画是困难的，特别是中小学课程内容的不断更新，进一步加大了从理论上作出这一刻画的难度。但是，对现阶段任教某一学段、某一学科的教师，如小学数学教师，他们所拥有的本体性知识水平，是否适应目前正在推行的课程改革的要求，通过调研作出具体判断，却应该是可行的，也是课改推进的实践所十分需要的。

其次，用"小学数学的基本概念、公式的运用及应用题"等小学生应该掌握的内容，作为小学数学教师本体性知识的测度项目，是否有失偏颇？换句话说，用"给学生的一杯水"来测量"教师的一桶水"合适吗？那么，又如何来测量教师的一桶水呢？是测量它的量，还是测量它的质？

有鉴于上述国内外从量的视角，以静态测度研究数学教师本体性知识所存在的局限性，本研究拟从质的视角，动态考察小学数学教师本体性知识的状况。首先从课堂观察与现象分析入手，发现调研测试的素材，然后从课改推进中的教学需要着眼，确定测量内容，力求使质的测度具有一定的代表性和充分的现实意义，进而辅以访谈与个案研究，使研究更为动态化。

（三）新一轮课改实施以来听课观察中发现的问题

在近两年来听课观察与对话交流的过程中发现，近一半的课后分析或多或少涉及学科知识的纰漏或对学科知识理解的偏差。其中除了教师教错之外，还有两类反映教师本体性知识缺失的现象：一是学生提出疑问，教师难以解惑；二是按似是而非地理解加工教学内容。下面各举一例。

[案例1]

引入平角、周角等概念后，一位青年骨干教师让学生自己提出问题。他把学生的问题板书在黑板上，差不多写了半黑板。可见学生的学习积极性被充分调动起来了。接着，教师让学生小组讨论，看哪些问题自己能解答。随后交流，大家认为满意了，就把该问题擦掉。最后还剩下一大半问题，学生无法解答或有学生试图解答，但其他同学不认可。于是教师说：这些问题，以后进一步学习数学时会明白的。

遗留下来的问题中有两个是：0°角与周角有什么区别？有没有大于360°的角？

课后，教师坦率地承认，之所以这样处理，是因为自己不知道该如何解释，才能使学生明白。

[案例2]

教学被除数是0的除法，其中涉及除数不能为0，教师认为："除数不能为0。这是一个深奥的数学问题，对于二年级学生而言，要理解其意思是有困难的"，就借助了一个情境来帮助学生理解。

"小巧每天去森林给小动物分苹果。让我们一起去看看小巧是怎么给小动物分苹果的。"

"森林的小屋里住着几只小动物。第一天，小巧带去了6个苹果，出来了3只小动物，平均每只可以得到几个苹果？算式怎么写？"（学生汇报，教师板演，找数量关系）

"第二天，小巧没有带去苹果，3只小动物等着小巧。可是怎么分呢？谁来说算式？"

"第三天，小巧特地带了6个苹果早早来到小屋。可是等了很长时间，没有小动物出来。（教师板演 6÷0＝）没有小动物在，分就没有什么意义了。"[6]

这确实是一个富有童趣的问题情境：小动物上了一次当，下一次就不来了，由此引出除数是0。颇具艺术性的教学设计。但是，数学中"除数不能为0"是一种规定。要解释它的合理性，通常依据除法的定义，分别对除数是0或不是0两种情况加以说明，这超出了小学生的认知能力。

然而，当教师采用这个教案教学时，学生很自然地由数量关系类推出：小巧没带苹果，苹果数是0；小动物没来，小动物数为0，于是得出6÷0，那么6÷0等于多少呢？有的说等于6，理由是小动物没来，6只苹果还在；有的说等于0，理由是谁也没有分到苹果。最后还是教师硬性规定"除数为0没有意义"。课后，与几个很会发言的学生继续这一话题，其中就有一个学生提出疑问："为什么小巧没带苹果可以用0表示，小动物没来，用0表示就没有意义了呢？"

看来，"教材把握不好，或者把握偏了，方法越高明，越会南辕北辙。错了、偏了，还有什么艺术可言呢？"[7]

类似问题，在数学课程标准新增内容的教学中，显得更加突出。这些问题，至少在中国的文化背景下,在大多数人看来,是不能听之任之的。

由此可见,在人们普遍认为当前教师主要缺失条件性知识和实践性知识并全力予以弥补的背景下,在教师的注意力完全集中在教育理念的学习与落实的倾向下,被掩盖着的另一种倾向——教师的本体性知识的缺失,不能不引起我们的关注。

尽管有研究表明,中国小学数学教师在数学概念计算方法的理解方面,明显优于美国小学数学教师。[3]但这只是说明,我国小学数学教师的本体性知识有一些强项。因为该项比较研究所采用的四个测试题,分别涉及退位减法、三位数乘法、分数除法、长方形周长和面积计算,这些历来是我国小学数学教学的强势内容,而且恰恰是新一轮课改认为"基础过剩",应当降低教学要求或者已经删去的内容。

二、小学数学教师本体性知识缺失状况的调研

(一)问卷调查及其结果

基于上述由情报研究、案例研究所得出的调研设想,同时也考虑到小学数学教师的学历已经普遍提高,上海地区40岁以下的教师已基本达到大专及以上学历。教师本体性知识的数量,相对于小学数学的"一杯水"来说,已够得上"一桶水"的标准。因此,我们的调研,试图探明"这桶水"的"水质"如何,其中还缺少哪些"微量元素"。

为此,设计了两种问卷。A卷的内容是小学数学的基本概念、公式及应用题,题目难度控制在至少有20%的小学毕业班学生能答对的水平上;B卷着重考查教师能否应用所拥有的数学知识为小学生释疑解惑,能否较深入地把握小学数学的教学内容,因此试题都以听课过程中发现的、教师易犯的知识性错误或纰漏为原型加工而成。从试题编制的角度看,这些源于课堂、带有教学情境的数学题几乎都具原创性。两份问卷均经过试测、修改。

调研样本为上海市两个区(中心城区、城乡结合区各一个)的部分小学数学教师。样本的教龄分布、学历分布与两区小学数学教师整体的教龄、学历分布大致相同。

A卷的平均答对率(题目得分/总分,下同)90.5%表明,用小学生的较高标准来衡量,教师对本体性知识的掌握是不错的。这一结果与申继亮、李琼(2000)的同类测试结果(答对率都在85%以上)基本一致。

B卷的平均答对率38.8%表明,用"能为小学生释疑解惑""能较深入地把握小学数学教学内容"的要求来衡量,则现状与需要的差距较大。

两卷分不同教龄组、不同学历组的统计表明,平均分略有差异,但经检验,组际差异均不显著。这说明小学数学教师本体性知识的状况,受教龄长短(即脱离职前教育的时间长短)、学历高低的影响都不具有统计意义上的差异。也就是说,教师本体性知识方面的问题,至少是在测试内容所涉及的范围内早已存在,而且没有因为现阶段教师学历的提高发生根本性的改变。

(二)本体性知识缺失的内容分析

1. 概率统计

在小学通常用"可能性"替代数学术语"概率"。将"可能性大小"的初步认识引进小学数学是数学课程改革的趋势之一。B卷中涉及这一知识的试题,平均答对率34.1%。

在新增的概率统计内容中,还有中位数、众数的初步认识。B卷内有关中位数、众数的

试题,答对率更低,为 23.8%。

2. 图形变换

指平面图形的全等变换。原来,在小学阶段只介绍轴对称,现在趋向于在小学就引进平移、旋转。如教育部的数学课程标准将感知轴对称、平移、旋转的内容提前到了第一学段(1—3 年级)。[8]上海市数学课程标准的"征求意见稿"[9]中,在 3—5 年级也安排了轴对称、平移、旋转的初步认识,到"试行稿"[10]该年段只保留了轴对称的初步认识。

B 卷中有关平面图形全等变换的试题,平均答对率为 32.5%。其中答对率相对较高的是下面的题:

两个完全一样(全等)的梯形 $ABCD$ 和 $A'B'C'D'$,重叠在一起,经过怎样的几何变换(只允许平移、旋转),可以拼成一个平行四边形?

请写清楚变换的过程:如平移使……与……重合,以……为旋转中心旋转……度。

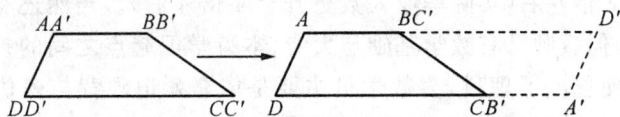

该题源于小学数学推导梯形面积的常用方法。教师演示时,通常让学生看清两张梯形纸片完全重合后,就非常随意地拿在手上把它们拼成平行四边形,很少考虑按图形变换来操作。测试表明,42.0%的被试知道经过怎样的变换可以拼成平行四边形,但能准确叙述的只有 21.5%。

3. 几何证明

虽说小学数学不要求证明,但教学中常会遇到一些问题,需要教师判断其结论的正确性,或者判断某些特殊的结果是否具有一般性。诸如此类的情况在几何教学中比较多见。B 卷中涉及几何证明的试题,平均答对率 38.1%。

4. 数论初步

整数的整除性。它作为学习分数知识的必要基础,历来是小学数学的教学内容。B 卷中涉及这方面知识的试题,平均答对率为 38.3%。

(三)本体性知识缺失的原因分析

首先,如前所述,教师本体性知识的缺失至少是在测试内容所及范围内早已存在,之所以现在暴露得比较明显,并引起我们的重视,其最主要的背景就是新一轮课程改革的实施。除了数学课程标准内容更新的力度较大之外,更主要的原因是学生的主体性被激活了。本来,教师忠实执行教材,照本宣科,学生的思维相对狭窄,课前预设方案周到些,通常足以应付。现在,课改理念在课堂上得到了体现,学生学习的积极性、主动性不断增强,加上学生知识的来源渠道更为丰富多样。于是,学生质疑问难、节外生枝的频率与教师本体性知识缺失的显露同步增长。这一原因,实际上也是本研究的现实意义之一。

具体而言,以上述调研分析查明的缺失内容分类为线索,通过进一步的深入访谈,以及对近 10 位不同类型教师的个案研究,我们发现,造成小学数学教师本体性知识缺失的原因主要来自以下几方面。

1. 学历教育数学课程内容的局限性

有关资料显示，概率统计是原中等师范学校数学课程所没有的内容。20世纪末，小学教师的职前教育由中师提升到了大专、本科。相应的数学课程体系正在逐步形成。前些年，一些学校就是开设概率统计或同类课程，也由于当时的小学数学课程中没有"可能性"的内容，就连初中数学都不见概率的影子，所以大多以教育统计为主，概率论的教学不被重视。

图形变换在以往的数学课程中，主要是在解析几何讨论坐标变换时出现。原来中等师范学校的数学课程一般不系统讲授解析几何。随着中师升格大专，有了解析几何的内容，但一般只讲坐标轴的平移。坐标轴的旋转、极坐标系与极坐标方程（讨论图形旋转的有力工具之一），常常遭到删减。

目前小学教师的大专及本科学历，大多通过在职进修获得。他们在中师阶段获得的数学知识，无论在数量上，还是质量上，都难与高中毕业生相提并论，以致在职学历进修选修文科的人数是理科的3倍左右（实际毕业人数更升至4倍左右）。当然还有其他原因，如文科的考试较易及格等，但教师已有数学基础与大专、本科学习起点之间的差距，是一个非常客观的重要原因。即使选择了理科，多数学员主要是依靠死记硬背与模仿解题通过考试的。他们对所学数学知识的理解及其长期效应，可想而知。这也可以作为A、B两卷不同学历组的平均分差异不显著之原因的一种解释。

基于以上分析，可以认为，概率统计与图形变换知识的缺乏，主要原因是"先天不足"。换句话说，主要是学历教育数学课程内容的局限性造成的。当然，这是特定时期小学师资职前、职后学历教育的历史局限性。

2. 学历教育数学素养培养的局限性

如果说有些知识缺乏是因为没有系统学习，那么学过的知识为什么出现大面积缺失呢？特别是某些数学结论遗忘了，作为数学素养保留下来的数学能力，如推理、论证能力为什么亦难以表现出来？这种能力主要是在职前教育阶段，在数学课程的学习中形成的。

教师的数学能力，从数学教育对学生的培养目标来看，通常认为主要是四种，即计算能力、空间想象能力、应用数学知识解决实际问题的能力以及逻辑思维能力。前三种能力教师在A卷的回答中有不错的表现。分析B卷的应答情况，就数学能力而言，教师最为缺失的是逻辑思维能力。主要表现为数学知识的理解水平较低，应用数学知识分析、推理、论证能力较弱。可以说B卷绝大多数试题的应答都反映了这两个问题。在随后的深入访谈中也得到了印证。

进一步分析发现，数学素养的不尽如人意也是教师本体性知识学了等于没学的重要原因之一。这在教师的课堂教学中也经常有所反映。举一案例。

教师提问：有没有最大的正整数、最小的负整数？为什么？一个学生回答：没有，因为再大的正整数，加1还有更大的，再小的负整数，减1还有更小的。教师不置可否，继续让其他学生回答。为什么一个从不吝啬表扬的教师，面对如此出色的回答却无动于衷呢？因为教师在学生的回答里觉察不到极限思想、序数理论的影子。这里，导致教师教学表现大失水准的原因，与其说是由于某几个具体数学知识的缺失，不如说是由于数学素养的不足。

公允地说，数学能力、素养重视不够，培养不力，是我国数学教育的老问题，当然师范教育也不例外。

3. 教师思维的"童化"

分析造成教师本体性知识缺失的职后原因，首先进入我们视野的是学习的遗忘。这恐怕是几何证明与数论初步知识缺失的主要原因。因为相对于概率统计和图形变换这两个内容来说，几何证明是初中数学的必学内容，数论初步是师范学校《算术基础理论》的重要内容，不存在没学或精简、淡化处理的问题。

记忆的客观规律是，遗忘总会发生，甚至可以说没有遗忘就没有记忆。问题是与教学内容有关的、不该遗忘的数学知识遗忘了。这里，仅仅是由于长期不用等自然原因，出现了正常的遗忘吗？

分析教师的成长历程，刚踏上讲台，儿童语言贫乏，也不了解儿童思维。为了搞好教学，经过几年的努力，丰富了儿童语言，熟悉了儿童思维。表现在备课时、课堂上，能自然而然地想儿童所想了。这是教师胜任小学教育的必由之路。的确，要想深入了解儿童的文化，真正成为他们的学习伙伴，就要进入儿童的世界，像儿童那样思维，在自己的头脑里重建儿童的心智。与此同时，教师自身的思维也有可能被儿童同化而"童化"。而且钻得越深，童化的可能性就越大。[11]

有大量案例支持以上分析。由此我们认为教师本体性知识缺失的职后原因，除了自然遗忘，更重要的是教师思维的"童化"，即伴随教师重建儿童心智的努力而出现的本体性知识及其思维的退化。

类似地，教师数学能力的缺失，除了"先天不足"，也有后天"童化"的原因。

三、小学数学教师本体性知识缺失的若干对策

（一）调整、充实职前教育数学课程的内容

随着对小学教师学历要求的提高，师范教育在课程体系、教学内容等方面也进行了一系列改革，但改革的深度和速度似乎仍滞后于基础教育改革和发展的需要。从教育部 2003 年颁布的三年制大专小学教育专业课程方案（试行）看，数学课程只有列入专业必修课的"大学数学"（90 课时），以及作为数学与科学专业方向选修课的"高等数学基础"（180 课时）和"现代数学概论"（72 课时）三门。没有数学史、数学思想方法论等方面的课程。四年制本科小学教育专业尚无部颁课程方案，各院校的课程设置差异较大。从上海师范大学小学教育系理科方向开设的数学课程看，有"大学数学"（280 课时）、"概率与数理统计"（72 课时）、"初等数论"（36 课时）、"数学史"（36 课时），比三年制大专略多一些。其中明显缺失的是有关几何的知识，只有"大学数学"第一章"空间解析几何"讲到空间平面为止。这显然是不够的。比如，讲立体图形表面的展开，不知道还有包括球面在内的大量曲面是"不可展"的；又如，教学图形的观察，渗透三视图的内容，却没有一丁点儿的射影几何基础知识。而现实需要是，面对小学数学课程内容的更新与学习要求的变化，只有具备比较宽广厚实的数学知识基础，才有可能在以后的教学中"取之左右逢其源"，满足学生强烈的求知欲和好奇心。

为此，一方面，必须基于小学数学新增内容的"一杯水"，调整、充实师范院校数学课程的内容，帮助师范生储备一桶甚至一缸水。另一方面，为了适应从学科视角高屋建瓴、深入浅出地驾驭小学数学教学内容，以及指导学生进行自主探究学习的需要，还应添加数学思想方法论、数学史、数学文化等方面内容。考虑到目前四年制本科小学教育专业的特殊性，既要

兼顾学术性和师范性(这是各种师范专业都要面对的问题),又要适应小学教学工作的实际需要,以致专业方向的学科边界比其他师范专业更为模糊(这是小学教育专业特有的问题),这些内容不一定都分别开设课程,可以整合到原有的数学课程中去,或者增设一门"高观点下的小学数学"专业课,将数学思想与方法、数学历史与文化融入其中。这是一个只需有限课时即可满足需要的简捷对策。

(二)改进职前教育数学课程的教学方法

以往,高师数学教学的普遍现象是关注学术性而轻视师范性。它表现在很多方面。例如,基本沿用综合大学数学系的基础课程体系,只作删减,缺乏整合;注重数学理论的系统性和结论的严谨性,忽视学生的真正理解与意义建构。其必然结果是不少学生学习时一知半解,学习后很快遗忘。现在,经过整合后的"高等数学""大学数学",内容精简了、易学了,但伴随而来的是数学分支的体系不见了,内容显得支离破碎。这对学生深入理解所学内容,提高整体把握数学知识结构的能力影响很大。除了需要教材编写加以改进之外,更多地有赖于教师的教学处理,揭示某一章节内容的局部与整体的关系。

作为数学科学,从原名到定义,从公理到定理,一般都是演绎呈现的。它简练、严谨、纯粹,显示了数学的学术形态。作为数学课程,为使学生能够理解教材内容,必须进行教学法加工,使之转化成为易于认知的"教学形态"。所谓"师范性",就是要培养和锻炼未来的数学教师,学习并善于完成这种转化工作。这是学术性与师范性统一的重要体现。

如果在师范院校的课堂上,教师既重视数学知识的演绎,又不忘数学思想方法的归纳,观察、实验、猜想、探索与推理、证明兼顾,则对培养学生的数学眼光,帮助他们形成数学观点,提高分析问题和解决问题的能力,都将大有裨益。因为榜样的力量是无穷的,学生耳濡目染,日后自己踏上讲台,就会师行徒效。

类似地,如果在师范院校的教学中,教师能够引导学生将高等数学的学习与初等数学的研究结合起来,开展"研究性学习",那么学以致用,职前获得的知识就比较容易在职后真正发挥作用。

(三)加强职后培训的针对性,弥补教师本体性知识的缺失

以上两方面对策的落实,虽说有利于从源头上解决问题,但无助于现有师资队伍的提高。当务之急是如何较为有效地弥补已经存在的本体性知识缺失,而这恰恰是目前校本研修的一个"盲区",需要地区教育研训机构发挥作用。我们的对策如下。

1. 引起教师自身的关注

弥补知识缺陷,需要外界帮助,更需自身努力。但由于前述"童化"现象的存在,教师大多并没有意识到这方面的问题。因此,唤醒教师的警觉,提高对教学中出现科学性错误的自我监控意识,显得尤为重要。只有激发、调动教师的主观能动性,才有可能长善救失,让他们自觉地发现并恢复被遗忘的学科知识,在教学困惑中分辨出学科知识的疑问,进而通过"学"与"问",寻觅解答。

为了帮助教师清醒地认识问题所在,我们在教研活动中,一方面,公布了B卷测试结果的总体情况,并就一些典型问题作了较为详尽、深入的剖析,对教师震动较大。另一方面,全面分析教师思维"童化"现象的利弊得失。我们明确指出,它既是教师深入儿童精神家园所

付出的代价,是一种忘我的奉献,也是教师学术思维和理性反思的障碍。同时提出相应的建议:增强教学科学性方面的自我监控意识,既要钻进去,又要跳出来,以理性的目光,居高临下地审视教与学的过程,解剖自己的教学行为,逐步做到在儿童世界与理性世界之间自如穿梭、往返。教师普遍反映深受启发。

2. 结合教材分析介绍有关数学知识

实践表明,结合教材分析并针对教师的困惑介绍有关数学知识,数学理论与教学实践相结合,教师听得懂、听得进、用得上,效果比较明显。

实际上,教师的本体性知识与条件性知识、实践性知识在教学设计与课堂教学中总是综合发生作用的。所以,将结合教学内容传授相关数学知识的过程,演变成依据数学知识探讨教学方法的过程,或者综合运用三类知识的案例分析过程,是一条行之有效的培训策略。限于篇幅,不再举例。

3. 结合课例点评揭示有关数学知识

同样道理,结合课例点评揭示有关的数学知识也能收到良好的点拨效果或示范效应。实践告诉我们,只要点评时坚持具体分析,就事论理,注意避免对教师的学术水平或教学水平作出分等级、贴标签式的评价,此举就会很受教师的欢迎。

以上教师职后教育的一系列实践研究,都尚属初步,各项对策与措施,有待进一步实践的检验、发展与完善。

参考文献:

[1] [美] D. A. 格劳斯. 数学教与学研究手册. 陈昌平等译. 上海:上海教育出版社,1999.

[2] [英] G. 豪森等. 数学课程发展. 周克希等译. 上海:上海教育出版社,1992:214.

[3] 郑毓信. 数学教育从理论到实践. 上海:上海教育出版社,2001.

[4] 林崇德,申继亮,辛涛. 教师素质的构成及其培养途径. 中国教育学刊,1996(6):17—18.

[5] 申继亮,李琼. 从中小学教师的知识状况看师范教育的课程改革. 课程·教材·教法,2001,21(11):49—50.

[6] 黄建弘等. 九年义务教育课本数学教学参考资料(二年级第一学期). 上海:上海少年儿童出版社,2005:76—77.

[7] 于永正. 教学艺术来自准确把握教学内容. 中国教育报,2005-03-25(5).

[8] 中华人民共和国教育部. 全日制义务教育数学课程标准(实验稿). 北京:北京师范大学出版社,2001:16.

[9] 上海中小学课程教材改革委员会办公室. 上海市中小学数学课程标准(征求意见稿). 上海:上海教育出版社,2002:41.

[10] 上海市教育委员会. 上海市中小学数学课程标准(试行稿). 上海:上海教育出版社,2004:41—52.

[11] 曹培英. 教师思维的"童化". 上海教师,2002(2):46.

小学数学教师的教学专长：
对教师职业知识特点的研究[①]

申继亮 李 琼

一、问题提出

近年来,教师专业化问题日渐成为教育理论界探讨的一个热点问题。人们已普遍认识到,专业化教师的典型特征是具有出色的教育表现和与之相适应的复杂的知识结构。教师知识是教师专业化的重要基础,是教师成功教学的基本保证。

从知识的功用出发,我们将教师知识分为学科知识,即教师所具有的特定的学科知识;条件性知识,即教育学和心理学的知识;实践性知识,即关于课堂情境及与之相关的知识。

从已有的对教师知识的研究看,它们都未深入触及到职业知识各类型之间的关系。教师的职业知识作为一个系统的结构,各种知识成分之间到底存在一种什么关系呢?对于成功的教育教学来说,各种知识成分所起的不同作用是什么?

传统的师资培训通常是学科知识的教育,然而仅仅有丰富的学科知识并不能成为一个教师。本研究从教师知识入手,考察当前教师知识的状况及知识结构的特点,以期在师资培训的内容上提供理论性指导。

二、研究方法

(一)被试选择

我们在北京12所小学中选取106名小学数学教师,其中有效被试97名,在选取被试时适当考虑教师的性别、学历、职称等特征变量。被试的人口学特征如下:

表1 被试的人口学特征

教龄(年)	1—5	6—10	11—20	20以上	总 数
男	2	4	4	3	13
女	19	28	18	19	84
大学	9	18	12	4	43
大专	12	16	5	14	47
中专			3	4	7

[①] 本文选自《教育研究》2001年第7期,第61—65页。

（二）研究工具

我们采用自编的小学数学教师知识测查问卷。

（1）学科知识分问卷，共60分，包括基本概念（15分）、公式的运用（30分）、应用题（15分）三个方面，每个维度的Cronbach's一致性系数（克伦巴赫α系数）分别为0.761、0.748、0.824。

（2）条件性知识分问卷，共60分，包括60道题目，每题答对得1分，错了得0分。有儿童发展、课堂互动、个体差异、成绩评估、学习理论、教学方法与策略、教学计划与目标七个维度，每个维度的Cronbach's一致性系数分别为0.713、0.790、0.696、0.783、0.764、0.846、0.788。

（3）实践性知识分问卷，共60分，是对教师实践性知识的考察。我们从两个方面来考虑：一是有关对教材的处理；二是解决课堂教学中的突发事件。对第一类实践知识的考察，我们选取的教材内容是《分数的认识》（摘自《现代小学数学》第六册，刘静和主编），看教师是如何把这些数学知识教给学生的。共有5个问题，每题6分，共30分。课堂教学突发事件包括三个课堂情境，对课堂突发事件的处理水平在一定程度上反映了教师的知识运用水平。为了保持与其他题目总分的一致性，将每一个情境得分定为10分，共30分。具体情境如：课上，你正在给学生讲解一些新的学习内容，坐在后排的两名学生一直在窃窃私语，你已经警告过他们两次不要在课上随便讲话，但他们仍在说话，这时你如何处理？

（三）对《小学数学教师实践性知识分问卷》材料的处理

（1）在第一部分教材处理方面，对于前三个问题，即教师对教材内容的把握、学生已有的相关知识以及难点的掌握有较明确的答案，给予相应的分数；对于后两道题由于答案不是唯一的，但只要给出一个比较有效的方法就给予2分，总分不超过6分。

（2）对实践性知识中课堂突发事件材料的评分系统，主要依据成人发展的认知理论及对不良结构问题解决的相关研究（G. Labouvie-vief，1989；申继亮、鲁志鲲，1995）资料，经过分析归纳，从对问题解决的多种信息的交互作用出发，构成了四种反应水平的评分系统。

水平1：被试对问题的解决纯粹是工具性的反应，带有一定的冲动性，具体表现为简单粗暴地对待。

水平2：对问题的解决采取忽略、延缓处理的态度，认为课堂应以教学为主，一切问题留到课后处理，但这种被动、消极的反应势必会影响到课堂教学效果。

水平3：对问题解决的反应比较积极主动，能认识到造成问题的多方面因素，冷静对待或给以暗示，在不中断课堂教学的前提下，能有计划地找寻导致问题的根本原因并解决问题。

水平4：被试对问题的解决考虑到课堂情境的交互作用，能综合利用课堂中各种信息，冷静地思考，尽量以课堂教学任务的达成为重，并能考虑到学生的自尊心等多方面的因素，采取切实可行的多种手段，艺术化、机智地解决问题。

被试每解决一个问题，将获得一个分数，该分数能反映他的问题解决水平，若被试在一个问题解决中，表现出多个水平，按最高水平计分。为保持与总分的一致，四个水平的得分分别为2.5分、5分、7.5分、10分，由两个评分者评定，经检验，本材料具有良好的评分者信度,信度为 0.817($P<0.001$)。

(四) 数据管理与分析

将收集的数据利用统计软件 SPSS8.0 for Windows 进行数据录入与管理并进行统计处理与分析。

三、结果分析

(一) 不同特征教师的三类知识的方差分析

根据以往的研究和对小学教师的访谈,并考虑到被试的取样,我们将 97 名被试按教龄分为四个组,即 1—5 年组、6—10 年组、11—20 年组、20 年以上组。然后以教师的学历、教龄、职称为自变量,以教师的学科知识、条件性知识和实践性知识的总分为因变量进行多因素的方差分析。结果发现,在教师的各项特征中,只有教师的教龄在条件性知识和实践性知识上具有明显的主效应,而教师的学历、职称对教师的三类知识影响不显著,各个因素之间均未表现出显著的交互作用,这表明,教龄是影响教师知识的主要因素。

进一步考察不同教龄的教师在条件性知识和实践性知识上的差异状况,见表 2。

表 2　不同教龄的教师在三类知识上的得分及差异比较

教龄	学科知识		条件性知识		实践性知识	
	M	SD	M	SD	M	S
① 1—5 年	52.90	6.68	39.00*④	3.49	30.05*②③④	6.05
② 6—10 年	52.54	4.49	38.09*④	4.61	41.79*①④	5.40
③ 11—20 年	52.64	5.04	39.20*④	4.03	45.28*①	4.98
④ 20 年以上	53.00	2.62	34.20*①②③	3.90	48.20*①②	3.68

注:* $P<0.05$
M 代表平均数　SD 代表标准差

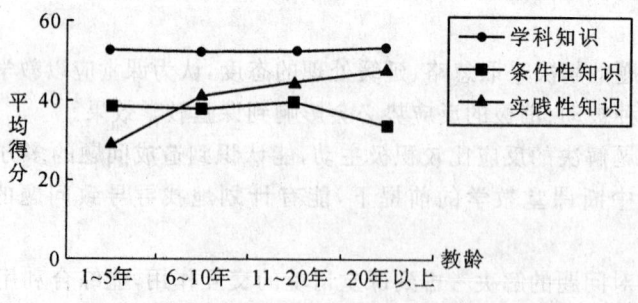

图 1　不同教龄的教师在三类知识上的得分趋势

从表 2 与图 1 中可以看出,在条件性知识上,具有 20 年以上教龄的教师的得分低于其他三个教龄组,并与其他三个教龄组之间存在着显著性差异。从四个不同教龄组的发展变化来看,教师的条件性知识出现高—低—高—低的发展趋势。在实践性知识上,具有 1—5

年教龄教师的得分低于其他三个教龄组,并与其他三个教龄组存在着显著性差异。从教龄的发展变化看,实践性知识表现出递增的发展趋势,说明随着教学年限的增加,教师的实践性知识会不断地增长。

(二) 小学数学教师的学科知识、条件性知识和实践性知识之间的关系

完善的知识结构是教师成功教学的重要基础,小学数学教师的学科知识、条件性知识和实践性知识之间存在着什么关系呢?为了避免教龄、学历等一系列变量,以及各知识类型间接影响的出现,我们采用偏相关的统计方法来分析三类知识之间的关系。

1. 学科知识与条件性知识的关系

从表3中可以看出,学科知识的各维度及其总分与条件性知识各维度及总分之间都不存在显著的相关,说明小学数学教师的学科知识与有关教育学、心理学的条件性知识不存在统计上的相关关系。

表3 学科知识与条件性知识的相关

	基本概念	公式的运用	应用题学科	知识总分
儿童发展	0.065	0.307	−0.087	0.249
课堂互动	−0.051	0.006	−0.021	−0.095
个体差异	−0.112	−0.081	0.067	−0.092
成绩评估	0.027	0.034	0.156	0.017
学习的理论	0.083	−0.173	0.139	−0.129
教学方法与策略	0.182	−0.003	0.135	0.113
教学计划与目标	−0.113	−0.042	0.361	0.042
条件性知识总分	0.048	−0.048	0.037	0.008

2. 学科知识与实践性知识的关系

学科知识与实践性知识的偏相关表明,两者不存在统计上的相关。我们发现,当学科知识在总体平均分以下时,学科知识与实践性知识之间存在着显著的相关(见表4),当学科知识超过总体平均分时,两者不存在统计上的相关。

表4 学科知识(总体平均分以下)与实践性知识之间的相关

		基本概念	公式的运用	应用题	学科知识总分
教材处理	教材内容的把握	0.494	0.002	0.076	0.501*
	学生已有的水平	0.584*	0.135	−0.109	0.490
	教学中的难点	0.362	0.492	−0.139	0.631**
	如何解决难点	0.475	−0.189	0.392	0.385
	巩固学生的知识	0.615*	0.139	−0.078	0.533*
	总分	0.573*	0.179	−0.001	0.578*

(续表)

		基本概念	公式的运用	应用题	学科知识总分
课堂教学冲突	情境1	0.584*	0.082	0.253	0.633*
	情境2	0.391	0.287	0.078	0.582*
	情境3	0.500	0.349	−0.044	0.653*
	总分	0.538*	0.253	0.111	0.678**
实践性知识总分		0.575*	0.226	0.060	0.653*

注：* $P<0.05$ ** $P<0.01$

表5 条件性知识与实践性知识的相关

	教材处理	课堂教学冲突	实践性知识总分
儿童发展	0.278*	0.137	0.239*
课堂互动	−0.028	−0.249*	−0.243*
个体差异	−0.060	0.247*	−0.251*
成绩评估	0.256*	0.025	−0.248*
学习的理论	0.153	−0.073	−0.136
教学方法与策略	−0.125	−0.256*	−0.262*
教学计划与目标	0.043	0.018	0.170
条件性知识总分	−0.229	−0.271*	−0.265*

注：* $P<0.05$

3. 条件性知识与实践性知识的关系

表5表明，教师的条件性知识与实践性知识之间存在着显著的负相关，即条件性知识越多，其实践性知识水平越低。

综合小学数学教师的三类知识之间的偏相关分析表明，教师的学科知识与条件性知识不存在相关；学科知识在总体平均分水平以下时，与实践性知识存在着正相关，当学科知识达到总体平均分以上时，两者便不存在显著的相关关系；教师的条件性知识与实践性知识偏相关表明，两者存在着显著的负相关。

四、讨论

（一）不同特征的教师在三类知识上的特点

从表2中可以看出，在学历、教龄与职称三个变量中，只有教龄对条件性知识和实践性知识有显著的影响，而其他因素及其交互作用的影响不显著。这说明随着教学年限的变化，教师的教育学、心理学知识和实践性知识在不断变化。

进一步考察不同教龄教师的条件性知识和实践性知识上的差异状况。对于条件性知识，从表2和图1可以发现，教师的条件性知识随着教龄的增加而出现下降—上升—下降的发展趋势。从刚参加工作起 5 年后开始逐步上升,到 20 年教龄时开始下降,表明教师的条件性知识的发展不是简单的线性关系。在条件性知识发展的总体趋势上,11—20 年教龄的教师表现出上升的发展趋势,并达到最高分,但和 1—5 年、6—10 年的教师相比并未表现出显著性差异,与 20 年以上教龄的教师的差异最明显。具有 20 年以上教龄教师的条件性知识出现下降的趋势,原因如下:第一,具有 20 年教龄的教师绝大多数处于成年中后期,20 年前接受的师范教育课程中有关的教育学、心理学的知识比较少,甚至已经比较陈旧。他们对现代教育理论掌握得比较少。第二,到了此阶段的教师,其学习教育理论的积极性已不高,而且在小学中,老教师接受继续教育的机会也比较少,一般让位于年轻教师。第三,老教师在长期的教学实践中已形成了自己固有的教学习惯,属于经验型教师,不愿意改变在长期的教学实践中形成的教学常规,接受新的教育理论与教育思想的动机不强。

从小学教师的实践性知识来看,教师的实践性知识随着教龄的增加而呈逐步上升的趋势。教龄 1—5 年的教师与 6—10 年、11—20 年、20 年以上的教师表现出显著性的差异。从小学教师条件性知识与实践性知识的发展变化看(图 1),我们会发现,对于年轻教师特别是 1—5 年教龄的教师来说,其条件性知识的掌握水平相对比较好,仅次于 11—20 年教龄的教师,但其实践性知识却是最低的,为什么会出现这种现象呢?对此,我们认为,教师的教学实践总是以其对学习与教学的理解为前提的,但是并非一旦教师了解并接受了某种学习与教学的新理论与新观点,就会自动地对教学实践产生影响而获得实践性知识,这会有不同的情况。Osterman(1993)将教师的理论知识分为两类:所倡导的理论和所采用的理论。前一种知识教师容易意识到,更容易受到外界新信息的影响而变化,但它并不能对教学实践产生直接的影响;而后一种知识可对教学实践产生直接的影响,但却不容易意识到。很多教学改革之所以失败,一个重要的原因就是忽略了这两类知识的差异,误认为向教师介绍了新的教育思想和教学理论,便可以自然而然地导致教师教学实践知识的获得,却不知道教师还在用老一套理论。因此,向教师传授的教育学、心理学的条件性知识,并非一定对教学实践产生直接的影响,而直接转化为教师的条件性知识。这也从教师培养的角度进一步说明,要提高师资培训的效果,使教师获得切实的教育教学技能,提高教学效果,必须实现两类知识的有机统一和完美结合。

(二)小学数学教师的知识结构特征

教师的三类知识之间存在着什么关系,偏相关分析的结果表明,教师的学科知识与条件性知识的各个维度之间的相关没有呈现统计上的显著性(见表 3),学科知识与有关教育学、心理学的条件性知识是两个独立的知识类型。对此我们认为,本研究的学科知识考察的是关于小学数学的专业知识,条件性知识则是有关教育学、心理学的专业理论知识,两种知识都是特定领域的专门知识,因此两类知识不存在统计上的相关。

学科知识与实践性知识的偏相关表明,两者不存在简单的线性关系。当学科知识处于总体平均分以下时,两者存在着显著的相关(见表 4),学科知识超过平均水平时,两者的相关不再具有统计上的显著性。

从实践性知识与条件性知识的偏相关来看(见表 5),教师对教材的处理与其条件性知识中的儿童发展、成绩评估之间存在着显著的正相关,课堂教学冲突的解决与课堂互动、学生的个体差异之间呈显著的相关性。这说明教师的教学实践能力要以条件性知识作为其理论支持。从实践性知识的总分来看,实践性知识与条件性知识存在着显著的相关,但相关的方向为负性,对此,在两类知识的发展趋势图上可以直观地看出,处于1—5年教龄和6—10年教龄的教师与20年以上教龄教师的条件性知识与实践性知识呈相反的发展方向,其原因在前面已经阐述过。而处于10—20年教龄的教师的两类知识发展趋势是呈正向关系的,这正从另一个方面说明了当前有相当一部分教师条件性知识与实践性知识是脱离的,年轻教师的条件性知识高,却缺乏丰富的教学实践知识,老教师具有一定的实践经验,却缺乏条件性知识的理论指导,师资培训没有将两者有机地结合起来,而这正是当前教师教育的一个重要论题。

综合以上三种知识的相关研究,我们认为,教师的学科知识是教学活动的实体部分,虽然教师的成功教学只依赖于部分的学科知识,但它是教师传授知识的一个必要条件,离开了学科知识,教师的教学只能是无源之水、无本之木。在教育教学活动中,教师为有效地传授知识,就需要结合教学对象的特征对学科知识作出符合教育学、心理学的解释,以便教学对象能够很好地理解和接受。可以说教师的条件性知识对教师的有效教学和教育实践起到一个理论性支撑的作用。因此在教育实践中,教师对特定情景的处理和疑难问题的解决需要学科知识和条件性知识的指导。由此,我们提出,完善的教师知识结构呈"π"字形结构,最上面横代表教师的实践性知识,下面的两竖分别代表学科知识与条件性知识,是教师教学实践的两个支柱。只有具备上述合理的知识结构,教师才能在教育教学中运用各种心理资源,取得最佳的教学效果。

参考文献:

[1] 林崇德,申继亮,辛涛.教师素质的构成及其培养途径.中国教育学刊,1996(6).

[2] 邱炳武、申继亮.中学教师对教育教学的条件性知识的掌握状况调查.教育理论与实践,1995(6).

[3] 马超山等.教师素质结构模型初探.辽宁师范大学学报,1992(2).

[4] Alin, P. K. Wisdom and Expertise in Teaching: A Integration of Perspective. Learning and Implication of Expertise. Chicago: open count, 1993.

[5] Bereiter, D. C. & Scardamala, M. Surpassing Ourselves: an Inquiry into the Nature and Implication of Expertise. Chicago: open count, 1990.

[6] Berliner, D. C. The Development of Expertise in Pedagogy. American Association of Colleges for Teacher Education, New Orleans, La., February 17, 1988.

[7] Carpenter & Walter Doyle. Teachers' Knowledge Structures and Comprehension Processes. Exploring Teacher' Thinking, Cassel Educational Limited, London, 1987.

[8] Shulman, L. S.. Knowledge and Teaching: Foundation of the New Reform. Harvard Educational Review, 1987. V 57(1): 1—22.

[9] Shulman, L. S.. Those Who Understand: Knowledge Growth in Teaching. Educational Researcher, 1986. V 15(2): 4—14.

[10] Sternberg, R. J & Horvath, J. A Prototype View of Expert Teaching. Educational researcher, 1995. V 24(6).

小学数学教师职业知识的结构与内在关系[①]

辛 涛

一、引言

Livingston 和 Borko[1]将教学看成是一种复杂的认知技能,这种结论得到关于专家教师和新手教师的认知差异研究的支持。Shulman 和他的合作者们[2—4]进一步揭示了这种复杂认知技能的知识构成与组织。根据他们的观点,组成教学技能的知识基础包括教师的学科知识(Subject Matter Knowledge)、一般的教育学知识(General Pedagogical Knowledge)和教育内容知识(Pedagogical Content Knowledge),由此,教师教学的有效性在很大程度上依赖于教师对学科的理解(如:相关主题的表征,所教概念的结构,以及所教内容的课程目标等),同时教学活动要求教师在掌握学科知识之外还要具备其他相关方面的知识,他们必须找到将学科知识传递给学生的有效途径。有效的教师必须了解学生,了解他们的特点,了解学生学习过程的一般规律等等。

Shulman 和其合作者的工作为我们理解教师的职业知识提供了一个很好的框架,但是Shulman 等人并没有进一步说明这些知识成分之间相互作用的内在机制,这就限制了其在教师教育实践中的应用。我们[5—6]提出了一个理论框架,借以说明这三种职业知识之间的关系。根据这个模型,学科知识和一般教育学知识是教师职业知识的两个基础,教师的教学实践知识是在这两种知识基础上逐步发展起来的。但是到目前为止,这个理论模型还没有得到进一步的实证检验。

本研究选择分数教学为媒介,探讨教师的学科知识、教育学知识和教育实践知识三者之间的关系。之所以选择分数教学,是因为它在小学数学中的重要性。我们选择小学三年级分数教学,是因为这个阶段分数教学主要集中在最基本的分数概念的教学上,这些概念包括分数的单位、整体和部分的关系以及等分的概念。对这些概念的掌握是小学生掌握更复杂的分数概念的基础。研究表明[7—9],分数教学是小学数学教学的难点。

本研究有两个目的:其一,检验用于测量教师与分数教学相关联的职业知识的工具的信度和效度;其二,考察三种职业知识之间的关系,为我们所提出的关于教师职业知识的理论模型提供实证研究的支持。

二、研究方法

(一)被试的选择

162 名小学三年级数学教师参加了此项研究。所有的被试均来自北京市城区的普通小

[①] 本文选自《心理发展与教育》2005 年第 2 期,第 52—55 页。

学,这其中 3% 的教师具有本科学历,7% 的教师具有大专学历,90% 的教师具有中师学历。在具有中师学历的教师中,60% 的教师通过在职进修获得了大专文凭。被试的年龄跨度为 20 岁到 55 岁(mean=35.08,SD=10.39),教龄跨度为 1 年到 33 年(mean=13.77,SD=8.04)。

(二)测量工具

本研究从三个方面测查教师的教育专长:关于分数的知识,一般教育学知识和教育实践知识。

关于分数的知识:用于测查教师与分数有关的学科知识。它包括三个方面:基本概念、分数计算和应用题,其中基本概念包括 7 题,计算包括 3 题,应用题包括 3 题。这些题目是由两名小学数学教研员以人民教育出版社 1998 年版的小学数学教材为蓝本而共同拟定的。

一般教育学知识:用于测查教师对教育学和心理学理论及其应用的了解程度。本测验包括 21 道多重选择题,问题来自于两个著名教育心理学教材中的试题库[10-11]。这 21 道题目涉及 5 个方面,它们分别是:学习理论,学习策略,儿童发展理论,教学目标与评估,课堂管理。

教学实践知识:用于测查教师是如何将自己的数学知识运用到教学的实践中的。我们从人民教育出版社 1998 年版的小学数学三年级课本上节选出"分数起始课"的教材内容,将其呈现给参加试验的被试者——小学数学教师,在被试仔细阅读教材内容之后,访谈员采用半结构化的临床访谈法要求被试回答下列五个问题:a) 这个单元中的核心概念是什么? b) 与这个单元相关联的小学生已有的知识是什么? c) 你认为学生在学习这一节时所遇到的难点是什么? d) 你准备如何突破这些难点? e) 你如何使学生巩固其所学的内容? 访谈员给所有的被试相同的问题,根据被试对问题的回答,访谈员再进一步作出追问。

(三)评分

对于分数问题和多重选择题,每个正确的答案给 1 分,错误的答案给 0 分。对于访谈问题中的前四题(辨认和新概念,学生的已有知识,教学难点和突破难点的策略),每个准确的回答给 2 分,部分准确的回答给 1 分,错误的回答给 0 分。对于第五个访谈问题,我们首先从所有被试的答案中归纳出 4 种有效的复习巩固方法,然后再对每个被试的答案进行编码,答案中每涉及一种有效方法就给 1 分,最多为 4 分。两个市级教研员被用来对被试的访谈记录进行编码,他们之间的评分者一致性指数为 93%。

(四)程序

本研究采用个别施测的方式收集数据,主试到被试的学校进行施测。测验的顺序为多重选择题,分数问题,最后是访谈。

(五)模型的建立和数据分析

在前期的研究中,我们提出了一个关于教师职业知识各要素之间关系的理论框架,借以说明这三种职业知识之间的关系。根据这个模型,学科知识和一般教育学知识是教师职业知识的两个基础,教师的教学实践知识是在这两种知识基础上逐步发展起来的。根据本研究的数据特点,我们将这个理论模型转化为如下结构模型:

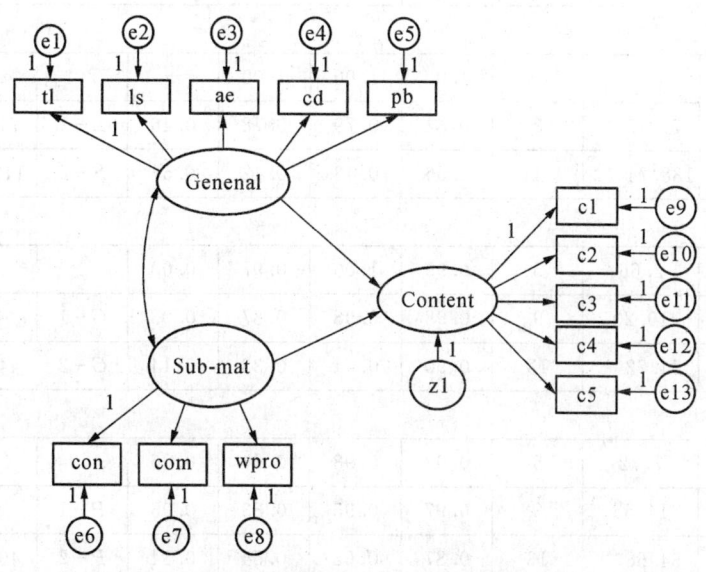

图1 教师三方面职业知识之间的关系模型

本研究采用 Mplus 软件[12]分析所得到的数据。用以评价模型拟合度的指数包括 χ^2 检验、GFI(Goodness of Fit Index)、CFI(Comparative Fit Index)、NFI(Normed Fit Index) 和 RMSEA(the Rootmean Square Error of Approximation)。χ^2 检验是评价模型拟合的最基本统计方法,检验值不存在统计的显著性意味着模型对数据的拟合度很好。GFI 指数[13]与多重相关的平方含义类似,表示能够被模型所解释的变异在总变异中的比例。为了消除样本容量对 GFI 的影响,我们同时采用 CFI 指数[14]来评价模型的拟合度。NFI 指数[14]反映了与基线模型相比,所验证模型中每个自由度对模型拟和效果的提高程度。RMSEA 指数[15]是用来评价数据和模型拟和差异性程度的指标。Browne 和 Cudeck[16]建议 RMSEA 小于 0.05 表明模型拟和效果很高,在 0.08 以下表明模型的拟和效果可接受。

三、结果

(一)三种职业知识的内在结构

验证性因素分析(CFA)常被用来检验测量模型的结构稳定性。当使用这种方法时,我们可以根据所测量的题目和潜在变量(结构)之间的关系,建构不同的模型。在本研究中,我们首先分别检验三种职业知识各自的信度和效度。我们假定每一组题目只测量一类教师的职业知识,这样我们就采用验证性因素分析检验三个简单的单因素模型,检验每一个模型中的各个指标(测验题目)是同维度的(congeneric)、等变异的(tau-equivalent)或者是等价的(parallel)[17]。同维度题目是指这些题目测量的是同一维度;等变异题目是指这些题目不但测量同一维度,而且具有相等的真值变异;等价题目是指这些题目不但是等变异的,而且具有相同的可靠性。针对教师职业知识各结构的卡方检验和模型拟合指数呈现在表1中:

表1 教师职业知识各结构模型的卡方检验和拟合指数

模型	χ^2	df	GFI	CFI	NFI	RMSEA	比较	χ^2_{diff}	df
学科知识									
S-1 同维度	—	—	1.00	1.00	1.00	—			
S-2 等变异	71.40**	2	0.82	0.79	0.78	0.46	S-1	71.40**	2
S-3 等价	188.74***	4	0.56	0.43	0.42	0.54	S-2	117.26**	2
教育学知识									
G-1 同维度	2.66	5	0.99	1.00	0.97	0.00			
G-2 等变异	10.20	9	0.98	0.98	0.87	0.03	G-1	7.73	4
G-3 等价	54.72**	13	0.90	0.41	0.33	0.14	G-2	44.52**	4
教育实践知识									
P-1 同维度	7.72	5	0.98	0.98	0.94	0.06			
P-2 等变异	14.55	9	0.97	0.95	0.83	0.06	P-1	6.82	4
P-3 等价	54.68**	13	0.87	0.62	0.54	0.14	P-2	40.14**	4

注：** $P<0.001$

根据表1，就学科知识而言，同维度模型优于等变异模型和等价模型，这表明，围绕分数而设计的测验题目测量的是同一维度，即教师的学科知识。就教育学知识和教育实践知识而言，等变异模型和同维度模型优于等价模型，同维度模型和等变异模型之间不存在显著差异，这表明在关于教育学知识和教育实践知识的分测验中，每个题目不但测查的是同一维度，而且具有相同的真值变异。在每个模型中各题目在潜变量上的负荷见表2。

表2 三个模型中观测变量的标准负荷值

维度/题目	均值	SD	同维度	等变异	等价
教育实践知识					
核心概念	1.52	0.81	0.66	0.60	0.55
已有知识	0.83	0.74	0.46	0.59	0.55
难点	0.86	0.75	0.57	0.61	0.55
策略	1.75	0.95	0.57	0.50	0.55
知识巩固	2.45	1.10	0.52	0.43	0.55
学科知识					
分数概念	4.52	2.42	0.87	0.91	0.82
分数计算	1.62	1.34	0.85	0.87	0.82
分数应用题	1.65	1.30	0.91	0.62	0.82
教育学知识					
学习理论	2.57	0.90	0.53	0.50	0.49

(续表)

维度/题目	均值	SD	同维度	等变异	等价
学习策略	2.51	1.06	0.40	0.42	0.49
目标与评价	1.41	0.67	0.50	0.64	0.49
儿童发展	3.03	1.09	0.63	0.43	0.49
课堂管理	3.40	0.99	0.45	0.44	0.49

（二）三类职业知识之间的关系：一个结构模型

根据理论假设，我们建构了关于三类职业知识相互关系的假设模型（见图1），卡方检验和模型拟合度指数显示这个假设的模型是可接受的（$\chi^2=96.31, df=62, \chi^2/df=1.55$；GFI=0.92，CFI=0.94，RMSEA=0.06）。

进一步说，我们假设教师的教育实践知识的发展是以其学科知识和教育学知识为基础的，这个假设得到了部分的证实，从学科知识到教育实践知识的路径系数为0.63，从教育学知识到教育实践知识的路径系数为0.42。

四、讨论

本研究重点在于探讨教师三类职业知识之间的关系，为此我们以小学数学教学中的"分数起始课"教学为媒介，发展了小学数学教师职业知识测查工具。验证性因素分析的结果表明这个测查工具是可信和有效的。

研究结果表明，我们关于教师知识结构内在关系的假设是合理的。虽然人们对教师职业知识的构成从教育学的角度已经有很多论述，但是仔细分析这些论述，我们发现这些关于教师职业知识的界定基本上是属于罗列式的，研究者多采用简单枚举的方法列出他们所认为的教师职业知识的构成，缺乏关于各知识之间内在关系的论述，更没有进一步的实证研究。我们在前期的研究中对教师的职业知识进行了详细的界定，并从理论上论述了三种职业知识之间的内在关系。我们认为，教师的学科知识是教学活动的实体部分，在教学活动中，教师为了能将学科知识有效地进行传递，就需要结合教学对象特点对学科知识作出符合教育科学和心理科学原则的解释，以便学生能够很好地接受和理解。因此教师的教育学知识在对学科知识的传授过程中起到一个重要的理论支撑作用。但是由于教育情景的变动不拘，如何将自己所掌握的学科知识和教育学知识应用于课堂教学中去则需要教师在教学活动中不断地摸索，形成经验，最终变成教师自身的教育实践知识。当教师的教育实践知识非常丰富时，他在面对课堂教学情境时就能非常迅速地作出反应，这也就是有些研究者所说的教师的"直觉"反应。专家教师的经验作为其直接知识往往可以缩短对教学活动中出现的问题的推理过程，并对特定情境的处理和疑难问题的解决起到指导作用。一名优秀的教师不能仅仅具备丰富的学科知识，因为教学是一个交互的过程，他还必须以丰富的教育学知识作为课堂问题解决的原则，以教育实践知识作为课堂问题解决的方式方法。本研究是前期理论研究的深入，研究的结果表明教师的教育实践知识与其所掌握的学科知识和教育学知识之间存在显著的关联，这个结果为我们的理论假设提供了数据上的支持。

当然，需要说明的是，本研究的结果对于我们关于教师职业知识的理论假设提供了实证的支持,但并非完全的证明。因为我们关于教师知识结构的理论假设强调各知识要素之间的动态交互作用与发展性,这种动态性和发展性是不能通过一次横断的数据收集来证明的,更为合理的是采用追踪研究的方法来考察。不过,本研究至少说明教师职业知识三要素之间存在着显著的正向关联,用学科知识和一般教育学知识可以显著地预测教师的教育实践知识,追踪研究将是我们今后的一个研究方向。

参考文献:

[1] Livingston C,Borko H. Expert Novice Differences in teaching: A Cognitive Analysis and Implications for Teacher Education. Journal of Teacher Education,1989,40(4): 36-42.

[2] Shulman L S. Those Who Understand: Knowledge Growth in Teaching. Educational Researcher,1986,15(2): 4-14.

[3] Shulman L S. Knowledge and Teaching: Foundations of the New Reform. Harvard Educational Review,1987,57: 1-22.

[4] Wilson S M,Shulman L S,Richert A E. "150 different ways" of Knowing: Representations of Knowledge in Teaching. In J. Calderhead(Ed.),Exploring teachers' thinking(pp. 104-124). London: Cassell Educational Limited,1987.

[5] 辛涛,申继亮,林崇德. 从教师知识结构看师范教育的改革. 高等师范教育研究,1999,6:12—17.

[6] 辛涛,林崇德. 教师教学监控能力:质与量的分析. 中国教育学刊,1999,3::50—54.

[7] Hope J A,Owens D T. An Analysis of the Difficulty of Learning Fractions. Focus on Learning Problems in Mathematics,1987,9(4): 25-40.

[8] Leinhardt G,Smith D A. Expertise in Mathematics Instruction:Subject Matter Knowledge. Journal of Educational Psychology,1985,77:247-271.

[9] 张梅玲,刘金华. 5—10岁儿童对分数教学中部分和整体关系的认知发展. 心理科学,1982,4:35—43.

[10] Ormrod J E. Human Learning(3rd ed.). New Jersey: Prentice Hall,1999.

[11] Slavin R E. Educational Psychology. Bost on: Allyn & Bacon,1997.

[12] Muthen L K,Muthen B O. Mplus Users'Guide. Los Angeles,CA: Muthen & Muthen,2001.

[13] Joreskog K G,Sorbom D. LISREL 8: User's Reference Guide. Chicago: Scientific Software International,1996.

[14] Bentler P M. Comparative Fit Indexes in Structural Models. Psychological Bullet in,1990,107: 238-246.

[15] Browne M W,Cudeck R. Alternative Ways of Assessing Model Fit. In K. A. Bollen & J. S. Long(Eds.),Testing Structural Equation Models(pp. 136-162). Newbury Park,CA: Sage,1993.

[16] Steiger J H,Lind J C. Statistically Based Tests for the Number of Common Factors. Paper presented at the annual meeting of the Psychometric Society,Iowa City,IA,1980,May.

[17] Kline R B. Principles and Practice of Structural Equation Modeling. NY: Guilford Press,1998.

小学数学教师的学科教学知识：
表现特点及其关系的研究[①]

李 琼 倪玉菁 萧宁波

一、问题的提出

教师的优质教学，在多大程度上依赖于学科知识，在多大程度上依赖于教学法的知识？清楚的回答一定是"依赖于两者的结合"。但在近200多年来的师范教育中两者一直保持着分离，这种分离的"两张皮"现象，使教师在实际的学科教学实践中难以结合所学的教学理论[1]。针对这种状况，Shulman(1987)提出了学科教学知识(pedagogical content knowledge)，即特定的学科内容与教学法知识的融合，这种知识强调教师如何将学科知识"心理学化"，按照学生易理解的方式表达出来，包括教师讲解某一主题所运用的可能的例子，解释，演示，举例与类比等方式，学生可能遇到的困难、错误理解，以适合儿童的思维与学习特点来重新表征学科知识。[2]学科教学知识体现了教师的专业独特性。从数学专业的角度看，数学家不一定具有这种知识；从教学经验来看，高中语文教师也不具有小学数学教学的这种知识。

例如，对于乘法教学，教师不仅仅自己要懂得乘法，还要理解乘法规则其中的道理，知道学生在哪些方面理解起来有困难，要设想到小学生可能会问的问题，如为什么可以用面积的知识来理解乘法，而加减法与面积却没有这种关系。再譬如，我们中的大多数都知道"负数乘以负数是正数"，数学专业的人知道它是"学科知识"的一部分。但是，教师如何向学生解释这样的乘法规则呢？仅仅告诉学生记住这样的规则就行了？如果学生不明白，教师是否有其他的方式来解释以帮助学生理解？所有这些都需要教师将特定的学科知识与学生思维、学习特点等教学法的知识融合起来，这种融合来源于教师的学科知识与教学法知识，但又超越了这两种知识的简单结合，学科教学知识是不同类型知识在教学实践中的整合。

当前世界范围内的教学改革提出发展学生的思维与问题解决能力，强调为学生提供主动探索与交流数学的机会。这里教师素质是影响教学改革实施的一个关键性因素，而坚实的学科知识与学科教学知识是教师首先要具备的，特别是没有丰富的学科教学知识，教师难以对学生的问题与想法做出反应，难以为学生创造一个积极探索与交流的学习环境。从已有对教师学科教学知识的研究来看，研究者们主要考察了职前教师在特定内容，如除法、面积、分数以及函数等方面的学科教学知识的理解状况。研究发现，职前教师的教学表征单一，难于识别学生在知识点上的错误反应，缺乏对学生数学思维的把握，从而难以为学生提供更多交流的机会。[3]职前教师并没有做好足够的学科教学知识的准备。但鲜有的研究进一步探讨教师需要具备哪些学科教学方面的知识来支持其优质教学。认知心理学对专长的

[①] 本文选自《教育学报》2006年第4期，第58—64页。

研究表明,丰富的特定领域的知识支持了专家的出色表现,[4,5]在教学领域,专家教师在学科教学知识的理解方面有何特点,专家教师的学科教学知识是如何支持其出色教学的,这些问题一直未得到深入的探讨。本研究试图从专家教师与非专家教师对比的角度,以小学数学学科中的分数教学内容为例,考察两类教师在小学数学教学知识方面的差异,力图分析哪些知识支持了专家教师的出色表现,指导新教师的专业学习;另外,对于学科教学知识,研究者从概念分析的角度指出,教师的学科教学知识来源于学科知识,因而与学科知识有着重要的联系,而从实证的角度分析两者之间呈现何种特点呢?这是本研究要考察的另一个主要内容。这一问题对于探查教师如何获得学科教学知识将具有重要意义。本研究拟考察的问题如下:

(1) 专家教师与非专家教师在学科教学知识方面有何特点?两者有何差异?
(2) 教师的学科教学知识与学科知识有何关系?

二、研究方法

(一)被试的选取

本研究的被试为来自福州市15所小学的32名小学数学教师,其中专家教师与非专家教师各16名,两类教师的选取在学校中是配对的,在同一所学校中一名专家教师与一名非专家教师,这样可以尽可能地控制学校变量的影响,有助于两类教师的对比分析。

(二)研究工具

1. 学科教学知识的测量

基于相关研究文献,[3,6,7]本研究以分数教学内容为例,从四个方面考察教师的学科教学知识:学生思维特点与解题策略(如学生的直觉思维);诊断学生的错误概念(如整数对小学生理解分数的影响);教师突破难点的策略(如当学生出现理解上的迷惑时,教师采取的教学策略)与教学设计思想(如课程材料的选取;教学活动的设计),一共10个任务情境题目。在评分上,前两个测查方面的项目有比较明显的答案,因此在评分上按照答案要点给予相应的分数;后两个测查方面,即教师突破难点的策略与教学设计思想,由于涉及教学方法与策略,这些情境的解决没有固定的答案可循。在确定评分规则中,首先采用"自上而下"的方式,在与从事教育心理、数学教育方面的学者讨论的基础上,也考察了有关的文献资料,在理论上建立考察教学设计与教学策略涉及的主要方面,以确定编码中的重要维度,这些维度能够反映教师教学的关键因素;然后根据建立的维度,研究者与一名从事数学教育研究者,选取了10名教师(专家、非专家教师各5名)的具体作答,分别进行"自下而上"的预试,并分别提出反馈的意见,根据这些意见讨论修改、确定统一的评分规则。各个测查方面的评分规则确立后,另外选取8名(25%)教师的作答,由本研究者与一名从事数学教育的研究生对整个测量工具建立评分者信度。计算教师突破难点的策略与教学设计思想方面的评分者一致性的百分比分别为0.827与0.791。

2. 学科知识的测量

学科知识的测量基于两个方面:一是学科的知识(knowledge of subject matter),主要指学科的概念、规则以及概念之间的联系;二是关于学科的知识(knowledge about subject matter),意指作为一门学科本质的知识,即学科观,在本研究中意指教师的数学观。基于已有研究者[3,7]对小学数学知识研究文献与参考《全日制义务教育数学课程标准(实验稿)》(2002),本研究中选取关于分数领域的三个方面的内容:理解分数概念(包括分数的意义、单位的概念、概念表征、分数的算理解释)分数运算,以及有关分数相关概念之间的关系。在对测查工具进行预试的基础上,通过专家内容效度的评定分析与对小学数学教师的实际测试,本研究的正式测量工具具有较好的难度与区分度。数学观的考察涉及两个方面:一是对数学知识本质的认识,包括教师对数学作为一门学科的看法(例如,数学必然涉及运算,纯粹的观察与估计并不是数学)[8]与数学思想方法(如,数学的"抽象性"、"对应"等思想的运用);二是学生的数学学习,涉及什么是"做数学"(如,论证自己的想法是学生学习数学的一个重要部分)与如何看待答案的合理性。问卷采用五等级评定量表的方式,问卷具有较好的信度,以上两个方面的内部一致性 Cronbachp's α 系数为 0.715 与 0.790。

本研究的统计工具采用 SPSS10.0 进行统计分析。

三、研究结果

1. 专家与非专家教师在学科教学知识方面的比较

表 1 的结果表明,在学科教学知识的各维度中,除了教学设计思想外,在其他维度与总分上两类教师均表现出显著的差异($P<0.05$)。专家教师在了解学生的思维特点、诊断学生的错误概念、突破难点的策略以及在各维度的总分上显著地高于非专家教师。

表 1 两类教师在学科教学知识各维度上的平均得分

维度	总分	专家教师		非专家教师		T值
		M	SD	M	SD	
学生的思维特点	18	15.93	0.59	14.73	0.80	4.67***
诊断学生的错误概念	22	18.80	1.01	17.47	1.06	3.52***
突破难点的教学策略	12	9.00	0.76	8.13	1.19	2.39*
教学设计思想	20	16.93	0.70	16.53	0.72	1.87
总分	72	60.66	2.27	56.86	1.78	4.56***

M:平均数;SD:标准差;* $P<.05$ ** $P<.01$ *** $P<.001$

与非专家教师相比,专家教师更能了解学生在学习特定内容方面的思维特点,例如在判断学生对 $\frac{1}{2}$ 不同表征的难易程度方面(下图1),几乎所有的教师都能够从学科的角度正确判断二等份、等值分数与等积不同形状图形的难易程度,而对于像太极图这样不规则的图形,当让教师从学生思维的角度去判断题目的难度时,约有 63.3% 的非专家教师遇到困难。

a. 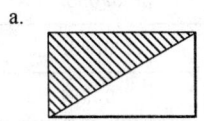   b. 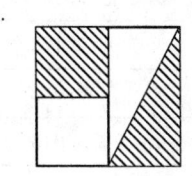   c. 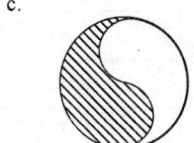   d.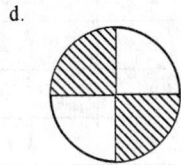

图 1

在诊断学生的错误概念方面,虽然非专家教师也能发现学生的错误理解,但未能揭示学生错误概念的本质,而专家教师能够根据知识之间的前后联系,从而识别出学生错误的根本原因。例如学生在异分母加法时,直接分子加分子,分母加分母 $\left(\frac{3}{4}+\frac{4}{5}=\frac{7}{9}\right)$。一方面在于学生未掌握分数加法的意义,造成学生错误的另一个原因是"整数加法的负迁移"。而非专家教师虽能发现学生用错了分数加法的规则"应先通分",但往往识别不到受学生已有的概念或知识的影响。所以在帮助学生纠正错误概念而采取的策略方面也与专家教师有明显的不同。专家教师从分数加法相关概念的意义入手,通过问题与图形、实物等多种表征方法,启发儿童理解分数加法概念的本质,虽然专家教师也强调分数加减法的规则,但更注重概念的深层理解。

有些专家教师从整数加法入手,认为整数的加法是小学生理解分数加法的基础。"整数加法的意义是什么?分数加法的意义呢?为什么不同分母的分数相加,要先化为同分母?"不同单位的不可以直接相加,就像3个苹果与4个橘子相加,是什么呢?

12+24=36　(相同单位的整数可以直接相加)

0.5+0.8=1.3　(相同单位的小数可以直接相加)

$\frac{1}{5}+\frac{3}{5}=\frac{4}{5}$(同分母有相同的分数单位可以直接相加)

$\frac{1}{3}+\frac{1}{2}=\frac{2}{6}+\frac{3}{6}$(不同分母的分数相加,转化为分数单位相同才能相加)

非专家教师则直接从加法的规则入手,也通过问题帮助学生理解,但这些问题似乎太不具体,例如"计算异分母的加法,通分的目的是什么"、"我会解释必须先通分,然后再根据分子排列大小"。尽管这些问题给学生提供思考的机会,但未揭示学生错误概念的本质,难以直接让学生识别出自己的错误理解,在解决策略上也只是引导学生如何记住并会运用分数的运算法则。

2. 教师的学科教学知识与学科知识之间的关系

在本研究中,教师的学科知识涉及概念理解、运算、知识组织、数学本质与数学学习5个变量,学科教学知识涉及学生思维、诊断学生错误、突破难点的策略与教学设计思想4个变量,在相关分析中,考察多变量之间的关系应采用"典型相关"(Canonical Correlation)的分析方法,其目的在于找出一组变量的线性组合与另一组变量的线性组合,使两组变量之间的相关达到最大。[9]结果见表2与表3。

表2　学科教学知识与学科知识之间的典型相关函数分析

Root No.	特征值 (Eigenvalue)	典型相关系数 (Canon Cor.)	典型相关系数平方 (Sq. Cor.)	显著性检验 (Sig. of F)
1	1.945	0.813	0.660	0.050*
2	0.210	0.416	0.173	0.932
3	0.033	0.180	0.032	0.981
4	0.013	0.115	0.013	0.853

表2的结果表明,在4个线性方程中,只有第一个典型相关系数达到显著性水平($P=$

0.05)。

表3 学科知识与学科教学知识各变量的典型相关分析

变量 (学科知识)	典型变量(χ)		变量学科 教学知识	典型变量(η)	
	典型系数 a	结构相关系数 b		典型系数 a	结构相关系数 b
概念理解	0.203	0.780	学生思维	0.725	0.932
分数运算	0.010	0.361	诊断学生错误	0.186	0.514
知识组织	0.623	0.967	突破难点的策略	0.127	0.614
数学的本质	0.113	0.566	教学设计思想	0.225	0.675
数学学习	0.337	0.892			
典型变异数 c					
典型变量分别对两组变量的 变异解释(Pct Var DEP)	55.76		49.10		
两组变量的共变解释百分比 (Pct Var COV)	36.83		32.43		

a:典型系数是本组观测变量在典型函数中的权数,相当于回归系数,此处为标准化的典型系数。
b:典型相关系数代表本组观测变量与典型变量之间关系的程度。
c:表示学科知识与学科教学知识变量分别被其典型变量所解释的变异百分比。
Pct Var DEP:相应典型变量分别对两组变量的变异解释百分比。例如,55.76%表示典型变量,解释了学科知识各变量总变异的55.76%;Pct Var COV:两组变量的共变解释百分比。例如36.83%表示学科知识各变量,透过一组典型变量(χ与η),可以解释学科教学知识各变量的总变异之36.83%。

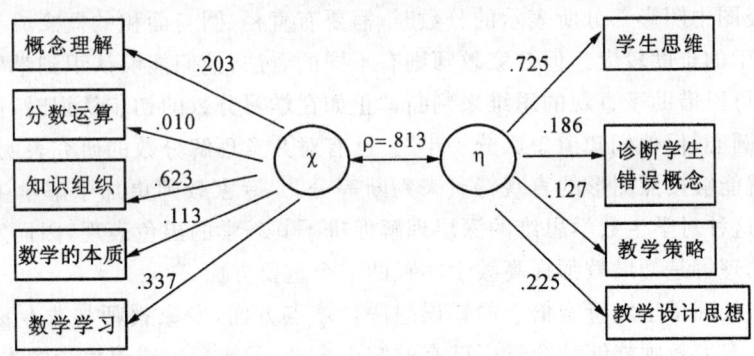

图2 典型相关分析路径图

表2与表3以及图2的结果表明:
(1)学科知识的5个变量与关于学科教学知识的4个变量,主要透过一个潜在的典型变量或因素达到最大的相关,第一个典型相关系数$\rho=0.813$($P=0.05$)。
(2)在多变量的典型相关分析中,典型系数与结构相关系数这两个指标可用以判断每个变量对典型函数的贡献有多大。在学科知识的5个变量中,与其典型变量(χ)相关最高的变量为知识组织,其结构相关系数为0.623,其次为数学学习、概念理解、数学知识的本质,结构相关系数最低的变量为分数运算;在学科教学知识各变量中,与其典型变量(η)相关最高的是教师对学生思维的理解,相关最低为诊断学生的错误概念。

(3) 学科知识 5 个维度的典型变量(χ),可以直接解释学科教学知识的典型变量(η)总变异量的 66%(典型相关系数的平方)(表 2),而学科教学知识的典型变量(η),又可以解释学科教学知识 4 个变量中总变异的 49.10%(表 3);学科知识的各变量透过典型因素(χ 与 η),可以解释学科教学知识 4 个变量总变异的 32.43%,即概念理解、分数运算、知识组织、数学知识的本质与"做"数学的态度,经由典型因素(χ 与 η)共可解释教师对学生思维的理解、诊断学生的错误概念、突破难点的策略与教学设计思想 4 个变量中总变异量的 32.43%。

(4) 由于学科知识与学科教学知识之间的关系是双向的,如上的分析,从典型相关系数可以看出,学科教学知识各变量的典型因素(η)同样可以直接解释学科知识变量的典型因素(χ)总变异量的 66%,而学科知识各变量的典型因素(η)又可以解释学科知识 5 个变量的总变异的 55.76%,学科教学知识的各变量经由典型因素(χ 与 η)共可以解释学科知识各变量之变异的 36.83%。

以上结果表明,教师的学科知识与学科教学知识存在显著的相关,对此关系各自贡献最大的是,学科知识中的知识组织与学科教学知识中的对学生思维的了解。

四、讨论

1. 两类教师在学科教学知识方面的表现特点

从本研究对两类教师学科教学知识的考察看,专家教师在将学科知识与学生思维的结合方面体现得比较明显。例如几乎所有的教师都能够从学科的角度正确判断二等份、等值分数与等积不同形状图形的难易程度,但当从学生思维的角度去判断难易程度时,约有 50% 的非专家教师遇到困难(例如对太极图阴影部分的判断)。大部分非专家教师认为,学生在判断太极图中阴影部分所表示的分数时,需要有直径、圆与面积的概念或者需要旋转才能判断,对学生的难度较大。但专家教师则有不同的看法,他们能够认识到学生已有的生活经验,小学生可以借助于直观的思维来判断,"正如在学习分数的初步认识时,孩子们并不懂得圆的直径、圆心,但他们知道怎么分一半"。已有对儿童理解分数的研究表明,90% 以上的二年级学生就能够按照图形的直观特点来判断等分。[6] 专家教师更加了解学生解决问题的策略与特点,这种对学生数学思维的深层理解促进了其教学的出色表现,因而发展教师对儿童数学思维的理解是帮助教师提高教学实践的一个重要方面。

在判断与处理学生对特定概念的错误想法与难点方面,专家教师与非专家教师表现出不同的特点。专家教师能够结合学生已有的知识水平,了解学生错误概念的本质,因而在采用的策略上,在结果部分的举例中可以看出,专家教师从相关"概念的本质"入手,通过图形、实物等有意义的表征方法,以及启发性问题,关注学生对概念深层理解的过程;非专家教师仅从学生错误的结果出发,未联系到学生新的知识与已有知识的联系,因而会直接引导学生从分数加法的"规则"入手。已有对中美数学教师的跨文化研究表明,与美国数学教师相比,中国数学教师在教学中更加注重发展学生对数学概念的深层理解;[7] 本研究中的专家教师(平均教龄在 16 年)在学科教学知识方面表现出类似的特点;而非专家教师则表现出类似美国数学教师的某些教学特点,更加强调数学规则的运用。

本研究教学设计思想方面,从两类教师对分数初步认识的教学设计看,两类教师都能够从儿童思维的形象思维出发,引入图形、实物、动手操作等活动情境,他们设计这些活动的背后所基于的想法也未表现出差异。两类教师设计引入活动的目的,一方面在于引发学生学习的兴趣;另一方面加强学生对概念的理解。这与已有对专家与新手教师的对比研究[10]发现不一致,其研究结果表明,新手教师设计活动的目的在于吸引学生的注意力,而专家教师在于加强学生对概念的理解。而本研究发现中国教师不管是专家教师,还是非专家教师,并没有出现两个明显的分化,两者兼而有之。事实上引发兴趣是促进学生思考的动力,两者应是统一的。

2. 从作为学科的知识向作为教学的内容知识的转化

教师如何才能将作为学科的知识转化为教学上的内容知识呢?或者说学科知识与学科教学知识有何联系?以上教师对学生错误概念的识别及采取的表征与策略已经表明,教师本身对学科知识的深刻理解是学科教学知识的一个重要基础。在结果部分的图2中,学科知识与学科教学知识的典型相关分析同样显示,教师对概念的深入理解以及相关概念的组织对学科教学知识具有较大的贡献。当教师对数学知识有深层的理解,对什么是数学有本质的把握时,则有助于教师引导学生对概念的深入思考,发展学生对数学意义的理解,有更多的机会让学生进行猜想、解释、推理与证明自己的数学想法,学习对数学的论证,因而更能了解学生解决问题的策略,进一步从学生数学思维的角度考虑学科知识。相反,当教师对数学知识的理解比较肤浅,而且知识点之间缺乏联系性,认为学生学习数学就意味着记住规则,运用规则,"做数学"(doing mathematics)即遵循规则,得出教师所期望的答案时,教师则不可能引发师生之间与学生之间的讨论与对话,也就不可能发展自己对学生思考的理解。Carpenter及其同事在研究中发现,当教师对数学知识的理解加深了,其在教学任务的设计与实施中更能将问题类型、问题的难度与儿童的解决方法联系起来,教师就有更多的机会了解学生在解决问题时的思维策略,因而在教学中能够为学生创造更多的数学交流的机会。[11]

反过来,教师对学科教学知识的理解越深刻,也会加深教师对学科知识的理解。例如教师对学生思维的理解与学科知识相关最大,对学生思考特定内容的了解与把握,促进教师从儿童思考的角度来理解学科知识,有助于从学科知识与学生思维的角度思考知识之间的联系。教师教育的课程只有将特定的学科内容与学生的思维特点结合起来,将学科的知识转化为教学中的学科内容知识,才能真正促进教师专业知识的发展,提高学生的学习成效。

参考文献:

[1] Ball, D. L. ,& Bass, H. Interweaving Content and Pedagogy in Teaching and Learning to Teach: Knowing and Using Mathematics In J. Boaler(Ed.), Multiple Perspectives on the Teaching and Learning of Mathematics. Westport, CT: Ablex, 2000: 83 - 104.

[2] Shulman, L. Knowledge and Teaching: Foundations of the New Reform. Harvard Educational Review, 1987, v57: 1 - 22.

[3] Ball, D. L. Prospective Elementary and Secondary Teachers' Understandings of Division. Journal for Research in Mathematics Education, 1990, v21: 132 - 144.

[4] Berliner, D. C. . Teacher Expertise. In L. W. Anderson(Ed.), International Encyclopedia of Teaching and Teacher Education(2nd Ed.). Oxford; New York: Pergamon, 1995: 612 - 616.

[5] Chi, M. T. H. , Glaser, R. , & Farr, M. The Nature of Expertise. Hills dale, NJ: Erlbaum, 1988.

[6] 吕玉琴. "国小"教师分数教学之相关知识研究. 台北师院学报. 1995(11):393—438.

[7] An,S,Kulm. G. ,& Wu,Z The Pedagogical Content Knowledge of Middle School Mathematics Teachers in China and America. Journal of Mathematics Teacher Education,2004,v7:145-172.

[8] Wong,N. Y. ,Lam,C. C. ,Wong,K. M. P. ,Leung,F. K. S. & Mok,I. A. C. Student's Previews of Mathematics Learning:A cross-sectional Survey in Hong Kong. Education Journal,2001,(2):37-59.

[9] 李沛良. 社会研究的统计分析. 台北:巨流图书公司,1988.

[10] Eisenhart,M. ,Borko,H. ,Underhill,R. ,Brown,C. ,Jone,D. ,& Agard,P. Conceptual Knowledge Falls Through the Cracks:Complexities of Learning to Teach Mathematics for Understanding. Journal for Research Mathematics Education,1993,(1):8-40.

[11] Carpenter,T. P. ,Fennema,E. ,Franke,M. L. ,Peterson,P. L. ,Chiang,C. P,& Leof,M. Using Children's Mathematical Knowledge in Classroom Teaching:An Experimental Study. American Educational Research Journal,1993,(4):499-531.

关于中小学数学教师对教学问题认知的调查分析[①]

曾 拓 杨小洋 申继亮

一、问题提出

得益于认知心理学在最近几十年的快速发展,技术型教师观(teacher as technician)和能力本位教师教育模式(competence-based education)的弊端日渐突现。在此基础上,20世纪80年代以来,发端于美、英等国教师教育界,强调培养教师教学反思能力的教育观点迅速影响到世界各国,出现了大量有关教师教学反思的论述和研究。研究与实践证明,教师进行教学反思,可以提高他们的教学技能,促使其进行有效教学。培养反思型教师,促进教师教学反思能力的发展已经逐渐成为当今教师教育的重要目标。反思是对问题的探究、迷惑和疑问,是对复杂情境的再思考。那么问题是什么?问题是怎样建构出来的,能否有信心地重建问题?这是理解反思实质很重要的一个方面,也是反思的价值所在,同时也是认识教学的关键。但是,这一点在实际教学过程中有时很容易被忽视[1]。可见,教师的教学问题意识,即教师认识、发现教学问题的能力是教师教学反思能力的重要组成部分。研究分析中小学教师的教学问题意识及其影响因素,对有效地培养教师的教学反思能力有重要的理论与实际意义。

教学问题是指教学过程中影响学生全面健康成长,影响学生能力发展,尤其是影响学生问题解决能力发展以及不利于培养学生的创新精神、创造性和创造能力的教学现象,它是与教学活动并存的。随着研究水平和领域的不断发展,教学中的问题引起了专家学者的普遍关注。有研究表明,中学教师主要意识到了以教学内容、教学方法与策略为主的教学问题[2]。然而,他们意识到的这些教学问题究竟属于何种性质的教学问题?它们与教师的学历、教龄以及教师知识等教师发展的影响因素有何关系?到目前为止这方面的研究还未见有所深入。因此,本研究将定性研究与定量研究方法相结合,主要通过调查问卷的形式,对下述内容进行了着重探讨:① 中小学教师的教学问题意识内容有什么特点?在这方面,中学教师与小学教师之间是否有差异。② 中小学教师教学问题意识的强度如何?其主要影响因素有哪些?

二、研究方法

(一)被试

在广东省梅州市选取部分中小学校(重点中学、城市一般中学、农村中学、城市小学和农村小学均有)的数学教师共192名,剔除17名未完成全部问卷的教师,有效被试为175名。

---

① 本文选自《心理发展与教育》2004年第4期,第74—78页。

(二)研究工具

① 关于中小学教师教学问题意识方面的半结构调查问卷。该问卷在大量阅读有关教学问题的文献资料和对部分教师进行初步访谈的基础上进行设计,内容包括:教师希望改进的教学问题;教师对教学问题可能造成影响的分析;教师对解决教学问题的途径、方法的认识等。② 李琼、申继亮(2000)编制的教师条件性知识问卷和实践性知识问卷。前者包括儿童发展、课堂互动等七个维度,其内部一致性系数分别为 0.81、0.79、0.70、0.78、0.76、0.85、0.79;后者是关于结构不良问题的解答,评分者一致性信度系数为 0.82。

(三)研究的实施

首先用半结构问卷进行集体调查,要求被试在正式回答问题前认真阅读指导语;不允许互相交谈、讨论,个人单独完成问卷的全部内容。然后将条件性知识问卷和实践性知识问卷发给每一位教师,要求在不交谈、讨论,不看任何资料的前提下单独完成问卷。整个过程约 2.5 小时。

(四)数据收集与整理

对半结构问卷的调查结果,根据每道题的回答内容和本研究的具体要求分别进行编码并确定教师回答的维度。教师条件性知识问卷共 60 道客观题,答对 1 题得 1 分。实践性知识问卷的评分,采用小学骨干教师反思特征研究(申继亮、王凯荣,2001)中使用的评分系统,由三位心理学教师进行评分,评分者一致性信度系数为 0.82,取三位教师对每位被试评分的平均分为被试在该部分的最后得分。

(五)数据管理和分析

采用 SPSS11.0 统计软件包进行数据录入、管理和分析。

三、结果分析

(一)教师的教学问题意识内容分析

在文献检索和专家讨论的基础上,我们把教师对问卷一的回答,按教师教学指导思想、教学方法与策略方面的问题(以下简称 P_1 问题)和其他方面的问题(以下简称 P_2 问题)两个维度进行编码,由两位具有硕士学位的教育心理学教师进行具体操作,对个别不好归类的教学问题共同讨论确定。评分者一致性系数为 0.87。编码统计结果显示,24.7%的小学教师、25.2%的中学教师只意识到 P_1 问题;25.7%的小学教师、24.3%的中学教师只意识到 P_2 问题;49.6%的小学教师,50.5%的中学教师意识到了两大方面的教学问题。分析中小学教师意识到的教学问题,有下面的特点:

(1)主要属于"教学技巧"或"胜任教学"层面的问题。从上面的统计结果看,74.3%的小学教师、75.7%的中学教师意识到了 P_1 问题。就性质而言,这类问题绝大多数都是教学"操作"层面上的"技术性问题"、胜任教学的"困惑性问题"。如,"我希望改进课堂教学中某些不适当的做法,有时讲解语言不明确、不准确,顾了自己讲解,没顾学生反应等"。很明显,这些都属于教学操作技巧方面的问题。又如,"希望改进教学中对学生满堂灌的教学方法。如讲述函数时,考虑到学生的接受能力,不能单纯讲解。而要讲清楚,只能是老师满堂灌,学生被动听,真不知如何才好?"显然,这是胜任教学方面的"困惑性问题"。

(2) 属于教学条件、教学管理和教学评估方面的问题比较突出。与 P_1 问题相比,中小学教师希望改进 P_2 问题的百分比也分别占到了 75.3%(小学)和 74.8%(中学),应该说与 P_1 问题是基本持平的。比如,有教师说:"我希望缩小班级规模,像我所任教的中学,平均每个班有 60 多人,这么多的学生不但给教学带来困难,也不便于教师管理好班级。"

(二)教师意识到的教学问题属性与教师人口学变量关系

我们对教师的性别、职称(分中、高级与初级两组)、所在学校类别和城乡差别等教师变量与其意识到的教学问题属性作了列联表分析。表 1 报告了不同类别的教师变量与其意识到的教学问题属性的独立性检验结果。

表 1 的 χ^2 分析结果表明,在各个人口学变量上,χ^2 值均未达到显著性水平,也即 P 值均大于 0.05。因此可以说,教师意识到的教学问题属性与其性别、职称以及所在学校类别的不同和城乡差别等均无关联。

(三)教师的教学问题意识强度及其影响因素的分析

1. 教师的教学问题意识强度分析

为考察教师的教学问题意识强度,我们请二位心理学教师对数据中 P_1 问题的认识情况进行强度评定。评定标准是:意识不到 P_1 问题,记 0 分;意识到笼统的 P_1 问题,记 1 分;意识到了具体的 P_1 问题,但说不出其可能造成的具体影响,记 2 分;既意识到了具体的 P_1 问题,又能说出其可能造成的具体影响,记 3 分。评分者一致性信度是 0.86。

统计分析结果表明,25.7% 的小学教师,24.3% 的中学教师意识不到 P_1 问题;43.2% 的小学教师,40.8% 的中学教师只能意识到笼统的 P_1 问题;17.6% 的小学教师,18.4% 的中学教师虽然意识到了具体的 P_1 问题,但说不出其可能造成的具体影响;只有 13.5% 的小学教师,16.5% 的中学教师既能意识到具体的 P_1 问题,又能说出其可能造成的具体影响。χ^2 检验结果($\chi^2=28.00, df=3, P=0.00$)表明,四种教学问题意识强度的教师数量间存在非常显著的差异,也就是说,教师数量的分布是极不均匀的,教学问题意识强的教师非常少。就整体而言,教师的教学问题意识不强。

表 1 教师意识到的教学问题属性 χ^2 分析表

教学问题属性	性别		高(中)初级职称教师		中小学教师		城乡教师	
	χ^2	P	χ^2	P	χ^2	P	χ^2	P
P_1 问题	1.71^a	0.80	2.49^a	0.65	4.95^a	0.24	2.62^a	0.62
P_2 问题	5.19^a	0.39	8.35^a	0.14	9.82^a	0.08	4.43^a	0.49
二大方面问题	0.47^b	0.49	1.99^b	0.16	0.35^b	0.55	0.02^b	0.90

表 2 教师教学问题意识强度的 χ^2 分析表

检验变量	性别		高(中)初级职称教师		中小学教师		城乡教师	
	χ^2	P	χ^2	P	χ^2	P	χ^2	P
教学问题意识强度	2.61^a	0.46	1.62^a	0.65	0.37^a	0.95	3.78^a	0.29

2. 教师教学问题意识强度的影响因素

我们对不同性别、不同职称、中小学教师以及城乡教师的教学问题意识强度进行了 χ^2 分析。表 2 的 χ^2 分析结果表明,教师的教学问题意识强度在教师的性别、职称以及所教学生的不同和学校类别的不同这几个变量上均无显著差异,即教师的教学问题意识强度不受其性别、职称以及所教学生不同和任教学校不同的影响。

随后,本研究以教师教学问题意识强度为因变量,教师的学历、教龄、条件性知识和实践性知识为自变量进行多元回归分析,结果表明,它们对教师的教学问题意识强度有非常显著的预测作用 $[F(4,171)=8.72, P<0.000^a]$,解释率是 $16.9\%(R^2=0.17)$。具体结果见表3。从表3可以发现,教师的条件性知识和实践性知识对教师的教学问题意识强度有显著的预测作用,P 值分别是 0.008 和 0.001。进一步的分析发现,条件性知识掌握越好的教师,有越强的教学问题意识;实践性知识水平越高的教师,其教学问题意识越强。

表 3 教师的教学问题意识强度的多元回归分析

教师特征、知识	Beta 值	T 值	P 值
教龄	−0.03	−0.47	0.64
学历	0.09	1.25	0.21
条件性知识	0.21	2.68	0.01
实践性知识	0.25	3.24	0.00

四、讨论

(一)对中小学教师教学问题意识的分析

研究结果表明,中小学教师意识到的教学问题主要属于"教学技巧"或"胜任教学"层面的问题,此外属于教学条件、教学管理和教学评估方面的问题也比较突出。出现这一结果的原因,分析有以下几点:

首先,中小学教师意识到的教学问题源自他们的教学实际和切身体会,他们需要的是能在有限的时间内让学生掌握大量与考试有关的知识的"教学技巧";需要的是能让学生在考试中获得高分,并由此得到领导、同事和社会"认可"的"教学胜任能力"。精力都放在这样的"教学技巧"和"教学胜任力"上,自然无心思考如何让学生自主地建构知识的问题,不去探讨如何培养学生发现问题、分析问题和解决问题的能力。

其次,有研究表明,教师工作积极性与学校客观状况之间存在显著的线性关系,学校客观状况是预测教师工作积极性的三大因素之一。[3] 学校的客观状况主要就是指教学软硬件条件,这些条件包括学校的基础设施、教仪教具、班级规模以及对教师教学工作的管理与评估等等。当这些教学软硬条件能满足教师顺利开展教学活动的需要时,就会对教师的工作积极性产生积极的影响。反之,就会对教师工作的积极性产生消极的影响。对此,在教学第一线的教师有深深的体会和感受。因此他们意识到这方面的问题也就显得比较突出。

(二)教师教学问题意识的强度分析

就整体而言,教师的教学问题意识不强。有研究指出,教师的教学问题意识在很大程度上取决于教师的教学反思活动的开展。教学反思能力越强的教师,对教学活动越有深入的思考,越能意识到深层次的、涉及教师的教学分析、教学决策。从前述教师的教学问题意识指向就不难证明,本研究中的教师教学问题意识普遍不强。此外,有研究表明,当前小学骨干教师对反思的认识尚处于经验阶段,缺乏系统的理论认识,往往把教学反思看做是一种工作总结。他们注意不到自己身边产生的问题。[4]本研究也发现,中小学教师在教学问题意识方面不存在显著差异。这也说明中小学教师的问题意识普遍不强。

(三)教师知识对其教学问题意识的影响

综合目前国内外有关教师知识的研究,虽然对教师知识的分类看法不一,但普遍认为教师除了要系统掌握好自己所任教学科的专业知识以外,还要掌握好二类知识;一是教育学、心理学方面的知识,即教师的条件性知识,二是属于教学经验积累的教师实践性知识。本研究的结果表明,教师的条件性知识和实践性知识能很好地预测其教学问题意识的强度。

第一,教育学和心理学知识被认为是教师成功地进行教育教学的条件性知识[5]。教师要用教育学和心理学的知识来分析、思考学科知识,以利于学生的学习与发展。教师对条件性知识的掌握程度影响其对教学理解的深度,教师对教学的理解越深入,对教学中存在的问题的认识就会越具体、越深入,表现出越强的教学问题意识。我们的研究结果表明了这一点。

第二,教师的实践性知识主要是教师教学经验的积累。它在教师搞好教育教学工作以促进自身职业发展等方面有着重要作用。虽然大部分教师对自己所拥有的实践性知识缺乏明确的意识,但它实际上影响着教师对有关问题的看法和做法[6]。实践性知识在教师知识结构中占有重要地位,对教师课堂教学能力起着十分重要的作用。[7]可见,实践性知识对教师发现教学问题、分析教学问题和解决教学问题有很大影响。教师个体所拥有的实践性知识越丰富,越便于其对教学问题的发现、分析和诊断。

五、结论

本研究得出如下结论:

(1)中小学教师意识到的教学问题主要属于"教学技巧"或"胜任教学"层面的问题,此外属于教学条件、教学管理和教学评估方面的问题比较突出。

(2)从整体上看,中小学教师的教学问题意识不强。

(3)教师的条件性知识和实践性知识对其教学问题意识的强度有显著的预测作用,条件性知识和实践性知识越丰富的教师,教学问题意识越强。

参考文献：

[1] J. John Lougharn. Effective Reflective Practice in Search of Meaning in Learning about Teaching. Journal of Teaching Education,2002,53(1):33-43.

[2] 曾拓,申继亮. 中学教师教学问题意识的初步研究. 教育科学研究,2003,6:29—32.

[3] 林崇德,申继亮,辛涛. 教师素质的构成及其培养途径. 中国教育学刊,1996,6:16—22.

[4] 彭华茂,王凯荣,申继亮. 小学骨干教师反思意识的调查与分析. 西北师范大学学报(社会科学版),2002,39(5):27—30.

[5] 申继亮,辛涛,衷克定. 论教师知识结构及其对教师培养的意义. 中国教育学刊,1998,3:55—58.

[6] 陈向明. 实践性知识：教师专业发展的知识基础. 北京大学教育评论,2003,1(1):104—112.

[7] 张学明,申继亮,林崇德. 小学教师课堂教学能力构成的研究. 心理发展教育,2003,19(3):68—72.

当前我国中小学数学教师教学思维模式初探[①]

梁学友　戴宇

一、数学教学思维模式

在一定的文化及社会背景下，由数学教学观念、知识和技能综合形成的一种思维方式，就数学教学的思维模式而言，这是对数学教师关于数学教学中种种问题的看法和态度的一种概括，大致有如下几个方面。

1. 对数学、数学问题、数学解题的看法和态度

这涉及他的数学观、数学哲学和方法论；他对数学、数学研究是否热爱；他的解题的"胃口"如何；他怎样看待"解题过程"及其教育训练价值等等。从而，还有对数学的真理性和功能（仅仅是工具学科，还是既为工具，又为文化）的认识。

认识不仅直接决定他们对数学的态度，而且深刻地影响着他们的教学方式，一项著名研究结果表明[1]：教师的专业数学思想的形成与他们表达数学内容的典型方式存在着一致性，这有力地说明了教师的数学观、数学信仰和爱好，确实影响着他们的教学活动。

为什么给学生一碗水，只有一碗水（甚至有一缸水）不够？为什么"中学毕业教中学"，"师范毕业教小学"常常显出尴尬窘迫？而国家教育部又何以要启动一项"高学历工程"？这显然不是"高等数学在中小学数学教学中有用"和什么"高观点下的初等数学"这么单纯的问题，由上述引文看来确是别有深意。

2. 对数学教学的看法和态度

如怎样认识"数学教学的目标"？怎样理解"数学教学过程"？学生学习的实质是什么？在教学中能否贯彻"二主方针"？自己的教学方法是什么样的？都反映他的思维模式。

3. 对数学教学改革中种种问题的看法和态度

比如，他怎样对待"应试教育"和"素质教育"中的种种议论？怎样看待数学教研、教改？怎样看待各种数学教育实验？是否积极参与？怎样认识关于"合作学习"、"研究性学习"、"课堂讨论"、"开放式教学"几种研究和讨论？

由以上我们对"数学教学思维模式"的描述，不难看出如下几点：

（1）对教师的思维模式的分析研究，是非常重要的，对教师个体，可以"自我认识"，找到提高自己素质和教学水平的途径；对于教师群体数学教学思维模式的研究，可以切实地认识一地、一校的数学教学水平的制约因素，作为提高数学教育教学水平的参考。

（2）这种教师个体和群体（一校、一地数学教师的全体）数学教学的思维模式，确实是存在的，但是对于教师群体，则可能存在多种模式，而它们各自的形成，又往往非一日之功。

[①] 本文选自《数学教育学报》2002 年第 3 期，第 75—77 页。

二、数学教学思维模式基本状况

统观全国数学教师"数学教学的思维模式",显然非笔者所能为,而是一项长期研究的重大课题,摆在我国数学教育界的面前。而我们所能做的,则是从对周围数学教师(包括我们自己)的观察和若干文献(如郑毓信[2]和梁贯成对"东亚数学教学研究"的文献),作一点初步的探索。

对我们接触到的绝大多数的数学教师来说,他们抱着对国家和人民负责的精神,认真备课、上课、处理作业,扎扎实实地狠抓双基教学,对下一代负起责任,这是他们整个思维方式的基本点。

辛勤地工作,年复一年地总结、研究、积累,一方面,确实在培养人才方面做出了令世界瞩目的成绩;另一方面,他们也创造了自己丰富的教学经验,形成了自己的教学风格,因为这是他们用心血创造的东西,是年复一年的行之有效的方法,因此,当有人借"素质教育"之风,或喊着"与国际接轨"的口号(我国知名数学教育家钟善基教授在一次会议上指出:就数学教育来说,并没有什么"国际之轨",因此,也不存在"与国际接轨"的问题),企图把我国过去的教学一概打成"应试教育",而全盘否定时,他们会保持自重,正是他们的这种态度,使得自20世纪80年代以来的这一轮"教育改革",没有出现大起大落的现象,而始终保持小步改革、平衡前进的态势,这是我国数学教育界成熟的表现,加上一批知名数学家的把关,使得在新一轮的教材改革中,大体上是有惊无"险"(一代或几代人被耽误之险)。

当然,不能否认,我国教育出现了"应试教育"的严重倾向,数学教学也不例外,但据我们的了解和感受,那决不是他们之所好,而是不得已而为之,"社会需要"是一种无穷大的力量,顺之者昌,把"应试教育"推到教师的"教学思维模式"身上,不过是一种不伦不类的想法。

至于他们的数学思维方式中,一些核心的东西,正如郑毓信和梁贯成二位先生指出的:

(1) 关于数学思维的过程与结果(数学结论),我们可能更强调结论。

(2) 关于"理解"与练习,我们讲究的是"精讲多练"。

(3) "愉快学习"在西方比较强调,我们更提倡刻苦学习,苦中有乐。

(4) 西方教学注重学生的"内因",我们则同时强调外因。

(5) 西方强调个别教学,我们则习惯于班级授课,强调在学生个人努力学习的同时,也强调发挥班集体(数学学习共同体)的作用。

(6) 西方强调"教法",我们则首先强调"吃透教材",然后再讲究教法,数学教学法须有数学的特征。

(7) 西方强调学生"自主发展",以学生为中心,我们则更强调规范教育。

(8) 我们在教学中,强调"弟子不必不如师",强调"师傅引进门,修行在个人"。

自然,我们的数学教学思维模式中,也有一些消极和保守的东西,比如,对于数学教育的改革,一般的态度是:

(1) 耳听为虚,眼见为实;试验非要办到门口来,认准了,才会承认。因为,近年来,我们耳闻目染的假冒东西太多了。

(2) 一旦实验失败,升学率下去了,不好交待,谁也承担不了责任。

(3) 还是听上面的,许多事说说、写写可以,但做来要慎重。

这里边有实情,但也反映了保守的一面,而事实上,这代表了绝大多数教师的思维模式。

三、"思维模式"研究的启示

我国中小学数学教师中的大多数属于埋头苦干型,宁肯受苦受累,也要力求稳妥,如前所述,这对于"大起大落"的折腾,起到了"稳住阵脚"的作用,但是,对于数学教育的改革,则提出了不少新的问题。

由于至今的数学教育,无论国内国外,都还没有一个完全成功的,真正能用于教学一线的方式、方法,思辨多,实验少;理论多,方法少,因此,我们应采用理论与实践相结合的方法,把实验点办到他们的"家门口"去。

对一些比较成熟的教育改革方案(如"MM 教育方式"),在扎扎实实地做好实验的同时,要大力做好宣传解释的工作,以便把新的思想,注入到传统的数学教学思维模式中去。

我们的观察中,发现一个十分严重的现象是:绝大多数的教师出于各种客观的(忙透了)、主观的(不良习惯)原因,不读书、不阅刊、不研究、不思考,死盯住教学的班级,不相信科学的教育方式能把师生从重负下解脱出来,因而知识陈旧贫乏,观念古老,能力更无提高,因此,难以走出"苦教苦学,学苦教苦"的怪圈,我们应大力提高三项更新(知识、观念、能力),提倡学习,提倡智力扶贫,帮助大多数的教师从陈旧的数学教学思维模式走出来,这里关键的关键,在于大力提倡看书、读刊,研究、思考。

参考文献:

[1] Thompson A G. The Relationship between Teachers Conceptions of Mathematics and Mathematics Teaching to Instructional Practice. Educational studies in mathematics,1984,15(99):105－127。

[2] 郑毓信. 中国学习者的悖论. 数学教育学报,2001,10(1):6—10.

小学数学教师教学设计能力及其构成研究[①]

刘志平 刘美凤 吕巾娇

教学设计在教育技术学学科体系中占据着核心地位,是把学与教的原理转化到教学材料和教学过程的计划方案中的系统过程,是联系教学理论和实践的桥梁,有助于教学科学化。然而,我国中小学教师的教学设计有严重的形式化、教条化倾向,如"教学设计与实施忽视学生差异、忽视目标的作用、未对教材进行适应性处理……"[1]。教学设计理论自身存在不足是原因之一,目前我国的教学设计理论和方法基本上处于引介、消化国外研究成果的状态,没有与具体学科特点结合,指导性不足,主要掌握在专业人员手中,很难在中小学教师中普及与应用。教学设计理论要真正为我国广大的中小学教师所接受和有效应用,必须走进学科教学实践,才能促进教育技术在中小学教育中发挥更大的作用。

小学阶段是为学生终身学习奠定基础的重要阶段,数学学科的重要性也不言而喻。然而,我国小学数学教师专业化发展面临的形势异常严峻[2]。尤其是老师们在贯彻和落实数学新课程理念时,出现了舍本求末、矫枉过正的问题,比如"重形式更新,轻知识传授""重实际操作,轻归纳总结""重合作互动,轻组织秩序"等。可以说,小学数学教师更多的是凭借经验设计教学,缺乏科学性和系统性,他们没有掌握甚至根本不了解教学设计。提高小学数学教师的教学设计能力迫在眉睫,相关人员已注意到这一问题,并开展了一些培训,但受众过少、力度较小,且培训体系不系统,往往是"缺啥补啥",停留在"细枝末节"上,培训方式单一,培训后老师们依旧是老调重弹,培训效果无法体现。从研究上来看,在有关教学设计的研究中,关注小学数学的文章较少,粗略统计仅占0.38%,其中对教师教学设计能力的研究也较少,主要是现状分析、特点分析和发展途径,对于小学数学教师教学设计能力的构成没有系统的研究。本文试图在这方面有所突破。

一、教师的教学设计能力分析

能力,《辞海》的解释是"通常指完成一定活动的本领,包括完成一定活动的具体方式,以及顺利完成一定活动所必须的心理特征"。国际培训绩效与教学标准委员会(IBSTPI)对能力的定义为"……使一个人有效完成既定的职业或职责活动,并达到预期的职业标准应该具备的知识、技能和态度"。定义认为能力标准是一些行为的描述,而不是个性品质或信仰,人们的行为中确实经常反映出某种态度。

教学设计是人类一种特殊的设计活动,它是运用系统方法分析教学问题和确定教学目标,建立解决教学问题的策略方案、试行解决方案、评价试行结果和对方案进行修改的过程,它以优化教学效果为目的,以学习理论、教学理论和传播学为理论基础[3]。概括来说,教学设计能力是运用系统方法来分析教学问题、设计教学问题的解决方案、检验方案的有效性并做出相

[①] 本文选自《中国电化教育》2009年第9期,第77—81页。

应修改的能力。IBSTPI 先后为教学设计领域的三类实践人员——教学设计者、培训管理者和教师定义了所需的知识、技能和能力，在国际上得到了广泛的认可，成为最为成熟和权威的教学设计人员能力标准。2003 年，IBSTPI 提出了一般教师应具备的能力，如表 1 所示。

表 1　教师应具备的能力[4]

专业基础	计划和准备	教学方法和策略	评估和评价	管理
1. 有效沟通 2. 更新和提高自己的专业 3. 遵守已有的道德规范和法律标准 4. 建立并维持专业可信度	1. 计划教学方法和材料 2. 为教学做准备，改良组织	1. 激发和维持学习者的动机 2. 展示有效的表达技能 3. 展示有效的促进技能 4. 展示有效的提问技能 5. 提供说明和反馈 6. 促进知识和技能的保持 7. 促进知识和技能的迁移 8. 利用媒体和技术促进学习和绩效	1. 评估学习和绩效 2. 评价教学效果	1. 管理能促进学习和绩效的环境 2. 恰当运用技术来管理教学过程

二、小学数学教师的教学设计过程

小学数学教师实际教学设计活动和行为决定了其应具备的教学设计能力。数学学科知识具有逻辑性、结构性和层次性强的特点，数学学习呈现螺旋上升、逐步"数学化"的特点，所以教师必须在学期前、单元前和课堂前都要进行教学设计活动，经历一个从整体到局部的教学设计过程。从过程上讲，教师的教学设计能力可以分为课程教学设计能力、单元教学设计能力、课堂教学设计能力。不同阶段的教学设计活动都要经历分析—设计—评价—调整的过程，每个阶段的教学设计能力构成的要素基本相同，但又各有侧重，需要完成不同的任务，如图 1 所示。

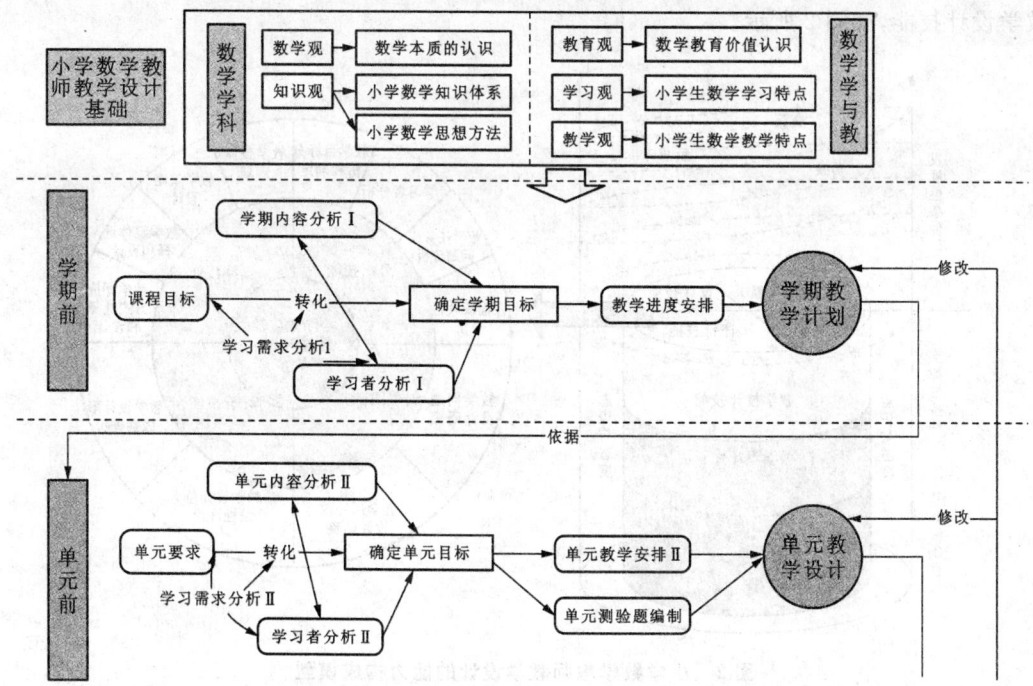

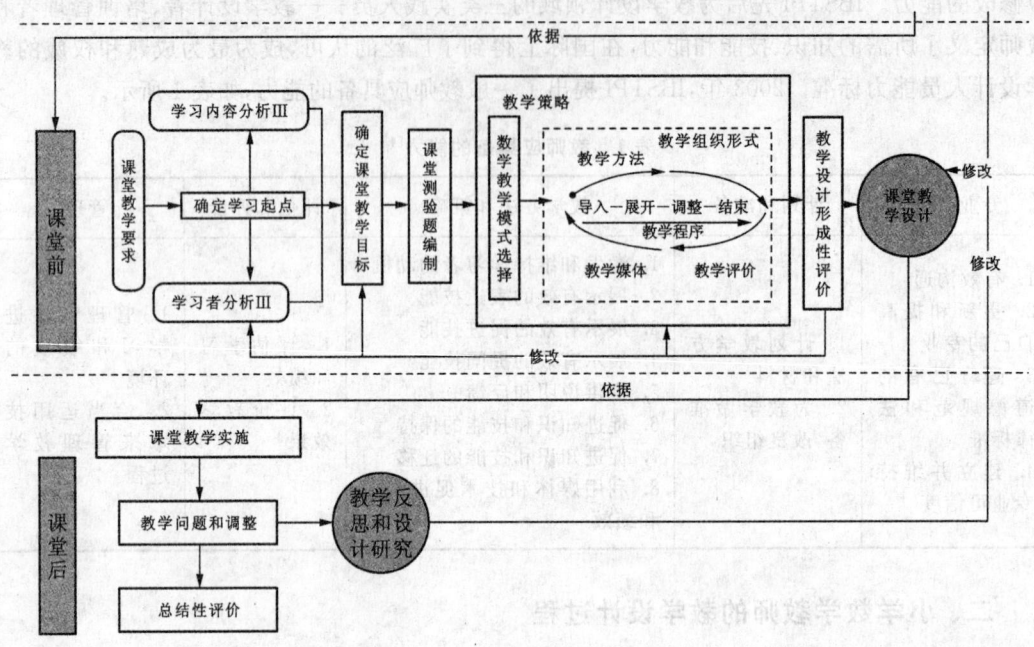

图 1

三、小学数学教师教学设计能力的构成

小学数学教师教学设计能力是指能够使小学数学教师更加有效地完成教学设计活动应该具备的知识、技能和态度。在一般教师的教学设计能力的基础上,根据小学数学教师教学设计的一般过程,我们认为小学数学教师教学设计能力由三个方面构成:意识与态度、知识、教学设计技能,如图 2 所示。

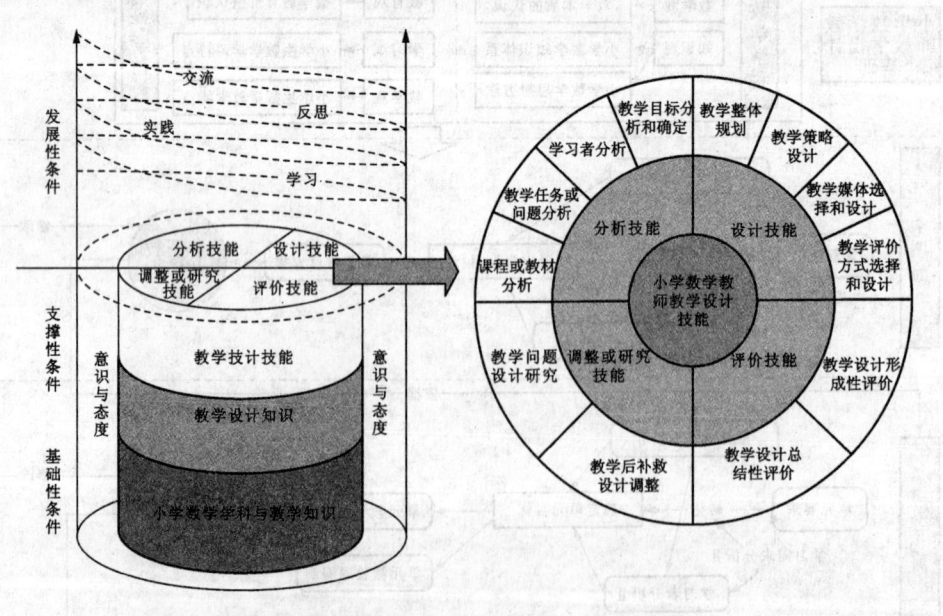

图 2 小学数学教师教学设计的能力构成模型

(一)意识与态度方面

包括对数学学科的热爱、对数学学科本质及其教育价值进行探究的意识、教学设计的重要性意识,还有自主学习意识、知识管理意识、共享交流意识以及设计研究意识等。

(二)知识方面

首先,小学科学教师应该具备小学数学学科知识、小学数学教学法知识以及小学生如何学习数学方面的知识,即应该具备正确的数学观、知识观、教育观、学习观以及教学观;其次,应该具备一般教学设计知识,如教学设计的一般模式、教学目标分类、学习的信息加工理论等。

(三)教学设计技能方面

从教学设计的一般过程模式来看,小学数学教师教学设计技能一般包括四个方面的技能:分析技能、设计技能、评价技能、调整及研究技能。每个技能需要完成一系列子技能。本文重点结合小学数学教与学的特点,来剖析各教学设计技能的要点。

1. 分析技能

分析技能是小学数学教师教学设计能力的重要组成部分,任何教学设计都始于分析,主要对课程或教材、教学任务或问题、学习者、教学目标等进行分析,各内容分析没有固定的线性流程,彼此之间相互影响,分析的最终结果是制定出切实、可操作的课堂教学目标。

数学课程或教材分析:数学新课程顺应时代发展和社会潮流,提出很多新理念,需要小学数学教师深刻理解和领悟,从而落实到具体的课堂教学中去,同时教材的编排上也相对比较灵活,鼓励教师创造性地使用教材。所以,需要小学数学教师更加精心地钻研和思考数学新课程标准和数学教材,力求对小学数学教育教学有全面深刻的认识。

教学任务或问题分析:即确定教学内容的广度、深度以及可能出现的教学问题。主要包括了解所教的数学内容领域以及知识类型、选择不同的任务分析方法(如信息加工分析法和层级分析法),对各数学教学任务进行深入细致的分析,包括各知识与技能以及它们之间的关系,能培养哪些数学能力和数学学习态度,等等。从对教学任务的分析中了解学生于某一数学内容学习的思维操作过程以及其中的系列决策点,根据学生的不同水平形成不同的教学路径,真正落实根据学生其实际能力和差异进行教学。对于数学教学重点和难点,以及可能出现的教学问题,要进行特别分析。

学习者分析:由于小学生处于具体运算向形式运算转化的阶段,从具体形象思维为主要形式逐步过渡到以抽象逻辑思维为主要形式,在做学习者分析时,应该要处理好以下三大关系[5]:第一,数学知识的高度抽象与儿童思维的具体形象的关系;第二,数学知识的逻辑严谨与儿童理解的片面、肤浅、简单之间的关系;第三,数学知识应用的广泛与儿童生活经验的狭窄之间的关系。同时,既要考虑学习者之间稳定、相似的一般特征,又要分析学习者之间变化的、差异性的学习风格特征等。既要把握小学生的一般年龄特点,还要关注与数学学习密切相关的数学思维能力水平的分析;因为数学学习具有很强的前后联系和层次性,还要分析与所教内容相关的学生已有的知识、技能、经验以及学习者的学习习惯、学习动机与兴趣、情感态度、意志品质等非智力因素;数学学习对学生的思维要求很高,经常会出现较大的差异性,所以小学数学教师既要分析班级整体情况,还要关心个体差异。只有这样才能真正做到"因材施教",使每一个学生在数学上都有各自的发展。

教学目标分析和确定:数学学习目的有两个方面:一是促进学生的认知和情感品质的一般发展(主要为情感、认知、思维和能力的发展),二是形成学生基本的数学素养(包括逻辑思维、常规方法和数学应用)[6]。在了解数学课程整体要求和单元目标的基础上,教师通过分析数学教科书以及教参等材料,初步确定每一节课的教学目标,然后再根据学生的实际情况和特点,来调整切合自己班级的教学目标,应该根据小学数学学习结果类型(认知领域的目标、情感态度领域的目标、动作技能领域的目标、社会技能领域的目标)来确定小学数学教学目标,其中重点是认知领域目标,主要包括言语信息(符号表征学习、事实性知识学习、知识体系学习)、智慧技能(辨别、具体概念、定义性概念、规则的应用)、学习策略、问题解决和高级规则学习。这样有利于进行更科学、理性的教学设计,避免教学目标设置出现含混、交叉或遗漏等问题。

2. 设计技能

设计能力是在前期分析的基础上,依据确定的教学目标,对教学过程和教学活动进行设计,最终构建出促进学生发展的学习环境的能力。一般包括以下四个方面。

教学过程整体设计:由于数学知识的逻辑性和结构性,数学学习呈现出螺旋上升的特点,所以整体优化意识对小学数学教师教学设计很重要。一方面,小学数学教师应该具有从整体到局部的设计思想。学期前应该有整体的学期教学规划,每单元也应该有整体的单元设计。然后在此基础上去设计每堂课,从整体上去把握每节课在整个学期中的位置、地位以及前后关系。另一方面,小学数学教师应该把课堂教学设计看成一个创造性的、互动的、发现问题和解决问题的过程。先对教学过程进行整体设计,然后才是对各个具体活动的局部设计,目标—策略—评价应该一以贯之,相互匹配,整体优化。

教学策略设计:分为教学组织策略、教学传递策略和教学管理策略,主要包括教学顺序、教学方法、教学组织形式等方面的能力。教师在谙熟各种适合小学数学教学方法和策略特点的基础上,根据不同的教学目标、教学内容、学生、环境、教学时间和教学技术等条件,组合出不同的教学方案,同时由于小学生有意注意较差、好动、没有形成良好的学习习惯等特点,这就需要小学数学教师对课堂教学组织和管理方面进行更加细致周密的设计。

教学媒体选择和设计①:由于小学数学教学具有直观性和形象性等特点,而教学媒体对于小学数学教师教学就显得特别重要。首先,根据不同教学目标选择媒体,媒体没有优劣之分,只有适合与否。要注意综合多种媒体(如小黑板、挂图、教具、学具、计算机等)的优势,体现针对性和多样性。然后对媒体进行精心的设计,包括呈现内容、呈现时间等的设计。

教学评价方式的选择和设计:就是小学数学教师依据教学目标,对学生学习过程和结果进行评价反馈。首先要根据小学生和数学学习的特点选择教学评价方式(如自评和他评)和方法(如作业、测验、概念图、档案袋、数学日记等),以及评价内容、评价指标和评价时机等的设计。小学生的数学学习要经历"数学化"过程才能真正地发展数学思维和能力,所以教师

---

① 教学媒体选择本属于教学传递策略的一部分,由于新课改强调信息技术在教学中的应用,同时已有研究表明,小学数学教师的教学媒体选择和设计能力还明显不足。所以本研究将教学媒体选择和设计能力单独提出来,以示强调。

应该注意总结性评价与形成性评价结合,关注学习过程评价,重视学生的发展,淡化甄别与选拔。

3. 教学设计成果评价技能

主要包括课堂前形成性评价和课堂后总结性评价。教学设计是一个动态的过程,课堂前对为了实现教学目标,教学过程中教学策略和评价的选择进行必要的重组和调整,从而达到整体优化。课堂后,教师也应该对教学设计进行总结性评价,找出设计中的得与失,不断修改完善,在这个过程中真正实现小学数学教师与学生的全面发展。

4. 课后调整以及发现教学问题和研究问题的技能

调整能力是对课堂教学有精心设计和充分预设的前提下,根据课堂教学互动中出现的学生学习需求和问题进行课后的调整研究而表现出来的能力。在数学课堂教学中,学生可能总是会出现一些教师难以预料的问题,就需要教师进行课后补救设计。主要为教学后对于没有达成的目标和部分没有达到目标的学生进行补救性设计,从而根据这节课学生的学习情况对下一节课教学设计进行适当调整。同时,对于在教学中表现出来的新问题或者经常出现的问题进行深入分析和研究,从而设计出行之有效的方案。

这些能力对于小学数学教师的专业发展来说,可以概括为三类条件:一是基础性条件,即数学学科知识和小学数学教育学科知识;二是支撑性条件,即教学设计的知识和技能,小学数学教师只有在科学理论方法的指导下进行教学设计实践,才能摆脱随意化和经验化,教学设计才能更加理性和科学;三是发展性条件,即意识和态度。教师需要在教学设计实践中不断地反思,不断发现、分析和解决问题,不断修改和完善教学实践,总结经验和规律。

总之,小学数学教师教学设计能力的提升是一个逐渐形成和内化的动态发展过程,一方面需要开展相应的培训,系统地设计培训课程,内容包括一般教学设计知识和技能、数学学科和教学方面的内容,课程螺旋上升;另一方面需要教师自身付出努力,树立正确观念和意识,不断学习、实践和反思,才能得到真正的能力提升,进而提高教学质量。

参考文献:

[1] 鲍同梅.中小学教学设计的问题透视.上海:华东师范大学,硕士论文,2004.
[2] 杨高全,李学全.对小学数学教师专业化发展问题的思考.数学教育学报,2007,(2):93—95.
[3] 乌美娜.教学设计.北京:高等教育出版社,1994.
[4] R. A. 瑞泽,J. V. 邓普西.教学设计和技术的趋势和问题.上海:华东师范大学出版社,2008.
[5] 周玉仁.小学数学教学.北京:科学教育出版社,1988.
[6] 孔企平.小学儿童如何学数学.上海:华东师范大学出版社,2001.

农村小学数学教师知识发展现状与对策研究

卢秀琼　张光荣　傅之平

知识是教师从事教育教学工作的前提条件,是影响教师专业发展层次、水平的重要因素。国内外学者对教师应该具有什么知识,这些知识在教师知识结构中的作用是什么,各种知识之间应是怎样一种关系,对各种知识应掌握到什么程度,各种知识的来源等等问题进行了深入研究。其中国内学者申继亮、辛涛等人通过自编小学数学教师职业知识问卷,对小学数学教师的知识状况进行了测查[1][2]。本研究受前人的启发,以重庆东南部三峡库区贫困县农村小学数学教师为对象,研究其知识发展状况,提出农村教师专业发展的策略,为促进农村教师队伍建设提供参考。

一、研究对象和方法

(一) 研究对象

调查取样对象为重庆市黔江、武隆、涪陵三区县6所农村中心校担任小学数学教学的教师。问卷调查采取当场发放的方式,收回有效问卷68份。被试的人口学特征如下:男34人,女34人;教龄1—5年6人,5—10年8人,11—20年28人,20年以上26人。小教二级2人,小教一级15人,小教高级48人,3人无职称。学历:中师或高中11人,大专40人,本科17人。

(二) 研究工具

研究工具采用自编小学数学教师知识测查问卷。根据教师知识的有关理论确定问卷内容,由学科知识、教育教学知识和实践性知识三部分组成。

① 学科知识分问卷,100分。维度包括数与计算、统计初步知识、几何初步知识、比和比例、简易方程、应用题。共20题,每题答对得5分。克伦巴赫一致性系数为0.78。② 教育教学知识分问卷,100分。由一般教育教学知识、学科教学论知识、学习者的知识三部分构成。一般教育教学知识涉及教育目的、教师和学生在教育中的地位、课程、评价和学习方式等维度。学科教学论知识以新课程要求为主,反映新课程理念,包括课程结构、课程改革的目标、教材开发与管理、数学学习方式、数学教学内容、数学学习评价等维度。学习者的知识维度由小学生发展的影响因素、注意力、记忆力、思维力、情绪、意志、品德等方面组成。共40题,每题答对得2.5分。克伦巴赫一致性系数为0.76。③ 实践性知识分问卷100分。从两个方面考虑,一是对有关教材的处理。选取小学数学教材或教学中有代表性的一个教学片段,看教师是如何把这些知识教给学生的,教师是如何评价教学过程的。二是解决课堂

---

① 本文选自《课程·教材·教法》2007年第9期,第60—64页。

教学中的突发事件,看教师的课堂教学管理水平。共2题,每题满分50,分4个水平打分。例如,第二部分课堂突发事件材料的评分标准:水平1(12分):被试简单粗暴地对待,带有一定的冲动性;水平2(24分):被试采取忽略、延缓的策略,认为课堂应以教学为主,一切问题留到课后处理,反应消极、被动,影响课堂教学效果;水平3(36分):冷静对待或给以暗示,在不中断课堂教学的前提下,能根据导致问题的根本原因解决问题;水平4(48分):被试能综合利用课堂中的各种信息,既照顾学生的自尊心,又不影响教学,艺术地、机智地解决问题。克伦巴赫一致性系数为0.66。

（三）数据处理

将收集的数据用统计软件SPSS10.0进行统计分析和处理。

二、结果分析

（一）不同特征教师在知识总分上的差异分析

以教师教龄、职称、学历为自变量,以三类知识的总分为因变量进行多因素方差分析,结果表明,在教师的各项特征中,只有教师的教龄存在明显的主效应,而教师的职称、学历等因素对教师知识影响不显著。这表明,教龄是影响教师知识的主要因素,随着教学年限的变化,教师的知识在不断变化。统计结果见表1。

表1 不同特征教师知识总分的方差分析

统计值	教龄	职称	学历
F值	2.916	2.818	0.365
P值	0.049	0.074	0.697

（二）不同教龄教师在三类知识上的差异分析

表2 不同教龄教师在三类知识上的方差分析

教龄	学科知识		教育教学知识		实践性知识	
	M	SD	M	SD	M	SD
0—5年	89.58	6.96	69.33	5.97	58.75	12.72
6—10年	94.37	5.30	69.06	11.30	65.62	15.28*
11—20年	91.42	12.62	70.40	10.08	63.01	15.12*
20年以上	89.51	8.94	66.05	14.27	49.71	18.19*

注:$P<0.05$

从表2可以发现,不同教龄教师在学科知识和教育教学知识上的得分差异不具有统计学意义。在实践性知识上20年教龄以上教师与5—10年、11—20年教龄的教师差异显著。但总体来看,各个教龄段的教师在三类知识的得分上呈现出一个共同的特征,即他们在学科知识上的得分最高,其次是教育教学知识,实践性知识得分最低,而且三种知识得分之间的差距甚大。

为什么会出现这种趋势呢？我们认为，首先，这说明教师的学科知识的掌握相对比较好。在调查测试中发现，教师也比较在意和重视学科知识是否掌握，交了问卷以后，他们讨论的是学科知识中某题应怎样做，等等，反映出教师比较重视学科知识的掌握，而对教育教学知识和实践性知识重视不够。第二，教师的教学实践总是以其对教学与学习的理解为前提的，但是并非教师理解和接受了某种新的教育教学理论和观点，就会自动地对教学实践产生作用而获得实践性知识。教师在长期的教学实践中形成了大量的、缄默的知识，由此无形中会无视甚至抗拒新的教育理论和观念。这就是为什么教师的教育教学知识得分较高而实践性知识没有跟着升高的原因。因此，向教师传授新课程方面的知识以及有关心理学、教育学知识，并不一定会对教学实践产生直接的影响。从教师培养的角度来看，要提高师资培训的效果，使教师获得切实的教育教学技能，提高教学效果，必须将两类知识有机统一起来。

表2直观地表示了不同教龄教师在三类知识上的得分情况。教师的学科知识的得分呈低—高—低—低的发展趋势，教龄1—10年呈上升趋势，10年以后开始近乎直线下降。教育教学知识的掌握则呈高—低—高—低的发展趋势，1—10年变化不明显，10—20年得分最高，以后直线下降。实践性知识在6—10年达到高峰，11—20年开始下降，呈低—高—低—低的发展趋势。总体来看，教龄5—10年是各项知识得分较高的阶段；教龄10—20年的教师除教育教学知识得分较高外，学科知识和实践性知识得分开始下降；20年以上教龄的教师在所有知识上的得分均低。不同教龄的教师在三类知识的发展趋势上表现出较大的一致性。

原因分析如下。第一，1—10年是教师走上工作岗位，从不熟悉教学到成长为一个较成熟的教师的阶段，评职称的要求等因素激励教师努力学习和工作，加上年富力强，记忆力尚好，所以各种知识的得分呈上升趋势。第二，教师在从教10年以后，已具备一定的教学经验和教学能力，多数教师已评了小学高级教师职称。在调查中发现，调查对象中11—20年教龄者，已有78.6%的教师评了高级职称，20年以上的教龄中，100%的教师评了高级职称。很多教师说，职称已到头了，没有什么追求的了。到了此阶段的教师，学习的积极性已经不高了。因此，他们在各类知识上的得分呈现下滑趋势。第三，具有20年以上教龄的教师绝大多数处于成年中后期，20年以前接受的师范教育课程知识比较少，甚至比较陈旧，加上记忆力的下降，因此他们的学科知识和教育教学知识得分均比较低。老教师在长期的教学实践中已形成了自己固有的教学习惯，属于经验型教师，不愿意改变在长期的教学实践中形成的教学常规，接受新知识的动机不强。加上老教师接受继续教育的机会比较少，一般让位于年轻教师。因此，他们的实践性知识得分也比较低。

三、农村小学数学教师知识发展存在的问题

（一）知识结构不完善，教育教学知识的掌握较差，实践性知识水平较低

调查显示，教师的教育教学知识、实践性知识得分较低。说明他们不重视"怎样教""如何教"的问题，以及忽视对自己教学实践经验的反思、总结和提高，这就直接影响他们的教学效果。

在教学活动中，教师的各种知识相互融合、均衡发展，才能达到最佳的教学效果。教师

不仅要掌握学科知识,还要有相应的教育科学知识和实践性知识。三个方面的知识相互依存、不可分割,缺少了任何一个方面的知识都不能真正胜任教学工作。不具备扎实的学科专业知识就无法对学生"传道、授业、解惑";没有教育科学知识就不能用最科学的方法、在最短的时间里让学生接受知识,融会贯通;没有将学科知识和教育教学知识与具体的教学对象和教学情境相结合、对特殊问题和具体任务情境直觉综合和把握的实践性知识,也不能实现学科知识的有效传递。任何一方面的知识存在问题都将直接影响到教学任务的完成。三者相辅相成,缺一不可。现实中很多教师则在某些方面存在着欠缺,不尽如人意。

(二)教师知识的发展过早进入退缩阶段

教龄 10 年以后的教师,其掌握的知识已开始衰退。一些教师经过多年的教学生活之后,对教学环境、学校政策及教学活动了然于心,有的教师多年教同一科目,教材内容已教得滚瓜烂熟。在这种情况下,教师觉得教学工作已不再有很大的挑战性,感到教学工作平淡无奇。同时还可能因教学环境中的种种因素,如校长领导的非专业化、学生表现太差、教学设备太差等开始厌倦教学。对其进修学习要求的调查表明,多数教师是因为政府和学校的要求被迫参与。加之他们中的多数已评了高级职称,当他们觉得升更高级职称的可能性不大之后,便放弃了学习和进步。由此可见,教师的专业发展动力主要来自外部,缺乏内在的自我发展的动力。而教龄 10 年以上教龄的教师,多数处于人生的中年阶段,积累了相当丰富的教学经验,精力也比较旺盛,但似乎已失去了进一步发展的热情,这不能不说是个人发展的缺憾和学校人力资源的极大浪费。

四、农村小学数学教师知识发展问题的解决策略

农村教师专业知识的发展是以一系列社会的、教育的客观条件的具备和教师自身的发展观念等主观因素的成熟为依托和基础的。根据本研究中农村小学数学教师知识发展的特点以及农村教师的工作环境和条件,就发展其知识提出以下建议。

(一)树立终身教育的理念,结合教师专业发展的阶段特点,促进教师知识结构平衡发展

正如终身教育提倡者朗格朗所言,数百年来把人生机械地分成学校学习和工作两个阶段是毫无科学根据的。教育应是每个人从出生到死亡持续进行的全过程,是一生中所有教育机会的统一,它包括婴幼儿、儿童、青少年和中老年等各阶段的教育、学习活动,也包括家庭、学校、社会一切正规的、非正规的、正式的、非正式的所有方面的教育和训练。生理学、心理学的研究结果证明人类有接受终身教育的基础和条件。同时,教师专业化过程是一个动态的发展过程,教师专业发展有其阶段性存在。教师需要通过不断的学习与探究来拓展其专业内涵,提高专业水平。北京师范大学发展心理研究所林崇德、申继亮、辛涛等学者研究认为,教师知识结构应包括本体性知识、条件性知识、实践性知识和文化知识。每一种知识对于教师取得最佳的教育效果都是必不可少的。

(二)政府政策的保障、学校的激励机制与教师的积极参与并举

农村教师的专业发展受到诸多因素的制约。有些学校、教育主管部门的领导思想观念

相对落后,面对国内外教育改革发展新的形势和对教师素质提出的新要求、新挑战常常表现得很冷漠。由于对小学教师专业发展缺乏正确认识,一些学校的领导对教师参加专业发展活动不鼓励,甚至以种种借口加以限制,上级规定的有关待遇不能落实,挫伤了教师参加学习培训的积极性。有些小学教师可能随着观念的转变,越来越意识到自身发展的重要性,但由于经费问题只好作罢。

教师要自觉地发展自己的专业知识,不仅要有外在的激励因素,即政府或教育行政部门的某些政策保障和鼓励机制,同时应有内在需求的原动力。教育行政部门应按比例适当给予一些农村学校参加专业活动如在职培训的教师经费补助。同时,各级教育行政部门和学校领导应把教师专业知识发展工作作为各自任期内业绩考核的内容之一,并强化小学教师专业发展的意识。农村小学应创造一种适合优秀教师成长的机制,如实行择优录用,竞争上岗,对在教学科研上有突出成就者,在学习、进修、奖金等方面有实质性倾斜,以鼓励教师积极主动地参与专业发展。

(三)农村小学数学教师知识发展的内容方面,应加强教育理论的学习,提高教育理论水平;引导教师反思自己的实践活动,提高教育教学的实践水平

教师和有知识的人的区别在于:教师不但要有知识,还要有传授知识的方法;不但要善于把所掌握的知识传授给学生,而且还应善于培养学生的能力和素养。一句话,不但要知道"教什么",而且还要知道"怎么教"。因此,强调教师职业的独特性,就是要突出对教师的教育教学知识、实践性知识以及教育教学技能的训练。

(四)农村小学数学教师知识发展方式,将参加在职培训与个人自学、反思相结合

在职培训方式宜采用研讨会、个案研究、角色模拟等方式,有助于将实践性知识转化为理论知识,从而提高教师教育教学的自觉性和有效性。通过这些方式让教师参与到培训活动中来,使教师的不同意见可以互相交锋,产生思想上的火花,生成新的知识。教师不再盲目地相信权威,而是通过自己的思考和与同行的交流选择并形成对自己有意义的知识。从理论知识和实践知识在教师专业化过程中的作用看,教师专业发展的关键是将教师的实践知识转化为理论知识并成为影响、决定教师行为的支持性理论。

(五)农村小学数学教师知识发展的组织方式,以乡镇中心校为基础的校本培训和以城市学校带动乡镇学校的联合培训为主

校本培训是为了满足学校和教师的发展目标和要求,由学校发起和组织,主要在学校中进行的一种教师在职培训形式。教师不必脱离工作岗位,就在真实的教育教学情境中接受全面的培训,比较切合农村小学教师地域分布广、交通不便、经费短缺、工学矛盾较大等实际情况,因而它可成为一种与校外培训优势互补的培训模式,相对于其他培训,更有利于教师成长。

但农村地区的小学由于交通不便,信息落后,教师接触新的观念、学习的机会少,整体教育教学质量落后于城镇。因此,农村学校应与城市较先进的学校建立联系,定期或不定期地参与它们的校本研究活动,发挥城市学校的示范和带动作用。又由于农村学校规模小,教师

比较少,资源配置不全,中心校之间可以横向合作,实现资源优势互补,联合开展校本培训,并为教师之间提供相互观摩、交流、切磋的机会。

(六) 完善教师职务评聘机制,促进教师的终身发展

教师专业技术职务的评聘,是对教师专业发展水平和能力的认可,在激励教师专业发展中起着重要的作用。但目前教师评聘职务基本上还属于"终身制"。按任职条件计算,不到40岁,小学教师就可能评上高级教师职务,达到职务系列的顶端,离退休还有20多年的时间,也正是干事业的好年龄。应当使教师认识到,评聘职称后并不是船到码头车到站,万事大吉。因此,需打破教师专业技术职务终身制,实行评聘分离。加强对教师专业技术职务完成情况进行考核。不但要结合岗位目标责任建立年度考核制度,还应根据其实际能力,加强日常考核及任期考核的力度,把专业技术岗位服务对象的评价意见纳入考核体系中,把任职期的考核结果同工资奖金、行政表彰、职务晋升、培训待遇、岗位聘任等紧密结合。健全续聘、缓聘、解聘运行机制,把公平竞争、激励机制真正引入小学内部管理体制改革中。通过加强教师职务聘后管理工作,增强教师的责任感和进取心,促使他们树立终身学习和发展的信念,从而进入专业发展的更新期,继续追求专业的成长。

参考文献:

[1] 申继亮,李琼.小学数学教师的教学专长:对教师职业知识特点的研究.教育研究,2001(7):61—65.

[2] 辛涛.小学数学教师职业知识的结构与内在关系.心理发展与教育.2005(2):52—55.

十、信息技术与课程教学

- 计算机辅助小学数学教学实验初探(广西壮族自治区柳州钢铁厂第三小学)
- 小学数学应用CAI效果研究实验报告(唐彩斌)
- 《电化教育减轻小学生过重数学课业负担》阶段实验报告(王场镇小学课题组)
- 基于网络教室的小学数学课堂教学模式探究(龚道敏)
- 信息技术与小学数学教学整合的探索(赵萍)
- 应用MP-Lab促进小学数学知识建构的探索(庄慧娟 李克东)
- 在CAI下即时提示解题过程对小学三年级学生建构两步应用题整体结构的影响(刘儒德)
- 计算机辅助小学数学教学中进行反思训练的实验研究(苗逢春 陈琦)
- 影响教师将信息技术整合于数学教学的因素分析(文玉婵 周莹)

计算机辅助小学数学教学实验初探[①]

广西壮族自治区柳州钢铁厂第三小学

为探索适合我国国情的计算机辅助小学数学教学,以适应我国现代基础教育发展的需要,1989年以来,我们利用低档微机以及简易网络,进行了系列化整体化的计算机辅助小学数学教学实验,经过三年多的实践,1992年将此实验纳入了"电化教育促进中小学教学优化总课题",获得了颇为满意的效果,引起了有关专家和教育同行的广泛关注。

一、问题与假设

目前,多数中小学只配备了低档微机以及简易网络。低档微机系统的输出输入方式单一、内存容量较低,因而在此基础上并发会话式智能教学软件比较困难,这就使得我国的中小学CAI长期处于"演示+练习"阶段,未能体现CAI个别化与交互性的特点。能否利用低档微机以及简易网络开展系列化整体化CAI,充分发挥现有设备的最大效益,大面积提高教学质量?CAI与常规教学如何有机结合?什么样的CAI模式与方法较适合我国现代基础教育的发展?适合我国国情的计算机辅助教学应如何开展?这些都是我们想要探讨的问题。

(一)实验假设

在低档微机以及简易网络的硬件环境下,用计算机辅助小学数学教学能促进教学优化,并可以获得比仅用常规手段教学更好的教学效果。

(二)实验目的

(1)研究CAI与常规教学的关系,逐步形成二者互为补充、有机结合、能优化教学的模式和方法。

(2)开发能够较好地体现人机交互、因材施教等特点的小学数学辅导式的系列化CAI软件。

(3)通过对比实验(含重复验证),证实CAI在小学阶段数学教学中应用的可行性和有效性。

二、方法与步骤

(1)实验方法。采用对比实验法。1989年,我们从217名一年级新生中随机选取42名学生建立了第一个实验班,其余四个班均作对比班。以后,每年都从新生中随机组合一个班作实验班,其余各班作对比班。现已有一至四年级共四个实验班。

[①] 本文选自《课程·教材·教法》1993年第9期,第30—33页。

(2) 实验环境。实验班以人教社五年制教材为文字教材,在 CEC-I 型中华学习机简易网络下,采用 CAI 方式进行教学。对比班采用人教社六年制教材,以常规方式进行教学。

(3) 非实验因素控制。实验班与对比班的学生来源及人数大体相同,教学时数相同,师资水平相近。实验班的家庭作业量不得多于对比班。对比班除不使用计算机辅助教学外,其他教学条件均与实验班相同。

(4) 实验周期。实验的周期定为五年。

(5) 课件的编写。设计课件时,以人教社五年制小学教学教材为蓝本,适当参考了人教社《现代小学数学》等实验教材,先将文字教材分解为一个个课题,如"5 以内数的认识"、"5 以内数的组成和分解",再围绕课题设计课件,使课件既能与文字教材紧密联系,又能相对独立于文字教材,既能体现大纲要求,又能充分发挥 CAI 的独特优势。

为使 CAI 课件易于为师生接受,设计时,在课件的结构、屏幕的安排,以至教学用语、解题格式等方面都力求符合教师的教学习惯与学生的学习习惯,尽可能与传统的课堂教学结构、环境相适应,进一步提高了 CAI 课件的实用性和可行性。

编制课件时,一方面注意了吸收小学数学教学改革的新成果,例如,在对一些教学内容的编制、处理上,采用《现代小学数学》实验课本的体系;在教学方法上,多处借用"尝试教学法"、"引导发现法"等模式,另一方面,又注意了充分发挥 CAI 的优势及特点,例如,广泛采用动画技术,让学生通过观察数、形、式的运动变化过程,在类比、归纳中领悟规律,通过查询对话、猜想试误去发现知识。三年来编制的 CAI 课件共 19 单元 120 多个课时,基本能够满足小学一至六册教学的需要。初步形成了完整的、系列化的、能体现 CAI 教学特点、使用可靠、便于操作的小学数学 CAI 课件。

(6) 模式方法。经过三年多的实践,我们初步探索了小学数学 CAI 与常规教学有机结合、互为补充的教学模式以及基本课型和教学方法。就整个实验而言,可简述为两模式,四课型,六教法。

两模式:① "先上机后说写"模式;② "先说写后上机"模式。

运用模式①时,学生先在计算机的辅导下,以"猜想—验证"或"查询—模仿"等方式自学新知,初步领会教学内容,再在教师的引导下,说算理,说规律,说方法,做书面作业练习等,加深对知识的理解。

运用模式②时,学生先在教师的引导下,理解数学知识的生活背景,掌握基本概念、术语,初步理解解题思路,再通过上机练习,在类比、归纳中领悟规律,将知识转化为技能。两模式灵活运用,互为促进,组成了符合小学生认识规律的有机整体。

经过三年多的 CAI 实践,我们认为模式的选用应符合以下规律:教学内容适于由生活情境引入时,选用"先说写后上机"模式;教学内容适于由旧知直接导入时,则选用"先上机后说写"模式。

值得注意的是,小学数学的教学内容联系紧密,大多数都是可以由旧知直接导入新知的,因此,"先上机后说写"模式是互补教学实验的主要模式。

四课型:为使 CAI 与常规教学有机结合,我们归纳出"互补教学"的四种基本课型。

上机课:课前先由教师调入有关教学课件程序并分别送入各学生机内。学生则通过人机对话,按照编定的教学课件,在计算机的辅导下进行个别化学习。教师巡回视导,并在学生需要帮助时给予适时的点拨。

说话课：在上机课中，学生自学领悟、教师适时点拨的教学形式是主要的，因而不便于师生情感的交流及学生数学语言表达能力的培养。为弥补这一不足，我们特开设说话课。该课型主要是发挥常规教学的优势，让学生在上机学习的基础上，在教师的指导下，进一步理解教学内容，讲清概念和算理，大胆质疑问难，交流各自见解，理清解题思路，总结规律实质。

写字课：在上机课中，学生通过按键输入演算经过（含各种横式、竖式的计算）和结果，因而具体的书写计算过程未能反映出来。开设写字课的主要目的是弥补上机课的不足，重在培养学生的书面表达能力和明确书写演算习题的有关格式、要求等。

说话课与写字课是密切联系的。教学实践中，先说后写、写后再说、说写结合等方式交替运用，这对充分地发展学生的动口、动手和动脑能力，也是十分重要的。

复习课：复习课可分为上机复习课和综合复习课两类。前者通过上机复习，测查章节知识的掌握情况，以便及时补缺补差，多用于单元复习；后者则通过常规教学，进行系统的综合归纳复习，多用于期中、期末复习。

以上四种课型的教学形式在整个实验中是相辅相成、互为促进、缺一不可的。上机课主要发展学生的内部语言，而说话课发展的是学生的口头语言。所以，"四课型有机结合"的实质是促进学生"三语言同步发展"。因此，"先上机后说写"模式在于先形成内部语言再将其"外化"出来，而"先说写后上机"模式则在于先形成口头、书面语言再进一步将其"内化"。由于小学生学习数学时基本上是"意会"先于"言传"，因而，"先上机后说写"课型也就自然成为我们互补教学实验的主要课型。

六教法：在 CAI 实验中，我们常用的基本教学方法：

(1) 个别化教学法。CAI 通过人机对话，针对学生能力和理解水平的实际差异进行不同内容和不同形式的教学，变班级教学为个别化教学，较好地解决了"吃不了"和"吃不饱"的矛盾，较好地体现了因材施教的原则。

(2) 愉快教学法。CAI 为学生创造了适合他们学习的情境，教学中处处新奇、兴趣盎然，且重点突出、难点分散、坡度小、寓教于乐。教师教得严谨，学生学得轻松，颇受师生欢迎。

(3) 猜测发现法。CAI 通过指导学生自己观察、猜测、尝试、查询、归纳，继而发现新知。使学生的学习成为一种有意义的学习，而其过程又是一种积极的能动的学习过程。

(4) 对比类推法。CAI 注意展示一组组适合学生进行对比类推的学习材料，让学生在观察中比较，在对比中类推，领悟有关知识或技能，学会在同中求异，在异中求同，提高逻辑思维能力。

(5) 反馈调控法。CAI 的信息传递及反馈尤为及时，而及时的传递和反馈使师生均受益匪浅。适时调控的特点更是常规教学法不可比拟的，从而使学习的指向更为明确，更接近学生的"最近发展区"。

(6) 拓展迁移法。由于 CAI 能加快信息的传递，因而能节省教时，增大教学容和密度。这就为拓展丰富教学内容、迁移深化所学知识提供了便利。而拓展、迁移有关知识既可开阔学生视野，又可进一步把握新知、运用新知，使学生的智力开发与技能培养都得到协调发展。

以上六种基本教学方法虽有所不同，但其出发点及归属却只有一个，即大面积提高课堂教学质量。因而，在 CAI 课件和 CAI 实践中，这六种教法互相糅合、互为补充、综合运用、相得益彰，就能取得较为显著的教学效果。而 CAI 的独特作用及其固有优势，为新颖教法与常规教法的有机结合,为实现小学数学课堂教学的最优化,无疑又提供了一条新的思路。

三、结果与分析

五年的实验周期刚刚过半,在CAI与常规教学的互补作用下,实验在促进教学优化方面已经显示出如下优势:

(一)较好地解决了教学的个别化问题

学生的能力和理解水平的差异是客观存在的,在班级授课制的常规教学中,欲因材施教和及时清除每个学生在学习过程中出现的认识障碍是十分困难的。而人机交互的辅导式CAI却能根据学生水平调节教学进程。因而,既能照顾学习较差的学生,又能满足水平较高学生的需要。教学时,通过计算机的自动控制或学生的自我调控,不同水平的学生可以用不同的进度学习不尽相同的内容。计算机辅助教学一对一的性质,使每个学生每时每刻都会得到计算机"教师"的个别指导,都能得到他所需要的教学信息,从而实现了教学的个别化,使学生在同步学习中得到异步发展,较彻底地贯彻了因材施教的原则。

(二)创造了小学生学习数学的良好环境

兴趣是小学生学习动机中最现实、最强烈的心理因素。而小学数学的学习,由于概念抽象、教学枯燥、符号单调,随着教学内容的逐步深入,学生的学习兴趣反而会逐步减弱。这是因为小学生的心理特点决定了他们的思维方式是以形象思维为主,在一定的时间内只用同一种方法进行课堂教学容易引起学生大脑疲劳、兴趣减弱。CAI能模拟许多数学概念、公式、定理等数学知识的产生、发展、变化的运动过程,具有很好的动态效果,因而能激发学生的学习兴趣,促进形象思维向抽象思维发展的进程,促进感知向理性转化。1990学年,我们对一、二年级两个实验班85位学生的调查表明,喜欢CAI的学生达100%。

三年来,丰富多彩、新颖奇特的CAI课堂教学模式及方法始终强烈地吸引着学生。学生的学习兴趣有增无减,内在动机得到了进一步的激发,促进了非智力因素转化为智力因素,使数学学习过程成为一个积极的能动的学习过程。实验班的学生围绕实验教材,利用CAI课件,进行了大量数学基础知识及基本技能的学习和训练。有时,每课时课堂训练习题达四、五十题之多,但由于CAI的固有优势使得教学信息传递快捷、反馈及时,故实验班的小学生对数学学习不以为苦,反以为乐。对CAI中内容丰富、难易适中、形式不一、题型各异的数学习题的解答,他们不以为累,反以为趣,都能在规定时间内迅速完成,且取得优异成绩。显然,CAI为小学生创造了适合他们年龄特征且符合其认识规律的良好的学习环境,真正做到了寓教于乐,难怪学生对CAI兴趣盎然,"偏爱"由衷。

(三)学生数学学习能力得到全面提高

为了较全面地、科学地检验实验取得的效果,我们进行了对照测试,发现CAI实验使学生的口算能力、笔算(速算)能力、思维能力都得到了充分的发展。

(1)从各学期期末考试的成绩看,实验班学生成绩的离散程度远远较各对比班低,而且随着时间的推移及学习的深入,各对比班出现了严重的分化,而实验班却表现了较强的稳定性。

（2）从速算测查的结果看，实验班与对应年级对比班学生的速算能力有显著差异。实验班学生在同一测查内容及规定时间内的完成率及正确率均明显高于各对比班。

（3）从跨年级认识水平测查的结果看，一年级实验班的学生经过一年时间的 CAI 的实践后，在理解概念、计算能力、分析应用等方面均接近二年级普通班学生的水平，除思考训练外其余各方面均无显著差异。

（4）切实减轻教师及学生的负担。

由于软件的制作经过了教研人员、计算机专业技术人员及小学数学执教教师的通力合作，并紧密联系教材与学生的实际，注意了发挥 CAI 固有的优势，所以，CAI 实验较能符合小学生的认识规律及心理特点，故教师感到"一盘程序（磁盘）在手，成竹在胸"，备课方便，使用便利，信息通畅，反馈及时，调整迅速，因而省时快捷。同时，由于大量习题均通过上机操作完成，而 CAI 又能对学生所做的练习迅速作出正确与错误的判断，从而把教师从批改大量作业的负担中解放出来，腾出更多的时间和精力去备好课、上好课。而学生的作业基本上在课堂内完成，上机课和写字课后无须再布置作业，故实验班学生的家庭作业一般只是少量的预习性作业，比普通班学生的作业量少 50% 以上。另外，由于反馈及时、调整迅速，三年来，连续几个学期均提前两到三周完成教学任务。因而 CAI 实验在明显减轻教师和学生的过重负担方面，收到了较好的效果。

（5）较好地处理了 CAI 与其他教学手段的关系。

CAI 与其他教学手段一样，都是为完成教学任务、达到教学目的服务的。任何一种教学手段均有其优与劣，问题在于是否运用得当，能否扬长避短，充分发挥其固有优势。因而我们在进行 CAI 实验的同时，不排除借用其他教学媒体（包括各种电教媒体），采用其他教学手段组织教学。实践表明，CAI 与其他教学手段的关系是一种有机的整合和互补关系，因而是相辅相成、相互促进的。我们根据 CAI 具有动感强烈、信息畅通、反馈及时、程序化强、个别化优等特点，充分发挥其优势，借助其他教学手段，弥补其不足。这样，扬其所长，避其所短，取众之优，补其所劣，则更能展示 CAI 实验的明显效果。

小学数学 CAI 是一项开拓性的新课题，是面向未来的事业。我们相信，只要脚踏实地，立足于课堂，加强 CAI 的研究，特别是加强理论探索和教学实验，具有中国特色的小学数学 CAI 将一定能为促进我国的教育、教学改革的进一步深化做出贡献。

小学数学应用CAI效果研究实验报告[①]

唐彩斌

一、问题的提出

在科学技术高度发展的信息时代,教学手段日新月异,尤其是计算机引进课堂,已成为课堂教学中的一朵奇葩。现在,计算机辅助教学在教学中已被越来越多的教师所应用。计算机辅助教学有着潜在的优越性,然而这优越性给教学(尤其是小学数学)到底带来了怎样的效果呢?在不同的教学内容方面各起着怎样的作用呢?计算机辅助教学将给小学数学带来怎样具体的教学效果呢?作为教育工作者如何利用计算机来优化组合教学内容才能达到极佳的教学效果呢?本课题组将在"九五"国家级课题"优化小学数学课堂教学过程"研究和省教研室、小数会承担的"优化数学教学内容"的子课题研究的指导下,结合学生实际,对此子课题进行实验研究。

二、实验的过程

1. 对象的确定

根据我校1996年末的学生考试成绩和教师的任教情况,为便于实验操作和实验变量的控制,选三(1)班为教学实验班,三(4)班为对比班(暗设),把这两个班作为实验的观察对象。

2. 变量的控制

实验班与对比班的学生,在一年级时,学校是随机分班的,对二年级期末考试成绩分析显示,基本呈正态分布,在概念、计算、应用题和几何图形等知识的掌握方面无显著性差异(见表1)。这两个班三年级时由同一教师(中专学历)任教,四年级时,对比班由一位教学经验较丰富、教学水平相当的另一位教师任教。实验班采用计算机辅助教学,实验期间不布置课外作业。对比班采用传统的教学方法和手段进行教学,不作任何控制。

表1 实验前测试成绩分析

	N	$\overline{X}$	S	显著性差异
实验班	52	91.65	5.17	$Z=1.91$
对比班	52	89.51	6.25	$P>0.05$

3. 实验的内容

实验班与对比班都采用《现代小学数学》教材,实验内容分概念、计算、应用题和几何图形4个模块,即在第五册至第八册的教材中,有关这4个方面的新授课均作为实验内容,不

[①] 本文选自《中国电化教育》2000年第5期,第31—33页。

包括练习课与复习课。

4. 实验的准备

硬件设备：多媒体教室（多媒体计算机、投影仪等）。软件：用方正奥思创作工具自制相应新授课软件。

教学形式：教师先将教材优化处理编写成教案脚本后再制作成相应的课件。在课堂教学过程中，把教学信息通过投影仪演示给学生看，辅助课堂教学。

5. 实验时间

两年。

三、实验的结果及分析

通过两年4个学期的对比实验，课题组对学生所学概念、计算、应用题和几何图形方面的知识和能力以及学习情感等若干方面的效果作了检测。

1. 总体情况测试

表2 实验结果分类测试成绩分析

分类	班级	N	X	S	显著性差异
概念	实验班	52	26.82	5.09	$Z=3.92$ $P<0.001***$
	对比班	52	23.01	4.81	
计算	实验班	52	23.48	2.08	$Z=0.98$ $P>0.05$
	对比班	52	23.12	1.65	
应用题	实验班	52	19.38	1.66	$Z=1.58$ $P>0.05$
	对比班	52	18.56	3.34	
几何图形	实验班	52	8.31	2.87	$Z=4.23$ $P<0.001***$
	对比班	52	6.25	2.02	

表2表明，计算机辅助教学在数学概念教学和几何图形教学中有显著性的差异，而在计算和应用题方面无显著性差异。

2. 随课教学效果检测

课题组曾选择"平行四边形的面积"一课为例，作了课堂学习情况的对比，学习情况如下表：

表3 "平行四边形面积计算"课堂教学效果测试分析

	人数	平均分	标准差	显著性差异
实验班	$N_1=52$	$X_1=46.3$	$S_1=7.41$	$Z=3.46$ $P<0.001***$
对比班	$N_2=52$	$X_2=41.6$	$S_2=6.17$	

注：测试卷总分为60分

表3表明，计算机辅助教学在新授课教学中，实验班和对比班的学习效果经Z检验，有非常显著的差异。具体到概念、理解、面积计算和能力方面的差异情况有所不同。

表 4 "平行四边形面积计算"各方面的得分率

	概念记忆	面积计算	能力
实验班	89.6%	66.2%	79.5%
对比班	83.8%	53.3%	69.5%

从表4我们可以进一步证实,计算机辅助教学对于概念的理解和记忆、运用公式计算、能力的形成等方面都有明显的效果。

四、实验结论及分析

两年来,课题组开展以演示型为主的计算机辅助教学实验,得出实验的初步结论是:计算机辅助小学数学教学,能激发学生学习兴趣,能提高课堂教学效率,在概念教学和几何图形教学中,效果尤为明显。但计算机辅助小学数学的模式并未完善,如何在计算机和应用题教学中起到更大的作用,还需进一步探索。

1. 能有效培养学生的学习兴趣

在实验中,我们曾作过调查,题目是:

你喜欢用计算机辅助数学教学吗?为什么?
(　　)喜欢　(　　)与其他的教学媒体差不多　(　　)不喜欢

调查结果显示,有98.1%的学生表示非常喜欢利用计算机来辅助教学,原因主要是来自多媒体计算机的诸多功能,如规范的文字、动听的音乐、形象的动画、丰富多彩和清晰的画面等等,十分适合小学生的好奇心理和认知规律。另外,计算机在调节学生学习情绪上也有较大的优势:当学生获得成功时,计算机就会请出小博士说出表扬的话:"你太棒了","你真聪明","太好了"等,或请小博士奖一面红旗;如果学生做错了,则会播放"你要努力啊"等鼓励的话,这就迎合了学生的学习心理,从而使学生产生了浓厚的学习兴趣。

2. 能提高课堂教学效率

从"平行四边形面积计算"这一课看,表3说明实验班与对比班的平均分相差14.7分,且 $P<0.001$,这不仅仅是成绩的差异,同时课堂教学效率也有极其显著的差异。在教学过程中,进行新知识教学时,计算机辅助教学能紧紧吸引学生的注意力,其效率比一般传统的教学方法效率要高得多,教学时还可大大增加学生的学习内容,如在"图形的面积"一课的教学中,图形的剪拼、实物操作要用2—3分钟,而用电脑演示只需要10—15秒,并且效果更好;在教学"分数的初步认识"中,用传统教学的方法很难完成大量的练习题,而用了计算机辅助教学,不仅轻松地完成了课后习题,而且还补充完成了3道综合练习题和1道思考题,增大了课堂密度,学生学得轻松,大大提高了教学效率,从而提高了教学质量。

3. 有利于培养学生的形象思维和空间想象能力

从实验总体情况的测试来看,在几何图形教学方面的差异尤为明显,看来计算机辅助教学比较利于培养学生的形象思维和空间想象能力。不难发现,在计算机辅助教学的课件设计中,直观的变化、形象的动画、丰富的色彩等功能都对形象思维的发展起了积极的作用。如在"图形的面积"教学中,为了让学生理解平面的概念,教学中设计了这样的环节:先在屏幕上出现一小块长方形面积,图形逐渐变大,越来越大,使学生空间想象得到充分的展开。

学生的想象极其丰富,有的说平面比投影机的屏幕还大,有的说平面比房子墙面还大,有的学生竟纯朴地说平面比地球表面还大,有的说平面比宇宙还大,学生把平面的形状逐渐扩大,直至在大脑中形成"平面"无限大的概念,这表明对发展学生的想象力起了很大作用,同时在建立表象、加强记忆等方面的作用也得到了证实。

4. 能巧妙解决教学难点

学生在学习了"图形的面积"后,为了区分图形的面积和周长,我们专门设计了动态画面,在讲面积的时候,随着动听的音乐,长方形用红色、正方形用蓝色向上渐铺,直至分别覆盖整个图形,强调这一覆盖的部分就是面积。同样,在讲解周长的时候,两个小圆分别出现在两个图形的左下角,随着轻快的音乐,在长方形和正方形的周长上走了一圈,这样,教师无须用语言解释,学生对周长和面积概念的内涵就清楚了,对于区分周长和面积的难点也就迎刃而解了。

5. 有利于培养学生的创造能力

从表4的"能力栏"的得分情况不难发现计算机辅助教学比较有利于培养学生的思维能力,从课堂的表现来看,计算机辅助教学能激活学生的思维,拓宽思维的广度,触动学生内心潜在的创造欲望。在课堂上大多数学生表现突出,能灵活运用知识,创造性地解决问题。如在"平行四边形面积计算"的课堂测试中,在解应具备想象和创造能力的题目时(如怎样把平行四边形转化成长方形,从而推导出平行四边形的面积公式),计算机辅助教学就会发挥出它的优势。

表5 测试结果分析

	回答正确的人数	回答错误的人数	总和
实验班	46	6	$52=N_1$
对比班	36	16	$52=N_2$
总和	$82=Nc_1$	$22=Nc_2$	$104=N$

注:有两种方法的当做正确答案

表5中的数据经χ^2检验,$\chi^2=5.76>3.84$,$P<0.05$,说明实验班与对比班在创造能力上有显著差异。实验班学生的解题方法明显好于对比班,实验班的学生从不同的角度把平行四边形转化成长方形,从而推导出平行四边形的面积计算公式。学生不同的思考方法如下图:

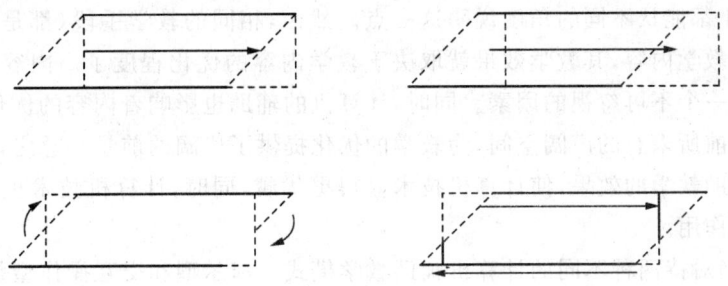

五、相关问题的讨论

唯物辩证法认为,事物具有两面性。计算机辅助教学作为一种新的教学模式出现在课堂上,给教学带来无比优越的同时,也给教学带来许多新的矛盾。下面结合实际,谈谈几个值得注意的问题。

第一,计算机在不同教学内容中能起到不同的优化作用。从实验的结果来看,CAI为什么在计算、应用题方面没有显著性差异呢?首先,在实验的进行中,有关计算方面的实验相对较少,因为笔算的形式和在计算机上计算的操作形式存在很大的区别,不过当教学条件具备,开展交互操作型的计算机辅助教学,并且计算机课件能及时、智能化地反馈计算结果,计算的效果就会截然不同。对于理解应用题,培养学生的逻辑思维能力,善于形象表现的计算机作用也不显著,同样,假如开展交互操作型的计算机辅助教学,学生能根据自己的思维水平,选择不同的题型、不同的难度,进行有针对性的练习,因材施教,必将使学生的思维得到充分的锻炼,效果会大有好转。看来,只有当计算机技术和教学内容有机结合的时候才能发挥它的优化作用。

第二,计算机与其他教学媒体有机结合能发挥更大的优化作用。没有一种教学媒体对所有教学目标都是最佳的,对所有的教学内容都是适合的,计算机也不例外。因此在教学过程中,应采取多种媒体相互结合的方法,充分发挥媒体各自的特性,发挥整体的优化作用,不能一味强求计算机的使用,不能为了赶时髦而用计算机,一切应以完成教学任务和达到教学目的为根本目的,否则必将事与愿违。例如,在教学中可用实物操作的时候,可先用实物让学生充分感知后再向计算机图形辅助教学过渡的教学效果比一味地用计算机投影后的平面效果要好得多;在讲长度单位的时候,一条1厘米长的线段通过投影后的长度已超过1厘米了,如果用计算机投影后的长度效果让学生感知1厘米的实际长度那会使学生产生误解。又如,黑板作为最简单最常用的教学媒体,虽然形式比较传统,但在开展计算辅助教学的同时,还有许多的利用价值,比如板书可长久保留,使学生可以长时间地注意本知识的重点,进行追忆,对于教学内容更显系统性、完整性。因此,计算机辅助教学应与其他的媒体有机地结合起来,针对不同的教学内容应有不同的媒体组合方式,发挥媒体的整体功能。

第三,内容的优化与计算机辅助所应取得的教学效果是一个辩证的统一体。它们围绕着"提高教学质量"相互作用,相互影响。在实验中,我们已经证实:完全相同的教学内容,因为不同的教学手段(一个是计算机辅助教学,一个是一般的方法),产生了不同的教学效果。表2、表3、表4都能从不同的角度说明这一点。然而,相同的教学手段(都是用计算机辅助教学)、相同的教学内容,其教学效果就取决于教学内容的优化程度了。内容的优化是计算机辅助教学的一个不可忽视的因素。同时,计算机的辅助也影响着内容的优化,先进的技术为教学营造了前所未有的广阔空间,为教学的优化提供了广阔的前景。总之,内容的优化促进了计算机辅助教学的效果,使计算机技术显得更优越,同时,计算机技术也为内容的优化发挥了积极的作用。

第四,正确对待两种不同的计算机辅助教学模式。演示型和交互操作型是相互并存、相互作用的两种模式。由于在投资上的差距,各学校应根据学校的自身情况,注重经济和教学效益的关系,定好"位"。学校条件优越的,可以着手开展交互型辅助教学,毕竟它是计算机辅助教学的根本所在(实现个别化教学);学校条件略差的,可先尝试开展演示型的辅助教学。无论哪种方式,恰当地运用,都会对教学起到积极的作用。演示型较适合教学数学几何知识,交互操作型则更适合于学生的练习、复习课。

《电化教育减轻小学生过重数学课业负担》阶段实验报告[①]

王场镇小学课题组

一、课题提出

传统的小学数学教学,以教师为中心,采取单向传递式,教师讲,学生听,教师布置作业,学生机械地练习,学生始终处于被动接受知识的地位,学习主体作用得不到充分发挥,这种课堂教学结构学习效率太低。加之"应试教育"的影响,教师为了应付考试,片面追求升学率,数学教学中忽视对学生的思维训练和学法指导,往往用"结论数学"让学生死记硬背来提高成绩,采取时间加汗水的加班加点方法去追求考分,加大作业量,大搞"题海战术",让学生进行简单重复的练习,大大加重了学生的课业负担。经过我们的问卷调查,一个二年级的学生书包重的达到5公斤,里面有语、数、自、思、体、音、美、劳、活动、健康、手工等课本,各种课堂作业和课外作业,还有各种辅导资料、试卷、字典、文具等。学生每天家庭作业量少则2至3小时,多则3至4小时,有些学生晚上作业未做完就趴在桌上睡着了,学生眼睛近视率逐年升高,这样不仅严重地摧残了学生的身心健康,而且毁灭了儿童天真活泼的天性,压抑了学生的个性发展,扼杀了学生的创造才能,使学生的爱好和特长得不到充分发挥,培养的人不能适应21世纪社会科技高速发展的需要。

电化教育形象生动,感染力强,易于激发学生的学习兴趣,促进学生积极地参与教学过程,它不受时间、空间、微观、宏观的限制,直接表现各种事物和现象。特别是计算机多媒体教学的应用,可扩大学习时空,加大课堂教学密度,缩短教学时间,提高教学效率,优化教学过程。只要充分发挥电化教育的各种作用,优化教学过程,变"结论教学"为"过程教学",变"应试教育"为"素质教育";在教学中注重发展学生的思维,培养和训练学生善于发现和解决问题的能力;加强学法指导,培养他们通过分析典型例题去发现和掌握解决一般问题的学习方法;通过电教媒体对感官的刺激,启发学生兴趣,师生双方积极参与整个教学过程,充分发挥"教"与"学"两方面的积极性,从而提高教学效率,把课外作业放在课内来完成,就能减轻学生过重的数学课业负担,让学生有时间和精力去充分发展自己的个性,发挥个人的爱好和特长,素质就会得到全面提高。因此我们选定了《电化教育减轻小学生过重的数学课业负担》的子课题,这个课题虽小,但意义重大。

[①] 本文选自《电化教育研究》1999年第5期,第88—93页。

二、实验的设计与过程

（一）实验对象

实验班为1997年下半年的二(1)班为实验1班,二(2)班为实验2班,二(3)班为对比班。

（二）实验方法

采用自然状态下的常态实验方法,做到纵向跟踪和横向研究相结合,对实验全程进行准操作控制。

（三）实验变量

自变量:科学合理地运用电化教育。

自变量的操作:《电化教育减轻小学生过重数学课业负担》基本课堂教学模式(见图1)。

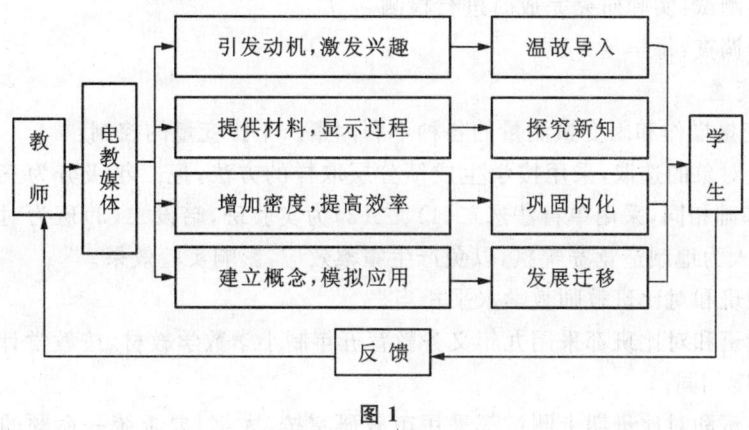

图1

遵循小学生的认知规律,依据赞可夫的发展教学理论、布鲁纳的"结构—发现"教学理论和巴班斯基的教学最优化理论,使用发现法和媒传法等教学方法,科学合理地运用电教媒体生动、形象、感染力强的特点,激发学生学习兴趣,通过复习前面所学知识,用3至5分钟时间,因势利导,自然过渡,导入新课;接着,根据教学内容和学生的实际,运用电教媒体不受时间、空间、微观、宏观限制,直接表现各种事物之间数量关系的作用,并恰当地与其他教学媒体实现优化组合,突破教学重难点,用10至15分钟时间师生双向参与完成新授课的内容;随后,利用电教媒体灵活多样、方便快捷、节省板书时间等优势,适当加大课堂训练密度,学生根据教师所作的学法指导,用10至12分钟时间进行多种形式的能力练习,举一反三,对所学新知识加以巩固内化;最后,学生用8至10分钟时间完成形成性练习,教师对学生学习效果进行当堂检测,做到二年级不留课外作业,三年级课外作业不超过15分钟,四年级课外作业不超过20分钟。通过提高教学效率,来减轻学生过重的数学课业负担。

因变量:提高教学效率和质量;减轻学生过重的数学课业负担。

因变量的检测:

1. 检测项目
(1) 数学课堂教学效率。
(2) 数学教学效果(学生测试成绩达到大纲要求的程度)。
(3) 学生过重的数学课业负担减轻的程度。
2. 检测工具和方法
(1) 课后测试:采用当堂形成性练习题。
(2) 阶段性测试:采用市教研室按《大纲》要求统一命题的试卷,最终测试成绩对照《九年义务教育五年制小学数学教学目标检测表》进行达标检测。
(3) 问卷调查:将课内教师提问、演示、练习的内容和学生过重数学课业负担是否减轻的情况,以问卷的形式向学生和家长进行调查。
3. 检测次数和插入点
(1) 课后测试:一课一次当堂检测。
(2) 阶段性测试:每学年2次,按全市统一时间进行检测。
(3) 最终测试:实验研究完成时进行检测。
(4) 问卷调查:每学年1次。
4. 干扰变量
影响自变量操作和因变量测量的各种不利因素。干扰变量的控制:
(1) 实验对象的选取,采用按学生成绩分层取样的方法,把二年级分为三个班,三个班的学生数学基础相同,采用单盲法选二(1)、二(2)为实验班,暗设二(3)班为对比班,不在学生中公布,不人为地制造竞赛气氛,以免产生霍桑效应,影响实验效果。
(2) 实验班和对比班教师教学水平相当。
(3) 实验班和对比班都采用九年义务教育五年制小学数学教材,按教学计划开课,教学内容、教学进度相同。
(4) 实验班和对比班期末测试都采用市教研室按《大纲》要求统一命题的试卷,考试内容、时间相同,交换监考,统一阅卷。
(5) 实验班和对比班唯一不同的是作业量不一样。

(四) 实验步骤

本实验周期为3年,实验分为三个阶段:
(1) 准备阶段:(1997年4月—1997年8月)。
(2) 实验阶段:(1997年9月—1999年8月)。
(3) 总结阶段:(1999年9月—2000年10月)。

三、实验结果与归因分析

(1) 为了了解电教媒体参与教学过程对学生注意力的影响,我们采用结构化观察的方法,由课题组9名教师每人在三个班分别观察5名学生,对不集中注意力行为作了次数记录,统计结果见表1。

表 1　学生注意力结构化观察表

项目	时间段	0—5	5—10	10—15	15—20	20—25	25—30	30—35	35—40
不集中注意人数	实验1班	2	3	3	4	6	4	5	6
	实验2班	2	3	4	3	6	5	4	5
	对比班	3	4	5	7	9	10	7	4
注意集中人数	实验1班	43	42	42	41	39	41	40	39
	实验2班	43	42	41	42	39	40	41	40
	对比班	42	41	40	38	36	35	38	41
注意率%	实验1班	95	93	93	91	87	91	89	87
	实验2班	95	93	91	93	87	89	91	89
	对比班	93	91	89	84	80	78	84	91

注：理论应注意人数：$N_1=N_2=N_3=45$ 人

$$注意率 = \frac{实际人数注意人数}{理论应注意人数} \times 100\%$$

根据表1中的数据,我们画出了三个班学生的注意率分布曲线对比图,见图2。

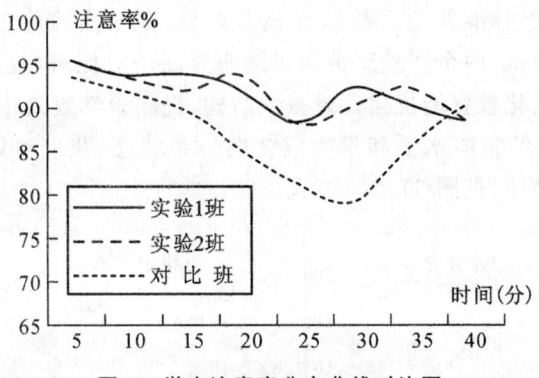

图 2　学生注意率分布曲线对比图

从图中可以看出实验班学生的注意率比对比班要高,而且波动幅度较小,经分析,对比班学生随着上课时间的增加,注意率逐渐下降,至25至30分钟段,降到了78%最低点。根据小学生年龄和生理特征,注意力只能保持在10至20分钟之内,经半节课后,学生感到疲倦,注意力逐渐下降,属正常现象。实验班教师科学合理地运用电教媒体,引发了学生的学习动机,激发了学生的学习兴趣,让学生主动参与教学活动,使学生注意力高度集中,在学生注意开始下降时教师运用多种电教媒体,及时变换刺激方式,刺激学生的各种感官,使学生注意力得以保持,当学生注意率在20至25分钟段学完新课内容,再次下降时,教师马上布置学生进行巩固练习,学生的注意力重新唤起。因为实验班2班教学方法和课堂结构时间分布与实验1班略有不同,注意率曲线也稍有差异,两个实验班学生都能当堂完成作业,而对比班下课时学生还在做作业。所以下课时实验班学生注意率要比对比班低。从中可以看出实验班学生课堂学习效率要比对比班高,学生课业负担要比对比班轻。

（2）为了比较实验前后的教学效果,我们对实验前后三个学期的期末全市统考成绩进行了统计处理,并将两个班与对比班成绩进行了同期比较。结果如表2所示。

表2 实验班与对比班实验前后数学成绩检测表

阶段	班别	N	$\sum x$	$\overline{X}$	S	Z	P	显著水平
实验前1997年上半年期末	实验1班	45	3 698	82.1	9.6	0.35	$P>0.05$	不显著
	对比班	45	3 728	82.8	9.5			
	实验2班	45	3 708	82.4	9.6	0.21	$P>0.05$	不显著
实验后1997年下半年期末	实验1班	45	4 288	95.3	6.0	6.86	$P<0.01$	非常显著
	对比班	45	3 434	76.3	17.6			
	实验2班	45	3 992	88.7	9.5	4.16	$P<0.01$	非常显著
实验后1998年上半年期末	实验1班	45	4 120	91.6	7.3	6.83	$P<0.01$	非常显著
	对比班	45	3 267	72.6	17.2			
	实验2班	45	3 902	86.7	8.83	4.89	$P<0.01$	非常显著

这三次期末测试均属全市统考,由市教研室按大纲要求,统一出题,统一考试,相互交换监考,交换阅卷。考试客观公正,信度效度真实可靠。从表2中可以看出两个实验班与对比班在实验前平均分相同,标准差经Z检验无显著差异,证明实验前三个班学生数学水平相当;实验后,两次期末测试,两个实验班平均成绩明显高于对比班,经Z检验,均达到非常显著水平。这充分说明电化教育能优化课堂教学结构,提高教学效果。

（3）为了了解学生的整体水平和学生成绩的分布状态,我们对以上统计结果用$\overline{X}-S$平面分析模型进行了描述(见图3)。

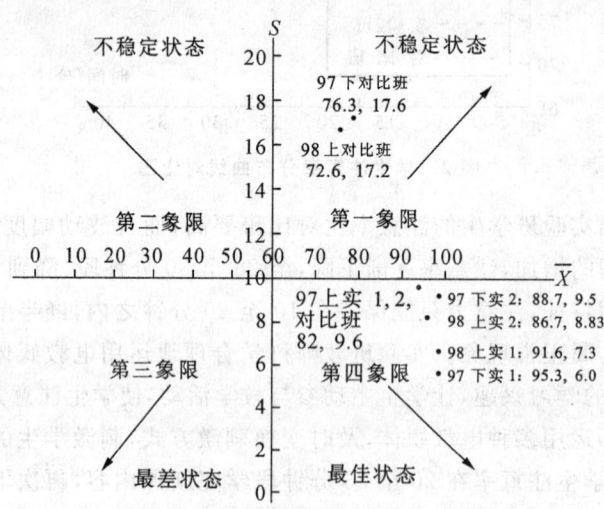

图3 学生整体水平和分布状态$\overline{X}-S$平面分析模型图

从图中可以看出,1997年上半年,两个实验班和对比班$\overline{X}$和S参数均在第四象限,说明三个班学生整体水平都较高,且分布较集中,处于最佳状态。1997年下半年和1998年上

半年对比班 $\bar{X}$ 和 S 参数均在第一象限,说明对比班学生整体水平虽较高,但分布分散,存在低分生,处于不稳定状态,而两个实验班 $\bar{X}$ 和 S 参数均在第一象限,与1997年相比,都有上升趋势,学生整体水平有所提高,分布相对集中,始终处于最佳稳定状态,这证明实验班的授课模式和方法面向全体学生,能激发学生的学习兴趣,调动学生的学习积极性,有利于提高差生的成绩。

(4) 为了检测学生数学学习是否达到教学大纲要求,我们将实验班和对比班二年级上下学期期末测试成绩对照《九年义务教育五年小学数学二年级教学目标检测表》进行了参照性达标检测。检测结果见表3-1、表3-2。

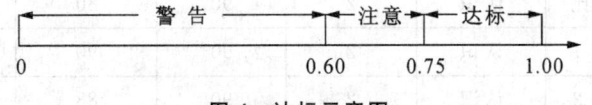

图4 达标示意图

表3-1 小学数学第三册知识综合达标检测表

检测内容	班别	教学目标	试题分值	理论分值	实际得分值	得分率	达标状况
除法的含义	实1	掌握	3	135	135	1.00	达标
	实2	掌握	3	135	135	1.00	达标
	对比	掌握	3	135	130	0.96	标达
计数单位"百""千"和"万"	实1	认识	3	135	126	0.93	达标
	实2	认识	3	135	122	0.90	达标
	对比	认识	3	135	112	0.83	达标
万以内数的读法、写法、比较大小	实1	掌握	8	360	340	0.94	达标
	实2	掌握	8	360	346	0.96	达标
	对比	掌握	8	360	282	0.78	达标
运用加减法熟练计算	实1	掌握	4	180	174	0.97	达标
	实2	掌握	4	180	162	0.90	达标
	对比	掌握	4	180	146	0.81	达标
熟练计算一位数乘、除多位数	实1	掌握	2	90	78	0.87	达标
	实2	掌握	2	90	79	0.80	达标
	对比	掌握	2	90	68	0.76	达标
口算简单的一位数乘、除二位数	实1	掌握	8	360	340	0.94	达标
	实2	掌握	8	360	341	0.95	达标
	对比	掌握	8	360	282	0.78	达标
拨珠方法,珠算加、减法	实1	掌握	6	270	262	0.97	达标
	实2	掌握	6	270	261	0.97	达标
	对比	掌握	6	270	202	0.75	达标

（续表）

检测内容	班别	教学目标	试题分值	理论分值	实际得分值	得分率	达标状况
混合运算顺序，计算两步试题	实1	掌握	32	1 440	1 370	0.95	达标
	实2	掌握	32	1 440	1 266	0.88	达标
	对比	掌握	32	1 440	1 080	0.75	达标
重量单位千克（克）	实1	认识	2	90	87	0.97	达标
	实2	认识	2	90	88	0.98	达标
	对比	认识	2	90	80	0.89	达标
认识角、直角，角各部分的名称	实1	认识	2	90	90	1.00	达标
	实2	认识	2	90	88	0.83	达标
	对比	认识	2	90	72	0.80	达标
解答加、减、乘、除一步计算应用题	实1	掌握	6	270	254	0.94	达标
	实2	掌握	6	270	252	0.93	达标
	对比	掌握	6	270	200	0.74	注意
列式解答比较容易的两步应用题	实1	掌握	24	1 080	1 032	0.96	达标
	实2	掌握	24	1 080	865	0.80	达标
	对比	掌握	24	1 080	780	0.72	注意

表3-2　小学数学第四册知识综合达标检测表

检测内容	班别	教学目标	试题分值	理论分值	实际得分值	得分率	达标状况
除法的含义、算式中各部分的名称	实1	掌握	4	180	179	0.99	达标
	实2	掌握	4	180	176	0.98	达标
	对比	掌握	4	180	156	0.87	达标
计数单位"百""千"和"万"	实1	认识	2	90	90	1.00	达标
	实2	认识	2	90	88	0.98	达标
	对比	认识	2	90	82	0.82	达标
加、减法的法则，并运用法则熟练计算	实1	掌握	5	225	194	0.86	达标
	实2	掌握	5	225	212	0.94	达标
	对比	掌握	5	225	184	0.82	达标
熟练计算一位数乘、除多位数	实1	掌握	2	90	9	0.98	达标
	实2	掌握	2	90	84	0.93	达标
	对比	掌握	2	90	71	0.79	达标

(续表)

检测内容	班别	教学目标	试题分值	理论分值	实际得分值	得分率	达标状况
口算简单的一位数乘、除二位数	实1	掌握	4	180	160	0.89	达标
	实2	掌握	4	180	164	0.91	达标
	对比	掌握	4	180	161	0.89	达标
用乘法验算除法	实1	掌握	2	90	81	0.90	达标
	实2	掌握	2	90	89	0.99	达标
	对比	掌握	2	90	81	0.90	达标
混合运算顺序，两步和较易三步试题	实1	掌握	23	1 035	960	0.93	达标
	实2	掌握	23	1 035	913	0.88	达标
	对比	掌握	23	1 035	705	0.68	注意
时间单位时、分、秒	实1	认识	4	180	170	0.94	达标
	实2	认识	4	180	156	0.87	达标
	对比	认识	4	180	80	0.44	警告
长方形、正方形特征	实1	掌握	2	90	90	1.00	达标
	实2	掌握	2	90	90	1.00	达标
	对比	掌握	2	90	75	0.83	标达
计算长方形、正方形周长	实1	掌握	2	90	84	0.93	达标
	实2	掌握	2	90	85	0.94	达标
	对比	掌握	2	90	71	0.79	达标
解答加、减、乘、除一步计算的应用题	实1	掌握	6	1 215	1 100	0.91	达标
	实2	掌握	6	1 215	1 101	0.84	达标
	对比	掌握	6	1 215	886	0.72	注意
列式解答比较容易的两步应用题	实1	掌握	6	1 215	923	0.98	达标
	实2	掌握	6	1 215	825	0.79	达标
	对比	掌握	23	1 035	715	0.69	注意

从1997年下半年二年级上学期期末测试学生整体达标情况来看，两个实验班各个单向指标均已达标，全部达到教学大纲要求，且达标率较高。对比班虽然总体水平达标，但达标率较低，而且"解答加、减、乘、除一步计算应用题"和"分步列式解答比较容易的两步计算应用题"两个单项未能达标，尚处于注意水平。这说明实验班的教学模式和电教媒体的运用能激发学生的学习兴趣，有助于学生理解题意，能提高应用题的教学质量。

从1998年上半年二年级下学期末测试学生整体达标情况来看，两个实验班各单项指标仍然全部达标，总体达标率较高。而对比班除上学期期末未达标的两项以外，又增加了"混合运算顺序计算两步和比较容易的三步试题"一项处于注意水平，未能达标的还有"时间单位时、分、秒"一项得分率只有 0.68,处于警告水平,而且,学生总体水平也未能达标,得分率为 0.73,处于注意水平。这进一步说明实验班电化教学模式明显优于对比班。实验班学生掌握的知识比较全面,对所学知识巩固得较好。时间单位时、分、秒的认识,由于实验班利用计算机辅助教学,学生特别感兴趣,学得认真,对学到的知识记得牢,因而这类题的得分率较高。而对比班利用教具教学,能见度低,学生注意力未能集中,学到的知识掌握不牢。

(5) 为了了解电教媒体参与教学过程是否优化了课堂教学结构,提高了教学效率,减轻了学生的课业负担,我们对三个班的课堂教学结构时间分布情况进行了调查、统计和比较,结果见表4。

表4 课堂结构时间分布表

结构 班别	复习导入	学习新课	巩固练习	课内作业	家庭作业
实验1班	3	15	12	10	0
实验2班	5	15	10	10	0
对比班	8	20	7	5+课外5	20

从表中可以看出,实验班课堂结构时间分布比较合理,符合小学生学习数学知识的规律,有利于提高教学质量和学生的数学综合素质。巩固练习和学生作业都在课内全部完成,不需要做家庭作业,可见课堂教学结构得到优化,教学效率得到提高,学生的数学作业时间比对比班学生减少 25 分钟,学生的课业负担得到了减轻。

四、实验结论与讨论

结论一:科学合理地运用电化教育,有利于优化数学课堂教学结构。

由于小学生的思维正处在以具体形象思维为主要形式,而逐步向以抽象逻辑思维为主要形式的过渡阶段,而且这种抽象逻辑思维在很大程度上还是直接与感性经验相联系,仍然具有很大程度的具体形象性,小学生掌握数学知识的认识过程是经过对数学知识的感知、理解和领会、巩固和应用等阶段来实现的。知识发生的过程依靠旧知识、已有的经验或新的感知来思考建立新知识的过程,根据这一过程,实验教师通过深入钻研教材,了解学生的实际,周密地设计、组织教学过程,在教学中科学合理地运用电教媒体生动形象、感染力强的特点,用电教媒体采取变换的、上升的方式,反复再现所学过知识的图像,设法唤起学生过去感知过事物的形象在头脑中重现,把旧知识的巩固有机结合在新知识的传播中,以激发学生的学习兴趣,引发学生的学习动机,在复习旧知识的基础上,提出新的问题,引起学生学习新知识的强烈欲望,变"要我学"为"我要学"。

在进入新知识的学习之后,根据教学内容和学生实际,教师充分发挥电教媒体不受时间、空间、微观、宏观限制,直接表现各种事物之间数量关系的作用,并恰当地与其他教学媒体实现优化组合,运用幻灯、录像、CAI课件、实物、模型等,为学生提供充分的感知材料,使他们的思维活动得到具体的实物或形象的支持;同时,老师充分发挥主导作用,不断提出任务,激发矛盾,加以点拨,使学生在整个教学活动中处于主体地位;引导学生自己去猜想、去发现、去得出结论。通过一系列教学活动的开展,从而促进学生的认识从形象思维向抽象思维的积极转变,加深学生对所学新知识的理解和领会。

学生对数学知识由感知到理解,只是在头脑中对新知识形成并留下暂时的痕迹。为了使它长期保持下来,必须加以巩固,这时,老师利用电教媒体灵活多样、方便快捷、节省板书时间等优势,精选有代表性的习题,采用多种形式适当加大课堂训练密度。学生根据教师所作的学法指导进行能力训练,把所学的新知识通过巩固和应用内化吸收,转化为技能,使学生不但"学会",而且"会学"。

最后,教师通过精心设计的一组形成性练习题,当堂检测学生的学习效果,了解学生对新知识的掌握情况,以便教师对反馈的信息及时进行具体分析,作出教学调整。

由于教师科学合理地运用电教媒体,介入整个教学过程,从而引发了学生的学习动机,激发了学生的学习兴趣。教师的主导、学生的主体作用充分得到发挥,从实验结果可以看出,实验班与对比班相比,教学效果非常显著,教育质量得到大幅度提高。因此科学合理地运用电化教育,有利于数学课堂教学结构优化。

结论二:科学合理地运用电化教育,有利于提高课堂教学效率,减轻学生过重的数学课业负担。

由于科学合理地运用电教媒体参与整个教学过程,抓住知识主线,呈现教学内容,把握关键问题,突出重点,优化了课堂教学结构,引发了学生的学习动机和求知欲望,激发了学生的学习兴趣。教学信息的这种表示和呈现方式,符合小学生由形象到抽象、循序渐进、螺旋上升的思维习惯和认知规律,降低了学生学习的难度,使学生从心理上减轻了学习课业负担过重的问题。

根据学生的注意规律,教师运用各种技巧、手段将多种电教媒体交替使用,来刺激学生的不同感官,吸引和保持了学生的注意力,提高了学生的视听效果。在学生注意力最集中的10至15分钟时间完成新授课内容,提高了教学效率,从而节省了10分钟宝贵的课堂教学时间,教师又利用电教媒体灵活多样、方便快捷、节省板书时间等优势,加大课堂训练密度,通过巩固练习,使所学知识得到内化吸收,转化为技能。在低、中、高三个程度的形成性练习中,用所学知识去解决日常生活中的实际问题,使知识得到迁移。这样做,不但符合学生的记忆规律,而且课内外作业全部在课内完成,学生不用再留家庭作业,从而减轻了学生的课业负担,学生有精力去参加自己喜爱的课外活动,个人爱好和特长得到发挥,综合素质得以提高。

问题讨论:

(1) 以上只是对实验做出的初步结论,还有待在今后的研究中进一步实验、验证。

(2) 两个实验班学生的成绩都比对比班高,但实验班之间还存在着一定的差距,这里是教师使用电教媒体的时机、方法不一样,还是教师引导学生参与教学过程的程度不一样,或者是干扰变量的控制出了问题,还有待我们进一步进行研究。

基于网络教室的小学数学课堂教学模式探究

龚道敏

科学技术的发展,使计算机网络技术日益成熟,中小学计算机网络教室的应用逐渐普及,为教育教学的改革和发展提供了一个很好的平台。班级授课形式的课堂教学是实施素质教育的主要阵地,教学模式是进行课堂教学活动的必要形式,并且直接关系到课堂教学效率的高低和效果的好坏。小学数学是培养学生思维能力、认识事物及生存、生活能力的良好工具。要实施小学课堂教学改革,全面实施素质教育,全面提高学生的学习素质,多媒体网络技术是一个很好的切入点。本文从多媒体网络教室(局域网,以下均属局域网)的功能与教学优势、模式构建的指导思想与教学模式的构建及其应用等主要方面进行阐述,供同行参考、批评、指正。

一、网络教室的功能与教学的优势分析

多媒体网络教室是一个多媒体教学系统,从网络教室拓扑结构图可以看出:它具有实时传输视频、音频等多媒体信息,并能对这些信息进行控制处理,实现网上多媒体信息传递和多媒体信息资源共享。多媒体网络教学系统还具有广播、遥控、监看、监听等功能,配上学科题库和自适应测试系统后,可进行实时的统计分析,科学地评测教学效果,提供了联系教学各种要素的多向及交互的信息通道。

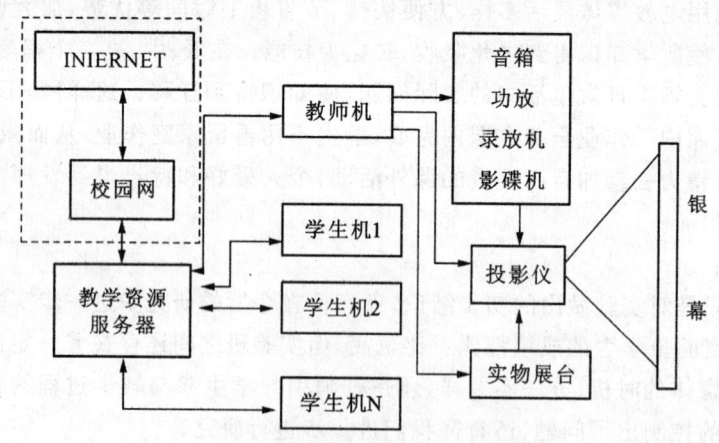

图 1 网络教室的拓扑结构

多媒体网络教室在教育教学过程中有如下优势:

---

① 本文选自《电化教育研究》2002 年第 2 期,第 73—76 页。

1. 信息呈现多媒化

多媒体网络教室具有集信息于图、文、音、视、动、色为一体，综合表现力强的特性，改变了传统的粉笔＋黑板＋一张嘴，信息单一的表现形式。信息多媒化有利于创设教学情境，培养学生的学习兴趣，突破教学重点、难点，提高教育教学效率，全面提高学生的素质。

2. 信息流通网络化

多媒体网络教室具有信息双向流通、星型散射、点对点、异步、同步传输功能。信息流通网络化有利于实现因材施教、协作学习、分层导学等教学方法，促进教育教学改革，提高教育教学质量。

3. 信息反馈多样化

多媒体网络教室的信息有声音、图形、图像、文字等多种表现形式。信息流通具有实时高效，信息传输具有异步、同步等特性，改变了传统的信息反馈形式单一、过程曲折、速度缓慢的缺点，使师生交流的形式多样化，信息反馈及时，从而提高教育教学效率。

二、模式构建的指导思想

1. 把握时代特征

全面提高国民素质是当代教育的主要任务，坚持以人为本是实施素质教育的出发点与最终归宿。构建为素质教育服务的基于多媒体网络教室的小学数学课堂教学模式，必须以人为本，以尊重、平等、自由的人格为出发点，以培养学生的创新精神为指导，以网络教室为载体，彻底改变传统的教育教学模式，创建基于网络教室的小学数学课堂教学新模式。

2. 立足课堂教学

实施素质教育必须以具体的学科课程教学为基础，以《教学大纲》为指南，以教材为依据，以课堂教学为主阵地。为此，要构建科学的、基于网络教室的小学数学课堂教学模式，教师必须深入学习领悟《教学大纲》精神，认真设计每一节课，科学组织、指导学生在网络教室环境下自主获得有用的信息，提高教育教学质量。只有这样课堂教学新模式的构建才能真正落到实处。

3. 发挥媒体的优势

实践已经证明：现代教育技术是优化课堂教学结构、提高课堂教学效率、促进学生全面发展的有效工具。由此，构建基于网络教室的小学数学课堂教学模式，只有以现代教育技术理论和手段为指导，结合小学数学学科的特点，合理组织、设计、开发、运用现代教育技术手段，充分发挥现代教育技术在课堂教学中的作用，才能全面提高学生的学习素质。

4. 突出师生地位

课堂教学是师生的共同活动，在共同活动过程中，明确师生的地位尤为重要。建构主义认为：知识不是通过教师传授得到的，而是通过学习者在一定的情境下，借助其他的帮助，利用学习资源，通过意义建构的方式获得的，教师只是活动中的指导者和参与者。由此看来，现代课堂教学新模式既要重视教师的主导作用，更要突出学生的主体地位，充分发挥学生的主体作用。教师必须掌握先进的教育教学思想和现代教育技术手段，为学生创设自主学习的环境，帮助学生树立自主学习的意识，指导学生自主学习的方法。

三、教学模式的构建与应用

教学模式是教学过程中诸要素相互作用而形成的相对稳定的组织结构和操作程序。基于网络教室的小学数学课堂教学模式具有相对稳定性、实践性、可操作性和灵活性。

- 相对稳定性。教学模式诸要素相互作用的形成,有一定的组织和操作程序,它必须有相对的稳定性。
- 实践性。教学模式从教学实践中产生,回到教学实践中检验,不断创新发展,为教学实践服务。
- 可操作性。教学模式的形成,必须具有很强的操作性,通过实践操作才能充分发挥其作用。
- 相对灵活性。人是教学模式中最活跃的因素,教学的内容丰富多彩,教学的形式也就灵活多变了。

(1) 基于网络教室的小学数学课堂教学模式的教师、学生、媒体三者的关系如师、生、网络图。从图中可以看出:在整个教学活动过程中,信息是多种双向传输方式,即师—生、生—生、网络—生(网络)、师(网络)—生(网络)、生(网络)生—(网络)、网络—师。网络的优势得到了充分的发挥,学生可以直接获取网络上的信息,进行自主学习,也可以通过网络间接从教师、其他学生处获取信息,师生、生生之间进行信息交流。师生地位得到了充分的体现,学生可以从网络上自行获取信息自主学习,师生、生生之间可以相互讨论协作学习,教师可以通过网络间接或师生直接的交流,组织、引导、帮助学生学习。

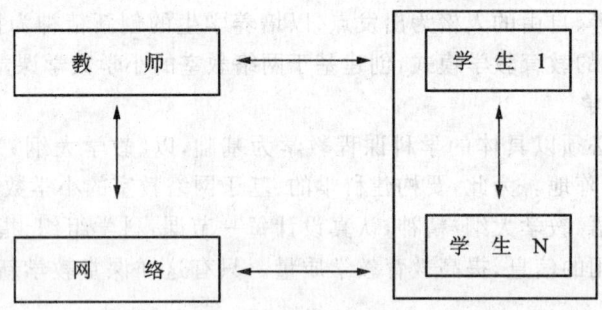

图2 师、生、网络关系图

(2) 基于网络教室的小学数学课堂教学模式。如:课堂教学模式简图(说明:图中虚线框中内容是课堂教学中师生活动的内容)。从课堂教学模式简图可以看出,此课堂教学模式把一节课分为三个阶段,即情境阶段,同化、顺应阶段(即自主学习、意义建构阶段),应用、创造阶段,学生在三个阶段分别达到不同的学习水平,教师也有相应组织、指导、帮助的任务。

(3) 基于网络教室的小学数学课堂教学模式的应用。

从课堂教学模式简图可以看出,课堂教学模式把一堂课分为三个阶段,即情境阶段,同化、顺应(自主学习、意义建构)阶段,应用、创造阶段。下面我们就三个阶段举例说明。第一阶段:情境阶段。建构主义认为,知识不是通过教师传授得到的,而是通过学习者在一定情境下,借助其他的帮助,利用学习资源,通过意义建构的方式获得。从而表明:学生是学习的主体,知识获得的方法是学生去发现,教师的任务是为学生知识的获得创设情境,引导和帮助学生通过意义建构获得知识,让学生在意义建构的过程中进行创造。在这一阶段我们可为学生创设轻松愉悦、悬念疑问、激烈竞争、激励上进等情境,并提供相应的软件资源和支持,营造学生主动学习的良好氛围,引发学生的学习动机,发展学生的思维能力,提高学生的学习水平。

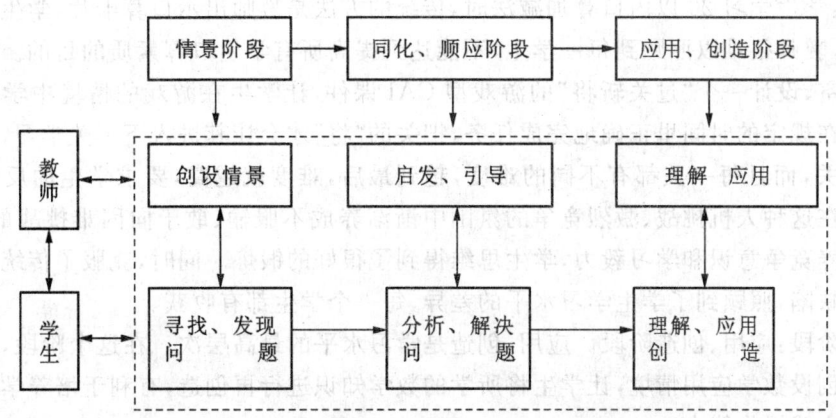

图 3 课堂教学模式简图

例如:在教学"平行四边形的面积计算"一课时,利用童话故事来创设愉悦的教学情境。上课伊始,我们就播放《熊猫宝宝进游乐宫》的动画故事。故事内容为:一个活泼可爱的熊猫小宝宝连蹦带跳地朝游乐宫走来,把门的老大爷手持一张平行四边形的纸板拦住了熊猫宝宝的去路,说:"熊猫宝宝,听说你非常聪明,老大爷今天得考考你。把这张纸板的面积计算出来后方可进游乐宫……"熊猫宝宝拿着纸板左右、上下仔细地打量了一番,作出为难的样子,自言自语嘀咕道:"长方形、正方形的面积倒是好求,平行四边形我却没见过。"双手搔头抹脸,在游乐宫门前急得团团转……学生们看到此处,个个都为熊猫宝宝着急了。这时,教学情境开始形成,趁此之机,老师话锋一转说:"我们可以去帮一帮可爱的熊猫宝宝吗?"兴趣是最好的老师,学生的兴趣完全调动起来了,他们急切地想知道"平行四边形面积的计算"方法。这样,生动的教学情境产生了。随着故事情节的步步发展,学生在耳目一新、身心愉悦的气氛中掌握了知识。整节课寓于故事之中,教师教得轻松,学生学得愉快,从而引起了学生浓厚的学习兴趣,激活了学生的思维,收到了预期的效果。

第二阶段:同化、顺应阶段。学生的学习过程从本质上讲是一个认知过程,是一个主动积极的建构过程。同化和顺应是建构的基本环节,也是两种基本的认知方式,意义建构就是通过这两种基本方式来实现的。所谓同化,就是利用新旧知识间的内在联系,通过新旧知识的相互作用,对新知识进行改造,把新知识纳入原有的认知结构中,充实、完善、发展原有的认知结构。顺应:当原有的认知结构不能同化新知识时,就需要调整和改变原有的认知结构,顺应新知识的产生,重建新的认知结构,使原来的认知结构得到更新、扩展。

在这个阶段,教师要根据教学目标,结合学生的实际发展水平,创设更多、适合学生选择、有不同难度的学习资源。学生可根据自身的水平,寻找适合自己能力的学习起点、学习任务的难度、学习资源及学习目标,利用学习资源进行学习,从而扩大了学习活动的自由空间,解决了个体差异的需求问题,每个学生的潜能得到了最有效的开发。在这个阶段,学生之间、师生之间形成小组,进行协作学习,学生学习的主体作用得以充分发挥。学生有多种机会在可控制的情境下去应用他们所学的知识,并能根据自身行动的反馈来形成对学习内容的认识和实施完成任务的方案。在自主学习过程中学生如有困难和问题,教师要有意识地让学生利用网络在线帮助去寻求解决问题的方法,培养学生探究的能力,或通过网络功能控制学生屏幕,与他进行双向交流和辅导。

例如:学生学习 20 以内口算加减法时,传统的方法是教师出示口算卡片,学生看算式回答。这样,教师很难以照顾到每一学生,不能达到提高所有学生口算素质的目的。利用多媒体网络教室,设计一个"过关斩将"的游戏型 CAI 课件,让学生在游戏的情境中学习。当学生提前或在规定的时间里正确地完成任务,把关的"将"才会让其进入下一关学习,否则仍然返回这一关,而且每一关都有不同的难度,越到最后,难度就越高,要求学生的反应速度更快。学生在这种人机挑战、激烈竞争的氛围中渐渐养成不服输、敢于向困难挑战的好习惯,有利于培养竞争意识和学习毅力,学生思维得到了很好的锻炼。同时,克服了传统教学中整齐划一的缺陷,照顾到了学生学习水平的差异,每一个学生都有收获。

第三阶段:应用、创造阶段。应用、创造是学习水平的最高层次。在这个阶段,教师要尽量为学生创设数学应用情境,让学生将所学的数学知识进行再创造,有利于培养学生创造思维能力和实践操作能力。

数学来源于生活,生活中处处有数学。创设与学生紧密联系的生活情境,让学生亲自体验情境中的数学问题,增加学生的直接经验。这不仅仅有利于学生理解情境中的数学问题,而且有利于使学生体验生活中数学无处不在,培养学生的观察能力、创造能力和初步解决实际问题的能力。然而常规教学受到时间、空间等限制,无法很好地创设实际问题的应用情境,限制了学生应用知识解决实际问题能力的发展,而多媒体计算机却有模拟性强的功能,能很好地创设一个虚拟的应用情境。

如:学生学习"比一个数多(少)几的应用题"后,在综合练习中,借助录像,设计了一组学生耳闻目睹、亲身经历的春游情境,让学生亲身体验美丽的大自然:青山、绿水、湖泊、白云、飞鸟和孩子们捉迷藏、丢手巾儿等游戏的画面相映成趣,学生们非常感兴趣,趁学生正入情境时,画面戛然而止,出现了一组数据:捉迷藏有 11 人,丢手巾的 12 人,跳皮筋的 24 人。老师抓住时机提问,谁能根据这组数据提出几个问题?学生兴趣盎然,思维活跃,提出了如:"跳皮筋的比捉迷藏的多多少人"、"丢手巾和捉迷藏的一共多少人"等十多个问题。学生根据自己喜闻乐见、亲身经历的生活情境,选择了自己喜爱的事物,展开了思维的翅膀,提出了自己想提的问题。这样做不仅较为顺利地将生活中的具体事物转换为抽象的数学知识,而且培养了学生良好的观察力、注意力、丰富的想象力和创造能力。

四、值得注意的问题

(1) 惟网至上。网络引入教育教学,有目共睹:网络给教育教学带来了一次深刻的革命,但它并不是万能的,不能代替学生的操作、实践等活动,也不能取代教师的地位,它只是一个帮助我们认识世界的好工具。

(2) 技能滞后。网络是一把锋利的双刃剑。师生操作技能的高低直接影响教学效果的好坏,加强网络技术操作技能的培养十分重要。

(3) 模式化。教学模式只是教学过程中诸要素相互作用而形成的相对稳定的组织结构和操作程序。它是可变的,因为,教学活动中,人是最活跃的因素,模式只是实施教学过程中的一个参照模式。

(4) 过于直观。现代教育技术手段最大的特点是将抽象的事物形象化。若使之不当,会降低思考难度,不利于学生抽象思维能力的培养。

总之，现代网络技术浪潮进入教育教学势不可挡，只有我们迎浪而上，不断探索，不断研究，才能跟上时代的步伐，教育教学的改革才能深入发展，全面实施素质教育，全面提高学生素质才能真正落到实处。

参考文献：

[1] 何克抗.基于Internet的教育网络与21世纪的教育革新.电化教育研究,2000,(1).
[2] 钟志贤.新型教学模式新在何处.电化教育研究,2001(2—3).
[3] 钟志贤.建构主义教学思想览要.中国电化教育,2000(2).
[4] 龚志武.基于Internet的远程教育传播模式的特征及优化.电化教育研究,2001(4).
[5] 龚道敏.创设情境是培养学生数学思维能力的有效途径.网络科技时代,2001(6).

信息技术与小学数学教学整合的探索[①]

赵 萍

21世纪是信息化时代，以计算机和互联网为代表的当代信息技术，正以惊人的速度改变着人们的生存方式和学习方式，同时也为数学教学改革提供了得天独厚的土壤。利用信息技术的支撑，既可以形象地表述数学知识，又可以能动地呈现问题产生的过程，使抽象的数学知识教学从根本上改变往常不同的形态，以可视化、快捷化和人文化而展现在学生面前。因此，信息技术与数学学科的有机整合，将为数学学科实施素质教育提供一个极为理想的教学环境，并将成为数学学科落实素质教育的主要途径和根本策略。

我校在实施二期课改的实践中，以现代学习理论为指导，确立了"自主学习，积极探究"的教学理念，在基础型、拓展型、探究型三类课程中尝试信息技术与数学教学的整合研究，努力探索符合新课程理念的教学结构和学习方式，构建全新的数学自主探究学习新型教学模式。

一、以加强基础为重点的"整合"探索

小学数学课程以基础型课程为主，内容是数学学科体系中最基本的、体现可再生长的基础知识和可再发展的基本能力要求，着重培养学生的基本素质和认知、技能、态度三元合一的基础性学力。在基础教育阶段，让儿童掌握基础知识是学校教育的根本目标，基础知识和基本技能的养成是基础学力的核心，是学生适应社会、开展终身学习、促进自我完善和发展的基础。

建构主义学习理论认为学生所获取的知识不是教师传授的，而是在一定的情境下，联系已有经验，通过生动具体的真实情景及必要的学习资料，以协作交流、意义建构的方式而获得的。因此教师在基础性课程的教学中，应充分利用信息技术所创设的图、文、声、像的集成与整合效应，创设一个真实性的问题情境，围绕知识点的揭示、阐述、展开、归纳和总结等环节，运用各种教学形象有效地调节学生的情感，把学生置身于一个自主探究、解决问题的环境之中，促使学生已有经验与当前学习的有效沟通并予以同化，从而赋予新知识以某种意义，使概念的掌握、知识的记忆和技能的获得更加牢固。下面以小学数学第一册《连加、连减、加减混合》一课的教学为例，谈谈在网络环境下，如何在数学基础型课程的教学中加强以基础为重点的信息技术与数学教学的整合。

《连加、连减、加减混合》是九年制义务教育课本第一册中的"6到10个数的认识和加减法"单元中的一节计算教学课，它是学好20以内进位加法和退位减法的关键。计算是一切数学活动的基础。因此计算教学是小学数学课程中一项最基础性的内容。本节课的教学目标有三点：懂得加减混合运算的意义；理解并知道加减混合运算的顺序；会正确口算加减两

[①] 本文选自《中国电化教育》2004年第11期，第52—55页。

步计算式题。由于计算教学本身具有的抽象性,学生学习起来显得十分枯燥,因此以往学生对这类知识的学习积极性不高,知识掌握不扎实。基于以上情况,教师从以下三方面展开教学。

1. 情境激趣,引发思维

首先从随意的谈话引入:"小朋友,都乘过公共汽车吗?"于是随着"嘟、嘟"声,计算机显示屏上出现了一辆正在行驶的公共汽车,可以清晰地看到车上有 8 名乘客,随着刹车声响,汽车到站。这时老师问:"汽车到站了,会出现什么情况呢?(有人上车,有人下车)那么车上还会有多少乘客呢?请大家先想一想,猜一猜,可以自己用鼠标移动电脑图像中的人物上车与下车。"这下学生们可来劲了,纷纷展开想象的翅膀,把车上的几个人"拉"下来,再把马路边上的若干人"拉"上了车。在这个过程中教师运用多媒体技术把学生生活中碰到的场景搬进了数学课堂,通过形象、具体的移动变化、动态的图像与音频信息构成了仿真的学习情景,充分激发了学生的兴趣,调动了他们的学习积极性,帮助学生展开想象引发思维,并通过多媒体技术把学生思维的过程形象地表达、再现出来,使学生在新颖而富有童趣的操作活动中提高了形象思维能力。

2. 网上探究,协作交流

学生个体的思维往往是在群体的合作中得到完善和提高的。教师通过网络特有的切换、交互和演示功能,把学生操作后的结果进行展示交流:"原来有 8 个人,到站后,上来×人,下去×人,车上还剩×人。"接着老师请学生们用一个式子表示出刚才交流的结果,大部分学生开始陷入思考,原有的知识结构无法解决这一问题,但在强烈的探究欲望和小组同学的合作讨论下,纷纷列出了各自的算式:如:$8+2-3,8-4-1,8+2+3,8-5+3,8-5-3,8-0+2,8+0-6$……这些算式是学生在学习过程中的第一次接触,但学生自主列出算式的过程,足以体现学生内在的学习潜能的发挥。学生们在充满情趣、自主、探究的学习环境中运用生活经验和原有的知识经验的重组建构,自然地形成了"连加、连减、加减混合算式"的概念。通过对经验的唤起,学生在操作和思维活动中理解了加减两步计算式题的原理等意义,通过意义的建构,感悟并理解了加减两步计算式题的运算顺序,这比起单纯抽象地强调算理算法,学生学得更积极主动,概念的理解与获得也更加牢固。

3. 强化练习,拓展运用

概念的掌握和巩固,关键在于应用。为此教师运用多媒体信息技术超链接的优势,再为学生提供了一个自主学习的平台,设置了内容更为丰富的学习资源,帮助学生巩固知识和学会应用。练习分为"试一试""算一算""想一想"三个不同层次。学生可以自主地选择点击相应的板块,在生动、丰富的情境中进行强化新知识的练习巩固和应用。学生在信息技术呈现的图像、声音的激励下,不断体验到成功的喜悦。

4. 全班交流,总结评价

最后选择学生三个板块的练习题上传至教师机进行展示,由学生自己介绍进行全班交流,教师帮助引导学生作总结评价。

本课教学案例充分说明,信息技术提供的网络资源以其他媒体和手段无法替代的情境再现、超时空交流等功能与优势,为学生自主学习、主动探究提供了理想的学习环境和操作性平台,为学生呈现了仿真的学习情境,充分激发了学习兴趣,并为他们提供了多种感官参与学习的氛围,引导他们积极体验,在特定的环境中主动积极地建构自己的学习经验。上述教例也说明了在多媒体网络环境支撑下的数学基础性课程教学,可以有效地缩短学生认知的过程,提高了学习的效率,更好地发挥学生的主体作用和教师的主导作用,为改善学生的学习方式提供了有力的手段,促使学生获得的知识和技能得以牢固地掌握,并达到灵活运用。

二、以资源拓展为重点的"整合"探索

建构主义和人本主义都主张教学应充分利用各种学习资源,强调教师应把大量时间放在为学生提供学习所需要的各种资源上,使学生全身心地投入学习活动。人本主义还认为学习是学生的情感因素和认知因素的有机结合,强调教学目标应立足于学生的个性发展与追求学习的开放性。因此教师要关注学生在活动的过程中所产生的丰富多彩的学习体验和个性化的创造表现,充分尊重学生的兴趣、爱好,为学生自主性的充分发挥开辟广阔的空间。

计算机互联网拥有庞大的信息资源,这些信息资源涉及生活、社会科学与自然科学等各个领域,其广度和深度远远超过教材为学生提供的文字资料,因此教学应充分运用网络的交互传递功能,开放学生的学习资源,让学生根据自身的特点和需要主动地、个性化地学习,从而突破以书本为中心的束缚与限制。

现就小学一年级数学活动课《找规律》一课,谈谈以加强资源拓展为重点的信息技术与数学教学的整合研究。

数学本身就是一门反映数与形规律的学科,探究规律是数学学习和研究中必需的手段。因此帮助学生找到寻求数与形之间规律的方法,有助于发展学生的数学思维能力。《找规律》是一节一年级的数学拓展课。通过本课教学,培养学生敏锐的观察能力和良好的思维习惯,掌握从图形的数量、形状、颜色等方面去寻找事物间相互联系的简单方法,并能联系生活实际,运用规律,培养创造美好生活的情趣。

本节课首先从学生的感悟中拓展,帮助学生探究发现生活中的数学;接着从辨析中拓展,养成良好的观察和思维能力;最后在应用中拓展,培养创造性思维能力。本课就是以上面三个阶段进行资源拓展的。

1. 联系生活,初步感知

"规律"是一个较抽象的概念,很难向学生用语言来表达,只有依靠学生在感悟中获得。课一开始,教师以生活中"学习日期"作为话题与学生随意交流,大家达成共识:每周星期一至星期五都到校上课,双休日自己安排时间。通过交流使学生对学习时间的规律性有了初步的感知。接着教师向学生演示多媒体动画,再现生活中有规律的事物变化和自然现象。如"日升日落","春夏秋冬四季的交替"等现象,向学生说明这样的变化是有规律的。在生活中还有很多类似这样有规律地变化的事情,请学生们想一想,说一说。通过多媒体技术再现真实情景的功能,唤起了学生已有的生活经验和学习经验,于是纷纷把某些现象加以归类概括,把自己富有个性色彩的生活融入数学的学习之中,拓展了学生的学习内容和学习空间,在丰富的网络资源和人际交流中初步感悟规律的简单含义。

2. 引导观察,辨析感悟

学生通过寻找、发现生活中有规律的现象,对"规律"有了初步的感悟。为了帮助学生初步理解掌握概念,并在学习中养成良好的观察能力和思维的辨析能力,教师用事先在互联网上下载的资料,链接在校园网上,引导学生上网查找生活中有规律的现象及数学中数和形的

规律,进行拓展学习。如小明每天早晨6:30起床是有规律的;今天天气晴朗,第二天阴天,第三天下雨……是没有规律的;一串珠子,既有黑、白、红颜色变化的规律,也有1、2、3数的变化规律……通过这些辨析练习,使学生的数学知识再次回归到他们的生活,进一步促使数学与生活的有机结合。在这些事先设置的学习资源中,有的确实存在着一定的规律,而有些则没有规律。学生在辨析查找的过程中,不仅初步理解和巩固了规律的概念,并在学习探索的过程中,自主学习能力得到了很大的提高。

3. 拓展应用,巩固提高

人本主义认为人人都有创造力,至少有创造的潜能,因此教师要帮助学生挖掘和发展这些潜能。根据一年级儿童的年龄特点,教师在最后层次的练习中,设计了这样一个开放性的拓展练习:"学校要开运动会,买了许多三种颜色、二种形状的旗子和红、黄两种颜色的盆花,请同学们设计,可以怎样有规律地摆放。"这个练习,学生可以通过小组讨论、操作鼠标直接在电脑中移动旗子和盆花。然后进行保存,并可上传到校园网上进行交流。学生们充分展开了想象,有的学生在每面旗子中间摆了一盆盆花,而且旗子的颜色与盆花的颜色间隔开来;也有的学生在一半的操场摆各色的旗子,另一半的操场摆了各色的盆花……这一份份个性化的作业,不仅拓展了学生的知识领域,同时也拓宽了学生的学习能力,丰富了学生的个性情感,培养了创造想象和发散思维能力。

4. 总结评价,加深认识

最后对各组的作业进行全班展示交流与评价,进一步激发了学生的创新积极性与成就感,进一步加深了对"规律"这一概念的认识。

丰富的网络资源突破以"书本为中心"的封闭式教学的束缚,使得日常生活中一些重要的数学知识以快捷方便的形式出现在课堂上,成为学生的学习内容,拓宽了学生的知识疆域,使得更多的内容以方便的形式介入学生的学习过程,促使民主、平等的师生关系的建立,真正实现教师的教和学生的学的弹性化,扩大了学生自由发展的空间。

三、以探索研究为重点的"整合"探索

建构主义与人本主义都认为学习者自己发现的东西才是最重要和富于独创的个人特色的知识。知识是过程而不是结果,学生不仅要掌握知识的结论,而且要更多地参与到主动探求知识的过程,学到科学家处理信息的方法,并提出"教学过程是一个提出问题和解决问题的持续不断的过程",因此以培养探究性方法为目的,使学生通过再发现来进行学习,学会如何学习的意义比学会什么更为重要。

数学教学的核心是培养学生的数学思维能力,而思维能力的培养,需要有一个实践—认识—再实践—再认识的过程。信息技术融合到数学教学中,提供的不仅是超大的信息量以及多媒体集成化的信息传递方式,还可让学生在"做数学"的过程中,体验感受数学,深入探究理解数学知识的生成过程,进行创造性学习。

探究型课程就是着眼于在专题性和综合性的探究过程中培养学生的创造性学力,以及实现知识迁移和相应的创新精神与实践能力。以下就组织与指导五年级学生在《本校学生家庭生活费用情况调查及反思》的探究性学习中,谈谈如何开展以探究型课为重点的信息技术与数学学科的整合研究。

学校在征得家长的配合下,在五年级学生中开展"家庭生活费用的调查",目的之一是让

学生通过父母的收入与家庭的消费比例,以及零用钱在家庭的基本消费中所占的比例,使他们通过具体的数据发现自己有否浪费行为。以此养成节约、珍惜父母的劳动收入等良好品德。目的之二是通过此项探究性活动,改变学生在传统的以教师、书本、课堂三中心下的被动学习方式,开展类似科学研究的自我探究的自主学习与实践活动,让学生获得亲身参与研究探索的体验,培养发现问题和解决问题的能力;培养收集、分析和应用信息的能力;学会分享与合作;培养科学态度和科学道德;培养对社会的责任心和使命感。

1. 创设情境,提出问题

为了让学生联系生活中的现象,以此来发现问题,并进一步提出问题,教师先组织学生看一段校外纪实,内容是放学后许多学生逗留在小吃摊、小摊贩和零食店的现象,并在因特网上下载了一些关于学生零用钱使用的评论和报道,促使学生发现生活中这些倾向性的现象,并提出如何解决的问题,从而产生本次探究活动的主题。

2. 分工合作,收集信息

提出问题后,学生的学习兴趣相当的浓厚。因为这一探究内容是他们自己提出的很感兴趣的问题。学习的方式完全与课堂教学不同,因此积极性相当高。教师指导学生根据课题从不同角度开展调查研究:如父母一月工资收入、家庭的基本生活费所包含的内容、一个月的基本生活费用、一个学生一个月内的零用钱、家庭总生活费用的支出数据等。然后实施小组分工合作。接着学生们在校园局域网上发布调查倡议,并开设"请你参与"栏目,根据数学学习的统计知识设计出一张统计表,请更多的同学支持此项活动,采取调查、问卷等方法收集了所需的数据。

3. 应用数学,处理信息

完成信息收集,学生必须学会应用所学的数学知识处理信息,做到学以致用。接着他们把收集来的数据输入 Excel 电子表格中进行数据处理,并运用统计表和统计图的形式汇总进行交流汇报。

4. 分析信息,反思总结

通过对以上数据的汇总统计,如:父母的工资收入除了 50% 用于基本生活开销外,有大约 23% 用于孩子的学习和生活费用,而家庭用于改善生活的其他费用只占 10%……教师组织学生展开讨论:如何尊重父母的劳动,不乱花零用钱;如何帮助父母合理安排生活费用。并在校园网上设立论坛,从而引发新问题的产生:"压岁钱的使用调查及反思"。通过此项活动的开展,部分学生对自己乱花零用钱的行为进行了反思,不仅体会到了父母劳动的艰辛,同时更体会到了农村或灾区以及低收入家庭孩子渴望读书的心情。还有很多同学为贫困学生献出自己的一份爱心……这种学习形式受到了广大家长的赞同和学生的喜爱。

以上案例说明网上资源与多媒体网络环境成为实施探究性学习的重要条件之一,因特网上的关于自然、社会、生活的教育教学资源为开展探究性学习提供了研究、探索、实践的材料。特别是基于网络的教学支撑平台,基于 Web 的协作学习平台,为探究性学习提供了交流、协作和项目(活动)管理工具。基于网络的搜索引擎、相关的计算机软件工具如电子表格等为探究性学习提供了研究、探索、实践的辅助工具,使学生的学习内容从书本走向了生活、走向现实,学习空间从教室走向校园,走向社会,走向更广阔的空间。

应用 MP-Lab 促进小学数学知识建构的探索[①]

庄慧娟　李克东

一、问题的提出

信息化高度发展的今天,"信息技术与课程整合"已成为我国 21 世纪基础教育教学改革的重要课题。义务教育阶段的数学课程,强调数学教学"从学生已有的生活经验出发,让学生亲身经历将实际问题抽象成数学模型并进行解释与应用的过程"[1]。《数学课程标准》的这种基本理念更强调学生形成数学思想方法的知识建构过程,其指导下的教学设计则把数学教学视为一种学生的学习活动。在这种学习活动中,"教师是数学学习的组织者、引导者与合作者",学生学习数学的重要方式是"动手实践、自主探索与交流合作",而"观察、实验、猜测、验证、推理"则是动手实践、自主探索的重要方法。

通过对《数学课程标准》的深层解读,充分利用现代信息技术建立一个可以让学生进行"观察、实验、猜测、验证"的数学学习环境。在以学生为主的学习活动中,探索出着重于学生"动手实践、自主探索与交流合作"的数学教学方法,从而达到把数学学习培养成"一个生动活泼、主动和富有个性的过程"是新课标教学设计思路下迫切需要解决的问题。利用 MP-Lab 进行数学实验教学,促进学生数学知识建构,正是为解决以上问题,实现信息技术与数学课程整合的一个典型应用。

二、MP-Lab 与小学数学知识建构

1. MP-Lab 简介

MP-Lab(Multi-Purpose Laboratory,万用拼图实验室)以数学实验教学的思想为指导,采用拼图而非画图的模式,向师生提供包括作图、拼图、变形、背景图片、文字编辑等功能,是专为开展小学数学学习活动,帮助学生"学"而设计的数学学习情境建构平台[2]。MP-Lab 的设计强调学生亲自动手操作,通过观察、分析、思考、归纳建构数学知识,重视学生动手创作同时兼顾教师课堂教学,而实验结论则由学生通过一系列实践操作自己获得。MP-Lab 作为一个用于数学实验教学的数学学习平台,采用拼图的模式使小学生在实践自己的想法时,相对于画图而言,具有更大的操控、想象、探索和创意的空间,其用户界面如图 1 所示。

[①] 本文选自《中国电化教育》2008 年第 7 期,第 82—85 页。

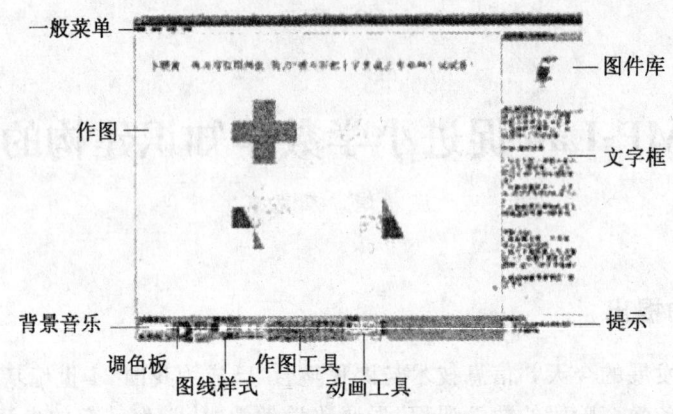

图 1　MP-Lab 用户界面

2. 小学数学知识建构

知识建构是指学习者针对学习任务,在原有认知结构或经验的基础上,通过旧知识与新获得的信息的互动,对原有的知识经验进行改造、重组,使之产生新的有意义的关联或创造新意义,并以自己的方式理解新信息和建构其意义,知识建构既包含意义建构的过程又包含意义建构的结果。知识建构的含义不仅是指知道一些事实、概念和现成的结论,还要理解这些知识并形成属于自己的知识结构(见识、思想),此外还要了解它所指向的问题。知识建构的过程包括两个阶段:一是要建立对新知识的理解,将新知识与已有的适当知识建立联系;二是要将新知识与原有的认知结构结合,通过纳入、重组和改造,构成新的认知结构。

义务教育阶段的数学课程,其基本出发点是"促进学生全面、持续、和谐地发展"。因此,在数学学习中不仅要考虑数学自身的特点,更应遵循学生学习数学的认知规律。《数学课程标准》将小学数学按内容划分为数与代数、空间与图形、统计与概率以及实践活动四部分。其中,数和图的学习都是以符号表示对现实事物的抽象、量化以及数量间的逻辑关系,比如把花坛的大小抽象为圆的面积。然而,小学生的思维正处在从具体形象思维为主到抽象逻辑思维为主的思维形式的过渡阶段,其抽象逻辑思维的形成过程仍在很大程度上依赖于具体的形象思维。因此,在这些内容的学习中,让学生体验从具体形象的事物抽象为数学符号的知识建构过程尤其必要。由此可见,数学本身的抽象性特征和小学生身心发展的特点共同决定了小学生的数学学习基本是一种符号化语言与生活实际相结合的学习,两者之间的相互融合与转化将成为学生主动建构知识的重要途径。这就要求教师在数学课堂教学中需要通过创设现实情境和组织各种活动,使学生将新旧知识和生活经验联系起来,思考现实中的数量关系和空间形式,从而帮助他们理解数学并形成数学的思维方式。

综上所述,小学生的数学知识建构应是建立在生活经验基础上的一个通过主客体相互作用而获得数学知识的主动建构过程。学生通过主动观察、实验、猜测、验证、推理等动手实践、自主探索与交流合作活动,亲身体验如何"做数学"、如何实现数学的"再创造"[3],从而真正展开思维,使新旧知识经验建立联系并以自己的方式理解新信息和建构其意义。因此,小学生的数学教学应从学生自身已有的知识或生活经验出发,通过参加多样化的产生结论的活动,让学生体验知识建构的过程,在主动建构数学知识的过程中真正获得对数学结论的理解,在提高数学能力的同时也在"思维能力、情感态度与价值观"等多方面得到发展。

3. MP-Lab 在促进小学数学知识建构中的作用

MP-Lab 的主要思想是以数学实验教学的思路,通过创设现实情境和组织丰富的学生活动,使学生经历数学的思维过程,帮助学生体验数学知识的形成,从而促进数学知识建构。MP-Lab 在促进小学数学知识建构过程中的作用主要体现在以下几方面。

(1) 展现现实问题的数学抽象过程,辅助学生由形象思维向抽象思维过渡。

在小学数学中,培养学生的数感、符号感、空间观念、统计观念是重要的教学目标,这些内容的学习都涉及对现实问题的数学抽象。例如,在算术的学习中,数数是小学生学习的基本方法,20 以内的加减法都是通过数数来学习的。当数目大了的时候,因数数不方便进而转向寻求规律,这时就出现了乘法、除法的概念,数学的学习一旦进入这一阶段便开始了抽象。随着抽象的概念、方法、规则教学内容的出现,当少数儿童的脑发育进程未能适应这个进程时,便出现了学习困难。所以在教学实践中我们会发现,当计算较大的数字时(如 100 以上),并没有建立起对乘、除意义理解的学生仍在用数数的方法计算,这时便出现了对数学抽象概念意义理解和操作应用上的困难。此时,我们可以利用 MP-Lab 为学生创设一个问题解决情境,通过学生亲自动手操作,体会其中数学概念的含义,帮助他们实现思维形式的过渡,支持和促进其对抽象数学概念的意义建构。图 2 即是一个对乘法和除法抽象概念学习的形象化操作问题情境。在解决这个问题时,学生可以亲自动手操作分物的过程,体会乘法和除法在实际应用中的数学含义,游戏可以帮助学生由形象思维向抽象思维过渡,从而实现对抽象数学概念的意义建构。

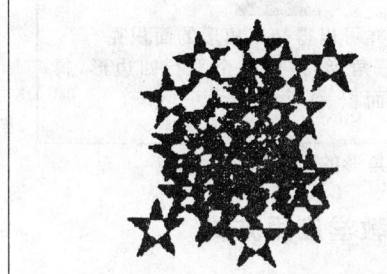
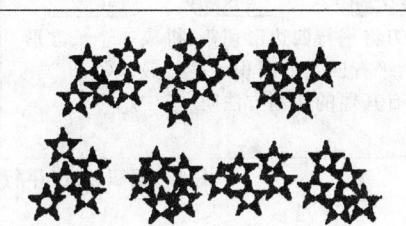

图 2　分物游戏(乘与除概念的学习)

(2) 方便学生动手操作,展现问题解决的多种途径,培养多种思维方式。

《数学课程标准》指出:"有效的数学学习活动不能单纯依赖模仿与记忆,动手实践、自主探索与合作交流是学生学习数学的重要方式。"新知识的获得在某种意义上讲是原有知识结构的一种发展,当原有知识结构不能解决新问题时,就会产生认知冲突。学生因原有的知识结构不同,解决冲突、建构新知识的方式也各不相同。因此,在认知冲突发生时,创设开放的问题解决情境,建立能让学生动手操作的实验环境,允许学生在自己原有的认知结构基础上构建个性化的问题解决方案和多样化的解决途径,对学生初期思维方式的培养尤其重要。MP-Lab 提供方便易用的工具为学生动手实践自己的猜想提供了平台。图 3 展示了学生通过切割、拼接的方法验证和建构四边形内角和为 360°定理的两种不同问题解决途径。

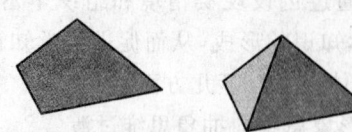
用小刀工具将四边形分割成两个三角形,每个三角形内角和是180°,所以四边形内角和是360°,你还有别的方法吗?

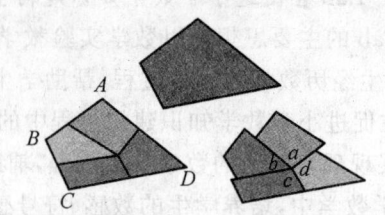
用小刀将四边形的四只角分别剪下来,将四个顶点拼在一块,可发现四只角恰好拼成一个圆周角,所以四边形内角和是360°

图3 认识图形(四边形内角和的学习)

(3) 支持学生进行观察、实验、猜测、验证、推理的数学思维过程,辅助个体知识建构。

对于还未形成抽象符号化思维方式的小学生来讲,通过观察、实验、猜测、验证、推理的方式获取数学结论符合他们的认知规律。这种方式更加注重对知识产生过程的实践与探究,使学生更容易理解和掌握数学知识,有助于数学思想方法的培养。MP-Lab为学生学习数学和解决问题提供了便利的工具,使学生乐意并更专注地投入到现实的、探索性的数学活动中去。如图4所示,学生可以立即对自己的猜想进行验证,并可方便地归纳出结论。

用小刀将平行四边形切割,拼成一个长方形得知:平行四边形面积=(　)×(　)你还有其他的切割方法吗?

小朋友,怎样可以得知三角形的面积呢?复制一个三角形,拼成一个平行四边形,得知:三角形面积=(　)×(　)÷(　)

图4 面积公式(平行四边形和三角形的面积)

三、MP-Lab在促进小学数学知识建构中的教学应用方式

MP-Lab作为一个数学实验教学平台,以开展学生的学习活动作为学习数学的重要方式。主要应用于情景教学和创意教学。

1. 利用MP-Lab进行课堂情境教学

学习情境是课堂教学设计的重要组成部分,是学生实现"意义建构"的平台,是学生完成"同化"与"顺应"的"脚手架",也是教学对话的空间。学习情境是指学生参与学习的具体的、现实的环境[4]。知识内容与学习问题是对现实世界的抽象与提炼,而学习情境则是要还原知识产生的背景,恢复其原来的生动性、丰富性。小学生的数学学习情境更强调对真实的物理情境的创设,在真实的物理情境中,学生通过独立的发现问题、调查、信息收集与处理、猜想、操作、验证等探究活动,实现知识的建构。这种物理情境要求能够促使学生对知识和技能有不同的理解,从而使学习能适应不同的问题情境,在实际生活中能更为广泛地进行知识的迁移;能够使学生的学习经历类似专家解决问题的探索过程,促使学生主动探索并自己解决问题,从而实现对知识的自主建构。下面以一节小学五年级下册(北京师范大学出版社)《组合图形的面积》数学课为例介绍MP-Lab在课堂情境教学中的应用。环境要求为学生一人一机型的多媒体网络教室。

第一阶段：教师通过在 MP-Lab 平台上播放把七巧板拼成小猫形状的动画短片,创设真实的情境,让学生通过观察,体验组合图形的形成过程并形成初步的形象认知。随后,教师要求同学说出"小猫是由哪些图形组成的?"(5 个三角形,1 个平行四边形,1 个正方形组成),接着便引出对先前学过的五种基本图形(长方形、正方形、三角形、平行四边形、梯形)面积公式的复习。

学生在对组合图形有了初步的形象认识之后,教师要求学生运用 MP-Lab 创意教学平台,亲手画出这五个基本图形,再拼成组合图形,通过小组合作,猜测"组合图形是怎样组成的?"在这个过程中,学生通过亲手操作和交流合作活动,探讨组合图形的组成规律。学生明白了"组合图形由基本图形组成,组合图形可以分割成若干个基本图形"。这样的结论由学生通过自己观察、猜想、讨论、反复验证获得,经历形象思维到抽象思维的过渡,建构起关于组合图形的抽象几何知识。

第二阶段：在第一阶段的基础上,教师进一步提出"组合图形的面积应该怎样计算?"的问题并给出两个组合图形,要求学生在 MP-Lab 平台上分别用两种方法求面积。此阶段,要求学生独立探究组合图形的面积计算方法。教师在巡视学生的探索活动时,选择有代表性的做法,由教师机广播给全班同学进行交流,并请同学说出这样做的方法和理由。MP-Lab 平台可以实现同时展示多种问题解决方案,培养学生批判性思维以及多角度看问题的思维方式。组合图形及部分学生做法如图 5 所示。

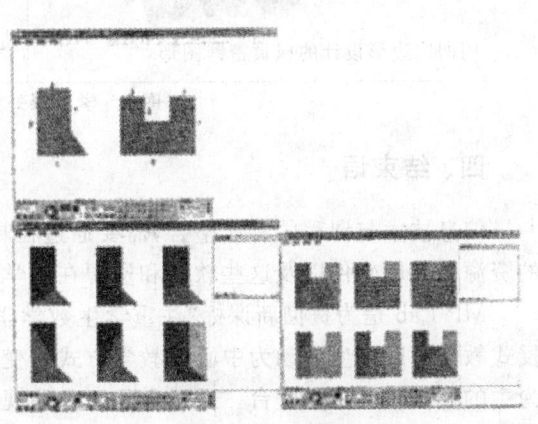

图 5　组合图形及其面积求法

第三阶段：由教师引导,通过学生自主探索、猜想、合作讨论,对"求组合图形面积有哪些方法?"的问题做出回答(分割法和添补法)。接着教师引导学生进一步深入思考"采用分割法时应该注意哪些问题?"(a. 要将组合图形分割成若干个基本图形;b. 分割后的图形要便于计算;c. 分割后的图形数量越少越好)

第四阶段：教师要求学生选择一种自己喜欢的方法,求出两个组合图形的面积,以巩固所得的数学方法。

在本节课的教学中,策略、方法的掌握比知识本身更重要。本节课深层的教学目标并非只是教会学生求组合图形的面积,而是让学生理解割补的数学方法,领会"转化"(一个复杂问题可转化成几个简单问题分别解决)这一重要的数学思想。因此,本节课所得到的数学结论皆由学生通过实践讨论后由教师引导获得,并未由教师直接给出方法让学生验证、练习和记忆。利用 MP-Lab 进行课堂情境教学,主要目的还是在于帮助学生建构数学知识,尽量创造机会让学生参与到知识建构的活动中来,教师的角色则是"组织者、引导者与合作者",不能替代学生的思考和体验,所以在教学设计中更强调放手给学生去思考和探索。

2. 利用 MP-Lab 进行课外创意教学

MP-Lab 作为一个万用拼图实验室,为学生在课外对数学知识的自主探索提供了极大的创意空间。数学的学习和应用最终应落实到学生的现实生活中去,使学生能在鲜活的日常生活环境中发现、挖掘学习情境资源,明确知识的应用条件并体现知识在实际生活中的价值。这样,学生就更容易将知识与原有的经验建立关联,激发他们学习和探究的欲望,并促使他们把知识转化为技能。图 6 是学生利用 MP-Lab 进行课外创意活动的作品,这些作品不仅与数学知识紧密相联,而且与学生的生活经验息息相关,充分体现了"学习生活中的数学"的思想,使学生的数学学习活动变为"一个生动活泼的、主动的和富有个性的过程"。

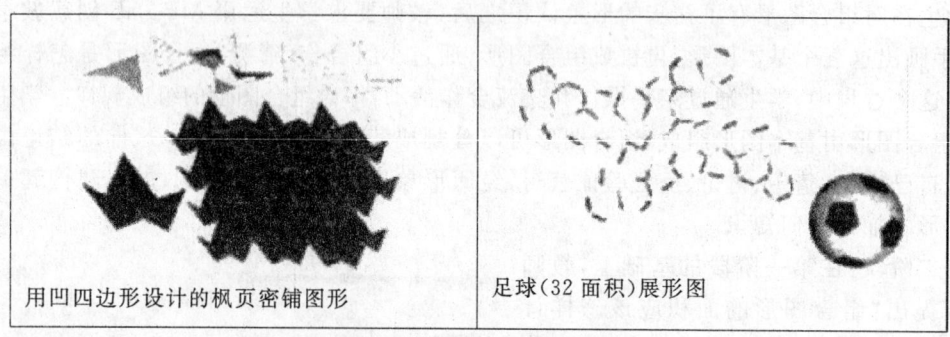

用凹四边形设计的枫页密铺图形　　足球(32 面积)展形图

图 6　学生课外数学创意作品

四、结束语

信息技术与课程的有效整合,需要通过在具体的课程实践中,逐步探索出支撑实际教学的资源和应用软件以及这些软件和资源在教学中的应用方法,以便于对具体教学进行支撑。

MP-Lab 是为贯彻新课标"注重学生数学学习活动"的基本思想,支持和促进传统的讲授式教学向以学生活动为中心的教学方式转变而开发的数学实验教学软件,为以学生活动为主的数学教学提供平台。通过 MP-Lab 呈现知识发生发展的过程、开展数学实验教学、创设与学生现实生活紧密相联的学习情景,让学生以动手实践、讨论合作的方式,在主动参与的过程去体验、感受、建构知识,最终使学生学会学习并能自觉应用数学知识解决问题。

从 2007 年 9 月开展"利用 MP-Lab 促进小学数学知识建构"的教学实验至今,在全国(包括澳门、东部沿海发达城市、西部山区、少数民族地区以及中部经济发达地区)已有将近 40 所学校利用 MP-Lab 进行相关的数学教学实验,涌现出了大批的优秀案例并形成了丰富的共建共享资源。本文仅是第一轮实验研究成果的一小部分,软件的改进和课题的研究都在进行中,希望以本文引起大家进一步研究和参与的兴趣。

参考文献:

[1] 数学课程标准.国家课程标准专辑——数学课程标准.http://www.being.org.cn/ncs/math/math.htm.

[2] 韦辉梁.MP-Lab 创意教学平台.广州:华南师范大学《计算机支持的协作学习(CSCL)促进意义建构的研究》总课题组编印,2007.9.

[3] 李星云.促进小学生数学知识建构的有效策略.广西教育,2006(10):16—17.

[4] 李克东.应用 MP-Lab 促进中小学数学知识建构研究项目实施意见.广州:华南师范大学,2007.

在 CAI 下即时提示解题过程对小学三年级学生建构两步应用题整体结构的影响[①]

刘儒德

一、前言

小学数学两步应用题是一种与学生的实际生活情景相联系、需要学生选择、运用和组合规则来解决问题的任务。它以一步应用题为基础,但不同于一步应用题,要解决它不只是规则的简单套用,而是规则的选择和组合。一步题简单规则的各种组合就构成了两步应用题的整体性结构。学生对这种结构的理解和掌握将有助于他们对当前解题任务的认识,从而提高他们解决问题的效率。

两步应用题的教学常常被当做问题解决的教学来研究。我国小学普遍采取的教学方式是举例讲解某种类型的组合,然后跟随以大量的练习,并未揭示例题之间的内在关系。学生对两步应用题基本结构的知识比较零散,未能建构起自己对两步题整体性结构的理解,其结果只会模仿例题去解决某些类型的问题,无法灵活地选用和组合规则去创造性地解决新的问题。建构主义的数学教育观认为,"数学学习并非一个被动的吸收过程,而是一个以已有知识经验为基础的主动的建构过程"(Glaserfeld,1991),这意味着"学习数学就是研究数学,最好的学习方法就是干中学"(郑毓信,1994)。因此,两步应用题的教学最好是在一步题的基础上,利用学生的知识经验,不断提出问题,引导学生通过比较、归纳、类推、分类、发现以及解题等活动逐步建构出对两步应用题整体性结构的理解,从而提高他们解决两步题的能力。

建构主义学习论认为,学生是在已有知识经验的基础上,通过主体与客体的相互作用来建构起对事物的理解的(张健伟,1996)。学生的原有知识经验各有不同(陈琦,1988),学生的建构也是在特定的情境下进行的(Duffy,1991),因此,每个学生的建构过程不尽相同,是多元化的(Cunningham,1992),并且,学生的建构是在与教师、同学的社会性交互作用中进行的,为利于良好的建构,需要教师不断监视并给予学习过程的指导。

监控学习过程并给以即时反馈是计算机辅助教学的优越性之一,用计算机来辅助两步应用题结构的教学,能即时向学生提示解决问题的过程。这种即时提示能否促进学生对两步应用题整体性结构的建构,正是本研究所要探讨的问题。因此,本实验研究的基本问题是:在计算机辅助小学三年级学生建构两步应用题结构的教学中,对学生的错误反应,即时给予有关解题过程的提示,是否能促进学生对两步应用题结构的建构。

[①] 本文选自《心理发展与教育》1997年第2期,第18—23页。

二、实验方法

(一) 实验设计

本实验研究的基本假设是：在计算机辅助小学三年级学生建构两步应用题结构教学中，对学生的错误反应，即时反馈有关解题过程的提示，将比只反馈对错评判更能促进学生对两步应用题结构的建构。实验处理是：在对学生错误反应所提供的即时反馈中，控制班只给予对错评判；实验班则还给予具体的有关本题解题过程的提示。实验的主要因变量是结构理解成绩，指学生对两步应用题一般结构的理解；辅助因变量是对解题过程的自我监视，指学生在解题之前对自己解该题能力的预测（自我预测）和解题之后对自己解该题效果的评价（自我评价），其水平与学生对两步应用题一般结构的理解水平直接相关联的；参照因变量是解题成绩，指学生解两步应用题的学业成绩。此外，实验的协变量有对应用题文字的阅读理解水平，它会影响解题以及对结构的理解；以及解一步题的成绩，它是学习两步应用题结构的基础。本实验将具体考察实验班的各项因变量是否比控制班高。

(二) 被试

本实验的被试为北京市铁路职工子弟第七小学三年级的两个班的学生，共84人。每班42人，其数学教师都是本实验的任课教师，平时成绩基本相等，分别作为控制班和实验班。

(三) 实验材料

1. 硬件

由25台386计算机组成的小型教学网络。

2. 教学软件

本实验用的教学软件是根据建构主义学习原理而设计开发的。软件分为教学和练习两部分。在教学部分，在一步应用题的基础上，用实物图、线段图或文字等信息材料作动态演变，不断提出问题，让学生作出反应，从而引导学生通过比较、归纳、类推和分类等活动逐步建构出对两步应用题整体结构的理解。在练习部分，学生要解一些两步应用题，这些题是按两步应用题的整体结构来安排的，其目的是让学生通过解题来加深并巩固自己对两步应用题整体结构的建构。控制班和实验班的练习部分稍有不同，在控制班，软件对学生的错误反只作一般性的即时反馈，即只有简单的对错评判或中性术语如"再来一次"等；在实验班，则还包含具体的有关本题解题过程的提示，如"要想求×××，必须先知道×××"，"通过什么方法才能求出最后的问题"等。

3. 测试工具

(1) 应用题文字阅读理解测验。由实验教师、同校数学老师、区教研室教研员和研究者共5人共同编制，包括小学三年级学生在数学课中学习的有关应用题数量关系的术语和文字叙述，考查学生正确理解术语和文字叙述的能力，共10题。

(2) 应用题解题测验，有一步应用题解题测验和两步应用题解题测验两种。由实验教师、同校数学老师和区教研室教研员共5人，按教学大纲共同编制。这是学绩测验，测查学生解一步或两步应用题的水平。

(3) 两步应用题结构理解测验。由研究者、实验教师、同校数学老师和区教研室教研员共 5 人共同编制,测查学生对两步应用题整体结构的理解水平。主要题型有判断题、单项选择题、多项选择题、填空题以及匹配题等。主要内容有:区别一步和两步题,识别直接条件和间接条件,改变一步题的条件使其变为两步题,改变一步题的问题使其变为两步题,改变或组合某些条件使其变成各种两步题,改变或组合某些问题使其变成各种两步题,用所提供的条件和问题组合出各种两步题,对应用题进行分类,以及评价某解题步骤的错误类型等。

(4) 对解题过程的自我预测测验,包括一步题和两步题两种。自我预测由被试在读过每一道题之后解决问题之前,预测自己有多大把握完成该题,用三点评定方式作答。其水平的高低用实际做题正确程度与自我预测得分之差来衡定,差值越大,自我预测水平越低。整体得分为所有差值的平均分。

(5) 对解题过程的自我评价测验,包括一步题和两步题两种。自我评价由被试在解过每一道题之后,评估自己做得有多好,用五点评定方式作答。其水平的高低用实际做题正确程度与自我评估得分之差来衡定,差值越大,自我评价水平越低。整体得分为所有差值的平均分。

(四) 实验程序

1. 分组和前测

这两个班都是本实验教师所教,从最近三次数学测验成绩来看,两班无显著性差异。在实验之前同一时间对两班学生进行应用题文字阅读测验、一步应用题解题测验、一步题解题自我预测和自我评价测验。

2. 教学实验

教学实验在学校计算机教室进行。两班皆由本实验教师教授(原任课教师)。每班学生两人一台计算机(随机配对),互相讨论,轮流操作(作为合作学习背景)。教学实验分为教学课和练习课两部分,教学课上,教师进行全班同步(所有计算机呈现同样信息)讲解,学生在自己的计算机上可作适当反应;练习课上,全班学生进行个别化练习,列式计算两步应用题。控制班与实验班除了在练习中得到不同的反馈外,其他方面如学习内容、过程和时间都基本相同。教学实验时间为 8 节课,比传统教学节省 4 节课时间。

3. 后测

在教学实验结束后,对两班学生进行两步应用题解题测验、自我预测和自我评价测验,以及两步题结构理解测验。

4. 数据收集和处理

收集各项测验数据,用 SPSS/PC+ 对所有数据进行统计分析。

三、结果与分析

(一) 实验前测结果差异比较

对两班的实验前测各项结果进行 F 检验(表 1)。由于学生解应用题的能力受他们的阅读水平的影响,因此,在对两班解一步题成绩、解一步题的自我预测和自我评价进行方差分析时,将阅读水平作协变量处理。

表1 两班阅读水平以及在一步应用题上的解题成绩、自我预测水平和自我评价水平

自我评价		阅读水平	解题成绩	自我预测
控制班 (N=42)	$\overline{X}$	53.10	95.71	1.44	1.81
	s	23.74	16.10	1.79	1.43
实验班 (N=42)	$\overline{X}$	51.91	96.19	1.45	1.88
	s	23.71	14.31	1.40	1.70
协变量F值显著性（阅读水平）		—	7.36**	1.72	3.75
主效应F值显著性		0.05	0.05	0.00	0.02

**$P<0.01$

结果表明，两班在阅读水平、一步题解题成绩、一步题解题自我预测和评价上，都不存在显著性差异，这说明，两班的基础水平是对等的。此外，阅读水平对学生解题成绩具有显著性影响（$P<0.01$），对解题自我预测和评价都没有显著性影响。

对两班的实验后测各项结果进行了F检验（表2）。由于学生解两步应用题的能力受其阅读水平及一步题题解成绩（原有基础）的影响，因此，在对两班解两步题成绩、结构理解、自我预测和自我评价进行方差分析时，将阅读水平和解一步题成绩作协变量处理。

（二）实验后测结果差异比较

表2 两班在两步应用题上的解题成绩、结构成绩、自我预测水平和自我评价水平

		解题成绩	结构成绩	自我预测	自我评价
控制班 (N=42)	$\overline{X}$	88.57	66.91	1.90	2.09
	s	12.85	15.38	1.93	1.57
实验班 (N=42)	$\overline{X}$	92.26	74.64	1.05	1.29
	s	9.95	13.27	1.26	1.45
协变量F值显著性（阅读水平）		4.82*	2.09	0.20	0.31
解一步应用题成绩		32.71**	10.66**	23.17**	12.47**
主效应F值显著性		3.27	7.12**	6.97**	6.49*

*$P<0.05$，**$P<0.01$

结果表明，两班在两步题解题成绩上不存在显著性差异，在两步题结构理解上存在显著性差异（$P<0.01$），在两步题解题自我预测和评价上都存在显著性差异（分别为$P<0.01$和$P<0.05$）。此外，阅读水平对学生解题成绩具有显著性影响（$P<0.05$），对两步题结构理解、解题自我预测和评价都没有显著性影响。而一步题解题成绩对两步题解题、结构理解、自我预测和评价都存在显著性影响。

（三）阅读水平、解题成绩和结构成绩与自我预测和评价的相关分析

对两班在一步题上阅读水平和解题成绩与自我预测和评价的相关进行了分析（见表3）。

表 3　两班在一步应用题上阅读水平和解题成绩与自我预测和评价的相关分析

		自我预测	自我评价
阅读水平	控制班	－0.08	－0.19
	实验班	－0.24	－0.23
解题成绩	控制班	－0.46*	－0.43*
	实验班	－0.70**	－0.53**

对两班在两步题上阅读水平、两步题解题成绩和结构理解与自我预测和评价的相关进行了分析(见表4)。

表 4　两班在两步应用题上阅读、解题和结构成绩与自我预测和评价的相关分析

		自我预测	自我评价
阅读水平	控制班	－0.14	－0.06
	实验班	－0.28	－0.27
解两步题成绩	控制班	－0.47**	－0.47**
	实验班	－0.67**	－0.56**
结构成绩	控制班	－0.47**	－0.38*
	实验班	－0.38*	－0.43*

* $P<0.05$，** $P<0.01$

从表3和表4可以看出，无论是控制班还是实验班，无论是一步题还是两步题，两班的阅读水平与他们的解题自我预测和评价都不存在显著性相关，而解题成绩则均与自我预测和评价存在显著性相关。在两步题上，无论是控制班还是实验班，结构理解均与自我预测和评价存在显著性相关。这说明，解题自我监视(自我预测和评价)与阅读水平不存在明显相关，但与解题能力和结构理解存在明显相关。

四、讨论

(一)本实验的教学效果以及给予有关解题过程的提示的效果

从结果可知，两班学生对两步应用题结构的理解以及对解题过程的自我监视水平上存在显著性影响。其可能的原因是：由于不断提示解题过程，加深和巩固了学生对两步应用题整体结构的理解和掌握，提高了学生对解题任务的认识，因而提高了他们对解题过程的监视水平。这正好说明了在学生建构两步题结构的过程中，不断反馈有关解决问题过程的提示，能促进学生对两步题整体性结构的建构。

但是，从结果可知，两班在解题成绩上并无显著性差异。其可能的原因有两个，第一，两班都是在计算机辅助教学条件下按建构主义学习原理来学习两步应用题结构的，因此都达到了满意的效果，两班在两步解题上的平均分都达到了90分左右。第二，两班的学习效果差异以及在解题能力上的差异在这种传统的学绩测验中无法反映出来。

（二）文字阅读水平与解题能力、两步题结构理解以及解题自我监视水平的关系

从结果可知，两班学生的阅读水平对他们的解题成绩都存在显著性影响；但对学生解题自我监视以及对两步题结构的理解并不存在显著性影响。这说明学生文字阅读理解能力虽对实际解题有显著性影响，这可能是由于在应用题的学习中，理解题意对表征问题具有重要的作用；但对两步应用题的深层结构的掌握、对解题任务的认识并无多大影响，从而对解题自我监视无显著性影响。对两步题深层次整体性结构的理解，可能更有赖于学生头脑中的数学认知结构，更有赖于学生对应用题之间关系的全面认识。

（三）解题能力及两步题结构理解与解题自我监视水平的关系

从结果可知，学生解两步题成绩以及对两步题结构的理解水平与解题自我监视之间存在显著性相关。其可能的原因是：学生对所有两步应用题的整体性关系和结构的了解，直接影响了他对当前解题任务的性质、类型、难度和特点等方面的认识（实际上这属于与任务有关的元认知知识）。而学生对解题过程的自我监视水平与他对当前解题任务的认识是分不开的，学生对目前解题任务的认识越充分，其监视水平就越高。因此学生解题能力和对结构的掌握水平都可能与学生对解题任务的认识有一定的关系，这就是说，对所有应用题的整体性结构的理解与实际解题以及对解题过程的自我监视都是有关系的。

五、结论

（1）在CAI下即时提示解题过程对小学三年级学生建构两步应用题整体结构存在显著性的影响。对于学生的错误反应，即时反馈有关解题过程的提示，和只作一般性对错评判相比，在结构理解以及解题自我监视水平上存在显著性差异，这可能是由于不断提示解题过程，加深和巩固了学生对两步应用题整体结构的理解和掌握，从而提高他们对当前解题任务的认识所致；但在解题成绩上并无显著性差异，这可能是由于两班都是在计算机辅助教学条件下按建构主义学习原理来学习两步应用题结构，因此都达到了满意的效果，或者由于传统的学绩并未能反映出两班在解题能力上的差异。

（2）两班学生的阅读水平对他们的解题成绩都存在显著性影响，但对结构理解和解题自我监视并不存在显著性影响，这说明文字阅读理解能力虽能影响应用题的解题但对应用题深层结构的掌握以及对解题任务的认识并无多大影响。

（3）学生解两步题成绩以及对两步题结构的理解水平与解题自我监视之间存在显著性相关。这意味着，对所有应用题的整体性结构的理解与实际解题以及对解题过程的自我监视都是有关系的。

参考文献：

[1] Glaserfeld, E. V. Radical Constructivism in Mathematics Education, Kluwer Academic Publishers, 1991.

[2] 郑毓信.问题解决与数学教育.南京：江苏教育出版社，1994：17—50.

[3] 张建伟，陈琦.从认知主义到建构主义.北京师范大学学报（社科版），1996（5）.

[4] 陈琦. 认知结构理论与教育. 北京师范大学学报(社科版),1988(1).

[5] Duffy,T. M. Attempting to Come to Grips with Alternative Perspectives,In T. M. Duffy & D. H. Jonassen(Eds.),Constructivism and the Technology of Instruction:A Conversation. Lawrence Erlbaum Associates,Inc.,1991:129-135.

[6] Cunningham D. J. Assessing Constructions and Constructing Assessments:A Dialogue. In T. M. Duffy & D. H. Jonassen(Eds.),Constructivism and the Technology of Instruction:A Conversation. Lawrence Erlbaum Associates,Inc,1992:35-44.

计算机辅助小学数学教学中进行反思训练的实验研究

苗逢春　陈琦

一、问题的提出

本世纪七八十年代以来，随着认知理论在教育实践和教育研究中逐渐占据主导地位，对学习的认知过程和解决问题的心理过程的探讨也愈益深入(Mayer,1992)。元认知(meta-cognition)一般被定义为个体对自己的认知过程和认知策略的知觉，并能使个体主动地掌握、控制和监控自己的认知过程。包括元认知知识和元认知体验两个方面，前者指个体获得的有关认知的知识，后者指有关认知活动的认知体验或情感体验(Flavell,1976)。元认知在解决问题和学习过程中的一个重要表现就是对自己认知活动的自我反思(self-reflection)(Schoenfeld 1987);研究(Sternberg,1984;郭静姿,1990;陈李绸,1992)发现元认知对认知活动以及具体学科的学习都有着积极的影响。对学生进行元认知训练时比较常用的一种方法是有意设问法(Flavell,1987)，即在呈现给学生的学习材料中插入一些引导学生对自己的学习过程进行思考的问题，要求学生回答，而这些问题模拟了成熟的元认知提高学习和认知过程质量的各种机制，藉此提高学生的自我反思等元认知技能。但在传统教学中，由教师提供的元认知训练，往往会受到教师对学生的主观成见的影响，利用计算机呈现这种元认知训练则会克服这种缺陷。但迄今为止，尚缺乏关于将元认知训练结合到计算机辅助教学中的研究。另外，对处于元认知的发生阶段的小学三、四年级学生(Flavell,1985;1987)，结合学习过程，对其反思能力进行有意识的培养和引导，能否起到理想的训练效果也是一个值得探讨的问题。

本研究拟在计算机辅助小学两步应用题的教学课件中，对小学三年级学生进行自我反思训练，以考察对不同水平学生的训练效果及其对学习的影响。

二、实验

(一) 被试

本实验的被试为北京市铁路职工子弟第七小学三年级上学期的学生，共两个班，其中，三(2)班为反思训练班，三(3)班为无反思训练班。

(二) 实验材料

1. 硬件

配有25台386PC机的"阳光网络"。

---

① 本文选自《学科教育》1999年第8期，第40—42页；第9期，第40,46页。

2. 课件

本研究所用软件是由北京师范大学电子系开发的"阳光网络",本课件具有教学演示功能、教学管理功能、记录功能、练习功能和即时反馈功能,主要用于对两步应用题进行讲解和练习。实验组学生使用反思训练课件,即在学生学习和练习过程中插入反思提示,"请想一想要求总问题应先求什么"等等,引导和训练学生反思自己的解题过程。控制组使用无反思训练的课件。反思训练课件和无反思训练课件的教学和练习内容相同。

3. 测试工具

(1) 瑞文图形推理测验,其成绩作为区分优、中、差生的一个标准。

(2) 一步应用题测验和两步应用题测验,测查学生对一步应用题和两步应用题的掌握情况。

(3) 两步应用题结构测验,测查学生对两步应用题结构的掌握情况和运用结构知识解决较复杂问题的情况。

(4) 反思测验,包括问题解决前对问题解决结果的预测和问题解决后对问题解决结果的评估(陈李绸,1992),用来测查学生的自我反思水平。

• 自我预测测验,本测验由被试在阅读每一道问题之后、解决问题之前预测自己对该题目是否会做,用三点评定方式作答,以预测得分与实际测验结果得分差距的平均分作为自我预测分数,自我预测与实际测验的差距越大,自我预测的水平越差。

• 自我评估测验,本测验由被试在实际解答题目之后对自己答对每道题目的可能性进行评估,用五点评定方式作答,以自我评估得分与实际测验结果得分差距的平均分作为自我评估分数,自我评估得分与实际测验得分之间的差距越大,自我评估水平越差。

(5) 数学文字阅读测验,包括应用题问题情境中有关数量关系的术语和文字叙述,考察学生正确理解应用题的文字叙述从中抽取数量关系的能力,共10题。

三、实验程序

1. 前测和被试分组

实验之前对所有被试进行了瑞文图形推理测验、一步应用题测验,以及自我预测和自我评估前测,教师对自己班学生的数学能力按统一的标准进行了五点评定,并采集了两班最近统一进行的两次数学测验。两个班的一步应用题测验成绩无显著差异($P>0.01$),两班在瑞文图形推理测验上的得分也无显著差异($P>0.05$),两班是对等的。

把两班每个学生在瑞文图形推理测验、最近两次数学测验、数学教师评定上的得分转化为标准分数后求和作为评定在数学方面优、中、差等级的标准,标准分数之和处于前1/3的为优等生,处于中间1/3的为中等生,处于后1/3的为差生。

2. 教学实验

反思训练班使用带有反思训练的课件,无反思训练班使用无反思训练的课件,在同一个教师指导下进行学习。

3. 后测

在实验结束后立刻对所有被试进行了两步应用题测验、两步应用题结构测验、自我预测测验和自我评估测验后测。

三、实验结果

1. 反思训练效果

经方差分析,实验前两班被试的自我预测($F(1,0.002)=0.001,P=0.980$)和自我评估($F(1,0.08)=0.03,P=0.86$),测验成绩均无显著差异,表明两班在反思训练前反思水平是对等的。但被试原有的反思水平会对反思训练的效果产生影响,因此在对教学后的反思后测成绩进行分析时采用原有的反思成绩作为协变量。经过协方差分析,两班被试在自我预测后测($F=9.69,P<0.01$)和自我评估成绩上($F=10.66,P<0.01$)均存在显著差异,反思训练班成绩均优于无反思训练班。这说明,经过计算机辅助教学中的反思训练,反思训练班的反思成绩显著优于无反思训练班的反思成绩。

将两班不同水平学生自我预测后测的标准分数减去自我预测前测的标准分数作为考查不同水平学生经过反思训练后自我预测成绩的变化,对两班不同水平学生自我预测成绩的变化进行考查,结果表明不同水平被试自我预测成绩的变化并无显著差异($F=0.74,P>0.05$),进一步的多重检验也未在任何两组间发现差异。用同样的方法考查自我评估成绩,不同水平被试自我评估成绩的变化也无显著差异($F=0.48,P>0.05$),进一步的多重检验也未在任何两组间发现差异。可以说,在本实验中反思训练对优、中、差生反思水平的影响无显著差异。

表1 两班学生自我预测和自我评估测验结果

实验处理		实验组		控制组	
		自我预测	自我评估	自我预测	自我评估
前测	M	1.45	1.87	1.44	1.81
	S	1.40	1.70	1.79	1.43
后测	M	1.05	1.29	1.90	2.09
	S	1.26	1.45	1.93	1.57

2. 学习成绩

以数学文字阅读测验成绩作为协变量,对两个班的两步应用题测验和两步应用题结构测验成绩进行协方差分析,结果显示两班的两步应用题成绩并无显著差异($F(2,318.71)=2.74,P=0.102$)。但两班的两步应用题结构测验成绩却差异显著($F(2,849.98)=4.52,P<0.05$),反思训练班成绩优于无反思训练班。

将不同水平学生两步应用题测验成绩的标准分数减去一步应用题成绩的标准分数,作为考查实验前后两班不同水平学生的学习成绩变化的指标,对不同水平学生成绩的变化进行协方差分析,结果不同水平学生学习成绩变化未出现显著差异($F(2,0.15)=0.19,P>0.1$)。

表2 两班被试两步应用题测验和两步应用题结构测验成绩

测验		两步应用题测验			两步应用题结构测验		
		高	中	低	高	中	低
实验组	M	95.36	96.43	85.00	78.21	74.64	68.21
	S	4.99	4.57	13.45	10.49	8.87	16.60
控制组	M	95.71	87.86	82.14	74.29	68.57	59.64
	S	7.56	10.69	15.78	17.42	11.34	13.37

四、讨论和结论

1. 在计算机辅助教学中进行反思训练可以提高学生的反思水平

在反思训练班结合学生的学习过程进行的反思训练对学生的反思水平产生了积极的影响。经过训练，反思训练班的自我预测水平和自我评估水平均显著高于无反思训练班。说明经过本实验的反思训练，反思训练班学生的反思水平得到了提高。这说明，在利用计算机辅助具体学科教学中，同步进行反思训练可以提高学生的反思水平。

一般认为，儿童在小学三、四年级才表现出元认知的技能，但这并不能否定在此之前通过有意识的、结合具体的教学领域或具体的问题解决情境对儿童元认知的某些方面进行训练是徒劳的。相反，弗莱维尔等人的研究(Flavell,1985;1987)发现即使是幼儿中期的被试也能表现出某些元认知技能，如对自己记忆容量的估计等。此外，由于计算机在呈现信息方面独有的技术优势，在利用计算机进行的教学中能更便利地实施有意设问法等元认知训练，与教师的口头设问或纸笔设问相比，可能会起到更理想的效果。对三、四年级的学生来说，元认知技能可能处于他们的最近发展区内，这种有针对性的培养可以积累学生的某些元认知经验，促进元认知的发生发展，因此，在教学中逐渐渗透元认知的培养是必要和可行的。

2. 反思水平的提高更有利于提高要求高水平思维的复杂任务的成绩

反思训练班和无反思训练班在实验结束时，两步应用题的成绩并无显著差异，但两班在两步应用题结构测验成绩上却存在显著差异。在本实验中的两步应用题较为简单，而两步应用题结构测验则较为复杂，要求灵活运用两步应用题的概念和知识，对学生高水平思维活动要求较高，这表明反思水平的提高更有利于提高要求高水平思维的复杂任务的成绩。这与其他研究(Kurtz & Weinert,1989;Swanson,H. L.,1992)的结果是一致的，这些研究显示元认知技能的作用越是在复杂的认知活动中越能得到较为充分的体现，元认知水平与较复杂的问题解决成绩有较高的相关，因为复杂的认知活动要求学习者提取、组织和操纵已有知识等高级思维，而这些高级思维过程是与元认知技能的关系更为密切。但反思水平与学习成绩之间具体的相互作用模式仍需要进一步的探讨。

3. 在进行计算机辅助教学时应充分考虑不同水平学生的学习特点

本实验中两班不同水平学生学习成绩和反思成绩的变化均无显著差异，说明本次教学对两班优、中、差生学习成绩和反思成绩的影响并无显著差异。一般来说，差生学习成绩和反思成绩较差，提高的潜力最大，经过教学，学习成绩和反思成绩提高的幅度应该最大。但本次计算机辅助教学却未出现这一结果。这暴露了本课件亟待解决的一个问题，即课件设计应充分考虑课件使用者——学生的特点,针对学生的学业基础和不同能力设计不同的分支,提供不同难度的学习内容和问题,供不同水平的学生选择;课件还应具有一定的诊断功能,以便不同水平学生在学习过程中进入合适的分支进行学习。本实验所用课件在编制时受研究者现有技术的限制,未能包括以上功能,因此课件有待于改进并在以后的研究中检验其效果。

参考文献:

[1] 陈李绸."国小"男女生后设认知能力与数学作业表现的关系研究.台湾师范大学教育心理与督导学系教育心理学报,1992(25):97—109.

[2] 郭静姿.学习动机、策略运用与后设认知能力之相关探讨及其所建构之后设认知理解模式在资优教育上的运用.资优教育季刊,(37):1—8.

[3] Flavell, J. H. Metacognitive Aspects of Problem Solving. In L. Resnick(Ed.), The nature of intelligence. Hillsdale, NJ: Lawrence Erlbaum Associates. 1976. Ganz, M. N., & 1976. Ganz, B. C. Linking metacognition to classroom success. High School Journal, 1990. 73:180-185.

[4] Flavell, J. H. Cognitive Development, Prentice Hall, Inc. 1985:103-111.

[5] Flavell, J. Speculations about the Nature and Development of Metacognition. In F. E. Weinert & R. H. Kluwe(Eds.), Metacognition, motivation, and understanding. Hillsdale, NJ: Lawrence Erlbaum, 1987:21-29.

[6] Kurtz, B. E. & Weinert, F. E. Metamemory, Memory Performance, and Causal Attributions in Gifted and Average Children, Journal of Experimental Child Psychology, 1989. 43:29-148.

[7] Mayer, R. E. Cognition and Instruction: Their Historic Meeting within Educational Psychology. Journal of Educational Psychology, 1992. 84(4):405-412.

[8] Schoenfeld, A. What's All the Fuss about Metacognition? In A. Schoenfeld(Ed.), Cognitive Science and Mathematics Education. Hillsdale, NJ: Law rence Erlbaum Associates, 1987.

[9] Sternberg, R. J. Toward a Triarchic Theory of Human Intelligence. The Brain and Behavioral Sciences, 1984. 7:269-315.

影响教师将信息技术整合于数学教学的因素分析[①]

文玉婵 周莹

一、问题提出

20世纪90年代中期以来,信息技术与各学科课程、教学的整合(以下简称"整合")是国际教育研究的热门话题与重点课题。然而,国外近十多年的研究表明[1—4]:信息技术在学科教学中的运用呈现出"炒得过热,用得太少"、"复杂科技、简单应用"的景象。教师没有真正把信息技术融入到教学中,来提高自己的教学效果和改善学生的学习,整合层次仍然处于技术没有被运用或技术的低级运用阶段。是什么因素阻碍教师的整合层次?有研究指出[1—9],环境与个人因素是影响整合的两大主要因素。环境因素可能是没有提供必要的硬件设备、软件资源、清晰的指导反馈、适当的奖励政策等。个人因素可能是教师缺乏必要的电脑知识与技能,对整合价值的认定以及教师对新技术接受的愿意,持续的承诺和必要的努力等。Whitehead[5]研究指出,教师对整合的自我效能与整合行为显著相关。Gifford[6]研究显示,教师对信息技术使用的自信心以及对整合的情感、态度也与整合行为显著相关。Ertmer,Hughes指出教师专业知识以及对教学法的信念是影响整合的重要因素[7—8]。Ferrara,Laborde回顾了三十多年来数学教育心理学国际研讨组(PME)关于整合的研究[9],指出有效整合需要综合考虑4个方面的因素:信息技术背景下的数学本质、技术如何支持数学认知、学习任务与教师角色。相应地,国内的研究也表明了上述影响数学教师整合的相关因素[10—11]。

综合起来,研究者在研究内容上,主要从宏观上探讨影响整合的因素。归纳起来,影响整合的因素主要有两大类:内在因素和外在因素。内在因素包括教师的知识经验(如教学的知识经验、技术的知识经验等)和内在促动因素(如对整合的自我效能、情感、态度和动机等)。外在因素包括软硬件设备、教学资源、学校管理(如学校行政支持、同事协作、研究的氛围等)等,在研究方法上,先前研究者主要运用理性思辨、个案、一般调查、相关分析等方法探讨影响整合的因素。基于上述研究,本研究试图运用结构方程模型(Structural Equation Model,简称SEM)分析的方法,探讨哪些因素影响教师的整合层次,这些因素是如何影响整合的,较微观地揭示相关因素影响教师整合的机制。

二、研究方法

首先基于上述研究成果建构理论模型的假设,接着根据模型假设编制自陈式问卷调查中小学数学教师,然后运用统计分析工具SPSS11.5和结构方程模型分析工具AMOS6.0对收集的数据检验和修订模型,最后解释模型的结果与意义。

[①] 本论文选自《数学教育学报》2007年第3期,第44—48页。

本研究从2005年暑假开始,首先,我们运用半开放性问卷,采用分层抽样的方式,选择函授专、本科学员(已修过课件制作和计算机辅助数学教学的教师)和参与广西21世纪园丁工程的学员各30名进行调查和访谈。通过对问卷的分析,对有效样本的描述词与表现进行编码、汇总与归类,获得中小学数学教师的整合及其影响因素的原始信息。然后,参考国外学者的问卷[5-8],结合原始信息,初步建构了影响中小学数学教师整合层次的因素模型。

1. 问卷的测量模型假设

根据SEM理论,一个典型的SEM模型包括测量模型与结构模型两部分[12-15]。测量模型是指观测变量与潜在变量之间的线性关系模型。在本研究中,潜在变量有整合层次、外在支持、知识经验和内在促动4个。① 整合层次是指教师将技术融入日常教学中的行为表现的层次,由低层(譬如运用word备课等)、中层(譬如运用信息技术突出重点、突破难点等)和高层(譬如运用信息技术创新学习环境,改善学生数学学习方法等)3个内因观测变量所反映,它们均是由4个题项构成的组合性变量,每个题项描述了教师实际的整合层次,要求教师从下面5个被选项中选择一个:A 从来没有、B 偶尔、C 有时、D 经常、E 总是或不放过每个机会。② 外在支持是指外在环境对教师整合的支持,属于客观性条件,由教学资源、软硬设备和学校管理3个外因观测变量所反映,它们均是由4个题项构成的组合性变量。③ 知识经验是指教师具有的关于整合的知识与经验,由信息技术知识、技能与经验(简称"技术性的")、数学教学的知识、技能与经验(简称"教学性的")、运用技术整合的知识与经验(简称"整合性的")3个外因观测变量所反映,它们均是由5个题项构成的组合性变量,知识经验和环境因素的每个题项描述了教师的知识经验情况以及所处环境情况,要求教师从下面5个被选项中选择一个:A 完全不符合、B 不符合、C 一般、D 符合、E 非常符合。④ 内在促动是指促进教师自己进行整合的内在动力因素,由教师对技术、整合的情感、态度和动机(简称"情感态度")、对技术、整合的价值认定(简称"价值认定")和对技术、教学、整合的自我效能(简称"自我效能")所反映,它们均是由9个题项构成的组合性变量。反映情感态度、价值认定的题项描述教师对信息技术与数学课程整合的自我认识与看法,要求教师从下面5个被选项中选择一个:A 强烈地反对、B 反对、C 中立、D 同意、E 强烈地同意。而反映自我效能的题项描述教师对自己整合能力的信心,要求教师从下面5个被选项中选择一个:A 完全没有信心、B 没有信心、C 有点信心、D 有信心、E 非常有信心。

2. 问卷的结构模型假设

结构模型是指潜在变量之间的相关或因果关系,是某种意义的多元回归分析与路径分析的综合。本研究主要研究整合层次、外在支持、知识经验和内在促动4个潜在变量之间的结构关系,其中整合层次是潜在因变量,外在支持是潜在自变量,知识经验和内在促动既是潜在因变量,又是中间自变量。基于SEM理论和上述影响整合层次的因素研究,本研究假设潜在变量存在下面关系:① 外在支持正面影响知识经验、内在促动和整合层次;② 内在促动正面影响知识经验和整合层次;③ 知识经验正面影响整合层次。

3. 正式调查

基于分层抽样方式,在持续一年半时间内,我们运用正式问卷对全国963名中小学数学教师进行了调查。其中通过邮件(包括电子邮件)寄出问卷530份,回收来自全国各地26个省市的问卷241份,回收率为45.5%,通过培训机构对参与广西21世纪园丁工程学员发放问卷122份,回收105份,回收率为86.1%,通过对函授数学教师发放问卷321分,回收165,回收率为51.4%。

三、结果与分析

(一) 研究对象的基本信息

根据问卷回收情况,从511份问卷中剔除不合要求的问卷,得到486份有效问卷。根据回收的问卷分析得知研究对象的基本信息。男性教师有258位、女性有228位;中学教师有254人、小学教师有232人;重点学校有228人,非重点学校有258人;在最高学历方面,函授本科学历有185人、大学本科学历有128人、函数专科学历有88人及研究生班学历有1人;教龄4—5年有159人、6—10年有146人、3年以内有129人、10年以上有52人。在电脑使用年龄方面,5—8年有255人、8年以上有110人、3—4年有103人、1—2年有18人。从这些数据分析得到,研究对象具有一定程度的代表性。

(二) 模型分析与修正

首先,我们运用AMOS6.0的极大似然估计对假设模型与数据进行拟合分析,发现模型的拟合指标不十分理想,根据修正指标的提示,除了技术性的知识经验、教学资源、高层和底层这4个观测变量的指标达到标准外,其他8个组合性变量的测量模型需要修正和再分析。我们分别将这8个组合性变量当成潜在变量,对测量它们的观测变量进行拟合分析,基于理论分析及修正指标的提示,对不合适的题项进行了转移、删除,直到拟合指标达到要求。结果显示,在这8个组合性变量中,情感、态度和动机、自我效能的观测变量分别需要删除2个题项,其他均需要删除一个,得到修正模型。这样原来问卷有69个题项,变为59个题项。然后,我们对修正模型与数据进行拟合分析,得到如图1的路径图。

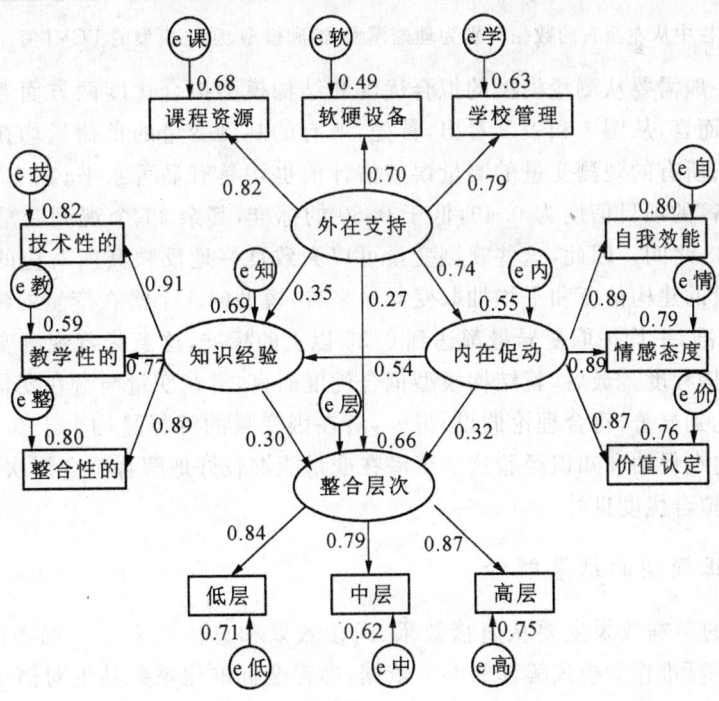

图1 影响整合因素的路径分析图(图中系数是标准化系数解)

(三) 修正模型的检验

一般地,检验模型需要从3个方面考虑[12—15]:① 基本拟合标准;② 模型的整体拟合优度;③ 模型内在结构的拟合优度。对于①,即检验有无"违犯估计"。如图1,在图中标准化系数解中,没有发现负的误差变异估计值,也无太大的标准误差(误差变异介于 0.17—0.68 之间,皆达 0.001 的显著水平),标准化系数都没超过或太接近1(标准化系数介于 0.27—0.91 之间)。整体而言,修正模型符合基本拟合标准。对于②,一般而言,整体拟合采用表1中的指标。从表1看出,此模型的 $\chi^2(48)=141.73, P<0.01$,达显著性差异,但 χ^2 值受样本影响较大,易拒绝模型,所以大部分学者建议用 GFI、AGFI、IFI、TLI、CFI 等其他指标做综合判断。表中绝对拟合指标 GFI=0.95>0.90,AGFI=0.93>0.90,RMSEA=0.06<0.08 显示该模型可以接受;增值拟合指标 TLI、IFI、CFI 均大于 0.95 显示该模型相当可以接受;简约拟合指标 $\chi^2/df=2.95<3$,PGFI、PNFI 均大于接受值 0.5 显示该模型可以接受,ECVI=0.42 大于饱和模型的 ECVI 值,但小于独立模型的 ECVI 值,显示拒绝该模型。但整体而言,大部分的绝对拟合指标、增值拟合指标和简约拟合指标都达到所接受值,显示修正模型可以接受。

表 1　修正模型的整体拟合指标

指标数值	$\chi^2(df)$ 141.73	χ^2/df 2.95	GFI 0.95	AGFI 0.93	PGFI 0.59	PNFI 0.7	TLI 0.98
指标数值	IFI 0.97	CFI 0.98	RMSEA 0.06		ECVI 0.42　0.32　9.02		

注:ECVI 一栏中从左至右的数据分别为理论模型、饱和模型、独立模型的 ECVI 值。

对于③,一般需要从测量模型的拟合优度和结构模型拟合优度两方面考虑。就测量模型的拟合优度而言,从图1和表2看出,首先,所有的观测变量的负荷量均在 0.70 以上,均具有显著水平;所有的观测变量的测量误差估计值也均具有显著水平;在12个观测变量中只有"软硬设备"的项目信度为 0.49,低于 0.50 的标准,其余11个观测变量的项目信度介于 0.62 至 0.83 之间。因此,这些观测变量可以大致良好地反映其所对应的潜在变量。其次,从潜在变量的建构信度和平均抽取变异量来看,模型的4个潜在变量的建构信度都达到 0.70 以上的标准,平均抽取变异量都达到 0.50 以上的标准,这意味着观测变量能够测量到潜在变量的建构程度。最后,就结构模型拟合优度而言,潜在变量与潜在变量间参数的方向性正确,且均达到显著,符合理论假设;另外,潜在因变量的解释量均大于 0.5 的标准,这说明外在支持、内在促动和知识经验这3个潜在变量能够较好地解释整合层次。总之,修正模型的内在结构拟合优度良好。

(四) 修正模型的结果解释

研究因素的影响效果主要从直接效果、间接效果和总体效果3方面考虑,本研究依据 Cohen[16] 提出的标准作为模式解释的参考依据,即完全标准化系数其绝对值小于 0.10 者,为小效果;其绝对值在 0.30 左右者,为中效果;其绝对值在 0.50 以上者,为大效果。表3是潜在变量间及其对观测变量的直接效果、间接效果和总体效果的完全标准化系数。① 就直接效果而言,从图1和表3可知,外在支持对内在促动、知识经验、整合层次的直接影响效果分别为 0.74、0.35、0.27,属于大或中效果,而且效果显著. 内在促动对知识经验、整合层次的直接影响效果分别为 0.54、0.32,属于大或中效果,而且效果显著. 其中,直接效果最大的是外在支持对内在促动的影响,但对整合层次的直接影响效果最大的是内在促动. ② 就间接效果而言,潜在变量间的间接效果有 4 条路径:外在支持→内在促动→整合层次,其效果为 $0.74 \times 0.32 = 0.24$;外在支持→内在促动→知识经验→整合层次;其效果为 $0.74 \times 0.54 \times 0.30 = 0.12$;外在支持→知识经验→整合层次,其效果为 $0.35 \times 0.30 = 0.11$;外在支持对整合层次总的间接效果为 $0.24 + 0.12 + 0.11 = 0.47$;外在支持对知识经验的间接效果为 $0.74 \times 0.54 = 0.40$;内在促动对整合层次的间接效果为 $0.54 \times 0.30 = 0.16$。在这 4 条路径中,间接效果都是显著的中效果,其中最大的是外在支持对整合层次的间接影响。另外,从表 3 外在支持对价值认定、情感态度等 9 个观测变量也产生了显著间接大效果,而内在促动则对 9 个观测变量产生了显著的间接中效果。③ 就总体效果而言,因为总体效果为直接效果与间接效果之和,因此,所有效果都具有显著的意义。从表 3 得到,外在支持对各个变量的效果均为显著的大效果,其中外在支持对知识经验(0.75)的总体影响效果最大,但对知识经验的观测变量中的技术性知识经验(0.68)和整合性知识经验(0.67)总体影响效果较大,对知识经验的观测变量中的教学性知识经验(0.57)总体影响效果最小。外在支持对内在促动的 3 个观测变量影响效果大致一样,但外在支持对整合的 3 个层次中的高层次(0.63)影响效果大。内在促动除了对知识经验(0.54)影响效果较大外,对其他变量影响均为中效果. 内在促动对技术性知识经验(0.49)和整合性知识经验(0.48)总体影响效果较大,而对教学性知识经验(0.41)总体影响效果最小。内在促动对整合的 3 个层次中的高层次(0.42)影响效果最大。知识经验对整合的 3 个层次均为中效果,其中对中层次(0.23)影响效果最小。

表 2 潜在变量的相关统计量

潜在变量	观测变量	负荷量	项目信度	标准误	建构信度	变异量	解释量
外在支持	教学资源	0.82	0.67	0.33			
	软硬设备	0.70	0.49	0.51	0.81	0.60	
	学校管理	0.79	0.62	0.38			
内在促动	自我效能	0.89	0.79	0.21			
	情感态度	0.89	0.79	0.21	0.91	0.78	0.55
	价值认定	0.87	0.76	0.24			
知识经验	技术性的	0.91	0.83	0.17			
	教学性的	0.77	0.59	0.41	0.89	0.74	0.69
	整合性的	0.89	0.79	0.21			
整合层次	低层	0.84	0.71	0.29			
	中层	0.79	0.62	0.38	0.87	0.7	0.66
	高层	0.87	0.76	0.24			

表3 潜变量间及其对观测变量的效果

	直接效果			间接效果			总体效果		
	外	内	知	外	内	知	外	内	知
内在促动	0.74						0.74		
知识经验	0.35	0.54		0.40			0.75	0.54	
整合层次	0.27	0.32	0.30	0.47	0.16		0.73	0.48	0.30
价值认定				0.65			0.65		
情感态度				0.66			0.66		
自我效能				0.66			0.66		
技术性的				0.68	0.49		0.68	0.49	
教学性的				0.57	0.41		0.57	0.41	
整合性的				0.67	0.48		0.67	0.48	
低层				0.61	0.40	0.25	0.61	0.40	0.25
中层				0.58	0.38	0.23	0.58	0.38	0.23
高层				0.63	0.42	0.26	0.63	0.42	0.26

注:"外"代表"外在支持","内"代表"内在促动","知"代表"知识经验"。

四、讨论与建议

(一)整合因素的修正模型大致良好

从基本拟合优度、整体拟合优度和内在拟合优度来看,修正模型与实际收集的数据拟合大致良好,问卷具有良好的信度和效度,能较好地解释实际的观测数据,也揭示修正模型能较好地反映影响整合层次的因素关系。

(二)外在支持为较高层次的整合提供一个重要平台

从对修正模型的结果解释来看,外在支持对其他潜在变量产生了显著意义的、大或中等程度的直接效果;对整合的各个层次都产生了显著意义的、中等程度的间接效果,特别对高层次整合的影响最大;对所有变量均产生了显著意义的、大的总效果。这说明外在支持不仅直接或间接显著地影响教师的整合层次,而且通过直接或间接显著地影响教师自我效能、情感、态度、动机、价值认定等主观能动性和技术、教学等知识经验的发挥,进而影响整合个层次。这暗示,外在环境对整合意义重大,它的有力支持既可以为教师提供一个重要物理平台,又可提供一个舒适的、自然的,有利于最大限度发挥教师主观能动性和知识经验的平台。如果外在环境的支持力度不够,即使技术相当精通、教学素养很高的教师也不会对整合投入高的热情。所以,个体内在因素与环境因素的和谐互动是影响教师整合层次的重要根源[3]。另外,从图1中测量外在支持的3个观测变量看出,对外在支持这个潜在变量的贡献率依次是教学资源、学校管理、软硬设备,这说明相对软硬设备是否齐全、充足等外在的硬环境因素而言,学校行政管理上的支持与鼓励、同事间的协作,教学资源的丰富性、容易获取性和实用性则是影响高层次整合的最重要条件。因此,在考虑外在环境作为支撑较高层次整合的一个重要平台时,除了重视软硬设备等硬环境的建设,更应该要重视教学资源、学校行政支持与鼓励、学校研究气氛等软环境的建设[1-4]。

(三)个体内在因素是影响整合层次最显著的变量

首先,个体内在促动因素既是一个潜在因变量,又是中间自变量。它不仅对整合的各个层次产生了显著意义的、中等程度的、直接或间接的效果,而且对个体知识经验的发挥产生了较大显著意义的直接效果,也对技术性的、整合性的知识经验产生了显著意义的、中等程度的间接效果。这说明情感、态度和动机、自我效能及对整合的价值认定既是影响教师整合实践的强大精神支柱,又是影响教师知识经验的积累与发挥的内在动力因素。这与国外研究者的结论有相似之处[3-9]:若个体对整合抱有积极的情感态度,良好的自我效能和动机及对整合价值的认定,就会愿意对整合承诺和付出必要的努力,充分利用外在的支持条件而提升自己的教学、技术和整合的能力,也愿意对整合投入更有挑战性的行动。这暗示,落实教师的整合实践,应该将研究如何促进教师的内在促动因素列入整合研究的重要话题。其次,个体知识经验作为潜在变量,它不仅对整合及其各个层次产生了显著意义的、中等程度的、直接或间接的效果,而且它是一个不可或缺的中间自变量,外在支持因素和内在促动的作用发挥都要通过它起作用。如果教师缺乏技术知识经验、数学教学知识经验、整合知识经验,再好的外在环境与再强大的内在促动也只是奢侈的摆设与美好的愿望。因此,教师的知识经验,从效果看出,特别是教师的技术性知识经验、整合的教学法知识经验是制约教师高层次整合的瓶颈[6-9]。这同时暗示,无论是关于整合的学习或培训,还是关于教师专业的发展,教师的技术素养、教学素养的提升始终是一项重要内容。相对于外在环境因素,个体内在促动和知识经验是个体内在因素,从上看出,无论影响整合层次的量的效果,还是质的意义,个体内在因素是影响整合层次最显著的变量,这意味着,要想使整合成为教师的日常实践行为,特别是达到比较高层次的整合,除了软件、硬件的建设外,最需要考虑的是作为"人件"的教师素质的提升,国外的大量研究证实了这点[1-9]。

五、结论与思考

本研究主要结论是:① 因素模型大致良好,能够较好地解释影响中小学数学教师整合层次的因素关系。② 在影响教师整合层次的因素模型中,外在环境因素扮演着影响教师知识经验和内在促动发挥的重要平台。③ 个体内在因素影响整合层次的效果最显著,但需要外在环境的强大支持。这些结论的获得受制于下面的几点思考:① 本研究对象主要来自广西各地,而广西是欠发达地区,所以此结论推广受到限制。② 研究假设中,测量模型的观测变量是组合性变量,涉及因素较多,一方面界定测量这些组合变量的观测指标的信度与效度没有详细探讨,有待进一步研究;另一方面,问卷题项较多,难免带给研究对象回答问卷时带来情绪上的影响,而造成问卷信度与效度问题,影响模型的分析与解释。

参考文献：

[1] Cuban L, Kirkpatrick H, Peck C. High Access and Low Use of Technologies in High School Classrooms: Explaining an Apparent Paradox. American Educational Research Journal, 2001, 38(4): 813-834.

[2] Bauer J, Kenton J. Toward Technology Integration in the Schools: Why It Isn't Happening. Journal of Technology and Teacher Education, 2005, 3(4): 519-546.

[3] Roblyer M D. Integrating Educational Technology into Teaching(3rd edition). Columbus, OH: Merrill Prentice Hall, 2003.

[4] Pelgrum W. Obstacles to the Integration of ICT in Education: Results from a Worldwide Educational Assessment. Computers and Education, 2001, 37: 163-178.

[5] Whitehead A R. Self-efficacy and Context Beliefs of Teachers Regarding Technology: Relationship of Those Beliefs to Technology Use in the Classroom. Mary Wood University, 2002.

[6] Gifford B L. Teacher Beliefs, Learning Styles, and Technology Implementation in Rural, Secondary Classrooms in Massauchusetts. Johnson and Wales University, 2004.

[7] Ertmer P A. Teacher Pedagogical Beliefs: The Final Frontier in Our Quest for Technology Integration? Educational Technology Research and Development, 2005, 53(4): 25-39.

[8] Hughes J. The Role of Teacher Knowledge and Learning Experiences in Forming Technology-integrated Pedagogy. Journal of Technology and Teacher Education, 2005, 13(2): 277-302.

[9] Gutierrez A Boero. Handbook of Research on the Psychology of Mathematics Education: Past, Present and Future. Sense Publishers, 2006.

[10] 刘志菡. 信息技术与数学课程整合的实践研究. 首都师范大学, 硕士论文, 2005.

[11] 宋耀廷, 张国恩, 侯惠泽. 信息科技融入教学：借鉴美国经验 反思台湾发展. 教育研究集刊, 2005, 51(1): 31—62.

[12] 侯杰泰, 温忠麟, 成子娟. 结构方程模型及其应用. 北京：教育科学出版社, 2004.

[13] 黄芳铭. 结构方程模式理论与应用. 北京：中国税务出版社, 2005.

[14] 温忠麟, 侯杰泰, 马什赫伯特. 结构方程模型检验：拟合指数与卡方准则. 心理学报, 2004, 36(2): 186—194.

[15] Lei Ming. The Effect of Varying Degrees of Nonnormality in Structural Equation Modeling. Structural Equation Modeling, 2005, 12(1): 1-27.

[16] Cohen. Statistical Power Analysis for the Behavioral Sciences(2nd ed). Hillsdale, NJ: Lawrence Erlbaum, 1998.

文献索引(1979—2009)

一、通论

马青图,高中井.谈谈小学数学教学.人大复印,月刊/43,1979(7).
晓苏.对当前小学数学教学的几点意见.人大复印,月刊/103,1979(8).
南郊区教研室.提高小学数学教学质量的要求和意见.天津教育,1979(9).
游铭钧,周玉仁.对小学数学教学改革的探索.人大复印,双月刊/09,1981(3).
王文敏.要引导学生自己学习——小学数学教改实验的一点体会.天津教育,1981(9).
矫祥权.改进小学数学教学,全面提高教学质量.人大复印,双月刊/39,1984(2).
马芯兰.改革小学数学教学的探索.人大复印,双月刊/4,1984(5).
马芯兰.我对小学数学教学改革的尝试.人大复印,双月刊/25,1984(6).
顾松麒.突出师范性,改革数学课堂教学结构.课程·教材·教法,1984(6).
程淑华.改革小学数学教学——全国小学数学教材教法改革座谈会侧记.人民教育,1984(12).
张玺恩.谈谈当前小学数学教学改革若干问题.课程·教材·教法,1985(1).
孙作华.几何初步知识的教改探讨.天津教育,1986(1).
马芯兰.改进知识结构,加强能力培养(小学数学教材教法改革的尝试).人大复印,月刊/33,1986(2).
分数的初步认识,西安市小学数学教材教法改革汇报.人大复印,双月刊/84,1986(2).
翟裕康.端正教学思想,积极进行小学数学教学改革.江苏教育,1986(18).
李保芳.育民小学的数学教学改革.瞭望,1986(43).
管峻臣,戎松魁.略谈小学数学概念教学的科学性.人大复印,双月刊/46,1987(3).
李润泉.明确培养目标,改革小学数学教学——谈学习《全日制小学数学教学大纲》的一些体会.课程·教材·教法,1987(3).
肖鉴铿.要确保小学数学教学的科学性.江西教育科研,1987(4).
张汉文.小学数学教学改革中应注意的几个问题.天津教育,1987(11).
陈月联.教材·方法·练习(改革小学数学教学的探索).人大复印,双月刊/45,1988(2).
钱国屏.小学数学教学改革和辩证法.人大复印,双月刊/66,1988(3).
方其栋.小学数学教学改革初探.人大复印,双月刊/68,1988(3).
肖鉴铿.浅谈小学数学中蕴含的美.人大复印,双月刊/65,1988(3).
李润泉.中国教育学会数学教学研究会探讨深化小学数学教学改革问题.人民教育,1988(3).
向鹤梅.深化教学改革,积极开展小学数学实验研究工作.课程·教材·教法,1988(8).
恽河.加强中师数学教学中的思想教育.课程·教材·教法,1988(12).
潘胜天.小学数学教学中的三对矛盾.人大复印,双月刊/66,1989(5).
张玺恩.小学数学教学改革的回顾与探索.人民教育,1990(2).
张孝达.义务教育与数学教育.人民教育,1990(3).
曹侠.学习义务教育教学大纲 改革小学数学教学.教育学报,1990(3).
曹平.浅谈小学数学教学中的思想品德教育.天津教育,1990(10).
张汉文.融于一体 渗透其中——在小学数学教学中进行辩证唯物主义基本观点启蒙教育的初步尝试.

天津教育,1990(10).

金成梁.九年制义务教育中的小学数学.人大复印,双月刊/48,1991(1).

梁秋莲.寓思想品德教育于小学数学教学过程之中.人大复印,双月刊/69,1991(2).

张玺恩.深入开展义务教育数学教学研究工作.课程·教材·教法,1991(9).

苗礼学.试论小学数学教学的教育性.安徽教育,1992(Z2).

曹飞羽.认真贯彻义务教育大纲精神提高小学数学教学质量.教育学报,1993(2).

常熟市实验小学.构建小学数学学科素质目标体系的尝试.江苏教育,1993(18).

赵云峰.小学数学素质教育初探.天津教育,1994(1).

曹裕添.从第二次国际教育成就评价课题测试结果看我国小学数学教育的成就、问题和改进意见(一).人大复印,双月刊/50,1994(3).

黄宇平.小学数学教学德育渗透现状与对策.上海教育,1994(5).

李建华.数学教育中的几个社会、文化问题.课程·教材·教法,1994(6).

马云.数学教育与学生整体素质的提高.福建教育,1994(10).

曹平.数学教改召唤回归.教育科学,1995(4).

黄建弘.发达国家小学数学教育发展的趋势——面向21世纪的小学数学教育.外国中小学教育,1995(5).

董树莉.小学数学整体教学浅探.天津教育,1995(5).

潘能钧.小学数学教改趋势.湖南教育,1995(10).

刘勃.小学数学教学中的思想教育.吉林教育科学,1995(10).

姚尚志.树立三位一体的教学 思想充分发挥数学教学的育人功能.北京教育,1995(11).

陈永林.小学数学素质教育探索.湖南教育,1995(12).

肖鉴铿.掌握辩证思想,克服教学失误:对小学数学教学中一些科学性失误的思考.江西教育科研,1996(1).

邱学华.面向21世纪的数学教育.人民教育,1996(1).

周仲武.总结经验 继往开来——我省小学数学教学改革主要成果.江西教育,1996(3).

张天孝.小学数学教学实施素质教育的探索.北京教育,1996(3).

张天孝.在小学数学教育研究中,要把握国际数学教育发展的方向.北京教育(普教版),1996(Z2).

沈国珍.小学数学教学中实施素质教育的探索与研究.上海教育,1997(3).

周玉仁.21世纪我国小学数学教育改革展望.中国教育学刊,1997(6).

李洪涛.谈小学数学教学在素质教育中的地位作用及其课堂教学.辽宁教育,1997(11).

李春云.小学数学落实素质教育的新举措.湖南教育,1997(11).

詹明道,董福才.把数学考试改革纳入素质教育的轨道.山东教育,1997(13、15).

钱执凡.小学低中年级数学教学中如何实施数学素质教育.上海教育,1998(1).

蒋守彬.实施素质教育关键在于打破传统教育观念的束缚——小学数学教改的体会.天津教育,1998(2).

刘秀芬.弈秋也有责任——兼谈小学数学教学的情感素质教育.天津教育,1998(3).

朱滇生.把小学数学教学纳入素质教育的轨道.中小学数学(小学版),1998(5).

杨庆余.浅论小学数学素质教育的四个基本特征.中小学数学(小学版).1998(6).

缪庆群.小学数学教学中的环境教育渗透.中小学教学(小学版),1998(9).

卢江.面向21世纪的小学数学课程改革与发展.课程·教材·教法,1998(10).

徐云鸿.小学数学教学中实施素质教育应注意的几个问题.山东教育,1998(13).

潘能钧.数学课堂教学推进素质教育的几点思考.湖南教育,1999(6).

胡松林.教学要为学生终身学习打基础——浅谈教学活动中数学思想的渗透.中小学数学:小学版,

1999(10).

薛赞祥.优化教学策略 推进素质教育.学科教育,2000(2).

廖爱兰.在小学数学教学中实施素质教育的构想.教育评论,2000(4).

叶天竹.小学数学基础理论课教学中算理的把握.教育评论,2000(5).

叶桂萍. 数学思想方法在小学数学教学中的渗透.小学教学参考,2000(9).

关巧华.小学数学课堂教学实施素质教育的思考.基础教育研究,2001(1).

周玉仁.树立正确的数学教育观.人民教育,2001(2).

刘振德.小学数学课堂教学实施素质教育的途径.教育评论,2001(4).

刘枫.小学数学教学改革探索.辽宁教育研究,2001(6).

张凤兰.在小学数学教学中渗透辩证唯物观点启蒙教育.山东教育科研,2002(5).

王维花,王永红.对小学数学教育几个问题的思考.课程·教材·教法,**2002(7)**.

林夕.小学数学"以人为本"教学思想初探.云南教育,2002(10).

马云鹏.从课程功能的转变看小学数学教学改革.小学教学设计,2003(1).

郑毓信.试析新一轮课程改革中小学数学课堂教学——由若干小学数学课例说开去.课程·教材·教法,**2003(4)**.

徐辉.关于新课程改革中教学问题的观察与思考——兼论小学数学算法优化与多样化的关系.课程·教材·教法,2003(10).

姜亚民.用新课程理念指导小学数学教学改革.现代教育科学,2004(8).

苗沐霖.小学数学教学走向生活中存在的问题及其对策.北京教育(普教版),2004(10).

许红梅.小学数学教学:从"日常数学"到"学校数学"的飞跃.当代教育科学,2004(23).

郭志明.教学基础性问题在讨论.天津师范大学学报(基础教育版),2005(3).

刘敏.课堂教学中渗透数学思想方法的探索.教育科研论坛,2005(4).

严育洪,孙叶美.数学教学"虚弱"症状的分析及对策.教学与管理(小学版),2006(2).

叶立军.也谈数学教育研究的国际接轨——与张晓贵先生商榷.数学教育学报,2006(2).

刘岗.基础教育数学课程改革的基础探析.数学教学研究,2006(6).

张景中.小学数学教学研究前瞻.小学教学(数学版),2007(1).

张景中.感受小学数学思想的力量——写给小学数学教师们.人民教育,**2007(18)**.

李晓梅.实施凸显数学文化特征的小学数学教育.课程·教材·教法,**2008(11)**.

张奠宙,唐彩斌.关于小学"数学本质"的对话.人民教育,**2009(2)**.

王兆正.从儿童成长需要解读小学数学教材.中国教育学刊,**2009(11)**.

二、课程教材

刘长兴.使用旧教材 靠拢新大纲.天津教育,1979(7).

全国中小学通用教材小学数学第三册编写小组.小学数学第三册"表内乘法和相应的除法"安排特点.天津教育,1979(8).

张玺恩,蔡上鹤.当前中小学数学教材改革中需要深入研究的几个问题.课程·教材·教法,**1981(1)**.

陈任科.小学数学教材是如何渗透现代数学思想的.人大复印,双月刊/29,1981(1).

瞿如何.小学数学教材改革试验情况.人大复印,双月刊/24,1981(6).

张敏英."比和比例"教材介绍.天津教育,1982(2).

李润泉.小学低年级数学课本是怎样修订的.人民教育,1982(4).

徐佩玖.小学一年级数学教材改革的初步研究.上海教育科研,1982(6).

胡光锦.打好基础 训练思维——介绍六年制小学数学第二册应用题的编排.天津教育,1983(1).

陈宏伯.注意处理好从低年级到中年级的过渡——五年制小学课本数学第五册修订说明.课程·教

材·教法,1983(3).

曹飞羽.发展数学教学材料的讨论.课程·教材·教法,1985(2).

钟善基.充实小学数学课中几何内容的一个设想.课程·教材·教法,1985(6).

海口市第九小学.改革小学数学教材教法的实验.人大复印,双月刊/27,1985(6).

余茂铻.对小学数学课本内容选编的愚见.人大复印,双月刊/48,1986(1).

陈铨.怎样钻研小学数学教材.人大复印,双月刊/53,1986(2).

罗肇华.小学数学教材、教法改革的探索.课程·教材·教法,1986(11).

课程教材研究所小学数学实验组.小学数学教材改革实验的初步设想.课程·教材·教法,1987(2).

陶爱珍.学习贯彻现行小学数学教学大纲.人大复印,1987(6).

张玺恩.我国建国以来中小学数学课程和教材的演化.课程·教材·教法,1988(10).

杨树林.中小学数学知识结构问题初探.人大复印,月刊/3,1989(10).

张梅玲.儿童数学认知过程与小学数学教材的建构.教育研究与实验,1990(4).

为继续大面积提高初中数学教学质量作出贡献——九年制义务教育初中数学系列化教材的编写.课程·教材·教法,1990(6).

张玺恩.沿着社会主义方向 改革中小学数学教材.课程·教材·教法,1990(12).

叶季明.小学数学教材改革的探索.上海教育科研,1991(2).

课程教材研究所小学数学教材研究.小学实验课本《数学》实验工作总结.课程·教材·教法,1992(5).

曹侠.义务教育小学数学教学大纲的指导思想.湖南教育,1993(1).

李建华.新的小学数学大纲有哪些调整.人大复印,双月刊/89,1993(2).

李家永.谈义务教育小学数学教材的特点.人大复印,双月刊/57,1993(4).

马云鹏.人教社编义务教育小学数学教材特点.现代中小学教育,1993(6).

宫建.对我国小学数学课程知识选择优化的思考.课程·教材·教法,1993(12).

翟伯华.坚持教材与教法的同步改革——九年义务教育小学数学新教材教学体会.人大复印/94 双月刊,1994(1).

丁建强.根据教材特点 注重能力培养——义务教育小学数学低年级教材试教体会.普教研究,1994(2).

林玲.农村学校课程教材改革的初步探索.人民教育,1994(3).

丁尔陞.再谈面向新世纪的数学课程(续).数学通报,1994(3).

郭恩.我国复式小学课程教材改革迈出新步伐——谈河北省复式小学课程教材改革及数学教材.课程·教材·教法,1995(3).

小学数学(内地版)教材编写组,刘电芝执笔.关于小学数学(内地版)教材编写的思考与尝试.西南师范大学学报(哲学社会科学版),1995(4).

刘电芝.教材的宏观评价与微观评价.课程·教材·教法,1996(4).

黄甫全.逻辑型规律与阶梯型课程.课程·教材·教法,1996(5).

燕仪娟,谭晓培.数学教材的深入钻研.中小学数学(小学版),1996(7—8).

肖志华.浅谈数学学科课与数学活动课的联系与区别.小学教学参考,1996(10).

王林全.数学课程发展的新思路——ICME8 课程思想评介.课程·教材·教法,1997(3).

刘英健.小学数学活动课程的特征.小学教学,1998(8).

刘意竹.关于小学数学教材改革研究的回顾与思考.课程·教材·教法,1999(1).

刘朝晖.关于小学数学教材编排的几点思考及构想.课程·教材·教法,2000(1).

白月桥.改造传统封闭的课程观.山东教育科研,2000(1—2).

马云鹏.小学数学课程实施的个案研究.课程·教材·教法,2000(4).

马云鹏.对《九年义务教育全日制小学数学教学大纲(试用修订版)》的理解与认识.课程·教材·教法,2000(7).

邱廷建.钻研教材要善于挖掘.小学教学研究,2001(3).

李臣之.课程实施:意义与本质.课程·教材·教法,2001(9).

袁桂林.以新的教育理念执导课程改革.松辽学刊(人文社科版),2002(4).

孔企平.数与代数领域加强与削弱的内容介绍——《课程标准》与《大纲》内容比较之一.学科教育,2002(9).

高凌飚.关于新课程教科书的几点思考.课程·教材·教法,2002(9).

杨小荣.回归生活学数学——《课程标准》下数学生活化的实践与思考.中小学教师培训,2002(12).

张平.关于小学数学教育专业课程的探索.辽宁教育研究,2003(6).

尤良南.几何内容教学贯彻《课程标准》例谈.小学教学设计,2003(7—8).

华应龙.关注学生的主动发展——全日制义务教育数学课程目标解读.小学教育科研论坛,2004(1).

崔允漷,夏雪梅.校本课程开发在中国.北京大学教育评论,2004(3).

宋宝和,宋乃庆.回归生活世界 凸显自主选择——从两个教学实例谈小学数学实践与综合应用课程的自主选择.中国教育学刊,2004(7).

段娟.人教版小学数学新教材的特点与启示.中小学教材教学:小学版,2004(16).

庞维国.关于数学课程标准中若干问题的再思考——兼与宋宝和先生商榷.当代教育科学,2004(18).

蔡海根,万培珍.如何分析小学数学新教材.中小学教材教学,2005(5).

杨晓萍,李子建,罗浩源.从多元评价视野看中国大陆小学数学课程评价.渝西学院学报(社科版),2005(6).

郑毓信.数学课程改革 2005:审视与展望.课程·教材·教法,2005(9).

李梅先.对一年级数学教材的几点建议.中小学数学:小学版,2005(12).

杭州现代小学数学教育研究中心课题组.小学数学教材建设的实践与反思.中国教育学刊,2006(1).

王万良.小学数学教育与小学教育专业数学课程设计.课程·教材·教法,2006(1).

郑毓信.关于小学数学教材建设的若干想法.课程·教材·教法,2006(7).

宋忠艳,崔效成,陈树芳.美术课程与小学数学的整合.新课程研究,2006(11).

张晓瑜.小学数学课程资源开发和利用探析.中小学教师培训,2006(12).

李家永.新课程理念下编拟小学数学测试题的思考.云南教育(基础教育版),2006(12).

李星云.引教导学:对小学数学教材建设的思考.课程·教材·教法,2006(12).

马彩霞.从挖掘教材到加工教材.教学与管理(理论版),2006(20).

王鲜凤.小学数学教材螺旋上升编排方式探析.教学与管理(理论版),2006(26).

刘晓玫,陈娟.小学生视图能力的测试分析及其对几何课程设置的启示.课程·教材·教法,2007(3).

杨高全.高师小学数学教育学课程的构建.数学教育学报,2007(3).

杨豫晖,魏佳,宋乃庆.小学数学教材中数学史的内容及呈现方式探析.数学教育学报,2007(4).

屠莉娅.影响课程实施的内源性矛盾分析——新教材使用中产生的问题与思考.教育发展研究,2007(6).

段娟.也谈"研读教材"——有感于小学数学课程改革中的教学设计.成才,2007(6).

庞云凤,张文娟.小学教育专业教育类课程的整合与构建.当代教育科学,2007(7).

黄正安.用好数学教材"想想说说"中的插图.教学与管理,2007(8).

葛敏辉.解读教材 找准抓手 提高效益——人教版小学数学教材"数学广角"的内容解读与思考.小学教学参考:数学版,2007(9).

丁国忠.数学应用:对应用题的超越——对小学数学教材中"数学应用"编写的几点思考.课程·教材·教法,2008(1).

戎松魁,黄崇龙.关于人教版小学数学新教材中若干问题的思考.数学教育学报,2008(2).
梁梦莉,雷晓云.小学数学练习系统的特点分析——以人教版小学数学实验教科书为例.教育导刊,2008(4).
孟霞.小学数学教学素材的选择.教学与管理,2008(35).
黄燕苹,黄翔.珠算应纳入我国义务教育数学课程标准——基于中日国家数学课程标准比较研究的结果.数学通报,2009(8).
陈晓东.教科书编写策略研究——以小学数学教科书为例.当代教育科学,2009(10).
魏佳.清末小学数学教科书编写:史实与借鉴.课程·教材·教法,2009(11).

三、教学设计

福州津太小学数学组.一节"百分数应用题"复习课.人大复印,月刊/109,1979(6).
韩永义.对"红灯图"的教学设想.天津教育,1980(12).
闽侯县沙堤小学数学教研组."用小数除"的教学改革.人大复印,半月刊/33,1980(14).
用选择法解简易不等式——小学数学教改实验课堂纪实.天津教育,1981(9).
董长松.复习"比和比例"的几点建议.天津教育,1982(5).
潘慧珍."数的整除"备课提要.天津教育,1984(2).
刘梦湘,傅珊.谈小学数学课堂教学改革.人大复印,双月刊/6,1985(3).
田克智.谈"数的整除"有关概念的教学.天津教育,1985(4).
傅珊.谈谈"复名数和小数"的教学.天津教育,1985(12).
姜亚民.谈谈数学课堂教学结构的改革.课程·教材·教法,1987(2).
朱鸿达.感知·转化·推导·运用——关于教学圆柱体表面积的设想.天津教育,1988(3).
张棣泉.谈小学数学"综合题"的设计.人大复印,双月刊/69,1990(1).
周柏春.小学数学课堂教学艺术.人大复印,双月刊/55,1991(4).
陈水平.教程设计应体现归纳能力的培养.天津教育,1991(4).
王继珍.我是怎样教学"因数、积的变化规律"的.天津教育,1991(9).
刘显国.小学数学板书设计形式简介.人大复印,双月刊/66,1992(2).
罗家俊.浅谈小学数学教学中的"铺垫"艺术.人大复印,双月刊/41,1992(3).
潘能钧.小学数学练习设计的八条原则.湖南教育 1992(10).
吴宗鑫.对优化小学数学课堂教学的几点思考.安徽教育,1992(12).
唐永巨,赵凤.小学数学板书设计的原则及形式.人大复印,双月刊/70,1993(3).
崔士钦.小学数学练习题组设计例谈.辽宁教育,1994(5).
汪世尧.浅谈小学数学教学中的学具操作与思维发展.教学研究,1994(8).
曹飞羽.谈小学数学教学中培养学生解答应用题的能力.课程·教材·教法,1994(8—9).
胡振峰."分数的初步认识"教学设计.教学研究,1995(2).
徐会福.小学数学复习课的一般教学策略.学科教育,1995(5).
彭连科.小学数学课堂激趣艺术.小学教学研究,1995(8).
朱增麟.小学数学四步八段式课堂教学探索.广东教育,1995(10).
吴正宪.怎样上好一堂数学课.中小学数学(小学版),1996(1—2).
岳德明.谈谈小学数学练习的安排与设计.上海教育,1996(4).
郭志刚.小学数学复习课程序设计的基本模式.中小学数学(小学版),1996(5).
吕达,张廷凯.面向21世纪中小学课程教材改革的研究与实验.课程·教材·教法,1996(7).
徐培芳.分数的初步认识——认识几分之一的教学设计.小学教学参考,1996(11).
李成章.谈小学数学课的导入和课末的小结.新疆教育,1997(1—2).

唐超英.小学数学课堂练习设计技巧.湖南教育,1997(6).
王尊友."小数的初步认识"教学建议.四川教育,1997(10).
杨松."约数和倍数的意义"的教学分析与设计.江西教育,1999(1).
刘庠.探索,猜想,论证——谈小学数学教学设计.学科教育,1999(3).
卢盛华.现实原型与小学数学概念教学.学科教育,1999(4).
叶巧玲.小学"两步应用题"的教学分析.教育评论,1999(4).
陈立伟,龚美卿,温丽芳.分数的意义教学设计及评析.中小学数学(小学版),1999(6).
郭成,陈红.试论小学数学课堂教学中创设问题情境的有效策略.课程·教材·教法,1999(9).
余茂铭,宋淑.教学重在引导学生再创造——"三角形的特征、分类"教法设计与评析.湖南教育,1999(15).
陶文中.浅谈教学设计中的创造性.北京教育,2000(2).
陆丽珍.小学数学教学如何抓住重点突破难点.江西教育科研,2000(3).
马和平."乘法分配律"的教与学.陕西教育,2000(3).
徐钢良.设计创新练习 培养创新意识.中国教育学刊,2000(6).
李国娟.新课导入的设计.中小学数学,2000(6).
张文颖.乘法的初步认识课堂实录.湖南教育,2001(1).
肖刚.数学课的情境教学策略.上海教育科研,2001(2).
林其霞.小学数学时间单位教学例谈.教育评论,2001(3).
连统民.小学数学课堂设问艺术谈.教育评论,2001(4).
王文国.在小学数学教学中引导学生参与教学过程.教育评论,2001(4).
张春梅.小学数学课堂学习活动的优化.天津师范大学学报(基础教育版),2001(4).
严旭峰,林祖荣.素质教育观念下课堂教学设计的新审视.现代中小学教育,2001(6).
付泽林.小学数学新授课导入技巧探索.云南教育,2001(17).
游安军.外国小学数学"课题学习"的设计思想.湖南教育,2001(24).
薛峰.小学数学课堂结尾的设计艺术.山东教育科研,2002(4).
邢艳.浅议小学数学教学中的"情"、"悟"、"辩"、"用".天津教育,2002(4).
薛峰.优化小学数学练习设计的策略.山东教育科研,2002(8).
王忠民.小学数学课堂教学策略研究——指导学生进行小组学习.辽宁教育研究,2003(4).
蒋世雷.数学学习策略的教学.教学科学研究,2003(7—8).
杨豫晖.小学数学"解决问题"编写设计探究.当代教育科学,2004(1).
王庆念.预设,为了生成的有效——谈课程生成理念下备课的改进策略.江苏教育,2004(4).
叶晓萍,薛彩霞.创设无法预设的精彩——小学数学课堂"驾驭生成"策略浅探.小学教育科研论坛,2004(11).
李宗泌.小学数学"图形与空间"教学点滴谈.教育评论,2005(1).
郑保和."小组合作学习"中的低效现象及解决策略.教育评论,2005(3).
宋照慧."分数大小的比较"教学实录及透视.中小学数学(小学版),2005(4).
项法元.小学数学课堂有效练习的设计策略研究.上海教育科研,2005(7).
刘良华."三算结合"教学的经验与问题.课程·教材·教法,2005(11).
薛峰.新课标下小学数学的命题艺术.当代教育科学,2005(13).
翁艳钦.小学数学教学中"引导"艺术的体现.教育评论,2006(2).
曹飞羽.美国小学数学中解决问题策略的教学.福建论坛(社科教育版),2006(4).
刘志高.小学数学教学中练习的设计.教育评论,2006(6).
巩子坤.新课标小学数学教科书总复习设计的原则与策略.课程·教材·教法,2006(8).

"小学数学分层异步教学策略研究"课题组.小学数学分层异步教学的实施策略.中国教育学刊,2006(11).

李晓梅.如何进行有效的小学数学教学设计.课程·教材·教法,2007(2).

吴玉琼.小学数学教学的优化策略.教育评论,2007(3).

马秋惠.小学数学教学中"激趣"策略的使用.教育评论,2007(3).

周炳华.关于三年级下册教材的几点创造性处理.中小学教学(小学版),2007(4).

邱学华.数学教学的基本策略.小学教学设计,2007(7—8).

蔡宏圣.和谐:小学数学教学设计的新视角——以"用字母表示数"的教学设计为例.课程·教材·教法,2007(8).

倪芳华.《轴对称图形》的教学设计及思考.教学与管理,2007(29).

杨均力.小学数学教学设计面临的五个基本问题.教学月刊(小学版),2008(3).

马占英.小学数学习题的功能及运用策略.教育实践与研究,2008(5).

荀步章."问题连续体"在小学数学课堂中的运用.上海教育科研,2008(9).

朱洁芬.小学数学概念有效同化教学策略初探.上海教育科研,2008(11).

袁仁胜.小学数学课堂教学"主体资源"的开发策略.教学与管理,2008(23).

徐文彬.数学"解决问题的策略"的理解、设计与教学.课程·教材·教法,2009(1).

杨豫晖,宋乃庆.小学数学课堂教学设计的问题与对策.课程·教材·教法,2009(4).

沈建梁.试析小学数学教学中学生积极性情感调控策略.现代教育科学,2009(6).

白毅.小学数学有效促进学生自主探究学习的策略.教育理论与实践,2009(11).

朱惠英.小学数学教学设计弊病诊治和策略探寻.教学与管理,2009(23).

四、教学方法

徐佩玖.我是怎样因材施教的.人民教育,1980(9).

顾汝佐.改进小学数学教学方法浅谈.人大复印,半月刊/41,1980(12).

金增,王继祯.小学数学教材教法改革试验报告——运用"数码"及其他方法使学生掌握加减法口诀的情况介绍.人大复印,半月刊/29,1980(14).

夏有霖.小学数学中应用题教学方法的探讨.课程·教材·教法,1981(1).

王森.针对初一学生特点改进数学教学方法.数学通报,1981(7).

曾如阜.小学数学教法原理.人大复印,双月刊/03,1982(2).

曹飞羽.国外小学数学教学方法改革情况简介.人大复印,双月刊/45,1982(3).

杨瑞美,潘胜天,谢光庭."数的整除"教学中,"讲解法"和"质疑讨论法"教学效果的比较实验.上海教育科研,1982(6).

吴继宁.怎样教学生熟记100以内的质数.天津教育,1982(10).

王思贤.改进小学数学教学方法三例.天津教育,1982(10).

王辅湘.改进小学数学教学方法——启发式教学概述.小学教学研究,1983(1).

孔令福.小学数学简便运算教学的几种常用方法.人大复印,双月刊/23,1983(3).

秦孝瑞.小学数学教法改革初探.人民教育,1983(4).

潘炎南,王钰珍,徐彩霞.采用自练口算卡片提高小学低年级学生口算能力的试验.上海教育科研,1983(5).

东余杭路第一小学."20以内退位减法"两种教法的效果比较.上海教育科研,1984(1).

张汉文.启迪思维 引导探索——小学数学教学中启发式教学几例.天津教育,1984(2).

曹飞羽.从现代教学论观点看小学数学教学方法的改革.课程·教材·教法,1984(5).

韦志榕."探究—研讨"法小议.课程·教材·教法,1984(5).

西安市小学数学结构教学实验研究组.小学数学结构教学实验研究总结.心理发展与教育,1985(2).
高彩琴.小学数学课的"尝试法"教学.人大复印,双月刊/40,1985(3).
曹飞羽.小学数学教学方法的改革.天津教育,1985(3).
陈国盛.小学数学的启发式教学.课程·教材·教法,1985(4).
刘廷宇.浅谈小学数学的教学方法.四川教育,1985(4).
张汉文.启发式教学例谈.天津教育,1985(8).
邱学华.小学数学尝试教学法的实践和理论.人大复印,双月刊/39,1986(2).
李润泉.作业批改要突出小学数学的学科特点.人大复印,双月刊/89,1986(2).
罗肇华,张元书,金建英.小学数学教材、教法改革的探索.课程·教材·教法,1986(11).
袁玉霞.略谈几种常见的小学数学教学方法.人大复印,双月刊/73,1987(1).
包宇清.小学数学教法与课型改革初探.人大复印,双月刊/59,1987(3).
应用"尝试教学法"指导小学数学演算效果好.人大复印,双月刊/111,1987(4).
梁威.目前日本小学数学教育中的几种教学法.人大复印,双月刊/95,1987(6).
王伟怀.用心理学规律改革教学的成功尝试——小学数学尝试教学法评析.中国教育学刊,1988(2).
梅安妮.小学数学教学要坚持启发式.人大复印,双月刊/71,1988(6).
陈学.江苏省句容县陈武中心小学在数学教学中运用"探索发现式教学法".人民教育,1988(12).
程淑华.北京市宣武区教师左秀兰创造"培养学生智力技能"教学方式.人民教育,1988(Z1).
谢天尧.当前小学数学教学中存在的两大问题.安徽教育,1989(3).
李馥清.小学数学巩固概念的三种方法.人大复印,双月刊/69,1989(4).
邵国同.浅谈小学数学的"情境教学".人大复印,双月刊/73,1989(5).
魏丽华.小学数学概念数学方法谈.人大复印,双月刊/57,1989(5).
胡兴虎.湖北省天门市实验小学开展教学"导读启想教学法"实验.人民教育,1990(3).
毕可峰,林乐善.小学数学"探究——研讨"法实验研究报告.山东教育科研,1990(4).
姜乐仁.小学数学的启发式教学改革.人大复印,双月刊/49,1990(4).
陈国盛.论小学数学的启发式教学.课程·教材·教法,1990(5).
天津市塘沽区教研室.我区小学数学教学改革的发展与深入.天津教育,1990(6).
姜乐仁.小学数学启发式教学实验的探索.人民教育,1991(2).
李方丽.探究研讨 主动获取——小学数学"探究—研讨"实验教学片断.当代教育科学,1991(2).
武恒善.小学数学应用题"整理归纳"教学法.人大复印,双月刊/61,1991(5).
温寒江,奎兆禄.谈马芯兰的小学数学教学改革经验.人民教育,1992(5).
路延捷.国内小学数学教学方法研究进展述评——兼论建立具有中国特色的数学教学方法体系问题.人大复印,双月刊/40,1992(5).
栾兆东.小学数学"学导迁移教学法"简介.小学教学研究,1992(9).
孙明符.小学数学快乐教学法论谈.教学与管理,1993(1).
陈锦生.试析现代小学数学教学方法的特征.人大复印,双月刊/72,1993(4).
潘能钧.小学数学新授课结尾的十种方法.人大复印,双月刊/110,1993(6).
崔士钦.深刻理解新知教学方法例谈.天津教育,1993(Z1).
兰想林.小学数学情境教学实验报告.电化教育研究,1994(1).
姜乐仁.小学数学启发式教学实验报告.教育研究与实验,1994(1).
王晓成.浅谈直观性原则在小学数学教学中的运用.人大复印,双月刊/61,1994(4).
刘良华.我国学导式教学实验范式的形成和发展.教育科学,1995(4).
潘燏.创设快乐教学情境 优化数学课堂教学.陕西教育,1995(8).
赵淑诚.谈谈我的"读书法"数学教学.北京教育,1995(S1).

陈今晨,李成忠.在小学数学教学中用"尝试教学理论"引导"目标教学"的实验研究.教育科学,1996(2).
薛赞祥.工于开头课生辉——小学数学新授课导入的十种做法.小学教学参考,1996(2).
王铫弘.数学课愉快教学十法.小学教学参考,1996(2).
吕淑珍,冯玉环.优化数学课堂结构　运用"十步教学法".教育探索,1996(3).
晨光.启发式教学是实施素质教育的最佳途径和方式——姜乐仁教授访谈录.人民教育,1996(11).
顾松麒.小学数学教学方法的优选.湖南教育,1997(3).
崔定升,谷雨.小学数学怎样实施碰壁点拨式教学.湖南教育,1997(3).
丁笑炯.近年来我国个别化教学研究述要.上海教育科研,1997(4).
黄少锋.小学数学的"情境教学"新探.教育评论,1997(6).
陈立华.浅谈小学低年级应用题教学——学习马芯兰数学教改经验有感.北京教育,1997(11).
上饶地区小学数学研究会"情感教学"课题组.小学数学情感教学的探索.江西教育,1998(2).
陈梅花.小学数学教学应重视教法研究.教育评论,1998(5).
苏春景.尝试教学法的实验、启示及思考.山东师大学报(社会科学版),1998(5).
左秀兰.小学数学探究教学概论.学科教育,1998(8).
陈日荣.小学数学"分数应用题"教法浅探.教育导刊,1998(12).
广西"小学数学动像发现教学法"课题组.小学数学"动像发现教学法"课题实验研究报告.电化教育研究,1999(4).
谢惠良,徐志方,唐继延.小学数学"分层异步集体性教学"课堂教学模式.师范教育,1999(5).
姚瑞玉.小学数学创新教学构想.教育评论,2000(1).
黄秋菊.小学数学教学中的情境创设.教育评论,2000(2).
易佩贤."问题探索"教学法——小学数学课堂实施创新教育初探.学科教育,2001(3).
王静.数学教学方法新探.中小学教学研究,2001(4).
孙建国.异步教学教法探讨与分类分层控制研究报告.山东教育科研,2001(5).
李金键."问题解决"方法在小学数学教学中的运用.教育评论,2001(5).
陈金江."对比法"在小学数学教学中的运用.教育评论,2001(5).
俞国基.小学数学教学应处理好"教"与"学"的关系.教育评论,2002(1).
张艳婷.小学数学教学三法.天津教育,2002(12).
蒋明玉."猜想——验证"在小学数学教学中的运用.小学教育科研论坛,2003(10).
何小勇."五指教学法"在"土地面积单位"教学中的应用.小学教育科研论坛,2003(10).
范海云.尝试教学法"在应用题教学中的应用.小学教学设计:数学·科学版,2004(12).
茹建文.关于构建小学数学发展性评价体系的思考.现代教育科学,2005(4).
刘良华."三算结合"教学的经验与问题.课程·教材·教法,2005(11).
包柳鸣.浅谈"负迁移"在数学教学中的合理运用.教学月刊:小学版,2006(1)上.
"小学数学分层异步教学策略研究"课题组.小学数学分层异步教学的实施策略.中国教育学刊,2006(11).
赵冬臣,马云鹏.小学数学课堂教学评价的质性研究.数学教育学报,2007(2).
龙芬.小学数学阅读理解教学探究.教育导刊,2007(7).
王庆明.小学数学开放式教学法的探索研究.中国教育学刊,2007(8).
李海峰.小学数学课堂中的提问应"量体裁衣".教学与管理,2008(20).
邱学华.尝试教学　奥秘何在.湖北教育(教育教学),2009(4).
张薇薇.小学数学教学中实施对话教学的几点思考.现代教育科学,2009(8).
吴黎贞.小学数学情境教学的有效创设.现代教育科学,2009(12).

陈贤丽.小学数学课堂提问的技巧.教学与管理,2009(14).
张亚杰.小学数学导学式教学法初探.教学与管理,2009(33).

五、教学心理

郑俊杰,陈素芳.关于小学一年级数轴教学的实验研究.山西大学学报(哲学社会科学版),1979(3).
李鉴惠.如何培养低年级学生的逻辑思维能力.天津教育,1979(12).
张慕蕴,王继桢.儿童思维发展潜力初探——一年级小学生第一学期就掌握了八位数的读法和写法.**心理学报**,1980(4).
李淑娴.小学数学教学中的思维训练.人大复印,双月刊/05,1982(4).
傅珊.浅谈小学数学教学中思维方法的训练.天津教育,1982(10).
李兰英.培养学生探索知识的能力.人民教育,1982(11).
张兴华.小学数学教学中如何培养学生的求异思维.天津教育,1982(12).
张德琇.创造性思维潜能测验的编制与试用.心理学报,1983(1).
刘范,赵淑文.八至十五岁儿童交集概念和解交集数学题能力的发展研究——儿童认知结构发展变化的研究之一.**心理学报**,1983(2).
张梅玲,刘静和,王宪钿,何继全,陈胜开.以"1"为基础标准揭示数和数学中部分和整体关系的系统性**教学实验.心理学报**,1983(4).
曹子方.国内五个地区5—15岁儿童交集概念的发展研究——儿童认知发展研究(Ⅰ).心理科学,1983(5).
王家骅.感知与小学数学教学——小学数学教学心理学浅谈(一).天津教育,1984(4).
王家骅.观察与小学数学教学——小学数学教学心理学浅谈(二).天津教育,1984(6).
王家骅.注意与小学数学教学——小学数学教学心理学浅谈(三).天津教育,1984(8).
文德训.培养学生求异思维的几点体会.天津教育,1984(11).
张梅玲.《现代小学数学》实验讨论会.心理科学进展,1985(3).
李润泉.改革小学数学教学 加强学生能力的培养.课程·教材·教法,1985(6).
张梅玲.对知识结构和认知结构的关系的初探——《现代小学数学》的部分实验.心理学报 1986(3).
张梅玲.《现代小学数学》第二次实验工作会议简况.心理科学进展,1986(4).
陈铨.小学生心理发展的阶段性与数学教学的阶段性.**心理发展与研究**,1986(4).
何纪全.运用现代心理学理论指导小学数学教改.人大复印,双月刊/43,1986(4).
何纪全.关于《现代小学数学》实验教学初步效果的分析.心理科学,1987(4).
孙昌识.在数学教学中培养一年级小学生抽象逻辑思维的探讨——西安市小学数学结构教学教改第一年总结.心理发展与教育,1987(4).
梅世云.冯忠良谈能力知识和小学数学教学问题.湖南教育,1987(9).
沈庆华,丁松年.七至十二岁儿童数概念和运算能力发展的研究.西北师大学报(社会科学版):**1988(1)**.
心理发展与教学研究组.课程结构与小学二年级学生倍概念的掌握.**心理科学,1988(3)**.
王蔚生.小学数学单元知识教学与能力培养改革实验.人民教育,1988(12).
郭耀.小学数学教学中的心理控制与调节.人大复印,双月刊/59,1989(1).
刘电芝.解题思维策略训练提高小学生解题能力的实验研究.**心理科学,1989(5)**.
顾松涛.小学数学教学与记忆能力的培养.人大复印,双月刊/62,1989(5).
杨余庆.序列原则和程序思维与小学数学教学.人大复印,双月刊/71,1989(5).
周龙兴.阅读能力影响文字题解题能力的调查.上海教育科研,1990(2).
宋方成.认知结构论与小学数学教学——新旧知识联系之刍议.人大复印,双月刊/82,1990(4).

陈钢.小学数学强化感知训练的研究.天津教育,1991(1).
张梅玲.小学数学思维中的"变"与"不变".湖南教育,1992(5).
万福民.概念发展与发展思维.天津教育,1993(2).
马明.趣谈教材中的形象思维.教育学报,1993(3).
陈松坡.注重感知数学材料能力的培养.天津教育,1994(2).
汪世尧.浅谈小学数学教学中的学具操作与思维发展.教学研究,1994(8).
金洪渊,吴澜.应用学与教的心理学原理十年实验和关于形式训练说的思考.华东师范大学学报(教育科学版),1995(1).
吕国华.数学教学与思维能力的培养.教学研究,1995(4).
马芯兰.构建新的知识结构 培养学生思维能力.人民教育,1995(5).
张天孝.培养数学思维的批判性和敏捷性.湖南教育,1995(5).
苏艳娜.浅谈如何防止小学数学教学中的负迁移.山东教育科研,1995(Z1).
程芳茗.中年级学生思维特点与小学数学教学改革.湖北教育,1995(Z2).
胡本炎,张春莉.图式理论与小学数学教学改革.湖南教育,1996(3).
廖志嫦.小学数学教学中学生形象思维能力的培养.教育评论,1996(5).
陈赛钰.小学生直觉思维的诱发与培养.教育评论,1996(5).
王凯.适时铺垫实现知识的正迁移.小学教学参考,1996(6).
陆剑波.概念变式的教学功能及运用时机.小学教学参考,1996(6).
张庆林.小学生表征应用题的元认知分析.心理发展与教育,1997(3).
王建军.小学数学教学中学生健康心理因素的培养.新疆教育,1997(5).
刘兰英.小学生数学思维能力现状的调查与研究.现代中小学教育,1998(1).
张君达.超常儿童数学能力的因素分析.心理科学,1998(6).
卢盛华.动作是智慧的根源——现代小学数学课堂教学的心理学依据.上海教育科研,1999(7).
马芯兰经验编写组.执笔人:陶晓芳.以提高思维能力为中心培养小学生数学能力.北京教育,1999(8).
温善策.多方面培养和发展差生数学思维能力.教育导刊,1999(8).
刘兰英.小学生数学推理能力结构的验证性因素分析.心理科学,2000(2).
王瑾.应用图式理论教小学数学概念.上海教育,2000(2).
王沛.数学等值概念获得的过渡性学习者认知发展的实验研究.心理学报,2000(4).
马东贵.散敛思维训练研究.中小学数学,2000(6).
李冬梅,赵承福.儿童创造力开发实验专题研究 小学数学创造性教学策略.山东师大学报(社科版),2000(6).
李建宁.刍议小学生创造性思维的培养.教育评论,2001(2).
刘明祥.在小学数学教学中培养学生猜想能力.中小学教学研究,2001(3).
薛文娟.小学数学教学中渗透心理素质教育.辽宁教育研究,2001(5).
何小亚.数学应用题认知障碍的分析.上海教育科研,2001(6).
顾青山.把学生带入"愤悱"的境地——小学数学教学中诱发认知冲突的实践与思考.学科教育,2001(9).
苏纯仁.小学数学教学中培养学生创新意识初探.山东教育科研,2001(9).
张德英.如何在"三算结合"教学中培养学生的创新精神.黑河教育,2002(3).
李晓东,张向葵,沃建中.小学三年级数学学优生与学困生解决比较问题的差异.心理学报,2002(4).
刘儒德,陈红艳.小学数学真实性问题解决的调查研究.心理发展与教育,2002(4).
张春莉.有意义的接受学习和发现学习.小学数学教育,2002(9).

黄丽华.小学生计算出错的心理负效应及对策.黑龙江教育,2002(Z2).
李晓东.工作记忆对小学三年级学生解决比较问题的影响.心理发展与教育,2003(3).
冯长焕.小学数学 MCAI 课件设计中儿童心理学的运用.中国电化教育,2003(4).
王延文,王世凤.小学生数学认知结构的特征与构建.数学教育学报,2003(4).
杨徐昕.心理教育与数学教学.湖南教育,2003(16).
谢逢春.在小学数学教学中培养学生的形象思维.教育评论,2004(3).
郑毓信.数学思维与小学数学教学.课程·教材·教法,2004(4).
苏虹.促进学生形象思维与抽象思维的协同发展——小学数学教学中强化概念教学的一些做法.中国教育学刊,2004(5).
祝家林.小学生常见数学审题心理障碍分析及对策.教学月刊:小学版,2005(2)上.
王英华,刘宝根.儿童数学认知策略的特点及其教育启示.上海教育科研,2005(6).
陈英和.小学 2—4 年级儿童数学应用题表征策略对其解决不规则问题影响的研究.心理科学,2005(6).
陈荣芳.小学数学交流能力培养的误区与解决策略.教育探索,2005(8).
鞠锡田.谈心智图像在小学数学理解中的作用.上海教育科研,2005(9).
游旭群,张媛,刘登攀,负丽萍.小学生数学应用题解题水平影响因素的研究——视空间能力、认知方式及表征方式的影响.心理科学,2006(4).
姚春.学生解数学题的问题表征策略.小学教学研究,2006(7).
文萍.儿童执行功能对数学能力的预测模型.心理发展与教育,2007(3).
李兰瑛.学生数学学习错误的认知归因.中小学数学(小学版),2007(4).
邓赐平.数学学习困难儿童的编码加工特点:基于 PASS 理论的研究.心理科学,2007(4).
孔企平.小学数学学习理论及其对课堂教学的启示.湖南教育·数学教师,2007(6—7).
宛燕.小学数学学习困难儿童的工作记忆广度研究.中国特殊教育,2007(7).
汤服成.小学四—六年级学生数学元认知监控学习策略培养的研究.数学教育学报,2008(1).
王伟岩.在小学数学教学中培养学生的创新精神.现代教育科学,2008(12).
苏立云.论小学数学直觉思维及其培养.当代教育理论与实践 2009(3).
胡卫平,张蕾."学思维"活动课程对小学生思维能力和学业成绩的影响.教育研究与实验,2009(6).
沈建梁.试析小学数学教学中学生积极性情感调控策略.现代教育科学,2009(6).
李晓梅.如何依据学生的学习特征开展小学数学教学活动.课程·教材·教法,2009(10).
丁锐,黄毅英,马云鹏.小学数学课堂环境与学生问题解决能力的关系.教育科学研究,2009(12).
翁贤浩.关注小学数学中的"内隐学习".教学与管理,2009(14).

六、衔接问题

蒋佩锦.做好中学阶段的数学启蒙.数学通报,1982(2).
张鸿宝,胡继仁.关于中小学数学教学的衔接.中学数学教学,1983(2).
赵大文.谈谈如何搞好数学教学的启蒙.数学通报,1984(9).
铜陵县教育局教研室.浅谈中小学数学教学的衔接问题.安徽教育,1985(1).
韩昌夫.从衔接入手实现中小学数学教学的科学过渡.小学各科教学,1985(2).
陈兴信.中小学数学教学的几个衔接点.中学数学教学,1986(1).
陈镇邃.谈谈中小学数学教学的衔接.中学教研(数学),1986(2).
王行圣.抓住学生心理特征 搞好中小学数学教学衔接.天津教育,1986(10).
罗荣轩.搞好小学、初中数学的衔接.人民教育,1988(Z1).
张正德.谈中小学数学教学内容和方法的衔接.天津教育,1990(12).

王焱明.关于中小学数学教学衔接问题.中学数学,1991(10).
广西壮族自治区柳州钢铁厂第三小学.计算机辅助小学数学教学实验初探.课程·教材·教法,1993(9).
王高翔.微型实验在小学数学电教研究中的价值及设计(续).电化教育,1994(12).
成子娟.解决学前与小学数学教学存在问题的一项改革实验.心理发展与教育,1995(2).
刘佳佳.做好中小学数学教学衔接刍议.小学教学参考,1996(9).
丁真诚.谈小学数学教学与中学的衔接.广西教育,1997(1).
周希冰.试论数学教育中的幼小衔接问题.学前教育研究,**1997(4)**.
倪漳生.小学与中学数学教学中的衔接问题.教育评论,1998(2).
余春德.小学与初中数学教学的衔接.教育评论,1999(3).
龚祖华.漫谈中小学数学教学的衔接.陕西教育,2000(9).
史霞玲.中小学数学教学衔接中的问题及对策.小学教学研究,2002(4).
徐文彬.试论算术中的代数思维:准变量表达式.学科教育,**2003(11)**.
李子建.幼儿园与小学数学课程衔接的研究.当代教育科学,2004(23).
王建梅.中小学数学学习衔接应注意的问题.当代教育科学,2006(7).
叶文生.亟待关注的中小学数学教学衔接问题.中小学教学研究,2007(4).
张金梅.幼小衔接在美国幼儿园.早期教育(教师版),2007(6).
王文乔.孩子不仅仅是背着书包开始学校教育——关于幼小课程衔接的对话.学前教育研究,2007(Z1).
黄勋强.中小学数学教学的衔接问题与对策.数学学习与研究(教研版),2008(5).
温真亚.中、小学数学衔接教学应注意的几个问题.数学教学通讯,2008(5).
王永春.小学数学与初中数学衔接问题的思考.课程·教材·教法,**2009(7)**.
周艳.中小学数学衔接教学的对策研究.苏州大学硕士论文,2007.
张元元.中小学新课程数学教学衔接.辽宁师范大学硕士论文,2007.
朱鸿玲.新课程下中小学数学教学衔接与问题表征的研究.云南师范大学硕士论文,2008.
宋真.中小学数学学习衔接的问题和教学策略研究.西南大学硕士论文,2008.

七、比较研究

陈树清.为什么日本小学生能学好数学?.外国中小学教育,1983(3).
刘启娴.值得注意的课题——从苏联小学数学教改经验谈起.比较教育研究,1983(5).
顾松麒.美国鲍威尔副教授的小学数学教学理论和实践评介.课程·教材·教法,1984(5).
凌益.如何从失败走向成功——美国一所小学的经验.外国中小学教育,1985(3).
郑和钧.土家族、苗族和汉族一年级小学生数学能力发展的比较研究.心理发展与教育,**1986(2)**.
王正旭.苏联小学的数学教育改革情况.比较教育研究,1987(4).
齐昕.国外小学数学教育改革对我们的几点启示.小学各科教学,1988(2).
史朝.美国小学的科学教育.外国教育研究,1988(3).
富安利,赵裕春,张锦帆.数学能力发展水平不同的学生的创造性思维的比较研究.心理科学,**1988(4)**.
马忠林.日本中小学数学课程新方案介绍.课程·教材·教法,1989(4).
李建华.美国小学数学教材中联系实际的两点做法.小学数学教师,1990(6).
李建华.日本小学数学教学管窥.教育学报,1991(3).
孙杰远.藏汉9—13岁儿童数学思维能力及其发展的比较研究.心理科学,**1991(5)**.
李桂芝.日本小学数学教法介绍和提高计算能力探讨.外国中小学教育,1993(6).

吕世虎,付敏,孙名符,王仲春.藏、汉学生智力因素和非智力因素对数学能力发展影响的跨文化研究.教育研究,1995(1).

曹飞羽.日本小学数学教材的改革.课程·教材·教法,1995(3).

黄建弘.发达国家小学数学教育发展的共同趋势.小学教学,1995(3).

张文军.新加坡小学教师师范教育设置.比较教育研究,1995(5).

马云鹏.从中日小学数学教学的比较看我国数学教学的改革.比较教育研究,1995(6).

梁威.日本小学数学应用题教学对我们的启示.小学教学,1995(10).

张希希.美国"家长参与教育"研究.外国教育研究,1996(5).

刘健,向玉琴.面向21世纪的小学数学教育发展趋势——发达国家小学数学教育目的比较研究.英湖南教育,1996(7).

朱乐平.中德两国小学数学教材比较研究.浙江教育,1996(11).

吴国珍.现代美国中小学数学科目的沿革.比较教育研究,1997(1).

周贝隆.从美、日、韩教育改革看世界教育改革的焦点——培养创新能力.科技导报,1998(6).

刘宝存.小学生学习负担比较研究.外国中小学教育,2001(2).

张桂春.中德小学数学及语文教学大纲差异的缘由探析.比较教育研究,2001(4).

杨泽恒.美国小学数学教材的几个特点.比较教育研究,2001(8).

王文静.贾斯珀系列对我国小学数学教学改革的启示.课程·教材·教法,2001(11).

王维花.新加坡小学数学教育中的问题解决及其启示.课程·教材·教法,2001(11).

孟世才.中日小学"数学课程标准""知识技能"的比较浅析.西南师范大学学报(人文社会科学版),2003(2).

王建梁.台湾"九年一贯课程改革"的反思与借鉴.教育研究与实验,2003(3).

高向斌.美国小学数学课堂活动管窥.外国中小学教育,2004(1).

侯正海.问题设计——大洋彼岸名校试题带来的启示.中小学数学:小学版,2004(1—2).

李淑文.日本新编小学数学教材的特点.外国教育研究,2004(3).

陈英和.7—8岁数学学习困难与正常儿童加法策略比较研究.中国特殊教育,2004(11).

张天孝.美、日、德小学数学教材的共性特征及启示.比较教育研究,2005(1).

许新海.走进澳洲小学数学课堂.小学青年教师,2005(3—4).

吕立杰.大规模课程设计的程式与特征——我国新课程设计过程与西方课程设计模式的对比与分析.教育研究与实验(新课程研究),2005(4).

高红妹.考察美国小学数学教育的报告.中小学数学:小学版,2005(5).

李琼,倪玉菁,萧宁波.小学数学教师的学科知识:专家与非专家教师的对比分析.教育学报,2005(6).

陈月兰.一个来自日本的分数教学案例带来的思考.教学月刊:小学版,2005(8)上.

施娇娥.数学因创造而美丽——"认识钟表"两次教学实践对比反思.小学数学教师,2005(9).

赵弘.新加坡小学数学教材中的问题解决.外国中小学教育,2005(11).

闫炳霞.从美国小学的一节统计课谈我国小学"统计与概率"的教学.中小学教学研究,2006(2).

孔凡哲,崔英梅.平移、旋转课程内容的中韩对比.小学教学研究,2006(4).

陈红.澳洲数学课堂印象.中小学数学:小学版,2006(6).

张辅,唐华军.上海与加州数学课程标准小学"统计与概率"比较研究.泰山学院学报,2006(6).

孔企平.对新加坡小学数学课程特色的分析.课程·教材·教法,2006(12).

高令峰.如何更好地关注数学的学习过程——美国小学数学教育的启示.小学教学:数学版,2007(5).

李渺.中小学数学教师知识对数学教学的影响之比较研究.上海教育科研,2007(5).

王敏勤.课改后我国与部分发达国家中小学课程设置的比较分析.上海教育科研,2007(12).

上海市青浦实验研究所.小学数学新手和专家教师PCK比较的个案研究——青浦实验的新世纪行动

之四.上海教育科研,2007(10).

李琼,倪玉菁.小学教学课堂对话的特点:对专家教师与非专家教师的比较.课程·教材·教法,2007(11).

丁琳,叶立军.中美中小学数学家庭作业的比较研究.教育探索,2009(1).

袁红.中美职前小学教师教育中数学课程的比较研究——以上海师范大学和纽约城市大学为例.课程·教材·教法,2009(3).

唐恒钧.中美中小学几何课程比较及其启示.浙江师范大学硕士论文,2005.

章健.中美中小学数学教育理念的比较研究.上海师范大学硕士论文,2008.

王文光.初中数学教科书"数与代数"领域的中美比较研究.东北师范大学硕士论文,2009.

郝刚.改革开放以来我国中小学数学教育比较研究的现状分析.东北师范大学硕士论文,2010.

八、整体教改实验

黄继鲁.小学数学"三算结合"教学试验报告.中小学教育,1979(7).

金增,王继祯.小学数学教材教法改革试验报告——运用"数码"及其他方法使学生掌握加减法口诀的情况介绍.中学语文教学,1980(14).

王文敏.要引导学生自己学习——小学数学教改实验的一点体会.天津教育,1981(9).

用选择法解简易不等式——小学数学教改实验课堂纪实.天津教育,1981(9).

珠平.要重视教育实验.人民教育,1982(12).

张梅玲.以"1"为基础标准揭示数和数学中部分和整体关系的系统性教学实验.心理报学,1983(4).

马芯兰.抓住智力与非智力因素的辩证关系,改革小学数学教学.心理发展与教育,1985(2).

陈胜开.简介小学数学教学改革实验.小学各科教学,1985(5).

管承仲,韩其洲.关于小学数学"三算结合"的教改实验.小学各科教学,1985(6).

项冬.内蒙古师大教改小组以改革教材为主的小学数学教改实验取得成果.人民教育,1987(Z1).

山西省榆次市在小学数学教学中试行"结构转化"实验.人民教育,1988(1).

马淑芬.九年制义务教育全日制小学数学教材教法整体改革实验在发展.教育探索,1988(4).

向鹤梅.深化教学改革,积极开展小学数学实验研究工作.课程·教材·教法,1988(8).

虞天敏.小学数学考试改革尝试——自我检测课.人民教育,1988(11).

郑俊杰.小学数学教改十年的实验结果与结构转化的教学措施.中国教育学刊,1989(2).

金增等.小学数学教学改革实验研究报告.小学各科教学,1989(6).

金增,王莉莉,李利平,于淑华.小学数学教学高质量、高效率、低负担的实验报告.内蒙古师大学报(哲学社会科学版),1990(2).

胡兴虎.湖北省天门市实验小学开展教学"导读启想教学法"实验.人民教育,1990(3).

课程教材研究所小学数学教材研究实验组.关于改革小学数学教学内容和教学方法的实验与研究.课程·教材·教法,1990(5—6).

孙学文.小学数学"操作教学法"实验报告.小学各科教学,1991(1).

姜乐仁.小学数学启发式教学实验的探索.人民教育,1991(2).

李方丽.探究研讨 主动获取——小学数学"探究—研讨"实验教学片断.当代教育科学,1991(2).

蒋德俊.小学数学教学改革实验简介.湖南教育,1991(4).

顾荣.小学数学思维训练实验的具体做法.小学各科教学,1991(4).

黄逸萍."小学数学整体教学"实验简介.小学各科教学,1992(1).

张梅玲.探索道路上的十年——"现代小学数学"教学实验.心理科学,1993(3).

肖利宏.余杭县实验小学数学教师朱爱华开展三年级不留数学书面家庭作业对照实验.教育研究与实验,1993(3).

张梅玲,张天孝.从未来的需要设计今天的教学——《现代小学数学》教学实验的探索.人民教育,1993(4).

马淑芬.坚持改革、精心实验,认真搞好素质教育——义务教育全日制五年制小学数学教材教法整体改革实验总结.人大复印,双月刊/62,1993(6).

高建国.小学数学目标教学的实验探讨.湖南教育,1993(12).

许翼平.小学数学课堂教学整体改革的理论与基本经验.教育导刊,1993(Z2).

兰想林.小学数学情境教学实验报告.电化教育研究,1994(1).

姜乐仁.小学数学启发式教学实验报告.教育研究与实验,1994(1).

徐士城.小学数学四步教学结构实验报告.小学各科教学,1994(1).

仲广群.小学中年级小组合作教学试验.中国教育学刊,1994(1).

宋琦.《双序结合整体教改实验》小学段实验情况.当代教育科学,1994(2).

王永丽,郑郁.培养和提高小学生数学能力的实验研究.河北师范大学学报:社科版,1994(4).

石家庄市小学数学研究会.小学数学训练体系实验简介.河北教育,1994(9).

一项着眼整体、充满活力的教改实验——关于"小学数学——目标、教学、评价与管理一体化"研究实验访华中师大教科所何雄智副教授.湖北教育,1994(11).

陈宝生,龚育洁.小学数学"双并进教学"成果推广的实验与认识.上海教育科研,1994(11).

深化改革 面向全体 提高质量——《现代小学数学》实验报告.北京教育,1994(S1).

曹艺冰.一项具有光明前景的科研课题——广西小学数学教学目标管理实验总结报告.广西教育学院学报,1995(1).

刘良华.我国学导式教学实验范式的形成和发展.教育科学,1995(4).

张嘉棠.行之有效的"三结合"的教学实验协作网.心理学动态,1995(4).

黄炎官.大面积提高数学教学质量的新举措——"小学数学教材教法同步整体改革"实验总结.福建教育,1995(11).

陈今晨,李成忠.在小学数学教学中用"尝试教学理论"引导"目标教学"的实验研究.教育科学,1996(2).

洪汉华.教学改革实验 九年义务教育小学数学课程教材五年试验总结报告.江西教育科研,1996(2).

石鸥.对当前教育实验的反思.中国教育学刊,1996(3).

吕达,张廷凯.面向21世纪中小学课程教材改革的研究与实验.课程·教材·教法,1996(7).

江苏省苏州市实验小学/中央教科所基础教育课程教材研究中心课题组,徐天中、钟鹏明执笔,课题组讨论.小学素质教育目标课程化实验.课程·教材·教法,1996(7).

双序结合整体教改实验课题组,课题组组长:赵承福、杨尊田、刘继武、张晓峰、刘高鹏.双序结合整体教改实验研究报告.教育研究,1996(8).

小学数学活动课实验的探索.江西教育,1996(10).

吴亚萍.低年级数学课堂教学试验初探.上海教育科研,1998(2).

长沙开福区、华中师大主体性教育区域改革实验研究课题组.小学主体性教学活动体系的实验研究.教育研究与实验,1998(2).

苏春景.关于20世纪后期中国教学法实验的思考.江西教育科研,1998(6).

马芯兰经验编写小组.现代教师的追求——马芯兰数学教学实验的启示.北京教育,1999(9).

杨树兵,朱永新.学科素质教育的探索——马芯兰小学数学教学改革实验评介.教育时报,1999(10).

沈光中.开展"问题解决"研究深化小学数学教改实验.课程·教材·教法,1999(12).

李冬梅,赵承福.儿童创造力开发实验专题研究 小学数学创造性教学策略.山东师大学报:社科版,2000(6).

"小学数学整体结构教学研究"课题组.小学数学整体结构教学的实验研究.课程·教材·教法,2000(8).

广东株洲市芦淞区何家坳小学课题组.小学数学"问题探索"教学模式实验报告.湖南教育,2001(18).

潘洪建.我国课程实验20年:回顾与展望.课程·教材·教法,2002(2).

张命华.《小学数学学习策略》教学对提高民族地区小学生数学成绩的实验研究.西南师范大学学报(人文社会科学版),2005(4).

喻本伐.走出迷宫:中国当代教育实验述评.华中师范大学学报(人文社科版),2006(3).

李铁安.30年中小学数学教学实验回溯与思考.基础教育课程,2009(Z1).

九、教师专业发展

王万喜.谈小学数学教师的数学知识修养.云南教育(基础教育版),1981(3—4).

郑成兰.从战略高度抓好教师培训工作.天津教育,1986(10).

方自西.下苦功夫提高数学专业水平.天津教育,1992(4).

孙宏磊.小学教学实际与中师生能力的培养.教育探索,1996(5).

越冠英.提高教师的整体素质是"减负"的根本所在.教育导刊,1996(12).

汪惠萱.提高小学教师素质促进学生思维品质发展.心理发展与教育,1998(1).

申继亮,李琼.小学数学教师的教学专长:对教师职业知识特点的研究.教育研究,2001(7).

梁学友,戴宇.当前我国中小学数学教师教学思维模式初探.数学教育学报,2002(3).

顾泠沅,王洁.教师在教育行动中成长——以课例为载体的教师教育模式研究.全球教育展望,2003(1).

顾泠沅,王洁.以课例为载体引领教师发展.人民教育,2003(6).

曾拓,杨小洋,申继亮.关于中小学数学教师对教学问题认知的调查分析.心理发展与教育,2004(4).

蔡蔚文.小学数学新教师职后教育的实践与反思.中小学教师培训,2004(9).

史宁中,孔凡哲,杨树春.从分数的本质看小学数学教师的专业素养——数学教育热点问题系列访谈录.小学青年教师,2005(1).

辛涛.小学数学教师职业知识的结构与内在关系.心理发展与教育,2005(2).

姚绍义.小学教育专业课程设置与小学数学教师的数学素养.天津教育,2005(4).

张铁道.促进教师专业发展策略的若干维度.基础教育课程,2005(10).

苏春景.小学数学教师成长为教育专家的典型范例——邱学华的尝试之路及其启示.当代教育科学,2005(24).

李琼,倪玉菁,萧宁波.小学数学教师的学科教学知识:表现特点及其关系的研究.教育学报,2006(4).

熊宜勤.小学教师教学反思能力培养的实验研究.教育探索,2006(5).

曹培英.新课程背景下小学数学教师本体性知识的缺失及其对策研究.课程·教材·教法,2006(6).

杨高全,李学全.对小学数学教师专业化发展问题的思考.数学教育学报,2007(1).

朱翠梅.新教师专业发展过程中的一站——对一位小学教师的叙事研究.中小学教师培训,2007(5).

余慧娟.数学教师的专业出路在哪里——对话中科院心理所张梅玲教授.人民教育,2007(7).

卢秀琼,张光荣,傅之平.农村小学数学教师知识发展现状与对策研究.课程·教材·教法,2007(9).

张桥.力量源于团队——记黑龙江省哈尔滨市复华小学优秀教师群体.人民教育,2007(22).

文静敏.从"一头雾水"到"恍然大悟"——一位小学数学教师在实践共同体活动中的成长与收获.全球教育展望,2009(1).

徐东星.小学数学教师职前教育对其专业化的影响.教学与管理,2009(6).

刘志平,刘美凤,吕巾娇.小学数学教师教学设计能力及其构成研究.中国电化教育,2009(9).

钱建兵.数学教师专业发展不要缺失了"数学味".教学与管理,2009(35).

王延文.教师专业化的系统分析与对策研究.天津大学博士论文,2004.
李巧儿.农村地区小学数学教师专业化发展的调查分析与思考.华中师范大学硕士论文,2008.
吴晶.小学数学教师教材知识发展情况研究.首都师范大学硕士论文,2008.
杨海鹏.小学数学教师专业化培养中的数学课程设置研究.首都师范大学硕士论文,2009.

十、信息技术与课程教学

邱忠才.运用学具培养学生的逻辑思维能力.中国教育学刊,1988(5).
广西壮族自治区柳州钢铁厂第三小学.计算机辅助小学数学教学实验初探.课程·教材·教法,1993(9).
汪世尧.浅谈小学数学教学中的学具操作与思维发展.教学研究,1994(8).
王高翔.微型实验在小学数学电教研究中的价值及设计.电化教育,1994(11).
张杰夫."计算机辅助小学数学教学实验"的调查报告.现代中小学教育,1995(1).
袁玉霞.低年级小学数学教学中常用的学具和主要使用方法.江西教育,1995(5).
许光新.小学数学课堂教学中应用计算机模拟动态图像的实验.现代中小学教育,1996(1).
杨福平.浅谈学具操作在数学启蒙教学中的作用.天津教育,1996(2).
祁景元.电教媒体与数学思维能力的培养.中国电化教育,1996(3).
刘儒德.在 CAI 下即时提示解题过程对小学三年级学生建构两步应用题整体结构的影响.心理发展与教育,1997(2).
李强.使用电化教学手段应注意的问题.天津教育,1997(5).
永堂.学具操作促进学生数学思维发展.青海教育,1998(1—2).
余官姣.谈电教媒体在小学数学教学中的最佳作用点.中小学电教,1998(2).
黄辉.如何在小学数学教学中运用电教手段导入新课.小学教学参考,1998(4).
冒金彬.发挥多媒体计算机优势 优化小学数学课堂教学.中小学教师培训(小学版),1998(5).
符晓蓉,邹克勤,陆洋.浅谈学具在小学数学教学中的运用.上海教育,1998(7).
王高翔.关于数学电化教学研究的理性思考.中国电化教育,1998(9).
广州市天河区云山小学数学科组 执笔:向渊.计算机多媒体辅助教学在几何教学中的应用.教育导刊,1998(11).
李雪菲.计算机辅助小学数学教学初探.云南教育,1998(11).
祁景元.发挥多媒体在数学教学中的作用.中国电化教育,1998(11).
赵惠芳.浅谈多媒体在小学数学中的运用.上海教育,1999(1).
施梅英.小学数学教学应充分利用学具.教育评论,1999(2).
林泗.在小学数学教学中运用电教媒体的尝试.教育评论,1999(3).
广西"小学数学动像发现教学法"课题组.小学数学"动像发现教学法"课题实验研究报告.电化教育研究,1999(4).
王场镇小学课题组.《电化教育减轻小学生过重数学课业负担》阶段实验报告.电化教育研究,1999(5).
陶雪鹤.小学数学数与计算教学的回顾与思考.课程·教材·教法,1999(8).
苗逢春.计算机辅助小学数学教学中进行反思训练的实验研究(上).学科教育,1999(8—9).
张文兰.小学 CAI 软件选择性注意策略设计初探.中国电化教育,1999(9).
李红云.多媒体 CAI 在数学教学中的应用探索.吉林教育科学,1999(12).
唐彩斌.小学数学应用 CAI 效果研究实验报告.中国电化教育,2000(5).
耿洁.电教手段在小学低年级数学教学中的应用.中国电化教育,2001(2).
朝阳区酒仙桥第三小学.浅谈多媒体技术在小学数学教学中的应用.北京教育,2001(4).

李玉苹.计算机辅助教学存在的几个问题.小学教学研究,2001(5).
叶志梅.投影手段在小学数学教学中的应用.教育评论,2001(6).
刘绪梅.CAI在小学数学教学中的尝试.山东教育科研,2001(Z2).
龚道敏.基于网络教室的小学数学课堂教学模式探究.电化教育研究,2002(2).
潘芬芳.新课程标准下小学数学计算机辅助教学的运用.中国教育学刊,2003(2).
冯长焕.小学数学MCAI课件设计中儿童心理学的运用.中国电化教育,2003(4).
邱月亮.CAI引入小学数学教学中若干关系的处理.小学教学设计·理科版,2003(7—8).
王晖.让多媒体信息技术为小学数学教学插上腾飞的翅膀.中国电化教育,2004(3).
吴正宪,韩玉娟.现代信息技术为小学数学教学改革注入活力.北京教育:普教版,2004(6).
阮巡停.运用信息技术优化小学数学教学.教育评论,2004(6).
赵萍.信息技术与小学数学教学整合的探索.中国电化教育,2004(11).
张金龙.让数学课堂教学插上教育信息技术的翅膀.中小学教师培训,2005(6).
叶时锋.信息技术与小学数学练习课的整合创新.中小学信息技术教育,2006(1).
张成光.信息技术与小学数学课程整合的具体方式.当代教育科学,2006(3).
孙秀华.信息技术在小学数学教学中的创新运用策略.信息技术教育,2006(9).
文玉婵,周莹.影响教师将信息技术整合于数学教学的因素分析.数学教育学报,2007(3).
潘萍.浅谈现代信息技术在小学数学教学中的应用.中小学信息技术教育,2007(10).
庄慧娟,李克东.应用MP-Lab促进小学数学知识建构的探索.中国电化教育,2008(7).
黄世好.信息技术在小学"数学广角"教学中的应用.教育导刊,2009(3).
田晶.信息技术与小学数学教学整合的教学模式研究.河北师范大学硕士论文,2004.

后 记

自 2008 年由我动议研究、出版《中国数学教育研究三十年》这一概述性、评论性和展望性著述以来,我们就开始全面收集"1978—2008"(后商定为"1979—2009")三十年间我国基础教育研究中有关数学教育研究的各类文献(其实,文献收集的范围并未局限于此三十年间,但概述与评论的对象以此为主)。文献类型主要包括会议论文、期刊文章、学位论文、专著、教材和译著等。

在对"中国数学教育研究三十年"这一主题开展多次研讨之后,参与者们达成了共识,并具体划分成五个研究领域:① 数学教育哲学研究;② 数学教育文化研究;③ 数学教育心理研究;④ 数学课程研究;⑤ 数学教学研究。上述成果现已由科学出版社陆续同名出版发行。但是,在研究过程中,考虑到我国中小学数学教师的职前培养、在职培训、教育硕士和教育博士的教育,乃至校本研修与校本教研的实际需要,我们进一步提出选编一套"学科课程与教学研究三十年"文集。本书仅为该文集中的一本:数学课程与教学研究·小学卷(1979—2009)。

由于这三十年间我国小学数学课程与教材研究的文献甚多,再加之出版字数的限制,我们首先从"众多文献"中选择出近千篇期刊文章,然后再经过"仔细阅读",从中选择了一百篇构成此文集的主体部分,而所有择出的近千篇期刊文章则构成该文集的"文献索引"部分。本册序言则是对选出的一百篇文章的概述、评论,以及基于概述与评论的展望。所以,此序言亦可作为该文集的导读。

在选编该文集的过程中,有许多人给予我们无私的指导或帮助,他们是涂荣豹教授、喻平教授、李善良教授、王光明教授、曹一鸣教授,江苏省中小学教研室教研员王林、《教育研究与评论》杂志社编辑侯正海,孙玲博士,贾瑞伟、赵君媛、董美荣、周立芳、肖连群、彭亮、杜云云和吴丽珺同学。在此,作为主编,我对他们的无私指导和帮助表示真挚的感谢。尤其是上述几位同学,他们牺牲了几个暑假,在文献查找、下载、核实、转换和校对等方面都做了许多细致的工作,在此,再次对他们的劳动与付出表示深切的谢意。

徐文彬

于南京师范大学随园

2012 年 8 月 9 日